民事手続における法と実践

栂善夫先生・遠藤賢治先生古稀祝賀

【編集委員】
伊藤　眞
上野 泰男
加藤 哲夫

成文堂

栂　善夫先生

遠藤賢治先生

謹んで

栂善夫先生・遠藤賢治先生に捧げます

執筆者一同

はしがき

　栂善夫先生・遠藤賢治先生古稀祝賀論文集『民事手続における法と実践』が、ここに刊行の運びとなりました。このように刊行が実現できましたのも、ひとえに執筆者のみなさんの御協力の賜物と、編集委員一同、心より感謝申し上げる次第でございます。

　栂善夫先生は、1966年、慶応義塾大学法学部法律学科を御卒業後、同大学大学院法学研究科修士課程に進学され、伊東乾先生に師事されて民事訴訟法の研究を始められました。1968年4月には、同博士課程に進学されると同時に、早くも上武大学商学部助手に嘱任されました。先生は、その後、駒澤大学法学部、青山学院大学法学部、および早稲田大学法学部で専任教員として教壇に立たれたほか、慶応義塾大学をはじめとする多くの大学の非常勤講師を務められ、40年を超える長い期間、民事手続法の研究と教育に携わってこられました。なお、先生は、駒澤大学法学部在職中の1974年9月から1976年4月まで、アレキサンダー・フォン・フンボルト財団奨学研究生としてケルン大学に留学され、ゴットフリート・バウムゲルテル教授の下でドイツ民事訴訟法の研究に従事されました。

　先生の御業績は民事手続法全般に亘る膨大なものですが、先生から、大学院に進学したときは必ずしも研究者志望でなかったこともあって、「素人的常識的視点」を失うことのないよう留意して研究を続けてきたというお話を伺ったことがあります。先生は、1977年、第47回民事訴訟法学会大会において、「判決機関と執行機関の職務分担について——執行手続における当事者能力および訴訟能力の審査に関する問題を中心として——」というテーマでいわゆる学会報告をされました。先生は、この報告において、とりわけ執行債務者の訴訟能力につき、「執行手続は

適法になされなければならないという点からすれば、単に受忍するだけであれ積極および消極的関与であれ、執行手続を常に監視していなければならないはずである」との極めて常識的視点から、当時の通説を批判され、訴訟能力は常に必要であり、個々の訴訟行為の有効要件であるとともに訴訟要件でもあるとの見解を主張されました。言われてみればそのとおりだと納得できるこの先生の御見解は現在では通説となっていますが、先生が「素人的常識的視点」を堅持されていたことの証左であるように思われます。

　先生は、後進の指導にも力を注がれ、多くの優れた研究者を育てられたほか、15年の長きにわたって司法委員を務められるなど、学者に期待される社会的活動にも積極的に取り組んでこられました。

　遠藤賢治先生は、神奈川県立横浜翠嵐高等学校を御卒業後、早稲田大学第一法学部に進学されました。同学部を卒業された1966年に司法試験に合格され、司法修習生、判事補を経て、東京地方裁判所判事、最高裁判所調査官、大阪高等裁判所判事、司法研修所教官、東京地方裁判所部総括判事、家庭裁判所調査官研修所所長等を歴任され、2000年に京都家庭裁判所所長に就任されました。2002年7月に退官された後、同年9月に早稲田大学法学部に民事手続法担当の専任教授として着任されました。その後2004年に法務研究科が設置されたことに伴い、法務研究科専任教授として法学学術院の発展に寄与されてきました。さらに、2013年4月に名古屋学院大学に法学部が新設されることに伴い、請われてその開設に尽力されるため、ご定年まで1年を残した同年3月をもって早稲田大学を退職され、名古屋学院大学初代法学部長として着任されました。この間、早稲田大学におきます在職中の功績が認められ2013年4月に名誉教授の称号を授かり、また、法曹界・学界におきます功績が認められ同年11月に勲等に叙し瑞宝中綬章の栄に浴しておられます。

　遠藤先生は、裁判官御在職当時は、後輩裁判官、司法修習生、家庭裁判所調査官の指導、そして実務のみならず理論的な研鑽を長年にわたって積まれました。早稲田大学に嘱任されました後において、この間に培

われました研究の成果を、学位論文『民事訴訟にみる手続保障』(成文堂)として上梓され、早稲田大学より2005年に博士(法学)の学位を授与されています。同書に収められました論考は、手続保障の観点からの要件事実論あるいは裁判上の和解に関する実践的な立場からの理論構築として、学界において高く評価されました。また、国際的にもウズベキスタン共和国の「倒産法」の法整備支援にも多大な尽力をされました。

　遠藤先生は、早稲田大学におきます研究とともに、本学の大学院法務研究科、同法学研究科及び法学部におきます法学教育に多大な情熱を注がれました。法科大学院と法曹実務の本来的な架橋を目指す弁護士法人「早稲田リーガルコモンズ法律事務所」を2013年3月に立ち上げ、法務研究科の第1期生の若手弁護士を中核にして、所長・共同代表に就任されております。いわば「実務家が実務家を育てる」教育の拠点を先生は率先して作り、さらなる法曹教育の場として、その理想を実践されています。

　たいへんお忙しい中でご寄稿いただきました執筆者のみなさんには、編集委員会一同、あらためて心より御礼を申し上げます。本書がこのような形で世に公刊されましたことは、執筆者のみなさんの栂先生、遠藤先生のお人柄を慕うお心によるところが大きいと考えております。重ねて厚く御礼を申し上げます。両先生の古稀を契機として本書に収められました作品群が、民事手続法の分野におきます研究・実務の発展にいささかなりとも貢献できることを願っております。

　本書の編集にあたりましては、松村和徳早稲田大学教授、勅使川原和彦早稲田大学教授、金炳学福島大学准教授には多大なご協力をいただきました。この場を借りて、厚く御礼を申し上げます。また、本書の刊行を快くお引き受けいただきました株式会社成文堂代表取締役社長・阿部耕一氏、本書の編集のお手伝いをいただきました同社編集部・篠崎雄彦氏および小林等氏には、心より御礼を申し上げます。

　最後に、栂善夫先生、遠藤賢治先生、そして両先生の御家族の皆様の

御健康と御多幸を祈念申し上げつつ、本書をわれらが敬愛する栂善夫先生、遠藤賢治先生に捧げます。

2014年3月20日

編集委員
伊　藤　　　眞
上　野　泰　男
加　藤　哲　夫

目　次

はしがき

第1部　民事訴訟法

宗教団体の内部紛争に関する近時の裁判例検討
　　――争点形成の観点から――……………………安　西　明　子（ 3 ）

「司法へのユビキタス・アクセス」の一潮流
　　――シンガポール裁判所の21世紀――……………川　嶋　四　郎（ 21 ）

ADR合意の効力――訴権制限合意についての若干の検討――
　　………………………………………………………山　本　和　彦（ 41 ）

「裁判の迅速化に係る検証」の歩み …………小　林　宏　司（ 61 ）

地方裁判所における民事訴訟の繁閑とその審理
　　への影響 ……………………………………………前　田　智　彦（ 81 ）

当事者の視点から見た和解の評価……………菅　原　郁　夫（ 101 ）

弁護士費用は誰が負担するか …………………平　野　惠　稔（ 135 ）

請負契約における瑕疵修補に代わる損害賠償債権と
　　報酬債権に関する実体法と訴訟法
　　――最二小判平成18年4月14日民集60巻4号1497頁再読――
　　………………………………………………………杉　本　和　士（ 175 ）

民事訴訟における必要的請求併合のルールに関する
　　一考察――ペンシルヴェニア州民事訴訟規則における必要的
　　請求併合のルールの検討を中心として――…………小　松　良　正（ 195 ）

弁論活性化研究
　　――残された民事訴訟改革の課題――………………西　口　　　元（ 225 ）

争点整理手続の構造と実務 ……………………加 藤 新太郎 (247)
フリッツ・バウアの手続法フォーマリズム論について
　　　　　……………………………………………安 達 栄 司 (273)
訴訟審理の実体面における裁判所の役割について
　　──釈明権の法理に関する序論的考察──　………髙 田 昌 宏 (299)
これからの民事訴訟と手続保障論の新たな展開、
　　釈明権及び法的観点指摘権能規制の必要性
　　　　　……………………………………………瀬 木 比呂志 (335)
弁論主義の膨張と当事者主義・要件事実論・釈明義務の
　　関係の再検討──弁論主義は裁判官の責任回避の道具になって
　　　　いないか──………………………………越 知 保 見 (373)
医師責任訴訟における法律上の推定規定の意義
　　──ドイツ民法630h条の推定規定を契機として──
　　　　　……………………………………………春 日 偉知郎 (395)
因果関係立証の困難性と訴訟法的救済についての一試論
　　──ドイツ連邦最高裁の解釈を参考に──　………川 中 啓 由 (435)
証明責任の分配と実質的考慮 …………………吉 田 元 子 (457)
民事訴訟法第248条再考
　　──最判平成20年6月10日判タ1316号142頁は
　　　パンドラの箱を開けたか？──　………………伊 藤 　眞 (475)
違法収集証拠の論点覚書──弁護士の視点から──
　　　　　……………………………………………二 宮 照 興 (503)
文書提出命令申立てにおける対象文書の存否の
　　立証責任 ………………………………………和久田 道 雄 (525)
文書提出命令の発令手続と裁判 ………………中 島 弘 雅 (541)
全面的価格賠償による分割を命じる判決の主文について
　　──現物取得者の資力の判断基準と賠償金の支払猶予判決の可否──
　　　　　……………………………………………秦 　 公 正 (561)

既判力標準時後の相殺権の行使に関する最近の
　　ドイツの判例について……………………坂　原　正　夫（587）
口頭弁論終結後の継承人についての素描
　　——承継人に対する「確定判決の効力」の及び方——
　　……………………………………………永　井　博　史（613）
「訴訟共同の必要」に関する判例理論の現在
　　……………………………………………勅使川原　和彦（639）
共同訴訟的補助参加について ………………本　間　靖　規（667）
高裁の訴訟運営に関する雑感3題………高　橋　宏　志（693）
請求の客観的予備的併合と控訴審の審判対象
　　……………………………………………坂　本　恵　三（705）
民事訴訟法319条〔旧401条〕の沿革について
　　……………………………………………上　野　泰　男（723）
上告理由としての理由不備、食違い ………福　田　剛　久（749）

第2部　民事執行・保全法

民事執行手続における裁判所書記官の役割
　　……………………………………………内　田　義　厚（761）
株主代表訴訟における勝訴株主の執行担当
　　……………………………………………小　田　　　司（781）
執行文の役割——過怠約款と執行文についての考察——
　　……………………………………………西　川　佳　代（805）
請求異議事由の再構成に関する覚書 ………松　村　和　德（829）
被差押債権の処分と被差押債権の基礎となる
　　法律関係の処分 …………………………石　渡　　　哲（859）
賃料債権の差押えの効力発生後になされた
　　賃貸建物の賃借人への譲渡 ……………柳　沢　雄　二（887）

被差押債権の発生原因となる法律関係の処分
　　……………………………………吉　田　純　平（*907*）
担保不動産競売における債務者及び所有者の意思能力
　——訴訟能力の議論を参照したその欠缺と執行裁判所の対応
　　に関する考察——……………………熊　谷　　　聡（*925*）
仮処分命令の取消しと間接強制金の不当利得
　——最二小判平成21年4月24日民集63巻4号765頁を
　　素材として——………………………金　　　炳　学（*947*）

第3部　倒産法

破産手続と過払金返還請求 ……………我　妻　　　学（*977*）
民事再生手続における包括的禁止命令 ……山　本　　　研（*1013*）
民事再生手続における手形上の
　商事留置権の取扱いについて ………三　上　威　彦（*1053*）
債権者等申立ての更生手続における
　保全管理命令の発令基準 ……………山　田　尚　武（*1081*）

第4部　非訟事件手続法

非訟事件における直接審理主義について …金　子　　　修（*1109*）
父子関係事件の一側面 ……………………豊　田　博　昭（*1129*）

栂　善夫先生　略歴・主要業績目録 ……………………（*1151*）
遠藤賢治先生　略歴・主要業績目録 ……………………（*1185*）

第1部　民事訴訟法

宗教団体の内部紛争に関する近時の裁判例検討
―― 争点形成の観点から ――

安 西 明 子
Akiko ANZAI

1 本稿の目的
2 従来の議論の概観
3 最近の裁判例
4 おわりに

1 本稿の目的

　本来、団体において生じた紛争は団体自身が内部で自律的に調整処理すべきであるが、その紛争が司法の場に持ち込まれた場合、裁判所はそれにどこまでどのように関与すべきか。この問題は、宗教団体の内部紛争に関する判例分析を通して、判例の用いる法律上の争訟性（裁3 I）とも、訴えの利益とも区別され、学説により「審判権の限界」として位置づけられている[1]。これまでわたくしもこの問題を検討し、自分なりの見通しを示してきたつもりであるが[2]、その後、最高裁判例をはじめ事例が加わったので、あらためてそれらを整理し検討してみたい。

　審判権の限界概念の存在意義は、法律上の争訟性や訴えの利益概念では訴えを却下してしまうか請求を全面審査するかという両極端の処理しかできないのに対し、請求の判断に入りつつ一定争点については制限審査をとることにより、本案判決が可能な点にある[3]。このような制限審

---

[1] 新堂幸司「審判権の限界」同『民事訴訟法学の基礎』283頁（有斐閣、1998年）、中野貞一郎「司法審判権の限界の確定規準」同『民事訴訟法の論点II』315頁（判例タイムズ社、2001）など。
[2] 最近の拙稿として「審判権の限界」長谷部由起子＝山本弘＝笠井正俊編著『基礎演習民事訴訟法・第2版』323頁（弘文堂、2013）。

査がとくに求められるのは、請求は一般市民法上の具体的権利・法律関係であるから単純に訴え却下すべきではないが、その前提をなす一定の争点に司法の立ち入り困難な事項が絡んでいるために、扱いの難しい事件である。この種の事件こそが学説を展開・深化させてきたし、最近の裁判例でも依然として問題となっている。そして最近の裁判例においては、従来の判断枠組みを維持しつつ、この種の事件を法律上の争訟と認めない消極的傾向が続いており、判例をめぐる議論状況も基本的には変化がない。けれども、一方で、私見が重視してきた争点形成が考慮されるようになっているので、この段階で問題を再検討することには一定の意味があると考えている。最近は宗教団体以外の団体における内部紛争の裁判例も公刊されているが[4]、本稿では、検討対象を宗教団体に絞ることにより、具体的に争点形成のあり方を検討したい。

2　従来の議論の概観

1　判例の二段審理モデル

この問題の典型例たる宗教団体の内部紛争では、団体の自律権（憲21）および信教の自由（憲20）、裁判所の中立性の観点から裁判所による全面介入は望ましくない。判例は法律上の争訟性概念を用いつつ、その審査方法としてまず訴訟物、つぎにその前提問題とチェックする二段審理モデルをとっており、この方法については学説にとくに異論はない[5]。

まず第一段として、訴訟物自体が宗教上の教義や宗教団体の内部事項（以下、宗教事項とする）を含む場合、たとえば住職たる地位確認請求は宗教上の地位確認として、法律上の争訟性を欠くとして訴えは却下される[6]。ただし宗教上の地位であっても報酬請求権や建物使用権といった

3）　日渡紀夫「審判権の限界についての一試論（一）」民商109巻6号1016頁（1994）。
4）　本稿の検討対象を含む全般の判例分析は安福達也「法律上の争訟をめぐる裁判例と問題点（上）（下）」判タ1334号28頁、1335号37頁（2011）参照。
5）　新堂・前注（1）281頁、伊藤眞「宗教団体の内部紛争と裁判所の審判権」判タ710号6頁（1989）。

一般市民法上の権利利益の側面が問題となる場合、判例は法律上の争訟性を認め、一段目では積極的傾向にある[7]。

第二段としては、建物明渡し、宗教法人代表者の地位確認などの訴訟物の前提問題として宗教事項が争われている場合、裁判所の判断が宗教事項にわたらない限り法律上の争訟と認めた昭和55年の二件の最高裁判決はあったが[8]、昭和56年最判は、宗教事項に立ち入らずに前提問題を判断することができないから法律上の争訟ではないとした[9]。その後、下級審では本案判決を下す積極的傾向にあったけれども、平成元年に明渡しと地位確認ともに却下する最高裁判決が出て、判例の消極的姿勢は決定的となった[10]。

平成元年最判の寺院の明渡請求をモデルに、具体的に検討してみる[11]。宗教団体X（新代表役員x就任）は、懲戒処分を受けた旧代表役員Yに対し、所有権に基づき寺院明渡しを求めている。これに対し、Yは、「自分が現在も代表役員であり占有権限がある。Yを懲戒処分にしたというのは、Xを包括する宗教法人Aの代表者を名乗るaであるが、この者は先代から宗教上の秘儀を授かっておらず真の代表者でないので懲戒権限がない」として懲戒処分の無効を主張している、とする。この場合、請求当否判断の前提となる懲戒処分の効力につき、処分権限と処分事由が要件事実となるところ、前者を判断するにはaが秘儀により

---

6) 最三小判昭和55・1・11民集34巻1号1頁（種徳寺事件）。ただし、住職の地位確認を定式どおり却下するのには、住職を宗教法人の代表役員に定める充て職制が規則上採用されている場合に、住職の地位に代えて代表役員としての地位の確認が許されるとの考慮がある。最一小判昭和55・4・10判時973号85頁、判タ419号80頁、金法932号30頁（本門寺事件）。このような判例の考慮に賛成は新堂・前注（1）301頁、同「宗教団体内部の紛争と裁判所の審判権」前注（1）書264頁、高橋宏志「審判権の限界」同『重点講義民事訴訟法（上）第2版』327頁（有斐閣、2011）。反対は伊藤・前注（5）11頁。
7) 名古屋高判昭和55・12・18判時1006号58頁、福岡高判平成14・10・25判時1813号97頁（評釈は拙稿・リマークス28号118頁）など。高橋宏志「審判権の限界」伊藤眞・山本和彦編『民事訴訟法の争点』19頁（有斐閣、2009）参照。
8) 前注（2）の種徳寺事件、本門寺事件。
9) 最三小判昭和56・4・7民集35巻3号443頁（板曼荼羅事件）。
10) 最二小判平成元・9・8民集43巻8号889頁（蓮華寺事件）が実務の到達点とされる。
11) 拙稿「公正な争点形成のための審理・判決手法」民訴雑誌48号214頁（2002）も参照。

地位を取得したかどうかに宗教事項が絡む。というのも、この宗派では、宗教行政を統括する役職に充たるのは宗規上、宗教上の最高権威者とされており、その権威者は宗祖以来、唯一人が秘儀により承継すること、その者が後継者を一定役職にある僧侶の中から選任できることが定められていた。このような事例につき、判例は法律上の争訟性を認めず、訴えを却下する立場をとっている。とくに、平成元年の事案では、「Yが異説を主張した」という理由で懲戒処分が下されており、処分事由にも宗教事項が絡んでいたため、当事者間の「本質的争点」が宗教事項に深く関わるとして、最高裁は訴えを却下していた。

しかし、却下判決は被告の肩を持ち中立性に反するだけでなく、判決後、宗派内で処分を実施しても実効性を持たなくなり、原告側の自治、信教の自由はますます侵害される。実際、全国の裁判所に多数の関連事件が係属したし、本稿で検討する最近の下級審裁判例の事件も同一宗派で続く紛争の一端、名残である。

2 本案判決説

そこで学説においては本案判決を志向する立場が大勢である。この本案判決説を大別すると、裁判を受ける権利（憲32）を重視する中野説と、信教の自由、団体の自律を重視する自律結果受容論に分かれる[12]。中野説は、訴え却下は裁判を受ける権利を害する、宗教団体だからといって特別扱いせず、処分権限につき宗教事項しか主張立証しないなら主張立証がないとして証明責任により判決せよと説く[13]。したがって上記設例でXが「aは秘儀により先代から地位を承継した」と主張しても要件事実たる処分権限の主張がないことになり請求棄却となる。一方、自律

---

12) 学説分類については拙稿・前注（11）215頁、同「宗教団体紛争における本案審理の手法——宗教問題の取り扱いと争点形成のあり方」福大法学論叢43巻4号338頁（1999）。髙橋・前注（7）20頁も参照。
13) 中野・前注（1）328、334頁、同・判批・判タ709号76頁（1989）、同「憲法と民事訴訟」『民事訴訟法の論点Ⅰ』11頁（判例タイムズ社、1994）、片井輝夫「法律上の地位の前提たる宗教上の地位と裁判所の審判権」判タ829号4頁（1994）など。

結果受容論では、信教の自由により裁判所は宗教事項に立ち入れないが、団体の自律尊重のため、処分権限につき社会的事実をXが主張すれば、裁判所は団体が自律的に決めた結果を受容して、認容判決ができる[14]。

しかし、両説とも判決以前の審理過程が欠落し、どちらの説を採るかで勝敗が決まる非中立な理論である[15]。中野説では、宗教事項を主張するほかXは選任の事実を示せないところ、主張立証できない事項に主張立証責任を課すことになるため、争う以前に請求棄却なのである。自律結果受容論によれば、逆にXに一方的に有利である。「宗教的秘儀によってaが選任された」という主要事実を推認させる当時の選任状況、具体的には先代死亡時の状況、対立候補の存否、A団体内のaの信望、異議の存否などの間接事実をXは主張すればよいとする立場も[16]、立証主題を変更してaが団体内で代表と承認されている事実を主張すればよいとする立場[17]も、いずれにせよYはほぼ反論の余地がない。いずれの説も相手に反論を許さない一方的な主張立証を導き、中野説ではYが、自律結果受容論ではXが、相手の反論を封じて勝つために、故意に宗教事項を主張する不公正な争い方を助長する。

従来の学説は、審判権の限界を訴えの利益ないし訴訟要件から抽出したといっても結局、依然として本案「判決」を下すことを目的としている。判決志向であるため宗教事項が当事者から提出されてしまった状況を固定して検討する。ここに限界があるため、さかのぼって審理過程における争点形成の視点を導入すべきである。

---

14) 松浦馨「民事訴訟法における司法審査の限界」竜崎還暦『紛争処理と正義』15頁（有斐閣出版サービス、1988）、新堂・前注（1）303頁、伊藤・前注（5）12頁、同「宗教団体の内部紛争に関する訴訟の構造と審判権の範囲」宗教法10号166頁（1991）、高橋・前注（6）335頁、山本和彦「審判権の限界」同『民事訴訟法の基本問題』46頁（判例タイムズ社、2002）など多数。
15) この批判は拙稿・前注（11）215頁、同・前注（2）328頁でも繰り返してきた。
16) 竹下守夫「宗教団体の処分を前提とする法律関係と法律上の争訟性」民商102巻3号361頁（1990）、同「団体の自律的処分と裁判所の審判権」書研36号56頁（1990）。
17) 伊藤眞・「宗教団体の内部紛争に関する訴訟の構造と審判権の範囲」宗教法10号166頁（1991）、高橋宏志・判批・リマークス1号209頁（1990）。

3 争点形成の視点の導入

設例に戻れば、要件事実たる処分権限と処分事由に宗教事項が絡まない場合、つまり当事者が宗教事項を主張しない場合には当然に本案に入ったうえでそれに応じた判決ができるわけである。X側が宗教事項を絡めた主張をしてくるのなら訴え却下も自業自得であるが、Xは処分事由につき宗教事項を主張しないのに、Yが処分権限に宗教事項を絡めて却下を狙うことは、不公正な争点形成ではないか。したがって、平成14年最判[18]の事案のように、Xの主張によればYを処分した理由はYが訓戒を受けても改めないことであり、訓戒をしたのはYが包括宗教法人Aの承諾なくXの責任役員を解任したためであるという場合は、Yがaの処分権限を宗教事項に絡めて否定し、処分の無効を主張してきても、裁判所は当事者に処分の有効性を宗教法人法上の問題として主張立証させ、それを受けて本案判決すべきである。

そこで、原判決（東京高判平成11・9・7判時1696号111頁）は、第一審が却下判決を下したのに対し、本件において懲戒処分の効力が問題となっていても、本件訴訟の「本質的争点」はAとの包括関係廃止を目的とするYの責任役員解任などの行為と廃止の効力の有無であり、その判断は宗教事項と全く関係なく判断できるとして原判決を取り消し、事件を差し戻した。その理由としては、処分権限についての宗教事項の争いは、A宗派から離脱しようとする本件Yのような場合には利害関係がないこと、またこの点が本質的争点でなく訴訟の帰趨を左右する必要不可欠なものとは認められない場合には、裁判所としては信教の自由の観点からA宗の自律的判断結果を前提として審理判断すべきことを挙げていた。

けれども、平成14年最判は、上記の通り処分事由に宗教事項が絡まなくてもYが宗教事項に絡めて処分権限を争っている場合、やはり請求

---

18) 最二小判平14・2・22裁時1310号1頁、判時1779号22頁、判タ1087号97頁、金判1149号3頁（関連事件は最三小判平14・1・29時1779号29頁）。拙稿・前注（2）330頁、同「公正な争点形成のための審理・判決方法」井上追悼『民事紛争と手続理論の現在』178頁（法律文化社、2008）でも検討した。

の当否判断に必要な前提問題が宗教事項に深く関わり、それに立ち入らずして結論を下すことはできないとして法律上の争訟性を認めず訴えを却下した。前掲の平成元年判決の枠組みを用いて、原審のように処分権限についての宗教事項の争いは「本質的争点」ではないとして本案判決を下すことも十分可能であったにもかかわらず、「本質的争点」の用語を避け、二名の反対を僅差で抑えての判決であり、学説の批判が強い[19]。

　この法廷意見に対し、亀山裁判官の反対意見は争点形成に着目する。すなわち、多数意見の引用する平成元年最判が「本質的争点」の限定をつけたのは裁判回避は極めて限定された場合にのみ許されるという趣旨である。本件では、Ｙはそれまでａが代表者であることを前提に積極的活動を続けてきたことが認められ、また関連する16件の寺院明渡訴訟のうち13件では処分権限が争われずに宗教法人法上の宗派離脱を争点として本案判決が下されている[20]。したがって本件は、元年最判とは事案がちがい、ａの地位取得は紛争の本質的争点ではない。Ｙは訴訟回避のため便宜的にａの処分権限を争って争点を作出したと見られ、信義則違反ないし権利濫用として許されない、と述べている。このように亀山意見は争点形成を考慮している点で評価できるが、ただし、それを信義則という例外的処理で済ませようとしている点に限界がある。

---

19) 井上治典「宗教団体の懲戒処分の効力をめぐる司法審査のあり方——寺院明渡訴訟の現状から」同『民事手続の実践と理論』111頁（信山社、2003）、本間靖規・リマークス26号115頁（2003）、高佐智美・法セミ572号106頁（2002）、渋谷秀樹・ジュリ1246号7頁（2003）、川嶋四郎・法学セミナー590号122頁（2004）、拙稿・前注（2）330頁など。
20) 最一小判平12・9・7民集54巻7号2349頁、判時1726号101頁。本件につき八木一洋・曹時54巻2号641頁（2002）、本間靖規・判時1755号175頁（2001）など。控訴審の評釈として宮川聡・判時1625号184頁（1998）、藤原弘道・判タ978号84頁（1998）、安武敏夫・龍谷法学31巻2号265頁（1998）など。

3 最近の裁判例

1 平成21年最判の検討

その後、平成21年最判[21]も、基本的には従来の判例の判断枠組みに則り、却下事例を加えたが、一方で、争点形成の視点ものぞかせている。基本事件は設例同様の明渡しで、処分事由は、Ａの宗制ではａ以外の者による法階の授与を禁じているところ、Ｙが在家僧侶養成講座の講師として受講者に法階を授与したので、その行為がＡの懲戒規定４条１項３号の「宗旨又は教義に異議を唱え宗門の秩序を紊した」との擯斥（僧侶の身分喪失、ひいては住職の地位喪失）の事由に当たる、というものである。

本件第一審（岐阜地判平成19・10・1）は、本案判決を下していた。すなわち、本件に先立ってＹが宗教団体Ｘの代表役員の地位にあることの確認を求めた別訴（前訴）で却下が確定し、形式的には却下であるが、代表役員が誰であるかにつき当事者双方が十分に攻防を尽くし、裁判所がその結果をぎりぎり可能な範囲で実体に踏み込んで判断をして実質的には紛争に決着がついているとして、明渡請求を認容した。にもかかわらず、原審（名古屋高判平成20・6・18）は、平成元年最判を引用したうえで、本件処分の効力の有無が請求の当否判断の前提問題となっており、この点を判断するために上記擯斥処分の存否を審理する必要があるところ、そのためにはＡの宗旨・教義の評価を避けられないとして、第一審判決を取り消し、訴えを却下した。これに対し、Ｘは、本件処分の判断は宗教事項に立ち入らなくても可能であるとして上告受理の申立て

---

[21] 最三小判平成21・9・15裁時1492号16頁、判時2058号62頁、判タ1308号117頁、金法1888号60頁、裁民231号563頁。本件ではＹとその養女に対する明渡しのほか、Ｙ名義となっている建物につき真正な登記名義の回復を原因とする所有権移転登記手続請求が、Ｙ側からはＸの新代表役員ｘの登記抹消請求がなされた。Ｙの養女に対する建物収去土地明渡しには認容判決が出され、所有権移転登記請求も認容されたが（確定）、他は却下判決となっている。

をしたところ、これを受けた最高裁は、原審判断を維持して法律上の争訟性を認めず、上告を棄却した。

ただし、平成21年最判は争点形成のあり方に言及しており、今後の判例の動向に期待も生まれている[22]。というのも本判決は、Yの法階授与が、Aの懲戒規定5条1号の「宗制に違反して甚だしく本派の秩序を紊した」との規定を根拠に、剝職（住職資格剝奪）の処分事由に該当するかという形で問題となっているのであれば、必ずしも宗教事項に立ち入る必要はないと考えられるが、XはYの上記行為が前記懲戒規定4条1項3号の処分事由に該当する旨主張するので宗教事項に立ち入らざるを得ず、却下を免れない、とわざわざ説明を加えているからである。原判決が引用していた平成元年最判を、本件とは事案が違うとしている点からしても、Xの主張の仕方によっては本案には入れること、今後のこの種の紛争の争い方を示唆したものと見られ、当事者の争点形成の視点を入れた点では一応評価できよう[23]。

けれども結局本件では、占有はYとその檀家に残され、紛争の調整は難しいだろう[24]。たしかにXの争い方に非があるが[25]、本来なら事実審で修正を促すべきでなかったか。本件第一審判決、控訴審判決によれば、AによるYへの処分の背景には、平成14年最判と同様の宗派離脱、AとXとの包括関係廃止があることがうかがわれる。処分根拠規定だけでなく、処分事由となる社会的事実も固定的でなく、両当事者が一連の紛争経緯から戦略的に選択し、訴訟において主張を組み立てい

---

22) 川嶋四郎・法セ664号134頁（2010）、濱崎録・リマークス41号104頁（2010）、安福・前注（4）（上）32頁、山本和彦・ジュリ1398号135頁（2010）など。
23) 小林学・ジュリ1398号141頁（2010）。
24) 堀野出・速報判例解説6号163頁（2010）は、最高裁の示唆により処分根拠規定を変更して争い直そうとしても既判力により再度の明渡請求訴訟はできないと指摘する。なお寺院にはYが私財を投じているようであり、Y生存中は占有を許してよい、控訴審でのY側の争い方が弱いことから見てもY側檀家も長く居座らないとの判断が裁判所にあるのかもしれない。
25) 堀野・前注（24）163頁は当事者から主張がない以上、規定5条1項該当性を審理させるための差戻しはできないとする。小林・前注（23）142頁はこのまま実質判断して本案判決も可能であったとする。

るのである。Yからの地位確認の前訴で、包括関係廃止に関しては一定程度審理されたようではあるが、結局は却下に終わっている。そのためにXに本訴を必要とさせたうえ、ここでも法律上の争訟性の争いにとどまって却下判決で紛争を固定させているとすれば、それは裁判所の責任でもある。したがって私見のように[26]、裁判所は当事者に宗教事項を争点とさせず、Yに対する処分手続について当事者の主張立証を促すべきであったと考える[27]。

2　原告代表者の代表権限が争われた裁判例の評価

さらに、請求判断の前提問題となる処分の有効性にでなく、訴訟要件について宗教事項を絡めた争いがなされた事件につき、二件の下級審判例が続いて公刊された。訴訟要件とはここでは原告代表者の代表権限であり、従来の判例理論が正面から取り扱っていなかった論点とされる。

なお、両事件とも平成元年最判、平成14年最判と同じ、日蓮正宗における紛争である。前述のとおり、日蓮正宗の最高権威者は宗規上、宗教行政の統括職、宗教法人の代表役員を兼ねるところ、最高権威者は宗教上の秘儀により先代から地位を承継する者とされていた。この最高権威者の地位承継をめぐり長年にわたって紛争が継続している。設例でいうと、Yが本案前の主張として「Aの現在の代表役員とされるbは、A宗の詐称代表者aから選任されているため代表権を有しない。したがってbを代表者とするAによる訴え、あるいはAの詐称代表者bから選任されたxを代表役員とするXによる訴えは、権限のない者を代表者とする訴えであり不適法である」として訴え却下を求めている。二件とも第一審では宗教事項に関わり代表権の証明ができないとして訴えが

---

[26]　拙稿・前注 (11) 217頁、同・前注 (12) 345頁、同「公正な争点形成のための審理・判決方法」井上追悼『民事紛争と手続理論の現在』179頁（法律文化社、2008）は、宗教事項の主張を禁じ、処分事由を含めた処分手続を実質的に審査する方法を提案してきた。

[27]　門田孝・速報判例解説 6 号18頁（2010）、小林・前注 (23) 142頁参照。堀野・前注 (24) 163頁は中野説を引いて、本判決は今後の類似事件で宗教色を帯びない主張をするよう原告の主張のあり方に指針を与えると評価するが、それでは今後も被告による宗教事項への引き込みは止まない。

却下されたが、一方は控訴審で原判決が取り消され、法律上の争訟性が認められている（上告受理申立中）。

（1）**東京地判平成21・12・18判タ1322号259頁**　これは明渡請求でなく、包括宗教法人Ａが原告となって、Ｙらの運営する寺院等に対し「Ａ宗」の名称使用差止めを求めた事案である。Ｙが「Ａ宗の先代、詐称代表者ａから選任された現Ａ代表者ｂは実は代表権がないから、ｂを代表者としてＡが提起した本件訴えは不適法である」と争ったところ、本判決は、判例理論を訴訟要件審査にも拡大し、代表権の存否の前提問題として宗教事項に関する判断が避けられず、訴訟要件の充足を認めることができないとして訴えを却下した。敷衍すると、特定の者が宗教団体の宗教活動上の地位にあることに基づいて宗教法人である当該宗教団体の代表役員の地位にあることが争われている場合、裁判所は原則としてその者が宗教活動上の地位にあるか否かを審理判断すべきものであるが、宗教上の教義信仰の内容に関わる事項には裁判所の審判権は及ばない、これは、被告が代表役員とされる者の代表権の存否判断について争う場合も原則として同様であり、被告が前記代表権を争うことが権利濫用あるいは信義則違反と認められない限り、やはり審判できない、とした。

ここでは、原告Ａの代表者であるｂの代表権を被告Ｙが宗教事項を絡めて争っており、請求の前提問題でなく、訴訟要件のレベルに宗教事項が絡んだ点が特徴とされ[28]、現実の裁判例としては目新しい[29]。ただ、このような争い方が不公正であることは、判例理論への批判として、すでに学説[30]や平成14年最判の亀山意見が指摘していた。すなわち、このような主張を認めると、世俗的な法律関係を結んだ第三者が、後になって代表者の権限を否定することによって訴え却下を求めうることになりかねない[31]。法人の代表権は訴訟要件であり、判例・通説に従

---

28) 評釈の上田竹志・法セ671号134頁（2010）、伊藤眞ほか「座談会・民事訴訟手続における裁判実務の動向と検討・第1回」判タ1343号5頁（2011）の垣内秀介報告参照。
29) 判タ1322号260頁の本件解説参照。
30) 同旨は山本・前注（14）43、44頁。

えば、どのような請求であっても被告はこの点を宗教事項に絡めて争うことによって却下に持ち込めるが、職権調査事項とはいえ、実際問題としては被告が争わなければ本案に入って判決が下せるはずである[32]。そこで平成14年最判の亀山意見によると、このような争い方を権利濫用や信義則違反として禁じる余地がある。さらに信義則違反の中身、判断指標として、前掲平成14年最判の原審も示したように、YがA団体の外部者であればAの代表権者の権限を争う利益がないという視点[33]が取り入れられる。

しかし、信義則違反や団体内外の区別という手法には限界がある[34]。上記のとおり本件の事案では、Yらが、長年A宗を信仰する僧侶としてaによるYらへの処分の効力を訴訟で争ってきた者であることを主張した。そのため、裁判所は本件訴訟もA団体の内部紛争であり、YらがA代表役員の権限を争うことは権利濫用や信義則違反と認められないと判断した。これに対しXらも応戦して、事実Yがすでに別個独立の宗教団体に所属していると強調したが、同じ土俵で争ってしまい、事実YがA団体と全く関わりのない外部者ではなく、むしろ内部者であるため、これら手法を用いても却下で終わってしまったのである。そこで私見によれば、この場合も裁判所はYにAの代表権を争わせるべきではない。YがAの元僧侶であると主張するにしても、それは名称使用が許されるかどうかの本案の問題として争点化させることになる。

（2） 大阪高判平成22・1・28判タ1334号245頁　　前記東京地判に対し、本判決は、争点形成の観点を入れて、代表権限の争いにつき宗教判断を回避して本案判決に至った点で評価できる。事案は、設例を使えば

---

31) 平成14年最判の関連事件でも裁判所が同旨釈明をしたことにつき井上・前注（19）87頁。
32) 反対は上田・前注（28）134頁。
33) 最三小判平成11・9・28裁時1252号275頁、判時1689号78頁、判タ1014号174頁、裁民193号739頁を引用してこの視点をとる井上・前注（19）97、102頁、山本・前注（14）33頁。垣内・前注（28）6頁、安福・前注（4）（上）33頁注（6）も参照。
34) 上田・前注（28）134頁も例外的救済で抜本的解決にならないとする。この信義則処理に対し拙稿・前注（26）179頁、団体内外の区別に対し同180頁参照。

Xから占有者Y（Xの旧代表役員から寺務一切を任せられた、A宗の元僧侶）への明渡しおよび賃料相当損害金の請求であり、Yが前述のとおり「Aの代表役員とされる者bは、A宗の詐称代表者aから選任されており代表権を有しない。したがってbから選任されたXの代表役員xによる本件訴えは不適法である」と争っている。

　原審たる京都地判平成21・6・5判タ1334号249頁は、法人の代表者に代表権限があることは訴訟要件として職権調査事項であり、Yの主張は職権発動を促す意味で排斥されず、審査が必要であるとした。そしてxの代表権は結局はaが宗教上の最高権威者兼宗教行政上の代表者の地位にあったかにかかるところ、これが裁判所の審判対象にならないことは確立した判例であるから、X代表者の代業権限について証明ができないことに帰するとして、訴えを却下していた。前記東京地判と同様に、請求判断の前提問題に宗教事項が深く関わるときは当該訴えは法律上の争訟でないとする判例理論は、訴訟要件の判断にも妥当するとしたのである。これに対し、Xが控訴したところ、本件控訴審は、以下の理由で原判決を破棄して事件を差し戻した。すなわち、本件の請求を判断するうえで前提問題としてしてであっても宗教事項につき一定の評価が避けられないという関係になく、Xの代表者が誰であるかによって請求の当否に違いは生じない。したがって本件は一般市民法秩序と直接の関係なく自律的規範を有する宗教団体内部の係争ではない。本件訴訟においてXの代表者については特段の事情のない限りXを被包括法人とするAの宗教団体としての自治的決定内容に従った扱いをするのが相当である、として法律上の争訟性を肯定した。そしてAおよびその傘下の多数の被包括法人においてはa、bが代表者であることを前提とする秩序が成立し、bからXの代表者に任命されているxは、その旨の宗教法人登記簿の提出により代表権限が認められるとして事件を差し戻したのである。以上から、本判決については、宗教団体内部の係争でないことから代表権を認めた例[35]、あるいは訴訟要件たる団体の代表

35）　山本和彦・ジュリ1440号117頁（2012）。

権の存在につき争われた場合には、請求の前提問題に宗教事項が関わる場合の判断枠組みと用いず、代表権につき団体の自律的決定を受容した例との評価がある[36]。

　ただし、本判決は自律結果受容論を採ったわけではなく[37]、訴訟要件判断の局面のみ宗教事項が絡む事案の特殊性から判例の射程を限定し、本案判決を導こうとしたものだろう[38]。しかも本判決は、当事者の主張した信義則違反や団体内外の区別ではなく、当事者の争い方を踏まえ、そこから宗教事項を回避していると評価できるのではないか。本件では第一に、ＹはＡの代表者についてａやｂに代わる者、Ｘの代表者についてｘ以外の者を具体的に主張せず、Ｙ自身がＸの代表者であるとも主張していない、第二に、ＹはＸの旧代表役員（既に死亡）から寺務を任されて占有していると主張しており、Ｘも、Ｘの旧代表役員がＹに前記の準委任をしたとする時点以前に代表役員の地位になかったとは主張していない[39]。つまりＡによるＹ側に対する処分の有効性が争われている事案ではない。以上を踏まえ、大阪高判は、本件訴訟の争点はＹの占有権限（処分の有効性は不問）であるから、本件請求の当否を判断するうえで前提問題としてであっても宗教事項の評価が避けれられないという関係になく、Ｘ代表者が誰であるかにより請求の当否に違いは生じない、としたのである。本件第一審が前掲東京地判と同様に、訴訟要件の判断に宗教事項の評価は避けられないとしてＹ主張に応じ、ＹがＡ宗内部における長年の紛争の当事者である以上、Ｙの本案前の主

---

36) 本件評釈の濱崎録・リマークス44号110頁（2012）、上田竹志・法セミ677号124頁（2012）。
37) 井上・前注（19）104頁は、平成14年最判の原審に関してであるが、本質的争点でない事項につきａ団体の主張を前提に判断することは自律結果受容論でないとする。
38) 本件評釈の垣内秀介・判タ1361号38頁、濱崎・前注（36）113頁。なお、垣内・前掲39頁は、訴訟要件レベルに宗教事項が絡む場合には中野説では本案判決ができない。訴訟要件の存在を基礎づける事実の証明がないと、判例同様、訴え却下になるので、本案判決をするには自律結果受容により証明主題変更を図るしかないとする。
39) 垣内・前注（38）39頁は、Ｘが本案レベルにおける宗教事項の争点化を慎重に回避している結果、裁判所が宗教事項に立ち入る必要がなかった点を本件事案の最大の特色と見る。

張も排斥できないとしたのと対照的であり、評価したい。
　なお、本件大阪高判は、団体の内部紛争でないとの指摘もしているが、これが決め手にならないことは、本件第一審判決の詳細な認定評価からも明らかである[40]。本件ではY自身もA宗の元僧侶であり、Yに寺務を任せたX旧代表役員と同様にaから懲戒処分を受けている。本件第一審はこのような事情を重視して、長年の宗教団体の内部紛争に立ち入らないとの考慮から却下判決をしたことが、その詳細な判決理由（補論）からうかがえる。
　結論として、YがX団体（A宗）外部の全くの第三者でない限り、本件のような事案は団体内外の区別、それに基づく信義則によっては対応できない。X（A）に属していた者を被告とする限り、A宗の代表役員がa、b、c、d、、、と何代後になっても、教義を受け継いでいないとYが主張するaまで遡って、いつまでも原告の代表役員の代表権限を争い、請求内容に関わりなく却下に持ち込めることになりかねない。現に本件第一審判決は補論として、Yの退去や死亡により第三者に寺の占有が移転されても、その者がA宗の僧侶であった者であれば、XひいてはAの代表者の地位を争うことを認め、したがって寺の明渡しはそれらの者の自発的退去か死亡を待つしかないとしていた。しかし、これでは裁判所の役割放棄に等しい。なお、日蓮正宗に関しては、具体的に、宗教的教義ないし信念の相違による処分の有効性が問題となった第一次訴訟と、日蓮正宗との包括関係を廃止しようとしたことを原因とする処分の有効性が争われた第二次訴訟では紛争の本質が異なると区別し、前者は団体内部にとどまろうとするのに対し、後者は団体から離脱しようとしているのであるから、日蓮正宗の代表役員が誰かの争いについての利害関係は前者に限り認められるが、後者では認められないとする学説もある[41]。ただしこの団体内外の区別では、(1)(2)の両事案とも第一次訴訟の当事者であるので、やはり代表者の地位を争えることに

---

40) 垣内・前注 (38) 40頁。
41) 井上・前注 (19) 70頁、81頁。

なりかねない。したがって、上記大阪高判に見たような当事者の争点形成の視点から問題に取り組むべきと考える。

4　おわりに

以上検討してきたとおり、判例は請求が一般市民法上の権利法律関係であっても、その前提判断に宗教事項が絡む事案につき、依然として訴えを却下する消極的傾向にある。ただし、そのなかにあっても、当事者の争点形成の観点を入れ、本案判決を導こうとする方向が見えてきている。その際しばしば信義則違反や団体内外の区別という指標が用いられ、学説もそう分析評価しているが、3の、とくに2で前述したとおり、それではこの問題の対処として不十分なのである。信義則違反では例外的対処に過ぎず、団体内外の区別は実体的で固定的な類型論であって、当事者の争点形成、訴訟過程において当事者がどのように主張すべきかという動態的視点とそぐわない。

この種の事案において必要なのは、当事者間の争点形成を公正化するということであり、当事者による宗教事項の主張を許さない、宗教事項の争点化を防ぐという手法である。この考えはこの問題を検討しはじめたときから変わらないし、最近の裁判例を検討してみてむしろ強くなっている。私見では、団体内外にかかわらず当事者の宗教事項への引き込み主張は認められない。内部者が宗教事項を裁判の場で争うことこそ信教の自由、団体の自治に反して許されない（平成元年最判の結論には賛成）。そうして、裁判所は、団体における処分決定については「誰が」（処分権限）ではなく、「どのように」（処分前後の一連の手続の公正）が争点となるように当事者を促すべきであり、訴訟要件としての代表権限は争わせず本案に入るべきと考える。そうすれば、前掲の平成22年大阪高判や平成14年最判の原審のように、自律結果を受容する形式を採る必要もなく、自律結果受容論と混同されずに済むのである[42]。

---

42)　自律結果受容論と私見の違いにつき、詳細は拙稿・前注（12）343頁、同・前注（26）

181頁、同「団体の処分をめぐる裁判所の審査方法」福大法学論叢46巻2＝3＝4号269頁（2002）。私見につき井上・前注（19）106頁、髙橋・前注（6）336頁注（8）参照。

「司法へのユビキタス・アクセス」の一潮流
―― シンガポール裁判所の21世紀 ――

川 嶋 四 郎
Shiro KAWASHIMA

1　はじめに
2　シンガポールにおける「司法のIT化」
3　おわりに

1　はじめに

　近時の司法制度改革は、司法の領域でも国民主権を回復し、日本全国に法の支配を行き渡らせるための様々な施策を含んでいた。その成果は、多様な法領域における個別立法として、実を結んだものが存在するものの、2001年6月12日に公表された『司法制度改革審議会意見書』に盛り込まれた崇高な理想のすべてが、実際に具体化され実現されたわけではなかった。

　現在でも課題として残っているものの一つが、「司法のIT (Information Technology) 化」であり、突き詰めて考えた場合には、それは、国民が、誰でもいつでもどこからでも司法にアクセスすることができる「司法へのユビキタス・アクセス (Ubiquitous Access to Justice)」の保障という課題である。

　これまで私は、日本において、「裁判所を中心とする法的救済のネットワーク」を創造的に構築するためのグランド・デザインとして、「司法へのユビキタス・アクセス」を下支えする「e-サポート裁判所」の構想を具体化できるように努めてきた。ここでいう「e-サポート裁判所」とは、ITにより裁判所の機能ひいては司法の機能を高度化・高質化することを通じて、民事紛争を未然に予防するとともに、国民の権利・利

益を保護しつつ、法的救済をITの支援によって十分に行うことができる裁判所を指す。

　この「e-サポート裁判所」のイメージを、主に民事訴訟の分野において具体的に提示することによって、市民と裁判所や、理論と実務を架橋する手続過程のあり方を提言して行ければと考えている。それは、特に、東日本大震災を経験し、福島第1原子力発電所の事故に起因する放射能被害が発生し、未だに被害地域のすべてにおける復旧復興が実現していない現在の時点においては、より大きな希求あるいは喫緊の要請となりつつある。

　従来の日本では、確かに、訴訟制度の一部の手続についてIT化を行うことによって、その紛争解決機能の向上や当事者の便宜の増進を図る動きはいくつか存在した。すでに、1996年に制定された現行民事訴訟法において、電話会議システム（民訴170条3項・176条3項・372条3項）やテレビ会議システム（民訴204条・210条）の利用に関する規定が設けられた。しかし、訴訟制度・訴訟手続過程を統合的にIT化することによって、その全体的な高質化を図る議論は、現在のところ、わずかに散見されるにすぎない。また、訴訟過程という法的救済創出の場において、ITがどのように国民のために役立つのかという、法理論の視点から分析されたIT化の可能性については、必ずしも十分に議論が深化していないのが現状である。さらに、その後、たとえば電子情報処理組織による手続が大幅に導入された督促手続（民訴382条・397条以下）でさえも、そのすべての手続過程がIT化されたわけではなく、また、民事訴訟自体のIT化についても、これだけインターネットが普及している現在においても、電話会議システムやテレビ会議システムの利用程度に止まっている。またさらに、近時の非訟事件手続法・家事事件手続法の制定による手続のIT化も見られるが、その内容は限定的である。

　そこで、本稿では、シンガポールにおける司法制度の基本システムを素材として、より高質な民事訴訟過程の構築のためにITがなし得るサポートの可能性について考えてみたい。特に、民事訴訟法研究者の立場から、「世界最先端のIT裁判所」を構築し実践しつつあるシンガポー

ルの司法制度を参考にして、本稿では、日本の将来における司法制度のIT化を考えるための基礎資料を得ることを目的としたい。

なお、本稿の基礎には、シンガポールに直接足を運び、担当者にインタビューを行い、見聞を重ねた成果の一端も反映されている。シンガポールにおける「司法のIT化」の進展は著しいが、本稿の基礎となった情報や資料は、2007年当時のものであることを、特にお断りしたい。

2　シンガポールにおける「司法のIT化」

1　IT化の沿革と基本構想
（1）IT化の沿革

シンガポールでは、政府の強力な後押しのもとで、「司法のIT化」が行われた。

1990年代中頃のシンガポールには、訴訟事件の未処理事件（未済事件）が山のように滞留していたが、それが、コンピューター化によってサポートされた厳格な事件管理戦略の成果として解消することとなった。そのことが、IT化を促進する直接的な背景の1つともなった。しかも、その頃、手狭となった最高裁判所の新築の話が俎上にのぼり、高いドームやコリント式円柱をもつ旧最高裁判所（イギリス植民地時代の建築物）に隣接して、近代建築の粋を集めた宇宙基地のような現最高裁判所が建設される際には、IT設備を完備させることとなった。

最高裁判所は、その裁判業務の改善において科学技術を利用することが、一流の司法の構築に役立ち得るという考えを有していたからであり、それは、いわば「ペーパーレス法廷」を構築するための種を蒔くという構想に基づくものであった。

その際、最高裁判所は、備えるべき「世界水準の司法の要素」を、次のように考えた。

すなわち、まず、法を良く理解し、鋭く分析的なマインドをもった、質が高く、進歩的な裁判官を有していること、次に、裁判官をサポートする制度上の仕組みが効率的かつ効果的であること、そして、さらに、

世界水準の司法は、動態的であるべきで、社会のニーズの変化に対して迅速に適合できるように、進化できるものでなければならないというものであった。

　このような要素を具体化するために、科学技術の活用が、シンガポール司法府の目的を達成するための土台を構成することとなった。これは、シンガポールにおける従前の研究成果を踏まえて、裁判手続が、いわば「紙体制」から合理化された「電子体制」へと転換すべきであることが決断された結果であり、それにより、裁判所の効率性と実効性を高めることとなったとされたのである。

　この「ペーパーレス裁判システム」の特徴は、弁護士による事件の準備における法的調査を経て作成された裁判関係文書（裁判関係書面）のファイリングから、裁判官の面前における口頭弁論に至るまで、すべての裁判関係手続のコンピューター化を目指したものである。このような科学技術に基づく新規構想が、「電子訴訟システム（Electronic Litigation System：ELS）」（以下、本稿では、「e-訴訟システム」と呼ぶ）である。

（２）「e-訴訟システム」の基本構想

　このような経緯を経て、シンガポールでは、21世紀のための「e-訴訟システム」が、具体的に構想されることとなった。

　まず、伝統な訴訟イメージが浸透しそれに馴れ切っている法律専門家のために、何らかの科学技術を基盤とする新規構想を導入する際に、最も大きな挑戦的な課題となったのが、法律専門家および司法機関の構成員の基本的な考え方を変えることであった。「e-訴訟システム」の計画段階を通じて、確かに、裁判官と弁護士が、訴訟手続全体をペーパーレス化し電子的な環境を創出するという、いわば革命的な方法が受け容れ可能なものであるとは考えられていたものの、同時に、抵抗を招くことも予想されていたので、新たな構想を大規模に実施する前に、法律専門家たちのために、電子環境への順応を可能にするための十分な時間を準備することとされた。

　シンガポールでは、1990年代の初めに、このような司法改革が開始されたが、その具体化のためのターゲットとして、訴訟手続の6つの要素

が洗い出された。

　すなわち、①トライアルとヒアリングの実施、②裁判関係書面のファイリング、③裁判関係情報へのアクセス、④裁判関係書面のサービス、⑤法的調査、および、⑥裁判所の内部的な手続である。

　シンガポールでは、トータルな意味での「e-訴訟システム」を構築するためには、これら6つの訴訟手続の部分が、すべてコンピューター化されなければならないと考えられた。このことは、民事訴訟事件の手続開始時からその終了時に至るまで、すべての局面で電子訴訟手続を構築することを意味した。

　しかし、このような伝統的な訴訟手続のイメージやシステムの全面的な組替えは、困難な事業であった。もとより訴訟手続過程が、すべて文書（書面）に基づいて構築されていたからである。裁判関係文書は、すべて書面の形式で提出され編綴されていた。ヒアリングもトライアルも、書面を活用して行われていた。それゆえ、司法のIT化計画の過程では、このことに対する対策が改革の最大の課題となった。それは、裁判関係文書の電子的な提出、整理、保管、検索といった課題を研究しなければならなかったからであり、また、ヒアリングとトライアルは、電子書面を用いたいわば「電子環境」において、実施しなければならないと考えられたからである。

　これらを具体化するためには、裁判官が執務を行う裁判官室や、審理が行われる法廷に、電子的なヒアリングを手助けするために必要な物的設備が、準備されねばならなかった。

　シンガポールでは、このようなペーパーレス・システムは、オンラインで利用できる十分な法情報の調査手段なしには完成できないことも認識された。このような調査手段がなければ、たとえば図書館で判例集その他法律文献を探し出すのに時間を浪費してしまうからである。

　そこで、「e-訴訟システム」を探究することは、最高裁判所における革新的な科学技術の開発を加速させ、実現させることになったのである。

　この「e-訴訟システム」は、「e-ファイリング・システム」と「テク

ノロジー法廷」からなる。前者は、民事訴訟の提起をインターネットを介して行うという電子的申立てだけではなく、当事者と裁判所との間の書面のやりとりや裁判所内の記録管理をすべて電子的に行うシステムを意味し、後者は、法廷における審理においても、そのような電子的なやりとりを基礎としたハイテク・コートを準備しトライアル（口頭弁論）等を電子化するシステムをいう。以下では、「e-ファイリング・システム」および「テクノロジー法廷」について、順に概観して行きたい。

2 「e-ファイリング・システム」
（1）「e-ファイリング・システム」の概要

「e-訴訟システム」プロジェクトにおける一つの重要なシステムは、法廷における電子書面の使用を可能にするシステムの構築であり、訴えの提起から判決に至るまでのすべての手続過程を電子化するシステムを作り上げることであった。すなわち、「e-ファイリング・システム」（電子ファイリング）の構築である。

その具体的な手続内容は後述するが、沿革的には、1998年8月から、最高裁判所へのすべての上訴と、刑事事件における一定の上訴について、電子書面を用いる「e-ファイリング・システム」による審理が開始された。これは、シンガポールにおける最上級裁判所における「e-ファイリング・システム」の導入であり、その導入場所も導入時期等も、戦略的に決定されたと言われている。

まず、司法府の頂点に位置する最高裁判所において、しかも比較的年配の裁判官の面前での審理手続に、電子書面を用いた「e-ファイリング・システム」を導入することには、大きな意義があった。それには、法専門家に対して、司法府がトップ・ダウン方式で訴訟手続を改善するために、科学技術を活用することの重要さと真摯さについての強力なメッセージが含まれていたからである。司法府が、裁判所における電子革命ともいうべき「司法のIT化」を積極的に推進していた。「e-ファイリング・システム」への協力を強制されることになる弁護士が、かなり年配の裁判官でさえも、その職務の中でコンピューターの使い方を学ぶ

努力を行っていることを目の当たりにすれば、「司法のIT化」への協力を余儀なくされるであろうことが期待されていたのである。

　このようにして、「e-ファイリング・システム」の強制実施が開始された。裁判官も弁護士も、このような新たな審理方式に、まず1年以上直面させられることになった。このような「テクノロジー法廷」における「e-ファイリング・システム」に直面させられることにより、裁判官も弁護士も、電子環境における職務が、簡易化されることになったのである。

　このような目的に向かって、最高裁判所の法廷（1号法廷）には、①ケーブルやワイヤーを敷くために底上げられたフロアー、②フラット・スクリーン・モニターを備えたコンピューター・ターミナル、③裁判官と弁護士とのコミュニケーションのためのビデオ切替装置、④カスタマイズされた書見台（OHP）が備え付けられた。

　「e-ファイリング・システム」の実施に際しては、裁判官や弁護士等のために、何度もデモンストレーションやプレゼンテーションが行われた。興味深いことに、裁判所の法廷は、弁護士が電子書面を取り扱うための実地練習を行う機会を与えるために開放された。とりわけ、訓練を受けて熟練した裁判所事務官が、練習のための期日等で、弁護士の手助けを行ったのであった。

　このような経緯を経て、裁判官と弁護士は、漸進的かつ着実に電子書面の利用に慣れるようになり、また、電子書面にアクセスし、それを閲読し反論を提出することなどに精通することになった。その結果、シンガポールにおける裁判所のすべての法廷に、審理において電子書面を扱うための装備が設けられた。「e-ファイリング・システム」の実施のための基礎が、強固に築かれることとなったのである。

　1990年10月、電子書面の使用は、すべての刑事事件の審理と選択された民事事件の審理に拡張されたのである。これは、訴訟の風景を一変させるものであり、「紙（書面）の山」と喩えられる情景から、「電子の高速道路」と譬えられる風景へと転換する基礎が築かれたのである。

　なお、そのような「e-ファイリング・システム」の計画、開発、実行

の背後には、ある戦略が存在した。すなわち、「e-ファイリング・システム」の計画および開発の当初から、司法府は、プロジェクトの単一の納入業者である「クリムソン・ロジック（Crimson Logic）社」（以前は、Singapore Network Services Pte. Ltd. として知られていた企業）とともに、「シンガポール法律協会」（Law Society of Singapore）、「シンガポール法学会」（Singapore Academy of Law）、「司法長官室」（Attorney-General's Chambers）と、緊密な連携をとっていた。このプロジェクトの成否は、法曹界のすべてに受け容れられるか否かにかかっていたので、その計画や開発のプロセスにおいても、牽引役となる弁護士、検察官、研究者等の中における中心的な人物の関与が不可欠であると考えられたからである。

（2）「e-ファイリング・システム」の内容

一般に、「e-ファイリング・システム」は、人間の物理的な移動と紙の書面利用を極少化する。人々が、少なくとも裁判所の建物や法律事務所へ出向いて行うことを余儀なくされていた仕事の多くは、コンピューターを通じて行われるインターネット上の業務処理によって、取って代わられることになった。司法府による「e-訴訟システム」の追求における「e-ファイリング・システム」の重要性は、決して過小評価することはできないと評価されている。なぜならば、そのインパクトは、それによって与えられる4つのサービスによって、先に述べた訴訟手続の6つの局面の諸課題（→ 2 1 （2））を克服できるからである。

（A）4つのサービス内容　このような「e-ファイリング・システム」には、4つのサービス内容が存在する。

それは、①電子的書面受付サービス、②電子的書面引出サービス、③電子的書面送付サービス、④電子的情報提供サービスである。

以下、これらについて具体的に概観していきたい。

①電子的書面受付サービス　シンガポールの裁判所でも、伝統的には、裁判関係書面は、裁判所の受付カウンター越しに、紙の書面という形式で提出されていた。弁護士事務所は、様々な書面を提出させるなどのために、裁判所担当の事務員を雇っていたのである。

これに対して、電子的書面受付サービスは、弁護士がウェブ上の電子的書面送付システムを用いて電子的にすべての書面の提出を可能にするサービスである。
　2001年に、電子的書面受付サービスが開始された。法律事務所は、必要なコンピューター設備等を備えていさえすれば、その事務所からでも、また世界のどこからでも、いつでも書面を提出をすることができるのである。
　現在のところ、書面の80パーセントが、300箇所以上の法律事務所からウェブ・システム経由で、電子的に裁判所に提出されている。750,000件以上の裁判関係文書が、現在まで電子的に提出されている。平均して1日あたり、2000件の書面が、電子的に処理されている。
　なお、コンピューター設備を有していない法律事務所または当事者本人に対しては、手数料を支払って、紙媒体の提出書類を処理し、書面の電子提出を手助けするための2つのサービス事務所〔Service Bureau〕が設けられている。それらの一つは、最高裁判所に、もう一つは下級裁判所にある。
　②電子的書面引出サービス　　一般に、紙媒体での情報のやりとりを行う体制の下では、裁判所に提出された書面を入手することは、まず一定の申請書面の提出を通じ、裁判所の登録カウンターで渡される副本の受領を通じて、行うことができる。これに対して、電子的な引出しのサービスは、裁判所からの原本の副本受領を求める処理を、弁護士事務所から、あるいはサービス事務所経由によって、電子的に行うこと可能にする。
　このサービスは、2つの方法によってなされる。第1に、弁護士は、事件のために提出された書面の目録をオンライン検索することができる。第2に、弁護士は、書面の電子化された副本を、「電子メール」で手に入れることができる。
　③電子的書面送付サービス　　このサービスは、その名称が示すように、法律事務所が裁判関係文書を、一つあるいはそれ以上の他の法律事務所へ、電子的に、マウスのワンクリックによって同時送付することを

可能にするものである。送付される書面は、他の法律事務所に電子的に「メール」され、同様にその書面は電子送付サービスの下で、電子的に裁判所にも「メール」される。書面送付の電子サービスを使って送付された書面は、裁判所規則に従って有効に送付されたとみなされる。

この送付の証明書は、このサービス・システムによって自動的に作成される。この証明書は、送付があったことの証明として、送付についての宣誓供述書の代わりに裁判所へ提出することができる。この書面送付サービスは、弁護士にとって便利なだけでなく、裁判関係書面の送付のために、送付担当の事務員を雇う必要がなくなるので、人件費の削減にもつながるものである。

④電子的情報提供サービス　電子的情報提供サービスによって、法律事務所は、その事務所またはサービス機関から、裁判所のデータベース上で疑問点を調査することができる。それは、すべての「ロー・ネット」(Law Net)の調査サービスを含んでいる。「ロー・ネット」は、シンガポール政府の法情報提供制度であり、オンラインによって、シンガポールの法令・判例・破産・特許・不動産登記等のサービス提供を行うものである。

（B）**6つの構成要素**　さらに、「e-ファイリング・システム」は、6つの構成要素からなる。つまり、①ウェブ上における法律事務所連結システム、②VANオペレーター・ファイリング処理システム、③サービス事務所システム、④裁判所のワークフロー・システム、⑤キー管理システム、⑥宣誓管理官システムである。

これらについて、以下、順に概観したい。

①ウェブ上における裁判所・法律事務所連結システム　このシステムによって、法律事務所は、そこに設置されたコンピューターによって裁判関係書面を準備し、同時に、インターネットを経由して電子的にそれらを裁判所に提出することが可能となった。また、このシステムによって、法律事務所は、それらの提出結果についての情報を受け取ることも可能になり、また、裁判所から提出書面の副本のデータを引き出すことも可能となる。

法律事務所は、この「ウェブ上における裁判所・法律事務所連結システム」を通じて、裁判所に書面を提出することに加えて、他の法律事務所に裁判関係書面を送達・送付することも可能となるのである。

②VAN オペレーター・ファイリング処理システム　「VAN オペレーター・ファイリング処理システム」は、書面送付と費用請求のアプリケーションからなる。それは、いわば電子郵便局としての機能を果たす。

法律事務所から受け取った書面ファイルは、宛先その他の重要な情報を確認するために開披される。この情報は、その書面を、適切な裁判所または他の受取人に送付するために用いられる。またそれは、通信処理や業務処理の費用、たとえば、裁判費用、手続費用、期日にかかる費用の処理についても用いられる。さらに、このシステムは、司法府に代わって、法律事務所からの費用徴収業務をも取り扱っている。

③サービス事務所システム　一般に、シンガポールの法律事務所の中には、必ずしも数多くの訴訟業務を行うことなく、自らは、「e-ファイリング・システム」の登録ユーザーとはなっていないところもある。また、シンガポール民事訴訟法は、本人訴訟を許容しているので、訴訟当事者の中には、本人で訴訟追行をする者もいる。

このような状況に対応するために、紙による書面の提出を電子的に処理して、書面の電子提出をサポートする目的で、2つのサービス事務所が設置されている。一つは、最高裁判所のあるシティ・ホールの建物内に置かれており、もう一つは、下級裁判所のあるアポロ・センターに置かれている。そのサービス事務所のスタッフは、必要な情報を打ち込み、提出される書面をコンピューターに取り込み、当事者の求めに応じて、それを裁判所へ電子的に送る作業を行う。

④裁判所のワークフロー・システム　「裁判所のワークフロー・システム」は、裁判所が受け取った事件関係書面の追跡・管理を簡易化するために設計されている。当事者が提出し裁判所が受領したすべての書面は、まず確認を行うために、窓口業務を行う事務官に送られる。書面が受領されるとすぐに、承認を行う権限を有する裁判所書記官に送付される。

このシステムは、事件の追跡を可能にする。法律事務所には、書面の提出状況が通知される。承認された書面には、すべて索引が付けられ、「裁判所のワークフロー・システム」の中に保存され、審理やその他の目的のために必要が生じれば、電子事件ファイルへのアクセスの機会が与えられる。重要なデータは、書面から自動的に抽出され、裁判所のコンピューター・データベースの更新にも用いられる。

　⑤**キー管理システム**　「e-ファイリング・システム」は、その専用ネットワークの安全性を確実にするために、一般的なキー設備の完備を要求する。電子署名技術は、当該システムを用いて書面を提出する者の同一性を確保するものである。

　キー管理システムは、スマート・カードと電子証明書の発行および管理に携わっている。「e-ファイリング・システム」のユーザーに登録されたすべての弁護士には、固有のIDとパスワードが付されたスマート・カードが発行される。このIDとパスワードは、弁護士が、「ウェブ上における裁判所・法律事務所連結システム」を通じた4つのサービスを使用する前には必ず必要となる。

　ある書面が電子的に裁判所に提出される前には、当該書面に電子署名がなされなければならない。電子署名は、書面の送り手が同一人物であることを示すキーであり、書面の作成の真正さを示すキーでもある。スマート・カードは、電子署名をする際に必要となる。

　このスマート・カードは、認証局が、有料で発行しており、有効期間は3年間である。パスワードの変更が可能であり、セキュリティが担保されることになる。

　なお、個々の弁護士資格の認証については、裁判所が、「法律実務証明書」(Practicing Certificate) を発行しており、最高裁判所が、データベース化している。そこから、懲戒処分の情報等をも入手することができる。

　⑥**宣誓管理官システム**　このシステムは、宣誓管理官 (Commissioner for Oaths) の面前での宣誓供述書とその確認を、電子的に行うことを許すものである。それは、司法府および司法府外における宣誓管理

官の面前における宣誓供述書をカバーしている。

3 「テクノロジー法廷」とその概要

この「e-ファイリング・システム」とともに、「e-訴訟システム」の核心をなすものが、「テクノロジー法廷」である。

「e-訴訟システム」が完成するためには、電子環境における訴訟をサポートする「ハードウェア」または物理的設備が整備されなければならなかった。「e-訴訟システム」の計画過程において、効率よく質の高い司法システムを開発するためには、弁護士が、法廷において、「e-ファイリング・システム」だけではなく、より効果的かつ簡潔に事実主張や証拠を提出でき、この目的に向けた科学技術を最大限活用した法廷が構築される必要があることが認識された。また、その際に、「テクノロジー法廷」において、裁判官と弁護士が、電子環境におけるヒアリングとトライアルを快適に実施できるようにすることも、重要であると考えられた。

「テクノロジー法廷」は、すでに1994年にその青写真が描かれていた。いわば「ハイテクノロジー・コート」(ハイテク・コート)ともいうべき「テクノロジー法廷」は、裁判官と弁護士に、法廷における科学技術の利用を経験させ、事件の運営において科学技術がもたらす利点を認識させる意味あいをも有した。

最初の「テクノロジー法廷」(「第1テクノロジー法廷」)は、1995年7月に完成した。それが、その後の「テクノロジー法廷」の模範となった。たとえば、テレビ会議その他のAV設備、デジタル記録システムのような先進的な科学技術を備えたものであった。この法廷は、裁判官や弁護士に対して、コンピューターの助けを借りて審理を進める機会を与え、法廷のテクノロジー化によって実際にどのような効用が生じるかを体感させることになった。

多数の事件が、「第1テクノロジー法廷」で審理された。この最初のテクノロジー法廷の成功例が、「第2テクノロジー法廷」の建設へと駆り立てることになった。それは、裁判官や弁護士等からのフィードバッ

クの成果をも組み入れて設計されたものであった。

　特に、「第2テクノロジー法廷」を建設する際には、伝統的な法廷の荘厳さを維持しつつ、弁護士等が申立てや主張を行う方法を改良し、証言の録取をより効果的なものにするための工夫もなされた。この法廷の主要な特徴は、法廷の機能の4つの主要領域、すなわち、①裁判所の手続進行のコントロール、②証拠の提示、③手続進行の記録、④テレビ会議の方法による証言の録取の各局面におけるテクノロジーの精度と機能を高めた点にあった。

　その法廷で、裁判所事務官は、「カラー・タッチ・スクリーン・パネル」を用いることによって、法廷の機能を幅広くコントロールすることが可能となった。

　たとえば、事務官は、法廷の音声や明るさのレベルをコントロールすることができ、法廷に置かれた8個のカメラを、法廷全体を映し出すために利用し、また、特定の場所をズームインして、コントロールすることも可能となった。このタッチ・スクリーン・パネルを使うことによって、録音システムや電話・テレビ会議の設備を、起動して活用できることになった。その結果、事実関係の提示と証言の録取は、より容易かつ効果的に可能となった。

　また、たとえば、AVシステムによって、証拠を、DVDやVCDなど多種多様な媒体に記録することが可能となり、それらが裁判所に提出され、それを法廷に設置された100インチのプロジェクション・スクリーンに投影することも可能となった。

　さらに、ビデオ・プロジェクション・システムは、たとえば法廷内のカメラ、テレビ会議システム、およびノート・パソコンなどの多くのソースから、映写すべき画像を取り込むことをも可能にした。さらに、電気コンセントや電話ポートも、弁護士や報道関係者の便宜のために据え付けられているので、たとえば、弁護士は、ラップトップ・パソコンを証拠の提示に用いることが可能となった。ビデオの内容とコンピューター・アニメーションは、技術的に複雑な事件の説明を分かりやすく行うために、統合的な活用を行うこともできる。このことは、特に、特許権

侵害事件や船舶事故事件において利便性を発揮すると考えられた。「百聞は一見に如かず」の諺のごとく、言葉や文字で描写することに代えて、ビデオ化された映像を再生することによって、たとえば特定の機械がどのように動くのかなどを、より容易かつ効果的に示すことが可能となった。

またさらに、「テクノロジー法廷」にとって重要な設備は、「テレビ会議システム」である。それは、証人が実際に法廷に出廷できない場合に、証言を得るための便利な手段である。この方法によって、シンガポールの裁判所は、世界のどこからでも、証言を得ることが可能となる。それはまた、時間と費用の節約にもつながる。

このようなテクノロジー法廷の使用が、数多くの利点をもたらすことも認識された。

すなわち、まずそれは、弁護士が、法廷において訴訟関係を明らかにするための、より効果的な方法を提供することになった。また、弁護士は、コンピューターから、弁護士事務所のサーバーや、オンライン検索のためにインターネットへ接続することも可能となった。次に、裁判所書記官は、一枚のコントロール・パネルによって、裁判所の手続進行を効果的にコントロールすることが可能となった。さらに、報道機関の構成員は、メールで記事を直接に彼らの本部へ送り返すことも可能となった。

このようなテクノロジー法廷は、「21世紀のシンガポール・モデル法廷」を象徴していると評されている。

4 裁判所ネットワークへのアクセス

なお、「シンガポール最高裁判所ネットワーク」への裁判所外からのアクセスについても付言したい。

最高裁判所ネットワークは、日常的に、最高裁判所の裁判官等によって、オンラインでの法情報の調査、データ検索、e-メールのやりとりのためにも利用されている。裁判所における電子環境のもとでのヒアリングの実施は、そのネットワークの使用頻度を増加させることになった。

2001年7月から、裁判官等には、個別的にラップトップ・パソコンが与えられ、「サイトリックス (Citrix)・サーバー」という名のサーバーを経由して、裁判官等の自宅から最高裁判所ネットワークへの遠隔のアクセスが確保されることになった。これによって、裁判官等は、自宅で寛ぎながら、審理の準備のために電子事件記録を読むことができ、判決理由を書くために法情報の調査を行うことも可能となった。このような遠隔無線LANアクセスの利用は、最高裁判所の補助裁判官にも拡張されている。

なお、無線LANの設備は、最高裁判所のいくつかの「ホット・スポット」にも据え付けられている。たとえば、この設備は、裁判所事務官等が会議等でLAN上の様々なアプリケーションにアクセスできるように、会議室に据え付けられている。

3　おわりに

これまで述べてきたように、シンガポールの司法、とりわけ裁判所は、最高裁判所であれ下級裁判所であれ、IT化に関して、1990年代初頭の濫觴期以来、今日に至るまで、長い道のりを歩んできた。これは、総合的かつ統合的な「e-訴訟システム」のヴィジョンを真に現実化すると思われる。司法府は、サイバー法廷の時代へ向かっており、電子ファイリング・システム、大規模なテレビ会議設備、その他の遠隔通信ツールによって、ヴァーチャル法廷が、現実のものとなっている。そこでは、「e-訴訟システム」のヴィジョンが現実化され、「サイバー法廷の時代の夜明け」とも言われているのである。

その成果の結実の一つが、2005年に完成した新最高裁判所である。これにより、シンガポールの裁判所における科学技術の普及は、1つの完成を見た。そこでは、無線LANと無線ブロードバンド設備を設け、裁判所の建物のいたる所に無線設備を拡張する計画が推進された。また、裁判所における様々な手続を記録するためのマルチメディアのデジタル記録設備も備えられることになった。音声・画像・書面の3点セットに

よる手続の記録化も可能になった。裁判手続におけるリアルタイムの証言の書き取りも可能になった。最高裁判所のインターネット・システムは、すべての知識管理ツールと利用可能なアプリケーションを、よりユーザー・フレンドリーでかつ有用性のあるものへと高めた。建物全体が、ブロードバンドやビデオ・ストリーミングのアプリケーションへの高速リンクを促進するネットワーク・システムによって、サポートされているのである。

　公共の場所における、電子掲示、完全な対話方式の情報キオスク、デジタル・ビデオのウォール・ディスプレイは、最高裁判所における全方位の情報へのアクセスを容易にする。このように、新しい最高裁判所の建物は、多様な意味における高度な処理能力を有するものとなったのである。

　このように、国家的規模で、「司法のIT化」を短期間に実現して、順調な実績をあげてきたシンガポールの改革事例とその具体的な諸方策は、日本における「e-サポート裁判所」の構築に際しても、有益な比較と実践の視座を提示してくれると考えられる。

　このシンガポール裁判所のIT化を参考として、今後、日本の司法のIT化のために、具体的な提言を行っていきたい。

＊　　＊　　＊

　なお、本稿は、先に述べたように、シンガポール最高裁判所、下級裁判所および弁護士会等への訪問とそこでのインタビュー等をも基礎としているが、その際には、様々な場面で多くの方々のお世話になった。心から感謝を申し上げたい。

　シンガポール下級審裁判所を訪れた際に、エントランスで見つけた「裁判所の使命等」を刻んだレリーフが、同国の裁判所のありようを考える上で象徴的であった。裁判所における法的救済のあり方を網羅的に示していると考えられるので、その全訳を記し、本稿の結びに代えたい。

「1つの使命　司法を運営し、正義を実現すること
2つの目的　①「法の支配」を維持すること
　　　　　　②「正義へのアクセス」を増進させること
3つの目標　①正義にかなった判断を下し、紛争を解決すること
　　　　　　②効率的に司法を運営すること
　　　　　　③国民の信頼と信任を保持すること
4つの司法モデル　①刑事関係の司法—国民を守ること
　　　　　　　　　②少年関係の司法—修復的な司法を実現すること
　　　　　　　　　③民事関係の司法—効率的かつ公正な紛争解決を行うこと
　　　　　　　　　④家庭関係の司法—家族の権利・義務を保護・貫徹すること

5つの価値　①身近さ（アクセスのしやすさ）
　　　　　　②迅速さと適時性
　　　　　　③平等、公正および廉潔（インテグリティ）
　　　　　　④独立性と説明責任
　　　　　　⑤国民の信頼と信任
6つの原則　裁判官とマジストレイトは、その職務と忠誠に関する諸原則を遵守することを、宣誓の上で署名している。
　　　　　　①法の職務を忠実に遂行すること
　　　　　　②シンガポール共和国の法と慣習に従い、国民の作法にかなったかたちで、正しくその職務を行うこと
　　　　　　③畏怖や選好、愛情や悪意をもつことなく、正しく行為を行うこと
　　　　　　④最善を尽くして職務を行うこと
　　　　　　⑤誠実に職務を行うこと
　　　　　　⑥シンガポール共和国に対する真の忠誠心をもって職務を行うこと」

※本稿は、電気通信普及財団等からの補助を得た研究成果の一部である。

参考文献

Anja Oskamp etc., ed., IT Support of the Judiciary, 2004

Waleed Malik, Judiciary-Led Reforms in Singapore, 2007

ペーター・ギレス（小島武司編）『民事司法システムの将来』（中央大学出版部　2005年）

マウロ・カペレッティ（小島武司訳）『正義へのアクセス』（有斐閣、1981年）

川嶋四郎『民事訴訟過程の創造的展開』（弘文堂、2005年）

　　同　　『民事救済過程の展望的指針』（弘文堂、2006年）

　　同　　『民事訴訟法概説』（弘文堂、2013年）

　　同　　「ロイヤー・テクノロジー――開示・可視化・充実迅速化」法律時報76巻3号54頁（2004年）

　　同　　「『民事訴訟のIT化』のための基本的視座に関する覚書（1）」―『先端テクノロジー』の民事訴訟改革への貢献可能性を中心として」法政研究（九州大学）72巻2号1頁（2005年）

　　同　　「『e-裁判所』構想の課題と展望」法政研究（九州大学）72巻4号1193頁（2006年）

　　同　　「『e-サポート裁判所』システムの創造的構築のための基礎理論―『IT活用』による『正義へのユビキタス・アクセス』構想」法学セミナー653号36頁（2009年）

川嶋四郎＝上田竹志「生まれ変わる民事訴訟――新しい正義のしくみと先端テクノロジー」自由と正義55巻10号20頁（2004年）

シンポジウム（上田竹志、笠原毅彦、園田賢治、川嶋四郎）「『e-裁判所』の創造的構想」法政研究（九州大学）72巻4号1141頁以下（2006年）等も参照。

ADR 合意の効力
―― 訴権制限合意についての若干の検討 ――

山 本 和 彦
Kazuhiko YAMAMOTO

1 問題意識
2 ADR 合意の意義について
3 ADR 合意（訴権制限合意）の効力について
4 本判決への当てはめ
5 おわりに

1 問題意識

　本稿は、いわゆる ADR 合意[1]の効力について検討する。本稿では、特にそれが訴訟とどのような関係に立つのか、すなわち ADR 合意が当事者間で締結されていることによって当事者は当該事案について裁判所に訴えを提起することができなくなるという効果を生じるのか、という問題を中心に若干の検討をするものである。近時、この点について、東京高判平成23・6・22判時2116号64頁（以下単に「本判決」ともいう）が出され、若干の議論が展開されているが[2]、未だその検討は十分とは言い難い。仲裁合意については、法律の明文で訴権を排除する効果が認められているが（仲裁法14条1項）、ADR 合意については ADR 法等にその点につき明示した規定は存しない。ただ、今後、ADR の発展普及に伴

---

[1] 本稿で「ADR 合意」とは、当事者間で裁判以外の紛争の解決方法を定める合意のうち、仲裁合意を除くものを指す。山本和彦＝山田文『ADR 仲裁法』（日本評論社、2008年）では、同旨のものとして「ADR 手続契約」を観念し、「特定の紛争について特定のADR 手続を通じて解決を図ることを約する当事者間の非典型契約」と定義する。
[2] 同判決の評釈として、中野俊一郎・判批・判時2133号166頁以下が大変有益である。なお、本稿は、同判決の基礎となった事件において、被告側から東京高等裁判所に提出された筆者の法律意見書を元にしたものである。

い、当事者間に予めADR合意が締結される事態も相当に増加するものと考えられ、この点を検討しておくことは、理論的にも実務的にも一定の意義があると考えられる。

　以下では、まずADR合意の意義について論じ、それが訴権を制限する合意であると認められる要件について考える（2参照）。次に、仮にADR合意が訴権制限合意であると認められた場合にも、それに基づき裁判所が訴えを却下できるかどうかは別の問題であるので、その点について別途論じる（3参照）。最後に、以上のような一般的な考え方を本判決の事案にあてはめて検討してみる（4参照）。

2　ADR合意の意義について

1　ADR合意の種別

　当事者間でADR合意が締結される場合、そのような合意には様々な種類のものがあると考えられる。最も単純には、当事者間で当該紛争の解決のために（特定の）ADR手続を利用することができる旨の合意、すなわち「ADR利用合意」があるが、これは基本的に訴訟手続の利用とは関係を有しない。他方、当事者間において当該紛争の解決のために（特定の）ADR手続の利用を両当事者に義務付ける合意、すなわち「ADR利用強制合意」がありうる。さらに、当事者間で当該紛争の解決のために（特定の）ADR手続を経ないで訴えを提起することを両当事者に許さない合意、すなわち「訴権制限合意」がありえよう。これらはそれぞれ別の内容を有する合意であると解される。

　このうち、ADR利用合意がADR利用強制合意や訴権制限合意を当然に含むものでないことは明らかであろう。単なるADR利用合意においては、ADRを利用するかどうかは当事者の任意に委ねられるが、一方がADRを利用する場合には、他方はそれを拒絶できないという効果を有するに止まることになる。他方、ADR利用強制合意があったとしても、それだけで提訴が当然に許されないことにはならないと考えられる。ADR利用強制合意に反した場合としては、当事者がADRを利用

しなかったこと（その不作為）が相手方に対する債務不履行にはなるが、訴えを提起したことそれ自体が義務違反になるものではないと解されるからである。その意味で、ADR利用強制合意の存在は、それのみでは訴え提起の効力に直接の影響を与えるものではないと考えられる。それに対し、訴権制限合意は、当事者の訴え提起行為に直接着目した合意であるので、その存在は訴訟手続に対して一定の効果を有しうる[3]（但し、それが直ちに訴え却下の効果を導くものとはいえないことについては、3参照）。

以上から、個々のADR合意と訴訟手続との関係を考察するに際しては、そのADR合意が上記のうちどのような内容を有するものであるのか、具体的にはそれが訴権制限合意としての内容を有するものであるのか、についてまず慎重な検討を要する。

2　訴権制限合意の根拠——明示の合意の必要

あるADR合意について、それが（ADR利用強制合意を超えて）訴権制限合意としての内容を有するとされる場合には、原則としてその旨の当事者の明示の合意が必要になるものと解される。けだし、これは不起訴の合意の一種（いわば「時限付不起訴合意」）であり、当事者の裁判を受ける権利を直接制限するものであるところ、裁判を受ける権利は憲法が保障する基本的人権であり、それを制限する例外的な合意としては当事者の明示の意思表示が原則として不可欠であると考えられるからである。確かに一般的な不起訴合意や仲裁合意とは異なり、訴権制限合意は裁判を受ける権利を永久に当事者から奪うものではないが、たとえ一時的にであれ、当事者の裁判を受ける権利が侵害されることは間違いのないところであり、裁判を受ける権利の重要性に鑑み、その排除を正当化するには当事者のその旨の明確な効果意思が必要不可欠と考えられる。

以上のような訴権制限合意の例外性の付加的な根拠としては、「裁判

---

[3]　山本＝山田・前掲注（1）79頁が「ADR合意の存在は必ずしも訴訟を排除するものではない（ただし、当事者が<u>ADRによってのみ解決すべき旨の特別の合意</u>をしているときは、それは不起訴の合意としての効力を認められうる）」（下線部筆者）とするのも、以上のような趣旨を表そうとしているものと解される。

外紛争解決手続の利用の促進に関する法律（以下「ADR法」という）」の立案過程での議論が重要である。すなわち、ADR法の立法に際しては、いわゆる「付ADR」（付調停に対応するもので、裁判所が係属する訴訟事件を民間ADRに付託する制度）の当否が議論となった。しかし、裁判所が当事者の意思に反して事件をADRに付することは、それがたとえ一時的なものであったとしても、当事者の裁判を受ける権利を侵害するおそれがあるとして否定された[4]。その結果、最終的には、付ADRという形ではなく、当事者間でADR手続が実施されている場合又はADR合意がある場合において、当事者の共同の申立てがあるときに、裁判所は訴訟手続を中止することができる旨の規定（ADR法26条）に止まったものである。この規律で特に注目されるのは、当事者の合意として、ADRの利用に関する合意とともに、共同の中止申立てが別途必要とされている点である。つまり、このような規律は、ADR手続を訴訟手続に優先させることを正当化するためには、ADR利用の合意に加えて訴権制限の明示の合意を要することを示しているものと評価できるからである[5]。そして、事後（提訴後）のADR合意ですら、訴権を制限するためにはそのような明示の合意が必要であるとすれば、法体系の一貫性に鑑み、事前の合意によってADR手続を優先させて訴権を制限する場合には、それが可能であるとしても、その旨の明確な効果意思及び意思表

---

4) この議論については、山本＝山田・前掲注（1）253頁以下参照。その結果、ADR検討会の議論でも、この論点は「裁判所によるADRを利用した和解交渉の勧奨」という形で、あくまでも「勧奨」という位置づけに止められている（この点は、小林徹『裁判外紛争解決促進法』（商事法務、2005年）357頁参照）。また、フランスでも同様の議論があり、フランス法における付ADRの制度は、当初の実務では当事者の同意を不要とするものであったが、裁判を受ける権利の観点からの批判を受け、現在の法律では必ず当事者の同意を要件とするものとされている（これについては、山本和彦「ADR基本法に関する一試論」ジュリ1207号32頁など参照）。

5) 山本＝山田・前掲注（1）254頁参照。訴訟手続係属中にADR手続を実施したり、ADR手続を利用する合意を当事者がしたりするのであるから、常識的には訴訟ではなくADRによる解決を当事者が志向している（黙示的に訴訟手続の利用を排除している）と推認することができるが、それでもなお訴訟手続を排除する旨の明示の合意（共同の中止申立て）がない限り、法はADR合意の訴訟手続への影響を否定しているものということができる。

示が必要とされるはずである。

　したがって、訴権制限合意の認定に際しては、原則として、ADR 手続を利用する義務を当事者に課してその代わりに提訴できないことを明示するか、あるいは少なくともその趣旨が一義的に明白に（他の解釈を許さない形で）合意の中に読み取ることができるものである必要があると解される。

3　訴権制限合意の根拠——黙示の合意の認定の要件

　以上のように、ADR 合意を訴権制限合意と解するには、原則として当事者のその旨の明示の意思表示を要すると解されるが、もちろん一般の意思表示の理論に従い、当事者間の黙示の合意が全く認められないというわけではない。しかし、前述のように、それが裁判を受ける権利という憲法上の権利を制約するものであることに鑑みれば、黙示の合意の認定には特別の慎重さが必要である。すなわち、訴権制限合意を黙示的なものとして認定するに際しては、当該合意内容が訴権を制限する趣旨であるとの認定が可能であるとともに、訴権を制限される当事者に対して提訴に代替するような十分な手続権が保障されている必要があると解される。そのような代替的手続保障なしに訴権を制限されることに当事者が同意するとは一般に考え難く、あえて当事者が代替的な手続保障を不要としたと理解できるような特段の事情のない限り、そのような場合に当事者の訴権制限の黙示の意思を推認することは相当でないからである。その意味で、黙示の訴権制限合意を認定するためには、ADR 合意（紛争解決条項）全体の合理性の判断が不可欠になるものと解される[6]。

　そのような合理性を示す条項として、まず時効中断との関係が考えら

6）　これは、合理性がない合意が一般的に効果を有しないとする趣旨ではない。当事者が明示的に合意している場合には、それがいかに不合理な内容であったとしても、（公序良俗や強行法規に反しない限り、あるいは錯誤等による意思表示でない限り）効果が認められることは当然であるが、黙示の意思を認定する場合には、内容が不合理なものについては、特段の事情のない限り、人は合意しないという経験則に基づき、合意があったかどうかの判断に際して、合意内容の合理性が問題になるという趣旨である。

れる。訴権制限合意は、一時的に裁判を受ける権利を制限する合意であるので、その間は提訴による請求としての時効中断ができないことになる。その点を考えると、合理的な当事者であれば当然、そのような合意をする際には、それに代わる時効中断の方法を念頭に置くはずである。そこで、まず訴訟に代えて利用が強制される ADR 手続が時効中断効をもつかどうかが問題となる。民事調停や ADR 法上の認証 ADR 等であれば（手続終了後一定期間内の提訴により）時効中断効が認められるので（民151条、ADR 法25条など参照）、訴権を制限してもこの点での当事者の権利は基本的に害されないことになる。しかし、仮に時効中断効を有しない ADR 手続の利用を強制して訴権を排除する場合には、時効中断をもたらすような合理的方法[7]が ADR 合意の中で規定されているのが通常であると解される。しかるに、そのような規定が ADR 合意中に存在しないような場合には、当事者が時効中断措置をあえて不要と考えていたような特段の事情のない限り、当事者間では提訴を排除するまでの効果意思はなかったことが推認され、黙示の訴権制限合意と認定することは一般に相当ではないと解されよう。

　次に、黙示の訴権制限合意を認定するためには、訴訟に代えて利用を強制される ADR 手続が訴訟手続を排除するのにふさわしい明確なものである必要があると解される。特に当該 ADR 手続が不当に遅滞するおそれがないように配慮がされている必要があろう。そのような明確な手続の定めがなく、結果として一方当事者の引き延ばし等の行為によって ADR 手続が遅滞するおそれがあるとすれば、裁判を受ける権利が否定される期間が不当に長期化するおそれがあり、実質的に裁判を受ける権利を侵害すると判断されるところ、そのような合意を合理的な当事者が甘受するとは考え難いからである。民事調停や認証 ADR 等であれば、調停委員会における裁判官の関与や認証要件としての手続に関する定め（ADR 法6条7号等）などがあるので、仮に訴権が制限されたとしても当

---

[7] 例えば、時効期間が迫ったような場合には、ADR 手続が中途であってもなお例外的に提訴を認めるなどの措置が考えられよう。

事者の手続権は基本的に害されないと評価できるが、そのような保障がないにもかかわらず、当事者の黙示の意思を認定するのは、裁判を受ける権利の観点から疑問である。したがって、上記のような意味で必ずしも十分ではないADRについて利用合意がされていたとしても、当事者がそのような手続権の侵害があってもやむを得ないと考えていたような特段の事情のない限り、当事者間では提訴を排除するまでの効果意思はなかったことが推認され、黙示の訴権制限合意との認定は一般に相当ではないと解されよう。

4　小括

以上から、あるADR合意を訴権制限合意であると認定するためには、①原則として訴権を制限する旨の明示の合意（そのように一義的に解釈できる内容の合意を含む）が必要であり、②明示の合意がない場合に条項の全体から黙示の訴権制限合意を認定しうる可能性があるとしても、その場合にはADR合意全体の合理性について、上記の時効中断との関係やADR手続の明確性などの観点から、訴権排除の効果意思の存在について慎重に判断する必要があるものと解される。

3　ADR合意（訴権制限合意）の効力について

以上のような検討に基づき仮にあるADR合意が訴権制限合意を内容とすると認定されるとしても、その場合に当然に訴えが却下されることにはならないと考えられる。換言すれば、訴権制限合意の効果は直ちに訴えの却下に結びつくものではない。そこで、以下では、訴権制限合意が訴訟との関係でどのような効力を有するかについて検討する。

このような検討に際して参考になると思われるのは、訴え取下げ合意の効果に関する判例法理である[8]。すなわち、判例は、この点につい

---

8) 以下では、訴え取下げ合意及び不起訴の合意に関する判例法理の当否については立ち入らず、そのような判例法理を前提としてADR合意の効力を検討する。

て、「訴の取下に関する合意が成立した場合においては、右訴の原告は権利保護の利益を喪失したものとみうるから、右訴を却下すべきもの」と解している[9]。そこでは、有効な訴え取下げ合意が認められる場合には、あえて国が関与してまでその紛争を解決する必要はなく、訴えの利益が否定されるとみることができるとの理解を前提としており、当然に合意内容どおりの効果、すなわち取下げの効果が生じるものとしているわけではない点に注意を要する。その意味で、判例はこのような合意についていわゆる私法契約説の立場をとり、あくまでも合意の内容を訴えの利益の判断の一要素と理解しているものと解される。また、不起訴の合意の効力についても、学説上はいわゆる訴訟契約説が有力であるが、判例の議論を前提とすれば、やはり私法契約説に基づき、訴えの利益の有無が判断の基準となることになると解される[10]。そして、訴権制限合意が、前述のように、不起訴の合意の亜型であるとすれば、判例によれば、仮に訴権制限合意が認定されたとしても、それにより直ちに訴え却下の結論が導かれるわけではなく、訴えの利益の消滅が認められる場合にのみ、訴え却下の結論になるべきものと解される。換言すれば、訴権制限合意の存在にもかかわらず、なお訴えの利益が認められる場合には、訴えを却下すべきではないと解されることになる。

　それでは、調整型ADRの利用を前提とした訴権制限合意の場合に、その合意によって訴えの利益は一般的に失われるのであろうか。この場合には、ADR手続が行われても、常に和解に至って紛争が解決されるとは限らず、ADR和解が成立しない場合には結局提訴の必要がある点に注意を要する[11]。その意味では、訴権制限合意にもかかわらずなお訴えの利益がありうることになる。換言すれば、訴権制限合意は、訴え取

---

9) 最判昭和44・10・17民集23巻10号1825頁参照。
10) 不起訴の合意の効力に関しては、例えば、伊藤眞『民事訴訟法〔第4版〕』（有斐閣、2011年）322頁など参照。
11) これに対し、裁定型ADRにおける訴権制限合意、つまり仲裁合意においては、訴えの利益を問題とせず、当然に訴え却下の効果が生じるとされているが（仲裁法14条1項）、それは、仲裁合意においては確実に仲裁手続において紛争が最終的に解決されることを前提とすることができるからである。

下げ合意や仲裁合意、純粋の不起訴合意などとは異なり、永久に当事者の訴権を否定するものではなく、暫定的一時的な訴権否定という特徴を有する合意である。そうであるとすれば、訴権制限合意が認められたとしても、訴えの利益を一般的な形で否定して訴え却下の結論に至ることは原則として相当ではないと解される。個々の事件において、例えばADRにおける話合いが成立する蓋然性が高いなど特段の事情がある場合に限り、例外的に訴えの利益がないと判断されるべきものであろう[12]。

　そして、以上のような理解は、民事調停法やADR法における既存の制度との整合性からも導くことができるように思われる。すなわち、調停前置義務は（当事者の合意に基づくものではないが、法律の規定によって）やはり一時的な訴権制限を定めるものであるが、その規律に反して提訴がされた場合には、原則として職権で調停に付されることになるところ（民調24条の2第2項）、その場合も訴え自体は却下されず、裁判所は訴訟手続を中止することができるに止まる[13]（民調20条の3第1項）。また、前述のADR法26条で、訴訟手続中に当事者間でADR利用の合意がされた場合にも、裁判所はやはり訴えを却下するのではなく、共同の申立てに基づく訴訟手続の中止ができるに止まる。つまり、ADRの手続を訴訟手続に優先させるとしても、ADR不調の場合を慮って訴えを却下せずに、将来の訴訟手続の続行の可能性を残す（訴訟手続を中止するに止める）のが現行制度の考え方であるといえよう。このことは、調整型ADRの前記のような特徴からは合理的な規律ということができ、事前の訴権制限合意がある場合についても、その点は十分顧慮されるべきであろう。

　以上の検討からすれば、ADRの利用を前提とした一時的な訴権制限の合意がある場合においても、訴えの利益がないとして直ちに訴えを却

---

12)　訴えの利益の判断は、もともとこのような個別性のある判断となる。
13)　この点は家事調停でも従来から同様とされており（旧家審規130条）、そのような規律は合理的なものとして、近時の家事事件手続法においても維持されたところである（同法275条）。

下してしまうことは、原則として過剰な規制であり、相当ではないと解される[14]。むしろ民事調停規則5条やADR法26条の規定を類推して訴訟手続を中止するに止めるか、そうでなくても事実上期日の指定をせずに裁判所がADR手続の推移を見守るという取扱いが相当であろう[15]。仮に訴権制限合意に基づき訴えを却下すべきものとすれば、それはいかなる場面でも常に画一的な取扱いが裁判所に義務づけられることになるが、訴権制限合意がある場合であっても実際には様々な事案や事情がありうることから、裁判所に裁量権を与えて事件ごとに柔軟な取扱いを認めるのが実際にも相当であると思われる[16]。

以上から、訴権制限合意が認められる場合であっても、訴えを却下する取扱いは、原則として相当とは言い難いものと解される。

4　本判決への当てはめ

1　本件事案の概要

本判決の事案は、XがYらに対して不法行為に基づく損害賠償請求訴訟を提起したものである。当事者間には、本件の訴訟物に関する紛争

---

[14]　この点については、提訴による時効中断効にも配慮が必要である。仮に訴えを却下してしまうと、原告は時効中断効を享受できなくなってしまうからである。選択されたADR手続に時効中断効が認められるとしても、訴え却下時には消滅時効が既に完成してしまっているおそれがあるし、その時点では時効完成がなくても、当該ADR手続に時効中断効が認められていなければ、ADR手続中に時効が完成するおそれもある。訴訟の係属を維持すれば、このような帰結になるおそれはなくなる。

[15]　この場合、仮に一方当事者から期日指定の申立てがあったとしても、少なくともADRの話合いに必要と認められる相当期間については、当該申立てを（期日申立権の濫用等と評価して）却下して期日を開かないことができるものと解すべきことになろう。

[16]　前述の民事調停や認証ADRの規定の場合も「中止することができる」として裁判所の裁量的な取扱いを許容している。また、やや類似した局面として外国裁判所に同一の訴訟が係属している場合（国際的訴訟競合）の取扱いがあるが、この場合にも、裁判所の柔軟な取扱いの可能性が認められているところである（国際裁判管轄法制の立法に際して、この点の規制に関して明文規定を設ける提案もされたところであるが、裁判所の裁量を制約するものとして採用されなかった。この点については、佐藤達文＝小林康彦『一問一答平成23年民事訴訟法等改正』（商事法務、2012年）177頁参照）。

について締結された損害分担合意[17]（以下「JSA」という）の中に、以下のような条項が存在した（原文は英語であるが、訳は原判決の認定による）。

　第9条　適用される法律及び紛争解決
　本契約は、すべての点において日本法に準拠し、日本法に従い解釈されるものとする。本当事者が本契約による分担解決金の配分方法につき意見を異にする場合（「本件分担紛争」）、当該本当事者は、かかる紛争に関して誠実な交渉を行うものとする。かかる交渉がかかる誠実な交渉の開始日から60日以内に当該紛争を解決しない場合、一切の本当事者は、当該事件を中立的な日本の調停人に付託することができる。当該調停人は、本当事者らの合意により選出するものとする。調停人の選択について本当事者らが調停手続の開始時から30日以内に合意に達することができない場合、一切の本当事者は、書面による要求を社団法人日本商事仲裁協会（「JCAA」という。）に提出し、調停人の選出を要求することができる。（中略）調停人が選出された後、本当事者らは、日本の商慣行の原理に従い、非拘束的な調停を行うものとする。調停によって当該紛争が完全に解決されない場合、本当事者らは、日本の裁判所において残りの問題を解決するためのあらゆる法的手段を開始することに合意する。

　Xは、Yらを相手方として、平成21年7月24日、東京簡易裁判所に民事調停の申立てをしたが、同調停は、平成22年1月12日、調停不成立により終了した。そこで、Xは、Yらを被告として、平成22年1月25日、本訴を提起したものである（なお、本訴提起後、平成22年10月1日から、上記JSA 9条に定める民間調停手続が開始している）。

2　本件合意の性質
　以下では、以上のような筆者の一般論の結果を本件事案にはてはめて

---

[17] 平成18年1月27日付の「Judgment Sharing Agreement Civil Dram Case」と題されたものである。なお、本件事案の詳細については、阿部博友「民間調停による紛争解決条項の法的効力をめぐる争い」NBL994号92頁以下参照。

検討してみる。

　まず、本件合意が訴権制限合意と認められるかどうか、という問題である。JSAには、訴権を否定する明示の合意が存在しないことは明らかである。そして、本件ADR合意がADR利用強制合意であるかどうか自体も疑わしく、仮にそれがADR利用強制合意であったとしても、さらに訴えの提起を制限する合意とまで一義的に認められるとは解し難いと思われる。

　その理由として、第1に、ADR手続に付することについて、JSA第9条第3文は「may」という語を用いており、当事者は調停に「付することができる」とするに止まり、調停によらなければならないとしているわけではない。その意味で、この合意がADR利用強制合意と言えるかどうかが、そもそも疑問である。確かに、この文言は、交渉継続か調停付託かの選択権を当事者に付与するもので、調停手続の利用を強制しているという読み方も不可能ではないが、他方で、調停付託か訴訟提起かの選択権を当事者に付与したものという読み方も十分に可能であろう。また、JSA第2.6条[18]も当事者がそのような手続を用いる権利を有するとのみするものであり、そのような手続の利用が義務づけられると一義的に解されるものではない。この規定の意義としては、第2.6条の定めにより、一方当事者が第9条所定の調停に付託した場合には相手方がその手続を拒否できず、同条所定の流れで手続が進められる旨を規定したに止まるものとの解釈もやはり十分に可能である。第2に、JSA第9条末尾の規律は、調停による解決ができなかった場合についての日本の裁判所の国際裁判管轄を合意した条項と解する余地は十分にあり[19]、やはり調停によることを義務付けたものと断定することはできない。

---

[18] 同条は、各当事者は「分担解決金の配分が適切かどうかについて交渉し、もし適切であればかかる分担解決金の公正かつ衡平な配分を決定することに合意する。かかる交渉によりかかる紛争が解決しない場合、各本当事者は、本契約第9条に規定の手続に従い手続を進める権利を有するものとする」と定める。

[19] 英文の原文からすれば、当該条項は「当事者は、残されたいかなる争点についても、それを解決するいかなる法的手続も、日本の裁判所において開始されなければならない旨を合意する」との趣旨と理解される。

以上のように、本件 ADR 合意は少なくとも明示の ADR 利用強制合意とは言い難いが、さらに仮にそれが ADR 利用強制合意と読めるとしても、訴権制限合意としての明示の内容はそこに含まれていないことは明らかである。前述のように、裁判を受ける権利という憲法上の権利を制限する合意をするのであれば、当事者は原則としてその旨を明示すべきであり、本件でより明確な内容の合意を結ぶことは十分期待可能であったし[20]、また両当事者がそのような効果意思を有するのであれば、そうすべきであったと思われる。確かに契約当事者の属性によっては、裁判所がありえた当事者の意思を忖度しながら一定程度創造的な契約解釈をすることは考えられるが、少なくとも本件のように、日本を代表するような大企業同士の合意について、あえて契約文言とは離れた解釈をして、裁判を受ける権利を制約する効果を導かなければならない必然性はないと思われる。したがって、本件条項には訴権を制限する旨の明示の合意はないので、原則としては訴権制限合意とは認められないものと解される[21]。

　それでは、次に、例外的に訴権制限の黙示の合意を認定することができるか、という点が問題となる。その際には、前述のように、そのような黙示の意思の推認を可能とするだけの合理性が本件条項にあるか否かが問題となるが、この点は疑問であろう。まず、第1に、本件条項においては時効中断に対する十分な配慮は見られない。本件条項で利用が予定されている ADR 手続には時効中断の効果は認められていない[22]。また、時効中断のために必要がある場合には、当事者は適切な措置をとる

---

20) たとえば、「第9条の手続を経ずに訴えを提起することはできない」などという表現をとって、その趣旨を明確にすることは一挙手一投足の労であったといえよう。
21) これらの条項を原審判決のように読むことが不可能ではないとしても、明示的に訴権を制限しているとまでは言えない以上、黙示の合意とする理解が可能かどうかという後述の問題となろう。
22) 日本商事仲裁協会（JCAA）の調停手続は現在では認証手続として時効中断効を有するが（日本商事仲裁協会は、ADR 法に基づく第7号（認証日：2007年12月27日）の認証紛争解決事業者となっている）、本件合意当時にはそのような効力はなかったし、そもそも本件合意は、アドホックの ADR 手続の利用を定める（日本商事仲裁協会には調停人の選定を求める）にすぎないので、時効中断効は当然認められない。

ことができる旨の規定も存しない。とりわけADR法で時効中断効を認める前提として、当事者がADR手続を終了させるための要件及び手続に関する明確な定めが必要とされ、それが認証要件として規定されているが（ADR法7条12号）、本件条項では手続がどのように終結されるかについて、明確な規定が存しない。これでは、一方当事者が時効中断を図る必要があり、提訴のためにADR手続を打ち切ろうとしても、それが第9条の規定に沿わないと事後的に判断されれば、依然として訴権制限合意は有効とされ、当該訴えは不適法と解されるおそれが残る。その結果、当事者は提訴することができず、時効を中断できる保障がないことになってしまう。その結果として、相手方が意図的に時効の完成を目論めば、それが可能になってしまうおそれが現実にあることになり、実質的に裁判を受ける権利を侵害するおそれが大きい。したがって、時効中断ができなくてもやむをえないと当事者が考えていたことを示すような特段の事情があればともかく、本件事案においてはそのような事情を示す事実も存しないとみられ、当事者の合理的な意思解釈としては、訴権制限の趣旨を含む黙示の合意を認定することは相当ではないと解される。

　第2に、本件条項においてはADR手続に関する規律も不明確なものに止まっている。そこでは、日本商事仲裁協会の商事調停規則[23]を用いるものではなく、調停人の選定は日本商事仲裁協会に委ねるとしても、調停手続自体はアドホックなルールによるものとされている。したがって、一方当事者がどのような行為をすれば何日以内に他方当事者がどのような行為をして、目途としてどの程度の期間で手続が終結に向かうのか、全く明らかではない結果になっている。これに対し、多くのADR機関のルールでは、標準的な手続進行や処理期間等が設けられており、特に認証ADR機関ではそのような定めが不可欠となっている[24]

---

23)　同規則については、http://www.jcaa.or.jp/adjust/domest-chotei.html 参照。
24)　例えば、日本商事仲裁協会の商事調停規則（前注参照）では、「調停手続は、調停人選定後、3ヶ月以内に終了しなければならない。ただし、調停人は、当事者間に別段の合意があるとき又は協会が必要と認めたときは、その期間を延長することができる」と規

（ADR法7条7号など参照）。しかるに、本件条項では、ADRにおいて最も重要な点である手続の進め方等については、全面的に調停人の裁量に委ねられる内容となっている。そのような点についての明示的な合意なしに訴権の制限を受け入れることは一般に合理的とは言い難く、そうであるとすれば当事者間の黙示の合意を認めることは困難である。

　また、JSA第9条によれば、当事者が事件を調停に付託する前提条件として、当事者の誠実交渉義務の定めが置かれている[25]。しかし、交渉の「誠実性」というものは極めて主観的かつ曖昧な概念である。それにもかかわらず、本件条項においては誠実性の判断の基準や判断権者についての定めが欠如しているので、当事者はその点について確実な判断ができないことになっている。その結果、当事者間で現実に交渉がされていても、未だ誠実な交渉はされていないと一方当事者が主張すれば、そもそもADR手続への付託自体が認められず、延々と相対交渉が継続してしまうおそれが否定できない。そうすると、一方当事者の行為や思惑によってADR手続の開始が遅滞するおそれが多分にあり、当事者の裁判を受ける権利が侵害されるおそれが否定できない。そして、本件事案では、当事者がそのような侵害もやむを得ないと考えていたような特段の事情は認められないように思われ、当事者の合理的な意思解釈としては、訴権制限の趣旨を含む黙示の合意を認定することは相当ではないと解される。

　以上の検討から、本件では、当事者の合理的な意思解釈として、訴権を制限するまでの効果意思はなかったことが推認され、黙示の合意としても、本件合意が訴権制限合意を含むとの認定は相当でないと解される。

定されている。
25）「当事者は、かかる紛争に関して誠実な交渉を行うものとする。かかる交渉がかかる誠実な交渉の開始日から60日以内に当該紛争を完全に解決しない場合、一切の本当事者は、当該事件を中立的な日本の調停人に付託することができる」とされている。

3 本件合意の効果

最後に、仮に本件合意が訴権制限合意であると認定されるとしても、前述のように、原則として訴え却下の結論に至ることは相当ではない。本件では、ADRにおける話合いの成立の蓋然性が高いなどの特段の事情は事案から伺うことはできず[26]、訴えの利益が失われているとまでは言えないように見受けられる。したがって、裁判所は、訴えの利益を否定して直ちに訴えを却下するのではなく、ADRにおける話合いがされていることを念頭に置いて、訴訟手続の進行に一定の配慮を加えれば足り、またそれに止めるべきであると解される[27]。そして、ADR手続における話合いが合理的な理由なしに遅延していると裁判所が認めるような場合には、訴訟手続を進行させることも可能であると解される。そのような個別の事情に応じた裁判所の柔軟な対応の可能性を否定して、本件合意に基づき直ちに訴えを却下する取扱いは相当ではないと考えられる[28]。

以上の検討から、本件合意は、訴権制限合意を含むと解することはできないと解されるし、仮に訴権制限合意であるとしても、それに基づき直ちに訴えを却下することは許されないと解される。

4 本判決の概要と評価

本件事案において、第1審判決（東京地判平成22・12・8）は、「JSA 9条が、訴訟手続をとる前提として、①誠実な交渉、②契約当事者の合意で調停人を選出した場合には、その調停人を介しての調停手続、③上記合意ができない場合には、JCAAにより選出された調停人を介しての調停手続を要求し、上記②又は③の調停手続で紛争が解決しない場合に

---

[26] 話合いの成立の可能性が抽象的にあるという程度では、訴え却下という重大な結論を導くことはできないと解される。

[27] 解釈論としては、前述のように、民事調停規則5条やADR法26条を類推して、訴訟手続を中止することもできると解される。

[28] 訴えを却下してしまうと、前述のような本件合意の曖昧さからADR手続が遅滞し、その間に本件債権について消滅時効が完成してしまうような事態も想定されよう。

はじめて、裁判所におけるあらゆる法的手段を開始することとしているの（中略）であり、本件において、X及びYらの間で、少なくとも上記②及び③のいずれの手続もとられたとは認められないから（中略）、原告による本訴提起は、JSA 2・6条、9条で合意された手続を履践していない以上、不適法といわざるを得ない」として訴えを却下した。

これに対し、控訴審判決（東京高判平成23・6・22前掲）は、原判決を取り消し、事件を原審に差し戻した。その理由は主に以下の3点である。

第1は、本件合意が仲裁合意などと異なり、紛争の最終解決に導く保障を有しない点である。本判決はまず、「訴訟に関する合意に本判決をするための要件（訴訟要件）の欠缺という訴訟上の効力を認めるには、当該効力が日本国憲法32条に規定する国民の裁判を受ける権利の喪失を来すものであることも考慮しなければならない」との基本認識を前提に、「訴訟に代替する紛争解決手段が確保されている仲裁契約との相違点を考慮すると、所定の交渉及び調停の過程を経ていないときに本案判決をするための要件（訴訟要件）が欠けるという効力を認めるのは、JSA（中略）の規定に過大な効力を認めるものであって、相当でないというべきである。JSAの当該規定が私法上どのような効力を有するか（例えば、損害賠償義務の発生原因となるかどうか。）については、当裁判所は判断すべき職責を有しないが、当該規定の訴訟上の効力については、努力規定、訓示規定にとどまり、紳士条項的な意味しか持たないとみるほかはない」とする。

第2は、ADR法26条との整合性である。同条は、認証ADRにおける紛争解決の合意がありその手続が進行しているとしても、それだけで訴えを却下するものではなく、当事者の共同の申立てがあって初めて受訴裁判所の裁量により4月内の中止を命じうるに止まることを考慮すると、「現在のわが国の法制度は、当事者間にJSAのような民間の機関による調停を行う旨の合意がある場合であっても、当該合意に強い訴訟上の効力を認めることに消極的であり、当該民間調停の手続を経ずに提起された訴訟も適法である（本案判決をするための要件に欠けるものではない。）という考え方に立つものとみられる」とする。

第3は、原告に対する予想外の不利益のおそれである。すなわち、本件訴えを却下してしまうと、原告は時効中断の効果を享受できず、債権の時効消滅という結果が生じるし[29]、再度の訴え提起によると提訴手数料の二重負担の結果を生じるところ[30]、そのような結果は原告に酷であるとする。

　そして、以上を総合して、本判決は「これらの事情にもかかわらず本件訴えを不適法却下するとすれば、民事訴訟法理論はだれのためにあるかという観点からの非難を免れない」とする。そして、「JSAの誠実交渉及び民間調停実施の合意に反して提起された訴えが不適法却下されるというYらの主張は、実定法上の明文の規定もなく、判例、学説上例のない新たな類型の訴訟要件の創造に当たるので、Yらの主張を採用する場合において時効中断の措置がとれなかったり、訴提起手数料を二重にとられたりするという結果が発生することは、Xにとって予測が困難であったことを考慮すると、なおさら、適切でない。なお、仮に前記JSAの規定に何らかの訴訟上の効力を認めるとしても、ADR法26条の認証紛争解決手続により紛争解決を図る合意がある場合の規定を類推適用して、当事者共同の申立てがある場合に4箇月の限度で訴訟手続を中止する権能を受訴裁判所に認めるにとどめるべきものである」と判示する。

　以上のような本判決の判断は、上記のような筆者の考えからも、基本的に相当なものと考えられる。特に、仲裁合意との相違、ADR法との整合性、時効中断効の否定による原告の不利益のおそれという理由は、十分に首肯できるものである[31]。ただ、本判決は、そのような理由から、一般論として本件合意の訴訟上の効果を否定しているように見える

---

29) 本件では、平成21年2月又は3月頃に最も早い時効完成を迎えるが、原告は、平成21年1月29日に催告（民147条・153条）、同年7月24日に民事調停申立て（平成22年1月12日に調停不成立）、同年1月25日に本訴の提起（民調19条、民147条・149条）によって時効中断の措置をとっていたが、本件訴えが却下されると、時効中断効は生じない結果になるとされる。
30) 本訴提起の手数料は1789万円になるとされる。
31) 提訴手数料の問題も本判決の指摘の通りと考えられる。

点には、疑問を有する[32]。筆者は、前述のように、当事者の意思が明確に訴権を制限する趣旨のものであれば、その意思を尊重してよいものと解する。確かにここでは裁判を受ける権利が問題であるとしても（本判決のそのような認識は高く評価されるべきものである）、なお当事者は自己の明確な意思で裁判を受ける権利を放棄することはできるはずである[33]。また、ADR法26条も、ADR合意は（本稿の用語によれば）あくまでADR利用合意に止まり、提訴制限合意ではないので、改めて両当事者の共同申立てを求めているとすれば、明確に提訴制限の趣旨が表れている条項との整合性には問題がないといえよう。以上のように、筆者は、この問題について裁判を受ける権利の問題として慎重な配慮を加えた本判決の姿勢は高く評価でき、その結論は支持できると考えるが、なお当事者の提訴制限の意思が明確にされている場合には、裁判所がその趣旨を尊重すべき場合はあり[34]、本判決もそのような場合を否定するものではないと考える。

5　おわりに

以上のように、ADR合意について、それが訴権制限の効果をもつのは、裁判を受ける権利の尊重の観点から、原則としてその旨が明示され

---

32) 中野・前掲注（2）169頁は、「調停前置条項が『紳士条項的な意味しか持たない』との判旨の一般論が一人歩きするのは危険ではないかと思う」とされるが、全く同感である。
33) 本判決は、不起訴合意について「実体法上の権利が既に自然債務と化していることが、その実質的な理由の1つである」とされている。その趣旨は明確ではないが、代替する紛争解決の方法を認めなくても、当事者の意思で裁判を受ける権利を放棄する効果が現行法上認められていることもまた事実であろう。
34) その場合に、訴えを却下するか、訴訟手続を中止するかは1つの問題である。筆者は、本判決も示唆するように、ADR法26条との整合性にも配慮し、訴訟手続の中止を含めた柔軟な処理を認めるべきものと解することは、前述のとおりである。同旨として、中野・前掲注（2）171頁参照（「代替的紛争解決の促進という見地から、調停手続の帰趨を見極めるため、（中略）訴訟手続を中止する裁量権をもつというべきではなかろうか」とされる）。

ている場合に限られ、黙示の意思表示を認めることには慎重でなければならない。またその効果についても、直ちに訴え却下の効果を認めるのではなく、訴訟手続の中止を含めた柔軟な措置が裁判所の裁量において認められるべきものと解される。いずれにしても、このような問題については、従来、学説の検討は十分とは言い難い一方、将来的にはADRの普及に伴って必ず増加していく問題と考えられる。その意味で、今後、諸外国の動向[35]なども含めて、研究が進められていく必要があると解される。甚だ不十分なものであることを自覚しているが、本稿がそのような議論の契機となれば望外の幸せである。

(2013年3月19日脱稿)

---

35) 外国法の動向に関して、英国、米国、フランス、ドイツ及びスイスの各国法の有益な概観については、中野・前掲注（2）169頁以下参照。また、英米の判例・実務の状況については、阿部・前掲注（17）95頁以下参照。

「裁判の迅速化に係る検証」の歩み

小 林 宏 司
Koji KOBAYASHI

1 迅速化検証について
2 統計データに基づく分析について
3 長期化要因の分析と施策の検討
4 社会的要因の分析
5 おわりに

1 迅速化検証について

1 はじめに

　平成15年に「裁判の迅速化に関する法律」（平成15年法律第107号。以下、「迅速化法」という。）が施行されてから、10年が経過した。迅速化法8条では、最高裁判所が、裁判の迅速化に係る検証を行い、その結果を2年ごとに公表するものとされており、平成17年7月に第1回の検証結果が公表されて以降、平成25年7月には第5回の検証結果が公表されるに至っており、この間の検証結果の蓄積は相当程度のものとなっている。

　筆者は、この検証作業に事務局として携わる機会を持った者であり、迅速化法施行10年となるこの機会に、これまでの検証経過を紹介するとともに、検証によって得られたものを振り返ってみたい。迅速化法に基づく検証は、刑事訴訟事件等をも対象とするものではあるが、ここでは主に民事訴訟事件に関する検証について述べることとする[1]。

---

[1] 本稿は、基本的には検証により明らかになった実情とそこで指摘された点を概観するものであるが、これを超えた意見にわたる部分は、筆者の私見である。

2 迅速化法の概要

迅速化法は、司法制度改革の一環として平成15年7月に成立した法律であり、その概要は次のとおりである[2]。

まず、同法は、司法がその役割を十全に果たすために公正かつ適正で充実した手続の下で裁判が迅速に行われることが不可欠であること等にかんがみ、裁判の迅速化に関する基本となる事項を定めることにより、第一審の訴訟手続をはじめとする裁判所における手続全体の一層の迅速化を図り、もって国民の期待にこたえる司法制度の実現に資することを目的としている（1条）。

次に、同法にいう裁判の迅速化のイメージであるが、裁判の迅速化は、第一審の訴訟手続については2年以内のできるだけ短い期間内にこれを終局させ、その他の裁判所における手続についてもそれぞれの手続に応じてできるだけ短い期間内にこれを終局させることを目標として、充実した手続を実施すること並びにこれを支える制度及び体制の整備を図ることにより行われるものとするとされている（2条1項）。そして、ここにいう制度・体制の整備は、訴訟手続その他の裁判所における手続の整備、法曹人口の大幅な増加、裁判所及び検察庁の人的体制の充実、国民にとって利用しやすい弁護士の体制の整備等により行われるものとされる（2項）。

同法は、裁判の迅速化に関する国の責務等をも定める。すなわち、国は、裁判の迅速化を推進するため必要な施策を策定・実施する責務を有し（3条）、政府は、施策を実施するため必要な法制上又は財政上の措置その他の措置を講じなければならないとし（4条）、さらに日本弁護士連合会、裁判所及び当事者等の責務についても触れている（5～7条）。このように、迅速化法は、裁判の迅速化が充実した手続を実施すること並びに制度及び体制の整備を図ることにより行われるものとした上、そのための施策に関する国等の責務を明らかにする基盤整備法としての性格

---

2) 迅速化法の概要について、笠井之彦「裁判の迅速化に関する法律」ジュリスト1253号74頁。最高裁による検証について、中村愼「裁判の迅速化に係る検証について」判例タイムズ1144号4頁。

を有している。

　その上で、同法は、裁判の迅速化を推進するため必要な事項を明らかにするため、最高裁判所が、裁判所における手続に要した期間の状況、その長期化の原因その他必要な事項についての調査及び分析を通じて、裁判の迅速化に係る総合的、客観的かつ多角的な検証を行い、その結果を、2年ごとに公表するものとしている（8条）。これを受けて、最高裁判所では、「裁判の迅速化に係る検証に関する規則」（平成15年最高裁判所規則第26号）を制定し、検証を実施するに当たっては、検討会を開催して、裁判官、検察官、弁護士及び学識経験のある者の意見を聞くこととしている。

　これに基づき、最高裁判所では、「裁判の迅速化に係る検証に関する検討会」（座長：髙橋宏志教授）を設け、そこでの議論を踏まえつつ、これまで平成17年から同25年にかけて、5回にわたり、報告書という形で検証結果を公表してきたものである。

3　各回の検証の概要

　5回にわたり公表された報告書のうち、第1回報告書（平成17年7月公表）及び第2回報告書（平成19年7月公表）では、主として統計データに基づき裁判の運営の実情の分析が行われた（ただし、第2回では、裁判官に対するヒアリング等も行われている。）。その後の検証作業においては、統計データに加えて、更に各種のヒアリング等の調査も踏まえつつ、より突っ込んだ形で分析が行われ、第3回報告書（平成21年7月公表）では、民事訴訟事件に関する長期化要因の全般的な検討がされるとともに、第4回報告書（平成23年7月公表）では、第3回での検討を踏まえつつ、長期化要因を解消し裁判の一層の適正・充実・迅速化を推進するために必要な施策の検討がされた。そして、第5回報告書（平成25年7月公表）では、裁判の在り方に影響を与える裁判手続外の社会的要因にまで視野を広げ、分析・検討が行われた。

　以下では、この10年間に行われた検証作業について、①統計データに基づく分析、②長期化要因の分析と施策の検討、③社会的要因の分析と

いう観点から、その概要を紹介したい。なお、5回にわたる検証における分析はそれぞれ多岐にわたっており、ここではその一部のみを紹介するものである（詳細は裁判所ホームページに掲載されているので、参照されたい。）。

2 統計データに基づく分析について

1 統計データ分析の対象等

第1回検証においては、検証の出発点として、まずもって、現在の裁判の運営の実情を、審理期間という観点から明らかにしておくことが不可欠であるとし、裁判所で収集してきた統計データを用い、地方裁判所における第一審訴訟事件の審理期間の経年的推移及び直近の期間（民事訴訟事件については、検証用に事件票のデータ項目追加等を行った後である平成16年4月から同年12月までの9か月間）の審理期間等の状況について検証作業が行われた。そして、第2回検証においては、第1回検証における議論を踏まえ、第一審の事件票について、検証作業を効果的に実施する上で有益と思われるデータ項目を追加し、これにより新たに明らかになった点（データ項目追加により、争点整理段階や人証調べ段階などの手続の各段階に即した分析等が可能になった。）やこれに関連する事項について分析、検討が行われた。また、その後、利息制限法の制限利率を超えた利率による利息を支払ったことを理由として貸金業者に対して過払金（不当利得）の返還を求める訴訟（過払金返還請求訴訟）の新受件数が急増してきたことから、第3回検証からは、必要に応じ、過払金返還請求訴訟による影響を可能な限り除いたデータを示すこととした[3]。

ところで、統計データによる分析対象は、主として地方裁判所における民事第一審訴訟事件であったが、その後、高等裁判所における控訴審訴訟事件（第2回、第5回）、家庭裁判所における家事事件（第3回以降）、最高裁判所における上告審訴訟事件（第4回以降）なども対象とされている。

---

3) 事件票上の事件類型のうち、過払金返還請求訴訟が含まれるものを除外することにより、統計データ分析に当たっての同訴訟の影響を取り除こうとしたものである。手法の詳細は、第3回報告書「概況・資料編」24頁。

2　統計データの状況

　分析の対象とされたデータは多岐にわたるが、このうち民事第一審通常訴訟事件に関する基本的なものの状況について見ると、以下のとおりである。

（1）地方裁判所における新受件数、平均審理期間　昭和20年代から現在に至るまでを見ると、地方裁判所の民事第一審訴訟事件の新受件数は、簡易裁判所の事物管轄拡大等の影響による一時的減少をはさみつつも、最近まで一貫して増加傾向にあった（最近は、過払金返還請求訴訟の急減により、新受件数全体も減少している。）。この間、既済事件の平均審理期間は、昭和48年に至るまで徐々に長期化し、同年には戦後最長の17.3月を記録したが、その後短縮化に転じて平成17年には8.4月となり、更に短縮化して、平成20年には6.5月となったが、その後は反転して平成24年には7.8月となっている。

　以上のような審理期間の短縮化は、後記（2）で述べるように、争点整理を実施する運用の浸透によるところが大きいものと考えられるが、近時の平均審理期間の更なる短縮化とその後の反転は、前述した過払金返還請求訴訟の急増とその後の急減による影響を受けたものと考えられる（過払金返還請求訴訟は、審理期間の短い事件が多く、人証調べを行う事件も少ないなど他とは異なる特徴を有している。）。

　なお、既済事件ベースで見た場合、審理期間が2年を超えているものの割合は、平成24年で4.9％（過払金返還請求訴訟を含む。）である。

（2）手続段階から見た状況　前記1で述べたとおり、第2回検証からは、手続の各段階に即した統計データが得られるようになった。第2回報告書（平成18年の事件統計）では、民事第一審訴訟事件のうち、人証調べを実施した事件の平均審理期間は18.8月であるところ、そこでの平均人証調べ期間は0.9月にとどまり、上記平均審理期間の中に占める割合は4.8％にすぎないと指摘されている。これを第5回報告書（平成24年の事件統計）で見ると、人証調べを実施した事件の平均審理期間が19.7月、平均人証調べ期間が0.4月となっており、平均審理期間の中に占める人証調べ期間の割合は更に低下してきている。これは、集中証拠調べが

実施されている事件割合が増加していることによるものと推測される[4]。

このような分析のほか、報告書では、より長期的な動向として、人証数の推移がデータで示されている。それによれば、各年度の既済事件において取り調べられた人証（当事者本人及び証人）の総数を既済事件の総数で除して得られた数（既済事件全体で見た場合の平均人証数）は、昭和53年には1.5人であったところ、徐々に減少し、平成15年には0.6人となった（その後、人証調べがほとんどない過払金返還請求事件が増加したこともあってか、平成20年には0.3人となっている。）。また、人証調べを実施した事件のうち、人証数が5人以上のものは昭和53年では約25％を占めていたのに対し、平成16年には約10％となっている。このように人証調べをした事件が減少し、人証調べをした事件においても人証数が減少してきているのは、充実した争点整理を実施した上で必要な人証調べを行うという実務の浸透、定着により、従前は人証調べを実施していたような事件でも、充実した争点整理をした結果、人証調べをするまでの必要がなくなったり、あるいは真に取調べが必要なものに人証を絞ったりするケースが増加したからではないかと考えられる[5][6]。

---

4) 平成24年において、人証調べを実施した事件のうち83.7％が1回の期日で人証調べを終えている。人証調べを実施した事件における平均期日回数11.0回の内訳は、口頭弁論期日回数が4.7回、争点整理期日回数が6.3回、人証調べ期日回数が1.2回である。

5) 例えば「民事訴訟のプラクティスに関する研究」（昭和61年度司法研究）などにより、争点整理の重要性が指摘され、平成8年の民事訴訟法改正で各種の争点整理手続が整備された。民事第一審訴訟（過払金等以外）の争点整理実施率（準備的口頭弁論、弁論準備手続及び書面による準備手続が実施された事件の割合）は、平成15年には33.4％であったものが、平成24年には40.4％に増加している。

6) 審理期間は、直接的には、期日をどのくらいの間隔で（期日間隔）、何回行うか（期日回数）により定まることになる。第1回検証では、この観点からの分析が行われており、平成16年のデータで見る限り、審理期間が3年を超えるような特殊な事件を除くと、審理期間が長い事件ほど平均日回数が多くなるが、平均期日間隔はほとんど変わっておらず、審理期間に影響を与えているのは、主として期日回数であると指摘されている。他方、期日間隔と期日回数についての経年的推移を見ると、平成16年の既済事件の平均審理期間は、昭和53年当時に比べて40％強短縮化しているところ、この間、期日回数には大きな差はないのに対し、期日間隔が大幅に短縮化していることが指摘されている。

（3）実情調査を踏まえた分析へ　　以上のとおり、手続段階で見た場合、審理期間の中では争点整理期間（第1回口頭弁論期日から人証調べ開始日までの期間）の占める割合が最も大きいことが明らかになったが、これは、実務感覚を統計的に裏付けるものでもあった。そこで、第2回検証からは、民事訴訟事件の審理期間に影響を及ぼす要因を分析するに当たり、審理期間の中で最も比重の大きい争点整理期間に主に着目して分析がされることとなったが、統計データからの分析だけでは限界があることから、第2回検証においては、複数の庁の裁判官からのヒアリング調査も実施し、審理の実情等が聴取された。その結果等も踏まえ、9つの類型の事件について審理期間の長期化に影響を及ぼす要因とその背景事情を考察し、主な長期化要因として、①審理対象の量や訴訟の規模に関わる問題（争点多数、当事者多数）、②専門性に関わる問題、③証拠に関わる問題（証拠の不足、収集の困難等）、④関係者に関わる問題（訴訟関係者である当事者等の態度・考え方、訴訟活動の在り方、執務態勢等）があると指摘された。以後、より本格的な形で第3回以降の検証作業が行われることとなる。

3　長期化要因の分析と施策の検討

1　長期化要因の分析

　上記のとおり、民事訴訟事件については、第1回検証、第2回検証を通じて、統計データの分析による長期化要因の検討を行い、第2回検証では、これに加えて裁判官のヒアリングも行ったところである。しかし、民事訴訟事件の長期化要因を検討するためには、訴え提起前や期日間の弁護士の活動の実情を把握することも不可欠であり、第3回検証においては、弁護士からのヒアリング調査も実施し、そこで得られた情報をも踏まえた上で、民事訴訟事件一般に共通する長期化要因を検討した。その概要は以下のとおりであり、長期化要因を、①主に争点整理の長期化に関連する要因、②主に証拠収集に関連する要因、③専門的知見を要する事案に関連する要因、④裁判所、弁護士の執務態勢等に関連す

る要因に大別して示している。

（１）争点整理の長期化に関連する要因　　民事第一審訴訟事件においては、争点整理を実施した上、集中証拠調べを行う審理方法が相当定着しており、長期化する事件では、人証調べではなく、主として争点整理に時間を要している。したがって、争点整理に充てられる期間の長期化が、審理期間全体の長期化の大きな要因となる。

争点整理の長期化をもたらす要因として、まず、訴訟の準備段階における事情が挙げられる。具体的には、①訴え提起前の調査・検討の困難性（依頼者が十分な資料収集をできない、相手方の主張により事実が判明する場合がある等）、②迅速な争点整理を困難にする被告側特有の事情（弁護士への相談時期が遅い場合がある等）などである。

また、訴訟における当事者側の事情として、①弁護士と依頼者との意思疎通等の困難性（依頼者が重要な事実であることを認識しておらず、弁護士に必要な情報を伝えていない等）、②期日間準備の短縮の困難性（現在の弁護士の業務態勢等を前提とする限り、期日間準備の期間を大幅に短縮することは困難である等）、③争点の絞り込みの困難性（当事者が法律上の判断に不必要な点まで事実を主張し、これについて争われ、争点の絞り込みが困難となって、争点整理に時間を要する場合がある等）、④審理期間に影響を与える訴訟活動（当事者が請求を理由付ける事実に関連する重要事実を記載しないために紛争の実態を把握するのに時間を要する等）、⑤当事者の意識（迅速な解決よりも真相解明を求める依頼者が多い等）などがある。

他方、訴訟における裁判所側の事情として、①争点整理への裁判官の関与の姿勢（裁判官が真相解明や全体的解決といった事情のために争点の絞り込みをためらい、争点の整理に時間を要する場合がある等）、②和解に関する事情（話合いによる解決の可能性の見極めが困難なために、和解協議に時間を要する場合がある等）がある。

そして、争点又は当事者多数の事案では、整理すべき主張の量が多い上、多数の争点ごとに個別に書証等の整理や主張との対比等を行わなければならないため時間を要し、当事者や関係者が多数になると、期日指定にも支障が生じることがあるし、先端的で、複雑困難な問題を含む事

案（いわゆるハードケース）では、その紛争の社会的背景等についても主張立証されるため、主張や証拠の量が大部になることに加え、専門的知見を要したり、関係者や争点が多かったりするなどの事情も相まって、争点整理が長期化することになる。

（2）主に証拠収集に関連する要因　審理が長期化する事件類型では、ほとんどのものにおいて、証拠の不足、証拠の偏在等といった事情が存在している。具体的には、証拠が不足していたり存在しなかったりするためにこれを収集できず審理が長期化する場合と、証拠は存在するもののその収集が困難であるために審理が長期化する場合がある。

証拠の不足・不存在の背景として、我が国においては、欧米諸国に比べ、合意内容を書面に残すことが徹底されておらず、契約書等が存在しなかったり、不備であったりすることが多いことが挙げられる。書証等の客観的証拠が不足し、あるいは存在しない場合には、当事者は、関係者の供述や間接事実の積み上げに依拠した立証を行うことになるが、そうすると争点整理期間が長期化することになる。

また、証拠が存在していても、当事者の一方に偏在し、当該当事者がこれを提出しない場合には、文書提出命令の申立てやその審理等に時間を要する。また、個人情報保護の意識が高まり、文書送付嘱託等が拒絶されるケースがあるし、刑事訴訟記録等の別手続で使用・作成された資料については、客観性の高い証拠があった場合でも、利用が制限されるために、結果的に審理が長期化することがある。

（3）専門的知見を要する事案に関連する要因　医事関係訴訟、建築関係訴訟、コンピュータ・ソフトウェアの開発請負契約に基づく代金支払請求訴訟等の専門的知見を要する訴訟においては、専門的知見を踏まえた争点整理に時間を要したり、主張を行う前提となる証拠の分析等に時間を要したりするため、争点整理が長期化する。また、このような訴訟では、専門的知見を補うために裁判所が鑑定を実施したり、当事者が第三者的な専門家に私的鑑定書を作成してもらう場合があるが、鑑定人の確保や鑑定書の提出等に時間を要することがあり、また、相異なる鑑定結果が出た場合にはその評価に時間を要することがある[7]。

（4）裁判所及び弁護士の執務態勢等に関連する要因　　裁判官が多数の事件を抱えていて繁忙な状態にあると、十分な事前準備や検討を行うことができず、争点整理手続において適時適切な整理を行えなかったり、判決の起案が長期間に及んだりして、審理期間が長期化する可能性がある。また、事件の複雑化、専門化、国際化に適正迅速に対応する必要があるところ、裁判官による専門的知見の取得や法的調査のためのサポート態勢の不十分さが、審理期間を長期化させる要因の一つとなっている可能性がある。複雑困難な事件についての合議体による審理が十分に活用されていないことが、審理期間を長期化させる要因の一つとなっている可能性もある。

　他方、弁護士へのアクセスが遅れると、訴え提起前の準備が不十分になったり、訴状に対する答弁の準備が遅れたりするといった事態になりかねず、審理が長期化する可能性がある。また、弁護士が、手持ち事件多数などの過重な負担によって繁忙な場合、訴訟の準備が不十分になることや、期日が入りにくくなって期日間隔が長くなることが考えられ、審理が長期化する可能性がある。

2　施策の検討

　第3回検証での上記の分析を受けて、第4回検証では、裁判の一層の適正・充実・迅速化を図る上で有効と考えられる施策を広範に取り上げて整理した。これらは、運用面における施策、これを支える制度面の施策及び裁判所の人的態勢整備等を中心とした態勢面の施策等といった多岐にわたるものであり、今後の議論へ向けたいわばたたき台的としての性格を有するものである。その概要は、以下のとおりである[8]。

7）　第3回検証では、このほかに、個別の事件類型に特有の長期化要因として、医事関係訴訟、建築関係訴訟、労働関係訴訟、遺産分割事件等につき、それぞれに特有の長期化要因が分析されており、第4回検証では、これらの類型ごとに施策の検討がされている。

8）　第4回検証で示された施策については、「特別座談会　民事裁判の一層の充実・迅速化へ向けて（1）～（4）」ジュリスト1432～1435号、「民事訴訟の迅速化に関するシンポジウム（上）（下）」判例タイムズ1366号、1367号参照。

（1）主に争点整理の長期化に関連する要因に関する施策　　前記のとおり、長期化する事件では、主として争点整理に時間を要しているところであり、争点整理に当てられる期間の長期化が、審理期間全体の長期化の大きな要因である。これを踏まえ、第4回検証では、次のような施策が考えられるものとして示された。

①争点整理のステップを意識して進めていくための施策（争点整理を効率的・効果的に行うために、証拠収集・主張提出段階、争点議論段階、争点確定段階の3つのステップを明確に意識して進めていくプラクティスを可能にする方策等について、検討を進める。）、②訴え提起後の比較的早期の段階において証拠を収集する制度（文書提出命令、文書送付嘱託、調査嘱託等の証拠収集方法について、原則として、証拠収集・主張提出段階の期間内に申し立てなければならないとする制度を導入することができないか、検討を進める。）、③口頭の議論を活性化させるための施策（必要があれば、争点議論段階において、弁論準備手続の特定の期日に集中的に議論を行う期日を設けることも含め、検討を進める。）、④効率的・効果的な争点整理に有効な書面作成の促進に関する施策（時系列表等の提出を求める制度の導入、準備書面の分量制限等を求める制度の導入）、⑤提出期限遵守のための制裁（攻撃防御方法の提出期限遵守のための失権効等の導入）、⑥当事者のニーズや事件規模に応じた手続（紛争当事者のニーズや事件規模、事件類型等に応じて、必要性、有効性を吟味した上で、一定の事件に関して、審理期間を短くする手続について、既存の手続、制度との関係も考慮しつつ、検討を進める。）、⑦本人訴訟への対応の強化（弁護士強制制度の導入）、⑧ADRの結果の活用（ADR機関の手続において作成された主張整理結果や証拠等を訴訟で活用できる制度の導入）。

また、争点又は当事者多数の事案及び先端的で複雑困難な問題を含む事案に関連する要因に関する施策として、⑨合議体による審理に関する施策（争点又は当事者多数の事案及び先端的で複雑困難な問題を含む事案における合議体による審理の積極的な活用）、⑩裁判所による照会に関する施策（裁判所による行政庁等に対する照会制度の創設）も提案された。

（2）主に証拠収集に関連する要因に関する施策　　審理が長期化する事件類型では、証拠の不足、証拠の偏在等といった要因が挙げられて

いる。これについて、第4回検証では、次のような施策が提案された。

①提訴前の証拠収集処分に関する施策（提訴前の証拠収集処分の見直し）、②文書送付嘱託の実効化に関する施策（文書送付嘱託の応諾義務の明文化）、③主に証拠収集に関連する要因に関するその他の施策（当事者照会制度の見直し、文書提出義務の拡大、ディスクロージャーやデポジションについて制度導入の可否も含めて検討）。

（3）専門的知見を要する事案に関連する要因に関する施策　専門的知見を要する訴訟では、専門的知見を踏まえた争点整理に時間を要したり、鑑定に時間を要したりするために、審理が長期化しがちであるとされている。これについて、第4回検証では、次のような施策が提案された。

①専門委員を活用しやすくするための施策（専門委員の利用方法を多様化し、機動的な任命・選任、専門委員による意見陳述等、専門委員のより一層の活用方策について検討を進める。）、②専門的知見の獲得に資する施策等（合議体による審理の積極的活用、専門訴訟に必要な知見やノウハウ等の研究、蓄積、利用、法情報の検索・共有システムの拡充）、③弁護士の専門化推進（弁護士による専門訴訟のスキル獲得の機会の確保、弁護士が専門的なスキルを有していることを認定する制度の創設）、④適切な鑑定人の確保等（鑑定人となることにインセンティブを与える制度の導入、研究機関による鑑定を積極的に活用することができるような環境整備）、⑤専門的知見を要する事案におけるADRの活用（ADRの活動を充実させ、その活用を図ることについて検討）。

（4）裁判所及び弁護士の執務態勢等に関連する要因に関する施策　裁判官や弁護士が繁忙な状況にあったり、弁護士へのアクセスが遅れたりすると、十分な事前準備や検討ができず、主張及び証拠の適時適切な整理を行えなかったりして、審理期間が長期化し得るとされている。これについて、第4回検証では、次のような施策が提案された。

裁判所の執務態勢等に関連する要因に関する施策として、①裁判官の人的態勢（特に負担が増大している大規模庁をはじめとして負担が増大している庁に対し、継続的に相応の裁判官の態勢拡充を図る等）、②裁判所の人的態勢に関するその他の施策（書記官等の態勢整備、調停委員の態勢整備）、③合議体に

よる審理（合議に付するにふさわしい事件を、これまで以上に積極的に合議に付し、経験豊富な裁判長が主導的な役割を果たしながら、適正迅速な解決を図ることを可能にするような態勢整備について検討）、④法廷等の物的態勢に関する施策（審理期間への影響が指摘されている法廷等の不足解消、法廷等の使い勝手の向上、IT環境の整備）。

弁護士の執務態勢等に関連する要因に関する施策として、①弁護士へのアクセスに関する施策（弁護士へのアクセスの強化、民事法律扶助や権利保護保険の拡充、弁護士に関する適切な情報開示、弁護士強制制度の導入）、②弁護士の執務態勢に関する施策（弁護士の繁忙状況の解消、複雑な事件や専門的知見を要する事案についての弁護士のサポート態勢の整備）。

4　社会的要因の分析

1　社会的要因分析の意義等

以上のとおり、第3回検証で長期化要因の分析がされ、第4回検証でこれを踏まえた施策の検討がされたわけであるが、第4回までの検証作業は、主として司法固有の領域を対象として行われたものであった。

しかし、それまでの検証検討会においても、真に実効性あるものとして裁判の一層の適正・充実・迅速化を推進するためには、単に裁判手続に内在する要因に即して施策を進めていくだけではなく、社会・経済的背景や国民の意識といった裁判の在り方に影響を与える裁判手続外の社会的要因についても考察を及ぼして、その問題の構造を把握し、裁判の合理的な運用に及ぼす影響等を検討する必要があるのではないかとの指摘がされていた。そこで、第5回検証においては、この指摘を念頭に置きつつ、上記の社会的要因にまで視野を広げ、紛争自体の総量や動向に影響を与える要因、裁判事件となる紛争や動向に影響を与える要因の分析・検討が行われた。具体的には、各種統計データに基づく分析や文献調査のみならず、地域的特性を異にする複数の地区を訪問し、地方自治体や消費生活センターなどの相談機関等での実情調査を実施するとともに、専門家等を対象としたヒアリング調査や、フランス、ドイツ及びアメリカ

での実情調査を実施し、諸外国の実情とも比較しつつ検討が行われた。
その分析結果の概要は、以下のとおりである[9]。

2 分析結果の概要

（1）法的紛争一般の動向についての分析　　国内実情調査によれば、各種相談機関に法的紛争について多数の相談が持ち込まれている一方、紛争解決を躊躇する意識や、法的解決の時間的・金銭的コスト等といった諸要因が法的紛争を潜在化させる方向に働いているとの指摘があり、社会内に多数の潜在的紛争が存在している実情がうかがわれた。このような実情について、例えば、経済規模の小さな地方部では、事件がいわば「沈んだ」状態にあるなどと表現されてもいたところである。しかしながら、各種ヒアリングや統計データ等を分析したところによれば、今後の紛争の動向として、①少子高齢化等の進行、家族観及び家族規範の多様化、地域コミュニティの変化などの社会の変容、②法教育の進展等を背景とした紛争解決に対する意識等の変化、③法曹人口の増加や弁護士保険の広がり等を背景とした弁護士等へのアクセスの容易化といった諸要因により、これまで潜在化していた法的紛争が顕在化し、質的にも複雑化・多様化し、事案によっては先鋭化していくことが想定される。

（2）裁判外での紛争処理の全般的状況についての分析　　以上のように顕在化ないし増加が見込まれる法的紛争が、社会の中においてどのように解決され、どのようなものが裁判事件となっていくのかが次の問題である。この点、例えば医療の分野においては、保健所、街中の診療所、専門スタッフ等をそろえた大病院等といった様々な性格の機関がそれぞれの役割を適切に果たすことによって、国民の健康が守られることになるであろうが、これと同様、法的紛争の解決という分野においても、社会の中における様々な紛争予防の手段、紛争解決の手段、司法制度等が整備され、それぞれが適切に役割を果たすことによって、社会全

---

[9]　第5回検証については、「特別座談会　社会の中における司法の在り方を見据えて（上）（下）」（論究ジュリスト7号204頁、8号200頁）参照。

体としての適切な紛争の予防や解決を期待できることになるであろう。第5回検証では、このような観点も踏まえつつ、紛争をその内容や程度に応じて適正・迅速に解決するものとし整備されつつあるADRや保険を中心とした社会内の紛争解決制度の仕組みにつき、その現状を中心に調査分析が行われた。

　このうち、ADRについては、認証ADRや弁護士会ADRといった一般的なADRの受理件数は民事調停に比べるとまだ少なく、認知度の向上、財産的基盤の確保、信頼性・公平性の確保などの課題も指摘されている一方、筆界特定制度や金融ADRなど、専門性が高い分野や行政との関わりが強い分野では、比較的利用が活発なADRも見られており、専門性のある個別の分野ごとに、一定の背景事情の存在を前提に制度整備が進められてきた状況が見て取れる。また、家事紛争の分野では、家事調停以外のADRが直ちに拡充する状況にはなく、専ら家庭裁判所が紛争解決の中核的な機能を担っているのが現状である。なお、保険については、医師賠償責任保険や住宅瑕疵担保責任保険など紛争解決のプロセスにおいて大きな役割を果たすことが期待されるものもあり、更に多様な分野で浸透することが紛争解決の観点からは望まれる。

　（3）紛争類型別の検討　ところで、裁判外での紛争処理の在り方が今後どのように展開していくかを考えるに当たっては、その現状を把握するだけでは足りず、それがいかなる状況の下でどのように整備されてきたかについての展開過程についての分析が必要となる。そこで、第5回検証では、近時、裁判外での紛争処理等の仕組みに進展が見られる医事紛争、建築紛争及び遺産紛争の類型についてその具体的状況が調査分析された。

　このうちの医事紛争に関する仕組みの進展状況について見ると、平成4年には年間370件であった医事関係訴訟の新受件数がその後年々増加し、重要な紛争類型として認識される中で、平成11年頃に社会の耳目を集める医療事故が相次いで発生し、医療事故や医療ミスに関する報道件数が急激に増加した。このような状況を背景に、医療事故情報収集等事業などの医療安全体制の整備へ向けた取組が進められ、医療機関におい

ても、医師側と患者側の対話仲介者の設置等の取組がされるなど医療事故ないし医事紛争の予防に関する取組が進展した。また、医事紛争の解決という点では、医療ADRが普及し始め、「医療裁判外紛争解決（ADR）機関連絡会議」が厚生労働省に設置されるなどする一方、無過失補償制度である産科医療補償制度が導入されて相当数の事件を処理している。さらに、厚生労働省に設置されている「医療事故に係る調査の仕組み等のあり方に関する検討部会」では、医療事故に係る調査の仕組みの在り方についての検討が進められている。このように、医療の分野では、ここ10年ほどの間に、医療紛争の予防や解決に影響すると思われる仕組みが様々な形で整備されてきており、これが医事関係訴訟に与える影響が注目される[10)][11)]。

---

10) 医事紛争の解決に関する外国の制度についても目を向けると、フランスでは、2002年制定の法律により、医療行為について過失の有無の裁定を行うことを前提に、国費による無過失補償の可能性も認めた行政型ADRが整備され、近時では年間4000件を超える申立てがされている。また、ドイツでは、医師会が運営主体となって、医師による鑑定を前提とする民間型（業界型）ADRが機能しており、ドイツ全体で年間1万件程度の申立てがされている模様である。このような諸外国の紛争処理の在り方は、我が国における今後の医療紛争解決の仕組みを考えるに当たっても参考になるものといえよう。

11) 第5回検証では、建築紛争や遺産紛争についても裁判外での紛争解決の仕組み等の状況について調査分析がされている。

このうち、建築紛争については、医事紛争と同様、多数の建築関係訴訟が提起され、重要な紛争類型として認識される中で、社会の耳目を引く欠陥住宅問題等が発生し、世論が喚起されるなどして建築業界や行政を動かした結果、住宅の性能表示制度や瑕疵担保責任とその履行を確保するための措置等についての各種法令の制定、建築ADRや瑕疵担保責任保険の整備などが、この10年ほどの間に進められてきており、これらが裁判所に提起される建築関係訴訟の動向やその審理の在り方に今後どのような影響を与えていくのかが注目される。また、諸外国の状況について見ると、例えば、フランスでは、施主と施工業者双方に保険加入義務があり、建築紛争は両者の保険会社間の交渉により解決されているようであり、この種の紛争の解決に保険が果たす役割も注目されるところである。

他方、遺産紛争に関連する動きとしては、社会の高齢化を背景として、公正証書遺言、成年後見、信託銀行等の相続関連業務等が近時活用されるようになってきている。これらの制度は、遺産紛争の予防や深刻化の防止に役立ち得るものといえるが、まだ普及途上である。遺産紛争の分野では民間・行政型ADRの利用が少なく、また、裁判外での紛争解決が中心となっている諸外国と比較して、我が国は、制度上、家庭裁判所の負担が重くなり得る構造になっていることからすると、家庭裁判所の機能の更なる充実強化

以上のような医事紛争の分野をはじめとして、比較的利用されている民間・行政型 ADR の形成過程について見ると、それらは自然発生的に形成されるのではなく、訴訟件数が増加するなどして当該分野が問題領域として認識される中で、社会の耳目を集めるような事件の発生などを契機に世論が喚起され、また、裁判例の蓄積により紛争処理の一定の基準や処理モデルなどが形成され、その上で、関係者の努力によって具体的な制度が形成されてきたといえる。

3　裁判所の役割等

　以上のような分析を経た上で、第5回検証では、裁判所の役割等について次のように指摘している。
　ADR を含む社会内の紛争解決制度が各分野において整備される過程を見ると、まずは、当該分野における様々な訴訟についての裁判所の判断を通じて、紛争処理の一定の基準や処理モデルなどが形成されている。このような分野における紛争は、社会的な関心が高く、裁判所にとっても新しく影響の大きな判断を求められることになるわけであるが、紛争解決制度形成の土壌を耕すという意味においても、このような紛争について質の高い審理及び判断を行うことが求められるといえよう。また、裁判所としては、裁判外の制度が創設された後も、新たな問題について質の高い判断を示すことで、その運用に資する基準を提供するとともに、裁判外での解決が困難な争訟性の高い事件を適切に解決していくことが求められるのであり、このような形での裁判所と社会内の紛争解決制度との適切な役割分担が期待される。
　ところで、今後、潜在的紛争が顕在化することで、生活紛争を中心とした比較的小規模なものも含め、法的紛争の増加が見込まれるところ、一般的な民事紛争に関する民間・行政型 ADR が必ずしも十分に浸透していない現状では、裁判所において、紛争の増加への対応が必要であり、比較的小規模な紛争解決ニーズを吸収する手続である民事調停の一

　が求められることになる。

層の充実も求められよう。また、家事紛争については、家事調停以外のADRが直ちに拡充する状況にはなく、家庭裁判所が紛争解決の中核を担い続けることが見込まれるが、今後、その事件処理の負担が増大していくことは避けられないものといえよう。

　以上のとおり、同種事案における紛争処理の基準となるような質の高い判断を迅速に提供するためにも、また、法的に顕在化した紛争が裁判所にも相当持ち込まれる可能性がある中で、将来の事件動向に対応していくためにも、運用面、制度面及び態勢面での各施策を着実に実現していく必要があると考えられる。

5　おわりに

　この10年間にわたる迅速化検証の状況は以上のとおりである。はじめは手探りともいえる状態で統計データを分析することから始まった検証作業も、収集する統計データを整備したり、様々な関係者の協力を得つつヒアリングを実施したりしながら、民事訴訟の状況を全般的に見据えた長期化要因の分析やこれに対する施策の検討が行われ、さらには司法を取り巻く社会的要因の検証作業まで行われた。

　実務家や有識者の関与の下にこのような検証作業が行われたのは初めてのことであり、継続的に検証が行われ、定期的にその結果が公表されることによって、関係者が共通に議論できる基盤が提供されたことの意味は大きいと思われる。

　迅速化法は、第一審の訴訟手続について2年以内のできるだけ短い期間内にこれを終局させることなどを目標としているが、裁判の迅速化は、充実した手続を実施すること並びにこれを支える制度及び体制の整備を図ることにより行われるものであることは、冒頭でも述べたとおりであり、上記の目標を気にするあまり審理が拙速に流れるべきでないことはいうまでもない。また、第5回検証の結果について見たとおり、社会全体における適切な紛争解決のためには、司法を含む社会内における様々な紛争解決の仕組みがそれぞれ適切にその役割を果たすことが望ま

しいと考えられるが、その中にあって相対的に重い紛争が裁判所に持ち込まれるようになれば、裁判所における事件の審理期間が長期化する方向へ動く可能性もなくはないであろう。このように、裁判の迅速化は、事件処理の速度だけではなく、その質にも目配りをした上、運用、制度及び態勢面の各層の状況にも着目しつつ進められていくものであるし、また、裁判所に持ち込まれる事件の動向をはじめとする各種の社会的要因との関係で見れば、迅速化が必ずしも直線的に進むものともいい難い。このような中にあって、迅速化の検証作業は、2年ごとに事件や事件処理の状況を多角的に観察していく作業を継続的に続けていくことで、法の企図する迅速化の実現へ向けた議論の足場を提供する役割を果たすものといえる。迅速化法に基づく検証は、統計データの分析等を中心としつつ、今後も続けられる予定であり、このような検証の役割を踏まえながら取り組んでいくこととなる[12]。

---

12) なお、迅速化法附則3項による所要の措置が講じられた場合には、それによることとなる。

地方裁判所における民事訴訟の繁閑と
その審理への影響

前　田　智　彦
Tomohiko MAEDA

1　はじめに
2　近年の地方裁判所民事通常訴訟事件の処理状況
3　終局時期と当事者・弁護士の裁判官に対する評価
4　結　論

1　はじめに

1　キャリアシステムの下での民事訴訟審理

　裁判所による民事訴訟の審理のあり方については、キャリアシステムの下における人事異動・人事評価の影響が論じられてきた。約3年に一度のペースで異動を繰り返す下級審裁判官においては、配置される裁判所・部署とそれを通じて示される裁判所内での評価が重大な関心事であること、裁判官の人事評価にあたって事件処理の効率性が重視されていること、それらの結果として裁判官は未済事件を増やさないよう努力していることが裁判所の内外から指摘されている[1]。事件処理の効率性の重視は、民事訴訟における訴訟上の和解の誘因の一つとも目されてきた[2]。

---

1) ダニエル・H・フット『名もない顔もない司法——日本の裁判は変わるのか』（NTT出版、2007）138-156頁。現役裁判官によるものとして、宮本敦「矢鴨裁判官の嘆きと怒り——裁判官残酷物語」日本裁判官ネットワーク『裁判官は訴える！　私たちの大疑問』（講談社、1999）91-110頁（特に97頁）。
2) このような指摘の初期のものとして、太田知行＝穂積忠夫「紛争解決方法としての訴

また、民事訴訟の審理の充実という観点からは、裁判官の異動による弁論の更新は、間接主義的・書面主義的な審理実態を生じ望ましくない[3]。それと関連して、人事異動による裁判官の交代で審理が一時的に停滞することも指摘されている[4]。

　1970年代以降、民事訴訟件数が高水準で推移するとともに、その増減幅が大きくなっており、特に平成に入ってからの平成不況、消費者金融業者に対する過払金請求ブームといった情勢に対応した事件の急増は顕著である。このような状況を前に、未済事件の増加を回避する努力が、民事訴訟事件の審理の歪み、質の低下につながるのではないかと懸念が生じる。

　このような問題意識からは、年単位あるいは月単位での新受件数の増減がどのように民事訴訟の審理・運用に影響を与えるのか、さらにキャリアシステムの下での裁判官の定期的な異動といった裁判所の組織運営上の要因が、民事訴訟の審理・運用にどのように影響を与えているかが問われる。

2　先行研究とその限界

　民事訴訟事件の処理状況については、司法統計が公表されており、さらに1996年の民事訴訟法の全面改正を機に、研究者による改正前後の事件処理、訴訟運営の実態調査もなされている[5]。なかでも、民事訴訟の経年的な変動については1990年代までの司法統計を用いた二次分析がなされており、経済変動（好況不況）と訴訟件数の増減との関係、消費社

訟上の和解」潮見俊隆=渡辺洋三（編）『法社会学の現代的課題』（岩波書店、1971）。
3）　民事手続法研究者による実態調査でも、このような観点から裁判官、書記官の交代について調査されている。民事訴訟実態調査研究会（編）『民事訴訟の計量的分析』（商事法務研究会、2000）150頁以下。
4）　高木新二郎『随想・弁護士任官裁判官』（商事法務研究会、2005）165頁は、前任者が片付けられる事件は片付けて異動していくし、慣れるまでは事件は落ちないので、引継ぎ後数ヶ月は未済事件数が増えるのが通常であるとの一般論を述べている。
5）　民事訴訟実態調査研究会　前掲注3。および同（編）『民事訴訟の計量的分析（続）』（商事法務研究会、2008）。

会の到来と訴訟件数の画期的な増加との関係といった、民事訴訟の新受件数を規定する社会的・経済的要因が指摘されてきた[6]。

しかし、司法統計は司法行政上の関心にもとづいた集計値のみが公表され、加えて月別の数値については司法統計月報で地裁本庁単位、事件種別単位といった大きな括りでの集計値しか公表されていない。訴訟の新受、既済事件の増減の要因やその影響を分析するには、公表されているこれらデータの二次分析だけでは不十分である。

また、従来行われてきた年単位での分析では、裁判官・裁判所職員の異動といった毎年特定の時期に集中して生じる組織上の要因の影響を知ることが難しい。

3 本稿の分析手法と構成

そこで本稿では、1年のうちでの民事訴訟事件の新受・終局状況の変動を、司法統計月報と著者も参画した民事訴訟全国調査[7]のデータを用

---

6) 林屋礼二『民事訴訟の比較統計的考察』(有斐閣、1994) は、明治期からの1990年代までの司法統計の二次分析によって、好況時は訴訟件数が減少し、不況時には増大するという経済変動との関連を指摘し、その原因を民事通常訴訟の大部分を占める金銭の取立のための訴訟が不況下で増えることに求めている。また、訴訟率の国際比較という観点から司法統計を分析したヴォルシュレーガーは、先進各国ではある時期を境に訴訟件数の激増をみていることを指摘し、消費社会の到来(消費者信用の一般化)をその大きな原因として挙げている。ヴォルシュレーガーは、西洋諸国で19世紀から1920年代にかけて到来したこの動きが、(事件数増加の程度の大小はあれ) 日本においても1970年代以降に生じていると指摘した。Christian Wöllschläger, "Historical Trend of Civil Litigation in Japan, Arizona, Sweden and Germany: Japanese Legal Culture in the Light of Judicial Statistics," in *Japan : Economic Success and Legal System* 89 (Harald Baum ed., Walter de Gruyter, 1997).

7) 文部科学省科学研究費特定領域研究「法化社会における紛争処理と民事司法」(領域代表:村山眞維、2003年～2008年) の一部である訴訟行動班が行った経験的調査のうち、本稿では①全国の地方裁判所本庁から無作為に抽出された1132件の民事訴訟記録の調査(民事訴訟全国調査)、②上記①の1132件の自然人当事者および訴訟代理人弁護士を対象とする質問票調査(全国民事訴訟当事者・代理人調査)のデータを用いて分析を行う。訴訟行動班のメンバーは、研究代表者3名:神長百合子(専修大学教授)、守屋明(関西学院大学教授)、河合幹雄(桐蔭横浜大学教授)、ダニエル・H・フット(東京大学教授)、共同研究者4名:和田安弘(大阪府立大学教授)、太田勝造(東京大学教授)、垣内秀介(同准教授)、研究協力者9名:前田智彦(名城大学准教授)、藤田政博(政策研究

いて分析する。

　2では、まず司法統計月報の数値から、民事通常訴訟事件全体につき、地方裁判所での新受・既済件数を月別で概観し、数年間を通じてみられる年内変動パターンを指摘する。次に、民事訴訟全国調査のデータを用いて分析を行い、変動のより詳細な態様を明らかにし、変動要因を推測する。

　3では、キャリアシステムが民事訴訟の審理のあり方に与える実質的な影響という観点から、全国民事訴訟当事者調査および全国民事訴訟代理人調査のデータを用いて、終局時期と事件処理のあり方の関係を、当事者・代理人の裁判官評価という観点から検討する。

2　近年の地方裁判所民事通常訴訟事件の処理状況

1　司法統計月報にみる民事通常訴訟の新受・既済件数の変動パターン

　本稿の出発点となる疑問は、地方裁判所にも繁忙期・閑散期というものがあるのか、またあるとすればそれが事件処理のあり方や質に影響を及ぼしているのかというものである[8]。地方裁判所における民事通常訴訟の第一審事件全体という大きな括りについては、司法統計月報[9]で月別の新受・既済件数が公表されている。直近7年分の集計結果を示した

　　大学院准教授）、長谷川貴陽史（首都大学東京教授）、飯田高（成蹊大学准教授）、佐伯昌彦（東京大学助教）、平田彩子（同）、入江秀晃（東京大学博士課程）、大野裕朗（同）、酒井雅弘（同）からなる（地位はいずれも調査当時）。訴訟行動班が行った調査についての詳細は、ダニエル・H・フット＝太田勝造（編）『現代日本の紛争処理と民事司法3　裁判経験と訴訟行動』（東京大学出版会、2010）を参照されたい。調査方法に関しては、同書の「はしがき」で説明されている。

8）　著者が受理・終局の月に注目して後述の民事訴訟全国調査、全国民事訴訟当事者・代理人調査のデータを分析する契機となったのは、著者が名城大学法学部で担当している専門演習の2012年度受講生である瀧本貴弘君の報告であった。研究班の調査設計には欠けていた視点を提供してもらったことを、ここに記して感謝したい。

9）　最高裁判所のホームページで公開されている司法統計月報（http://www.courts.go.jp/search/jtsp0010?）の数値を用いた。

表1 地方裁判所における民事通常訴訟第一審の新受・既済件数の月別の推移

	1月	2月	3月	4月	5月	6月	7月	8月	9月	10月	11月	12月	年間計
H18新受	9,153	11,996	12,838	11,319	11,203	12,920	12,075	13,133	12,551	13,010	13,811	14,758	148,767
H19新受	11,484	13,880	15,565	14,063	15,009	15,253	15,744	16,212	14,199	17,098	17,388	16,394	182,289
H20新受	13,117	16,455	16,454	16,558	15,988	16,972	17,829	15,910	16,364	19,120	16,723	18,033	199,523
H21新受	15,923	17,933	19,746	19,888	17,582	21,795	22,317	19,490	19,697	21,486	19,447	20,833	236,137
H22新受	17,220	19,160	21,483	19,866	17,005	20,487	19,608	18,441	17,749	16,949	17,114	17,509	222,591
H23新受	14,437	17,239	19,669	18,501	16,095	18,711	16,080	16,004	14,946	15,004	14,836	14,851	196,373
H24新受	11,571	14,326	15,260	13,055	13,796	13,855	13,698	13,352	12,197	14,164	13,207	12,828	161,309
H18既済	9,572	11,290	14,732	9,793	10,660	11,794	12,061	9,313	13,229	13,269	12,638	14,625	142,976
H19既済	11,294	13,417	16,659	11,868	13,042	13,845	14,958	11,624	14,906	17,281	16,415	17,577	172,886
H20既済	13,610	16,260	18,347	13,538	15,007	15,255	17,282	12,343	17,364	18,360	16,121	18,722	192,209
H21既済	14,969	16,543	20,669	15,289	15,638	17,386	18,580	13,556	19,380	20,249	19,351	22,828	214,438
H22既済	18,455	19,205	23,925	17,229	17,398	20,360	20,891	14,470	20,381	18,449	17,646	18,895	227,304
H23既済	15,429	16,512	20,594	14,804	15,526	18,100	18,099	14,742	18,273	18,309	22,691	19,104	212,183
H24既済	14,029	15,388	18,323	11,688	13,327	13,472	13,952	10,421	13,955	14,723	14,029	14,730	168,037

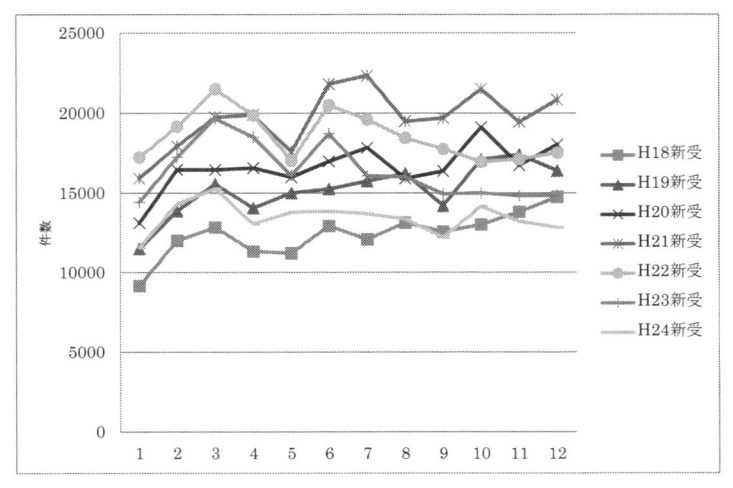

図1 民事通常訴訟第1審新受件数（H18-24年 月別）

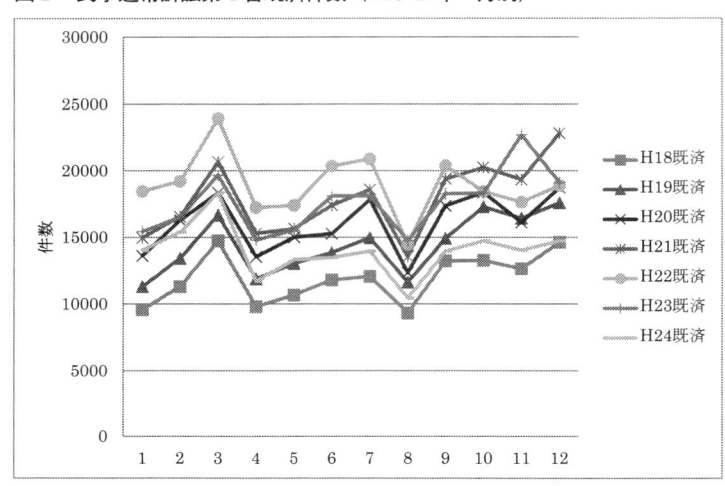

図2　民事通常訴訟第1審既済件数（H18-24年　月別）

ものが表1およびそれをグラフ化した図1、図2である。

　新受事件数については、3月に新受事件数がピークを迎えた後、4・5月に減少し、再び次の3月に向けて増加していくというパターンが共通してみられる。もっとも、過払金請求訴訟の多発による訴訟件数の急増が言われた平成20年から22年にかけては、この基本パターンに上乗せする形で変則的な月に新受件数の増加が生じている。

　既済件数については、3月をピークとして4月に急減した後、次の3月に向けて増加していくこと、8月には既済件数が落ち込み、その減少分を7月、9月で補う形になっていることの2点がここ数年間の一貫したパターンとして見いだせる。

　このような新受・既済件数の周期的な増減は、いずれも3月にピークを迎えることから、企業・官庁の会計年度との関連がうかがわれる。新受件数に関しては、民事訴訟事件の多くを占めるのが、貸金・売掛金等の信用の回収のための金銭を目的とする訴訟であることから、会計年度末（決算期）を控えた企業が未回収の債権の処理を集中的に行うことによるのではないかと推測される。

既済件数については、8月の既済事件数の明白な減少は、裁判官・裁判所職員（さらには代理人弁護士）が夏期休暇をとるために口頭弁論期日、弁論準備期日が入りにくいことによると推測される。さらにキャリアシステムと民事訴訟事件の処理の関係という視点から見ると、3月に既済事件数がピークを迎えるのが、上述のような引継ぎ後の事件処理の一時的停滞を見越して、人事異動を前にして後任者に引き継ぐ事件を減らそうとする裁判官の努力によるものではないかとの仮説が浮かぶ。そのような努力があるならば、裁判官が長期化した担当事件を異動前の追い込みで終局に持ち込むことで、人事異動時期を前に難件（争いの激しい長期化事件）の終局が増えることになろう。また、できるだけ多くの事件を異動前に片付けるために、訴訟上の和解を当事者・代理人に対して強く勧めて訴訟上の和解の成立を目指す裁判所の動きが活発化するのではないかという点も検証が必要であろう。

2　民事訴訟記録に見る新受・既済事件の内容

　以上のように司法統計月報で公表された集計表からは、地方裁判所にも繁忙期・閑散期にあたる季節的な件数の変動があることが明らかであり、変動をもたらす要因については、新受件数については会計年度周期での企業活動のサイクルとの関係が、既済件数については裁判所内の長期休暇、人事異動といった出来事との関係がうかがわれた。しかし、集計表では月別の新受・既済件数の事件類型や終局形態といった内訳が不明であり、より詳細な検討ができない。

　そこで、民事訴訟全国調査のデータを用いて、主に事件類型（標目）、終局形態、審理期間といった項目を用いて、民事通常訴訟の新受・既済件数の変動の背後にある要因と、民事訴訟の審理に及ぼす影響を分析していきたい。民事訴訟全国調査では平成19年中に地方裁判所本庁で終局を迎えた民事通常訴訟事件から無作為抽出された1132件の訴訟記録を閲覧し、当事者・代理人弁護士に対する質問票調査の実施に必要な項目のみならず、質問票調査の回答と統合して分析を行うために、受理年月日、事件の標目、訴額、訴えの趣旨、終局年月日、終局形態、判決主

文・和解条項をはじめとする相当数の項目についてデータが収集された。調査設計上、法人当事者のみの事件が調査対象から外されているという大きな限界があるが、クロス表等を用いて新受・既済の時期と調査項目との関係を統計的に分析することが可能である[10]。

（1）新受事件の内容について　まず、新受事件から検討したい。研究班による再分類を経た「標目コード1」にもとづいて事件類型毎の月別新受件数を示したのが、表2である。民事通常訴訟における貸金、立替金・求償金は消費者金融会社の取立事件が多数を占めているが、この「広義の貸金」と呼ぶべき類型については月別の件数の差が目立つ。6月、9月、11月以降の年度末に新受事件全体に占める比率が高く、他の月の倍程度の比率になっている。不動産明渡は、家賃を滞納した建物賃借人に対する退去請求の案件が多くを占めるが、これも5月、8月、12月といった特定時期に訴え提起が偏っている。広義の貸金（貸金、立替金・求償金）、不動産明渡の2つに注目して、事件類型を3つ（広義の貸金、不動産明渡、その他）に再分類した上であれば、統計的に有意な偏りといえる[11]。すなわち、個人が当事者となった民事訴訟事件全体（母集団）について、事件類型と新受事件の月別件数に関連がある。

　広義の貸金（239件）と不動産明渡（249件）の2類型は、合計で調査対象事件（1132件）の4割を超え、件数の面では個人を当事者とする民事通常訴訟の中で重きをなす事件類型である。さらに、これらの事件類型は原告が比較的少数の「大口利用者」に偏っている。クレジットカード会社（55件）と機関保証人（信用保証協会と保証を業とする株式会社）（57件）

---

10) 訴訟行動班調査は、民事通常訴訟とその当事者・訴訟代理人弁護士の無作為抽出標本に対する調査である。統計的分析により対象に選ばれた事件、回答をよせた当事者、代理人について調査結果を整理することで、その特徴を明らかにし（記述統計）、さらに各種の統計的検定を用いることで結果を、母集団たる全事件、全当事者、全代理人に一般化できるかどうかを判断できる（推測統計）。以下の分析で頻出する、「統計的に有意」「統計的有意性」という用語は、各種の統計的検定を用いて求めた「母集団では偏りがない（項目間に関係がない）にも関わらず、標本抽出の際の偶然によって偏り（関係）があるかのような標本を拾ってしまった」確率（有意確率）が十分に低く（学問的慣習では5％以下）、実際に母集団でも偏り（関係）があると判断してよいということを意味する。

11) カイ二乗検定による有意確率は、0.000である。

表2 受理月と標目（再分類）*のクロス表

受理月		出現少数各種	貸金/立替金・求償金	保証	交通事故損害賠償	その他損害賠償	不動産明渡	その他	合計
1月	度数	17	24	1	7	7	22	7	85
	%	20.0%	28.2%	1.2%	8.2%	8.2%	25.9%	8.2%	100.0%
2月	度数	24	25	6	6	11	19	14	105
	%	22.9%	23.8%	5.7%	5.7%	10.5%	18.1%	13.3%	100.0%
3月	度数	30	26	4	8	13	20	9	110
	%	27.3%	23.6%	3.6%	7.3%	11.8%	18.2%	8.2%	100.0%
4月	度数	23	14	4	7	9	8	5	70
	%	32.9%	20.0%	5.7%	10.0%	12.9%	11.4%	7.1%	100.0%
5月	度数	19	10	4	11	12	25	10	91
	%	20.9%	11.0%	4.4%	12.1%	13.2%	27.5%	11.0%	100.0%
6月	度数	20	26	9	5	14	15	10	99
	%	20.2%	26.3%	9.1%	5.1%	14.1%	15.2%	10.1%	100.0%
7月	度数	29	20	3	4	17	29	8	110
	%	26.4%	18.2%	2.7%	3.6%	15.5%	26.4%	7.3%	100.0%
8月	度数	16	9	4	8	13	29	3	82
	%	19.5%	11.0%	4.9%	9.8%	15.9%	35.4%	3.7%	100.0%
9月	度数	22	27	3	7	12	13	9	93
	%	23.7%	29.0%	3.2%	7.5%	12.9%	14.0%	9.7%	100.0%
10月	度数	29	12	8	3	16	17	10	95
	%	30.5%	12.6%	8.4%	3.2%	16.8%	17.9%	10.5%	100.0%
11月	度数	17	22	3	4	9	18	3	76
	%	22.4%	28.9%	3.9%	5.3%	11.8%	23.7%	3.9%	100.0%
12月	度数	30	24	3	3	9	34	10	113
	%	26.5%	21.2%	2.7%	2.7%	8.0%	30.1%	8.8%	100.0%
合計	度数	276	239	52	73	142	249	98	1129
	%	24.4%	21.2%	4.6%	6.5%	12.6%	22.1%	8.7%	100.0%

*標目（再分類）とは、検討の便宜上、比較的件数の多い標目を個別に示し、他の標目を「出現少数各種」としてまとめたものである。

が広義の貸金類型の約半数の原告となっており、地方自治体（都道府県、市町村）（43件）、公法人（都市再生機構、その前身の都市基盤整備公団、都道府県の住宅供給公社）（90件）が不動産明渡事件の半数以上の原告となっている。

民事訴訟全国調査で対象とした個人を当事者とする事件では、これら大口利用者の業務慣行に新受事件の動向が左右されていることがうかがえる。新受件数の動向から推測されるのは、消費者金融業者が特定の月にまとめて（おそらくは四半期分の）未済債権を訴訟に持ち込む、賃貸住宅の入居・退去・契約更新の集中時期との関係で特定の月に家賃未納者に対する提訴が集中するなどといった社会経済全体の慣行とも関連した業務パターンである。

（2）**既済事件の内容について**　次に既済事件について検討したい。表3に見るように、調査対象事件の中では広義の貸金、不動産明渡の2類型の既済件数に占める比率が1月、3月に高いが、統計的有意性が認められるほどの偏りではない。

「難件の終局が人事異動時期直前に集中している」という仮説が妥当か否かを検討すると、審理日数については表4に見るように3月、9月には審理日数が2年を超える事件の比率が高いが統計的に有意ではない[12]。終局形態については、表5に見るように、一部認容判決の比率が3月、9月に目立って高い傾向があり、個人を当事者とする民事通常事件全体で見ても同様の傾向が認められる可能性が高い[13]。一部認容判決は、原告被告の間で攻撃防御が戦わされたことを前提に下されるものであり、3月、9月に当事者間に激しい対立のある事件の判決が幾分集中していることがうかがえる。人事異動前の濫用が懸念された訴訟上の和解

---

12)　表4では、事件の難易度の指標として用いるために、事件を審理日数によって分類している。訴訟記録全国調査のデータ全体の検討や先行の諸研究から、著者は、審理日数が2月以下のものは実質的な争いのない事件、6月以下のものは比較的容易な事件、2年を超える事件は著しい長期事件と考えている。

13)　クロス表全体でのカイ二乗検定では統計的有意性は認められないが、「終局事件中の一部認容判決の比率はすべての月で同じである」とした場合の期待度数と観測度数についてカイ二乗検定を行うと、有意確率0.1076となりこれは学問的慣習上の5％、10％の有意水準こそ満たさないが、それに準じる値である。

表3　終局月と標目（再分類）*のクロス表

終局月		出現少数各種	貸金/立替金・求償金	保証	交通事故損害賠償	その他損害賠償	不動産明渡	その他	合計
1月	度数	23	25	0	4	7	20	9	88
	%	26.1%	28.4%	0.0%	4.5%	8.0%	22.7%	10.2%	100.0%
2月	度数	26	17	0	7	6	26	8	90
	%	28.9%	18.9%	0.0%	7.8%	6.7%	28.9%	8.9%	100.0%
3月	度数	27	35	4	7	26	24	17	140
	%	19.3%	25.0%	2.9%	5.0%	18.6%	17.1%	12.1%	100.0%
4月	度数	22	14	5	2	8	15	8	74
	%	29.7%	18.9%	6.8%	2.7%	10.8%	20.3%	10.8%	100.0%
5月	度数	26	20	5	1	11	17	4	84
	%	31.0%	23.8%	6.0%	1.2%	13.1%	20.2%	4.8%	100.0%
6月	度数	27	17	4	9	10	19	6	92
	%	29.3%	18.5%	4.3%	9.8%	10.9%	20.7%	6.5%	100.0%
7月	度数	21	23	5	3	10	20	10	92
	%	22.8%	25.0%	5.4%	3.3%	10.9%	21.7%	10.9%	100.0%
8月	度数	9	11	6	6	7	12	5	56
	%	16.1%	19.6%	10.7%	10.7%	12.5%	21.4%	8.9%	100.0%
9月	度数	31	21	5	10	13	34	12	126
	%	24.6%	16.7%	4.0%	7.9%	10.3%	27.0%	9.5%	100.0%
10月	度数	19	20	6	5	9	23	5	87
	%	21.8%	23.0%	6.9%	5.7%	10.3%	26.4%	5.7%	100.0%
11月	度数	20	19	7	9	22	18	5	100
	%	20.0%	19.0%	7.0%	9.0%	22.0%	18.0%	5.0%	100.0%
12月	度数	25	17	6	10	13	21	9	101
	%	24.8%	16.8%	5.9%	9.9%	12.9%	20.8%	8.9%	100.0%
合計	度数	276	239	53	73	142	249	98	1130
	%	24.4%	21.2%	4.7%	6.5%	12.6%	22.0%	8.7%	100.0%

＊標目（再分類）とは、検討の便宜上、比較的件数の多い標目を個別に示し、他の標目を「出現少数各種」としてまとめたものである。

表4 終局月と第一審審理期間* のクロス表

	2月以下	2月超6月以内	6月超1年以内	1年超2年以内	2年を超える	合計
1月 度数	24	32	16	12	4	88
%	27.3%	36.4%	18.2%	13.6%	4.5%	100.0%
2月 度数	25	31	16	10	8	90
%	27.8%	34.4%	17.8%	11.1%	8.9%	100.0%
3月 度数	47	34	21	25	13	140
%	33.6%	24.3%	15.0%	17.9%	9.3%	100.0%
4月 度数	23	30	11	7	3	74
%	31.1%	40.5%	14.9%	9.5%	4.1%	100.0%
5月 度数	29	29	15	8	3	84
%	34.5%	34.5%	17.9%	9.5%	3.6%	100.0%
6月 度数	20	33	17	13	9	92
%	21.7%	35.9%	18.5%	14.1%	9.8%	100.0%
7月 度数	26	30	16	16	2	90
%	28.9%	33.3%	17.8%	17.8%	2.2%	100.0%
8月 度数	15	15	14	8	4	56
%	26.8%	26.8%	25.0%	14.3%	7.1%	100.0%
9月 度数	38	45	15	19	9	126
%	30.2%	35.7%	11.9%	15.1%	7.1%	100.0%
10月 度数	23	32	17	12	3	87
%	26.4%	36.8%	19.5%	13.8%	3.4%	100.0%
11月 度数	25	39	17	15	3	99
%	25.3%	39.4%	17.2%	15.2%	3.0%	100.0%
12月 度数	29	32	20	16	4	101
%	28.7%	31.7%	19.8%	15.8%	4.0%	100.0%
合計 度数	324	382	195	161	65	1127
%	28.7%	33.9%	17.3%	14.3%	5.8%	100.0%

*第一審審理日数は、事件の難易度の指標として用いるために、等しくない間隔でカテゴリー分けされている。

表5 終局月と終局形態のクロス表

		判決：認容	判決：一部認容	判決：棄却	和解	取下げ	その他・複数*	合計
1月	度数 %	26 29.5%	5 5.7%	11 12.5%	32 36.4%	12 13.6%	2 2.3%	88 100.0%
2月	度数 %	37 41.1%	9 10.0%	4 4.4%	26 28.9%	8 8.9%	6 6.7%	90 100.0%
3月	度数 %	46 32.9%	15 10.7%	6 4.3%	46 32.9%	15 10.7%	12 8.6%	140 100.0%
4月	度数 %	30 40.5%	4 5.4%	4 5.4%	23 31.1%	11 14.9%	2 2.7%	74 100.0%
5月	度数 %	34 40.0%	3 3.5%	5 5.9%	26 30.6%	13 15.3%	4 4.7%	85 100.0%
6月	度数 %	26 28.3%	3 3.3%	7 7.6%	43 46.7%	9 9.8%	4 4.3%	92 100.0%
7月	度数 %	26 28.3%	6 6.5%	8 8.7%	30 32.6%	15 16.3%	7 7.6%	92 100.0%
8月	度数 %	13 23.2%	9 16.1%	2 3.6%	21 37.5%	9 16.1%	2 3.6%	56 100.0%
9月	度数 %	36 28.3%	14 11.0%	7 5.5%	43 33.9%	23 18.1%	4 3.1%	127 100.0%
10月	度数 %	35 40.2%	4 4.6%	5 5.7%	24 27.6%	11 12.6%	8 9.2%	87 100.0%
11月	度数 %	31 31.0%	5 5.0%	4 4.0%	36 36.0%	17 17.0%	7 7.0%	100 100.0%
12月	度数 %	30 29.7%	8 7.9%	6 5.9%	38 37.6%	12 11.9%	7 6.9%	101 100.0%
合計	度数 %	370 32.7%	85 7.5%	69 6.1%	388 34.3%	155 13.7%	65 5.7%	1132 100.0%

＊「その他」は訴状却下、請求の認諾・放棄などのまれな終局形態を指す。「複数」は、当事者によって異なる終局を迎えた事件（例えば、欠席被告につき認容判決、出席被告につき訴訟上の和解）を指す。いずれも件数が少ないため、分析の便宜上項目をまとめた。

に関しては、少なくとも和解成立という結果に関してみる限り、3月、9月に増加するというような動きはない。

3　終局時期と当事者・弁護士の裁判官に対する評価

　司法統計および訴訟記録全国調査データを用いた分析からは、3月に非常に多くの事件が終局を迎え、かつその中に難件の占める割合が多いと見られることが分かった。そこで次に、この現象が訴訟審理のあり方に歪みをもたらしていないかを検討したい。

　当事者間の争いの激しさや事件の種類によっては審理期間の長期化が避けられない事件もある。長期化した事件の判決を人事異動前に下せるように計画審理を進めることには、さらなる長期化、書面主義化を避ける上で一定の合理性があろう。しかし、当事者には裁判所の都合で幕引きを強いられた、言い分を十分聞いてもらえなかったといった形で不満を残す恐れがある。

　そこで全国民事訴訟当事者・代理人調査のデータを用いて、当事者・代理人の裁判官に対する評価[14]と、終局時期との関係を分析したところ、表6に見られるように、3月終局事件の当事者について複数の項目で他の月と回答の平均値が大きく異なること、表7に見られるように、弁護士については対応する項目で終局時期による平均値の有意差がないことが明らかになった。3月終局事件の当事者は、他の月と比べて「裁判官が和解を強く勧めた」と回答することが多く[15]、また「『裁判官

---

14)　第一審で和解協議のあった当事者・弁護士に対する「和解交渉の際に裁判官はどの程度和解を勧めましたか」との質問、および全当事者・弁護士に対する裁判官に対する項目別の評価を尋ねる質問の回答について分析を行った。

15)　(Leveneの統計量による有意確率が0.023と終局月間の分散が異なるので) Welchの方法による一元配置分散分析を行うと、有意確率は0.110と同項目の平均がいずれの月も等しいという帰無仮説を支持すべき数値になる。しかし、3月終局とそれ以外との2グループに再分類してt検定を行うと、グループ間に平均の有意差が認められる（有意確率は0.001）。

表6 終局月と当事者の裁判官評価

| 終局月 | 統計量 | 裁判官が和解を勧めた程度* | 裁判官に対する総合評価** |||||||
			裁判官はよく話を聞いてくれた	裁判官は問題とその背景をよく理解していた	裁判官の言うことはわかりやすかった	裁判官は相手方に味方しているように見えた	裁判官は自分を見下しているようだった	裁判官の裁判のすすめ方は強引だった	審理の途中で裁判官が交替して審理が滞った
1月	度数	13	26	30	30	29	27	26	16
	平均値	2.62	2.62	3.23	2.87	3.03	3.44	3.35	4.38
	平均の標準誤差	.180	.249	.266	.243	.255	.279	.235	.301
	標準偏差	.650	1.267	1.455	1.332	1.375	1.450	1.198	1.204
2月	度数	13	35	35	34	34	35	36	21
	平均値	2.77	2.80	3.09	2.76	3.09	3.69	3.36	3.90
	平均の標準誤差	.343	.252	.279	.216	.258	.249	.259	.292
	標準偏差	1.235	1.491	1.652	1.257	1.505	1.471	1.552	1.338
3月	度数	21	46	48	46	41	47	45	30
	平均値	2.10	2.80	2.79	3.20	3.02	3.68	3.58	3.77
	平均の標準誤差	.206	.225	.210	.196	.196	.209	.224	.282
	標準偏差	.944	1.529	1.458	1.327	1.255	1.431	1.500	1.547
4月	度数	11	25	25	29	28	26	27	21
	平均値	3.18	2.92	3.12	2.90	3.04	3.46	3.22	4.67
	平均の標準誤差	.352	.244	.291	.224	.227	.243	.241	.159
	標準偏差	1.168	1.222	1.453	1.205	1.201	1.240	1.251	.730
5月	度数	10	25	25	26	26	26	26	17
	平均値	3.00	2.48	2.44	2.27	3.31	3.96	3.81	4.35
	平均の標準誤差	.211	.246	.239	.197	.265	.263	.235	.320
	標準偏差	.667	1.229	1.193	1.002	1.350	1.341	1.201	1.320
6月	度数	16	32	35	34	36	35	34	24
	平均値	3.38	2.75	3.00	2.47	3.33	3.83	3.44	4.29
	平均の標準誤差	.301	.250	.232	.199	.261	.251	.250	.237
	標準偏差	1.204	1.414	1.372	1.161	1.568	1.485	1.460	1.160
7月	度数	10	19	23	19	20	20	17	12
	平均値	2.40	2.84	2.91	3.37	3.05	3.60	3.82	4.33
	平均の標準誤差	.306	.344	.338	.298	.320	.343	.324	.310
	標準偏差	.966	1.500	1.621	1.300	1.432	1.536	1.334	1.073
8月	度数	7	22	22	22	22	22	22	16
	平均値	2.57	2.59	2.55	2.59	3.50	3.82	4.05	4.69

	平均の標準誤差	.297	.225	.244	.204	.171	.215	.223	.176
	標準偏差	.787	1.054	1.143	.959	.802	1.006	1.046	.704
9月	度数	14	41	41	42	41	41	39	21
	平均値	2.79	3.07	2.95	2.90	3.32	3.61	3.54	4.43
	平均の標準誤差	.187	.193	.223	.215	.235	.223	.204	.213
	標準偏差	.699	1.233	1.431	1.394	1.507	1.430	1.274	.978
10月	度数	12	20	22	19	19	20	19	11
	平均値	2.92	2.75	2.73	2.21	3.68	3.80	3.89	4.00
	平均の標準誤差	.229	.280	.256	.260	.287	.287	.285	.302
	標準偏差	.793	1.251	1.202	1.134	1.250	1.281	1.243	1.000
11月	度数	9	27	27	27	25	26	23	20
	平均値	2.67	2.93	2.78	2.81	3.12	3.69	3.26	4.40
	平均の標準誤差	.373	.232	.235	.245	.260	.240	.283	.210
	標準偏差	1.118	1.207	1.219	1.272	1.301	1.225	1.356	.940
12月	度数	15	34	38	36	37	37	36	30
	平均値	2.93	2.79	2.58	2.58	3.32	3.81	3.67	4.17
	平均の標準誤差	.228	.178	.183	.156	.216	.201	.178	.220
	標準偏差	.884	1.038	1.130	.937	1.313	1.221	1.069	1.206
合計	度数	151	352	371	364	358	362	350	239
	平均値	2.76	2.80	2.86	2.77	3.22	3.70	3.56	4.26
	平均の標準誤差	.081	.069	.072	.065	.071	.071	.070	.075
	標準偏差	.991	1.298	1.381	1.234	1.347	1.350	1.318	1.166

*　「非常に強く勧めた」を1、「勧めなかった」を5とする5段階尺度での回答を連続変数とみなして集計している。

**　「そう思う」を1、「そう思わない」を5とする5段階尺度での回答を連続変数とみなして集計している。

の言うことは分かりやすかった』とは思わない」と回答することが多い[16]。上述の恐れに直結する「裁判官は話をよく聞いてくれた」「裁判官の裁判の進め方は強引だった」といった項目では有意差がないが、年度末の多忙が事件処理のあり方に影響していることを懸念させる。

　本調査については、同一事件においても当事者本人とその代理人弁護

---

16)　（Levene の統計量による有意確率が0.159と終局月間の等分散が仮定できるので）一元配置分散分析を行うと有意確率は0.019。

表7 終局月と弁護士の裁判官評価

| 終局日月 | 統計量 | 裁判官が和解を勧めた程度* | 裁判官に対する総合評価* |||
			裁判官は問題とその背景をよく理解していた	裁判官は相手方に味方しているように見えた	裁判官の訴訟指揮は強引だった
1月	度数	23	23	23	23
	平均値	2.78	2.26	3.57	3.48
	平均の標準誤差	.288	.261	.273	.294
	標準偏差	1.380	1.251	1.308	1.410
2月	度数	29	29	29	29
	平均値	3.00	2.24	4.34	4.59
	平均の標準誤差	.238	.256	.194	.145
	標準偏差	1.282	1.380	1.045	.780
3月	度数	54	54	54	54
	平均値	3.70	2.67	4.43	4.39
	平均の標準誤差	.252	.251	.184	.182
	標準偏差	1.849	1.843	1.354	1.338
4月	度数	14	14	14	14
	平均値	4.14	3.71	4.86	4.79
	平均の標準誤差	.376	.597	.404	.408
	標準偏差	1.406	2.234	1.512	1.528
5月	度数	26	26	26	26
	平均値	3.65	2.35	4.08	4.23
	平均の標準誤差	.342	.271	.207	.237
	標準偏差	1.742	1.384	1.055	1.210
6月	度数	24	24	24	24
	平均値	2.92	2.67	4.50	4.54
	平均の標準誤差	.269	.364	.200	.199
	標準偏差	1.316	1.786	.978	.977
7月	度数	27	27	27	27
	平均値	3.30	2.56	4.15	4.19
	平均の標準誤差	.276	.258	.218	.220
	標準偏差	1.436	1.340	1.134	1.145

8月	度数	15	15	15	15
	平均値	3.73	2.53	4.13	4.20
	平均の標準誤差	.384	.524	.424	.562
	標準偏差	1.486	2.031	1.642	2.178
9月	度数	29	29	29	29
	平均値	3.59	2.45	4.34	4.17
	平均の標準誤差	.265	.270	.200	.222
	標準偏差	1.427	1.454	1.078	1.197
10月	度数	18	18	18	18
	平均値	3.22	2.50	4.50	4.50
	平均の標準誤差	.319	.355	.246	.246
	標準偏差	1.353	1.505	1.043	1.043
11月	度数	31	31	31	31
	平均値	3.06	2.52	4.19	4.23
	平均の標準誤差	.350	.289	.238	.253
	標準偏差	1.948	1.610	1.327	1.407
12月	度数	33	33	33	33
	平均値	3.24	3.15	4.67	4.55
	平均の標準誤差	.268	.387	.260	.254
	標準偏差	1.542	2.224	1.493	1.460
合計	度数	323	323	323	323
	平均値	3.35	2.61	4.32	4.32
	平均の標準誤差	.088	.095	.071	.073
	標準偏差	1.590	1.698	1.268	1.317

* 「非常に強く勧めた」を1、「勧めなかった」を5とする5段階尺度での回答を連続変数とみなして集計している。

**「そう思う」を1、「そう思わない」を5とする5段階尺度での回答を連続変数とみなして集計している。

士との間に認識・評価の齟齬があることが明らかにされている[17]。和解勧試の程度については弁護士の評価がより正確であると推測され[18]、上述のように終局形態をみても3月に訴訟上の和解が増えるわけではない。3月終局事件で当事者の裁判官に対する評価が変化する理由としては、年度末の多忙の中で裁判官の説明が丁寧さを欠くために「分かりにくい」と当事者が感じ、また裁判官の言動に当事者が過敏に反応して「和解で落ちることを望んでいる」との誤った印象を抱くといったことが考えられる。本調査のデータでは終局時期による当事者の裁判全体に対する評価の差は見られないが、他の調査のデータからは当事者の訴訟制度に対する評価、訴訟結果への納得が勝敗のみならず裁判官の言動にも影響されるとの分析も示されており[19]、民事訴訟制度の正当性確保や任意履行の確保といった観点からは、結果の正しさや早期処理ということと並んで、審理の丁寧さが要請される。

4 結　論

　以上で、次の3点が明らかになった。①民事訴訟の新受事件数は大口利用者の業務慣行のために年内でも月による増減があり、既済事件数は裁判所内での休暇・人事異動によると見られる毎年ほぼ同様の増減がある。②裁判官が人事異動前に難件を含めた手持ち事件を終局させようと努力することが3月、9月期の終局事件の内訳からもうかがえる。③3月終局事件では当事者に「和解を強く勧められた」「裁判官の説明が分かりにくい」と感じさせる何事かが生じている。③の変化について、多数の新受事件が流入し、かつ人事異動時期前で従来からの手持ち事件の処理も迫られることから、審理に丁寧さ（当事者本人への配慮）を欠くた

---

17) 飯田高「当事者本人と代理人弁護士の認識の齟齬」（フット＝太田　前掲注7所収）。
18) 守屋明「和解の成立要因としての当事者および弁護士の意識」（フット＝太田　前掲注7所収）197頁。
19) 今在景子「当事者は訴訟の結果をどのように評価するのか」菅原郁夫ほか（編）『利用者が求める民事訴訟の実践』（日本評論社、2010）所収。

めであるというのが著者の仮説である。

　現在の月別の終局状況からうかがえる特定時期（特に会計年度末）に裁判所・裁判官が多忙を極める状況は、個人当事者の立場でみると望ましいものではない。会計年度末の多忙を生じる事情のうち新受事件の増加は大口利用者の業務慣行によると思われ、裁判所側でコントロールするのは困難であるが、政策的には簡易手続、代替手続への誘導が考えられよう。また、長期化が不可避の事件では計画審理に際して早めの（例えば、12月までの）結審を目指すといった形で、繁忙期に大詰めの審理が集中しないよう工夫が必要であろう。

当事者の視点から見た和解の評価

菅原 郁夫
Ikuo SUGAWARA

1 はじめに――本稿の目的――
2 和解をめぐる議論の整理と実証的検証の視点
3 これまでの調査の概要
4 調査結果の整理
5 知見の整理とこれまでの議論の再検討
6 実証的研究からもたらされる和解のあり方に対する示唆と私見

1 はじめに――本稿の目的――

　今日の民事訴訟実務においては、訴訟上の和解（以下、単に「和解」とする）による紛争解決の重要性は否定できない。かつては、和解に対して消極的な評価があったことはしばしば語られるが、現状では、もはや過去の議論といってもよかろう[1]。しかし、民事訴訟における和解の重要性を正面から否定する議論はもはや存在しないとしても、その問題点の指摘や、手続のあり方についての議論は依然として存在する。そして、そういった議論の前提には、積極であれ、消極であれ和解が現実に果たしている機能に関する推測や仮説が含まれている。その推測や仮説の現実性いかんによっては立論の当否が問われることも考えられる。
　他方、民事訴訟の実務に関しては、かつてとは異なり、いくつかの実証的な研究が行われておいる[2]。とくに、民事訴訟の利用者が和解をど

---

[1] 今日の和解隆盛に至る経緯に関しては、草野芳郎「訴訟上の和解に対する裁判官の意識および和解実務の変遷」仲裁とADR 2号30頁以下（2007年）、加藤新太郎「訴訟上の和解とADR」仲裁とADR 4号22頁以下（2009年）が詳しい。

[2] 本稿で取り上げる訴訟当事者に対する調査の他に、平成8年の民事訴訟法改正の前後

のように評価しているのかを問う点に関しては、一定の知見の蓄積が存在するといってもよい。そこで、本稿では、そういった過去に行われた調査の知見を改めて整理し、当事者の視点から見た、和解の現実的な機能を明らかにし、今日の和解をめぐる議論を実証的な視点から再検討する。

　以下、本稿では、はじめにこれまでの和解に関する議論を簡単にとりまとめ、その前提となっている和解像や和解の機能を抽出し（2）、ついでそれに対して実証的な研究がどのような知見を提供してきたのか、これまでの調査の知見を整理する（3、4）。そして、それらの知見をもとに、従前の和解の実務や理論についての再検討をなし（5）、最後に、ここでの知見から導かれる今後の和解のあり方についての私見を述べる（6）。

2　和解をめぐる議論の整理と実証的検証の視点

（1）和解をめぐる議論の整理

　上述のように和解に関する議論は多様であるが、それぞれ前提としている和解に対する評価が必ずしも一致しているとは限らない。そこで、本稿ではこれまでの議論を和解積極論とそれ以外の議論に大きく分け、それぞれの議論の中でどのような和解が想定されているのかを整理したい。

①和解積極論の前提とする和解　和解の積極的利用を主張する考え方をかりに和解積極論と呼び、その考え方の骨子を述べるならば以下のようになろう[3]。

　　に行われた記録調査のなかでも、和解の状況に関する分析がなされている。それらに関しては、民事訴訟実態調査研究会編『民事訴訟の計量分析』（商事法務研究会　2000年）304頁以下、同『民事訴訟の計量分析（続）』（商事法務　2008年）486頁以下参照。
3）　ここでは、主に草野芳郎教授の見解をとりまとめる。草野教授の見解に関しては、草野芳郎「和解技術論」判タ589号8頁以下（1986年）、同「訴訟上の和解についての裁判官の和解観の変遷とあるべき和解運営の模索」判タ704号28頁（1989年）、同『和解技術論（第3版）』（信山社　2003年）による。なお、従前の議論に関しては、後藤勇「民事

はじめに指摘しなくてはならないのは、和解積極論は、和解概念の中核に合意を据える点である。かつて和解は妥協の産物として消極的に評価されていたが、この妥協という側面から、当事者の合意による解決であるという点に焦点を移すことによって、私的紛争解決手段としての正当性が付与されたといえよう[4]。かつて、訴訟は当事者の話し合いがつかずに裁判所の判断を求めて来ている以上、裁判所は判決を下すのが原則であり、和解は、当事者の求めるものではなく、判決による解決が現実にそぐわない場合にのみ、とくに許されると解されていたとされる。和解積極論は、このように和解を非本来的な紛争解決手段ととらえる見方から、当事者の意思に基づく本来的な紛争解決手段に捉え直している[5]。

　そして、和解積極論は、そういった位置づけの転換のもとに、和解の紛争解決機能に対する再評価を行うことにより和解の価値をさらに高いものにしている。すなわち、和解は、a. 判決後の控訴などを心配する必要がない最終的な解決である点、b. 解決内容も判決くらべ柔軟で、具体的妥当性のある解決を図ることができる点、c. 当事者の合意による解決であることから自発的履行が期待できる点、d. 早期解決が可能な点、e. 判決にくらべ裁判所や書記官の労力の節約になる点などが利点として挙げられている[6]。かつては、正義を実現する判決に至上の価

　　訴訟における和解の機能」後藤勇＝藤田耕三『訴訟上の和解の理論と実務』（西神田書店1987年）1頁以下を参照のこと。
 4）　ただし、この点に関しては、紛争解決という場合も、法的な枠組みの中でなされるべきであるとの批判がある点については、伊藤眞＝加藤新太郎＝山本和彦「和解論」『民事訴訟法の論争』（有斐閣　2007年）205頁以下（山本発言、伊藤発言）参照。
 5）　草野・「和解運営」前掲注（2）30頁、同・『技術論（2版）』前掲注（2）14頁以下。
 6）　草野・「技術論」前掲注（2）10頁、同・『技術論（2版）』前掲注（2）14頁以下。このほか、和解で解決すれば、感情的なしこりを残さず、お互いの人間関係の融和が図られる、といった指摘もある。後藤・前掲注（3）18頁。また、利点のe. に関しては、消極的な評価としては、和解が手間もかからず、心理的な負担も少ないことから、加重負担を免れる手段として和解を利用することに対する心理的抑制が取れ和解が重用されるといった評価があり、積極的な評価としては、それによって、他に必要とされる事件へのエネルギーの振り分けが可能になる、あるいは、裁判所全体としてのリソースの合理的な配分が可能になるとの指摘がある。前者の評価に関しては、太田知行＝穂積忠夫

値が認められ、和解には二次的な機能しか認められていなかったのに対し、和解積極論は紛争解決を正義の実現以上の目的に据えることによって、和解の機能的価値の再評価を行ったといえる。その視点に立てば、和解は、私的紛争解決の理念に合致し、紛争解決機能も高いものとして実務において大いに受け入れられるべきものとなる[7]。

さらに、和解積極論では、この紛争解決機能を重視する考え方のもと、和解をいくつかの類型に分類し、いわゆる判決乗り越え型和解こそが、和解の基本型として位置づけられるべきことが指摘される。その類型論では、和解には、判決乗り越え型和解のほかに、判決先取り型和解、オールオアナッシング回避型和解といったものがあるとされる。そして、判決先取り型和解とは、和解を単なる妥協の産物とするのではなく、むしろ判決で実現すべき内容を両当事者の合意のもと、和解によって実現することを目指すものであり、また、オールオアナッシング回避型和解は、判決では事実認定と規範の適用による判断が求められることにより、それでは100か0になってしまう不都合を回避するために割合的な責任負担をもたらすものとされる。この両者は、訴訟における裁判官の心証形成を前提になされる点で共通しているし、正義の実現を旨とする点においても共通する。それに対し、判決乗り越え型の和解は、必ずしも訴訟物やそれに対する裁判官の心証を前提とせず、より直接に当事者間に存在する紛争の解決を目指し、正義の実現以上の幅のある解決を目指すものとされる[8]。さらに、こういった和解目的の分類に加え、

「紛争解決方法としての訴訟上の和解」潮見俊隆＝渡辺洋三編『法社会学の現代的課題』（岩波書店　1971年）300頁以下、後者の評価に関しては、田中豊「民事第一審訴訟における和解について」民訴雑誌32巻135頁、加藤新太郎「訴訟上の和解の位置づけ」後藤＝藤田前掲注（3）37頁を参照のこと。

7）　実際には、こういった要素のほかに、交通事故の急増期における和解中心の対応が和解評価の見直しの契機なった点なども指摘されている。詳しくは、草野・「和解実務の変遷」前掲注（1）31頁以下参照。

8）　草野教授の分類では、こういった分類は一応可能であるが、本質的なものではなく、判決にできない和解をする点においては共通するとされる。詳しくは、草野・「和解運営」前掲注（2）30頁。なお、こういった分類に関し、心証型以外の類型の存在について疑問視するものもある。伊藤＝加藤＝山本・前掲注（4）218頁（伊藤発言）、岡伸浩

和解進行のあり方に関しても、心証中心型、交渉中心型、融合型といった類型が指摘されている。心証中心型は、和解手続をコントロールするものは裁判官の心証であると捉え、当事者に対する説得は勝敗の可能性と考える進め方であり、交渉中心型は、和解を裁判官が媒介する当事者の交渉ととらえ、裁判官は当事者の対話を促す第三者の立場に立つ進め方である。和解積極論の中では、前者は当事者の心情を考えて説得するというよりも、嫌ならいつでも判決をするといった説得になってしまい当事者の不満をかう可能性があり、後者は当事者の力の差等によって成立した合意の内容が法の趣旨に反したり、判決の結論と大きく異なったりする可能性があることから、あるべき和解のあり方は、この両モデルを融合した融合型であるとされる[9]。

このように、和解積極論では、和解は、当事者の合意に基づく紛争解決機能の高い手段であり、その基本型としては、心証と交渉の両方の観点から裁判官によって進行のはかられる判決乗り越え型の和解が目指されるべきとされる[10]。そこでは、当事者の合意を基礎とする、前述のa.からe.の利点を有する当事者に受け入れられる、判決を上回る解決としての和解が前提とされているし、目指すべきもとなれている。ここでは、当事者による主体的な合意形成と、双方当事者に満足のいく結果といったものが和解の内容として想定されているといってよかろう。

②和解積極論に対する批判　しかし、こういった和解積極論の主張に対しては、大きな批判も存在する。その一つは、和解における合意概念を根本から問い直すもので、和解強制論とでも呼べるものである。その指摘するところによれば、和解は判決を下す権限をもった裁判官のもとで行われることから、当事者の合意と雖も、それは強制された部分が

「訴訟上の和解・再考―実務へのアンチテーゼとジンテーゼ」判タ1383号84頁以下（2013年）、また、両者の画然とした区別に疑問を示しつつ、心証型が中心になるべきとするものに、石川明『訴訟上の和解』（信山社　2012年）8頁。

9) 草野・「和解運営」前掲注（2）32頁以下。

10) もちろん、このほかにも詳細な技術論が存在するが、その詳細は本稿では省略する。なお、石川教授は、和解に対して積極的な立場であるが、和解の則法性という観点から、判決先取り型を基本にすべきであるとする。石川・前掲注（8）37、40頁。

大きいのではないかという指摘である[11]。そしてさらにこの指摘は、和解の行われる動機は、弁護士も含め、裁判官・弁護士の職業的な利益から導かれるものであることを指摘する。すなわち、裁判官は、和解をすれば、証拠調べを省き、判決書の作成を省くことができ、さらに控訴を回避することができる。また、弁護士は、和解により完全な敗北の危険から逃れることができ、報酬の請求もしやすくなる。こういった職業的な利益の圧力のもと合意が強制される面があるとの指摘がなされる[12]。これに対しては再批判があり、当事者としては、単に事実認定をして法を適用し判決を下すことだけではなく、必要があれば、判決を乗り越えても裁判所に積極的に対応することを期待しているとする、いわば当事者が和解を望んでいるとする和解期待論が新たに主張されている[13]。

この和解積極論に対する批判では、和解は、自由な合意によるものではなく、判決を背景に、半ば強制され、押しつけられたものであり、その結果、和解の結果に対する評価も必ずしも高くはない可能性があるし、和解を強要する裁判官や弁護士に対する評価も高くはないということになろう。対し、再反論の和解期待論の立場に立てば、期待をかなえてくれる裁判官や弁護士に対する評価は高く、結果への満足度も高いものとなろう。

③和解規律のための議論　そして、こういった和解積極論への批判は、その弊害を除去すべく種々の提言をなすに至っているが、その内容にはいくつかのものが存在する。一つは和解への態度を謙抑的なものすべきとする和解謙抑論といったものであり、いわば実務上の態度を改め

---

11) たとえば、太田＝穂積・前掲注（5）308頁以下、那須弘平「謙抑的和解論」木川統一郎博士古稀祝賀論集刊行委員会編『民事裁判の充実と促進（上）』（1994年）711頁、山本和彦「決定内容における合意の問題」民訴雑誌43号127頁以下（判例タイムズ社　1997年）、垣内俊介「裁判官による和解勧試の法的規律」民訴雑誌49号232頁以下（2003年）、伊藤＝加藤＝山本・前掲注（4）210頁（伊藤発言）、212頁（山本発言）出井直樹「裁判上の和解をどう考えるか」伊藤眞他編『民事司法の法理と政策』（商事法務　2008年）63頁以下等を参照のこと。
12) 伊藤＝加藤＝山本・前掲注（4）212頁（山本発言）、加藤・前注（1）25頁、出井・前掲注（11）73頁以下参照。
13) 伊藤＝加藤＝山本・前掲注（4）214頁（山本発言）、加藤・前注（1）25頁。

るべきとの主張である[14]。もう一つは、そういった態度の問題ではなく、より具体的に和解過程を規律する枠組みの必要性を唱える和解手続論であり、和解手続における対審の保障や当事者の意思表示のための情報提供等を行おう[15]、あるいは、和解勧試のできる場合を制限したり和解勧試にあたっては、当事者に心証開示請求権を認めるべきである[16]、といった主張がされている。そして、この和解手続論に対しては、手続の規制ではなく、裁判官の配慮による対応を指摘する手続配慮論といった再反論が存在している[17]。また、立法論としては、そもそも日本の和解の問題点は、判決を書く裁判官が和解を担当することにあるとして、判決を書く裁判官と和解を示す裁判官を分ける和解担当機関分離論などもある[18]。

（2）実証的研究による検証の視点

以上の議論の概観によれば、和解に対する積極論であれ消極論であれ、そこで前提とされ、あるいは想定される和解に対する当事者の評価に異なるものが存在する。そういった前提ないし想定は、本来実証的なデータによって検証されるべきであろう[19]。上述の整理をもとに、その観点を整理するならば、おおよそ以下のようなものがあろう。

①当事者は和解を望んでいるのか？　そもそも、当事者は判決を望んでいるのか、和解を望んでいるのか、といった当事者の意思あるいは希望に対し、かつてと今日では異なる認識が存在するように思われる。そして、今日の議論でいえば、この点は、和解期待論の当否にも直接かかわる点でもある。まずは、この点の現実を検証してみる必要があろ

---

14) 那須・前掲注（11）692頁以下、出井・前掲注（11）73頁以下。
15) 山本・前掲注（11）127頁以下。
16) 垣内・前掲注（11）232頁以下。
17) 草野芳郎「和解技術論と和解手続論」青山善充他編『民事訴訟理論の新たな構築　上巻』（2001年）491頁以下。
18) こういった見解を示すものとしては、石川・前掲注（8）80頁以下参照。
19) こういった指摘として、伊藤＝加藤＝山本・前掲注（4）217頁（加藤発言）、230頁（山本発言）、加藤・前注（1）25頁。

う。そして、仮に、紛争当事者が和解ではなく判決を望んでいたならば、今日の実務態度ではなく、かつての判決中心の実務に立ち返るべきとの議論も成り立ちうる。また、そこまで行かなくても、当事者が直接望まなくてもなお和解で終わることの利点等の合理的な根拠が必要とされよう。

②和解は当事者の主体的な合意に基づいているか？ 次に、和解強制論との関係では、現実の合意が真に当事者の意図によるものであったのか否かが検証されなくてはなるまい。このことの直接的な検証は難しいが、合意形成の過程や合意結果に対する納得度や満足度といったものを見ることによって推論が可能であろう。かりに強制的な要素が見て取れるならば、それに対し、何らかの対応が必要といえるが、その場合も、実証的な検証をもとにすることによって、抽象的な危険に基づく対応ではなく、その実態に合わせた対応が検討されるべきである。

③当事者による裁判官・弁護士の評価は？ さらに、上記の点とかかわり、当事者の裁判官、弁護士に対する評価も検証されるべきであろう。前述のように、和解が強制されたものであれば、その強制を行った裁判官、弁護士への評価は低くなるし、和解を期待していたならば、その機会を提供する裁判官、弁護士への評価は高いものになろう。

②当事者の和解結果に対する評価は？ また、和解の長所として指摘されている前述の諸点は、和解による紛争の解決の合理性を根拠付ける大きな理由ともいえよう。これらに関しても、当事者がどのような評価をなしているのかという点の検証の必要があろう。前述の和解の長所は多くは客観的事実であり、理屈の上ではメリットの大きいものといえようが、当事者が現実にそういった点にメリットを感じ、納得・満足を感じているかは別の問題である。たとえば、白黒をはっきりさせることが最も重要なことである場合、上述の利点も当事者にとってはそれほど大きなメリットとは感じられない可能性がある[20]。そういった視点から

---

20) たとえば、民事訴訟利用者調査では、一般に重要と考えられている費用や時間は制度の満足度の大きな規定因にはなっていない。こういった点に関しては、菅原郁夫「利用者調査の結果から示唆されるもの」NBL1002号9頁以下（2013年）参照。

すれば、当事者が和解という事実をどのように評価しているか、現実を検証してみる必要があろう。

 ⑤判決乗り越え型和解は現実に生じているのか？　　最後に、和解積極論が指摘するように、判決乗り越え型和解が理想であるとしても、現実の和解がそういった形で終わっていると思われるものがどれほどあるのかの検証も必要であろう。和解積極論も、判決乗り越え型和解が目指すべきものであるとしても、それが今日の和解の現実の姿であるとまでは述べていないようにも思われる。しかし、理想には異論がなくても、その実現が難しいということであれば、その実現に向けての一層の努力が必要とされよう。そしてまた、今日和解技術論が広く認知されるに至った状況を考えならば、かりに判決乗り越え型和解が少数に留まるのが現実であるとすれば、考えられるべき対応は、単に技術論を唱えるのみでは不十分で、さらに和解実務を方向付ける何らかの対応が必要であることを意味していると解することも可能であろう。そして、その議論の延長には、前述の和解規律論が指摘する諸対応の要否の問題が登場してくることにもなろう。

　以上のような整理をもとに、本稿では、以下において過去の調査からこれらの点につき、可能な限りの検証を試みることにする。ただ、残念ながら、これまでの調査結果はこういった議論を意識した側面はあるものの、それらをストレートに検証しているものばかりではない。以下では、上述のような議論の前提の検証に役立つと思われる知見をいくつか項目にそって紹介し、当事者の視点から見た和解とはどのようなものかを考えてみる。

3　これまでの調査の概要

　当事者の視点からみた和解の実態に関する研究としては、主立ったものを挙げれば、近時では過去三回の調査が存在する。はじめのものは、和解研究会の調査（以下、「和解調査」とする）であり、調査の実施時期は、1998年で、調査手法は郵送調査であった。具体的には、第一段階とし

て、弁護士の協力者に対し、アンケート用紙を渡し、第二段階として、その弁護士から事件が終了した（和解あるいは判決確定後）当事者にそのアンケート用紙を送付してもらい、回答は無記名で、直接、研究者に返送される形で行われた。調査地は東京と福島で、調査期間は1998年の9月から約5ヶ月間で、過去1年程度に起こった事件を対象としている。回収数は、東京232件、福島43件の合計275件となっている。回収率は、全体で60.4％であった[21]。

二つめの調査は、特定領域研究「法化社会における紛争処理と民事司法」（代表村山眞維）の民事訴訟行動調査班の行った全国民事訴訟当事者・代理人調査である（以下、「訴訟行動調査」とする）。この調査は、2004年に終局した民事事件の自然人当事者に対し、2006年12月から2007年3月にわたって行われた質問票調査で、当事者の調査対象者1741人、弁護士の調査対象者1397人で、それぞれ回答者は533人、324人、回答率30.6％、23.3％という結果であった[22]。ここでは、その中の訴訟上の和解に関する分析を中心に検討を試みる。

三つめの調査は、民事訴訟制度研究会が2011年に行った民事訴訟利用者調査（以下、「利用者調査」とする）である。この調査は、司法制度改革審議会が2000年に行った「民事訴訟利用者調査」の継続調査として行われたもので、2006年にも同様の調査が行われているが、ここでは直近の2011年の調査結果を中心に紹介する。この2011年の調査は、同年の6月に終局に至った全国の民事通常事件の当事者（法人も含む）2046人に対して行った郵送による調査で、回答者は785人、回答率32.6％であっ

---

21) この調査は、訴訟当事者の評価を聞くという点では同種の調査の先駆的な試みといえるが、調査対象者を協力弁護士を介して選定している点や調査地の選定の点において手法としての厳密さを欠く面がある。この調査の詳細に関しては、菅原郁夫『民事訴訟政策と心理学』（慈学社　2010年）71頁以下、伊藤眞ほか「座談会『当事者本人からみた和解』」判夕1008号4頁以下を参照のこと。
22) この調査の結果及び分析に関しては、ダニエル・H・フット＝太田勝造編・裁判経験と訴訟行動（2010年　東京大学出版会）がある。また、この調査に関する座談会として、次のものがある。加藤新太郎他「座談会『当事者は民事裁判に何をもとめるのか？（上）』」判夕1289号5頁以下（2009年）、同「座談会『当事者は民事裁判に何をもとめるのか？（下）』」判夕1290号24頁以下（2009年）。

た[23]。この調査は、訴訟手続や訴訟制度全般にかかわる調査であるが、以下ではとくに判決事件と和解事件を比較した部分を中心に検討を試みる。

これら三つの調査は、調査時期も調査手法も異なるものであり、その結果を直接比較することは必ずしも適切ではない面もある。しかし、訴訟当事者に対する調査は、和解に対する当事者の評価を知るという意味で、非常に重要な情報であると同時に、共通して見出される知見は、調査時期や手法を越えて確認できた堅固な知見ともいうことができる。そこで、以下では、上述の様々な違いを念頭に置きつつ、和解に対する訴訟当事者の評価として共通して見出されるものは何かについて、知見の整理を試みる[24]。

4 調査結果の整理

（1）訴訟動機と和解および和解交渉・成立理由

①訴訟動機と和解　　はじめに、訴訟の利用動機ないしは訴訟への期待という点と和解との関係についての分析をみる。この点に関しては、訴訟行動調査の分析がもっとも詳しい。それによれば、和解の成立要因に関しては、判決和解別にみた場合、「白黒をはっきりさせる」、「自分の権利を守ること」等判決に親和的な欲求は判決事件でより高く、和解事件ではより低い。反面、「相手との関係を修復すること」への欲求に関しては、判決事件で低く和解事件で高くなる等、当事者の抱いていた裁判への期待がある程度まで裁判結果に影響を及ぼしている可能性が推測された。しかし、「相手側との話し合いの場をもつこと」への当事者

---

23) この調査に関しては、民事訴訟制度研究会・2011年民事訴訟利用者調査（商事法務 2012年）を参照のこと。また、この調査を紹介する座談会として、山本和彦他「座談会『2011年民事訴訟利用者調査の分析』」論究ジュリ4号160頁以下がある。

24) ここで紹介する調査以外にも、和解に対する当事者の評価を問うものとしては、太田勝造「実態調査からみた和解兼弁論（弁論兼和解）」交渉と研究会編『裁判内交渉の論理』（商事法務研究会　1993年）16頁以下がある。

の期待が高いほど、和解で終わる可能性も高くなるといるとは一概にいえないといった結果が示されている[25]。全般的に「白黒をはっきりさせること」をはじめとする判決に親和的な期待が高く、高い判決志向が確認されている。

　質問項目は異なるものの、和解で終わった事件での訴訟利用動機がどのようなものかに関する分析は、和解調査と利用者調査においてもなされている。和解調査では、原告の訴訟利用動機および被告の訴訟への期待として、訴訟行動調査と同様、「白黒をはっきりさせる」といった点について質問がなされ、原告被告共にこの欲求が高いことが示されている。また、訴訟行動調査同様、「自分の権利や利益を守る」といった判決に親和的な欲求も原告被告いずれも高いことが示されている。この調査では、残念ながら「相手側との話し合いの場をもつこと」といった質問はない[26]。しかし、この調査でも全般的に当事者の判決に親和的な傾向が示されているといってよかろう。

　さらに、利用者調査では、裁判を起こした理由・裁判に応じた理由に関する複数の質問がなされており、その答えに対し判決・和解別の分析がなされている[27]。その結果には大きな差が出たものはほとんどなく、上述の2つの調査において注目した「白黒決着」ないしは「白黒回避」

---

[25] グラフでは、「白黒をはっきりさせる」、「自分の権利を守ること」に関して、いずれも期待するとするものが70％を越えているし、逆に「相手側との話し合いの場をもつこと」は同じ割合が50％を切っている。詳しくは、守屋明「和解の成立要因としての当事者および弁護士の意識」フット＝太田・前掲注（22）193頁参照。

[26] グラフからの判断であるが、「白黒をはっきりさせる」および「自分の権利や利益を守る」に関しては、原告被告ともこれを肯定するものが70％を越えている。菅原・前掲注（21）81頁以下参照。この調査に関する座談会の中では、裁判所における経験では、和解不成立の理由として、資力がないことの他に、白黒志向が強い点が挙げられている。伊藤ほか・前掲注（21）23頁（西口発言）。

[27] 利用者調査では、多くの項目が「全くそう思わない」、「あまりそう思わない」、「どちらともいえない」、「少しそう思う」、「強くそう思う」の5段階尺度で質問がなされている。集計では、それらを「全くそう思わない」、「あまりそう思わない」をまとめた「否定回答」と「どちらともいえない」の「中間回答」、さらには「少しそう思う」、「強くそう思う」をまとめた「肯定回答」といった形でとりまとめている。以下ではこの集計結果の方を引用している。

という点に関して見るならば、判決事件、和解事件のいずれの当事者も、「白黒決着」を望むものがほぼ7割に達しているし、「裁判を通じて話し合いがしたかった」とするものは、判決事件、和解事件のいずれの当事者もそれを否定するものの方が多いことが見出されている[28]。

以上の結果からすれば、訴訟結果が和解に終わった当事者に特有の訴訟動機や期待が見られるわけではなく、むしろ、いずれの調査においても、和解当事者といえども白黒がはっきりとした解決を望んでいたように思われる。以上の結果からすれば、少なくとも当初から訴訟当事者が訴訟の相手との話し合いを望み、それ故に和解が生じているという関係にはないことが訴訟行動調査および利用者調査において共通して見出されているといえよう。

②和解交渉・成立要因　次に、和解が成立する要因に関しての調査結果を見る。この点に関しては、和解調査において、端的に和解交渉理由、和解成立理由についての質問がなされている。それによれば、訴訟当事者が和解に及んだ理由としては、「弁護士のすすめ」、「裁判官のすすめ」を理由とするものが多く、次いで「経済的負担回避」、「心理的負担回避」など負担回避を理由とするものがそれに続くという結果が示されている。他方で、「勝訴や敗訴の見込み」といった判決の見込みを理由とするものや、「相手方や相手方弁護士との話し合い」を理由にあげるものは少なく、むしろそれが和解交渉の理由ではないとするものの方が多いといった結果が示されている[29]。また、和解成立の理由に関して

---

28)　白黒をはっきりさせることを肯定した当事者は、判決事件では71.7%、和解事件では69.1%であったし、逆に、相手方との話し合いに関しては、これを否定するものが、判決事件で41.6%、和解事件でも40.6%に達している。民訴制度研究会・前掲注(23) 818頁。

29)　「弁護士のすすめ」を肯定するものが60%程度に達するのに対し、「相手側と直接話しができる」に関しては、それを理由ではないとするものが60%近くに達している。こういった結果に対し、そこには、当事者が主体的に相手方と交渉しようというよりも、自分の側の弁護士や裁判官からの薦めに従い、和解に望んでいる当事者の姿があるとの指摘がなされている。詳しくは、菅原・前掲注(21) 85頁以下参照。なお、この点にかかわり、勝訴見込みを理由とするものが、敗訴見込みを理由とするものよりも多いとの指摘(伊藤ほか・前掲注(21) 13頁(菅原発言))に対し、裁判所や弁護士の省力化による

も、「弁護士のすすめ」を理由とするものが最も多く、「裁判官のすすめ」「心理的負担回避」がそれに続く高頻度となっている。ここでも、交渉理由同様、「相手側と直接話しができる」ことを理由とするものは少なく、むしろそれを否定するものの方が圧倒的に多くなっている[30]。

この和解調査によって示された和解成立時における裁判官、弁護士の役割に関しては、訴訟行動調査において、さらに踏み込んだ分析がなされている。それによれば、まず、和解調査同様、和解時に当事者が考慮した事項で、上位を占めるのは「弁護士からのすすめ」、「紛争に早く決着をつけること」、「裁判官のすすめ」といった事項であることが示されている[31]。さらに、ここで重視される裁判官、弁護士のかかわり方であるが、裁判官の和解勧試に関しては、当事者よりも弁護士の方が勧試を受けたとする自覚は低いものの、弁護士が勧告を自覚した場合には和解にいたる割合が高くなるといった関係が見出されている。さらに、代理人付当事者の場合、裁判官が「具体的な和解案を示した」あるいは「心証を開示した」と弁護士が感じている場合に、裁判が和解で終わる比率が高いなど、裁判官の和解勧試は、弁護士による解釈を介して裁判結果に影響を与えている可能性があるとの指摘がなされている[32]。

また、弁護士自体に着目した場合、自分から積極的に受任したというよりも、事件の公益性や社会的責務を感じ受任した事件の方で和解が多くなる傾向や、事件の見通しとの関係では、事件が依頼人に有利である場合に裁判が判決で終わる可能性は高いが、それは、100％の勝訴見込

弊害の可能性を指摘するものとして、石川・前掲注（8）19頁がある。
30) 和解成立理由として、「弁護士のすすめ」は約70％、「裁判官のすすめ」は約60％の当事者がそれを肯定しており、「心理的負担回避」が60％を切る形でそれに続いている。この結果に対しては、このような結果からは、相手方との話し合いの結果の合意といった和解像は想定しにくいように思われるとの指摘がなされている。詳しくは、菅原・前掲注（21）91頁以下参照。同様の評価に関しては、伊藤＝加藤＝山本・前掲注（4）212頁（山本発言）参照。
31) グラフによれば、考慮したとの回答（「考慮した」、「ある程度考慮した」の合計）は、「弁護士からのすすめ」が82.3％、「紛争に早く決着をつけること」が76.3％、「裁判官のすすめ」が71.8％である。守屋・前掲注（25）208、209頁。
32) 守屋・前掲注（25）198、199頁。

みがある場合であり、依頼人が有利でも100％の勝訴見込みがない場合には、和解が選択される傾向にあることが示されている。100％の勝訴見込みがある場合を除き、判決は弁護士にとっては高リスクであり、それを避けて和解が選好される傾向にあるとの指摘がなされている[33]。さらに、和解で終了した事件の方が判決で終了した事件よりも、そもそも訴訟の提起ないし応訴自体が弁護士主導で行われる傾向があり、弁護士主導の訴訟提起ないし応訴は和解へのステップとして行われる傾向があること、他方で、当事者主導の訴訟提起ないし応訴は判決を得るための決断である傾向が伺われることなども指摘されている[34]。弁護士が和解成立に大きく関与している可能性、その弁護士を介して裁判官も和解に大きく関与している状況が示されている。

　利用者調査には、和解に特定した交渉理由や成立理由に関する質問は存在しない。したがって、ここでの結果は、訴訟行動調査と和解調査の二つの調査に基づくものになるが、いずれの調査にも共通するのは、自分の側の弁護士の勧めと裁判官の勧めが和解交渉や成立の大きな要因になっている点である[35]。ここで共通して見出された結果を見る限り、当

---

[33] 守屋・前掲注（25）203頁。
[34] 守屋・前掲注（25）204頁。
[35] この点に関し、訴訟行動調査に関する座談会では、弁護士は裁判所の心証を使い当事者に和解を進める点や、弁護士は法律家の観点から吟味し、もっとも得られるものが多いような解決を目指しているといった説明がなされている。加藤・「座談会（上）」前掲注（22）18頁（永石発言、加藤発言）。また、こういった結果に対し、訴訟行動調査の分析では次のような指摘がなされる。すなわち、弁護士は部分的には勝訴の見込みが高くない事件について、社会的責務感や、部分的には対外的評価への関心からそのような事件を引き受け、それを和解に持ち込むことにより自らの役割を果たしているが、いずれか一方に100％勝訴の確信がある事件以外では、双方の弁護士が共に和解を志向し、その結果として譲歩の可能性が拡大し、和解が成立しやすくなっているように思われる。さらに、この交渉可能な領域において裁判官が「具体的な和解案」を提示し、あるいは「心証開示」を行う場合、弁護士がその受諾を当事者に強く助言し、当事者がこれを受け入れて和解が成立する可能性が高い。これに対し、依頼者自身がイニシアティヴをとって提訴ないし応訴したような場合、あるいは依頼人を納得させるために訴訟が選択されたような場合には、相対的に判決で終わる可能性が高い、と。守屋・前掲注（25）207頁以下参照。

事者の主体的な合意による紛争解決という和解像はやや見出しがたいように思われる[36]。

(2) 訴訟関与者に対する評価
①裁判官に対する評価　次に、訴訟関与者に対する評価は、訴訟行動調査と利用者調査においてなされている。はじめに、裁判官に対する評価であるが、訴訟行動調査では、「よく話しを聞いてくれた」等、肯定的な内容を尋ねる質問に関しては、和解事件の方に肯定的な評価が多く、「相手方に見方しているように見えた」等、否定的な内容の質問に関しては、判決事件の肯定回答割合が高く、和解事件のそれは低かった。全体に和解事件での裁判官評価が判決事件でのそれよりも高いことが示されている[37]。

これに対し、利用者調査では、裁判官に関し種々の質問がなされているが、「中立性」、「傾聴」、「価値観の理解」といった項目では、判決事件の方で肯定回答が多いほか、一般に判決事件の評価の方が高いことが示されている[38]。とくに、「満足度」に関しては、判決事件の満足割合

---

36) 和解研究会の成果をめぐる座談会の中では、こういった結果がまさに和解の実態を示す点、和解は当事者の協議による合意ではなく、当事者や代理人が訴訟法規の枠を取り払って裁判所に自分に有利な情報等を伝える場になっており、和解の実態は合意ではなく、裁判所の合意案を受け入れるか否かを判断する場になっている、といった指摘もなされている。また、そういった、解釈は他の調査結果に対してなされた解釈とも一致する旨の発言もなされている。伊藤ほか・前掲注 (21) 14頁以下（那須発言、塩谷発言、太田発言など）。太田・前掲注 (24) 34頁も参照。

37) グラフによれば、「そう思う」が1、「そう思わない」が5の5段階尺度で、たとえば「よく話しを聞いてくれた」は、平均が判決事件で2.93、和解事件で2.62、逆に、「相手の見方をしているように見えた」は、判決事件で3.13、和解事件で3.31となっている。詳しくは、垣内秀介「和解と当事者の手続評価」フット＝太田・前掲注 (22) 236頁。

38) 民訴制度研究会・前掲注 (23) 102頁。なお、ここでの「傾聴」は、訴訟行動調査の「よく話しを聞いてくれた」と同じ内容の質問で、肯定回答の割合が、判決事件で46.1%、和解事件で37.9%となっている。こういった結果に対し、実務家からは、和解のときは、裁判所も弁護士も丁寧にやるが、当事者には、和解であるからこそ、もっと聞いてもらいたかったといった気持ちがあるのではないか、との指摘がなされている。山本・前掲注 (23) 179頁（馬橋発言）。

が高く和解事件のそれを大幅に（10ポイント以上）上回っている[39]。訴訟行動調査とは逆の結果になっている。ただし、この結果は恒常的ものではない。2006年の民事訴訟利用者調査では、ここで紹介した利用者調査とほぼ共通した質問がなされているが、その2次分析において、逆に、和解事件の評価の方が「丁寧さ」等個別の評価においても、さらには「満足度」においても、判決事件の評価を上回ることが示されている[40]。

②**弁護士に対する評価**　訴訟行動調査では、弁護士に関する評価も和解事件の方が高いことが示されている[41]。これに対し、利用者調査では、判決事件と和解事件の間に大きな差は見られないことが示されている[42]。しかし、利用者調査に関しては、裁判官評価の同様、2006年時点の評価では、弁護士に関しても和解事件の方の評価の方が高いことが示されている[43]。

裁判官、弁護士に対する評価は、利用者調査の結果においては、2006年と2011年で一貫しないものとなっている。訴訟行動調査は2006年の利用者調査の結果と同じ傾向を示すが、訴訟行動調査は2004年に終結した事件に対する評価であり、2006年の民事訴訟利用者調査と調査時期が近接する。他方、利用者調査に関していえば、2006年調査と2011年調査は、事件抽出基準や調査手法が共通する全国調査であり、調査結果の比

---

39) 判決事件の肯定回答が48.7％であるのに対し、和解事件の同割合は36.9％に留まっている。ただし、調査事件全体では、2006年と2011年を比較した場合、裁判官に関する満足度の変化はほとんどない。この間の裁判官の満足度に関する変化は、判決事件で上がり、和解事件で下がる形で生じている。民訴制度研究会・前掲注（23）102頁、105頁。

40) 山田文「和解当事者と判決当事者では、訴訟手続の評価は異なるか」菅原郁夫＝山本和彦＝佐藤岩夫編『利用者が求める民事訴訟の実践』（日本評論社　2010年）88頁。なお、2006年の利用者調査の報告書として、民事訴訟制度研究会『2006年民事訴訟利用者調査』（商事法務　2007年）がある。この調査のデータは、東京大学社会科学研究所のSSJデータアーカイブに寄託されており、研究・教育のための利用が可能となっている。上記菅原ほか編の図書はそのデータを利用した2006年調査の2次分析の結果をまとめたものである。

41) 守屋・前掲注（25）206頁。

42) 民訴制度研究会・前掲注（23）120、123頁。

43) 山田・前掲注（40）90頁。

較が可能な経年調査となっている。その点からすれば、裁判官や弁護士に関しては、実際の当事者の評価が2006年前後では和解事件の方で高かったものが、2011年に至りその評価が低下した可能性がある。その原因に関しては、さらに詳細な分析が必要ではあるが、この時期の新受件数の急増が原因である可能性がある[44]。

(3) 訴訟結果に対する評価

前述のように、和解は弁護士や裁判官からの影響を受け成立しているように見える面が大きいわけであるが、その結果生じた和解自体に対する評価はどのようなものであろう。和解結果に対する評価は、3つの調査それぞれ異なる形でなされている。まず、和解調査では、結果の「有利さ」、「公正さ」、「認容度」、「納得度」、「満足度」に関しての質問がなされている。それによれば、訴訟結果の評価に関しては、和解事件が判決事件にくらべ高い平均値を示しているのは、「認容度」および「納得度」の点であった。これに対し、判決事件の方は、「有利さ」、「公正さ」、「満足度」において、相対的に高い評価を得ていた。ただし、判決事件の方により有利な結果を得た当事者が多く含まれていたことから、子細に比較したところ、たとえば、「満足度」に関しては、有利な当事者にとっては判決事件の方が高く評価され、不利な当事者にとっては和解事件の方が高く評価されていることがわかった。判決事件の場合と比較し、和解事件では、有利な当事者が譲歩して、和解を成立させることから、有利な当事者の満足度が減少し、かわりに譲歩してもらった不利な当事者の満足度が上がるものと考えられる。これらの結果から、判決

---

44) 迅速化検討会の報告書によれば、2006年以降民事第一審の新受件数は急増し、2009年にピークに達し、2010年以降減少に転じているとしているが、2011年においても依然多の新受件数が係属していたことが指摘されている。ちなみに、過払い金返還請求事件を加えた場合、新受件数は、2004年は139,017件、2006年は148,776件であったが、2011年には222,594件に達している。最高裁判所事務総局『裁判の迅速化に係る検証に関する報告書(概況編)』(2013年) 20、21頁参照。この時期の事件処理の困難さを指摘するものとして、手嶋あさみ「裁判官の目から見た利用者調査の意義」NBL1002号17頁注(3)参照。

は当事者の結果の満足度評価を満足・不満の両端に振り分ける傾向があるのに対し、和解はこれを接近させる傾向があることが指摘されている。ただし、「認容度」と「納得度」に関しては、こういった関係以上に、全般に和解事件の方の評価が高かったことになる[45]。

つぎに、訴訟行動調査では、勝訴か敗訴かという勝敗に関する評価と、結果の正当性に関する質問がなされている。その集計結果によれば、判決では「勝訴だった」、「敗訴だった」という両極の回答が増えるのに対し、和解事件は中間の評価が増えることが示されている。また、結果の正当性の評価においては判決と和解には大きな差は見出されず、和解による解決は、当事者が自ら受け入れたものであるから、判決よりも正当なものとして評価されるといったことはなかったことが指摘されている[46]。ただ、強いて言えば、判決は、勝訴・敗訴がはっきりしている事案でその正当性が高く評価される傾向にあり、和解は、中間的な結論の事案では正当性が高く評価される傾向があることは見出されている[47]。そして、和解の場合において、当該和解を有利だと考える当事者がいるのと同じくらい不利だと考える当事者もいることから、全体としてみれば判決事件と和解事件との間で評価に差はなく、判決よりも当事者双方が得をするというようないわゆる「ウィン―ウィン」的な和解はというものは、現実には多くないのではという指摘がなされている[48]。正当性評価に関しても、同様の傾向が見出され、判決では評価が両極に別れ、和解は中間の評価が多くなるが、全体の平均としては有意な差がないことが示されている[49]。

---

45) 菅原・前掲注（21）98頁以下参照。
46) ただし、和解交渉の有無別にみた場合、判決の評価に関しては、手続中の和解交渉の有無によって特段の差は見られなかったのに対し、和解の評価に関しては、勝敗評価、正当性評価のいずれに関しても、和解交渉のあった当事者の回答が若干低い評価になっていることが見出されている。その原因としては、交渉なく和解が成立した事件にくらべ、交渉により和解の成立した事件の方に難事件が多かった可能性が指摘されている。垣内・前掲注（37）227頁参照。
47) 垣内・前掲注（37）223頁。
48) 垣内・前掲注（37）221頁。
49) 垣内・前掲注（37）222頁。

最後に、利用者調査では、結果に関しては、「有利・不利」、「公正さ」、「価値観の共有」、「法律との一致」、「納得度」、「満足度」といった点に関し、質問がなされている。はじめに、有利不利別では、判決・和解別にみた場合、判決事件の方で「有利」の評価が「不利」の評価を大きく上回っているが、和解事件の方は有利・不利の割合がほぼ同等であった。判決事件の方が、有利な結果に終わった事件の評価をより多く含んでいることが示されている[50]。そして、他の結果に関する評価を判決・和解別にみた場合、「公正さ」、「価値観の共有」、「法律との一致」、「納得度」、「満足度」といった質問では、いずれも10ポイント以上の開きで判決事件の肯定回答割合が和解事件のそれを上回っている[51]。なお、報告書では、結果の有利不利と判決和解を組み合わせた分析が行われていない。そのため、試みに、本稿において他の調査と同様、結果の満足度に関し、有利不利別の分析を行ったところ、他と同様に、判決事件では有利な結果に終わった場合に満足度が和解事件よりもたかったが、不利な結果に終わった場合には和解事件の満足度の方が高いといった関係が確認された[52]。

　以上の結果からすれば、各調査に示された当事者の結果評価には共通したものがある。すなわち、全体を平均して見れば、判決事件の方が結果評価はやや高い傾向にあるが、それは、常に判決事件が和解事件に勝っているからではなく、有利な事件では判決事件の評価が高く、不利な結果に終わった事件では和解事件の方の評価が高いといった関係を内包

---

50) 判決事件では、「有利」55.8％、「不利」29.3％であったのに対し、和解事件では、「有利」33.9％、「不利」39.2％であった。民訴制度研究会・前掲注（23）159頁。
51) 民訴制度研究会・前掲注（23）165頁、863頁以下。なお、報告書では、こういった差に関し、判決事件の場合、否定回答の方はそれほど大きくはないが、中間回答が少なく、多くが肯定回答に回ったことによるものと思われる。判決事件の当事者に有利な結果に終わった当事者が多かったことを思い起こすべきであろう、との指摘がなされている。
52) 満足度を5段階尺度（5が満足で1が不満足）で尋ねているが、その平均値が、有利な結果に終わった事件では、判決事件が4.5に対し、和解事件では4.1となり、不利な結果に終わった事件では、判決事件が1.5であるのに対し、和解事件は1.8となっている。なお、この関係は、2006年に行われた民事訴訟利用者調査の2次分析においても確認されている。山田・前掲注（40）84頁。

したものである。そして、判決事件の評価は高低の両端に振り分けられる傾向にあるのに対し、和解事件は中間評価が多くなるといったことも見出されている。

こういった結果に対し、和解調査の分析の中では、和解では、有利な当事者が譲歩して、和解を成立させることから、有利な当事者の満足度が減少し、かわりに譲歩してもらった不利な当事者の満足度が上がるものと考えられる。その譲歩が、両当事者の受認限度で行われることから、認容度の評価はいずれの場合においても和解事件の方で高くなるのであろうとの指摘がなされている。そして、こういった評価は、和解は譲歩を前提とする以上の当然の結果ともいえるが、問題は、有利な立場にある人間が譲歩しても、なおそれ以上のメリットを感じ取っていたか、それとも単にごねられただけで、何ら得るところがないと感じ不満を残しているのかという点であろうし、不利な結果に終わった当事者としては、負けはしたがなおその結果を受け入れ、自己の経験に対しさほど否定的な評価を下さなかったのか、あるいは、全く否定的な評価のままでいたのかという点であろうとの指摘がなされている[53]。

こういった解釈からすれば、結果の有利不利等の評価以外にもより広く和解によって生じた評価を比較する必要があろう。引き続き他の側面に関する評価を比較してみたい。

（4）任意履行率

以上の結果評価に加え、すべての調査において検証がなされているのは任意履行率の点である。そして、すべての調査において、和解事件の優位性が示されている。和解調査では、判決事件、和解事件の比較では、全体としてみれば満足度等に関しては有意差が見られなかったのに対し、任意履行程度の報告に関しては、判決と和解とで大きな差がでている。自己側であれ、相手側であれ、和解の方の履行程度が判決よりも相当高いことが示されている[54]。同様に、訴訟行動調査でも、履行状況

---

53) 菅原・前掲注（21）103頁。

に関しては、判決事件よりも和解事件の方が履行される割合が高いことが確認されているし[55]、利用者調査でも、判決事件と和解事件では、相手方の任意履行率に関しては、極めて明確な差が現れることが示されている。「完全履行」に関しては、明らかに和解事件の割合が高く、逆に、「完全未履行」に関しては、判決事件の割合が高い。その差は歴然としており、権利の実現場面における和解事件の優位さは明らかなように思われるとの指摘がなされている[56]。

(5) 再利用意思

さらに、訴訟行動調査および利用者調査において共通して問われているのは、同様の状況における訴訟の再利用意思に関する質問である。訴訟行動調査の場合、判決事件の方が「利用したい」、「どちらかといえば利用したい」の回答が多く、逆に和解事件では、「どちらかといえば利用したくない」、「利用したくない」の回答が多くなることが見出され、統計的に有意な差であることが確認されている[57]。また、利用者調査の

---

54) グラフによれば、結果の有利不利を問わず、和解事件の場合の任意履行率が判決事件よりも高くなっている。詳しくは、菅原・前掲注 (21) 99頁以下。

55) 「現実に履行された」との回答は、判決事件では70.6%、和解事件では、83.9%であり、逆に「全く履行されていない」は、判決事件で15.9%に対し、和解事件3.3%となっている。詳しくは、垣内・前掲注 (37) 227頁以下参照。

56) 完全履行率に関しては、判決事件が16.0%であるのに対し、和解事件は同割合が63.9%であった。逆に、完全未履行率は、判決事件が60.4%であるのに対し、和解事件は9.9%であった。ただし、この調査は終局直後の調査なので、判決事件に関しては、控訴や控訴期間未経過の可能性のあることも考慮に入れなくてはならない。民訴制度研究会・前掲注 (23) 149頁参照。

57) 再利用の意思を示したもの (「利用したい」と「どちらかといえば利用したい」の合計) は、判決事件で55.8%、和解事件で36.8%となっている。また、この再利用意思の差は、和解交渉の有無でも差があり、和解交渉がなかったとした回答者は、和解交渉があったとした回答者よりも、より「利用したい」との回答が多かったことが確認されている。垣内・前掲注 (37) 238頁以下参照。なお、こういった差について、訴訟行動調査では、勝訴以外の場合、すなわち、当事者が完全に有利な結果をえることができなかった場合に生じていることを示していることから、内容的に必ずしも満足できないにもかかわらず和解を余儀なくされている当事者の存在が、和解当事者の低い利用意欲につながっている可能性があるとの指摘がなされている。垣内・前掲注 (37) 235頁。また、こ

場合も、「再利用意思」に関し、判決事件の肯定回答割合の方が高くなっている[58]。

(6) その他の知見

以上の複数の調査に共通する項目に加え、各調査は、他の調査にはない、いくつかの興味深い知見も示している。

①和解結果の相対評価　はじめに、和解調査では、判決で終わった当事者には和解と比較し、和解で終わった当事者には判決と比較し、それぞれ違う形で終わったとした場合にどちらが有利であると思うかという想定質問がなされている。その結果、判決で終わった当事者は、有利な結果に終わった場合、判決で終わったことを肯定するものが7割以上に上るに対して、和解事件の方は、有利な結果の場合でも、判決以上に和解の方がよかったと考えているものの割合が4割程度にすぎないことが示されている[59]。

この和解調査の結果とならんで興味深いのは、利用者調査の仮定的状況との比較を尋ねる質問である。この調査では、「他の裁判官であればもっと有利な結果が得られたかも知れないと思いますか」、「他の弁護士であればもっと有利な結果が得られたかも知れないと思いますか」といった質問がなされているが、いずれに関しても判決事件では否定回答割

　の調査結果をめぐる座談会では、ほとんどのケースで和解が試みられるが、それが不調に終わった場合、判決に進むしかないが、その折に、「和解ができなかったものは白黒をつけることに当事者の期待がシフトする」といったことが原因ではないかといった指摘もある。加藤・「座談会（下）」前掲注（22）32頁（須藤発言）参照。

[58] 再利用意思を肯定する回答は、判決事件が56.6％であったのに対し、和解事件は47.4％であった。ただし、「他者への推奨意思」に関しては、同割合が判決で35.4％、和解で34.9％となり、差がほとんど無くなっている。判決事件には有利な結果に終わった当事者が多かったが、その点が評価に影響した可能性が指摘されている。民訴制度研究会・前掲注（23）165頁参照。

[59] ここで判決と比較することは、サンプル数の違いの点などもあり、必ずしも適切ではないが、少なくとも有利な和解に対する評価の低さそれ自体が注目に値するといえる。このような視点からすれば、少なくとも当事者の主観的な評価としては、いわば判決乗り越え型和解はさほど多くはなかったということになりそうであるとの指摘がなされている。菅原・前掲注（21）100頁。

合が高く、すべて和解事件のそれを上回っている[60]。すなわち、和解事件の方で現状否定的な評価が多かったことになる。

これらの結果を見る限り、判決事件よりも和解事件の方に結果に対する後悔の念が強い傾向が見られるといえよう。

②訴訟経験全体に対する評価　和解調査では、結果の評価に加え、訴訟経験全体に対する評価と訴訟終結後の対応についての質問がなされておいる。

訴訟経験に対する評価に関しては、判決事件と和解事件を比較すると、「全体的満足度」、「充実感」、「違和感がない」、「無力感がない」、「不満感がない」といった肯定評価の割合は判決の方が高いことが示されている。それに対し、一般的に和解事件の方が、「どちらともいえない」と答える割合が増えている。そして、その分、各質問に対する否定評価の方は和解事件の方で全般的に割合が低くなっている。そのようななか、和解でとくに特徴的なのは、「安堵感」に関してだけは群を抜いて肯定評価（すなわち、「安堵している」という答え）の割合が高いという点であった[61]。

③訴訟終結後の対応　また、和解調査では、訴訟終結後の対応についての質問もなされている。具体的には、訴訟終了後の相手方との接触の有無、再交渉の有無、強制執行の有無といった点に関し質問をしている。そして、その結果を判決・和解別にみた場合、訴訟終了後の対応に関しては、和解の方が良好な関係等にあることが示されている。とくに、訴訟後に親密な関係になった当事者が和解事件の場合は8人もいた

---

60) 実際の質問紙では、このほかに「もっとうまく主張できれば」、「もっとよく法律や裁判の仕組みを理解していれば」といった仮定的な質問もなされている。いずれに関しても、判決事件の否定回答が和解事件のそれを上回っている。民訴制度研究会・前掲注(23) 165頁参照。

61) このような結果から、結局、和解の場合、紛争は解決したことによってとくに全般的な満足度が上がるわけではなく、安堵感が生じるのがとくに大きな成果ということであり、従来、指摘されてきた当事者に満足のゆく解決、納得のゆく解決といった利点はなく、むしろ弁護士や裁判官から進められ、和解交渉を行い、それがまとまってほっとするというのが和解の実状のように見える、との指摘がなされている。菅原・前掲注(21) 104頁。

点は注目に値する。数的にはさほど多くないものの、かつてから指摘されてきた和解の長所の一端が示されたといえる[62]。

④訴訟制度に対する評価　以上に点に加え、利用者調査では、民事訴訟制度全体に関し、「紛争解決の役目」、「利用しやすさ」、「裁判制度の公正さ」、「法律の公正さ」、「法律の国民生活への対応度」、「裁判制度の満足度」等に関する質問がなされている。それによれば、制度評価に関しては、判決・和解別にみた場合、ほぼ全ての項目に関して、判決事件の肯定回答割合が和解事件のそれを上回っている。唯一「利用しやすさ」に関して、僅かながら和解事件の肯定回答割合が判決事件を上回っている。ただし、全体に評価の差は大きくはなく、比較的大きな差の出たものは、「裁判制度の公正さ」、「裁判制度の満足度」、「法律の公正さ」で、とくに「裁判制度の公正さ」に関しては、和解事件の肯定回答割合が10ポイント以上低くなっていることが示されている[63]。制度全般の評価に関してみても、どちらかといえば判決事件の当事者の評価の方が高く、和解事件の当事者の評価の方が低くなっているといえよう。なお、2006年調査にさかのぼり、制度評価を見た場合、たとえば、訴訟制度の満足度に関しては、判決事件よりも、和解事件の肯定回答割合がやや高くなっている[64]。ここでも、評価に変化が生じている。

---

62)　菅原・前掲注（21）118頁。
63)　各質問に関する肯定回答の割合を示すならば、「利用しやすさ」は判決事件が21.4％で和解事件が22.3％、「裁判制度の公正さ」は判決事件が47.1％で和解事件が34.1％、「裁判制度の満足度」は判決事件が25.9％で和解事件が16.7％、「法律の公正さ」は判決が42.9％で和解は35.8％となっている。詳しくは、民訴制度研究会・前掲注（23）172頁参照。
64)　肯定評価の割合が、判決事件で22.7％、和解事件で26.0％となっている。この集計は手持ちデータによるが、2006年の調査データの利用に関しては、前掲注（40）を参照のこと。

5　知見の整理とこれまでの議論の再検討

（1）これまでの知見の整理

以上のこれまでの調査結果からの知見を、先に示した視点にそってとりまとめるならば、以下のような点を指摘できよう。

まず、当事者は、判決を求めていたのであろうか、和解を求めていたのであろうか。訴訟動機と和解との関係では、訴訟当事者が訴訟に臨むにあたってとくに話し合いを希望しているが故に和解により事件が終局しているという関係は見出しがたいように思われる。むしろ多くの当事者は白黒をはっきりさせることを望んでおり、その意味で、当事者としては判決に親和的な態度で訴訟に臨んでいるといってよいように思われる。この点に関しては、和解を消極的に解していたかつての考え方がそれなりの根拠を有していたといえる。

ただ、この知見をあまり強調すべきではあるまい。法の素人が判決を下すべくある裁判に臨むにあたって、白黒をはっきりさせ、判決を得たいと思うのは当然で、むしろ裁判所においても和解が行われうることの方が予想外で、当初は驚きを感じるのではなかろうか[65]。その意味では、当初何を求めて訴訟に臨んだとしても、種々の考慮のもと、納得して判決なり和解なりを選択したか否かが問題となろう。

次に、そういった観点から見たとき、和解は当事者が主体的に合意した結果といえるであろうかという点が問題となる。その点、今回紹介した調査では、当事者の内面をストレートに確認するものはない。ただ、和解交渉や和解成立に影響を与えた大きな要因として共通して見出されたのは、自分の側の弁護士や裁判官の勧めである。そして、相手方や相手方弁護士との話し合いといった点はむしろ理由ではないとする傾向が示されていた。和解交渉理由や和解成立理由から推測する限りでは、当事者が主体的に話し合い、合意に至るという和解像を示唆するものを明

---

[65]　当事者の判決志向の強さに関する、石川・前掲注（8）45頁の指摘は参考となる。

確な形で見出すのは難しく、むしろそれを否定する兆候すらうかがえたといえよう。裁判官や弁護士に勧められたが故に和解に応じた場合が多いのが現実のようである。

それでは、その和解を進めた裁判官や弁護士の評価はどうであったろうか。この点に関しては、調査結果が分かれるところである。訴訟行動調査では、和解事件の方で裁判官や弁護士の評価が高かったが、利用者調査では逆に判決事件の方が高かった。そして、同じく利用者調査でも、2006年時点の調査では和解事件の評価の方が高く、かつては高かった和解事件での裁判官や弁護士への評価が低下してきた可能性も示唆された。もし、裁判官や弁護士の評価が高ければ、当初判決を目指していても、裁判官や弁護士から納得できる情報を示され、納得して和解で終わったといった、結果としての和解期待論の考え方が支持される余地があるが、和解に強い影響力を与えた裁判官や弁護士への評価が低いとなれば、いよいよ和解結果の評価が和解積極論の想定する和解が現実のものであるか否かにとって重要なポイントとなってくる。

それでは、成立した和解の結果に対する評価はどうであろうか。残念ながら、ここでも、特に和解が判決以上にすぐれているという結果は示されていない。むしろ、和解の評価の評価が高かったのは、不利ないしは中間的な結果に終わった当事者の場合で、有利な結果に終わった当事者の場合は、判決事件の評価の方が高く、全体をおしなべて見た場合、判決事件の評価が高くなる傾向が見出されている。結果に着目した場合でも、当事者の満足する和解といったものがそれほど一般的ではないことが示されたといえる。その意味では、前述の和解積極論の指摘した和解のメリットも、訴訟当事者にはさほど重要性をもたなかった可能性がある[66]。

---

66) なお、利用者調査には、訴訟に要した時間に対する評価の判決和解事件別比較もなされている。それによれば、「長い・長すぎる」との評価の割合は、判決事件46.3％に対し、和解事件では39.8％であり、和解事件の方の評価がよい。ここでも和解のメリットが確認されたことになるが、こういった点が必ずしも結果の満足に結びついていないようである。同様に、和解の審理期間は短い点は、菅原・前掲注（21）116頁にも示されて

さらにいえば、判決との比較においても、和解よりも判決で終わった方が有利であったろうと推測する当事者や、状況が異なればより有利な結果に終わったであろうと思う当事者が和解事件の方で多いといった結果も確認されている。むしろ、和解当事者の方に後悔の念が強いことを伺わせる結果が示されている。この状況は、当事者の視点からすれば、和解が判決先取り型にもなっていない可能性を強く示唆する。

加えて気になる点としては、和解事件当事者の各種訴訟制度に対する評価が判決事件の当事者よりも低くなるといった傾向も見出されている点がある。とくに訴訟に対する再利用意思が和解事件当事者の方が低くなるといった傾向は、訴訟制度の基盤を揺るがしかねない結果ともいえる。

これに対し、和解事件が判決事件にくらべ、圧倒的に優位な状況が示されたのは任意履行の点である。この点は、今回取り上げた調査すべてで確認されている。この点に関しては、和解の長所が端的に確認されている。また、訴訟終了後の安堵感の高いことや、数は多くはないものの、訴訟後の当事者間の関係改善の例なども見られ、和解の当事者の合意に基づく解決としての利点が確認された面もある。しかし、こういった利点も、ここでの結果に対する評価を見る限り、和解が主体的な合意あるいは納得されたものであるが故に生じたとはいいがたいものがあるように思われる。

最後に、判決乗り越え型和解は、現実に存在するといえるのであろうか。ここで示された結果からすれば、判決乗り越え型の和解は存在するではあろうが、その頻度は決して高くはないように思われる[67]。

以上、今回紹介した調査結果からは、和解積極論の前提とする和解の

　　いる。なお、審理期間の評価が制度の満足度に大きな影響を及ぼさない点については、菅原・前掲注（20）14参照。
67) 　こういった点は、記録調査において、和解条項が定型化しているといった現状からも裏付けられよう。実態調査研究会・『計量分析』前掲注（2）319頁以下、同『計量分析（続）』前掲注（2）511頁参照。また、実務家の指摘として、判決先取りが中心であると指摘するものとして、伊藤＝加藤＝山本・前掲注（4）220頁以下（加藤発言）。

理想的な側面は必ずしも見えてこない。確かに任意履行率の高さという大きなメリットはあるものの[68]、その他の側面においては、結果に対する評価も制度に対する評価も、全体としては判決事件よりも低いのが現状である。さらに、和解の成立過程を見ても、訴訟当事者の主体的な合意形成を見て取ることが難しく、現時点でいえば、必ずしも評価の高くない裁判官や弁護士に勧められ、むしろ不承不承和解に応じている結果、和解は成立しているものの、多くの側面においては、不満や後悔が残っているものが多い可能性が示唆されているともいえよう。

（2）和解をめぐる議論の再評価

①判決乗り越え型和解の位置付け

以上の結果を見る限り、少なくとも現状では、和解積極論の説くような判決乗り越え型の両当事者が満足するような和解は、存在するとしてもその数は必ずしも多くはないように思われる。その意味で、まずは、判決乗り越え型和解を基本形に据えた議論は現実的ではないといえよう。むしろ、現実は、弁護士や裁判官の勧めにもとづく和解が多く、その結果に対する評価も必ずしも高くはない点を見るならば、和解積極論において指摘されるところの判決先取り型で、心証中心型の進行がはかられた場合の和解の弊害が見て取れる面があるようにも思われる。そうだとしたならば、この判決先取り型の和解の弊害が十分に除去された後に、判決乗り越え型和解を基本に据えるべきか否かを議論すべきであろう[69]。本稿に示された調査結果は、

---

[68] 抽象的な議論では、任意履行率の高さは当然結果の満足度を上げる関係にあると想定されるが、実際の調査ではそのような関係は見出されていない。

[69] なお、個人的には判決乗り越え型を和解の基本形とすることには消極的である。そもそも、判決乗り越え型が目指すウィン―ウィン型の和解は、要証事実に関する心証を軸としない面がある。一方において判決の起案を義務とする裁判官に、その作業と異なる情報収集を要求するのは、個人として行うことは格段問題ないとしても、裁判官一般の行うべき作業という観点では過剰ではなかろうか。むしろ、そういった作業は、その技法に長けた認証ADR機関への付ADRといったことを将来的には考えるべきであろう。同旨の発言として、伊藤＝加藤＝山本・前掲注（4）231頁（山本発言）。なお、ウィン―ウィン型の和解を目指すべきとする近時の主張として、河村基子「新しい訴訟上の和解観の試み―法交渉理論からの示唆―」日本大学法科大学院法務研究10号93頁以下

和解技術論の流布と併行して実施された諸調査の結果であることを考えると、現実の和解の問題は理想の和解を説くだけでは解消しないし、むしろ深刻化する可能性すらあることが示されたようにも思われる。判決乗り越え型和解の過度の強調は、現実の和解を見誤らせる面があるように思われる。

　②和解積極論か、和解消極論か　それでは、判決乗り越え型和解の頻度は必ずしも高くはなく、かつ、通常の和解に対する評価が必ずしも高くないという現実に接し、和解積極論はなお維持されるべきであろうか。この点の評価は難しいところである。冒頭に示したように、今日の実務おける和解の重要性を否定することはできない。そしてまた、ここで紹介した調査結果でも、これまで和解の利点として指摘されてきたものが散見されるのも事実である。ここでの考察のみでは、積極にも、消極にも舵を切りがたいというのが現状のように思われる。当面は、弊害を除去する手立てを考えつつ、和解が適正に行われる範囲を確認していくといった作業が必要であろう。

　③和解実務改善の必要性　なお、こういった当事者評価にもとづく指摘に対しては、和解積極論者からは批判が生じる可能性がある。というのは、ここで示された当事者の評価は尊重されなくはならないとしても、唯一の価値ではないとの指摘はありえよう。客観的には最適な和解案も、自らの利害故に当事者にとっては最適に思えないことはしばしば生じることであろう。その点から考えれば、ここでの評価は和解の結果の不適切さを示すものではなく、単に当事者と実務家の評価のズレを示しているものにすぎないかも知れない[70]。そういった観点にたてば、なお和解の実務は客観的には適正に行われており、これまでの調査は何ら問題を示すものではないとの考え方もあろう。

　（2013年）がある。
70）　同様の指摘は、伊藤＝加藤＝山本・前掲注（4）213頁（山本発言）。山本教授はその上で、裁判官と弁護士の職業的利害の問題性を指摘する。また、裁判官、弁護士としては、最適な提案をしているとするものとして、前掲注（35）で引用の各発言を参照のこと。

しかし、そういった指摘を受け入れた上でもなお留意しなくてならないのは、和解事件における再利用意思の低下という点である。和解が客観的には最良の結果をもたらしているとしても、何らかの原因でそれが当事者に理解されず、後悔の念を強め、再度の訴訟利用の意思を低下させるとすれば、長い目で見た時に、訴訟制度の基盤を切りくずすことになりかねない。少なくとも、上述のズレ自体を一つの大きな問題として捉え、この再利用意思の低下を防ぐべく、何らかの対応があってしかるべきである。とくに、前述のように、2004年あるいは2006年では和解事件の方で高かった裁判官や弁護士の評価の低下傾向が示唆されている。その点を考えるならば、近時はこの弊害がさらに大きくなっている可能性もある。その意味では、具体的な対応が必要という状況は以前より強いものなっているともいえよう。

こういった自覚はすでに本稿に紹介した調査の報告にあたっても示されている。たとえば、和解調査では、実務への示唆として、従来からの和解の利点も過度の強調は危険ではあるものの、確かに存在する可能性は十分に存在するとした上で、問題は、理想的な結果に落ち着きうる事件とそれ以外の事件の適切な振り分けということであろうと指摘する。とくに、判決をめざす当事者に和解を強要することは、手続の公正さを欠くとの評価が生じ、それが最終的には、勝敗の如何にかかわらず、訴訟経験への満足度を引き下げる結果になりうるとの指摘がなされている[71]。

また、訴訟行動調査では、「判決において勝訴当事者と同数の敗訴当事者がいるのと同様に、和解でも、少なからぬ当事者が内容面では敗訴でありかつ不当であると感じながらも、種々の事情から和解を受け入れることを余儀なくされている可能性があること、また、そうした当事者は、裁判官に対しては総じて好意的な印象を抱いているものの[72]、訴訟経験そのものに対してはむしろ否定的な印象を抱き、再び裁判手続を利

---

71) 菅原・前掲注（21）122頁。
72) 前述のように、この裁判官に対する評価に関しては、利用者調査と知見が一致していない。

用したいとは思わなくなる可能性がある」との指摘をなしている[73]。その上で、前述のような結果に対し、「訴訟当事者に見られる当初の漠然とした判決志向が、実際の裁判過程・和解過程において当事者自身により整理され、判決なり和解なりが自覚的に選択されるように、弁護士および裁判手続が当事者支援をしていく必要があるであろう」との指摘をなす一方で、「司法制度をマクロにみた場合に和解の多様が判決を通じたルール形成機能の弱化をもたらすのではないかとうい危惧が生じることは別として、ミクロに見ても訴訟当事者の判決への期待が法専門家の側からの和解への誘導により部分的に裏切られ、訴訟利用者の司法への信頼を低下させる一因となるのではないかとのおそれが生じる」との指摘もなしている[74]。

　いずれの見解も、和解の意義を認めつつもその弊害を自覚すべき点を指摘している。これらの指摘に従えば、和解はやはり当事者の主体的な判断に基づいて行われるべきであるし、それを支援する手続や支援者たる裁判官や弁護士が必要ということになろう。

6　実証的研究からもたらされる和解のあり方に対する示唆と私見

　それでは、はたして、如何なる対応がなされるべきであろうか。紙幅の関係もあり、ここでは詳述が不可能であるが、その点に関する私見を述べるならば、以下のようになろう。

　今回の分析では、和解の利点を確認できた側面もあるが、消極的な評価が少なくないことも確認された。その意味では、何らかの対応が必要といえるが、それは、和解謙抑論のような一種の精神論では不十分であるように思われる。近時の和解評価の低さは経年的なものである可能性があり、単に謙抑的な姿勢の主張のみでは改善される兆しがないからで

---

73)　垣内・前掲注（37）239頁。
74)　守屋・前掲注（25）215頁。

ある。何らかの具体的な対応が必要とされていると考えるべきであろう。また、その対応を裁判官の手続への配慮に留める手続配慮論もこの間の評価の変化を考えると同様に十分とは思われない。それでは、和解手続論のような手続規制が妥当であろうか。この点に関しては、本稿の分析では判断がしかねるところである。確かに、現状では、和解の実態は当事者の主体的な合意とはいい難い面もある。しかし、そういった和解が生じているメカニズムは手続規制論によって排除できるか必ずしも明らかではない。たとえば、裁判官の心証開示が当事者の自律的合意を導くのか、逆に間接強制的な要素を強めるのか、あるいは、対審性の保障が間接強制的な要素を排除しうるのかといった点に関しては、未だ確証がないように思われる。その意味で、手続を規律することで問題が解決するかはいまだ不明である。反面、現状の和解においても事後関係の改善など、判決乗り越え型の和解を思わせるものも存在してることを考えると、裁判官の工夫の余地を残すべく、なお和解の柔軟性を奪わない対応が当面穏当なようにも思われる[75]。また、もし和解への誘因が裁判官だけではなく、弁護士にも存在するとしたならば、弁護士の行動を規律する必要もあろう。同時に、判決先取り型の和解であっても、裁判官や弁護士に押しつけられたものではなく、当事者が合理的な判断にもとづき、主体的に合意した場合には何ら問題がないともいえる。それらの点を考えるならば、まず解決すべき問題は、十分な情報提供と自由な合意の調達を確保することであろう[76]。

そういった点からすれば、手続的な規制を考える前に、たとえば、近

---

75) 心証開示を要求する説に対しては、不利な当事者は挽回を目指して訴訟を進行しようとし、有利な当事者は譲歩を避けることによって、和解が成立しづらくなる、といった指摘がある。たとえば、岡・前掲注（8）78頁。実務家として率直な感想と思われるが、逆に開示をせずに和解を成立させることによって生じる弊害も考えるべきではなかろうか。本稿で紹介した判決との比較や他の状況との比較において、和解事件の評価が低い点を思い起こすべきであろう。
76) 加藤判事が指摘する合理的な和解の例が参考になる。伊藤＝加藤＝山本・前掲注（4）232頁、加藤・前掲注（1）23頁。なお、和解担当機関分離論は、自由な合意の調達には最も適するが、裁判官の心証を利用した和解を難しくする。この対応も本稿での提案が効を奏しなかった場合に考えるべき対応といえよう。

時重要な契約の前に重要事項の説明が必要とされる場合が多いが、和解の前に、訴訟の進行状況や訴訟の見通し、和解のメリット・デメリットを弁護士が書面で十分に説明する実務を確立し、最後の合意場面で当事者の合意の真性を確保するといった対応もあり得るのではなかろうか[77]。いわば、出口での合意の確認である。もちろんそういった対応では、間接強制の要素を排除しきれないかもしれないし、形骸化の可能性もあろう。しかし、弁護士の当事者への書面による丁寧な説明、確認が必須となれば、和解を勧める裁判官もその実務を前提に和解を勧め、説明をしなくては功を奏しなくなる。実務家が自覚的に出口を縛ることによって、過程の柔軟性を維持した形で当事者の意思の真性を確保できるのではなかろうか。そして、もしそれが功を奏しない場合には手続規律を考えるといったことでもよいように思われる。うまくいけば、和解の柔軟性を維持した上で、弊害を除去することが可能になろう。こういった試みはいわば実務の工夫ともいえる領域かと思われるが、そういった試みは、その成果を検証する実証的研究と共に行われるべきであろう。

---

[77] こういった対応は、弁護士がいる当事者に限られ、本人訴訟の対応にはならない。本人訴訟に関しては、本稿の考察の対象である和解の場面に限らず、手続全般に関し別途の対応が考えられてしかるべきと考える。その点は、別稿に譲りたい。

弁護士費用は誰が負担するか

平　野　惠　稔
Shigetoshi HIRANO

1　はじめに
2　弁護士費用の訴訟費用化とその負担
3　損害としての弁護士費用
4　おわりに

1　はじめに

　司法制度改革審議会の意見書が2001（平成13）年に出されてから既に10数年が経過し、法曹の数も相当程度増えた。しかし、国民の司法へのアクセスは当初予定されたより増えておらず、司法アクセスの改善は、弁護士数の増員だけでは解決しないことが明らかとなっている。日本人の法意識にその原因を求める向きもあるが、社会がこれだけ国際化して、国際問題が生じると共に、各国で共通の性質を持つ国内問題も増え、それら問題が複雑化する一方である現代社会において、日本で諸外国に比べ、民事訴訟の数が極端に少ないことは、司法により解決されるべきものが解決されていない、つまり不正義な解決を余儀なくされている事象が存在する、と考えるべきである。「法化社会」を担うべきわれわれ法曹は、その役割を十分に果たしていないことをまずは謙虚に反省し、その原因と解決を追求すべきである[1]。

---

1)　筆者は、司法アクセスの解消には、司法が、権威だけでなく、クラスアクション、ディスカバリーや被害の完全な回復などの権力を持ち合わせるべきであると考え、今後の民事司法改革へ大きく期待している。従前の司法は極端に小さな司法であったために、多くの国民がその中身を知らない。法曹は、この情報過疎による結果、権威を膨らませていた面がある。法曹が増え、インターネットなどで情報が氾濫し、秘密のベールがと

そして、司法への窓口である弁護士容量が一定程度増えているにもかかわらず、司法へのアクセスの障害となっている大きな原因の1つが、弁護士費用である。現在、民事司法改革として日弁連が取り組む弁護士費用保険などに見るべき成果があるが、民事事件全般について、弁護士費用の負担は大きな問題である[2]。

　本稿では、弁護士費用の敗訴者負担制度の議論の歴史を振り返る。周知のとおり、弁護士費用敗訴者負担制度は、日弁連などの反対で立法化されなかったが、司法制度改革の議論の中で一定分野で片面的敗訴者負担制度を採用すべきであるなど、少なくとも異論なく改革が必要とされていた分野があったのに、その後は、制度改革がまったく進んでおらず、歴史はこの点の立法的な解決がきわめて難しいことを示している。

　そこで、期待されるのが損害としての弁護士費用である。損害としての弁護士費用の負担の、リーディングケースとその後の裁判例や実務の流れを検討し、弁護士費用の負担が司法のアクセス障害となっているという観点から、その改善点を探る。

2　弁護士費用の訴訟費用化とその負担

1　弁護士費用の訴訟費用化とその負担問題

　「弁護士費用を訴訟費用化して、これを敗訴当事者に負担させるべきである」（以降、「弁護士費用敗訴者負担」という）という議論については、積極論者・消極論者の理由をまとめると、次のとおりとなる[3]。

　　　かれていくにつれて、司法のちからの源泉であった権威が傷ついているのが現状である。頼るべき権威を維持しつつ、権威が失墜する前に、司法の権力・執行力を一刻も早く拡大し、民事司法改革を進める必要がある。

2)　日弁連の司法アクセスの充実への取り組みと課題について、宮﨑誠「司法アクセスの充実を願って」伊藤眞ほか編『石川正先生古稀記念論文集　経済社会と法の役割』545頁参照。

3)　1997（平成9）年1月31日「民訴費用制度等研究会報告書」（ジュリスト1112号57頁掲載）の積極論・消極論の論拠を筆者において要約した。

（1）積極論の論拠

① 現制度では、弁護士費用を自ら負担するので、権利者の権利の内容が訴訟をすることによって減殺され、不公正・不正義である（権利の目減り論）。

② 弁護士費用は権利実現のための必要的費用である（必要的費用論）。国民は、弁護士費用も敗訴当事者から回収できると認識しているのが通例である。

③ 権利者が訴訟以外の方法によって法的紛争を解決する弊に陥りやすい（権利者の裁判へのアクセス障害論）。

④ 濫訴・濫上訴を防止できる（濫訴・濫上訴防止論）。また、訴訟中においても無用・不当な抗争を回避し、訴訟の引き延ばしが行われなくなる。更にコスト面を考慮した合理的な和解による解決も増加する。

⑤ 質・量において弁護士費用敗訴者負担を支えるに足る弁護士が存在する（基盤整備完了論）。

⑥ 国民の弁護士に対する訴訟の依頼が増大し、訴訟事件の増加によって弁護士の業務分野も拡大することが期待される（訴訟増大論）。

（2）消極論の論拠

① 訴訟提起、上訴提起が控えられる危険がある（提訴萎縮論）。特に勝訴か敗訴かの見込みの立たない事件について、その危険性が顕著である。現実の事件の多くはそうである。

② 訴訟費用は、紛争解決のための共益的費用である（共益費用論）。したがって、当事者の各自負担とするのが合理的である。また、相手方の弁護士費用を、敗訴という一種の結果責任に基づいて、一方的に敗訴当事者に負担させるのは、過度な制裁で、合理性がない。

③ 敗訴した場合に相手方の弁護士費用を負担させられることになるのをおそれて、裁判以外の安易な解決方法に走る危険がある（敗訴をおそれる者による裁判へのアクセス障害論）。実際に濫訴・濫上訴は少ないはずであって、そのような例外的な病理的現象を基に論ずるべきではなく、不本意な和解を強いられるおそれもある。

④ 一般に勝訴率が低いが社会的意義のある訴訟提起が不当に抑制さ

れる（公益的訴訟阻害論）。これらを救済すべき我が国の法律扶助制度や訴訟救助はいまだ十全でない中、社会的・経済的弱者は、ますます不利益を被る。

⑤　本人訴訟率が依然として高く、地域によって弁護士選任の割合が大きく異なる我が国の民事訴訟の現状からすると、全国一律の立法は適さず、弁護士の大都市集中という現状を前提とする限り、本人訴訟率の高い地域の人を不当に不利に扱うという不公平がある（基盤整備未了論）。

⑥　弁護士費用が事実上公定化ないし定額化されることにつながり、やがて全般的な低額化に陥るおそれがある（弁護士費用公定化・低額化論）。ひいては弁護士をして裁判所に従属させる結果となり、弁護士の職務の独立性に対する妨げとなる危険性がある。

2　弁護士費用敗訴者負担の議論の歴史

弁護士費用敗訴者負担については繰り返し議論され、立法化が試みられては、断念されてきている。まずは、その歴史を振り返ってみる。

（1）民訴法の当初からの改正課題としての弁護士費用敗訴者負担（1960年ころまでの議論）

弁護士費用敗訴者負担という議論は、実に、大正時代からなされていたようであるが、1951（昭和26）年に民事訴訟法の全面改正が企図された際にそのテーマの一つとして立法化の動きをみた[4]ところ、1956（昭和31）年、全面改正がいったん休止となった。

そこで、最高裁判所は、1960（昭和35）年、全国民事裁判官合同にお

4）　このとき、法務府法制意見長官が裁判所、弁護士会、学識経験者などに対し意見照会した際、とくに重要な研究事項となる問題点として、「弁護士強制主義の採用、訴訟扶助、攻撃防禦方法に関する随時提出主義の制限、訴訟記録の簡易化、訴訟書類の送達に関する当事者主義の採用、欠席判決制度の採用、無担保仮執行宣言の原則化、裁判書の簡易化、当事者双方が口頭弁論期日に出頭しない場合の処置の強化、尋問を申し出た当事者による証人同行主義の採用、簡易裁判所における訴訟手続の簡易化、控訴審の構造、上告の範囲、その他、証拠法制定の要否、弁護士費用を訴訟費用とすることの可否」などが列記された。弁護士強制主義の採用と弁護士費用の訴訟費用化以外の問題点は現在までにすべて改正されているのが興味深い。

いて検討を求め、とくに実務上早急な改正を必要とする事項をまとめ、その一つとして弁護士費用敗訴者負担をあげていた[5]。当時実現間近と考えられていた[6]この改正論は、1954（昭和29）年の田中耕太郎教授の論文による、濫訴・濫上訴防止論からの提言[7]が大いに影響を与えたものである。当時、一審で敗訴した被告は、上訴による無用な訴訟引き延ばしにより、2年あるいはそれ以上の期間、債務の弁済を免れたり、建物の明け渡しの債務を履行せずにすみ、一方で、法定利息以上の高い金利を得て運用し、建物であれば使用収益をして利益を得るという意味で、莫大な利益を得ることができたところ、これを防ぐ手段として弁護士費用敗訴者負担が提案された。その他、必要的費用論から、理念的には、民事訴訟法は訴訟費用を敗訴の当事者の負担する立前をとりながら、当事者が訴訟に要する費用の大部分を占めるといわれている弁護士費用が原則として訴訟費用に含まれないとされており、弁護士費用が弁護士強制制度をとらないわが国においても、弁護士費用が訴訟に必要な費用であり、奢侈費でないと認めることを正当とすれば、依頼者がその訴訟において勝訴した場合においても、何故に勝訴の依頼者が各自負担しなければならないのか、という疑念が生じること、また、訴訟制度を利用しなければならないとしてその出費が不可避であるのに、その出費の大部分を占める弁護士費用の負担について放置される（一方、その残部の訴訟費用はたいしたことのない費用として訴訟費用額の確定決定が求められることが極めて少ない）[8]という現状は看過できないことを理由に弁護士費用敗訴者負担が最善の道であると考えられているとし、その点について、多

---

5) 忌避権の濫用に対する措置、弁護士報酬の訴訟費用化、手形訴訟制度、裁判書の合理化その他の7項目である。
6) 「(弁護士費用敗訴者負担)問題も、やがて、実現をみんとしている。実現の暁においてそれが訴訟制度にいかなる影響を及ぼすか、興味深いことである。」とまでいわれていた。その他、ここまでの経緯についても、菊井維大「民事訴訟法改正の指向するもの」法律時報32巻10号4頁（1960）。
7) 田中耕太郎「上訴権の濫用とその対策」法曹時報6巻6号1頁（1954）。
8) 石井良三「訴訟費用の裁判は死んでいる―弁護士費用の訴訟費用化―」判例時報212号3頁（1960）。

くの異論がないと論じた[9]。

この頃、少ないながら弁護士による異論もあった。勝敗の帰趨を予断し難いような事件について、弱気な当事者は相手方の弁護士費用までも負担を命ぜられることを恐れて、訴訟を諦めることになる（提訴萎縮論）。特に、社会の現状に副わない旧い判決も、費用を度外して正義を求める篤志家が出ない限りいつまでも幅を利かせることになる（公益的訴訟阻害論）。また、和解による解決が増えて、訴訟は激減して三百と暴力が横行することになる（敗訴をおそれる者による裁判へのアクセス障害論）。さらに、弁護士の報酬が事件の大小難易、依頼者の貧富、縁故関係、受任弁護士の社会的地位などによって一律には行かないところ、弁護士の報酬が裁判官によって定められることと同様の結果となる（弁護士費用公定化・低額化論）、という点である[10]。

このように多数は弁護士費用敗訴者負担に賛成であったが、立法化するには、どのようにして敗訴の当事者が負担すべき弁護士費用の額を決めるのか（弁護士費用を契約額とするとその額が高きにすぎることもある、また、できるだけ機械的に処理できるようにしなければならない）、誰がどのように決定するかを法定しなければならず[11]、結局、立法化されるにはいたらなかった。

（2）弁護士費用敗訴者負担の推進（1968年―中野教授の問題提起）

改正が頓挫した後、1968（昭和43）年、弁護士費用敗訴者負担について中野教授が、弁護士費用敗訴者負担を是として、その立法化が進まない状況を必要的費用論から批判した。

> 「訴訟の全体が厳格な形式主義に支配されていた従昔の訴訟では、訴訟行為のあらゆる形式違反がただちに敗訴に導くという、いわゆる「訴訟の危険」（Prozessgefahr）が存在し、それが代弁人制度の発生をもたらした。

---

9) 菊井維大「弁護士費用問題―論点の整理―」ジュリスト211号7‑8頁（1960）。
10) 小野寺公兵「弁護士の報酬と訴訟費用」自由と正義5巻3号47頁（1954）。
11) 前掲注9、菊井9‑11頁。

法のいちじるしい分化発展のもとに、現代の訴訟は、ますます特殊専門的に技術化された訴訟追行を当事者に対して要求する。専門的な法学教育を受けず、技術的な修練を経ていない一般人が単独で完全な訴訟活動を展開することは、実際上、ほとんど不可能であるが、さりとて、権利者の自力救済は許されず、あるいは不十分な訴訟追行に終始すれば、敗訴の結果を招くばかりである。他面、国家は、訴訟制度の健全な運営を確保するため、訴訟代理人の資格を原則として弁護士に独占せしめている（民訴79条1項参照）[12]。したがって、現代の「訴訟の危険」を避けるためには、当事者は、弁護士に委任してその代理を受けなければならないのであり、弁護士の訴訟活動にたいする報酬を支弁しなければならない。その意味で、弁護士費用は、現代の訴訟では現実の必要費に属する。」

　さらに、中野教授は、「弁護士費用こそ、当事者が訴訟のために支出しなければならなかった現実の費用の最も大きな部分を占めるのであるから、現行制度の不合理は、なにびとの眼にも明らか」として、これが次のような不当な結果をもたらしているとされた。

　　「ア　実体法の与えている権利義務の内容が訴訟を通じて減殺され希釈される結果となる。任意に履行しなければ相手に弁護士費用の負担を負わせることができ、それを考慮して和解や調停で有利な条件をとりつけることも可能となる（著者注：権利の目減り論）。
　　イ　濫訴、不当抗争、濫上訴を誘発する原因となる。訴訟を引き延ばすことによって不利益がない。金利差がはいる（著者注：濫訴・濫上訴防止論）。
　　ウ　国民の権利意識の向上を阻害する。」

　また、中途半端な努力（本人訴訟における裁判所の後見的機能、不法行為・債務不履行に基づく弁護士費用の賠償請求（筆者注：ただし、当時は弁護士費用が不法行為の損害となるかについて未確定）、民訴費用法15条の解釈の拡張（筆者注：当時から少数説））と弁護士層の懸念と危惧（弁護士の自主独立に対する不当な

---

[12]　現54条1項。

影響、経済的な面における不利益、制度の周辺における不備（資力のない当事者にも弁護士による代理を受ける可能性を確保する必要））が、改革の実現を阻んでいると非難された[13]。

（3）弁護士費用敗訴者負担の実現に向けた種々の提言（1970年ころの議論―民事訴訟費用等に関する法律の制定の課題として見送る）

1971（昭和46）年には民事訴訟費用等に関する法律が成立した。弁護士報酬の訴訟費用化は、当時の費用法改正に当たっても、もっとも大きな課題の1つであったが、この点の改正は見送られた[14]。

このころには、弁護士の実情も考慮され次のような提案もなされている。

> 「ドイツ、オーストリー、フランス、イタリア等においてはもとより、弁護士強制の制度をとっていないイギリスあるいはソビエトでも弁護士報酬の敗訴者負担の制度が行なわれている。戦前から繰り返してきた制度化について、実現を見なかったのは、単なる歴史的偶然によるのか、それとも社会的・経済的条件の基本的相違に起因するのか。アメリカが敗訴者負担を取り入れていない理由として、近代国家の形成期において弁護士層が未成熟であり、その地位や職務についての社会的評価が低かったこと、などが採用しなかった理由といえるのではないか。しかし、現在の日本では弁護士およびその職能に対する社会的評価は少なくとも極端な不信感はなくなっている。ただ、弁護士を依頼することのできないような地域でこの制度を強行したとすれば、ときに著しく当事者間の公平を欠く結果をもたらすので、当分の間は、大都市を含む地域の地裁事件に限られることとすべき。
>
> 　訴訟の抑制のおそれがある点については、まったくの杞憂とはいえず、少なくとも社会政策的観点から提訴がさらに奨励されてよい種類の

---

13) 中野貞一郎「弁護士費用の敗訴者負担」ジュリスト388号78頁（1968）。
14) その理由として「これは民事訴訟法の根幹につながる重要な問題であり、法曹界の大方のコンセンサスを得たうえでその一歩を踏み出すことが望ましいことから、近くかような機運が熟するとの見通しを得るには至らなかったので、この問題を将来への課題として残す」とした。内田恒久編集責任『民事・刑事訴訟費用等に関する法律の解説』17頁（法曹会、1974）。

事件や必ずしも二者択一的解決に適しない事件については、原則としてその適用を除外する。また、金額が弁護士の報酬に国家統制が及ぶのではないか、また、低額化するのではないかという議論には、これらを軽視せず、基準の制定を日本弁護士連合会の自主規範に委ねるなどという配慮が不可欠である。」[15]

　すなわち、弁護士費用敗訴者負担を是とし、それが実現できないのは基盤整備の問題であると見立てて、段階的な実現を提案するのである。

(4) 弁護士費用敗訴者負担への異議（民事訴訟法全面改正時の議論（1990年代）―伊藤眞教授の問題提起[16]から）

　1991（平成2）年から始まった民事訴訟法の改正作業の中で、また弁護士費用敗訴者負担が検討された。ここでは、弁護士費用の一部敗訴者負担に日本弁護士連合会も賛成を表明していた[17]。このように、弁護士費用敗訴者負担が進みそうになっていた1995（平成7）年、伊藤教授が理論上の異議を唱えられた。

　まず弁護士費用敗訴者負担制度は、その負担を惧れるあまり、かえって訴権の行使を抑圧する危険を含む。そして、法社会学者[18]からの次の批判を肯定する。（1）敗訴者負担原則の背後には、権利が既存する概念があるが、訴訟の勝敗を当事者が事前に予測することが困難であるにもかかわらず敗訴者に相手方の訴訟費用の負担を強いることは不当である、（2）訴訟の目的が紛争解決であるという支配的学説を前提とすれば、訴訟費用は紛争解決のための共益費用という意義をもつから、両当事者の各自負担とすることが合理的である、（3）勝訴の見込みの高い当事者が、経済的負担のために訴えの提起を妨げられるとの議論に対

---

15) 鈴木忠一・三ケ月章監修『実務民事訴訟講座2』田邨正義「弁護士費用」162-164頁（1969）。
16) 伊藤眞「訴訟費用の負担と弁護士費用の賠償」判例民事訴訟法の理論（下）89頁（有斐閣、1995）。
17) 日本弁護士連合会「民事訴訟手続に関する改正要綱試案」に対する意見書（1994）。
18) 編集代表新堂幸司『講座民事訴訟法1　民事紛争と訴訟』棚瀬孝雄「司法運営のコスト」215頁（弘文堂、1984）、和田仁孝「司法運営のコスト」ジュリスト971号80頁（1991）など。

しては、この負担は直ちに敗訴者に転嫁されるべきものではなく、むしろ、法律扶助などの手段を通じて納税者などの第三者の負担に帰すべきものである。そして、法89条[19]という明文の規定が存在することのほかに、訴訟費用は権利伸長の費用であり、それを勝訴者自身に負担させるのは不合理であるという判断が民事訴訟法学では確立され、敗訴者負担制度は一種の結果責任として敗訴者に負担させる趣旨であるとされていることに対し、訴訟費用負担についての例外規定、特に法90条[20]を前提とすれば、89条の前提となる合目的的考慮の中には、敗訴者の訴訟行為が結果との関係においては無益なものであったとの評価が含まれるものとみざるを得ない。民事訴訟における裁判所の判断は、両当事者から提出された証拠を裁判所が自由心証にもとづいて総合的に評価し、最終的には証明責任の原則にもとづいてなされることを考慮すれば、結果としての判決における勝敗を根拠としてすべての訴訟費用を負担させることが公平に合致するものとは思われない。勝訴者の訴訟費用は、その権利伸張のために必要なものであること自体は否定できないが、それを敗訴者に負担させるべきかどうかは別の問題で、従来の議論では、権利伸張の費用を勝訴者自身が負担することになると、判決で確定される権利の一部が失われるということが敗訴者負担原則の根拠とされてきたが、判決において確定される実体権そのものと、訴訟費用の負担は、別個の権利関係であり、実質的・経済的にはともかく、法律上では、勝訴者が費用を負担することがその実体法上の権利を一部減縮する効果をもつものではなく、訴訟費用の負担は、実体権をめぐる紛争解決の費用として位置づけられる。そのように考えれば、紛争解決という点では、勝訴・敗訴の両当事者が等しく利益を受けるというのが原則であり、訴訟費用もそれぞれが負担するというのが、公平にも合致し、また、実質的公平に沿う、とされる。

　さらに、訴訟費用敗訴者負担の原則と実体法上の損害賠償の一部とし

---

19) 現61条。
20) 現62条。

ての弁護士費用の賠償とは、機能的に重複するところがあるが、（1）弁護士費用の賠償は、加害行為または債務不履行という実体法上の事実に起因する損害の一部であり、訴訟費用償還請求権は、訴訟の勝敗という訴訟手続上の事実に起因していること、（2）訴訟費用の負担は、敗訴原告または敗訴被告のいずれに対しても命じられるが、損害賠償の一部としての弁護士費用の回復は、不当提訴・不当応訴を別にすれば、その性質上原告たる債権者のみに限られ、不法行為および債務不履行について常に弁護士費用の賠償を認めるということは、勝訴被告にとっては、弁護士費用の回復が期待できず、ほとんどの場合に自分自身が負担することになり、かえって当事者間に不公平感を生み出すこと、が異なっている。この不公平感は弁護士費用敗訴者負担をとらなければ解決しないが、これを拡大させないために、一定類型の不法行為および債務不履行に限って弁護士費用を損害の中に含ませることが妥当である。被侵害法益または侵害行為の態様に注目して、弁護士費用という権利実現に要する費用までも回復させることが公平に合致する場合、すなわち人身損害、侵害行為の違法性が強度な場合に不法行為か債務不履行であるかを問わず、弁護士費用の賠償を認め、それ以外は否定することが合理的である。しかし、現行法では訴訟費用の敗訴者負担原則が採用されている以上、一般的にその合理性を否定しても、少なくとも解釈論としては意味を持たない。

　立法のあり方としては、個別訴訟類型ごとに、勝訴原告に対して弁護士費用の賠償請求を認めることは考えられる。当面の方向としては、従来の最高裁判例および下級審裁判例の発展の上に立って、個別的事案に応じて裁判所が弁護士費用の賠償を命じることで足りる、と論じられた。

（5）法改正の議論の集大成（1997年）

　法制審議会民事訴訟法部会の民事訴訟法の改正論議において弁護士費用の訴訟費用化等については、結局、答申に盛り込まれず、その審議を引き継ぐため1995（平成7）年12月に民訴費用制度等研究会が発足した。

　審議の結果、1997（平成9）年1月31日、前記1で要約した積極論・消極論を網羅的に分析した民訴費用制度等研究会報告書が公表された。

そこでは、弁護士費用の訴訟費用化について次のようにまとめられた。

「研究会においては、今日、訴訟当事者が自己の権利を伸長し、又は防御するため法律専門家たる弁護士に依頼することは当然の権利であり、そのために要する費用を訴訟費用化し敗訴者負担を原則とするか否かについて議論を深める必要があるという認識に基づき、立法の問題として弁護士費用の敗訴者負担制度の導入の可否について具体的に検討することとした。

そして、弁護士費用の敗訴者負担をめぐる積極論・消極論それぞれの論拠を整理した上で検討を行なったところ、勝訴当事者の弁護士費用全額を敗訴者に負担させることは、依頼者が自由な契約に基づいて定めた金額を相手方に転嫁させるものであって行き過ぎであること、支払った弁護士費用全額の把握の問題が生じて手続が煩雑になるおそれがあること、我が国の現状からの変更が余りに急激に過ぎて適当でないこと等から、全部負担を主張する意見は見られなかった。

そこで、弁護士費用の敗訴者負担は一部負担の可否という観点から具体的に検討が行なわれた。研究会では、国民の権利・法的地位を実質的に保障するという観点から将来的には弁護士費用の一部の敗訴者負担制度を導入することが望ましいとする意見が、学者委員を中心に多数を占めたものの、弁護士費用の（一部）敗訴者負担は、我が国の司法に及ぼす影響が少なくなく、他の制度との関連で導入の可否を検討すべきであり、訴訟救助、法律扶助のほかにも、例えば、新民訴法の施行による弁護士業務の変化、弁護士人口の増加問題等とも関連させて検討しなければならない。この点についての国民の一般的な意識を調査・検討する作業も不可欠であることから、現時点で直ちに実現に向けての立法作業に着手すべきであるとの意見は少数であった。しかし、将来の重要課題として今後も検討を進めるべきであるとの点では意見が一致したので、弁護士人口の増加が進み、法律扶助制度の充実等関連諸制度の整備や新民訴法の施行による弁護士業務の変化がある程度収束した段階において、弁護士費用の一部に関する敗訴者負担制度について、本格的検討が行なわれるべきであるとされた。」[21]。

報告書の結論で述べられている「将来」の重要課題という点について、この研究会の委員による座談会で、山本和彦教授が、本格的検討の時期は、2001年、2002年ころ（報告書から4、5年後）であると述べられ、座長である高橋宏志教授が、弁護士会委員に対し、早急な対応を促されており[22]、この時点ではごく近い将来での法律改正が考えられていたようである。

　なお、山本和彦教授は弁護士費用の敗訴者負担に賛成する立場から、次のように論じている[23]。

> 「権利既存説の否定がアプリオリに敗訴者負担制の否定を導くものではない。権利既存説の否定に基づく敗訴当事者の帰責性の否定は、過失責任に基づく敗訴者負担を否定するに止まる。逆に言えば、権利既存説否定論を認めるとしても、そこにはなお「無過失責任論による敗訴者負担制」という選択肢は残っている。つまり、応訴強制により訴訟が被告にとって強制的なものであることは当然であるが、自力救済禁止原則の下では、訴訟は原告にとってもまた強制されたものなのである。被告が任意に債務を履行しない場合、原告には訴え提起以外に選択肢はない。このように応訴・提訴を強制された当事者が勝訴した場合に、その強制された訴訟に要した費用をどう負担するかがここでの問題である。ここに一種の危険責任論を持ち込む余地があり、当事者は訴訟という社会的に危険を孕んだ制度への応答又は利用を相手方に強制する限りにおいて、その危険が顕在化した場合の責任を負担するのが正義・公平にかなっている。……以上の点から、仮に権利既存説を否定したとしても、それにより当然に敗訴者負担制まで否定されるものではない（ただ、無過失責任の妥当範囲を費用の一部に限定し、残部を過失責任に止めることは政策的に十分ありえよう）。

　また、共益費用論は次のようにいう。弁護士費用は勝訴者の権利保護のための費用ではなく、勝訴者・敗訴者を通した紛争解決のための費用

---

21)　前掲注3。
22)　〔座談会〕民訴費用・弁護士報酬をめぐって　ジュリスト1112号20頁。
23)　山本和彦「弁護士費用の敗訴者負担制に関する覚書」リーガル・エイド研究2号25頁（1997）。

である。したがって、勝訴者の費用のみならず、敗訴者の負担した費用も紛争解決には寄与しているのであり、その意味では相互に自己の費用を負担するのがむしろ正義にかなうとするわけである（厳密には、両者の費用を合計してそれを折半するのが、より合理的であろうか）。

　しかしながら、このような理解に対しては、紛争解決説自体に対する疑問に加えて、この場面に紛争解決説的発想を適用することに大きな疑問が感じられる。すなわち、……果たして敗訴当事者にとっても紛争解決は真にメリットになっているのであろうか。多くの敗訴者は、負けるくらいならば紛争が解決せず、継続していた方がむしろましだと考えるのではなかろうか。筆者は、訴訟費用負担の根拠をこのように受益者負担に求めるよりも、損失者負担によるほうが当事者の意識により合致すると考えている。すなわち、敗訴当事者が争ったことにより制度又は相手方に加えた損失を負担するという理解である。このような考え方に立てば、弁護士費用を共益費用と見る余地はないことになろう。

　また、仮に紛争解決が敗訴者にとってもメリットだとしても、そのことは当然にその費用を共同負担とする帰結を導くものではない。実体法も契約関係費用の負担について一定の規律を設けているが、常に契約当事者の共同負担とするわけではない。たとえば、売買費用は契約者の平等負担を原則とするが（民558条）、弁済費用は一般に債務者負担とする（民485条）。弁済の利益を享受するのは債権者であるが、その費用負担者は債務者とするのである。ここでは、利益享受者と費用負担者が同一である必要はない点が示されるとともに、債権者の権利を可及的に無傷で保障しようとする実体法の姿勢が感じられる。また、学説には、485条を類推し、債権回収費用も債務者負担と解する見解もある。これらの点を見ると、紛争解決費用を敗訴者負担とすることは必ずしも不当とは言えないと思われる。

　ただ、限界効用逓減の法則を前提とすると、リスク要素は資産の少ない貧困層・中間層により大きな影響を与えることになるし、訴訟をしばしば利用するリピートプレーヤーはリスクを分散できるためリスク中立的なのに対し、一回的プレーヤーはリスク回避的なのが一般的であろうからその点の調整が必要である。」

（6）司法改革での提言と立法化の断念（2001年からの司法改革とその一連の議論）

　結局、意図したとおりの早期の実現はならず、弁護士費用敗訴者負担の議論は、司法改革審議会へ引き継がれ、2001（平成13）年6月12日、司法改革審議会意見書では、「第1　民事司法制度の改革、7　裁判所へのアクセスの拡充、（1）利用者の費用負担の軽減、イ　弁護士報酬の敗訴者負担の取扱い」として扱われた[24]。

　これを受けて設置された司法アクセス検討会では、弁護士費用敗訴者負担について、審議が重ねられた。しかし、日弁連では、弁護士費用敗訴者負担は、司法アクセスを拡充するどころか、むしろ、妨げるものであるという理解のもと、できる限りの類型に敗訴者負担を導入させないという対応をとった。その結果、司法アクセス検討会の審議では、行政訴訟、人事訴訟、労働訴訟、消費者訴訟、身体被害を伴う不法行為にはこの制度を導入しないこととなっていった。また、行政訴訟などは片面的敗訴者負担の制度とすることも提言し、おおむねの賛同を得ていた。日弁連ではさらに個人間訴訟や中小企業対大企業にも敗訴者負担制度を導入すべきでないと主張していた。日弁連では署名運動など、会をあげた大運動を展開し、やがて、世論も、これに賛同し、例えば、朝日新聞では、敗訴者負担の制度よりは、証拠を集めやすくし、また、法律扶助制度の充実によって当事者が対等に渡り合える環境を整えるように要望した[25]。

　その後、2003年12月に、合意論（弁護士立会いで訴訟上の合意のあるときのみ敗訴者負担にする）が浮上。合意論に対しては、日弁連は、

---

24)　勝訴しても弁護士報酬を相手から回収できないため訴訟を回避せざるを得なかった当事者にも、その負担の公平を図って訴訟を利用しやすくする見地から、一定の要件の下に弁護士報酬の一部を訴訟に必要な費用と認めて敗訴者に負担させることができる制度を導入すべきである。この制度の設計に当たっては、上記の見地と反対に不当に訴えの提起を萎縮させないよう、これを一律に導入することなく、このような敗訴者負担を導入しない訴訟の範囲及びその取扱いの在り方、敗訴者に負担させる場合に負担させるべき額の定め方等について検討すべきである。

25)　朝日新聞社説2003年9月12日。

「1．少なくとも消費者訴訟及び労働訴訟においては、弁護士報酬を訴訟手続法上両面的敗訴者負担としない領域とし、訴訟上の合意による両面的敗訴者負担を認めないこと、
2．消費者訴訟、労働者訴訟及び一方が優越的地位にある事業者間の契約など、構造的に格差の認められている当事者間の私的契約・約款等に盛り込まれた「弁護士報酬敗訴者負担」条項については、その効力を否定するため、必要な立法上の措置を講ずること、
3．不法行為訴訟などにおいて弁護士費用が損害の一部として認められてきた従来の判例を維持し、これをいささかも後退させることはないよう、必要な措置を講ずること、
4．合意の方法については、裁判所に対する申立を裁判所外での当事者の合意に基づき当事者共同の名義をもって行う制度とすること、」を条件とした（2003年12月22日）。

これに世論も賛同していくなか[26]、結局、弁護士報酬敗訴者負担法案は廃案となった。

なお、司法改革審議会意見書の中で、実現されなかったのはこのテーマだけである。

（7）弁護士費用敗訴者負担の立法化の歴史のまとめ

弁護士費用敗訴者負担の立法化の歴史を振り返ると、権利目減り論や必要的費用論のもつ素直な説得力のゆえに、広狭の議論はあるも、一貫して採用が望ましいとされてきているのに、その実現は大変難しいものであることがわかる。訴訟の性質は多様であり、その内容によって、各論拠に妥当性がある場合とない場合があり、論者がどの類型の訴訟を念頭において議論するかによって、結論が変わってくる。訴訟を誘発するかどうかという問題でいえば、勝てると思う原告が多い類型の訴訟は弁護士費用敗訴者負担によって数が増えるし、負けると思う原告が多い類型の訴訟では数が減る。立法化においては、それによって不利益を受ける訴訟類型を念頭におく、強硬な反対が出てくる。訴訟費用化する水

26）　毎日新聞社説2004年1月25日。

準・程度の煩雑さもあり、今後も、一般的に敗訴者負担を立法化することは難しいと予想される。

3 デファクトルールとして弁護士費用は誰が負担するのが合理的なのか

弁護士費用敗訴者負担について是とするか否かについて参考となる調査論文がある。契約時の紛争に関する代表的な条項であり、合意によって排除されることが多い米国のデフォルトルールである、①最終的紛争処理として（仲裁ではなく）裁判所での解決、②陪審員による裁判、③当事者による弁護士費用各自負担について、2002年に米国の SEC に届出されている2347の契約を調査し、米国におけるデフォルトルールについて、当事者の合意で適用を排除しているものがどの程度あるかを調べたものである[27]。結果、裁判所の解決ではなく仲裁を選択したものは11％、陪審員裁判を回避したものが20％あったが、弁護士費用各自負担を回避したものは、実に60％もあり、他の２つのデファクトルールに比べると、弁護士費用各自負担のルールは、当事者が望ましくない制度であると考えている率が大幅に高いことがわかった。しかし、弁護士費用各自負担のルールを排除した場合でも、英国ルール（弁護士費用敗訴者負担のルール）[28]を採用しているものは40％に止まり、残りの20％は、片面的な敗訴者負担を選択しているという。この調査には、洗練された大企業同士の契約だけが対象である点などの限界があるが、それでも、弁護士費用各自負担を選択する契約が40％、弁護士費用敗訴者負担が40％、片面的敗訴者負担が20％という結果からは、弁護士費用の合理的な負担がどの制度であるのか、一般にはどれとも決められない均衡したものであ

---

27) THE ENGLISH VERSUS THE AMERICAN RULE ON ATTORNEY FEES: AN EMPIRICAL STUDY OF PUBLIC COMPANY CONTRACTS, Theodore Eisenberg, Geoffrey P. Miller 98 Cornell L. Rev. 327（2013）
28) 英国の敗訴者負担制度については、我妻学「英国における訴訟費用敗訴者負担原則」『現代社会における民事手続法の展開上巻』211頁、商事法務（2002）、三宅知三郎「イギリスの民事手続における弁護士費用の敗訴者負担実務の最近の動向」判例タイムズ1225号83頁（2007）。

ると評価してよいのではないだろうか。

　また、米国と英国とはデフォルトルールが異なっているが、その修正の方向性に共通点も見られる。米国では各自負担の例外として、公益を実現するために私人が当事者になって訴訟を追行する「私的司法長官」の理論が妥当する場合（証券、環境、人権等の分野において顕著に見られる）や当事者の一方が手続過程において不当な行為をした場合の制裁として認められる場合には弁護士費用が敗訴者の負担となる[29]。英国でも、条件付成功報酬制度（CFA）では、勝訴した場合にのみ時間報酬制に基づく弁護士費用を依頼者に請求するというソリシターら代理人と依頼者との間の報酬合意が許されており（支払い義務は敗訴した相手方にあり、依頼者にはない）、実質は片面的敗訴者負担の効果をもたらすが、人身傷害事件や名誉毀損事件においてよく用いられているという[30]。結局、米国では各自負担主義を修正し、英国では敗訴者負担制度を修正し、一定の類型の事件については、訴訟提起を促進する方策として片面的敗訴者負担が採用されているのである。

4　まとめ

　2003（平成15）年頃の敗訴者負担導入の是非を巡る議論でも、諸外国の例でも、一般的に敗訴者負担をとるかはともかく、弱者保護や公益目的から訴訟促進が図られるべき一定の分野について片面的敗訴者負担が合理的であることについてはコンセンサスが得られている。また、敗訴者負担導入を阻止したとき、日弁連は、「今、私たちに課された責務は、訴訟手数料の大幅低額化、証拠開示手続、団体訴権、クラスアクション、弱者に有利な片面的敗訴者負担など本来の司法アクセス拡充のための改革実現に向けた果敢な取り組みである。」[31]としていた。しかし、

---

29)　トーマス・D・ロウ・ジュニア「弁護士費用は誰が負担すべきか（下）」NBL723号62頁（2001）。
30)　前掲注28三宅。
31)　本林徹・斉藤義房・辻公雄「「弁護士報酬敗訴者負担法案」廃案への軌跡」自由と正義56巻4号49頁（2005）（本林執筆部分）。

そのような建設的な制度的議論が、その後、弁護士会においても学会においても十分になされてこなかったきらいはないであろうか[32]。司法改革において、民事司法の改革として重要な位置づけであった司法へのアクセスの改善のために、早い時期に一定の類型の訴訟についてはその提訴促進のために片面的敗訴者負担を導入しておくべきであったし、現在でも、いち早く、それを実現することは喫緊の課題であるといえる。

しかし、片面的であれ訴訟費用としての敗訴者負担を導入することについては、その額をどう定めるかという点においても、まとまりがつかないおそれが多い。そこで、前記2（4）で引用した伊藤教授の示唆に従い、損害としての弁護士費用の一連の判例を見直すことで、同じ目的を果たすことはできないか次に検討したい。

3　損害としての弁護士費用

1　不法行為による損害としての弁護士費用

不法行為の被害者が加害者側に対して提起した損害賠償請求訴訟の追行に要した弁護士費用を、不法行為と相当因果関係に立つ損害として請求することができるかについて、判例は次のように解している。

（1）訴訟、保全処分等の申立て自体が不法行為と評価される場合に、相手方が負うそのために要した弁護士費用は、古くから損害として認められている[33]。ただ、「損害額は必ずしも実際に支払いまたは支払い債務を負担した金額の全てではなく、事件の性質、難易度、訴訟物の価格と認容額その他諸般の事情を斟酌して権利主張のために必要であったと認められる範囲に限られる。」[34]。

---

[32]　2013（平成25）年、クラスアクション的役割が期待される消費者の財産的被害の集団的な回復のための民事の裁判手続の特例に関する法律が成立したことは一定の成果である。しかし、その立法過程において表れた、弁護士が不当な報酬を得るのではないかとの国民の懸念は根深かった（第183回国会消費者問題に関する特別委員会第10号参照）。消費者金融に関する過払請求での一部の不健全な実務により社会への誤解が広まったこともあり、今後、さらに地道に、適正な弁護士費用のあり方を問い続ける必要がある。

[33]　大判昭和8年5月30日新聞3563号8頁。

(2) この類型と異なり、まず不法行為があって、その被害者が違法状態に対する救済を求めるため弁護士に委任して訴訟を提起したという事案について、その訴訟追行に要した弁護士費用は不法行為による損害となるか、との点について、裁判例は分かれていた[35]が、最高裁は、次のように述べて肯定するに至った[36]。

> 「思うに、わが国の現行法は弁護士強制主義を採ることなく、訴訟追行を本人が行なうか、弁護士を選任して行なうかの選択の余地が当事者に残されているのみならず、弁護士費用は訴訟費用に含まれていないのであるが、現在の訴訟はますます専門化され技術化された訴訟追行を当事者に対して要求する以上、一般人が単独にて十分な訴訟活動を展開することはほとんど不可能に近いのである。従って、相手方の故意又は過失によって自己の権利を侵害された者が損害賠償義務者たる相手方から容易にその履行を受け得ないため、自己の権利擁護上、訴を提起することを余儀なくされた場合においては、一般人は弁護士に委任するにあらざれば、十分な訴訟活動をなし得ないのである。そして現在においては、このようなことが通常と認められるからには、訴訟追行を弁護士に委任した場合には、その弁護士費用は、事案の難易、請求額、認容された額その他諸般の事情を斟酌して相当と認められる額の範囲内のものに限り、右不法行為と相当因果関係に立つ損害というべきである。
> ところで、本件の場合、Xが弁護士に本件訴訟の追行を委任し、その着手金(手数料)として支払った13万円が本件訴訟に必要な相当額の出捐であったとの原審の判断は、その挙示する証拠関係および本件記録

---

34) 東京地裁昭和44年10月7日判タ244号258頁。この事案でも、原告が支払いを約した弁護士の報酬額(184万円)は、「同弁護士の所属する第一東京弁護士会の定める弁護士報酬規則所定の報酬基準額を超えないものであると認められる。しかしながら、本件各訴訟事件はAの同一不法行為から派生する一連の事件であって、主張、証拠とも大部分が共通するものであり、このことと取寄せにかかる当該事件の記録に徴し明らかな訴訟の経過、後記慰謝料認容額その他諸般の事情を考慮するならば、原告の損害と認むべき額は、次のとおり合計金86万円をもって相当と判断される。」としている。
35) 否定する裁判例として例えば、東京高判昭和43年3月30日判タ223号167頁。
36) 最判昭和44年2月27日民集23巻2号441頁。裁判例の変遷について、岨野悌介「弁護士費用の損害賠償」新・実務民事訴訟講座4　103-113頁(日本評論社、1982)。

上明らかな訴訟経過に照らし是認できるから、結局、右出捐はYの違法な競売申立の結果Xに与えた通常生ずべき損害であるといわなければならない。」

　リーディングケースであるこの昭和44年最判は、弁護士費用が損害となる理由について、「現在の訴訟はますます専門化され技術化された訴訟追行を当事者に対して要求する以上、一般人が単独にて十分な訴訟活動を展開することはほとんど不可能に近い」ことから、「自己の権利擁護上、訴を提起することを余儀なくされた場合」には、「一般人は弁護士に委任するにあらざれば、十分な訴訟活動をなし得ない」ことが通常であるので、その弁護士費用は、「不法行為と相当因果関係に立つ損害」であるというのである。すなわち、この理由に従えば、個々の事件の性質でなく現在の訴訟では常に弁護士費用は不法行為と相当因果関係に立つ損害となるのである[37]。ただ、その弁護士費用は、「事案の難易、請求額、認容された額その他諸般の事情を斟酌して相当と認められる額の範囲内のものに限り不法行為と相当因果関係に立つ損害となる」のである。

（3）弁護士費用の相当額

　この最判の原審の認定によれば、「原告は弁護士Bに本件訴訟の追行を委任し、その着手金（手数料）として金13万円を支払ったこと、そしてこの金額算定の根拠は本件訴訟の経済的利益を基礎とし、同弁護士の所属する三重弁護士会の定める基準に従って算定したものであることが認められ、他に右認定を覆すに足る証拠はない。そして我が国においては、弁護士が当事者より訴訟委任を受けた場合着手金として前払いを受ける習慣があることは当裁判所に顕著な事実であり、また右金13万円の額は原告として本件訴訟の経済的利益内容の複雑、困難性及び本件における被告側の応訴の態度等から見て相当な額といわなければならないから、これを被告の不法行為による損害として被告にその賠償を求め得るものである。」とされている[38]。すなわち、弁護士会の報酬規定に従っ

---

[37]　この理由は、不法行為のみならず、債務不履行にも当てはまる。

た着手金相当額が損害として認められている[39]。

この他、たとえば、飲酒酩酊者へ警察官が暴行傷害を加えた事件の国家賠償請求事件で、原告が着手金5万円を弁護士へ支払い、地裁で勝訴して損害の一部として弁護士費用5万円が認められたが、国が控訴したため、控訴された後に、高裁での終了時に報酬金7万円を弁護士に支払う旨約束してその分を附帯控訴として控訴審で拡張請求した事件で12万円全額を損害として認められた例がある[40]。

本来、損害賠償の差額説からすれば、実際に原告が支払った弁護士費用を認定し、その額が相当因果関係の範囲にあるかどうかを判断し、その範囲内である場合には、実際に支払った額を損害額として認容し、その範囲外である場合にはその理由を述べて相当因果関係にある額に減縮して損害額として認定することになり、この頃の裁判例では、まさにそのようなオーソドックスな認定がなされている。

（4）これら判例が出された昭和40年代（1965年から10年間）は、交通事故の案件が激増し、交通事故訴訟をどう審理するかが大問題であった時期であり、この頃の交通事故訴訟がその後の不法行為や相当因果関係論の実務の基礎を形成しているといってよい。

ア　昭和40年代の交通事故訴訟判例

1970（昭和45）年、最高裁で、交通事故の被害者の損害賠償請求訴訟について弁護士費用の賠償を認めた[41]。この第1審判決（1967（昭和42）年）では、「原告らは本件事故当時未成年者であり、被告に対して本件事故に基づく損害賠償請求訴訟を提起するため後見人を選任することを要したので、大阪弁護士会所属弁護士Bに対し後見人選任申立を委任し各自2万5000円宛支払い、更に同弁護士に対し被告に対する損害賠償請求訴訟を委任して各自着手金20万円宛支払い、勝訴の場合に謝金とし

---

[38]　津地裁熊野支部昭和40年4月21日判決判例体系ID27201504。
[39]　報酬金についてはいまだ支払いがなされていなかったためなのか、理由は明らかではないが請求されていなかったようである。
[40]　東京高判昭和45年12月18日判タ261号199頁。
[41]　最判昭和45年2月26日交民集3巻1号22頁。

て取得した利益の1割にあたる、原告X1は171万2176円、原告X2は177万2176円を各自支払う旨を約したので、弁護士費用として原告X1は、193万7176円、原告X2は199万7176円の各損害を受けた」との主張に対し、判決は、「〈証拠〉によれば、原告両名は、その主張の如く訴により被告に対し損害賠償を求めるため大阪弁護士会所属弁護士Bに対し未成年者である原告両名の後見人選任事件並びに本件訴訟事件を委任し、報酬及び着手金を支払い並びに謝金の支払を約したことが認められるところ、甲11号証によつて認められる大阪弁護士会の報酬規定の内容、後見人選任事件及び本件事案の難易並びに右認容すべきものとした損害額等諸般の事情を考慮すれば、弁護士費用のうち原告らの損害として被告に賠償させるべき額は、原告両名各自、後見人選任事件の報酬として2万5000円宛、本件訴訟事件の着手金につき20万円宛、同謝金として50万円宛合計72万5000円宛と認めるのが相当である。」とした[42]。この裁判例では、オーソドックスな損害認定がされ、結果、損害額の7％強の弁護士費用が損害として認められている。

　また、最高裁は、交通事故に関する事案で、弁護士費用は現実に支払っていない約定のものでもよいと判示している[43]。その第1審でも、原告は「そのほか被告らが任意に賠償に応じようとしないので原告らは右請求権を実現するため大分弁護士会所属弁護士Bに本訴追行を委任し、本訴第一審終了後、同弁護士に対し手数料及び謝金として総額80万円を支払うことを約し、内30万円については原告X1が、内各15万円については夫々原告X2、X3が内各10万円については夫々原告X4、X5が分担することにした。」と主張し、裁判所は「……原告らが右賠償請求の訴訟の提起を大分弁護士会所属弁護士Bに依頼し、その報酬として原告ら主張のとおり支払うことを約したことが認められ、これに反する証拠はないが、諸般の事情殊に本訴における被告県の態度に鑑み、原告らが賠償請求しうべき範囲は原告X1について20万円、その余の原

---

42)　大阪地判昭和42年11月20日判時509号55頁。
43)　最判昭和45年4月21日判時595号54頁。

告らについて各10万円を相当と認める。」と実際に支払いまたは約束した弁護士費用額から相当性を判断して損害額を減額している[44]。結果、弁護士費用は総損害額の約10％を損害として認めたこととなる。

イ　昭和40（1965）年代以降の交通事故の実務

（ア）交通事故の損害賠償の理論と実務において主導的役割を果たした倉田裁判官は次のとおり述べている。「周知のとおり、弁護士費用は、従来、相手方の訴挑発が別個の不法行為を構成するような場合にのみ、その不法行為の損害として別訴により請求することが認められた程度であったが、交通訴訟の実務では、比較的容易に事故との相当因果関係を認めており、事実上、一定割合（注1、注2）で訴訟費用化（注3）したとも評価できる。しかし、上級審のこれに対する態度は2分されており、統一は今後の課題である。」[45]

　　（注1：現在、東京地裁交通部の多くの判決で認められているのは、認容額（もっとも、訴訟後の弁済によって減じた場合はそれを加えたもの）の1割であるが、事案の難易に応じ高下するほか、100万円以下のときは、それより増やし、数100万円以上のときは、それより減ずるのが多いようである。（和解の場合も同様で、時には原告代理人が請求していない事案において加算することもあるが、請求あれば認めるとの裁判所の姿勢から、被告側も納得する。）
　　（注2：弁護士が依頼者と契約した報酬額はそれより多いのが普通であるが、相当因果関係にある損害として相手方から取り立てうる範囲[46]

44）　大分地判昭和43年7月31日交民集1巻3号875頁。
45）　小山昇・中島一郎編集代表『裁判法の諸問題　上』倉田卓次「民事交通訴訟の課題」453頁（有斐閣、1969）。
46）　倉田判事の「相手方から取り立てうる範囲」というのは、自身の裁判例では、たとえば次のように判示している。「弁論の全趣旨によれば、被告らはその任意の弁済に応じないので、原告らは弁護士たる本件原告ら訴訟代理人に訴えの提起と追行を委任し手数料として原告Xは金27万円を支払い、さらに成功報酬として原告Xは各8万円を第一審判決言渡後に支払うことを約したことが認められるが、本件事案の難易、前記各請求認容額その他本件にあらわれた一切の事情を斟酌すると、本件事故と相当因果関係ある損害として被告らに負担さすべき弁護士費用は、原告Xについて金9万円、その余の原告らについて金各3万5000円とするのが相当である。」（東京地判昭和44年4月23日判タ236

は、契約額と同じである必要はないと考える。）
（注3：筆者は、弁護士費用の敗訴者負担の制度の実現は当分は望めない、との認識の下に、実務のこの方向への傾斜を肯定的に評価したいと考えるが、それが「本質的に中途半端な努力」であり、「かえって、抜本的な改革への道を見失わせる結果になっている」と否定的に見る学者もある。中野80頁参照（本稿の前掲注13）。

（イ）このようにこの頃は大量に発生する交通事故の実務において損害賠償請求の定型化が志向されていった。そして、1974（昭和49）年3月に東京地裁民事交通部の損害賠償算定基準が公表された際には、次のように記載されている。

「弁護士費用　この費目は基準化しなかった。
　被害者が必要とするこの費目の相当因果関係を一般的に否定することはできない。認容額の10パーセント（但し50万円以下の認容額のとき15％）をもって相当因果関係ありというのが従前の慣例であった。
　近時も認容率10パーセントという傾向にあるが、もとより一律ではなく、訴提起までの経緯、訴訟の難易、訴訟に費やした努力、訴訟の経過等一切の状況を考慮した上で、この割合が定められている。認容額が一定額をこえるとき逓減の可否は事案による。もとより被害者が弁護士に支払う費用すべてが賠償の対象となるものではない。
　この相当因果関係ある弁護士費用額は、すべてこれに対する被害者主張の遅延損害金起算日における現価による。この現価は従前の要素を考慮して裁量によりラウンドナンバーで示されている。これにより中間利息控除の技術的煩わしさと、遅延損害金起算日の法律的煩わしさとを一挙に解決したわけである。従って、被害者は事故発生日から遅延損害金を請求しても差支えないことになる。その理論的根拠は、近時有力な損害一個説といえようか。
　和解の際、弁護士費用を参入しない取扱いである。」[47]

号175頁）。
47）沖野威「東京地裁民事交通部の損害賠償算定基準と実務傾向」別冊判例タイムズ No. 1

倉田判事の論稿で、すでに、定率化とともに訴訟費用化したかのような形式での、損害としての弁護士費用が論じられていたが、この最初の基準では、さらに①和解においては弁護士費用を支払わない（相当因果関係にある損害であれば和解で放棄するのはおかしいが、和解における「訴訟費用は各自弁」という実務上の扱いと同様となった）、②弁護士費用額は、現実の支出を損害として観念してその支出額が大きすぎる場合に縮減するとか、支出日からの中間利息控除をするなどという発想から脱却して認定額の一定割合として標準化している点でさらに損害というよりも、訴訟費用的な、定額化の扱いが進んでいる。

（ウ）財団法人日弁連交通事故相談センター発行の、「交通事故損害額算定基準」では、昭和52年4月の6訂版で初めて弁護士費用が損害項目として記載される。その内容は、次のとおりである。

> 「基準　損害賠償の請求が訴訟にもちこまれた場合、認容額の1割を損害として加害者に負担させることができる。
> 解説　訴訟に要した弁護士費用の一部を加害者に負担させることができることは現在では一般的に肯定されている。その範囲は原則として上記基準によるが、認容額が100万円未満の場合には増額し、1000万を越える場合は減額する取扱いもある。また、訴訟の難易等により増減もあり得る。
> 　なお、名古屋地裁では、昭和51年1月1日以降発生の事故について原則として次のような基準によっている。
> 認容額　100万円以下　　割合　　10％前後
> 　　　　100万円を超える分　　7％前後
> 　　　　500万円を超える分　　5－6％前後
> 　　　　1000万円を超える分　4－5％前後
> 　ただし、訴訟の難易等により増減することがある。」

昭和54年7月7訂版では若干の文言の修正があり、昭和60年11月10訂版では、次のとおり書き改められた。

1頁（1975）。

「基準　認容額の１割程度。
解説　損害賠償請求が訴訟にもちこまれた場合、訴訟に要した弁護士費用の一部を加害者に負担させることができることは現在では一般的に肯定されている。弁護士費用としては、認容額の１割程度が認められているが、認容額が100万円未満の場合には増額され、認容額が高額の場合には減額される傾向にある。」

　その後、解説については若干記載の変更があるが[48]、基準は現在までまったく変わっていない。
　現在の交通事故裁判においては、現実に依頼者が弁護士に支払い、または、約定した弁護士費用を請求する例はなく、総損害額に10％を加える（場合によっては判決では10％となることを見込んでそれ以上の割合の請求をする）ことが完全に定着していると言ってよい。そして、交通事故裁判実務は、不法行為による損害賠償請求事件一般に大きな影響力をもっており、現在では、他の不法行為による損害賠償請求事件においても、被害者による集団訴訟などの特別な例を除いて、弁護士費用についてその実額を請求するというオーソドックスな主張をしている弁護士は筆者の知る限りないし、実額を主張させた上で相当額を認定している裁判例もないのが実情である。

---

[48] 昭和62年９月11訂版では、認容額が低額の場合に増額される旨の解説がなくなり、平成９年12月16訂版では、解説が、「訴訟にもちこまれた場合、訴訟に要した弁護士費用の一部を加害者に負担させることができる。」と改められた。さらに、平成20年１月21訂版では、解説に相当する部分として、
「i 不法行為の損害賠償訴訟においては、弁護士費用の１部が、不法行為により負担せざるを得なかった費用として損害として認められる。これは、訴訟制度上の弁護士費用の敗訴者負担ではなく、弁護士費用相当額の損害が発生したと考えるものである。
ii 従って、不法行為による被害者ではない者の請求（保険会社に対する保険金請求、保険会社からの求償訴訟など）では、通常認められない。
iii 金額算定にあたっては、弁護士費用以外の損害を積算し、過失相殺等の減額処理をし、弁済金・自賠責保険からの支払等の損益相殺をしたあとの、加害者に対する請求可能金額を算出し、その１割程度を弁護士費用の損害額として加算することになる。」
とし、より詳しく説明されている。

ウ　弁護士費用の賠償債務の性質

　最高裁では1983（昭和58）年になって弁護士費用の賠償債務が遅滞になる時期について次のように判示した[49]。「不法行為に基づく損害賠償債務は、なんらの催告を要することなく、損害の発生と同時に遅滞に陥るものと解すべきところ（最高裁昭和34年（オ）第117号同37年9月4日第3小法廷判決・民集16巻9号1834頁参照）、弁護士費用に関する前記損害は、被害者が当該不法行為に基づくその余の費目の損害の賠償を求めるについて弁護士に訴訟の追行を委任し、かつ、相手方に対して勝訴した場合に限って、弁護士費用の全部又は一部が損害と認められるという性質のものであるが、その余の費目の損害と同一の不法行為による身体傷害など同一利益の損害に基づいて生じたものである場合には一個の損害賠償債務の一部を構成するものというべきであるから（最高裁昭和43年（オ）第943号同48年4月5日第1小法廷判決・民集27巻3号419頁参照）、右弁護士費用につき不法行為の加害者が負担すべき損害賠償債務も、当該不法行為の時に発生し、かつ、遅滞に陥るものと解するのが相当である。なお、右損害の額については、被害者が弁護士費用につき不法行為時からその支払時までの間に生ずることのありうべき中間利息を不当に利得することのないように算定すべきものであることは、いうまでもない。

　本件についてこれをみると、記録及び原判文に照らせば、原審が、被上告人の本件訴訟追行のための弁護士費用につき本件事故と相当因果関係のある損害を8万円と認めるにあたって、被上告人が右事故時から当該弁護士費用の支払時までの中間利息を不当に利得することのないように算定したことが窺えないものではないから、上告人が所論の弁護士費用に係る損害8万円について本件事故後である昭和52年7月19日から完済まで年5分の割合による遅延損害金の支払義務を負うとした原審の判断は、是認するに足り、原判決に所論の違法はない。」とした。この判例の、第1審での主張の整理を見る限り、弁護士費用は現実に支払われたことが主張・立証されたわけではないようであり、原告は、弁護士

---

49)　最判昭和58年9月6日民集37巻7号901頁。

費用を除く損害額208万2955円（内自賠責保険から損害の塡補が101万円ある）に弁護士費用13万円（損害額の約6％。認容額の約12％相当額）を請求している。そして、控訴審では、弁護士費用について、「弁護士費用について控訴人が本訴のため弁護士を依頼したことは、本件訴訟上明らかであり、本件訴訟の経緯、その法律上、事実上の主張の難易、その認容額などの諸般の事情を勘案すると、本件事故と相当因果関係を認めるべき弁護士費用は、金八万円であると判断される。」とされた（損害額の5.6％、認容額の19.5％）[50]。この裁判例では、そもそも原告代理人が現実に出捐した弁護士費用を主張さえしておらず、先に述べたように現在では定着していると思われる実務（総損害の割合での請求）が行われ、また、中間利息については、厳密な差額説からは調整が必至であるところ、これを実質的には不要とした点で（そもそも出捐時期が認定された様子はない）、弁護士費用の損害額の定率化を正面から是認したという評価が可能であろう。前記イ（イ）で述べた1975（昭和50）年の東京地裁民事交通部による基準が追認されたことになる。

2 債務不履行による損害と弁護士費用
（1）金銭の給付を本来の目的とした債務についての債務不履行による損害と弁護士費用

最高裁判決では、「民法419条によれば、金銭を目的とする債務の履行遅滞による損害賠償の額は、法律に別段の定めがある場合を除き、約定または法定の利率により、債権者はその損害の証明をする必要がないとされているが、その反面として、たとえそれ以上の損害が生じたことを立証しても、その賠償を請求することはできないものというべく、したがつて、債権者は、金銭債務の不履行による損害賠償として、債務者に対し弁護士費用その他の取立費用を請求することはできないと解するのが相当である。」とされた[51]。この事案は、手形金等請求事件であるが、

---

50) 第1審民集37巻7号907頁、第2審同911頁。
51) 最判昭和48年10月11日判時723号44頁、裁判集民110号231頁。

一般に、本来の金銭債務の場合には、民法419条によって、弁護士費用が損害となることはないと考えられている[52]。しかし、民法419条とこの判例は、現在民法改正による変更が議論されており[53]、改正されることになれば、次に述べるところによって、本来の金銭債務の不履行において弁護士費用が損害となるかが、再び問われることになる。

（2）本来の債務の不履行により、損害賠償債務に変化した場合
ア　債務不履行による損害と弁護士費用

この場合、債務不履行をした債務者の損害賠償債務の中に、弁護士費用の賠償が含まれるかについて、学説上、争いがある。弁護士費用は被告が債務を任意に履行しないことに基因して生ずる損害であって、不法行為ないし債務不履行によって生じる損害とは質的に異なるもので、応訴行為に違法性のある場合に限り、不当応訴という別個の不法行為による損害として賠償を求めうるとして、不法行為・債務不履行双方において一般にこれを否定する見解[54]、債務不履行については、「殆ど常に具体的に債務内容が確定されて居り、また債権者は将来の履行を確保するため種々の手段（例、担保）を準備することができるからである」という理由でこれを否定する見解[55]、弁護士費用は原則として債務不履行に基づく損害には含まれないが、不法行為と競合する債務不履行においては検討の必要があるとする見解[56]、さらに、わが国では弁護士強制主義がとられていないことから、当該債務不履行をめぐる紛争形態から、債

---

52) この点の詳しい解説として滝澤孝臣「金銭債務の不履行と損害賠償―民法419条の適用範囲―」銀行法務21655号38頁（2006）。
53) 平成25年3月19日付「民法（債権関係）の改正に関する中間試案（概要付き）」では、「判例は、同条第1項所定の額を超える損害の賠償（利息超過損害の賠償）を否定している（最判昭和48年10月11日判時723号44頁）。しかし、諾成的消費貸借に基づく貸付義務の不履行の場面などを念頭に、利息超過損害の賠償を認めるべき実際上の必要性が存在するとの指摘があり、また、流動性の高い目的物の引渡債務を念頭に、非金銭債務と金銭債務とで、損害賠償の範囲につきカテゴリカルに差異を設ける合理性は乏しいとの指摘がある。そこで、この判例法理を改めるものである。」とされている。
54) 末川博「不法行為を構成する不当なる訴と損害賠償の範囲」（民商15巻4号87頁）。
55) 川島武宜判民昭和18年度219頁（1943）。
56) 川井健『民法概論3債権総論〔第2版〕』102頁（有斐閣、2005）。

権者が弁護士に依頼したうえで訴訟提起することが自然であると認められるような事例について、弁護士費用が通常損害と認定され、それ以外の場合には弁護士費用は特別損害として、債務者に予見可能性があった場合にのみ賠償を認め、しかし、債権者の特異な性格ゆえに訴訟提起がなされたような場合には、それについての予見可能性が債務者にあったとしても、過失相殺（418条）の規定を準用する余地があるとする見解[57]などがある。しかし、先の昭和44年最判を肯定すれば、その理由からは、不法行為についてばかりでなく、債務不履行についても弁護士費用が債務不履行と相当因果関係にある損害とならない理由はなく、学説上も、これを肯定するものが多数である[58]。

実務家には、一般的な債務不履行についてまで弁護士費用が損害となるということに違和感を覚える者が多いのではないかと思われる。学説上も、裁判官によるものとして、債務不履行の場合には、弁護士強制制度をとらず、弁護士費用を訴訟費用としない現行制度との調和から、また、債権者の支出した弁護士費用だけが賠償されることになる片面性から、債務不履行が不法行為と同等に強度の違法性を帯びた行為による場合に限定して弁護士費用を損害と認める見解がある[59]。昭和44年最判がでて40年以上が経過している現在も、裁判例では、債務不履行の場合には、医療過誤、安全配慮義務違反など、不法行為としても構成しうる性質のもの、生命身体侵害があるものについて肯定例が多いが、それ以外

---

57) 加藤雅信『新民法体系III債権総論』134頁（有斐閣、2005）。
58) 末延三次判民昭和11年度81頁（1937）、我妻栄『新訂債権総論』126頁（岩波書店、1964）、我妻栄・有泉亨著、清水誠補訂『新版コンメンタール債権総論』127頁（日本評論社、1997）、奥田昌道「債権総論〔増補版〕」207頁（悠々社、1992）、平井宣雄『債権総論第2版』95頁（弘文堂、1994）（「弁護士費用の賠償は、司法制度を利用する費用の負担をいかにすべきかという司法政策上の問題のあらわれと考えるべき」）、潮見佳男『新版注釈民法（10）II債権（1）奥田昌道編〔北川・潮見執筆部分〕』296頁（有斐閣、2011）。
59) 小泉博嗣「債務不履行と弁護士費用の賠償」判夕452号47頁（1981）、山本矩夫「債務不履行と弁護士費用の賠償」判夕466号49頁（1982）。また、伊藤教授も「人身損害、侵害行為の違法性が強度な場合、に不法行為か債務不履行であるかを問わず、弁護士費用の賠償を認め、それ以外は否定する」とされる。前掲注16。

の一般的な債務不履行については、裁判例が自体が少なく、肯定・否定につき分かれているが、肯定例が少ない状況である[60]。一般的な債務不履行については、きわめて多数の裁判例があるにもかかわらず、弁護士費用についての裁判例が少ないということは、原告自身請求すらしていない例が多いためと思われ、実務家一般には、筆者も含め、一般的な債務不履行については、弁護士費用が損害とされなくて当然との意識が共有されているように思う[61]。たとえば、ワインの寄託を受けた受寄者に定温・定湿義務の違反があったとして、損害賠償責任が認められた最近の裁判例では、損害の一部としての弁護士費用の請求について、「原告の債務不履行による損害賠償であるところ、不法行為と同視することはできないから弁護士費用は損害とはいえない。」と判示している[62]。

イ　安全配慮義務違反と弁護士費用についての最高裁判決

安全配慮義務違反による債務不履行の損害として弁護士費用を認めることについて、学説はこれを肯定し、裁判例も多数あったところであるが、最近、最高裁でこれをあらためて肯定した。

事案は、就労中にプレス機によって両手指挫滅創の傷害を負って両手の親指を除く各4指を失った労働者であるXが、その使用者であるYの安全配慮義務違反による損害賠償を求めた事案であり、第1審では、Yの責任原因として、債務不履行（安全配慮義務違反）と不法行為とが主張され、Xが、の逸失利益・入通院慰謝料・後遺障慰謝料の7205万7374円、弁護士費用相当額700万円の合計から損益相殺した金額の賠償を求めたところ、判決では、逸失利益等を3393万7508円、弁護士費用を340万円（遅延損害金については事故の発生した日から支払済みまで）と認定した。これに対し、原判決は、逸失利益等を1876万5436円（遅延損害金については訴状送達の日から支払済みまで）とし、弁護士費用相当額の請求を失当としたので、Xが上告受理申立てをした。最高裁は、次のように述

---

60)　裁判例の整理として、前掲注58小泉論文、山本論文。また、岡本詔治『損害賠償の範囲Ⅰ（総論・売買）』（一粒社、1999）214頁。
61)　前掲注59岡本266頁。
62)　札幌地判平成24年6月7日判タ1382号200頁。

べた。

> 「労働者が就労中の事故等につき、使用者に対し、その安全配慮義務違反を理由とする債務不履行に基づく損害賠償を請求する場合には、不法行為に基づく損害賠償を請求する場合と同様、その労働者において、具体的事案に応じ、損害の発生及びその額のみならず、使用者の安全配慮義務の内容を特定し、かつ、義務違反に該当する事実を主張立証する責任を負うのであって……、労働者が主張立証すべき事実は、不法行為に基づく損害賠償を請求する場合とほとんど変わるところがない。そうすると、使用者の安全配慮義務違反を理由とする債務不履行に基づく損害賠償請求権は、労働者がこれを訴訟上行使するためには弁護士に委任しなければ十分な訴訟活動をすることが困難な類型に属する請求権であるということができる。
>
> したがって、労働者が、使用者の安全配慮義務違反を理由とする債務不履行に基づく損害賠償を請求するため訴えを提起することを余儀なくされ、訴訟追行を弁護士に委任した場合には、その弁護士費用は、事案の難易、請求額、認容された額その他諸般の事情を斟酌して相当と認められる額の範囲内のものに限り、上記安全配慮義務違反と相当因果関係に立つ損害というべきである……」。

そして、最高裁は、弁護士費用の額について審理を尽くさせるために、同部分（弁護士費用190万円と遅延損害金）につき本件を原審に差し戻した[63]。

(3) 検　討
ア　一般的実務

損害として認められる弁護士費用について、弁護士も下級審裁判官も、実務上は、①不法行為、または、それと同等と考えられるような特殊な請求原因の事件に限る（一般の債務不履行責任で弁護士費用を請求しようとは考えない）、②額は総損害額の10％相当額内外である（実際の自らの弁

---

63) 最判平成24年 2 月24日裁判集民240号111頁。なお、差戻し後の原審では、弁護士費用の相当額について格別の審理がなされることなく、弁護士費用190万円と遅延損害金をなしとする和解が成立したようである。

護士報酬額を請求しようとは考えない）と理解しているのが一般的で、近年は、無批判にこれを受け入れてきたように思う。しかし、昭和44年最判を前提とすれば、裁判所は、弁護士費用を損害とし、その損害額として現実の弁護士費用か、これが相当と認められる額を超えている場合、その金額を認定すべきであるとしていることが今一度確認されなければならない。先の一般的実務が、この最高裁判例に照らして是認されるものであるか、司法アクセスという観点を踏まえ、また、近時の弁護士が置かれている環境から見て、検討する必要がある。

イ　弁護士費用相当額の損害の割合的認定と最判

　損害額として相当と認められる弁護士費用を、総損害額の割合による認定をなすことには、合理的な面があると言われてきた。多くの弁護士・裁判官とこの点を議論すると、原告代理人弁護士が、実弁護士費用を請求し、それが相当な範囲のものであるかどうかをいちいち主張立証して、裁判所が判断し、そのことで時間を要し、審理が複雑化・長期化するならば、裁判所も弁護士も、それが真に当事者のためになる裁判であるのか疑問に感じるという。裁判所は、勝訴の原告が被告から取り立てうる弁護士費用の相当性のみ判断しているのであって、弁護士が依頼者に請求しうる報酬額を直接に判断しているわけではない[64]からだという。しかし、この感覚は、弁護士費用の損害額が審理を尽くしても10％内外になることを前提としたものである。もし、損害額の審理を尽くして、10％よりも多額の弁護士費用が損害として認められるなら、その差額は原告の損害塡補に充てられ、原告の権利の目減りが緩和される。それではなぜ多くの実務家は、10％より多額の現実の弁護士費用の相当性を立証することを試みないのか。一番大きな理由は、その立証が成功する可能性が少ない、また、まれに特殊な事案において立証に成功しても多くて20％になる程度、すなわち総損害額の10％が超過で得られる程度の影響しかないことであろう。しかし、その背後には、自らの現実の弁護士報酬を立証し、その相当性の判断を求めることへの躊躇または嫌

---

64)　小島武司「弁護士報酬制度の現代的課題」19頁（鳳舎、1974）。

悪があるのではないか。この躊躇・嫌悪が、10％の壁を乗り越えることのチャレンジを妨げているのではないか。さらに、本来、10％の壁に挑戦するかどうかの選択肢は自らの損害の認容額に影響を受ける依頼者にあるべきであるが、依頼者に、十分にその説明がなされ、争う機会が与えられているかも反省する必要がある。裁判所の判断する相当な範囲の弁護士費用と弁護士が依頼者に請求する報酬額は、依頼者と弁護士との関係が契約によって規律されることから当然のことではある。しかし、この種の契約では、依頼者が、裁判所は「損害額として相当と認められる弁護士費用を認定している」が、裁判所では認めらない「不相当な」弁護士費用を依頼した弁護士に支払うことを了解している必要があるのではないか。ところが、現実には、例えば、旧報酬規定などによって弁護士費用の取り決めをする場合、依頼者は当然、その金額が適正額であろうと考えて（あるいはそのように弁護士側が説明して）、有償の委任契約が締結されていることが多いのではないか。そして、依頼者が考える適正額は、何も説明がない限り、裁判所によって「損害額として相当と認められる弁護士費用」であり、これに基づいて報酬契約がなされているのではないか。また、弁護士が依頼者に対し、現実の報酬額と、裁判所認定の弁護士費用が異なることについて説明したとしても、「裁判所は勝訴の原告が被告から取り立てうる弁護士費用の相当性のみ判断しており、現実の弁護士費用の一部しか認めないのが実務である」などという説明にとどめている場合も多いのではないか。この説明は、下級審の定着した実務からすれば誤りとまではいうことができないにしても、昭和44年最高裁判例の理由からすれば、ミスリーディングのそしりを免れないものである。さらには、本来、損害としての弁護士費用の相当性を争うことについては、原告本人にその利益があるところ、原告本人には一般にその利益が十分に理解されておらず、それゆえに、現実に弁護士費用の相当性について争いとなる事案がないと考えられはしないだろうか。弁護士報酬の契約の例として、「着手金 X 円、報酬金 Y 円。しかし、裁判所が、その合計額以上の弁護士費用を損害として認めた場合は裁判所の認めた金額」というものがあるが、弁護士の意識、潜在的な意

識、としては、このような取り決めがない場合でも、(本当にまれに生じるケースであろうが)裁判所が認めた弁護士費用の金額が現実の弁護士報酬を超えている場合、超えた部分は当然弁護士報酬であるという意識がないであろうか。つまり、この意識は通常のケースでは、「裁判所は本来現実の弁護士報酬を損害として認定するべきなのに、誤って10％と判断した。裁判所が誤ったのだから、依頼者が損害の塡補賠償を受けなくても仕方がない。」という意識となっていないか。このような考えがあるとすれば、昭和44年最判に照らせば、誤まっていることは明らかであろう[65]。

ウ 現在における実務の見直し

現在は、依頼者の権利意識が向上し、インターネットなどで情報がいきわたっていることから、依頼者には弁護士を選択する志向が強くなってきている。(当然のことながら)弁護士にすべてお任せしますというスタイルではなく依頼者が自己決定をし、依頼者への説明責任が重要になってきている。さらに、近年ではクレーマーのような依頼者側にはまったく理由がないような過度な要求も見られ、その種の弁護士会での苦情相談、紛議調停事件も多くなってきている。そのような背景の下で、弁護士費用の負担に関する実務もいずれ問題とされるであろうし、依頼者と弁護士との法的素養の力関係の差を考えると、徹底した説明をしておくことが不可欠であり、安易な説明では後々に依頼者とトラブルを起こす可能性がある。

そして、損害としての弁護士費用をどのように主張し、立証するか、裁判所の判断を争うかどうかは、弁護士からの十分な説明の後、依頼者が決定していくことが今後の実務で浸透してきた場合は、裁判所において、損害としての弁護士費用の相当額が争われる場面が多くなる。あるいは、弁護士間の受任競争の結果、裁判所が損害として認める範囲の弁護士費用しか支払わないという依頼者が増えることも予想される。依頼

---

[65] そもそも弁護士が報酬に関する事項を委任契約において定めなくてはならないことになったのは、弁護士職務基本規程が施行された2005（平成17）年以降である。

者は、それによって片面的敗訴者負担制度のメリットを享受することになり、司法アクセスの観点からは、そのような姿が望ましい。しかし、そうなると、弁護士費用の認定が、弁護士には死活問題となってくるから、その点が真摯に法廷で争われることがさらに多くなることが予想される。

そもそも昭和44年最判は、以後の裁判例の集積によって、司法アクセスに資する何らかの敗訴者負担実現の壁を打破しようとする意図を有していたものなのである。この判例解説では、「なお、弁護士費用を訴訟費用化すべき旨の提言は、古くからしばしば繰り返されているが、今もって実現の見通しはつかない。理念的には反対できる正当な理由はないようにも思われるが、具体的に立法化の方法、内容如何となるとさまざまの問題があり、消極論者の主張する各種の懸念も、全くの杞憂とばかりはいえないとすれば、そしてこれが、日本の訴訟制度を大きく変革することになるだけに慎重な検討の必要なことを思うとき、早急な実現は、かなり難しい情勢にあるといわなければならない。そうすると、不法行為の被害者が権利擁護上提訴する場合に関するかぎり、判例によって、事実上弁護士費用の訴訟費用化を認めた結果となり、最近強化しようとされている法律扶助制度の拡大充実とあいまつことによって、被害者保護に果す役割は、大きいといってさしつかえないであろう。」[66]とされているのである。今は、昭和44年最判の原則に立ち返って、損害としての弁護士費用の裁判例を集積させていくことが求められている。

エ　私　見

損害としての弁護士費用の負担について、私見を述べると次のとおりである。

（ア）割合的認定が合理性を有する事件

割合的な認定については、人身損害を中心とする損害賠償請求訴訟一般において、交通事故訴訟の影響が極めて大きく、定型化、標準化を旨とする交通事故訴訟の実務が定着しており、その流れの中で、これを修

---

66)　小倉顕　最高裁判例解説昭和44年167頁、191頁。

正することは困難であろう[67]。また、総損害額の10％の基準が用いられることについても、人身損害を中心とする損害賠償請求事件では、交通事故を中心に保険が適用されることが多く、任意保険の枠組みで、保険会社からは、弁護士が就任しなくても一定額の和解の提案がなされるのが通常であり、現実に弁護士が代理することによる依頼者の経済的利益は総損害額より少なく、その点を加味すれば、旧報酬規定などに照らしても、10％という数字は妥当性がないものとはいえない[68]。また、被告にも訴訟で解決しなくては仕方がない事情があり、原告の弁護士費用を100％負担させることは不合理な面があるが、10％が過失相殺後の数字に適用されていることから、弁護士費用を負担させられる被告との関係でも現在の実務は妥当性がある。

(イ) 昭和44年最判の原則によるべき事件

一方、名誉毀損、人身被害を伴わない環境訴訟、代表訴訟、消費者訴訟、金融訴訟、知財訴訟などその他の不法行為訴訟においては、損害額を割合的に10％とする根拠はない。これらの類型においては、実弁護士費用を請求し、裁判所がその相当性を判断し、裁判例の集積によって、あるべき損害額が形成されるべきであろう。そして、これらの訴訟類型においては、最高裁判例があげている相当性の基準「事案の難易、請求額、認容された額その他諸般の事情を斟酌」では明確ではない[69]が、被告側が訴訟によらざるを得なかった部分（たとえば、異論のない例として、特許訴訟において従前均等論が採用されていなかったことから、原告特許を実施したところ、後に判例変更があり、その実施が均等侵害として違法となった場合。訴訟費用敗訴者負担の議論における共益費用としての要素）を考慮して、衡平の

---

67) 事案によっては当然この定着した実務にチャレンジする必要がある。
68) 一般の交通事故訴訟と、医療過誤や公害訴訟などとは事件の難易度に優位の差があり、一般の交通事故の難易度として10％であることを基準に弁護士費用の相当性を評価しなければならない。事案の難易度についてはどのような証拠をもって認定すべきなのかいろいろな方法が試みられるべきであろう。
69) 最高裁判例解説では、被告において応訴するのがやむを得ない事由があったとすれば、これを減額ないし否定する理由として諸般の事情の一資料となることもありえるとしている。前掲注66、189頁。

観点から原告側弁護士費用の100％を被告に負担させる必要はない。その点も、各裁判例が基準を明確にし、裁判例の積み重ねを待つべきであろう。

また、これら事案についての相当性の判断において、裁判所の独断に任せるわけにはいかないが、証拠と下級審の裁判例の積み重ねによって、相当額についての説得力ある基準が形成されていくことが望まれる[70]。

（ウ）債務不履行による損害賠償と弁護士費用

債務不履行については、契約当事者が決めるべきことであり、まず、契約書で合意をしておくべきである[71]。そして、契約書での合意がない場合のデファクトとしては、従前の下級審の裁判例の趨勢に従って、弁護士費用は各自弁とするべきである。弁護士としては、契約書作成において、当事者に必ず注意喚起し、紛争が生じた場合の弁護士費用の負担について、どのように処理できるかの選択肢を示し、当事者の利害に合致した負担内容を決めていくことが望まれる。ただし、不法行為と請求権が競合するような場合には、不法行為の準則に応じて、損害として弁護士費用を認めるべきである。債務不履行と不法行為とは、相当因果関係という同じ判断枠組みで損害を判断すべきところ、同一事実に基づく損害の範囲が、不法行為と債務不履行という法的構成だけで異なるというのはバランスが悪いからである。

---

70) 不十分ながら日弁連の「アンケート結果にもとづく市民のための弁護士報酬の目安」（2008年度アンケート結果版）、「アンケート結果にもとづく中小企業のための弁護士報酬の目安」（2009年度アンケート結果版）があり、各種事件毎の弁護士報酬のアンケート結果が公表されている（いずれも日弁連ウェブサイトで入手可能）。また、住宅金融専門会社の破たん処理に携わった弁護士報酬に始まり、最近では、弁護士費用保険での弁護士報酬などでも、弁護士報酬をその労力に応じてアワリーレートで支払いをする例も多くなってきており、客観性のある基準として評価できる。

71) 消費者や労働者に弁護士費用を負担させる契約は、消費者契約においては、消費者契約法9条に、また、労働契約においては、労働基準法16条に違反して、無効となることが多いであろう。

4　おわりに

　弁護士費用を敗訴者に負担させる立法は、分野を限っても難しい。しかし、一定の事件について、司法アクセスを改善するためには、敗訴者負担の枠組みが有効であることに異論は見ない。昭和44年最判は弁護士費用を損害と見ることによって、その途を拓こうとしていた。しかし、その後の、損害賠償訴訟の類型化・定型化の流れを受け、また、その流れを意識的にか無意識的にか利用して、実務は司法アクセスを改善するに足る損害賠償法体系を作るにはいたらなかった。しかし、今や法曹人口が増大し、司法アクセスが改善する、すなわち、法を社会の隅々までいきわたらせるという基盤ができつつある。また、法曹人口増大による環境の変化によって、むしろ、司法アクセスの改善は弁護士の業務を左右する重要な問題となってきた。今こそ、本来の原則に立ち返って、損害としての弁護士費用の充実を図り、権利を持つ者への司法救済の拡大を目指すべきである。本稿がその一助になれば幸いである[72]。

---

72)　様々な実務家に様々な機会を通じてお話をお伺いし、実務家としての本音も披露したつもりである。ご意見をいただいた諸氏、特に、塚本宏明弁護士、佐賀義史弁護士（元裁判官）に謝意を表する。

請負契約における瑕疵修補に代わる損害賠償債権と報酬債権に関する実体法と訴訟法
―最二小判平成18年4月14日民集60巻4号1497頁再読―

杉 本 和 士
Kazushi SUGIMOTO

1 はじめに
2 請負契約における瑕疵修補に代わる損害賠償債権と報酬債権の民法上の関係
　　――同時履行関係と相殺による清算的調整――
3 実体法の観点を踏まえた平成18年判決の再検討
4 結びに代えて

1 はじめに

（1） すでに係属中の別訴において訴訟物となっている債権を自働債権として他の訴訟において相殺の抗弁を主張することは、重複起訴を禁じた民事訴訟法142条の趣旨に反し、許されない旨を判示した最高裁平成3年12月17日第三小法廷判決（民集45巻9号1435頁）（以下、「平成3年判決」という。）という先例の存在にもかかわらず、最高裁は、本訴に対して反訴を提起した後で、反訴請求債権を自働債権とし、本訴請求債権を受働債権とする本訴被告（反訴原告）による相殺の抗弁提出の可否という問題につき、結論においてこれを認めている（最高裁平成18年4月14日第二小法廷判決〔民集60巻4号1497頁〕。以下、「平成18年判決」という）。その理由付けとして、「反訴原告において異なる意思表示をしない限り、反訴は、反訴請求債権につき本訴において相殺の自働債権として既判力ある判断が示された場合にはその部分については反訴請求としない趣旨の予備的反訴に変更されることになるものと解するのが相当であって、このように解すれば、重複起訴の問題は生じないことになるからである」と説示する。筆者はかつてこの平成18年判決に関する評釈において、当該説示

部分における法律構成に対し批判を加える[1]一方で、同判決が平成3年判決を先例として直接引用をして前提としつつも、結論としては相殺を許容したという点を捉えて、平成18年判決は「当事者の相殺に対する期待」を重視した、と評したことがある[2]。

しかし、後に、この評釈においては肝心な点を看過していたのではないかと気付かされた[3]。すなわち、上記のような抽象的な問題設定をすることで、それに囚われてしまい、平成18年判決において相殺に供された自働債権と受働債権の実体法上の性質、両者の民法上の関係性に十分に配慮をすることができずにいたのであった。さらにいえば、実は、この判例評釈を公表する前に早稲田大学民事手続判例研究会（第93回。2007年〔平成19年〕7月21日）において報告の機会を得、その際にこの視点に関する重要な示唆を遠藤賢治教授から頂戴していたにもかかわらず、である。平成18年判決に関する判例評釈においても、以下のとおり、遠藤教授による御指摘を踏まえた言及を僅かながらにはしているものの[4]、その重要性には気付くことができていない。そこで、本稿は、このような問題意識に基づき、平成18年判決について再度検討を試みようというものである。

（2）　まず、平成18年判決の事案における自働債権と受働債権は、それぞれ請負契約における請負残代金債権（報酬債権）と瑕疵修補に代わる損害賠償債権とである。この両者は、民法上、同時履行の関係にあるとされる（民法634条2項後段の準用する同法533条）が、後で詳述するよう

---

1) 杉本和士「判批（最判平成18年4月14日）」早稲田法学83巻2号（2008年）158頁以下。
2) 杉本・前掲注（1）156頁。
3) 本稿の内容は、拙稿評釈（前掲注（1））を丁寧に読んで下さった渡貫昭太氏（東京地裁判事補）から頂戴した御指摘によるところが大きい。ここに記して厚く御礼を申し上げたい。また、千葉大学法経学部法学科において2012年度（平成24年度）後期に開講した筆者の担当する「民事訴訟法演習」でこのテーマを扱った際、筆者の問題意識を十分に汲み取り、関連判例につき周到な準備をして報告を行い、又は熱心に議論に参加してくれた受講学生の諸君にも感謝申し上げる。
4) 後掲注（6）の該当箇所を参照。

に、通常の同時履行関係とは異なり、これは、「相殺により清算的調整を図ること」（後掲・最判昭和53年9月21日）を予定するものであり、「相殺による代金減額的処理を誘導するもの」[5]であることが一連の最高裁判例及び民法学説において明らかにされている。

　一般的に、瑕疵修補に代わる損害賠償債権については、その額に争いがある場合等、その審理に時間がかかるのに対して、報酬残代金請求債権については、審理に時間がかかるとはいえないため[6]、瑕疵ある履行を受けた注文者の側が、修補費用相当の代金減額を望んでいても、瑕疵修補に代わる損害賠償債権の額が確定するまでは残代金債務につき履行遅滞責任を負うことになってしまう。他方で、注文者がこの履行遅滞責任を免れようとして残代金債務を先に履行してしまうと、請負人の側の無資力リスクを負うこととなってしまう。そこで、民法643条2項後段は、民法533条を準用し両者を同時履行の関係に立たせることで、同時履行の抗弁権のいわゆる存在効果によって遅滞の違法性を阻却させるとともに、その後の相殺による清算的調整（代金減額的処理）を誘導しているというのである[7]。

　このような請負契約における瑕疵修補に代わる損害賠償債権と請負残代金債権に固有の実体法上の関係性に留意すると、専ら、単純に抽象化かつ一般化した「当事者の相殺に対する期待」や「相殺の担保的機能」という観点に基づいて平成18年判決を評価しようとしていたことが失当であったと反省させられる。なぜならば、民法典がわざわざ瑕疵修補に代わる損害賠償債権と請負代金債権（報酬債権）との間での相殺による清算的調整（代金減額的処理）を機能させるべく規律を設けているとすれば、後述するとおり、それは通常の相殺における担保的機能とは異質な、つまりは民法上の規律として請負契約における担保責任処理に固有

---

5)　森田修「判批（最判平成9年2月14日）」中田裕康ほか編『民法判例百選Ⅱ債権［第6版］〔別冊ジュリ196号〕』（有斐閣、2009年）135頁。

6)　杉本・前掲注（1）136頁脚注（26）。

7)　以上、森田修・前掲注（5）135頁参照。これは、後で紹介するように、法典調査会における民法634条2項後段に関する梅謙次郎起草委員による発言内容である。

の考慮要素に基づき重視されるべき要請であるといえるからである。この点に着目すれば、平成18年判決が、平成3年判決の判断枠組を一応の前提としながらも、かなり無理のある（そして、理論的には破綻を来している）法律構成を用いてまで相殺の抗弁提出を許容する結論を導いた実質的な根拠が明らかになってくるのではないかと考えられる。そして、それに伴い、平成18年判決の位置付けに関する評価の在り方も改めなければならなくなってくる。

そこで、以上のような推論の下、以下において、まず、請負契約における瑕疵修補に代わる損害賠償債権と報酬債権との民法上の関係、すなわち同時履行関係と相殺による清算的調整という関係性（2）を明らかにし、この実体法の観点を踏まえた上で平成18年判決の再検討を試み（3）、最後に、改めて実体法及び訴訟法の双方の観点からの平成18年判決の位置付けを示したい（4）。

2　請負契約における瑕疵修補に代わる損害賠償債権と報酬債権の民法上の関係
――同時履行関係と相殺による清算的調整――

（1）　平成18年判決を再検討する前提として、まずは同判決の事案での本訴及び反訴におけるそれぞれの訴求債権の民法上の性質、及び両者の関係を確認する作業に着手しなければならない。

本訴請求債権が請負契約における瑕疵修補に代わる損害賠償債権であり、反訴請求債権が請負残代金債権であることから、まずは請負契約における瑕疵修補に代わる損害賠償債権と報酬債権（請負代金債権）に関する民法上の規律の検討から始めることとしたい[8]。

---

8)　以下の記述に当たっては、主に、八木一洋「判解（最判平成9年2月14日）」『最高裁判所判例解説民事篇平成9年度（上）』（法曹会、2000年）179頁、森田宏樹「判批（最判平成9年2月14日）」『平成9年度重要判例解説〔ジュリ1135号〕』（有斐閣、1998年）79頁、森田修「契約総則上の制度としての代金減額―債権法改正作業の文脈化のために」東京大学法科大学院ローレヴュー Vol. 3（2008年）247頁、特に250-252頁、同・前掲注

（2） 民法上、請負人の担保責任として、仕事の目的物に瑕疵があるときは、注文者は請負人に対し、相当の期間を定めて、その瑕疵の修補を請求することができ（民法634条1項本文）、また、瑕疵の修補に代えて、又はその修補とともに、損害賠償の請求をすることができる（同条2項前段）。後者の場合には、同時履行の抗弁権に関する民法533条が準用される（民法634条2項後段）。したがって、注文者の瑕疵修補に代わる損害賠償債権と請負人の報酬債権とは同時履行の関係に立たされることとなる。

では、かかる同時履行の関係にある瑕疵修補に代わる損害賠償債権と報酬債権とを相殺することが認められるか。例えば、請負人から目的物の引渡しを受けたところ、この目的物に瑕疵があるため、未だ請負代金（報酬）の支払を行っていない注文者が、瑕疵修補に代わる損害賠償の請求を選択した上で、この損害賠償債権を自働債権とし、報酬債権を受働債権とする相殺の意思表示を行い、結果的に請負代金（報酬）の減額を実現しようという場合が考えられる。はたしてこのような目的による相殺が認められるかという問題である。ここで相殺に対する障碍となるのは、一方的な意思表示により相手方の抗弁権を理由なく失わせることはできないため、一般的に、抗弁権の付着する債権を自働債権とする相殺は許されない[9]とされている点である。同時履行の抗弁権のある債権についても、これを自働債権とする相殺は認められないというのが判例の立場である（大審院昭和13年3月1日判決〔民集17巻318頁〕）。

上記の点に関して、最高裁昭和51年3月4日第一小法廷判決（民集30巻2号48頁）（以下、「昭和51年判決」という。）は、「請負契約における注文者の請負代金支払義務と請負人の仕事の目的物引渡義務とは対価的牽連関係に立つものであり、目的物に瑕疵がある場合における注文者の瑕疵修補に代わる損害賠償請求権は、<u>実質的、経済的には、請負代金を減額し、請負契約の当事者が相互に負う義務につきその間に等価関係をもたらす機能をも有するものである</u>」（下線は引用者による）と説示し、瑕疵修

---

(5) 134頁を参照した。本稿は民法学における先行研究にさらなる寄与をするものではなく、専らその要約に留まる。

9) 我妻榮『新訂債権総論（民法講義Ⅳ）』（岩波書店、1964年）341頁。

補に代わる損害賠償債権と報酬債権との注文者による相殺を認めている[10]。さらに、最高裁昭和53年9月21日第一小法廷判決（判時907号54頁）（以下、「昭和53年判決」という。）は、昭和51年判決を参照し、上記説示部分を引用した上で、「請負人の注文者に対する工事代金債権と注文者の請負人に対する瑕疵修補に代る損害賠償債権は、ともに同一の原因関係に基づく金銭債権である。以上のような実質関係に着目すると、右両債権は同時履行の関係にある（民法六三四条二項）とはいえ、相互に現実の履行をさせなければならない特別の利益があるものとは認められず、両債権のあいだで相殺を認めても、相手方に対し抗弁権の喪失による不利益を与えることにはならないものと解される。むしろ、このような場合には、相殺により清算的調整を図ることが当事者双方の便宜と公平にかない、法律関係を簡明ならしめるゆえんでもある。この理は、相殺に供される自働債権と受働債権の金額に差異があることにより異なるものではない。」として、瑕疵修補に代わる損害賠償債権と報酬債権とは、「その対当額による相殺を認めるのが相当であ（る）」と判示した（下線は引用者による）。

　以上のように、最高裁判例は、瑕疵修補に代わる損害賠償債権と報酬債権が同時履行関係にあるにもかかわらず、両者の相殺処理を許容している。上記2判決のいずれも注文者側からの相殺に関する判断であるが、瑕疵修補に代わる損害賠償債権には同時履行の抗弁権が付着しているにもかかわらず相殺を認めたとなれば、一見、上記の大判昭和13年3月1日の立場を変更したようにも見える。ところが、特に判例変更を経てはいないことからすると、上記2判決において、民法533条を形式的に準用しているとはいえ、民法634条2項後段による同時履行の抗弁権

---

10) なお、昭和51年判決は、瑕疵修補に代わる損害賠償債権が発生時より1年を経過しており、民法637条1項の定める除斥期間の1年間を徒過していたにもかかわらず、本文で引用した説示部分を踏まえて、この期間経過前に請負人の注文者に対する請負代金請求権と右損害賠償請求権とが相殺適状に達していたときには、民法508条を類推適用することにより、同期間経過後であっても、注文者は、損害賠償債権を自働債権とし請負代金債権（報酬債権）を受働債権として相殺をすることができる旨を判示している。

は、双務契約につき一般的に認められる同時履行の抗弁権とはそもそも異質な制度であるという理解を最高裁判例が前提としていると考えられる。さらに、昭和53年判決における「相殺により清算的調整を図ることが当事者双方の便宜と公平にかない、法律関係を簡明ならしめる」という説示からすると、最高裁判例は、同時履行関係にある瑕疵修補に代わる損害賠償債権と報酬債権との相殺を単に「許容」するにとどまらず、民法634条2項後段による同時履行の抗弁権の規定が、むしろ積極的に相殺による清算的調整を図ることを促す趣旨であることを示唆しているといえる。要するに、最高裁判例は、民法634条2項後段が同法533条を準用することで認めた同時履行の抗弁権を、「注文者に相殺権を確保して、実質的に代金減額的な処理を可能とするために準用された特殊な性格のものと捉え」[11]ていると考えられるわけである。

（3）　そして実は、上記のような判例の理解の在り方は、民法起草者の制度理解に合致するものであることが明らかにされている[12]。

まず、『民法修正案理由書』によると、民法634条（修正案段階における633条）2項後段につき、「本項の場合に於て契約の同時履行に関する第五百三十二条（※引用者注：現533条）の規定を準用する所以は、請負人は瑕疵の修補又は損害賠償を履行するまては注文者は報酬の給付を拒むことを得。之に依りて損賠賠償と報酬とを相殺することを得せしむるを以て正当にして且便利なりと認むと雖も、此二種の債務は其発生の原因を異にするものなれは第五百三十二条（※引用者注：現533条）に規定する如く同一の契約より生する債務の同時履行に関する原則は本項の場合に当然之を適用すること能はされはなり」[13]（引用者が、旧漢字を常用漢字に改めたほか、便宜上、句読点を付した。）、と説明されている。

---

11)　森田宏樹・前掲注（8）81頁。八木・前掲注（8）187頁参照。
12)　八木・前掲注（8）186頁以下。本文の説明は、八木調査官による解説で言及されていない『民法修正案理由書』の該当箇所を指摘する等、部分的な補充をするにすぎない。
13)　廣中俊雄編著『民法修正案（前三編）の理由書』（有斐閣、1987年）612頁掲載の『未定稿本／民法修正案理由書』のものを引用した（なお、『民法修正案理由書・附質疑要録』〔早稲田大学高田早苗記念研究図書館所蔵。詳細は不明であるが、『以活版換謄写／民法修正案理由書』であると推測される。〕の該当箇所の説明も全く同一である）。

そして、以上の起草理由は、第100回法典調査会（明治28年7月5日）における梅謙次郎起草委員の同条項（審議段階における641条2項）に関する発言内容と一致する。その要旨を説明すると、以下のとおりである。報酬未払の段階において注文者が瑕疵を発見した場合には、瑕疵修補費用に相当する損害賠償額の分だけ未払報酬代金を減額することが注文者にとって好都合なはずである。ところが、損害賠償額が確定するには裁判所による判断を待たざるをえず（確定までに時間がかかる）、他方、その間に報酬の支払義務が生じるため、注文者の側は先に請負人に対して報酬を支払わなければならなくなる。しかし、その後、瑕疵修補に代わる損害賠償請求を注文者が行った際に、請負人の側が無資力に陥っている危険が生じうるため、不都合である。そこで、瑕疵修補に代わる損害賠償債権と報酬債権との相殺によって代金減額を可能とすべく、本来であれば適用できないはずの同時履行に関する規定（現533条）を明文で準用した、というのである[14]。

　（4）　さて、かかる相殺による清算的調整（請負代金減額）を予定する同時履行関係という性質を前提に―まさに梅起草委員が民法634条2項後段につき想定していた制度設計に忠実な方向性において―、さらにその後の最高裁判例は、原則として、相殺までの間は瑕疵修補に代わる損害賠償債権と報酬債権の差額分について履行遅滞責任を負担させないようにする形で判例法理を発展させていく。

　まず、最高裁平成9年2月14日第三小法廷判決（民集51巻2号337頁）（以下、「平成9年2月判決」という。）が、損害賠償債権（原審の認定によると132万余円）と報酬残債権（原審の認定によると1184万余円）との対当額の範囲のみに同時履行関係が認められるのか（つまり、差額分については履行遅滞責任が生じるのか）が争点とされていたところ、「請負契約において、仕事の目的物に瑕疵があり、注文者が請負人に対して瑕疵の修補に代わる

14）　以上、法務大臣官房司法法制調査部監修『日本近代立法資料叢書4　法典調査会民法議事速記録四』（商事法務研究会、1984年）547頁〔梅謙次郎発言〕の要約である。なお、梅謙次郎『民法要論巻之三（債権編）〔訂正増補第三三版〕』（有斐閣書房、1912年）709頁も参照。

損害の賠償を求めたが、契約当事者のいずれからも右損害賠償債権と報酬債権とを相殺する旨の意思表示が行われなかった場合又はその意思表示の効果が生じないとされた場合には、民法六三四条二項により右両債権は同時履行の関係に立ち、契約当事者の一方は、相手方から債務の履行を受けるまでは、自己の債務の履行を拒むことができ、履行遅滞による責任も負わない」とし、ただし、「瑕疵の程度や各契約当事者の交渉態度等に鑑み、右瑕疵の修補に代わる損害賠償債権をもって報酬残債権全額の支払を拒むことが信義則に反すると認められるときは、この限りではない」と判示した（下線は引用者による）。すなわち、平成9年2月判決は、原則として、瑕疵修補に代わる損害賠償債権と報酬債権の全額が同時履行の関係に立ち、いずれかの契約当事者から相殺の意思表示がなされるまでは履行遅滞責任が生じない旨を明らかにした。

　次いで、最高裁平成9年7月15日第三小法廷判決（民集51巻6号2581頁）（以下、「平成9年7月判決」という。）が、注文者が瑕疵修補に代わる損害賠償債権を自働債権とし、請負人の報酬債権を受働債権とする相殺の意思表示をした場合に、相殺後の報酬残債務につき注文者が履行遅滞による責任を負う起算日が相殺の遡及効により相殺適状時（つまり、注文者による瑕疵修補に代わる損害賠償請求時）にまで遡るのかが争われたところ、平成9年2月判決を引用して「注文者が瑕疵修補に代わる損害賠償債権を自働債権として請負人に対する報酬債務と相殺する旨の意思表示をしたことにより、注文者の損害賠償債権が相殺適状時にさかのぼって消滅したとしても、相殺の意思表示をするまで注文者がこれと同時履行の関係にある報酬債務の全額について履行遅滞による責任を負わなかったという効果に影響はないと解すべき」であるとし、「注文者は、請負人に対する相殺後の報酬残債務について、相殺の意思表示をした日の翌日から履行遅滞による責任を負う」旨を判示した（下線は引用者による）。すなわち、平成9年7月判決は、平成9年2月判決の判断枠組に従って相殺の遡及効を制限することまで認めたわけである。

　（5）　このように、一連の最高裁判例において、双務契約における同時履行関係や相殺に関する一般的規律とは異なる、請負契約における担

保責任処理に固有の法理が形成されてきたわけである（そして、これはまさに起草者が同条項に企図していた法理そのものであったともいえる）。平成18年判決を改めて検討するに当たり、相殺における自働債権及び受働債権として供されていた瑕疵修補に代わる損害賠償債権及び報酬債権が、かかる実体法上の規律に服する性質のものであったことを念頭に置いておく必要があることはいうまでもない。

3　実体法の観点を踏まえた平成18年判決の再検討

以下においては、まず平成18年判決の事案及び判決内容をやや詳細に確認した上で、同判決の分析検討を行うこととする。

（1）事案の概要

①　X（本訴原告・被控訴人、反訴被告・控訴人、被上告人）は、平成2年2月28日、建築業を営むA（訴訟承継前の本訴被告、反訴原告）との間で、請負代金額を3億900万円として賃貸用マンション新築工事請負契約を締結した。その後、Xは、設計変更による追加工事をAに発注した（以下、追加工事を含めた契約を「本件請負契約」といい、追加工事を含めた工事を「本件工事」という）。

Aは、平成3年3月31日までに本件工事を完成させ、完成した建物（以下、「本件建物」という。）をXに引き渡した。ところが、Xは、平成5年12月3日、Aに対し、本件建物に瑕疵があり、瑕疵修補に代わる損害賠償又は不当利得の額は5304万440円であると主張して、同額の金員及びこれに対する完成引渡日の翌日である平成3年4月1日から支払済みまで商事法定利率年6分の割合による遅延損害金の支払を求める本訴を提起した。これに対し、Aは、第一審係属中の平成6年1月21日、Xに対し、本件請負契約に基づく請負残代金の額は2418万円であると主張して、同額の金員及びこれに対する平成3年4月1日から支払済みまで商事法定利率年6分の割合による遅延損害金の支払を求める反訴を提起

し、反訴状は、平成6年1月25日、Xに送達された。なお、控訴審において最終的に、本件請負契約に基づく請負残代金の額は1820万5645円であると認定され、他方、本件建物には瑕疵が存在し、それによりXが被った損害の額は2474万9798円であると認定されている。

Aは、平成13年4月13日に死亡し、その相続人である妻Y1及び子Y2（本訴被告・控訴人、反訴原告・被控訴人、上告人。以下、「Yら」という）がAの訴訟上の地位を承継した（Yらの法定相続分は各2分の1）。

Yらは、平成14年3月8日の第一審口頭弁論期日において、Xに対し、仮に本訴請求が認容される場合、Yらがそれぞれ相続によって取得した反訴請求に係る請負残代金債権を自働債権とし、XのYらそれぞれに対する本訴請求に係る瑕疵修補に代わる損害賠償債権を受働債権として、対当額で相殺する旨の意思表示をし（以下、「本件相殺」という。）、これを本訴請求についての抗弁（予備的相殺の抗弁）として主張した。

② 第一審（大阪地裁平成14年7月29日判決〔民集60巻4号1506頁〕）は、Xは、Yらに対して工事代金精算額2745万3120円の債権を有し、Yらは、Xに対して当事者間に争いのない未払工事代金及び追加工事代金額の合計1647万8438円の債権を有するとした上で、これらを相殺した結果として、1097万4682円にYら各々の相続割合2分の1を乗じた548万7341円及びこれに対する平成14年3月9日（相殺の意思表示をした日の翌日）から支払済みまでの商事法定利率年6分の割合による遅延損害金の支払を求める限度でXの本訴請求を認容し、反訴請求を棄却した。

③ これに対して、原審（大阪高裁平成15年12月24日判決〔民集60巻4号1522頁〕）は、「X及びYらにそれぞれ債権の存在を認めることができるところ、Yらにおいて、その債権をもって、Xの瑕疵修補に代わる損害賠償請求権との相殺を主張している……から、Xの債権額2474万9798円からYらの債権額1820万5645円を控除し、その残額654万4153円について、Yらに支払を命ずるものとする」とした上で、「なお、請負人の報酬債権と目的物瑕疵修補に代わる損害賠償債権とは同時履行の関係にあるから、瑕疵修補に代わる損害賠償債権が報酬残債権を上回る場合に、注文者の瑕疵修補に代わる損害賠償債権に対し、請負人がその報

酬残債権を自働債権とする相殺を主張した場合、請負人は、注文者に対する相殺後の損害賠償債権残債務について、相殺の意思表示をした日の翌日から履行遅滞による責任を負うが、注文者の瑕疵修補に代わる損害賠償債権の支払請求訴訟に対し、請負人が反訴請求として報酬残債権による請求を求め、後に、同債権をもって予備的に相殺の意思表示をした場合には、反訴請求をもって、相殺の意思表示と同視すべきであると思量される」として、「Yらは、その瑕疵修補に代わる損害賠償債務について、上記反訴請求の訴えの訴状送達の日の翌日である平成6年1月26日から遅滞に陥る」と判示した（下線は引用者による）。そして、Xの本訴請求につき、Yらそれぞれに対して327万2076円及びこれに対する反訴状送達の日の翌日である平成6年1月26日から支払済みまで年6分の割合による遅延損害金の支払を求める限りで認容し、Yらの反訴請求を棄却した。

④　そこで、Yらが上告受理申立てを行った。上告受理申立ての理由は、およそ次のとおりである。すなわち、注文者が請負人の報酬支払請求に対して損害賠償債権とする相殺の意思表示をした場合、注文者は、相殺後の報酬残債務について相殺の意思表示をした翌日から履行遅滞の責任を負うとする平成9年7月判決等の従来の判例や民法634条2項後段及び533条の趣旨を根拠として、「請負人が報酬債権を自働債権として損害賠償債務と相殺の意思表示をするまで自己の注文者に対する瑕疵修補に代わる損害賠償債務全額について履行遅滞による責任を負わないと解すべき」である。また、原審は報酬残債権の反訴請求をもって相殺の意思表示と同視すべきと判断したが、「反訴請求と相殺の意思表示とは全く異なったものであ」り、「反訴請求後に反訴請求者が相殺の意思表示をしたからといって、反訴請求をもって相殺の意思表示と同じように同時履行の関係を消滅させる効果は認められない」。そして以上から、Yらが履行遅滞に陥る時期は、Yらが相殺の意思表示をした日の翌日である平成14年3月9日とすべきであって、報酬残債権の反訴請求をもって相殺の意思表示と同視すべきであるとし反訴請求の訴えの訴状送達の日の翌日である平成6年1月26日からYらが履行遅滞に陥ると

する原審の判断は最高裁の判例に違反し、かつ、民法634条2項後段及び533条の解釈を誤っており破棄されるべきである、と主張した。

（2）平成18年判決の判旨

上記の上告受理申立て理由につき、最高裁は以下のように判示し、破棄自判をした。

① 「本件相殺は、反訴提起後に、反訴請求債権を自働債権とし、本訴請求債権を受働債権として対当額で相殺するというものであるから、まず、本件相殺と本件反訴との関係について判断する。

係属中の別訴において訴訟物となっている債権を自働債権として他の訴訟において相殺の抗弁を主張することは、重複起訴を禁じた民訴法142条の趣旨に反し、許されない（最高裁……平成3年12月17日第三小法廷判決・民集45巻9号1435頁）。

しかし、本訴及び反訴が係属中に、反訴請求債権を自働債権とし、本訴請求債権を受働債権として相殺の抗弁を主張することは禁じられないと解するのが相当である。この場合においては、<u>反訴原告において異なる意思表示をしない限り、反訴は、反訴請求債権につき本訴において相殺の自働債権として既判力ある判断が示された場合にはその部分については反訴請求としない趣旨の予備的反訴に変更されることになるものと解するのが相当であって、このように解すれば、重複起訴の問題は生じない</u>ことになるからである。そして、上記の訴えの変更は、本訴、反訴を通じた審判の対象に変更を生ずるものではなく、反訴被告の利益を損なうものでもないから、書面によることを要せず、反訴被告の同意も要しないというべきである。本件については、前記事実関係及び訴訟の経過に照らしても、Ｙらが本件相殺を抗弁として主張したことについて、上記と異なる意思表示をしたことはうかがわれないので、本件反訴は、上記のような内容の予備的反訴に変更されたものと解するのが相当である。」（下線は引用者による）

② 「<u>注文者の瑕疵修補に代わる損害賠償債権と請負人の請負代金債権とは民法634条2項により同時履行の関係に立つ</u>から、契約当事者の一

方は、相手方から債務の履行又はその提供を受けるまで自己の債務の全額について履行遅滞による責任を負うものではなく、請負人が請負代金債権を自働債権として瑕疵修補に代わる損害賠償債権と相殺する旨の意思表示をした場合、請負人は、注文者に対する相殺後の損害賠償残債務について、相殺の意思表示をした日の翌日から履行遅滞による責任を負うと解される（最高裁平成……9年2月14日第三小法廷判決・民集51巻2号337頁、最高裁平成…9…年7月15日第三小法廷判決・民集51巻6号2581頁参照）。

　本件においては、Xの瑕疵修補に代わる損害賠償の支払を求める本訴に対し、Aが請負残代金の支払を求める反訴を提起したのであるが、Aの本件反訴は、請負残代金全額の支払を求めるものであって、<u>本件反訴の提起が相殺の意思表示を含むと解することはできない</u>。したがって、本件反訴の提起後にされた本件相殺の効果が生ずるのは相殺の意思表示がされた時というべきであるから、本件反訴状送達の日の翌日からYらの瑕疵修補に代わる損害賠償債務が遅滞に陥ると解すべき理由はない。」（下線は引用者による）

（3）平成18年判決の分析

　①　まず平成18年判決の事案を改めて確認すると、そこで争点とされていたのは、注文者が瑕疵修補に代わる損害賠償債権を訴求する本訴に対して、請負人が報酬残債権を訴求して反訴提起をした後、本訴において請負人がこの反訴請求債権たる報酬残債権を自働債権とする相殺の予備的抗弁を提出した場合に、相殺後の損害賠償残債務につきどの時点から履行遅滞責任が生じるのか、その起算日如何についてであったことが判る。

　そして、この点につき、原審判決が、「反訴請求をもって、相殺の意思表示と同視すべきである」として、「Yらは、その瑕疵修補に代わる損害賠償債務について、…反訴請求の訴えの訴状送達の日の翌日である平成6年1月26日から遅滞に陥る」と判示したのに対して、平成18年判決は、前記（2）②で示したとおり、平成9年2月判決及び平成9年7月判決を参照引用して、本稿においてすでに確認してきた民法634条2項

後段について形成されてきた判例法理を確認しつつ、本件事案への適用に際しても、この従来の判例法理に忠実に、「本件反訴の提起が相殺の意思表示を含むと解することはできない」とし、「本件反訴の提起後にされた本件相殺の効果が生ずるのは相殺の意思表示がされた時というべきである」と判示したにすぎない。

　たしかにここまでは一連の判例法理の延長線上にある判断にすぎない。しかし、上記のような判断を採用することによって、今度は全く別の問題状況を生じさせることとなる。すなわち、反訴請求と相殺の意思表示とが同視されるべきではなく別個のものであるとするならば、先行して係属する反訴請求と、この反訴請求債権と同一の債権を自働債権とする本訴での相殺の抗弁とが併存する状況が生まれる。そして、相殺の抗弁につき審理判断がされればその自働債権の存否についても既判力が生じる（民事訴訟法114条2項）ため、同一債権が反訴の訴訟物及び相殺の抗弁の自働債権として二重に審理判断され、両者に関する裁判所の判断及びそこに生ずる既判力が矛盾抵触する危険が生じうる。つまり、本訴においてかかる相殺の抗弁の提出を認めることは、重複起訴を禁止する民事訴訟法142条の審理重複回避、既判力の矛盾抵触禁止という趣旨に反するのではないかという、いわゆる相殺の抗弁と重複起訴禁止原則の趣旨との抵触問題（同条の類推適用の可否）が顕在化するわけである。そして、平成18年判決は、反訴が先行し、その反訴において訴求する債権を自働債権とする相殺の抗弁を本訴において提出したという事案に関するものであるが、かかる「訴え先行型」（「『反訴』先行型」）[15] に関しては、訴えと相殺の抗弁が同一の訴訟手続内において審理の対象とされていようがいまいが、およそ一般的に相殺の抗弁の提出を許さないというのが平成3年判決の示した判例法理であった[16]。このことを考慮すれば、原

---

15) 「抗弁後行型」又は「別訴先行型」ともいう。ただし、先行する「訴え」が「反訴」である点を考慮すれば、「『反訴』先行型とも呼ぶべき亜種形態」として分類できよう（杉本・前掲注（1）148頁）。

16) 平成3年判決に関しては、杉本・前掲注（1）151頁以下及びそこで引用している判例評釈等の文献のほか、山本弘「二重訴訟の範囲と効果」伊藤眞＝山本和彦編『民事訴訟

審判決が「反訴請求をもって、相殺の意思表示と同視すべきである」という、従来の判例法理から逸脱した、無理のある解釈を示したのも、かかる民事訴訟法上の問題発生を忌避したからではないかと推測される。

いずれにせよ、ここにおいて最高裁は、民法634条2項後段に関して形成されてきた、瑕疵修補に代わる損害賠償債権と報酬債権との相殺による清算的調整を志向する実体法上の判例法理と、訴え先行型における相殺の抗弁提出を一律に否定する平成3年判決の示した訴訟法上の判例法理との間で、いわば板挟みの状態に置かれることとなったわけである。そして、平成18年判決において捻り出された結論が、前記（2）①の判旨部分ということになる。

② 結局、平成18年判決は、相殺による清算的調整に関する実体法上の判例法理を優先し、これを第一次的な前提として据えた上で結論を導いたと評しうる。この方針自体は、逆に平成3年判決の示した訴訟法上の判例法理を優先して、仮に相殺の抗弁の提出自体を認めなかった場合に、そこから生じうる以下のような具体的帰結を想定すれば、極めて妥当な判断であったといえる。

例えば、まず、反訴請求における請負残代金債権の額が先に確定した場合、裁判所が反訴請求についてのみ一部判決（民事訴訟法243条2項、3項）をしたり、あるいは本訴請求と反訴請求の弁論を分離した上で（民事訴訟法152条1項）、反訴請求について判決を先に言い渡したりすることができると考えれば[17]、本訴請求における瑕疵修補に代わる損害賠償債

　　法の争点〔新・法律学の争点〕』（有斐閣、2009年）94頁以下、八田卓也「相殺の抗弁と民訴法142条」法教385号4頁以下（2012年）を参照。

17) 兼子一『新修民事訴訟法体系』（酒井書店、増訂版、1965年）379頁、菊井維大＝村松俊夫『全訂民事訴訟法II』（日本評論社、1989年）258頁、新堂幸司＝福永有利編『注釈民事訴訟法（5）』（有斐閣、1998年）401頁〔西澤宗英〕、秋山幹夫ほか『コンメンタール民事訴訟法III』（日本評論社、2008年）220頁、兼子一原著＝松浦馨ほか著『条解民事訴訟法』（弘文堂、第2版、2011年）852頁〔竹下守夫＝上原敏夫〕等、通説の立場である。これに対して、新堂幸司『新民事訴訟法』（弘文堂、第5版、2011年）768頁は、反訴の審判は本訴と併合して行われるとし、本訴と主要な争点を共通にする反訴については、原則として審理の重複や不統一をさけるため、弁論の分離及び一部判決をすべきではない、ただし例外として、関連性はないが原告が応訴又は同意した反訴については、

権と反訴請求における請負残代金債権は、別個独立に判断され確定されることとなる。いうまでもなく、この帰結は、両債権を同時履行関係に立たせることで契約当事者に対し相殺権を確保し、最終的に清算的調整（代金減額的処理）の機能を果たさせようとした民法634条2項後段の趣旨を没却させ、従来の判例法理に反することとなる。

　また、仮に反訴請求につき一部判決や弁論の分離がなされない（又は、これらが禁止されるという有力説の説く解釈[18]を採る）としても、訴訟上、当事者のいずれかから同時履行の抗弁権が行使された場合には、さらに困難な問題が生じる。この場合に相殺の抗弁の提出を封じてしまうと、同時履行の抗弁権のいわゆる存在効果のみを認めるだけでは、その後に本来であれば予定されている相殺による清算的調整が機能せず膠着状態に陥る。さらに、同時履行の抗弁権のいわゆる行使効果により裁判所が引換給付判決をしてこの膠着状態を打開するとなると、やはり最終的に清算的調整を図ろうとした民法634条2項後段の趣旨及び判例法理に背くこととなってしまう。

　③　そこで、平成18年判決は、前記（2）①のとおり、「単純反訴から予備的反訴への変更」という法律構成を採用することで一部判決及び弁論分離の可能性を封じ[19]、平成3年判決の提示した訴訟法上の判例法理の判断枠組を、既判力の矛盾抵触防止の徹底という点に関する限りにおいて維持することで整合性を保ちつつ[20]、相殺の抗弁提出を認めるこ

　　審判の整序のため許される、と説く。
18)　新堂・前掲注（17）768頁。
19)　予備的反訴の場合には一部判決及び弁論分離が禁じられるという解釈が通説的な見解である（前掲注（17）の諸文献を参照）。なお、特にこの弁論分離の禁止という点に関して、内海博俊「客観的予備的併合訴訟における弁論分離の可否をめぐって」法学（東北大学）76巻4号(2012年）1頁が、予備的反訴の場合を含む客観的予備的併合訴訟における弁論分離禁止という命題の当否及び根拠について再検討を試みている。
20)　杉本・前掲注（1）156-157頁。八田・前掲注（16）5頁は、平成3年判決が「㋐抗弁後行型一般にについき不適法説をとること」及び「㋑同旨は相殺の主張が本訴と反訴の弁論が併合されている同一手続内状態の中でなされた場合にも徹底されること」を明らかにしたと指摘し、同12頁は、平成18年判決が、「弊害が生じない限りは訴求と相殺の併行を認める、という限度で近時の有力説に歩み寄りつつ、弊害が生じる場合の併行は認め

とで瑕疵修補に代わる損害賠償債権と報酬債権との相殺による清算的調整の途を開いたわけである。

　もっとも、この法律構成が破綻していることは、すでに前稿においても述べたとおりである。具体的に、仮に反訴被告であるＸの側から相殺の抗弁が提出された場合の処理の在り方を考えれば明らかであろう[21]。たしかに瑕疵修補に代わる損害賠償債権を訴求する注文者の側から相殺による清算的調整を求めるという事例の方が多いと考えられるが、平成18年判決のような事案において、報酬債権を訴求する請負人の側から相殺の主張を行うことも認められて然るべきである[22]。そうすると、平成18年判決の採る法律構成のアナロジーによって「本訴から予備的本訴への変更」を認めるか、あるいは本訴について条件付の訴え取下げがなされたと構成するしかない[23]が、このいずれも民事訴訟法上許されない法律構成であることはいうまでもない[24]。

　それゆえ、端的にいえば、そもそも最高裁は、学説から強い批判を向けられてきた平成３年判決の硬直的な判断枠組を放棄すべきであったと評価すべきであろう。また、仮に平成３年判決の判断枠組を維持せざるをえないとした上で平成18年判決の立場を善解しようとするならば、私

ない」方向性を示したことから上記④の点につき「揺らぎ」を見せていると評する。
21) 杉本・前掲注（１）159頁以下。山本・前掲注（16）97頁、八田・前掲注（16）12頁も参照。
22) 森田宏樹・前掲注（８）80頁。報酬債権を自働債権とし、瑕疵修補に代わる損害賠償債権を受働債権とする、請負人側からの相殺を認めた裁判例として、東京高判平成16年６月３日金判1195号22頁がある。
23) 池田辰夫ほか『民事訴訟法 Visual Materials』（有斐閣、2010年）145頁〔勅使川原和彦〕。
24) 大阪地判平成18年７月７日判タ1248号314頁は、請負契約の瑕疵担保責任に関する事案とは異なるが、平成18年判決を参照しつつ、「本訴及び反訴が係属中に、本訴請求債権を自働債権とし、反訴請求債権を受働債権として相殺の抗弁を主張する場合においては、重複起訴の問題が生じないようにするためには、本訴について、本訴請求債権につき反訴において相殺の自働債権として既判力ある判断が示された場合にはその部分については本訴請求としない趣旨の条件付き訴えの取下げがされることになるとみるほかないが、本訴の取下げにこのような条件を付すことは、性質上許されないと解すべきである」として、相殺の抗弁不許の結論を導く。

見によれば、次のような法律構成で解釈することができると考えられる。すなわち、平成18年判決の事案では、反訴請求債権と同一の債権（請負残代金債権）を自働債権とする相殺の抗弁が本訴において提出されたことで、この請負残代金債権と本訴請求債権たる瑕疵修補に代わる損害賠償債権とを相殺により清算的調整を図るべきとの実体法上の要請が働き、これによって先行する反訴についてその訴えの利益が一定程度消失する、つまりは訴えの利益が縮減されると考えることができる（最高裁平成16年3月25日第一小法廷判決〔民集58巻3号753頁〕参照）。そして、その結果として、相殺の抗弁との関係において単純反訴が予備的反訴の限度でのみ存続することになると解釈するのである（ただし、このように理解すれば、平成18年判決の説示する「反訴原告において異なる意思表示をしない限り」という不安定な条件は不要となる）[25]。

4　結びに代えて

（1）　最後に、以上までの検討を踏まえて、改めて平成18年判決の位置付けを、実体法の観点及び訴訟法の観点から、それぞれ整理しておこう。

まず、実体法の観点、すなわち請負契約における瑕疵修補に代わる損害賠償債権と報酬債権につき、相殺による清算的調整（請負代金減額）を予定した同時履行の関係（民法634条2項後段の準用する同法533条）という実体法上の判例法理の観点からみると、平成18年判決はこの判例法理に忠実な判断を示した最高裁判例として位置付けることが可能である。

他方、訴訟法の観点からすると、平成18年判決は、上記の実体法に関する判例法理を遵守すべく、訴え先行型に関する平成3年判決の硬直的ともいえる判断枠組を部分的に緩和しつつも、既判力の矛盾抵触防止の徹底という点においてはその判断枠組を維持し、判例としての整合性を保とうとした最高裁判例として位置付けられる。しかし、そのために採った

---

[25]　以上、杉本・前掲注（1）158頁脚注（31）。これに対して、内海・前掲注（19）53頁脚注（102）は、反訴につき却下判決をするという選択肢を示唆する。

法律構成については重大な理論的欠陥があるのは前述のとおりである。
（２）　なお、本稿では、請負契約における瑕疵修補に代わる損害賠償債権と報酬債権に認められる、相殺による清算的調整という固有の関係性が訴訟上の相殺に関する規律に及ぼす影響を論じてきたが、この関係性は、倒産法上の相殺禁止の規律の適用場面における裁判所の判断の在り方にも影響を及ぼしている可能性があるように推察される[26]。この点に関する考察は、他日を期したい。

　栂善夫先生には、修士課程進学時以来、講義や研究会のみならず、学内外において御厚意を賜った。研究会の後、お酒を飲みながら先生のドイツ留学時代のお話等を楽しく伺ったことが印象深い。とりわけ、本稿でも言及した第93回早稲田大学民事手続判例研究会での報告後、大隈会館の楠亭で栂先生が私に勧めて下さった真夏のビールの美味しさとともに、栂先生のお優しい姿が想い出される。
　遠藤賢治先生には、修士論文の口述審査を御担当して頂いて以来、講義や研究会のみならず、たびたび個人的に御指導を賜る機会を頂戴した。とりわけ、法学教室連載の「演習」（遠藤賢治『事例演習民事訴訟法〔第３版〕』（有斐閣、2013年）所収）を毎月御執筆なさっていた際、書き上がったばかりの玉稿を拝読させて頂くとともに研究室で御一緒に検討し議論をさせて頂いた経験は、誠に得難い貴重なものであった。
　栂先生、遠藤先生の御指導に改めて深く感謝申し上げるとともに、両先生が古稀を迎えられたことを心よりお祝い申し上げたい。

---

26)　例えば、東京地判平成24年３月23日金法1969号122頁は、破産した請負人の破産管財人が請負契約を解除（破産法53条１項）した場合において、注文者が当該契約解除に基づく（つまり、破産手続開始後に取得した）損害賠償債権を自働債権とし、当該契約解除時点における出来高に係る報酬債権を受働債権として行った相殺は、破産法72条１項１号の類推適用により相殺禁止に該当すると判示した。そもそもこの事案につき、類推適用の基礎となるような、「破産手続開始後に他人の破産債権を取得した」（破産法72条１項１号）場合と同等に扱われるべき状況があったといえるのか疑問であるが、仮に自働債権が債務不履行に基づく損害賠償債権ではなく、瑕疵修補に代わる損害賠償債権であったとすれば、民法634条２項後段に関する判例法理の影響が働き、類推適用を認めてまで相殺禁止を及ぼそうという判断はなされなかったのではないかとも考えられる（「同判決の匿名コメント記事」金法1969号124頁（2013年）もこの点を示唆する）。

民事訴訟における必要的請求併合の ルールに関する一考察
―― ペンシルヴェニア州民事訴訟規則における 必要的請求併合のルールの検討を中心として ――

小 松 良 正
Yoshimasa KOMATSU

1 序 論
2 ペンシルヴェニア州民事訴訟規則における必要的請求併合のルール
3 判例の概観
4 総括―わが国の民事訴訟法理論に与える示唆

1 序 論

　わが国の民事訴訟法における訴訟物理論として実務上支配的な考え方は、旧訴訟物理論である[1]。この考え方は、個々の実体法上の請求権を訴訟物と構成する見解であるが、この見解に対しては、社会的に単一の紛争が実体法上の請求権により分断され、紛争の一回的解決が不可能となるとの批判がなされた。このような観点から、新訴訟物理論は、訴訟物から個々の実体法上の請求権を切り離し、一定の実体法上の給付を受けうる法的地位または受給権を訴訟物を構成し、このグローバルな訴訟物概念に既判力を対応させることで、紛争の一回的解決を図るべきであると主張した[2]。これに対して、その後旧訴訟物理論を採用する実務の側からは、前訴と後訴との訴訟物が異なる場合であっても、後訴の提起が実質的に前訴の蒸し返しであると評価される場合は、そのような後訴を提起することは信義則に反し許されないとの判例理論が形成され、実

---

1) 旧訴訟物理論を採る学説として、中村英郎・新民事訴訟法講義112頁（成文堂、2000年）、伊藤眞・民事訴訟法〔第4版〕198頁以下（有斐閣、2011年）。
2) 三ケ月章・民事訴訟法〔法律学全集〕101頁（有斐閣、1959年）、新堂幸司・新民事訴訟法〔第5版〕311頁（弘文堂、2011年）。

質的には新訴訟物理論と同一の結論を導くに至っている[3]。

これに対して、アメリカの民事訴訟においては、訴訟物に相当する概念は、既判事項の原則との関係での「訴訟原因」または「請求」であると考えられ、かつては実体法上の法的視点を基準として考えられていたが、現在では訴訟原因または請求の範囲を同一の取引または事件という観点から定義する考え方が一般的となってきている。この見解によれば、訴訟原因または請求とは、その事件に関連して、原告が被告に対して有する救済のためのすべての権利を含むものとされる。そして、この同一の取引または事件という基準を主張する見解は、実際には、必要的請求併合のルールを認めたものであるとの指摘がなされている[4]。つまり、この見解は、多数の訴訟の防止という観点から、原告が、同一の取引または事件から生じた被告に対して有するすべての請求を単一の訴訟において併合提起することを要求され、前訴において併合されなかった請求に基づく後訴は遮断されるというルールに相当しているということである[5]。そして、アメリカのいくつかの州は、すでにこの必要的請求併合のルールを明文の規定により採用するに至っているという状況である[6]。

---

3) 最判昭和51年9月30日民集30巻8号799頁。わが国の民訴法における訴訟物理論の詳細な評価については、中野貞一郎「訴訟物概念の統一性と相対性」民事訴訟法の論点Ⅰ20頁（判例タイムズ社、1994年）、高橋宏志「訴訟物」重点講義民事訴訟法〔第2版〕25頁（有斐閣、2013年）、山本和彦「訴訟物」民事訴訟法の基本問題79頁（判例タイムズ社、2002年）を参照。

4) See J. FRIEDANTHAL, M. KANE, & A. MILLER, CIVIL PROCEDURE 629 (2nd 1993).

5) See also Shoplocher, *What is a Single Cause of Action for the Purpose of the Doctrine of Res Judicata?*, 21 ORE. L. REV. 319 (1943); Blume, *Required Joinder of Claims*, 45 MICH. L. REV. 797-803 (1947); Friedenthal, *Joinder of Claims, Counter-claims and Cross-Complaints : Suggested Revision of the California Provisions*, 23 STAN. L. REV. 11-14, 37 (1970).

6) ペンシルヴェニア州民事訴訟規則1020条、ミシガン州裁判所規則2.203条、およびニュージャージー州民事訴訟規則403条は、必要的請求併合のルールを規定する。また、連邦民訴規則13条は、必要的反訴のルールを規定する。ミシガン州裁判所規則における必要的請求併合のルールについては、拙稿「ミシガン裁判所規則における請求併合と当事者併合の交錯（1）―（4）」国士舘法学第19号141頁以下（1986年）、同22号109頁以下

そこで、本稿では、この必要的請求併合のルールを採用している州の一つであるペンシルヴェニア州の民事訴訟規則における必要的請求併合のルールについて、まず第1にこの州の民事訴訟規則における必要的請求併合のルールを概観した後、第2に、このルールが実際に裁判所によりどのように適用されているかをいくつかの判例を通して検討し、最後に、このルールがわが国の民事訴訟理論に与える示唆について検討することとしたい。

2 ペンシルヴェニア州民事訴訟規則における必要的請求併合のルール

1 ペンシルヴェニア州民事訴訟規則における請求併合のルールに関する規定

1983年12月16日に改正されたペンシルヴェニア州民事訴訟規則1020条は、請求併合のルールに関する規定を定めており、その規定は以下の通りである[7]。

規則1020条　複数の訴訟原因の訴答。選択的訴答。不併合。遮断。

（a）項　原告は、訴状において同一の被告に対してこれまで引受訴訟または侵害訴訟において主張された複数の訴訟原因を陳述することができる。各訴訟原因及びそれに関連した特別損害は、救済の要求を含む別個の訴因において陳述されなければならない。

（1990年）、同24号31頁以下（1992年）、及び同26号65頁以下（1994年）を参照。
7）　なお、本規則はさらに2003年に改正され、次のような規定となっている。(a)項　原告は、訴状において同一の被告に対して民事訴訟として審理することのできる複数の訴訟原因を陳述することができる。……(d)項　もし1つの取引または事件が、選択的な訴訟原因を含めて同一の被告に対してこれまで引受訴訟及び不法侵害訴訟として主張されてきた複数の訴訟原因を生じさせるときは、それらの訴訟原因は、その被告に対する訴訟において別個の訴因により併合されなければならない。本項により要求される訴訟原因の併合がなされないときは、当該訴訟原因はその訴訟のすべての当事者に対して放棄したものとみなされる。〔注釈：必要的併合のルールの適用は、これまで引受訴訟及び不法侵害訴訟として主張されてきた関連性を有する数個の訴訟原因に限定される。関連性を有するエクイティ上の数個の訴訟原因には必要的併合は適用されない〕。

〔民事訴訟規則委員会の注釈：［省略］〕

(b) 項　　もし、規則2228条及び2229条 (a) 項または (e) 項に基づき、複数の者が原告として併合されるときは、その訴状は、訴訟原因、特別損害及び救済の要求を、その訴訟原因の当事者を指定した表題から始まる別個の訴因により陳述しなければならない。

(c) 項　　訴訟原因及び抗弁は、選択的に主張することができる。

(d) 項（1）号　　もし1つの取引または事件が、選択的な訴訟原因を含めて同一の被告に対して複数の訴訟原因を生じさせるときは、それらの訴訟原因は、その被告に対する訴訟において別個の訴因により併合されなければならない。

〔民事訴訟規則委員会の注釈：(d) 項（1）号は、関連性を有する訴訟原因の併合を要求している。関連性を有しない訴訟原因の併合は任意的である。(a) 項を参照。当事者の併合に適用される規則については、規則2226条以下を参照。〕

（2）号　　削除

（3）号　　削除

〔民事訴訟規則委員会の注釈：［省略］〕

（4）号　　当規則 (d) 項（1）号により要求される訴訟原因の併合がなされないときは、当該訴訟原因はその訴訟のすべての当事者に対して放棄したものとみなされる。

（5）号　　削除

2　立法の経緯

1983年12月16日、ペンシルヴェニア州最高裁判所は、改正民事訴訟規則を公布した[8]。この改正規則は1984年7月1日に施行され、引受訴訟及び不法侵害訴訟を廃止し、新しい民事訴訟を創設することを内容としている。新しい民事訴訟は、本質的には従来の引受訴訟制度を模範とし

---

8) *See* Harold K. Don, *The New Civil Action Under the Pennsylvania Rules of Civil Procedure*, 55 PENN. BAR ASS. Q. 167 (1984).

ており、この訴訟手続を契約及び不法行為の双方から生じる訴訟に適用することができるように改正されたのである[9]。

任意的請求併合のルールに関する規律は、旧民事訴訟規則の下では、引受訴訟と不法侵害訴訟とでその要件を異にしていた。引受訴訟では、引受訴訟規則1020条（a）項がより広い要件を定めており、「契約または準契約から生じた」請求の併合を認めており、それらの請求（訴訟原因）は関連性を有することを要求されず、契約の性質を有する請求であれば十分とされた。これに対して、不法侵害訴訟においては、侵害訴訟規則1044条（a）項はより厳格なルールを定めており、不法侵害訴訟に基づく請求（訴訟原因）は、「同一の取引または事件から生じる」ことを要求していた。したがって、不法侵害訴訟においては、関連性のない不法侵害訴訟上の請求の任意的併合は、旧規則の下では認められなかったのである[10]。

改正民事訴訟規則は、不法行為事件に関する不法侵害訴訟における任意的請求併合の要件を廃止するとともに、旧引受訴訟規則1020条（a）項を改正してその適用範囲を不法侵害訴訟上の請求についても適用することができるよう拡大した。その結果、原告は、被告に対して有する相互に関連性のない数個の契約上もしくは不法行為上の請求、またはそれらの双方の原因に基づく請求を併合することができることとなった[11]。

必要的請求併合のルールを規定していた旧民事訴訟規則1020条（d）項もまた、引受訴訟と不法侵害訴訟との統合により影響を受けた。旧規則の下では、上述のように任意的請求併合の要件が制限されていた一方で、旧規則（d）項（1）号は、もし取引もしくは事件または一連の取引または事件が、同一の者に対して、選択的な訴訟原因を含め、引受訴訟および不法侵害訴訟上の複数の訴訟原因を生じさせる場合は、原告はそれらの訴訟原因を併合しなければならないものと規定されていた。そ

---

9) *Ibid.*
10) *See* Civil Procedural Rules Committee Explanatory Comment to 1983 Amendment to Rule 1020.
11) *Ibid.*

して、その訴訟で併合されなかった訴訟原因は放棄されたものとされたのである[12]。

改正規則1020条（d）項（1）号は、任意的請求併合の範囲が広げられたことに伴い、必要的併合の概念を維持しつつ、旧規則における引受訴訟および不法侵害訴訟という文言を改め、もし1つの取引または事件が、選択的な訴訟原因を含めて同一の被告に対して複数の訴訟原因を生じさせるときは、それらの訴訟原因は、その被告に対する訴訟において別個の訴因により併合されなければならない、と定めた。その訴訟において併合されなかった訴訟原因は、規則1020条（d）項（4）号により放棄されるものとされる点については、変更がないものとされている[13]。

3 任意的請求併合のルールに関する規定

改正民訴規則1020条（a）項は、原告は、訴状において同一の被告に対してこれまで引受訴訟または侵害訴訟において主張された複数の訴訟原因を陳述することができる、と規定する。規則1020条（a）は、原告が関連性を有しない数個の訴訟原因を無制限に併合することができることを定める任意的請求併合のルールを定めている。したがって、原告は、被告に対してすべての訴訟原因を併合するか、訴訟原因と同数の訴えを提起することができる。原告にこのような選択を認めても、当事者にはなんらの不利益も生じないと解される。なぜなら、裁判所は、適切な場合には弁論を併合しまたは分離することができるからである。原告は、数個の法的視点に基づいて選択的に訴訟原因を併合することもできるし、相互に矛盾した法的視点に基づいて請求を併合することもできる（同条（c）項）[14]。

---

12) *Ibid.*
13) *Ibid. See also* Harold K. Don, *supra* note 5, at 168.
14) *See* GOODRICH & AMRAM, STANDARD PENNSYLVANIA PRACTICE §1020 (a) (2d. 1991).

4　必要的請求併合のルールに関する規定

改正民訴規則1020条（d）項（1）号は、もし1つの取引または事件が、選択的な訴訟原因を含めて同一の被告に対して複数の訴訟原因を生じさせるときは、それらの訴訟原因は、その被告に対する訴訟において別個の訴因により併合されなければならない、と規定する。この規則の主要な目的は、同一の取引または事件から生じた数個の訴訟原因を同一の訴訟で同時に審理することを通して、一つの取引を含んだ紛争を別個の訴訟で解決することにより生じる司法資源の浪費を防止することにある[15]。

数個の訴訟原因が同一の取引または事件から生じる場合とは、それらの訴訟原因が共通の事実上の背景または共通の事実上もしくは法律上の問題を含む場合であるとされる。ある訴訟原因の立証に必要な証拠が他の訴訟原因の立証に必要な証拠と区別されるときは、それらの訴訟原因は同一の取引または事件から生じたものではない。また、「取引」とは、法的権利または義務に影響を及ぼすなんらかの行為と定義することができるのであり、法的権利または法的義務が生じる事件の全体を適切に包摂するものである。それは単一の事実または一瞬の出来事を意味するよう厳格に解釈されるべきではなく、むしろ裁判上の救済を生じさせる行為と出来事の結合体であるとされる[16]。

前述のように、改正規則1020条（d）項（1）号は、従来の引受訴訟と不法侵害訴訟に関する規則を民事訴訟規則に統合した結果として定められた。1971年に追加された旧規則1020条（d）項（1）号は、もし取引もしくは事件または一連の取引または事件が、同一の者に対して、選択的な訴訟原因を含め、引受訴訟および不法侵害訴訟上の複数の訴訟原因を生じさせる場合は、原告はそれらの訴訟原因を併合しなければならないものと規定されていた。改正規則1020条（d）項（1）号は、必要的併合の概念を維持しつつ、これをもし1つの取引または事件が、同一

---

15)　See Id. at §1020 (d): 1.
16)　See Id. at §1020 (d): 2. See also Hineline v. Stroudsburg Elec. Supply Co., Inc., 586 A. 2d 455 (Pa. Super. 1991). この判例については、以下の第3節で検討する。

の被告に対して複数の訴訟原因を生じさせるときはという用語で表現し、引受訴訟及び不法侵害訴訟への言及を削除した。したがって、改正規則1020条（d）項（1）号は旧規則よりも一層厳格な規定となっている。すなわち、改正規則によれば、原告は、単一の訴訟において、原告の請求が契約の性質を有するか、不法行為の性質を有するか、または双方の性質を有するかどうかにかかわらず、同一の取引または事件から生じたすべての訴訟原因を併合することを要求されるのである[17]。

原告が、同一当事者間において提訴の前提となった訴訟原因が生じたのと同一の取引または事件から生じた他の訴訟原因を併合しなかったときは、その訴訟原因は、すべての当事者に対して放棄されたものとみなされる（規則1020条（d）項（4）号）[18]。

3　判例の概観

本節では、ペンシルヴェニア州民事訴訟規則における必要的請求併合のルールに関するいくつかの判例を概観することにより、この必要的併合のルールが、裁判所よって実際にどのように適用されているかを検討することとする。

1　Epstein v. State Farm Mutual Insurance Co. 事件[19]

本事件では、原告 Micheal Epstein は自動車事故で負傷したが、原告は、被告である State Farm Mutual Insurance 会社により、無保険運転者保険上の給付金（uninsured motorist benefits）を含んだ保険証券により被保険者となっていた。1980年2月に、原告は、被告に対して無保険

---

17)　*See* GOODRICH & AMRAM, *supra* note 11, at §1020 (d): 3.
18)　*Id*. at §1020 (d): 5. 民事訴訟規則制定委員会は、原告に対してすべての訴訟原因を併合するか、さもなければ遮断される旨を求める通知の必要性を検討したが、採用しなかった。この点に関連して、拙稿「ミシガン州における請求の必要的併合」早大法研論集36号150頁以下（1985年）を参照。
19)　312 Pa. Super. 542, 459 A. 2d 354 (1983). 本件は、1983年改正前の旧民訴規則1020条（d）項の必要的請求併合のルールに関する事例である。

運転者保険上の給付金を請求した。この請求は仲裁手続に付託されたが給付金が認められなかったため原告が異議を申し立てたが、原告が無保険運転者保険上の給付金を受ける権利を立証しなかったこと、及びいずれにしても彼の異議申立てが時機に遅れたものであったことを理由に、その異議は棄却された。1981年1月8日に原告の異議を棄却した裁判に対して、控訴が提起された。この控訴審は係属中である。1981年3月2日、原告は、被告に対して被告が1978年の事故に対する無保険運転者保険上の給付金を控訴人へ支払うことを拒絶したことを理由として、通常及び懲罰的損害賠償を求める訴えを提起した。この訴えは、すでに前訴において主張されたものと同一の請求を申し立てたものであることを理由として排斥された。この裁判に対して、控訴が提起されたのが本件である。Spaeth裁判官は、次のように判示して、原告（控訴人）の控訴を棄却した。

「本訴（第2の訴訟）は排斥されるべきではなかったとの控訴人の主張は、根拠を欠くものである。本訴及び前訴における訴訟原因は、ともに同一の事件、すなわち7月の事故により被った損害について控訴人に補償すべき無保険運転者保険上の給付金の支払いを被控訴人が拒否したことから生じている。双方の訴訟原因とも同一の事件から生じているので、控訴人は、民事訴訟規則の定める必要的併合の規定によりそれらの双方の訴訟原因を単一の訴訟において併合することを要求されたのである。……控訴人がこの規定に従わなかったとき、言い換えれば、彼が現在当裁判所に対して主張している訴訟原因を別個の訴因として前訴において併合しなかったときは、彼は当該訴訟原因を放棄したものとみなされるべきである。ペンシルヴェニア州民訴規則1020条（d）項4号。したがって、当該訴えを排斥した原審の判断は、妥当である[20]。」

本件では、控訴裁判所は、仲裁手続の対象である原告の保険上の給付を求める請求（引受訴訟上の訴訟原因）と、後訴の通常及び懲罰的損害賠償を求める請求（不法侵害訴訟上の訴訟原因）とは、いずれも7月の事故に

---

[20] *Id.* at 312 Pa. Super. 543, 459 A. 2d 355 (1983).

より被った損害について原告に補償すべき無保険運転者保険上の給付金の支払いを被控訴人が拒否したという同一の事件から生じたものであるから、原告は、民訴規則1020条（d）項（1）号により、先行の手続においてこれらの請求を併合しなければならないのであり、併合されなかった後訴の請求は放棄されたものと判示した。これに対して、Cirillo裁判官は、次のような興味深い少数意見を述べている。すなわち、まず第1に、いずれの当事者も規則1020条（d）項の必要的併合の争点を主張しなかったことを指摘する。第2に、前訴の保険上の給付を求める訴訟原因は7月の事故自体から生じたのに対して、後訴の訴訟原因はその事故後において被告による無保険運転者保険上の給付金の支払いの「拒絶」から生じたのであり、それらの訴訟原因が同一の事件から生じたとはいえないとする。第3に、仮にこれらの訴訟原因が同一の事件から生じたことを前提としても、原告は前訴において彼が現在主張している訴訟原因を併合することにできなかったのであり、したがって、彼がその訴訟原因を併合しなかったことによりそれらの訴訟原因を放棄したものと判示することもできなかったとする。すなわち、前訴は、原告ではなく被告が仲裁人選任を求める申立てにより開始され、前訴では原告は何らの訴状も提出しなかったのであり、本訴における訴訟原因を前訴において併合することを彼に要求することはできなかったし、さらに、本件での訴訟原因が生じた時期とその順序により、原告はそれらの訴訟原因を前訴において併合することができなかったので、民訴規則1020条の必要的併合の規定は適用されないとする[21]。

2　Jones v. Keystone Insurance Co. 事件[22]

本事件では、Michael Seldenが1977年8月28日に自動車事故で死亡

---

21) Cirillo裁判官のこの第3の指摘は、必要的請求併合のルールに基づく後訴の遮断が、前訴での原告の請求不併合に対する帰責事由の存在を前提としていると考えられ、興味深い。
22) 364 Pa. Super. 318, 528 A. 2d177 (1987). 本件も、1983年改正前の旧民訴規則1020条（d）項の必要的請求併合のルールに関する事例である。

したため、彼のいとこであり遺産管理人に選任された Ruth Jones が Keystone 保険会社に対して、無保険運転者保険上の給付金の支払いを求める訴えを提起した。この訴訟は、Keystone 保険会社が 1 万 5 千ドルの和解金で和解することに合意した後、1982年 6 月25日に終結した。その後、1985年 6 月24日、Jones は、Keystone 保険会社に対して、未払いの労働の喪失（work loss）に基づく給付金の支払いを求める本件クラス訴訟を提起した。これに対して、Keystone 保険会社は、原告のクラス訴訟上の請求のうち、原告個人の労働の喪失に基づく給付金の支払いを求める請求ついては、原告が無保険運転者保険上の給付金の支払いを求める前訴においてその請求を主張していなかったので、その請求は民訴規則1020条（d）項（1）号及び（4）号により放棄されたものである等と主張した。原審は、この主張を容れ、正式事実に基づかない原告敗訴の判決を言い渡しクラス訴訟を却下したため、原告が控訴。Wieand 裁判官は、次のように判示して、原審の判断は誤っていたことを指摘した。

「……Jones は、1983年の民訴規則1020条の改正前に無保険運転者保険上の給付を求める訴えを提起した。Jones の提訴は規則改正前になされたにも拘わらず、原審は、改正規則1020条を適用し、Jones は、無保険運転者保険上の給付を求める前訴において、労働の喪失に基づく給付金の支払いを求める請求を併合しなかったことにより、労働の喪失に基づく給付金の支払いを求める訴訟原因を放棄したものと判断した。この判断は誤っていた。……原審は、無保険運転者保険上の給付を求める前訴が提起された時点において存在する規則1020条を適用すべきであった。当該規則によれば、同一の取引または事件から生じた引受訴訟及び不法侵害訴訟上の訴訟原因のみが、単一の訴訟において併合することを要求されたのである。Jones の無保険運転者保険上の給付を求める請求と、死後の労働の喪失に基づく給付金の支払いを求める請求とは、別個の訴訟原因ではあるものの、双方とも引受訴訟の性質をもつものであったため、原告は、当該規則により、これらの訴訟原因を単一の訴訟手続において併合することを要求されなかったのである[23]。」

前述のように、旧民訴規則1020条は引受訴訟に関する任意的請求併合のルールを定め、旧規則1044条は不法侵害訴訟に関する任意的請求併合のルールを定めており、例外的に同一の取引もしくは事件または一連の取引もしくは事件が引受訴訟及び不法侵害訴訟の双方に該当すると考えられる数個の訴訟原因を生じさせるときは、旧規則1020条（d）項（1）号により請求の併合は必要的なものとされ、それらはひとつの訴訟において併合すべきものとされた。これに対して、新規則1020条（a）項は、引受訴訟及と不法侵害訴訟との間の手続上の違いを廃止し、任意的請求併合のルールの適用範囲を拡大するとともに、必要的請求併合のルールについてもその範囲を拡大して、原告は、同一の取引または事件から生じたすべての訴訟原因を併合しなければならないと規定した。したがって、改正規則によれば、原告は、単一の訴訟において、原告の請求が契約の性質を有するか、不法行為の性質を有するか、または双方の性質を有するかどうかにかかわらず、同一の取引または事件から生じたすべての訴訟原因を併合することを要求されるのである。本件において、控訴裁判所は、改正規則は当該規則の施行日からのみ適用されるとした上で、施行日前に提起された前訴に改正規則を適用した原審の判断は誤りであり、したがって、原告は双方の引受訴訟上の請求の併合を要求されなかったと判示した。

3 Hineline v. Stroudsburg Elec. Supply Co., Inc. 事件[24]

本件では、原告 Hineline は、1977年11月1日から1986年12月17日まで、被告 Stroudsburg Elec. Supply 会社に雇用されていた。被告 Stephen F Sullivan は被告会社の社長でありかつ原告を監督する立場にあった。1986年12月17日の数日前、被告会社は、その従業員と顧客を視覚及び音声で監視することのできる音声中継機能のある4台のカメラを設置した。この監視設備は従業員及び顧客に知らされず、かつ原告の承

---

23) *Id.* at 364 Pa. Super. 326, 528 A. 2d 181 (1987).
24) 402 Pa. Super. 178, 586 A. 2d 455 (Pa. Super. 1991), *appeal denied* 528 Pa. 630, 598 A. 2d 284.

認、黙認及び権限の付与もなく使用された。1986年12月17日、原告は監視システムが音声及び視覚による監視システムとして完全に稼動しているのを見つけ、原告を含め被告会社の顧客と従業員がさらに音声により監視されるのを防ぐためその設備の回線を切断した。被告 Stephen Sullivan は、原告がこの設備の回線を切断したことを知り原告を即座に解雇したため、原告は1987年6月18日に被告による不当解雇を理由とする前訴を提起し、監視システムは違法であるから雇用関係の終了は公序良俗に反すると主張した。この前訴は、予備的異議に基づき棄却され、この棄却判決は最終的に当裁判所により支持された。その後、1988年10月7日、原告は、被告に対してプライヴァシーの侵害とペンシルヴェニア州及び連邦上の盗聴防止法を理由とする本件訴えを提起した。第1審裁判所は、原告は、民訴規則1020条（d）項に基づき本件訴訟原因を不当解雇を理由とする前訴において併合すべきであったのであり、したがって本件訴訟原因は放棄されたことを理由に本件訴えを排斥した。これに対して原告が控訴したが、控訴裁判所の Montemuro 裁判官は、第1審の裁判を支持して次のように判示した。

「……規則1020条（d）項の立法趣旨とは、多数の訴訟を防止し、それによって当事者のすべての権利と責任を単一の訴訟において迅速に解決することを確保することである。……Stokes v. Loyal Order of Moose Lodge 事件[25]において、最高裁は、追加被告に対する訴訟原因が、原告の訴訟原因の基礎となる取引もしくは事件または一連の取引もしくは事件から生じたときは、追加被告に対する訴訟原因の併合を認めるペンシルヴェア州民訴規則2252条（a）（4）についての解釈を行った。裁判所は、複数の訴訟原因（訴え）は、それらが「共通の事実上の背景（common factual background）または共通の事実上もしくは法律上の問題を含む場合に、同一の取引または事件から生じた」と判示した。……一方の訴訟原因（訴え）を立証するために必要な証拠が、他方の訴訟原因を立証するために必要な証拠と異なるときは、それらの訴訟

---

25) 502 Pa. 460, 466 A. 2d 1341 (1983).

原因は同一の取引または事件から生じたものではない。……それゆえ、当裁判所は、控訴人の二つの訴えにおける事実関係を審理し、不当解雇、プライヴァシーの侵害、及び盗聴防止の違反を理由とする複数の訴訟原因が同一の取引または事件から生じたのかどうか、すなわちそれらの請求が共通の事実上の背景または共通の法律上の問題を含むかどうかを判断しなければならない。……当裁判所は、不当解雇、プライヴァシーの侵害、及び盗聴防止法違反を理由とする控訴人の訴訟原因は、同一の取引または事件、すなわち被控訴人による監視設備の設置ならびに操作と、控訴人による回線の切断、から生じたとする第1審裁判所の結論に賛成する。主張された訴訟原因のすべてが共通の事実上の背景と法律上の争点を共有している。なぜなら、それらの訴訟原因は、被控訴人がその職場において音声機能のあるヴィデオ・カメラを使用したという点で違法な行為を行ったという前提に基づいているからである。……2つの訴訟事件から生じた事実上および法律上の争点の関連性を前提とすれば、当裁判所は、控訴人の複数の訴訟原因は同一の取引または事件から生じ、したがって同一の訴えにおいて併合されるべきであったと考える。当裁判所の結論は、被告が同一の事件から生じた多数の訴訟に対して防御活動を行い、また裁判所がそれらの多数の訴訟を解決するという重い負担を負わされることを防止するという規則1020条（d）項の目的と一致している……[26]。」

　本件では、原告の前訴における訴訟原因と、本件後訴における訴訟原因とが同一の取引または事件から生じたものであり、したがって、ペンシルヴェニア州民訴規則1020条（d）項1号に基づき、原告がこれらの訴訟原因を併合することが必要とされるかどうかが争点となった。控訴裁判所は、二つの請求（訴訟原因）が同一の取引または事件から生じたかどうかの判断基準として、それらの請求（訴訟原因）が共通の事実上の背景（common factual background）または共通の事実上もしくは法律上の問題を含む場合に、同一の取引または事件から生じた、と判示した。また、（d）項1号における「取引」とは、契約または不法行為よりも

---

[26] Hineline v. Stroudsburg Elec. Supply Co., Inc. 402 Pa. Super. 178, 586 A. 2d 456-459 (Pa. Super. 1991).

広範な意味合いをもち、それらのいずれかまたはその双方を含みうるものであるとする。そして、それは、法的権利または義務に影響を及ぼす行為を意味し、法的権利または法的義務が生じる事件の全体を意味するものであるとする[27]。

4 D'Allessandro & Vultaggio et al., v. Wassel 事件[28]

本件では、原告 Vultaggio ら（買主）が、被告 Wassel ら（売主）と、ペンシルベニア州モンロー郡の Paradise 町にある不動産について書面による売買の合意を締結し、契約締結の際に頭金として2千ドル、その後さらに5千ドルを支払ったが、Wassel らが、1987年7月3日に予定された不動産売買最終手続への参加を拒否したため、原告らが、エクイティ上の契約の特定履行を求める訴えを提起した。モンロー郡一般訴訟裁判所は、正式事実審理手続に基づかない判決を求める被告らの申立てを認め原告敗訴の判決を言い渡し、その根拠として、その取引は、詐欺防止法により排斥されると判示した。その後、原告らが、詐欺及び不実表示を理由とする第2の訴えを提起した。1審は、コラテラル・エストッペル及び既判事項の原則に基づき、買主敗訴、売主勝訴の正式事実審理手続に基づかない判決を登録した。原告らは、1990年5月1日控訴を提起したが、控訴裁判所は、原告らは、民訴規則1020条により同一の取引から生じたすべての訴訟原因を前訴において併合しなければならなかったのであり、したがって前訴で併合されなかった請求を放棄したと判示し控訴を棄却したため、原告らが上告許可を申し立てた。最高裁の Flaherty 裁判官は、上告を容れ原判決を破棄し差し戻して、次のように判示した。

---

27) United National Insurace Co. v. M. London, Inc., 337 Pa. 526, 487 A. 2d 1385 (1985).
28) 526 Pa. 534, 587 A. 2d 724 (1991).

「民訴規則1020条は、その文言上は、エクイティ上の訴訟については何ら言及していない。すなわち、その規則は、これまで引受訴訟または不法侵害訴訟として提起された訴訟に言及している。規則1020条 (d) 項 (1) 号によれば、もしある取引が同一の当事者に対して2個以上の訴訟原因を生じさせるときは、それらの訴えは、別個の訴因として一つの訴訟に併合されなければならない。規則1020条 (a) 項は、すでに併合することができる訴訟の要件を以前の引受訴訟または不法侵害訴訟と定めたので、規則1020条 (d) 項 (1) 号は、併合されなければならない訴訟は、同一の取引から生じた同一の者に対する不法侵害訴訟または引受訴訟の性質を有する訴訟であることを意味するものと理解されなければならない。……エクイティに関する規則は、エクイティ訴訟に適用される規則につき別段の定めがない限り、民事訴訟に関する規則が適用されるものと定める（規則1501条）。それゆえ、エクイティ上の規則と抵触しない限り、規則1020条がエクイティ訴訟に適用される。訴訟原因の併合に関する唯一のエクイティ上の規則は規則1508条であり、この規則は次のように定める。すなわち、原告は、その訴状において、エクイティ上審理することのできる2個以上の訴訟原因を陳述することができる。本件は、エクイティ上の2個の訴訟原因を含むものではないから、併合は、エクイティ上の規則の適用を受けず、本件は規則1020条の適用を受ける。そして、この規則によれば、引受訴訟及び不法侵害訴訟を除いて、同一の者に対する同一の取引から生じた数個の訴訟の併合は要求されないのである。それゆえ、当規則によれば、買主は、エクイティ上の訴訟とコモン・ロー上の訴訟を別個に自由に提起することができるのである……[29]。」

　1020条 (a) 項は、関連性のない訴訟原因（請求）の任意的併合のルールを定め、同条 (d) 項は、関連性を有する訴訟原因（請求）の必要的併合のルールを定めている。そして、双方のルールを論じる際に「訴訟原因」という用語が使用されており、その際、(a) 項は、その訴訟原因の意味を規定し、これまで引受訴訟または不法侵害訴訟として主張されてきた訴訟原因として定義している。したがって、1020条 (a) 項及び

---

[29] *Id*. at 526 Pa. 537, 587 A. 2d 726 (1991).

(d)項(1)号とは、双方とも引受訴訟及び不法侵害訴訟に関係するルールであり、エクイティ訴訟に関係するものではないのである。最高裁は、このような前提に立ち、本件では、原告は規則(d)項(1)に基づきエクイティ上の前訴に詐欺及び不実表示を理由とする本訴の訴訟原因(請求)を併合することを要求されなかったと判示した。

5 Statefarm Mutual Automoble Insurance Company v. Ware's Van Storage et al. 事件[30]

本件では、2005年6月22日午後、George Hayが貨物自動車の後に続いて立体交差路を下っていたところ、何らの警告もなく、貨物自動車の運転手である被告Rodriguezが突然出口の立体交差路の中央でUターンを行おうとしたため、Hayは自動車を停止させることができず貨物自動車と衝突するに至った。Hayの自動車は、衝突事故が発生した当時原告State farmの保険に付されていた。State farmは、直ちにHayに対して彼がその事故で被った損害額である9020.58ドルの補償金を支払った。この補償金の支払いにより、State farmはその額において代位権者となった。2006年10月4日、Hay夫妻はRodriguez及びその使用者であるWare'sに対して訴えを提起し、Hayの身体に対する損害、精神的苦痛、及びその妻のコンソーシャム(配偶者権)の喪失に対する賠償を求めた。2007年5月2日、原告State farmは、Rodriguez及びWare'sを被告とし、その代位に基づくそれ自身の訴えを提起した。第1審は、Hay夫妻が、すでに原告の請求が生じたのと同一の取引または事件から生じた損害賠償を求める訴えを提起していたので、原告は、民訴規則1020条(d)項(4)号によりその請求を放棄したものと判示し原告の請求を排斥したため、原告が控訴。控訴裁判所のBender裁判官は、原告の控訴を容れ原判決を取り消して、次のように判示した。

---

30) 2008 PA Super 134, 953 A. 2d 568 (2008).

「……全体として考察すると、規則1020条は、2個以上の訴訟原因を主張する場合に必要とされる訴訟手続を定めたものであり、原告の併合を判断するために適用されなければならないものではない。実際、当規則の平易な文言によれば、もっぱら原告が提起した請求についてのみ適用されることを前提としているように思われる。……したがって、当裁判所は、規則1020条（d）項は、もっぱら多数の「当事者」の利益が単一の訴訟において（多数の）原告として必要的併合を要求するような場合に、別個の訴訟においてそれらの多数の「当事者」により提起された訴訟原因の併合を強制するため（及び併合されなかった訴訟原因の放棄）に適用することができると判断する。必要的当事者併合は、民訴規則2227条において規定されまたその適用を受ける[31]。この規則によれば、原告としての当事者の併合が必要とされるのは（規則2228条が適用される場合を除いて）、2人以上の当事者が「もっぱら訴訟物との関係で共同の利益」を有するような場合に限定される。民訴規則2227条（a）項。しかしながら、当裁判所は、「共同の利益」というものを、代位された保険上の請求への適用を制限するような形で定義した。……以上の分析に基づき、当裁判所は、もし保険者と被保険者とが異なる二当事者であるとすれば、彼らを基礎となる不法行為から生じた残存請求を適用の前提とする必要的併合に服させることはできないと結論する。その事実を前提とした場合、当裁判所は、代位した保険者がその財産上の損害賠償の請求を、身体上の損害賠償を求める被保険者の訴訟と同一の訴訟において提起しなかったとしても、規則1020条（d）項に基づく放棄を負わせる根拠を見出すことができない……[32]。」

　本件では、裁判所は、請求併合のルールと当事者併合のルールとの関係について興味深い分析を行っている。すなわち、必要的請求併合のル

---

31) 民訴規則2227条（必要的当事者併合）は、次のように定める。(a) 項　訴訟の対象についてもっぱら共同の利益を有する者のみが、原告側または被告側として同じ側に併合されなければならない。(b) 項　原告として併合されるべき者が併合を拒否するときは、彼または彼女は、適切な場合には、実体法が非任意的併合を許容するときは被告とされまたは非任意的原告とされるものとする。
32) Statefarm Mutual Automobile Insurance Company v. Ware's Van Storage et al., 2008 PA Super 134, 953 A. 2d 568, at 572-573.

ールは、訴えを提起する原告は、被告に対して同一の取引または事件から生じたすべての請求を併合して提起しなければならないとするルールである。これに対して、必要的当事者併合のルールは、誰が原告または被告として併合されなければならないかを定めるルールであり、このルールの基準にしたがって判断されることになる。そして、この必要的当事者併合のルールにより数名の者が原告として併合された場合、各原告は被告に対して有する請求と同一の取引または事件から生じたその他の請求を必要的請求併合のルールにより併合することを求められることになるとする。もっとも、この裁判所の見解に対して、Tamilia 裁判官は、必要的当事者併合のルールに基づき当事者となった者だけでなく、任意的当事者併合のルールにより当事者となった者についても、いったん当事者(原告)とされた以上は、基礎となる取引または事件から生じたその他の請求についても必要的請求併合のルールにより併合することを求められるべきであると指摘する[33]。また、Tamilia 裁判官は、多数意見とは反対に、本件のような代位保険者の請求と被保険者の請求間においても、必要的請求併合のルールに基づく失権(放棄)を肯定すべきであるとする[34]。

6 Wolf v. Farmers Mut. Ins. 事件[35]

本件では、原告 Wolf らは、被告 Farmers Mut. Ins から、移動住宅(自動車で引く)を保険範囲とする保険契約書を購入した。その移動住宅は1988年5月30日に火災で滅失したので、原告らが保険契約に基づく給付金の支払いを求めたが、被告は支払いを拒絶したため、給付金の支払いを求める引受訴訟上の最初の訴訟を提起した。その後、原告らは、給

---

[33] この点については、ミシガン州においても、Tamilia 裁判官の少数意見と同様の見解が採られているように思われる。See 1 J. MARTIN, R. DEAN & R. WEBSTER, MICHIGAN COURT RULES PRACTICE 40 (3d. ed. 1985).

[34] この見解によれば、第三者は、原告の請求と同一の事件から生じた自己の請求を原告の請求と併合して提起しない場合は、当該請求に基づく後訴の提起は許されないものとなり、ある種の強制参加と同様の結論を導くこととなろう。

[35] 1992 WL 563410 (Pa. Com. Pl.), 17 Pa. D. & C. 4th 112 (1992).

付金支払いの違法な拒否を理由とした不法行為を理由とする第二の本件訴訟を提起した。被告は、ディマラの方式による予備的異議及び先行する訴訟の係属の抗弁を提出した。裁判所はこれらの異議を排斥し、本件訴訟の弁論を最初の訴訟の弁論と併合した。その後、被告は、原告らが、本件請求を最初の訴えに併合して提起しなかったので、民訴規則1020条（d）項（1）号及び（4）号に基づき、原告らの本件請求は放棄され許されないと主張した。Kyhn 裁判官は、被告の主張を排斥して次のように判示した。

「……双方の請求が、Hineline v. Stroudsburg Elec. Supply Co. 事件において定義された用語と同じ『同一の取引または事件』から生じている。双方の訴えが、火災、火災の原因、及び給付金の支払いの拒否という共通の事実上の背景（事実関係）を包含している。主張された法的視点のみが、唯一異なっている。それゆえ、一見すると、規則1020条を適用することができ、原告らは、本件訴えにおいて主張された訴訟原因を放棄したものと判示されるべきであったとも思える。しかし、本件では、当裁判所は、興味深い複雑な問題に直面している。……二つの訴訟の弁論が裁判所により併合された後に初めて、被告はその規則1020条（d）項の定める放棄の抗弁を提出した。……Hineline 事件は次ような点に注目した。すなわち『……規則1020条（d）項の目的とは、多数の訴訟を防止し、それによって、単一の訴訟において、当事者のすべての権利及び責任についての迅速な解決を確保することである』。……当裁判所は、被告が規則1020条を主張する前にこれらの訴訟の弁論を併合したので（規則213条）、（本件の）すべての訴訟原因の審理を併合された単一の訴訟手続において継続することを認めることにより、当規則の目的を無視するものではないであろう。事件処理は、まさに迅速に進行するであろう。証拠開示は、同一の情報を包含するであろう……[36]」。

必要的請求併合のルールによれば、原告は、同一の取引または事件から生じた数個の請求を単一の訴訟において併合して提起することを要求

---

36) *Id*. at 1992 WL 563410 (Pa. Com. Pl.), 17 Pa. D. & C. 4th 112, at 114 (1992).

されるのであり、したがって、原告がこれらの請求について別個の訴えを提起した場合、これらの訴えは重複訴訟の関係に立つことになる。それゆえ、裁判所は、後発訴訟を不適法として却下するかまたは先行訴訟の弁論と後発訴訟の弁論とを併合するという処理を行うことになろう。本事件では、裁判所が双方の訴訟の弁論を併合したため、被告の必要的請求併合のルールの援用は意味を失ったものと解される。

7 Davis Cookie Co., Inc. v. Wasley 事件[37]

本件では、被告 Davis Cookie Co. は、Archway Cookies, Inc. から、ペンシルヴェニア州において「Archway」クッキーの製造及び販売を行うライセンスを取得した。1987年、被告と原告 Thomas Wasley は、契約予備書面により提示されたフランチャイズ契約に関する協議を行っていた。原告は、合意されたフランチャイズ契約料の手付金5,247.60ドルを支払ったが、その後、彼は当該フランチャイズ契約を撤回し手付金の返還を求めた。被告は、契約条項によれば、手付金は返還を求めることができないものであり、かつ原告は、契約条項によれば、さらに5,247.60ドルの約定の損害賠償の責任を負うと主張した。1988年3月7日、原告は、被告に対して、Luzerne 郡第1審裁判所に手付金の返還を求める訴えを提起した（第1訴訟）。民訴規則1030条に従い、答弁書及び新たな事項において、被告は、原告の訴えに対して、当事者の署名のある契約予備書面の明確な条項によれば、当該手付金は返還を求めることができないと主張した。1988年3月30日、被告は、原告に対して、Clarion 郡第1審裁判所において、原告がフランチャイズ契約に違反したことを主張して予定賠償額の支払いを求める訴え（別訴）を提起した（第2訴訟）。原告は、予備的異議により訴訟係属の抗弁（lis alibi pendens）を主張した。この第2訴訟で、第1審は予備的異議を容れ、1988年6月12日に訴えを却下した。また、被告は、Luzerne 郡訴訟（第1訴訟）における答弁書及び新たな事項を変更する申立てを行い、手付金の

---

37) 389 Pa. Super. 112, 566 A. 2d. 870 (1989).

支払いを求める原告の提起した訴訟における反訴として、予定賠償額の支払いを求める請求を主張した。第1審はこの申立てを排斥した。これら双方の裁判に対して被告が控訴。控訴裁判所の Kelly 裁判官は、第2訴訟での却下の裁判を取り消すとともに、第1訴訟での変更の申立てを却下した決定に対する控訴を棄却して次のように判示した。

「〔第1訴訟について〕……Gabriel 事件[38] 及び Barr 事件[39] では、規則1033条に基づき変更の許可を求める申立てを却下する決定がもたらす効果とは、原告が、以下のような民訴規則1020条（d）項1号及び4号の定める「必要的」併合のルールに従うこと（の遵守）を妨げるということである……。民訴規則1020条（d）項（1）号に従わなかった場合の効果とは、併合されなった訴訟原因の放棄を生じさせるということである。それゆえ、民訴規則1033条に基づき必要的併合の対象となる請求を主張するために変更を求める申立てを却下することは、そのような請求を棄却するという効果をもたらす。本件では、「任意的」反訴請求を主張するために、答弁書および新たな事項の変更の許可を求める申立てを却下した決定に対して控訴を提起したのは「被告」である。……被告はその請求についての「裁判所の審判を奪われる」ものではない[40]。〔第2訴訟について〕……コモン・ロー上のプリーディングにおける厳格な方式性により、訴訟係属の抗弁は、限定的な適用を受けた。その抗弁は、次のような要件が認められる場合に理由があるものとされた。すなわち、双方の訴訟が同一の当事者（同一の法律上の資格において行為する）、同一の訴訟原因（コモンロー上の契約、不法行為、及びエクイティ訴訟との間の区別を考慮して）、同一の権利（主張）、及び同一の救済（要求）を含む場合である。……本件では、必要とされる同一性は存在しない。当事者は同一であり、それらの訴訟は同一の契約から生じた一方で、訴訟原因も、主張された権利も、求められた救済も同一ではない。……ペンシルヴェニア州では、反訴は完全に任意的なものであると

---

38) Gabriel v. O'Hara, 368 Pa. Super. 383, 534 A. 2d 488 (1987).
39) Barr v. General Accident Group Ins., 360 Pa. Super. 334, 520 A. 2d 485 (1987).
40) Id. at 389 Pa. Super. 116, 566 A. 2d. 872 (1989).

いうことは、まったく疑いを容れない。……すなわち、ペンシルヴェニア州法の下では、反訴は任意的なものであり、当事者の答弁書において提起されるか、またはその提起を差し控え、被告の選択する時期及び法廷地において別訴により提起されうる。民訴規則1031条参照[41]。このようにして、ペンシルヴェニア州法は、被告の選択したのではない時期と法廷地においてより重要な「反訴」の提起を強制させるために、自らの選択した法廷地において比較的重要でない請求を主張することにより、当事者が可能性のある訴訟についての時期と法廷地の選択を操作することを防いでいる……[42]。」

本件では、裁判所は、二つの重要な問題について判示している点が注目される。まず第1に、必要的請求併合のルールによれば、原告は同一の取引または事件から生じた数個の請求を併合して提起することを要求される。そこで、原告がそれらの請求の一つのみについて訴えを提起したときは、原告は同一の取引または事件から生じたその他のすべての請求を追加的に併合しなければならないこととなり、訴えの追加的変更を行うことが必要となると解される（必要的追加的変更）。第2に、ペンシルヴェニア州では、被告の反訴の提起自体は常に任意的なものとされており、被告が反訴を提起するか別訴を提起するかは、被告の意思に委ねられているという点である。被告の正当な訴訟の時期及び法廷地の選択の利益を適切に保護することがその趣旨とされている。

8 Carringer v. Taylor 事件[43]

本件では、原告 Carringer と被告 Taylor は、一本の未舗装の道路に沿って存在する不動産を所有している。問題となっている道路は、当事者の不動産に通行するための唯一の手段となっている。長い間、その道

---

41) 民訴規則1031（a）条は、次のように定める。すなわち、被告は、答弁書提出の時点において、彼が原告に対して有するものと主張する引受訴訟または不法侵害訴訟上の訴訟原因に基づいて反訴を提起することができる。
42) Davis Cookie Co., Inc. v. Wasley, 389 Pa. Super. 120, 566 A. 2d. 874 (1989).
43) 586 A. 2d 928, 402 Pa. Super. 197 (1990), *appeal denied* 621 A. 2d 576, 533 Pa. 629.

路に沿って存在する多くの小さなコテッジの所有者が、共同でその路面を維持してきた。しかし、1987年夏、被告が他の土地所有者の同意なしに土地改良と道路の拡張を始めたため、原告は、1988年10月17日に被告が一方的な未舗装道路の拡張により、原告の不動産に対して直接かつ回復できない損失と損害を与えたと主張して、仮差止命令を求めるエクイティ上の訴えを提起し、被告による道路工事に関する一切の行為を禁止する仮差止命令が発令された。被告は反訴を提起し、修復する権利を有する私有化された公道であると主張したが反訴は棄却され、被告に対して「その道路の侵害を中止する」ことを強制する仮判決が登録された(1989年5月19日の仮判決)。この仮判決に対し、双方の当事者が異議を申し立てた。1989年6月5日、この異議とともに、被告は、地役権を主張してコモンロー上の権原確認を求める別訴を提起し、その後、同年7月12日この別訴において示された実体関係とその主張を組み入れるため、エクイティ訴訟における反訴の変更を求める許可の申立て等をした。1審は、被告の別訴は民訴規則1020条（d）項（1）号及び（4）号により遮断されると判断し、さらに、被告の反訴変更の申立ては、時機に遅れたものであるとして被告の主張をいずれも排斥したため、被告が控訴。控訴審のPopovich裁判官は、被告の主張を排斥して次のように判示した。

「……被告は、反訴は規則1031条と1050条の適用を受け、これらの規定によれば、反訴は、ペンシルヴェニア州においては任意的であり必要的なものではなく、それゆえ、[民訴1020条に基づき]彼のコモンロー上の別訴を却下したことは誤りである、と主張する。Davis Cookie Co., Inc. v. Wasly事件（反訴は任意的であり、必要的ではない）を参照……。しかし、当裁判所における本件の事実によれば、決定的な点で被告の引用する任意的反訴の事例とは異なっている。本件において、被告は、別訴の提起に「先立ち」反訴を提起した。それによって、Taylorは「原告」となり、かつ、そのような地位において、原告の訴えに適用される訴答ルールに従わなければならないのである。……その

結果、規則1020条（d）項が本件に適用される。被告が、地役権を法的視点とする権原確認を求める彼の訴訟原因を別個の訴因として彼の訴え（反訴）において主張しなったことは、その訴訟原因の放棄を生じさせるのであり、下級審が、コモンロー上の別訴を却下したことは適切であった。……要約すれば、ペンシルヴェニア州においては、反訴は任意的である。しかしながら、ひとたび被告が反訴を提起するならば、彼は原告となり、その反訴請求が基礎を置くのと同一の「取引または事件」から生じたすべての反訴請求を併合しなければならないのであり、もし併合がなされなければ、それらの請求は放棄されたものとみなされるのである。さらに、被告は、第1審裁判所が、地役権の法的視点を含めるため反訴の変更を申し立てたにも拘わらずこれを認めなかったことは誤りであると主張する。この点についても、当裁判所は下級審に誤りはないと考える。本件において、被告は、相手方勝訴の正式事実審理に基づかない判決を認容した仮判決の登録後になって初めて訴えの変更を申し立てた。……当裁判所は、仮判決の登録後になって初めてなされた被告の変更の申立てを排斥した点に、何らの裁量権の濫用も存在しないと考える……[44]。」

　本件では、まず第1に、ペンシルヴェニア州民訴規則の下では任意的反訴のルールが採用されているため、反訴の提起自体は被告の任意とされることを前提としたうえで、被告がひとたび反訴を提起した場合は、彼はその反訴との関係では原告となり、したがって必要的請求併合のルールを定める民訴規則1020条の適用を受けるので、彼は反訴を提起した請求と同一の取引または事件から生じたその他のすべての請求を併合することを求められるのであり、その訴訟において併合されなかった請求は放棄されるものとされる[45]。第2に、仮に必要的請求併合のルールを前提として訴えの変更（追加的変更）を認めるとしても、訴え変更の申立

---

[44]　Id. at 586 A. 2d 932, 402 Pa. Super. 206. この多数意見に対して、Cirillo 裁判官は、本件では、Taylor の反訴の変更の申立ては、仮判決に対する異議およびコモンロー上の権原確認訴訟に対する予備的異議についての弁論が行われる前になされたので、Carringer には重大な不利益が生じておらず、Taylor の反訴変更の申立てを認めるべきであるとの少数意見を述べている。

てが適切な時期になされなかったときは、そのような申立ては却下されるとするものとされている。

4　総括―わが国の民事訴訟法理論に与える示唆

　前節において、ペンシルヴェニア州民訴規則における必要的請求併合のルールが裁判所によりどのように適用されているかを検討した。そこで、最後に本節では、この必要的請求併合のルールが、わが国の民事訴訟法理論にどのような示唆を与えるかについて考察することとしたい。

1　訴訟物理論との関係
　前述のように、わが国の実務・判例は、実体法上の請求権を訴訟物と構成する旧訴訟物理論を採用したが、この見解に対しては、社会的に単一の紛争が実体法上の請求権により分断され妥当でないとの批判がなされた。このような観点から、新訴訟物理論は、実体法上の給付を受け得る法的地位または受給権を訴訟物と構成し、これに既判力を対応させることで紛争の一回的解決を図ろうとした。しかし、この見解によれば、前訴と後訴の訴訟物が同一であり、したがって後訴に既判力が及ぶので後訴は当然に許されないという結論を導くことになり、逆に後訴の可否の決定について硬直的な結果をもたらすように思われる。そこで、原告は、社会的に単一の紛争の一体的な解決の要請及び被告を多数の訴訟から保護するという要請から、同一の取引または事件から生じた数個の請求を併合して提起しなければならないと解した上で、前訴において併合されなかった請求に基づく後訴は、前訴での原告の請求不併合に対する帰責性と被告の要保護性を前提として遮断されるとみる必要的請求併合のルールの考え方が妥当であると解する。なぜならば、訴訟物を実体法上の請求権を基準にすることで、既判力の範囲を明確化することができ

---

45)　*See also* GOODRICH & AMRAM, *supra* note 11, at §1020（a）: 4. ミシガン州においても、ほぼ同様の解釈がなされている。この点について、拙稿・前掲注 6 国士館法学第24号36頁を参照。

るとともに、同一の事件から生じたにもかかわらず、前訴で併合されなかった訴訟物（請求）に基づく後訴の提起は、前訴での請求不併合に対する「帰責性」と相手方の「要保護性」とを前提とした信義則上（民訴2条）の併合義務違反に基づく失権的作用により遮断されるとすることにより、後訴の可否についてより柔軟な決定を行うことができると考えられるからである[46]。

2 請求（訴え）の併合との関係

従来、わが国の民事訴訟法における請求併合のルールについては、請求を併合するかどうかが当事者の意思に委ねられる請求の任意的併合（民訴136条）のルールのみが観念されてきた。これに対して、必要的請求併合のルールの立場からは、請求の併合には、社会的に単一の紛争の一体的な解決の要請及び被告を多数の訴訟から保護するという要請から、原告が同一の事件から生じた数個の請求の併合を要求される「必要的請求併合」（同一事件から生じた数個の請求）と、請求の併合が任意的である「任意的請求併合」（異なる事件から生じた数個の請求）との2類型が存在することになると解される。

3 請求（訴え）の変更との関係

わが国の民事訴訟法においては、訴えの変更（民訴143条）は、追加的変更及び交換的変更を含めいずれも変更するかどうかは当事者の意思に委ねられている。これに対して、必要的請求併合のルールによれば、原告は、社会的に単一の紛争の一体的な解決の要請及び被告を多数の訴訟から保護するという要請から、同一の取引または事件から生じた数個の請求を併合して提起することを要求される。そこで、原告がそれらの請

---

[46] 必要的請求併合のルールが適用されると考えられる事例としては、①請求権競合の場合、②請求権競合以外の場合で異なる請求が同一の事件から生じた場合、及び③一部請求の場合が考えられる。必要的請求併合のルールの観点から一部請求の問題を検討したものとして、拙稿「一部請求理論の再構成―必要的請求併合の理論による解決―」中村英郎教授古稀祝賀〔上巻〕135頁以下（成文堂、1996年）を参照。

求の一つのみについて訴えを提起したときは、原告は同一の取引または事件から生じたその他のすべての請求を追加的に併合しなければならないこととなり、訴えの追加的変更を行うことが必要となる場合があると解される（必要的追加的変更）。したがって、訴えの追加的変更形態には、追加的変更を要求される「必要的追加的変更」(数個の請求が同一の事件から生じた場合) と追加的変更をすることができる「任意的追加的変更」(数個の請求が同一の事件から生じない場合) とがあると解される。

4　重複訴訟禁止の原則との関係

必要的請求併合のルールは、社会的に単一の紛争の一体的な解決の要請及び被告を多数の訴訟から保護するという要請から、原告が単一の訴訟において同一の事件から生じた数個の請求を併合することを要求するので、原告がこれらの請求について別個の訴えを提起した場合、これらの訴えは重複訴訟の関係に立つことになる。したがって、必要的請求併合のルールによれば、先行訴訟と後発訴訟の訴訟物が「同一」の場合だけではなく（後発訴訟は不適法却下される）、先行訴訟と後発訴訟の訴訟物は異なるがそれらが「同一の事件」から生じた場合も、紛争の一体的な解決の要請からそれらを単一の訴訟において併合することを要求されるので、後発訴訟の提起は「重複訴訟」となり、したがって、重複訴訟禁止の原則（民訴142条）の対象となると解される（先行訴訟と後発訴訟の弁論を併合すべきであると解する)[47]。

5　既判力の客観的範囲との関係

必要的請求併合のルールによれば、「同一の事件」から生じたが前訴で併合されなかった請求に基づく後訴は、前訴の訴訟物とは異なるから「既判力」により遮断されるのではなく（民訴114条1項）、前訴での原告の「信義則上」（民訴2条）の併合義務違反に基づく失権的作用により阻

---

47)　近時、わが国においても、先行訴訟と後発訴訟の訴訟物が異なる場合でも、双方の訴訟が主要な争点を共通にする場合は重複訴訟を肯定する見解が有力であり、注目される。新堂幸司・新民事訴訟法〔第5版〕216頁以下（弘文堂、2011年）を参照。

止されると解する。すなわち、前訴での請求不併合について原告側に「帰責性」があるとともに、被告側に「要保護性」が存在する場合に、当該請求に基づく後訴の提起は遮断される。したがって、前訴での請求不併合について帰責性が存在しない場合または被告に要保護性が存在しない場合は、当該請求に基づく後訴の提起は許されることになる。このように、一方で旧訴訟物理論を前提として訴訟物と既判力の範囲を対応させることにより既判力の範囲を明確化することができるとともに、他方において信義則上の併合義務違反に基づく失権を肯定することにより、新訴訟物理論と比較して後訴の可否の決定についてより柔軟な処理を行うことができると解する[48]。

6 当事者併合のルールとの関係

複数の原告が、被告に対して、同一の事件から生じた数個の請求を有する場合、複数の原告がこれらの請求を併合する必要があるかどうかは、必要的当事者併合のルール（民訴40条）の判断基準に服する[49]。このルールの適用がある場合、これらの原告は当事者として併合されなければならないし、併合がなされないときは原告の訴えは不適法却下される。このルールに基づき併合の必要がない場合でも、これらの原告は、任意的当事者併合のルール（民訴38条）に従い、任意的に当事者（原告）の併合を行い手続を進行させることができる。いずれの場合においても、これらの原告は、必要的請求併合のルールに基づき、被告とされた者に対する請求と同一の事件から生じたその他のすべての請求を併合しなければならないと解する。他方において、これらの原告が、被告とされた者に対する請求と異なる事件から生じた数個の請求を有するとき

---

[48] 前訴と異なる請求に基づく後訴の提起が信義則に反して許されないと判示した最判昭和51年9月30日民集30巻8号799頁は、必要的請求併合のルールを適用した事例であるとみることができると考えられる。

[49] わが国においては、ある共同訴訟が固有必要的共同訴訟に該当するかどうかは、実体法的要素と訴訟法的要素の双方を考慮して判断すべきであるとの見解が有力である。松本＝上野・民事訴訟法〔第7版〕715頁（弘文堂、2012年）、新堂・前掲注47）773頁。

は、任意的請求併合のルールに基づき、これらの請求を併合することができると解する[50]。

---

50) *See* Statefarm Mutual Automoble Insurance Company v. Ware's Van Storage et al., 953 A. 2d 568, 2008 PA Super 134 (2008). *See also* 1 J. MARTIN, R. DEAN & R. WEBSTER, *supra* note 33, at 40.

弁論活性化研究
―― 残された民事訴訟改革の課題 ――

西 口 　 元
Hajime NISHIGUCHI

1　はじめに
2　民事訴訟の基本と目標
3　新民事訴訟法下の民事訴訟の実像
4　弁論の形骸化
5　弁論活性化策
6　間接審理から直接審理へ

1　はじめに

　現行民事訴訟法（以下「新民事訴訟法」という。）は、適正・迅速な民事訴訟を目指して、明治23年制定の民事訴訟法（以下「旧民事訴訟法」という。）を全面的に改正したものである[1]。

　しかし、新民事訴訟法施行から15年が経過したが、民事訴訟実務を担当する弁護士等の実務家から次のような声が聞かれるようになった。すなわち、争点整理を目的とする弁論準備手続においても、口頭の議論がされることはほとんどなく、旧民事訴訟法下の弁論兼和解と同じく、準備書面を交換した後にすぐに和解協議に入るというものである[2]。

　このような指摘が正しいかどうかは、詳細な実態調査がされていない現状では、必ずしも明らかではない。しかし、私が裁判実務を担当していた当時、他の裁判官の審理状況を見聞することもあったが、上記指摘

---

1) これまでの民事訴訟法の改正は、改正直後にはそれなりの効果を発揮したものの、しばらくすると、元の木阿弥状態になるという挫折の繰り返しであった（小山稔「民事訴訟制度改革の軌跡」自正40巻8号32頁以下〔1989〕）。
2) 小山稔「平成民事訴訟法改正」法教351号12頁以下（2009）参照。

は、的を射ているものと思われる。本稿では、新民事訴訟法下の実務の問題点を探求し、残された課題を提示したい。

2　民事訴訟の基本と目標

1　民事訴訟の基本

　民事訴訟は、訴えについて「争点整理」をし、争点については、「証拠調べ（人証調べ）」をし、その間、適宜「和解協議」を行い、和解が不調に終われば、「判決」を言い渡すということに尽きる。これらを円滑かつ迅速に行うのが実務家の仕事であり、それを支える理論を提供するのが研究者の使命である[3]。

2　民事訴訟の目標
（1）適正さと迅速性の相対性

　民事訴訟の目標は、適正かつ迅速な裁判であるといわれる。適正さについては、事実認定と法適用の適正さを意味するところ、事実認定は、蓋然性を意味するにすぎない経験則に従ってされるものであるから、自然科学上の真理とは異なり、絶対的真実を発見するものではない。また、法の適用も、明文の規定に反しない限り、一定の解釈の幅が許容されるものである。

　次に、迅速性について検討するに、裁判の質が保たれる限り、訴訟が係属していること自体を目標とする特殊例外的な訴訟を除いて、早い裁判が良いのは当然のことである。しかし、迅速な裁判が良いとしても、裁判の適正さを損なうことは許されない。ところが、より適正な裁判を

---

3)　日本においては、研究者は当然実務経験があるという欧米とは異なり、研究者は実務経験がなく、これまで実務家と研究者との交流も少なかった結果、最も大切な審理に関する研究が極めて不足している。多数の教科書又は体系書においても、訴訟の開始（訴え等）と、訴訟の終了（判決等）が中心であって、最も重要である訴訟の審理に関する記述は少ない。今後、多数の実務家教員を抱える法科大学院において、実務家と研究者との交流が深まることを期待したい。

目指して長期間の審理をするのは、民事訴訟が相対的適正さを追求するものにすぎないことを考えると、時間と費用というコストの面から、利用者のニーズに応えられないこととなる。結局のところ、迅速性も、適正と同じく、コストとの関係において、相対的なものにすぎないことになる。

（2）利用者の納得・満足

民事訴訟は、利用者に対し、法的サービスを提供するものであるから、企業活動において顧客満足度が大切であるのと同様に、事実認定と法適用の適正（相対的適正）と並んで利用者の納得ないし満足が重要となる。民事訴訟の利用者の実態調査から判断すると、民事訴訟の利用者の納得ないし満足を得るためには、手続の公正が最も重要であることが判明している[4]。

3　新民事訴訟法下の民事訴訟の実像

1　司法統計からみた新民事訴訟法の影響

平成10年に施行された新民事訴訟法も、当然、適正かつ迅速な裁判を目標にし、利用者の納得・満足を得ることを理想とするものであるが、それがどの程度実現されているか、司法統計等に基づいて、検証してみよう[5]。

---

[4]　伊藤眞ほか「当事者本人からみた和解」判タ1008号〔菅原郁夫発言〕29頁以下（1999）。菅原郁夫教授は、民事訴訟の利用者の満足又は評価という観点から、多数の優れた著書（『民事裁判心理学序説』（信山社、1998）、『民事訴訟政策と心理学』（慈学社、2010）等）を刊行しておられる。民事訴訟が利用者に対する法的サービスであるという一面を否定することはできないのであるから、実務家は、これらの著作を参考にして自らの訴訟実務を再検討すべきであろう。また、菅原郁夫教授等を中心として、多数の民事訴訟利用者調査等がされている（民事訴訟制度研究会編『2006年　民事訴訟利用者調査』（商事法務、2007）、佐藤岩夫ほか編『利用者からみた民事訴訟』（日本評論社、2006）等）。さらに、民事訴訟の利用者調査に基づいて、菅原郁夫ほか編『利用者が求める民事訴訟の実践』（日本評論社、2010）も刊行されている。

[5]　本稿の新民事訴訟法による実務の変化についての部分は、本年刊行予定の拙稿「民事訴訟改革の3本の矢」（LAW AND PRACTICE 7号）に基づいている。詳しいデータ

（1）比較対象

　新民事訴訟法による実務の変化を客観的に把握するためには、新民事訴訟法施行前後の司法統計を比較するのが相当である。そして、裁判権の変動等の影響を排除するためには、そのような特別の事情がない年度を比較するのが適当である。

　そこで、検討するに、平成 5 年は、「井垣コート」や「Ｎコート」のような先駆的裁判の試みが開始したころであって、大部分の民事訴訟が旧態依然としたものであった年であると思われる[6]。他方、平成15年は、大部分の事件が新民事訴訟法施行後に審理が始まったと思われるほか、新民事訴訟法施行後に審理が開始された事件がほぼ 3 巡し、裁判官や弁護士が新民事訴訟法に慣れたころであると思われる。また、平成16年には、人事訴訟事件の家裁への移管や簡易裁判所の事物管轄の引上げがあって、地裁の新受事件が減少し、平成18年には、過払事件が急増している。

　以上によれば、新民事訴訟法施行前の地方裁判所における民事訴訟実務の実態を如実にあらわす年として、平成 5 年を選択し、新民事訴訟法施行による影響が明らかとなった年として、平成15年を選択するのが相当であろう。

　　分析は、それを参照されたい。また、司法統計については、逐一出典を掲げないが、平成17年以降定期的に刊行されている最高裁判所事務総局『裁判の迅速化に係る検証に関する報告書』や毎年刊行されている最高裁判所『裁判所データブック』も参考にした。なお、比較対象年にした平成 5 年と平成15年については、最高裁判所事務総局民事局「平成 5 年度民事事件の概況」法曹時報46巻10号99頁以下と同局「平成15年民事事件の概況」法曹時報56巻11号21頁以下をそれぞれ参照した。新民事訴訟法による影響については、高橋宏志ほか「〈座談会〉民事訴訟法改正10年、そして新たな時代へ」ジュリ1317号 6 頁以下（2006）、林道晴ほか「改正民事訴訟法の10年とこれから（1）」ジュリ1366号120頁以下（2008）、高橋宏志ほか「新民事訴訟法の10年　その原点を振り返って」判タ1286号 5 頁以下（2009）が詳しい。

6）　大阪地裁を中心とする民事訴訟改善運動は、ドイツの民事訴訟の改革の基本となったシュトゥットガルト方式にならって、「日本のシュトゥットガルト」と評された（池田辰夫「日本のシュトゥットガルトをめざす新たな挑戦」判タ848号69頁以下（1994））。大阪地裁を中心とする民事訴訟改革運動については、安原清藏ほか「争点整理及び集中証拠調べをめぐる諸問題」判タ848号 4 頁以下（1994）が詳しい。

（2）平成5年と平成15年との比較

ア　裁判官及び弁護士の数

　民事訴訟実務を担当するのは、裁判官と弁護士であり、単純に考えれば、民事訴訟実務の担い手が増えれば、訴訟事件数に変化がない限り、より適正迅速な裁判になるものと思われるから、まず、裁判官と弁護士の数をみてみよう。

　平成5年……裁判官定員（簡裁判事を除く。）2036人＋弁護士1万4809人
　平成15年……裁判官定員（簡裁判事を除く。）2333人＋弁護士1万9522人
　裁判官数は、約1.15倍になり、弁護士数、約1.32倍となっている。

イ　新受件数

　新受件数が増えた場合、裁判官等の民事訴訟の担い手の数が一定であれば、審理方法を改善しない限り、審理が長期化するか、又は審理を長期化しないようにするためには、審理を簡略化せざるを得ないから、民事訴訟の質等を判断するためには、新受件数が重要となる。各年度の新受件数は、次のとおりである。

　平成5年……14万3511件（民事第一審通常訴訟事件）
　平成15年……15万7833件（民事第一審通常訴訟事件）

　なお、ここでは、民事第一審通常訴訟事件とは、手形・小切手訴訟及び行政訴訟を除いたものである。新受件数は、約1.10倍となっている。

ウ　審理期間

　審理期間（受理から終局までの期間）は、適正迅速な裁判という利用者のニーズに応えるためにも、重要な評価要素である。典型的な民事訴訟は、争いがあって人証調べを実施するものであるから、民事訴訟の実像を把握するためには、人証調べを実施した事件の平均審理期間をみるのがよい。なお、ここでは、前記の民事第一審通常訴訟事件の統計に基づいている。これをみると、次のとおり、人証調べを実施し、判決で終局した事件の審理期間は、約4か月短縮していることが分かる。

平成 5 年……全体　　　　　　　　　　　　　　　　　10.10月
　　　　　　うち対席判決で終局した事件　　　　　　17月
　　　　　　人証調べを実施し、対席判決で終局した事件　22.92月
平成15年……全体　　　　　　　　　　　　　　　　　8.20月
　　　　　　うち対席判決で終局した事件　　　　　　12.60月
　　　　　　人証調べを実施し、対席判決で終局した事件　19.01月

エ　控訴率

　a　控訴率と和解率等との関係

　民事訴訟に対する利用者の納得ないし満足を客観的に示す指標はないが、第一審判決に対する控訴がないということは、当事者がそれなりに民事訴訟の審理及び判決に納得したことを意味するものと思われる。したがって、控訴率（1審判決数に対する控訴審の新受件数の割合）も、利用者の納得を示す一定の指標となり得るものと思われる。

　しかし、当事者間の争いが厳しい事案についてのみ判決をし、それ以外の事案については、和解で解決するという裁判官もいるから、和解率に対しても一定の配慮をする必要がある。そして、実務では、裁判官による説得の結果、裁判外で当事者間で和解が成立し、訴訟自体は、取下げで終わることも多いし、請求放棄や認諾も当事者の任意の行為に基づくものであるから、一定程度利用者の納得を示すものであろう。したがって、利用者の納得を示すものとして、和解、放棄、認諾及び取下げの合計の割合を検討するのが相当である。

　以上によれば、利用者の納得の下で第 1 審で紛争が解決したという意味において、「判決解決率」（判決率×判決確定率）と「和解等率」の合計である「紛争解決率」が最も重要な指標であるといえよう。

　b　平成 5 年と平成15年の比較

　平成 5 年と平成15年の地裁第 1 審通常訴訟事件の控訴率と和解率等をみてみよう。なお、控訴がなかった事件の中には、訴えが取り下げられたものもあるが、そのような例は少ないし、当事者も判決に一定程度納得していることも多いことから、ここでは、控訴率を控除した残りを判決確定率とした。

(a) 控訴率
　　平成 5 年………21.8%（判決確定率78.2%）
　　平成15年………20.6%（判決確定率79.4%）
(b) 和解等率
　　平成 5 年………50.1%
　　平成15年………48.5%
(c) 紛争解決率（判決解決率＋和解率等）
　　平成 5 年………89.1218%（39.0218%〔49.9%×78.2%〕＋50.1%）
　　平成15年………89.391%（40.891%〔51.5%×79.4%〕＋48.5%）

　上記の司法統計をみると、第 1 審の判決解決率は、若干向上しているものの、和解率等が若干下がったことから、第 1 審の紛争解決率は、ほとんど変化がないことが分かる。このことは、新民事訴訟法下の審理は、当事者の納得・満足という点では、特段寄与していないことをあらわす。

2　争点整理の低迷と集中証拠調べの貢献

　平成 5 年と平成15年の司法統計を比較すると、利用者の納得・満足度は、ほとんど変化がないものの、審理期間は、約 4 か月短縮している。以下においては、その原因を追求してみよう。

（1）実務家数の影響
ア　審理期間

　平成15年においては、平成 5 年と比べて、裁判官数は、約15%増加し、弁護士数は、約32%増加している。この間の地裁第 1 審通常訴訟事件の新受事件数は、約10%しか増加していない。人証調べを実施し、対席判決で終局した事件の審理期間は、平成 5 年から平成15年の10年間で、3.91月短縮している。

　この数字のみをみると、実務家数を増やした効果が出ていると思われるかもしれない。しかし、最近の平成24年の実務家数と審理期間をみると、実務家数の増大が審理期間の短縮につながっていないことが分かる。平成24年の実務家数、民事第 1 審通常訴訟事件数及び審理期間は、

次のとおりである。

　　裁判官数（簡裁判事を除く定員数）……………………………2880人
　　弁護士数…………………………………………………… 3万2134人
　　新受件数………………………………………………………16万1312件
　　人証調べを実施し、対席判決で終局した事件の平均審理期間……20月
　平成24年の裁判官等の数は、平成5年の前記裁判官数等と比べると、裁判官数が約1.41倍になり、弁護士数は、約2.17倍になっているのに対し、新受件数が約1.12倍にすぎず、それも簡単な審理で終わる過払金事件の影響を若干受けて事件数が増加していることを考慮すると、新受件数はほとんど変わらないといってよい。それにもかかわらず、「人証調べを実施し、対席判決で終局した事件」の平均審理期間は、平成5年と比べると、2.92月短縮しているものの、平成15年と比べると、約1か月長くなっている。法曹人口の増加は、必ずしも審理の短縮に結びついていないというほかない。

　　イ　紛争解決率
　紛争解決率（判決解決率＋和解率等）は、前記のとおり、利用者の満足度を示す指標として、審理期間と並んで、最も大切な指標であるところ、平成15年の紛争解決率は、平成5年と比べて、ほとんど変化がない。法曹人口が増加すれば、訴訟事件数と審理期間に変化がない限り、丁寧な審理となり、利用者の満足度が高まるはずである。しかし、前記のとおり、紛争解決率は、ほとんど変化がない。これは、法曹人口の増加が必ずしも利用者の満足度を高めるものではないことを如実に示している。

　　ウ　法曹人口増大の効果
　以上から判断すると、法曹人口の増大は、必ずしも審理期間のみならず紛争解決率にも直結するものではないというべきである。法曹人口の増大の効果が上記のようなものであるとすると、利用者の納得・満足度を規定する大きな要因である審理期間及び紛争解決率を高めるためには、他にどのような方策があるのであろうか。

　　（2）審理期間短縮の要因
　典型的な民事訴訟である「人証調べを実施し、対席判決で終局した事

件」の審理期間は、前記のとおり、平成15年は、平成5年と比べて、3.91月短縮している。この審理期間短縮は、必ずしも法曹人口増大が原因でないとすると、何が寄与しているのであろうか。

　法曹人口の増加が審理期間短縮の要因ではないとすると、審理期間短縮要因として考えられるのは、利用者の意識変化と審理方法の改善であろう。

ア　利用者の意識の変化

　まず第1に、利用者の意識の変化についてであるが、利用者が経済効率等を考慮して迅速な民事訴訟を望めば、代理人である弁護士等の訴訟活動も、自然と速やかなものとなる。しかし、平成5年から平成15年までの間において、利用者のマインドに影響を与える大きな経済変化等もなかったから、利用者の意識が変化したとはいえないであろう。

イ　審理方法の改善

　次に、審理方法の改善についてである。新民事訴訟法施行前後で変化した審理方法は、弁論準備手続を中心とする争点整理手続と大阪地裁の意欲的な裁判官が始めた集中証拠調べである。確かに、弁論準備手続を中心とする争点整理手続も、集中証拠調べと並んで新民事訴訟法の大きな目玉の一つではあるが、弁論準備手続は、旧民事訴訟法下の弁論兼和解を争点整理に純化したものにすぎず、平成5年当時も、多数の裁判官が弁論兼和解を行っていたものであるから、審理期間短縮の大きな要因とはなっていないと思われる。

　これに対し、集中証拠調べは、数回にわたって人証調べをしていた旧民事訴訟法下の実務を改善し、複数の人証を同一期日又は2週間以内の近接した複数の期日に取り調べることであるから、審理期間の短縮効果が大きい。

　以下においては、司法統計に基づいて、集中証拠調べが審理期間短縮に大きな寄与をしたことを実証してみよう。

(ア)　集中証拠調べ実施率

　集中調べ実施率は、平成15年には、平成10年が36.2％であったのに比べて81.5％と大幅に上昇している。なお、平成5年の集中証拠調べ実施

(イ) 人証数

　取り調べる人証数も、平成5年から平成15年までの間、大きな変化はなく、3人弱である。その傾向は、平成24年も同じであり、平成24年の第1審通常訴訟（過払金等以外）の人証調べ実施事件の平均人証数は、2.8人である。

(ウ) 期日回数

　人証調べを実施し、対席判決で終局した事件における平均期日回数は、平成5年から平成15年までの間、11回前後で大きな変化はない。ちなみに、平成24年の人証調べを実施した事件における平均期日回数（民事第1審通常訴訟全体）は、11回であり、そのうち、平均口頭弁論期日回数が4.7回であり、平均的争点整理期日回数は、6.3回である。

(エ) 期日間隔

　人証調べを実施し、対席判決で終局した事件における期日の平均間隔も、平成5年から平成15年までの間、2月前後であって、大きな変化はない。なお、平成19年の地裁民事第1審訴訟事件（通常訴訟事件と人事訴訟事件）（鑑定なし）における弁論終結から判決言渡しまでの期間は、1.8月である。

3　新民事訴訟法下の民事訴訟の平均モデル

　前記の司法統計に私の実務経験を加味して、新民事訴訟法（平成15年）下及び旧民事訴訟法（平成5年）下における、人証調べを実施し、対席判決で終局した事件の平均的審理モデルを図示してみよう。

〔新民事訴訟法下の民事訴訟の平均モデル〕
　　訴え提起
　　　↓
　　第1回口頭弁論
　　　↓
　　口頭弁論×2回
　　　↓

争点整理（弁論準備等）×6回
　　↓
集中的証拠調べ×1回
　　↓
判決

　その結果、審理期間19月、期日回数11回（口頭弁論3回＋争点整理〔実質を和解を含む〕6回＋証拠調べ1回＋判決1回）となる。

〔旧民事訴訟法下の民事訴訟の平均モデル〕
訴え提起
　　↓
第1回口頭弁論
　　↓
口頭弁論×3回
　　↓
証拠調べ×4回
　　↓
和解×1回
　　↓
最終弁論×1回
　　↓
判決

　その結果、審理期間23月、期日回数11回（口頭弁論6回＋証拠調べ3回＋和解1回＋判決1回）となる。

　新民事訴訟法下の平均モデルと旧民事訴訟法下の平均モデルを比較すると、審理期間が4か月短縮しているが、これは、主として、3回に分かれていた人証調べを集中して1回程度にした結果、通常、証拠調べ期日の間隔が、弁論期日の間隔よりも長く、約2か月であることから、約4か月（約2月×2回）短縮したものと思われる。

4　弁論の形骸化

1　利用者の納得・満足度の規定要因

　民事訴訟の利用者の納得・満足度を規定するのは、前記のとおり、「審理の公平」と「審理期間」である。「審理の公平」を直接示す統計数値はないものの、紛争解決率は、前記のとおり、一定程度、利用者の納得・満足度を示すものである。しかし、紛争解決率は、前記のとおり、新民事訴訟法施行の前後を通じて、ほとんど変化がない。

　したがって、利用者の納得・満足度を高めるためには、さらに「審理の公平」と「審理期間の短縮」を図る必要がある。利用者の実態調査によると、「審理の公平」に影響を与えるのは、「対席による当事者の積極的参加」である[7]。また、「審理期間の短縮」は、証拠調べについては、集中証拠調べがそれなりに実現されているから、残る審理期間短縮の方策は、争点整理期間の短縮策である。

2　弁論の実状

　日本の民事訴訟の口頭弁論の実状は、上記のとおり、日本の民事訴訟の代名詞ともいえる「準備書面交換儀式」の「3分間弁論」である。すなわち、第1回口頭弁論においては、「訴状陳述」と原告が言い、次に「答弁書陳述」と被告が言い、その後に裁判官の若干の求釈明があって、次回期日の調整に入り、実質的な弁論は、3分間程度で終わる。続行の口頭弁論期日においても、同様であり、「準備書面陳述」と原告が言えば、「次回に反論します」と被告が言って、次回期日が指定される。

　また、争点整理期日である弁論準備においても、審理時間は、15分から30分と長いものの、争点整理に費やされる時間は必ずしも長くはなく、和解協議が中心であるから、実態は同じである。

---

[7]　菅原・前掲（注4）『民事訴訟政策と心理学』229頁以下。「対席による当事者の積極的参加」という観点からも、「準備書面交換儀式」と「交互面接和解」を中核とする日本の民事訴訟実務には、大きな問題があるというべきであろう。

そもそも準備書面は、口頭弁論における弁論の準備のために事前に提出されるものであって、それにより、口頭弁論においては、活発な弁論が予定されているはずである[8]。しかし、現実には、一方から、約１週間前（場合によれば、弁論期日当日）に提出され、次回にその反論の準備書面を提出するという「交互型弁論」が行われ、裁判官の的確な訴訟指揮がされない場合には、当事者双方が独自に理解している争点に沿って書いた「嚙み合わない準備書面」を提出して、「漂流型弁論」になっていくのである。

３　弁論形骸化の弊害
（１）訴訟遅延
　「準備書面交換儀式」である弁論においては、期日には、通常、１通の準備書面が提出されるだけである。したがって、事前に双方各１通の準備書面が提出され、期日においては、その準備書面に基づいて対論が交わされる弁論（活性化弁論）とは異なり、「準備書面交換儀式」（形骸化弁論）においては、活性化弁論の約２倍の審理期間が必要となる。確かに、活性化弁論においては、期日間に準備書面を交換することになるから、期日間隔が形骸化弁論よりも長くなる傾向があるが、それでも、審理期間は、形骸化弁論よりもかなり短縮される[9]。

（２）当事者の不満
　形骸化弁論においては、代理人間で準備書面等の交換がされるだけであるから、当事者本人は、審理に立ち会っても、審理状況を理解するこ

8）　口頭弁論においては、当事者間の自由な弁論（対論）が予定されているはずであるが、新民事訴訟法においては、裁判官の求釈明権や当事者の求問権等の規定はあるものの、当事者間の弁論を直接定めた規定はない。これに対し、ドイツ民事訴訟法においては、裁判官は、当事者間の自由な弁論に加わり、当事者と討論する義務を負っている（139条１項）。このように日本の民事訴訟法の法文上は、弁論は、裁判官を通じた間接的な弁論にとどまっている。その理由は、必ずしも明らかではない。

9）　日本では、通常、弁論期日の間隔は、１、２か月であり、弁論期日から人証調べ期日までの間隔は、人証の数にもよるが、２、３か月である。また、準備書面作成に必要とされる期間は、内容や弁護士の手持ち件数等にもよるが、通常、２、３週間である。

とは困難であるし、ましてや当事者本人は、積極的に弁論に参加することはできない。その結果、当事者は、疎外感を味わい、納得・満足度が低下することとなり、判決が言い渡され、それがある程度我慢ができるものであっても、上訴したくなるものである。

4 弁論形骸化の原因
（1）弁論規定の不備

日本の民事訴訟法は、弁論については、裁判長の釈明権（民事訴訟法148条1項・2項）、当事者の求問権（同条3項）、裁判所の釈明処分（同法151条1項）を規定するにとどまる。これらは、裁判官を介しての間接的な弁論を規定するにすぎず、当事者間の直接の弁論を定めるものではない。確かに、主張又は立証の準備事項については、裁判所を介することなく、当事者間で直接に当事者照会をすることができるが（民事訴訟法163条）、当事者照会は、実務ではほとんど利用されていない。求問権により、相手方に対して裁判長の釈明権を行使してもらう方が相手方から回答をもらう可能性が高いからである。ここにも、裁判所に依存する弁護士の傾向が如実にあらわれている。

（2）悪しき慣行

多くの裁判官は、積極ミスをおそれる傾向から、失敗というリスクを負ってまで、現在の審理方法を変えようとしないし、他方、多くの弁護士も、取りあえず従来のやり方に従っていれば、依頼者から批判されることはないから、当事者の批判というリスクを負ってまで、「準備書面交換儀式」を変えるメリットは少ない。その結果、形骸化した弁論が続くことになる[10]。

---

[10] 実務慣行の問題については、那須弘平「民事訴訟の中の実務慣行」現代民事法研究会『民事訴訟のスキルとマインド』336頁以下（判例タイムズ社、2010）、高橋宏志「民事訴訟における実務慣行 研究者の立場から」『民事訴訟のスキルとマインド』346頁以下（判例タイムズ社、2010）を参照されたい。また、旧民事訴訟法の運用の中で口頭弁論が形骸化していく過程については、園尾隆司『民事訴訟・執行・破産の近現代史』235頁（弘文堂、2009）が詳しい。当初は、裁判官の事務負担を軽減するためにやむなく「準備書面のとおり陳述します」と一言で終えるという慣行が始まったとしても、裁判官の事

（3） 体制の不備

　民事訴訟が裁判所と弁護士との協力関係に基づいて行われるものである以上、民事訴訟の審理方法を改革するには、裁判所と弁護士との協力が必要である。しかし、新民事訴訟法施行前後を除いて、その協力は、必ずしも十分ではなく、裁判所と弁護士会との協議会が開催されても、弁論の在り方等の民事訴訟の根幹をなす手続の問題点について議論されることは少ない。

5　弁論活性化策

1　弁論規定の新設
（1） ドイツ民事訴訟法の改正

　ドイツ民事訴訟法は、日本の民事訴訟法の母法であるが、弁論に関する規定は、日本とは大きく異なる。弁論に関する主要な規定は、次のとおりである。

137条（口頭弁論の進行）

① 　当事者の陳述は、自由な対論においてなされなければならない。

139条（実体的訴訟指揮）

① 　裁判所は、事実関係及び訴訟関係について、必要である限り、当事者とともに事実及び法律の両面から討論し、かつ、問題の提起をしなければならない。

139条1項の上記規定は、裁判所が当事者間の自由な対論に参加して討論すべき義務を課している[11]。

　務負担が軽減され、弁護士数も飛躍的に増大した現在においても、「準備書面交換儀式」を続ける理由はない。弁論形骸化の原因は裁判官の数が足りないことにあるなどと弁解するのは、責任転嫁も甚だしいというほかない。

11）　2011年12月22日現在のドイツ民事訴訟法の翻訳として、法務大臣官房司法法制部編『ドイツ民事訴訟法典』（法曹会、2012）がある。また、その改正経緯については、Baumbach/Lauterbach/Albers/Hartmann, Zivilprozessordnung, 71 Aufl.（2013）, S. 707ff. を参照されたい。

(2) 弁論規定の提案

裁判長の釈明権等に関する日本の民事訴訟法の規定が弁論の形骸化の一因ともなっていることを考慮すると、ドイツ民事訴訟法を参考にして、以下のような弁論規定を設けるのはどうであろうか。

口頭弁論の進行

① 口頭弁論は、当事者の口頭による自由な対論によらなければならない。

② 準備書面は、これに記載した事項について相手方が準備するのに必要な期間をおいて、裁判所に提出しなければならない。

③ 裁判所は、必要である限り、口頭弁論期日前に提出された準備書面又は書証に基づいて、討論すべき事項を記載した書面を作成し、その事項について当事者が準備するのに必要な期間をおいて、これを当事者双方に送付しなければならない。

④ 裁判所は、事実関係及び訴訟関係について、必要である限り、当事者とともに討論し、問題を提起しなければならない。

1項は、間接型弁論を規定する日本の民事訴訟法とは異なり、直接型弁論(対論)を規定するものである。

2項は、準備書面の本来の役割を明示したものであり、現行民事訴訟規則79条1項と同趣旨の規定である。

3項は、後述する「ディスカッションテーマ」(簡易な争点整理案)の事前送付を規定するものであり、争点についての裁判所と当事者の認識を一致させようとするものである。

4項は、裁判所と当事者との間の討論を規定し、「準備書面交換儀式」に陥るのを防止するものである。

2 改革を支える体制

集中証拠調べは、大阪地裁を中心とする民事訴訟改善運動の成果である。このことを否定するものはいないであろう。私も、当時、大阪地裁において、井垣判事等の先駆的な裁判官のご指導を受けながら、集中証拠調べに取り組んでいた。その実体験に基づくと、民事訴訟改革が成功

するためには、次の3条件を満たすことが必要であろう。
　第1条件　意欲的裁判官
　日本の裁判所は、政治権力から一定の独立性を保ってはいるが、その反面、その長が選挙で選ばれる行政機関とは異なり、民主的コントロールが十分には及ばない組織である。裁判所の民主的基盤が弱いことは、最高裁の裁判官の国民審査が極めて形式的なことからも容易に理解することができる。この点からすると、裁判所は、ややもすると、行政機関以上に官僚的体質が強くなる危険性があることになる。その結果、平目裁判官が多いなどと揶揄されることになるのである。このような危険性がある裁判所において、積極ミスを恐れずに民事訴訟改革に取り組むのは、勇気がいることである。まず、このような勇気を持った意欲的裁判官の存在が必要である[12]。
　第2条件　寛容な司法行政
　当時の大阪地裁には、民事訴訟改革に取り組んでいる現場の裁判官に対し、「若い者に任せよう」といって、寛容な態度で民事訴訟改善運動を側面から支援した所長等の司法行政者がいた[13]。
　第3条件　弁護士会の協力
　当時の大阪弁護士会等は、東京に対する対抗心もあって、「裁判官が面白いことをやっているから協力してやろうか」といって、意欲的裁判官の試みに協力した。新しいことをする裁判官の足を引っ張ろうとする弁護士会も存在したといわれてきたとおり、弁護士は、依頼者のこともあってリスクをとることが困難であり、保守的な傾向がある。民事訴訟

---

[12]　大阪地裁では、新民事訴訟法制定直前において、部の垣根を越えて、執務時間外で、多数の裁判官が民事訴訟の運営についての研究会を開き、これに書記官や速記官も自主的に参加して熱心に議論をしていた。その成果が「コートマネージャー」としての書記官像につながっていった。まさしく「明治維新の前夜」の様相を呈していた。

[13]　当時の大阪地裁の所長は、畑郁夫所長であった。畑所長は、職員の管理ばかりに目が向きやすい管理者が多い中で、若い裁判官のやる気を引き出す魔術師のようであった。このような雰囲気がなければ、集中証拠調べは実現されなかったであろう。人間の価値は、後世の歴史家等が確定していくものであるが、畑所長の功績は、まちがいなく民事訴訟改革の歴史に残るものと思われる。

は、裁判官と弁護士との協力がなければ、円滑には進行しないから、弁護士会の理解又は協力が必要となる[14]。

3 Nコートの弁論活性化策
(1) 準備書面の事前交換

準備書面は、前記のとおり、弁論の準備のためのものである。そして、双方の弁論が噛み合って争点整理が深化するためには、期日前に準備書面が1通ずつ交換されていることが必要である。そうすることにより、2通の準備書面が陳述されるために2期日が必要とされる現在の民事訴訟の争点整理期間（口頭弁論期間又は弁論準備期間）を半減させることができる。その結果、平均モデルの計8回の争点整理回数（第1回口頭弁論を除く口頭弁論回数＋弁論準備回数）を4回程度にすることができる。そして、期日ごとに1通の準備書面が提出される現状と比べて、2通の準備書面が事前交換される場合には、準備書面作成期間が2通分必要となることから、争点整理期日の間隔が若干長くなることを考慮しても、審理期間は、少なくとも4か月程度（1月〔短縮された期日間隔〕×省略された期日回数4回）短縮されることとなる。そして、民事訴訟事件数がほぼ同じであるにもかかわらず、裁判官数や弁護士数が増加していることからすると、準備書面を事前交換しても、法曹実務家の負担が大幅に増えることもないであろう。

私（Nコート）は、次回弁論期日（弁論準備期日）を指定するに当たり、一方の当事者の準備書面の提出期限を定め、それに反論する相手方の準備書面の提出期限も定めていた。その結果、最初に準備書面を提出すべき義務を負っている当事者は、準備書面の提出が遅れると、裁判所のみならず相手方からも提出督促を受けることとなって、自然と期日前に準

---

[14] 大阪における民事訴訟改善運動においては、月に1回程度、大阪弁護士会の会議室において、大阪地裁と大阪弁護士会との間で、民事訴訟の改善に向けて熱心に議論が交わされた。裁判所と弁護士会との公的な協議会は、ともすれば、それぞれの利益擁護のために形式的なものになりやすいが、大阪地裁と大阪弁護士会との上記協議会は、民事訴訟改革に向けて互いに本音を言い合い、実り多いものであった。

備書面が交換され、期日における弁論が活性化されることとなった。

(2)「ディスカッションテーマ」の事前提示

当事者間のみで準備書面を交換しても、真の争点について当事者の理解が異なっていると、弁論は、議論が嚙み合わないものとなってしまう。これを防ぐためには、双方の準備書面が提出された段階において、裁判官は、争点についての双方の理解度を確認し、争点に関する当事者の理解が異なっている場合には、裁判所が理解している争点を記載し、弁論すべき点を明示した「ディスカッションテーマ」（簡易型争点整理案）を作成して、これを期日前に当事者双方に送付しておくことが必要である。そうすることにより、当事者も、争点を的確に理解して弁論を準備することができ、弁論が活性化することとなる。

なお、裁判官が「ディスカッションテーマ」を作成するに当たり留意すべきことは、判決に活用することができるような「ディスカッションテーマ」を作成することである。多くの裁判官は、争点整理案を作成するに当たり、判決に利用することができないようなものを作成しているが、これは、極めて不経済である。裁判官は、執務時間が限られているのであるから、時間の使い方に工夫を加えなければならない。裁判官は、無駄なことをせずに、審理の本体である弁論に力を注ぐべきである。

(3) 対話型の30分間弁論

「準備書面の事前交換」と「ディスカッションテーマの事前送付」により十分に準備された期日を活性化するためには、20分ないし30分程度の弁論時間が必要である。

そして、私（Nコート）の経験では、「ディベート型弁論」は、日本の弁護士にとって不慣れなもののようであり、「対話型弁論」の方が日本の弁護士に合っていると思われる。「対話型弁論」においては、日常会話と同じように、裁判官、原告、被告の三者間で対話をしていくうちに、自然と争点整理がされ、無駄な主張や人証申請が撤回され、当事者間に争点に関する共通認識が生まれてくる。日本の弁護士は、弁論が下手であるなどと批判されるが、私の法廷（Nコート）では、多くの弁護士は、充実した立派な弁論（対話）をされていた。裁判官の工夫の無さ

が「弁論の形骸化」の大きな要因であるように思われる[15]。

6 間接審理から直接審理へ

日本においては、弁論が裁判官を介しての間接型弁論であるように、和解や人証調べも、間接的なものになっている。これらの点については、別稿を予定しているので、本稿では、その問題点を指摘するにとどめたい。

1 交互面接和解
（1）交互面接和解の実状
日本で広く行われている交互面接和解は、和解協議において、裁判官が一方当事者のみと交互に面接し、当事者の互譲を引き出すというものである。

当事者は、相手方がいない席で、裁判官に対し、裁判官の心証を自分に有利に動かそうとする。換言すれば、和解協議は、当事者間の交渉ではなく、裁判官の有利な心証を目的にした「場外乱闘」の場となっている。

裁判官は、交互面接により、交互に入手した情報をコントロールし、和解協議を支配することができる。このような裁判官の和解運営に対しては、「詐欺和解」、「脅迫和解」であるとの批判もある。
（2）交互面接和解の問題点
ア　交互面接和解の理由付け
日本では、「交互面接和解」が主流であり、その主たる理由は、①当

15）　弁論活性化方策については、畔上英治「民事訴訟における口頭主義の実践」判タ150号9頁以下（1963）、竜嵜喜助「弁護士からみた弁論の活性化」ジュリ780号16頁以下（1982）、長　秀之「対論の充実について」伊藤乾教授古稀記念論文集『民事訴訟の理論と実践』209頁以下（慶應通信、1991）、中島弘雅「口頭主義の原則と口頭弁論の在り方」鈴木正裕先生古稀祝賀『民事訴訟法の史的展開』311頁以下（有斐閣、2002）を参照されたい。なお、口頭弁論の歴史については、竹下守夫「「口頭主義」の歴史的意義と将来の展望」『講座　民事訴訟4　審理』1頁以下（弘文堂、1985）が詳しい。

事者双方が顔を合わすと、喧嘩になる、②相手方がいる前では、本音が言えない、というものである。

しかし、①の理由については、当事者間で口論することがあっても、それ自体は、口頭弁論そのものであるし、関係者は、激昂した当事者を見て、紛争の真の原因を理解することもできる。

次に、②の理由についてであるが、そもそも対席で行う弁論においては、当事者双方は、本音で弁論をしていないのであろうか。

イ　適正手続違反

「交互面接和解」にも一定の価値があるとしても、「適正手続の保障」という民事訴訟の基本原則からすると、「交互面接和解」には、大きな疑問が残る。これ以上に問題なのは、「交互面接和解」は、前記のとおり、裁判官が全ての情報を入手して、和解協議を自由にコントロールすることができる点である。裁判官主導の「交互面接和解」は、弁論主義等の当事者主義の精神に反するし、裁判官を仲介者とする「当事者間の交渉」であるという和解協議の本質を無視していることにもなる。

当事者本人に対する実態調査の結果によると、交互面接和解は、当事者が公平さに疑問を抱き、当事者の満足度を低下させ、法曹が最も重視すべき「司法に対する信頼」を損ねているのではないかと思われる[16]。

2　集中証拠調べ
(1)　集中証拠調べの実状

司法統計によると、1期日又は2期日で人証調べを実施する集中証拠調べは、ほぼ日本の実務に定着したようである。しかし、現在広く行われている集中証拠調べは、弁護士が作成した人証の「陳述書」を基に、複数の人証を同時に取り調べるだけであって、先駆的裁判官が目標としていた「事案解明の工夫」はほとんどされていない。これでは、「弁護

---

16) 伊藤眞ほか・前掲（注4）33頁以下〔菅原郁夫発言〕。和解又は口頭弁論におけるフェアネスの重要性を力説するのは、坂元和夫「交互方式による和解の問題点」谷口安平・坂元和夫編著『裁判とフェアネス』170頁以下（法律文化社、1998)、同「口頭弁論の活性化」谷口安平・坂元和夫編著『裁判とフェアネス』185頁以下（法律文化社、1998）である。

士の作文」と酷評される「陳述書」の影響もあって、集中証拠調べは、本来の機能を発揮していないことになる。

（2）集中証拠調べの現状の問題点

　大阪地裁等の先駆的な裁判官が集中証拠調べの目的としたのは、人証調べを集中することによって、人証の汚染を防ぐとともに、裁判官が新鮮な心証を抱くことができ、それにより事案解明を図ることである。換言すれば、同時に複数の人証を調べることにより、人証調べの工夫を行うことができる点に集中証拠調べの意義があるのである。人証調べの工夫の代表例は、「対質尋問」である[17]。

　複数の人証を同一期日に個別に取り調べるのであれば、他の人証調べの結果をみてそれと口裏を合わせるという人証の汚染を防ぐ効果はあるものの、人証同士が直接顔を合わせて人証の記憶の正確性を検証するなどの効果を期待することはできない。ここでも、人証は、他の人証と隔離されて、裁判官又は代理人を介して間接的に他の人証の供述を聴くにとどまることになる。

3　実務のさらなる工夫の必要性

　新民事訴訟法施行から既に15年が経過し、新民事訴訟法誕生の秘話等を知らない世代の実務家が増えてきた。また、新民事訴訟法成立を担った実務家のほとんどが現場の第一線から消え去ろうとしている。バブル経済崩壊後の日本経済と同じように、民事訴訟の世界も「失われた15年」となるのかという岐路に立っているように思われる。民事訴訟改善の動きが乏しいと一抹の寂しさを感ずるのは私だけであろうか。実務家のさらなる工夫を期待して筆を擱きたい。

---

17)　西口元「対質尋問の実証的研究」『中村英郎教授古稀祝賀　民事訴訟法学の新たな展開　上巻』265頁以下（成文堂、1996）。

争点整理手続の構造と実務

加藤 新太郎
Shintaro KATO

1　はじめに
2　争点整理手続の沿革と現在
3　争点整理の意義と構造
4　争点整理の実体形成機能
5　争点整理の手続的規律
6　争点整理の問題事例
7　むすび——実効的な争点整理のための課題——

1　はじめに

　平成民事訴訟は争点中心審理を目指した。争点中心審理は、「民事訴訟の基本原則の下、できるだけスピーディに紛争の全体像を押さえて、事件の振り分けを行い、裁判所と当事者及び訴訟代理人とが協働して、的確な争点整理を行い、争点を解明する最良の証拠を提出し、証拠調べを集中的に実施する」という審理モデルである[1]。これは、民事訴訟の基本構造に整合した、機能的な審理モデルということができる。
　民事訴訟の基本構造は、原告の主張する事実に対して、被告がこれを

---

1) 竹下守夫「新民事訴訟法制定の意義と将来の課題」竹下守夫編集代表『講座新民事訴訟法Ⅰ』5頁（弘文堂、1998）、同「新民事訴訟法と証拠収集制度」法学教室196号6頁（1997）、今井功「争点・証拠の整理と審理の構造」前掲『講座新民事訴訟法Ⅰ』201頁、加藤新太郎①「争点整理手続の整備」塚原朋一他編『新民事訴訟法の理論と実務（上）』211頁（ぎょうせい、1997）、同②「弁論準備手続の機能」青山善充＝伊藤眞編『民事訴訟法の争点〔第3版〕』164頁（有斐閣、1998）、同③「民事訴訟における争点整理」加藤新太郎編『民事訴訟審理』135頁（判例タイムズ社、2000）、菊井維夫＝村松俊夫原著・秋山幹男＝伊藤眞＝加藤新太郎＝高田裕成＝福田剛久＝山本和彦『コンメンタール民事訴訟法Ⅲ』450頁（日本評論社、2008）。

争い、裁判所が形成された争点に照準を合わせて証拠調べを行って事実認定し、法を適用して結論（判決）を出すというものである。このような基本構造をもつ民事訴訟手続が適切に機能するためには、事案に適合した争点を形成し、争点に照準を合わせた無駄のない集中的な証拠調べをすること（182条）、すなわち争点中心審理が不可欠となる[2]。争点中心審理ではなく、争点中心型審理ないし争点指向型審理という言い方がされることがあるが、いくつかの審理モデルのうちの一つの型として、争点中心審理を観念するような趣があり、措辞適切とは思われない。

このような争点中心審理を支えるものは、「①証拠収集手続の整備・拡充とその活用、②随時提出主義から適時提出主義へ、③争点整理手続の効果的実施、④最良証拠の提出、⑤集中証拠調べ」であるが、その中核を担うものが争点整理手続である。

実効的な争点整理により、当事者は証明の対象・反証の対象を具体的に認識することが可能となる結果、事案の見通しを立てやすくなり、納得の得られやすいフェアで透明度の高い審理プロセスとなる。また、裁判所にとっても、実効的な争点整理を実施することは当事者に了解可能で透明度の高い手続進行を図るために不可欠のものとして要請されるところである。

それでは、民事訴訟の実務において、実効的な争点整理は首尾よく実現できているであろうか。結論を先取りしていえば、多くのケースでは上手くいっているが、少数のケースでは、争点整理に失敗している。不首尾の要因は複数あると思われるが、その一つとして、訴訟代理人及び裁判官の争点整理及び争点整理手続の構造と意義に関する理解度の深浅に起因しているように観察される。

そこで、本稿では、争点整理手続の構造及び機能・あり方について、これまでの議論を棚卸しつつ、現在問題として再考することにしたい。

---

2) 争点中心審理の対極にあるのが、五月雨式に期日を重ね、争点が絞り込まれないまま、当事者間の主張と反論の応酬を繰り返し、吟味されず適切でもない証拠が期日の都度提出されて記録が膨大になり、遂に道筋を描くことができないまま漂う五月雨式審理、漂流型審理である。

その構成としては、争点中心審理の中核としての争点整理手続の沿革を押さえたうえで現在状況を確認し（2）、争点整理の意義と構造（3）、争点整理の実体形成機能（4）、その手続的規律（5）、問題事例（6）という順序で考察し、むすび（7）で、実効的な争点整理のための課題を展望して稿を終える。本稿のモチーフは、現行民事訴訟法における実効的な争点整理及び争点整理手続の再生にある。

2　争点整理手続の沿革と現在

1　争点整理手続の沿革

　争点整理手続は、準備的口頭弁論（164条～167条）、弁論準備手続（168条～174条）、書面による準備手続（175条～178条）の3類型が定められている。その沿革について、簡単に振り返っておこう。

　旧民事訴訟法の準備手続は、大正15年改正において、訴訟の促進・審理の適正を目指して、それまでの適用範囲の狭かった準備手続を一般化し、拡充されたが、その後の立法的手当てにもかかわらず、所期の効果を挙げられなかった。

　昭和31年改正においては、継続審理規則（「民事訴訟の継続審理に関する規則」〔昭25最高裁規則27号〕）に代えて制定された旧民事訴訟規則により、準備手続を事件が繁雑なときに限ることとされたが（旧規則16条・17条）、同様にうまくいかなかった。

　準備手続が不振であった原因としては、次の点が指摘されている[3]。
　第1に、準備手続裁判官の権限が十分なものになっていなかった。
　第2に、失権効との関係で不必要な主張・証拠の提出がされることが

---

3)　三ヶ月章『民事訴訟法（法律学全集）』367頁（有斐閣、1959）、同「わが国の準備手続制度の問題点」『民事訴訟法研究（3）』189頁（有斐閣、1963）、伊東眞「民事訴訟における争点整理手続」曹時43巻9号6頁（1991）、上原敏夫「訴訟の準備と審理の充実」新堂幸司編集代表『講座民事訴訟（4）』206頁（弘文堂、1984）、高田裕成「争点及び証拠の整理手続終了後の新たな攻撃防御方法の提出」鈴木正裕先生古稀祝賀『民事訴訟法の史的展開』372頁（有斐閣、1900）、加藤新太郎『手続裁量論』31頁（弘文堂、1996）。

少なくなかった。

　第3に、準備手続を終結する場合には、原則として要約調書等の作成が必要とされ、その負担が準備手続の利用に当たっての裁判官の心理的制約になっていた。

　第4に、準備手続後に続く集中証拠調べがなく、その重要性についての認識が弱かったため、裁判所・弁護士とも争点整理の必要性を感じることが少なかった。

　他方、昭和50年代以降、審理充実・訴訟促進の観点から、裁判所と当事者がインフォーマルな形で事案について意見交換する中で早期に争点を確定することを目的として「弁論兼和解」期日が活用され始め、成果を収めるようになった。弁論兼和解は、その実態において、争点整理と和解手続の融合であり、法廷以外の準備室・裁判官室において和やかな雰囲気のなかで、争点整理をしながら、和解手続への乗り入れ可能なものとして実施され、その柔軟で融通無碍なところが便利であるとされた。しかし、弁論兼和解は、その手続的根拠が問われるものであったし、和解手続との境界がはっきりせず、そのため当事者の対席が必ずしも保障されておらず、その期日に行われる行為の範囲も明確でない等のさまざまな問題点があった。また、記録化との関係で、裁判官の更迭に際して、後任の裁判官が従前の手続進行が分からなくなっているようなルーズな事態も生じていた。

　そこで、弁論準備手続は、準備手続・弁論兼和解についての問題状況を考慮して、準備手続の問題点を改め、弁論兼和解の争点整理手続への純化を図った。すなわち、弁論準備手続は、準備手続の問題点に対応して、次のような改善がされた。

　第1に、準備手続裁判官の権限が十分でなかった点につき弁論準備手続において行うことができる行為の範囲を拡張した（170条2項）。

　第2に、失権効との関係で不必要な主張・証拠の提出がされることが少なくなかった点につき、失権効を基本的になくして、提出制約効（説明要求権と説明義務）にシフトした（174条）。

　第3に、準備手続を終結する場合の要約調書等作成の負担が手続の利

用に当たっての裁判官の心理的制約になっていた点につき、弁論準備手続の結果を取りまとめる負担を軽減した。

　第4に、弁論準備手続を終えた後は、「できる限り」という留保付きではあるが、集中証拠調べを採用することを明文で定めた（182条）。

　弁論準備手続が新設されたことに伴い、現行法下では、旧法下におけるような弁論兼和解を実施することはできなくなった（不適法になった）と解される[4]。

2　平成民事訴訟法の展開と争点整理の現在

　私は平成10年4月から3年半にわたり東京地裁民事部に勤務した。その折の経験からしても、平成8年民事訴訟法は、平成10年1月から施行されたが、実際の民事訴訟の運営の変化には目覚ましいものがあったと言える[5]。

　第1に、事件を振り分け、第1回期日に当事者が欠席した事件など実質的な争いのないケースを除き、弁論準備手続に付する運営が一般化した。

　第2に、弁論準備期日には、30分なり1時間を取って、口頭で準備書面あるいは証拠を基にして議論をする。議論の内容は、規範適用に意味のある事実主張で一致しない点（争点）はどこか、この証拠は主張との関係で意味があるのか、ないのか、何を証明しようとするのか、証拠価

4）　加藤・前掲注1）①「争点整理手続の整備」220頁、滝井繁男「当事者からみた弁論準備手続をめぐる若干の問題」判タ915号52頁（1996）、坂元和夫「新法下の口頭弁論とその準備——実務的展望」自正48巻6号42頁（1997）。

5）　新堂幸司＝高橋宏志＝加藤新太郎「鼎談　民事訴訟の現在と展望」新堂幸司監修『実務民事訴訟講座〔第3期〕④民事証拠法』10頁〔加藤発言〕（日本評論社、2012）。なお、伊藤眞ほか「改正民事訴訟法の10年とこれから（1）～（3）」ジュリ1366号120頁、1367号98頁、1368号102頁（2008）、高橋宏志ほか「新民事訴訟法の10年」判タ1286号5頁（2009）、東京地裁プラクティス第1委員会「民事訴訟の現状と今後の展望（1）—主張整理関係」判タ1301号5頁（2009）、東京地裁プラクティス第2委員会「民事訴訟の現状と今後の展望（2）—証拠調べ関係」判タ1301号23頁（2009）、須藤典明「実務からみた民事訴訟法10年と今後の課題」民訴雑誌55号94頁（2009）、菅野雅之「民事訴訟の促進と審理の充実—民事訴訟法改正後15年を経過して—」田原睦夫先生古稀・最高裁判事退官記念『現代民事法の実務と理論（下）』968頁（きんざい、2013）も参照。

値はどの程度のものかという具体的なものである。こうした議論を2、3回ほど弁論準備期日で行うと、事件のコア、すなわちここで勝敗がつくというポイントが、裁判所にも双方の訴訟代理人弁護士にもよく分かる。さらに、裁判官は、提出証拠の構造や優劣から考えて、どのような筋道で心証を取るべきかについても見当がつく。

第3に、弁論準備期日で揉むと、かなりの割合で、人証に入る前に和解で話のつくものは終わらせようという和解の機運が訴訟関係者に生じる。

第4に、したがって、人証調べをすべき案件が絞られ、集中証拠調べが効率的に実施することができる。1期日で人証を2人から4人ほど実施する[6]と、裁判所も双方訴訟代理人の弁護士も、証拠調べの結果について心証を共有することが可能になる。そこで、さらに和解ができやすくなる。

第5に、争点が明確になっており、それにフォーカスして証拠調べをしているので、心証形成の難しさは相対的に低下し、裁判官の判決書作成にも苦労が少なくなる。

従前の実務では、訴訟代理人は口頭弁論期日のたびに少しずつ準備を重ね、裁判官も期日の都度に訴訟記録を見直すような形態で進行していた民事訴訟が、格段にスピーディに進行するようになったのである。もっとも、これには、相当の地域差がみられたことも事実である。例えば、東京、大阪などの大都市及びその周辺の地裁、あるいは実務の改善・審理充実を行っていた地裁などでは、弁護士も、前倒しで訴訟の準備をし、訴状・答弁書に基本的な書証も付け、早い段階で争点がクリアになるような書面を応酬するという訴訟活動に変わっていった[7]。しか

---

[6] 旧法下では人証実施事件が4割であったものが、現行法施行後は3割に減少しているが、平均の人証数は、2.2人から2.7人に増えている。また、集中証拠調べの実施率は65％で、人証調べの必要な案件の3件に2件が集中証拠調べで行われている。すなわち、争点整理を適切に行い、人証調べを実施する事件自体は絞っているが、調べた人証の数は、むしろ現行法下の方が多く、それが集中証拠調べで実施されるというのが、民事訴訟の現在である。この点につき、濱田陽子「人証調べの分析」判タ1307号40頁（2009）。

[7] 現行法では、訴状に、請求の趣旨および請求の原因のほか、請求を理由づける事実を具体的に記載し、重要な間接事実および関連証拠を記載すること（規則53条）や基本的

し、地域によっては、そうでない昔ながらの、まず骸骨の裸踊り的な訴状を出しておいて、相手方の反応を見ながら口頭弁論期日に合わせて徐々に準備していくというスタイル、相手方の主張を否認する場合でも積極否認をすることが民事訴訟規則で明定されたが、ささいな争点でも、不知ないし単純否認と答弁し、「あとはそちらの立証責任、お手並み拝見」という昔ながらのスタイルも残っていた[8]。しかし、地域的偏差があり、属人的な問題はあるにしても、現在では、相当なケースについて争点整理手続を実施することは、一般化している。実証的なデータをみると、民事一審訴訟（過払い金請求訴訟を除いたもの）における争点整理実施率は、欠席判決で終局した事件を除き、45％台である（平成17年～平成22年）。また、審理期間が6カ月を超えるものでみると、75％台～77％台で推移しており（平成17年～平成22年）[9]、このことを裏付けている。

　また、控訴審における事後審的運営が拡大していることも、その例証といえよう。例えば、東京高裁の近時の審理の状況をみると、控訴事件について第1回口頭弁論期日で結審される事件の割合が7割を超している。これは、原審において、適切な争点整理がされ、争点に照準を絞っ

　　書証の写しを添付すること（規則55条）などを求めた。このことの意味合いについて、遠藤賢治「訴状及び答弁書の記載の手続的意義」『民事訴訟にみる手続保障』29頁（成文堂、2004）。現行法施行直後は、弁護士が、第1回期日に、訴状に添付した基本的書証の原本を持参する習慣がついておらず、せっかく書証の写しを添付しているのに、その証拠調べができないことが、しばしばみられた。特に、月曜日の午前中の口頭弁論期日では、弁護士が自分の事務所に立ち寄らず、自宅から裁判所に直行する場合、原本を持参していないことが多かった。しかし、現在では、弁護士は、事案について自己に有利な印象を裁判官に与えるためには、背景事実にまで及ぶ充実した訴状と主張を裏付ける的確な証拠を早期に提出した方がよいという認識が広がったこともあり、そうした事例は少なくなった。
8) 平成13年から司法研修所一部の教官を担当したが、各地裁で民事単独事件を担当する特例判事補以上の裁判官の研修では、その時期においてもなお「わが地裁ではまだ平成8年民訴が実践されていません」と実情紹介をする裁判官がみられた。
9) 吉岡大地＝西尾洋介＝亀村恵子「第4回裁判の迅速化に係る検証結果（平成23年7月公表）について」判タ1352号33頁（2011）、最高裁判所事務総局『裁判の迅速化に係る検証に関する報告書（概況編）（平成23年7月）』31頁。なお、近藤隆司「争点整理手続の分析―弁論準備手続は制度目的を達成しているか？」判タ1307号31頁（2009）も参照。

た証拠調べがされたケースが多くなっていることが背景にある。

　控訴人は、控訴審において、原審の判断につき不服とする点を明示する。そして、控訴人が不服とするような判断がされた原因の類型としては、「①自らの主張が不足していた、②立証が不足していた、③主張・立証は足りていたが、裁判官が法規・経験則の適用や証拠評価を誤った」のいずれかである。①において、請求権を根拠づける要件事実（主要事実）が不足していたとすれば、主張自体失当と判断されるから、多くの場合は不足していたのは間接事実ということになる。②については、追加立証を伴うことが多く、③については、当てはめや評価の問題であって、事実の問題ではない。原審において争点が明確になっている場合には、①ないし③のいずれであっても、控訴人は控訴理由において不服個所・内容の指摘はしやすいし、被控訴人もこれに対して反論をすることが容易である。当然のことながら、控訴審裁判所も当該案件についての全体及び不服の内容を理解しやすい。したがって、②の立証の追加として書証を提出する場合、控訴審で申請された人証を却下する場合も含めて、控訴審として、1回の期日で結審することが可能になるのである[10]。

　もっとも、控訴審においても、争点整理を実施する必要を感じるケースはあるが、これは、一審において、実効的な争点整理が行われなかったものがほとんどである。また、争点整理期間の長期化傾向も指摘されている。すなわち、経年変化（平成17年～平成22年）でみると、平均争点整理期間は、平成18年の10.7月から、平成22年の11.9月に、平均争点整理期日回数は、平成17年の5.9回から、平成22年の6.3回になっているという状況にある[11]。

---

10) 控訴審における一回結審という実務に関しては、「事後審的審理」であるという批判がある。例えば、松本博之「控訴審における『事後審的審理』の問題性」『青山善充先生古稀記念論文集　民事手続法学の新たな地平』461頁（有斐閣、2009）、勅使河原和彦「シンポジウム上訴の理論的再検討―続審性の変容？」民訴雑誌53号111頁（2007）、上野泰男「続審性と控訴審における裁判資料の収集」前同115頁。本文は、控訴審における一回結審という実務は一審における適切な争点整理の実施と関連があることを指摘するものであり、本稿では、上記の問題には立ち入らない。

民事訴訟の目的を考えると、可及的速やかに実効的な争点整理を実施することが要請されることは自明である。そこで、そのための前提はどのようなものかを明確にすることが必要になるが、以下では、争点整理の意義と構造、争点整理の実体形成機能、その手続的規律を復習したうえで、問題事例を考察する中で、これを明らかにしていくことにしたい。

3　争点整理の意義と構造

1　争点整理の意義

　争点整理とは、訴訟物に関して、十分な主要事実が主張されているか、主要事実を推認させる間接事実・推認を妨げる間接事実にはどのようなものがあるか、主要事実・間接事実を証明する証拠方法の信用性を左右し得る補助事実は何かなどを確定し、それらの事実に関連する証拠を挙げ、書証については認否（の予定）を相互に確認したうえで、相手方が争う事実と、争わない事実とを区別し、証拠調べの対象を限定する作業を指す[12]。

　これを敷衍すれば、争点整理において行うことは、次の事項である[13]。

　第1に、当事者が主張証明すべき要件事実（主要事実）とその認否である。民事訴訟において意味をもつ事実（判決において勝敗の帰趨を決するもの）は、その事実を認定することができるか否かによって、主張するところの請求権が発生しているか、消滅しているか、阻止されるものであるか等が判定されることになる要件事実（主要事実）である。これは、要件事実論における争点形成機能、訴訟運営の指標機能といわれるものである[14]。

---

11)　吉岡ほか・前掲論文判タ1352号33頁。
12)　山本和彦「争点整理手続について」民商110巻4＝5号696頁（1994）、加藤・前掲注1）①「争点整理手続の整備」213頁、村田渉「争点整理手続」大江忠＝加藤新太郎＝山本和彦編『手続裁量とその規律―理論と実務の架橋をめざして』98頁（有斐閣、2005）、前田順司「弁論準備手続のあり方」上谷清・加藤新太郎編『新民事訴訟法施行3年の総括と展望』137頁（西神田編集室、2002）。
13)　加藤新太郎編『民事訴訟実務の基礎〔第3版〕』154頁〔村田渉〕（弘文堂、2011）。

第2に、要件事実（主要事実）の存否に影響する重要な間接事実とその認否である。主要事実レベルで決着がつかない事項については、間接事実の争いとなるし、証拠方法の信用性に関する補助事実の争いになる場合もある。いずれにしても、事実には、①不要証事実（争いのない事実、公知の事実など）、②主要事実（例えば、金銭消費貸借における貸主から借主への銀行口座振り替えの事実）、③間接事実（例えば、金銭消費貸借における借主の懐具合の変化）、④補助事実（契約書作成者の契約書作成時とされる時点のアリバイ）などがあり、争点を証明することのできる度合いもさまざまであるが、経験則を選択・適用しつつ、これを適切に行うことが要請される。

　第3に、争いのない事実と争いのある事実（争点）とを確定することである。争点とは、規範適用において意味のある事実に関する主張の不一致のことである。主要事実、間接事実、補助事実のいずれもが、争点となり得るのである。

　第4に、人証調べをする必要のある実質的争点を確定することである。主張の不一致により争点となったものは、形式的には争点であるが、そのすべてが、その後の証拠調べによって立証事項（証明テーマ）とされるわけではない。規範適用において意味のある事実か否かがポイントとなる。その意味でに、間接事実によって主要事実を推認する度合いには濃淡があるが、いずれにしても推認の構造を意識した主張と反論が必要となるのである。

　第5に、立証事項（証明テーマ）と証拠との関係の確認である。これは、証拠の整理ということになる。

2　争点整理の構造

　争点は、規範適用において意味のある事実に関する主張の不一致のことであるから、争点整理も、これを対象に行うことになる。

　問題は、争点整理の対象を規範適用において意味ある事実に限定する

---

14)　加藤新太郎「要件事実論の到達点」新堂幸司監修『実務民事訴訟講座〔第3期〕⑤証明責任・要件事実論』35頁（日本評論社、2012）。

かどうかであり、この点について学説は、厳格説と緩和説とが対立している。

多数説は、争点整理の対象を規範適用において意味ある事実に限定して考える「厳格説」であるが、「緩和説」も有力である。緩和説には、①和解などに役立つ背景事情・周辺事情についての認識の不一致も争点であると捉える見解[15]、②事件の背後にある社会的事実、その訴訟の前提となる社会的紛争実態が何であるかをも視野に入れた争点整理をすべきであるとする見解[16]がみられる。

緩和説（①②の見解）の含意するところを、訴訟運営論の観点から実践的に再構成して、争点整理を原則型（基本型）と応用型とに分けて考えることも可能であろう。すなわち、紛争の全体像・紛争の経過を把握することは、経験則の適用や証拠評価において紛争の全体像を踏まえないと判断を誤る微妙なケースについては必要不可欠といえるし、いわば案件の実質に着目して手続をどのように運営していくか、例えば、和解の方向に誘導するか、判決による解決に赴くかなどを考える手続運営論的思考としても必要であると解される。したがって、争点整理は、一次的には規範適用において意味ある事実を対象とする（原則型・基本型）が、二次的に背景事情を対象とすることを許容してよい（応用型）であろう[17]。

これを敷衍すると、事案の実質からみて、実務的には、次のような類型が想定される。

【A】 一定の事実関係が明確になれば、他の細かな背景事情如何にかかわらず結論が動きそうにない場合

【B】 主要事実そのものが証拠に照らしても漠然としており、背景事

---

15) 伊藤・前掲「民事訴訟における争点整理手続」曹時43巻9号4頁。
16) 篠原勝美ほか『民事訴訟の新しい審理方法に関する研究』司法研究報告書48輯1号68頁（法曹会、1996）。
17) 加藤・前掲注1）③「民事訴訟における争点整理」148頁。なお、この論文では、もっぱら手続運営論的思考の側面から、このように考えていたが、本文で述べたように、経験則の適用や証拠評価において紛争の全体像を踏まえないと判断を誤る微妙なケースも視野に入れるべきである。

情などを押さえることに意味がない場合

【C】 認定すべき事実の意味合いについて、評価を加えて認識することが必要な場合

【D】 争点となっているのが紛争の一部であり、全体の構図を押さえることにより事件のスジを見通しやすくなる場合

【E】 和解的解決が適切であり、そうした解決を図ろうとする場合

これらのうち【A】【B】は、厳格説でも緩和説でも、問題なく争点整理の対象は規範適用において意味ある事実に限られ、背景事情に立ち入る必要はない。

これに対して、【C】【D】【E】は、厳格説においては、争点ではないものについて証拠調べを許容するのは難しいから、緩和説でなければ、背景事情をも対象とする争点整理をすることができないと考えられやすい。しかし、【C】【D】については、背景事情にも規範的な意味がある場合であるから、実効性ある争点整理という観点からは、これも争点整理の対象とすることが相当である。すなわち、争点整理は規範適用において意味ある事実を対象とするが、間接事実・補助事実はもとより、背景事情であっても立証事項（証明テーマ）の評価判断に影響を及ぼす場合（そのような意味で背景事情が規範的な意義を有する場合）には、争点整理の対象としてよいといえよう。

【E】は、和解的解決のための背景事情を争点整理の対象とすることになるが、これを、規範的な議論として肯定するか否かが分水嶺である。厳格説は、和解的解決のための背景事情の争点整理は相当とはいえないと考える[18]。確かに、和解のための背景事情の整理作業が必要な場合には、和解協議ないし意向調整として自覚的に行われるべきであるというのは正論であるし、そうした運用は望ましいともいえる。しかし、実際にみられる多様なケースの存在を考えると、「この背景事情に規範的な意味はないから、一切争点整理の対象としないし、証拠調べもしな

---

18) 中間的な立場から、和解的解決のための背景事情を争点整理の対象とすることは、規範的な議論としては相当とはいえないとするのは、菊井＝村松原著・前掲『コンメンタール民事訴訟法Ⅲ』458頁。

い」という運用は、いささか柔軟性を欠く場合もないとはいえないであろう。当事者双方が和解するために、一定の背景事情について証拠調べをしてほしいという意向を有している場合には、規範的な観点のみから、これを拒むのは相当とはいえないように思われる。なるほど、一律に和解まで視野に入れた争点整理は、整理すべき事実群が拡散する懸念がないとはいえない。しかし、争点は証拠調べに連動するものである。例えば、当事者が和解的解決を視野に入れて証拠調べを望んでおり、裁判所も訴訟運営全体からみて有益と考える場合には、規範適用において意味ある事実ではなくとも、証拠調べを実施することは相当ではなかろうか[19]。このように考えると、柔軟性を維持して状況適合的な争点整理を実施することのできる緩和説を、なお支持すべきであろう。

4　争点整理の実体形成機能

1　争点の範囲の縮小

　争点整理の機能は、第1に、争点の範囲の縮小にあるが、同時に、争点の明確化ということを意味する。争点の範囲の縮小とは、一見すると複数あるようにみえる争点を限定していくことである。例えば、次のようなものが、それである。

　【ケース1】　保証契約の成否および効力が問題となるケースにおいては、原告の主張の構成の仕方によって、①本人による保証契約の成否、②代理人による保証契約の成否、③表見代理の成否、④追認の成否のいずれもが論理的には争点になりうる[20]。しかし、教科書設例のような総花的な争点整理は、実際には必要ないことが少なくない。

---

19)　村田・前掲「争点整理手続」『手続裁量とその規律』100頁。山本・前掲「争点整理手続について」民商110巻4＝5号696頁も、「背景事情について両当事者間で争いがある場合、その点が解明されれば和解成立の可能性が高いときは、これについても証拠調べが可能である」とされる。

20)　加藤・前掲『手続裁量論』20頁、菊井＝村松原著・前掲『コンメンタール民事訴訟法III』456頁。

このようなケースで、①②の構成が生じ得るのは、保証契約を実際に締結したのが、保証契約の保証人ではない第三者である場合であるが、その第三者が保証人の使者か、代理人かにより、①②が決まることになる。また、②③は、代理権授与の範囲の内か外かにより、いずれかに決まる。④は、①ないし③のいずれとも両立するが、契約時までの事実関係でなく、契約後における追認という評価を基礎づける事実が証明対象とされる。追認の基礎づけ事実は、①②を推認させる間接事実とも重なるものである。

　裁判官・双方の訴訟代理人は、以上のような考慮事項を共有し、被告の具体的な争い方との関連において、あるいは、原被告が提出できる証拠資料との関連において、争点を①ないし④のいずれかに絞っていくような作業が、争点の範囲の縮小である。

【ケース2】　　医療訴訟において、医師の患者に対する麻酔薬の過剰投与ないし不適切投与の過失の存否が問題とされるケースがある。この類型の中にも、①麻酔投与の適応について検査することなく手術において麻酔を投与して事故を発生させるもの（適用欠如型）、②不適切な麻酔を投与して事故発生させるもの（不適切投与型）、③過剰な麻酔を投与して事故発生させるもの（過剰投与型）などのパターンがみられる[21]。

　争点整理において、このパターンのうち、当該事案に適合的な構成を、証拠との関係、すなわち証拠で認定可能な事実との関連を考慮しつつ、いずれかに収斂させていくことが必要となる。その結果、過剰投与型で主張を整理し、さらに、麻酔医について「個々の能書に規定する年齢、体重、身長等による増減を考慮し、他の薬剤との相互作用を考慮した麻酔薬総量に対する配慮をすべき義務」を措定することができれば、争点整理としては、成功ということができる。これは、争点の範囲の縮小であるとともに、争点の明確化である。

---

21)　加藤新太郎「麻酔薬投与の過誤と患者の死亡との間の因果関係」判タ1312号53頁（2010）。

2 争点の深化・展開

争点整理の機能は、第2に、争点の深化・展開にある。争点の深化・展開とは、争点の対象を直接事実から間接事実・補助事実へ展開していくことである。これは、争点の明確化という機能を有する。例えば、次のようなものが、それである。

【ケース3】　契約の成否が争点となっているケースについて、主要事実レベルの争いを詰めていくことにより、意思表示をした者が契約当日に契約したとされる場所には行くことのできない別の場所にいたか否か（アリバイの有無）という補助事実レベルの事実上の争点になった[22]。これは、争点の深化・展開である。

【ケース4】　契約書の成立の真正が問題とされているケースについて、押印されている印章が契約書作成者のものか否かという真偽に絞って証拠調べをすれば解明される争点として整理された[23]。これも争点の深化・展開である。

【ケース5】　保険金請求において、抗弁である「故意による事故招致」である旨の主張がされたケースについて、①被害者の保険加入の状況（多種類・多額の保険に加入していないか、収入との均衡）、②過去の保険金受給歴（不審なものはないか）、③事故の態様・原因（不自然さの有無）、④事故の衝撃と受傷との対応関係、⑤治療経過（不自然さの有無、医師に対する容体説明の適否）と他覚的所見の有無、⑥事故後の生活状況と主張する後遺障害との対応関係などの間接事実レベルの争点として整理された[24]。ここでは、間接事実群又は特定の間接事実から、主要事実である「故意による事故招致」を推認できるという理路（推認の構造）と推認できる程度についても、裁判官と当事者双方との間で共通の認識を形成することが要請される。これも争点の深化・展開にほかならない。

---

[22] 加藤・前掲『手続裁量論』21頁、菊井＝村松原著・前掲『コンメンタール民事訴訟法Ⅲ』456頁。

[23] 加藤・前掲『手続裁量論』20頁、菊井＝村松原著・前掲『コンメンタール民事訴訟法Ⅲ』456頁。

[24] 加藤・前掲注1）③「民事訴訟における争点整理」153頁。

争点の深化・展開についても、相手方の具体的な争い方との関連において、あるいは、提出できる証拠資料との関連において、争点＝証拠調べにおける立証事項（証明テーマ）の確定を図ることが要請される。【ケース3】【ケース4】は、争点の範囲を、絞っていく作業ということができるが、【ケース5】は、争点を明確化する作業である。

争点の範囲の縮小にしても争点の深化・展開にしても、裁判官が経験則をもとにした主張・反論のかみ合わせに留意するほか、暫定的な証拠評価についても心証を披歴し[25]、双方の訴訟代理人と議論することが、実践的には有用である。

3　主張の切捨て警戒論

争点整理手続における争点の範囲の縮小（争点の絞り込み）について、当事者にとっては争点を圧縮することは主張の切捨てを意味するとして、消極に解する見解[26]もみられる。これは、次のようなケースを懸念しているのである。

【ケース6】　賃貸借契約解除に基づく家屋明け渡請求訴訟において、解除原因として、賃料不払い、無断増改築、用法違反などいくつかの主張がされている。こうした場合には、相互の軽重はつけられるとしても、ひとつの主張に絞り込むことは困難である。

現実のケースは多様であるから、複数の契約解除原因が主張可能な場合に、ひとつの主張に絞り込むことが困難であることは想定される。しかし、そのような場合であっても、相手方の争い方や提出できる証拠資料との関連において、当事者として、攻防のポイントにしたい争点を明確にできることは多いであろう。そのように主張に優勢順位をつけることも、それをしない場合と比較すれば、総花的主張という印象は減り、審理の充実＝証拠調べの実効化に資するものといえる。これも、広い意味での、争点の範囲の縮小（争点の絞り込み）と考えることができる。

---

25)　裁判官が争点整理にために心がけるべき心証開示のあり方については、加藤新太郎「心証開示」大江ほか・前掲『手続裁量とその規律』250頁。
26)　坂元・前掲「新法下の口頭弁論とその準備」自正48巻6号37頁。

争点整理手続における争点の範囲の縮小（争点の絞り込み）は、それ自体が自己目的となるものではなく、複数ある主張を常に一つに限定するというような困難を当事者に強いるものではない。争点整理の次に控える集中証拠調べとの関連において、攻防のポイントにすることが相当な争点＝立証事項（証明テーマ）の確定という目的的な機能を果たすことに意義があるものと解されるのである[27]。

4　争点浮動論

争点整理において、争点は浮動的・可変的なものであるから、早期にこれを絞り込むことは疑問であるとする見解[28]もみられる。

争点整理手続の途中で、当面問題とされていた争点が相手方の認否や提出された証拠により変化することはあるが、それは事柄の性質上当然のことである。しかし、これをもって、争点は浮動的・可変的なものというのは、争点の語用としてはおかしい。なぜなら、当事者の主張する法的構成が適切にされており、認否・証拠関係の押さえがきちんとすれば争点が動くということはないからである。すなわち、争点が動くようにみえるのは未だ争点整理が途中段階にあるからであり、これが完了すれば争点は定まるものであると解される[29]。

争点浮動論は、審理が動態的であることから過度に早期の争点の固定化を嫌うものであるが、争点中心審理を支えるサブシステムである、証拠収集手続の整備・拡充とその活用及び主張・証拠の適時提出を前提とすれば、杞憂であると解されよう。

---

[27]　加藤・前掲注１）①「争点整理手続の整備」214頁、菊井＝村松原著・前掲『コンメンタール民事訴訟法Ⅲ』457頁。
[28]　井上治典『民事手続論』104頁（有斐閣、1993）。
[29]　加藤・前掲『手続裁量論』10頁、菊井＝村松原著・前掲『コンメンタール民事訴訟法Ⅲ』457頁。

5 争点整理の手続的規律

1 自由闊達な議論の保障

弁論準備手続の規律に関し、訴訟代理人である弁護士が、弁論準備手続期日における訴訟関係人の発言内容を記載した「法廷報告書」と題する書面（メモ）を作成し、これを書証として証拠提出した場合について、これは証拠として適格性を欠くとした裁判例[30]がある。これは、弁論準備手続の目的、訴訟当事者間の信義則のほか訴訟政策の観点からみて、当該メモは証拠能力を欠くとしたのであるが、その理由中で、以下のとおり、弁論準備手続のあり方に言及している。

「当裁判所は、事柄の性質にかんがみて、実質的な判断を示したが、弁論準備手続における当事者の発言について、弁論準備手続調書に記載を求めることなく、後日、報告書のような形で云々することははなはだ不適切なものであって、本来は証拠適格を欠くものとして却下すべきものと考える。その理由は、第1に、民事訴訟法は、弁論準備手続において当事者及び裁判所が自由闊達な議論を行い、その法律的主張の当否や証拠の意味合い等について種々の角度から吟味しあい、主張・証拠（争点）を整理し、事案の理解を深めつつ、充実した審理を進めることを目的としているところ、右のような訴訟活動は、当事者間の片言隻語に基づき、揚げ足をとる類いのものであって、不公正であるばかりか、弁論準備手続の本来の目的を達することができなくなるおそれがあるものである。すなわち、裁判所は、弁論準備手続期日において、訴訟代理人及び当事者に対し、さまざまな質問をし、あるいは一定の立場から他の立場の言い分を検討するなどし、そのやり取りを通じて関係者はいずれも事案に対する理解を深めていくことになるが、一回の期日はその限定された一コマであって、中途段階のやり取りにすぎない。また、裁判所が、同期日において、和解の気運を探ることもあるが、これまた中途段階での調整の一コマにすぎないのである。右のような訴訟活動は、これ

---

30) 東京地判平12・11・29判タ1086号162頁。

らを逐一意味のあるものの如く取り上げるものであって、それ自体不相当であることは、経験ある法律実務家にとっては多言を要しないところである。第2に、必要であれば弁論準備調書に記載を求めるべき事柄を後日正確性の担保されない私製の報告書に記載し、外形上その事実が存したかのように作出する点において訴訟当事者間の訴訟法上の信義則にも悖るものである。第3に、相手方にもその対応を余儀なくさせ、無用の負担を強いるのみならず、紛争を一層深刻にし、拡大する契機となりかねないものである。」

この判決は、弁論準備期日において、当事者と裁判所が自由闊達な議論をすることにより、ケースの理解を深めることに意味があることを具体的に説示している。弁論準備調書については、口頭弁論調書（160条）が準用されており（規則88条4項）、裁判所書記官は期日ごとに、弁論準備調書を作成し、手続の方式に関する規定の遵守は、期日調書によってのみ証明することができるものである[31]。弁護士は、必要であれば調書に記載を求めることができるのであるから、この点をとっても、弁論準備手続期日における訴訟関係人の発言内容を記載した弁護士作成のメモの証拠能力は否定されるべきであろう。

2　争点整理後の新たな攻撃防御方法の提出

弁論準備手続終結後の新たな攻撃防御方法の提出については、説明要求権（詰問権）と説明義務の効果を付与した。すなわち、弁論準備手続終結後に新たな攻撃防御方法を提出した当事者は、相手方当事者の求めがあるときは、相手方当事者に対し、弁論準備手続の終了前にその新たな攻撃防御方法に相当する主張・証拠を提出することができなかった理由を説明しなければならない（174条による167条の準用）。当事者のする説明は、書面ですることが要求されている（規則90条による87条の準用）。

旧法の準備手続が、失権効をおそれる当事者が総花的主張をし、そのため機能不全に陥ったことを考え、提出制約効はその徹を踏まないようにと配慮して、弁論準備手続を終えた後における新たな攻撃防御方法の

---

31)　菊井＝村松原著・前掲『コンメンタール民事訴訟法Ⅲ』503頁。

提出につき、提出する側の当事者に説明義務を課するというマイルドな効果（提出制約効）を与えているのである[32][33]。

　裁判所が過不足のない適切な釈明を尽くし、当事者がこれに真摯に対応する形で弁論準備手続に臨んで争点整理を終えた場合、その後に、新たな攻撃防御方法を提出することは、特別の事情がなければ、訴訟上の信義にもとると解される。その意味で、この説明義務は、訴訟上の義務であり、当事者の信義誠実訴訟追行責務（2条）の具体的発現である。説明が不合理なものである場合には、時機に後れた攻撃防御方法の提出の却下（157条）の定めの発動につなげられ得る。ここでは、訴訟上の信義則に基礎づけられる「弁論準備手続を経た場合における新たな攻撃防御方法の提出については、合理的な理由がない限り相当とは言えない」という行為規範が形成されているものである[34]。

　現行法では、第一審における争点整理手続の効果が控訴審でも維持され（298条2項）、控訴理由書や反論書の提出が求められる（規則182条・183条）など控訴審の構造も争点中心審理に適合するものになっている。そこで、実務上、時機に後れた攻撃防御方法の規律にも徐々に変化の兆しがある。例えば、医療訴訟の一審において、弁論準備手続期日をほぼ3年間にわたり前後18回実施し、争点を「薬剤の過剰投与の過失」と整理し、この争点整理に基づき証人尋問、いわゆるカンファレンス鑑定が行われた末患者側が敗訴した場合において、患者側が一審で一切主張していなかった「肺炎・敗血症等を見落とした過失」を控訴審であらたに主張することは時機に後れた攻撃防御方法の提出に当たるとした裁判例（東京高判平成25・7・24判例誌未登載）がみられる[35]。争点中心審理の実効

32）　加藤・前掲注1）①「争点整理手続の整備」218頁、高田・前掲「争点及び証拠の整理手続終了後の新たな攻撃防御方法の提出」鈴木古稀374頁。

33）　争点整理終了後の失権効に関する立法提案について、三木浩一＝山本和彦編「争点整理終了後の失権効」『民事訴訟法の改正課題』67頁（有斐閣、2012）。

34）　加藤・前掲注1）②「弁論準備手続の機能」争点〔第3版〕165頁、菊井＝村松原著・前掲『コンメンタール民事訴訟法Ⅲ』519頁。

35）　医療訴訟における争点整理手続については、東京地方裁判所医療訴訟対策委員会「医療訴訟の審理運営指針（改訂版）」判タ1389号13頁（2013）参照。

化を図る観点からも、時機に後れた攻撃防御方法の規律は旧法時代よりも厳正に運用するのが相当であろう。

6 争点整理の問題事例

1 実体法の理解不足

控訴審では、第１回口頭弁論期日で結審される事件の割合が７割を超しているのが実情であるが、１回結審をしないで、弁論期日を続行するのは次のような場合である[36]。

①原審が欠席判決である場合。

②控訴理由書が期日の間近にしか提出されなかった等の理由により、被控訴人の反論書面が期日に間に合わなかったか、不十分であるため書面提出を希望する場合。

③控訴理由から原審の争点の把握は適切と思われるが、法規・経験則の適用や証拠評価などについて、被控訴人と議論させ、事案理解を深めたいと考える場合。

④控訴理由・一件記録から原審の争点の把握が不十分・不適切とみられる場合。

⑤人証を採用する場合。

上記のうち、④の場合で、口頭弁論ではない手続で争点整理をすることが適切と考えられるときに、控訴審において弁論準備手続を行うことになる。これは、一審で実施した争点整理が奏功していないと評価せざるを得ないものである。具体的には、次のようなケースである。

【ケース７】　原告・被告が共同で出資して不動産を購入し、値上がりを持ち転売して、利益を分配する契約を締結したが、実際には値上がりもせず転売先も見当たらないため不動産は塩漬けになっている場合において、原告が被告に対し上記契約に基づく分配金を請求した。このようなケースについては、共同出資・利益分配契約の内容（出資割合、利益

---

[36]　加藤新太郎「争点中心審理は定着したか」金判1334号１頁（2010）。

分配割合、損失分配割合、分配条件又は時期など）及び物件価値などをもとにして、事案に適合した争点整理をすべきであった。しかし、原審では、これをきちんとすることなく、その判決は、被告は金融機関からの借入により出資しておりその返済が終わっていないから、分配時期未到来として請求を棄却した。

　【ケース8】　一定の組織的販売網を形成して健康食品を販売していた原告が、その傘下にあった被告において下部組織を引き連れ、他の競業組織に鞍替えした結果損害を被ったとして、被告に対し損害賠償を請求した。このようなケースについては、被告の下部組織と共に他の競業組織に鞍替えした行為が、競争秩序に反するか否か、原告の商権・ノウハウが法的に保護される性質のものか否かなどを争点とすべきであった。しかし、原審ではこれをしないまま、判決では、原被告間の契約書に調印がないことを理由に競業避止義務なしとして請求を棄却した。

　【ケース7】では、不動産が塩漬けになっている事実は争いがないのであるから、契約の解釈として、利益分配の裏面としての損失分配をする合意を読み取ることができるか、不確定期限が到来しているとみるべきかどうかがポイントとなる。したがって、これを解明すべく共同出資・利益分配契約の内容等について、争点整理をすべきである。ところが、これが不十分であり、原審裁判官が判断しやすいと考えたところで結論を出している。その結果、肩すかしの判断になっているばかりか、結論にも問題がある。

　【ケース8】では、もともと契約書は作成されておらず、原告が組織したという販売網に事実上傘下として入った被告が離反し始めた時期に、原告が競業避止義務を明示した契約書に調印を求めたが、被告がこれに応じなかったという経過がみられた。原審判決のような判断が正当であるといえるのは、原告が明示の合意のみを競業避止義務の根拠とする債務不履行構成をとっている場合に限られる。しかし、原被告の従前の関係、とりわけ被告が他の競業組織に鞍替えして類似の物品販売をしている事実を原告が認識した以降のやり取りなどからすると、黙示の合意構成も想定されるし、不法行為構成もあり得る。原告の法的構成が不

適切・不明確であれば、原審裁判官としては是非とも釈明をすべきであった[37]。

以上のように事案の実体を的確に把握することなく、そのうえで問題とされるべき事項の性質を等閑視して、形ばかりの争点整理に終始するのであれば、その結論を誤ることになるのは必至である。【ケース7】【ケース8】では、原審裁判官ばかりでなく訴訟代理人においても問題とされている事象についての実体法の知識が不十分であったように思われる。そのことが、争点整理が奏功しなかった要因というべきであろう[38]。

2　民事訴訟法原則の理解不足

さらに、民事訴訟法の原則を遵守しなかったため、争点整理に失敗している、次のようなケースもみられる、

【ケース9】　兄と妹が不動産を共同相続したが、兄が共有不動産をサブリース契約の対象としていた。そこで、妹が兄に対し、不動産賃料の相続分相当分を請求した。これに対し、兄はサブリース契約の対象としている以上、相続可能な賃料とみるべきでなく事業終了まで精算不要と反論した。この反論は、主張自体失当であり、過去に兄が得ている賃料を相続分に応じた支払いを命じるべきであった。しかし、一審判決は、裁判所が記録上目についた経費を控除した後相続分に応じた支払いを命じた。

被告である兄が経費を控除すべきであるという抗弁を主張していない

---

[37]　釈明については、中野貞一郎「弁論主義の動向と釈明権」『過失の推認〔増補版〕』215頁（弘文堂、1987）、小島武司「釈明権行使の基準」新堂幸司編『特別講義民事訴訟法』332頁（有斐閣、1988）、加藤新太郎「釈明の構造と実務」青山善充先生古稀祝賀『民事手続法学の新たな地平』104頁（有斐閣、2009）、同「釈明」大江ほか編・前掲『手続裁量とその規律』123頁、同「民事訴訟における釈明」同編『民事訴訟審理』227頁（判例タイムズ社、2000）ほか「釈明の構造と実務」注4掲記の文献参照。

[38]　近時、事案を十分把握することなく提訴する訴訟代理人弁護士が増えており、裁判官も当事者が淡泊な主張しかしない場合に、事案の核心となる主張を引き出すスキルを備えていない者がみられるという指摘がされることがある。根の深い問題である。

のに、目についた経費のみを控除するのは、そもそも弁論主義違反である。裁判官が、そのような方向で判断したいと考えたのであれば、抗弁について釈明し、その旨の争点整理をするのが相当であった。

【ケース10】　アパート賃貸借契約解除（家賃滞納）に基づく明渡請求訴訟において、被告から滞納家賃免除の抗弁しか出ていないのに、誰も主張していない「支払い猶予」を認定して請求棄却の判決をしたものがある。教科書設例としても、あまり現実味のない弁論主義違反事例であるが、実例である。

裁判官としては、ある事実、例えば、家主が店子に対して「早期に明け渡しをしてくれれば、滞納家賃については考慮する」旨の発言をしたことなどをもって滞納家賃の免除の意思表示とまでは評価することはできないが、「支払い猶予」の意思表示とみてよいと考えたのであろう。そうであれば、その趣旨について、争点整理段階で確認し、「支払い猶予」につき明示の主張をさせておくことが必要であった。

上記のケースは、いずれも争点整理に失敗したものといえるが、そのような不首尾の原因は、訴訟関係者、とりわけ原審裁判官における民事訴訟法原則についての理解の浅さにあるものと解される。

7　むすび——実効的な争点整理のための課題——

民事裁判における裁判官の心証形成のプロセスは、①訴訟物・請求原因事実・抗弁事実を見極め、攻撃防御方法を論理的に位置づけ、②事件のスジも押さえたうえで、③経験則を踏まえて、証明主題（争点）と証拠との関連（証拠構造）を吟味・評価して、④適切な法解釈に基づき、形式的論理はもとより、実質的にも具体的妥当性ある結論を導くというものである。争点整理は、このうち①から③までの過程に関わる。正確に言えば、③のうち書証は確認することはできるが、人証は（陳述書は参照しているが）これからという段階である。

争点整理手続は、裁判官との間で、双方の訴訟代理人が主張・反論し、規範適用に意味のある事実の不一致を見つけ、それぞれの提出証拠

との対応関係と証拠価値について議論をしていくという形態をとる。それは、訴訟代理人にとって、主張・反論により争点が明確になり、主張を裏づけるのにふさわしい証拠を証拠調手続にのせて吟味する機会を付与されたというプロセスである。したがって、訴訟代理人も、虚心坦懐に手続に臨めば、裁判官の形成する心証と類似の認識を得られることになるはずである[39]。

このような実効的な争点整理にするためには、第1に、十分な準備をして弁論準備期日等に臨み、口頭による議論を厭わないことが必要不可欠である[40]。準備書面を交換するだけの期日では、争点の深化・展開、縮小は上手くできないであろうし、できたとしてもいたずらに期日を重ねることになろう。近時みられる争点整理期間の長期化傾向は、こうしたことと関連していないか検討することが必要であろう。

第2に、実効的な争点整理にするためには、①当事者が主張証明すべき要件事実(主要事実)とその認否、②要件事実(主要事実)の存否に影響する重要な間接事実とその認否、③争いのない事実と争いのある事実(争点)の確定、④人証調べをする必要のある実質的争点の確定、⑤立証事項(証明テーマ)と証拠との関係の確認の過程を漏れなく行うことが大切である。この点に関連して、(ⅰ)証拠収集・主張提出段階、(ⅱ)争点議論段階、(ⅲ)争点確定段階の3つのステップを明確に意識して進めていくプラクティスを勧める提案がみられる[41]が、相当であろう。

---

[39] 医療訴訟において、争点整理手続のプロセスをモデル化し、手続終了段階では、集中証拠調べで確定されるべき事実及び医学的知見についての認識が当事者及び裁判所との間で共通になることを目標とするプラクティスの例がみられる。この点について、東京地方裁判所医療訴訟対策委員会・前掲「医療訴訟の審理運営指針(改訂版)」判タ1389号13頁。

[40] 口頭主義による争点整理の重要性を強調するものとして、林道晴「口頭主義による争点整理と決定手続」前掲『現代民事法の実務と理論(下)』995頁、東京弁護士会民事訴訟問題等特別委員会編『民事訴訟代理人の実務Ⅱ争点整理』180頁〔大坪和敏〕(青林書院、2011)。具体的な運用イメージについては、加藤新太郎「裁判官の執務におけるコミュケーション」同編『リーガル・コミュケーション』145頁(弘文堂、2002)、加藤編・前掲『民事訴訟実務の基礎〔第3版〕』161頁〔村田渉〕。

[41] 吉岡ほか・前掲論文判タ1352号33頁。

もっとも、これらは常に時間的前後を意味するわけではなく、ある争点については1期日で（ⅰ）から（ⅲ）まで実施することも可能であることに留意すべきであろう。

第3に、民事訴訟の担い手の力量が不足していては、実効的な争点整理は覚束ない。裁判官及び訴訟代理人は、当該ケースの訴訟物・請求原因事実・抗弁事実を見極め、攻撃防御方法を論理的に位置づけ、事件のスジも押さえるために、実体法・手続法双方の観点から吟味することのできる知識・技能を涵養することが基本というべきであろう。そうした技法が先輩から後進に継承されていくことも重要である。

実効的な争点整理を実施することにより、問題事例の発生を減らし、充実した質の高い民事訴訟を実現するための前提として、さしあたり、以上の3点に留意することが相当であろう。

フリッツ・バウアの
手続法フォーマリズム論について

安 達 栄 司
Eiji ADACHI

1　はじめに
2　バウア論文の紹介
3　バウア論文にどう向き合うか

1　はじめに

　わが国の戦後民事訴訟法学を方向付けた出来事のひとつとして、1947年、兼子一教授が「民事訴訟法の出発点に立ち返って」[1]と題する論文において訴訟目的論として紛争解決説を提唱したことがあげられる。その後、紛争解決説を踏まえて展開された新訴訟物論、争点効理論、既判力の主観的範囲論または必要的共同訴訟の再構成論が民事訴訟法学の中心的テーマに位置づけられて、今日に至る。1989年の論文において山本弘教授は、当時のわが国の民事訴訟法学の特徴として次の二点を指摘した[2]。第一に、訴訟の現実的機能に着目して動態的考察に基づいて訴訟法の解釈を行うことである。第二に、一義的に明確な規範に対し批判的ないし懐疑的な態度をとることである。これは法規範からの自由と言い換えることができる。世紀の転換期において二人の井上教授[3]がリード

---

[1]　法協65巻2号（1947）76頁（同・民事法研究第1巻475頁）。

[2]　山本弘「権利保護の利益概念の研究（1）」法協106巻2号（1989）163頁。井上治典＝高橋宏志編・エキサイティング民事訴訟法（1993）167頁。

[3]　井上正三教授の学説について、加藤新太郎編・民事司法展望（2002）の第4章「紛争解決システムの展望」を、井上治典教授の学説について、代表的には同・民事手続論（1993）および高橋宏志ほか「井上治典先生追悼座談会・手続保障の第三の波について」判タ1235号（2007）4頁を参照。

して展開した「第三の波学派」もこの特徴を具有しており、兼子説に始まる戦後民事訴訟法学の延長に位置づけることもできる[4]。

第三の波学派からの問題提起は、民事訴訟法学の関心事項が、訴訟物および既判力という訴訟の成果物に繋がる議論から、当事者の主張・立証を中核とする審理過程論へと重心を移行する契機となった[5]。その後、21世紀に入ってからのわが国において、最初に民事訴訟法学の理論に新世界を拓いたと感じさせるのは、山本和彦教授の審理契約論と加藤新太郎判事の手続裁量論である[6]。両理論は、民事訴訟の審理における裁判官の裁量権行使を適正化しようとすることで共通する。このようなわが国の戦後民事訴訟学の系譜および現状に対し、批判的な考察を展開しようと試みる者は、そこに一貫して見られる訴訟の動態的考察と規範からの自由という特徴に懐疑の目を向けることから始めなければならない。

ここで、訴訟を動態的ではなく定型的に考察し、訴訟法規からの自由を否定して厳格な拘束を必要とする見解は、兼子説以後のわが国の民事訴訟法学説が自覚的にまたは無自覚に離反してきたドイツ民事訴訟法学の立場に他ならないことに気づく。戦後西ドイツの民事訴訟法学の第一人者としてフリッツ・バウア（Fritz Baur [1911-1992]、以下バウアという）の名前を挙げることは許されるだろう[7]。テュービンゲン大学法学部において1962年冬学期に開催された Summum ius summa iniuria、直訳すれば「極端な正義は、極端な不正義である」を統一テーマとする連続学術講演会のなかで[8]、バウアは民事訴訟法学の立場から「Richterma-

---

4) 髙橋＝井上編・前掲169頁、高橋ほか・前掲（座談会）6頁（安西明子発言）。
5) 代表的には小林秀之・民事裁判の審理（1987）、吉野正三郎・民事訴訟における裁判官の役割（1990）、山本和彦・民事訴訟審理構造論（1995）、畑瑞穂「民事訴訟における主張過程の規律（1）（2）法協 112巻4号488頁、114巻1号1頁（1995、1997）。
6) 大江忠＝加藤新太郎＝山本和彦・手続裁量とその規律（2005）で両説を概観することができる。とくに同・4頁の注3、注4に参照するべき文献がある。手続の柔軟化の先を見据えて手続過程論を展開する川嶋説もここであげられるべきである。川嶋四郎「民事訴訟の展望と指針」民訴50（2004）8頁、39頁。
7) 紺谷浩司「フリッツ・バウア名誉会員の逝去を悼む」民訴39号（1999）238頁。
8) Summum ius summa iniuria-Individualgerechtrigkeit und der Schutz allgemeiner

cht und Formalisums im Verfahrensrecht（手続法における裁判官の力と形式主義）」と題して講演した[9]。

　わが国の民事訴訟法学においてバウアのこの講演（論文）が明瞭に言及されて注目されたのは、1996年5月の民事訴訟法学会・ミニシンポジウム「訴訟における合意」における山本克己教授の報告においてである。「手続進行面におけるルール・裁量・合意」と題する報告のなかで山本克己教授は、手続進行に面に関する規律モデルとしての当事者進行主義と職権進行主義という伝統的な二つのモデルに加えて、山本和彦教授の「審理契約モデル」（または山本教授の言葉でいうと「三者合意モデル」）による規律の可能性を検討した[10]。山本克己教授は、次のように紹介している。「Baur は、おそらく、戦後のドイツにおいて、もっとも強力なフォーマリズムの擁護者であって、……Baur においては、ルール化の正当化根拠は、予め固定的されたルールの適用を通じて、あらゆる事件における手続進行を均一化することによって、手続進行面における法の下の平等（形式的平等）を実現することに求められている。」。このことについて、山本教授自身は、事件の具体的内容の個性を考慮するならば、手続進行面において個性を無視して均一的な取扱いを全うすることは適切でなく、また実用に耐えない、と述べて、これ以上のバウアの見解に言及していない[11]。このシンポジウムにおける山本教授の報告記録

　　Werte im Rechtsleben, 1963. 本連続講演会は、ほかに私法分野で Josef Esser, Ludwig Raiser が担当しており、当時の評価法学の影響のもとで開催されていることをうかがわせる。
 9) 本論文は、前注の講演録97頁以下に掲載されているが、後にバウアの論文集 Beiträge zur Gerichtsverfassung und zum Zivilprozessrecht / Fritz Baur の115頁以下にも所収されている。本稿では、aaO として前者の頁を示して引用する。
10) 山本克己「手続進行面におけるルール・裁量・合意」民訴43号（1997）16頁。
11) 山本克己教授は、「基本的に19世紀の自由主義的な訴訟手続、つまり、ルールによって裁判官の権能にコントロールが加えられ、かつ当事者に十分な手続保障を与えるためにルールによってファーマリティが確保された訴訟手続が望ましいと考えている。」という私見を報告の末尾に披露された。また、別の座談会において「手続フォーマリズム」という言葉を使って、わが国の民訴法における利益考量論、特に新堂教授の評価規範論に見られるとする裁判官の裁量的判断に多くを委ねる利益考量論について発言をされている。山本教授は、そこで山木戸克己教授を手続フォーマリズムの代表的論者としてあげ、さ

だけからは、バウアが重要視する手続進行における法の下の平等とはどのようなものなのか、なぜバウアがそれを重視するのか、は明らかにならない。

　筆者がバウアの手続フォーマリズム論に注目したのには、もう一つの（どちらかというとこちらが主であったが）動機がある。バウアの手続フォーマリズム論は、訴訟における裁判官の裁量に対するアンチテーゼである。筆者がこの問題を最も意識するのは、わが国の国際裁判管轄の規制に関する議論に接するときである。ながらくわが国の判例は、当事者間の公平、裁判の適正・迅速を内容とする条理に従って国際裁判管轄の有無を決定してきた[12]。さらに、この条理によって肯定される、または否定されるわが国の裁判所の国際裁判管轄は、事案に固有の特段の事情（同じく当事者間の公平と裁判の適性・迅速に反する結果を導くような事情）を考慮することによって、逆の結論を導くことが許容される（いわゆる「特段の事情」論)[13]。そこでは、条理の内容を発見する過程においても、または特段の事情においても事案の具体的事情を個別に利益考量することが不可欠である。すでに別のところで繰り返し紹介したように、ドイツの伝統的な民事訴訟法学説は、法的安定性と予見可能性の確保のために、この様な事件の個別的事情についての利益考量の余地を組み入れた国際裁判管轄のルールを拒絶している[14]。その際の基本的文献としてしばしば引用されるのが、このバウアの本論文であった[15]。私は、結論としてはドイツ法にならって、わが国の国際裁判管轄の規制においても事案ごとの利益考量はできるだけ排除されるべきだという見解である。私見にとって、ドイツにおける国際裁判管轄の規制方法を支えている手続法の基礎理論がこのバウアの手続法フォーマリズムであるならば、その詳細

　　　らに山本教授自身、山木戸教授に影響を受けていることも告白されている。加藤編・前掲（「第三章　民事訴訟法学の方法論と展望」）261頁。
12)　最判昭和56年10月16日民集35巻7号1224頁。
13)　最判平成9年11月11日民集51巻10号4055頁。
14)　安達栄司・国際民事訴訟法の展開（2000）83頁、118頁。
15)　Pfeiffer, Internationale Zuständigkeit und prozessuale Gerechtigkeit, 1995, S. 416, 安達・前掲書128頁。

な検討は避けて通ることができない[16]。

以上のような問題意識を持って、バウアの本論文を詳細に紹介しようというのが本稿の意図である。

2　バウア論文の紹介

1　序論――二つの問題提起
（1）民事訴訟法における summum ius summa iniuria の重要性
　　　――素人感覚から[17]

バウアによれば、民事訴訟法における summum ius summa iniuria とは、裁判官の法律への拘束、または法律に対する裁判官の自由という裁判官の力の問題として言い換えることができる。実体法では、裁判官はその判決において法律に含まれている評価規範に厳しく縛られているのか、それとも、裁判官にとって実体法の規範が不正義で、適切でないと思われる場合、それらの評価規範を無視することが許されるのか、もし許されるとしたら、むしろそうしなければならないのか、ということが裁判による法形成の問題として論じられる伝統がある[18]。それに対して、手続法における裁判官の力の問題は、ほとんど放置されたままであり、せいぜい不当な判決騙取の場合の既判力の破棄の可能性がこれに関連して論じられていたに過ぎない、というのがバウアの所見である。

バウアは、手続法におけるこのような乏しい議論状況は、次のような素人感覚に照らすと不十分であったという。すなわち、訴訟で敗訴した

---

16) 平成23年の民訴法改正によって3条の2以下に国際裁判管轄の明文規定がおかれた。同3条の9は、従来の判例の特段の事情論を「特別の事情による訴えの却下」として条文化した。このことによって、日本とドイツの国際民訴法の規制に大きな溝が生まれたと見ることができるが、その立法の当否および例外条項として厳格な解釈・運用をするためには、憲法理論にさかのぼって展開されるドイツの裁判管轄論の検討は有意義であるはずである。

17) Baur, aaO, S. 97.

18) ドイツの民事実体法における裁判による法創造に関して、包括的文献案内も含めて、プリュッティング（佐上善和訳）「ドイツにおける裁判官の法形成の訴訟法的局面」天野和夫ほか編・裁判による法創造（1989）207頁以下。

素人は、敗訴の原因を実体法の結果であるとは考えず、むしろ裁判官が不適切に訴訟運営をした、あるいは訴訟法規定を遵守しなかったことにあると考える。例えば、自分が申請した証人が取り調べられなかった、または宣誓しなかったこと、相手方は当事者として尋問されたが、自分は尋問されなかった、裁判官が自分の発言をさえぎった、自分の訴訟資料の提出を時期に遅れたとして却下した、相手方当事者に正しい申立てを言わせるようにした、等々のことである。このような素人感覚からさらにバウアは次のような訴訟観を提示する。素人は、主観的に見て判決が正しいと言うことと、訴訟規定が遵守されていること、さらに訴訟法において訴訟法規がどのような内容になっているのかということとの間には、一定の関連性があるはずだと直感している。そのために、結局、素人にとっては、訴訟法における当事者と裁判所の間の重点の配分や裁判官の訴訟法規への拘束のほうが、実体法の正しい適用よりも重要である。なぜなら、正確な手続と緻密で、先入観のない事実認定があれば確実にそれ自体で正しい判決が導かれるにちがいない、ということが素人にとって自明だからである。

(2) 形式法としての民事訴訟法——法律家の感覚から[19]

バウアはこの素人感覚と法律家の感覚とを対比する。すなわち、自己の権利を訴訟において貫徹しなければならないということは一か八かの賭けと同じであるという素人の感覚がより強固であればあるほど、訴訟法を実体法とは別物と考える法律家にとっては実体権との結びつきが見えにくくなっている。法律家は、訴訟法を独立の法分野であり、多かれ少なかれ技術的な法であり、いかようにも形作ることができるもとのと見なしているからである[20]。

---

19) Baur, aaO, S. 98.
20) いわゆるEmanzipation des Prozessrechts。わが国では、三ケ月章教授の見解において顕著な傾向である。三ケ月「民事訴訟の機能的考察と現象的考察」民事訴訟法研究1巻（1962）249頁。三ケ月説のこの特徴について、加藤哲夫「民事訴訟の制度目的とそのダイナミズム」ジュリ1425号（2011）36頁。

バウアは、このような形式的な手続法の理解に対して異論を唱える。すなわち、一定の手続原則、例えば法的尋問または裁判官による当事者の平等の取り扱いの原則のような手続原則を強調する論者にあっても、実体法との関わりに意を払っていないことが疑問である。つまり、すべての手続規範は、たとえ一見すると全く意味のないようなものであっても、実体権の貫徹に直接影響を与えること、そして訴訟においては権利の実現の可能性と否定の可能性は等しく存在することがほとんど自覚されていない。換言すると、すべての訴訟法の規範は、実体法を実現することと根本的に関連し、訴訟法の規定の正当性は実体法の実現に役立つかどうかで測られる。このことから、バウアは、訴訟における裁判官の力の問題、訴訟法における裁判所と当事者の力の分配の問題、方式厳格性を是とするか自由な訴訟形成を是とするかの問題は、実体法に対する裁判官の拘束と同程度に重要であると位置づけられると述べて、訴訟法学者として summum ius summa iniuria を論じる意義があることを明らかにする。

（3）欠缺のない実体法秩序と訴訟の動態──裁判官の力の検討の必要[21]

バウアのこのような前提的な理解は、理論上隙間のない完全な実体法秩序を観念することができ、もはや裁判官の判決はあらゆる意思的要素を排して純粋な包摂作業に基づいて行われるとするならば、裁判官の法律への拘束（反実定法）の問題を論じる余地はもはや存在しないという考えと対立する。これについてバウアは直ちに反論をする。すなわち、「実体法がそのような様相を呈しているとしても、個々人の権利は訴訟という危ない橋を通過しなければならないことを何ら変更するものではない。訴訟とは、常に訴訟関与者、つまり裁判官と当事者がする取引事 Handeln であり、あらゆる人的所為に不可避の偶然性と計算不可能性をはらんでいる。そのことから実体法を実現するために生じる危険性を排除するために、訴訟の動態性を抑制し、正しい軌道に乗せることが昔

---

21) Baur, aaO, S. 98.

からの訴訟法規の役割である」。つまり、完全な実体法秩序を観念することができる場合であっても、訴訟法規の役割、とくに裁判官と当事者の力の分配のあり方の問題は実体法秩序の実現に影響を及ぼすことをバウアは強調する。

（4）訴訟法における判例法（裁判官法）の意義[22]

　バウアは、訴訟における裁判官の力を検討する意義を上述のように実体法の実現に関係づけて述べる。バウアは、裁判官法（判例法）の現象を説明するという動機からもその検討に意味があるという。裁判官による法の欠缺補充は、憲法的または社会学的に考察するという方法によるのが伝統的である。バウアがする最初の問題提起は、そのような伝統的考察においては、何が裁判官をして一定の法律問題に関する固定判例に従わせるのか、という問題が等閑視されてきたことである。バウアがここで示唆するのは、判例に反する判断はいずれ上級審で破棄されるというシニカルな考えや、上級審の裁判所の命題は拘束力を有し、法律と同じくらいの価値のある規範を含んでいるという確信によるという理解である。さらに、法に服する一般人が裁判官法に従う理由もバウアは探求されるべきだという。本論文ではそれ以上の検討はされず、問題提起だけされているのであるが、バウアによれば、これらの裁判官法の拘束力の問題もまた、実体法だけではなく裁判所法・民事訴訟法においても検討されるべき事項（実体法と訴訟法の中間領域に属する事項）であり、上述したように、訴訟とは裁判官から見ても法服従者から見ても一か八かの賭けであるという観点が決定的な意味を持っている。

（5）二つの問題側面[23]

　以上を前置きとして、バウアは、二つの問題側面から、手続法における裁判官の力を再考することが重要であるという。ひとつの問題側面

---

22) Baur, aaO, S. 99.
23) Baur, aaO, S. 100.

は、手続法は、訴訟形成に関して裁判官にどの程度の力を与えているのか、裁判官の権限と責任は、当事者との関係でどのように分配されているのか、という問題である。なお、この問題設定の段階において、すでにバウアは次のような一般的な予測を立てた。すなわち、訴訟における裁判官の力を強調する手続法は形式（方式）の自由を志向するが、訴訟における当事者の優位性は形式厳格性、あるいは方式主義をもたらすことになる、と。

　もうひとつの問題側面は、裁判官は具体的な事案において訴訟法の規範に厳密に拘束されているのか、あるいは手続法と並んで、または手続法に反して、訴訟上の裁判官法を形成することが可能なのか、という問題である。

2　第1の問題提起――訴訟法における裁判官の力
（1）両極のモデルの検討[24]

　バウアは、第一の問題設定である裁判官の力の問題に関して、二つの両極端のモデルを確認する。すなわち、手続の形成を裁判官の自由裁量に委ねるというモデル（自由裁量モデル）と、手続は固定的な方式により裁判官の面前で行なわれ、裁判官自身は訴訟上の行動主体として登場することなく、もっぱら当事者による手続の具体的な進め方を監視し、その他の点では法適用と判決に自己の活動範囲を抑制するというモデル（当事者モデル）である。

　バウアが自由裁量モデルの典型例として考えるのは、1939年9月1日の第一次簡素化法10条である。同条は、「民事上の法紛争においては、区裁判所及び労働裁判所はその手続を自由裁量によって形成する。」と定めていた[25]。自由裁量モデルの手続法は、裁判官にすべての力を与えるという内容のひとつの条文（規定）で書き尽くされることに特徴があ

24）　Baur, aaO, S. 101.
25）　同じことは、戦後も訴額50マルク以下の訴訟について行われていた。兼子一「訴訟に関する合意について」民事法研究第1巻（1950）257頁、同・実体法と訴訟法（1957）63頁。

る。当事者の権利については、わずかに訴訟行為のための方式と期間が定められるに過ぎない。

　訴訟における裁判官の積極性が当時の世界的動向であり、もう一方の当事者モデルの典型例を見つけることは難しく、バウから見ると、僅かに当時のイギリスの訴訟だけが、裁判官が判決を下すことに徹し、その他は受動的態度をとることを許している。

（2）自由裁量モデルに対する批判と反論[26]

　歴史的に見ても、立法者はこれらの二つの両極のモデルの間で揺れ動いていた。バウアが対比するのは、例えば、方式が支配するローマの古典的訴訟と無方式の非常訴訟手続（Kognitionenprozess）との関係[27]、厳格方式に刻印される普通法訴訟といわゆる簡易訴訟の関係[28]、並びに自由裁量権が認められた裁判官による職権探知主義が行なわれたプロイセンの1793年の一般裁判所法[29]である。バウアの観察によれば、プロイセン一般裁判所法で志向された職権探知主義のモデルは、その後も非訟事件手続を民事訴訟に転移させること、または民事訴訟手続を「緩和」[30]し、その形成をもっぱら裁判官に委ねるという形で生きながらえてきた。

　自由裁量モデルに従う訴訟法に対しては、当事者モデルの立場から歴史上常に反論があった[31]。バウアはこうまとめる。「無方式の、裁判官

---

26) Baur, aaO, S. 101.
27) Kognitionenprozess について、中村英郎「"訴訟の目的"概念の生成過程」同・民事訴訟におけるローマ法理とゲルマン法理（1977）78頁参照。
28) 中村・前掲93頁。
29) プロイセン一般裁判所法の職権主義について、鈴木正裕・近代民事訴訟法史・ドイツ（2011）357頁。
30) 手続の緩和論を代表するのは、de Boor, Auflockerung des Zivilprozesses, 1939である。邦語文献では、ライポルト（森勇訳）「民事訴訟とイデオロギー」アーレンス編＝小島武司編訳・西独民事訴訟法の現在（1988）75頁でその特徴が紹介されている。ライポルト（松本博之訳）・実効的権利保護（2009）57頁にも同論文の訳が掲載されている。
31) Troller, Von den Grundlagen des zivilprozessualen Formalismus, 1945, S. 34ff が、ここで参照されている。

に過剰に責任を負わせる訴訟は、市民の自由な自己決定と矛盾する。そのような訴訟は、次のような危険性を内包する。すなわち裁判官が自覚的にまたは無自覚に無制限の政治的影響を受けること、裁判官は当事者との関係において偏見を有し、またはそのように行動すること。訴訟形成に対する責任において、特定の視点の選択が内包されることになるが、裁判官がその立脚点を最初から間違って、あるいは全く恣意的に選択するということが排除されない。さらに続けて言うと、裁判官に委ねられた訴訟の進行は形が定まらず、ある裁判官と別の裁判官では全く異なって訴訟を進めることになり、訴訟における法主体の平等な取扱いということをまったく口にすることができない。」

　この反論を前にして、バウアは、自由裁量モデルの側から、極端な当事者モデルに従う訴訟に対して投げかけられた問題点、すなわち訴訟遅延、事実・真実解明の困難と不十分についても十分な配慮を示す。ここでバウアは、訴訟を社会現象としてみるオーストリアのフランツ・クライン（Franz Klein）の立場[32]を引き合いに出す。すなわち、「国家は裁判官を通じてはじめから訴訟の経過に対する責任を引き受け、錯雑のない・迅速な真実発見に向けて邁進しなければならない」「近代の合理的な国家観に従えば、権利保護が判決によってようやく実現するのではなく、むしろ手続の最初の段階からすでに国家的な援助が現実に与えられるという場合に限り、訴訟は存在価値をもつ。」

　以上が歴史的に現れた自由裁量モデルと当事者モデルの対立状況である。バウアは、現在（1962年）では裁判官に大きな力を与える無方式の訴訟のほうが優勢であるとの評価であるが、実際の立法で採用されているのは、いずれかの極端なモデルではなく、「法律よって制御された裁

---

[32] ここでバウアが引用するクラインの論文には翻訳がある。中野貞一郎訳「民事訴訟における時代思潮」同・民事裁判小論集（2013）1頁。この論文に対してはバウアは別のところで詳しく論評しており、「実体法と訴訟法の不可離の関係」を正しく見抜いたとしてクラインの見解を高く評価している。中野・同32頁。クラインの訴訟観について、松村和德「裁判官の積極性とフランツ・クラインの訴訟理念」民事裁判の充実と促進（木川統一郎先生古稀祝賀論集）下巻（1994）224頁。

判官の力」と「方式化された当事者の影響力」の混合形態であると見ている。

(3) 訴訟目的論からの検討——実体権の保護[33]

現実的な立法者は、両極端のモデルではなく、双方の妥協の産物として具体的な手続原則を定めてきたが、バウアはこのことに満足しない。訴訟目的を見定めてから、裁判官の力と当事者の力の間の関連性、方式自由と方式強制との間の関連性を獲得するような純粋な訴訟モデルを構想することを断念してはならないという。

ここでバウアは、訴訟のあり方を決定付けるような訴訟目的を探求するためには、従来から言われてきたような、訴訟の副産物や再生品を強調するような目的論テーゼ（例えば、訴訟は実体法を維持することである、訴訟は法的安定性を作り出し、法的確実性に役立つことである、とする私法秩序維持説）を度外視すべきだという。しかし他方で、「すべての訴訟の目標は真実または正義である」、あるいは「訴訟は裁判官が法観念を具体化することである」、というような、あらゆる具体的な国家的行為に妥当する、またはすべきものとされている理論もまた考慮に値しない。

むしろバウアが訴訟目的として措定することは、法に服従する者の考え方から獲得されるものであって、歴史上の訴訟形式の変遷や時代思潮とは無関係に、自明の期待として明らかになるものだという。バウアは、法に服する者、つまり原告と被告は、裁判所に次のことを期待していると考える。すなわち、それらの者は、自分の正義が実現されること、裁判官が自分に対して自分の権利を与えること、自分を自分の権利の中で守ること、自分の生活領域のなかで、法が許容する場合にのみ、かつその限りで制限を受けること、である。しかし、バウアは、このような個々人の「権利」、あるいは個々人の法領域は、実体的な法秩序によって守られ、承認され、限界付けられ、または拒絶されるということも重視する。

---

[33] Baur, aaO, S. 103.

したがって、バウアが妥当だと考える訴訟目標とは、「実体法によって定められた法的地位を裁判官の裁判によって保護、保全、実現することである」[34]。バウアは、この訴訟目的をすべての基準として、訴訟原則の適切性を測り、さらには、裁判官の力か当事者の力か、無方式か方式に拘束された訴訟か、について答えようとする。

(4) 自由裁量モデルの可能性の検討[35]

最初にバウアは、訴訟目的が実体法の地位の保護・実現であるとするならば、そのためには手続形成においても、また判決形成においても裁判官に自由が与えられていなければならないだろうか、と述べて、自由裁量モデルの支配の可能性をまず検討する。手続法が、特定の訴えの類型および判決の類型も、また手続進行に関する拘束的な規則も規範として定めないとき、具体的な訴訟対象とその特殊性が最も良く考慮されると考えるのがこの自由裁量モデルの見解である[36]。実際に、例えば、広く無形式の非訟事件手続を他の種類の訴訟にも推奨したり、あるいは訴訟法は、ごくわずかな「根本的な」規則だけを立て、その他のことは裁判官の自由裁量に委ねれば足りる、と考える人たちの多くは、このような訴訟目的論(訴訟観)に影響されている[37]。

バウアは、このような自由裁量モデルの可能性について、当事者の無視、裁判官の恣意といった感覚的な批判とは別に、実体法を実現するという訴訟の機能に基づいて、またはあらゆる国家活動に妥当する一定の

---

34) 戦後西ドイツにおいて訴訟目的論の通説である権利保護説をバウアは支持するといえるが、ここでバウアが引用するのは、ベッターマン、メンガー、ニキッシュ、ポーレの見解である。戦後西ドイツの民訴法目的論については、木川統一郎「訴訟制度の目的と機能」講座民事訴訟1巻 (1984) 32頁。
35) Baur, aaO, S. 103.
36) 「すべての裁判官は、訴訟目的を確実に、簡易に、迅速にかつ安価に実現できるような訴訟技法 Prozesstechnik を探求しなければらなない。」という Saur, Allgemeine Prozessrechtslehre, 1951, S. 14が引用される。
37) バウアは、ここで裁判官職の増殖を批判したアディケスの言説を引用する。アディケスのキャリア裁判官批判について、中野貞一郎「司法改革論における裁判官の地位」同・前掲書97頁 (初出は、1966年)。

秩序観念に基づいて測定を試みる。その結果、次のように自由裁量モデルを明確に拒絶する結論を示すことになる。

(5) 裁判官の裁量を認めない領域の存在[38]

(ア) 管轄・審級のルール　　バウアは、まず、司法権も含め、およそ国家の機構（体制）Institution には、管轄及び審級に関する正確なルールが不可欠であることを主張する。このことは、事物管轄及び土地管轄、裁判所の審級構造、さらにまた上訴に関する規則が正確に固定化され、そしてまた裁判官のあらゆる自由裁量が奪われていなければならない、ということを意味している。すなわち、裁判所の構成、管轄規則及び上訴に関わる分野は、個々の事件における操作から免れなければならず、それらは、厳格で、形式的に運用されなければならない。バウアは、その理由をここでは特に詳述していないが、念頭においているのはボン基本法101条の法定裁判官保障の原則である[39]。

(イ) 第三者の地位の侵害[40]　　次に、バウアが裁判官の裁量になじまない分野として指摘するのは、訴訟に関与していない第三者の法的地位が訴訟によって侵害される場合である。その場合には、必ず、その侵害は方式にかなった適法行為によって行われなければならない。訴訟に関連して具体的にいえば、証人の証言拒絶の可能性、第三者による文書提出義務及び鑑定人による身体検査の受忍の必要性等の証拠調べ手続が、ケースバイケースで裁判官によって判断されてはならない。その理由は、それらの問題においては、裁判上の権力と個々人の間の一般的な国家的義務関係が問題になっている、すなわち、訴訟法に典型的とは言えない、むしろ実体法的な性質を持つ公法的領域が問題になっているからであり、この領域は、そこで妥当する憲法上の基本原則、すなわち特に侵害の厳格な適法性（法律的適合性）に従って規律されなければならな

---

38) Baur, aaO, S. 105.
39) ドイツ基本法101条1項の法定裁判官の保障について、シュワープほか（石川明＝出口雅久訳）憲法と民事手続法（1988）36頁。
40) Baur, aaO, S. 105.

いからである。

（6）結論——自由裁量モデルの拒絶[41]

　裁判官の裁量を拒絶する上述の二つの例は、その公法的構造のゆえに裁判官による個別的形成を排除するものであるといえる。それに対して、その他の、訴訟指揮、訴訟の進行、及び判決の基礎の獲得という場面では、自由裁量モデルが支持される可能性を広く残しているように思われる。バウアは、まず、刑事訴訟や行政訴訟のように、訴訟において公益が本質的に問題になっているのか、民事訴訟におけるように私権の保護が問題になっているかどうか、に着目する。しかし即座に、公益性の観点はたしかに一定の役割を果たしているが、それだけを過大評価してはならないという。なぜなら、民事訴訟においても公益性を考慮して裁判官は、釈明権を行使して当事者を援助したり、当事者からの提出の如何にかかわらず職権で事実関係が探知されたりすることが認められているからである。もちろん、これらの手続分野（訴訟進行、訴訟指揮、訴訟資料の提出）において、裁判官に完全な権限を与えるべきという見解は、訴訟上のバランスを欠き、法的安定性を害するという理由で反対されることが通例である。これに対して、バウアは、より踏み込んで次のように問う。すなわち、無方式で、無制限の裁判官の力は、形式的な手続の進行よりも、より良く訴訟目的の実現に役立つということが証明され得るならば、そのような反対の理由付けは皮相的なものではないかと。

　バウアは、ここで再び、上述の自己の訴訟目的論、すなわち「実体法によって定められた法的地位を裁判官の裁判によって保護、保全、実現することである」という命題に立ち返ってこの問題を検討する。バウアがここで決定的であると考えているのは、訴訟法と実体法の間で機能的な関連性が存在するという認識である。すなわち、実体法は、同じ事実関係には同じ規制が行われるという特性をもつ。そして、実体法は、訴訟において実現されるので、手続法は、訴訟上の理由をあげて、実体法

41）　Baur, aaO, S. 106.

が保障する法的平等を危機にさらす、または無に帰せしめるような規制を行なってはならない[42]。

このような訴訟における法適用の平等性を重視して、バウアは、訴訟においてはすべての場面において、無制限の裁判官の力を認める余地がないこと、裁判官が、具体的事案において自分の裁量によれば適切だと考えられる訴訟上の規則を発見するという意味における「手続の主人」になってはならないという結論を明示する。ここで考慮されているのは、個々の事例において何が適切な訴訟遂行といえるかについて、裁判官に一致した見解が存在しないこと、その結果、異なった訴訟遂行によって、実体法の実現に不平等が生じることである。

ここでは、そのままバウアの結論を引用しよう。「法秩序は、それが、同じ訴訟上の条件のもとでの実体法の適用を保障する場合にのみ、法秩序という名前に値する。そのように見ていくと、たびたび引用される『個別的正義』とは、―確かに望ましいが―手続法によって確保される・実体法の平等な適用の結果の副産物と何ら異なるものではない。」「訴訟は、『その本質から当然に』ではなく、その実体法との機能的関係のゆえに、無制限の裁判官の力を門から締め出している。無制限の裁判官の力が追求されるところ、または、もうそれがすでに実行されているところでは、法秩序に対する一般的信用が犠牲にされている。」

（7）バウアの見解は裁判官の権限強化の傾向に逆行するのか[43]

バウアは、このような自説に対して、裁判官を訴訟法の形式的な鎖か

---

42) バウアの訴訟目的論は、伝統的な権利保護説であり、いわゆる権利既存の観念を肯定する立場であると思われるが、訴訟において実体権が具体的に形成ないし変容を受ける可能性（リスク）も承認している点で、わが国の山木戸克己教授の訴訟目的論ないし訴権論に近いように見える。山木戸「訴訟法学における権利既存の観念」民事訴訟理論の基礎的研究（1961）20頁、21頁。山木戸教授の訴権論の二元論的理解について、中村宗雄「実体法学と訴訟法学の間隙に在るもの」同・民事訴訟法学の基礎理論（1957）26頁以下。さらに、山木戸説に対するバウアの手続フォーマリズ論の影響について、山本克己「当事者権」鈴木正裕先生古稀祝賀・民事訴訟法の史的展開（2002）87頁。

43) Baur, aaO, S. 107.

ら解放し、彼に訴訟法の形成の責任を移譲しようと努力している現代の諸立法に逆行するものではないかという非難が提出されることを予想する。それに対してバウアは、このような非難は、次のような・なんら証明されていないテーゼに依拠しているとして耳を貸さない。すなわち、固定的な訴訟上の規則に拘束されない裁判官は、正確な、法律によってあらかじめ定められた形式に従って訴訟する場合よりも、真実及び正義により接近することができる、というテーゼである。それ以上にバウアは、蛇の前の子兎のように、身を固くして、いわゆる具体的事案の正義を凝視しても、その際に一般的な、実体法の同一適用が損なわれるならば、なんら役に立たない、と積極的な反論をする。

次に、実体法と訴訟法の関連性、あるいは訴訟法は実体法に役立つという機能を強調するというバウアの論拠に対して、まさに訴訟法の独自性、つまり実体法からの独立性を強調してきた現代の訴訟法学の認識を軽視するものであるという非難も考えられるだろう。この点については、バウアは、訴訟法の実体法からの独立という理論には一定の意義は認められるが、しかし、そのことをもってしても、導入部で示した手続法の（素人）理解、すなわち、訴訟は実体法の賭け（冒険）であること、さらにこの賭けを計算可能にすることが訴訟法の手続法の役割であるということを何ら変更するものではない、という。バウアによれば、形のはっきりしない、裁判官に過剰な期待を寄せている訴訟は、訴訟の本質と矛盾する。

（8）当事者モデルの志向——訴訟における当事者の平等を考慮して[44]

もっともバウアにおいても、訴訟上の活動の重心が当事者側に移り、裁判官にはもっぱら当事者による訴訟遂行の監視を委ねておけばよいとする純粋な当事者モデル、とりわけ当事者進行主義が行なわれることは「無責任な、かつまた不必要な後退を意味する」として排除されている。バウアは、裁判官の力も、当事者の力も、双方ともに慎重に考量され、

---

44) Baur, aaO, S. 108.

特に誘導され、方式化されていなければならないことを強調する。

　バウアによれば、このような形式化は、当事者にとっては、訴訟における当事者の平等の原則から引き出される権利であり、かつ義務でもある。裁判官にとっては、立法者によって付与された訴訟上の権限について、その権限行使の枠組みだけでなく、その活動の要件及び形式もできる限り法律に置き換えられていなければならないことを意味する。その結果、バウアは、訴訟法においては、一般条項を認める余地はなく、訴訟法自体が、目的追求的な、迅速な手続の終結を可能にする具体的な措置を明記しなければならない[45]。

（9）裁判官と当事者の役割分担
――訴訟開始、訴訟進行および訴訟資料収集の場面で[46]

　これまでの検討の結果、裁判官の権限と義務は、当事者の権限と義務と同様に、手続法において厳密に言い表されなければならず、そのように理解するならば、訴訟は、必然的に形式拘束的であり、かつ方式的である、というのがバウアの到達した結論である。そうであるならば、訴訟における裁判官の力と当事者の力は、相互にどのように画されるのか、訴訟上の諸行為の重点は、裁判官に置かれるべきなのか、それとも当事者か、が次に問われなければならない。

　バウアにおいて、今日異論がないと考えられているのは、訴訟の開始は当事者の手に委ねられること（不告不理の原則）、および訴訟の進行と口頭弁論の指揮は裁判官の手に委ねられること（職権進行主義）である。

---

[45]　バウアによれば、この点で、(1976年簡素化法以前の) ドイツの弁論準備手続の規定（ZPO272条b1項）は適切ではなく、オーストリアZPOが早期期日、事前協議・事後協議期日を設置しているように、裁判所にも当事者にも完全に特定の具体的な任務が負わされなければならない。バウアは、わが国の民訴法改正に影響を与えた1976年簡素化法の原型となるシュトッツガルト方式の考案者としても著名であるが、この訴訟促進政策の局面においても裁判官の裁量を排し、手続形成における形式主義の重要性を説いていたことは注目される。上田徹一郎「フリッツ・バウア著「訴訟における口頭弁論集中への道」」法と政治18巻3号（1967）60頁、61頁。

[46]　Baur, aaO, S. 109.

もっともバウアは、これらの原理も自明のことであるとは見ていない。すなわち、訴訟目的論として法秩序維持説をとるならば、不告不理ではなく、裁判所の職権的介入を肯定することが理論的帰結になるはずである。また訴訟目的論で権利保護説をとり、必然的に当事者のイニシアチブを肯定するならば、訴訟の進行を決定すること、および口頭弁論を指揮することも当事者に委ねられるべきことになる[47]。それゆえに、現在一致して職権進行主義が支持されていることについては、訴訟外の根拠が決定的であると考えなければならない。バウアは、その訴訟外の根拠とは、司法の機構性（体制）Institution から導かれるものであり[48]、この機構としての司法がよりよく機能するために目標に向かって突き進む訴訟の経過と迅速な判決言い渡しが不可欠となる[49]。

　バウアが裁判官と当事者の役割分担が問題になる最後の場面として取りあげるのは、判決のための事実資料の探知である[50]。バウアは、従来、行政訴訟および刑事訴訟において妥当すると考えられてきた職権探知主義の傾向が、弁論主義が支配している民事訴訟においても顕著になっていることを指摘する。具体的には、当事者からの事実主張に関する裁判所の釈明義務と（証人尋問を除く）職権証拠調べの可能性である。

　職権探知主義について、事実探知のための他の方法に比べて真実（実体的真実）の発見に優れるという言説がある。これについてバウアは、そのような言説が証明されるかどうかは別として、その正当性にはいくつかの疑問があるという。なぜなら、経験則上、自己の権利をめぐる訴

---

47) バウアは、ここで当事者進行主義の実例として、当時のイギリスの訴訟制度を挙げる。
48) この司法の機構性ないし体制を考慮することは、山本弘教授がしばしば論じられる「大量現象としての訴訟の処理」と類似するように思われる。高橋＝井上・前掲（エキサイティング）183頁（山本発言）。
49) バウアがここでも引用するのは、裁判の「社会性」要請から訴訟の迅速化を至上とした、オーストリアのフランツ・クラインの名である。クラインについては、前掲注32)参照。
50) ここでバウアが当時の弁論主義論の動向を伝える文献として、Bernhardt がローゼンベルクの記念論文集に寄稿した1949年の論文をあげる。Bernhardt の弁論主義論については、三ケ月章「弁論主義の動向」民事訴訟法研究第1巻（1962）55頁で紹介検討されている。

訟当事者の闘いのほうが、裁判官の想像や直感によるよりも豊富な事実資料を掘り起こすからである。しかしながら、それ以上にバウアにとって疑問なのは、裁判官の探知活動は、公平な判断者という裁判官の中心的役割とは調和しないということである。このことから、バウアは次のような重要な評価を示す。すなわち、「裁判官の職は、その客観性、および客観性が存在しているという印象を生命線とする。しかし、裁判官が探知者になるならば、この客観性と裁判官職の主体的構成要素が害される。探知するときには、常に、ひとつの企図が前提としてあり、その企図の基礎には事実経過に関する一定の具体的イメージが抱かれているからである。このようなイメージは、詳細には見極めることができない、不合理なきっかけからもたらされるもの、または一方の、もしくは他方の当事者の見地から一面的に発生するものである。換言すれば、裁判官によるあらゆる真摯な努力には、少なくとも関係者もしくは公衆の目から見ると、客観性の点で疑問がある。探知することと判断することは、まったく異なる働きであり、裁判官職が毀損されることなく、そのふたつのことを一つの手の中に統合することは、およそできないか、できたとしても幸運な人的条件があるときに限る。」

もっともバウアは、ここで、職権探知主義を完全に放棄するべきであるとか、探知する裁判官と判断する裁判官を分離するべきであるという結論を出すことはしていない。ただ、バウアにとって関心があるのは、裁判官の力と当事者の力の関係の問題が伝統的な訴訟原則の再検討に否応なく結びついていることである。

(10) 第1の問題設定のまとめ[51]

手続法は、訴訟形成に関して裁判官にどの程度の力を与えているのか、裁判官の権限と責任は、当事者との関係でどのように分配されているのか、という最初の問題について、バウアが下した結論は、次の通りある。すなわち、裁判官の力と当事者の力のどちらを重視するかにかか

---

51) Baur, aaO, S. 112.

わらず、実体法と訴訟法との機能的結びつきのために、訴訟は、厳格な、形式的な法律適合性に服従せしめられなければならない。裁判官の裁量に委ねられた、無方式の手続を想定する余地は存在しない、ということである。

3 第2の問題設定――訴訟法規への裁判官の拘束について
(1) 訴訟における衡平の問題[52]

バウアが裁判官の力に注目して設定したもう一つの問題が、裁判官は具体的な事件において訴訟法規の規範に厳格に拘束されるのか、それとも法律のほかに、または法律に反して訴訟法上の裁判官法を創造することができるのか、ということである。ここでバウアが想定する論点は二つある。一つは、訴訟法規の欠缺の場合、裁判官はどのように振る舞うのか、である。もう一つは、法律は、たしかに裁判官が判断するべき訴訟上の法律要件を定めているが、しかし、裁判官がそれを間違っているまたは不当だと考えるとき、どのように振る舞うのかである。

バウアは、訴訟担当論や法的審問権のような判例法上の制度が定着していることに鑑みると最初の論点には困難が少ない。それに対して第2の論点には問題が多い。バウアは、具体的に、次のような問いかけをする。①信義則条項は、法律遵守の拒否を正当化する根拠になるか、②裁判官は、確定判決に再審事由がなくても、その判決が不公正な手段で獲得された、あるいは執行される場合、既判力・執行力を除去することができるか、③証拠方法、たとえば文書が不正な方法で獲得された場合、書証の申出は不適法却下されるか、④原告が、当事者間の合意に反して訴えを取り下げないとき、その訴えは不適法か。バウアは、これらはすべてを「訴訟における衡平 Billigkeit の考慮」の問題であると見なしている。

---

52) Baur, aaO, S. 112.

(2) 衡平の考慮の拒絶[53]

ここでもバウアの出発点は、実体法の実現という訴訟目的論に基づき、訴訟法とは裁判所も当事者もないがしろにすることができない厳格法である、という考えである。したがって、当事者の合意による訴訟の処分が可能なのは、「ただ法律がそのことを許容する場合に限られる。衡平の観点は、法律がその考慮を指示する場合に限られる[54]」。さらに、バウアによれば、このような厳格な見方は、訴訟法のもう一つの特性によってさらに助長される。すなわち、あらゆる適法な訴訟行為は、訴訟の場で、法律で固定された、一義的な効果を発生させる。この法律効果は、反対当事者の関与なく発生するが（例、訴えを提起すれば、訴訟係属を発生させる）、当然の反作用という形でも発現する（例、他方当事者は応訴の義務ないし負担をもつ）。

ここでバウアは独自の訴訟行為理論を展開する[55]。すなわち、訴訟とは一方と他方の訴訟行為の応酬の積み重なりであり、従来の訴訟状態を直接変更するという意味において訴訟行為は権利形成的な性格を有している。そうであるならば、それらの訴訟行為の要件と効果は法律、すなわち訴訟法のなかに正確に固定されていなければならない。実体法において権利形成的に法状態を直接変更する意思表示が厳格法に服するのと同様に、同じ原則が訴訟行為にも妥当しなければならない。つまり、具体的な事案から導かれる衡平の観点は訴訟行為を評価する際に排除される。

(3) 信義則説からの反論と再反論[56]

訴訟行為の評価に際して衡平の観点を排除するというバウアの結論に対しては、裁判官が訴訟経過の自動進行の犠牲になるとか、具体的訴訟の特殊性が考慮されないという批判が提出されるだろう。あるいは、法

---

53) Baur, aaO, S. 113.
54) 具体例としてＺＰＯ91条ｂ、233条を挙げる。
55) バウアの訴訟行為論においては、ゴルトシュミットによる与効的訴訟行為と取効的訴訟行為の区別は無用である。
56) Baur, aaO, S. 114.

秩序の一体性を認めるならば、なぜ民法で通用する信義誠実の原則が訴訟法から退場を命じられることになるのか理解できないという批判もできる。これに対してバウアは、本論文の締めくくりとして次のように応酬する。この部分は、具体的な訴訟上の場面ないし問題を離れて、バウアの訴訟法思想を象徴するように見える部分なので、要約をせずに訳出を試みる。

「訴訟とそれに続く判決は、法と不法を決する。当事者にとって、自由、名誉、財産がかかっている。当事者があらん限りのすべての手段を用いて権利をめぐるこの争いを闘い抜こうとすることは自明である。厳格な司法上の手続だけが、政治的、社会的または個人的な権力装置が手続に影響を及ぼし、手続を侵襲することを阻止することができる。何が訴訟において可能であり、かつ正しいのか、何がそうでないのかを、法律が、すべての者に対し、明確かつ一義的に述べなければならない。法律感情に訴えることではなく、法律に頼ることだけが、社会的な混迷と錯綜から裁判官職を防衛する。このことは一見すると刑事訴訟に当てはまることであるが、しかし同じ程度において他の手続類型にも当てはまる。無形式の、捕まえどころのない手続は、無秩序な政治的、経済的、マスコミ的な権力の進入経路であるが、しかしまた裁判官による手続形成に対する批判の呼び水にもなることがしばしばである。それは、ほんの僅かな切っ掛けであったとしても体制上の危機を引き起こすことがあり、ひょっとしたらむしろ必然的にそうなるような批判の呼び水なのである。裁判官の中立性は、その職にある人に当然に与えられるような天賦の才（カリスマ）ではない。手続法上のあらゆる制度的保障を与える以上に、裁判官が中立であるためには、一義的な、法治国家原則に対応する手続法が不可欠である。そのような手続法があってはじめて、裁判官の活動に尺度が与えられ、また裁判官に安定と保護がもたらされる。手続の「緩和 Auflockerung」を求める声が暴力支配の時代にとくに大きくなっていたことは、何ら驚くべきことではない[57]。『形式主義』に

---

57) deBoor のナチス民事訴訟法理論について、前掲注（30）のライポルド論文を参照。なお、deBoor の手続緩和論に関する短評として三ケ月章「弁論主義の動向」民事訴訟法研究 1 巻（1962、初出は1954）54頁。

関して今日でも一読の価値がある論文なかで、イェーリングは次のように言った。『形式は、恣意に対し断固として闘う敵対者であり、自由の双子の姉妹である。』この一文は、連邦憲法裁判所が法的安定性の保障を法治国家の本質的構成要素と見なしたことを想起させる。すなわち、法的安定性とは、裁判手続が規則通りに進行することだけを求めるものではなく、その法としての永続性が確保されるという結末も求めるものである。したがって、手続法における形式主義、すなわち法律によってあらかじめ定められた軌道の上を進んで行く厳格な訴訟を求める要請は、法治国家的共同体にとって重要な要素である[58]。」

3　バウア論文にどう向き合うか

　バウア論文は、民事訴訟の問題を全般的に扱っているうえ、抽象的な観念が多用されているので、筆者が十分に理解して本稿で紹介できたのかは、心許ない。それでも本論文を慎重に読み込んでいくならば、表題である「訴訟法における裁判官の力とフォーマリズム」についていくつかの重要なスローガンを拾い上げることができる。すなわち、訴訟の目的は実体権（法）の保護である。個人と国家の関係に関わる問題分野（公法関係）においては、裁判官の裁量の余地はない。手続形成の局面においても無制限の裁判官の力を認めることは実体法の平等的適用の要請に反する。民事訴訟には一般条項を認める余地はない。事実資料の収集のために裁判官に力を与えるならば、裁判官職の中立性が害される。裁判官は具体的事案の衡平を考慮して訴訟法規に反する行動をとってはならない。裁判官が中立であるためには一義的な、法治国家の手続法が不可欠である。形式主義に従って実施されるべき手続法を緩和することはナチス期の訴訟に逆戻りする。

　では、わが国の民事訴訟法学は、バウアが本論文で示唆するこれらのスローガンにどのように向き合うことができるだろうか。まず、冒頭に述べたわが国の戦後民事訴訟法学の系譜に対しては、実体法と訴訟法の

---

[58]　Baur, aaO, S. 115.

関連性が十分に考慮されていないこと（訴訟法の孤立）に疑問を向けることが容易にできる[59]。次に、裁判所の管轄・審級の制度を個人と国家との公法関係と位置づけて裁判所の裁量を認めないドイツ法の理解が、わが国においても妥当するのかの検討を始めなければならない[60]。第三者の文書提出義務および証人の証言拒絶権に関して、わが国の判例が利益較量による判断を指示することについて再検討に迫られるだろう[61]。それら以外の手続形成の局面において、職権主義を完全に否定できない分野があることを承認するとしても、そこに無制限の裁判官の力を所与のもとして考えることには、懐疑の目を向けることになる[62]。

---

[59] この点で、実体法と訴訟法の階層構造から訴訟法理論を構築しようとした中村理論（実体法・訴訟法二元観）の再評価が試みられて良い。中村理論については、代表的には中村宗雄・前掲65頁のほか、中村宗雄・学問の方法と訴訟法理論（1976）1頁、中村英郎・民事訴訟法（1987）36頁。

[60] そもそも裁判管轄について、ドイツ法の知らない裁量移送（民訴法17条）、さらには国際裁判管轄の特段の事情を立法化している（同3条の9）わが国民訴法は、バウアの手続フォーマリズム論が及ばないところにきていると考えることができるかもしれない。しかし、ドイツにおける管轄法の体系は憲法上の価値から導き出される、普遍性をもつ規制であるならば、わが国でもフォーマリズム論からの再検討できるはずである。

[61] 証言拒絶権に関する最判平成18年10月3日民集60巻8号2647頁（安達栄司「報道関係者の取材源に係る証言拒絶の可否」法律のひろば2007年7月号57頁参照）。その他に証拠法の分野において、文書提出義務の範囲を利益較量の問題と見る判例についても再考の余地がある。西口元「文書提出命令における利益較量」現代民事法研究会・民事訴訟のスキルとマインド（2010）210頁。

[62] 小山昇「利益衡量と法規」ジュリスト591号（1975）10頁はすでにこの立場であった。なお、訴訟指揮や手続の進行のように裁判所の裁量によることを争えない場面であっても、裁判所の力を制約することを志向する山本和彦教授の審理契約論およびその延長にある当事者主義的訴訟運営論（山本和彦「当事者主義的訴訟運営の在り方とその基盤整備について」民訴55号（2009）60頁）は、バウアの手続フォーマリズム論に対するわが国訴訟法学からの一つの回答といえる。

訴訟審理の実体面における裁判所の役割について
——釈明権の法理に関する序論的考察——

髙 田 昌 宏
Masahiro TAKADA

1　はじめに
2　現行民事訴訟法の下での審理の実体面における裁判所の役割
3　ドイツ民事訴訟法における裁判所の実体的訴訟指揮
4　若干の考察——ドイツ法との比較——

1　はじめに

1　1996年の新民事訴訟法（平成8年・法律第109号）の制定およびその後の部分改正を経て、民事訴訟審理のあり方は、大きく変わった。それ以前の旧民事訴訟法（大正15年改正法〔大正15・4・22法61〕〔以下、「旧民訴」と略す〕）と比較すると、例えば、当事者が信義誠実に訴訟追行する責務と、裁判所が公正迅速な訴訟進行に努める責務が明文化されるとともに（現行民事訴訟法〔以下、「民訴」と略す〕2条）、弁論準備手続をはじめとする争点整理手続の整備（民訴164条以下）や、計画審理制度の導入（同147条の2・147条の3）など[1]が行なわれた結果、訴訟審理は、弁論準備手続（同168条以下）における早い段階での争点整理と、それに続く口頭弁論で

1）　とくに裁判所の関係では、新民事訴訟法制定の結果、一般的次元において、民事訴訟法2条により、裁判所が「民事訴訟が公正かつ迅速に行なわれるように努め」なければならないとされ、いわゆる公正迅速訴訟進行責務とも呼ぶべきものが裁判所に負わされることになった。また、より具体的次元では、この裁判所に課された責務の実現を図るべく、本文で挙げた、弁論準備手続をはじめとする争点整理手続の整備・拡充、集中証拠調べ、計画審理の導入のほか、最初の口頭弁論期日前における進行参考事項の聴取（民事訴訟規則〔以下、「規則」と略す〕61条）、期日外釈明（民訴149条1項・4項）などの新たな規律や制度が導入された。

の集中証拠調べ（同182条）の実施を経て、判決または和解で終結するという形が一般的になった。新民事訴訟法制定に際しての、このような新しい審理方式の採用は、新法制定の基礎にある「審理の充実および促進」の理念にあと押しされてきたものであり、そこでの同理念の実現に訴訟主体として裁判所が積極的に関わっていくことが期待されていることは疑いない。また、裁判所だけでなく、当事者も、審理の充実・促進の目標実現に向けて、訴訟主体として積極的かつ主体的に取り組んでいくことが大いに期待されていたと言える。なぜなら、新民事訴訟法制定に際し、当事者照会制度（民訴163条）が新設され、適時提出主義の採用（同156条）による適時の攻撃防御方法の提出をはじめとする信義誠実な訴訟追行が、当事者双方に求められ、また、早期に関連の事実や証拠を提出することが要請されているからである（民事訴訟規則〔以下、「規則」と略す〕53条1項、79条3項、80条1項等）。したがって、新法の制定に伴い、訴訟主体である当事者および裁判所のそれぞれが審理の場で果たすべき役割については、審理の一層の充実・促進を図るべく、当事者の主体的な取組みと裁判所の積極的な協力が、より一層求められることとなった[2]。

　以上の民事訴訟法の全面的な見直しにより、訴訟に要する時間の相当な短縮と審理の充実化が図られてきたことは疑いない事実であろうが、

2）　例えば、福田剛久「当事者主義と職権主義の間で」判タ1317号47頁（2010年）は、現行民事訴訟法制定前の1985年前後から、裁判所と弁護士会の双方により訴訟審理の充実および促進を図る取組みが進められ、当事者が主体となって審理の充実・促進を図り、裁判所は調整役としての機能を果たすという方向で実務運用が改善され、それを受けて現行民事訴訟法が制定されたとする。福田判事によれば、現行民事訴訟法は、裁判所の職権主義を強化するのではなく、当事者の自主性・自律性に期待する訴訟審理を指向しているとされる。たしかに、当事者照会制度の導入、適時提出主義の採用、早期の関連事実および証拠の提出など当事者の積極的な活動が求められ、当事者の主体的取組みが期待されてきたことは間違いないであろうし（徳田和幸「弁論主義と新民事訴訟法」法教223号29頁以下〔1999年〕）、裁判所の積極的な関与とならんで、当事者（またはその訴訟代理人としての弁護士）が主導的な役割を担うことが求められていたと言えよう（酒井博行「当事者主義的民事訴訟運営と制裁型スキームに関する一考察（一）―日本民事訴訟法の当事者照会とアメリカ連邦民事訴訟規則の質問書を素材として―」北園45巻4号657頁以下〔2010年〕参照）。

その一方で、今日、次のような指摘も見られる[3]。例えば、弁護士の数や訴訟事件数が増加するなか、弁論準備手続の段階で当事者双方が口頭での議論を通じて争点を絞り込むという新法制定当初の期待がはずれ、書面交換だけで終わってしまうとか、そこでの裁判官の釈明によって必ずしも口頭の議論の活性化が図られていないとの指摘である。また、裁判所が実質的に主導して争点を整理していく運用により、争点整理を中心とする審理が、当初期待された当事者の主体的な取組みを基礎とする審理とは異なり、裁判所の負担の大きい職権主義的な審理構造に転じつつある[4]との認識が、少なくとも法曹関係者の一部で共有されつつある。これは、裁判所の負担増大という裁判所が直面する問題も含め、当事者と裁判所の役割を見直す必要性を示唆するものかもしれない。

2 新民事訴訟法、すなわち現行民事訴訟法が、1998年1月に施行されてすでに十数年が経過し、その成果が様々に検証されつつある現在[5]、現行民事訴訟法のもとでの審理の場面において、当事者と裁判所のそれぞれが果たすべき役割をあらためて検討することは、今後の民事

---

3) 例えば、山本和彦「当事者主義的訴訟運営の在り方とその基盤整備について」民訴55号61頁、64頁以下〔2009年〕、酒井・前掲（注2）657頁以下。

4) 例えば、争点整理手続では、裁判所のサイドから、裁判所が足りないと考える事実主張や証拠についての釈明がなされ、それに対して当事者は、その場で応答や反論をすることが少なく、次回期日に書面により対応し、それに対して裁判所の釈明が再度なされる、という形で争点整理が進められる。そして、当事者からの資料が出揃う中で、当事者間で認識のズレがある事実等について、裁判所がそれを確認する作業を主導し、場合によっては、裁判所の側で争点整理案を作成する。また、裁判所が争点とする必要がないと考える問題については、裁判所が当事者を説得して争点から落とす作業を積極的に行う。そのうえで、どの争点についてどの人証で立証するか等を当事者の意見を聴きながら裁判所が決めていく。このような手続のやり方が想定されている。以上について、山本（和）・前掲（注3）65頁、酒井・前掲（注2）658頁参照。

5) 最高裁判所が、2011年7月8日に「裁判の迅速化に関する検証に関する報告書（第四回）」を公表しているほか、三木浩一教授を代表者とする研究者、弁護士らからなる「民事訴訟法改正研究会」によって、2010年5月から2年間余にわたって現行民事訴訟法の改正の必要性について検討がなされ、その成果が、2012年12月に公刊されている（三木浩一＝山本和彦編『民事訴訟法の改正課題（ジュリ増刊）』（有斐閣・2012年）。後者は、本稿のテーマに関わる釈明についても、現行法の検討および改正提案を行っている（「10 法的観点指摘義務」三木＝山本（和）編・前掲73頁および「11 釈明義務」同80頁）。

訴訟のあり方を考えるうえで重要であろうし、また必要不可欠であろう。そこで、本稿[6]では、審理の形式面と実体面（実質面）の両方で問題となりうるであろう「審理における当事者と裁判所の役割」のうち、後者の実体面（実体形成面）における裁判所のあるべき役割について考察を加えたい。具体的には、審理のあり方に影響を及ぼしうる裁判所の訴訟指揮権のなかで、審理の実体面において最も重要な役割を果たすであろう「釈明（求釈明）」または「釈明権」の行使（民訴149条）に着目し、そこで裁判所が果たすべき役割について手続原理の探究を試みたい。

　3　考察の進め方としては、まず、現在の民事訴訟法の下での裁判所による釈明権行使をめぐる理論・実務の状況を概観し、問題点や課題のいくつかを抽出および整理する（2）。続いて、わが国の民事訴訟法上の釈明または釈明権制度の淵源でもあり、比較的最近、釈明制度に関する規律に修正を加えたドイツ民事訴訟法（Zivilprozessordnung〔以下、「ZPO」と略す〕）の釈明制度に関する状況にも目を向けることにする（3）。そして、最終的に、比較法的考察も踏まえて、わが国の民事訴訟における裁判官の釈明に関する将来に向けた基本的視座を得るべく、そのための手がかりを探ることとしたい（4）。

2　現行民事訴訟法の下での審理の実体面における裁判所の役割

1　現行民事訴訟法の下での釈明権に関する規律

　1　現行の民事訴訟法は、同149条に釈明権の規定を置く。同1項は、「裁判長は、口頭弁論の期日又は期日外において、訴訟関係を明瞭にするため、事実上及び法律上の事項に関し、当事者に対して問いを発し、又は立証を促すことができる。」と規定する。この規定を柱とする現行

---

[6]　本稿は、第80回日本民事訴訟法学会大会のシンポジウム「民事裁判の審理における基本原則の再検討」（2010年5月16日）において筆者が「審理の実体面における訴訟指揮とその法理」と題して行った報告の内容を書き改めたものである。当日の報告内容と、同報告に関する質疑応答は、民訴57号101～111、146～160頁（2011年）に収録されている。

法の下では、旧法と比較すると、釈明権に関する規律自体は、まず、いわゆる期日外釈明（期日間釈明）の規律（民訴149条1項・4項・規則63条）が新たに設けられた[7]点で異なっている[8]。また、現行法の下では、「国民に利用しやすく分かりやすく」を目標に、訴訟の審理構造自体が、弁論準備手続を中心とした審理構造へ変容を遂げたのに合わせて、釈明権の行使も、民事訴訟法170条5項により釈明権規定が弁論準備手続にも準用されることとなったことから、この新たな審理構造の下に置かれることとなった[9]。

2 釈明権をめぐるこれらの新しい規律自体は、旧法以来のこれまでの釈明権に関する理論と実務に直ちに大きな影響を及ぼすものとは思われないが[10]、その新規律を含む現行民事訴訟法の持つ構想そのものによって、釈明権をめぐる状況に変容がすでに生じている、あるいは、生じるだろう可能性[11]は、否定できない[12]。実際、現行民事訴訟法のもと

---

7) 口頭弁論期日における審理を充実したものとするためには、当事者に対する釈明権の適時の的確な行使が要請されるとの観点から、期日外釈明の制度が法定された（民訴149条1項・4項）。これは、新法制定前の実務での「事実上の釈明」と呼ばれる運用を法律上の措置として認めたものといわれる（法務省民事局参事官室編『一問一答新民事訴訟法』149頁（商事法務・1996年）。一方、旧法下では、口頭弁論期日外で釈明準備命令を発することができるとされていたが（旧民訴128条）、命令という厳格な形式が要求されるがゆえにあまり利用されなかったことから、期日外釈明が明文化されるかわりに、釈明準備命令制度は廃止された（法務省民事局参事官室編・前掲149頁参照）。

8) なお、釈明権ではないが、釈明処分の内容について、現行民事訴訟法では、準当事者（当事者のための事務を処理し、または補助する者）からの聴取が加えられている（民訴151条1項2号）。

9) 新たな審理構造のもとでの釈明権のあり方を考察する論稿として、石田秀博「新民事訴訟法における釈明権行使」愛媛27巻1号113頁、122頁以下（2000年）がある。

10) 山本弘「釈明と弁論主義の進展」ジュリ1098号46頁（1996年）。

11) ドイツの文献であるが、釈明権一般として、そのような可能性を示唆するものとして、Hans Prütting, Die materielle Prozessleitung, Festschrift für Musielak, 2004, S. 405 がある。

12) 現に、新規律のもとで、裁判所から当事者への垂直的方向を指向した縦ベクトルとして働く従来の釈明ではなく、むしろ裁判所と当事者間ないし当事者相互間の双方向を指向した水平ベクトルとして働く釈明というあり方を新たに強調する論者も現れている（石田・前掲（注9）114頁）。なお、当事者の求問権（民訴149条3項）について、裁判官からの発問を待つのでなく、当事者双方の応答に任せる運用も、そういう方向につな

では、裁判所が、当事者とともに事件の争点を洗い出し、充実した審理を集中的に行う、という方向が前面に出されており、新法制定当初、新法の大きな特徴として、そのような方向での審理実現に向けた「裁判所の積極性」も、強調されていた[13]。したがって、釈明権を考えるうえで、現行民事訴訟法の基礎にあるその種の方向性を無視することは許されない。

2 釈明権・釈明義務とその目的

1 釈明権の制度は、これまでの伝統的理解によれば、弁論主義[14]の形式的適用による弊害や不合理を除去するため、訴訟指揮権の一作用として裁判所に認められた権能および職責を意味する[15]。民事訴訟法の条文上、釈明は、「裁判長は、……訴訟関係を明瞭にするため、事実上及び法律上の事項に関し、当事者に対して問いを発し、又は立証を促すことができる。」というように、もっぱら裁判所の権能として規定されている（民訴149条1項）。しかし、それが、もともとは母法国ドイツと同様、義務として定められていた（1890年成立公布のいわゆる旧々民事訴訟法〔明治23・4・21法29〕112条2項）こと[16]からも窺えるとおり、釈明が裁判

がる面がある（菊井維大＝村松俊夫原著・秋山幹男ほか『コンメンタール民事訴訟法Ⅲ』289頁〔日本評論社・2008年〕）。
13) 中野貞一郎『解説新民事訴訟法』10頁（有斐閣・1997年）。もちろん、そうした審理の実現は、ひとえに裁判所の双肩にかかっているわけではなく、それを当事者側も支えるべく、適時提出主義の導入（民訴156条）、弁論懈怠の規律の強化をはじめとする当事者の行為に対する規律の強化、さらには、当事者による情報や証拠を収集する権能、裏返せば義務や責任の強化も図られている。
14) 釈明権は、職権探知主義の手続のもとでも、当然に認められる以上、本文のような伝統的見解における弁論主義の形式的適用と結びつけた説明が妥当かは検討の余地がある。釈明権が職権探知主義の手続の下でも必要であることについて、本間義信「釈明権」佐々木吉男先生追悼『民事紛争の解決と手続』164頁（信山社・2000年）。なお、本間教授は、弁論主義の下での釈明権・釈明義務の権能と、職権探知主義の下でのそれとは大きく異なるとされる。
15) 石田秀博「情報の偏在事例における裁判所の対応」法時82巻2号29頁（2010年）。
16) 旧々民訴法112条2項は、「裁判長ハ問ヲ発シテ不明瞭ナル申立ヲ釈明シ主張シタル事実ノ不十分ナル証明ヲ補充シ証拠方法ヲ申出テ其他事件ノ関係ヲ定ムルニ必要ナル陳述

所の権能であると同時に義務であることは、今日、広く認められているところでもある。

2 釈明権のような裁判所の自明の権能と目すべきものについても、その目的が何かの問いに答えるのは、容易ではない。実際、従前から、様々な見解が主張されてきた。一見、抽象論の争いで、実践的な意味はないように思われるが、必ずしもそうではない。

まず、よく知られた見解として、事案の真相を把握し、事案に即した適切・妥当な判断を得ることをその目的とみる見解（真相把握説）[17]がある。真相に合致した適切・妥当な解決を図るという裁判所の公共的使命を果たすことに釈明権の目的・本質があるとすることから、勢い、真相把握のための釈明権行使には、いくらしすぎてもしすぎることはないという結論につながっていく[18]。

次に、「弁論権」の保障に目的があるとする見解、すなわち、釈明権行使の本来の意義は、当事者の訴訟主体としての地位の尊重、訴訟結果に対する当事者の納得・受容の確保などの口頭弁論審理（対審構造）の目的をよりよく実現するため、裁判所が事件の解決に重要と考える論点を指摘し、当事者にこの点につき充実した弁論を尽くさせるところにあるとする見解（弁論権保障説）がある[19]。さらに、両当事者に形式的には平等に保障されている提出の機会を現実化して、両当事者の法的地位の

ヲ為サシム可シ」と、釈明を義務的に規定していた。しかし、さしたる理由もなく、その後の1926年（大正15年）改正で現在の規定のような定めになったという経緯がある。以上について、竹下守夫＝伊藤眞編『注釈民事訴訟法（3）』109頁〔松本博之〕（有斐閣・1993年）、上田徹一郎『当事者平等原則の展開』105頁注27（有斐閣・1997年）参照。

[17] 最判昭和45・6・11民集24巻6号516頁にも、次のような似た表現が見られる。「釈明の制度は、弁論主義の形式的な適用による不合理を修正し、訴訟関係を明らかにし、できるだけ事案の真相をきわめることによって、当事者間における紛争の真の解決をはかることを目的として設けられたものである」とする。

[18] 奈良次郎「訴訟資料収集に関する裁判所の権限と責任」新堂幸司編集代表『講座民事訴訟④審理』131頁以下（弘文堂・1985年）。この見解の具体的な狙いは、裁判所が事案の「真相」を把握するために行なう釈明権の行使はいくらしすぎてもしすぎるということはなく、違法の問題は生じないということである（竹下＝伊藤編・前掲（注16）113頁〔松本〕）。

[19] 竹下守夫「判例解説」新堂幸司＝青山善充編『民事訴訟法判例百選〔第2版〕』169頁。

実質的平等をはかる裁判所の義務と解する立場（実質的武器対等化説）が存在するほか[20]、最近では、裁判所と当事者双方との情報交換を図ってその整序をし、共通のインフォームド・シチュエーション（informed situation）を形成して、事案解明するための基礎作業と解する立場（インフォームド・シチュエーション形成説）[21]も現れている[22]。

3 少なくとも、これらのうちのいずれか1つだけで説明することが可能か、また、それが妥当かの判断は、容易ではない。例えば、最初に挙げた真相把握説のように、勝つべき者が勝ち、負けるべき者が負けるという理念は、裁判官の多くが持っていると思われるが、職権探知主義や実体的真実発見主義を採らない通常の民事訴訟において、それのみを前面に出すことができるかは疑わしいであろう[23]。その次に挙げた弁論権保障説についても、訴えの変更の釈明のような処分権主義と緊張関係にある場面では必ずしも根拠として十分でないように思われる。さらに、実質的武器対等に着目する見解も、どこまで二当事者の武器対等が図られていれば釈明が不要になるかが問われる[24]。同様に、インフォー

---

20) 釈明義務＝釈明権の根拠を当事者の実質的平等原則に求める立場である（上田徹一郎『民事訴訟法〔第7版〕』338頁〔法学書院・2011年〕）。

21) 菊井＝村松原著・前掲（注12）264頁、加藤新太郎「釈明の構造と実務」青山善充先生古稀祝賀論文集『民事手続法学の新たな地平』105頁以下（有斐閣・2009年）。

22) このほかにも、「自己の確信に基づく裁判を行なうべき裁判官の確信形成に向けた努力の手段にして、かつ、訴訟活動を誘導する装置」として釈明権が存在すると見る立場もある（本間・前掲（注14）159頁以下）。この見解によれば、釈明権は、事実に関する確信に基づいて、自己の良心に基づく法解釈・適用による裁判をするためにあり、真実探究、弁論権保障、当事者平等原則の実現は、いずれも裁判所が釈明権を行使する際に顧慮すべき実体上・手続上の価値にすぎず、それら自体が釈明権の根拠ではないとされる（同161頁）。

23) 真相把握説に対しては、次のような問題点も指摘されている（竹下＝伊藤・前掲（注16）114頁〔松本〕）。すなわち、事案の真相に即した紛争の真の解決、ことに「勝つべき者を勝たせる」ということが追求されるならば、釈明権の行使により職権探知に近づき、裁判所が当事者を後見し、その利益擁護者になるという事態に陥るであろう。事案の真相・紛争の真の解決を強調することにより、徹底した真実発見手段をもたない裁判所の場当たり的な釈明権の行使が正当化されるものではない。それだけでなく、釈明権の行使には当事者間の公平からくる限界があるから、事案の真相を掲げて釈明権行使に限界がないと主張することは正当ではない、というものである。

ムド・シチュエーションの形成についても、どこまでインフォームドな状況が要求されるかは必ずしも明らかでない。

3 釈明権行使の範囲

1 釈明権制度の目的と類似して、議論の余地があるのが、釈明権の制度と、弁論主義および処分権主義との関係である。一般的に、釈明権行使は弁論主義の補充・補完であり、当事者自治に対する後見的干渉であるという意味で弁論主義の修正であると言われることがある。同じようなことは、処分権主義との関係でも言われうる。しかし、弁論主義を例にとると、裁判所が釈明権を行使して、例えば新しい請求原因や抗弁の提出を促しても、それに応じて新たな事実を主張するかどうかは当事者の判断に留保されている以上、釈明権の積極行使は、弁論主義と抵触しないということが、一般に主張されている[25]。たしかに、裁判所は、職権によって事実の探知を行うわけではなく、当事者が新たな申立てをしたり、新たな陳述や証拠の申出をするきっかけを与えるにすぎず、裁判所の釈明に応じて申立てをしたり、陳述をしたりするかは、当事者が自ら決める事柄であって、釈明権行使は、弁論主義や処分権主義に代わったり、それらの原則を動かすものではない。

ただ、このような理由から弁論主義等との抵触は否定されていても、

---

24) 実質的対等化説に対しては、この実質的当事者平等原則の内容が必ずしも明確でないとの指摘がある（竹下＝伊藤編・前掲（注16）114頁〔松本〕）。例えば、当事者の一方に弁護士が付いているが、この弁護士の申立てや主張が不明瞭な場合、釈明権の行使は必要でないということになるのかといった疑問が提起されるほか、釈明権の行使基準を「当事者」の実質的平等という面からのみ見ると、裁判所と当事者の法的見解に相違がある場合には釈明権の行使は違法になりそうであるが、このような場合にこそ釈明権の行使が必要ではないか、といった疑問が出される。

25) 竹下＝伊藤編・前掲（注16）109頁〔松本〕、奈良・前掲（注18）133頁、高橋宏志『重点講義民事訴訟法（上）〔第2版補訂版〕』447頁注39〔有斐閣・2013年〕ほか。釈明権を、弁論権の積極的側面における発現を促し触発するという形で当事者に協力するものとして位置づける山木戸教授の見解においても、釈明権行使は何ら弁論主義を制限ないし修正するものではないと解される（山木戸克己「弁論主義の法構造」同『民事訴訟法論集』22頁〔有斐閣・1990年〕）。

他方で、釈明権が強力に行使されれば事実上当事者の自由の範囲は狭くなるとの指摘もある[26]。これは、釈明権行使と弁論主義等の両者の間の緊張関係を同時に示している。このような意味での弁論主義等との緊張関係[27]を重視するならば、それは、釈明権の行使に抑制的に作用する可能性がある。

　2　釈明権行使の範囲を左右しうる要因は、このほかにも、いろいろと存在しうる。例えば、釈明権行使について、釈明権の不行使の場合にのみ、釈明義務違反として違法の問題となり、釈明権行使のし過ぎは違法の問題とはならないと考えるべきかが問題となる。この点は、そもそも釈明権行使のし過ぎを観念しない立場、し過ぎは観念できても違法の問題にはならないとする立場、それに対して、違法の問題は生じるが、上訴での破棄・取消しの事由にはならないとするもの[28]など見解が多岐に分かれる[29]。釈明権行使のし過ぎをそもそも認めない立場は、裁判官が真相に合致する適切・妥当な解決を図るのに必要であると考えて行う釈明権行使が、裁判機関としての中立・公正性を損なうことはないとする[30]。しかし、この見解には、依然として、裁判官の中立性からの疑問が払拭されたとは言えないところがある[31]。

---

26) 本間・前掲（注14）164頁。
27) 山木戸・前掲（注25）22頁は、訴訟資料の収集を当事者の活動に放任し、裁判所はまったく受動的にこれを受け取るという意味における不干渉主義に対しては、釈明権はその修正であることはいうまでもない、と言う。この点について、高橋・前掲（注25）446頁注39も同様の指摘を行う。
28) 釈明権行使の範囲について行為規範と評価規範を区別して考える見解（山本和彦「釈明義務」三ケ月章＝青山善充編『民事訴訟法の争点〔新版〕』232頁〔有斐閣・1988年〕、高橋・前掲（注25）444頁以下、加藤・前掲（注21）125頁以下ほか）の場合も、行為規範レベルで違法の問題が生じても、その違法は、評価規範のレベルでは直ちに破棄・取消しの事由たる違法の問題にはならないであろう。
29) もっとも、釈明権行使（積極的釈明）のし過ぎの場合の救済は、訴訟指揮に対する異議（民訴150条）、忌避申立ての可能性（同24条）にとどまる。山本（和）・前掲（注28）232頁参照。
30) 奈良・前掲（注18）133頁以下。この説によると、釈明義務の観念は、もっぱら事実審の釈明権不行使に対する上告審の批判基準にほかならない（同157頁以下参照）。
31) 本間・前掲（注14）166頁、竹下＝伊藤編・前掲（注16）111〜112頁〔松本〕、石田秀

3　釈明権の不行使の取扱いに関しては、従前より、中野貞一郎教授の見解がよく知られている[32]。中野教授の見解によれば、「積極的釈明」と「消極的釈明」の分類を前提にして、消極的釈明の不行使が釈明義務違反となるのに対し、積極的釈明の場合の釈明義務違反の存否は、種々の考慮ファクターによる複合的利益衡量に依存することとされる[33]。考慮ファクターは、「判決における勝敗転換の蓋然性」、「当事者の申立て・主張における法的構成の当否」、「期待可能性」、「当事者間の公平」等である。

　例えば、時効に関する釈明の場合、上記ファクターのうち、「勝敗転換の蓋然性」と「当事者間の公平」がとくに問題となるが、そのどちらを優先すべきか難しい判断が要求される。これは、釈明義務の範囲の問題に、衡量や裁量を持ち込んだ場合の問題性を示している。個々の考慮ファクターとされているものの抽象度が高いため、これを基準として掲げても、釈明義務の有無の判断は、裁判官の広範な裁量に委ねられる結果となりうる[34]。これでは、当事者に予測可能性がなく、基準としての機能が期待できないとの批判[35]が加えられうるほか、裁判官しだいで釈明義務の有無が変わるため、手続上の公平さにおいても問題があろう。とはいえ、釈明権行使を裁判官の裁量の問題として捉える有力な傾向が、裁判実務にも見られることから[36]、上記の中野教授が唱えられる裁判官の衡量を基礎とする見解も含め、裁量性を認める実務や学説[37]

　　博「釈明権と裁判官の忌避事由」愛媛20巻3・4合併号299頁以下（1994年）。
32)　中野貞一郎「弁論主義の動向と釈明権」同『過失の推認（増補版）』215頁以下（弘文堂・1987年）。これを有意義な基準を提示するものであると評価するものとして、例えば、下里敬明「簡易裁判所の訴訟における釈明権の行使」岡久幸治＝横田康祐＝石﨑實＝今岡毅編『新・裁判実務大系26巻』161頁（青林書院・2005年）。
33)　中野・前掲（注32）220頁注5、223頁。
34)　三木浩一「判例研究」法研84巻5号154頁（2011年）。
35)　三木・前掲（注34）154頁。
36)　八木一洋「釈明権の行使に関する最高裁判所の裁判例について」民訴56号91頁（2010年）には、釈明権の行使を事実審の審理上の措置の一種として「裁量に属する」ものとする最高裁判決が紹介されている。
37)　加藤・前掲（注21）112頁は、釈明が基本的に裁判官の裁量に委ねられるとして、それ

の傾向については、裁量性の有無をめぐり、さらなる検討が必要であろう[38]。

4 このほかに、釈明権行使については、弁護士代理訴訟と本人訴訟とでそのあり方に違いがあるかが問われる。この点は、事実の真相に合致した適切・妥当な解決を図るとの観点から両者に差異を設ける必要がないとする立場[39]と、当事者の実質的対等確保という観点から両者の訴訟追行に大きな差異があるとみて、釈明に差異を認めるもの[40]とに分かれる。実際、簡易裁判所での本人訴訟の場合、とくに消費者信用事件等で本人の訴訟追行能力の不足・不平等を補い、後見的機能を果たすべく、時効などの積極的釈明の範囲が通常の訴訟に比して拡大されているといわれており[41]、そのような釈明権行使の当否も議論の余地があ

を「手続裁量」として構成し、その判断枠組を整理しようとする。それによれば、手続裁量論として、裁量を発揮すべき問題状況に応じた考慮要素とその優劣を抽出したうえで、ガイドライン・行動準則を設定して、裁量を有効に機能させるとともに制御することが試みられる。また、大江忠＝加藤新太郎＝山本和彦編『手続裁量とその規律―理論と実務の架橋をめざして』15頁、とくに20頁以下〔山本和彦〕、123頁以下〔加藤新太郎〕（有斐閣・2005年）参照。

38) 釈明権行使に際して裁判官の裁量を広く認めることに反対するものとして、例えば、石田秀博「釈明」法教242号20～21頁（2000年）がある。もっとも、不明瞭・不十分な陳述・証拠申出の補充などの釈明権行使の中心領域についてまで裁量を否定するわけではない。同・前掲（注31）301頁、後注103も参照。

39) 奈良・前掲（注18）153頁。もっとも、本人訴訟においては、釈明権行使が弁護士訴訟の場合よりも強力に要求されるとする。

40) 菊井＝村松原著・前掲（注12）274頁、加藤・前掲（注21）124頁。

41) 簡易裁判所手続での消費者信用事件での時効の釈明などの例について、次のような指摘がある（下里・前掲（注32）162頁以下）。すなわち、簡易裁判所の訴訟は、当事者の双方または一方に弁護士の付かない本人訴訟が多く、当事者本人が法律知識や訴訟実務経験が乏しいため、双方に弁護士が付いているときと同じような釈明のやり方では必要な訴訟資料を引き出すことはできない。このような本人の訴訟追行能力の不足、不平等の状況下で形式的に弁論主義を適用すれば、紛争の妥当な解決が困難となるから、裁判所は、その後見的機能を果たすため釈明権の行使を強力に行なう必要があり、その方法としてかなり突っ込んだ具体的説明、示唆をしなければならない実情にあるとされる。そこに「本人訴訟における釈明権行使の特殊性」があり、とくに簡裁の通常訴訟のかなりの部分を占める消費者信用事件では、実質的平等を意識した裁判所の後見的役割の視点から、一般的には慎重な取扱いが要求される積極的釈明についても、その範囲をできるだけ広く解すべきとされる。同様の立場に立つものとして、加藤・前掲（注21）117

4 釈明権行使に関する近時の判例

1 判例上、釈明権行使は、第二次世界大戦後のアメリカ的な当事者主義思潮の下で釈明権行使に消極的な時代を経たのち、釈明の積極化の流れが続いてきたとされるが[42]、新法施行後の釈明権行使に関する裁判例に限ると、例えば、①最判平成17・7・14判時1911号102頁や、②最大判平成22・1・20民集64巻1号1頁が比較的よく知られている。このほかにもいくつも裁判例があるが[43]、それらから、現行民事訴訟法の施行前と後とで何らかの傾向の変化などを読み取ることは難しいように思われる。とはいえ、比較的新しい上記の2つの裁判例について特徴的な傾向などについて触れておきたい。

2 まず、前者の①は、建設重機の借上げ代金請求事件で、税務署による代金等債権の差押えに基づき第三債務者として弁済したとの抗弁を債務者（被告）がしたケースについて、原審が、当該差押えは遅延損害金に対するものであることが明らかだとして元本部分の弁済を認めなかったのに対し、債務者（被告）は元本および遅延損害金の全額を弁済したとの認識を有しており、担当職員もその旨の領収書を発行しているという事情の下では、原審は、元本債権に対する差押えについての主張の補正および立証をするかどうかについて釈明すべきであったとして破棄差戻しをしたものである。これについては、主張と提出した書証（遅延損害金債務のみが差押債権として記載された債権差押通知書）が食い違っている

---

42) 竹下＝伊藤編・前掲（注16）120頁以下〔松本〕。なお、大審院以来の釈明に関する判例の変遷については、例えば、奈良次郎「釈明権と釈明義務の範囲」鈴木忠一＝三ケ月章監修『実務民事訴訟講座Ⅰ』209頁以下（日本評論社・1969年）が詳しい。

43) 八木・前掲（注36）128頁以下で紹介される裁判例を参照。なお、近時、最判平成22・10・14判タ1337号105頁が現れた。本件は、大学教授の地位確認の訴えで、信義則違反という当事者が主張していない法律構成を控訴審がとるときには、原告にその点を主張するかいなかを促し、被告に十分な反論反証の機会を与えるべきであったとして破棄自判した事案である。ここでは、いわゆる法的観点指摘義務が問題となっているように見受けられる（髙田昌宏「判例解説」ジュリ1420号（平成22年度重判）162頁〔2011年〕）。

点の指摘と捉えれば消極的釈明ということになるが、明確になされている主張の補正と新たな書証の提出を求めることになることからすると、積極的釈明の要素を含むという見方もある[44]。中野説の基準に当てはめると、釈明による「勝敗転換の蓋然性」は大きく、当事者による主張等の「期待可能性」は、債務者（被告）側の弁護士のミスの問題のようにも見受けられることから十二分にあったように思われるため、当該釈明義務の肯定は、かなり後見的な要素が強いと見る余地もある。訴訟代理人である弁護士の不注意が推測される場合だけに、釈明義務を認めたことは、弁護士代理訴訟での釈明義務を制限する立場からは異論が出る取扱いであるかもしれない[45]。

　3　②は、砂川市がその所有地を神社施設の敷地として無償で使用させていることは、政教分離原則に違反する行為であり、敷地の使用貸借契約を解除し同施設の撤去及び土地明渡しを請求しないことが違法に財産の管理を怠るものであるとして、同市住民が、市に対し、財産管理を怠る事実の違法確認を求めた事案の上告審である（破棄差戻し）。大法廷は、本件利用提供行為は、憲法89条の禁止する公の財産の利用提供に当たり、ひいては憲法20条1項後段の禁止する宗教団体に対する特権の付与にも該当すると解するのが相当であるとするも、上告人（市）に他に選択することのできる合理的で現実的な手段が存在する場合には、市が本件神社物件の撤去及び土地明渡請求の手段を講じていないことは、財産管理上直ちに違法との評価を受けるものではなく、他の手段の存在を考慮してもなお市が右撤去及び土地明渡請求をしないことが市の財産管理上の裁量権を逸脱又は濫用するものと評価される場合に限られるとした。そのうえで、当事者が「他の手段が存在するか否かに関する主張をしておらず、原審も当事者に対してそのような手段の有無に関し釈明権を行使した形跡はうかがわれない」が、「本件利用提供行為の違憲性を解消するための他の手段があり得ることは、当事者の主張の有無にかか

---

44)　畑瑞穂「判例解説」リマークス33号141頁（2006年）。
45)　畑・前掲（注44）141頁参照。

わらず明らかというべきで」、「原審が上告人において本件神社物件の撤去及び土地明渡請求をすることを怠る事実を違法と判断する以上は、原審において、本件利用提供行為の違憲性を解消するための他の合理的で現実的な手段が存在するか否かについて適切に審理判断するか、当事者に対して釈明権を行使する必要があったというべきである。原審が、この点につき何ら審理判断せず、上記釈明権を行使することもないまま、上記の怠る事実を違法と判断したことには、怠る事実の適否に関する審理を尽くさなかった結果、法令の解釈適用を誤ったか、釈明権の行使を怠った違法があるものというほかない」と判示した。

　本判示では、利用提供行為の違憲性を解消するための他の合理的で現実的な手段が存在するか否かの事実が、神社物件の撤去等を怠る事実の違法性を主張する原告側の請求原因事実にあたるか被告の抗弁事実にあたるかは明らかでないが、かりに請求原因とするならば、新たな請求原因の追加の釈明、抗弁ならば新たな抗弁事実の主張の釈明ということで、いずれも積極的釈明にあたる可能性があり、多数意見は、釈明権不行使による釈明義務違反を認めた（これに対し、今井裁判官の反対意見がある）。住民訴訟または違憲訴訟という訴訟の性格上、特別な配慮が働いていたり、新たな法的観点に関する配慮が働いている可能性もあるが[46]、他方で、裁判所の積極的姿勢、すなわち積極的釈明の義務が弁護士代理訴訟で認められるという点で、裁判所の積極的関与の流れ[47]の継続が本判決から看取できるかもしれない。

---

46) 三木・前掲（注34）157頁は、本判決における釈明義務の違反という処理を、むしろ釈明義務とは区別される「法的観点指摘義務（違憲状態の解消の方法という法律問題についての法的観点指摘義務）」の違反として捉えるべきとする。
47) 三木＝山本編・前掲（注5）81頁も、最高裁判所の釈明義務に対する積極的な態度が定着し、この傾向は、現在に至るまで基本的に維持されているとする。

3 ドイツ民事訴訟法における裁判所の実体的訴訟指揮

1 実体的訴訟指揮としての釈明制度の概要

1 わが国の民事訴訟法のいわば母法であるドイツ民事訴訟法 (ZPO) では、釈明の制度は、同139条に基本となる定めが置かれている。2002年に改正されるまでは、139条が「裁判官の解明義務〔Richterliche Aufklärungspflicht〕」の見出しのもと、同1項で、「裁判長は、当事者がすべての重要な事実について完全な陳述または適切な申立てをなし、とくに主張された事実の不十分な摘示を補完し、そして証拠方法を表示するよう努めなければならない。この目的のために、裁判長は、必要なかぎり、事実関係および紛争関係 (Sach- und Streitverhältnis) を、事実上および法律上の側面から当事者と討論し (erörtern)、発問しなければならない。」と規定していた[48]。2002年改正[49]以降は、釈明の制度は、改正139条に、「実体的 (実質的) 訴訟指揮 (materielle Prozessleitung)」[50]の見出しのもとで一括して[51]規定されている。新139条は、

---

48) ZPO 旧139条は、2項で、「裁判所は、職権により斟酌すべき点に関し存する疑念につき、注意を促さなければならない。」と規定し、3項で、「裁判長は、裁判所の各構成員に、その求めに基づき、発問を許さなければならない。」との定めを置いていた。旧規定の翻訳に際しては、法務大臣官房司法法制調査部編『ドイツ民事訴訟法典―1991年11月10日現在―』53頁 (法曹会・1993年) を参照した。

49) 2002年1月1日制定 (発効は2002年7月27日) の民事訴訟改革法〔Gesetz zur Reform des Zivilprozesses〕) により改正された。この2002年改正の課題は、民事訴訟を、市民により身近で、より効果的かつ透明なものにすることにあった (BT-Drucks. 14/4722, S. 58)。そして、その一環として、裁判官の釈明義務の一層の強調によって裁判官の裁判発見の透明性を高めることが目指された (BT-Drucks. 14/4722, S. 60)。Vgl. *Verena Ventsch*, Die materielle Prozessleitung nach der Reform der Zivilprozessordnung, Diss. Köln, 2005, S. 77.

50) ドイツ法では、訴訟指揮 (手続指揮〔Verfahrensleitung〕) は、「形式的訴訟指揮 (formelle Prozessleitung)」と「実体的訴訟指揮」とに区別される (*Leo Rosenberg/Karl Heinz Schwab/Peter Gottwald*, Zivilprozessrecht, 17. Aufl., 2010, § 78 Rdn. 1 ff., 6 ff., 24 ff.)。裁判所は、形式的訴訟指揮の枠内で、訴訟の外的経過 (訴訟進行・訴訟運

次のような規定である[52]。

〈ZPO 139条（実体的訴訟指揮）〉[53]
① 裁判所は、事実関係および紛争関係（Sach- und Streitverhältnis）を、必要なかぎりにおいて、当事者とともに事実上および法律上の側面から討論し（erörtern）、発問しなければならない。裁判所は、当事者が適時にかつ完全にすべての重要な事実を陳述し、とりわけ、主張された事実についての不十分な摘示を補充し、証拠方法を示し、そして、適切な申立てをするよう努めなければならない。
② 裁判所は、当事者が明らかに見落としているか、重要でないとみなしている観点（Gesichtspunkt）を、付随債権（Nebenforderung）のみが問題となっているのでないかぎり、それを指摘し、それに対する意見陳述の機会を与えた場合にのみ、裁判の基礎にすることができる。同じことは、裁判所が両当事者と異なる評価をする観点に妥当する。

営）に配慮しなければならず、これは、期日の指定、期間の決定・延長・短縮、送達の命令、期日の呼出し・告知、期日の開始・指揮・終結等によって行われる。また、裁判所は、手続の経過が法に適合して行われるよう配慮する義務を負い、弁論期日を秩序正しく妨害なく進める義務を負い（法廷警察）、さらに、弁論の併合・分離の権能、弁論の制限・中止の権能を付与される。これに対して、裁判所は、当事者処分および当事者提出の枠内で、訴訟の実体的に適正な終結に対し重大な共同責任をも負い、その責任を実体的訴訟指揮によって遂行することとなる。実体的訴訟指揮の内容としては、合目的的手続形成、十分な弁論、迅速な訴訟終結、訴訟の和解的解決を目指す権能・義務が含まれる。なお、ゴットヴァルトによれば、形式的訴訟指揮と実体的訴訟指揮は、上記のように区別される一方で、両者は、互いに重なりあい、一体として見なければならないとされる（*Rosenberg/Schwab/Gottwald*, a. a. O., § 78 Rdn. 1)。

51) これは、2002年改正で、控訴手続が、第1に、第一審の過誤の制御および除去に奉仕するものとされた結果、当事者と裁判所は、裁判上重要な事実関係をすでに第一審で包括的に確定するよう求められているからであり、この目的のために、実体的訴訟指揮が、中心的な位置にまとめて規律されている（*Ventsch*, a. a. O. (Fn. 49), S. 77)。

52) 条文訳出に際しては、石田秀博「釈明権行使の限界について」静法9巻2号65頁（2004年）、法務大臣官房司法法制部編『ドイツ民事訴訟法典─2011年12月22日現在─』63頁以下（法曹会・2012年）を参照した。

53) ZPO 139条は、口頭弁論の内と外で妥当するほか、書面手続、任意的口頭弁論で妥当する。これは、同条2項にもあてはまる。ラント裁判所（Landgericht）の第一審手続のための規律であった ZPO 旧278条3項が第1編総則規定の139条に取り入れられたことによって、不意打ち裁判の禁止が手続全体で妥当することが明らかにされている。

③ 裁判所は、職権により斟酌すべき点に関して存する疑念につき、注意を促さなければならない。
④ 本規定による指摘（Hinweise）は、できるだけ早期に与え、記録しなければならない。その指摘が与えられたことは、記録の内容によってのみ証明することができる。記録の内容に対しては、偽造の証明のみが許される。
⑤ 当事者が裁判所の指摘に対して直ちに陳述することができない場合には、裁判所は、当該当事者の申立てにより、書面で陳述を追完するための期間を定めなければならない。

2　このZPO 139条は、従来、民事訴訟法典の複数の箇所において規律されていた裁判所の釈明または実体的訴訟指揮の役割を、一般条項的にかつ体系的にまとめたものである。同条の各項の規定のうち、2項は、旧278条3項[54]と類似した内容の規定であり、それを釈明義務に関する規定に移したといってよいものである。4項は、新設された規定であるが、改正過程で激しく議論された裁判官の釈明のための記録化義務を含み（1文）、2文で、釈明権行使の証明のための証拠法則を規定する。5項も、新設の規定で、283条1文を手本にし、釈明に対して即時に説明ができない当事者に、申立てに基づいて書面による意見陳述のための期間を認めてもらう可能性を与える[55]。

139条は、実体的訴訟指揮を意味するところの釈明の手段として、討論（Erörterung）、発問および指摘（Hinweis）を規定しており、そのなかでは、討論という手段の重要性が増しており、実体的訴訟指揮の最も重要な位置を占めている[56]。これは、同1項で、以前の規律と違って討論が発問等よりも前に置かれたことからも窺うことができる。同1項によ

---

54) ZPO 旧278条3項は、ラント裁判所の第一審の主要期日（Haupttermin）に関して、裁判所が、当事者が明らかに看過したまたは重要でないと考えていた法的観点に基づいて裁判をすることができるのは、附帯債権のみに関するものを除き、当該法的観点ついて意見表明する機会を与えていた場合に限られる旨定めていた。
55) これは、従来の法律の下でも、場合によっては、法的審問請求権の擁護のために必要であったことから、なんら抜本的な刷新には当たらない。
56) *Ventsch*. a. a. O. (Fn. 49), S. 98.

り、裁判所は、口頭弁論で事件を両当事者と討論する一般的義務を負い[57]、必要なかぎり、全訴訟資料について、事実的関連においても、法的関連においても、当事者双方と討論しなければならない。139条2項は、前述のとおり、法的観点指摘義務の規定として注目されてきた旧278条3項をその前身とするものである。それが139条に挿入されたこと自体は、法的観点指摘義務に関する旧278条3項の規定が一般的な裁判官の発問・指摘義務の一部であることから適切であるとの評価を得ている[58]。139条2項の目的は、当事者を不意打ち裁判（Überraschungsentscheidungen）から保護することにあり、裁判所の指摘は、当事者の審尋権（Recht auf Gehör）の効果的な保護に奉仕するが、同2項の憲法的背景として公正手続請求権（Recht auf faires Verfahren）がより一層強く現れるとされる[59]。本条は、旧278条3項のように法的観点の指摘に限らず、事実的観点も含むところの「観点（Gesichtspunkt）」の指摘を裁判所に義務づける。実際上、法的観点と事実的観点を互いに区別することが難しいことと、重要な事実的観点の認識は、当事者にとって法的観点の認識に劣らず重要な場合があることから、このように規律が改められている[60]。

3　ZPO 139条の実体的訴訟指揮の位置づけに関しては、一般的には、弁論主義を補充・修正して、裁判所に、公正で、できるだけ真実発見に向けられた手続に配慮する義務および共同責任を課すものとされる[61]。もっとも、このような裁判官の活動は、職権探知的要素によって

---

57) *Friedrich Stein/Martin Jonas/Dieter Leipold*, Kommentar zur Zivilprozessordnung, 22. Aufl., Bd. 3, 2004, § 139 Rdn. 15.
58) *Stein/Jonas/Leipold*, a. a. O.（Fn. 57），§ 139 Rdn. 57.
59) *Stein/Jonas/Leipold*, a. a. O.（Fn. 57），§ 139 Rdn. 58.
60) *Stein/Jonas/Leipold*, a. a. O.（Fn. 57），§ 139 Rdn. 64 f.
61) ZPO 139条所定の釈明制度の目的について、例えば、ペータースは、（旧139条に関連して）「事実関係および紛争関係の討論は、裁判官が重要とみなす観点を公表することに役立ち、これによって当事者は、自分の提出・申立てを裁判所の法的立場に合わせ、法的見解に影響を及ぼす機会を得る。したがって、討論は、当事者に情報を付与し、そして当事者に適切な仕方で反応する平等の機会を認めなければならない。当事者に対する補助（Hilfestellung）と、武器対等（Waffengleichheit）がそれを支える理念である」

弁論主義を破棄したり、それを協働主義（協同主義〔Kooperationsmaxime〕）[62]に変更したりするものではなく[63]、当事者が釈明に従うか否かが、依然として当事者に委ねられている以上、弁論主義とは矛盾しないとされる[64]。これが、釈明義務が弁論主義と矛盾しない根拠ではあ

という（*Egbert Peters*, Richterliche Hinweispflichten und Beweisinitiativen im Zivilprozeß, 1983, S. 110 f.; Münchener Kommentar zur ZPO/*Egbert Peters*, 2. Aufl., 2000, § 139 Rdn. 3）。また、プリュッティングは、「139条は、裁判所に、当事者への発問と指摘により、当事者による適切な訴訟追行を働きかける義務を負わせる。裁判所による実体的訴訟指揮は、公正かつ効果的な手続を確保し、紛争の適正かつ相当な解決のためのできるだけ最適な枠組条件を提供することを目指す。それゆえ、法律によって積極的行動を義務づけられる裁判官は、受動的に当事者の提出を知り、評価することで満足してはならず、むしろ、139条の限界内で、訴訟資料について法的および事実的関連において当事者と議論し、とりわけ裁判の受容性を促進しなければならない」とする（*Hanns Prütting/Markus Gehrlein*, ZPO Kommentar, 5. Aufl., 2013, § 139 Rdn. 1）。

62) 協働主義は、いわゆる社会的民事訴訟（der soziale Zivilprozess）の理論を提唱するヴァッサーマンによって、とりわけ強調されたものである（Siehe *Rudolf Wassermann*, Der soziale Zivilprozeß : zur Theorie und Praxis des Zivilprozesses im sozialen Rechtsstaat, 1978, S. 109〔本書については、森勇教授による本書紹介と、本書の日本語全訳が公表されている。森勇「紹介」民訴25号250頁〔1979年〕、ルドルフ・バッサーマン（森勇訳）『社会的民事訴訟 社会法治国家における民事訴訟の理論と実務』〔成文堂・1990年〕）。ヴァッサーマンは、社会法治国家原則のもとでの民事訴訟における、裁判官の使命を、当事者間に存在する不平等から生じる格差を調整すること（補償〔Kompensation〕）に求め、この視点から、民事訴訟を、裁判所と当事者の作業共同体（Arbeitsgemeinschaft）として捉え、そこでの当事者と裁判所の間の法律上の討論（Rechtsgespräch）に重要な意味を認めた。

63) *Prütting/Gehrlein*, a. a. O. (Fn. 61), § 139 Rdn. 2. 例えば、ライポルト（*Stein/Jonas/ Leipold*, a. a. O. (Fn. 57), Rdn. 148 ff. vor § 139）は、弁論主義に、処分権主義におけると同様、民事訴訟における当事者自由と当事者責任の基本的価値が現れると解したうえで、裁判官が自らの釈明義務の枠内で、あまり経験のない当事者や十分に代理されていない当事者が自らの権利を効果的に擁護しうるよう配慮しなければならないということは、弁論主義に反しないとする。ライポルトによれば、民事訴訟は、事実資料収集の際も、裁判所と当事者の協働作業に依拠しているが、それでも、まず第一に（原則として）誰が手続に事実資料を提出しなければならないかの規律において、それが（法律の個別規定およびZPOの全体的な意味関連によれば）当事者である以上、弁論主義は、あいかわらず通用しているとされる。

64) 例えば、ペータースは、ZPO 139条によって、裁判所に手続形成（申立ても資料収集も）に対する共同責任（Mitverantwortung）が課されていると述べたうえで、裁判所の釈明（促し）に従おうとするかどうかは、当事者に委ねられている以上、処分権主義

るが、ただ、それなら、なぜ釈明義務が「弁論主義を修正する」ものなのかという疑問は残る[65]。

2 実体的訴訟指揮（釈明）に関する基本問題

ZPO 139条の定める実体的訴訟指揮については、その規定としての法的性格にはじまり、様々な解釈上の問題が存在しうる。それは、わが国の民事訴訟法における釈明制度がそうであることからも容易に推測ができると思われる。以下では、そのごく主要な問題について概観する。

（1）ZPO 139条の規定としての性質

139条[66]は、前述のとおり、ドイツ民事訴訟法典の成立当初[67]から、

および弁論主義の支配は何ら動揺しないとする（Peters, a. a. O. (Fn. 61), S. 107 ; Münchener Kommentar zur ZPO/Peters, 2. Aufl., § 139 Rdn. 9)。また、ライポルトも、次のように述べる（Stein/Jonas/Leipold, a. a. O. (Fn. 57), § 139 Rdn. 1 ff.)。「139条は、裁判所への実体的訴訟指揮の割当てと裁判官の任務の正確な説示によって、民事訴訟における積極的裁判官を構築する。裁判所の任務は、当事者の提出を受け、裁判の形に加工することにのみ存するのではない。むしろ裁判所は、自ら、紛争のできるだけ適正な解決が得られるよう、訴訟資料が事実的および法的関連で完全かつ明確に明らかにされるよう努めなければならない。…処分権主義の形で総括的に輪郭づけうるところの、訴訟対象に関する当事者の決定は、これによって影響を受けない。同様に139条は、事実陳述および証拠方法に対する当事者の責任（弁論主義・当事者提出主義）に何らの変更ももたらさない。…実体的訴訟指揮の枠内での裁判所の積極的行為は、むしろ、当事者に、民事訴訟において自分たちの権利の効果的な利用を可能にする目的を有する。したがって、処分権主義および弁論主義と、139条の定める積極的裁判官との間には何らの対立も存在しない。」

65) ペータースは、弁論主義や処分権主義の原則としての妥当性は、裁判官の釈明義務（指摘義務）によって揺らぐことはないとするが、その一方で、文献において、裁判官の釈明義務がこれらの原則に何ら影響を及ぼさないと述べられる場合、それは像をゆがめるとも述べる。裁判官には手続形成（実体的形成）に共同責任が負わされている以上、「修正された処分権主義および弁論主義（modifizierte Dispositions- und Verhandlungsmaxime）」と呼ぶ方がよいとする（Münchener Kommentar zur ZPO/Peters, 2. Aufl., § 139 Rdn. 9)。

66) ZPO 139条の適用範囲については、同条は、すべての審級、すべての手続類型で通用する。同条は、その体系的位置（第1編「総則」の第3章「手続」第1節「口頭弁論」に置かれている）に即して、口頭弁論の準備および実施に関する裁判所の義務にとくに関係する。指摘（釈明）は、139条4項により、できるだけ早くに付与されなければならないから、139条は、主要期日を準備する275条による早期第1回期日にも適用される。

裁判官が釈明する義務を負っている旨を規定し、文言上、義務規定の体裁をとっている。この規定にもかかわらず、それに裁量規定としての性格を認めるかどうかについて、議論の余地がある。これは、釈明の要否の判断の際に、裁判官に、一定の裁量や評価余地を認めるかの問題であり、それが認められるなら、裁判官の釈明「権」の範囲が釈明「義務」の範囲を超えることになる[68]。この点については、一定の範囲で裁量または判断余地を認める見解[69]が有力に主張される一方[70]、それに対す

証拠調べ後も、139条の釈明義務は存在する（証拠調べの結果に関して）。和解弁論については、278条2項が、裁判所は当事者と「一切の事情の自由な評価のもとで事実状態および紛争状態」を討論し、必要なら発問する旨規定する。139条との違いは、とりわけ、278条による討論によって合意による解決の招来が目指されるという点にある。139条は、書面手続（128条2項、495条のa）にも妥当する。Vgl. *Prütting/Gehrlein*, a. a. O. (Fn. 61), § 139 Rdn. 4; *Stein/Jonas/Leipold*, a. a. O. (Fn. 57), § 139 Rdn. 7 ff.; *Ventsch*, a. a. O. (Fn. 49), S. 78 f.

67) *Melanie Koch*, Die richterliche Prozessförderungspflicht nach dem ZPO-Reformgesetz, Diss. Münster, 2003, S. 210. 当初のドイツ民事訴訟法（Civilprozeßordnung〔以下、「CPO」と略す〕）は、130条に、釈明に関する定めを置いていた。同条は、次のような規定であった。

〈CPO 130条〉

①裁判長は、発問により、不明瞭な申立てが説明され、主張された事実の不十分な摘示が補充され、そして証拠方法が表示され、総じて、事実関係の確定にとって重要な一切の陳述がなされるよう努めなければならない。

②裁判長は、職権により斟酌すべき点に関し存する疑念につき、注意を促さなければならない。

③裁判長は、裁判所の各構成員に、その求めにより、発問を許さなければならない。

CPO 130条は、はじめの草案段階では、形式は、上記のような義務規定（Muß-Vorschrift）ではなく、権限規定（Kann-Vorschrift）の体裁をとっていたものの、理由書には、すでに、権利と義務が相関概念であることが記されていた（*Koch*, a. a. O. (Fn. 67), S. 210）。

68) Vgl. *Ventsch*, a. a. O. (Fn. 49), S. 79. この問題に関するドイツの学説の動向については、石田・前掲（注31）299頁以下が詳細である。

69) *Stein/Jonas/Leipold*, a. a. O. (Fn. 57), § 139 Rdn. 27; *Prütting/Gehrlein*, a. a. O. (Fn. 61), § 139 Rdn. 7; *Andreas Piekenbrock*, Umfang und Bedeutung der richterlichen Hinweispflicht, NJW 1999, 1361; *Wolfgang Grunsky*, Grundlagen des Verfahrensrechts, 2. Aufl., 1974, § 19 IV; *Wassermann*, a. a. O. (Fn. 62), S. 116. 例えば、ライポルトは、次のように述べる（*Stein/Jonas/Leipold*, a. a. O. (Fn. 57), § 139 Rdn. 27）。「努めなければならないとの文言から現れるとおり、事実関係および紛争関係の解明に努め

る批判の声も強く[71]、むしろ、139条は、強行規定として、裁判官に何ら裁量余地を与えないとする見解が支持を広げつつある[72]。例えば、ペーターズ[73]によれば、（〔旧〕139条において）裁判官への指図は、法文の解釈を前提として、明瞭で、かつ、すでに分類されており、その範囲内では裁判官の積極的活動も消極的な態度も等しく正当であるような限界

ることは裁判所の職務上の義務である。したがって、当事者の意図しない不明瞭または不完全な点が存在する場合、裁判所は、必要な指摘をし、発問をしなければならない。その場合、裁判所が行動をとることを欲するか欲しないか、裁判所の選択の自由の意味での裁量はけっして存在しない。不明瞭または不完全な点が当事者陳述に存在するか、それが意図したものではなく従って当事者がそもそも指摘を必要とするかは、裁判所が、具体的な訴訟状況と、個別事例の認識しうる事情に基づいて評価しなければならない。ここで、裁判所に一定の評価余地を認めることが考えられるように思われ、そのため、その評価余地の踰越の際にはじめて法違反が存するであろう。」と。プリュッティングも、裁量を全面的に否定しないようである。彼は、「裁判所には、せいぜい、釈明（解明）の要否に関して狭い評価余地が認められる。」と述べる（*Prütting/Gehrlein*, a. a. O. (Fn. 61), § 139 Rdn. 7）。

70) ブレームは、この見解が通説であると言う（*Wolfgang Brehm*, Bindung des Richters an den Parteivotrag und Grenzen freier Verhandlungswürdigung, 1982, S. 220）。ただし、彼自身は、この見解を支持しない。

71) 例えば、釈明の要否の判断は、具体的な訴訟状況での釈明の必要性の解釈の問題であり（だからこそ、上告可能性が開かれている）、個別事例の解釈の問題を、裁量余地の問題と混同してはならないと批判される（*Ventsch*, a. a. O. (Fn. 49), S. 80 f.）。

72) Münchener Kommentar zur ZPO/*Peters*, 2. Aufl. § 139 Rdn. 7 ; *Peters*, a. a. O. (Fn. 61). S. 106 ; *ders*., Wachsende Beachtung der richterlichen Hinweispflicht, Festschrift für Kostas E. Beys, 2. Band, 2003, S. 1244 f.; *Rolf Stürner*, Die richterliche Aufklärung im Zivilprozeß, 1982, Rdn. 27 ff.; *Othmar Jauernig*, Zivilprozessrecht, 29. Aufl., 2007, § 25 Ⅶ 7 ; Münchener Kommentar zur ZPO/*Gerhard Wagner*, 4. Aufl., § 139 Rdn. 3 ; *Ventsch*, a. a. O. (Fn. 49), S. 80 ff.; *Koch*, a. a. O. (Fn. 67), S. 208 ff.; *Barbara Stickelbrock*, Inhalt und Grenzen richterlichen Ermessens im Zivilprozeß, 2002, S. 181 ff., 326 ff. 例えば、シュテュルナーは、釈明について、裁判官が新たな訴訟や本案の申立て、具体的事実陳述、新たな証拠申立てまたは新たな抗弁および抗弁権を促す場合、「裁判官の裁量余地は、裁判官の中立性を危険にさらすであろうし、したがって、裁量余地は、法政策的にも望ましくない」と述べるとともに、ここでの「過少の」釈明は、139条1項違反を根拠づけ、それに対し、「過度の」釈明は、常に ZPO 42条以下による偏頗を基礎づける、と論じる（*Stürner*, a. a. O., Rdn. 27 ff. ただし、シュテュルナーは、例外的に、裁判官が当事者に暫定的な法的見解を知らせる場合は、義務規定を超えるとして、それを超えた釈明権行使を許容する〔*Stürner*, a. a. O., Rdn. 29〕）。

73) Münchener Kommentar zur ZPO/*Peters*, 2. Aufl., § 139 Rdn. 6 f.

は、けっして引かれない。裁量により介入することができるが介入する必要はない、という裁判官に広く見受けられる考え方は、法律に何らの拠り所もない[74]。具体的な訴訟状態における釈明の必要性についても、裁判官には何らの評価余地も認められていない。この点は、完全に法律問題であり、また上告可能である。したがって、裁判官の指摘義務の内容および限界を解釈によって特定することが重要であり、裁判所は、その結果に拘束されるとする。

このペータースの立場によれば、裁判官が積極的態度をとっても消極的態度をとっても、いずれも等しく正しいといった活動領域は、けっして認められない。また、これに対するところの、一定の評価余地を認める見解においても、裁判所の選択自由の意味での真の裁量を想定しているわけではないし、その余地は、けっして幅広いものではない[75]。総じて見ると、少なくとも、ドイツでは、わが国とは異なり、裁判官の釈明義務の内容および限界を、解釈を通じて特定することが重視され、それに努める傾向が顕著であると言えるように思われる[76]。

---

74) *Brehm*, a. a. O.（Fn. 70), S. 220 も、釈明の際の裁量の行使のための原則はほとんど見出されないし、釈明権と釈明義務を区別する理由づけもほとんど存しない、と述べる。

75) *Ventsch*, a. a. O.（Fn. 49), S. 79. 後掲注77でのライポルトの所論にも現れるとおり、裁判官による一定の評価余地を認める見解も含め、ZPO 139条の枠内で事案解明に協力する裁判官の権能が、裁判官の積極的行動が不公平の印象を与え、偏頗のおそれを基礎づける場面で終わる（すなわち釈明権の積極的行使の限界がある）という点について、見解の一致がある（Vgl. *Brehm*, a. a. O.（Fn. 70), S. 219）からである。

76) ドイツで民事裁判官の裁量に関する教授資格取得論文を著したシュティッケルブロックは、ZPO 139条における釈明の必要性の判断に一定の評価余地を認めるライポルトらの見解に対して批判的な立場をとる。シュティッケルブロックは、ライポルトらの見解がその根拠として、釈明の必要性の判断が精確な概念的確定を免れることと、釈明義務が最終的に具体的な訴訟状況に依存することを挙げることに対して、同説が、釈明義務の有無に、具体的な訴訟状況を完全に再構築できない上訴裁判所が限定的にしか司法審査できない評価余地が認められるとするのは説得力を欠くとする。なぜなら、釈明の必要性の判断においては、概念による包摂＝解釈が原則として上級裁判所の再審査の対象となる不特定概念（不確定概念）の問題であるからである（*Stickelbrock*, a. a. O.（Fn. 72), S. 181 f.）。また、シュティッケルブロックは、139条の枠内で問題とされている、裁判官の釈明義務と偏頗（Befangenheit）が互いに境を接しているか、その両者の間に裁判官が単なる釈明権（Aufklärungsrecht）を有する領域、したがって、裁判官が釈明を

（2）釈明義務（実体的訴訟指揮義務）の要件・範囲

（a）限界としての裁判官の公平・中立　ZPO 139条による釈明義務の限界を、ドイツの研究者の多くや、判例は、裁判所の公平・中立義務（ZPO 42条以下）に見出す[77]。そして、139条により「必要な（erforderlich）」釈明は、けっして忌避（Ablehnung）事由である「偏頗（不公平）のおそれ（Besorgnis der Befangenheit）」（ZPO 42条）を根拠づけることはないとする。釈明という形での裁判官の助言と、裁判官の中立性（richter-

---

することはできるが釈明の必要はない領域が存在するかの問題は、不特定概念の解釈の際の評価余地の認容の問題ではなく、むしろ、139条の要件の存在にかかわらず釈明の行使と不行使の間の選択可能性を裁判官に認めるかという、釈明の行使の際の、法律効果の面で存する裁判官の評価余地（効果裁量〔Rechtsfolgeermessen〕）の問題であるとする（Stickelbrock, a. a. O. (Fn. 72), S. 182 f.）。そして、効果裁量を認めるか否かの問題については、シュティッケルブロックは、139条の文言と沿革から裁判官の釈明義務が認められていたこと、したがって139条において裁判官はいかなる場合に釈明をしなければならないかの明確な指示を受けていること、139条の文言および目的に沿って釈明義務が行使される場合にのみ、裁判官の干渉に関する統一的な取扱いと当事者にとっての予見可能性が保障されること、釈明が特定の訴訟状況で「必要（erforderlich）」であるかは、裁判官がこの不特定概念の解釈の方法で明らかにしなければならないことなどを根拠に、ペータースと同様、釈明の際の裁判官の裁量余地を否定する（Stickelbrock, a. a. O. (Fn. 72), S. 326 ff.）。

77) Z. B. Prütting/Gehrlein, a. a. O. (Fn. 61), § 139 Rdn. 2. 例えば、ライポルトは、次のように述べる（Stein/Jonas/Leipold, a. a. O. (Fn. 57), § 139 Rdn. 4, 20 f.）。「裁判所は、実体的訴訟指揮の際、とくに発問および指摘の際に、当事者の平等取扱いの義務と裁判官の中立義務を厳格に遵守しなければならない。しかし、裁判官の積極的活動が結果的に当事者の一方を有利にするという事情から、これらの原則に対する違反をひきだすことは、けっしてできない」。「裁判所の中立義務から発問および指摘に対する制限（Schranken）が現れるかは、異なった評価がなされる。しかし、事実関係および紛争関係の解明への裁判所の積極的関与は、原則として、何ら中立義務の違反ではなく、正しい裁判の前提としての適切な訴訟追行に努める裁判所の義務の結果以外の何ものでもない。139条によって要求される裁判所の発問および指摘が、その都度その都度の当事者にとって権利追行への重要な援助となりうるということだけでは、制限を加えること（Beschränkung）を正当化しうる論拠にならない」。「けれども、裁判所は、発問義務および指摘義務の遂行の際に、当事者の平等取扱いの原則を擁護し、事件と無関係な動機から一方の当事者を優遇するとの外観を厳重に回避しなければならない。したがって、発問および指摘義務が行使される仕方が、裁判所が当事者の関心事と一致するとの印象を万一よび起こすならば、偏頗のおそれ（Besorgnis der Befangenheit）を理由とする裁判官の忌避が根拠づけられうる」と述べる。

liche Neutralität) との間の緊張関係を踏まえ、裁判官による補助は、実体的正義と当事者の武器平等の利益のために必要ではあるが、当事者の提出に何らその手がかり (Anhaltspunkte) すら現れていないような全く新しい事実の提出を指摘する釈明や、実質的に当事者の提出のなかに認識できない別の訴訟目標を追求する申立てを指摘する釈明などは、裁判官の公平・中立性の限界を超えるため、許されないと解する[78]。もっとも、一般論として、このような理解がなされたとしても、釈明の具体的な限界をめぐっては、見解の激しい対立がある場合もあり、例えば、わが国でも問題となる通り、被告への新たな抗弁の可能性の指摘、とりわけ、時効の抗弁について指摘義務（釈明義務）があるかどうかについては、学説および実務上、見解の対立が著しい[79]。この釈明の具体的な範囲をめぐる見解の対立はともかく、釈明が裁判所による介入である以上、その行使は、英米のアンパイア的裁判官のような中立性を前提とするものではなくても、裁判官の過度の実体的正義の追及を排除するところの距離を要求するものとしての裁判官の中立性によって限界づけられる[80]。

（b）弁護士代理の場合と本人訴訟の場合の区別　　裁判官の釈明義務の範囲・程度に関しては、当事者が弁護士に代理されている場合に、当事者本人による訴訟追行の場合と比較して、裁判官の釈明義務や裁判官の積極性に違いが生じるかについて、ドイツにおいても、わが国[81]と同様、争いがある。

例えば、シュテュルナーは、弁護士と当事者本人とで釈明義務に区別を設けるべきとの立場から、「裁判所と弁護士との間での協働作業の分担は、互いが期待される役割を果たすことが前提となっており、さもな

---

78) Vgl. *Stein/Jonas/Leipold*, a. a. O. (Fn. 57), § 139 Rdn. 52.
79) Vgl. Münchener Kommentar zur ZPO/*Peters*, 2. Aufl., § 139 Rdn. 37 ff., insbes. 45 ; *Peters*, a. a. O. (Fn. 72), S. 1250 ff. 例えば、ペータースは、時効の釈明に積極的であるが、これに消極的なものとして、*Prütting/Gehrlein*, a. a. O. (Fn. 61), § 139 Rdn. 12 ; *Brehm*, a. a. O. (Fn. 70), S. 223 ff. 等がある。
80) *Stürner*, a. a. O. (Fn. 72), Rdn. 19 ff.
81) 前述 2・3・4 参照。

いと、高額費用での弁護士強制は支持できない。したがって、裁判官の釈明義務が弁護士の怠慢や無能を許すものとなってはならず、そのような弁護士は敗訴しなければならない。」とし、この結果として、弁護士責任の活性化がもたらされると主張する[82]。

これに対して、比較的多くの研究者および連邦通常裁判所（Bundesgerichtshof〔以下、「BGH」と略す〕）は、弁護士代理の有無により釈明義務に差異を設けることに反対する[83]。その主な理由としては、ZPO 139条が一般的手続規定に属し、弁護士代理訴訟にも妥当することや、同139条1項が責任原理により構築されていないことなどの形式的な根拠が挙げられるほか、当事者が自らの実体法的地位を訴訟で実現するのに必要な措置を、裁判所が当事者に示すという釈明義務の目的から、当事者や弁護士の錯誤や懈怠によって実体権の擁護が失敗に終わってはならないこと、弁護士代理のある場合に釈明義務を縮減することは、法政策的に、不経済かつ不運な解決となること（その場合、当事者は、第2の訴訟を模索するか、弁護士を相手どって損害賠償訴訟を行なわなければならないから）などが挙げられる[84]。

---

[82] Stürner, a. a. O. (Fn. 72), Rdn. 14 ff. この結果、敗訴した当事者は、弁護士に求償請求していくことになるが、司法全体の観点からは、それもやむをえないという。

[83] Z. B. Prütting/Gehrlein, a. a. O. (Fn. 61), § 139 Rdn. 4 ; Peters, a. a. O. (Fn. 72), S. 1245 f.; Stein/Jonas/Leipold, a. a. O. (Fn. 57), § 139 Rdn. 26 ; Vollrath Hermission, Richterliche Hinweis auf Einrede- und Gestaltungsmöglichkeiten, NJW 1985, 2559 ; BGH, NJW 2003, 3626（BGHも、当事者が弁護士に代理されているかどうかは、ZPO 139条の適用の可否にとって重要でないとする）。例えば、ライポルトは、当事者が弁護士に代理されているか否かは、原則として何ら違いはないとし、その理由について、次のように述べる（Stein/Jonas/Leipold, a. a. O. (Fn. 57), § 139 Rdn. 26）。「なぜなら、ZPO 139条は、弁護士代理訴訟にも、当事者本人訴訟と同様妥当するからである。とくに弁護士に代理されている原告にも、訴えの提出が具体化されておらず、それゆえ有理（schlüssig）でないことが指摘されなければならない。発問と指摘の基準をなすのは、具体的訴訟における事実状態および紛争状態による必要性のみであって、相応の注意深さで自らも陳述が不明確であるとか矛盾があるとかを認識することが、当事者もしくは彼を代理する弁護士に期待できるか否かではない。」とする。

[84] Peters, a. a. O. (Fn. 61), S. 141 ff. 法的観点指摘義務に関する規定も、弁護士に代理されているか否か、弁護士の錯誤や過失に基づくか否かを顧慮せずに妥当することも、その根拠の1つである。

(c) 釈明義務の範囲　　ドイツでは、一般に、不備や曖昧な点や矛盾した点のある事実陳述の場合、当然、その点の釈明は必要とされ、申立てについても、不明瞭な申立ての場合、裁判所に指摘義務があるとされる[85]。

また、適切な（sachdienlich）申立てに配慮する裁判官の義務（ZPO 139条1項2文）について、それは、裁判官に、場合によっては、訴えの変更（Klageänderung）を促す義務を負わせるものと解されている[86]。ZPOは、263条で、訴えの変更について裁判所が適切と認める場合に訴えの変更を許容しているが[87]、当事者間の実体的な争いを最終的に取り除き、当該訴訟資料に関する第2の訴訟を回避する場合に訴えの変更が適切であると解されることから、訴えの変更が適切と認められる場合には、裁判官の釈明も必要であると有力に主張されている[88]。

釈明義務は、当事者が提出した訴訟資料の枠内でのみ存するので、裁判所は、当事者がこれまでに提出した訴訟資料に何の手がかり（Anhaltspunkte）もない他の請求原因や他の防御方法の提出を指摘する権利も義務も有しないと一般に解されている[89]。具体的にどこまで個々の実体法

---

85)　Z. B. *Stein/Jonas/Leipold*, a. a. O.（Fn. 57）, § 139 Rdn. 28 ff.; Münchener Kommentar zur ZPO/*Wagner*, 4. Aufl., § 139 Rdn. 22 ff.

86)　Münchener Kommentar zur ZPO/*Peters*, 2. Aufl., § 139 Rdn. 31 ; *Peters*, a. a. O.（Fn. 72）, S. 1248 f.; Münchener Kommentar zur ZPO/*Wagner*, 4. Aufl., § 139 Rdn. 26.

87)　ZPO 263条は、「訴えの変更は、訴訟係属が生じた後は、被告が同意し、または裁判所が適切と認める場合に許される。」と規定する（訳出にあたっては、法務大臣官房司法法制部編・前掲（注52）91頁を参照した）。

88)　これに対して、プリュッティングは、訴えの変更の釈明について、裁判所は、まったく新しい、これまでに申し立てられた内容を超える申立てを促してはならないとする（*Prütting/Gehrlein*, a. a. O.（Fn. 61）, § 139 Rdn. 10）。彼によれば、裁判所は、釈明にあたり、当事者がこれまでに提出した事実関係と、なされた申立てから裁判所に求める要求を考慮しなければならず、全く新しい観点や要求を提示することは許されない。

89)　Z. B. *Prütting/Gehrlein*, a. a. O.（Fn. 61）, § 139 Rdn. 12 ; *Stein/Jonas/Leipold*, a. a. O.（Fn. 57）, § 139 Rdn. 52 ff. 例えば、ライポルトは、「裁判所の発問義務および指摘義務は、当事者によって提出された訴訟資料の枠内でのみ存在する。明示的に主張されていない請求原因または抗弁および抗弁権を、裁判所は、当事者陳述がこの方向での手がかりを含んでおり、当事者がどのような攻撃防御方法を主張するかを明らかにすることが問題である場合に、発問しなければならない。裁判所は、当事者が少なくとも概略を陳

上の抗弁や抗弁権について釈明が許されるかとなると、ドイツでも、その範囲の広狭をめぐり見解の対立があるが、わが国で釈明権行使を広く認める見解と異なるのは、その範囲を広く捉えようとする見解も、それを釈明権行使ができる場合として捉えるだけでなく、釈明しなければならない場合（釈明義務のある場合）に含めて捉えようとする方向において、より徹底していることであろう。

（3）釈明義務違反の効果

裁判所が釈明義務に違反すると[90]、それは、重大な手続上の瑕疵（wesentlicher Mangel des Verfahrens）を構成し、それとともに、裁判にとって重要な法令違反として控訴・上告の拠り所とすることができる[91)92]。

述した材料以外の請求原因または防御提出の可能性の指摘をする義務を負わない。当事者もしくはその助言者がその種の可能性を認識していないとの考えがすぐ浮かぶ場合も、そのような義務を負わない。ZPO 139条は、裁判所に一般的助言義務または配慮義務を課さない。当事者によって提出されたことの解明および完全化を明らかに超える指摘は、これによって、裁判所が一方的に当事者を助けて成功を得させるとの印象が現れる場合、偏頗のおそれを根拠づけうる。」と述べる。

90) 必要な釈明を行使しないこと（不行使）も、不明瞭な指摘（釈明）、瑕疵ある指摘および誤解を招く指摘（釈明）の付与も、手続上の瑕疵となりうる。

91) Prütting/Gehrlein, a. a. O. (Fn. 61), §139 Rdn. 7; Stein/Jonas/Leipold, a. a. O. (Fn. 57), §139 Rdn. 118. 例えば、Hans-Joachim Musielak/Astrid Stadler, Kommentar zur Zivilprozessordnung, 9. Aufl., 2012, §139 Rdn. 4は、「ZPO 139条1～3項により必要な指摘（釈明）が行われないときは、これは、手続的瑕疵を基礎づけ、その瑕疵は、同時に法的審問権または恣意禁止（Willkürverbot）の違反となりうる。139条が憲法上必要な最低限度を超えていて、ボン基本法（Grundgesetz〔以下、「GG」と略す〕）103条1項（法的審問請求権保障）が一般的な裁判官の指摘・発問義務を命じない以上、すべてのZPO 139条不遵守がGG 3条1項または103条1項違反となるわけではない。もっとも、第一審における裁判官の釈明は、控訴裁判所の調査範囲の新たな規律（ZPO 513条1項、529条、531条2項）を通じて重要性を獲得する。」「事実認定に影響する釈明の不行使または不完全な釈明は、ZPO 529条1項1号、531条2項2号により、重要である。したがって、実務では、訴訟代理人は、益々、控訴審で新たな事実審査もしくは新しい陳述を強いるために、139条による手続過誤を責問するよう努めるであろう。」と述べる。この記述にも見られる通り、控訴審手続では、第一審によるZPO 139条違反は、同529条1項1号および531条2項2号の枠内でのみ作用する（Prütting/Gehrlein, a. a. O. (Fn. 61), §139 Rdn. 7）。これらの規定の文言は、次の通りである（訳出にあたっては、法務大臣官房司法法制部編・前掲（注52）160頁を参照した）。

また、釈明義務の違反は、釈明権の不行使と釈明権行使のし過ぎの両面で認めうる[93]。

　上訴理由としての釈明義務違反またはZPO 139条違反は、もっぱら、前者の、釈明権の不行使の場合が念頭に置かれている[94]。例えば、釈明権が行使されるべきであったのに、それがなされなかった場合は、ZPO 139条違反を拠り所に手続過誤として上訴することが可能である。もっとも、上訴人がその都度、裁判官の釈明があれば陳述したであろう事実を陳述することが必要であり、また、当該事実に基づくと少なくとも異なった裁判が不可能ではないとみられることが必要である[95]。

　これに対して、釈明権行使のし過ぎの場合については、事情が異なる。し過ぎの場合も、釈明義務の139条違反が問題となりうるが[96]、裁

〈ZPO 529条〔控訴裁判所の審理の範囲〕〉
①控訴裁判所は、以下の事実を自らの弁論および裁判の基礎にしなければならない。
1　第一審裁判所によって確定された事実であって、いかなる具体的な手がかりも、裁判上重要な確定の正当性または完全性に関する疑念を根拠づけ、それゆえ新たな確定を要求しないもの
2　新たな事実であって、その顧慮が許されるもの
〈ZPO 531条〔却下された攻撃防御方法ならびに新たな攻撃防御方法〕〉
①第一審において適法に却下された攻撃および防御の方法は、提出を認めない。
②新たな攻撃および防御方法は、以下の場合に限り、提出を許される。
1　第一審裁判所によって明らかに看過し若しくは重要でないと認められた観点に関わるもの
2　第一審における手続上の過誤のために主張されなかったもの、または
3　当事者の責めに帰すべからざる事由により第一審において主張されなかったもの
控訴裁判所は、新たな攻撃および防御方法の適法性が明らかとなる事実の疎明を求めることができる。

92)　釈明の不行使に瑕疵があったか否かは、上告審においても、原審の裁判所の実体法上の見解に基づいてのみ審査される。*Prütting/Gehrlein*, a. a. O. (Fn. 61), § 139 Rdn. 7 ; *Stein/Jonas/Leipold*, a. a. O. (Fn. 57), § 139 Rdn. 118.
93)　*Hartmut Rensen*, Die richterliche Hinweispflicht, Diss. Osnabrück, 2002, S. 300 ff.
94)　その場合、当事者は、個別に、釈明が義務通りに行使されていたならば、どのように反応したであろうかを陳述することが前提とされる。重大な違反がある場合、上訴裁判所は、当該判決を取り消し、原審に差し戻すことができる（ZPO 538条〔差戻し〕2項1文1号）。上告裁判所は、この可能性を、562条〔不服申立てのあった判決の取消し〕、563条〔差戻し・本案の自判〕により有する。
95)　*Rensen*, a. a. O. (Fn. 93), S. 304.

判所が行使する権利のない釈明を行った場合は、上訴において当該違反は斟酌されないと解されているものと思われる[97]。その理由は、当該手続過誤には裁判に対して必要な因果関係が欠けているからである[98]。というのも、行使のし過ぎの場合、上訴裁判所は、違法な釈明に基づく当事者の陳述を、裁判の結論が異なりうるかどうかを審査する際に斟酌せざるをえないからである。したがって、釈明権行使のし過ぎの場合、それにより不利な立場に陥った当事者には、上記の139条違反に基づく上訴以外の方法としては、裁判所の訴訟指揮に対する異議（Beanstandung〔ZPO 140条〕）を基礎づけることがあるほかに[99]、裁判官忌避（ZPO 42条）の申立ての可能性が認められるにとどまる。すなわち、釈明権行使のし過ぎによって釈明権行使の限界としての裁判所の公平・中立義務に違反する場合もありうることから、ZPO 42条以下による偏頗が根拠づけられる可能性があるからである[100]。もっとも、同139条により必要な釈明は、釈明義務に違反しないし、当該釈明は、そのし過ぎにはあたらず、その枠内では、釈明の限界としての裁判所の中立性を損なうこともない。

---

96) それを139条違反として問題とするものとして、*Rensen*, a. a. O.（Fn. 93）, S. 300, 304, 311 ff.
97) 中野・前掲（注32）222頁参照。
98) *Rensen*, a. a. O.（Fn. 93）, S. 304.
99) *Rensen*, a. a. O.（Fn. 93）, S. 311 f. レンゼンによれば、この異議という方法は、釈明権行使のし過ぎに対する効果的な保護にはならないとされる。なぜなら、釈明権行使のし過ぎは、しばしば、相手方の有利に作用する促しの形で現れるため、いったん釈明権が行使されれば、もはや異議は役に立たず、違法な釈明に基づきなされた攻撃防御方法の提出を排除することはできないからである。
100) Kurt Kuchinke, Die vorbereitende richterliche Sachaufklärung（Hinweispflicht）im Zivil- und Verwaltungsprozeß, JuS 1967, S. 299 ; *Stürner*, a. a. O.（Fn. 72）, Rdn. 30. シュテュルナーは、釈明の過少は、139条違反を根拠づけ、釈明の過多は、ZPO 42条以下の忌避申立てを根拠づけうると述べる。前注72も参照。

4　若干の考察——ドイツ法との比較——

1　ドイツでは、1980年代にいわゆる社会的民事訴訟の理論や、弁論主義に代わる協働主義の提唱により、釈明をはじめとする裁判官の積極的関与が強く唱えられ、広い範囲で釈明「義務」を説く見解があるものの、一般的には、釈明をめぐる理論・実務の状況は、前述の学説状況等の概観から窺われるとおり、——わが国で一般に用いられている表現ではあるが——積極的釈明をどこまで行使してもよい、あるいはそれは違法にならない、といった見方は、採用されておらず、釈明権行使の不行使および過剰行使（し過ぎ）とも釈明権行使の範囲を逸脱するものとして、その遵守に関する要請は強いと思われる。わが国では、ドイツの民事訴訟は、職権主義的色彩が、わが国に比して強いと見られているが、一方で、裁判官の中立・公平性への配慮から釈明権行使のし過ぎを戒める姿勢が強いことは、注目されてよい[101]。わが国では、釈明権行使のし過ぎを含め積極的行使は、釈明義務からはずして「釈明権」という権能として各裁判官の裁量に委ね、むしろ真相究明の観点から奨励されるきらいがなくはないが、限度や義務を伴わない行使は、裁判官ごとに釈明権行使が統一性のないものとなり、同一裁判官においても事件ごとに一貫性のない釈明権行使につながる危険が高く、公平な裁判への信頼を損なうおそれも小さくない[102]。この点、ドイツでの有力説が示唆する通り、釈明権行使を裁判官の裁量と捉えるのではなく、むしろ、その種の裁量の余地を排除し、釈明権および釈明義務の規定の解釈の問題として正面から位置づけ、その解釈に努めていく方向が目指される必要があるように思われる[103]。

---

101)　もっとも、釈明権行使の「必要な」場合は、釈明権行使のし過ぎは問題とならず、また、「必要な」場合を比較的広く捉えているので、裁判所の事実関係の解明への関与の程度は大きいとも言える。
102)　竹下＝伊藤編・前掲（注16）114頁〔松本〕参照。
103)　例えば、石田・前掲（注38）20〜21頁は、ドイツの通説と呼ばれる見解が、一定の場

2 弁護士代理訴訟と本人訴訟のそれぞれでの釈明権行使のあり方については、わが国でもドイツでも、区別を設けるかをめぐり、賛否両論に分かれているのが現状である。わが国では、おそらく、区別を設ける方向が優勢のようである[104]のに対し、ドイツでは、弁護士強制主義が採用されていても、なお区別を設けない立場が有力である。弁護士に代理されている場合に、本人訴訟の場合よりも釈明義務の範囲や程度が縮減されると、弁護士の質の良し悪し次第で、最終的に当事者本人の権利保護が図れない結果につながるおそれがあり、弁護士に依頼した本人の犠牲もやむなしとの割りきり[105]が許されないとすれば、区別を設けないのが妥当なように思われる。むしろ、質の高い弁護士が常に確保され、かつ弁護士強制が確保できる体制がかりに整えば、おのずと釈明に伴う裁判官の負担は軽減されるであろう。弁護士代理訴訟の方が通常、本人訴訟の場合よりも釈明の負担も軽減されるはずであるからである。したがって、弁護士か当事者本人かという事情を釈明義務の範囲を左右する事情として持ち込むことに対しては、慎重であるべきであろう。

合に釈明権行使に裁判官の評価余地（裁量余地）の自由を認めつつ、それ以外の場合に釈明権行使を裁判所に義務づけ、その評価余地を認めないことを参考に、わが国でも、釈明権行使の機能により、裁量の余地が認められる場合と認められない場合があることを肯定する。より正確に述べると、①裁判所からの観点に当事者の弁論活動を適合させることを主目的とする釈明と、②当事者と裁判所間の事案の論点確認や両当事者間の十分な弁論・主体性発揮の機会を保障するための釈明、③当事者が申立てや主張等の行為により意図するところを明確にするための釈明とを区別し、①の場合は、裁量余地を認めると裁判官の中立性を危うくするとして裁量余地を否定するのに対し、②と③の場合は裁量の余地を肯定する。もっとも、このように釈明のタイプによって裁量の余地が認められたり、認められなかったりするのが妥当かは、ペータースやシュティッケルブロックに代表されるドイツの有力説の主張を踏まえると、疑問が残る。

104) 最近の文献では、加藤・前掲（注21）124頁。
105) 弁護士の技能不足や怠慢を、裁判所が主張・立証を実質的に肩代わりして補うことは、短期的には当事者本人の権利保護につながるとしても、長期的には弁護士の資質向上や資質不足の弁護士の淘汰の機会を失わせ、訴訟業務に居残る技能不足の弁護士による裁判官の負担継続につながり、また、裁判官候補者の育成にもマイナスに働くとして、弁護士の資質向上の動機づけと機会が失われないよう、裁判官主導型訴訟から弁護士主導型訴訟への移行を説く見解（前田智彦「弁護士任官の促進と訴訟運営における弁護士の役割」札大15巻2号41頁〔2004年〕）が存在する。酒井・前掲（注2）661頁参照。

3 ところで、弁護士代理訴訟での釈明権行使のあり方如何は、現在のわが国で問題となっている当事者主義的訴訟運営の要請との関連も小さくない。近年、一部で、弁護士代理訴訟を念頭に、釈明を含めた裁判官の積極性が当事者の主体性をかえって減退させつつあるとの指摘や、さらには、弁護士の資質向上のためには、釈明をすべきでないとの主張もある[106]。現行法の下での審理の中心が、口頭弁論から弁論準備手続などの争点整理手続に移行したことから、今後は、争点整理段階での釈明権行使のあり方を独自に考えていく必要があることは疑いないであろう[107]。その際、ドイツで、釈明（実体的訴訟指揮）の手段として、発問や指摘よりも、裁判所と両当事者との事実的および法的な関連での討論が重要性を増していることが注目される。

また審理構造の変化に伴い、釈明の役割についても、インフォームド・シチュエーションの形成に重きが置かれつつある[108]。しかし、そのために裁判官があまりに手続に介入すると、裁判所の負担が過重となり、今後、法曹人口の増大と訴訟事件数の増加が予想されるだけに、民

---

106) 前注105参照。裁判所主導型の訴訟手続では、対席事件の審理期間をさらに短縮することは不可能であり、その点から当事者主導型争点整理への移行を説く論者には、事件処理の迅速化のためには、裁判所が後見的役割を放棄して、手続の追行を当事者の自己責任に委ねて、審理期間を短くするしかない、などとする立場も存在する。このような議論動向については、酒井・前掲（注2）662頁参照。

107) 和解期日での釈明のあり方も、口頭弁論でのそれとは違うのか問題となる。例えば、ライポルトは、「和解的合意のための努力の枠内で、可能性ある時効の抗弁の指摘が許されるか、いかなる要件のもとで許されるかを、BGHは未決定にした。原則として、ここでも、例えば和解弁論において、中立義務が厳格に遵守されなければならない。そのため、ここでも、当事者陳述における手がかりなくして、その種の指摘をすることは、許されないと思われる。和解弁論（Güteverhandlung）の枠内では訴訟リスクに関する発言も相当である場合もあるということは、これと区別される。」という（*Stein/Jonas/Leipold*, a. a. O. (Fn. 57), §139 Rdn. 56)。この点について、シュテュルナーも、和解手続での釈明義務の範囲について、通常の訴訟手続と異ならないとする（*Stürner*, a. a. O. (Fn. 72)., Rdn. 92 ff.)。なお、和解弁論での釈明について、ZPO 278条2項2文の規定（「裁判所は、和解弁論において、一切の事情の自由な評価のもとで事実状態および紛争状態（Sach- und Streitstand）を両当事者と討論しなければならず、必要ならば、発問をしなければならない。」）参照。

108) 加藤・前掲（注21）105頁、128頁。

事司法の機能不全を招来する危険がある。裁判官による事案真相究明の意識が高まり、勝敗転換の蓋然性を基礎に積極的な釈明権行使を図ることは、前述のとおり、裁判官や事件ごとに不揃いの釈明権行使という事態を招く危険を伴い、当事者の一方に親切な裁判所、他方に不公平な裁判所という印象を生じさせるおそれがあることから、裁判官の公平・中立性という点でも問題がある。それと同時に、裁判官自らのインフォームド・シチュエーション作りへの過大な負担、ひいては当事者の主体性の後退という事態にいたる可能性をも有する。審理の充実と促進、さらには当事者に対する実質的な手続保障にもつながる裁判所および当事者間でのインフォームド・シチュエーションの形成の必要性が、現行民事訴訟法の目指すものであるとしても、また、それが従来以上に重視されるのが妥当であるとしても、そこでの裁判官による釈明への期待が過大になることは、他方で、当事者主義としての弁論主義や処分権主義を基本原則とする民事訴訟のあり方として望ましいのか、再度考えてみる必要があるように思われる。

そのためには、職権主義的傾向がわが国よりも強く、とりわけ2002年改正後、積極的裁判官像が定着しているドイツにおいても、前述した釈明権行使のし過ぎを戒める立場が久しく理論実務の有力な傾向であることと、釈明権の行使および不行使の限界としての釈明義務の範囲の解釈論的明確化の取組み[109]が学説の次元においても不断に積み重ねられていることが参考となりうるであろうし、当事者主義を訴訟の基本原則として堅持し続けているわが国の民事訴訟にあって、釈明に頼りすぎることなく、釈明以外の方法[110]によって、当事者自らによるインフォーム

---

109) このような点で資するわが国の文献として、本稿の中でも言及している石田秀博教授による釈明権に関する一連の研究がある。すでに注で取り上げたもののほかにも、石田秀博「訴えの変更と釈明権（一）・（二・完）」法雑37巻4号65頁（1991年）、38巻1号63頁（1991年）、同「権利抗弁、時効と釈明権行使（一）」愛媛19巻4号21頁（1993年）などがある。

110) 例えば、当事者による主体的争点整理を実効的にするには、十分な争点整理に協力しない当事者に制裁を科す仕組みの必要性が説かれることがある（山本（和）・前掲（注3）67頁、81頁）。この場合、裁判所の制裁権限の強化は、釈明とは別の意味での裁判所

ド・シチュエーションの主体的な形成への道筋を工夫することも、それとならんで重要な課題であろう[111]。

　※本稿は、科学研究費補助金（課題番号23530105）による研究成果の一部である。

の管理的権限の強化につながり、この面での裁判所の負担増を伴う危険をも有している（酒井・前掲（注2）666頁以下参照）。もっとも、時機に後れた攻撃防御方法の却下制度の従来の運用を念頭に置けば明らかな通り、その種の制裁権限が実際に発動されるかは、また別であるから、それほど裁判所の負担増を招来しないとの見方もありうるかもしれない。

111）　また、本稿では、ほとんど触れることができなかったが、ドイツにおいて実体的訴訟指揮として釈明義務と同じ規定に取り込まれた法的観点指摘義務（ただし、ドイツ法では事実的・法的の区別をしないが）を、釈明義務との関係でどう位置づけるか、その行使範囲をどう限界づけるかも、さらに考察する必要があろう。法的観点指摘義務については、さしあたり、高橋・前掲（注25）451頁以下参照。

これからの民事訴訟と手続保障論の新たな展開、釈明権及び法的観点指摘権能規制の必要性

瀬木　比呂志
Hiroshi SEGI

第1　本稿の目的
第2　これからの民事訴訟の目指すべき方向——市民のための民事裁判、民事訴訟
第3　（実質的）特別訴訟手続の類型とそのあり方
第4　形式的手続保障と実質的手続保障の内容
第5　裁判官の権能を規制する準則の必要性
第6　終わりに

第1　本稿の目的

　本稿は、これからの民事訴訟の目指すべき方向、とりわけ、これからの民事訴訟におけるあるべき手続保障論に関する筆者の考え方、その構想の大要を示すものである。また、これに関連して、釈明権・釈明義務、法的観点指摘権能・義務の行使についての従来の多数説の考え方が当事者の実質的手続保障、当事者平等を害する場合のありうることをも指摘し、その限界設定の必要性についても論じる。

　本稿において前記のようにこれからの民事訴訟の目指すべき方向とそこにおけるあるべき手続保障論をセットにして論じるのは、筆者が、現在の日本の民事訴訟の現状についてそのままでは肯定しにくい側面があると感じているからであり、2012年4月に裁判官から研究者に転身してから後の今後の研究生活の中で、これをそのあるべき姿に近付けていくための議論を展開していきたいと願っているからであり、また、その際に最も重要なものとなるテーマの一つが手続保障論の新たな展開であろうと考えているからである。

　現在、手続保障論に関する議論、また、その背景となる立法や実務の

趨勢やあり方は、未だそれらに興味を持つ研究者の数はそれほど多くないものの、そのもちうる潜在的な意味や重要性からすれば、故井上治典教授らによる「手続保障の第三の波」論以来の新たな局面を迎えているのではないかと考える。

そして、その議論や背景事情、ないしはそれらが目指すべき目標を一言で現すならば、それは、実質的手続保障論の成熟とそこにおける当事者の権利の確保、そして、裁判官の恣意の規制ということではないかと考える。

実質的手続保障論、すなわち、法廷における公開の口頭弁論、法定の方式による証拠調べや調書の作成等の形としての手続保障（形式的手続保障）よりも、①当事者の立会権、反論権、反対尋問権（広く言えば実質的な討論、反論の機会の保障）、また、②事実と法に関する情報の取得、③証拠の取得（以上が「実質的手続保障」の内容である）のほうが手続保障としてはより本質的なものである、ありうるとする議論については、筆者も、一連の「仮の地位を定める仮処分の特別訴訟化論」、すなわち、「現在日本の民事司法システムにおいては、迅速な救済の要請が高い一定の事件類型（各種の差止め、地位確認、私道の通行や隣地使用等に関する紛争）につき、仮の地位を定める仮処分がいわば通常の民事訴訟の特別訴訟として機能しており、そのことには一定の理論的、実際的な正当性があるとの議論」[1]等において論じてきたところであるが、そこにおける議論は主として民事保全に関わる視点からのものであった（したがって、前記①の観点を中心としていた）。

本稿は、前記のような議論を踏まえた上で、実質的手続保障に関する筆者の議論の全体像、その概要を示すものである。

同様の論考としては、既に、山本和彦教授による「手続保障再考——実質的手続保障と迅速訴訟手続」井上追悼146頁以下（以下、「山本（井上）」として引用する）、「民事訴訟における手続保障」『ジュリスト増刊 民

---

1) その概要については、瀬木比呂志「仮の地位を定める仮処分の特別訴訟化論の新たな展開——『選択的特別手続指向論』を背景として」判例タイムズ1179号27頁以下、瀬木比呂志『民事裁判実務と理論の架橋』138頁以下参照。

事訴訟法の争点』54頁、また、筆者の前記仮の地位を定める仮処分の特別訴訟化論に関する「仮の地位を定める仮処分の特別訴訟化について——手続保障論に対する根本的な問いかけ」判例タイムズ1172号22頁以下（以下、「山本（判タ）」として引用する）が書かれており、本稿を執筆するに当たっても参照させていただいた。

ことに、実質的手続保障の内容として、前記①に加え、②、③をも別項目としてたてることによりその意義を拡大した点[2]は、山本教授の功績であり、本稿も基本的にこれを採り入れている。

もっとも、筆者は、実質的手続保障の充実を図るに際し、前記②に関連して、裁判官の恣意やパターナリズム（父権的後見主義）の規制、抑制、また、そのためにできれば明文の規定による歯止めを置くことが必要かつ重要であると考えており、②の具体的な内容のうち釈明権・釈明義務と法的観点指摘権能・義務については、山本教授（また学界の従来の議論において比較的多数を占める方向）とはいささか考え方を異にしている（後記第5）。

なお、本稿については、それがほぼ完成した段階で、東京大学民事訴訟法研究会においてそれに基づく報告を行い、新堂幸司教授を始めとする多数の出席者から貴重な御意見をいただいた。以下、本稿において「研究会」というのは、この研究会を指している。

第2　これからの民事訴訟の目指すべき方向
——市民のための民事裁判、民事訴訟

ここでは、まず、これからの民事裁判、民事訴訟の目指すべき方向についての、筆者のヴィジョンを簡潔に描き出してみたい。

1　市民のための民事裁判、民事訴訟

まず、理論と実務の全体を見渡す視点として、市民のための民事裁

---

2)　山本（井上）152頁。

判、民事訴訟という視点を保ちたい[3]。

　理論についていえば、理論と実務の双方に携わってきた（そして、これからの研究生活を含めれば、ちょうど同じ程度に双方に携わることになるであろう）者として、新堂幸司教授の「民事訴訟法理論は誰のためにあるか。利用者の立場に立った基礎理論の再編成が必要である」という問いかけ[4]を、そのまま、今一度、あらためて問い直してみたいと思う。

　具体的には、市民と弁護士の視点から民事訴訟法理論を組み立てたいということである。

　なお、ここで、「市民」というのは、「制度利用者」を含めた市民という程度の一般的な意味であって、「国民」と言い換えてもかまわない[5]。特別な含意のない無色の定義であると考えていただいて結構である。また、私見によれば、市民と弁護士の視点は必ずしも同一ではないが、この文脈では、真に市民のためになるような弁護士活動を行っている弁護士を念頭に置いて、「市民と弁護士」とくくっておくことにする。

　方法論としては、哲学としてのプラグマティズムの方法を採り入れたい。その詳細については瀬木・本質に譲る[6]が、純理、形式論理の整合性だけでなく、その理論を現実の法廷に当てはめればどのような結果が生じるかということを常に押さえた立論を展開していきたいと考える。

　また、法学における論理が、自然科学はもちろん、純粋な社会科学におけるそれとも異なり、結論正当化、説得のための技術という側面の強い、少なくともそのような側面を含むものであることをも常に意識した議論を行っていきたいと考える。

　たとえば民法領域では、川島武宜教授に代表されるような「アメリカ

---

3) この意味で、本稿は、筆者の研究の総論として執筆した瀬木比呂志『民事訴訟の本質と諸相——市民のための裁判を目指して』（日本評論社。以下、「瀬木・本質」として引用する）の内容を踏まえ、その趣旨を民事訴訟法の基礎理論として敷衍する論文の一つであるといえる。

4) たとえば、新堂幸司『新民事訴訟法』〔弘文堂、1998年。第5版は2011年〕の「旧著『はしがき』」参照

5) 瀬木・本質では、「国民、市民」というくくり方をしている。

6) 瀬木・本質6頁。なお、第5の2（2）でも触れる。

学派」により前記の点が相当程度に明確にされ[7]、その結果、大陸法系の概念法学的な法学の問題点を意識した議論が行われるようになっているが、筆者には、民事訴訟法学は、未だ十分にそのような洗礼を受けていないように思われるからである。

　なお、以上は、結果だけをみた結論先取りの議論をするという趣旨ではない。理論を実際に当てはめての検証をも必ず行ってみた上で立論を行う、あるいは再調整するということであり、理論を実験によって検証した上で再調整していく自然科学の方法を人文科学である法学にも採り入れる、そのような意味での機能的法律学を構築するということである。既に『民事保全法』（2014年に日本評論社から〔新訂版〕を刊行の予定）、『民事訴訟実務と制度の焦点——実務家、研究者、法科大学院生と市民のために』を始めとする筆者の書物においても採ってきた方法であるが、それを、より自覚的に、また、前記の目的を実現するための方法として、用いていきたいと考える。

　実務との関連では、きわめてヒエラルキー的な色彩の強い日本のキャリアシステム、その下における官僚裁判官による裁判のあり方、すなわち、民事訴訟でいえば、日常的な事件処理については比較的均質でムラがないが、困難な法的判断を含む事件や国等を被告とする事件における裁判官の及び腰、判決回避、新たな判断回避の傾向[8]、和解の強要、押し付け[9]、個性に乏しく顔が見えない画一的、官僚的な裁判と判決書等の問題がみられ、また、社会や時代の要請に応える、あるいはその未来を見据える裁判という点ではより大きな問題を含んでいる[10]、そのような裁判のあり方、そして、そのような裁判官のあり方を批判するものの大局的には（すなわち弁護士の過半についてみれば）そのパターナリズムに依存している傾向が否定できない、また、自己の既得権に関係してくる問題については真に市民のためのものになるような（公益的な）議論が

7）『川島武宜著作集第5巻　法律学の方法と課題』収録の諸論考等参照。
8）瀬木・本質168頁以下。
9）同159頁以下。
10）同226頁、229頁以下。

必ずしもできていない弁護士（集団）のあり方[11]などについても、必要に応じて、客観的な事実を明らかにしていきたい。これは、制度論のみならず、基礎理論や解釈論との関連でも問題になる事柄だからである。一言でいえば、裁判官のパターナリズムや事大主義と弁護士のそれへの依存（反発も含めての依存）という問題である[12]。

2　当事者主義と自己責任の原則

以下、各論に入る。

真に市民のためのものであるような裁判は、悪しきポピュリズムとは無縁のものであるはずだ。つまり、「大衆におもねる裁判」ではない。

きわめてパターナリスティックな傾向の強い日本の民事裁判のあり方は、一見実質的平等に資するようにみえるが、実際には、弁護士の裁判官への依存、その反面としてのわがままや公益（筆者がいう公益は「真に市民のためになる」というほどの意味である）無視の傾向を招いてきた。もちろん後者は一部の弁護士についてのことではあるが。

そのような日本の民事裁判のあり方をただしていくためには、まず何よりも、当事者主義、当事者平等、自己責任の原則が徹底されなければならない。

もちろん、実質的平等の確保も必要であるが、それは、あくまで、当事者対等、武器対等の原則を踏まえ、それを修正する第二原理としてであると考えるし、また、その修正は、一方当事者を不当に不利な地位に陥れるようなものであってはならない（その意味で明確な限界が存在する）であろう[13]。

また、裁判官のパターナリズムは、裁判官がそのことに無自覚である場合には、さまざまなゆがみや弊害、正義公平に反する事態を招きかね

---

11)　同238頁以下。
12)　もちろんこれらはすべての裁判官、弁護士に当てはまる事柄ではない。しかし、少なくともその過半についていえる一般的な傾向ではないかと考える。
13)　上田徹一郎「当事者の訴訟上の地位――当事者平等原則の展開」講座民事訴訟第3巻1頁以下も、このことを強調している。

ないものであることにも留意すべきであろう。独善的な正義感はきわめて有害、危険なものでありうることは、実務家のみならず研究者もよく認識しておかなければならないと考える。

3 裁判官の謙抑性（謙虚さ）の要請、裁判官の恣意の規制

これは 2 の反面である。争点整理については一定程度裁判官が主導する側面が、ことに訴訟の初期段階ではあってよいが、それは、日本の原告本人訴訟でよくあるような、あるいは、一方当事者の代理人の能力が乏しい場合によくあるような、裁判官が手取り足取り一方当事者を助けてやる訴訟指揮、あるいは、自己の見解を当事者に押し付ける訴訟指揮を正当化するものではない。なお、原告本人訴訟については、裁判官が前記のような形の訴訟指揮を行うのではなく、むしろ、制度的なバックアップを図ることが相当であろう。具体的には 6 で検討する。

また、双方当事者の主張が相当程度に固まった時期以降については、裁判官の釈明や法的観点指摘についても、当事者平等やフェアネスの原則[14]を害しないような、謙抑的なものでなければならないと考える。この点で、筆者は、従来の学説における、釈明権・釈明義務や法的観点指摘権能・義務に関する考え方の展開に一定の危惧を抱いている（第 5 の 2 (3)）。

さらに、日本の民事訴訟法、民事訴訟法学が（これは民事実体法や刑事法についても同じことなのかもしれないが）、全体として、裁判官にあまりにも大きな裁量を与え（反面として大きな負担を課し）、一方、その恣意の規制については一般的にいえば無関心であったことも、大いに問題ではないかと考える。

ことに、近年の、優秀な司法修習生の多くが弁護士になり、裁判官の能力低下傾向が否定できない（筆者の感覚では、優秀な修習生は、その 7、8 割が弁護士になっており、優秀な修習生で裁判官になる者は、かつてに比べればか

---

14) フェアネスの原則については、谷口安平「民事裁判とフェアネス」谷口安平＝坂元和夫『裁判とフェアネス』3 頁以下参照。

なり減少している。そして、合格者数が増加してきた中でなお能力的にその平均を割るような司法修習生すら任官している）という状況の下では、従来の「すべてを裁判官にお任せする」ような訴訟運営のあり方は、その前提条件を欠くようになってきていることをも考慮する必要がある[15]。

4 実体的正義一辺倒の方向の改善

 2、3とも関連することであるが、日本の民事訴訟（これも広くいえば日本の裁判制度全体）の、実体的正義一辺倒の傾向も是正されていくべきではないかと考える。

 民事訴訟は、限られた能力を有する裁判官と弁護士が、限られた時間の中で、限られた訴訟資料と証拠資料に基づいて、相対的に正しい結論を目指すものであり、「一つしかない真実」を探求する場所などではない[16]。筆者の経験では、この、「民事訴訟のイロハ、また、実務家がわきまえているべき最低限の謙虚さの要請」が、日本の実務においてはなお十分に確保されていない。

 その結果として、裁判官は、「勝つべき者を勝たせるのが裁判官の役割」と広言し、実際には「自分が勝たせたい」者に恣意的に肩入れし、弁護士も、「勝つべき者は、自分が正しいと信じる自己の依頼者以外にありえない」という姿勢で訴訟に臨む結果、弁護士倫理のイロハを破るようなアンフェアな訴訟活動や法廷侮辱的な言動を行うという事態が生じているように思われる。

 もちろん、これらは、いずれも、自己のなしうることについての最低限の謙虚さの認識を欠いた実務家の問題なのではあるが、そのような実務家が、どの職種でも一定程度存在することは否定できない事実である。

 これは、程度の差はあれ、欧米諸国でも同じことなのかもしれない

---

15) 瀬木・本質243頁以下。具体的に補足すると、バブル経済の時代に平均を割るような能力の司法修習生の任官が始まり、それは、長期不況時代に入ってからもあまり変わっていない。これには、採用する側の裁判官任官者の選択がかつてに比べて恣意的なものとなってきているという傾向もあずかっている可能性がある。

16) 瀬木・本質156頁以下。

が、筆者は、少なくともこの点に関する限り、日本の実務家の水準が相対的にみて高いとは決して思わない。

たとえば、民事訴訟法学会が2003年に開催した「国際シンポジウム 現代の民事訴訟における裁判官および弁護士の多重的な役割とその相互関係」における裁判官（須藤典明氏）のコメント[17]を今一度熟読してみていただきたい。「裁判官のパターナリズムのどこが悪いのか。当事者の中には今でも大岡越前や遠山の金さんのようなタイプを求める人もいる。日本の社会は、言葉や建前とは違って、自己責任や自立には消極的であり、本音では公権力のパターナリズムを求めている。また、裁判官がその権限を濫用しているといったことはまずないと思う。非制裁型スキームに対する批判は子供のけんかのようなものである」といった内容のこのコメントは、実に驚くべきものであり、筆者には、裁判官として当然備えていなければならない謙虚さを欠く疑いがあるもののように感じられる。そして、このコメントが、民事訴訟法学会における国際シンポジウムにおいて、いわば裁判官代表として行われたものであることを考えると、さらに驚きの念を深くせざるをえない（かつては、少なくとも、学会における実務家代表者のコメントとして、このようなほしいままの、あるいはそれに近い発言が行われるようなことはなかったように思われる）。

以上の点についても、「市民のための裁判は大衆におもねる裁判ではない」という2で示した原則は同様に当てはまると考える。

5　当事者の満足という観点の可視化とその限界設定

これは、筆者が、前記の「第三の波」学説を止揚する観点として採り入れたいと考えている事柄である。

「第三の波」学説（具体的には井上治典説）は、「民事訴訟も当事者の継続する対話の一環に過ぎない」という、極めてドラスティックな民事訴訟観を提示した。このような考え方については批判も多く、筆者も、自己の視点から批判すべき点は既に批判したところである[18]が、少なく

---

17)　民事訴訟雑誌50号182頁以下。

とも、この学説が、「当事者の満足」という、形式的手続保障重視の議論が見落としてきた観点を民事訴訟の目的論に持ち込んだ点には一定程度共感を覚える（井上説が当事者の満足を明言しているわけでは必ずしもないが、手続こそが価値であり当事者の視点が絶対ないしは少なくとも第一であるという考え方は、必然的に当事者の満足を重視することに帰着するのではないかと考える）[19]。

　当事者主義に徹し、厳格な形式的手続保障を貫く通常の民事訴訟手続は、必ずしも当事者本人に満足を与えるものではない。むしろ、当事者本人も適時に意味のある発言や反論をすることが可能になる仮の地位を定める仮処分命令手続における双方審尋（民事保全法23条4項）のほうが当事者の満足度、納得度は高いように思われる[20]。もちろん、そのためには裁判官に一定の能力が要求されるが。

　筆者は、通常の民事訴訟手続においても、当事者本人に、リップサーヴィス的なものではない満足を与えるための努力は、一定程度なされてよいと考えるが、一方、そのような方向性は、明確に可視化され（つまり、裁判官や弁護士を含む訴訟関係者に意識され）、また、それが迎合や一方当事者への肩入れにならないための限界設定がなされることが必要であると考える。このような観点を採り入れた立論を行うことにより、前記「手続保障の第三の波」論を一定程度止揚することができるように思われる。

6　原告本人訴訟についての特別訴訟手続創設

　原告本人訴訟の現状は、筆者の長年の裁判官経験に照らすと、おおむね、①理由があり、また、一定の能力のある原告であれば本人でも訴訟を行うことが可能なもの（長期の賃料不払による建物明渡しなど事案明白で被告もほとんど争わないような事案。多くの場合は司法書士が訴状を起案）が3、4

---

18)　瀬木・前掲注1）判例タイムズ1179号27頁以下、瀬木比呂志『民事裁判実務と理論の架橋』138頁以下。瀬木・本質18頁以下。
19)　瀬木・本質154頁。
20)　瀬木・本質153頁。

割程度、②弁護士も司法書士も相談に乗ってくれないような無理な訴訟が4、5割程度、③事案もさることながら、原告本人自身に精神的問題や極端にかたよった性格等の問題のある訴訟が2割程度（中には精神疾患により本格的な治療を必要としていると思われるような原告も存在する）といった内訳になるのではないかと考える（もっとも、前記の割合については時代によりある程度流動的である）。

　このような原告本人訴訟の現状を考えるならば、これについては、少額訴訟手続に類似し、裁判所書記官の後見的関与[21]により当事者のサポートを図る特別訴訟手続を創設するとともに、長期的には、通常の民事訴訟に関する限り、指定された弁護士過疎地域以外では提訴のために裁判所の許可が必要（もっとも、不許可については不服申立てが整備されなければならないであろう）としていくことが適切ではないかと考える。

　こうした制度の創設によって、通常の民事訴訟の余地も残し、また、原告本人訴訟全体について適切なバックアップを行うことにより、裁判官のパターナリスティックな訴訟指揮に頼ることなく、原告の言い分に理由がある事案ではその早期救済を図り、原告の言い分におよそ理由がない事案については被告の応訴の負担を大幅に軽減することができよう。

　前記特別訴訟手続の概要については、瀬木比呂志『民事訴訟実務と制度の焦点』第2部第8章を参照されたい。なお、このような特別訴訟手続及び注25の論文において提案した特別訴訟手続の創設については、山本和彦教授も、山本（井上）159頁において「立法論として真剣な検討に値する」と評価されるとともに、山本教授自身の構想に係る特別訴訟手続である「迅速訴訟手続」の提言をも行われているところである。

---

21) 民事執行手続や民事保全手続においてみられるとおり、裁判所書記官の後見的関与は、裁判官の場合に比べれば事務的、形式的な事項を中心とするため、パターナリズムの問題はより小さい。

第3 (実質的) 特別訴訟手続の類型とそのあり方

　ここでは、現在の民事裁判制度において特別訴訟手続としての機能を果たしていると考えられる、あるいは実質的手続保障に関する規整を拡充することによりそのような機能を果たしうると考えられる略式手続、また、今後の新たな特別訴訟手続創設の可能性と必要性について考える。

1 民事訴訟法上の特別訴訟手続 (略式訴訟手続)

　現存の制度としては、少額訴訟手続、手形・小切手訴訟手続が挙げられよう。

　この二つのうち、今後の特別訴訟手続創設に当たって示唆的な制度は、いうまでもなく少額訴訟手続であろう。筆者と山本教授の提言する特別訴訟手続は、いずれも、少額訴訟手続制度をその基本型としている(筆者の場合にはそこに仮の地位を定める仮処分命令手続の長所を加味)。

　手形・小切手訴訟手続は、手形・小切手訴訟自体が急速に減少していることに加え、争いのある事案では異議後の通常の民事訴訟手続まで実質的な争いが繰り延べられるだけで、前駆手続であるはずの手形・小切手訴訟手続はその機能をあまり果たしていない。これは、証拠方法の制限 (民事訴訟法352条) の結果によるところが大きいと考える。つまり、実質的手続保障の最も重要な部分に縛りをかけてしまうことによって、特別訴訟手続としての機能も大幅に限定されてしまっているのである。

　筆者の「原告本人訴訟に関する特別訴訟手続」については既に前記の書物において論じたとおりなので、ここでは、それ以外の立法論としての特別訴訟手続について考えてみたい。

　山本教授の「迅速訴訟手続」は、その手続については筆者の考える前記の特別訴訟手続と大きな相違はないが、「仮の地位を定める仮処分 (特別訴訟化したもの) や本人訴訟、さらには両当事者が迅速な解決を望む事件や実質的に争いのない事件の相当部分をこれに吸収していこうとす

る構想」であって、その対象領域が極めて広い[22]。いわば「一般迅速訴訟手続」であるところにその特徴がある。

　筆者は、「仮の地位を定める仮処分（特別訴訟化したもの）や本人訴訟」のうち前者については、現在の手続の中で実質的手続保障を拡充する方向でよく、原告本人訴訟については、当事者本人が手続の主体となる場合に考慮すべき特殊事情（当事者対等の原則よりも、書記官によるその修正、すなわち比較的筋のよい事件における原告の下支え、比較的筋の悪い事件における被告の負担軽減のための協力が要請されてしかるべきである）から、やはりこれに特化した手続が適切と考える（第2の6）が、「両当事者が迅速な解決を望む事件や実質的に争いのない事件の相当部分」に対応できるような手続については、山本教授の構想するような「一般迅速訴訟手続」を考える余地があると思う。

　具体的な事件類型としては、①実際には被告には争う余地が極めて乏しい事案（やはり山本教授らがフランスにおける「仮払レフェレ」における「債務の不可争性」の要件に関連して示唆したところに基づき、筆者が金員仮払や明渡断行の仮処分の拡充の可能性が考えられるとして論文や書物[23]で言及したような事案）、②できる限り早期の救済あるいは判断が必要であるにもかかわらず通常の民事訴訟手続ではそれに対応できない事案[24]、③不法行為や不当利得に関わる、あるいは契約の解釈等に関わる比較的小規模の不定型な紛争であって通常の民事訴訟手続では手続が重過ぎかえって身動きがとりにくいのみならず判決や和解による決着も遅れ勝ちになるような事案（こうした訴訟では、原告の請求額がわずかな慰謝料、逸失利益等きわめて小さい場合であっても、簡裁では手に余るため、地裁に事件が移送されてくることが多

---

22)　山本（井上）159頁。
23)　瀬木比呂志「仮の地位を定める仮処分の本案代替化現象——特別訴訟的側面の顕在化に伴うその紛争解決機能・領域の拡大、保全と本案の役割分担の流動化」判例タイムズ1001号10頁、14頁、瀬木比呂志『民事裁判実務と理論の架橋』38頁、52頁。また、瀬木比呂志『民事保全法』【42】、【158】の各項目。
24)　なお、筆者は、前掲『民事保全法』の〔新訂版〕においては、不動産明渡断行や金員仮払の仮処分における保全の必要性をきわめて限定的に解してきた従来の実務に理論的、実際的正当性があるのか疑問であるとの指摘を行っている。

く、また、その後の主張整理にもかなりの期日を要する場合が多い）等が考えられるであろう。

以上の類型は、筆者が2001年執筆の論文[25]において挙げた類型を再整理したものである。執筆の時点では早過ぎた提言であったためかあまり反響もなかったのであるが、現在においては、その時点よりは理解される可能性が高まっているのではないかと考える。

筆者の提言は、第2の1で示した方法論に従って、債務の不可争性、早期救済ないし決着の必要性、法律論や契約等の解釈を主要な争点とする少額訴訟といったメルクマールで、山本教授の提言に係る「一般迅速訴訟手続」の対象領域を限定、具体化しようとするものである。

2 実質的な特別訴訟手続

必要的口頭弁論による民事訴訟法上の特別訴訟手続（略式訴訟手続）ではないが、そこにおける実質的手続保障が充実しているために、その手続において紛争がかなりの程度に解決され、結果として通常の民事訴訟手続の前駆的な手続、特別訴訟手続としての機能を果たしているような手続である。

労働審判手続のように異議の申立てによって通常の民事訴訟に移行する制度が典型的であるが、仮の地位を定める仮処分命令手続のように通常の民事訴訟手続とは別系統の手続であっても同様の機能は果たしうる。

実際、この二つの手続は、手続の構造こそ異なるものの、迅速性、救済方法の柔軟性（救済法的性格）等の機能面においては類似点が大きく[26]、現実にも、労働審判手続は、これまで仮の地位を定める仮処分の特別訴訟化が進展していなかった数少ない領域である労働訴訟（個別的労働関係に関するものに限るが）において、適切な事件の掘り起こしに資するとともに、大きな紛争解決機能をも果たしている[27]。つまり、機能面

---

25) 瀬木比呂志「口頭弁論充実型訴訟運営と立法論としての民事特別訴訟の可能性」判例タイムズ1053号49頁以下、瀬木比呂志『民事裁判実務と理論の架橋』264頁以下。
26) 山本（判タ）23頁。

においては、労働審判手続は、仮の地位を定める仮処分命令手続のそれを補完しているといえるのである。

このような特別訴訟手続の創設により迅速で柔軟性のある救済、紛争解決を図ることのできる民事訴訟の領域はほかにも存在すると思われる。

たとえば知的財産権関係訴訟についても、争点の限られた小さな紛争はかなり存在するし、民事訴訟ではないが、行政訴訟についても原告本人訴訟の多くについては同様のことがいえる。いずれについても、鶏を割くのに牛刀を用いている感のあるケースは多いのである。

3 今後の方向

今後の民事裁判制度のあるべき方向としては、何らかの形での一般的な特別訴訟手続（前記1に対応するもの）が創設されるとともに、早期の紛争解決が望まれる限定された紛争領域について労働審判手続類似の決定手続による準特別訴訟手続（前記2に対応するもの）が考えられていくことが必要ではないかと考える。

以上のような（準）特別訴訟手続の機能は、緊急救済必要事案（差止め、地位確認、隣地等使用権、私道通行権関係等の紛争）と早期かつ低コストによる救済必要事案（争う余地に乏しい事案、地裁に係属する少額事案、特定紛争領域の小規模事案）に対応することにある。

たとえば、仮の地位を定める処分命令手続は主として前者に対応し、それ以外の前記のような手続は主として後者に対応するものである[28]。

---

27) 労働訴訟は、ほかの分野とは異なり、仮の地位を定める仮処分命令手続において紛争が解決する割合が比較的小さく、争点を同じくする本案訴訟が提起され、最後まで争われることが比較的多い紛争領域であった。

28) このような機能の相違に鑑みると、1で指摘したとおり、山本教授の提言される「一般迅速訴訟手続」が「仮の地位を定める仮処分（特別訴訟化したもの）」によってカバーされている領域まで取り込んでいることにはやや疑問を感じる。既に確立しており大きな問題なく機能している制度についてはその制度のさらなる改良によって対応するのが制度論のあるべき姿ではないかと考えるからである。もっとも、山本教授は、前記の領域についてはオルタナティヴな選択として「一般迅速訴訟手続」を構想されているのかもしれないが。

こうした方向での紛争解決メニューの多様化により、特別訴訟ないしは特別訴訟的な手続によって迅速な判断を行い、それによって権利のある者は救済し（原告、申立人の多様なニーズに応える）、理由なく裁判手続に引き込まれた者（被告、被申立人）についてはその負担から解放することが、市民のための民事裁判・民事訴訟制度という観点からは、重要であると考える。

　従来の民事訴訟法学は、手続保障以外の局面においては前者の利益を中心に考えていた感がなきにしもあらずであるが、実務をも経験してきた筆者の目からみると、後者の、早期の、また、なるべく金銭的、精神的な負担を少なくする形での裁判手続からの解放もまた、重要な事柄ではないかと感じられる。弁護士会等の反対により未だに実現していない弁護士費用の敗訴者負担の原則の実現もきわめて重要な課題である。法的扶助の充実は、弁護士費用の敗訴者負担原則を補完する原理であって、それが万全なものにならない限り弁護士費用の敗訴者負担を行うべきでないという議論は、明らかに本末転倒であろう。

　なお、本稿の守備範囲からは外れるが、ADRの充実による裁判手続以前の紛争処理の充実も同様に重要な事柄であり、市民のための、市民にとって使いやすくなじみ深い民事裁判・民事訴訟制度構築のためには、（準）特別訴訟手続の充実による裁判制度ないしは公的紛争処理手続全体の複線化とADRの充実とが、ともに必要であると考える。

第4　形式的手続保障と実質的手続保障の内容

1　形式的手続保障

　今後のあるべき民事裁判制度における形式的手続保障の内容としては、憲法の定める裁判を受ける権利の内容を中核として、対審、公開、法定の手続による証拠調べ、これを担保するための調書作成、呼出し、送達、記録の閲覧謄写等が重要なものと言えよう。

　前記のような（準）特別訴訟手続においては、その機能や制度趣旨からこれらの形式的手続保障のうちのある部分は簡易化され、あるいは省

略されることがありうるが、その内容については、制度ごとに適切なものでなければならないことは当然である。

形式的手続保障の充実をいう議論には一定の根拠と意味があると考えるが、それは、感情的なものであってはならない。それぞれの（準）特別訴訟手続ごとに、形式的手続保障のどのような面を確保し、どのような面をゆるめるのが適切か、その根拠は何かをきめ細かく考察していく視点が望まれる[29]。

2 実質的手続保障

（1）第1で述べた①当事者の立会権、反論権、反対尋問権（広くいえば実質的な討論、反論の機会の保障）、②事実と法に関する情報の取得、③証拠の取得について、第2の1で示した方法論に従って、順次考えてみたい。

（2）まず、①については、実質的手続保障の中核であり、裁判官（より広くいえば審判官）が訴訟資料、証拠資料を獲得する手続においては、双方当事者の立会権、相手方の主張に対する反論権、相手方の証拠に対する反駁・反対尋問権が保障されることが必要である。

そして、筆者は、形式的手続保障の場合とは異なり、実質的手続保障の中核を成すこのような権利については、（準）特別訴訟手続においても、原則として、簡易化あるいは省略することは相当ではないと考える。より広くいえば、非訟手続においても、それが市民の権利に関する重要な判断を行う手続である限りは、前記のような権利は保障されるべきである。訴訟の非訟化、非訟の訴訟化により、訴訟と非訟の垣根が徐々に取り払われてきていることをも考慮すべきであろう。

民事保全手続のような一種の略式訴訟手続（機能的特別訴訟手続）はもちろん、非訟手続についても、以上のような「双方審尋の下で相手方の主張立証に対して適切な反論、反証を行う機会」が確保される必要があり、それは、審尋請求権の中核を成す事柄として憲法上の要請であり、裁判を受ける権利や広義の適正手続（デュー・プロセス）請求権に基礎を

---

29) 瀬木・本質20頁以下、146頁以下。

置くものであり、したがって、その違反、ことに裁判官の裁量権行使逸脱に基づく違反があり、それにより、実質的手続保障を欠き、審尋請求権の侵害があったと認められる場合には、そのような手続に基づく裁判は違法、違憲とされる余地がある、ということである[30]。

　筆者が、仮の地位を定める仮処分命令手続について、双方対席審尋の一般的原則的保障[31]、参考人等の審尋の際の実質的な反対尋問権の保障、また、実質的手続保障を確保するための特例判事補以上の裁判官による裁判担当を提唱してきたのは、このような理由による[32]。

　なお、双方対席審尋の一般的原則的保障（現在は、民事保全法23条4項により、「一期日」の「債務者審尋」が保障されているだけである）については、筆者はそのような運用を行ってきたが、その経験に基づけば、そのような運用について明文の規定を設けても、それを例外を許さない絶対のものと考えるのでない限り、仮の地位を定める仮処分の機能、その迅速性をそこなうことはないと考える。

　反面、現在のような規定の下では、裁判官のこの点についての配慮に乏しい手続運営について当事者には何ら不服申立ての余地がなく、きわめて危険であるし、筆者は、現実に、裁判官の恣意的な手続運営によって著しく不利な立場に立たされたという弁護士の強い不満を何度か耳にしている[33]。

---

30)　前掲『民事保全法』の〔新訂版〕においては、「民事保全と憲法」の項目を設けてこのことについて論じている。

31)　前掲『民事保全法』の〔新訂版〕においては、双方対席審尋が可能な期日において裁判所が交互審尋を行うには双方当事者の同意を得る必要があるとの原則を明示している。

32)　瀬木比呂志「仮の地位を定める仮処分の特別訴訟化再論――その根拠、関連の立法論及び保全の審理対象論との関わり」判例タイムズ1105号14頁、瀬木比呂志『民事裁判実務と理論の架橋』86頁。

33)　筆者の仮の地位を定める仮処分の特別訴訟化論を強く批判した一部研究者、実務家（なお、民事訴訟法学会における報告の際の質疑においては批判的な意見が目立っていたようであるが、実際の意見分布についてみると、その時点においても積極、消極ほぼ相半ばするものであったことは、民事訴訟雑誌46号68頁以下の「討論」の部分を精読していただけば明らかであると考える）が、双方対席審尋を保障しない現在の民事保全法の規定のこのような問題点については何もいわないことを筆者は以前から不思議に思っている。手続保障といえばまずは形式的手続保障を考え、実質的手続保障についてはあま

（3）情報の取得、証拠の取得について山本教授が掲げる内容、すなわち、情報の取得については事実と法に関するそれを、また、情報の内容としては裁判所の情報、相手方当事者の情報、第三者の所持する情報を観念すべきこと、具体的には、裁判所の法的観点指摘義務、心証開示義務、釈明義務、弁護士を依頼したい当事者に対するアクセスの確保、当事者照会制度の拡充と証言録取制度の導入、その他プレトライアル・ディスカバリーに相当する制度の導入[34]については、基本的には筆者も同意見である。

ただ、いくつかの点について私見を述べておきたい。

まず、釈明権・釈明義務、法的観点指摘権能・義務については、一定の歯止め、限界設定が必要であると考える。これについては第5で別に論じる。

心証開示については、当事者に不公平感を抱かせるような内容でない限り、裁判官は、明示的、黙示的に暫定的心証の開示を行いながら審理を進めるべきであると筆者も考えている[35]。なお、「心証開示義務」という用語にはやや抵抗を感じるが、訓示規定的な意味合いであれば特に異論はない。

プレトライアル・ディスカバリーに相当する制度の導入については賛成であり[36]、当事者照会制度の拡充と証言録取制度の導入についても異論はない。

もっとも、アメリカにおいても、ディスカバリーは、当事者の利害が鋭く対立する局面においては裁判所が関与する手続として行われており、日本のように当事者主義、その側面における弁護士の自覚がなお十分でない国においては、裁判所が一切関与せず、何らのサンクションも伴わないような当事者照会制度の実効性には大いに疑問があることは指

り考慮しないからであろうか。少なくとも実務家については、実質的手続保障の重要性はよくわかっているはずなのだが。

34) 山本（井上）154頁。
35) 瀬木比呂志『民事訴訟実務と制度の焦点』140頁。
36) 前同書44頁。

摘しておきたい。

　前記制度を実効性のあるものとするためには、当事者照会制度については弁護士に利用者を限定するとともに、その要件効果を、被告側に証拠が偏在するような、また、被告側の情報量や力が原告側のそれよりも相対的に大きな訴訟類型に対応できるようなものとし、また、これを行う場合には裁判官が強制力のある命令を前提として関与するようなシステムとして、再構築することが望ましいであろう。

　また、ディスカバリー的な制度については、訴え提起前のものを十分に充実するのでない限り、単なるお題目的な制度にとどまってしまい、実効性に乏しいものとなる可能性が高いことも、実務経験に基づき指摘しておきたい。

　さらに、ディスカバリー的な制度については、実務家の法意識との関わりも大きいのであって、弁護士、裁判官ともこの点に関する意識が低い日本におけるその本格的な実現は容易ではないと思われること、したがって、これと呼応するものである主張立証活動の時期的規制に関する制裁型のスキームを導入することには十分に慎重でなければならないことも併せて指摘しておきたい。ディスカバリー的な制度が単なるお題目的なものにとどまる一方で、審理迅速化の要請を背景とする制裁型スキーム[37]を導入すれば、実質的手続保障を欠く拙速審理に陥る可能性が高いことは、目にみえているからである。現に、現在でも、審理期間短縮の絶対的要請の下、和解の強要や押し付け、おざなりで形式的な判断が増えているとの批判が、元裁判官を含むベテラン弁護士の間からはよく聴かれるところである。

　こうした点では、研究者は、日本人の法意識、日本の実務家の法意識を十分に念頭に置いた議論を行うことが望ましいと考える。アメリカ型のディスカバリーの日本における（実効性あるものとしての）実現は、その一部であってもおそらくかなり難しいし、ドイツ簡素化法以降の、裁判

---

37) なお、関連して、新民事訴訟法の下では、時機に後れた攻撃防御方法が提出される事態は目にみえて減少していたことを指摘しておきたい。

官に広範な裁量権を与えるドイツ型のスキームは、戦後ドイツにおける司法組織の徹底的な民主化、一方における弁護士の水準の低さ、したがって裁判官がむしろ率先して当事者の権利確保のために動かなければならないことを大前提としている。そして、日本のキャリアシステム裁判官、裁判所組織のあり方がドイツのそれとは全く異なる（もちろん、筆者は何でもドイツのほうがよいなどという議論を行うつもりはさらさらないが）ことも間違いはないと考える[38]。

なお付言すれば、筆者の裁判官としての経験に鑑みれば、原告にとって事実に関する情報の取得が最も難しい類型の事件は国家賠償請求訴訟、ついで大企業や巨大組織相手の訴訟（製造物責任訴訟、名誉毀損等の「情報」関係訴訟）、医療過誤訴訟等であろうかと思われる。被告側の情報開示に関する協力姿勢がみられないのも、おおむね以上のような順番になり、ことに、国家賠償請求訴訟においては、被告は、強制力のある命令でない限り一切の開示を拒否する姿勢が明らかなことが多い。

証言録取制度は、アメリカの場合にはそれによって訴訟の帰趨が決することもあるような重要な制度であるが、これも、日本に導入するとすれば、裁判官あるいは準裁判官的な中立的立場の者が関与し、相手方に反対尋問権を認めるような手続とするのでない限り、大きな意味をもつ制度にはなりにくいであろう。問題があり、そのために訴訟の引き金になるような公正証書がかなりの程度に作成されている公証実務の現状をみる限り、そう考えざるをえない[39]。

---

38) 瀬木・本質216頁以下。なお、近年における日本の裁判所、裁判官制度の分析については、たとえば、ダニエル・H・フット『名もない顔もない司法——日本の裁判所は変わるのか』がある。その分析、視点には汲むべきものがあると思うが、同書における分析には、日本の裁判所、裁判官制度の決定的な特質であるヒエラルキー的な上意下達の官僚組織という側面の問題点に関する十分な認識が欠けているように思われる。この書物で一番人を引き付けるのはそのタイトルであるが、それでは、なぜ、日本の司法が「名もない顔もない」のっぺらぼうのものとなっているのかについては、この書物は必ずしも十分な説得力をもって論じえてはいない。筆者には、それが、前記のような視点の欠落の結果であるように感じられる。

39) 公証人法58条の2第1項の宣誓認証書面についても、実務上特に高い証拠価値は認められていないと思われる。

いずれについても、的を絞って、かつ、当事者の権利にも十分に配慮した手続として構想していくことが必要であるといえよう。

そのほか、文書提出命令については、国家賠償請求訴訟等の前記のような訴訟類型について、文書特定の時点でつまずき、却下される事例が存在することを付言しておきたい。民事訴訟法222条に何らのサンクションがなく、実効性に乏しいことの結果である。この条文は文書提出命令制度のアキレス腱になっているといってよいと考える。

文書の特定は文書所持者がその範囲を認識するために必要な限度で行えば足りることを明示する方向で改正を行うべきであろう（あまりに概括的なものであると文書所持者にとって負担が大きいが、両者の要請をバランスよく調和させる限定を行うことは、可能なのではないだろうか）。

第5　裁判官の権能を規制する準則の必要性

基本的な問題意識については第2の3に記したので、ここでは、第2の1で示した方法論に従って、裁判官の権能を規制する準則の必要性について、実質的手続保障と関連する限りで述べる。

1　明示の枠組みの必要性

まず、実質的手続保障を全うするためには、最低限、裁判官の恣意的な訴訟運営をチェックできるような明示の立法による枠組みが必要である。

保全異議・取消し、保全抗告、さらに仮の地位を定める仮処分命令手続においてはその申立手続についても、双方対席審尋の一般的原則的保障（もっとも、仮の地位を定める仮処分命令手続においては、債務者審尋をしないで申立てを却下する場合を除くことはもちろんである）、参考人等の審尋の際の実質的な反対尋問権の保障、また、実質的手続保障を確保するための特例判事補以上の裁判官による裁判担当が必要であると考えるのはこのことによる（第4の2（2））。

そして、以上は、実質的な特別訴訟手続一般についても原則的に当てはまることである。当事者の立会権、反論権、反対尋問権（広くいえば実

質的な討論、反論の機会の保障）をこうした手続において簡易化し、あるいは省略するについては、明確な根拠が求められると考える。

2 釈明権・釈明義務、法的観点指摘権能・義務について

（1）次に、釈明権・釈明義務、法的観点指摘権能・義務については、一定の歯止め、限界設定が必要であると考える。

（2）これについては、弁論主義との関係で議論があるので、最初にその点についての私見を述べておく。

山本和彦教授は、弁論主義について、自己に有利な事実等を提出しない自由に関するものであるとしてその役割をかなりの程度に限定し、一方当事者Xにとって有利な特定の事実の主張がないにもかかわらず裁判所がそのような事実を認定した場合における相手方Yの不利益は、弁論主義違反ではなく、弁論権に基づく不意打ち防止の要請に基づく釈明義務（ないしは法的観点指摘義務）違反の問題として処理すべきであると主張される。要するに、Yは、自己に対する釈明等義務の違反（そのような観点の不提示に伴う攻撃防御機会の喪失）を主張すべきであるという見解である[40]。近年有力となってきているところの、弁論主義の射程を比較的狭く限定する考え方の一つの帰結といえよう。

興味深い見解ではあるが、筆者は、いくつかの理由からこの見解を採らない。

第一に、弁論主義の根拠として私的自治を考えるときに、そのことから論理必然的に、それは不提出当事者の視点にのみ関わり、自己に有利な事実を提出しない自由にのみ関わるといいきれるのかということに疑問を感じる。私的自治と弁論主義の関係は、主張や証拠の提出は当事者の権能であり責任である、したがって、裁判所は、謙抑的にそれらの提出を促すことはできるが釈明権のパターナリスティックな行使は許されない、また、自白された事実については審判権も排除されると理解することで特に問題はないのではないだろうか[41]。

---

40) 山本和彦『民事訴訟法の基本問題』127頁。

第二に、弁論権の内容、内実には未だ不明確な部分もあり、実務家をも念頭に置くならば十分に確立、浸透した考え方とまでは必ずしもいいにくいので、弁論権を根拠とした釈明義務違反とするよりも、確立した考え方である弁論主義を根拠として、つまり、「当事者のいずれからも主張のない事実を裁判所が認定した違法」という形で不服申立てをさせるほうが、当事者にとっても裁判所にとっても明確であり、当事者の権利保護に資するのではないかということもある。
　第三に、純理の限界ということがある。
　筆者は、前記第2の1で論じたとおり、機能的法律学、すなわち、理論を法廷に落として検証した結果を重視する、そして、それによって十分な効果が得られないと考えられる理論については再調整する、あるいは再考するという方法を採る。そして、その場合、法解釈学という側面での純理を重視はするが、それが絶対的な要請であるとまではみない。
　この点は、現在の有力説、現在の実務を絶対視する考え方と誤解されるおそれがあるので、少し敷衍しておきたい。焦点は、法学という学問の性格ということである。
　法学は、その操作的、規整的性格からして、「自然科学を規範としながら社会生活の真理を探究する」という意味での社会科学には含めにくいであろう（その意味で、法学を社会科学に分類することの多い日本の分類基準には疑問を感じる）。欧米では、近年は、哲学、歴史学、言語学、文学、宗教学等と並んで、法学をも人文科学の一分野に加える考え方が強いようである。社会科学との線引きはあいまいであるが、「広義の社会科学の中で、人間性研究の要素が強く、そのための独自の方法をもっている学問を人文科学に分類する」といったところが一般的であろう。

---

41)　なお、筆者は、弁論主義の根拠を私的自治に一元的に統一して考えることにもいささか無理を感じている。民事訴訟の目的論についても論じたことである（瀬木・本質142頁以下）が、プラグマティックな考察からすれば、本来、こうした大きな原則を一つの根拠だけから説き起こすことには無理があると思う。その一元的な立論から弁論主義の機能を演繹的に導き出すことについては、さらに形式論理の危うさを感じる部分がある。
　また、ここでの議論については、高橋宏志『重点講義民事訴訟法　上〔第2版補訂版〕』416頁の注（14の2）も参照。

そして、法学は、権力的要素、社会生活を直接的に規整する側面、実定法と判例によって拘束される側面が大きいというその性格から、こうしたグループの中でみても、その科学性、客観性があいまいなものとなりやすい学問であるといえそうである。

そのような観点からみると、法学は、学問としての厚みは確かにあるが、その科学性、客観性の担保という側面に脆弱な部分を含んでいる学問であることは否定できないのではないかと思われる[42]。

筆者の考え方は、そのような科学である法学における純理は絶対的なものではありえないということに尽きる。また、前記のとおり、法学における論理は、結論正当化、説得のための技術という側面の強い、少なくともそのような側面を含むものであることも事実であろう。

実際にも、法学における結論は、純理のみではなく実際的な要請によって根拠付けられていることが多く、私見では、このことが学生達にとって法学をわかりにくいものとしている一因である（教科書の記述においては、あたかもすべてが純理から導き出されるかのような説明が行われていることがままある）。根拠、理由付けのうちどこまでが純理によるもので、どこからが実際的な要請によるものかをできる限り腑分けして正確に説明するようにすると学生達の理解が進むという場面は、授業や演習においてよくある。

第四に、人々の行動を規整する実学であるという法学の性格からすれば、また、市民のための民事訴訟法学という観点からすれば、わかりやすさ、当事者の意識という観点も非常に重要だということもある。これは実務家の考え方や感覚を知っていないと理解しにくいことかもしれないが、先のような山本教授の考え方は、平均レベルを超える実務家にとっても、おそらく、それほどわかりやすいものではないと思う。

実務家は、同じ解にたどり着く議論であるならば、その道筋は単純であるほうが望ましいという思考法を無意識のうちに採っている（このような思考法は、ある意味では科学全般のルールにも見合ったものであるといえよ

---

42) 瀬木・本質65頁以下。

う)。そのような思考法からすると、ぎりぎりまで詰めた純理の追究の意味が理解しにくいことがままあり、前記の山本教授の議論にはおそらくそういう側面があるのではないかと思う。平均的な実務家は、何のためにこのような議論をするのか、その目的、機能いかんということに半ば無意識的な疑問を抱くのではないかと考える（実務家は、筆者が行った前記のような議論を突き詰めて行ってみることはまずしないが、日常的な業務の中で、無意識のうちに、純理に基づく議論の限界は認識している）。

　その点に関する十分な説明がないと、純理の要請だけでは、実務家の説得は難しい部分があると思う。

　第五に、第三と並んでこれが最も実質的な理由になるのだが、前記のような立場にあるYが感じる不服は、自己に対する釈明等義務の違反（そのような観点の不提示に伴う攻撃防御機会の喪失）ということ$\overset{\cdot\cdot}{だ}\overset{\cdot}{け}$なのであろうかという疑問も感じる。

　むしろ、それは、従来の弁論主義に関する理解に近く、当事者のいずれも気が付いておらず、提示もせず、また、そのような可能性もきわめて乏しいものであった事実を裁判所が認定したということについての不服なのではないだろうか。

　つまり、Yとしては、（これは（3）で論じる事柄に関わってくるのだが）訴訟資料や証拠資料からしてそれなりの予測がつく、あるいは、少なくとも、指摘されればそのとおりであり、また、指摘があったとしてもやむをえない（とYが感じる）ようなものであればともかく、そうでない限りは、たとえ裁判所の釈明、法的観点指摘により当事者が主張を行った場合であっても、裁判所による「そのような観点の提示」それ自体が、当事者のおよそ予測していない事柄であり、いわば、裁判所が、Xに、「こういう主張をすれば、それに沿った証拠評価と事実認定を行った上で勝たせてあげますよ」という形で勝ち方を教えてやったに等しい、その意味で弁論主義の第一準則を実質的に侵している（Xに主張を促したというより、裁判所がXに代わって主張を行った、補ったに等しい）、それと同時に、弁論主義を補完するものとしての釈明権、法的観点指摘の権能をその限界を超えて違法に行使している、という不服を感じるのが通常なの

ではないだろうか。少なくとも、筆者がこれまでに弁護士達から聴いてきた釈明、法的観点指摘に関する不満はそのようなものであった。

　裁判所の釈明、法的観点指摘により当事者が主張を行った場合であっても、Ｙが感じる不服がそのようなものである（ありうる）とすれば、つまり、それが自己に対する釈明等義務の違反（そのような観点の不提示に伴う攻撃防御機会の喪失）というにとどまらない場合がありうるとすれば、（２）冒頭の場合についても同様に弁論主義違背の問題としてこれを処理する現在の有力説には理由があるのではないだろうか。

　これは、観点を変えれば、前記の山本教授の考え方からは、釈明権、法的観点指摘権能の違法な、あるいは恣意的な行使を規制する原理が出てこないのではないかということでもある。

　（３）ここで弁論主義の問題を離れ、先のテーマについて、プラグマティズム的な方法論に従って、より機能的な観点から論じてみたい。

　それは、釈明権、法的観点指摘の権能は、基本的には謙抑的に行使されるべきであり、その限界は、当事者の意思と訴訟の段階とを二つの重要な要素として確定されるべきではないかということである[43]。

　訴訟は複雑なものであり、その考えられる局面は、法的構成、法的観点のみならず、証拠から認定することの可能な事実という側面においても、おそらく、従来民事訴訟法学者が考えてきたものよりは、はるかに多様である。

　そして、裁判所の釈明、法的観点指摘の対象が訴訟資料、証拠資料から合理的に予測されるものである場合には裁判所がこれを行使することには原則として問題がないといってもよい（たとえば、当事者の主張に要件事実の一部が欠けているような場合や若干法的観点をずらせばそのような主張も十分可能であるような場合は、多くはこれに当たるであろう。また、従来釈明義務違反が認定されてきたケースの大多数もそのような場合であると思われる）が、現実

---

[43] 釈明権と法的観点指摘権能の線引きはなおあいまいであり、重なり合う部分も存在すると思われる。あるいは、後者は広義の釈明権の一部であるという考え方もありえよう。いずれにせよ、この論文のテーマとの関連ではこれらを厳密に区別する実益に乏しいであろう。

の訴訟では、裁判所がこうした権能を行使するのがそのような場合ばかりであるとは限らない。

むしろ、当事者のいずれもそのような主張（事実についても法的観点についても）はおよそ考えてもいなかったし、訴訟資料、証拠資料からみても、必ずしもそのような主張は予測されるものとはいいにくいという場合も多々存在するのである。

たとえば、教科書等でも必ず触れられている最一小判昭和45年6月11日民集24巻6号516頁[44]は、その一つの例であるとまではいわないが、そのような傾向が否定できないケースであるように思われる。

この事案においては、控訴審は、当事者のいずれも考えていなかった別個の法的構成、事実をまるごと原告に提示し（訴えの変更を示唆したと理解されてきている）、原告が、「そのとおりである」とだけ答えたのを受け（そのような態様による釈明権行使であった可能性が高い[45]）、しかも、釈明後には被告に十分な防御の機会を与えないまま弁論を終結して原告の請求を認容したのである。

当事者の主張と裁判所の判断を簡潔に整理しておくと、以下のとおりである。

Xの主張は、Aに木箱類を売り渡し、Y_1（会社）とその代表者であるY_2がAの代金債務を連帯保証したというものである（Aが契約者、Yらが連帯保証）。

第一審は、XのAに対する木箱類の納入は、AのY_1に対する注文に基づき、Y_1の下請的な立場（XがY_1の下請的な立場という趣旨）で行われたもので、XとAの間には契約が成立していないとしてAに対する請求を棄却した（確定）が、Yらについては、「XがAから代金の支払を受けられることをYらが保証した（そのような特別な約束をした）」ものであり、Xの請求はその趣旨に解することができるとしてYらに対する請求を認容した（XとYらとの間に特別な契約）。

---

44) 別冊ジュリスト民事訴訟法判例百選第4版では52事件。
45) 最高裁判所判例解説昭和45年度294頁〔吉井直昭〕。

控訴審が認定した事実は「Y₁が、Xに対し、代金はY₁において支払いY₂がこれを連帯保証するから、Aに木箱類を納入してもらいたい旨をもちかけ、Xがこれを承諾した」というものである（Y₁が契約者、Y₂が連帯保証）。

最高裁は、釈明権違法行使という上告理由を容れなかったが、その説示は今一つ歯切れが悪く、実務経験のある筆者の目からみれば、その書きぶりからみて、この判例は、いわゆる消極的救済判例の傾向のかなり強い判例のように思われる（釈明義務違背に関する最高裁判例は多いが、釈明権行使の違法に関するそれはこれくらいである）。釈明権行使が許容されたポイントは、一審における被告の本人尋問申請書における尋問事項の中に控訴審の示唆した法的構成（Y₂がY₁を連帯保証）に関連する事項があったということであると思われるが、これは準備書面の記載ですらなく、釈明権行使の違法はない（現在の学説の考え方からすれば法的観点指摘義務の違法もない）ということをいわんがために、一件記録の中から、控訴審の示唆に関連する被告側の記述を何とか探し出して控訴審の前記のような措置を是認している感が強い[46]。

最高裁判例になっている適切なケースがないので右の事案を挙げたが、実務においては、たとえば原告本人訴訟や原告代理人の能力が低い訴訟で、原告が主張することはおよそ予想されなかったような法的構成やそれに必要な主張立証を裁判所が全面的に教示して原告を勝たせる、被告側の抗弁等に関して同様の教示をして被告を勝たせる（これは相対的には少ないが）、さらに、これはむしろ双方（相応の能力を有する弁護士）が主張立証を尽くした事案においてあることなのだが、当事者の双方がおよそ考えてもいなかった別個の攻撃防御方法を、訴訟の終盤ないし終盤近くになって裁判所が示唆して訴訟の形成を劇的に逆転させてしまうといった釈明権、法的観点指摘権能の行使がみられるのである（たとえば、

---

46) なお、前掲最高裁判所判例解説昭和45年度297頁は、「第一審判決によってすでに釈明にかかる権利関係と同一の権利関係が認定され」というが、第一審におけるいわゆる判決釈明の内容と控訴審の釈明の内容とが異なることは前記のとおり明らかであり、判例解説の先の記述は牽強付会の感が強い。

控訴審に送付されてきた一審の訴訟記録からそのような裁判所の行為がうかがわれる場合があるし、弁護士からそのような裁判所の行為についての強い不満を聴いたことも、これは控訴審における審理の際には限らないが、何回となくある）。

　要するに、このような態様での釈明権、法的観点指摘権能の行使は、日本の裁判所には必ずしも珍しいものではないのだが、たとえば、筆者は、アメリカ人の法律家友人から、このような事態について、「日本の裁判所は、みずからの恣意によって明らかに不利であった当事者を勝たせているように思われるが、これは、当事者平等、フェアネスの大原則に違背する不当な訴訟指揮であり、忌避に値するものではないのか」という疑問を呈されたことがある[47]。

　筆者は、前記のようなアメリカ人法律家の指摘には相当の根拠があると考えている。先に記したような裁判所の措置（限界的なケースである最高裁判例の事案についてはとりあえず含めないでおく）は、裁判官であった者としての筆者の感覚からしても常識外れであり、裁判所の中立性、謙抑的な訴訟指揮の要請に対する配慮を著しく欠き、裁判所に許される前記のような権能の許容する範囲を超えているように感じられる。

　前記のような事案において裁判所が提示する法的構成、事実は、せいぜい、証拠資料からみればそのような主張ももしかしたら可能かもしれないという程度のものである場合も多いと思われる。そのような提示を行い相手方に十分な反論の機会を与えない場合にはそれも問題であるが、そもそも、「そのような提示」それ自体について筆者は疑問を感じる。

　事実関係が錯綜し、当事者の主張が不明確で、証拠も不十分な事案に

---

[47]　この点については、研究会において、日米の法意識における公平、中立に関する考え方の相違といった指摘を複数のメンバーからいただいた。確かにそのような側面はあると思うが、筆者の観点は、「庶民の法意識には裁判所の後見をむしろ公平とするような感じ方があるとしても、これからの司法がそれに安住したままであってよいのだろうか」というものである。また、同じ研究会において、筆者同様元裁判官である教授から、「瀬木教授が問題とされるような訴訟指揮はやってはいけないことであるというのが、私たちが若かった当時教えられた裁判官の不文律であったと思う。むしろ近年そのようなモラルが崩れてきているという傾向があるのかもしれない」との発言もあったことを記しておきたい。

おいては、裁判官が認定することの可能な事実の範囲、また、これに当てはめることの可能な法的構成の範囲は、実務経験のない研究者が考えるよりもはるかに広いものである。多くの研究者にはこの点の認識が十分でないように筆者には感じられる。証拠評価や事実認定を操作することによって、裁判官は、それこそ当事者双方が思ってもみなかったような法的構成を事案に当てはめることが可能であり、また、そのような裁判官の思惑が実際にも正当性を有する、すなわち事案に照らして正当であり真実にも符合するとは限らないのである。

　また、事実認定にも、法的構成にも、当事者と裁判官が「作る」ものであるという側面があることをも認識すべきであろう。筆者の認識は、それを「作る」のは基本的に当事者の仕事であり、裁判官としては、パターナリスティックに口出しすることは原則として慎むべきではないかというものである。

　証拠資料からは予測されるが要件事実的にみてかなりわかりにくいものであることのある所有権の取得経過に関する主張のような主張、欠けている要件事実の一部を補う主張、あるいは、若干法的観点をずらせばそのような主張も十分可能であるような主張（釈明権や法的観点指摘権能の行使により訴えの変更を促すことが許されるのは通常このような場合であろう）とは異なり、前記のような法的構成、事実丸ごとの提示（場合によってはそれに沿う証拠の提出の示唆）は、「裁判所が勝たせたい当事者を勝たせる」ためのものである疑いが大きく[48]、釈明権の違法行使、法的観点指摘権能の違法行使（不意打ち、弁論権侵害）、実質的な弁論主義第一準則違背（当事者の主張可能性のない主張を裁判所が示唆し、実質的に補った）、当事者平等原則、フェアネスの原則の侵害として、上級審、ことに法律審において排除されてもおかしくない性格のものではないかと筆者は考える。

　そして、遺憾ながら、日本の裁判官には、このような訴訟指揮の問題点に関する自覚が乏しい場合がかなりある。前記のシンポジウムにおけ

---

[48] 第2の4において、「裁判官は、『勝つべき者を勝たせるのが裁判官の役割』と広言し、実際には『自分が勝たせたい』者に恣意的に肩入れし」と書いたが、典型的にはこのような場合がその言葉に該当する。

る裁判官の発言は、日本の裁判官がそのような傾向に無自覚でありうることを示すものではないかと考える。さらに、残念ながら、学説における多数派にも、そのような裁判官のあり方、パターナリズムを、「実体的正義」重視の観点から追認し、合理化してきた側面、そして、そのことによって当事者主義、訴訟におけるフェアネスの原則の成熟を妨げてきた側面があるのではないかというのが、筆者の考えである。しかし、こうした局面においてこそ、「実体指向一辺倒でない手続独自の価値」が考慮されてしかるべきなのではないだろうか。

（４）以上を踏まえて、釈明権、法的観点指摘の権能は、基本的には謙抑的に行使されるべきであり、その限界は、当事者の意思と訴訟の段階とを二つの重要な要素として確定されるべきであるという前記（３）冒頭の主張を敷衍してみたい。

まず当事者の意思であるが、たとえば、当事者（多くの場合は原告）の主張が意味の取りにくいものでありかついかようにも法的構成が可能であるような場合に、当事者の双方がそれを望む（許容する）ならば、裁判所は、従来の訴訟資料、証拠資料から最も無理のないものとみずからが考えるような法的構成やそれに見合った事実主張を促してもよいであろう。訴訟の後期段階でそのような争点整理の状況にあるのは望ましいことではないが、たとえば、裁判官交代後で従前の裁判官の争点整理、また当事者の能力に問題のあったような事件、簡裁で審理を進めていたものの裁判官の手に負えなくなって地裁に移送してきた事件等で実質的な争点整理が進んでいない事案（いずれの類型も、双方が手探り的な準備書面を提出しているものの嚙み合っておらず、主張の大筋が固まっていないような事案ということになる）においては、そのような事態も考えられる。

次に、訴訟の段階であるが、前記のような場合を除けば、通常は、第一審における訴訟の初期段階（主張が相当程度に整うまで。具体的な特定は難しいが、特別に複雑な事件でない限りは、準備書面が双方から２、３通提出されるまでくらいの感覚であろうか）では、裁判所の前記のような権能行使の許容される範囲は比較的大きい。当事者平等、フェアネスの原則に反しない限りというのが、そのような段階での規制原理となろう。

これに対し、双方の主張が相当程度に整った段階、あるいは控訴審の審理における前記のような権能の行使は、謙抑的であるべきであり、前記のとおり、たとえば、証拠資料から当然予測されるが要件事実的にみてかなりわかりにくいものである所有権の取得経過に関する主張のような主張、欠けている要件事実の一部を補うような主張、あるいは、若干法的観点をずらせばそのような主張も十分可能であるような主張等に関するものに限定される。前記のような態様での裁判所による丸ごとの法的構成、主張の提示は許されるべきではない。

『民事訴訟実務と制度の焦点』154頁以下において筆者が示した争点整理の例について、ある有名な弁護士が論文でパターナリズムであるとの批判を行ったが、その例をよくみていただきたい。筆者が示したのは、訴訟の最初の段階であり、さまざまな法的構成が考えられる事案であるにもかかわらず原告の主張が不明確であり、しかも、被告も裁判所の積極的な争点整理を望んでいる事案なのである。そして、筆者は、これに対置して、訴訟の後期段階では釈明権や法的観点指摘権能の行使は謙抑的であるべきであると論じ、これに弁護士サイドからの賛成意見があるのに対し、山本教授が、理論的にみればそのような段階での突っ込んだ釈明も許されるのではないかとの意見を述べている（173ないし174頁）[49]。

（5）以上のとおり、筆者は、釈明権、法的観点指摘権能の行使については、ことに後者については、謙抑的に考えたい。

また、このような権能行使の限界は、当事者の意思と訴訟の段階とを二つの重要な要素として確定されるべきであると考える。

---

[49] 筆者の考え方は、これまで何回となく誤読、誤解されてきており、そのことは、筆者が早期の純粋な（実務家を兼ねない）研究者への転身を考えた一つの理由となっている。同じ議論であっても、先鋭な問題提起を行うものであればあるほど、また、新しい方向を示すものであればあるほど、裁判官という立場で発表すると、誤解される場合が多いことを知ったためである。なお、筆者は、専任教授としての立場と責任、また、実務に対して客観的な視点を確保するという観点から、大学在籍中は原則として弁護士登録を行わず、何らかの事情から登録を行う場合であっても本格的な弁護士活動はなるべく自制したいという方針である。

そして、従来の研究者、ないしその多数派の議論[50]には、ほぼ無制限に前記のような権能行使を肯定することによって、裁判所のパターナリズムを肯定し、弁護士の裁判官依存を助長し、当事者主義、フェアネスの原則の成熟を妨げてきた側面が否定できないのではないかと考える。

また、前記のような権能の行使が許容される限界を超え、一方当事者に著しく不公平に加担する結果を招いているような場合（かなり極端な場合となるが）については、裁判官忌避、そして、そのようにして提示された主張の上級審、ことに法律審における排除という形のドラスティックな救済も認められる余地があると解したい[51]。

忌避について補足しておくと、日本の実務において忌避の申立てが認められる例は皆無であり、それは裁判所に対する事実上の異議申立てとしてしか機能していない（反面、そのために、裁判官に対するいやがらせ的な忌避申立てを行う弁護士もかなり存在する。制度のあるべき姿をゆがめるとかえってその濫用が生じる結果になる、その一例ではないかと考える）が、このような場合についてこそ忌避が認められるべきであり、それが制度の活性化にもつながるのではないかと筆者は考える。ドイツでは忌避事由に関する条文が日本とほぼ同文であるにもかかわらず、裁判官の訴訟指揮や言動の不当が忌避事由として認められ、忌避申立てが認容される場合も多いようである[52]。前記のとおり裁判官制度が徹底的に民主化されたドイツ

---

50) 典型的なものとして、たとえば、中野貞一郎「弁論主義の動向と釈明権」及び「訴えの変更と釈明義務」『過失の推認〔増補版〕』215頁以下、奈良次郎「訴訟資料収集に関する裁判所の権限と責任」講座民事訴訟第4巻125頁以下。

51) この点については、従来の学説の大勢は、「主張されてしまった以上排除は困難」と解してきており、研究会においても、「当該主張を当事者がみずから行うことはありえなかったことが明らかでない限り排除は困難ではないかと思われるが、それを明らかにすることは難しいのではないか」との指摘をいただいた。この指摘はよく理解できるが、筆者は、裁判官の経験からすれば、この「主張予測可能性」の線引きは、事案をよくみれば可能ではないかと考えている。

52) 坂元和夫「弁護士からみたわが国のフェアネス」谷口安平＝坂本和夫『裁判とフェアネス』58頁が引いているドイツの文献によれば5パーセント前後が認容されているという。

においてさえこうなのであるから、実質的な事由による忌避を一切認めない日本の判例（学説も、いずれかといえば、これを肯定する、あるいはやむをえないものと考えるものが多いといえようか）の不当性は明らかではないかと考える。

　また、忌避については、それが認容されたからといってその裁判官が問題裁判官であるといった見方をすべきではないであろう。たまたま当該事件で訴訟指揮等に公平を欠くなどの事情があったというだけのことであり、そのことを裁判官が虚心に受け止めさえすればそれでよいのである。検察官の場合でも同様であるが、対面や無謬性にこだわることが、結局、裁判のあり方をゆがめることにつながっているのである。

　なお、釈明義務、法的観点指摘義務の限界設定についても、これまでに論じてきたところのアナロジーで考えることが適切であろう。既に紙数を超過しているのでこれについてはごく簡単に結論だけを記せば、従来の訴訟資料、証拠資料から合理的に予測することが容易な、あるいは可能な事項についてのみ裁判所の義務を肯定するということになろうかと考える。

　筆者は、前記のような観点から、明文で法的観点指摘義務を規定することについては、なお慎重であるべきではないかと考える。

　また、たとえ規定するとしても、前記のような観点をも含めた適切な絞りをかけて、法的観点指摘義務が肯定される場合を慎重に限定しておくことが必要ではないかと考える。

第6　終わりに

　本稿では、これからの民事訴訟のあるべき方向についての筆者のヴィジョンを示すとともに、そこにおける実質的手続保障論の新たな展開とその重要性、また、これに関連して、釈明権、法的観点指摘権能の規制の必要性について論じた。その背景には、筆者の、日本の民事訴訟のあり方に関する、また、民事訴訟法学の展開の方向に関する一定の疑問が存在する。

また、方法論としては、瀬木・本質同様、哲学としてのプラグマティズムの考え方を採り入れた機能的考察を試みた。この方法は、先の書物のような、法社会学的、制度論的な分析においてのみならず、民事訴訟法の解釈学においても、一定の成果を挙げることが可能なものではないかと考えている。
　今後、前記の書物やこの論文に対する意見や批判を踏まえて、先のようなテーマに関する考察、分析を深めていきたいと考えている。
　なお、本稿執筆後、本稿の内容と関連する書物として、瀬木比呂志『絶望の裁判所』（講談社現代新書）を執筆刊行した（本来は注38に挿入すべきものであるが、最終校正の段階における挿入は困難であったため、こうして本文末尾に掲げたものである）。
　この書物は、社会学を始めとする社会科学の方法をも適宜援用しつつ、日本の裁判所・裁判官制度の包括的、根源的な分析批判を試みたものであり、本来は研究書執筆を考えていた内容を限界までコンパクトに凝縮したものであって、一般向けの書物ではあるが、そのことによっていささかも記述の水準を落としてはいないし、記述の厳密さについても、研究書と同様の水準で行っている。そのような趣旨の書物として御参照いただければ幸いである。

　　最後に、遠藤賢治先生のことについて記しておきたい。
　　遠藤先生は、私にとって、裁判官、研究者双方での先輩であり、33年間の実務家生活の後学者に転身したという点でも共通している。
　　しかし、それ以外の点では、私は、遠藤先生に遠く及ばない。学識もさることながら、その誠実、温厚、謙虚な人柄は、裁判官の鑑であるとともに、研究教育者の鑑でもあろう。
　　私の学者への転身についても、「あなたの研究は倉田卓次さん以来の価値あるものだから」と身に余る言葉で強く勧めてくださったのは遠藤先生であり、学者転身後最初の書物『民事訴訟の本質と諸相──市民のための裁判をめざして』についても、お送りしてすぐに、「一読して、人間と法学に関する思索の広さと深さを感じました。たぶんこれを理解

できない、理解しようとしない法曹がいるかもしれませんが、そのような瑣末なことを気にしないで、貴兄の偽りのない価値ある道を迷わず歩まれることを心から祈念いたします」という、これまた身に余る賛辞をお送り下さった。

　前記の書物は、研究書のさまざまな約束事を破るとともに先鋭な問題提起や裁判官制度を含めた制度批判をも行った書物であることから、学界の反応としてはいずれかといえば冷ややかなものを予想し、批判も覚悟していた。現実には、民事訴訟法学界を始め、研究者の方々からは、おおむね好意的な反応を、直接間接に聴くことができたのであるが、その時点ではそうしたことがわかっていたわけではなく、私は、一抹の不安をもって人々の反応を待っていた。

　そうした中で、裁判官の先輩でもある遠藤先生がいち早く前記のような励ましの言葉を下さったのであるが、こうしたところに、後輩への配慮や気配りを怠らない先生のたぐいまれな人徳とやさしさが現れている。

　早稲田大学定年退職後も名古屋学院大学法学部長に就任され、早稲田リーガルコモンズ法律事務所所長・代表弁護士をも務められる、そうした遠藤先生のあり方は、そのままにその人徳の反映である。

　残念ながら私などには到底まねのできないことであるが、人にはそれぞれ定まった運命というものがあり、私もまた、自分にできることをしていくほかなく、それが、遠藤先生の御配慮に報いる道でもあるのではないかと考えている。

弁論主義の膨張と当事者主義・要件事実論・釈明義務の関係の再検討
―弁論主義は裁判官の責任回避の道具になっていないか―

越 知 保 見
Yasumi OCHI

1 はじめに
2 当事者主義の観点からの弁論主義的規律の拡張とその限界
3 弁論主義と要件事実

1 はじめに

　口頭弁論の基本原則としての弁論主義は民事訴訟の原則であるが、行政事件や労働事件などでも基本的に民事訴訟法が準用されているし、裁判実務上は、刑事事件以外は広い意味でも民事事件と考えられていることから、弁論主義的規律は、行政事件や労働事件にもある程度妥当しているかのような外観を呈している。そして、そうした分野では弁論主義の規律を応用した要件事実論もまた基本的に適用されている。弁論主義の根拠は私的自治の尊重にあることを考えると私的自治の妥当しない行政事件に民事訴訟の規律を及ぼすのは正当化されるか、されるとすればその理由は何か、そして何より、どの程度、そのような規律が適用されるのかが問題となる。

　筆者は、商事実務・独禁法実務を専門とする国際弁護士として日米欧の訴訟実務の経験を有し、研究者[1]としても論文を発表してきたが、そもそも民事訴訟においてさえ、要件事実論を通じて弁論主義が膨張しすぎており、弁論主義と自由心証主義の関係が崩れ、弁論主義がある意味で裁判官の責任回避の道具として活用される危惧を感じていたところ、

---

[1] 早稲田大学大学院教授・法学博士・弁護士。

最近の独禁法の重要事件である JASRAC 事件において、行政審判事件であるにもかかわらず、弁論主義的規律を前面に押し出し、公取委の審査官の主張の仕方が悪いことをほのめかして、公取委が発した排除措置命令を審判官が取り消した事例が存在する。本件は、民事訴訟研究者、行政法研究者にとっても弁論主義的規律の拡張の問題・限界についての示唆を与える事件であり、同事件を題材に議論を進めていくこととする。結論的には、行政事件では弁論主義のテーゼ自体が当てはまるものではなく、証拠の一次的提出責任を当事者が負っているという当事者主義的な裁判構造という意味に過ぎないのに、当事者主義的裁判構造には、弁論主義のテーゼと弁論主義を前提とした要件事実論が適用されるとの錯覚が法曹にかなり浸透しているように思われ、当事者主義と弁論主義の混同について問題提起するものである。

　なお、筆者は、この審決案が出された直後に公取委に大学教授として、審決案を確定することの問題点を公取委委員長に指摘しており、審決案の確定後、利害関係人の代理人に就任し、審決取消訴訟を提起しているが、ここでの議論は、これまでに温めていた筆者の見解を述べると同時に、筆者の懸念が具体化した事象として JASRAC 事件審決を取り上げるものである。

2　当事者主義の観点からの弁論主義的規律の拡張とその限界

1　弁論主義の根拠が妥当しない領域での弁論主義的運用の根拠

　弁論主義の根拠は私的自治の尊重にあるとの説が通説的見解を占めているように思われるが、現実には、弁論主義的な運用は必ずしも私的自治の尊重という概念が該当しない行政事件でも行われている。行政事件訴訟法7条は民事訴訟法を準用する旨規定しており、弁論主義的規律はある程度、行政訴訟にも適用されている。それは、結局は裁判所の審理においては当事者にそれに基づく主張を行わせ、それに基づく証拠を提出させなければ、裁判自体が効率的に機能しないからであると思われ

る。その意味では、弁論主義の根拠が法政策にあるとする学説[2]は、裁判実務における弁論主義的規律が拡張している現象の理由をうまく説明できているという側面がある。

　主張するものもきちんと主張していないものに対して法の保護を与える必要はないという観点は、私的自治の尊重が重視される民事事件でなくても行政事件においても当てはまるし、刑事事件でさえも相当程度当てはまる。したがって弁論主義が適用されない場合にも、当事者にある種の主張責任、それに基づく証拠の提出責任が課せられるのが通常である。このうち当事者の責任の範囲が最も狭いのが刑事事件であり、証拠の提出責任については、理論上存在せず、検察官の側でそのような主張を理由がないとする証拠を提出する責任があると解されている。刑事訴訟において被告人の側に立証責任はないとのが刑事訴訟上の原則である。とは言うものの、被告人が何らの証拠も提出しないのでは、その主張は検察が提出した証拠に対して合理的な疑いを生ぜしめる可能性が生じない。すなわち、検察側が提出した証拠に対する合理的な疑いを生ぜしめるレベルでの証拠の提出責任は実際上負っているのである。

　行政事件でも同じであり、行政庁に一時的立証責任があるとはいえ、私人の側で行政庁の事実認定が行政庁に課される立証責任をクリアーしないレベルまで反証を提出する責任があるという意味で、当事者には弁論主義類似の主張責任、立証責任があると解され、そしてそれが行政事件訴訟法が民事訴訟法を準用することの意義ではないかと思われる。

2　弁論主義・職権探知主義と当事者主義

　行政事件においても民事訴訟類似の弁論主義的規律が浸透している現象は、当事者主義とよばれている[3]。民事訴訟の弁論主義を私的自治の

---

[2] 三ヶ月章「弁論主義の動向―戦後ドイツの学説の検討―」『民事訴訟法研究I,』51-75頁（有斐閣1974）、三ヶ月章「弁論主義の最近の動向をめぐる若干の問題」書研所報16,号1-63頁（裁判所書記官研修所1967）。

[3] 山岸敬子「わが国の司法裁判官と行政決定の解釈」『行政権の法解釈と司法制度』170頁（勁草書房　1994）、田中真次「我が国行政訴訟制度の一問題」公法研究16号87頁

尊重に求める限り、公益的な見地を考慮する必要のある行政訴訟には妥当しないはずであるが、かといって、裁判所は、当事者に主張を尽くさせ、当事者が提出した証拠によって判断するという構造自体は、民事訴訟と変わらないのであるから、当事者の主張責任という弁論主義的規律を働かせる根拠として、当事者主義が援用される。

弁論主義のテーゼとの関係においては、いかに行政訴訟に当事者主義が適用されようと、三つの弁論主義のテーゼが該当しないという意味において、行政事件は弁論主義ではなく、むしろ職権探知主義が妥当していることは意識されなければならない。

弁論主義は以下の三つのテーゼで説明される。
①裁判所は、当事者の主張しない事実を裁判の基礎として採用してはならない。
②裁判所は、当事者によって主張された事実のうち、結論的に当事者間に争いの無かった事実は、そのまま裁判の資料として採用しなければならない。
③当事者間に争いのある事実を裁判所が証拠によって認定するに際しては、必ず当事者の申し出た証拠によらなければならない。ただし提出された証拠については提出した当事者の不利にも認定することができる（証拠共通の原則）。

これに対して職権探知主義は、上記の①については当事者の主張しない事実も裁判の基礎として利用することができる。②当事者によって主張された事実のうち、当事者間に争いのなかった事実でも、それに拘束されることはない。客観的な真実に合致しないと考えれば、別の認定をすることができる。③当事者間に争いのある事実を裁判所が認定するに際しては、必ずしも当事者が提出した証拠によらず、裁判所自らが収集した証拠によることができる。

職権探知主義を拡張すると裁判所が証拠収集を自ら行わなければなら

（1957）、園部逸夫「行政訴訟の基本的問題」『現代行政と行政訴訟』1頁（1977）青柳由香「著作権集中管理団体による使用料の包括徴収の排除該当性―JASRAC事件．」ジュリスト1449号104-106頁（2013）。

なくなるとか裁判所の負担が増すかのように論じられることが多い[4]。しかし、3つのテーゼを比較すれば明らかであるが、現実的な差異が生じるのは、当事者以外からもたらされた証拠を活用してよいか否かの問題である。行政事件では利害関係人から証拠や主張が提出される場合がある。裁判手続においては、利害関係人が参加しなければこのような主張を行うことはできない。しかし、参加する前にこのような主張がもたらされる可能性があれば、そのものに参加資格を極力与えるべきであり、参加資格が法規上認められなかったとしても裁判所はそのもたらされた証拠を検討し、必要があれば当事者に反論の機会を与えるべきである。

　これが行政庁の判断過程において準司法的手続がとられる場合（典型的には独禁法の審判手続）には、より積極的な意義がある。

　独禁法の審判手続の場合、審判官は、職権で証拠収集できる権限が明記されている（審判規則26条）ので、職権探知主義によっていることは明らかである。しかも、審決が終了し、審決案が当事者に送付されてもそれで直ちに確定する訳ではない。委員会がこれを分析し、委員会が審決案を書き換えたり審判を再開する可能性が留保されている。そのような時点において利害関係人から委員会に対し審決案の合理性に疑義を生じる十分な主張がなされた場合には、その主張を当事者主義を理由として無視することができないはずである。利害関係人が当該審決によって不利益を生じるものであれば、そのような主張を無視することは行政訴訟の職権探知主義の観点から許容することはできず、これを斟酌しなかった場合に委員会の確定した審決は審理不尽であり、取消事由たる瑕疵を負うと解されるべきが、条文の構造上明らかである。にもかかわらず、最近のJASRAC事件においては、審決案が当事者に送付されたのち

4）　兼子一「民事訴訟の出発点に立ち返って」『民事法研究』酒井書店　I，477-495頁
　　山木戸克己「弁論主義の法構造―弁論権および当事者責任との関連における試論―」『民事訴訟法論集』有斐閣（1990）1-24頁　竹下守夫「訴訟の審理」小山昇・中野貞一郎 他編『演習 民事訴訟法 上』（青林書院新社1980）349-359頁　中野次雄、伊藤正己、田尾桃二、他．『裁判法の諸問題 中（第2版）.』（有斐閣　1983）．

に、利害関係人から審決案の事実認定に対する疑義を示す意見書が提出されたにもかかわらず、弁論主義的観点から、第三者の意見を聞くことはできないと判示した。本審決の概要は以下の通りである[5]。

3 JASRAC事件の概要

　公正取引委員会（以下、公取委という組織の中で、事務総局を除く委員で構成される合議体を「委員会」といい、事務総局を含む本件の処分行政庁としての公正取引員会を「公取委」または「公正取引委員会」という。）は、平成21年2月27日、JASRACに対し、JASRACがほとんどすべての放送事業者との間で締結する著作権の包括ライセンス契約が、他の音楽著作権管理事業者（以下「管理事業者」という」）の参入を困難にする性格のものであることを理由に、排除措置を命じた。

　当該排除措置命令に対し、JASRACは排除措置命令を不服として本審判に及んだ。平成24年2月1日、排除措置命令を取り消す審決案が作成され、JASRACに送付された。

　平成24年3月6日、JASRACの競争事業者であるイーライセンスは、審決案の確定に反対する意見書を公取委に提出した。

　平成24年3月14日、イーライセンスは、審決案の開示を請求するとともに、イーライセンスがこれまで行ってきた事件記録の開示請求について、開示請求に対してなされたマスキングについて違法があること、開示が不当に遅延していることなどを理由に、「JASRACの件での開示請求に対する対応について」と題する書面を公取委に提出した。平成24年4月16日には、審決案の分析で決定的に重要な審8号証のマスキング部分について、開示を行わない正当な理由がないとして再度の開示請求を行った。公取委は、平成24年4月4日、審決案に対する開示を行ったが、審8号証のマスキング部分は開示されなかった。

　5）　公取委審判審決平成24年6月12日本件の審決案を書いた審判官は、裁判所から出向している裁判官であり、担当委員として審決の確定に大きな影響力を及ぼした委員も裁判官出身の委員（前名古屋高裁長官。故人）である。筆者が、本件をとりあげたのはそのような事情からである。

イーライセンスは，平成24年5月7日と5月23日、公取委に対し、審決案の明白かつ重大な事実誤認・審理不尽の違法・審判手続きの瑕疵、法解釈の誤りについて、2本の詳細な意見書を提出した。

平成24年6月12日、審決案が確定した。平成24年7月10日、イーライセンスは、法解釈の誤り、事実認定自体の誤り（実質的証拠の欠如）、審決確定に至る手続において、多くの手続違反ないし適正手続違反があることを理由に、東京高裁に審決取消訴訟を提起した。

原告は、平成24年5月29日、平成24年4月24日付開示決定の不開示部分（マスキング部分）につき、開示を請求する行政訴訟及び仮の義務付け申立てを行ったが、審決確定日と同日の平成24年6月8日、仮の義務付け申立てに関する相手方たる公取委の意見書が提出され、その意見書において、行政庁は、審決確定手続において、利害関係人の意見を考慮してはならないとの意見が述べられていた。

平成25年11月1日、東京高裁は審決を取消した。

4 JASRAC事件審決の問題点

本稿は、弁論主義・当事者主義の適正な運用の観点から、審決確定に至る手続違反の問題を取り扱うものである。ただし、実体法と事実認定の問題も本稿の後半で言及する要件事実の問題と関連するので、この点についても最小限度言及する。

実体法の重要な問題として、審決が、事実認定の問題を装いつつ、これまでの審決例[6]、NTT東日本最高裁判決[7]によって確立した法解釈を変更していることであり、この点は、評釈から一斉に批判されている[8]。

---

6) ニプロ事件審判審決平成16年10月3日審決集51巻518頁、インテル事件勧告審決平成17年4月13日審決集52巻341頁。
7) 最判平成22年12月17日民集64巻8号2067頁。
8) 本件に批判的評釈として、上杉秋則・Business Law Journal 2012年9月号74頁、同NBL No. 983（2012）28頁 同ビジネス法務2012.11月号 泉水文雄・公正取引 No. 743（2012）62頁 根岸哲・NBL No. 991（2012）58頁 安藤和宏・知的財産法政策学研究 Vol. 39（2012）青柳由香・ジュリスト1449号104頁（2013）土田和博・TKC速報判

そして事実認定の問題のように偽装する手法として、審決が用いた方法は、審査官の主張を口実にして責任回避するというものである[9]。審査官が「排除効果として具体的な利用の回避があったことを主張した」ことを理由に、総合考慮が必要な「排除効果」の判断についての考慮要素を上記の点に限定し、審決の結論が妥当でないとしてもその誤りの責任は審査官にあるといわんばかりの判断をしているのである。

この問題は、本稿のⅢで言及する弁論主義の射程・要件事実の問題であるが、ここで略述すると、排除効果を基礎づける利用回避という事実は間接事実であり、仮に行政事件で弁論主義的規律が適用されるとしても、弁論主義が適用される領域の問題ではない。審査官の主張に制約されるものではないし、審判官の自由心証を制約するものでもない（Ⅲ.7で詳述する）。

本4での問題は、その審決案に対し、利害関係人が、数10ページに及ぶ詳細な意見を提出し審理不尽があると見られる十分な証拠に接しながら審判を再開しなかったこと、およびその理由として、審判規則78条の下で、イーライセンスには審決案に意見を述べる権利が無く、委員会は審決案を審理するに際して、審判規則75条に基づく審決案に対する被審人及び審査官からの異議申立て以外の意見を考慮することが出来ず、第三者の意見を考慮して審決案の内容と異なる審決案の内容に変更したり、審判手続の再開を命じたりすることはできないとの解釈をとったことである[10]。

被告の審判規則78条についての意見の根拠は、審判規則78条1項で審決案に対する異議の申立権が被審人と審査官に限定されていることの反

例解説（2012）本審決に好意的なものとして、白石忠志・law &Technology57号34頁村上政博・公正取引743号70頁（2012）。
9) 審決は、「被審人の本件行為が実際にイーライセンスの管理事業を困難にし、イーライセンスの参入を具体的に排除した等として、それを根拠に本件行為に排除効果があったと主張するので」と述べる。
10) 本件に関し、独禁法70条の15に基づく閲覧謄写請求に対し、一部を不開示とした処分に対する処分取消訴訟について、仮の義務付けを申し立てた事件における国の意見書で示唆されている。

対解釈として、利害関係人には異議の申立てどころか、意見陳述権や意見提出権すらないものと解し、2項についてもこれと同じ反対解釈をとって、審決案に対する利害関係人の意見を考慮して審決案の内容と異なる審決をすることはできないとするものと思われる。しかし、公取委の審判手続は、審判規則26条で審判官の証拠収集権限・調査権限が明文化されており、その意味で、職権調査主義がとられているので[11]、それに照らせば、審判規則78条で、利害関係人の主張を考慮してはならないとの解釈がとり得ないものであることは明らかであるように思われる。

そのような明文を欠くとしても、上記のような反対解釈はとりえないと思われる。行政訴訟で如何に当事者主義的に運用されようとも、当事者以外から提出された主張・証拠を考慮してはならないという弁論主義テーゼに依拠することはできないからである。行政事件においては厳密に弁論主義が妥当するものでないことは、ごみ焼却炉事件東京高裁判決が判示するところである[12]。同判決は、弁論主義が行政事件にそのままあてはまるものではないことを明示しており、本審決の確定手続は、判例にも違反している。行政訴訟の公益性の観点に照らせば、認定事実はより実体的真実を追求する必要がある。利害関係人その他の第三者から、認定事実が誤りであることを説得的な論拠をもって主張され、その主張が正しければ裁決の内容が全く逆になるという場合においても裁定者はこれを無視することは、審理不尽との違法と解さざるを得ない。

以上の意味で、行政訴訟では職権探知主義が適用されると説示されるべきと思われるが、上記ごみ焼却炉事件東京高裁判決は、そこまで明言していない。その理由は、あたかも裁定者が積極的に証拠を収集するかのような職権探知主義という用語に違和感を感じるからであると思われ

---

11) 白石注8の評釈40頁は、職権探知することまで認めたものではないとするが、明白に職権探知を認めたものである。
12) 平成20年9月26日審決集55巻910頁拙稿「カルテル・入札談合の審査の対象・要件事実・状況証拠 Part II―平成20年判審決の総合的検討と今後の課題―(上)(下)」判例時報2034号3頁、2035号3頁(2009)、(上)5頁拙著『独禁法事件・経済犯罪の立証と手続的保障』成文堂(2013)125頁も参照。

る。職権探知主義と弁論主義の違いは、当事者の提出した関係証拠だけを裁判の基礎にしなければならないか、第三者からもたらされた証拠を裁判の基礎にできるかという点であり、職権探知主義がとられたからといって裁定者の受動的な性格な性格を変更するものではない[13]ので、第三者提出証拠許容主義といった表現の方が適切ではないかと思われる[14]。

JASRAC事件東京高裁判決は、主として事実認定の違法（実質的証拠がないこと）を理由として審決を取り消し、原告に開示されなかった審8号証のマスキング部分は、被告公取委が平成24年11月26日までに原告に開示したため、手続の違法についての論点は、必要ないものとして判断されなかった。しかし、東京高裁判決は、原告が審決取消訴訟で主張していない事実認定の違法にまで踏み込んでおり、東京高裁の考え方は、審決の当事者主義的考え方と正反対の考え方がとられていた。

5 当事者主義についての補足

当事者主義は諸外国の裁判制度の共通の基盤であるが、民事、刑事、行政事件を問わず、当事者主義をより厳格に貫いていると考えられる英米の裁判所の裁判官のほうが審理により積極的に介入し、はるかに法廷をコントロールし、無用な主張を排斥して審理の迅速な処理に努めている[15]。口頭主義や直接主義が形がい化し、裁判所が、法廷での当事者の主張に制限を加えず、ただ聞いているだけというのは日本独特のものな

---

[13] 審判官が自ら調査権限・証拠収集権限を有することが明文で規定される公取委の審判手続でも、審判官が自ら調査権限・証拠収集権限を行使したことはかつてない。

[14] EUでは、利害関係者の意見を踏まえて最終判断を下すことがプラクティスとして定着している（これをマーケットテストと呼ぶ）。そして、イーライセンスは前記意見書において審決案には審理不十分という問題があることを具体的に指摘したのであるから、そのような情報に接した委員会としては、審決案の認定事実の基礎を危うくするものはないかにつき、弁論を再開するよう指示し、イーライセンスにも審判参加をさせるなどして、さらに審理を尽くさせなければならなかった（公取委審判規則78条2項参照）。それをせずこそこそと審決を下してしまったことに、審理不尽の違法があると言わざるを得ない。

[15] この点も三日月注2の論文は、的確に指摘している。

のである。

　日本の法廷がそうなる理由として、日本の裁判官は心証でどちらを勝たせるか決めている場合でもどうせ負かすのだから負かすほうの言い分は全部聞いてやろうという発想が強いことがよく知られている。これを手続的満足を与えるという言い方で表現することがあり、独禁法の審判廷ではとりわけこの発想が強い。しかし手続的満足を与えたからといって敗訴した当事者が判決に満足できるわけではなく、手続的満足の保証は時間の浪費、非効率の温存以外の結果をもたらさないことが多い。手続的満足というのであれば負けるほうの当事者の主張に対し、裁判官がその場で実質的に議論し、当事者の主張を負かしたほうがよほどすっきりする。裁判官はそれでは負けさせる当事者の弁護士の面子を潰すことに配慮しているのかもしれないが、裁判が自らに有利に展開していないことがはっきりするほうが当事者にとって有益である場合も多い。当事者からの指示で代理人がやむなくその議論を展開しているような場合もあり、裁判所にその議論が通用しないことを示したほうが事件の早期解決につながることも多い。英米法の裁判官はその観点から裁判において当事者の代理人との議論を厭わない。当事者の代理人が的外れな主張をした場合にしかりつけたり説教をしたりする光景にもしばしば出くわす。刑事事件ではあるが、ロス疑惑の三浦氏の移送申立事件に関するロス地裁の審理に関し、裁判官と弁護士が検事をそっちのけにして議論を戦わせている様子がテレビで報道されていた。このような状況は珍しいものではなく裁判官と弁護士が積極的に議論を戦わせて判断を下すということは、民事・行政・刑事を問わない英米法の裁判制度の特徴であり、まさにこれが弁論主義・口頭主義である。

　日本の極端な不介入主義を当事者主義の帰結と考えるのは、独特の考え方であると認識される必要があるように思われる。しかも、日本流当事者主義は、裁判官の責任回避の道具として用いられるように疑われることがあり、JASRAC事件は、公取委の審判事件ではあるが、弁論主義から派生する日本流当事者主義の歪みを示す事例でもある。本事件は、その点でも行政法のみならず民事訴訟法の研究においても、きわめ

て重要な実務例である。

3 弁論主義と要件事実

1 総論―自由心証主義との棲み分け

　弁論主義の原理は、単に当事者主義的な原理というだけでなく、訴訟において当事者が主張立証しなければならない当事者の主張立証責任の範囲を限定する概念である。そしてその主張を立証責任との関係で主張立証責任の範囲は原則として主要事実を対象としており、間接事実に及ぶものではないとされる。主要事実とは証明責任を負う当事者が主張立証しなければならない事実であり、弁論主義が適用になる。これに対し、主要事実を推認する個々の具体的事実を間接事実という。間接事実は証拠的なものであり、弁論主義は適用されず、証拠共通の原則が適用される。

　提出された証拠について証拠共通の原則が働くこととの関係で、間接事実のような証拠的な機能を有する事実には、弁論主義ではなく、証拠共通の原則・自由心証主義が適用されるのが原則である。

2 要件事実と主要事実

　日本の要件事実論において要件事実は法律要件を基礎付ける事実とされ、その要件事実は主要事実と解されている。しかし、要件事実と主要事実が同じものかについては、疑問もある。要件事実は、実際には、個別の案件での主要事実に共通する構成要素を抽出したものであり、同一ではないのではないかとも思われる[16]。要件事実というのは、具体的事実関係から、要件充足の有無を判断しやすくするため、要件が充足されるために最小限の事実を示す指標のようなものであり、個々の事案の具体的事実である主要事実とはやや異なって用いられているように見え

---

[16] 『問題研究要件事実　言い分方式による設例15題』(法曹会2006) 123頁も同旨。

る。その意味で、法律要件に該当するために必要な事実を一般化、抽象化したものと位置づけるべきではないかと思われる。

3 直接証拠と間接証拠

要件事実というのは、具体的事実関係のうち、主要事実が必ず存在することを前提にしている。しかし、規範的要件では、共通化されるべき事実を類型化できない場合も多い。規範的要件でなくとも、状況証拠からの推認の事例でも、このことがあてはまる。間接事実は主要事実を推認するものと定義付けられているが、実際の事例では、むしろ要件そのものを、複数の間接事実から推認する事例が多い。

欧米の事実認定に関しては、あまり主要事実と間接事実の区分が議論されることはなく、むしろ、直接証拠（direct evidence）か状況証拠（circumstantial evidence）かの区別がよく用いられる。法律要件を直接証拠から直接に事実認定できる場合が主要事実による事実認定であり、直接証拠から法律要件を認定できない場合に間接事実又は状況証拠から法律要件を認定するのが、状況証拠からの事実認定である[17]。日本では、状況証拠（間接事実）は主要事実を推認するものと考えられている[18]が、要件そのものを状況証拠から推認する場合もある。

4 評価根拠事実を要件事実とみることの問題性

弁論主義と自由心証主義の棲み分けの観点からは、本来的には、主要事実以外には裁判所の自由な心証形成・総合考慮を当事者主義によって制約されることはないはずである。間接事実であれば、当事者が当事者間に争いがないものであっても、それが客観的な証拠と異なっているのであれば、それに拘束されることはないはずである[19]。

---

17) 理論的には、直接証拠から間接事実を認定する場合もありうるはずだが、実際にはそのような認定で直接証拠による認定の事例（direct evidence case）と呼ぶことはほとんどないのではないかと思われる。
18) 民事要件事実講座110頁。
19) 田尾桃二「主要事実と間接事実にかんする二、三の疑問」小山昇・中島一郎他『裁判

しかし、最近では、相手方に対する不意打ち防止の観点から規範的要件について規範的要件を基礎付ける事実を評価根拠事実（あるいは、準主要事実）として主要事実とする（弁論主義の適用がある）見方が主流となっているようである。これは、規範的要件について、当事者が主張していない事実を事実認定の基礎とするのは、不意打ちとなるからとされる。しかし、この考え方では、抽象的な要件について、状況証拠からの事実認定の問題がすべて主要事実の推認の問題となってしまいかねず、これは欧米の直接証拠（direct evidence）か状況証拠（circumstantial evidence）をベースにする考え方からは相当乖離した考え方（弁論主義を膨張させすぎた考え方）のように思われる。

よく例とされるのは、交通事故の損害賠償請求で、過失の具体的事実として、原告が飲酒運転しか主張していないのに、脇見を過失として認定し、損害賠償請求を認容するのは不意打ちであるとされる[20]。しかしあまりにも教室事例的であり、状況証拠からの推認が主張される場合には、運転状況全体に関し注意義務違反が問題となっているはずであり、飲酒の事実やわき見の事実もふくめ、スピード違反、居眠りの事実など注意義務違反が総合的に検討されたうえ、注意義務注意違反の有無を認定するはずである。そのような事例では、脇見の主張がないからと言って請求を棄却する方がよほど法の正義に反し、不意討ち以上に不合理なように思われる。そのような事実について改めて当事者が主張する責任を認めるかは疑問である。せいぜいそのような認定をする可能性がある場合には、裁判官に積極的な釈明義務があると解すれば足り、主要事実と間接事実の枠組みを変更することは疑問である。刑事事件では、「一定の注意義務を課す根拠となる具体的事実は訴因事実ではなく、撤回された事実であっても被告人の防御権を不当に侵害するものでない限り、

　法の諸問題 中』（有斐閣1983）271-290頁。
　　青山善充「主要事実・間接事実の区別と主張責任」新堂幸司編『講座 民事訴訟』（弘文堂、1985）第4巻、367-406頁。
20)　中野貞一郎『過失の推認（第2版）.』（弘文堂1979）参照。

上記事実を認定することに違法はない」とする判例がある[21]。この刑事の訴因事実の考え方の方が適切であるように思われる。

そもそも、規範的要件の評価根拠事実と通常の主要事実の間の違いが十分配慮されていないことが問題である。評価根拠事実は他の主要事実と異なるのは主要事実がそれに該当する事実を主張しない限り、その要件を充足しないのに対し、評価根拠事実の場合、そのすべての主張立証が必要であるとは限らないことである。

A、B、Cの事実が主要事実とされる場合、通常の要件事実論では、A、B、C全ての事実が認定されることが、請求認容のために必要である。しかし、規範的要件の場合、A、B、Cの事実のうち、A、Bだけで規範的要件を推認できることもあれば、A、Bだけでは足りないが、A、B、Cの事実が、規範的要件の基礎となる事実となることもある。裁判所が最後に認定するまでは、A、B、Cのどの事実が評価根拠事実かは決まらないのである。

その意味で、要件に該当する最小限度の事実の指針としても要件事実の機能は果たされていない。要件事実というのはその事実なしに要件の存在を認定することができない事実であり、裁判官の認定まで、要件事実かどうかわからないような事実は要件事実と解すべきではない。

しかも、上記で、Cの事実が主張されないからといって、証拠上現れているCの事実を追加して、規範的要件の存在を認めてはならないような制約が弁論主義の観点から課されることの方がよほどおかしいように思われる。

不意討ち防止という原理がよく主張されるが、当事者が提出した主張と証拠から事実認定するのに、何故不意うちになるのか疑問であり、不意討ち防止の観点は過大視されすぎているように思われる。不意討ち論を中心とした弁論主義の理解は弁論主義の本来の機能をゆがめている。弁論主義は、当事者に主張と証拠の提出責任を課すためのもので、裁判

---

21) 最決昭和63年10月24日 刑集42巻8号1079頁 注12の拙著528頁。

所自ら事実を調査する必要がないというだけであり、当事者が提出した主張と証拠の扱いは裁判所に任されるはずであり、手続的保障の観点は、釈明権行使の原理として考えるべきである。この点は、下記5で詳述する。

上記のように考えると、主要事実というのは直接的に要件の存在を認めることができる事実であり、間接事実は複数の事実の組み合わせによってある事実又は要件を推認する事実であると分類しなおすべきではないかと思われる。主要事実を直接事実と呼ぶ場合、そのほうが一層、語感に対応することになる。そのような場合には、裁判官が認定して初めて必須の事実かどうかが決まるような評価根拠事実（規範的要件を基礎付ける事実）は、間接事実と整理されることになる。このような複数の事実によって推認される要件の事実認定が状況証拠による事実認定であることは欧米では当然のこととされ、この方が、直接証拠（direct evidence）か状況証拠（circumstantial evidence）かの区別を重視する欧米の事実認定についての考え方と整合的である[22]。

5 釈明権と弁論主義・不意打ち防止

弁論主義の形式的適用を緩和するものとして、釈明義務が問題になり、釈明義務については、多くの論文がある。しかし、おおむね、真実義務との関係で議論され、手続的保障の観点からはそれほど議論されていないように思われる。

釈明権には、消極的釈明と積極的釈明の問題がある。意味不明な主張の趣旨を明確にするための釈明権の行使は当然に認められるし、それは義務であるともされる（消極的釈明義務）。ただし、意味が分からなければ、当然、裁判所は意味を明らかにするよう釈明権を行使するので、あまり議論の意味はない。

それを超えて、主張していない事実の主張を促す積極的釈明義務が問

---

22) この点について、越知保見・荒井弘毅・下津秀幸「カルテル・入札談合における審査の対象・要件事実・状況証拠（1）（2）（3）（4）」判例時報1979号、1980号、1982号、1983号の（4）15頁以下参照。注12の拙著100頁以下。

題になり、弁論主義に依拠する限り、民事訴訟における認定事実は、当事者の提出した証拠によるのであるから客観的真実の保障は民事訴訟の原理ではない。しかし、弁論主義の形式的結果から生じる不合理を裁判所の釈明権行使によって緩和させようとする見地から、釈明義務があるかという議論が学説では盛んにおこなわれてきた[23]。

　裁判例では、主張事実を前提とすれば、他の種類の請求権を訴訟物とするのが適当な場合、または原告の主張を善解すれば、請求の趣旨を改めるのが適当な場合に釈明義務を肯定した例がある[24]
　ただ、上記のような例は極端な場合であり、釈明義務が認められた例よりも、釈明義務の違反・審理不尽を例とした控訴・上告の圧倒的多数は、棄却されている[25]。
　確かに、民事訴訟で真実義務の観点を強調することは、弁論主義と相いれないように思われ、裁判所の負担が重くなりすぎるように受け止められかねない。他方、弁論主義を強調し、場合によっては、うまく主張すれば勝てたかもしれないが、そう主張されなかったので負けるのは仕方がないという論理は、裁判官の責任回避に映るのも確かである。別の構成で勝敗が覆るかもしれないのであれば、裁判所は、その点は当事者に伝えるべきではないかという当事者の不満は、裁判不信につながりかねない場合もある。主張の仕方が悪いために負けてしまうとは当事者は思っていないわけであるから、問題は、結局、当事者にとって、裁判所が予期せぬ構成をとるということであり、その観点は、真実義務というよりも不意打ち防止の観点に求めるべきではないかと思われる。不意打ち防止の観点から弁論主義の適用範囲、主要事実の範囲を広げることは

---

[23] 中野貞一郎「弁論主義の動向と釈明権」『過失の推認』（弘文堂1979）215-229頁　河野憲一郎．「弁論主義と釈明権．」法学教室375号19-23頁（2011）。
[24] 近藤完爾「釈明の内容が別個の請求原因にわたる場合と裁判所の釈明権能」判例タイムズ255号 75-80頁、青山善充「釈明権不行使の違法があるとされた事例」ジュリスト昭和45年重要判例解説 106-108頁。
[25] 奈良次郎「釈明権と釈明義務の範囲」『実務民事訴訟法講座１』203頁。

認定事実と客観的真実の乖離をより大きくし、不合理な事実認定についての裁判所の責任回避ともなりかねない。主張責任を尽くしていないことによって、当該当事者を敗訴させる場合、相手方に対する不意打ちとなりかねないとの観点から、裁判所は釈明権を行使する義務があると解した方がよいように思われる。つまり、そのような不意打ち的結果となる場合は審理不尽であり、釈明権を行使しなければ審理不尽になる場合においては、釈明義務が肯定されると解すべきであるように思われる。

6　評価根拠事実を主要事実とみる見方の行政事件への拡張

　要件事実の考え方は、民事訴訟だけでとられているのではなく、行政事件や労働事件のような弁論主義の根拠である私的自治の尊重が妥当しない分野にまで浸透している。要件の充足のために必要な事実は何かという点の特定の必要性は行政事件でも変わらないので、行政事件で要件事実的発想がとられることはある程度理解できるし、私的自治の妥当しない分野でも主張責任が観念されることは、弁論主義の根拠に法政策的な面があるとの説の裏付けでもあるといいうるが、そのような分野に要件事実的発想をそのまま持ち込むことが妥当かという問題も惹起する。行政事件では公益性が強いので、認定事実と客観的真実は違うという民事訴訟の論理が妥当しない領域だからである。

　とりわけ、規範的要件についての準主要事実（評価根拠事実）的考え方を行政事件に適用すると、ほとんどの要件が規範的要件となり、要件を充足させるための個々の事実が広く評価根拠事実として主要事実となるという問題がある[26]。

　たとえば、カルテルの共同行為（合意又は共謀）はそれ自体評価を伴うものである。しかし、同時に直接証拠からある事実だけで認定することができないわけではない。例えば、カルテルの会合においてカルテルの合意が書面化された合意で残っていれば、あたかも私法上の売買契約書の存在から売買契約を認定できるように、これを直接証拠として事実認

---

26)　独禁法の要件事実と立証の問題の詳細については注22の論文（2）26頁、注12の拙著100頁。

定できる。その意味で合意それ自体が要件事実であるとも言える。しかしながら、ほとんどの場合には、会合が繰り返され、その間に多数回の接触を積み重ねて合意が存在することが主張され、このような場合にはこれらの複数の事実を組み合わせて合意が推認できないかを判断することになる。この評価は合意の有無は各事実によって合意と評価できるかという規範的評価であり、その意味で合意も規範的要件であるとも言える。このように行政事件の要件の該当性は規範的評価を伴うものの、そのような事実を直接証拠から認定できる場合もあり、規範的要件的性格と規範的要件的でない性格を併せ持っていると言える。

「競争の実質的制限」・「公正競争阻害性」等では、ひとつの事実から規範的要件の存在を認定することはできず、多数の事実の総合評価となる。この場合に、準主要事実的考え方で、当事者が重きを置かなかった要因を総合考慮の要因から外して検討し、当該当事者を敗訴させることは裁判官の責任回避の問題すら生じる。

このように、評価根拠事実を要件事実とみる考え方をそのまま行政事件に持ち込むことには慎重であるべきで、実際の裁判例は、そのような極端な運用は実務上、回避されているように見受けられたところ、JASRAC事件の審決は、この点についても、上記の極端な評価根拠事実的発想がとられている。そして、それが、裁判官の責任回避のように見えかねない帰結を招くことの実例ともなっている。

7 JASRAC事件の経験

JASRAC事件審決は、排除行為の該当性については諸般の事情を総合考慮しなければならないとしたNTT東日本事件最判（平成22年12月17日民集）に依拠しつつ（ただしその総合考慮の事情についてはNTT東日本事件最判の法令要素をかなり歪曲して列挙している）、審査官が主張しているのは、総合考慮の要素のうちの一つ（利用回避の有無）だけであるので、それについてのみ判断するとし、実際上、総合考慮を放棄して判断を下している。

しかし、そのような運用をしたのでは、総合考慮が骨抜きになるに等

しく、高度に公益的かつ専門的な事項について適切な運用が出来るはずがないこと、自らの判断の適切性に関する責任を審査官に押し付けるかのような判断を行うことを当事者主義または弁論主義の帰結とすることは自らの責任の回避でしかないことは理性ある人なら誰にでもわかる道理である。にもかかわらず、そのような審決案が、委員会で確定されたことに問題の根深さがある。

　私的自治の尊重という弁論主義の根拠が当てはまらない分野においては、弁論主義のテーゼの厳格な適用は差し控えるべきであり、自らの責任回避の道具と疑われるような運用をすべきではない。また、規範的要件については、仮に民事訴訟において、準主要事実的にとらえるとしても、私的自治の尊重という弁論主義の根拠が当てはまらない行政事件においては、間接事実的にとらえるべきである。

　釈明義務との関係では、JASRAC事件についての評釈は、審判官が釈明義務を行使すべきであったと論じるものが多い[27]。これに対し、釈明権限の行使に否定的なものとして、白石教授の評釈がある。しかし、最高裁判例の総合考慮を行うことができないような情報の不足があるのであれば、それについて主張を尽くさせるべきであり、審査官の主張がないことを総合考慮の考慮ファクターが限定される要因に用いることは、裁判官の責任回避であり、審理不尽の瑕疵である。当事者主義または弁論主義はこのような責任回避の道具とされてはならないように思われる[28]。したがって、釈明権を行使しなければ審理不尽になる場合にお

---

27)　山岸敬子「釈明権・職権証拠調べ・職権探知」中京法学36巻3・4号21頁。
28)　審査官に対する厳しい姿勢は、行政訴訟においては国側が圧倒的に強者であり、被処分者は弱者であるという前提がある。しかし、このような見立ては刑事事件の個人を対象とする極めて弱い立場の個人が巻き込まれることが多い刑事事件の財産判と行政事件では大きな違いがある。行政事件でも生活保護受給者のような弱い個人が対象となる場合は上記の例が当てはまるかもしれないが、独禁法事件の場合は被審人は大企業であり、最も当事者間との立場が均衡する場合なのである。今日では、弁護士事務所の大規模化、熟練化により精鋭の弁護士をそろえた事業者側に対し、行政庁側はロースクールを出ていない公務員がキャリアであるため、十分な主張を行うことが出来ず、公益に反するような判断が行われる原因となっている。最近では任期付採用として弁護士を採用することが多いが、この弁護士も被審人サイドに比べて明白に実務経験の乏しい弁護士がほと

いては、釈明義務が肯定されることになる。

8 不意打ち防止と法律観点指摘義務・法律観点特定義務

日本では不意打ち防止の機能が欧米では考えられないほど膨張され、事実のみならず法的観点にまで及び当事者は法的観点を特定する義務があるとの学説まで見られる。これは、「汝事実を与えよ。我は法を与えん」という法格言を逸脱し、不意打ち防止の名のもとに何もかも当事者が主張しなければ裁判所はそれを認定してはならないとか、認定すべきではないといった極端な議論がまかり通っているように思われる。

不意打ち防止というのは、民事訴訟法上当事者に保護される権利として明示されているものではない。適正手続の保障の原理から防護権の保障という概念があり、ここから告知聴聞の権利や武器対等の原則が導かれる。これを民事訴訟においては武器対等のための立証責任の公平化、証拠開示の推進という形で本来現れるものである。ところが日本ではこれらの原則の発展はそれほど目覚しいものではない一方、不意打ち防止の観点が重視される結果、当事者のあらゆる主張に反論権を与えるかのごとき状況となり、訴訟の審理の遅延を招いている。それでなくとも裁判官は手続的満足と称して心証が確立しているにもかかわらず敗訴させる当事者の主張をともかく聞くという傾向が強いことは前述した通りである。

これに加えて当事者の気づいていない法的観点で裁判所が判断する場合には、裁判所が法的観点指摘義務があるとし、当事者にとって不意打ちであることには代わりはないためこのような義務は弁論主義から導かれる、とする。「当事者が争点にしていないところで勝敗を決しているもの、これを私は肩透かし判決と呼んでいる。」と批判する見解さえある[29]。ここから当事者に対しても「法的観点特定義務」を課すべきであ

んどであり、審判及び訴訟における主張能力、訴訟維持能力においては事業者側の方が強者であるとさえ言える。観念的な国＝強者、処分の名宛人＝弱者という構造が妥当しない場合もあるのである。

29) 永石一郎、伊藤滋夫、難波孝一編『当事者からみた要件事実―当事者代理人に必要な

ると論じる学説さえ主張される。しかし、このような原理は「汝事実を与えよ、我は法を与えん」という原則から著しく遊離している。このように、不意討ち防止を膨張させると、本来の民事訴訟の原理からどんどん乖離していくことを示しているように思われる。例えば、反対尋問というのは基本的には主尋問と同時になされるのが原則である。主尋問の後日あるいは記録を見てから行ってはならないとするのが欧米の原則である。ところが不意打ち防止の観点からは当事者がいきなり飛び出した証言についてはそれを分析して反論する機会が与えられるべきであるから、後日反対尋問をおこなうことはむしろ不意打ち防止の観点から正当化されることになる。

　不意打ち防止の観点は、日本の民事訴訟をガラパゴス化している一因のようにも思われる。

要件事実の基礎知識」『民事要件事実講座１総論１要件事実の基礎理論』107頁。

医師責任訴訟における法律上の推定規定の意義
——ドイツ民法630h条の推定規定を契機として——

春　日　偉知郎
Ichiro KASUGA

1　はじめに
2　推定規定の一般的理解と推定規定の創設可能性
3　診療上の過誤及び説明上の瑕疵に起因する医師の責任に関する証明責任とドイツ民法630h条の推定規定
4　民法630h条のバックグラウンド——推定規定の創設基盤としての判例による法形成——
5　ドイツ民法第630h条各項の推定規定の具体的内容
6　まとめ——推定規定に対する一つの評価——

1　はじめに

　本稿は、医療過誤訴訟における医師の過誤や因果関係の証明責任をめぐって、証明軽減の可能性について―患者側のそれを主とするが医師側の反証についても―検討を試みようとするものである。その理由は、わが国においては現代型訴訟の一類型として医療過誤訴訟が従来から問題視されてきており、その中心課題は、紛争事実関係をめぐる情報の偏在によって生じる立証上の困難性を解消しようとすることのほか、これに伴う適正な危険分配の在り方を規律しようという点にあると考えられるからである。
　検討の素材として、近時、ドイツ民法典において新たに創設された、副題に示した推定規定（630h条）を俎上に載せた上で、立証上の困難性とその解消策について、紹介と考察を加えることを目的としている。特に、推定規定による問題の解決可能性は、証明軽減をめぐる判例の蓄積

に富むドイツならではの創見であって、判例の延長線上にあるとはいえ、これまでとは相違する解決策を提示している点において、わが国にとって示唆多きものであるといえよう。

　わが国においては、従来、一応の推定（表見証明）、証明度の軽減、あるいは事案解明義務といった訴訟法上の証明軽減策を中心に検討がなされてきた[1]と思うが、ドイツにおいては、新たに、実体法によって、診療上の過誤及び説明の瑕疵に起因する責任に関して、そうした過誤や瑕疵の存在の証明責任のほか、過誤と損害との間の因果関係の証明責任についても、推定規定を設けて患者側の負担を軽減する方策（証明責任の転換）が立法化された[2]。そうした実体法による解決は、わが国における訴訟法上の解決方法とは対照的であって、これまでの証明軽減策に対して方向転換を促すきっかけを多分に秘めている。

　そこで、以下では、まず、推定規定の理解を素描し、その後に、ドイツの推定規定による証明軽減策を眺めてみることにする。もちろん、その際には、推定規定の創設の原動力となった、判例による法形成の過程についても言及し、その成果としての推定規定の意義を明らかにしてみたい。その上で、若干の検討を踏まえて、可能ならば筆者なりの方向性を示すことを企図しており、わが国における立証問題にいささかでも寄与することができれば、幸いなことと考えている。

1）　医療過誤訴訟の問題領域におけるものとして、一応の推定について、中野貞一郎「過失の『一応の推定』について」（1967年）『過失の推認（増補版）』（1978年）1頁以下、証明度の軽減について、加藤新太郎『手続裁量論』（1996年）144頁以下、伊藤眞「証明度をめぐる諸問題」判例タイムズ1098号（2007年）4頁以下、事案解明義務について、髙橋譲「事案解明における裁判所の役割」伊藤滋夫編『要件事実の機能と事案の解明』（2012年）134頁以下等々参照。

2）　後述するように（3（2）参照）、ドイツでは、民法630条を改正し、「患者の権利法律」（同法630a条から630h条までの規定）を追加し（2013年2月1日）、その第630h条において患者側の証明上の負担を軽減するために5つの推定規定と1つの証明責任規定を新設した。この法改正及び内容について、服部高宏「ドイツにおける患者の権利の定め方」法学論叢172巻4・5・6号255頁以下に詳細な叙述があり、本稿は、この論文によるところが大きい。他に、渡辺富久子「【ドイツ】患者の権利を改善するための民法典等の改正」外国の立法 NO.255-1（2013年4月号）参照。

　Vgl. BT-Drucks. 17/10488.（Gesetzentwurf der Bundesregierung, Entwurf eines

2 推定規定の一般的理解と推定規定の
　　創設可能性

（1）　推定規定の一般的理解
（a）　法律上の推定（規定）の本質及び機能については、ドイツにおいてもわが国においても、理論的な解明はおおむね尽くされていると考えられている[3]。推定規定の本質は、証明責任を規律する法規であり、また、推定規定の機能は、証明責任を転換するものであって、関連して証明主題の変更（又は証明主題の選択可能性）をもたらすものであると解されている。すなわち、証明主題（推定事実）の証明に代えて、「前提事実」の証明があることによって「推定事実」が推定される、との法規が推定規定であって、前提事実を証明することによって、証明主題（推定事実）が推定されるため、これを要件として導き出される法律効果は、前提事実の証明をもって足りる、という構造になっている。

（b）　ある推定事実（証明主題）を法律要件（事実）とし、そこからある法律効果が導き出されるとの法規が存在する場合に、その法律効果を得るためには、本来は推定事実の証明を必要とするが、推定規定が介在することによって、そうした証明に代えて前提事実の証明があることに

　Gesetzes zur Verbesserung der Rechte von Patientinnen und Patienten）（15.08.2012）
3）　法律上の推定については、兼子一「推定の本質及び効果について」（1937年）『民事法研究』第一巻（1974年）295頁、秋山幹男ほか『コンメンタール民事訴訟法Ⅳ』（2010年）42頁以下、伊藤眞『民事訴訟法』第4版（2011年）359頁以下、松本博之＝上野桊男『民事訴訟法』第7版（2013年）437頁以下、高橋宏志『重点講義民事訴訟法（上）』第2版補訂版（2013年）561頁以下参照。

　倉田卓次訳『ローゼンベルク証明責任論』全訂版（1987年）236頁以下、Stein-Jonas-Leipold,Kommentar zur ZPO, 22. Aufl. §291.: Rosenberg/Schwab/Gottwald, Zivilprozessrecht, 17. Aufl. §112.

　なお、ドイツ民事訴訟法292条は、推定規定について、「法律がある事実の存在について推定をしているときは、別段の定めがない限り、反対事実の証明をすることは許される。反対事実の証明は、第445条による当事者尋問の申立てによっても行うことができる。」と定めている。

よって法律効果を得ることができることになる。また、前提事実の証明の方が、推定事実（証明主題）を証明することよりも容易であることが一般的であるため、法律効果を求める者は、通常は、前者の証明を選択することによって、この者の証明上の負担が軽減されることになる（証明軽減）。他方、法律効果を否定しようとする相手方は、本来は法律効果を得ようとする者が証明責任を負っている事実（推定事実）について、推定規定による推定が働いているため、これを覆すために推定事実の「不存在」（＝推定事実の反対事実）を証明（本証）しなければならなくなる（証明責任の転換）。推定規定は、こうした機能を営むものとして、多くの実体法規においてのみならず、訴訟法規においても用いられている[4]。

（c）　なお、推定規定（法律上の推定）と事実上の推定とでは、後者が常に経験則を基にして働くものであるのに対して、前者では経験則を基礎としていないものもあり、法政策上の考慮から推定規定が設けられる場合があるという点で、明らかな違いがある[5]。

（2）推定規定の創設可能性——前提としての判例による法形成

（a）　推定規定の本質及び機能をめぐっては、裁判実務及び学説において上記のような理解が定着しているといえるであろう。しかしながら、他方で、こうした推定規定がどのような法領域において機能を発揮すべきであるかという実践的な課題については、これまでに十分な議論が尽くされてきたとは必ずしもいえず、また、こうしたことが背景にあって、実務における推定規定の利用が活性化していなかったのではないかという危惧の念を払拭し切れない[6]。

4）　一例として、破産法15条（破産手続開始の原因）、同17条（破産手続開始の原因の推定）など。
5）　兼子・前掲書307頁以下、倉田訳・前掲書252頁。
6）　推定規定の実践的な活用について、わが国においては製造物責任法の立法過程において議論があったが（平成2年度経済企画庁委託調査『製造物責任法の論点』（1991年）135頁以下、NIRA 研究報告書『日本型製造物責任制度のあり方に関する研究』（1992年）45頁以下）、この他にはほとんどないようである。ドイツにおける推定規定の最近の立法例としては、ドイツ民法476条（消費物売買における瑕疵の推定）（2001年11月26日）

その原因が奈辺にあるかをめぐっては、直ちに答えを出すことは容易でないけれども、思うに、まず、実定法規としての推定規定を創設するためには立法（法改正）を必要とし、そのためには立法事実として推定規定の具体的な必要性が明確でなければならず、また立法に伴って想定される諸問題への対応も不可避となろう。特に、従前の要件事実の証明責任を転換するという強い効果又は機能を伴うため、それを支持することを可能とするに足るだけの社会的な合意が形成されていなければならないであろう。例えば、本稿において扱う、医師の診療上の過誤の証明責任の分配に関しては、債務不履行責任を問うものであっても、はたまた不法行為責任を問うものであっても、原則として患者側に証明責任があるとされている。ところが、新たに推定規定を立法することにより、こうした証明責任の原則を修正又は変更しようとするならば、その影響は、医師及び患者といった訴訟当事者に限られず、病院等の医療従事者のほか、損害保険会社等を含む多くの関係諸機関にも及ぶことは確かであり、これら広範囲の利害関係人を含む幅広い合意に基づくことが求められるであろう[7]。

　（**b**）　また、こうした基本的な問題とは別に、推定規定を創設する際の立法技術的な側面においても看過しえない問題が存している。推定規定は、裁判官が経験則に基づいて事実上の推定を働かせて事実認定をする場合（自由心証による証拠評価）とは異なり、理論的には経験則の存在を不可欠とするものでないことはすでに指摘したとおりである。だが、そうであるからといっても、実際上は多くの推定規定が何らかの形で経験則を法規化していることは否定しがたい事実である。また、その際に、どのような事実（あるいは複数の事実）をもって、推定を働かせることを可能にする前提事実として法規のなかで定めるべきであるかということ

　　があり、同条は次のように規定している。「危険の移転後6ヶ月以内に物の瑕疵が生じたときは、危険の移転の際にすでに物に瑕疵があったものと推定する。ただし、この推定が物又は瑕疵の性質に合致しないときは、この限りでない。」
　7）　ドイツ民法630a条ないし630h条の規定の創設に関して、服部・前掲論文260頁以下に詳しい。

も、不可避の重要問題である。前提事実の証明は、推定事実（証明主題）の証明に代わるものであって、これをどのような事実をもって法律中に構成するかという問題は、立証軽減の実効性と相手方の反証可能性という観点からしても、従来の裁判実務における事実認定の手法を十分に分析・検討した結果を踏まえたものでなければならないであろう。そうした意味において、推定規定の創設は、法律上の推定のために必要とされる前提事実の析出・確定を可能にする多くの判例—経験則を踏まえた事実認定に関するもの—の蓄積があってはじめて立法作業が可能になるものである。ドイツの法状況と比較して、わが国の医療過誤訴訟において推定規定を設けるに足るだけの判例による法形成の試みを認めることができるであろうか。

（c）　追って明らかにするが、ドイツでは、この点に関して、医師責任訴訟における証明責任及びその軽減について従来から多くの判例の集積があり[8]、そこからそれぞれの問題に応じた法準則を抽出することが可能となる状況が存していた—もちろん背景には判例に対する肯定的な評価が存している—といえる。その結果、推定規定のための前提事実の析出・確定という、必ずしも容易ではない立法技術的な作業も、困難を克服することができたものと考えられる。そこで、こうした推定規定の立法作業に不可欠な基礎資料を提供してきた具体的な判例について眺めることにするが（詳細は4参照）、まずは、次節において（3参照）、従来の判例における証明軽減の諸類型を示し、新設されたドイツ民法630h条の推定規定とその特徴を記すことにする。

---

8)　ドイツの医師責任訴訟における証明問題に関する判例の蓄積及びその分析については、Baumgärtel/Laumen/Prütting, Handbuch der Beweilast, BGB SchuldR BT III (2010), Anhang IIに詳しい。以下では、引用の際は、Baumgärtel/Bearbeiter § Rn とする。なお、本稿も同書に多くを拠っている。

3 診療上の過誤及び説明上の瑕疵に起因する医師の責任に関する証明責任とドイツ民法630h条の推定規定

(1) 医師責任訴訟における証明責任の分配と判例による証明軽減

（a） ドイツでは、医師の診療上の過誤を理由として損害賠償を請求する場合、民法280条1項（「債務者が債務関係に基づく義務に違反したときは、債権者は、これにより生じた損害の賠償を求めることができる。債務者がその義務違反について責めを負うべきでない場合には、この限りでない。」）を責任規範としており、原則として患者は、診療契約の締結、医師の診療上の過誤、患者の損害、診療上の過誤と損害との因果関係、の各要件について証明責任を負っている[9]。他方、医師は、その義務違反について責めに帰すべき事由のないことを証明しなければならない（同項2文参照）。後者の点は、不法行為に基づいて損害賠償を請求する場合に患者が医師の過失について証明責任を負うのとは相違するが、こうした過失の証明をめぐっては、多くの場合に表見証明による証明軽減を用いることが可能なため、両者の間にそれほどの径庭は認められない[10]。

（b） 以上のような証明責任の分配原則の下で、しかし、後述するように、ドイツの判例は、多くの問題領域において証明軽減の工夫を試みてきた（4参照）。今回の民法改正—「患者の権利法律」の成立—（2013年2月1日）はそうした基盤に立脚しており、新たに創設された民法630h条の推定規定との関係では、以下のように3つに大別される判例による証明軽減における5つの類型がその原動力となっているといえるであろう[11]。すなわち、

① ⓐ医師の完全に支配可能な危険をめぐる過失又は過誤の推定

---

9) Baumgärtel/Katzenmeier, §823, Rn. 3.
10) Baumgärtel/Laumen, Handbuch der Beweislast, Grundlagen (2008), §12, Rn. 52.
11) 以下の分類及び類型については、Baumgärtel/Katzenmeier, §823, Rn. 12〜70. に基づいている。

(Verschuldens-oder Fehlervermutung bei voll beherrschbaren Risiken)、及びこれに関連して、ⓑ能力不足の医師による侵害があった場合の因果関係の証明軽減（Beweiserleichterung bei der Behandlung durch einen (noch) nicht hinreichend qualifizierten Arzt)、

② ⓐ診療録の作成義務、ⓑ診察の実施義務又は病状の確認義務に違反した場合の証拠法上の効果（Beweirechtliche Konsequenzen einer Verletzung von Dokumentations-, Befunderhebungs-oder Befundsicherungspflichten)、

③ 診療上の重大な過誤が存している場合の証明責任の転換（Beweislastumkehr bei Vorliegen eines groben Behandlungsfehlers)、

の三者及びこれらから枝分かれしている5つの類型であって、こうした判例による法形成を通じてはじめて、以下に示す民法630h条の推定規定の創設は可能になったといえる。

ちなみに、これらの類型と民法630h条の各項及び各文との関係については、民法630h条各項の概要において示すほか（（2）参照）、詳しくは各類型における具体的な判決を眺める際にも言及する。

(2) ドイツ民法630h条とその概要

(a) 今回の法改正は、上記の判例による法形成を踏まえたものであり、民法630h条は、医師の「診療上の過誤及び説明上の瑕疵に基づく責任」をめぐって、その要件事実の証明責任に関して以下のような推定規定（及び証明責任規定）を設けて、立法的な解決を図ることとした。以下、その条文訳を示すことにする。

第630h条（診療上の過誤及び説明上の瑕疵に起因する責任に関する証明責任）

① 診療を実施した者にとって完全に支配可能であった一般的な診療上の危険が現実化し、かつ、それが、患者の生命、身体又は健康の侵害を惹起するに至った場合には、診療を実施した者の過誤が推定される。

② 診療を実施した者は、第630d条に則した同意を得たこと及び第630e条の要件に従って説明したことを証明しなければならない。説明が第630e条の要件を満たしていない場合には、診療を実施した者は、

患者が規定通りの説明があっても医師の措置に同意したであろうことを主張することができる。

　③　診療を実施した者が、医学上必要とされる重要な措置及びその結果を第630f条第1項若しくは第2項に反して診療録に記載せず、又は第630f条第3項に反して診療録を保存しなかったときは、診療を実施した者は、そうした措置をとらなかったものと推定される。

　④　診療を実施した者に、その診療をする能力がなかったときは、診療能力のないことが生命、身体又は健康の侵害の発生の原因であったことが推定される。

　⑤　診療上の重大な過誤が存し、かつ、この過誤が実際に発生した類の生命、身体若しくは健康の侵害を惹起するのに基本的に適したものであるときは、その診療上の過誤がこの侵害の原因であったことが推定される。診療を実施した者が、医学上必要とされる診断（Befund）を適時に行う（所見（Befund）を適時に下す―訳者）こと又はこれを確認することを怠った場合において、その診断（確認）がなされていたならば以後の措置をとるきっかけとなったであろうと帰結することに十分な蓋然性がある限りにおいて、かつ、以後のそうした措置を怠ったことが診療上の重大な過誤となったであろう場合にも、同様の推定がなされる。

　（b）　上記の条文は[12]、民法280条1項の一般的な責任規範を基礎とするが、民法630a条以下の適用領域（診療契約）における証明責任の分配に関しては、民法280条1項に対する特則を規定している。また、その特徴を一言でいうならば、原則として患者側が負担している診療上の過誤及び因果関係に関する解明不可能のリスク（証明責任）を、法律上の推定規定（及び証明責任規定）を通じて医師に転嫁する（証明責任の転換）という点にある。

　民法630h条においては、6つの事例群に分けられており（第5項は2

---

12) Katzenmeier, Der Behandlungsvertrag-Neue Vertragstypus im BGB, NJW2013, 817, 821f.
　　Vgl. Spickhoff, Patientenrechte und Gesetzgebung, ZRP 2012, 65ff.; Rehborn, Patientenrechtegesetz 2013-Dokumentation, Haftung, Beweislast, MDR 2013, 565ff..

つに分化)、5つの推定規定と、1つの証明責任の規定が存している（第2項)。推定規定は、法律上の事実推定（gesetzliche Tatsachenvermutung）であり、民訴法292条によって、推定を覆すことは許されているが、そのためには、推定された事実の反対事実を本証で証明しなければならない。立法理由は、この点を明確にしており、これまで曖昧であった「証明責任の転換に至るまでの証明軽減」というものを完全に払拭した。後にみる判例（4（3）(a) ❾参照）における変更がこれを決定づけたといえる。

第1項は、医師による完全に支配可能な危険が顕在化した場合に診療上の過誤が推定される、という内容であり、前記（1）で示した3つの類型との対応関係に即してみると、前記（1）の①ⓐ類型に関係する規定である。

第2項は、他の規定とは異なり、患者の同意及び説明に関する証明責任を医師の負担とする証明責任規定である。第1文は、患者の同意を得る義務（630d条）と医師の説明義務（630e条）を前提とし、これを履行したことの証明責任を医師に負わせる趣旨である。また、第2文は、医師が説明義務を尽くさなかったとしても患者による同意があったはずであるとの「仮定的同意（hypothetische Einwilligung）」を医師が援用することを認める規定である。

第3項は、診療録の作成・保存義務（630f条）に違反した場合に医師は必要とされる診療上の措置をとらなかったと推定するものであり、前記（1）の②ⓐ類型に関係する規定である。

第4項は、前記（1）の①ⓑ類型について独立して規定したものであり、医師の能力不足と侵害との因果関係を推定するものである。

第5項第1文は、前記（1）の③類型を条文化したものである。また、第2文は、前記（1）の②ⓑ類型に関係しているほか、新たに、診断（所見）という入口においてこれを怠ったことが重大であると評価できなくても、これに基づく以後の措置を怠ったことが重大な過誤となったであろう場合には、因果関係を推定して、証明責任の転換を図るとしている点に特徴がある（後掲注27）参照)。

全体を一言でいうならば、条文の内容は、基本的に判例による法形成を追認したものであるが、このほかに、なお改鋳を加えているものもある（5項2文）。

4 民法630h条のバックグラウンド
―― 推定規定の創設基盤としての判例による法形成 ――

すでに指摘したように、第630h条の推定規定は、判例による法形成を通じて析出された準則を法規化したものである。そこで、今度は、抽象的な法規に結晶する以前の、具体的な事案に即した裁判所の判断を眺めることによって、推定規定の背後に存した実質的な考量を探ってみることにする。なお、以下でみる判決は、おおむね先例的な価値を有しているものであり、少なくともエポックメーキングな存在であることは間違いない。以下、長文にわたるものもあるが、第630h条各項との連続性に注意しつつ、前掲の5つの類型（3（1）(b)）順に眺めてみよう。

(1) 医師による完全に支配可能な危険が顕在化した場合における診療上の過誤の推定（①ⓐ類型）

(a) まず、第630h条の第1項に関するものがある。

確立した判例によると、患者の侵害が医師により完全に支配可能な危険の領域から生じており、それゆえ医師がそうした危険を回避しなければならない、と確定される場合には、医師は、例外的に自分の側で責めを負わないことを証明して、過失又は過誤の推定を覆さなければならない[13]。具体的には、患者に顕在化した危険が、診療上の組織体制に起因し、とりわけ医療機器から生じた場合がこれに当たる。学説も、広くこうした判例を肯定しており、「このような医師の証明責任は、実体法的にみて、医師にとって排除可能な危険性を除去する義務に即応し、～危険がどのようにして『医師に固有の』危険領域から顕在化し得たかとい

---

13) Baumgärtel/Katzenmeier, §823, Rn. 61ff.

うことを説明すべき不法行為上の義務に匹敵する。」と述べている[14]。比較的最近の典型例をみてみよう。

❶【連邦通常裁判所2007年3月20日判決】(BGHZ 171, 358)[15]

病院において頚部に3回にわたって注射を受けた患者が、その後に頚部に膿瘍を生じ、2週間の入院治療を必要とした。その原因はブドウ状球菌の感染によるものであり、その当時に花粉症に罹患していた医師の補助者がこの病原菌の保菌者であり、この者は医師が患者に注射をする際に患者に接していた。また、同時期に、複数の他の患者にも同種の感染が生じ、保健所は病院に予防策を講ずることを要請していた。

患者の損害賠償請求について、地裁は慰謝料の一部（2万5千ユーロ）を認容したため、被告の医師側が控訴及び上告をしたが、いずれも棄却となった。これについて、連邦通常裁判所は、「完全に支配可能な危険」原則によって医師に対して次のように主張・証明責任を負担させた。

「本件では、原告に対する侵害は、―例えば個人の生体組織に起因する危険といった―患者に属する領域から生じたものではなく、また、医師の中心的な診療行為に起因したものでもないことが確定されている。原告に顕在化した危険は、むしろ、医師の側で客観的に完全に排除可能でありかつ排除しなければならない領域から生じたものである（いわゆる「完全に支配可能な危険」(sogennant voll beherrschbare Risiken))。医師の診療行為の領域、すなわち、診療上の過誤及びこの過誤と発生した健康損害との間の因果関係について原則として患者が主張・証明責任を負っている領域とは異なって、つまり、人間の生体組織の特性からもっぱら生じる危険ではなく、病院や診療所によってもたらされる危険であって、診療上の過程を適切な組織体制とこれを整序することによって客観的に完全に支配可能である危険が顕在化した場合には、民法280条1項2文の法思想が適用され、責めを負わないこと（Verschuldensfreiheit）の主張・証明責任は診療を実施した者の側が負担することになる。(中略)

---

14) Laufs/Kern, Handbuch des Arztrechts 4. Aufl. (2010), §109, Rn. 1.
15) BGHZ 171, 358. ＝NJW 2007, 1682. ＝VersR 2007, 847.

診療を実施した者の側にこうした主張・証明責任を負担させることは、民法280条1項2文の法思想を適用したものであるが、このことは、病院又は診療所に起因する客観的な危険について具体的な事件において認識可能であったことを前提とするものではない。本件におけるように、こうした領域から生じる客観的に支配可能な危険が顕在化したことが確定されるならば、客観的に存在する義務違反について帰責事由がないことの主張・証明責任は、医師又は病院側の役割となる。(中略)

本件では、感染が衛生上の支配可能な領域から生じたことが確定しているため、医師は、感染の諸条件に注意を払わなかったことについて帰責事由がなかったという免責の証明し得ない限り、すなわち、病院や診療所の従業員によって回避可能であった病原菌の感染に対してあらゆる組織的又は技術的な予防措置を講じていたことを証明しない限り、感染の結果について契約上も不法行為上も責任を負わなければならない。」

(b) 上記判決を含む一連の判例の集積によって、「患者に対する侵害が医師によって完全に支配可能な危険な領域から生じており、したがって医師はそうした危険を回避可能であったということが確定される場合には、例外的に、医師は自己に責めに帰すべき事由のないことを証明しなければ責任を免れない。」という準則が明らかになるし、また、これが直接に第630h条第1項に反映していることも容易に理解できるであろう。

診療上の個々の措置の首尾・不首尾が患者の生体組織の予測不可能性によって影響を受けることのない領域(つまり、医師に固有の完全に支配可能な危険領域)においては、医師の地位は、契約上の債務者、例えば建築契約における請負人の地位と基本的に異ならない。そうした場合には、患者の侵害がこのような領域に起因していることが確定されると、民法第280条第1項第2文に相応する証明責任の分配—不法行為責任における危険領域説(Gefahrenkreislehre)に匹敵—を医師の契約上の責任についても適用することが可能であるため、逆に、医師の側で、その過失の推定又は客観的な義務違反の推定を覆さなければならないことになる。

もっとも、診療を実施した者の側からの反証の余地がないわけではな

い。すなわち、上記の「いわゆる医師の完全に支配可能な危険」が認められる場合であっても、例えば、個別事例において、責めを負うべき診療上の過誤が、存在しない又は医師の危険領域に属さないということを証明したり、あるいは、患者の侵害を生ぜしめる可能性のある事情が存在したとしても、手術計画の段階では認識不可能な事情であったということを証明することは可能であって、こうした形で医師の側から反証を提出する余地は残されている[16]。

（c）　なお、従来の学説によってこのカテゴリーに分類されていた①ⓑ類型[17]は、すでに述べたように、民法630h条4項において独立して規定されることとなった。これに関しては、❷【連邦通常裁判所1983年9月27日判決】(BGHZ 88, 248)[18]が代表例であり、一連の判例は、次のように述べている。すなわち、「経験の浅い見習医師が患者の健康に損害を与えたときは、これが経験不足であることに起因するものではないこと（因果関係）の証明責任は、手術の計画について責任を負っている医師及び病院の側にある。」としている。また、❸【連邦通常裁判所1993年6月15日判決】(VersR 1993, 1231)も、麻酔専門医として養成中である見習医師が、心臓手術の際の挿管麻酔のために患者の体位を変更することから生じる危険性について十分な経験を有していない場合には、専門医の直接的な監督なくして麻酔を施術することは許されないとした上で、上記判決を引用して、「原告の脳障害が見習医師の経験不足によるものではないことの主張・証明責任は被告側にある」としている。こうした判例が、第4項を規定する契機となっていることを付言しておきたい。

---

16)　以上について、Baumgärtel/Katzenmeier, §823, Rn. 62. による。
17)　Baumgärtel/Katzenmeier, §823, Rn. 69.
18)　BGHZ 88, 248. ＝NJW 1984, 655.

（２）診療録の作成義務違反又は診療の実施若しくは病状の確認義務の違反に基づいて帰結される証拠法上の効果（②ⓐ類型及び②ⓑ類型）

まず、第630h条第3項の推定規定に関係する②ⓐ類型を、次いで、第630h条第5項第2文の推定規定に関係する②ⓑ類型を紹介する。

（**a**） ここでの問題領域においては、最初に、第630h条第3項の推定規定に関係している、①診療録の記載に不備があることを理由として証拠法上の不利益を及ぼそうとしたもの（②ⓐ類型）を素描しておこう[19]。当初の、❹【連邦通常裁判所1978年6月27日判決】（BGHZ 72, 132, 139)[20]は、必要とされる記録が不十分であり、それゆえに患者に侵害を生じた事例において事実関係の解明をもはや期待し得なくなっているときは、証明責任の転換に至るまでの証明軽減を認めるとした。医師の怠慢によって診療上の過誤の証明を一層困難ならしめた場合には、訴訟追行上、医師と患者との公平な役割分担を回復すべきであり、記録義務違反の重大性に応じた証明軽減を患者に認めるべきであるとの考え方によっている。しかしながら、その後の、❺【連邦通常裁判所1995年2月14日判決】（BGHZ 129, 6, 9ff.)[21]は、診療上の過誤の存在が認定されて、これによって診療録に記載されていない措置を医師はとらなかったとの「推定」が働く範囲に限って証明軽減を認めるとし、歯止めをかけている。したがって、医師は、記載はされていないが、実際には措置をとったことを本証によって証明すればこの推定を覆すことができ、不記載による証拠法上の不利益を阻止することが可能である。このように、最近の判例は、診療録の記載の懈怠それ自体は、実体法上の義務の懈怠の訴訟上の制裁として証明責任の移動をもたらすものではないと明言しており、学説もこうした結論を妥当とみている。

（**b**） 次に、上記の診療録の作成義務違反の問題とは別に、第630h条第5項第2文の推定規定に関係している、②診療の実施義務及び病状

---

19) Baumgärtel/Katzenmeier, §823, Rn. 49ff.
20) BGHZ 72, 132. ＝NJW 1978, 2337.
21) BGHZ 129, 6. ＝NJW 1995, 1611. ＝VersR 1995, 706.

の確認義務の違反に基づいて医師に証拠法上の不利益をもたらすもの（②ⓑ類型）として、以下のような判例が存する[22]。すなわち、❻【連邦通常裁判所1987年2月3日判決】(BGHZ 99, 391, 397)[23]は、医師が医学上当然に必要とされている診察を実施すること及び病状を確認することを怠ったときに、これによって、診療上の過誤と健康損害との間の少なくとも蓋然的な因果関係の解明が困難にされ又は妨害されてしまい、かつ、問題となっている症状が進行する危険が高まるゆえに医師には病状を確認する責任がある場合には、因果関係の問題について医師の責任とし、患者に有利に証明軽減を図ることができるとした。

❻【連邦通常裁判所1987年2月3日判決】(BGHZ 99, 391)[23]

当時13歳であった原告が心臓の痛みと発熱があったため被告の開業医から診察を受けたところ（1978年2月1日）、心電図検査と胸部レントゲン撮影によって心筋炎と診断された。また、肺のラッセル音が強く、高熱だったため、医師は肺炎であると診断し、抗生物質を処方した結果、2日後には著しく改善し、痛みを感じなくなった（2月9日）。そして、4月6日に同じ開業医で心電図検査を受けたが、その際に医師は検査をしなかった。その後、気管支にカタル性の強い痛みを感じた患者は、1979年1月5日に被告の開業医において急性のウイルス感染であると診断され、抗生物質の処方を受けた。同年1月11日に医師は胸部のレントゲン撮影をし、肺炎が再発しているとして抗生物質による治療をした。しかしながら、2月20日に患者の容態が急に悪化したため、医師が胸部のレントゲン撮影をした結果、肺結核の疑いがあると診断し、2月22日の国立健康局による診察の結果、開放性結核であったことが判明した。そのため、患者は数か月にわたり結核療養所で治療を受けたが、共同住宅に一緒に住んでいた当時2歳のもう1人の原告も肺結核に罹患していた。そこで、双方によって実損害の賠償請求と慰謝料の支払いを求める訴えが提起された。第一審及び控訴審は請求を棄却したが、患者側の上

---

22) Baumgärtel/Katzenmeier, §823, Rn, 52ff.
23) BGHZ 99, 391. = NJW 1987, 1482.

告によって原判決は破棄差戻しとなった。

「医師が所見を記載する義務に違反した場合（BGHZ 72, 132, 136ff. ‐前掲❹）と同様に、病状を確認する職業上の義務に違反した場合も、診療上の過誤と健康損害との間の因果経過について患者が原則として提出すべき証拠の提出可能性を喪失させることになる。医師が診療上の経過に応じて簡単な診断や検査をしなかったことが異例であり、それゆえ診療上の経過を明らかにするために必要なデータを使用できないことについて医師に著しく責任がある場合、当民事部は、医師による重大な責めに帰すべき解明不可能があることを理由として、責任訴訟におけるこうした解明不可能性を患者の負担とすることは許されないとしている（BGH 85, 212, 217）。予想され又はすでに進行している訴訟との関係で証拠方法の利用を妨害する者に対しては、民訴法427条、444条及び446の規定に基づいてさまざまな根拠づけと効果が導かれているが、同様のことは、次の場合にも妥当する。すなわち、医師が検査を実施していれば、事後には解明できない状態を解明できたはずであるにもかかわらず、こうした検査の実施義務に違反している場合であって、こうした義務が少なくともその後の訴訟において証明責任を負っている当事者を保護するためにも存在している場合である（NJW　1983,　2935＝VersR 1983, 441. 当民事部1983年1月25日判決―法律で命じられている飲料水の検査を怠った事例について）。医師が患者を診療することによって、さらに一定の病状について検査を通じて調べる義務は、確かに第一次的には診療上の目的のためである。しかしながら、そうした義務は、所見を記録し患者の人格権を守る義務と同じく、医師による診療の顛末を報告することにも役立つ。また、確かに、それは将来の責任訴訟との関係において直接的な保護目的であるとはいえない。しかし、実体法上、病状を確認し、それについて顛末を報告すべき場合には、こうした義務はその後の訴訟において無視することのできないものである。証明責任を負っている当事者は、むしろ、説明する義務を負っている者に対して、この者が訴訟における立証状況を有責的に困難にし又は妨害したという主張をすることができる。こうした意味において、医師による記録義務と並んで、病状確認の義務も、限界づけの問題に言及すべきではあるが、証拠に関連し又訴訟に関係している。そして、その場合に、証明妨

害の制裁として立証ありとの結果を擬制するのか、それとも、訴訟においても尊重すべき信義則違反が解明義務を怠った者にあると結論づけるのか、という問題は残されている。しかし、いずれにしても、一方の当事者が責めを負うべき事案解明の阻害によって他方の当事者が不利益を被る場合には、後者に対して証明軽減を用立てることになる。」(中略)

「患者の徴候に応じて症状を解明し確認するために、検査を通じて医師が行うべき病状確認が、医療上疑いなく必要(ärztlich zweifelsfrei geboten sein)とされていながら、それが有責的に怠られ、かつ、病状を確認した所見があれば、患者が主張する因果経過についても蓋然的に(wahrscheinlich)解明がなされたであろう場合に限り(nur dann)、因果関係の証明について患者の負担を軽減することが正当である。蓋し、医師には、症状が進行する危険が高まるがゆえに、まさに症状を確認する責任があるからである。」(中略)

「本件では、被告自身の主張によると、第1原告の肺のレントゲン検査は「不明(unklar)」となっており、それゆえ急性肺炎が快方に向かった後に改めてレントゲン検査を実施することが必要であった。この点に関してもはや医師の裁量の余地はなく、そうした検査を実施しなかったことは患者に危険を及ぼす診療上の過誤であった。訴訟において尋問された鑑定人は、事後的に見て、1978年2月1日の最初のレントゲン検査の際にはすでに結核症状(einen tuberkulösen Prozeß)が現れていた蓋然性が認められるとしている。遅くとも1978年4月6日の検査では明らかになっていたか、検査の結果が「不明」であった際に、改めて検査すべき原因が存していたと認められる。したがって、上記の原則に基づいて、被告の過誤と原告の主張する健康損害との間の因果関係の証明はあったと認められ、又は、当該因果関係が存することから出発しなければならないということになる。」

もっとも、上記の判例について、学説は、その抑制的な姿勢に対して批判的である。すなわち、医師は、契約上からも人格権の保護の観点からも病状を確認する義務を負っており、また、この義務が「医療上疑いなく必要であるか」否かの判断がもっぱら医師の裁量に任せられるものではない、と述べている。加えて、患者は、まず責任創設的因果関係の

証明を民訴法286条に基づいて行わなければならず、また、それに足るだけの事実基盤を医師の十分な診療録から得られる立場にはない。したがって、医師に重大な懈怠があった場合に限って証明責任を転換するのでは不十分であるとしている[24]。

それにもかかわらず、その後の❼【連邦通常裁判所1996年2月13日判決】（BGHZ 132, 47)[25]は、上記判例が示した証明軽減の要件を厳格化している。

❼【連邦通常裁判所1996年2月13日判決】（BGHZ 132, 47)[25]

午前中に、医師が、胸部の痛みを訴えていた患者の心電図を解析した後、いったん診療所から帰したが、さらに検査をするために午後にその患者を呼び出していた。ところが、患者は、呼び出された直後に意識を失って倒れ、心筋梗塞によって死亡した。そこで、遺族は、心電図の解析を誤ったために、直ちに病院に緊急入院させていれば救命可能であった患者を死亡させたとして、損害賠償を求める訴えを提起した。しかしながら、医師が解析に必要な肝心の心電図を提出することができなかったため、原告は、被告に証拠法上の責任を負担させるべきであると主張した。

こうした因果関係の問題について、判決は、「鑑定意見により心電図の解析の誤りが重大な過誤として評価されるほどに深刻な症状であったことを、当該心電図が示していたとの十分な蓋然性があることを理由とする場合に限って、証明軽減は作用する。すなわち、原審は、鑑定によれば、心電図上には進行する心筋梗塞の認識可能性について90パーセント以上の蓋然性が認められるのみならず、高血圧症及び二重に肥大した心臓並びに患者による胸部の痛みといったその他の症状から、心筋梗塞は心電図上で明確に認識されるべきであり、被告の解析は重大な過誤であったと解するのを正当とする、としている。こうした事実状況が認められるため、原審が、心電図の紛失に基づいて診療上の重大な過誤の証

---

24) Baumgärtel/Katzenmeier, §823, Rn. 55.
25) BGHZ 132, 47. ＝NJW 1996, 1589. ＝VersR 1996, 633.

明について証明軽減を導いた点に違法はない。」とした。

　また、これを踏まえて、その後の❽【連邦通常裁判所1998年１月13日判決】（BGHZ 138, 1）[26]も、医学上の観点から必要とされる診察の実施を怠ったこと自体が医師の重大な過誤であることを示しているときは、医師の過誤と健康損害との間の因果関係について証明軽減が正当化されるとしている[27]（なお、❻及び❼は、いずれも630h条５項２文に関係しているものであることに再度注意を喚起しておく。）。

　（ｃ）　この他に、医師による証明妨害行為があった場合も存在し、これについては、判例は、民訴法427条及び444条に依拠して、証明責任を負っていない当事者による有責的な証明妨害は、証明責任の転換に至るまでの証明軽減を帰結する、との一般原則を展開している。どのような場合に証明責任の転換を認めるか否かをめぐっては争いがあるが、妨害が過失行為によることで足りるとし、対象物の滅失のみならず、その証拠機能の喪失も含めるとしている点において一致がある。

（３）診療上の重大な過誤が存している場合の証明責任の転換 　　　（③類型であって、第630h条第５項第１文に関連する）

　（ａ）　これは、医師責任訴訟における患者側の証拠の窮乏について、判例が、連邦大審院以来特別に展開してきた証明軽減であって、医師の診療上の過誤と患者に生じた損害との間の因果関係の証明について、証明責任の転換に至るまでの証明軽減を認めるものである[28]。

---

26)　BGHZ 138, 1. ＝NJW 1998, 1780.
27)　なお、最近の判例として、連邦通常裁判所2011年６月７日判決（VersR 2011, 1148＝NJW 2011, 2508）は、①診断（所見）の通常の過誤（bei einem einfachen Befundhebungsfehler）であっても、患者の症状について必要とされる解明をしていたならば病状が進行しているとの所見に至る十分な蓋然性があるため、これを見誤ったことが基本的な過誤となり又はこうした症状に対応しなかったことが重大な過誤となるであろう場合において（深い夢遊病状態にあった33歳の患者が言語障害と嚥下障害に陥ったケース）、そうした過誤が現に生じた健康損害を惹起するのに適している場合には、発生した損害との間の因果関係の問題について、証明責任の転換が問題となるとし、また、②証明責任の転換のための要件として、診断（所見）を誤ったり必要とされる治療をしなかったことが、まったく理解しがたいものであることは必要でないとしている。

要件としては、①診療上の「重大な」過誤が存していること、及び、②その過誤が現に発生した類の損害を惹起するのに適したものであること、の２つである。また、効果としては、患者側に「証明責任の転換に至るまでの証明軽減（Beweiserleichterungen, bis hin zur Beweislastumkehr reichen können）」が認められる。その結果、医師側にとっては、因果関係が存在しないことの証明責任という、最も重い負担まで課せられる可能性を生じる。

　これに関する判例については、すでに優れた研究が存しているので[29]、効果をめぐる最近の判例を紹介し、屋上屋を重ねることを避けることにする。すなわち、❾【連邦通常裁判所2004年４月27日判決】（BGHZ 159, 48)[30]は、まず、①従来から批判の強かった、「証明責任の転換に至るまでの証明軽減」という不透明な効果を原則として否定し、証拠評価と証明責任との混在に対して、双方を峻別すべきであるとした。また、さらに、②診療上の重大な過誤があった場合に限らず、単純に診察の実施義務を怠った場合にも、解明が困難になった因果関係について証明責任の転換を認める、とした点も注目に値する。

❾【連邦通常裁判所2004年４月27日判決】（BGHZ 159, 48)[30]
　原告（女性）は、オートバイ事故で負傷し（1998年５月10日）、被告の経営する病院に搬送された。数本の肋骨、腰痛部分及び肩甲骨に損傷を生じていたことが確認された。しかし、仙骨圧迫損傷を伴う骨盤部分の骨折を負っていることについては気付かれなかった。そして、当分の間は就床安静を命じられた。６月11日から身体を動かすことが行われたが、前腕歩行補助具によって負担を軽くする措置はとられなかった。原告はその翌日の歩行の際に痛みを感じたため、その旨を医師に告げた。しかしながら、医師は原告を診察したけれども、レントゲン検査は指示しなかったため、骨盤部分の骨折は確認されなかった。その後の身体を動か

---

28) Baumgärtel/Katzenmeier, §823, Nr. 12ff.
29) 中野貞一郎「医療過誤の手続的課題」前掲注１）131頁以下に詳しい。
30) BGHZ 159, 48.＝NJW2004, 2011. 本件については、円谷峻「重大な医療過誤と因果関係の証明」明治大学法科大学院論集７号223頁以下、特に240頁以下に詳しい。

す際にも前腕歩行補助具による負担を軽くする措置は命じられず、6月17日に原告は退院した。しかし、原告は、苦痛が継続していたため別の医師の診察を受け、その治療中の7月3日に骨盤輪郭検査を受けた結果、骨盤骨折と診断された。そして、この骨折によって骨盤変位等の後遺障害を生じ、1999年2月17日に行われた鑑定で、骨盤骨折の正常な回復は無理であるとの判断結果がでた。

原告は、病院において骨盤骨折が発見されず、身体を動かす際に歩行補助具の使用を指示しなかった点に過誤があると主張し、損害賠償と慰謝料の支払い等を求めた。地裁は請求を棄却したが、高裁は被告医師の一部に対する慰謝料の請求を認め、その余を棄却した。原告が上告した結果、原判決は破棄差戻しとなった。

判決の中心は、因果関係をめぐる「証明責任の転換に至るまでの証明軽減」という効果については、原則として証明責任の転換であるとし、これまでの不明瞭性を解消すべきであるとした部分にある。

「確かに、当民事部は、診療上の重大な過誤が存し、それが現に発生した類の損害を惹起するのに適しているものであるときは、患者に有利な、証明責任の転換に至るまでの証明軽減という図式を用いてきた（BGHZ 72, 132, 133f. 等の多数の当民事部判決）。しかしながら、その点に限ると、証明責任の転換に対する「証明軽減」という概念には、何ら独自の意味はない。（中略）

当民事部は、多くの新たな判決において、事象に即するならば証明責任の転換が問題となっているのであって、診療上の過誤が損害の発生にわずかしか寄与していないという観点からみて、例外的に、診療上の重大な過誤と損害との因果関係がまったくあるいは著しく蓋然性を欠いている場合にのみ、診療を実施した者に不利に転換された証明責任が排除されるということを明確に述べてきた（BGHZ 129, 6, 12; 138, 1, 8等々）。

このように、『証明責任の転換に至るまでの証明軽減』という図式には、控訴審裁判所が付与しようとするに足る意義があるわけではない。むしろ、診療上の重大な過誤は、それが実際に発生した類の損害を惹起するのに適したものである場合には、原則として、診療上の過誤と健康

損害との間の因果関係について客観的証明責任を転換する（傍点筆者）。そうした証明責任の転換のためには、診療上の重大な過誤が、発生した損害を惹起するのに適していることで足りるのであって、過誤が損害に近接している又は蓋然的である必要はない。したがって、診療を実施した者に証明責任を転嫁することが否定されるのは、責任創設的因果関係がまったく例外的に蓋然性を欠く場合に限られる（前掲判決参照）。また、看過した危険が、診療上の過誤を重大なものであると評価するに足るほどに現実化していない場合や、患者が自己の行為によって治癒を独自に妨げ、これにより医師の診療上の重大な過誤に匹敵するほどに、診療経過を解明不可能にした場合も、同様である。もちろん、そうした例外的な状況が存在することは医師が証明しなければならない。

　上記の証明責任の転換の要件が存するときは、事実審裁判官が、完全な証明責任の転換に代えて、診療上の過誤によって作り出された証拠の窮乏を救済し得ないような、劣位の証明軽減を患者に提供することで足りるとすることは許されない。こうした考え方は、学説が指摘する疑問、すなわち、証明責任規定を適用する際に事実審裁判官の『裁量』があるとするならば、それは法的安定性の要請に違反するとの疑問を斟酌した結果であり、権利を求める者又はその弁護士は、訴訟リスクを事実面において計算できる状況になければならない。また、そうした裁量があるとするならば、裁判官の恣意によって法適用の平等性が危殆に瀕するであろう（vgl. Laumen NJW 2002, 3739, 3741 m. w. Nachw.: Leipold, Beweismaß und Beweislast im Zivilprozeß S. 21, 26：等々）。それゆえ、要件事実の解明の際の危険の配分及び客観的証明責任の分配は、抽象的・一般的な形式において行われる。また、それは、訴訟に先立って原則的に確定していなければならず、訴訟の過程において裁判所の裁量によって変更するものでは決してない（vgl. BVerfG NJW 1979, 1925）。医療過誤訴訟における個別の事案における柔軟で適切な解決は、診療上の経過を重大な過誤であると評価することについて事実審裁判官に任せていることによって確保されており、それはもちろん医学鑑定意見を基礎としなければならない（BGHZ 138, 1, 6f. -前掲❽）。」

　また、連邦通常裁判所は、これに続けて、診察の通常の実施義務に過誤があった場合（bei einem Befunderhebungsfehler）について以下のように

述べて、本件の結論を出している。この点も看過してはならない重要な部分である。

「こうした原則は、診療上の重大な過誤と発生した損害との間の因果関係の証明に関してのみならず、本件のように、単純に診察の実施義務を怠り、それが同時に重大な過誤を帰結する場合の因果関係の証明に関しても準用される。なぜならば、十分な蓋然性を伴う事案の解明ができなかった場合には、明瞭かつ重要な診断は、それを誤れば基本的な過誤であり、又はそれを怠れば重大な過誤となるものであることは明らかであるからである。したがって、重要な診断を誤り又はそれを怠ることが、実際に生じた健康損害を惹起するに一般的に適したものであるときは、医師の過誤と損害との間の因果関係がまったく蓋然性のないものではない場合には、原則として証明責任の転換を生じる。そのような場合には、診療上の重大な過誤の場合と同じく、重大な過誤でなくとも、必要とされる診察を実施しなかったことは、そもそも因果経過について著しく解明を困難ならしめる。それは、蓋然的に重要な所見の発見を妨げ、これにより患者の傷害について問題となる原因の多様性をさらに拡大し又は混乱させる結果を引き起こすことになる。(中略)

そこで、本件の場合も、被告の（単純な）診察実施上の過誤は、損害の発生を防ぐために必要かつ適切な骨盤骨折に対する対応を妨げ、また、原告にとって著しく一層有利であった可能性のある仮定的な因果関係のさらなる解明を困難にしている。したがって、被告のこうした過誤がないとすれば、仮に過誤がなく骨盤骨折を治療していたとしても、原告には後遺症と継続する苦痛が生じたか否かという点が明らかになったはずである。」

（**b**）　本件の場合には、判例準則と推定規定との直接的な結びつきが明確であるという点において特徴的である。すなわち、証明責任の転換を導くための２要件——診療上の重大な過誤及びそれが現に生じている類の損害を惹起するのに適したものであること——は、第630h条第5項第1文の推定規定において、証明責任の転換を働かせるために証明が必要とされる「前提事実」として明確な形で採り入れられている。

また、本判決は、証明責任の転換に至るまでの証明軽減という従来の「いわゆる柔軟な対応」に決別することを宣言し、事実審裁判官が関与する経験則に基づく事実上の推定の余地を完全に払拭した上で、判例の多くが「法律上の推定」を用いた趣旨であることを明確化している[31]。この点は、第630h条各項の全般にわたって、これらを推定規定（及び証明責任規定（2項））として定める上で最も重要な契機となっており、特に強調しておきたい。

（4）小 括

このように、上記判決を典型例とする一連の判例は、これを通じて形成された法準則が今回の立法によって追認されたという点においてのみならず、第630h条における法律上の推定規定のすべてにわたって、これを創設するための先導的な役割を担ったという点において、画期的存在であったことは間違いない。

そこで、今回の「患者の権利法律」において、訴訟において情報・証拠へのアクセスを欠いている患者側の証明軽減を図るために立法された推定規定について、これが今後、どのように適用されて、どのような影響を医師責任訴訟の運営に与えるかということを予想するために、立法理由を手掛かりにして、それぞれの具体的な内容を探ってみることにする。

5　ドイツ民法第630h条各項の推定規定の具体的内容

以下では、各項における推定規定の具体的内容を明らかにする。特

---

31) 本判決において引用されているライポルト教授の論文（Dieter Leipold, Beweismaß und Beweislast im Zivilprozeß（1985, S. 21）において、端的に、「証明責任の転換」とすべきことが強調されている。ディーター・ライポルト「民事訴訟における証明度と証明責任」（春日偉知郎訳）松本博之編訳『実効的権利保護』（2009年）155頁以下、特に172頁以下参照。

に、それぞれの推定規定の趣旨、推定を働かせるための前提事実は何かということ、この証明が奏効し推定が働いた場合に相手方がする反対事実の証明、の3者を中心とする。もっとも、新設された第630a条ないし第630h条については、立法後間もないため、現在のところ学説等による解説がほとんどないので、立法理由の内容そのものを紹介する[32]。

（1）立法理由による総論的説明

（a）　民法630h条に関して、立法理由は、冒頭で次のような総論的な説明をしている。

すなわち、まず、「本条によって、医師責任法における証明責任の分配に関する従来の判例が、法律上規律されることとなる。本条は、判例によって展開されてきた証明軽減の諸原則を、体系的に1つの法規にまとめて規律し、これを診療契約の全体に及ぼすことを目的としている。」とする。次いで、「本条は、民法280条1項の一般的な責任規範に基づくものであり、契約法に関する民法630a条以下の適用領域における証明責任分配の特殊性を規律するものである。」と述べている。

（b）　これを踏まえて、証明責任の分配について、「本条は、民法630a条以下の規定が適用される契約をめぐる証明責任の分配に関して、特則を規律するものである。すなわち、損害賠償法においては、損害賠償請求権の諸要件を主張し、争いがある要件については証明しなければならない、との一般原則が妥当し、患者が診療を実施した者に損害賠償請求権を行使しようとする場合、原則として患者は、診療契約の締結、民法280条1項の意味における診療を実施した者による診療上の過誤の存在、患者の損害、及び診療上の過誤と損害との因果関係、のそれぞれを証明しなければならない。また、これに加えて、診療を実施した者について、この者の義務違反が責めに帰すべきものであること、すなわち、診療を実施した者又は民法278条によりこの者が責任を負うべき補助者

---

32) BT-Drucks 17/10488（15.05.2012）, S. 27ff. すでに、服部高宏・前掲注2）論文279頁以下があり、重複する部分があるけれども、民法630h条の全体の理解のためにより詳しく記すこととする。

に関して、過失により又は故意により診療上の過誤があったことが必要である。」との原則を記している。

（c）しかし他方で、こうした原則に対して、「この要件（義務違反）については、従来から、診療契約についても民法280条1項2文の証明軽減が妥当しており、診療上の過誤について診療を実施した者の責めに帰すべき事由が推定されることとなっている。例えば、第630a条第2項に違反する診療の存在が認定され、あるいは、患者が診療上の過誤を証明したときは、民法280条1項2文によって、診療を実施した者の側で、診療上の過誤について責めを負わないことを証明しなければならなくなる。このように、診療を実施した者には責めに帰すべき事由があった、との推定が働く根拠は、治癒という結果がなかったことに求められるのではなく、診察上の過誤が存したということに求められる。」とし、例外が認められるとしている。

以上の総論的な説明に続いて、立法理由は、それぞれの推定規定について具体的な内容を詳述している。冒頭に示した視点を中心にして、順を追ってこれを眺めてみよう。

（2）民法630h条1項──医師が完全に支配可能な危険における過失又は過誤の推定──について

（a）立法理由は、まず、本項の趣旨と患者側に求められる証明について次のように述べている。すなわち、「本条1項は、判例によって展開された、いわゆる『完全に支配可能な危険（voll beherrschbares Risiko）』に関して特別な証明責任の分配を法律上規定するものである（vgl. BGH VersR 1991, 1058, 1059）。すなわち、患者の生命、身体又は健康の侵害が、診療を実施した者の支配・組織領域に属する危険から生じているときは、診療を実施した者がこうした領域に属する危険を客観的に支配可能である限り、診療上の過誤及び義務違反が推定される。また、ここでの危険とは、これを認識することによって確実に排除可能なもの（nach dem Erkennen mit Sicherheit ausgeschlossen werden können）をいい、この危険をどの程度において具体的に回避することが可能であったか否

かは、問わない。したがって、事実上の回避可能性は重要でなく、この危険が診療を実施した者の支配・組織領域に帰属していることが、決定的な点である (VersR 2007, 847)。

　第 1 項の推定が働くためには、まず、患者が、診療上の危険であって、診療を実施した者にとって完全に支配可能である危険が実際に生じ、これによって第 1 項に掲げる患者の権利の侵害が惹起されたことを主張し、場合によっては証明しなければならない（前提事実の証明―訳者）。こうした推定の根拠は、患者には診療を実施した者の組織・危険領域から生じた出来事が普通は知らされず、患者を特別に保護する必要があるからである。したがって、患者は、診療を実施する者に対して、診療に結びつく定型的な危険から自らを保護するために必要なすべてのことを求めることを許されなければならない。完全に支配可能な危険という上位概念の下で判例が展開したあらゆる事例群は、第 1 項の適用領域において一つの法規を形成すべきこととなる。」と。

　(**b**)　次いで、完全に支配可能な危険の類型として、前掲の 4 （1）における判例の具体例等を示して、「～衛生上の瑕疵や、診療過程における計画・組織に不備がある場合に、潜在的な危険の根源の支配可能性は、原則として、もっぱら診療側の組織・危険領域に存している。それゆえ、こうした領域においては、そうした危険が現実化し、患者の死亡又は身体若しくは健康の侵害を惹起した場合には、義務違反が存在するとの前提から出発することとなる。もっとも、患者の生命、身体又は健康の侵害があったけれども、同時に、患者の別の素因、つまり不明の若しくは予期しえぬ患者の素因が『突発し』、この素因によって患者が現実の危険に対して鋭敏に反応したため、危険領域の完全な支配可能性が診療を実施した者から剥奪されていた場合には、第1項の意味における完全に支配可能な危険はもはや存在しない (VersR 1995, 539)。このような場合には、義務違反については患者側に証明責任が完全にある、との一般原則に戻らなければならない。」とする。

　(**c**)　その上で、推定の効果及び医師側の証明並びに本項の適用範囲について、「第 1 項の要件が満たされるときは、診療を実施した者は診

療上の義務に違反したとの推定が、患者側に有利に働く。そうした場合、診療を実施した者は、民訴法292条に従い、反対事実の証明によって推定を覆さなければならなくなる。すなわち、診療を実施した者は、義務違反を基礎づける診療上の過誤が存在しなかったことについて本証を提出し、又は推定の前提事実について反証を提出することができる。後者の場合には、完全に支配可能な診療上の危険の存在について、裁判官の心証を動揺させることで足りる。第１項中には、客観的な義務違反に関する証明責任の転換を除いては、他に証明軽減は認められない。第１項の適用領域には因果関係の問題も存せず、その限りにおいて一般原則にとどまっている。」と述べている。

（３）民法630h条２項──説明及び同意に関する証明責任規定──について

　本項は、推定規定ではなく、証明責任の分配を直接に定めた証明責任規定であり、次のような理由があげられている。

　（a）　本項の規定は、従来から不法行為法において存していた証明責任の分配を新たに契約上の規律に当てはめるためのものである。すなわち、一般的な契約原則によるならば、医師の説明に瑕疵があった又は説明がなかったとの主張や、診療上の処置についてこれを実施した者が患者から同意を得ていなかったとの主張については、患者が証明責任を負っている。だが、「第２項第１文は、こうした原則からの例外を規定したものであり、説明をしたこと又は有効な同意を得たことについて診療を実施した者に証明責任を負わせるものである。したがって、診療を実施した者は、患者に対して又は第630d条第１項第２文により同意について権限を有する者に対して、第630e条（説明義務を定めた規定─訳者）の規定に従って、実施した措置に関する全体の事情について標準的な説明をしたこと、及び有効な同意があったことを証明しなければならない。契約責任において、このように一般的な証明責任の分配から乖離することは、診療を実施した者と患者との間における武器対等を確保し、併せて、契約法と不法行為法とにおいて証明責任の規律を等しくするという

ことを意図するものである。このことは、正しい説明がなかったこと又は患者が同意していないという『消極事実の証明』が一般的には成功し難いものであるということを根拠にしている。また、患者は、通常は、事態を医学的に正しく理解して、必要ならば説明がなかったことや不十分であったことの証明を証人によって立証することができるに足りるだけの危険の認識を欠いているといえる。他方、診療を実施した者にとっては、行った説明や同意の内容について記録を作成し、これによって、既往症を確認するのみならず、事実関係について過不足なく説明を可能にすることは、容易なことである。例えば、診療を実施する者は、患者に対して、定型書式によって一定の説明を一定の範囲で行ったこと、及び患者がある措置に同意したことを確認させることができる。また、診療を実施した者は、こうした書面を患者の診療録に記録として残さなければならない。逆に、患者がこれを拒否することは許されず、診療を実施した者が診療録に患者のした拒否の意思表示を記載する義務はない。

　診療を実施した者が患者に対して、確かに（部分的には）正しくない説明をしたけれども、発生した（別の）危険については包括的で正しい説明をしていた場合には、患者は、部分的に説明が正しくなかったということを援用することはできない。なぜならば、患者は、最終的には損害を生じさせなかった具体的な危険を認識した上で、実施された措置について同意をしていたからである。したがって、決定的なのは、説明の保護目的が何であるかということであって、また、説明義務のある診療上の危険が第一次的な損害に転換したか否かという問題である（BGH NJW 2000, 1784)。」

　（**b**）　これに続いて、「第 2 項第 2 文は、説明がなかった又は不十分な説明しかなかったとしても患者が同意したはずであるという、『仮定的な同意（hypothetische Einwilligung)』の主張が診療を実施した者の側からあった場合に関する規律である。これも、既存の判例を法規化したものである。説明が第630e 条の要件を満たしていないことが確定した場合であっても、正しい説明があった場合と同じように患者はその措置を決断したはずである、との主張を診療を実施した者はすることができる

(vgl.BGHZVersR 1980, 428ff.)。したがって、第2項第2文は、診療を実施した者の側にこうした仮定的な因果経過（hypothetischer Kausalverlauf）の主張・証明責任を課したものである。患者が医的侵襲を実施させたのであるならば、損害賠償責任に必要とされる因果関係、すなわち、説明がなかったこと又は不十分な説明しかなかったことと損害の発生との間の因果関係は欠けることとなる。その結果、診療を実施した者は、患者の同意を得る義務の違反について責任を負わず、患者に対して損害賠償責任も慰謝料の支払義務もないことになる。」と。（なお、仮定的同意の証明には、厳格な程度が求められるとの言及がある（BGH VersR 1998, 766f.）。）

（4）民法630h条3項──診療録に記載されていなかったことに基づく診療の不存在の推定──について

（a）　立法理由は、この推定に関しては以下ように述べている。すなわち、「第3項によって、医学上必要とされる重要な措置であるが、それが第630f（診療記録の規定─訳者）条に反して患者の診療録に記載されていないものについては、それが実施されなかったということが推定される。第630f条に基づいて、診療に関して重要なすべての措置及び結果について記録を作成する義務が生じる。記録を作成することは、患者の治療を確実にするのみならず、診療を実施した者の措置に関する顛末を報告することになり、診療を実施した者と患者との知識の格差を是正することを目的としている。診療を実施した者が、診断結果を記録し、保存する義務に違反した場合、この者がそもそも診断をしたのかどうか、また、なされた診断が正しいものであったかどうかが、不明となる。こうした不明は、診療上の過誤について患者の証拠提出を困難にし、証拠の窮乏をもたらす。だが、こうした不明は診療を実施した者の領域から生じたものであるから、患者に立証上の困難を負担させることは妥当性を欠く。したがって、判例に則して、第3項の推定によって、診療を実施した者に立証上の困難を負担させることが適切である。

　診療を実施した者が第630f条に基づく記録作成義務に違反したときは、従来の判例に則った第3項の推定によって、記録義務のある措置が

とられず、かつ、その措置が診療を実施した者によって行われなかったものとされる（BGH VersR 1999, 190f.）。もっとも、患者は、こうした推定が働くことによって、診断が正しく行われ病状が確認されていた場合よりも有利な状況に置かれるべきではない。そのため、ここでの証明軽減は、記録されていない診断等をしていれば、診療を実施した者にはこれに即応した措置をとる義務が生じたはずである、という推定が原則として働くにとどまる。したがって、診療を実施した者は、民訴法292条による推定に対して反対事実（記録されていないけれども、実際には診断を行って、これに基づく措置をとったという反対事実―筆者）を証明して推定を覆す可能性を有している。

また、もちろん、第３項の推定は、時間的な観点からみて、診療記録の作成及び保存義務が診療を実施した者に及んでいる限りにおいて介在するものである。これに対して、保存期間の経過後は、記録の滅失又は喪失によって、証拠法上の不利益を診療を実施した者又は病院運営者に帰せしめることはできない。したがって、不備のある記録又は完全に失われた記録は、保存期間の経過後にはもはや証明責任の転換をもたらさない。」としている。

（b）　なお、前記（a）第３段部分に先立って、いわゆる経験の浅い者（sogennante Anfängerfehlern）の記録作成に関しても次のような指摘がある。すなわち、「経験の浅い者の診療については、単なるルーティーンの診療であっても正確に記載しなければならず、これは第３項の意味における重要な措置に該当する。経験の浅い者がこうした記録作成義務に違反したときは、患者を保護するために第３項の推定が働く。記録の作成を怠ることは、第630f条第３項の記録保存期間（10年―訳者）前の記録の滅失に等しい。記録が完全に存在しない場合には、患者を不完全な記録から保護するという規範がまさに妥当する。」と。

（5）民法630h条４項――経験の浅い者がした診療が患者の侵害の原因であったことの推定――について

第４項は、第630a条（診療契約上の義務を定めた規定―訳者）第２項に基

づくものであり、同項は、承認されている専門水準を確保した診療を提供する義務を規定している。そこで、診療を現に実施した者が自分の行った診療についてそれに足る能力を有していなかったことが確定し（例えば、必要とされる経験を有していない見習医師―訳者）、この者によって患者の生命、身体又は健康に傷害が生じたときは、こうした能力の欠如が発生した侵害の原因であるとの推定が働く。このことは、経験の浅い者の過誤に関する従来の判例を反映したものであり（BGH VersR 1993, 1231, 1233）、本項の規律の効果として、診療を実施した者（又は権限を有する病院運営者）は、発生した結果が診療を実施した者の能力、訓練又は経験の不足に起因するものではないことを主張し、証明しなければならない（BGH NJW 1992, 1560）。

すでに、4（1）（c）で述べてあるので、これ以上の言及は避ける。

（6）民法630h条5項1文——診療上の重大な過誤がある場合の因果関係の推定——について

（a）　第1文について、立法理由は、一般論と並んで、重大な過誤がある場合の例外を次のように述べている。すなわち、連邦通常裁判所は、規則通りの医学上の当為水準（medizinisches Sollstandard）に合致した診療をしていても侵害を生じた場合には、医師の責任を根拠づける、診療上の過誤と発生した損害との間の因果関係（責任創設的因果関係）は認められないとの原則に立脚している。しかしながら、診療上の「重大な」過誤が存する場合には、こうした前提からの乖離を推し進め、証明責任の転換を特別にもたらす事例群を発展させてきた。例えば、診療を実施した者に重大な過誤があったため、正しく診療が行われていた場合に想定される事態の推移をもはや認識不可能にする状況を作り出したときには、上記の出発点を放棄し、「責任創設的因果関係に関して、患者に有利な証明責任の転換を生じるべきこととなる。ここでは、次のような考慮が働いている。すなわち、診療上の重大な過誤が存する場合には、診療を実施した者が証明上の危険を負担することに関して『より近い立場に（näher dran）』あるということを前提にしており、これは連邦

通常裁判所の考え方と一致している。他方、患者は、通常の場合、事実関係について何かを解明できる立場にはない（BGH NJW 1967, 1508）。したがって、第5項第1文により、診療上の重大な過誤が実際に発生した種類の侵害を惹起するのに一般的に適したものである場合には、そうした診療上の重大な過誤と法的財貨の侵害との間には因果関係が存する、ということが推定される。つまり、患者は診療上の重大な過誤（の存在）について証明責任を負っているが、責任創設的因果関係の面においては証明責任の負担から免れることになる。」とする。

（b）　次いで、推定を認める要件としての「重大な」過誤の証明について、「患者は、まず、診療上の重大な過誤の証明に成功することが必要である。客観的な観点からみて、瑕疵ある医療行為が、診療を実施した者に妥当する職業上の訓練及び知識水準に照らしてもはや理解しがたいものである限りにおいて、『重大な』ものといえる。なぜなら、瑕疵は、確実で信頼に足る医療上の知識や経験に反しており、診療を実施する者が犯してはならないものであるからである（BGHZ 159, 48, 54：BGHZ 144, 296）。例えば、厳に注意すべき診療上の基本原則を無視した場合には、一般に重大な瑕疵が認められる。また、手術による医的侵襲に関しては、病巣のある組織とはまったく別のものを間違って摘出してしまった場合、重大な過誤があったとみなされる。上記の意味において、診療上の過誤が実際上重大なものであるか否かという問題の最終的な判断は、個々の事例の諸状況に応じており、この点について争いがある場合には、通常は事実審裁判官の判断に委ねられる。」としている。

（c）　第5項第1文の事例群の別な1つとして、「診断に基本的な過誤があった場合（fundamentaler Diagnosefehler）」があり、これについては、要件が狭められているが、判例とも一致して、診療上の重大な過誤に匹敵するとされている（例えば、VersR 2008, 644）。所見の誤解（Fehlinterpretation eines Befundes）が要件であり、この誤解が客観的な観点からみてもはや理解しがたいもので、かつ、診療を実施した者がけっして犯してはならないものをいう。例えば、所見を正しく理解することが基本であり、医学部の同じ学科に属する者にとっては医学上の基本知識で

あって、医師試験の受験生でさえも備えていることが予定されているものを誤解した場合がそうである。もっとも、診断の際には間違いや誤解を生じることは実務上しばしばあるし、診療を実施した者に非難可能な見落としがあった結果とはいえないものもある。なぜならば、発病の特徴が常に一義的であるわけではなく、正しい検査結果を得るために多様な技術的補助手段を用いることが可能であったとしても、なおさまざまな原因が存するからである。しかしながら、診療を実施する者にとってこのような部分的に反論の余地のある状況が存するからといって、この者は、自分の専門知識を注意深く使用し、患者の危険について慎重に考慮すべき義務から免れるわけではない。例えば、診療を実施した者が、一定の検査方法の使用を怠り、その結果、瑕疵のある診断をしたならば、これについて責任を負わなければならない。また、これと同様に、医療技術規則に著しく違反していると評価されるべき診断の誤りが発端となって、その違反がその後の因果経過の解明不可能の危険を惹起した場合にも、その発端は重大であると評価されるべきである。この他に、第630c条（情報提供義務を定めた規定）第2項に従い、患者に対して必要とされる臨床上の情報（提供）義務を怠った場合も、患者にとって明らかに必要とされる診療情報の不提供によって患者に著しい不利益を与え、かつ、そうした不作為が重大な過誤となる限りにおいて、上記の規律が妥当する（BGHZ VersR 2005, 228）。」

（7）民法630h条5項2文——診察の実施義務又は病状の確認義務について単なる違反があった場合の因果関係の推定——について

（a）　これは、従来の判例による証明軽減のうちの、3（1）(b)に掲げた②ⓑ類型並びに4（2）(b)に掲げた❻及び❼に関係するものであり、診療上の重大な過誤がある場合の因果関係の証明責任の転換をさらに推し進めたものである。すなわち、「<u>一定の要件が備わる場合には</u>（前掲5項2文参照。下線は訳者が付した）、診察の実施義務又は病状の確認義務に対する違反が、重大な違反ではなく、通常の違反であっても（auch für den Fall eines einfachen Befunderhebungs- oder -sicherungsfehlers）、

本項2文によって、因果関係の存在を推定し、証明責任の転換を図るものである（前掲❼＝ VersR 1996, 633. のほか、注27）。例えば、患者の徴候について必要とされる解明をしていれば、より明確で重要な診断ができた蓋然性が十分に存しているため、そうした徴候について判断を誤り、これに対応しなかったことが、基本的かつ重大な過誤となり、かつ、この過誤が現に生じた健康損害を惹起するのに一般的に適しているときは、因果関係の問題について証明責任の転換が認められる（BGH NJW 2011, 2508f.＝ VersR 2011, 1148）。

もちろん、ある危険を斟酌しなかった医師の過誤が重大なものとはいえない程度しか危険が顕在化していないことが明白である場合や、患者が自分の行為で独自に治癒を妨げたため、これが、因果関係の解明不能に関して、診療上の重大な過誤と同程度に作用している場合のように、個別事例において責任創設的因果関係について蓋然性が認められない場合には、本項の原則から出発することはできない。」との理由を述べている。

（b）　しかしながら、立法理由は、他方で次のような注意を喚起している。すなわち、「このように、一定の要件がある場合に限り因果関係の証明責任は転換されるが、本項の証明責任の転換を通常の違反に対してまで拡張するならば、著しい不公平が生じるであろう。証明責任の転換は、損害について問題となる多様な原因が、診療上の重大な過誤があったために拡張され又は修正されて、その結果、患者が負担する診療経過の解明に著しい困難を強いられたことを調整することを目的としている。そうした場合において患者に因果関係の証明を期待することはもはや不可能である。診療上の通常の過誤の状況は、重大な過誤の事実状況とは比較し得ない。蓋し、前者においては、患者が診療経過の解明について困難を生じるわけではないからである。さらに、通常の過誤の場合における証明責任の転換は、明らかに、診療を実施した者の責任を拡大する結果になり、診療過誤が存在せず、患者が以前に罹患していた病気が損害の発生の原因であったにもかかわらず、請求が増大する危険性を内包することになる。

（ｃ）　したがって、結論において診療上の重大な過誤が認定されるならば、責任創設的因果関係に関して患者の有利に、逆に診療を実施した者に不利に証明責任は転換する。にもかかわらず。診療を実施した者には、こうした証明責任の転換に対抗する可能性が残されており、従来の判例と整合性を保っている。例えば、診療上の過誤が現に生じた類の健康損害を惹起するのに一般的に適してはいないことを、診療を実施した者が証明することによって可能である。さらに、診療を実施した者が、診療上の重大な過誤と法的財貨の侵害との間の因果関係について、個別事例の特殊な状況に基づいて、『まったく蓋然性を欠いている』ことを証明した場合には、証明責任の転換は問題にならない（BGH VersR 2011, 1148）。」

以上のように結び、立法理由を了している。

6　まとめ——推定規定に対する一つの評価——

（ａ）　証明責任は、訴訟において要件事実の証明が効を奏しなかった場合に、原則としてその不存在を擬制し、その要件事実に基づく法律効果を主張する当事者に不利な判決をすることによって、実体法上の危険分配を図ることを目的としている。だが、このような証明責任に基づく危険分配は、「悉無律（all-or-none principle）」に従って、一方の当事者のみに負担を強いるものであり、他方の当事者には直接的な危険を及ぼすものではない点において、双方の当事者間の公平という観点からは片面的と言わざるを得ない。

他方、現実の訴訟においては、さまざまな理由から要件事実の証明が著しく困難であったり、不可能である場合が存する。そのため、このような場合に、証明責任を負っている当事者の著しい負担を解消するために、本稿の冒頭で掲げたいくつかの証明軽減が試みられてきた。だがもちろん、これらは、いずれも訴訟上の解決策であって、実体法上の危険分配そのものに修正を加えようとするものでは決してない。

そこで、一転して、要件事実の証明について端的に「証明責任の転

換」を図ることにするならば、証明責任を負っている当事者からその相手方へと実体法上の危険を転嫁すること自体は可能になる。しかしながら、そうしたとしても、悉無律に従う判断そのものは同じであって、元々の証明責任の分配を逆転し、今度は相手方当事者にのみ証明上の負担を強いることになり、当事者間の公平を欠くことに変わりはない。

　いずれにせよ、証明責任の分配は、認定できなかった事実をめぐって、裁判所に最終的な判断を可能にする「次善の策」にすぎず―最善の策は証拠調べを尽くして事実認定できることである―、その存否をいずれか一方に擬制して裁判における事実の確定について終局的な決着を図る手段にすぎない。そうした意味において、証明責任の分配は、その本質において、悉無律によって結論を出さざるを得ないという宿命を常に担っており、当事者双方に公平な証明の分担を図ることは不可能と言わざるを得ない。

　（b）　他方、このような証明責任の分配が内包する問題に対して、本稿で詳述したドイツ民法630h条のそれぞれの推定規定は、一方で訴訟上の証明軽減策から離れて、また他方では悉無律に支配されている証明責任の分配とは異なる実体法上の解決策を提示している点において、新たなチャレンジを試みたものである。

　法律上の推定規定の特徴は、まず、証明責任を負う当事者が、定型的に困難である要件事実の証明を免れて、それよりも証明のし易い前提事実の証明で足りるとされていることにある。このように、推定規定は、証明責任を負う当事者にとって有利に作用するが、しかし、そのためには、少なくとも前提事実の証明（本証）をしなければならないという点で、なおも一定の負担を免れるわけではない。また、他方の相手方にとっては、要件事実の推定が働く点で不利になるものの、推定された要件事実の反対事実（要件事実の不存在）を証明して推定を覆すことによって不利を挽回する余地が残されている。こうした意味において、推定規定は、証明責任の分配における悉無律を回避することができ、当事者間の負担の公平を図ることを可能な限り推し進めようとするものとして評価できる。

また、次に、推定規定は、実定法規として設けられており、推定効を生じるための一定の要件（前提事実）が法規中に明示されているため、当事者双方にとり、攻撃防御の対象が明確になって、証明活動について焦点を絞り込むことができるほか、これに伴う予測可能性も高まる。加えて、推定を自己の有利に援用しようとする当事者にとっては、証拠評価の領域において裁判官の自由心証に左右される事実上の推定に比べて、推定の奏効性をより明確かつ容易に判断することが可能であって、結論の見通しと紛争解決への筋道を確保しやすくなる。
　なお、証明責任については、これを負う当事者の証明が効を奏さず、要件事実の存否不明を生じた場合には、原則として、その要件事実の「不」存在が擬制されるが、他方、推定規定がある場合には、前提事実の証明が奏効したことを条件として、推定事実が「存在」するとの推定が働くという意味において、推定規定は、証明責任の特別規定であるといわれている[33]。こうした理論面においても、証明責任分配の原則規定と推定規定とでは相違点が存していることに留意すべきであろう。
　要するに、ドイツ民法630h条の推定規定は、証明責任の分配に基づく画一的な処理に比べて、当事者に証明主題について選択肢を増やすのみならず、悉無律による問題の解決を回避することによって、公平で柔軟な証明活動と妥当な結論を保障しようとする点に特徴があり、優れたものと評価することができる。さらに、これも指摘済みではあるが、推定規定の利用範囲を医師責任訴訟という新たな領域に拡大し、これまでにはなかった実践的な適用範囲の開拓を試みており、これもまさに瞠目すべきことである。
　（ｃ）　もちろん、縷々述べたように、このような推定規定の創設は、判例による法形成を踏まえたものであり、立法による推定規定の形成は、こうした判例法に対する社会的評価を基盤としている。これなくし

---

33)　要件事実の存否不明が生じた場合に当該要件事実の「不存在」を擬制する証明責任の原則規定（法規不適用原則）に対して、推定規定が作用する場合には当該要件事実（推定事実）の「存在」が擬制されるという意味において、推定規定は証明責任の特別規定と呼ばれることについて、春日偉知郎『民事証拠法研究』（1991年）384頁以下参照。

ては、新たに立案された推定規定を立法の俎上に載せることは不可能であったであろう。また、現在は批判を浴びているが（判例❾参照）、ここに至る長い過程において判例によって工夫がこらされてきた、「証明責任の転換に至るまでの証明軽減」についても、その歴史的な意義を見失うことがあってはならないと考える。

（d）　翻って、こうして出来上がった、医師責任訴訟における法律上の推定規定について、関係する問題について判例の蓄積の乏しいわが国において[34]、どのように評価し、また、そこでの発想をどのように受容するか否かについては、ドイツにおいてさえも今後の議論に俟たなければならない段階であることに照らして[35]、現時点で判断することが不可能であることは間違いない。したがって、当面は、ドイツにおける今後の実務の運用とこれを反映した議論の推移をみることになろうが、その際には、法律上の推定規定という形で規律をする必要性の再検討から始まって、裁判所がこれまで試みてきた、社会の変化に応じた個別事案の判例による柔軟な解決の行方、出来上がった推定規定の解釈及び適用面で事案に適合的な処理を裁判所がすることができるか否かなど、多様な問題が浮上してくることを容易に想定することができる。所定の紙数を大幅に超過しているので、とりあえずは、問題の提起の意味で、思いつくままの課題を列挙して、筆を擱くことにしたい。

---

[34]　医療過誤訴訟の証明問題に関する判例の乏しいわが国の現状において、わずかながら、ドイツの前掲❾判例に類似のものとして、最高裁平成21年3月27日裁判集民事230号285頁（判例時報2039号12頁）がある。これについては、加藤新太郎「麻酔薬投与の過誤と患者の死亡との間の因果関係」判例タイムズ1312号50頁等参照。

[35]　ドイツ民法630h条の推定規定に関して公刊されている文献としては、前掲注（12）に掲げた諸論文があるが、それ以外については現在のところ見当たらない。

因果関係立証の困難性と
訴訟法的救済についての一試論
——ドイツ連邦最高裁の解釈を参考に——

川 中 啓 由
Hiroyoshi KAWANAKA

1　はじめに
2　わが国の裁判例
3　BGHの近時の判例
4　わが国における訴訟法的救済
5　むすびにかえて

1　はじめに

　民事訴訟において因果関係の立証には大きな困難をともなう。なぜなら、その立証は推論の積み重ねによらざるを得ず、当事者はそのために多大な労力と時間を費やさなければならないからである。もちろん、その救済として裁判所は様々な法理を編み出してきた。たとえば、確率的心証度、門前理論、疫学的証明などである。しかし、これらに明文の根拠はなく、その発動も専ら裁判所の裁量に委ねられてきた[1]。そのため当事者は法理の発動を予測することができないので、それを裁判所に促すべく、結局多大な労力と時間をかけて立証活動をしなければならないのである。
　そこで、本稿ではこのような当事者の負担を軽減させつつ訴訟を充実させるために、救済の拠り所となりうる根拠を検討していくことにする。

---

1) これらについて厳格ではあるが一定のルール化を試みるものとして、加藤新太郎「証明度軽減の法理」木川古稀『民事裁判の充実と促進』110頁（判例タイムズ社・1994）参照。

2　わが国の裁判例

1　民事訴訟における因果関係の立証について、わが国ではルンバール事件の"高度の蓋然性"が原則的な証明度として採用されてきた。しかし、このように証明度を厳格に要求するとき、(とくに証拠が構造的に偏在している事例に顕著であるが、) 原告側が立証を十分にできなかったという理由で、本来有している権利の実現の途が閉ざされ、それを断念せざるを得ない場合があり得る[2]。しかし、明らかに因果関係があると思われるのに高度の蓋然性の基準を充たさないとして請求が棄却されるとしたら、当事者間の衡平はもちろん真実発見にも失し、紛争解決のすじとしても支持し得ない[3]。

そこで、ルンバール判決を乗り越えるべく証明度を実質的に操作することで当事者の救済を図ろうとする裁判例もある。その例として不作為の因果関係についての最一小判平成11年2月25日民集53巻2号235頁および最二小判平成12年9月22日民集54巻7号2574頁をみてみることにする。

2　まず平成11年判決は、「〔ルンバール判決を前提に〕医師の……不作為が患者の当該時点における死亡を招来したこと、換言すると、医師が注意義務を尽くして診療行為を行っていたならば患者がその死亡の時点においてなお生存していたであろうことを是認し得る高度の蓋然性が証明されれば、医師の右不作為と患者の死亡との間の因果関係は肯定される」として、患者の肝細胞癌を早期に発見すべく適切な検査を行い、これが発見されていたならば、以後当時の医療水準に応じた通常の診療行為を受けることにより、同人は死亡の時点でなお生存していたであろ

---

2)　最近の厳格な運用例としてイレッサ訴訟に関する東京高判平成23年11月15日判夕1361号142頁がある。

3)　紛争解決の「すじ」論については加藤新太郎『手続裁量論』65頁（弘文堂・1996）参照。

うという点につき、高度の蓋然性を認めた。

　また、すくなくとも被害者救済の方向性に共通点を見出すことのできる平成12年判決は、医師が診療当時の医療水準に照らして一般に要求される処置をせず、胸部疾患の可能性のある患者に対する初期治療として行うべき基本的義務を果たしていなかったという事案について、患者に対して適切な医療行為を行っていたとしても、患者を救命し得たであろう高度の蓋然性までは認めることはできないが、これを救命できた可能性はあったとして、「疾病のため死亡した患者の診療に当たった医師の医療行為が、その過失により、当時の医療水準にかなったものでなかった場合において、右医療行為と患者の死亡との間の因果関係の存在は証明されないけれども、医療水準にかなった医療が行われていたならば患者がその死亡の時点においてなお生存していた相当程度の可能性の存在が証明されるときは、医師は、患者に対し、不法行為による損害を賠償する責任を負う」と判示し、患者の精神的損害についての慰謝料請求を認めた[4]。

　因果関係立証の困難性に対する実体法的救済としては、客観的な(適切な治療を受ける)機会の喪失や主観的な期待権の侵害を理由として慰謝料の支払いを認める手法が提示されていたところであるが[5]、判例の延命可能性論は立証の対象を「死亡の時点においてなお生存していた相当程度の可能性」に転換することで実体法的救済を図るものといえ、次のような問題もある。

　まず、かかる手法は証明対象を転換することで高度の蓋然性を維持しているともいえるが[6]、当事者の主張にかかわらずこれを認めることもできる。すなわち、訴訟法的には攻撃防御の対象としてきた因果関係の

---

4) この法理の射程は契約責任にも及ぶ(最一小判平成16年1月15日裁集民213号229頁)。
5) 杉原則彦「判解」平成12年(下)861頁以下(2003)の整理が分かりやすい。効果として慰謝料に限られないとする見解として、澤野和博「判批」名経法学10号197頁(2001)、窪田充見「判批」ジュリ1202号70頁(2001)、林道晴「判批」NBL792号73頁(2004)等。
6) 溜箭将之「判批」法協118巻12号142頁(2001)参照。

到達点が突然転換されるという不意打ちの契機を含んでおり手続保障の観点から疑問がある[7]。

また、判例のいう"生命を維持する利益の重要性"に異論はないが、これを理由として生存の相当程度の可能性で因果関係を肯定することができるのであれば、実質的には高度の蓋然性を緩めて因果関係を認めているのと変わらず、原則的証明度を見直す契機ともなりうる[8]。

ところで、後者の判決は証明度の緩和よりも、高度の蓋然性が認められない場合に死亡時点における生存の相当程度の可能性の存在を証明することで慰謝料の支払を認める点にその眼目がある。そうだとすると、因果関係の立証の問題を慰謝料の裁量的な評価の問題に置き換えているともいえ、民事訴訟における事実認定の透明性確保の観点からも疑問が残る。

3 しかし、これらの解釈は最三小判平成15年11月11日民集57巻7号2574頁へと引き継がれる[9]。この判決は「患者の診療に当たった医師が、過失により患者を適時に適切な医療機関へ転送すべき義務を怠った場合において、その転送義務に違反した行為と患者の…重大な後遺症の残存との間の因果関係の存在は証明されなくとも、適時に適切な医療機関への転送が行われ、同医療機関において適切な検査、治療等の医療行

---

7) たしかに杉原・前掲注（5）862頁がいうように「『期待権侵害』、『治療機会侵奪』等があり、医療水準以下の診療行為と右侵害の結果との間には因果関係があるというのであって、注意義務違反と結果との間に因果関係がないのに賠償責任を認めるというものではない」のであろうが、新たな法益を創出し、証明の対象を転換するのであれば弁論主義や釈明の問題を避けては通れないはずである（稲垣喬「判批」民商123巻6号113頁（2001）参照）。
8) 稲垣・前掲注（7）111頁、前田順司「判批」別冊ジュリ183号165頁（2006）。なお、ここで生存の相当程度の可能性の存在の証明に対する「反証との関係で、資料の提出義務をどう解するか」（稲垣・前掲注（7）113頁）やその証明度をどのように解するかは別途問題となろう。
9) ただし、本件についての判タ1140号88頁コメントによれば、本判決は平成12年判決の法理を拡張するものではあるが、「重大な後遺障害一般に広げたものでも、まして健康侵害一般に広げたものでもなく」その射程は今後に残された問題であるという。

為を受けていたならば、患者に上記重大な後遺症が残らなかった相当程度の可能性の存在が証明されるときは、医師は、患者が上記可能性を侵害されたことによって被った損害を賠償すべき不法行為責任を負う」とした。これも「相当程度の可能性」による救済の文脈で理解されるが、因果関係の立証の問題を回避しつつ可能性の侵害の議論に集中しており、この相当程度の可能性の存在の証明で不法行為責任を肯定する手法は、相当の蓋然性の基準によって因果関係を認めることと区別することが困難である。

　なお、近時最二小判平成23年2月25日判タ1344号110頁は、「〔医師は〕各診察時において、レントゲン検査等を行い、皮膚科での受診を勧めるなどしており、……各診察の当時、下肢の手術に伴う深部静脈血栓症の発症の頻度が高いことがわが国の整形外科医において一般に認識されていたわけでもない。そうすると、Y〔医師〕が、X〔患者〕の左足の腫れ等の原因が深部静脈血栓症にあることを疑うには至らず、専門医に紹介するなどしなかったとしても、Yの……医療行為が著しく不適切なものであったということができないことは明らかである。患者が適切な医療行為を受けるこができなかった場合に、医師が、患者に対して、適切な医療行為を受ける期待権の侵害のみを理由とする不法行為責任を負うことがあるか否かは、当該医療行為が著しく不適切なものである事案について検討し得るにとどまるべきものであるところ、本件はそのような事案とはいえない」として、期待権侵害論に一定の枠を設けており、注意が必要である[10]。

4　では、これらの救済法理を援用できないとしたら、どのように因果関係立証の負担を軽減していくべきであろうか。ひとつの可能性として、裁判例のように慰謝料の問題に置き換えるのではなく、端的に証明度を引き下げることによって救済をする途が考えられる。そこで、以下

---

10)　ただし、吉田邦彦「判評」判時2120号177頁（2011）によれば、本判決にいう期待権侵害は「通常の期待権侵害法理の理解とはやや異なる」という。本件における医療水準をどの時点に求めるかにより構成に差異が生じうる点に注意が必要である。

では最近のBGH（ドイツ連邦最高裁）のふたつの判例に着目してみる。

3　BGHの近時の判例

1　因果関係立証の困難性はドイツでも同様であるが、ZPO286条は「裁判所は、弁論の全趣旨およびなされた証拠調べの結果を斟酌して、自由心証により、事実上の主張が真実と認めるべきか否かを判断しなければならない」と規定するとともに[11]、ZPO287条が「損害が生じたかどうか、そして損害または補償すべき利益がどのくらいか当事者に争いがあるときは、裁判所はこれについて自由心証による全事情を評価することにより判断をする」と規定している[12]。このようにドイツでは損害が生じたかどうかに争いがある場合にもZPO287条が適用されることが明らかであるから、因果関係立証の困難性についても同条による救済の余地がある。

2　*BGH* NJW2008, 1381[13]

（1）原告は、2002年10月11日に左人差し指をハンマーで打ちつけて、2002年10月14日に被告医師にかかった。このとき医師はレントゲン撮影を行ったが、重度の打撲にすぎず労働は可能であると診断し、原告の指に包帯を巻いただけで帰宅させた。しかし、原告は2002年11月15日、今度は仕事中に転倒し、左人差し指を壁に打ちつけた。2002年11月18日に別の医師の診断を受けたところ、左人差し指基節の再骨折との診断を受けた。その後、骨折のみならずズーデック症についての治療も行われるようになり（Sudeck'sche Heilentgleisung）、それ以来、原告は仕事ができなくなり、2004年5月からは部分的収入減を理由として年金を受給するに至った。

---

11)　法務大臣官房司法法制部編『ドイツ民事訴訟法典―2011年12月22日現在―』99頁（法曹会・2012）参照。
12)　法務大臣官房司法法制部編・前掲注（11）99頁参照。
13)　NJW-Spezial 2008, 265.

そこで原告は、2002年10月11日の時点ですでに骨折しており、これはレントゲン画像からも明らかであるから、被告は患部を固定して労働不能との診断をすべきであったと主張し、2002年11月15日の転倒事故とズーデック症の発症はこのときの誤診の結果であるとして損害賠償請求をした。

　これは後述する事案のように交通事故時の衝撃から直接ズーデック症が発症したか否かが問題とされているのではなく、事故後の医師の処置ミスから生じた二次的損害としてズーデック症が発症したとされている点が特徴的である。

　原判決は、2002年10月11日の最初の事故により実際に骨折していたのであるから、医師による打撲の診断が誤りであったことは明らかだとしてレントゲン画像の読影ミスを認めるも、ズーデック症は最初の事故だけを理由として発症した可能性もありうるとの鑑定意見を容れ、医師の処置ミスがズーデック症を惹起したことについて"実生活に役立つ程度の確実性"をもって確信を得ることができないとした。しかし、本判決は原判決を支持しなかった。

　たしかに、原判決は医師の処置ミスを検査ミスと診断ミスに分け、2002年10月14日の医師の行動は診断ミスにあたると判断しており、これは本判決も支持している。すなわち、本件で被告はレントゲン撮影により適切に検査をしているが、レントゲン画像から骨折を見落とした点にミスがあったのである。

　しかし本判決は、被告の処置ミスと原告の健康被害の因果関係を否定した原判決の判断は妥当でないとした。なぜなら、原判決が因果関係の判断にあたり要求した証明度が厳格にすぎたからである。

　（2）ドイツにおいて因果関係は責任根拠因果関係と責任充足因果関係に区別して論じられているところ[14]、本件では責任充足因果関係が問

14）　たとえば、*Stein/Jonas*, 22. Aufl., 2008, §287, Rn. 11 ff. は損害賠償請求の要素として、具体的な責任根拠と損害の発生、因果関係、損害額があるとしつつ、因果関係を責任根拠因果関係と責任充足因果関係のふたつに整理する。ここに責任根拠因果関係とは、判文によれば「患者の健康状態に対して負担をかけるという意味で一次的損害のような法

題となるのでZPO287条が適用され、その際の証明度は優越的蓋然性で足りる。そうであるにもかかわらず原判決は厳格にすぎる証明度を要求したのである。これは一次的損害とズーデック症発症との間の因果関係の証明に際してZPO287条が適用されないことを明らかにした後述する事案と対照的である。両者の違いは、一次的損害についての因果関係が問題となったか、二次的損害についての因果関係が問題となったかにある。すなわち、前者は交通事故時の衝撃がズーデック症発症の前提としての身体傷害にあたるか否か（責任根拠がそもそも認められるか否か）が問題となるのに対して、本判決は事故後の初診時にすでに処置ミスが存在しており（これにより一次的損害が発生している）、その後に発症したズーデック症（二次的損害）が損害として賠償範囲に含まれるか否かが問題となったのである。

　ところで、ここにいう責任充足因果関係と相当因果関係は併存する概念である。文献によれば「相当因果関係説の確立した適用領域は、責任を充足する因果関係にある。侵害が有責かつ違法に惹起されたならば、その侵害により相当因果関係をもって生じた損害が賠償されねばならない」[15]とあり、「実務において、相当因果関係による責任の制限の可能性が過大視されていたことは、確かである。しかし、責任を充足する因果関係の評価的な制限という、その理論の中核に相当因果関係を戻すならば、それは依然として有効な機能を果たしている」[16]と指摘されている。

　　益侵害としての処置ミスの因果関係」をいう。この因果関係は、侵害者の責任（有責性）の起点をなすものであるから、原則どおりの証明度、すなわちZPO286条の要求する実生活に役立つ程度の確実性の基準が妥当する。これに対して、責任充足因果関係とは責任根拠が認められた侵害から損害が生じたか、どのような損害がどの範囲で生じたかを判断する因果関係である。

15) E. ドイチュ＝H.-J. アーレンス著　浦川道太郎訳『ドイツ不法行為法』36頁（日本評論社・2008）。
16) ドイチュ＝アーレンス・前掲注（15）36頁。また、同252頁によれば相当因果関係は責任充足という損害法の領域において問題となり、責任充足因果関係の適用範囲と重なるのに対し、責任根拠因果関係においては厳格な有責性の検討がなされるので、相当性の検討をする必要がないという。

（3）以上のように、本件における責任根拠因果関係の検討において問題となる処置ミスによって惹起された身体傷害（一次的損害）とは、原告の人差し指の固定を行わなかったことなど不適切な処置によって生じた健康状態であり、ここからさらにいかなる損害が生じたか（ズーデック症が発症したか）は責任充足因果関係の問題として整理される。

しかし原判決は、ズーデック症の発症は適切な治療がなされても十中八九回避されなかったであろうという鑑定意見を引用するとともに、因果関係立証に"確実性に境を接する蓋然性"を要求した地裁の証拠評価を支持して、ズーデック症が2002年10月11日の事故のみを原因として発症した可能性も否定できないとして、実生活に役立つ程度の確実性をもって処置ミスとズーデック症との間の因果関係を認めることはできないと判示した。

本判決は、原判決が責任根拠因果関係（一次的損害の問題）ではなく責任充足因果関係（二次的損害の問題）の判断に対して厳格な基準を設定し、因果関係を否定したことを論難し、破棄差戻しを命じたわけである。

3　BGH NJW2004, 777[17]

（1）原告は、1997年12月上旬に生じた交通事故において事故車両に乗っていた同乗者である。事故後はじめのうち原告は健康上なんらの問題も感じていなかった。しかし、しばらくして左手にちくちくした痛みを感じ、それが段々と悪化していった。そこで原告は1998年1月末に至ってはじめて医師にかかったところ、医師は原告が労働不能であると診断した。その後、左手の痛みはさらにひどくなり、ズーデック症の治療も行われるようになった。そうこうしているうちに症状はさらに悪化し、指を閉じたまま手が固まってしまうまでになり、その回復はもはや期待できないという。

そこで原告は、事故時に左手をダッシュボードについたとき、自動車

---

17) Stein/Jonas, a. a. O., §287, Rn. 13 ; NJW-Spezial 2004, 18. なお、そこでは当該判決の精神的損害の問題領域における実務的意義も指摘されている。

の衝突によって短くも強い衝撃を感じたので、これによりズーデック症が発症したのだと主張して、この健康被害について損害賠償請求をした。

地裁は鑑定書の提出を受けたのちに請求を棄却、原審は鑑定人を補充的に尋問するも控訴を棄却、原告の許可上告も奏功しなかった。

原審は、些細な事故あるいは打ち身や捻挫のような些細な傷害でもズーデック症的ジストロフィーの原因となりうるかもしれないが、単に手をついた程度ではその原因として十分ではないという鑑定人の指摘に着目した。そして、ズーデック症が発症したということは何らかの外傷的影響は存在したはずだという鑑定を受け、実際そのような外傷がいつ生じたのかは知るすべがなく、その証明もなされていないと判示した。

また裁判所は、原告が事故直後には何らの痛みも訴えてはいなかった点も重視する。すなわち、左手のちくちくした痛みは事故後2週間も経過してからようやく生じてきたというのであるから、そもそも"身体傷害"という構成要件を充たしえない。強い衝撃を感じたことだけをもって"身体傷害"ということもできないというのである。

さらに、もっぱらZPO286条によって証明されなければならない責任根拠に疑義がある場合にZPO287条を適用することは体系違反となるので、原告はZPO287条の証明度軽減を享受し得ないと指摘した。

これに対して、原告は、車の衝突により感じた大きな衝撃は、認識可能な身体的影響が出なかったとしても法的には身体傷害と認定されてしかるべきであるから、控訴審は一次的侵害を肯定し、ZPO287条によってズーデック症の発症と事故の因果関係を認めるべきであったとして上告した。

（2）しかし、本判決はこれを容れなかった。なぜなら、車の同乗者がダッシュボードに手をついたときに感じた衝撃を身体傷害と判定できるのか、そしてそれはいかなる要件のもとにおいてか、という問題はズーデック症が一次的侵害によって惹起された場合にのみ問題となるところ、本件はそのような場合ではないからである。すなわち、原告が感じたという大きな衝撃がズーデック症を引き起こしたというためには、鑑

定意見のいう捻挫や打ち身のような何らかの外傷的症状が必要であるが、本件ではそれすら認められないからである。

要するに本判決は、捻挫や打ち身がズーデック症を帰結する因果関係の起点としての身体傷害といえるかどうかが問題となるような事案でなければ上告理由は妥当しないと考えており、本件は一次的侵害の問題ですらないとしているのである。

（3）つぎに、本判決はZPO287条の適用範囲について、責任根拠因果関係にまで拡張することはできないと指摘する。すなわち、ZPO287条が適用されるのは、責任根拠と生じた損害との間の因果関係（責任充足因果関係）の判断の場面しかなく、この場合に事実審裁判官はZPO287条の限りで自由な心証形成が認められるという。ただし、本件のようにそもそも身体侵害にあたらないのだとしたら、責任の起点としての責任根拠が認められずZPO287条を持ち出すまでもないので、原則通りZPO286条の基準に従って認定されることになる。

そして、ZPO286条によるならば、同条の基準に従ってズーデック症を引き起こした身体傷害と事故との因果関係について十分に確からしいといえなければならない。そこで、本判決はズーデック症の発症と事故が単に時間的に近接しているというだけでは不十分であり、また、患者の約10％は外的要因なしに発症することもあり得ること、事故の前あるいは直後までに知られていなかった外傷があるかもしれないことも考慮すると、原審が確信を持つことができなかったからといって、この点に法的過誤を認めることはできないとした。

なるほど民事訴訟における事実認定には確信が必要とされるが、判決の指摘する通り"確信"には絶対に覆せないような確からしさも、確実性に等しい蓋然性も要求されておらず、むしろ弁論の全趣旨および証拠調べの結果を斟酌して自由心証のもと得られた"実生活に役立つ程度の確実性"さえあれば足り、それが疑惑に沈黙を命じることにもなる[18]。

---

18) 伊藤眞「証明度をめぐる諸問題—手続的正義と実体的真実の調和を求めて」判タ1098号7頁（2002）の「実際には証明度に関して優越的蓋然性を基準としているにもかかわらず、高度の蓋然性でなければならないという一般論との整合性をとるために確信テー

これが"緩和された基準"といえるかどうかはひとまずおくとして、本判決はこの程度の基準ですら確信を得ることができなかったのだから、法的過誤は認められないというのである。

また原審は、(ズーデック症の)後遺症的性質ゆえにZPO286条による完全な立証がなされない場合に、一次的侵害の立証につきZPO287条が適用されるか、という問題の限りで根本的意義を有しているとして上告を許可したが、本判決によればこの点は本件で問題とならない。

本判決は、事実審裁判官は因果関係につき確信した場合にしか責任充足因果関係を認めることができず、そのときの心証形成についてはより低い基準が立てられ、個々の事案の状況に応じた高度ないし明白な蓋然性で十分であると指摘する。そして、因果関係の確定に際し、事実審裁判官はZPO287条に基づいて、各状況に応じた範囲においてより蓋然性の低い他の因果経過を排除する必要はないという限りにおいて自由に心証を形成することができるというのである。これはZPO287条の枠内で自由な心証形成が認められるとの指摘であり、同条が自由心証主義の"例外"といわれることの意味であろう。

ただし本判決が明らかにしているように、もしズーデック症の原因が示されず、それが原告の素因として発症した可能性があるならば、ズーデック症と事故との間の因果関係を認めることはできない。事故とズーデック症発症の時間的近接性や両者がなんとなく相互に関連するに違いないとの"感覚的"評価で因果関係を認めることはできないのである。

(4) 以上のように、本判決はZPO287条の適用範囲が責任根拠因果関係にまで拡張されないことを明らかにした判例である。すなわちBGHの確立した判例によれば、責任根拠の証明はZPO286条の厳格な基準が要求される一方、事実審裁判官は責任根拠と生じた損害との間の因果関係(責任充足因果関係)の判断についてのみZPO287条の限りにおいて自由な立場にあるという。

これは因果関係を責任根拠因果関係と責任充足因果関係のふたつに区

ゼが用いられている」という説明が分かりやすい。

別し、後者についてのみ ZPO287条の適用を問題とする立場である。本判決はこのように証明度を区別する理由について、①ZPO287条という例外規定の存在と②侵害行為と侵害結果との間の因果関係が確定されていなければ"責任"が問題にならないという責任根拠の解釈論に求めている。

このような判例理論は確定しており相応の支持も得ているが[19]、学説には争いもあり、たとえば当初の侵害結果と後の健康被害との間の因果関係は責任根拠因果関係にもかかわる問題であることを指摘しつつ疑問を呈するものもあるし[20]、本判決でも紹介されているように侵害者による被害者の法益の危殆化及び最終的に生じる証明困難性に鑑み責任根拠因果関係の確定の領域においても ZPO287条を適用しようとする有力な見解もある[21]。

もっとも、本判決は ZPO287条の適用範囲を責任根拠因果関係まで拡張しようとする見解に対しては、侵害者により引き起こされた可能性があるに過ぎない法益侵害についての責任を（侵害者に）甘受させるが如きは、侵害者の責任を法的根拠なく過度に拡張していると批判し、また、侵害者により惹起された一次的侵害が確定してはじめて、裁判官に侵害結果の確定についての蓋然性の衡量をさせることを正当化できるのだと指摘している。ただし、証拠の構造的偏在が生じているような場合にまで本判決の指摘が妥当するかは疑問であり、その意味では事案の類

---

19) *Musilak*, Grundkurs ZPO 9. Aufl., 2007, Rn. 466；*Thomas／Putzo／Reichold*, 29. Aufl., 2008, §287, Rn. 4；*Baumbach／Lauterbach／Albers／Hartmann*, 67. Aufl., 2009, §287, Rn. 6. 宮里節子「損害賠償訴訟における立証軽減―ZPO 二八七条の意義について―」琉法28号461頁以下（1981）も参照。

20) *Rosenberg／Schwab／Gottwald*, ZPR 15. Aufl., 1993, §116 II 4.

21) *Hanau*, Die Kausalität der Pflichtwidrigkeit, 1971, S. 119は、被害者がおかれる証明困難な状況に照らし、一般的な証明責任の転換の問題ではなく ZPO287条の証明軽減が妥当するという。また、*Gottwald*, Schadenszurechnung und Schadensschätzung, 1979, S. 83は、法益の危殆化の視点から ZPO287条の適用を示唆する。なお両説は、純然たる侵害行為ないし危殆化行為自体を責任根拠として評価する見解であり、これによればどの因果関係の問題も ZPO287条で処理されることになる（vgl. *Rauscher／Wax／Wenzel*, 3. Aufl. 2008, §287, Rn. 11.）。

型や適用される実体法規次第では責任根拠因果関係にまで適用範囲を広げる余地があると考えられる。

4 以上のような責任根拠因果関係と責任充足因果関係の区別はドイツ固有のものではなくわが国においても妥当する[22]。そこで上記判例を前提にわが国にどのような示唆を得られるか、以下検討していくことにする。

4　わが国における訴訟法的救済

1　わが国にも ZPO287条を参考にした民事訴訟法248条が存在する。しかし、この規定は、ZPO287条と異なり「損害が生じたことが認められる場合」に相当な損害額を認定することができるとしか規定しておらず、損害「額」の算定の場面に限定されたものとなっている。

もっとも、因果関係立証の困難性を緩和すべく同条を積極的に活用する余地はないであろうか。

2　民訴法248条の制定経緯をみると、『検討課題』[23]の段階から一貫して「損害の生じたこと」が要件とされており、『改正要綱試案』[24]と比較対照してみると、むしろ損害額算定の規定の法的性質をどのように解するかという問題に議論の重点がおかれていたことがわかる。すなわち、『検討課題』では「合理的な裁量により損害額を認定する」として、損害額の算定が客観的な事実の存否の問題ではなく、損害の金銭的評価の問題であるとして裁量評価説的に説明されていたのに対し[25]、『改正

---

22)　潮見佳男「損害賠償責任の効果―賠償範囲の確定法理」ジュリ1318号128頁以下（2006）参照。
23)　法務省民事局参事官室編『民事訴訟手続の検討課題―民事訴訟手続に関する検討事項とその補足説明―』別冊 NBL23号（商事法務・1991）。
24)　法務省民事局参事官室編『民事訴訟手続に関する改正要綱試案』別冊 NBL27号（商事法務・1994）。
25)　検討課題・前掲注（23）46頁。

要綱試案』では自由心証主義の範囲内で証拠に基づく事実の認定をするという事実認定の原則を変更するものではなく、認定のために必要とされる証明度を一定の範囲で低減するものであるとして証明度軽減説的に説明された[26]。現行法の文言をみると、『改正要綱試案』の「すべての事情を評価して」に近く、「口頭弁論の全趣旨及び証拠調べの結果に基づき」とあり、より自由心証主義とのつながりを意識した文言になっているので、証明度軽減説に親和的な規定振りであることがうかがわれる[27]。

もっとも『一問一答』をみると、法的性質についての言及は避けられ、損害の発生および損害額についての立証責任が原告にあることを確認したうえで「損害が生じたことは認められるが、その性質上、損害額を算定する根拠につき個別的、具体的な立証が困難であるため、損害額の立証が客観的に極めて困難な場合」を予定した規定であるとのみ説明されており[28]、すくなくとも立法が（抽象的な）損害の発生と（具体的な）損害額を区別して、後者についてのみ民訴法248条の適用を認める意図を有していたことについてだけが明らかにされている。

3 ところで、このような損害の存否と損害額の区別は理論としてはともかく実際には困難である[29]。このことは、損害額と責任充足因果関係がいずれも"損害"の問題として密接不可分であり、両者を区別することは現実的でないというドイツの指摘からも示唆的である[30]。そし

---

26) 改正要綱試案・前掲注（24）53頁。
27) 潮見佳男『不法行為法』233頁-234頁（信山社・2004）。
28) 法務省民事局参事官室編『一問一答　新民事訴訟法』287頁（商事法務・1997）。
29) 畑郁夫「新民事訴訟法二四八条について―知的財産事件に適用される場合を念頭において―」原井古稀『改革期の民事手続法』506頁（法律文化社・2000）参照。
30) *Gottwald*, a. a. O., Schadenszurechnung, S. 78は、ZPO287条の前身であるCPO260条が損害の存否について適用範囲を拡張した理由を損害額と損害の存在の区別の困難性にあるとしており、そのため同条の射程が因果関係についてまで及ぶことを示唆しており参考になる。また、平井宜雄「民事訴訟法二四八条に関する実体法学的考察」井原宏＝庄子良男＝渡辺章編『現代企業法学の研究―筑波大学大学院企業法学専攻十周年記念論集』464頁（信山社・2001）も「損害および損害額が常に因果関係概念の解釈という形を

て、上記のように民訴法248条の制定の意義を裁判所の自由心証主義(民訴247条)を一歩進めた点に求めるのであれば、損害額の認定のみならず、その背後にある責任充足因果関係についてまで同条の射程を拡張することは十分に可能であると考える[31]。具体的には鶴岡灯油事件判決のように損害の発生と損害額、そしてその背後にある責任充足因果関係が同時に問題となる場合には、民訴法248条を損害額のみならず責任充足因果関係に類推適用する可能性は十分にあるというべきであろう[32]。また、近時下級審で談合事件につき同条を適用する事例も散見されるし[33]、裁判所の民訴法248条適用義務を肯定したかのように読める最三小判平成20年6月10日裁時1461号15頁と相俟って、同条の適用範囲の拡張傾向は今後さらに強まるものと考える。

4 実際に制定当時の議論をみると、法的性質論と絡めて民訴法248条を「損害額の認定以外の、たとえば、損害の発生そのものとか因果関係というものに類推」する可能性を指摘する見解もあった[34]。

この見解は同条の法的性質を、損害額について裁判所の裁量評価を認める実体法的規定ではなく、訴訟法的な証明度軽減の規定であると考えているようであるが、その解釈の根幹には、民事訴訟において同条に期待される現実の機能に鑑みるならば訴訟法説を採るべきである、という

とって現れざるを得ない」点を指摘している。
31) 潮見・前掲注(27)236-237頁は「取引的不法行為におけるいわゆる第1次財産損害(経済的損失。エコノミック・ロス)については、『損害事実』と『損害額』とを明確に区分することは困難であり、ここでは損害事実の発生も含めて248条でカバーされているものと見るのが適切である」と指摘する。柏木邦良「西ドイツ民事訴訟法学の現況(4)――ローゼンベルク＝シュヴァーブ「民事訴訟法」一〇訂版を通して――」ジュリ493号122頁注(9)(1971)も参照。
32) 清水正憲「損害額の認定」滝井繁男ほか編『論点 新民事訴訟法』402頁-403頁(1998)参照。
33) 東京高判平成21年5月28日判時2060号65頁、名古屋地判平成21年8月7日判タ1330号247頁、東京高判平成23年3月23日判時2116号32頁等。
34) 竹下守夫＝青山善充＝伊藤眞編集代表「研究会 新民事訴訟法 立法・解釈・運用」324頁〔青山発言〕(ジュリ増刊・1999)。

発想がある。民事訴訟法の目的はいまそこにある紛争を実効的に解決する点に求められるべきであるから[35]、規定を現実の訴訟においてどのように活用すると紛争の実効的解決に資するかという視点で解釈がなされるべきであり、かかる論理展開も十分にあり得る[36]。

この点については、同条の法的性質論が結論を大きく左右することは少ないとの指摘もあるが[37]、同条を訴訟法的な規定であるとみるならば証明困難な場合の救済規定としての性質をその趣旨に読み込むことができるから、同条の適用ないし類推適用によって広く救済が可能になると考える。ちなみに、訴訟法説に立ったからといって同条の適用範囲が論理必然的に広がるわけではないとしても、有力な学説が指摘しているように「証明度軽減と裁量判断は、相互に排他的なものではなく、むしろ相互に補完的なもの」である考え、証明度と裁量判断の程度を相対化して「証明度が相当低くても裁判所が裁量的判断によって損害額を定めることが許される」というような折衷的な見解に立つことも可能であろう[38]。この説によっても、民訴法248条が基本的に訴訟法的な規定であり、損害額の算定も基本的に事実認定であるとみるならば、同条は基本的に証明度を軽減する規定であるとして、その類推適用の余地が生じるものと考えられる[39]。

---

35) 民事訴訟の目的論の史的展開といわゆる紛争解決説への示唆として、加藤哲夫「民事訴訟の制度目的論とそのダイナミズム」ジュリ1425号36頁（2011）、伊藤眞「民事紛争の解決と民事訴訟法理論の役割」井上追悼『民事紛争と手続理論の現在』7頁（法律文化社・2008）参照。
36) 竹下ほか・前掲注（34）324頁。
37) たとえば、伊藤滋夫「民事訴訟法二四八条の定める『相当な損害額の認定』（中）」判時1793号4頁（2002）、清水・前掲注（32）401頁。なお、この争点については、加藤新太郎「民訴法248条による相当な損害額の認定」判夕1343号61頁（2011）において整理がなされている。
38) 伊藤眞「損害賠償額の認定—民事訴訟法二四八条の意義—」原井古稀『改革期の民事手続法』69-70頁（法律文化社・2000）。
39) 同条の類推適用を肯定する見解として、山本克己「自由心証主義と損害額の認定」松本博之＝宮崎公男編『講座　民事訴訟法Ⅱ』318頁以下（弘文堂・1999）、坂本恵三「判決③—損害額の認定」三宅省三＝塩崎勤＝小林秀之編『新民事訴訟法大系—理論と実務—第3巻』282頁（青林書院・1997）、畑・前掲注（29）506-507頁等。

これに対し、損害の事実とその金銭的評価とを区別する「損害＝事実説」を採らないと民訴法248条が「損害の発生」と「損害額の認定」を明確に区別したことを説明できないとして、後者はまさに損害の金銭的評価の問題であるから裁判官の自由な裁量にゆだねられるべきもので、民訴法248条は「本来自由であるべき裁判官の裁量…に実体法的な『枠』をはめた」規定であるとする見解もある[40]。

　この見解は理論として傾聴に値するが、訴訟法の運用に照らし全面的に賛成するには躊躇がある[41]。たとえば、この見解は「ドイツ損害賠償法特有の産物である差額説を『直輸入』したこと」を批判するが[42]、その当否はともかくわが国において差額説を念頭においた理論研究がなされ、わが国なりの運用もなされているのであるから、民訴法248条が差額説を前提に制定されたとしても不自然なことではない。また、同条が損害の発生と損害額の認定を分けていることについても、「損害＝事実説」を採った帰結であると説明することも可能ではあろうが、要件事実論を念頭において議論するならば、これも不合理ではない[43]。もっとも、同条を実体法的な規定であると解することは、実務に親和的な面も有している。すなわち、「わが国の実務が実際にしていることは、裁量的評価による損害額の算定であり、ただ、外形上は、裁量による算定という形はとらないで、具体的事実の認定に基づく正確な額の算定という形をとっているにすぎない」[44]という指摘にあるように、実務は訴訟法

---

40) 平井・前掲注 (30) 473頁以下。
41) 近時の批判的検討として笹倉秀夫「平井宜雄『損害賠償法の理論』考―法解釈学と法の基礎研究―」早法85巻3号534頁以下 (2010) がある。なお、平井・前掲注 (30) 468頁によれば、この見解の問題意識は実務が築き上げた現実を実体法的に定式化しようとする点にある。ここに民訴248条を訴訟法的に把握するか、実体法的に把握するかの分岐点がある。
42) 平井・前掲注 (30) 470頁。
43) 実際に両者の区別は明確ではないし、損害賠償の低額化の危険から損害の発生と損害額のいずれをも主要事実とすることについては議論があるが、両者を分けて分析をすること自体は不合理ではない (山本和敏「損害賠償請求訴訟における要件事実」鈴木忠一＝三ヶ月章監修『新・実務民事訴訟法講座4』332-333頁 (日本評論社・1982) 参照)。
44) 藤原弘道「損害及びその額の証明―鶴岡灯油事件最高裁判決を機縁に―」判タ733号11

理論の枠組みの中で実体的な評価を行っているものと考えられ、これが同条をめぐる議論を錯綜させている原因のひとつである。たしかに同条は訴訟法的であり実体法的でもあるが、訴訟における位置づけは訴訟法的な構成を模索してよいのではなかろうか。

5　むすびにかえて

　以上、民訴法248条を損害額とこれと密接に関連する責任充足因果関係の事実認定に適用することは十分に可能であり、さらには法的性質論を介することで責任根拠因果関係の認定に際しても同条の類推適用の余地があると述べてきたが、わが国では同条の射程を拡張すべきとの議論はあまりなされていない。これは拡張の必要性について（とりわけ実務が）消極に考えているからではなかろうか。

　しかし、因果関係立証の困難性の解消は裁判所の自由心証に依存しており、結局はどの程度の証明で（心証で）裁判所が認定するかという証明度の問題に収斂するので、その際自由心証の特則であり証明度の軽減を示唆する民訴法248条が糸口となりうる。これは救済の入口を狭めるものではなく、裁判所による救済に実定法上の根拠を与えることを意味し、当事者の立証の程度や事件の性質に照らして柔軟な事実認定が可能になる。

　ただし、近時わが国において原則的証明度にも揺らぎが生じている。すなわち、因果関係立証の困難性に対する救済として、上記のような民訴法248条拡張アプローチがある一方で、原則的証明度を操作するアプローチも考えられる。この点については長崎原爆症事件に関する最三小判平成12年7月18日裁集民198号529頁が参考になる。

　この事件では、原審が「相当程度の蓋然性」による証明を認めたが、最高裁は「高度の蓋然性」の基準を維持した。しかし、「建前としての高度の蓋然性基準は、実質としての優越的蓋然性基準によって置き換え

頁（1990）。

られた」との指摘がなされているように[45]、本判決は「高度の蓋然性」の基準というよりも、経験則を介して「相当の蓋然性」の基準を認めたものと捉えることもでき、同時に最高裁は「高度の蓋然性」という言い回しに固執しているようでもある[46]。この判決に対しては、「高度の蓋然性」の基準を尊重する見解も「『本件では、高度の蓋然性があるとしてよい』としたとみるべき」と解し、「本判決は…『高度の蓋然性』のハードルがやや高すぎることを示唆するものと受け止めるべき」とするが[47]、そうであれば、もはや「高度」性を要求する必要はなく、「高度の」という言葉の持つニュアンスがかえって事実認定を歪めているように思われる[48]。したがって、証明度としては相当の蓋然性で十分で[49]、裁判所も蓋然性が「高度」かどうかに固執せず、事案に応じて柔軟に事実認定をすべきである。

　このように因果関係立証の負担を軽減するアプローチとしては民訴法248条拡張アプローチと相当の蓋然性アプローチのいずれもあり得るが、後者のように原則的証明度を操作できるとすれば民訴法248条の射程を拡張する必要性は相対的に低くなる。しかし前者であれば条文上の根拠が与えられるし、裁判所が高度の蓋然性の基準を堅持するのであれば同条の法意に基づく証明度軽減を検討する意義は十分に残されているといえよう。

　そして、前者を採る場合には、損害との密接関連性を根拠として責任充足因果関係についての証明度を軽減しうるし、民事訴訟における証明困難に対する救済規定としての同条の性質から責任根拠因果関係についても民訴法248条の射程を及ぼし得る。ただし、責任根拠因果関係への適用については、ドイツでもZPO286条の問題として議論されているように責任要件であるから、なお慎重な理論構成を要する。

---

45) 伊藤眞『法律学への誘い［第2版］』211頁（有斐閣・2006）。
46) 太田匡彦「判批」ジュリ1202号36頁（2001）参照。
47) 加藤新太郎「判批」ジュリ増刊『［判例から学ぶ］民事事実認定』20頁（2006）。
48) 三木浩一「民事訴訟における証明度」法研83巻1号56頁（2010）参照。
49) 伊藤・前掲注（18）4頁以下、三木・前掲注（48）15頁以下。

いずれのアプローチにせよ当事者の立証負担を軽減し、柔軟でより真実に近い事実認定をすることこそが民事訴訟の目的である紛争解決に資することを忘れてはならない。

証明責任の分配と実質的考慮

吉 田 元 子
Motoko YOSHIDA

1 はじめに
2 証明責任の分配に関する議論状況
3 社会状況の変動と証明責任の分配
4 今後の展望

1 はじめに

　民事裁判において、裁判官は、審理を尽くしてもなお、適用すべき法規の法律要件該当事実の存否について、心証を得るに至らないことがある。いわゆる真偽不明（non liquet）の状態である。真偽不明の場合に、裁判所（裁判官。以下で同様の意味を表す際には、便宜上「裁判所」と表記する）がそれを理由として裁判を拒絶することは、紛争解決方法としての訴訟制度の存在意義に係わることであり、原則として許されない[1]。この場合に、当該事実を要件とする自己に有利な法律効果の発生または不発生が認められないことによって、当事者の一方が被る危険ないし不利益を、一般に、証明責任（客観的証明責任）と呼んでいる[2]。

---

[1] 例えば、松本博之＝上野泰男『民事訴訟法〔第7版〕』（弘文堂、2012）421頁。

[2] 例えば、秋山幹男ほか『コンメンタール民事訴訟法IV』（日本評論社、2010）24-25頁、兼子一ほか『条解民事訴訟法〔第2版〕』（弘文堂、2011）1016頁〔松浦馨＝加藤新太郎〕、笠井正俊＝越山和広編『新・コンメンタール民事訴訟法〔第2版〕』（日本評論社、2013）757頁〔山田文〕。
　なお、このような場合に、真偽不明の事実（厳密には法律要件）の存在または不存在を、証明責任規範によって仮定（擬制）し、その仮定（擬制）に基づいて法規を適用し判断を下す、という見解も有力である。例えば、春日偉知郎『民事証拠法研究』（有斐閣、1991）336-360頁、松本博之『証明責任の分配―分配法理の基礎的研究―〔新版〕』

証明責任の捉え方や評価には、訴訟における立場や視点によって差異が生じる。すなわち、裁判所の側から見ると、証明責任は、真偽不明の場合に法を適用し裁判を実現するための法技術と捉えられる。この捉え方によれば、裁判拒絶を回避し、当事者間の紛争解決へ向けた判断を可能にするものという、言うなれば肯定的なイメージが想起されやすい。その一方で、当事者（関係人を含む）の側から見ると、証明責任は、真偽不明の結果を当事者のいずれが負担するかを決める法技術と捉えられる。この捉え方によれば、当事者の一方が負わされる「ハンディキャップ」を予め定めたもの[3]という、言うなれば否定的なイメージが想起されやすい。というのも、本当のところ真偽は不明なのであるから、いずれの当事者も、自己に全面的に有利な認定は期待できないとしても、全面的に不利な認定も懸念しなくてよいであろう、と予想する可能性が少なからずある。しかしながら、現実には、証明責任は、当事者の一方に、（当該当事者からすれば理不尽であろうが）全面的に不利益を背負わせるからである[4]。

上記のイメージが主観の域を出ないものである限り、イメージの想起自体を妨げることはできない。しかし、否定的なイメージの想起を最小限に止めることは、不可能ではないと考えられる。そのためには、証明責任の必要性が揺るがない以上、分配のあり方やその適用結果の妥当性を通じて、証明責任の許容性を認めさせることができるかが、ひとつの鍵となろう。

本稿においては、当事者、さらに、潜在的な訴訟利用者でありかつ納

（信山社出版、1996）19-32頁、小林秀之『新証拠法〔第2版〕』（弘文堂、2003）166-168頁、高橋宏志『重点講義民事訴訟法上〔第2版補訂版〕』（有斐閣、2013）519-520頁。
　　もっとも、いずれの見解によっても、真偽不明の場合に当該事実を法律要件とする法的効果の不発生が原則となることから、この議論は理論的で観念的なものに過ぎない、とも指摘されている。秋山ほか・前掲26-27頁、兼子ほか・前掲1016頁〔松浦＝加藤〕など。

3）　高橋・前掲注（2）518頁。
4）　以上について、松本・前掲注（2）8-9頁参照。なお、この認識は、真偽不明の場合に、法規不適用の原則を出発点とするか、あるいは、実体法の適用または不適用を裁判官に指示する証明責任規範を観念するかをめぐる議論の背景とも通じるように思われる。

税者として訴訟制度を支える市民の、納得を得られるものであるか、という問題意識に立って、証明責任の分配について改めて考えてみたい。社会の変化とそれに伴う紛争の多様化が、市民の主観やその形成過程にも影響を与えていることは、想像に難くない。その点を念頭に置き、証明責任の議論へのフィードバックの可能性も含めて、考察をめぐらせたい。

以下では、まず、証明責任の分配に関する議論状況を簡単に整理し、問題の所在を確認する（2）。その上で、最近進展がみられる労務提供契約における安全配慮義務を例として、証明責任の分配をめぐる議論の動向及び展望について、考察を試みる（3）。

2　証明責任の分配に関する議論状況

1　証明責任の所在

証明責任の所在のありようは、証明責任が真偽不明の場合の法適用の便であるという限りにおいて、証明責任の意義を変じるものではない。それを前提とすると、裁判所の関心は、どちらの当事者が証明責任を負うのかについての基準の存否に集約されやすい、と予想される。証明責任の所在について、具体的な規定であれ一般的なルールであれ、何がしかの基準が示されてさえいれば、裁判所はとりあえず、その基準に基づいて判断を示し、裁判拒絶を回避することができるからである。

それに対して、当事者にとっての心配の種は、証明責任がどのように分配されるかであろう。というのも、当事者の訴訟上の立場や優劣は、証明責任の所在如何で大きく変化する可能性があるからである。当事者はいずれも、自己に有利な法律効果の発生または不発生を認められず不利益を被る危険があるが、同時に、相手方にその状態が生じた反射として利益を受ける可能性もある。それは時には、訴訟の勝敗さえも左右しかねない。それゆえ、当事者の関心は、証明責任の所在に留まらず、その分配基準の詳細にも確実に向けられる。

その一方で、証明責任の分配基準の明快さは、裁判所と当事者の両者

に共通する関心事である。裁判所の訴訟運営における疑義なき適用の指針として、また、当事者の訴訟活動における予測可能性の向上のためには、基準はできるだけ明快であることが望ましい[5]。その認識においては、裁判所と当事者は一致していると考えられるからである。

2　証明責任の分配

分配基準が最も明快であるのは、実体法に証明責任の所在を端的に示す規定が存在する場合である。自動車損害賠償保障法3条ただし書、製造物責任法4条、金融商品取引法17条ただし書、手形法45条5項などが、これに該当する。

しかしながら、明文規定が存在する場合は極めて少ない。明文規定のない多くの場合における分配基準について、わが国では、1970年代半ば以降、活発な議論が展開されてきた[6]。諸見解を正確に分類することが困難なことは周知の通りであるが[7]、敢えて簡単に整理するならば、次のようになろう[8]。

現在、わが国の多くのコンメンタールや基本書で最初に紹介されている見解は、規範説である。規範説とは、真偽不明の場合には法規を適用しないことを前提に、実体法規範の表現方法や形式的構造に基づいて規定を3つに区別し（以下、「三分法」と表記する）、権利根拠規定の要件に該当する事実（権利根拠事実）は権利主張者が、権利障害規定及び権利消滅規定の要件に該当する事実（権利障害事実及び権利消滅事実）はその相手方

---

5) 例えば、上田徹一郎『民事訴訟法〔第7版〕』（法学書院、2011）381-383頁。
6) 実体法、訴訟法、さらにドイツ法の動向も加わって、いわゆる「証明責任論争」が繰り広げられた。なお、本稿においては、証明責任論争、また、証明責任の分配基準に関する諸見解やそれらの相互間評価については、本稿の問題意識との関係で必要最小限な範囲で紹介するに留める。詳細については、松本・前掲注（2）39-75頁などを参照。
7) 例えば、宇野聡「証明責任の分配」伊藤眞＝山本和彦編『民事訴訟法の争点（ジュリスト増刊）』（有斐閣、2009）184頁以下、185頁、高橋・前掲注（2）548頁。
8) なお、いずれの見解も、その内部で意見が完全に一致しているわけではなく、論者ごとに若干の相違がみられる。本文においては、客観的に各見解を説明するという意図から、説明として一般的な表現が存在すればそれにより、存在しない場合には論者に共通する主張のみを記すよう努めた。

が、証明責任を負うとする見解である[9]。この規範説を一部修正しつつ継受した見解が[10]、法律要件分類説であり、長く判例・通説の地位に位置付けられてきた[11]。

　これらの見解に対する批判とともに主張された利益衡量説は、三分法を用いることなく、証拠との距離、立証の難易さ、事実の存否の蓋然性などに基づく実質的な利益衡量によって、当事者間の衡平と法規の立法趣旨を基準に、証明責任の分配を考える見解である[12]。

　さらに、原則として三分法の枠組みを維持して証明責任を分配しつつ、疑問が生じる場合には、個々の事案に応じて、法規の立法趣旨や立法者意思の尊重、及び、証拠との距離、立証の難易さ、事実の存否の蓋然性など当事者間の衡平を、実質的に考慮して、修正を認める見解もある。このような、法律要件分類説と利益衡量説との中間に位置する見解は、修正法律要件分類説と総称されている[13]。

　現在では、判例・通説は修正法律要件分類説を採用している、との理解が有力である[14]。とは言え、そのことは、証明責任の分配に関する議

---

9) レオ・ローゼンベルク（Leo Rosenberg）が提唱した見解である。著書の日本語訳として、倉田卓次訳『ローゼンベルク・証明責任論〔全訂版〕』（判例タイムズ社、1987）。
10) 規範説が、三分法に基づく区分に際して、個々の裁判官が実質的考慮を入れることを認めないのに対して、法律要件分類説は、裁判官による実質的考慮を認めている。例えば、宇野・前掲注（7）185頁。
11) 例えば、兼子一『新修民事訴訟法体系〔増補版〕』（酒井書店、1990）259-260頁。なお、法律要件分類説が通説となる以前のわが国の議論状況については、高橋・前掲注（2）543-544頁注29及びそこで引用されている諸文献を参照。
12) 石田穣『民法と民事訴訟法の交錯』（東京大学出版会、1979）45-59頁、新堂幸司『民事訴訟法〔第2版補訂版〕』（弘文堂、1990）351頁。
13) 例えば、川嶋四郎『民事訴訟法』（日本評論社、2013）582頁、松本＝上野・前掲注（1）426頁、春日・前掲注（2）424頁、小林・前掲注（2）187-188頁、松本・前掲注（2）75頁、高橋・前掲注（2）547頁、上田・前掲注（5）386頁。
14) 笠井＝越山編・前掲注（2）760頁〔山田〕など参照。なお、秋山ほか・前掲注（2）39頁、兼子ほか・前掲注（2）1018頁〔松浦＝加藤〕などは、現在も法律要件分類説を通説と位置付けており、証明責任の分配に関する諸見解の分類の難しさを、期せずして露呈する形になっている。
　その一方で、法律要件分類説と修正法律要件分類説との相違について、重点の置き方の差異に過ぎず、両説の区別は必ずしも截然としたものではないとする指摘も有力であ

論の終焉を意味するものではない。上記のいずれの見解を採用するとしても、修正の余地は全面的に否定されてはいない。そのことは、証明責任の分配を最終的に決するに際して、法規の立法趣旨や当事者間の衡平に係わる諸事情が実質的に考慮されるべき事案が、相当程度存在している、という実情と認識を暗示するものと考えられる。

そうであるとすれば、今後の議論の重心は、具体的な実質的考慮や修正を認める事案及びその程度の分析へと移行させていくことが望ましい。それらの分析の積み重ねは、証明責任の所在の明確性を高め、法的安定性及び予測可能性の脆弱さという実質的考慮の弱点を補塡することにも資すると考えられる。

3　問題の所存の確認

証明責任の分配を最終的に決する立法趣旨や当事者間の衡平の実質的考慮の分析の重要性は、以前から指摘されている[15]。しかしながら、それは停止してこそいないものの、順調に進んでいると評価できる状況ではない。

このような議論や分析は、前提として具体的事案の累積を必要とする。そこから、現状は、証明責任の分配に疑問が生じるような新たな問題が、実務で発生していないことの証である、との理解も成り立ち得る。裁判所が迷ったり悩んだり、あるいは当事者が疑問を感じたり不信感を抱いたりする事態が生じていないとすれば、証明責任の分配に関する議論は、ある意味で理想的な幕引きへの途上にあると理解することもできよう。

しかしながら、科学技術、経済活動、社会構造といった市民生活のあ

ることも、付言しておく必要があるだろう。例えば、小林・前掲注（2）188頁、高橋・前掲注（2）547頁。利益衡量説との相違も含めた評価として、笠井正俊「証明責任の分配」青山善充＝伊藤眞編『民事訴訟法の争点〔第3版〕（ジュリスト増刊）』（有斐閣、1998）206頁以下、208頁、伊藤眞『民事訴訟法〔第4版〕』（有斐閣、2011）357-358頁脚注257も参照。

15)　例えば、松本・前掲注（2）79頁、小林・前掲注（2）188頁。

らゆる側面は、高度化、国際化、複雑化などの変化を日々続けている。一市民の感覚として、仮に私人間の紛争解決に係わる民事訴訟法の学説や実務が、そのような社会状況の変動の影響を受けることなく、それとは縁薄いところで議論され運用されているとすれば、それは明らかに不可解であり、違和感を拭えない。

　ここで注目すべきは、社会状況の変動と立法・解釈の変動との間にはタイム・ラグがある、という点である[16]。社会状況の変動に伴い、当事者間の衡平のために必要な考慮も変容する可能性がある。例えば、現代型訴訟における構造的偏在のようにわかりやすくはないが、市民生活における常識の範囲では実質的考慮が望まれる事情が生じてくるかもしれない。しかし、社会状況の変動が速いほど、タイム・ラグは大きくなりやすく、いわゆる社会的常識感覚と法的規律・解釈との乖離、ひいては、市民と裁判所との発想や認識の乖離も拡がりやすい。それは、「国民が身近に利用することができ、社会の法的ニーズに的確にこたえることができる司法[17]」、「国民に利用しやすく、分かりやすい[18]」民事訴訟の実現にとって看過することのできない、忌々しき事態である[19]。

　社会状況の変動が法規の整備に先んじることは、「社会あるところ法あり（Ubi societas, ibi ius.）」の法諺から推測される両者の関係上、ある程度やむを得ない。しかし、社会状況の変動及びその実態をできる限り

16）　時間の経過に伴う市民生活の動向は、「変化」「変動」よりも「発展」と表現するほうが相応しいかもしれない。しかし、本稿においては、昨今の世界規模の経済危機、超国家的機関の発展と特有な問題の発生、成果主義の推進などに鑑み、進退いずれの印象も薄い中立的な表現として、前二者の表現を用いることとする。

17）　法務省大臣官房司法法制部「司法制度改革について」http://www.moj.go.jp/housei/servicer/kanbou_housei_chousa18.html。

18）　法務省民事局参事官室編『一問一答新民事訴訟法』（商事法務研究会、1996）5 頁。

19）　訴訟経験者は、未経験者に比べ、「法律は社会の実情を反映していない」「判決と常識とは乖離している」と評価する割合が高い、との調査結果が得られている。和田仁孝「訴訟行動と意識要因」樫村志郎＝武士俣敦編『現代日本の紛争処理と民事司法 2　トラブル経験と相談行動』（東京大学出版会、2010）223頁以下、233-236頁、241頁、243頁。このような結果は、裏を返せば、法規や裁判の論理と社会の常識的感覚とは、市民の予想以上に乖離していることを意味している。

リアル・タイムで把握することによって、乖離を最小限に留めることは、当然求められると考える。実務及び学説の反応が緩慢になることは、厳に避けなくてはならない。

このような問題の所在を確認したところで、次に、証明責任の分配に当たって修正の要否が論じられてきた事案を概観し、労務提供契約における安全配慮義務の問題を採りあげて検討する。

3 社会状況の変動と証明責任の分配

1 証明責任の所在が問題とされた具体例

すでに紹介したように（上記2 2を参照）、一部の事案では、実体法規の法律要件に該当する事実の証明責任の所在が問題となり、立証の難易さなど当事者間の衡平、及び、当該法規の実体法上の性質や趣旨を勘案した、実質的考慮に基づく修正の要否が論じられている。虚偽表示における第三者の善意（民法94条2項）、錯誤における表意者の重過失（民法95条ただし書）、債務不履行の帰責事由（民法415条後段）、準消費貸借契約における旧債務（民法588条）、賃借権の無断譲渡または転貸に基づく賃貸借契約解除における「背信行為と認めるに足りない特段の事情」（民法612条2項[20]）、保険金の支払請求における事故の偶然性（火災保険について商法665条、641条）などを、その例として挙げることができる。

これらの事案において最高裁判所が採用した分配基準に対して、学説はさまざまな反応を示している。判例は、準消費貸借契約における旧債務については、三分法に基づいて得られた結論を修正し、旧債務の不存在の証明責任を債務者が負う、としている[21]。火災保険及び自動車保険

---

20) 「特段の事情」について、最判昭和28年9月25日民集7巻9号979頁。なお、本稿においては、紙幅の関係上、判例評釈の類の引用は控えざるを得ないことを、ここで予めお断りしておく。

21) 最判昭和43年2月16日民集22巻2号217頁。小林・前掲注（2）189-190頁、高橋・前掲注（2）554頁。秋山ほか・前掲注（2）40頁も同旨か。なお、松本・前掲注（2）390-391頁。

の保険金支払請求における火災発生及び事故の偶然性についても、同様に修正を認め、保険金請求者は証明責任を負わない、としている[22]。債務不履行の帰責事由についても、帰責事由の不存在の証明責任を債務者が負う、としている[23]。また、賃借権の無断譲渡・転貸における特段の事情については、特段の事情の存在の証明責任を賃借人、または無断譲受人・転借人が負う、としている[24]。これらの判例に対しては、学説からも、論旨には異論が散見するものの、結論には概ね支持が得られている。

それに対し、虚偽表示における第三者の善意、ないしは錯誤における表意者の重過失について、判例が、三分法に基づいて、第三者、ないしは表意者の相手方が証明責任を負う、としていることに対しては、学説からの批判が少なくない[25]。

判例と学説の見解が一致しない事案の多くには、判例が三分法に忠実に証明責任を分配し、学説が実質的考慮と修正の必要を主張する、という傾向が見られる。それは、上記2 1及び3で指摘したところに照らせ

---

22) 最判平成16年12月13日民集58巻9号2419頁（火災保険）、最判平成18年6月1日民集60巻5号1887頁及び最判平成19年4月17日民集61巻3号1026頁（自動車保険）。松本＝上野・前掲注（1）432-434頁も、火災保険及び自動車保険については同旨か。

23) 最判昭和34年9月17日民集13巻11号1412頁。秋山ほか・前掲注（2）40頁、及び、兼子ほか・前掲注（2）1021頁〔松浦＝加藤〕によれば、「通説」である。なお、後述する安全配慮義務違反に基づく損害賠償請求も、本見解を前提として検討している。

24) 最判昭和44年2月18日民集23巻2号379頁、最判昭和41年1月27日民集20巻1号136頁。秋山ほか・前掲注（2）41頁、笠井＝越山編・前掲注（2）760頁〔山田〕、小林・前掲注（2）192頁、高橋・前掲注（2）553頁、川嶋・前掲注（13）585頁、松本＝上野・前掲注（1）431頁（結論賛成）。

25) 虚偽表示における第三者の善意について、最判昭和35年2月2日民集14巻1号36頁、錯誤無効における重過失について、大判大正7年12月3日民録24輯2284頁。兼子ほか・前掲注（2）1021頁〔松浦＝加藤〕、川嶋・前掲注（13）584頁脚注186。

学説においては、いずれについても、立法者の意思や当事者間の衡平を考慮し、証明責任の所在を修正すべきであるとの見解が有力である。虚偽表示における第三者の善意について、我妻栄『新訂民法総則（民法講義Ⅰ）』（岩波書店、1965）292頁、松本・前掲注（2）81頁、小林・前掲注（2）190-191頁。秋山ほか・前掲注（2）39頁も同旨か。また、錯誤無効における重過失について、松本・前掲注（2）80頁、小林・前掲注（2）191頁。

ば、必然的な傾向と言えよう。

2 安全配慮義務違反と実質的考慮

（1）従来の議論　　安全配慮義務違反もまた、証明責任の分配について実質的考慮に基づく修正の要否が問題とされている事案のひとつである[26]。

安全配慮義務とは、「ある法律関係に基づいて特別な社会的接触の関係に入った当事者間において、当該法律関係の付随義務として当事者の一方又は双方が相手方に対して信義則上負う義務[27]」とされている。その存在は、現在、判例・通説でほぼ異論なく認められている[28]。

伝統的な適用対象である労務提供関係に関して言えば、安全配慮義務とは、「労働者が労務提供のため設置する場所、設備、機械、器具等を使用し又は使用者の指示のもとに労務を提供する過程において、労働者の生命及び身体等を危険から保護するよう配慮すべき義務[29]」、とされている[30]。

安全配慮義務違反に対しては、労務提供契約の付随的義務の不履行として、債務不履行（不完全履行）に基づく損害賠償（民法415条）を請求し得る[31]。その際の請求原因事実は、（A）原告と被告の間に、安全配慮

---

[26] この問題の詳細な考察として、松本博之「安全配慮義務違反に関する証明責任の分配」中野貞一郎ほか編『民事手続法学の革新中巻』（有斐閣、1991）371-401頁。

[27] 最判昭和50年2月25日民集29巻2号143頁。公務員との関係で、使用者の債務としての安全配慮義務を初めて認めた判例である。

[28] 判例及び学説の詳細について、例えば、星野雅紀「安全配慮義務をめぐる諸問題」林豊＝山川隆一編『労働関係訴訟法II（新・裁判実務大系17）』（青林書院、2001）322-334頁。

[29] 最判昭和59年4月10日民集38巻6号557頁。

[30] 安全配慮義務の適用領域は拡張傾向にあるが（加藤幸雄「安全配慮義務違反関係訴訟の証明責任・要件事実」新堂幸司監修『実務民事訴訟講座〔第3期〕第5巻―証明責任・要件事実論』（日本評論社、2012）259頁以下、260-261頁、松本・前掲注（26）374頁、及びそれらで引用されている判例及び文献を参照）、本稿は、あくまでも労務提供関係における安全配慮義務を念頭に置くものとする。

[31] 安全配慮義務違反は、個々の事案によって、不法行為（民法709条）に該当する場合もあり得る。最高裁判所が債務としての安全配慮義務を認める以前は、不法行為に基づく

義務を生じさせる法律関係が成立していること[32]、(B) 原告が特定した具体的な安全配慮義務を発生させるに至った前記 (A) の法律関係に基づく債務履行過程における具体的状況、(C) 被告が前記 (B) の義務を尽くさなかったこと、(D) 損害の発生とその金額、及び、(E) 前記 (C) と前記 (D) との間に相当因果関係があること、とされている[33]。通常の債務不履行に基づく損害賠償請求の場合と異なる部分は、安全配慮義務が信義則を発生根拠としているという特殊性から生じている。もっとも、債務不履行の帰責事由に関して、判例・通説は、その不存在について債務者が証明責任を負うとしているが、この点は安全配慮義務違反においても同様に理解されている[34]。

　最高裁判所は、安全配慮義務違反に基づく損害賠償請求訴訟において、労働者（債権者）が具体的な安全配慮義務の内容及び同義務違反の事実について証明責任を負う、と判示した[35]。学説の評価はさまざまであるが、少なくとも場所、施設等の安全に関する使用者の安全配慮義務違反に関して、同判決が、労働者が義務の具体的内容を詳細に特定し、義務違反の事実について証明責任を負う[36]、及び、危害の予見可能性が義務違反の要素である、という見解を示したとは理解してよいであろう[37]。

　　　損害賠償の請求が通例であった。また、両請求を選択的または主位的・予備的に併合した事案もある。清田冨士夫『メンタルヘルス訴訟の実務―判例に見る業務上外認定、労災民事訴訟、職場復帰』（ぎょうせい、2012）116頁、加藤・前掲注（30）261頁。
32) 本来的には、不履行（不完全履行）の債務である安全配慮義務の存在を主張・証明すべきであるが、観念的な債務の存在を直接証明することはできないので、その発生原因となる事実を主張・証明することが前提となる。加藤・前掲注（30）267頁。
33) 加藤・前掲注（30）267-274頁参照。なお、訴訟物に関しては旧説を前提としている。
34) 我妻栄『新訂債権総論（民法講義IV）』（岩波書店、1964）151頁、153頁。
35) 最判昭和56年2月16日民集35巻1号56頁。より正確には、国（債務者）が過失の不存在について証明責任を負うべきであるとの理由に基づく被用者（債権者）の上告を、債権者の証明が尽くされなかった、として棄却した。
36) 同判決については、債務不履行における帰責事由の証明責任に関する判例・通説を否定するものではないとの指摘もあるが（吉井直昭「判例評釈」法曹時報37巻6号1489頁〔1985〕）、説得力に欠ける感は否めない。
37) 松本・前掲注（26）377-379頁。

（2）法規の整備と新たな萌芽　　雇用契約（民法623条から631条）を規律する民法は、安全配慮義務の直接の根拠となる明文規定を有しておらず、安全配慮義務の概念は、元来、判例・学説を中心として発達してきた。

それに対し、労働契約を規律する労働契約法（平成19年12月5日法律第128号）は、「使用者は、労働契約に伴い、労働者がその生命、身体等の安全を確保しつつ労働することができるよう、必要な配慮をするものとする」と規定し（同法5条）、使用者の安全配慮義務を明示的に認めた[38]。この規定が設けられたことによって、現在では、少なくとも労働契約の当事者たる使用者に安全配慮義務があることに、議論の余地はない。それを受けて、安全配慮義務に関する議論の焦点は、具体的にどのような内容の安全配慮義務が要請されるのか、という問題に移行してきている。

労務提供契約における安全配慮義務の具体的内容自体は、決して新しく登場してきた問題というわけではない。上記３２（１）で挙げた（A）から（E）のうち、原告が特定した具体的な安全配慮義務を発生させるに至った債務履行過程における具体的状況（上記（B））に相当すると考えられるからである。とは言え、義務の具体的内容に関する議論が活発化することは望ましい。当事者間の衡平を（さらに法規が存在する場合には立法趣旨や立法者意思も）実質的に考慮し、義務の内容に適した証明責任の分配基準を検討し、可能な範囲での明確化を模索する契機となることを、期待したい。

38）　労働契約法は、個別労働関係紛争を解決することを目的とする、民法の特別法である。その規律の多くは、従来の判例法理の明文化であり、安全配慮義務もその一例とされている。例えば、西谷敏ほか編『新基本法コンメンタール労働基準法・労働契約法』（日本評論社、2012）338頁〔小畑史子〕。一般的な労務提供契約は、雇用契約であると同時に労働契約でもあるので、労働契約法が適用される。

　なお、例外的に、国家／地方公務員には国家／地方公務員法が、同居の親族のみが従業員の場合には雇用契約として民法が適用され、労働契約法は適用されない（同法22条）。

（３）実質的考慮の多様な可能性　安全配慮義務の具体的な内容が、その専門性の度合いも含め、個々の事案に応じて多岐にわたることは、想像に難くない。理論的には、義務違反に該当する事実の発生原因の専門的な解明から、義務違反に該当する何らかの不都合または懈怠の指摘まで、要請される具体的内容は極めて広く考え得る。加えて、現代社会において、使用者の提供すべき職場における労働者の「安全」、危害の予見可能性、また安全配慮義務違反によって生じる「損害」の内容は、多様化してきている。その一例が、業務に起因するうつ病等の精神障害である。

業務に起因する心理的負荷による精神障害[39]を理由とする労災請求の件数は、年々増加している。その請求件数は、2001年には265件だったが、2011年には1,272件に上っている。従来は、仕事内容の変化や長時間労働など仕事の質・量が、業務に起因する精神障害の罹患原因として注目されてきたが、現在では、対人関係、特に上司とのトラブルや職場での嫌がらせ・いじめが、実際の罹患原因及び労災請求の理由として最も多いことが、明らかになっている[40]。

最高裁判所は、「使用者は、その雇用する労働者に従事させる業務を定めてこれを管理するに際し、業務の遂行に伴う疲労や心理的負荷等が過度に蓄積して労働者の心身の健康を損なうことがないよう注意する義務を負う[41]」とし、安全配慮義務違反が業務に起因する精神障害にも適用され得ることを、明らかにしている。

使用者への損害賠償請求権の発生に必要な請求原因事実は、(a) 原告と被告の間に、安全配慮義務を生じさせる法律関係が成立していること、(b) 原告が特定した具体的な安全配慮義務を発生させるに至った前記 (a) の法律関係に基づく債務履行過程における具体的状況、(c)

---

39) なお、心理的負荷によらない精神障害としては、労務提供中の事故で脳に損傷を受けたことによって精神障害を発症した場合などを、挙げることができる。
40) 厚生労働省報道発表「平成23年度『脳・心臓疾患と精神障害の労災補償状況』まとめ」清田・前掲注 (31) 9頁参照。
41) 最判平成12年3月24日民集54巻3号1155頁。

被告が前記（b）の義務を尽くさなかったこと、（d）精神障害に罹患したこと、及び（e）精神障害罹患と業務上の問題との間に相当因果関係があること、であると考えられる[42]。

これは、形式的には、一般的な労務提供契約に関する安全配慮義務違反に基づく損害賠償請求の場合と、特に変わるところはない。しかし、社会生活を営む中では現実問題として証明が困難なことが多く、また罹患原因によって異なる実質的考慮が要求される可能性もあるように思われる。例えば、上記（b）については、罹患原因が仕事の質・量の場合には、勤務記録や人事記録からある程度の客観的事実を明らかにすることができるはずであるが、それには真正かつ内容の正確な記録の存在が前提となる。原因が対人関係の場合には、職場関係者の協力は期待し難く、労働者自身が録音・録画・メールの保存など、日頃から文書を中心に証拠収集を心掛けていたかが焦点となるが、疾病の性質上、それを心掛けることが可能であったか、具体的な症状を慎重に検討することが必要になろう。次に、上記（d）は損害の発生に該当するが、その証明には医師の診断書が有効である。しかし、精神障害は科学的な検査や診察が困難な疾病であり、国際的な疾病分類基準[43]に準拠して診断されるものの、医師によって診断結果が異なる可能性も否定できない。また、上記（e）についても、社会生活を営んでいる以上、業務以外の心理的負荷が皆無の可能性は極めて低く、業務に起因する心理的負荷を客観的に選別しその割合を提示することも非常に困難なことは、想像に難くない。

以上のような状況を踏まえ、この問題については、法規の整備や基準の策定が急速に進められている。最近の動向としては、「人の生命に関わる事故への遭遇その他心理的に過度の負担を与える事象を伴う業務による精神及び行動の障害またはこれに付随する疾病」が、労働基準法施行規則35条別表第1の2第9号に列挙された疾病として追加された。こ

---

[42] 加藤・前掲注（30）267-274頁、清田・前掲注（31）118頁参照。なお、労働者が自死に至った場合は、精神障害と自死との間の相当因果関係も主張・証明する必要がある。

[43] 基本的には、世界保健機関（World Health Organization〔WHO〕）が策定した「ICD-10 精神および行動の障害臨床記述と診断ガイドライン」が用いられる。

れによって、業務と当該疾病との間の相当因果関係を証明する必要がなくなり、両者の因果関係は推定されることになった（平成22年5月7日基発0507第3号）。また、「心理的負荷による精神障害の認定基準」（平成23年12月26日基発1226第1号）によって、労災認定申請の審査担当者が具体的事案を当てはめやすいよう改良された「業務による心理的負荷評価表」が示された。訴訟においてこれが参照されるようになれば、労働者の証明負担の軽減につながるであろうと予想される[44]。さらに、職場のいじめ・嫌がらせ問題に関する円卓会議が「職場のパワーハラスメントの予防・解決に向けた提言」（2012年3月15日）を発表し、日本でも社会問題として顕在化し始めた職場いじめに対する指針を示した[45]。

　これらは、個々の成果そのものに加え、証明責任の分配に関する事案の個別事情の実質的考慮やそれに基づく修正との関係においても、集積した結果を明確化するひとつの試みとして、評価に値すると考える。

4　今後の展望

　本稿においては、社会の常識的感覚と法的規律・解釈との乖離、ひいては、市民と裁判所との発想や認識の乖離を最小限に留め、当事者及び市民の納得を得られる民事訴訟はどうあるべきか、という問題意識に基づいて、証明責任の分配と実質的考慮のあり方を考えてきた。

---

44)　「心理的負荷による精神障害の認定基準」は、「心理的負荷による精神障害等に係る業務上外の判断指針」（平成11年9月14日基発第544号）に代わる基準として策定された。その目的は審査の迅速化であり、内容には最新のストレス調査、従前の認定例、裁判例が参照されている。なお、多くの裁判例が、後者の判断指針との関係で、その設定趣旨及び内容を理由に、疾病と業務との間の相当因果関係（業務起因性）に関する判断を拘束するものではない、としてきており（阪地判平成22年6月23日労判1019号75頁）、前者の認定基準との関係でも訴訟に及ぼす影響力は変わらないとする見解もあるが、現場での利用価値によっては、訴訟においても何らかの形での活用を期待したい。清田・前掲注（31）15-16頁。

45)　詳細について、例えば、内藤忍「『職場のいじめ・嫌がらせ問題に関する円卓会議』提言と今後の法政策上の課題—労使ヒアリング調査結果等を踏まえて」季刊労働法238号2-12頁（2012）。

472

　証明責任に関する議論は、現在、決して活発と言える状況ではない。その背景事情はいろいろと考えられる。例えば、「証明は容易でない」という認識が大前提として存在していることである。証明は通常、裁判官を確信に至らしめて初めて成功するものであり、蓋然性があると感じさせるだけでは足りない。しかし、それだけ強い確信を持たせることが容易ならざることは当然であり、証明責任の必要性が衰えることは今後も考え難い。そのことは、活発な議論の展開という積極的選択につながる一方で、だからこそできる限り波風を立てずに現状維持という消極的選択にもつながり得るように思われる。

　証明責任が「劇薬[46]」であるという意識は、そのような消極的選択につながりやすい。証明責任は、真偽不明の場合に裁判拒絶を回避する目的で、仮定[47]に基づいて判断を下すことを認める制度である。判断の根拠となる部分に仮定が存在する以上、証明責任を適用した裁判には、常に誤判のリスクが付いて回る[48]。そのリスクは、証明責任の分配に関してどの見解を採用するとしても、消滅させることができない。そうであるならば、具体的に修正を認める事案や程度に関する議論は、劇薬を素手で持ち歩くようなものである、と考えられる可能性も否定できない。

　しかし、本稿において指摘してきたように、社会状況は日々高度化、国際化、複雑化し続けている。私人間の紛争解決に係わる民事訴訟法の学説や実務は、そのような変動及びその実態をいち早く把握して対応し、社会及び市民と共通の認識を持つよう、心掛ける必要がある。そのためには、法的安定性や予測可能性を確保しつつ、社会状況を常に柔軟に反映させることが有益であろう。労務提供契約における安全配慮義務

---

46) 山本和彦「総合判断型一般条項と要件事実―『準主要事実』概念の復権と再構成に向けて―」河上正二ほか編『要件事実・事実認定論と基礎法学の新たな展開〔伊藤滋夫先生喜寿記念〕』(青林書院、2009) 65頁以下、80頁。

47) ここに言う「仮定」は、あくまでも一般的な意味でのそれであり、証明責任規範の存否に関する議論と関係するものではない。

48) 山本・前掲注 (46) 80頁注43。

に関する証明責任の分配について見られる、新たな考慮すべき要素のあぶり出し、分析、及び一定範囲での明文規定の設置を含む問題に対する迅速な対応は、そのひとつのモデルとなり得ると考える。

民事訴訟法第248条再考
―― 最判平成20年6月10日判タ1316号142頁は
パンドラの箱[1]を開けたか？――

伊　藤　　　眞
Makoto ITO

1　はじめに
2　法248条の制定と議論の対立状況
3　最高裁判所判例および下級審裁判例の動向
4　「損害の性質上その額を立証することが極めて困難であると認められる」再考
5　損害額の認定以外への法248条の類推適用可能性
6　おわりに

1　はじめに

　「裁量評価は自由心証が尽きたところから機能する」という耳慣れない表現について連想されるのは、「立証責任は自由心証の尽きたところから機能する」[2]という伝統的な法命題ではないだろうか。後者の趣旨は、裁判所が証拠調の結果と弁論の全趣旨を自由心証にもとづいて勘案しても、ある要証事実について証明度に達する心証を形成しえないとき、当該事実について何れの当事者が証明責任を負うかを基準として、実体法上の法律効果の発生または不発生を判断するというものである。裁判実務も、このような法命題を基礎にして運営されているといってよいであろう。
　それでは、その常識と対置するものとして提示する「裁量評価は自由

---

[1]　「パンドラは神々がそれぞれ祝ってくれた贈り物を一つの箱の中に入れて持っていました。けれどもうっかりしてその箱を開けると同時に、祝物はみんな逃げ去って、希望だけが残ったというのであります」ブルフィンチ（野上弥生子訳）・ギリシャ・ローマ神話34頁（岩波文庫版　1978年）。

[2]　秋山幹男ほか・コンメンタール民事訴訟法Ⅳ30頁（2010年）。注釈民事訴訟法（4）48頁〔加藤新太郎〕（1997年）も同様の表現を用いる。

心証が尽きたところから機能する」とは何か。これは、法248条の趣旨に関する本論文の立場、同条は、損害額の認定に際し、その証明責任を引き受ける者（以下、原告という）の負担について、一般の証明度[3]を軽減するとともに、その証明度に達しない場合でも、裁判所は合理的裁量によって損害額を定めるべきであるという、いわゆる折衷説の考え方を意味する。

　すなわち、裁判所は、損害額についての原告の証明を自由心証にもとづいて評価し、それが軽減された証明度に達していると認めれば、その額を認定する。しかし、証明度に達しているとは認められない場合には、一般的法理にしたがって損害額の証明がなされていないことを理由として原告の請求を棄却するのではなく、心証の程度や当事者間の公平などの諸要素を考慮して、合理的裁量にもとづいて損害額を定める。

　このような立場からすると、損害賠償請求訴訟において、損害の発生が認められ、かつ、損害の性質上その額を立証することが極めて困難であると認められる限り、請求棄却判決[4]はありえないこととなり、裁判所は、原告の証明にもとづく損害額か、または合理的裁量によって定める損害額を認定しなければならないことになる。以下、法248条の適用

3）　事実認定の基準となる証明度については、高度の蓋然性について通常人が疑いを差し挟まない程度に真実性の確信を持ちうるものであるとする判例（最判昭和50年10月24日民集29巻9号1417頁）とこれを支持する通説（判例および学説の詳細については、秋山幹男ほか・前掲書7頁、兼子一原著・条解民事訴訟法【第2版】1362頁〔竹下守夫〕参照）と伊藤眞「証明度をめぐる諸問題」判タ1098号4頁（2002年）、須藤典明「実務からみた新民事訴訟法一〇年と今後の課題」民事訴訟雑誌55号113頁（2009年）、新堂幸司・民事訴訟法【第五版】571頁（2011年）などが唱える相当の蓋然性説が対立するが、ここでは、高度の蓋然性説を前提とする。したがって、相当の蓋然性説を前提とすれば、法248条の適用場面では、証明度はさらに引き下げられ、証拠調の結果および弁論の全趣旨を踏まえると、証明責任を負担する当事者の主張事実を否定するより肯定する方が合理的であるという程度で、当該事実の存在を認めることになる。

4）　最判昭和28年11月20日民集7巻11号1229頁は、「損害賠償を請求する者は損害発生の事実だけでなく損害の数額をも立証すべき責任を負うものであることは当然であるから裁判所は請求者の提出した証拠を判断し損害額が証明せられたかどうかを判定すべきであり、もし損害額が証明せられないと認めたときはその請求を棄却すべきであつて職権によつて鑑定を命じ損害額を審究すべき職責を有するものではない。」と判示する。

のあり方をめぐる近時の最高裁判所判例、下級審裁判例および学説を検討し、上記のような愚見の正当性を検証し、あわせて「損害の性質上その額を立証することが極めて困難であると認められる」という要件について考えてみたい。

2　法248条の制定と議論の対立状況

　現行民事訴訟法は、旧法には存在しなかった多くの規定を創設したが、それらの中でも、損害額の認定に関する特別の規律を定める法248条は、実務上もっともよく適用されている規定であり、下級審裁判例も多く、研究論文も相当数に達している。そして、最判平成18年1月24日判時1926号65頁、最判平成20年6月10日判時2042号5頁、最判平成23年9月13日裁判所時報1539号2頁という一連の最高裁判所判例は、当該事案において原審が法248条を適用すべきであるとして、同条の適用を事実審が遵守すべき訴訟法規範であるとの判例法理を確立している。

　このことは、加害行為、損害の発生、加害と損害との間の因果関係など、不法行為にもとづく損害賠償請求権の発生原因事実中、他のすべての存在が認められるにもかかわらず[5]、損害額の立証が奏功しないことを理由として請求を棄却することに対する実務上の違和感と、そのような結果が民事司法に課せられた使命と背馳するのではないかという社会的な公平感覚によって裏打ちされたものといえよう。

　しかし、法248条の趣旨自体についても、以下に述べるように、証明度軽減説、裁量評価説[6]、折衷説の3説が並立し、未だ帰一をみない。もっとも、このような議論は、もっぱら理論上の性質に関する説明にと

---

[5]　法248条にいう損害は、不法行為にもとづくものに限定されるわけではないが、本稿では、議論の拡散を避けるために、そのように限定する。
[6]　筆者自身は、自由裁量説との用語を用いてきたが（伊藤　眞「損害額の認定」原井龍一郎先生古稀記念論文集・改革期の民事手続法52頁（2000年）、伊藤　眞・民事訴訟法〔第4版〕351頁（2011年））、三木浩一「民事訴訟法二四八条の意義と機能」民事紛争と手続理論の現在・井上治典先生追悼論文集（2008年）にいう裁量評価説との用語がより適切であると考えるので、本論文ではこれを用いる。

どまり、法248条適用の範囲や要件を検討する上では有用ではないとの考え方もある[7]。しかし、本論文では、規定の趣旨をどのように考えるかは、その適用の範囲や要件に関する解釈に決定的な影響を与えるとの立場をとり、以下においてその点を具体的に説明する。

1 証明度軽減説の意義と限界

証明度軽減説は、損害額が証明の対象たる事実であることを前提として、それについて証明責任を負担する者、すなわち損害賠償請求権者による証明の程度が民事訴訟において要求される証明度に達しない場合であっても、損害額を認定すべきであるという[8]。

証明度軽減説に対する批判には多様なものがあるが[9]、中心となるのは、いかに証明度を軽減するといっても、「事実証明の問題である以上、証明度が50％を下回ることは背理であるから、軽減される証明度の最低値は50％を超えるものでなければならない」[10] 以上、それに達しない場合には、請求が棄却される結果となり、法248条の目的を達しえないというものと理解される。確かに、高度の蓋然性から相当の蓋然性へ、または相当の蓋然性から優越的蓋然性にまで証明度を軽減するといっても、そこには自ずから限界があり、軽減された証明度にまで裁判所の心証が到達しないままに審理を終結せざるをえないときには、証明度軽減

---

7) 高橋宏志・重点講義民事訴訟法（下）〔第２版〕58頁（2012年）は、「性質論、対象範囲論は理論的には意義があるものの、実践的にはそう実益のあるものではない」とし、伊藤滋夫「民事訴訟法二四八条の定める「相当な損害額の認定」（中）判時1793号６頁（2002年）は、「本条の理論的性質を裁量と見るか、証明度の軽減を伴う認定と見るか自体をこれ以上論じてみてもあまり生産的とは思われない」とする。
8) 立法直後の論文として、畑郁夫「新民事訴訟法二四八条について」原井龍一郎先生古稀記念論文集・改革期の民事手続法505頁（2000年）、近時の学説としては、濱崎録「民事訴訟法248条の適用範囲についての一考察」熊本大学法学部創立30周年記念「法と政策をめぐる現代的変容」133頁（2010年）がある。なお、母法であるドイツ民事訴訟法287条をめぐる証明度軽減説の展開について、内海博俊「訴訟における損害賠償額の確定に関する一考察（三）法協128巻11号2800頁（2011年）参照。
9) 三木・前掲論文（注６）413頁以下に詳しい。
10) 三木・前掲論文（注６）414頁参照。

説に立つ限り、たとえ損害の性質上その額を立証することが極めて困難であると認められる事案であっても、損害発生の事実が認定できるにもかかわらず、請求棄却判決につながる。法248条の立法趣旨を考えると、このような結果を是認することはできず、この点に関する限り証明度軽減説に対する批判は当たっているというべきである[11]。

　他方、証明度軽減説の利点として、軽減されたとはいえ原告としては、証明度に達する程度の証明活動をすることを求められ、そのことは、原告の負担でもあるが、その負担を果たすことができれば、自らが主張する損害額が認められるという意味では、原告の証明活動についての動機付けともなる。

2　裁量評価説の意義と限界

　これに対して裁量評価説は、法248条の趣旨を損害額についての裁判所の裁量評価を許容したものとしてとらえ、その評価の基礎となるのは、証拠資料、弁論の全趣旨および経験則という通常の事実認定の資料に加え、論理的整合性、公平の見地および一般常識などであるという[12]。

　裁量評価説の利点と問題点とは、証明度軽減説を裏返したものとなる。まず利点としては、上記の要素を総合考慮して損害額を定めることが事実審裁判所に求められる以上、裁判所は、損害の発生が認められれば、損害の性質上その額を立証することが極めて困難であると判断するかぎり、請求棄却判決をすることは許されず、何らかの損害額を定めて一部認容判決をしなければならないから、原告の救済という点では、法248条の立法趣旨に合致した結果となる[13]。

---

11)　苗村博子「企業の損害と民訴法248条の活用」判タ1299号41頁（2009年）では、この点について、証明度軽減説をとると法248条の適用について裁判所が謙抑的になるという。

12)　近時の学説としては、三木・前掲論文（注6）412頁や苗村・前掲論文が代表的なものであるが、詳細については、加藤新太郎「民訴法248条による相当な損害額の認定」判タ1343号61頁（2011年）参照。

13)　苗村・前掲論文（注11）41頁では、裁量評価説をとると、法248条の適用について裁判所が積極的になるという。

他方、問題としては、原告の主張する損害額が相当程度の証明度に達している場合であっても、裁判所は、なお諸要素の考慮にもとづく裁量としてそれを減額することができるのかという点が指摘できる[14]。また、裁判所による裁量評価とはいえ、その基礎となるべき事実については、当事者の主張立証を待たなければならないが、損害額について証明責任を負担する原告の立場からいえば、相当程度の証明度に達する立証活動をしても、なお、それが減額される余地があるというのでは、立証についての動機付けが弱まるおそれが生じる。逆に反証を行う被告の側からみても、どのような事実を明らかにすれば損害額を減少させられるのかが明らかでないとすれば、反証活動の意欲を減少させられる危険がある。

また、損害の性質上その額を立証することが極めて困難であると認め

---

14) 法248条の適用について、東京地判平成18年4月28日判時1944号86頁が「損害額の算定が困難な中において被告会社に損害賠償義務を負わせる以上、当該賠償額の算定に当ってはある程度手堅く控え目な金額をもって認定することもやむを得ないと考えられる」と判示し、名古屋地判平成21年12月11日判タ1330号144頁が「損害額の算定に当っては、ある程度控え目な金額をもって相当とするのもやむをえないというべきである」と判示するのは、このような問題の所在を示すものである。

このような考え方は、すでに旧民事訴訟法下の最判昭和39年6月24日民集18巻5号874頁が、「年少者死亡の場合における右消極的損害の賠償請求については、一般の場合に比し不正確さが伴うにしても、裁判所は被害者側が提出するあらゆる証拠資料に基づき、経験則とその良識を十分に活用して、できうるかぎり蓋然性のある額を算出するよう努め、ことに右蓋然性に疑がもたれるときは、被害者側にとって控え目な算定方法(たとえば、収入額につき疑があるときはその額を少な目に、支出額につき疑があるときはその額を多めに計算し、また遠い将来の収支の額に懸念があるときは算出の基礎たる期間を短縮する等の方法)を採用することにすれば、慰籍料制度に依存する場合に比較してより客観性のある額を算出することができ、被害者側の救済に資する反面、不法行為者に過当な責任を負わせることともならず、損失の公平な分担を窮極の目的とする損害賠償制度の理念にも副うのではないかと考えられる。」と判示している。

本判決の評価について、伊藤 眞ほか「民事訴訟手続における裁判実務の動向と検討(第1回)」判タ1343号34頁(2011年)における山本和彦発言は、「248条がない時代の判例としては、それは理解できないことはないわけです。本来は請求棄却になるかもしれないので、そのぎりぎりの証明度で考えた場合には控え目な額にならざるを得ないという感じはわかるわけですが、248条を入れた以上は、まさに最もあり得る合理的な金額を算定するということでよさそうな感じはするのですけれども。」と指摘する。

られることが、法248条適用の要件とされているが、その判断をいつの時点でどのような基準にもとづいて行うかも問題となる。証明度軽減説の場合には、証明責任を負う当事者に対して立証活動を促し、それが尽きたと認められるにもかかわらず、なお裁判所の心証が通常の証明度に達していないと判断される段階において、損害の性質上、それ以上の証明活動が期待できないときには、本来の証明度より低い心証にもとづいて損害額を認定することになる。いわば、立証が尽きた段階で損害の性質を考慮して、法248条の適用の可否を決することになる。

これに対して裁量評価説では、まず損害額についての証明活動を求めるかどうかも明らかではない。立案担当者の考え方は、裁量評価説に近いといわれているが[15]、その例としてあげられている慰謝料の認定の場合には、損害、すなわち身体や精神の苦痛が発生したことが証明されれば、その額については、損害の性質上、立証活動を予定せず、裁判所の裁量によって決する以外にない。しかし、法248条を適用した判例や下級審裁判例には、慰謝料ではなく、損害額について何らかの当事者の証明活動が期待されるような損害の事案が相当数含まれている。そのような事案において、裁量評価説を前提としたときに、損害額の立証を促さないとすれば、法248条の適用可能性はほとんどないといわざるをえない。

なぜならば、裁量評価といっても、裁判所がその評価の基礎とすべき事実は当事者から提出されたものに依拠せざるをえないため、当事者の立証活動にもとづかない裁量評価は機能不全に陥るといってよい。そうであるとすれば、裁量評価説においても、多くの事案においては、損害の性質上その額を立証することが極めて困難であると認められるかどうかは、当事者による立証が尽くされ、審理が終結した段階で判断する以外にない。その段階に至ったときに、当事者による証明活動の結果が証明度に達せず、しかも、それ以上の立証を期待することが客観的に困難

---

15) もっとも、立案の経緯を詳細にみると、その説明にも変化がみられる。内海博俊・前掲論文（注8）（一）」法協128巻9号2148頁（2011年）参照。

と判断されれば、裁判所の裁量評価に移行することとなる。

しかし、立証活動を展開した当事者の側からみれば、裁量評価というのみでは、自らの立証活動に対して裁判所がどのような評価を与えたのかが明らかにならず、ひいては立証努力への動機付けを弱めることになりかねないという問題があろう。

3　折衷説の意義

折衷説は、筆者自身の見解であり、法248条の趣旨について、まず証明度を軽減し、軽減された証明度に達していれば、裁判所は、当事者の主張する損害額を認定し、それに達しない場合には、請求を棄却するのではなく、裁量評価によって適切な損害額を適切な損害額を定めるべきであると説く。これは、上記の証明度軽減説および裁量評価説それぞれが持つ問題点に対処しようとしたものであり、一方で、損害額についての証明度を軽減する点において証明度軽減説の意義を認め、他方で、軽減された証明度に達しない場合であっても、証明責任が果たされなかったことを理由として損害額を否定するのではなく、合理的裁量にもとづいて一定の損害額を定めるというものである。

したがって、この種の事案における判決理由中の説示のあり方としては、損害の証明を前提として、原告による損害額の証明が通常の証明度に達していないことを明らかにした上で、法248条の適用として、損害の性質上その額を立証することが極めて困難であると認められる旨を判示し、軽減された証明度に達していれば[16]、そのことを理由として、原告主張の損害額を認定する。しかし、原告の立証が軽減された証明度にも達していないときには、当事者間の負担の公平や証明の程度などの諸要素を考慮して、原告主張の損害額を一定程度減額した損害額を認めることになる[17]。

---

16)　想定的事実についても、相当の蓋然性の証明が可能であることについては、伊藤　眞「独占禁止法違反損害賠償訴訟―因果関係および損害額の立証（上）（下）」ジュリ963号54頁、965号53頁（1990年）、藪口康夫「営業秘密侵害訴訟における損害額の算定と証明」東北学院法学71号（林伸太郎教授追悼号）564頁（2011年）参照。

たとえば、原告の主張する損害額が1000万円であるにもかかわらず、その立証が軽減された証明度にも達しないときには、裁判所は、1000万円の損害額を認定することはできない。したがって、法248条が証明度軽減のみを許すものとすれば、このような状況においては、裁判所は、原告の請求を棄却せざるをえない。しかし、損害の発生については立証がなされており、それが損害額、すなわち金銭への換算に適するものである以上、論理的には、1000万円未満の何らかの損害額が存在するはずであるが、それについては、原告による証明がなされていない。

このような場合にも、なお損害額の認定をすべきであるというのが、法248条のもう一つの側面であり、裁判所は、証明主題である1000万円の損害額について原告が提出した証拠や当事者間の公平を考慮して、1000万円未満の相当な損害額を定めることが許される。法248条を適用した裁判例の中で、原告の主張額との関係で「控え目な」損害額を認定すべきであるとの判示をするものがあるが、このような趣旨であれば、控え目または手堅い損害額の認定もありえよう。

3 最高裁判所判例および下級審裁判例の動向

以上の議論状況を踏まえて、最高裁判所判例および下級審裁判例の動向をみてみよう。

1 訴訟法規範としての法248条と上告審の審査のあり方

まず、前提として、法248条の訴訟法規範性がある。すなわち、同条の文言は、「裁判所は、口頭弁論の全趣旨及び証拠調の結果に基づき、

---

17) 伊藤・前掲論文（注3）69頁、草野芳郎「損害額の算定」民事訴訟法判例百選〔第4版〕125頁（2010年）など。また、また、伊東俊明「損害額の認定についての一考察」岡山大学法学会雑誌61巻1号58頁（2011年）も、損害額認定の「手がかりとなる事実」についての証明度を軽減し、裁判所の裁量評価によって損害額が定めるとするので、折衷説に含めてよいものと思われる。なお、校正の段階で、加藤新太郎「民事訴訟法248条の構造と実務」田原睦夫先生古稀・最高裁判事退官記念論文集「現代民事法の実務と理論」（下巻）1016頁（2013年）に接した。

相当な損害額を認定することができる」と規定するために、損害額を認定するかしないかについて事実審裁判所に裁量権が与えられているのか、それとも損害の発生が認められ、かつ、損害の性質上その額を立証することがきわめて困難であると認められる以上、損害額認定の権限を行使することが義務づけられるのかは、必ずしも解釈が確立されているとはいえなかった。この点についての最初の判例が、最判平成18年1月24日判時1926号65頁であり、そこでは、以下のように判示されている。なお、本判決を含め、判決理由中の下線は、すべて筆者によるものである。

「以上に照らすと、本件特許権は、最終的にはC社による事業化に成功せず、平成12年10月に消滅するに至ったというのであるが、本件債権が履行遅滞に陥った平成10年3月ころには、事業収益を生み出す見込みのある発明として相応の経済的評価ができるものであったということができ、本件質権の実行によって本件債権について相応の回収が見込まれたものというべきである。
　（4）以上によれば、上告人には特許庁の担当職員の過失により本件質権を取得することができなかったことにより損害が発生したというべきであるから、その損害額が認定されなければならず、仮に損害額の立証が極めて困難であったとしても、民訴法248条により、口頭弁論の全趣旨及び証拠調べの結果に基づいて、相当な損害額が認定されなければならない。ところが、原審は、上記（3）〔1〕～〔5〕のような事実が明らかであるにもかかわらず、本件特許権について本件質権設定登録がされていた場合に、本件特許権等についての譲渡契約が前記1（5）の譲渡契約と同様に成立し、本件質権設定登録を抹消するために上告人に相当額が交付されるに至ったものとは認定し難いとして、本件質権を取得することができなかったことによる損害の発生を否定したのであるから、原審の上記判断には、判決に影響を及ぼすことが明らかな法令の違反がある。論旨は、上記の趣旨をいうものとして理由があり、原判決は破棄を免れない。そして、本件については、損害額の認定等につき更に審理を尽くさせる必要があるから、本件を原審に差し戻すこととする。」

ここで破棄の直接の理由とされているのは、損害の発生を認めるに至らなかった原審の判断が採証法則や経験則に違反するという点であり、厳密には、法248条の適用を説く部分は傍論ということもできる。しかし、その後の判例法理の発展をみると、損害発生の証明がなされている限り、事実審は、法248条を適用して損害額を認定すべきであるという本判決の説示の意義を否定することはできない。

　そして、このことをより明確に判示したのは、最判平成20年6月10日判時2042号5頁であり、その判決理由中では、次のように説かれている。

　「上告人は本件和解前には本件土地1についても採石権を有していたところ、被上告会社は、本件和解前の平成7年7月20日から同月27日ころまでの間に、本件土地1の岩石を採石したというのであるから、<u>上記採石行為により上告人に損害が発生したことは明らかである。そして、被上告会社が上記採石行為により本件土地1において採石した量と、本件和解後に被上告会社が採石権に基づき同土地において採石した量とを明確に区別することができず、損害額の立証が極めて困難であったとしても、民訴法248条により、口頭弁論の全趣旨及び証拠調べの結果に基づいて、相当な損害額が認定されなければならない。そうすると、被上告会社の上記採石行為によって上告人に損害が発生したことを前提としながら、それにより生じた損害の額を算定することができないとして、上告人の本件土地1の採石権侵害に基づく損害賠償請求を棄却した原審の上記判断には、判決に影響を及ぼすことが明らかな法令の違反がある。</u>論旨は、上記の趣旨をいうものとして理由があり、原判決のうち上告人の被上告会社に対する本件土地1の採石権侵害に基づく損害賠償請求に関する部分は破棄を免れない。
第4　結論
　以上のとおりであるから、原判決中、被上告人Y2に対する本件各土地の採石権侵害に基づく損害賠償請求に関する部分及び被上告会社に対する本件土地1の採石権侵害に基づく損害賠償請求に関する部分を破棄し、こ

れらの請求に関する部分につき、更に審理を尽くさせるため、本件を原審に差し戻すこととする。」

　この判例によって、損害の発生が証明され、かつ、損害の性質上その額を立証することが極めて困難であると認められる事案においては、法248条の適用が事実審に義務づけられたことになるが、事実審の法248条の適用に関する判断についての上告審の審査のあり方は、以下の4類型に分けることができる。

　第1に、事実審が損害の発生を認定した場合に、損害額の証明がなされていないとの理由で損害賠償請求を棄却するときには、法248条の適用がないこと、すなわち損害の性質上その額を立証することが極めて困難であると認められる場合にあたらないことを判示しなければならない。その点の判示なくして請求棄却判決をすることは、訴訟法規の適用を誤ったものとして、破棄の理由となる。

　第2に、損害の性質上その額を立証することが極めて困難であると認められる場合でないことを判示した場合であっても、その判断が誤っている場合には、同様に破棄の理由になる。この意味で、損害の性質上その額を立証することが極めて困難であると認められるかどうかの判断が重要になるが、この点は、後に述べることとする。

　第3に、法248条を適用して損害額を認定した場合であっても、その適用の誤りを理由として、原判決が破棄される可能性がある。すなわち、原告が軽減された証明度に達する程度の証明をしているにもかかわらず、裁判所が裁量評価によってその額を減額しているときには、法248条の適用の仕方が正しくなかったという点が問題となる[18]。

　第4に、法248条を適用して、しかも、原告の証明が軽減された証明度に達していないとの理由から、裁量評価にもとづいて損害額を定めている時に、その裁量評価権の行使に逸脱がみられるとの理由から、原判

---

18) もちろん、損害の性質上その額を立証することが極めて困難であると認められる場合でないにもかかわらず、原審が法248条を適用したことが法令解釈の誤りとされる可能性もある。

決が破棄される可能性もある。しかし、基本的は、この場合の損害額の認定は、原審の裁量によるものとすれば、その逸脱があると評価されるのは、例外的な場合に限られよう。

　このような視点から最近の最判平成23年9月13日裁判所時報1539号2頁[19]が注目される。同判決は、有価証券報告書等の虚偽記載を不法行為として、当該会社の株式を保有していた者が損害賠償を求めた事案にかかるものであるが、原審が

> 「本件公表によりY1株の市場価額が急落するという事態は、本件虚偽記載が判明することによって生ずべき減価が現実化したものということができる。
> 　しかし、上告人らのうち本件公表後にY1株を売却した者については、本件公表後いつの時点でY1株を売却するかは当該株主が諸般の事情を考慮して決断すべき事柄であること、虚偽記載の公表直後はいわゆるろうばい売りが集中し、その市場価額が客観的株価より過大に下落する傾向が見られること、本件虚偽記載は被上告人Y1の財務状況や企業価値そのものに関するものではなかったことなどに照らすと、本件公表後のY1株の売却行為及びそれによる損失の発生が、全て本件虚偽記載から通常生じ得る結果であるとまではいえない。本件虚偽記載により上記の上告人らに生じた損害の額は、本件公表後のY1株の市場価額の推移やその後の関係企業の再編の際におけるY1株の評価額等を総合勘案し、民訴法248条を適用して、処分株式1株につき160円と認定するのが相当である。」

と判示したのに対して、以下のような理由から原判決を破棄し、事件を原審に差し戻している。

---

19) なお、関連事件についての判決として、最判平成23年9月13日裁判所時報1539号9頁、最判平成23年9月13日資料版商事法務332号121頁、最判平成23年9月13日資料版商事法務332号127頁、最判平成23年9月13日資料版商事法務332号127頁があるが、ここで取り上げる問題に関する限り、判示内容はほぼ同一であるので、引用は省略する。

「このように、有価証券報告書等に虚偽の記載がされている上場株式を取引所市場において取得した投資者が、当該虚偽記載がなければこれを取得することはなかったとみるべき場合、当該虚偽記載により上記投資者に生じた損害の額、すなわち当該虚偽記載と相当因果関係のある損害の額は、上記投資者が、当該虚偽記載の公表後、上記株式を取引所市場において処分したときはその取得価額と処分価額との差額を、また、上記株式を保有し続けているときはその取得価額と事実審の口頭弁論終結時の上記株式の市場価額（上場が廃止された場合にはその非上場株式としての評価額。以下同じ。）との差額をそれぞれ基礎とし、経済情勢、市場動向、当該会社の業績等当該虚偽記載に起因しない市場価額の下落分を上記差額から控除して、これを算定すべきものと解される。～中略～<u>本件虚偽記載と相当因果関係のある損害の額は、処分株式についてはその取得価額と処分価額との差額から、保有株式についてはその取得価額と事実審の口頭弁論終結時の同株式の評価額との差額から、本件公表前の経済情勢、市場動向、被上告人Y1の業績等本件虚偽記載とは無関係な要因による下落分を控除して、これを算定すべきである。以上のようにして算定すべき損害の額の立証は極めて困難であることが予想されるが、そのような場合には民訴法248条により相当な損害額を認定すべきである。</u>」

　本判決において原審の法248条の適用を誤りとした理由において、一定の算定方式、すなわち、当該株式の取得価格（a）と処分価額または口頭弁論終結時の評価額（b）との差額（c）から、有価証券報告書等の虚偽記載とは無関係な要因による下落分（d）を控除して、損害額（e）を認定するとの方式（a－b－c－d＝e）が示されている以上、事実審における当事者には、この算定方式に即した証明活動が求められることになる。

　その証明の中では、虚偽記載によらない株式価格の下落分の証明がきわめて困難となることが予想されるが、当事者（原告）の側では、一般的な株式市場の動向や当社の業績などの事情を踏まえて、虚偽記載とは無関係な要因による下落分（d）が存在しないか、または一定の少額にとどまること、すなわち（e）の額に関する立証努力をすることとなる。

それに対して相手方当事者（被告）は、(c) と (d) とが等しい、すなわち差額 (c) は、虚偽記載によって生じたものではなく、それと無関係な事情に起因するものであるか、少なくとも差額 (c) の相当部分 (d) は、無関係な事情に起因するものであるとの反対証明をなすこととなる。

このような双方の立証活動の結果として、(e) の事実が存在すること、すなわち損害が生じたこと自体が真偽不明になれば、法248条適用の前提を欠くことになるが、当時の具体的事情や株式取引の経験則に照らして、損害発生の事実の存在自体が認められることとなれば、法248条によって軽減された証明度に照らして、当事者（原告）の証明が成功していれば、それにもとづいて損害額を認定することとなるし、それに達していなければ、裁判所は、不法行為の被害者である当事者（原告）と加害者である（被告）との間の公平などを考慮して、適切な損害額を定めることになる。

本件の原審は、おそらく裁量評価説を念頭に置き、法248条にもとづいて損害額を認定したと思われるが、上告審の判示は、上記のような算定方式にもとづく立証の可能性がある以上、損害の発生が認められるのであれば、まず、軽減された証明度を基準とする証明がなされたかどうかを判断し、それに達しない場合に裁量評価によって損害額を定めることを求めているものと解される。この意味で、上告審判決は、いわゆる折衷説の考え方を採用し、裁量評価説を採る原判決を破棄しているものと考えられる。

目を下級審裁判例に転じても、名古屋地判平成21年8月7日判時2070号77頁の下記判示、すなわち

「本件においては、原告に損害が生じたことは認められるものの、仮定的事実である想定落札価格の証明は、上記のとおり極めて困難であるから、損害の性質上その額を立証することが極めて困難である場合に該当するものと認められ、民訴法248条を適用して、弁論の全趣旨及び証拠調べ

の結果に基づき、相当な損害額を認定すべきである。

　上記のとおり、健全な競争入札が行われた場合における落札価格は、多種多様な要因が複雑に絡み合って形成される上、実際に工事に要した費用など損害額の立証に役立つ証拠も被告ないし談合を行った側に偏在しているから、談合が価格形成に及ぼした影響を明らかにすることは容易なものではない。したがって、このような損害の額について高度の蓋然性を要求することは民訴法248条の趣旨を没却することになりかねない上、そもそも不法行為に基づく損害賠償請求権が、社会に生起した損害の公平な分担という見地から認められていること、民訴法248条は自由心証主義（民訴法247条）のもとにおける証明度の低減を図ったものであると解されること等に鑑みると、民訴法248条による損害額の認定に当たっては確実に発生したであろうと考えられる範囲に抑えた額に限定するのは相当でなく、訴訟上提出された資料等から合理的に考えられる中で、実際に生じた損害額に最も近いと推測できる額を認定すべきである。」

また、東京高判平成21年12月25日判時2068号41頁が

「（1）被告大成建設は本件工事一、二及び四について、被告飛島建設は本件工事三、五及び六について、いずれも談合により公正な価格競争をすることなく、工事予定価格に極めて近似する入札金額をもって落札したものである。そして、本件各工事について談合がされていなければ形成されたであろう落札価格に基づいた契約金額と、談合に基づいて現実に締結された請負契約に係る契約金額との差額が、立川市の損害額になると考えられる。

　しかしながら、現実には行われなかった公正な価格競争の存在を仮定し、その場合の落札価格を証拠に基づいて具体的に認定することは、実際にはおよそ困難であるところ、本件においては、立川市において損害が生じたことは認められ、その損害の性質上その額を立証することが極めて困難であるというべきであるから、民事訴訟法二四八条により、口頭弁論の全趣旨及び証拠調べの結果に基づき相当な損害額を認定すべきである。

　そして、そもそも不法行為に基づく損害賠償請求権が、社会に生起した損害の公平な分担という見地から認められたものであることに鑑みれば、

民事訴訟法二四八条によって認定すべき損害額は、存在する資料等から、ここまでは確実に発生したであろうと考えられる範囲に抑えた額ではなく、むしろ存在する資料等から合理的に考えられる中で、実際に生じた損害額に最も近いと推測できる額をいうものと解すべきである。」

とし、

さらに、東京高判平成23年3月23日判時2116号32頁が、

「談合がなければ公正な自由競争によって形成されたであろう落札価格は、談合の結果、現実には形成されなかった価格であり、しかもこの想定落札価格は、当該工事の種類、規模、特殊性、地域の特性、入札参加者の数及び各業者の受注意欲・財政状況、入札当時の経済情勢等の多種多様な要因が複雑に絡み合って形成されるため、証拠に基づいて具体的に想定落札価格を認定することは極めて困難である。

そうすると、本件においては、旧小淵沢町に損害が生じたことは認められるものの、損害の性質上その額を立証することが極めて困難であるときに該当するといえるから、民事訴訟法248条を適用して、相当な損害額を認定するのが相当である。この場合において、認定すべき損害額は、証拠資料からここまでは確実に存在したであろうと考えられる範囲に抑えた額ではなく、合理的に考えられる中で実際に生じた損害額を最も近いと推測できる額をいうと解すべきである。そして、本件においては、平成17年度と平成16年度以前とでは、旧小淵沢町の町長が交代したほか、町の体制が変化したこと以外には、公共工事の設計価格の積算ソフトに格段の進歩があったなど入札価格に変動を与えるような特段の事情の変化が生じたことは証拠上認められないから、損害額の算定にあたっては、入札価格の変化によってもたらされた落札率の相違を基礎に考えるのが合理的である。
〜中略〜

本件においては、上記22件の工事につき談合がされたと認められるものであるが、これらの工事のうち本件工事76以外は、予定価格が比較的低い工事であり、これらの各工事の工種、規模、落札率にはそれぞれ相当程度の差異があり、単純に全体の落札率をもって損害額を算出するのは相当ではないと解される。すなわち、民事訴訟法248条を適用して相当な損害額

を算定する場合においても、その算定に当たっては合理的な根拠をもって実際に生じた損害額に最も近いと推測できる額を認定するのが相当である。」

と判示するのも、裁量評価ではなく、証明度軽減説を基本としているものと理解すべきである[20]。

もっとも、下級審裁判例の中には、当事者による証明活動やその結果に言及することなく、法248条の適用として損害額を認定しているものもみられる。たとえば、東京高判平成13年7月16日判時1757号81頁の以下のような判示

「以上の事情を総合すれば、本件建築物については、確実に建築確認を取得することができたものであるとはいえ、着工までにはなお紆余曲折があった可能性が十分にあるし、その後の経済情勢等の変化とも相まって、三武が買付証明書のとおり契約締結したかどうかについては多大な疑問がある（三武が上記買付証明書を控訴人に差し入れたからといって、両者間に売買契約や売買予約が成立したものでないことはいうまでもない。）。もっとも、本件建築物については、三武の他にも数社から買取り希望があり、その中にはそれなりの資金力を有していた者もあったことに照らすと、本件建築物の建築計画は何らかの形で実現していた蓋然性が高いものと認められるが、その場合でも、建設反対運動の存在や経済情勢等の変化に加え、本件建築物が大規模な高級リゾートマンションであることも考えると、二棟とも着工できたかどうかについても明らかとはいえないのであり、結局本件においては、計画の実現により最終的に控訴人がいくらの利益を取得し、控訴人が負担した経費をどれだけ回収できたかについては、以上に指摘したように不確定な要素が多いため、被控訴人の公務員の不法行為によって控訴人が何らかの損害を被ったことは認められるが、その額を認定するこ

---

20) 大津地判平成22年7月1日判夕1342号142頁も、このようなものと理解できる。伊藤眞ほか「民事訴訟手続における裁判実務の動向と検討（第2回）」判夕1361号28頁（2012年）における加藤新太郎発言、同（第3回）判夕1375号34頁（2012年）における加藤新太郎発言参照。

とは極めて困難であるといわざるを得ない。
　そこで、当裁判所は、民事訴訟法二四八条を適用し、本件に現れた一切の事情を勘案して、七〇〇〇万円をもって相当な損害額と認める。」

は、軽減された証明度にもとづいて損害額を認定しているというよりは、裁量評価によって損害額を定めているとみるべきである。同様に、東京高判平成13年7月16日判時1757号81頁がいう

　「一般に、動産の減失による損害額は、当該動産の時価、すなわち、購入時の代金額から経年を考慮して減額した価額又は同種、同等の代替物の購入費用等をもって算定すべきものであるが、本件のように、原告花子が相当以前に梱包等をし、長期間にわたって本件建物内に残置し、上記の経緯で被告により廃棄された多種多様、かつ、多数大量の物品（本件残置動産類）について、同原告が、個々的に上記の事実を立証することは、極めて困難であると認められる。
　そこで、当裁判所は、民訴法二四八条の規定に基づき、相当な損害額を認定することとするが、本件残置動産類の品目及び上記現況調査の際に写真撮影された本件残置動産類の状況等を総合考慮すれば、その損害額は、総額で一〇〇万円と認定するのが相当である。」との判示や

東京地判平成11年8月31日判時1687号39頁がいう

　「動産の減失による損害額は、購入時の代金額から経年を考慮して減額した価値ないし代替物の購入費用等をもって算定することが本来であるが、事柄の性質上、本件において、このような立証を要求することは相当でない。そうすると、本件は、動産の減失という損害発生は認められるが、損害の性質上、その額の立証が極めて困難な場合（民訴法二四八条）に当たるというべきである。そこで、裁判所としては、相当な損害額を認定することとするが、本件火災後に福島農協は実損評価額として、店舗内備品等につき五一〇万円、家財道具等につき九四〇万円と算定していることが認められ（甲五七の二）、とりわけ後者は、損害保険における査定基準であるモデル家庭の標準的評価表の家財道具の価額に依拠したものであ

る。したがって、右の額を基本としてよいと考えるが、一方で、右の査定は、保険金額（共済金額）の上限を考慮して行われたものであるから、当裁判所としては各損害額については、いずれも、福島農協の評価額の一割増とすることが相当であると解する。そうすると、損害額は、店舗内備品等につき五六一万円、家財道具等につき一〇三四万円と評価するのが相当である。」

との判示も、原告の証明活動の結果を踏まえたというよりは、諸般の事情を考慮した裁量評価と位置づけるべきである。

　このような下級審裁判例の内容をみると、想定落札価格などの事実については、当事者による証明が期待でき、軽減された証明度に達する程度の証明がなされれば、それにもとづいて損害額を認定することができるが、その程度に達しない場合には、裁量評価によって損害額を定める以外にない。これに対して、動産の焼失のような場合には、上記の判示部分にも現れているように、原告に対して立証を求めること自体が相当でなく、およそ軽減された証明度に達するような証明活動を期待できないために、裁量評価によって損害額を定めざるをえない。前者については、証明度の軽減と裁量評価の双方が機能しうるのに対して、後者については、法248条の機能のうち裁量評価のみが働くことになるといえよう[21]。

---

[21]　伊藤 眞ほか・前掲座談会（1）（注14）28頁における加藤新太郎発言「立証の期待可能性のある場合には証明度軽減説でいいけれども、立証の期待可能性が乏しい場合には、裁量評価説の方が説明しやすいということでしょうね」も同趣旨と理解される。
　　その他の下級審裁判例として、東京地判平成21年7月9日判タ1338号156頁（有価証券報告書の虚偽記載による株価の下落分）、東京高判平成21年12月17日判時2097号37頁（生命維持装置を要する者の自宅介護費用）、知財高判平成22年3月24日判タ1358号184頁（特許権侵害にもとづく特許権者の損害）、福岡高判平成23年3月8日判タ1365号119頁（風俗営業によるマンションの居室減価分）、横浜地横須賀支判平成23年4月25日判時2117号124頁（火災による動産の滅失）、東京高判平成23年11月30日判時2152号116頁（虚偽公表による株価の下落分）、東京地判平成24年6月22日金商1397号30頁（虚偽記載による新株予約権付社債の価格の下落分）も、裁量評価的判示を行っている。伊藤眞ほか「民事訴訟手続における裁判実務の動向と検討（第4回）」判タ1386号97、100頁（2013

4 「損害の性質上その額を立証することが極めて困難であると認められる」再考

　従来の最高裁判例や下級審裁判例を基礎として考えると、「損害の性質上その額を立証することが極めて困難であると認められる」場合としては、2類型が分けられる。
　第1は、現実の契約価格と想定落札価格との差額が損害額とされるときに、その基礎たる想定落札価格が想定的事実であることから、統計学的立証などの手段を尽くしたとしても、通常人が合理的に疑いを入れない程度の確信の形成という、通常の証明度に達する証明が期待できない場合である。第2は、家財の焼失のように、証拠方法が整えられれば、証明が可能であるが、通常人に対しその種の証拠方法を保存し、裁判への提出を求めるのが合理性を欠く場合である。
　この2つの類型における証明の困難さは、その理由こそ異なるが、当該訴訟における当事者の立証努力などの主観的要素ではなく、損害額算定の基礎となる事実の性質や証拠方法の存在可能性などの客観的要素に起因しているという共通性がある。いいかえれば、当事者が証拠を保全し、また民事訴訟法などによって保障された証拠収集手段を尽くせば証拠を提出できるにもかかわらず、それを怠ったままに証明に奏功しなかったときには、ここでいう「損害の性質上その額を立証することが極めて困難であると認められる」ときにあたらないというのが、法248条の趣旨をめぐる従来の通念であったと思われる。
　このような区分からすると、最判平成20年6月10日判時2042号5頁が法248条の適用を認めたのは、やや異質な印象を拭えない。この事件は、和解成立前に採石権がない状態で行った採石量と和解成立後に採石権が認められた状態で行った採石量とを判然と区別することができず、したがって、

　　年）参照。

> 「被上告会社が上記採石行為により本件土地1において採石した量と、本件和解後に被上告会社が採石権に基づき同土地において採石した量とを明確に区別することができず、損害額の立証が極めて困難であったとしても、民訴法248条により、口頭弁論の全趣旨及び証拠調べの結果に基づいて、相当な損害額が認定されなければならない。」

という判示部分の立証の困難性は、想定的事実ではなく、過去の歴史的事実であり、しかも、家財の焼失のように通常人に証明のための証拠の保全や収集を期待できない場合でもない。もちろん事案の詳細は審らかではないが、和解の際にそれまでに違法に採取した採石量を何らかの手段において確認し、また、和解後に行った採石量を把握する方法を講じておくことは不可能ではなかったように思われる。

そのような視点から見ると、本件の事案は、たまたま当事者が証拠の保全や収集について十分な注意を払わなかったために、損害の立証が困難になったというものであり、これをもって、「損害の性質上その額を立証することが極めて困難であると認められる」ときに該当するかどうかについては、疑問を差し挟まざるをえない[22]。

もちろん、この平成20年最高裁判決を事例判決にとどまるとして、その意義を限定することも可能であろうが、逆にこれを判例法理として一般化するのであれば、従来の2類型に加えて、想定的事実のように、損害額について証明度に達する程度の証明をすることが一般に極めて困難とはいえず、また、家財の焼失のように、証拠方法の保全と収集を客観的に期待できないとはいえない場合であっても、何らかの事情によって証拠方法が失われ、もはやその回復を期待できない場合にも、立証が極めて困難として法248条の適用が認められるといえよう。そして先に述べた証明度軽減と裁量評価という法248条に含まれる2つの趣旨との関係でいえば、この場合の損害額の認定は、裁量評価によらざるをえないと思われる。

---

22) これに対して、加藤新太郎・前掲論文（注12）62頁は、法248条の適用に違和感がないという。

もっとも、このように考えても、なお、本件での立証困難が「損害の性質」に起因するということは困難であろう。むしろ、平成11年改正によって設けられた特許法105条の3にいう「当該事実の性質上極めて困難であるとき」に近いと思われる。法248条に対する特則としての特許法105条の3の意義の1つは、特許権侵害にもとづく損害そのものの立証は極めて困難とはいえないときであっても、侵害の範囲が広範囲にわたっているときなど、それを個別的に立証することが極めて困難である場合にも、裁判所の判断にもとづく損害額の認定を認めるところにあるといわれるが[23]、平成20年判決の事案でも、違法な採石による損害額そのものを立証することは極めて困難とは言い難いが、損害額認定の基礎となるべき事実の証明にかかる証拠が散逸し、その回復を期待できないような事情が認められるような場合には、「損害の性質」を拡大解釈し、「当該事実の性質」のためにその立証が極めて困難なものとして、裁判所の裁量評価によって損害額の認定が許されることになろう[24]。

　そのように考えると、損害の事実が認定されているにもかかわらず、損害額の証明がないとして請求が棄却されるのは、客観的に利用可能な証拠方法が存在するにもかかわらず、当事者がその提出の努力をしようとしない場合などに限定されるのではないだろうか。また、相手方当事者や第三者の支配下にある証拠について文書提出命令申立てなどの形で努力をしたにもかかわらず提出できなかった場合にも、平成20年判決の趣旨を当てはめれば、法248条にもとづく損害額の認定が許されるともいえよう。本論文の表題に掲げた「最判平成20年6月10日判タ1316号142頁はパンドラの箱を開けたか？」という問いは、このような筆者の問題意識を表現するものである。

---

23) 伊藤 眞「特許権侵害損害賠償請求訴訟における推定規定の意義」吉村徳重先生古稀記念論文集・弁論と証拠調べの理論と実践15頁（2001年）参照。
24) 苗村・前掲論文（注11）45頁では、損害の性質に着目する客観説に対比して、個別的な事案における証明の可能性などを問題とするという意味で、平成20年判決の考え方を個別事案説と呼ぶ。

5 損害額の認定以外への法248条の類推適用可能性

　法248条は、損害が認定されたことを前提とし、「損害の性質上その額を立証することが極めて困難であると認められる」ときに、証明度を軽減し、さらに裁判所の裁量評価によって損害額を定めることを事実審裁判所に義務づけているが、立案の際に参考とされたドイツ民事訴訟法287条と比較すると、2つの点で差異が認められる[25]。第1は、ドイツ民事訴訟法287条1項は、損害額のみならず、損害の発生そのものについても対象としていることである。第2は、同条2項が、債権額について争いがある場合に、一定の要件の下に同条1項の準用を認めていることである。わが国の立法者は、これに倣わず、損害額についてのみ特則を設けることとしたが、いかなる場合にも法248条の類推適用が許されないかについては、なお検討の余地がある。

　その具体例が東京地判平成23年6月27日判時2129号46頁であり、争点を簡略化すれば、原告は、被告らとの間の売買契約について、被告らの価格談合行為を理由とする無効を主張し、すでに支払った売買代金相当額を不当利得として返還を求めた。これに対して被告らは、売買契約の無効を争うとともに、仮にそれが無効になるのであれば、給付した目的物の返還を求めるところ、目的物はすでに費消されているので、その価格相当額の金銭の支払いについて不当利得返還請求権を自働債権とし、原告の主張する請求権を受働債権とする相殺を主張した。問題は、被告の不当利得返還請求権の算定基準時および算定基準であるが、裁判所は、売買契約時を基準時として、その時点において談合行為がなかったのであれば形成されたであろう想定落札価格をもって不当利得返還請求権の額とし、以下のように判示している。

---

25) 内海・前掲論文（一）2157頁による。

「他方、本件においては、不当利得構成であっても、原物返還不能の場合であるから、結局は実質的に売買代金額から返還不能時の客観的価格の差額の返還を認めることにほかならないのであり、不法行為構成を採った場合に実際の売買代金額から想定落札価格を控除した差額を損害としてその賠償請求を認める状況に類似することになる。そして、上記のとおり、本件売買契約を公序良俗違反を理由に無効とする趣旨からすれば、損害賠償請求額が上記不当利得返還請求額と一致したとしても、独禁法の目的を一応達成することはできるものといえる。
〜中略〜
　以上によれば、想定落札価格についての被告ら主張額を認めるに足りる証拠はなく、したがって原物返還不能時における本件石油製品の客観的価格が被告ら主張の価格であると推認するに足らず、これを認めるに足りる証拠もない以上、本件石油製品の価格については、原告が自認している以上の価格を認めることはできない。
　したがって、本件石油製品の価格相当の不当利得返還請求権を自働債権とする被告らの相殺の抗弁には理由がない。」

　判旨もいうように、本件では原告が売買契約を無効として、売買代金（a）の返還を求めているのに対し、被告が費消された目的物の想定落札価格（b）を内容とする不当利得返還請求権との相殺を主張し、被告が原告に返還すべき金銭を、a−b＝cに減額しようとしているのであり、経済的には、原告が談合行為を不法行為として、現に支払った代金額（a）と想定落札価格（b）との差額（c）を損害額として請求するのと変わりはない。したがって、仮に原告がそのような請求をしたときは、近時の一連の最高裁判所判例や下級審裁判例を前提とすれば、想定落札価格の認定について法248条の適用が認められた可能性があると思われるが、原告があえてその方法を選ばなかったのは、想定落札価格の証明責任を被告に転換することが１つの理由ではなかったかと想像する[26]。

---

26) 坂巻陽士「談合関係訴訟の現状と今後の課題」判タ1363号16頁（2012年）は、「不当利得返還請求構成の場合、相殺の抗弁における自働債権の金額（納入物品等の価格）の立証責任は談合業者側の負担となると考えられるため、その点で、損害賠償請求構成より

したがって、想定落札価格という立証命題の実質は同じであるにもかかわらず、それが不当利得返還請求権の発生原因事実として被告の証明責任に属するために、法248条の適用はありえないこととなり[27]、被告は、想定落札価格について通常の証明度に達する証明を行わない限り、不当利得返還請求権を認められない。これは果たして、公平に合致する結果といえるであろうか。損害額の算定を超えて法248条の適用を認めないことは、現行民事訴訟法の立法者の決断として尊重しなければならないが、この事件における被告の不当利得返還請求権は、原告の損害賠償請求権の反対形相ともいうべきものであり、被告から給付された目的物を原告が費消したことによって原告に利得が生じていることは明らかなのであるから、法248条を類推適用して、証明度を軽減し、または裁判所の裁量評価によって想定落札価格を基礎とする原告の利得額を認定すべきであると考えられる。

6 おわりに

本論文では、法248条の趣旨、近時の最高裁判所判例や下級審裁判例の中で同条がどのような形で用いられているか、「損害の性質上その額を立証することが極めて困難であると認められる」ときという、同条適用の基本的要件をどのように理解すべきか、そして、損害額の認定以外にも同条を類推適用すべき場面があるのではないかという、いくつかの点について愚見を記した。現行民事訴訟法が創設した多くの規定の中で、法248条は、実務上もっとも頻繁に用いられているものの一つといってよい。そのことは、その適用に関する判断の適正さが求められることを意味し、本論文は、それに応えようとするものである。

栂善夫さんと遠藤賢治さんは、民事訴訟法学界における尊敬する先輩であり、また、同じく早稲田大学の教員として親しくお付き合いをいた

　　も発注者である国等に有利となり得る」と指摘する。
27) 坂巻・前掲論文16頁では、「不当利得返還請求構成では、民事訴訟法248条による損害賠償額の認定ができない」とする。

だいた。お二人の古稀をお祝いするにはあまりにも貧しい内容であるが、筆者の気持のみをお受け取りいただければ幸いである。

違法収集証拠の論点覚書
―― 弁護士の視点から ――

二 宮 照 興
Teruoki NINOMIYA

1　はじめに
2　裁判例
3　学　説
4　検　討
5　おわりに

1　はじめに

　いわゆる違法収集証拠の証拠能力をめぐる問題について民事訴訟の当事者側に立つ弁護士の視点から論じたものはあまりみかけないため、少し考えてみようと思い立った。具体的には、これまで多くの場面で採り上げられてきた無断録音と違法入手文書の場合について、裁判例と学説を簡単に整理し、その上で弁護士の立場から気づいたことを述べる。なお、本稿では違法収集証拠を提出する当事者を「挙証者」、それに対峙する当事者を「相手方」と表記する。

2　裁判例

　違法収集証拠に関する裁判例として一般に引用されるものは次の10件である。なお、引用の便宜上、違法入手文書に関する裁判例を「文判」、無断録音に関する裁判例を「録判」と略記し、それぞれに番号をつける。

1　大判昭和18年7月2日民集22巻574頁〔文判1〕

（1）**事実**　離縁請求の事案において、養親X（原告）は、Xらを侮辱することが記載された養子Y（被告）所有の日記帳を所持していたためこれを証拠として提出したが、この日記帳はYが不和のため一時実家へ戻った際、X宅座敷内に残置したものであり、Yはその証拠能力を争った。

（2）**判旨**（証拠能力肯定）　作成者でかつ所有者であるYの承諾がなければ証拠とできないとする旨の民訴法上の規定は存在しないから、証拠能力がないとはいえない。

（3）**コメント**　違法収集証拠についての古い事案として紹介されるが、YがXに事実上日記帳の占有を委ねていたとみる余地があり、裁判所には違法収集証拠との明確な意識がなかったともみえるため[1]、一般化することは難しいと考えられる。

2　東京地判昭和46年4月26日判時641号81頁〔録判1〕

（1）**事実**　被相続人AからY1（被告）に対する金銭債権を相続したX（原告）が、同債権の請求とともにY1からY2（被告）へなされた代物弁済の詐害行為取消を求めた事案である。Aの存命中、A、Y1、XらがA宅において会話した際、隣室においてXの子がその内容をY1に無断で録音し、Xはその録音テープの内容の反訳書面を証拠として提出したところ、Y1らが違法収集証拠であると主張した。

（2）**判旨**（証拠能力肯定）　この会談の内容は、「当事者間で本件事件について質疑がなされた際にこれを一方当事者において録取したものであり、特に会話の当事者以外にききとられまいと意図した形跡はないから、右録取に際し他方当事者の同意を得ていなかった一事をもって公序良俗に反し違法に収集され」た社会通念上証拠能力を否定すべきものにあたらない。

1）　同旨、間渕清史「民事訴訟における違法収集証拠（二・完）」民商103巻4号114頁（1991年）

（3）コメント　話者が会話のときに秘密性の保持を意図した形跡がないことを指摘しており、広い意味で秘密性の放棄があると考えたものと解される。公序良俗と社会通念上の相当性に言及しているが、人権侵害の観点は窺えない。会話の内容が債権債務関係の処理という一種の取引に関するものであることも考慮されたと考えられる[2]。

3　大分地判昭和46年11月8日判時656号82頁〔録判2〕

（1）事実　債務不存在確認訴訟で債務額が争点となっている事案において、債務者X（原告）が債権者の一人Y（被告）との会話をその同意を得ずに録音したテープの録音書を証拠として提出したのに対し、Yらはその成立について不知と述べた。

（2）判旨（証拠能力否定）　「相手方の同意なしに対話を録音することは、公益を保護するため或いは著しく優越する正当利益を擁護するためなど特段の事情のない限り、相手方の人格権を侵害する不法な行為」であり、「一方の当事者の証拠固めというような私的利益のみでは未だ一般的にこれを正当化することはできない」から、「対話の相手方の同意のない無断録音テープは不法手段で収集された証拠」であり、「これを証拠として許容することは訴訟上の信義則、公正の原則に反する」というべきである。「このような無断録音による人格権の侵害は不法行為に基づく損害賠償などで解決すれば足り」るとの立場も考えられるが、「損害賠償の義務を甘受することと引換えに、不法な手段で獲得した録音テープを法廷に提出することを訴訟当事者の自由に任せ、これを全て証拠として許容することは無断録音による右人格権侵害の不法行為を徒らに誘発する弊害をもたら」し、「公正の原則にも背馳するもの」である。

（3）コメント　人格権侵害という観点を採り上げ、公正の原則、違法行為の誘発防止、訴訟上の信義則を理由として一般的に証拠能力を否定する考えを示した点に特色がある[3]。例外として挙証者の側に特段

2）　同旨、永井紀昭「判批」判時652号126頁（判評156号、1972年）。

の事由がある場合は証拠能力を肯定する余地を認めるが、その立証責任は挙証者が負うとしており、裁判例の中では厳格な立場である[4]。

4 東京高判昭和52年7月15日判時867号60頁〔録判3〕

（1）事実　会社X（原告）は、会社Y（被告）に対し、テレビ映画の製作放映に関する契約上の債務不履行を理由とする損害賠償請求をしたが第一審で敗訴した。控訴の方針を決めたXの代表者Aは、Yの職員Bと幼少から親交があったため、Bを通じてYの職員Cを酒席で饗応しXに有利な供述をさせてこれを密かに録音しようと企て、Aの後援者Dへ当該事案を有利に説明してもらうという名目でBCを料亭へ招待し、誘導的な質問をするなどしてその会話を隣室でBCに無断で録音した。Xが控訴審において同録音の反訳書面を証拠として提出したのに対し、Yは違法収集証拠であるから証拠能力がないと主張した。

（2）判旨（証拠能力肯定）　「その証拠が、著しく反社会的な手段を用いて、人の精神的肉体的自由を拘束する等の人格権侵害を伴う方法によって採集されたものであるときは、それ自体違法の評価を受け、その証拠能力を否定されてもやむを得」ず、「話者の同意なくしてなされた録音テープは、通常話者の一般的人格権の侵害となる」から、「その証拠能力の適否の判定に当っては、その録音の手段方法が著しく反社会的と認められるか否かを基準とすべきもの」であるところ、右録音は、酒席におけるCらの発言供述を「単に同人らの不知の間に録取したにとどまり、いまだ同人らの人格権を著しく反社会的な手段方法で侵害したものということはできないから」、証拠能力を有する。

（3）コメント　著しく反社会的な手段で人格権を侵害した場合は証拠能力がないという一般論を示した上で、無断録音テープは通常話者

3）　小山昇「録音テープの証拠調べ」判タ446号28頁（1981年）は、無断というだけで証拠能力を否定する利益が存するとは限らないとして、〔録判2〕に反対し、〔録判1〕〔録判3〕に賛成する。

4）　河野憲一郎「違法収集証拠をめぐる訴訟当事者間の法律関係」立教法学64号106頁（2003年）は、〔録判2〕はドイツの連邦通常裁判所の諸判例と機を一にするという。

の一般的人格権の侵害となるが、単に話者が不知の間に録取しただけではその基準に達しないと判断している。〔録判2〕が無断録音というだけで証拠能力を否定するのに対し、具体的な手段方法を観察して判断する点に特色があり、研究者の関心も高い[5]。

5 名古屋高決昭和56年2月18日判時1007号66頁〔文判2〕

（1）事実　団体交渉後に人事部長Aが会社の会議室に残置した個人的手帳が労働者側の何者かによってAに無断で持ち去られ後日返還されたが、その間にコピーがなされた。その後、地位保全仮処分等請求事件において当該手帳が労働者側から書証として提出された。会社側は、この手帳は個人的備忘録であり、Aの意思に反して窃取されたものであるから、Aの人格権を侵害し証拠能力を欠くと主張した。

（2）判旨（証拠能力肯定）　（〔文判1〕を引用した上で）「書証の収集方法が違法であることはただちにその証拠能力を否定する理由とはならない」が、「実体的真実の追求も無制限に認められているものではなく、法の設定する他の理想ないし原則あるいはより高次の法益をまもるために譲歩を余儀なくされる場合もあ」り、例えば、証言拒絶権の規定は「実体的真実の発見が妨げられることがあっても個人の名誉ひいてその人格権を保護するためにはやむをえないとする趣旨にほかならず、終局において憲法にいう『個人の尊重』(13条)、『個人の尊厳』(24条2項)に由来するもの」で、このように「明文をもって個人の尊厳の前に実体的真実の要請を後退させていることにかんがみると、書証の場合においても、当該書証が窃盗等正当な保持者の意思に反して提出者によって取得されたものであり、かつ、これを証拠として取調べることによってその者あるいは相手方当事者の個人的秘密が法廷で明らかにされ、これらの

5）　住吉博「判批」ジュリ666号137頁（昭52年度重判解、1978年）、春日偉知郎「判批」判タ367号191頁（昭52年度民主解、1978年）、池田条男「判批」別冊ジュリ76号208頁（民訴百選II〔第2版〕、1982年）、小島武司「判批」別冊ジュリ146号272頁（民訴百選II〔新法対応補正版〕、1998年）、松本幸一「判批」別冊ジュリ169号146頁（民訴百選II〔第3判〕、2003年）。

者の人格権が侵害されると認められる場合（私的な日記帳、手紙などがその適例である。）には、その証拠としての申出は却下を免れない」ところ、挙証者は何人かによって本件手帳がAに無断で持ち去られそのコピーが労働者側の者の手に落ちたという事実を知りながらその供与を受けたと推認されるにとどまり、これが民刑実体法上何らかの違法行為に該当するとはいえず、更に、本件手帳の内容は「人事部長としてその職務上の出来事や行事予定を記載したものであり、個人の私生活に関する手帳、日記帳のごときものとは類を異にしているからこれを証拠として取調べることによって同人の私的領域に関する事項が公にされ、その人格権が侵害されることになるとは認めがた」く、個人の人格権に匹敵すべき会社の重大な法益侵害も生じないから、本件手帳は証拠能力を有する。

（3）コメント　憲法上の権利保護という観点を採り上げ、一般的な考え方として、①その書証を挙証者が保持者の意思に反して取得すること、②その書証の内容が明らかにされると保持者や相手方当事者の人格権侵害になることという二つの要件を充たす場合に証拠能力が否定されるという指針を示している。これは、収集方法と文書の内容の双方について事案ごとに総合評価して判断する趣旨であると解される[6]。挙証者が自ら違法に取得することを要件としているのは、背後に当事者の信義則違反行為と証拠能力否定とを結びつける発想があると考えられる。

6　神戸地判昭和59年5月18日判時1135号140頁〔文判3〕

（1）事実　従業員Xら（原告）が会社Y（被告）に、思想信条の自由等の侵害を理由に慰謝料の支払等を請求した事案において、XらはYの内部資料を証拠として提出したところ、Yが違法収集証拠は信義則上証拠能力が否定されると主張した。

（2）判旨（証拠能力肯定）　「例えば、一方当事者が自ら若しくは第

---

[6]　住吉博「判批」判時1023号181頁（判評276号、1982年）は、挙証者の証拠収集方法に焦点を結んだ考察と、証拠方法を保有していた主体に配慮する考察の二つを示す点に特色があるとする。

三者と共謀ないし第三者を教唆して他方当事者の所持する文書を窃取するなど、信義則上これを証拠とすることが許されないとするに足りる特段の事情がない限り、民事訴訟における真実発見の要請その他の諸原則に照らし、文書には原則として証拠能力を認めるのが相当であり、単に第三者の窃取にかかる文書であるという事由のみでは、なおその文書の証拠能力を否定するには足りない」ところ、問題の書証は、「保管中の施錠された専用キャビネットから紛失したものであるから、何人かにより窃取されたものに相違ないというにとどまり、それ自体何人が窃取したのかさえなお不明であって、到底右の特段の事情を認めるに足ら」ないから証拠能力は否定されない。

（3）コメント　信義則違反の場合は証拠能力がないとしており、基本的立場は〔録判2〕と同じと考えられるが[7]、特段の事情の立証責任は相手方が負うと解される。挙証者自身の違法収集への関与と信義則違反を結びつけている点は〔文判2〕と共通しているが、文書の内容を判断要素とはしていない。

7　盛岡地判昭和59年8月10日判時1135号98頁〔録判4〕

（1）事実　交通事故の被害者の遺族X（原告）が、加害者Y（被告）に損害賠償を請求した事案であるが、Xは、Yが加害車両を運転していた事実を立証するため、訴外Aが複数回にわたりYに秘密にAらとYの会話を録音したテープの反訳書を提出した。なお、AはYとの会話において加害者とYの結びつきなどについて積極的に誘導した点もあるが、恫喝・強制に及んだ形跡はない。

（2）判旨（証拠能力肯定）　「一般に被録取者の同意を得ない録音はプライバシーを侵害する違法な行為」であり、公平の原則に照らしこれを証拠とすることが著しく信義に反するときは証拠能力が否定されるべきであり、また、被録取者が身体的精神的自由の拘束下で供述を強制さ

---

[7]　同旨、間渕・前掲注（1）118頁、内堀宏達「証拠能力と証拠価値」門口正人編『民事証拠法大系第2巻総論II』90頁注（2）（青林書院、2004年）。

れて録取されたように「証拠の入手方法に強度の違法性が認められる場合には、将来の違法行為の抑制の見地からもその証拠能力は否定すべきであ」るが、「他方、訴訟における真実発見の要請も考慮するとき、一般的人格権侵害の事実のみで直ちにその証拠能力を否定するのは妥当でなく、会話の内容自体が個人の秘密として保護に値するか否か、とりわけその内容が公共の利害に関する事実か否か、訴訟において当該証拠の占める重要性等を総合考慮したうえでその証拠能力の有無を決す」べきところ、本件録音は単にYの不知の間に録取されたにとどまり、その供述内容は16年間秘匿していたYらの犯罪行為に関する重大な公共の利害に関する事実で証拠として非常に重要であるから、この録音テープは証拠能力を有する。

（3）コメント　基本的に〔録判3〕と同様の考え方に立つと解されるが[8]、プライバシーの侵害に言及している。証拠の入手方法に強度の違法性が認められるときに証拠能力を否定する余地を認めるが、他方で真実発見の要請に言及し、一般的人格権の侵害だけで直ちに証拠能力は否定されないとし、会話の内容をよく吟味して決めるという点に特色がある。交通事故の加害者を決定する重要な証拠であったことが証拠能力肯定の判断に傾いたことが窺われる。

8　名古屋地判平成3年8月9日判時1408号105頁〔文判4〕
（1）事実　妻X（原告）が夫Aの不倫相手Y（被告）に慰謝料請求をした事案において、XがY宅（AがYのために借りたマンション）の郵便受けから無断で持ち出し隠匿していた文書を証拠として提出したところ、Yが違法収集証拠排除の原則を適用し証拠として採用すべきでないと主張した。
（2）判旨（証拠能力肯定）　「当事者が挙証の用に供する証拠は、それが著しく反社会的な手段を用いて採集されたものである等、その証拠能力自体が否定されてもやむを得ないような場合を除いて、その証拠能

8）　同旨、内堀・前掲注（7）90頁注（3）。

力を肯定すべき」であるところ、この文書はXがY宅の郵便受けからAに無断で持ち出した信書であり、「夫婦間の一般的承諾のもとに行われる行為の範囲を逸脱して取得した証拠」ともいえるが、AはYとの関係をXに隠そうとしておらず現在もXと共に生活しているから、その収集の方法、態様は、証拠能力を否定するまでの違法性を帯びない。

（3）コメント　収集の方法と態様の違法性を評価の対象としており、文書が信書であることは問題としてない。〔文判2〕が収集方法のほかに文書の内容を問題とし、信書を証拠能力の否定される場合の例としているのと対照的である。証拠能力が肯定されたのは、収集方法に着目し、婚姻関係が必ずしも破綻していない夫婦間の持ち出しであった点が考慮されたものと思われる。

9　千葉地判平成6年1月26日判タ839号260頁〔録判5〕

（1）事実　退職を強要するための暴力行為やいやがらせの行為について従業員Xら（原告）が会社Yら（被告）の不法行為責任等を追及する事案において、Xらが録音テープを検証物として提出したところ、Yらが無断録音であるから証拠能力がないと主張した。

（2）判旨（証拠能力肯定）　「民事訴訟は私的自治の働く領域において発生した紛争を公権的に解決する手段であるから、当該証拠が、私的自治の働く領域において許されない手段すなわち著しく反社会的な方法を用いて収集されたものであるときは、それ自体違法の評価を受け、その証拠能力を否定される」ところ、本件録音テープの録音の相手は「通常の対話の相手ではない暴力行為者であり、しかもそれが職場という密室で行われ」、「暴力行為等を確たる証拠として残す手段としては、録音という方法が有効かつ簡単な方法であ」り、「録音テープの証拠能力を否定すれば相手方の違法行為を究明できないことになって、かえって正義に反する結果となる」から、「相手方の同意を得ずにその状況を録音する行為は著しく反社会的な行為とはいえず」、その証拠能力は肯定される。

（3）コメント　一般論に若干の違いはあるものの、〔録判3〕〔録

判4〕と同様の立場と解される。裁判所は、Y側がXらによるテープレコーダー所持の可能性について認識していたことに言及しており、これが判断に影響していると思われる。こうした録音可能性の認識は、今日の社会では機器の発達により一層日常的なことになっているといえ、これが今後の判断に影響することも考えられる。

10　東京地判平成10年5月29日判タ1004号260頁〔文判5〕

（1）**事実**　夫X（原告）が妻Aの不倫相手Y（被告）に慰謝料請求をした事案において、AがXの作成した大学ノートを密かに持ち出し、Yはこれを書証として提出したところ、Xが窃取された文書の証拠提出に異議があると主張した。

（2）**判旨**（証拠能力否定）　「当該証拠の収集の仕方に社会的にみて相当性を欠くなどの反社会性が高い事情がある場合には、民訴法2条の趣旨に徴し、当該証拠の申出は却下すべき」ところ、この大学ノートは、Xの「陳述書の原稿として弁護士に差し出したものかまたはその手控えで、依頼者と弁護士との間でのみ交わされる文書であり、第三者の目に触れないことを旨とするものであるから、その文書の密行性という性質及び入手の方法において、書証として提出することに強い反社会性があり、民訴法2条の掲げる信義誠実の原則に反し、その証拠の申出は違法である」。

（3）**コメント**　〔文判2〕と同様に、収集方法と文書の内容の双方について事案ごとに総合評価して判断する趣旨であると解されるが、証拠能力を否定する根拠として民訴法2条の信義則を挙げている。裁判所は、この大学ノートを子細にみると、「被告に有利な点もあれば、不利な点もあり、被告は、突然として後出の書証として、提示し、そのうち有利な点をあげつらって（Xの）反対尋問を行おうとしたのであって、許容し難い行為である」としており、証拠の提出方法が判断に影響していることがわかる。このように収集方法や文書の内容の他にも考慮すべき要素があるとしていることに注目すべきである。

3 学　説

1　違法収集証拠であることのみに着目する考え方
（1）証拠能力肯定説　現行法上特に制限はないから違法収集証拠であっても証拠能力を肯定するという考え方である[9]。
（2）厳格な信義則説　違法収集証拠の利用は信義則違反であるからその証拠能力を否定するという考え方で[10]、違法収集証拠に対して厳格な立場といえる[11]。

2　諸要素を勘案して決める考え方
違法収集証拠については、①法秩序の一体性、②訴訟上の信義則、③違法な証拠収集活動の抑制、④人格権保護の優先などを考慮する必要があるという観点から、その証拠能力が肯定される場合と否定される場合があり、諸要素を検討し具体的な事案に応じて決めるという考え方である。判断の方法や根拠について諸説あるが、一般に次の3つに分けられると考える。
（1）利益考量説[12]　裁判における真実発見の要請と手続の公正、法秩序の統一性、違法収集証拠の誘発の防止の調整という観点から、当該証拠の重要性・必要性や審理の対象、収集行為の態様、被侵害利益などの要素を総合的に比較考量して決するという考え方である[13]。

---

9) 岩松三郎＝兼子一編『法律実務講座民事訴訟第一審手続（3）』154頁（有斐閣、復刊版、1984年、初版・1961年）。
10) 山木戸克己「民事訴訟と信義則」末川先生古希記念『権利の濫用（中）』265頁（有斐閣、1962年）〔『民事訴訟法論集』所収、65頁（有斐閣、1990年）〕、山本卓「民事訴訟における信義誠実の原則」司法研究報告書14輯1号41頁（司法研修所、1962年）。
11) 木川統一郎＝馬越道夫「民事訴訟における録音テープの証拠調」判タ237号34頁（1969年）は、信義則には言及せずドイツの裁判例と学説を参考に、人格権を侵害する場合は証拠能力を否定し、例外的に違法性が阻却される場合を認めるが、同様に厳格な立場と考えられる。
12) 「利益衡量」の用語を使う研究者もいるが、本稿ではそれも含めて「利益考量」の用語を使う。

（2）**総合考慮する信義則説**　具体的な事案ごとに、収集の方法・態様、証拠の利用を認めることの得失等の諸事情を総合勘案し、真実発見の要請、当事者間の公平等の基本原則にも照らし、問題となる証拠を訴訟において利用することが信義則に反する場合には、当該証拠の証拠能力が否定されるとする考え方である。原則として証拠能力を肯定し、例外的に信義則違反の場合は証拠能力を否定するという説[14]、証拠方法と収集行為を区別し、まず証拠方法の有する秘密性に保護に値する社会的価値が認められるか否かによって証拠能力の有無を決し、そのような要保護性が認められない場合は原則として証拠能力を肯定するが例外的に収集方法に強度の違法性が認められるときは信義誠実の原則あるいは法秩序維持の観点から証拠能力を否定するという説[15]、訴訟上の信義則とは別のより一般的・包括的な信義則があり、訴訟外と訴訟内にまたがって行使される証拠収集権はこの一般的・包括的信義則によってコント

---

13) 小林秀之『新証拠法〔第2版〕』135頁以下（弘文堂、2003年）、伊藤眞「違法収集証拠・証言拒絶権」井上治典＝伊藤眞＝佐上善和『これからの民事訴訟法』171頁（日本評論社、1984年）〔初出・法セ332号92頁（1982年）〕（なお、伊藤眞『民事訴訟法〔第4版〕』348頁以下〔有斐閣、2011年〕は、原則証拠能力否定の視点から、裁判所は違法性の程度や証拠の価値、訴訟の性質などの要素を考慮するが、刑事上罰すべき行為に該当する場合は証拠能力を否定すべきとする）、鈴木正裕＝青山善充編『注釈民事訴訟法（4）裁判』73頁〔加藤新太郎〕（有斐閣、1997年）、福富哲也「無断録音テープの証拠能力について」白川先生古希記念『民事紛争をめぐる法的諸問題』219頁（信山社、1999年）。高橋宏志『重点講義民事訴訟法（下）〔第2版〕』47頁以下（有斐閣、2012年）は、原則証拠能力肯定の視点から比較考量を行うとする。なお、梅本吉彦『民事訴訟法〔第4版〕』774頁以下（信山社、補正第2刷、2010年）は、利益考量説の基本的姿勢を是認しつつ、第一に裁判所の公正な審理を妨げかつ訴訟上著しく信義に反する行為、第二に刑事上罰すべき方法や人格権侵害を伴う方法による場合は、特段の事情のない限り、証拠能力を否定すべきという基準を示している。

14) 井上繁規「日米両国におけるビデオテープの裁判への導入（下）─機能と問題点─」判タ643号21頁以下（1987年）、内堀・前掲注（7）93頁以下、秋山幹男ほか『コンメンタール民事訴訟法IV』22頁以下（日本評論社、2010年）、兼子一ほか『条解民事訴訟法〔第2版〕』1377頁〔竹下守夫〕（弘文堂、2011年）。

15) 渡辺武文「証拠に関する当事者行為の規律─証明妨害、違法収集証拠の証拠能力を中心として」新堂幸司編『講座民事訴訟第5巻証拠』159頁（弘文堂、1983年）。なお、渡辺説は利益考量説に分類されることもあるが（例えば、小林・前掲注（13）140頁注（19）は渡辺説を自らと同旨とする）、本稿では信義則に注目している点を重視した。

ロールされ、これに違反する場合は証拠能力が否定されるとする説[16]などがある。

（3）**第三の波説**　　いわゆる手続保障の第三の波の立場から、違法収集証拠を武器として相手方当事者と対話を行い論争を試みることが当事者間で妥当すべき論争ルールからみて許容されるかどうかという考慮によって決すべきであるとし、証拠収集の際の具体的事情からみて、そのような手段を行使することがやむを得なかったとみられる場合や、それほど非難可能性はないとみられる場合には証拠能力が肯定され、それ以外の場合は否定されるという考え方である[17]。また、信義則を適用する上の指針として第三の波説が着目する観点から判断するという考え方もある[18]。

3　憲法との関係に着目する考え方

（1）**違法性二段階説**　　違法収集行為を憲法に違反する場合と単なる違法の場合とに分け、人格権など憲法上保障された権利を侵害する場合は証拠能力を否定するが、単なる違法の場合は柔軟に対応するという考え方である[19]。

---

16) 上村明広「違法収集証拠の証拠適格」岡山法学32巻3・4号371頁（1983年）。
17) 井上治典「手続保障の第三の波（二・完）」法学教室29号19頁（1983年）〔『民事手続論』所収、29頁（有斐閣、1993年）〕。なお、高橋・前掲注（13）50頁注（31）は、第三の波説を信義則説の一つと位置づける。
18) 谷口安平＝福永有利編『注釈民事訴訟法（6）証拠（1）』23頁〔谷口〕（有斐閣、1995年）。
19) 春日偉知郎「録音テープ等の証拠調べ」鈴木忠一＝三ケ月章監『新・実務民事訴訟講座2』191頁（日本評論社、1981年）〔後に、『民事証拠法研究』所収、159頁（有斐閣、1991年）〕、森勇「民事訴訟における違法収集証拠の取扱い――証拠収集行為の実体法上の瑕疵とその訴訟法的評価――」判タ507号18頁（1983年）、同「証拠調べの手続」小山昇ほか編『演習民事訴訟法』542頁（青林書院、1987年）、同「証拠能力」三ケ月章＝青山善充編『民事訴訟法の争点〔新版〕』256頁（ジュリ増刊、有斐閣、1988年）、中野貞一郎＝松浦馨＝鈴木正裕編『新民事訴訟法講義〔第2版補訂2版〕』354頁〔青山善充〕（有斐閣、2008年）、小田司「民事訴訟における違法収集証拠の利用と人格権の保護」石川明ほか編『ボーダレス社会と法』29頁（信山社、オスカー・ハルトヴィーク先生追悼、2009年）、松本博之＝上野泰男『民事訴訟法〔第7版〕』406頁以下〔松本〕（弘文堂、2012

（2）証明権内在的制約説　　裁判を受ける権利（憲法32条）の一内容として証拠に関する当事者権（証明権）を考え、その内在的制約（証明権は他人の権利・利益を違法に侵害する形での行使はできない）から、違法収集証拠の証拠能力を原則的に否定する考え方である[20]。

4　検　討

1　裁判例の考え方について

（1）無断録音について　　〔録判3〕から〔録判5〕まで3つの裁判例が、原則として証拠能力を肯定し、著しく反社会的な行為といえる場合に例外的に証拠能力を否定するという考え方を採り、これが録音テープ以外の事案の裁判例でも引用されるようになっており[21]、裁判所の立場の定着が感じられる。なお、〔録判3〕の「著しく反社会的な手段を用いて、人の精神的肉体的自由を拘束する等の人格権侵害を伴う方法」という表現は例外をやや限定しすぎるきらいがあるが[22]、〔録判4〕〔録判5〕は例外をもう少し広く認める印象があることに留意すべきである。

　機器の発達により録音は極めて容易となり、これに伴って予め同意を求めずに録音されることの予見可能性は相当程度に高まっており、こうした環境の変化によって無断録音に対する社会の意識や評価も変わってきていると推測される[23]。この予見可能性の高まりは〔録判5〕の判旨

　　　年）。なお、上田徹一郎『民事訴訟法〔第6版〕』371頁（法学書院、2009年）、小島武司『民事訴訟法』462頁以下（有斐閣、2013年）、河野・前掲注（4）141頁以下は、人格権侵害の場合には証拠能力を基本的に否定する点で、いずれも違法性二段階説と親和性があると思われる。

20）　間渕清史「民事訴訟における違法収集証拠（一）」民商103巻3号121頁（1990年）、同・前掲注（1）　97頁、同「証拠能力」伊藤眞＝山本和彦編『民事訴訟法の争点』188頁（ジュリ増刊、有斐閣、2009年）。

21）　名古屋地判平成15年2月7日判時1840号126頁は、調査会社の調査員が調査目的を秘匿して調査した報告書の証拠能力が問題となった事案であるが、裁判所は〔録判3〕を引用し、証拠能力を肯定している。

22）　同旨、高橋・前掲注（13）48頁。

に照らしても挙証者に有利な方向に働くことが感じられ、無断録音の証拠能力を否定するのは以前よりも難しくなっているという印象を持つ。したがって、録音をされる側が無断録音の将来証拠となることを危惧するのであれば、明確に録音を禁止する意思を表示することが必要と思われる[24]。

（2）違法入手文書について　　証拠能力の有無を判断する際に、収集方法と文書の内容の双方について事案ごとに総合評価して判断する〔文判2〕〔文判5〕と、収集方法の態様で判断する〔文判3〕〔文判4〕の二つに分かれると解される[25]。後述のとおり、証拠の情報内容は判断要素として特に重視すべきものであるから、文書の内容は明確に要件として採り上げた方がよいと思われる。この点、〔文判5〕が〔文判4〕と同じく不倫相手方を被告とする事案でありながら対照的な結論となったのは、弁護士と依頼者間の秘密を記載した文書というその性格が影響したものと考えられる。

2　学説の考え方について

（1）事案に応じた検討　　上記各学説は観点も様々で長短があるが[26]、一定の場合に証拠能力を否定すべきであるという点は現在の共通認識になっていると解される。そして、現行法が証拠能力を制限する規定を置いていないこと、当事者主義の観点から当事者の活動を制限する

---

23) 間渕・前掲注（20）民商123頁、河野・前掲注（4）101頁以下は、機器の発達による人権侵害の可能性増大を懸念するが、機器の発達が違法性についての社会の意識に変化を及ぼすこともあると思われる。

24) 同旨、岡伸浩「無断録音テープの証拠能力—民事訴訟における違法収集証拠—」ビジネスロー・ジャーナル29号116頁（レクシスネクシス・ジャパン、2010年）。もっとも、この意思に反してなされた録音の証拠能力が否定されるかどうかは事案によろう。

25) 〔文判3〕は、一定の違法な収集方法を直ちに信義則違反とするため、文書の内容は問わないと解されるが、〔文判4〕は収集方法以外に文書の内容を判断要素とすることを必ずしも排除するものではないと思われる。

26) 各学説の比較については、間渕・前掲注（1）108頁以下、間渕・前掲注（20）争点189頁、内堀・前掲注（7）91頁以下、河野・前掲注（4）115頁以下、小田・前掲注（19）37頁以下などに詳しい。

ことはできる限り避けるべきであること[27]、判断基準の明確性は重要だが具体的な利害状況へ柔軟に対応するには事案ごとに検討しなければ現実の当否を適切に判断できないと考えられることなどに鑑みると、諸要素を勘案して決める考え方の中の利益考量説か、総合考慮する信義則説のいずれかによるのがよいと思われる。この二つの説は、勘案する要素において実質的にあまり変わらないと解されるが[28]、民訴法2条という現行法に根拠のある方がよいし、最終的に信義則の観点から挙証者の行為の非難可能性について判断を要するとする方が指針として望ましいと思われるので、総合考慮する信義則説を支持したい。

 （2）立証責任　違法収集証拠の証拠能力は、相手方からの証拠抗弁の提出を待って裁判所が判断するものと解される[29]。従って、相手方はまず違法収集証拠であることを主張し、これを立証しなければならない[30]。証拠能力に関する事実は補助事実であり、弁論主義の適用がないことから立証責任の観念は本来妥当しないが、ある事実について立証に成功しなければ不利益を受けるという点では同様の利害状況にあるから、この場面でも一般の立証責任の分配の考え方に倣ってよい[31]。ここまではどの学説に立っても共通であるが、次の段階になると考え方によって違いが生じる。すなわち、違法性阻却事由のある場合に証拠能力が肯定される考え方では違法性阻却事由の存在について挙証者が、証拠能

---

27) 船越隆司「民事訴訟における証拠の証拠能力」三ヶ月章＝青山善充編『民事訴訟法の争点』237頁（ジュリ増刊、有斐閣、1979年）は、職権主義的色彩の強いドイツと異なり交互尋問制度による当事者主義の日本では当事者の自由活動を可及的に広く認めるべきとする。

28) 小林・前掲注（13）137頁の考量要素は、総合考慮する信義則説の内堀・前掲注（7）、第三の波説を参考とする谷口・前掲注（18）がそれぞれ判断にあたって考慮する要素と実質変わらないと思われる。

29) 同旨、井上・前掲注（14）26頁以下、間渕・前掲注（1）124頁、内堀・前掲注（7）96頁。

30) 相手方は、窃取文書、無断録音などと主張することになるが、この立証について相手方が過度に不利とならないよう配慮すべきである。例えば、相手方によって会話の状況がある程度明らかにされた場合に、挙証者が無断録音の点を争うときは、挙証者に相手方の同意を得たことについて立証の負担をさせてよいと考える。

31) 内堀・前掲注（7）96頁以下。

力阻却事由のある場合に証拠能力が否定される考え方では証拠能力阻却事由の存在について相手方が、それぞれ立証責任を負う[32]。

（3）収集方法と情報内容　証拠の収集行為と情報内容とを区別し、人格権として保護すべき情報内容はその性格上本人の同意がない限り証拠能力を否定するという立場がある。現行法では文書提出義務の免除がある文書として自己専利用文書があるが（民訴法220条4号ニ）、違法な収集行為によって自己専利用文書の所持者が変わったときでも提出義務の免除を受ける本人はその提出を阻止できるようにすべきだという主張は[33]、情報内容を収集方法から独立に判断するため基準が明確で人格権保護にも資するといえる。また、判断の対象を二種類に分けることで挙証者と相手方との負担を分散させ公平をはかることも可能である[34]。しかし、情報内容のみに着目して判断することにはためらいを覚える。文書が本人の所持を失って現在は挙証者の手にある以上、その失った事情、すなわち収集方法がどのようなものであったかを問わずに評価することはできないと思う。したがって、情報内容を収集方法から独立して捉えることはせず、収集方法へ集約して総合考慮すればよいと考えるが、その際、裁判所は、対象とすべき諸要素には軽重のあることを意識し、その要素の違いをできるだけ客観的に示す判断をすべきである。なお、情報内容による要保護性の違いが録音の場合にも存在することは、〔録判1〕〔録判4〕の判断に録音の内容が影響を与えていることからもわかる[35]。

---

32)　渡辺・前掲注（15）178頁以下。
33)　渡辺・前掲注（15）176頁、高橋・前掲注（13）46頁。小田・前掲注（19）48頁注（59）は、憲法の人格権保護の見地から高橋に賛同する。なお、高橋・同50頁注（34）、同197頁注（204）はこの立場を前提に、〔文判5〕は情報内容による制限を受けるべき場合と解すべきであり、アメリカのワーク・プロダクト理論（work product　訴訟準備活動秘匿の法理）に類するとする。
34)　渡辺・前掲注（15）180頁は、文書の違法収集証拠は挙証者が違法性阻却事由を、その他の違法収集証拠は相手方が証拠能力阻却事由を、それぞれ疎明ないし証明すべきとする。
35)　この点につきて、住吉・前掲注（5）140頁、小山・前掲注（3）28頁以下は、財産法関係事件における取引上の会話と、家族法関係事件における当事者間の会話の違いを指摘する。

（4）まとめ　　上記に鑑みると、原則として証拠能力を肯定し、諸事情を総合考慮して信義則違反となる場合は民訴法2条を根拠に例外的に証拠能力が否定されるとするのがよいと考える。この場合、違法収集証拠というだけでは証拠能力を否定できないから、相手方は違法収集証拠であることのほかに証拠能力阻却事由について立証責任を負う。ただ、両者は明確に区別されるとは限らず、渾然として総合考慮されることも多いと思われる[36]。

　総合考慮の際は、その証拠の情報内容がどのようなものかよく吟味する必要があるし[37]、それによって証拠能力阻却事由の立証も変わってくるというべきである。例えば、相手方が自己専利用文書であることを立証したときは、そのように要保護性の高い文書を挙証者が所持していること自体が尋常でないから証拠能力を否定すべきであり、ただ、その場合でも挙証者の側で文書の入手方法について、例えば〔文判1〕のように実質的に占有を委ねられていたというような信義則上非難できない事情を示したときは証拠能力を肯定してよいと考える。

　また、信義則違反となるには、挙証者自らが違法収集行為の主体となることまで求める必要はなく、当該証拠が挙証者の下へ至るまでの諸事情を考慮し、最終的には挙証者の証拠提出行為の妥当性へ収斂して評価すればよいと思われる。例えば、第三者が窃取した文書であっても、それを挙証者が入手し証拠申請するまでの過程において信義にもとる事情があれば信義則違反と評価してよいであろう[38]。反対に、信義則の観点からおよそ挙証者を非難できる要素のない場合には証拠能力を否定すべきでない。

---

[36]　秋山・前掲注（14）23頁は、収集態様が刑罰法規に抵触したり、公序良俗違反のように違法性の強い場合は、原則として信義則違反になるとしている。

[37]　〔文判5〕のように弁護士と依頼者の間に交わされる文書については、その性格に照らして格別の配慮がなされるべきと考える。

[38]　秋山・前掲注（14）23頁も、第三者のした違法収集証拠の証拠能力が否定される場合があるとする。

3 弁護士の視点

（1）収集行為　　弁護士は、実体法上違法と評価される方法で証拠が収集されることを防止しなければならない。これは弁護士倫理からの要請でもある[39]。したがって、依頼者が文書の窃取をしようとしていればとめるべきである。録音については、既に述べたとおり相手方の予見可能性が高まっているし、〔録判5〕のように相手方の違法行為究明のために録音が必要な場合もあるから事案に即した判断をすることになろうが、証拠能力の争いを防ぐ趣旨からは話者の同意を得るか[40]、少なくとも告知をするよう指導するのが基本と考える。そして、どのような対応をするにしても、依頼者はじめ関係者に対しては違法収集証拠について実務を踏まえた説明を懇切丁寧に行うことが肝要である。ところで、会話の録音についてこれを制度化する事例も生じている。例えば、神戸市では、不当要求を受けた場合に相手の同意を得ず会話を録音できるとしているが[41]、これはその旨公開しており単なる無断録音とは異なる。制度として導入するにはこうした慎重な配慮が必要であろう。

---

39) 実体法に違反する方法で証拠を収集することは、弁護士職務基本規程5条（信義誠実）、14条（違法行為の助長）に抵触するおそれがあると解される。杉山悦子「民事訴訟法の問題解決17―違法収集証拠」法セ697号107頁（2013年）は、弁護士倫理の問題の生じることを指摘する。また、加藤新太郎ほか「座談会・立証活動における倫理（下）」判タ1337号9頁〔加藤発言〕、同11頁〔馬橋隆紀発言〕（2011年）は、弁護士の品位が問われるとする。
40) 同旨、岡・前掲注（24）116頁。
41) 平成22年11月2日付神戸市長から同市個人情報保護審議会宛ての「諮問」（http://www.city.kobe.lg.jp/information/public/hogo/480700.pdf）添付の「神戸市不当要求行為の録音及び録画に関する要領」（案）と同様と解される内規が、平成23年5月頃に規定されたと報道されている。同要領（案）5条2項は、「録音又は録画をする場合は、不当要求行為者に対して、録音又は録画を行うことを告知するものとする。ただし、告知は不当要求行為者の同意を得ることが目的ではない。告知に対して、不当要求行為者が録音又は録画を拒否した場合でも、管理責任者が録音又は録画することが必要であると認める場合には、録音又は録画をすることができる。なお、危険等の急迫性が高く、緊急性が認められる場合には、不当要求行為者に告知をせずに録音又は録画をすることができる。」と規定する。

(2) 証拠の利用　　弁護士は、既に違法収集された証拠に接した場合、これを証拠として提出するかどうかの判断を迫られる。その際、その時点における裁判例や学説を踏まえて証拠能力が否定されるかどうかを検討するほか、関係者が収集行為について実体法上の責任を問われる可能性についても考えることになる。そして、その証拠を利用するときも、あるいは利用しないときも、その判断の理由を十分に示さなければならない。ここでもまた依頼者等への説明が重要である。違法収集証拠を利用するかどうかの第一次的判断は弁護士の役割であり、適切な対応が望まれる[42]。

　(3) 証拠能力をめぐる攻防　　挙証者側の弁護士は、証拠能力が争われたときの備えを予め十分にしておくべきである。他方、相手方側の弁護士は、証拠能力を否定する事由について迅速に調査し、情報を整理した上で必要があればこれを立証しなければならない。証拠能力の有無を判断するのは裁判所であるが、事件には様々な事情がありこれらが総合考慮されることになるから、双方の弁護士はそれぞれの立場で攻防を尽くし裁判所へ十分な資料が集まるようにすべきであり、また、裁判所はその評価と判断の過程をできるだけ詳しく示し、考慮される諸要素の客観化に努めるべきである。

5　おわりに

　違法収集証拠を当事者の側で取り扱う弁護士には慎重な対応が求められる。弁護士の公正で誠実な行動が裁判所の妥当な判断を導くための重要な要素であることは、民事訴訟手続の諸場面においてあてはまるが、違法収集証拠に接する場面ではひときわそう思われる。弁護士はこのことを自覚し、社会環境の変化にも目を配りつつ、適切にその役割を果た

---

[42]　提出する証拠の内容によっては弁護士自身がプライバシー侵害などによる責任を問われることもないとはいえないから、この点についても留意すべきである。なお、民事保全事件における疎明資料の提出が第三者に対する不法行為にあたるとした東京高判平成11年9月22日判タ1037号195頁が参考となる。

すよう心がけるべきである。なお、本稿で検討した問題は、無断録音と違法入手文書以外の場合にも生じ得る[43]。機会があれば検討してみたい。

---

43) 井上治典「違法収集証拠―証人申請」『実践民事訴訟法』127頁（有斐閣、2002年）、春日偉知郎「ドイツの判例から見た『同意なくして行われた DNA 鑑定―違法収集証拠の利用禁止と個人情報をめぐる自己決定権―』の人事訴訟における利用限界」小島先生古希記念『民事司法の法理と政策上巻』271頁（商事法務、2008年）などの研究がある。

文書提出命令申立てにおける対象文書の存否の立証責任

和久田　道雄
Michio WAKUDA

1　はじめに
2　対象文書の存否についての議論の概観
3　裁判例の紹介と分析
4　過払金返還請求訴訟における文書提出命令の申立て

1　はじめに

　文書提出命令の申立ては、書証の提出方法の一つであり、文書提出命令を発令するには、その前提として対象文書が存在していなければならない。文書の存在、所持に争いがある場合の立証責任についてはどのように考えたらよいか。原則として申立人に主張立証責任があるものの、所持後の滅失や廃棄については相手方に立証責任があると論じられることがあるが、誰がどの程度の立証をすれば文書提出命令を発令することができるのか。

　このような問題意識に基づいて、以下では、まず代表的な論稿について検討し（後記2）、対象文書である診療録の滅失、廃棄等が争われた事案に関する裁判例を紹介し（後記3）、最後に過払金返還請求訴訟における文書提出命令の申立て（後記4）について考えてみたい。

2　対象文書の存否についての議論の概観

1　西村氏の論文

　文書提出命令の申立てに対して相手方が対象とされる文書を所持する

ことを争った場合、当事者のどちらがどのような立証活動を行うべきかについて意識的に論じたおそらく最初の論文として、西村宏一「文書提出命令の申立における文書所持の立証」(判例タイムズ74号40頁。以下「西村論文」という。)を挙げることができる。

西村論文は、相手方が当該文書の所持を争う場合においては、申立人においてこれを立証すべきであるが、旧民事訴訟法(平成8年法律第109号による改正前のもの。以下「旧民訴法」という。)313条3号によって明らかにすべき「文書ノ所持者」とは、単にその文書の所持者が誰かということにとどまらず、その者の手に当該文書が存在することを推測すべき事情をも含むと解されているから、申立人としては相手方が当該文書を所持するに至った事情を立証する必要がある。これに対して、文書の不所持を主張する相手方は、文書を所持することが認められた以上は、その後においてこれを喪失又は紛失したとの事情について立証をなすべき立場に置かれるといえる。ただし、このことは文書の不存在についての立証責任を相手方に負担させるという趣旨を意味するものではない。本来文書の提出命令は、文書の存在することを前提として出されるものであり、その不存在の可能性を予定しての提出命令というものは考えられない。結論として、文書提出命令の申立人は文書が現在相手方の所持にあることについて立証責任を負うが、申立てに当たっては相手方が文書を所持するに至った事情を開示すべく、これに争いがあればこれを立証すれば足りる。そして、現在の存在を争う相手方は、その後における喪失又は滅失について反証を挙げなければならないと論じている[1]。

2 須藤氏の論文

文書提出命令における対象文書の存否について、裁判例を分析し、文書の存否に関する主張立証責任の構造を要件事実的な観点から整理した論文として、須藤典明「情報公開訴訟・文書提出命令等における文書の

---

[1] 西村論文は、文書の不存在についての立証責任を相手方に負わせるものではないとしているが、相手方が反証に成功しなければ一般的には現在の所持が推認されることになるとしていることに留意する必要がある。

存否に関する主張立証責任」(「新しい時代の民事司法」581頁所収。以下「須藤論文」という。)がある。

　須藤論文は、裁判例を分析した結果として、文書提出命令において文書の存否が問題となるケースには、大きく分けて、①文書の所持者とされた者（Y）が当該文書を一度も所持したことがないと否認している場合（不存在型）と、②Yが過去に当該文書を所持していたことを認めながら、その後の紛失や廃棄により現在は所持していないと否認している場合（紛失廃棄型）とがあるとする。その上で、「文書の現在の所持」については、原則として申立人（X）に主張立証責任があるが、Yが現在の所持を否認している場合、XがYの現在所持を直接立証することは困難であるから、Xは、「ある時点である文書を所持していれば、特段の事情がない限り、その後も引き続きその文書を所持している可能性がある」との経験則を前提として、「Yは過去に当該文書を所持していた」ことを主張立証して、「Yは現に当該文書を所持している」ことを推認させることになるとする。そして、Yが過去の所持も否認する場合が、「不存在型」に対応するものであり、本来の主張立証責任を負うXにおいて、「Yは過去に当該文書を所持していたこと」を具体的に主張立証することになるとする。これに対し、過去の所持は認めるが、現在は所持していないとして争う場合が、「紛失廃棄型」に相当するもので、Yが当該文書の過去所持を認めているため、現在所持の推認を妨げるには、Yがその後の紛失や廃棄を具体的に反証することになるという。

3　「不存在型」と「紛失廃棄型」の区別

　西村論文と須藤論文は、文書提出命令の申立てにおいて、申立人（X）が「所持人（Y）は現に当該文書を所持していること」を主張立証しなければならないとする点で共通している。

　そして、須藤論文が分析するとおり、前記の「不存在型」と「紛失廃棄型」の区別は、Yが「過去の時点における文書所持」の事実を認めているか否かの違いにすぎず、「紛失廃棄型」では過去の時点における

文書所持について争いがないことから、専ら所持人とされるYによる滅失や廃棄の反証の成否が問題となるのに対し、「不存在型」では過去の時点における文書所持の事実をXが立証しなければならない点が異なるといえる。ただ、「不存在型」についても、Xが過去の時点における文書所持の事実の立証に成功すれば、Yはその後の滅失等について反証をしなければならないのであるから、この場合のYの立場は「紛失廃棄型」において所持人とされた者と異なるところはない。

以上によれば、須藤論文の「不存在型」と「紛失廃棄型」の区別は有益であるが、文書提出命令の申立人は、所持人とされる者が対象文書を過去の時点で所持していたことを認識し、把握しているからこそ、当該文書の提出命令を申し立てる場合が多いものと考えられるから、対象文書の過去の時点における所持の事実についてはこれを立証するに足る証拠方法を有している場合も相当程度あると思われる。このように考えるならば、実務上、対象文書の存否が争われることになるのは、主として「紛失廃棄型」であると考えられる。そこで、以下では「紛失廃棄型」の例として須藤論文にも紹介されている裁判例の分析を行うことにする。

3　裁判例の紹介と分析

1　東京地裁昭和51年6月30日決定（判例タイムズ346号271頁。①事件）

（1）**事案**　本件は起訴前の証拠保全申立てに関するものである。申立人（X）は、昭和43年3月初旬ころ（当時生後2か月）、相手方（Y）医院において、大腿部に筋肉注射を受けたが、その後昭和50年10月6日に、別の医師により大腿四頭筋短縮症であると診断され、昭和51年5月17日、Xに関する昭和43年2月から現在までの診療録の証拠保全（検証）、及び同診療録の提示命令を申し立てた。

（2）**裁判所の判断**　医師法24条により、医師が作成する診療録については5年間の保存義務が課せられていることから、ある者が医師の診察を受けたことが認められたときは、特に反証のない限り、その診察

に関する診療録が医師によって作成され、その後5年間医師又は医師の勤務する病院、診療所において保存されているものと、一応推定することができる。

しかし、本件申立ては、XがY医院において診療を受けた時から8年2か月余り経過した後になされたものであるから、診療録の存在に関する上記の推定法則を適用するのは困難であり、XがY医院において診療を受けたことから直ちに、その診療に関する診療録がY医院において現に保存されているものと推認することはできない。それゆえ、Xは、Yが現に診療録を所持していることを立証する必要がある。ところが、本件では、Yが診療録を現に所持していることを自認するなど、上記の事実を直接に証する証拠はなく、またY医院が医師法24条によって義務付けられた保存期間の経過後も相当長期間にわたって診療録を保存する体制をとっているとか、Xが保存期間内あるいは保存期間満了の直後に、特にYに対し、診療録を保存しておくよう要請したなど、Yが診療録を現に所持していることを推認させるような証拠も全く存しない。結局のところ、Yがこれを現に所持していることを認めるに足りる証拠はない。（申立て却下）

（3）**検討**　本決定がいうとおり、診療録については医師法24条2項により保存義務が定められ、この義務に違反した者には罰則が科せられることとされているから、Xの診療録が過去において作成されたことは疑いがなく、少なくとも5年の保存期間内はY医院において保存されていたものと推認することができる。

しかし、本件では、証拠保全の申立ては保存期間が経過した後の当初の診療時から8年2か月余り経過した後にされたものであり、かつ、XがYに対し診療録の保存を要請したなど、Yにおいて診療録を保存期間経過後も所持していることをうかがわせる事情も存しないというのであるから、過去の文書所持の事実から現在の文書所持の事実を推定することはできないというべきである[2]。

2）　本決定は「従って、本件においては、相手方が現在右診療録を所持していない蓋然性

2 大阪高裁昭和56年10月14日決定（下級裁判所民事裁判例集32巻9～12号1599頁。②事件）

（1）事案　本件は起訴前の証拠保全の申立てに関するものである。Xらの子であるA（当時30歳。女性）はY病院において大腸ポリープと診断され、昭和53年9月7日及び同月10日に手術を受けたが、同月25日に死亡した。Xらは、Y病院に対し、証拠保全として、Aの診断、手術、治療の過程において作成された診療録、手術結果簿、看護日誌、検査結果等治療経過にかかわる一切の書類の検証を申し立て、検証期日に一部の書類が任意に提出されたが、9月7日の第1回目の手術の手術所見及び手術術式を記載した書面や同手術から死亡に至るまでの診療録は提出されなかった（第1回証拠保全）。そこで、Xらが再度証拠保全の申立てをしたところ、原審は、対象となる文書等の存在については申立人であるXらにおいて立証すべきであり、本件ではその存在を認めるべき疎明はないとして申立てを却下したので、Xらが抗告をした。

（2）裁判所の判断　文書提出の申立てに当たっては、当該文書の存在することは申立人において立証すべき事項であり、それが作成されかつ現に相手方によって所持されている事実が立証できないときは、その文書提出の申立ては却下を免れない。

しかし、医師法は、医師に対し診療に関する事項を遅滞なく診療録に記載すべき旨及び診療をした医師の勤務する病院の管理者に対し診療録を5年間保存すべき旨を義務付けており、これに違反した者に対しては罰金を科する旨を定めているから、診療に当たった医師は診療後遅滞なく診療に関する事項を診療録に記載し、その診療録は少なくとも5年間は保存されているはずである。したがって、医師法の定める保存期間内の診療録については、当然それが作成されかつ保存されているものとみなし、特にこれが滅失したと認められない限り、文書提出命令を発するのが相当である。原審が、第1回証拠保全の際に、9月7日の第1回目

はかなり高く」と説示しているが、現在の文書所持を事実上推定することはできないことを前提に、かえって反対事実（文書の不所持）が認められる蓋然性が高いことを述べたものと解される。

の手術から死亡までのAの診療録並びに第1回目の手術の所見及び術式を記載した書面が提出されなかった理由について審理することなく、文書等の存在については申立人であるXらにおいて立証すべき事項であるとの見解のもとに、文書等の存在を認めるべき疎明はないとして、Xらの申立てを却下したのは失当である。（原決定取消し・差戻し）

（3）検討　この事案では、証拠保全（検証）の目的である診療録等の保存期間は経過しておらず、第1回証拠保全においてAに関する診療録の一部は任意に提出されているのであるから、対象となる文書が過去に作成され存在したことについては疑いがないものと考えられる。したがって、紛失、廃棄といった特段の事情がない限り、Yによる現在の所持が推定されることになる。本決定は、このような考え方に立って、対象文書が提出されなかった理由について更に審理を尽くさせる必要があるとして、事件を原審に差し戻したものである[3]。

3　福岡高裁平成8年8月15日決定（判例タイムズ929号259頁。③事件）

（1）事案　本件は文書提出命令の申立てに関するものである。Xは、Y病院で、昭和63年3月11日、第6、第7頸椎の前方固定手術を受けたが、同手術前の同月8日に行われた心電図検査で異常が発見されており、手術を行うべきではなかったという事実を立証するために、Y病院がXに対して実施した上記の心電図検査記録（本件文書）の提出を求めた。Yは、本件文書が昭和63年3月8日当時、Y病院において作成、保管されていたことは認めているが、同月14日、XがZ病院で治療を受けるために本件文書を含むXの診療録一切をZ病院に送付し、治療が終わった後にY病院に返還された際か、Y病院が旧病院建物から新病院建物に移転した際のいずれかの時点で紛失し、現在は所持していないと主張した。原審は、Xの文書提出命令の申立てを認めたので、

3）　本決定は、医師法の定める保存期間内の診療録については、「当然それが作成されかつ保存されているものとみなし」と説示しているが、滅失の反証を許していることから、文字どおりに「みなす」という意味ではなく、「推定する」という意味であると考えられる。

Yが抗告をした。

（2）裁判所の判断　文書提出命令は提出義務を負担する文書の所持者に対してその提出を命ずべきものとされていること（旧民訴法312条、314条1項）、それゆえ、文書提出命令の申立てに当たっても文書の所持者を明らかにすることを要するとされていること（同法313条3号）等に照らすと、相手方が当該文書の所持を争う場合においては、申立人においてこれを立証すべきであると解するのが相当である。もっとも、文書提出命令の申立人としては、文書が相手方の所持にあることを直接立証することは困難であるから、申立てに当たっては、相手方が文書を所持するに至った事情を立証すれば足り、現在の所持を争う相手方は、その後における紛失について反証を挙げなければならないと解すべきである。

　反証の程度は当該文書の種類、内容及び重要性等によって異なってくるであろうが、特に重要な文書であれば通常特段の事情がない限り保存しているものと考えられるから、紛失の事実について有力な反証が提出されない限り現在の所持を認められることになろう。しかし、このように考えることは、文書の不所持についての立証責任を相手方に負担させるという趣旨を意味するものではないから、文書の不所持を主張する者が真摯で高度な穿鑿、調査を尽くしてもなお文書の発見に至らず、その紛失の経過について合理的な説明がなされた場合には、結局文書の所持の立証が認められないとして、文書提出命令の申立ては排斥を免れない。加えて、文書の所持の証明の程度も、提出命令不遵守の効果が極めて大きいこと（旧民訴法316条）にかんがみると、当該文書が相手方の占有に存することの心証（確信）を得る程度に至る必要があるというべきである。

　本件文書の管理方法は開封した状態の封筒に入れて、封筒ののりしろの部分の左右二箇所を診療録にホッチキスで止めていただけというのであるから、診療の際等の取扱い次第によっては、封筒のホッチキスがはずれてしまうことも考えられないことではなく、あるいは、Y病院が旧病院から新病院に移転する際の混乱でホッチキスがはずれて紛失した

ことも考えられないではない。また、Y病院が本件手術後の昭和63年3月14日に実施した心電図検査記録には、Xの心臓の異常を疑わせる記載があり、Y病院作成の手術前チェックリストには、同月8日にXに対して心電図検査を実施したことが記載されており、Yはこれらを含む一切の医療関係資料を証拠として提出しているのであるから、Yが本件文書だけをあえて隠匿していると疑うべき事情も見出し難いというべきである。さらに、Yは丹念に捜索したが本件文書を発見するに至らなかったとも述べている。これらを総合すると、本件文書は紛失し、現在これを所持していない旨のYの反証も、たやすくこれを否定し去ることはできないというべきであり、結局、Yが現在本件文書を所持しているとの心証（確信）を得るには至らない。（原決定取消し・申立て却下）

　（3）検討　　この事案では、文書の所持人とされる者が過去に当該文書を所持していたことを自認しており、その後紛失した旨の反証の成否が問題となった。本決定は、反証の内容・程度につき、一般論としては「真摯で高度な穿鑿、調査を尽くしてもなお文書の発見に至らず、その紛失の経緯について合理的な説明がなされた場合」と高度なものを要求しているかのようであるが、①診療録を他の病院に貸し出した際、あるいは病院の建物が移転した際に、対象文書を入れていた封筒のホッチキスがはずれて紛失した可能性があること、②YはXの心臓に異常がある旨やXに対し心電図検査を実施した旨の記載を含む医療関係資料を証拠として提出しており、本件文書だけをあえて隠す理由は見当たらないことを挙げて、Yの反証を「たやすく否定し去ることはできない」と説示しているところからすると、必ずしも厳格な反証を要求するものではないであろう。本決定は、Yが本件文書だけをあえて隠匿していると疑うべき事情がないことを重視したものと思われる。

4 過払金返還請求訴訟における文書提出命令の申立て

1 文書提出命令の申立てが問題となる場面

　貸金業者は、債務者から取引履歴の開示を求められた場合には、特段の事情のない限り、その業務に関する帳簿に基づいて取引履歴を開示すべき義務を負っている（最高裁平成17年7月19日第三小法廷判決・民集59巻6号1783頁）。そこで、債務者はまず貸金業者に対して取引履歴の開示を求め、開示された取引履歴をもとに利息制限法の制限利率による引き直し計算をして、過払金が発生している場合には、過払金の返還を請求することになる。

　ところが、貸金業者が、当初の取引開始日からの履歴全部を開示せず、過去のある時点以降の履歴のみを開示し、それ以前についてはデータを消去した、合併による承継前の会社の取引であるから把握していないなどと回答することがままあり、このような場合に、貸金業者の上記の弁解は信用できないと考える債務者が、借入れや弁済の状況等に関する帳簿、帳票等の取引履歴の開示を求めて、文書提出命令の申立てをする事例がある[4]。

2 取引履歴の文書提出命令申立てに関する裁判例の傾向

　前記1のとおり、過払金返還請求訴訟において、債務者から取引履歴の開示を求める文書提出命令の申立てがされた場合に、貸金業者が対象文書である取引履歴を既に廃棄したため現在は所持していないとして争うケースは実務上しばしばみられる。これは前記の分類によれば「紛失廃棄型」に当たり、貸金業者が廃棄の反証に成功すれば、対象文書の現

4） もっとも、実際の訴訟では、文書提出命令が申し立てられると、裁判所は、貸金業者に対して、任意で取引履歴や契約関係書類などを提出するよう促すので、提出命令を発令するまでもなく、取引履歴等が開示されることが多いという指摘もある（別冊判例タイムズ NO.33「過払金返還請求訴訟の実務」77頁）。

在の所持について立証がないとして文書提出命令の申立ては却下されることになる。しかし、以下で紹介するように、下級審の裁判例は容易に上記の反証を認めない傾向にあるように思われる。

（１）神戸地裁平成16年４月13日決定（公刊物未登載）　コンピュータに記録されている顧客の取引に関する情報につき、しかも借入れと返済が反復し、現に取引が継続している顧客について、これを一律に10年の経過によってコンピュータから（履歴を）削除するシステムを採用しているとの主張は、貸金業者である相手方の顧客管理として到底合理性のあるものとは認められない。コンピュータの管理上10年を超える取引履歴を保存しておくことにさしたる負担はないと思われ、10年を超える情報を削除しなければ、コンピュータの容量上他の情報保存に支障をきたすといったことは考えにくいし、その点に関する相手方の主張立証はない。のみならず、10年の経過により、取引継続中の顧客の情報を削除してしまうことになれば、かえって、顧客管理に支障を来しかねない。また、仮に消滅時効が10年の経過により完成している場合であっても、貸金業者である相手方が、顧客からの援用もないのに時効を理由にその回収を当然に諦めるものとも認めがたい。

相手方において、10年の経過により全顧客につきその情報を一律に削除する合理性があるとは認めがたく、相手方は、現在も、10年を超える顧客の取引履歴を保存しているものと推認するのが相当である。

（２）名古屋高裁平成17年５月24日決定（公刊物未登載）　金融業者は、一般に、顧客に対する債権を管理し、法的手続を利用して権利行使を行うことも少なくなく、他方、顧客からは、過払金返還請求訴訟等を提起され、これに対し、みなし弁済等の主張をすることも珍しくない上、顧客データの情報管理は、電算機処理等により比較的容易であることが推認できることなどからすると、貸付けや弁済の事実を記録化して業務を行っているのが通常であり、借入れと返済とが反復する取引継続中の顧客はもちろん、取引が終了して間もない顧客の取引履歴等の消除が安易になされることは通常考えにくい。したがって、取引履歴等が存在しないことについて、その合理性を是認し得る特段の事情のない限

り、それを所持しているものと推認するのが相当である。

（３）東京地裁平成15年９月16日決定（要旨は消費者法ニュース58号123頁に掲載）　保存期間が経過した帳簿等が保存期間経過後に直ちに廃棄処分がされることはまれであり、相当期間その保管を継続していると思われるのであるから、法律上保存期間が定められているとしても、その不存在が相当程度客観的に推認できるなどの特段の事情がない限り、その文書の廃棄を主張する者がその廃棄の事実を具体的に主張疎明すべきと解するのが相当である。

　本件においては、相手方は、その消除の具体的過程について何ら主張疎明しておらず、対象文書を所持しているものと推認するのが相当である[5][6]。

3　文書提出命令の申立てが却下された事例

　前記２の裁判例とは異なり、貸金業者による廃棄の反証を認めて、文書提出命令の申立てを却下した事例があるので紹介する。

（１）大阪地裁平成24年７月26日決定（公刊物未登載）　Ｘは、Ｙに対し、継続的な金銭消費貸借取引により生じた過払金の返還を求める訴訟を提起し、文書提出命令の申立てとして、取引開始時から平成７年１月27日までの取引に関する履歴等が記載された商業帳簿等（電磁的記録を含む。以下「本件文書」という。）の提出を求めた（なお、Ｙは平成７年１月27日以降の取引履歴を開示している。）。

　Ｙは、本件文書を既に廃棄しており所持していないと主張して、Ｘの文書提出命令の申立てを争った。

　本件文書を作成し、保管していたのはＹではなく、Ｙの前々身の会

---

5)　貸金業者、特に大手の業者の顧客の数は膨大であり、取引期間も長期に及ぶことが多いため、取引履歴はコンピュータに電磁的データとして保存されているのが通常である。したがって、厳密にいえば、準文書に関する民訴法231条の規定により、文書提出命令に関する民訴法220条以下の規定が準用されることになる。そして、提出を命じられた者（貸金業者）は、その内容を紙面に印字して提出する必要がある。

6)　裁判例については、前掲判例タイムズ別冊 NO. 33の128～130頁によった。

社であるＡ社（合併による被承継会社）であるが、Ａ社においては、貸金取引の履歴についてはマイクロフィルムに焼き付けて保存し、あわせてコンピュータ上でも保存していた。ただし、平成7年以前のコンピュータのデータの保存容量は小さかったため、平成6年12月以前のデータについてはコンピュータ上から消去されていた。

　Ａ社では平成元年3月施行の文書管理規程により、マイクロフィルムの保管期間を10年間と定めていた。そして、Ａ社は、マイクロフィルムの処分方法について具体的手順を明示的に文書に定め、その文書を関係部署に通知し、保管期間10年を超えた文書について、廃棄業者に送って順次廃棄した。なお、Ａ社は、貸金業者の取引履歴開示義務を認めた最高裁平成17年7月19日判決を考慮し、平成17年8月分以降の取引履歴については、取引から10年を経過しても当面の間、保存するようにしていた。

　以上の事実によれば、Ａ社における前記の取引履歴の管理及び処分の方法は、不合理とはいえず、その方法に基づいて処分がされていたことについての証拠も存在するから、Ａ社は、本件文書（マイクロフィルムに保存された形式のもの）を廃棄したと認めるのが相当である。

　また、Ｘからの入金はほとんどの場合月末に行われていることが認められ、Ｙにおいて、平成7年1月27日以降の取引履歴は開示しているところ、（コンピュータ上でも取引履歴が保存されている）同月1日から同月26日までの記録をあえて廃棄し、あるいは秘匿する合理的な理由はないから、平成7年1月1日から同月26日までの間、ＸとＹの間で現実の貸付け及び入金はなかったものと認められる。したがって、Ｙは上記期間の取引にかかる本件文書（コンピュータに保存された形式のもの）を所持していないものと認められる。

　以上のとおり、Ｙは、本件文書をマイクロフィルムに保存された形式のものについても、コンピュータに保存された形式のものについても、いずれも所持していないと認められる。

　（2）大阪高裁平成24年9月26日決定（公刊物未登載。（1）の抗告審）
文書提出命令の対象文書の所持につき争いがある場合には、文書提出命

令の申立人において、相手方が対象文書を所持していることを立証しなければならないと解するのが相当である。しかし、相手方が対象文書を現在所持していることについて、申立人が直接これを立証することは困難であるから、相手方が過去に対象文書を所持していたことに争いがないか、この事実を申立人が立証した場合には、現在も相手方が対象文書を所持していることが事実上推定され、所持を争う相手方において廃棄その他の事実を立証（反証）しない限り、相手方が現在対象文書を所持しているとの事実を認めることができると解するのが相当である。

　本件において、Yは、本件取引の貸主であるA社が本件文書を作成し、これを所持していたことを自認した上で、A社において文書管理規程に基づき本件文書を廃棄したことを主張立証したものであるところ、Y提出に係る書証の内容に格別不合理、不自然な点はないから、Yは本件文書が廃棄されたことについて相当な根拠に基づき合理的な説明をしたものといえる。そうすると、本件において、Yが本件文書を現に所持していることについて確信を得るには至らず、結局のところYが本件文書を所持しているという事実を認めるに足りないというほかはない。（抗告棄却）

4　現在における対象文書の所持の推定

　前記2で紹介した各裁判例は、貸金業者による廃棄の事実の主張立証は合理的なものとはいえないなどとして、過去に対象文書が作成され保存されていたという事実から現在もそれが存在することが推認される（事実上推定される）としているのに対し、前記3で紹介した裁判例は、廃棄の事実の主張立証により上記の推定は破られたものと判断している。

　須藤論文が分析するとおり、過去の時点における文書の存在が立証されれば、その後もその状態が継続していることが「事実上推定される」というのは、経験則に基づくものであるから、推認に疑問を生じさせるような何らかの反対事実が立証されたときは、その推認が崩れ、本来の立証責任に戻り、申立人において、改めて現在の時点における対象文書の存在を立証しなければならないことになる。

そして、事実上の推定は経験則を基礎とするものであり、文書の存否の判断は、文書の性質、管理状況、時間の経過等の諸般の事情を踏まえ、個別具体的に行われるべきものである。したがって、例えば、「取引履歴はコンピュータで保存するものであり、保存期間（平成19年内閣府令79号による改正後の貸金業法施行規則17条１項により10年）の経過後も当然にはデータが消去されることはない。」というのは、多くの場合経験則として正しいとしても、前記３の事例のようにデータをマイクロフィルムに焼き付けて保存し、10年が経過したものからデータを順次廃棄するということもあり得るのであるから、「貸金業者は保存期間の経過した取引履歴を当然に廃棄するものではない。」という命題を金科玉条のごとく考えて、貸金業者による廃棄の主張立証を一顧だにしないという態度をとるとしたら、それは誤りであるというべきであろう[7]。

　また、対象文書の存在について立証責任を負うのは飽くまで申立人であり、相手方に立証責任が転換されるものではない。したがって、相手方の反証は、推認に合理的な疑いを生じさせれば足り、反対事実（文書の不所持）について確信を生じさせる必要はない。前記３（１）の大阪地裁の決定は、相手方は対象文書を所持していないと認められる旨判示しているが、相手方が「不所持」の事実につき立証責任を負うと考えているとすれば、私見とは異なることになる。

　要するに、裁判官は、通常の民事訴訟で特定の文書の存否が争われた場合と同様に、証拠に基づき、経験則に従い事実認定をすることになるものと考える。

【参考文献】
本文中で引用したもののほか
・山本和彦ほか編「文書提出命令の理論と実務」（民事法研究会　2010）
・門口正人ほか編「民事証拠法大系（４）」（青林書院　2003）

---

7)　貸金業者の取引履歴については法令上保存義務が認められ、判例により開示義務も認められているから、少なくとも過払金返還請求訴訟の被告となるような大手の業者については、文書の性質は基本的に診療録と同じように考えてよいであろう。

文書提出命令の発令手続と裁判

中 島 弘 雅
Hiromasa NAKAJIMA

1　はじめに
2　文書特定の程度と文書の一部提出命令
3　文書の所持者
4　不服申立て
5　おわりに

1　はじめに

　民事訴訟の当事者が訴訟の相手方や第三者が所持している文書について証拠調べを求めるときは、その文書を所持者から提出してもらう必要があるので、文書の所持者に対して、文書送付嘱託（民訴226条）または文書提出命令（民訴223条）の手続をとることを裁判所に申し立てる形で書証（文書の証拠調べ）の申出をすることになる（民訴219条後段・226条）。文書送付嘱託は、裁判所が所持者に文書の送付を依頼して、その文書を裁判所に取り寄せる手続である（民訴226条）。これに対し、文書提出命令（民訴223条）は、相手方当事者または第三者が所持する文書を裁判所の命令によって強制的に提出させ、それを証拠方法として利用することを可能にする手続である。
　文書提出命令は、文書の所持者に提出義務があるときにだけ発令されるが（民訴220条）、本稿は、かかる文書提出命令の発令手続と裁判をめぐるいくつかの論点について、その点が問題となった主要な裁判例を紹介しつつ、若干の理論的検討を行うことを目的としている。

2　文書特定の程度と文書の一部提出命令

1　文書特定の程度

（1）　文書提出命令を申し立てる当事者は、文書の表示、文書の趣旨、文書の所持者、証明すべき事実、および文書提出義務の原因を明らかにして書面による申立てをしなければならない（民訴221条1項1号・2号、民訴規則140条1項）。文書の表示と趣旨は、両者が相俟って文書の形式および内容の両面から、文書を特定するためのものである。文書の特定は、文書提出命令の制度が特定の文書を対象とするものである以上、申立てに当たり不可欠であるが、特定の程度は、所持者が形式および内容から当該文書を識別できる程度であればよいと解されている[1]。しかし、文書提出命令の申立人にとって、当該文書は、相手方または第三者が所持しているため、厳密な特定が困難な場合がある。そこで、この場合には、申立人としては、文書の所持者が提出を命じられている文書だとわかるような事項を明らかにすれば足りるものとされている（民訴222条1項前段）。その際、申立人は、裁判所に対して、所持者に、それに該当すると考えられる文書の表示および趣旨を明らかにすることを求めるよう申し出なければならない（民訴222条1項後段）。そして、裁判所は、文書提出命令の申立てに理由がないことが明らかな場合を除き、文書の所持者に対し、表示・趣旨を明らかにするよう求めることができる（民訴222条2項）。

（2）　しかし、文書の所持者が、裁判所の求めに応じて、文書の表示と趣旨を明らかにしない場合について、民訴法は特別の制裁措置を定めていないため、文書提出命令の申立てをどのように取り扱うかが問題と

1）　三木浩一「文書提出命令の申立ておよび審理手続」竹下守夫編集代表・松本博之＝宮崎公男編『講座新民事訴訟法Ⅱ』（1999年、日本評論社）61頁、高橋宏志『重点講義民事訴訟法（下）〔第2版〕』（2012年、有斐閣）141頁、伊藤眞『民事訴訟法〔第4版〕』（2011年、有斐閣）406頁、兼子一・松浦馨＝新堂幸司＝竹下守夫ほか『条解民事訴訟法〔第2版〕』（2011年、弘文堂）1225頁［加藤新太郎］など。

なる。［１］最（１小）決平成13年２月22日判時1742号89頁は、この点につき、一定の場合には、概括的特定で足りるとした裁判例である。

本件の基本事件は、住宅金融専門会社Ａ社の株式を購入したＸらが、Ａ社の当時の役員Ｂ、および、その有価証券報告書の財務書類を適正とする監査証明をした監査法人Ｙらに対して提起した損害賠償請求訴訟である。Ｘらは、Ａ社による有価証券報告書の虚偽の記載を前提に形成された価格でＡ社の株式を購入し、その結果損害を蒙ったと主張した。そして、虚偽の記載の事実を証明するため、①大蔵大臣（当時）がＹらから提出を受けて所持する監査概要書、中間監査概要書等、および、②Ｙらが作成し所持する監査調書（約４年分）について、文書提出命令を申し立てた。その際、Ｘらは、②の監査調書の特定の方法として、「Ｙらが平成４年３月31日期から平成８年３月31日期までに行ったＡ社に対する会計監査および中間監査にさいして作成した『財務諸表等の監査証明に関する省令』（平成12年総理府令第65号による改正前のもの）６条に基づく監査調書一式に含まれる別紙目録の文書のうち、別紙債務者目録の者にかかる部分」と、文書を特定した。

原々審は、①の申立てについては、民訴法220条４号柱書括弧書（平成13年改正前のもの。現同号ロに相当）所定の「公務員又は公務員であった者がその職務に関し保管し、又は所持する文書」に当たるとして文書提出義務を認めなかった。他方、②の申立てに対しては、文書の特定性および民訴法220条４号該当性を認め、返済が滞っていることが明らかでない貸付先の監査調書については氏名、住所、職業、電話番号およびファックス番号部分を除いて、それ以外の貸付先の監査調書については全部につき、Ｙらに文書提出を命じた。そこで、Ｙらは直ちに抗告したが、原審も原々決定を基本的に支持した。そこで、Ｙらが、許可抗告を申し立てたのが本件である。Ｙらの抗告理由は、①対象文書の表示および趣旨の記載の特定が不十分である上、文書の特定のための手続（民訴222条１項）を申し出ていたのに、この手続をしなかった違法がある、②本件文書中、貸付先の氏名等を除いて文書提出を命じたのは民訴法223条１項後段に違反するなどというものであった。

［１］決定は、これに対し、①について、「『財務諸表等の監査証明に関する省令』（平成12年総理府令第65号による改正前のもの）６条によれば、監査証明を行った監査法人は、監査又は中間監査の終了後、遅滞なく当該監査等に係る記録又は資料を監査調書として整理し、これをその事務所に備え置くべきものとされているのであるから、特定の会計監査に関する監査調書との記載をもって提出を求める文書の表示及び趣旨の記載に欠けるところはなく、個々の文書の表示及び趣旨が明示されていないとしても、文書提出命令の申立て対象文書の特定として不足するところはないと解するのが相当である」と述べるとともに、②については、「一通の文書の記載中に提出の義務があると認めることのできない部分があるときは、特段の事情のない限り、当該部分を除いて提出を命ずることができると解するのが相当である。そうすると、原審が、本件監査調書として整理された記録又は資料のうち、Ａ社の貸付先の一部の氏名、住所、職業、電話番号およびファックス番号部分を除いて提出を命じたことは正当として是認することができる」と述べて、Ｙらの抗告を棄却した。

　本件で問題となった監査調書とは、監査証明を行った公認会計士または監査法人（監査人）が、監査の終了後遅滞なく、監査実施準則に従い、完全性、秩序性、明瞭性等の要件を備えるものとしつつ選定した当該監査にかかる記録または資料を整理して、その事務所に備えておくべきものである。［１］決定は、監査調書が、当時の大蔵省令により監査人が事務所に備え置きが義務づけられている文書であることを理由に、個々の文書の表示および趣旨が明示されていなくても、前記のような包括的な記載で、文書提出命令の申立対象文書としての特定として不足するところはないと判示したものである[2]。［１］決定は、一定の要件を満たせば概括的な文書の特定でも足りるとし、文書特定の程度を厳しくしていないという点で大きな意味のある裁判例である。

　2）　加藤新太郎「判批」NBL731号（2002年）68頁、松本博之「判批」判例評論515号（判時1764号）（2002年）23頁など参照。

(3)　この点に関する学説は分かれている。論者により若干ニュアンスの違いがあるが、大別すると、(a) 文書所持者が文書の特定に協力しない場合であっても、文書の厳密な特定が必要であり、文書所持者に対する証人尋問等による追加の情報により文書の特定がなされない限り、文書提出命令の申立ては不適法却下されるとする見解[3]、(b) 文書識別情報に加えて、申立ての内容や当該事案、相手方の対応等を総合的に検討した上で、当該文書提出命令の申立てでもって、文書の特定は十分になされているとして文書提出命令を発令できる場合もあれば、また事案によっては、なお文書の特定性を欠くとして文書提出命令の申立て却下する場合もあるとする見解[4]、(c) 当該文書提出命令の申立ての内容、文書特定の困難性の程度、特定の努力の程度、識別可能性の程度、当該文書の証拠価値、所持者側の事情、他の手段で情報を得る可能性等を総合的に勘案して、なお当該文書が必要と認められるときは、裁判所は、個々の文章の特定が不十分であっても文書提出命令を発令できるとする見解[5]の3つに分類できる[6]。

---

3)　法務省民事局『一問一答新民事訴訟法』(1996年、商事法務研究会) 260頁・263頁。

4)　田原睦夫「文書提出義務の範囲と不提出の効果」ジュリスト1098号 (1996年) 65頁、門口正人編集代表・福田剛久ほか編『民事証拠法大系〔第4巻〕各論II』(2003年、青林書院) 168頁〔金子修〕、秋山幹男ほか『コンメンタール民事訴訟法IV』(2010年、日本評論社) 441頁、賀集唱＝松本博之＝加藤新太郎編『基本法コンメンタール民事訴訟法2〔第3版追補版〕』(2012年、日本評論社) 240頁〔高田昌宏〕、新堂幸司『新民事訴訟法〔第5版〕』411-412頁、中野貞一郎＝松浦馨＝鈴木正裕編『新民事訴訟法講義〔第2版補訂2版〕』(2009年、有斐閣) 330頁〔春日偉知郎〕、高橋・前掲注 (1) 148-149頁、小島武司『民事訴訟法』(2013年、有斐閣) 540頁、藤田広美『講義民事訴訟〔第3版〕』(2013年、東京大学出版会) 267頁。

5)　三木浩一「文書提出命令④──文書特定手続」三宅省三＝塩崎勤＝小林秀之編集代表・北尾哲朗ほか編『新民事訴訟法大系〔第3巻〕』(1997年、青林書院) 205頁、同「文書提出命令の発令手続における文書の特定」石川明先生古稀祝賀『現代社会における民事手続法の展開〔下巻〕』(2002年、商事法務) 118頁、大村雅彦「新民事訴訟法とアメリカ法」自由と正義48巻12号 (1997年) 90頁、中野貞一郎『解説新民事訴訟法』(1997年、有斐閣) 54頁、伊藤・前掲注 (1) 406頁、梅本吉彦『民事訴訟法〔第4版〕』(2009年、信山社) 855頁、京都シミュレーション新民事訴訟法研究会「文書提出命令の申立てとその審理」判タ974号 (1998年) 11頁、兼子・松浦ほか・前掲注 (1) 1228頁〔加藤〕、萩澤達彦「文書提出命令の手続・効果」伊藤眞＝山本和彦編『民事訴訟法の争点〔新・法

このうち、(a) 説は民事訴訟法の立案担当者の見解である。しかし、①文書の所持者が裁判所の特定の求めに応じない場合には、提出を求められる文書が不必要に拡大することを防ぐ機能をもつ文書特定手続利用によるメリットを所持者自らが放棄していると解されることや、②文書所持者が訴訟当事者である場合には開示の拒否は信義則（民訴2条）違反と解されることなどを考慮すると、(a) 説は妥当ではない。文書の所持者が、裁判所の求めに対して文書特定のための情報開示を拒否した場合について民訴法が特段の制裁措置を定めなかったのは立法の不備と考えられるが[7]、そのことによる不利益を文書提出命令の申立人に負わせるのは、公平・公正の原則に反するといわなければならない。他方、(b) 説と (c) 説の違いは、裁判所の文書特定の求めに対する所持者側の対応を勘案して、文書の特定を肯定できるかどうかという点の理解による[8]。しかし、(b) 説は、文書の特定が不十分であるために文書特定手続を行っている場合において、所持者から文書特定のための情報開示がないのに文書の特定を肯定するのは、論理矛盾であるから[9]、文書所持者が文書の特定に協力しない場合には、裁判所は、特定の困難さや申立人による特定のための努力の程度、所持者側の事情等を総合判断して、具体的な文書の特定が不十分なままであっても、カテゴリーによる識別のみで文書提出命令を発令できるとする (c) 説が妥当である[10]。もっとも、(c) 説は、文書の特定が不十分なときは申立てを不適法却下

律学の争点シリーズ4）』（2009年）202頁、松本博之＝上野泰男『民事訴訟法〔第7版〕』（2012,年、弘文堂）477頁、笠井正俊＝越山和広編『新・コンメンタール民事訴訟法〔第2版〕』（2013年、日本評論社）852頁［山田文］、山本弘＝長谷部由起子＝松下淳一『民事訴訟法〔第2版〕』（2013年、有斐閣）259頁、小林秀之『民事訴訟法（新法学ライブラリー10）』（2013年、新世社）361頁。

6）　かかる分類については、兼子・松浦ほか・前掲注（1）1226頁［加藤］を参照した。なお、高橋・前掲注（1）146-149頁、門口編集代表・前掲注（4）165頁以下［金子］も参照。
7）　このことにつき、高橋・前掲注（2）142頁参照。
8）　このことにつき、兼子・松浦ほか・前掲注（1）1228頁［加藤］。
9）　三木・前掲注（1）76頁。
10）　兼子・松浦ほか・前掲注（1）1228頁［加藤］。

すべしとする民訴法の条文の趣旨に反する解釈であり、また民事訴訟法の立案担当者の見解にも反する。しかし、(c) 説のように理解しないと、現行民訴法が意図した文書特定責任の緩和は達成できないばかりか、文書特定責任の緩和を前提として創設された文書特定手続導入の趣旨にも背馳することになる。また、(c) 説のように解したとしても、民訴法221条1項は、文書の識別可能性を文書提出命令発令の要件としているから、文書の所持者に格別の不利益を課すことにはならないと思われる[11]。

2　文書の一部提出命令

民事訴訟法223条1項は、裁判所が、文書提出命令の申立てを理由があると認める場合において、当該文書に取り調べる必要がないと認める部分または提出義務があると認めることができない部分があるときは、その部分を除いて、提出を命ずることができると規定している。一部提出命令の制度は、当該訴訟と無関係な部分を提出させられるという不利益から文書の所持者を保護するだけでなく、その部分を除いて提出を命ずることを可能にするものであるから、民訴法223条1項には文書提出命令の発令自体を促す効果がある[12]。というのは、申立てにかかる文書に秘密やプライバシーなどの提出除外事由（民訴220条4号）に該当する事項が記載されていても、その部分を除いて文書の提出を命ずることができるからである。

もっとも、どこまで当該文書の特定の単語や事項を除外して、提出を命ずることができるかについては、議論の余地がある[13]。

かつては、特定の単語や事項を削除すると、文書として虫食い状態となり、法の予定しないところであるとする見解[14]もあったが、前掲

---

11)　以上につき、三木・前掲注（1）76頁。
12)　田原・前掲注（4）64頁参照。
13)　民事訴訟法223条1項所定の文書の一部提出命令に関する議論につき、三木・前掲注（2）92頁参照
14)　竹下守夫＝青山善充＝伊藤眞編『研究会・新民事訴訟法〔ジュリスト増刊〕』(1999年)

［１］決定は、一通の文書の記載中に提出義務を認めることのできない部分があるときは、特段の事情のない限り当該部分を除いて提出を命じうるとして、文書中の氏名や会社名、住所、職業、電話番号等を除いて提出命令を発令することを認めている。通説も、要件を充たさない部分を具体的に特定し、その部分を黒塗り（マスキング）等により見えなくして所持者に文書の提出を命じることができるとする[15]。その結果、事案解明の要請と秘密・プライバシーの保護の要請との調和を図ることが容易になる[16]。前掲［１］決定にいう、除外しなくても文書の提出が認められる「特段の事情」のある場合とは、たとえば、固有名詞の部分等を除外したとしても、他の記載事項等からその部分が特定される場合や、削除により文書の意味が変わったり、文書としての意味をなさなくなる場合がそれに当たる[17]。具体的には、文書の原本に取り外し可能な紙を貼って提出したり、当事者の合意により黒塗り（マスキング）をした写しを提出したり、さらには認証のある謄本（民訴規則143条１項）を提出するといった方法が採られている[18]。

　なお、近時、下級審の実務では、提出された文書に含まれる秘密事項が不必要に開示されることを避けるため、提出された文書を閲覧できる者の範囲を制限するなどの訴訟指揮上の措置を定めるといったことが行われている[19]。この措置は、当該部分の提出義務を前提とした措置であ

　　　295頁［福田剛久］。
15)　竹下ほか編・前掲注（14）『研究会・新民事訴訟法』294頁［竹下守夫発言］・295頁［秋山幹男］・296頁［伊藤眞発言］、加藤新太郎「文書提出命令の実務」上谷清＝加藤新太郎編『新民事訴訟法施行三年の総括と将来の展望』（2002年、西神田編集室）184頁、三木・前掲注（１）93頁、萩澤・前掲注（５）203頁。
16)　大村雅彦「文書提出命令⑥──発令手続と制裁」三宅省三＝塩崎勤＝小林秀之編集代表・北尾哲朗ほか編『新民事訴訟法大系〔第３巻〕』（1997年、青林書院）233頁、兼子・松浦ほか・前掲注（１）1233頁［加藤］。
17)　門口編集代表・前掲注（４）197頁［和久田道雄］、兼子・松浦ほか・前掲注（１）1233頁［加藤］。
18)　門口編集代表・前掲注（４）198頁［和久田］、兼子・松浦ほか・前掲注（１）1233頁［加藤］。
19)　東京高決平成9年5月20日判時1601号143頁、東京地決平成9年7月22日判時1627号141頁、東京地決平成10年7月31日判時1658号178頁など、特許権侵害訴訟に多くみられる。

り、民訴法233条１項所定の文書の一部提出自体ではないが、創設的手続裁量論の一場面として許容することができよう[20]。

3　文書の所持者

1　公務文書の「所持者」概念に関する裁判例・学説

　文書提出命令の申立てにあたっては、文書の所持者を明らかにする必要がある（民訴221条１項、民訴規則140条１項）。文書の所持者は、提出命令の相手方として不可欠である。所持者とは、文書を現実に所持している者だけでなく、文書を他に預託した者など、社会通念上、文書に対して事実的支配を有すると考えられる者をも包含するが、「当該文書をいつでも自己の支配下に移すことができ、かつ、自己の意思のみに基づいてこれを提出することができる状態にある」者でなければならないと解されている[21]。ところが、公務文書のような特定の行政庁の管理下にある文書の場合に、文書提出命令の名宛人としての「文書の所持者」は、当該行政庁なのか、国または地方公共団体なのか、については争いがある。すなわち、学説上、(a) 公法上の権利義務の主体である国または地方公共団体であるとする説（法主体説）[22]と、(b) 文書の閲覧の許否に

---

20)　兼子・松浦ほか・前掲注（１）1233頁［加藤］。ちなみに、手続裁量とは、訴訟手続の進行に関して、裁判所（裁判官）が、裁判における適正・迅速・公平・廉価という訴訟目的に照らして要請されているところを目標にして、事案の性質・争点の内容・証拠との関連性等を念頭に置きつつ、他方で、手続の進行状況・当事者の意向・審理の便宜等を考慮して、当事者の手続保障にも配慮した上で、その場面に最もふさわしい合目的かつ合理的な措置を講ずる際に発揮されるべき裁量のことをいう。手続裁量には、弁論の分離・併合や弁論の再開など訴訟法規に明定されている本来的手続裁量と、訴訟遂行目的に照らして有用な事項については、訴訟法規に定められていなくても、他の訴訟法規とのバランスを逸しない限りそれを実施してもよいとされる創設的手続裁量とがある。この点については、加藤新太郎『手続裁量論』（1996年、弘文堂）67-68頁参照。

21)　福岡高決昭和52年７月12日判時869号29頁、伊藤・前掲注（１）406頁、兼子・松浦ほか・前掲注（１）1223頁［加藤］、三木浩一「文書提出命令のにおける文書の『所持者』について」新堂幸司＝山本和彦編『民事手続法と商事法務』（2006年、商事法務）307頁。

22)　三木・前掲注（21）320頁以下、伊藤・前掲注（１）421頁、秋山ほか・前掲注（４）429頁、南博方＝高橋滋編『条解行政事件訴訟法〔第３版〕』（2006年、弘文堂）457頁

ついて決定権限を有する行政庁であるとする説（行政庁説）[23]が対立している。裁判所の取扱も分かれるが、この点が直接争われた裁判例として、[2]東京地決平成15年6月30日判時1884号36頁とその抗告審たる[3]東京高決平成15年11月18日判時1884号34頁がある。

本件は、Xが、本所税務署長Yを被告として法人税更正処分取消し等を求める行政訴訟（抗告訴訟）を提起したが、その審理過程において、「国税不服審判所における東裁（法）平12第26号審査請求申立事件について、Aの国税不服審判所長に対する答弁の内容を記載した書面」（本件文書）につき、その所持者は国税不服審判所であるとして、文書提出命令の申立てをしたというものである。

[2]決定は、国税不服審判所が本件文書を保有している事実を認めたが、本件文書の所持者は国であるとして、国に対して本件文書の提出を命じた。その理由の要旨は、次の通りである。すなわち、行政事件訴訟法7条によれば、行政事件訴訟における文書提出命令についても、民訴法219条ないし225条の各規定の例によるべきことになるところ、民事訴訟においては、国の行政機関が保有する文書について文書提出命令の申立てがされた場合、申立てに係る文書の所持者は国と解されており、行政事件訴訟法にこれと異なって解すべき規定はないので、民事訴訟の場合と同様に解するのが相当というべきであるから、本件文書の所持者は国である、という理由である。そこで、国が抗告に及んだ。これに対し、抗告審たる[3]決定は、次のように述べて、原決定を取消した上で、さらに審理を尽くす必要があるとして、事件を原審に差し戻した[24]。

[藤山雅行]、高橋・前掲注（1）178頁、兼子・松浦ほか・前掲注（1）1223頁［加藤］など。

23) 秋山壽延「行政訴訟における文書提出命令」鈴木忠一＝三ヶ月章監修『新・実務民事訴訟講座（9）』（1983年、日本評論社）303頁、山本和彦「公務員の職務上の秘密と証拠調べ」竹下守夫編集代表・松本博之＝宮崎公男編『講座新民事訴訟法Ⅱ』（1999年、日本評論社）182頁、梅本・前掲注（5）842頁・857頁、松本＝上野・前掲注（5）483頁、司法研修所編『改訂行政事件訴訟の一般的問題に関する実務的研究』（2000年、法曹会）218頁など。

「民事訴訟において国が訴訟の当事者である場合、国は権利義務の主体として訴訟の当事者になっているのであるから、国の行政機関が保有する文書につき文書提出命令の申立てをする場合には、訴訟の当事者である国が当該文書を所持するものとして、当事者である国に対して文書提出命令の申立てをすれば足りる（民事訴訟法220条4号ニも、「国が所持する文書」の概念を認めている）。そして、文書の提出を命じられた相手方である国が文書提出命令に従わない場合には、当事者が文書提出命令に従わないものとして、民事訴訟法224条による制裁を受けるべきことになる。」「これに対して、行政庁の処分の取消し等を求める行政訴訟（抗告訴訟）においては、訴訟の当事者（被告）は国ではなく、当該処分の取消しを求められている行政庁であるから、民事訴訟において、訴訟の当事者である国に対して文書提出命令の申立てがあった場合と同様に解することはできない。すなわち、抗告訴訟においては、被告となった行政庁が所持する文書とそれ以外の国の行政機関が所持する文書は明確に区別することができるのみならず、国は訴訟の当事者ではないから、民事訴訟における場合と同様に、国の行政機関が保有する文書を当事者である国が所持するものとして、国に対して文書提出命令を発することはできない。また、抗告訴訟においては、行政庁の処分の適否が審判の対象であるから、当該行政庁以外の行政機関が文書提出命令に従わないからといって、当該行政庁が民事訴訟法224条による制裁を受けるのは、必ずしも妥当であるとは解されない」、と。

2 公務文書の「所持者」概念の検討

（1）　この［3］決定は、要するに、①国が民事訴訟において訴訟当事者となる場合には、国は権利義務の主体として訴訟の当事者になって

---

24) ［3］決定が、原決定たる［2］決定を取り消した後、事件を原審に差し戻したのは、本件文書は「公務員の職務上の秘密に関する文書」（公務秘密文書）に当たることから、文書提出命令の発令に当たっては、本件文書の所持者たる国税不服審判所長および同所長に対して監督権を有する国税庁長官の意見聴取の要否等について、さらに審理を尽くさせる必要があると判断したためである。

いるのであるから、国の行政機関が保有する文書につき文書提出命令の申立てをする場合も、訴訟当事者である国に対して文書提出命令の申立てをすれば足りるが、②抗告訴訟では、当該行政処分の取消しを求められている当該行政庁が当事者であり、また、行政庁が所持する文書とその他の国の行政機関が所持する文書とは明確に区別できるから、当該行政庁が文書を所持するものとして、当該行政機関を相手に文書提出命令の申立てをすれば足りると判示したものである。

　しかし、周知のように、平成16（2004）年の行政事件訴訟法11条の改正（平成16年法律第84号）により、行政訴訟（抗告訴訟）において行政庁は当事者適格を有しないことになったので、［3］決定の判示事項のうち②の部分は、現在では妥当しない。ただ、［3］決定が、国を公務文書の所持者として取り扱ってよいのは、国が基本事件の当事者である場合に限られると解しているとすれば、国が当事者でない民事訴訟において公務文書の所持者とされるのは、国ではなく、当該文書を保管し、その閲覧について決定権限を有する行政庁ということになる[25]。そのため、国または地方公共団体が当事者である場合には、国または地方公共団体を文書の所持者として扱い、国または地方公共団体が第三者である場合には、行政庁を文書の所持者として扱うのが適切であるという見解[26]もある。また下級審裁判例にも、かかる見解に従っていると思われるものがある。たとえば、［4］神戸地決平成14年6月6日労判832号24頁および［5］広島地決平成17年7月25日労判910号14頁は、労働者の遺族が使用者に対して労災事故による損害賠償を求めた訴訟において、労働基準監督署長が保管する災害調査復命書について、所持者を労働基準監督署長とする文書提出命令の申立てを認めている。また、［6］東京地決平成16年9月16日判時1876号65頁も、救急車で搬送され（後に死亡し）た患者の遺族が、搬送先の病院の担当医と病院に対して損害賠償を求めた訴訟において、救急救命士の作成した救急活動記録表につき、所持者

25）　長谷部由起子「公務文書の提出義務——文書の不開示を正当化する理由——」井上治典先生追悼論文集『民事紛争と手続理論の現在』（2008年、法律文化社）363頁参照。
26）　門口編集代表・前掲注（4）93頁［萩本修］。

を消防署長とする文書提出命令の申立てを認めている。さらに、［7］静岡地決平成15年6月3日民集58巻5号1167頁およびその抗告審たる［8］東京高決平成15年8月15日民集58巻5号11733頁も、X保険会社が、Yが他の者と共謀して偽装の交通事故を作出し保険金を詐取したとして、Yほか2名を被告に対して不法行為を理由に損害賠償を求めた訴訟において、Yが、上記保険金詐欺等にかかる被疑事件における共犯者らの司法警察員および検察官に対する供述調書で、Yを被告人とする詐欺等被告事件の公判に提出されなかったものにつき、これを保管する検察官（検事正）を所持者とする文書提出命令の申立てを認容している。しかし、他方で、［9］金沢地決平成16年3月10日民集59巻8号2281頁のように、［4］［5］決定と同種の労働者の遺族による労災事故の損害賠償請求訴訟において、労働基準監督署長が保管する災害調査復命書について、国を所持者とする文書提出命令の申立てを認容した裁判例もある。この［9］決定の取扱いは、文書提出命令発令に際しての公務文書の「所持者」の解釈に関する他の下級審裁判例の扱いと比べると異例であるが、［9］決定の事案において、国が、自らが所持者であることを特に争った形跡はないようである[27]。

（2）　さて、そこで、この点をどのように考えるかが問題となるが、国または地方公共団体が基本事件の当事者の場合であれ第三者の場合であれ、現に当該文書を保管している行政庁を「所持者」と特定して文書提出命令が発令された場合に、文書提出命令に応ずるか否かについての最終判断を誰が下すかは、行政庁の外部者からは必ずしも明確ではない。「所持者」とされた行政庁に対して監督権限を有する行政庁がある場合には、その監督権限のある行政庁が判断することになるであろうし、そうした行政庁がない場合には、「所持者」とされた行政庁自身が判断することになろう。

　文書の「所持者」とは、「当該文書をいつでも自己の支配下に移すことができ、かつ、自己の意思のみに基づいてこれを提出することができ

---

27)　以上については、基本的に長谷部・前掲注（25）363頁による。

る状態にある」者であるとの一般的理解[28]に従えば、文書提出命令に応ずるか否かについての最終判断をなしうる行政庁が「所持者」ということになるのかも知れない[29]。しかし、公務文書については、そうした最終判断権限を誰が有するかが必ずしも明確でない場合があるという事情を考慮すると、当該文書をいずれの行政庁が保管しているかを特定しないで、文書提出命令を申し立てうるという点で、公務文書の提出命令を申し立てる際の「所持者」を、公法上の権利義務の主体である国または地方公共団体であると割り切ってしまう法主体説の方が妥当ではなかろうか[30]。もっとも、現に当該文書を保管しているものの、当該文書の提出の是非について最終判断権のない行政庁を「所持者」と特定して文書提出命令が申し立てられた場合に、かかる申立てを不適法とまでいう必要があるかどうかは疑問である[31]。

4　不服申立て

1　文書提出命令の申立てを却下する決定

（1）　民事訴訟法223条7項は、文書提出命令の申立てに関する決定に対して、即時抗告による不服申立てを認めている。文書提出命令の許否に関する争いを迅速に解決するためである。文書提出命令の申立てが提出義務がないことを理由に却下された場合に、申立人が即時抗告をすることができることは問題はない。しかし、証拠調べの必要性がないことを理由に申立てが却下された場合に、即時抗告ができるか否かは、検討を要する。というのは、当事者から申出のあった証拠を取り調べる必要があること（証拠調べの必要性）は、文書提出命令つまり書証だけでな

---

28) 前掲注（21）参照。
29) 梅本・前掲注（5）842頁は、かかる立場に立つと思われる。
30) 三木・前掲注（21）327頁は、国または地方公共団体を文書の所持者とすれば、当該文書をいずれの行政庁が保管しているかを特定しないで、文書提出命令を申し立てることができる点を法主体説のメリットとして強調している。
31) 長谷部・前掲注（25）363頁。

く、証拠調べ全体での要件であるところ、証拠調べの必要性なしという判断に対する独立した不服申立てについて民訴法には規定がなく、許されていないからである。同様に、証拠調べの必要性ありとする判断に対しても、独立の不服申立ては認められていない[32]。

 そのため、①文書提出命令の申立てが書証の一方法であること、②証拠調べの必要性の要否は、受訴裁判所の専権事項であり、本案事件の審理に関わっていない抗告審の裁判所にとっては、不可能ないし困難な判断を強いられる結果となることなどを理由に、文書提出命令の申立てが証拠調べの必要性なしとして却下された場合には、即時抗告はできないとするのが、旧民訴法（315条）以来の通説・下級審裁判例の見解である[33]。最高裁も、[10] 最（1小）決平成12年3月10日民集54巻3号1073頁において、即時抗告ができないことを明らかにしている。本件の基本事件は、電話機器類（親子電話、留守番ユニット、料金表示ユニットなど）を購入し利用しているXらが、本件機器にはしばしば通話不能になる瑕疵があるなどと主張して、売主Yに対して提起した債務不履行等に基づく損害賠償請求訴訟である。第一審は、Yの主張を容れ、Xらの請求を棄却した。そこで、Xら控訴。控訴審において、Xらは、①Yとその取次店との取次店契約書（①文書）と、②本件機器の回路図および信号流れ図（②文書）につき、文書提出命令の申立てをした。原審は、①文書については証拠調べの必要性を欠き、また、②文書については民

---

32) 高橋・前掲注（1）203頁参照。
33) 齋藤秀夫＝小室直人＝西村宏一＝林屋礼二編『注解民事訴訟法（8）［第2版］』（1993年、第一法規）181頁［遠藤功＝宮本聖司＝林屋礼二］、吉村徳重＝小島武司編『注釈民事訴訟法（7）』（1995年、有斐閣）104頁［野村秀敏］、加藤・前掲注（15）185頁、伊藤・前掲注（1）418頁注（397）、上田徹一郎『民事訴訟法〔第7版〕』（2011年、法学書院）411頁、梅本・前掲注（5）856頁、中野ほか編・前掲注（4）345頁［春日］、松本＝上野・前掲注（5）503頁、賀集ほか編・前掲注（4）244頁［高田］、兼子・松浦ほか・前掲注（1）1248頁［加藤］、門口編集代表・前掲注（4）204頁［和久田］、秋山ほか・前掲注（4）475頁、小島・前掲注（4）537頁、萩澤・前掲注（5）203頁、札幌高決昭和52年5月30日下級民集28巻5‐8号599頁、大阪高決昭和53年9月4日判時918号86頁、東京高決昭和53年10月31日判時911号114頁、東京高決昭和56年5月21日判時1006号53頁、東京高決昭和57年4月28日判時1045号91頁など。

訴法220条4号ハおよびニに当たるからYには文書提出義務がないとして、本件①②文書の提出命令の申立てを却下した。そこで、Xが許可抗告（民訴337条）を申し立てたところ、[10] 決定は、このうちの①文書につき、「証拠調べの必要性を欠くことを理由として文書提出命令の申立てを却下する決定に対しては、右必要性があることを理由として独立に不服の申立てをすることはできない」と判示した。しかし、かつては、即時抗告を認める見解も有力であった[34]。

（2）　そこで、この点をどのように考えるかが問題となるが、高橋宏志教授は、この問題は、文書提出義務の相対性に関係するとされる。文書提出義務の相対化とは、提出義務の範囲は、文書の性質によって固定的に定まっているのか、それとも事件ごとにその範囲が異なる相対的なものか、という問題である。従来は、一般に、文書の記載内容を中心として提出義務の範囲は固定的に画されており、証拠としての重要性や代替証拠の有無等は、文書提出義務の範囲の問題ではなく、民訴法181条の証拠調べの必要性で判断されるべき問題であり、提出義務の範囲とは峻別されているという考え方[35]が通説であった。しかし、実際問題として、裁判所も、証拠としての重要性や代替証拠の有無等を加味して文書提出義務の範囲を判断しており[36]、相対的処理に傾いていることに加え、文書には多種多様なものがあることから、通常は提出義務ありといえない文書であっても、特定の事件との関係では重要な証拠であり代替証拠もないことから、訴訟に提出させたいという文書もあり得ることを直視し、今後は、むしろ、規範的にもこの事態を正面に据えて解釈論を展開すべきであるとする見解が有力に主張されるに至っている[37]。このような文書提出義務の相対化を肯定する見解に立てば、高橋宏志教授が

---

[34]　奈良次郎「商業帳簿と文書提出命令」山木戸克己教授還暦記念『実体法と手続法の交錯（下）』（1978年、有斐閣）266頁注（2）、小林秀之「文書提出命令をめぐる最近の判例の動向（3）」判例評論267号（判時995号）（1981年）6頁など。

[35]　竹下守夫＝野村秀敏「民事訴訟における文書提出命令（2・完）」判例評論206号（判時804号）（1976年）10頁が、このことを明確に指摘している。

[36]　この点については、特に新堂・前掲注（4）400頁参照。

[37]　新堂・前掲注（4）400頁、高橋・前掲注（1）163-164頁。

指摘されているように、たとえば、同じ文書であっても、文書提出命令の申立てを受けた裁判所が、代替証拠がないことを考慮に入れて自己（専）利用文書に当たらないとして提出命令を発令したり、反対に、代替証拠がないわけではないと判断して自己（専）利用文書に当たるとして提出命令を却下することがあり得ることになる。この後者の場合、不服申立人（挙証者）は、代替証拠の有無に焦点を当てて主張立証活動をすることを望むであろうし、抗告審もそれを拒絶すべきではない。そうだとすると、文書提出義務の存否の判断過程で考慮に入れられた要素は、基本的に、抗告審でも審理の対象とされるべきであり、その前提として、証拠の必要性についても、不服申立ての対象となすべき場合があることになる[38]。もっとも、他の証拠から十分に心証が得られるのにだめ押し的に文書提出命令が申し立てられたときに、証拠調べの必要性なしとして申立てが却下された場合のように、証拠調べの必要性が独立に判断された場合にも不服申立てが認められるのは、証人尋問その他の証拠調べと比較してアンバランスであるから、証拠調べの必要性が提出義務の存否の判断過程で考慮要素となった場合には、提出義務の存否という形でその点が不服申立ての対象となると限定的に解すべきであろう。ただ、いずれにせよ、裁判実務が、事実上、提出義務の相対的処理を行っていながら、証拠調べの必要性は即時抗告の対象とならないとするのは、高橋教授がこれまた指摘されているように、筋が通らないと思われる[39]。

（3）　なお、文書提出命令の申立てを却下する決定に対して、基本（本案）事件の口頭弁論終結後になお即時抗告ができるかどうかも問題である。[11] 最（1小）決平成13年4月26日判時1750号101頁は、口頭弁論終結後にされた即時抗告は不適法であり、申立て却下決定に対しては、民訴法283条により、控訴においてその当否を争いうるにとどまると判示した。そして、これを支持する学説が比較的多い[40]。もっとも、

---

38)　高橋・前掲注（1）203頁参照。
39)　以上については、基本的に高橋・前掲注（1）203-204頁に負う。

提出義務の不存在を理由に文書提出命令の申立てを却下する決定に対しても、そのような取扱いが妥当するかについては、議論の余地がある。というのは、仮に即時抗告が認められれば当該審級でその文書が証拠として提出され、訴訟の結果が変わる可能性があるからである[41]。

2 文書提出命令の申立てを認容する決定

文書提出命令の申立てを認容する決定に対して、提出を命じられた所持者たる当事者または第三者は、申立人を相手方として即時抗告をすることができる（民訴223条7項）。しかし、文書の所持人たる第三者に対して文書提出命令が発令された場合に、基本事件（本案訴訟）の相手方当事者が、証拠調べの必要がないことを理由に即時抗告をなしうるかについては、旧法下では、学説上争いがあった。旧法下では、明文上、即時抗告権者を特に限定していないこと（旧民訴315条参照）や、第三者が所持する文書であっても、基本事件の当事者はその文書の記載事項に利害関係を有する場合が多いことから、どちらかというと肯定説[42]が多数説であったが、否定説[43]も有力に主張されていた。旧法下の下級審裁判例も同様に分かれていた[44]。

現行法下でも同様に、学説は、肯定説[45]と否定説[46]に分かれている。しかし、最高裁は、[12] 最（1小）決平成12年12月14日民集54巻9号

---

40) 加藤・前掲注（15）184頁、伊藤・前掲注（1）418頁注（397）、新堂・前掲注（4）412頁、梅本・前掲注（5）856頁、中野ほか編・前掲注（4）346頁［春日］、大村・前掲注（16）234頁、秋山ほか・前掲注（4）474頁、小島・前掲注（4）537頁など。これに対し、松本＝上野・前掲注（5）503頁は、かかる実務が行われると抗告権を侵害するおそれがあるとして、これに反対する。

41) 三木浩一「判批」私法判例リマークス25号（2002年）122頁、賀集ほか編・前掲注（5）245頁［高田］、川嶋四郎「判批」法セミ578号（2002年）111頁。

42) 菊井維大＝村松俊夫『全訂民事訴訟法II』（1989年、日本評論社）628頁、斎藤ほか編・前掲注（33）181頁［遠藤＝宮本＝林屋］、吉村＝小島編・前掲注（33）105頁［野村］、小林・前掲注（34）7頁など。

43) 岩松三郎＝兼子一編『法律実務講座（4）民事訴訟編（3）』（1961年、有斐閣）287頁、吉村＝小島編・前掲注（33）231頁［加藤新太郎］。

44) 大阪高決昭和53年5月17日高裁民集31巻2号187頁は肯定説に立つ。反対に、広島高決昭和52年12月19日下民集32巻9-12号1216頁は否定説に立つ。

2743頁において、否定説に立つことを明らかにした。本件の基本事件は、A信用組合の会員であるXが、A組合の元理事であるYらに対して提起した会員代表訴訟である。その第一審において、Xが、Yらが理事としての善管注意義務ないし忠実義務に違反して十分な担保を徴さずに融資を行い、その結果A組合に損害を与えたと主張し、Yらの義務違反を証明するため、A組合が所持する、融資に際して作成されたA組合の稟議書等について、文書提出命令の申立てをした。第一審は申立てを却下したが、原審は、原々決定を取り消し、事件を第一審（原々審）に差し戻した。これに対し、本案事件の相手方当事者の1人であるYが、許可抗告を申し立てたのが本件である。［12］決定は、これに答えて、「文書提出命令の申立てについての決定に対しては、文書の提出を命じられた所持者及び申立てを却下された申立人以外の者は、抗告の利益を有せず、本案事件の当事者であっても、即時抗告をすることができないと解するのが相当であ」り、「本件においては、Yは、文書の提出を命じられた所持者ではなく本案事件における当事者にすぎず、原決定に対する不服の利益を有していない」と判示し、基本事件の相手方当事者であるYの即時抗告権を否定した。文書提出命令は書証申出の一方法であり、当該文書が提出されるかどうかに直接の利害関係を持つのは、申立人と文書の所持者であり、相手方当事者は自己に不利となる文書を証拠調べの対象から排除する正当な利益を有していないというのが、その理由である。

しかし、第三者が所持する文書であっても、その証拠調べは文書提出命令の申立てをした基本事件の当事者と相手方当事者との間で行われるものであり、相手方当事者としても当該文書の記載内容に重大な関心を寄せざるを得ない。そう考えると、第三者に対して文書提出命令が発令

---

45) 高橋・前掲注（1）204頁、賀集ほか編・前掲注（4）245頁［髙田］。
46) 伊藤・前掲注（1）418頁注（398）、新堂・前掲注（1）412頁、中野ほか編・前掲注（4）345頁［春日］、上田・前掲注（33）411頁、松本＝上野・前掲注（5）503頁、秋山ほか・前掲注（4）476-477頁、門口編集代表・前掲注（4）200頁［和久田］、兼子・松浦ほか・前掲注（1）1249頁［加藤］、小島・前掲注（4）538頁注（325）など

された場合、基本事件の相手方当事者としては、当該文書を取り調べる必要がないことを理由に即時抗告を申し立てる利益を有していると解すべきであり、基本事件（本案訴訟）の相手方当事者にも即時抗告権があると解してよいのではなかろうか[47]。

5　おわりに

以上、極めて簡略にではあるが、本稿では、文書提出命令の発令手続と裁判をめぐる問題点について、その点が争われた比較的最近の裁判例を紹介しつつ理論的検討を加えてきた。とはいえ、特に目新しい理論を展開しているわけではなく、ただ単に従来からの議論を私なりに整理したものにすぎないが、この度、めでたく古稀を迎えられた栂善夫先生・遠藤賢治先生に、両先生の今後のご健勝を祈念して、謹んで本稿を捧げる次第である。筆者のお祝いの気持ちのみをお受け取りいただければ幸いである。

---

[47]　斎藤ほか編・前掲注（33）181頁以下［遠藤＝宮本＝林屋］、吉村＝小島編・前掲注（33）105頁以下［野村］、高橋・前掲注（1）204頁、賀集ほか編・前掲注（4）245頁［高田］。

全面的価格賠償による分割を命じる判決の主文について
―― 現物取得者の資力の判断基準と
賠償金の支払猶予判決の可否 ――

秦　　公　正
Kimimasa HATA

1　はじめに
2　最高裁平成 8 年判決とその後の議論状況
3　遺産分割審判における審判例と学説
4　検討
5　おわりに

1　はじめに

　裁判上の共有物の分割方法は、最判平成 8 年10月31日民集50巻 9 号2563頁（以下、「最高裁平成 8 年判決」という。）の登場によって、新たな展開を迎えた。すなわち、全面的価格賠償による分割の許容である。民法258条 2 項は、家事事件手続法195条（旧家事審判規則109条）と異なり、明示的に価格賠償を認めていない。しかし、上記判決によって、一定の要件の下、全面的価格賠償による分割が認められた。全面的価格賠償による分割とは、典型的には、共有物の共有者の 1 人が当該共有物を単独で所有することを認め、その結果持分を失う他の共有者の持分に相当する金銭を支払うことを義務づけられる分割である。最高裁がこの分割方法を認めた影響は非常に大きく、その後、公刊されている裁判例だけでも、全面的価格賠償による分割を認めたものは、約20件を数える[1]。ただ、裁判所が全面的価格賠償による分割を命じる場合に、どのような内

---

1)　最判平成 8 年10月31日判タ931号144頁、大阪高判平成11年 4 月23日判時1709号54頁ほか。最近の裁判例として、東京地判平成24年10月17日（TKC 法律情報データベース掲載）がある。

容の判決をすることが許されるかについては、いまだ十分に明らかになっていないように思われる。

ところで、遺産分割審判においては、裁判所が全面的価格賠償による分割（遺産分割においては、「代償分割」あるいは「債務負担による分割」と呼ばれる。本稿では便宜上、これらも「全面的価格賠償による分割」という。）を命じることが明文で認められている。そこでは、過去の審判例により次のような方法が認められている。すなわち、価格賠償を命じる際に、賠償金（遺産分割では「代償金」と一般的に呼ばれるが、便宜上、本稿では「賠償金」という。）の支払いを一定期間猶予すること、あるいは、分割払いを命ずること、さらに、賠償金の支払いを確保する観点から現物取得者（賠償義務者）が取得する目的物に抵当権の設定を命ずる方法である。しかし、家事事件手続法195条、196条（旧家事審判規則109条、110条、49条）は、明示的に賠償金の支払いの猶予や分割払い、共有物に担保権の設定を認める規定を置いているわけではなく、このような方法が認められるかどうかについては争いがある。

そこで、共有物分割訴訟において裁判所が全面的価格賠償による分割を命じる場合にも、賠償金の支払いを猶予し、または、分割払いを命ずることが許されるのかとの疑問が生じる。他方、この問題は、最高裁平成8年判決が挙げる分割の要件の1つ、つまり「現物取得者に支払能力があること」をどのように理解するかと関連する。というのも、この支払能力を事実審の口頭弁論終結時に賠償金を即時一括払いできる能力と解するならば、支払猶予等を命じなければ賠償金を支払えない者に対して全面的価格賠償による分割を命じることはそもそも認められないと考えられるからである。したがって、支払猶予判決の可否を検討するにあたり、まずは現物取得者の支払能力の有無を判断する要素として口頭弁論終結後に見込まれる収入を資力に含めてよいのかどうかを考える必要があると思われる。

以上の問題意識にもとづき、本稿では、第一に、現物取得者の資力に将来見込まれる収入を含めることができるかどうか、そして、それが肯定されるとして、第二に、裁判所が賠償金の支払猶予や分割払いを命じ

ることができるかどうかを検討する。以下、まず、全面的価格賠償による分割を認めた最高裁平成8年判決の内容を確認した上で、その後の議論を確認する（2）。次に、これまで議論の蓄積がある遺産分割審判における審判例や学説を紹介し、積極・消極両説の論拠を探る（3）。その上でこの問題について検討を加え、私見を述べる（4）。

なお、裁判上の共有物分割の対象は多くのものが想定されるが、本稿では、実務上最も問題になることの多い共有不動産（共有土地・建物）の分割の場合を念頭に置いて論を進めることをお断りしておく。

2 　最高裁平成8年判決とその後の議論状況

1 　最判平成8年10月31日民集50巻9号2563頁

本件で問題となった不動産（3筆の土地及びそれらの土地上にある1つの建物）は、X_1及びYの親である亡Aが所有していた。これらの不動産は、一時訴外B信用金庫に所有権が移転していたが、X_1、その夫C、Yが持分3分の1ずつの割合で買い戻した。その後、Cが死亡し、X_1及びX_1とCの子$X_{2~4}$がCの持分を相続した。建物には、Yが居住している。Xらは、Yが本件不動産の分割協議に応じないため、本件不動産の競売分割を主張して、共有物の分割を求める訴えを提起した。

第1審は、競売分割を命じたが、控訴審は、YがXらの持分を取得する形の全面的価格賠償による分割を命じた。これに対し、Xらが上告。最高裁は、以下のように判示して、そのような分割も許されることを明らかにしたが、控訴審がYの支払能力の有無を判断せずに全面的価格賠償による分割を命じたのは違法であるとして、原判決を破棄して事件を差し戻した。

〔判示〕「民法二五八条二項は、共有物分割の方法として、現物分割を原則としつつも、共有物を現物で分割することが不可能であるか又は現物で分割することによって著しく価格を損じるおそれがあるときは、競売による分割をすることができる旨を規定している。ところで、この裁判所による共有物の分割は、民事訴訟上の訴えの手続により審理判断する

ものとされているが、その本質は非訟事件であって、法は、裁判所の適切な裁量権の行使により、共有者間の公平を保ちつつ、当該共有物の性質や共有状態の実状に合った妥当な分割が実現されることを期したものと考えられる。したがって、右の規定は、すべての場合にその分割方法を現物分割又は競売による分割のみに限定し、他の分割方法を一切否定した趣旨のものとは解されない。

　そうすると、共有物分割の申立てを受けた裁判所としては、現物分割をするに当たって、持分の価格以上の現物を取得する共有者に当該超過分の対価を支払わせ、過不足の調整をすることができる（最高裁昭和五九年（オ）第八〇五号同六二年四月二二日大法廷判決・民集四一巻三号四〇八頁参照）のみならず、当該共有物の性質及び形状、共有関係の発生原因、共有者の数及び持分の割合、共有物の利用状況及び分割された場合の経済的価値、分割方法についての共有者の希望及びその合理性の有無等の事情を総合的に考慮し、当該共有物を共有者のうちの特定の者に取得させるのが相当であると認められ、かつ、その価格が適正に評価され、当該共有物を取得する者に支払能力があって、他の共有者にはその持分の価格を取得させることとしても共有者間の実質的公平を害しないと認められる特段の事情が存するときは、共有物を共有者のうちの一人の単独所有又は数人の共有とし、これらの者から他の共有者に対して持分の価格を賠償させる方法、すなわち全面的価格賠償の方法による分割をすることも許されるものというべきである」

　最高裁は以上のように述べ、全面的価格賠償による分割を認めた。従来、共有物の分割は現物分割が原則とされ、その場合には各共有者は少なくとも共有物の一部を現物で得ることができた。しかし、全面的価格賠償による分割では、共有者の一部が現物を取得することができず、その代わりに賠償金を取得することで共有者間の実質的公平が図られることになる。したがって、持分権を失う者の持分の価値は適正に評価される必要があり、また、現物取得者が賠償金を支払うことができなければ、共有者間の実質的公平が害されることになる。そこで、最高裁平成8年判決は、持分が適正に評価されること、ならびに、現物取得者に支

払能力があることを全面的価格賠償による分割が許容される要件としているると考えられる。

なお、上記判示からは、支払能力の有無をどのように判断するのか、また、裁判所が賠償金の支払を猶予したり、分割払いを命じたりできるかについては明らかではなく、そのような判決が可能かどうかは後の議論に委ねられたと理解されている[2]。

2　最高裁平成 8 年判決以降の議論の状況

最高裁平成 8 年判決以降、賠償金の支払を猶予し、あるいは、分割払いを命じた裁判例は存在せず、直接その可否について判断した裁判例も存在しない。

（1）大阪高判平成11年 4 月23日判時1709号54頁　支払猶予等を直接命じた裁判例が存在しないなか、大阪高判平成11年 4 月23日判時1709号54頁は、この点につき、消極的に解するようである。この事案では、X、Y_1、Y_2 の 3 名が共有する建物の分割が問題となったが、裁判所は X の持分を $Y_{1〜2}$ に等分に帰属させ、$Y_{1〜2}$ にそれぞれ3000万円の賠償金を支払うことを命じた。その上で、賠償金の支払方法につき、「なお、全面的価格賠償による共有物分割にあたって、賠償金の支払につき、期限を許与することや、分割払を命ずることは、賠償金の支払能力があることが右分割の条件となっていることから、許されない……」と判示している。

詳細に述べていないものの、大阪高裁が期限の猶予や分割払いを命じられないとする理由は、次のように考えられる。すなわち、裁判所が賠償金の支払を猶予したり、分割払いを命じざるを得ないということは、現物取得者が即時に賠償金を全額支払えない、すなわち、その者に支払能力がないことにほかならない。したがって、最高裁平成 8 年判決が明らかにした全面的価格賠償による分割の実体要件自体が満たされないと

2）　直井義典・判研・法学協会雑誌115巻10号1588頁（1998）、『最高裁判所判例解説　民事篇　平成 8 年度版（下）』（法曹会、1999）892、896頁（河邉義典調査官解説）。

言うのであろう。

　ところで、この大阪高裁判決の理解が正しければ、支払能力の有無は事実審の口頭弁論終結時点で現物取得者が即時に賠償金を全額支払えるかにより判断されるはずである。しかし、上記高裁判決は、現物取得者の資力を計算するにあたり、本件共有不動産の将来の賃料収入を考慮している。この事件では、Ｙらには合わせて5500万円の銀行預金があると認定されたものの、Ｘの持分の価格は6000万円と評価された。それだけを比較するならば、現物を取得するＹらは賠償金を即時に支払うことはできないと判断されるべきとも考えられるが、大阪高裁はＹらの支払能力を肯定した。

　仮に、将来の収入等も現物取得者の資力に含めて考えることも許されるのだとすれば、そのようなケースでは賠償金の支払いについても、その収入が予測される時点まで支払を猶予したり、分割払いとすることになるのか。しかし、そもそも現物取得者の資力に将来の収入等を含めてよいかはこれまで十分検討されていない。この点については、後述四で私見を述べることにする。

　(2) 学説　　学説においては、全面的価格賠償による分割において、賠償金の支払猶予等ができるかについて詳細に検討したものはないが、その点に言及する文献として、新田敏教授、田山輝明教授と最高裁平成8年判決に関する河邉義典調査官解説がある。

　①新田敏教授の見解　　新田教授は、最高裁平成8年判決が登場する前に、いわゆる部分的価格賠償による分割[3]を認めた最大判昭和62年4月22日民集41巻3号408頁に関して次のように述べ、賠償金の支払猶予について言及している。

　「この過不足調整のための対価の支払いに、支払猶予を認めるのかど

---

3)　現物分割をした結果、各共有者が取得する現物と持分の経済的な価値との間に差が生じる場合に、持分以上の現物を取得した者に他の者への調整金の支払いを命じる分割をいう。最高裁昭和62年判決については、拙稿「共有物分割訴訟の非訟性の再検討（二）——共有物分割訴訟における当事者の申立ての拘束力を中心に——」法学新報118巻1・2号31頁以下（2011）参照。

うかである。これを認めないと、共有者の一人にある物（ないしその一部）を帰属させながら、それを処分して支払わざるをえない状況に追い込み、競売による金銭分割と大差ない結果となりはしないであろうか」[4]。

たしかに、新田教授が指摘されるように、もし、現物取得者が賠償金を即時一括で支払えない場合に賠償金の支払が猶予されないのであれば、判決の確定と同時に賠償金債務の不履行の状態が生じる可能性が高い。結果として、現物取得者がその債務の履行のために、取得した現物を処分すること、逆に、持分を失った共有者が当該現物に対し、強制競売を申し立ててくる可能性があることは否定できないだろう。

ところで、この最高裁昭和62年判決は、部分的価格賠償による分割につき、現物取得者に支払能力があることを要求していない。他方、最高裁平成8年判決は現物取得者に支払能力があることを明確に要求した。したがって、新田教授が問題とされる支払猶予判決の可否を検討する前に、賠償金を即時一括払いできない場合に支払能力があると言えるかがまず問われる必要があるように思われる。

②田山輝明教授の見解　田山教授は、最高裁平成8年判決の判例解説において「共有物取得者の負担額が大きいため分割払いでなければ負担債務の履行が不可能であるという場合も考えられる。このような場合には、競売による換価の方法を取る以外にないと解すべきであろうか。しかし、裁判所の支払能力確認手続の結果によれば、比較的短期間において分割払いが可能であると思われるような場合または一定期間の猶予が有れば支払いが可能である場合には、債務者（共有物の単独所有者になった者）に適切な担保（土地の場合であれば抵当権）を設定させる方法も検討に値する。……分割払い等の場合には、さらに負担債務についての利息にも配慮すべき」とされ[5]、裁判所が将来的に賠償金の支払いが可能で

4）新田敏「共有物の裁判上の分割方法に関する一考察―最高裁昭和六二年大法廷判決を契機として―」『慶応義塾大学法学部法律学科開設百年記念論文集法律学科篇』（1990）73頁以下。

5）田山輝明「共有物分割と価格賠償」『民法の基本判例』（法学教室増刊、第2版、1999）

あると判断する場合には、支払の猶予等が可能と述べる。その際、田山教授は、分割払い等を命じる場合に抵当権の設定の可能性にも触れている。教授が、分割払いを命ずることと抵当権の設定をひとまとめとして考えているのかは明らかではないが、分割払い等を命じることによる賠償金債権者のリスク、つまり、現物取得者の支払能力の喪失による不履行のリスクを考慮していることは間違いないだろう。たしかに担保権の設定が許されるのであれば、賠償金支払の不履行によるリスクについては相当程度回避できると考えられる。しかし、この場合、裁判所が担保権の設定を命じることが許されるのかが大きな問題である。

③河邉義典調査官解説　最高裁平成8年判決についての河邉調査官解説は、支払の猶予等の可否につき、「遺産分割の場合には一般に積極に解されているが、共有物分割についてはほとんど議論されていない。分割払を命ずることの可否も同様である。全面的価格賠償を命ずる実体要件としての支払能力をどのように考えるかと関連する問題である」とする[6]。さらに、注（46）の本文において、次のように続ける[7]。「支払猶予のような処理は、本来、家裁調査官による意向確認等によって支払意思の有無などをきめ細やかに判断することのできる家裁で行われてこそ、その長所が生かされるように思われる。共有物分割訴訟においては、和解の結果等から将来の履行の確実性について確信が得られるのでない限り、賠償金債務の不履行への懸念が先行することであろう。また、事実審口頭弁論終結時点では現実には賠償金を支払う資力がないとすると、「当該共有物を取得する者に賠償金の支払能力があること」という実体要件との関係でも問題が生じよう」とされる。

この叙述からすると、河邉調査官は、口頭弁論終結時に賠償金を即時一時払いできなければ現物取得者に支払能力があるとは言えないとの理解に立っているようである。そして、遺産分割審判と訴訟における裁判所の人的資源の違いがあることも考慮した上で、共有物分割訴訟におけ

75頁。
6) 法曹会・前掲注（2）896頁（河邉義典調査官解説）。
7) 法曹会・前掲注（2）907頁注（46）（河邉義典調査官解説）。

る支払猶予判決につき、消極的な見解に立つものと思われる。

3 遺産分割審判における審判例と学説

　遺産分割審判においては、以前から全面的価格賠償による分割が明文で認められており（家事事件手続法195条、旧家事審判規則109条）、さらに、価格賠償を命じる際に裁判所が金銭の給付等を命じることもできるとされている（家事事件手続法196条、旧家事審判規則110条、49条）。ただ、規定上、支払猶予や分割払いができることが明示されているわけではない。しかし、遺産分割においては賠償金の支払猶予等を命じることができるかにつき、審判例と学説に相当な議論の蓄積がある。したがって、共有物分割における賠償金の支払猶予等の問題を考えるあたり、多くの示唆を与えるものと考えられる。そこで、次に、遺産分割審判における審判例と学説を見ることにする。

1　支払の猶予、分割払いに関する審判例
（1）積極説に立つ審判例　遺産分割審判における全面的価格賠償による分割（債務負担による分割）において、賠償金（代償金）の支払を猶予し、あるいは、分割払いを命ずることができるかについては、これを肯定する審判例が数多く存在する[8]。しかし、そもそも遺産分割審判においてそのような審判を命ずることができる理由につき、詳細に述べた審判例は見当たらない。

　支払猶予ないし分割払いの期間については、相当長期にわたる支払を認めたものもある[9]。また、支払猶予等を採用した理由については、賠

8）　最近の審判例として、京都家審平成18年10月24日家月60巻9号99頁、大阪家審平成21年9月14日金融・商事判例1393号40頁があるが、いずれも支払の猶予を認めた事案である。分割払いについて古いものとして、札幌高決昭和39年9月14日家月16巻11号145頁、福岡高決昭和40年11月8日家月18巻4号74頁、東京家審昭和41年9月8日家月19巻3号58頁、新潟家審昭和42年8月3日家月20巻3号81頁、松山家審昭和42年12月22日家月20巻7号57頁などがある。

9）　仙台家古川支部審昭38年5月1日家月15巻8号106頁、高知家須崎支部審昭和40年3月

償金が高額であることを理由とするもの[10]、現物取得者の資力が十分でないことを考慮したもの[11]、両者を考慮したものがある[12]。これらの審判例は、要は、現物取得者が賠償金を即時一括払いできない状態にあることを理由に支払の猶予等を認めたものである。しかし、古い審判例では、全面的価格賠償による分割が許されるかどうかを判断するにあたり、現物（遺産）取得者に支払能力があるかどうかを明確に問うている審判例は見当たらない。むしろ現物取得者が遺産分割の時点で賠償金を支払えるかどうかはそれほど重要視されていなかったように思われる。例えば、東京家審昭和41年9月8日家月19巻3号58頁は、賠償義務者には収入はあるものの生活は楽ではなく、さしたる資産もないことを認定しながら3年の年賦払いを命じているし、松山家審昭和42年12月22日家月20巻7号57頁も、賠償義務者の収入は乏しく、相当額の負債もあるとの認定にもかかわらず、5年の年賦払いを命じている。さらに、審判例の中には、債務負担に堪えられないならば、取得不動産を処分するほかないと説示するものもあり[13]、これはあたかも賠償義務者による支払いが難しいことを裁判所は予測しながら、全面的価格賠償による分割を肯定しているような感じさえ受ける。おそらくこの時期の審判例は、遺産を誰に取得させるべきか、あるいは、遺産をできるだけ相続人に受け継がせるべきとの判断が先行し、相続人間の公平や賠償金債権者のリスクへの配慮は必要性の判断と並ぶ要素とまでされていなかったものと思われる。

　昭和50年代に入り、積極説に立ちつつも、支払の猶予等を命じること

　　　31日家月17巻9号78頁、東京高決昭和54年3月29日家月31巻9号21頁は、10年の分割払いを命じている。
10)　佐賀家審昭和29年11月24日家月8巻3号31頁、東京高決昭和54年3月29日家月31巻9号21頁、大阪家審平成21年9月14日金融・商事判例1393号44頁。
11)　東京家審昭和41年9月8日家月19巻3号58頁、松山家審昭和42年12月22日家月20巻7号57頁、神戸家尼崎支部審昭和48年7月31日家月26巻4号76頁。
12)　神戸家姫路支部審昭和46年2月12日家月23巻11・12号98頁。
13)　仙台家古川支部審昭和38年5月1日家月15巻8号106頁、高知家須崎支部審昭和40年3月31日家月17巻9号78頁、神戸家尼崎支部審昭和48年7月31日家月26巻4号76頁。

に対して慎重な姿勢を明らかにする審判例が現れた。東京高決昭和53年4月7日家月31巻8号58頁である。この事案では、賠償金の一時払いを命じた原審に対し、分割払いをとらなかったのは不当であるとして抗告がなされたが、裁判所は賠償金の支払猶予等を命ずることができる場合について次のように述べた。

「家事審判規則110条の規定により準用する同規則49条の規定に基づき遺産の分割の審判において金銭の支払いを命ずる場合にあたり、その支払方法をどのようにすべきかは裁判所の自由な裁量によつて定むべきもので、元来その支払いは一時になさるべき関係にある債務であるから給付を命ぜられた者が単に現在一時に支払いができないという理由のみで分割支払いないしは支払いの猶予を容認すべきではなく、審判により遺産を承継した者の遺産に対する相続開始後の使用収益の態様、その現存利益又はその収益性その他一切の事情を考慮して、分割支払いを命じなければならないような特段の事情がない以上、これを容認すべきではないと解すべき」であるとした。

裁判所は、旧家事審判規則110条、49条（家事事件手続法196条）により、賠償金の支払方法の決定は裁判所の裁量に委ねられるとしつつも、賠償金の支払いは本来一時にされるべき関係にあることを理由に、支払猶予等を行うには特段の事情がある場合に限られると述べる。裁判所は支払いが一時になされるべき理由を明確に述べていないが、遺産分割は分割時に各共有者の持分が実現されるものと考えられ、また、相続人間の公平という観点からも賠償金は一時に払われるべきものと考えていると思われる。

そして、近時の審判例は、全面的価格賠償による分割を命じる前提として現物取得者に支払能力があることを明確に要求している。例えば、大阪高決平成3年11月14日家月44巻7号77頁は、全面的価格賠償による分割を認める旧家事審判規則109条（家事事件手続法195条）にいう「特別の理由とは、……その他の事情から相続人の一部の者に対し具体的相続分を超えて遺産である現物を取得させるのが合理的と認められる場合等であって、かつ、代償金支払債務を負担させられる者にその支払能力が

あることを要し、……その支払能力がないのに、なお債務負担による分割方法が許されるのは、他の共同相続人らが、代償金の支払を命じられる者の支払能力の有無の如何を問わず、その者の債務負担による分割方法を希望するような極めて特殊な場合に限られる」とした上で、賠償金債務者の支払能力の有無の審理が尽くされていないことを理由に、原審判を取り消して事件を差し戻した。その後の審判例も同じく支払能力があることを要求している[14]。現物取得者に賠償金の支払いを命じても、その支払ができなければ、現物取得者のみが利益を得ることになってしまい、相続人間の公平が保たれないからであろう[15]。同様に、共有物分割においても、前述の最高裁平成8年判決が、全面的価格賠償による分割が許される要件として現物取得者に賠償金の支払能力があることを明確に要求した。

　このように、近時の審判例は、支払猶予等を命ずることにつき、より慎重な取扱いを求め、また、現物（遺産）取得者に賠償金の支払能力があることを明確に要求するに至ったが、最近でも依然として支払猶予を認める審判例は存在する。例えば、旭川家審平成14年2月15日家月54巻10号57頁（6ヶ月の支払猶予）、大阪家審平成15年8月21日家月56巻9号28頁（1ヶ月の支払猶予）、京都家審平成18年10月24日家月60巻9号99頁（3ヶ月の支払猶予）、大阪家審平成21年9月14日金融・商事判例1393号44頁（6ヶ月の支払猶予）などである。ただ、いずれの事件でも現物取得者に

---

14)　高松高決平成7年11月2日判時1566号52頁。学説上も支払能力があることが必要である点については異論がないとされる（生島恭子「遺産分割の方法（その1）」梶村太市＝雨宮則夫編『現代裁判法大系11遺産分割』（新日本法規、1998）298頁、松原正明＝右近健男編『新家族法実務大系③相続［Ⅰ］―相続・遺産分割―』（新日本法規、2008）278頁以下（齊藤充洋執筆部分）ほか）。

15)　賠償金の不履行があれば、現物取得者が取得した不動産に対し強制競売を申し立てて賠償金を回収すればよい、と安易に考えることには疑問がある。その時点まで不動産が義務者の下に残っているとは限らないし、仮に残っていたとしても、不動産価格の値下がり等によって十分な満足を得られない事態が想定されるだけでなく、債権者が最優先で弁済を受けられるかも不確定だからである。さらに、賠償金を得るためにそのような手間をかけなければならないこと自体が賠償金債権者にとっては事実上大きな不利益となるだろう。

支払能力があることを前提とし、その猶予期間は最長でも 6ヶ月である。一方で、年賦や月賦による分割払いを命じた審判例は、最近は存在していないようである。

  (2) 消極説に立つ審判例　　以上の積極説に立つ審判例に対して、賠償金の支払の猶予等について消極的な態度をとるものがある。福岡高決昭40年5月6日家月17巻10号109頁は、「抗告人主張の如く自己の相続分を超える価額を有する不動産の現物分割を受けた相続人が他の相続人に支払うべき右超過価額についてのみ一定期間支払を猶予し、あるいは分割支払の利益を受けることは相続人間の公平を害し、相続分に応じてこれをなすべきものとする遺産分割の本旨に反する結果となるから、原審判が抗告人にその主張の金員の一時払を命じたのは相当である」と判断し、消極説にたつことを明らかにした。福岡高裁はその理由として、支払の猶予や分割払いを命ずることは相続人間の公平を害し、遺産分割の本旨に反することを挙げている。

2　支払の猶予、分割払いの可否に関する学説

  (1) 積極説　　賠償金の支払を猶予し、または、分割払いを命ずることができるかどうかについては、学説上も、これを認める見解が多数を占めている[16]。

  例えば、積極説にたつ糟谷忠男元判事は、「規則109条が債務負担による遺産分割の方法を認めておきながら、債務の分割支払または一定期間の支払猶予を認めない趣旨と解するならば、債務の履行を即時に履行しうる資力あるもののみがこの制度の恩恵を受けることとなり、それでは遺産分割の基準を定めた民法906条の趣旨が没却されてしまうこととなるばかりでなく、農地の如き生産的機能をはたす遺産の分割はすこぶる困難となってしまう……。また、分割支払によって蒙るであろう不利益は、法定利息を附加させることによって補われる」とされ[17]、また、渡

---

16)　本文で紹介する文献以外では、泉久雄＝久貴忠彦『民法講義8　相続』(有斐閣、1978) 167頁 (久貴忠彦執筆部分)、石村太郎「債務負担の方法による分割をめぐる問題点」判タ688号236頁 (1989) ほか。

瀬勲元判事も「もし常に一時払でなければならないとすると、債務負担方法を採用するのを相当とする事案の多くが、債務者にその能力がなく、一時払のためには結局取得すべき遺産を処分せざるをえないという事情にあることを考慮すると、現物分割に代え、さらに換価分割（家審規107）にもよらない債務負担方法による分割を認めたこと自体により、右分割払の支払方法をとりうることを認めたものと解するのが相当であると思う」とされ、積極説を支持される[18]。

このように積極説に立つ見解は、その論拠として、支払猶予・分割払い等を命じることができないと、①全面的価格賠償による分割を命じることができる場合が限定され、民法906条の趣旨が没却される[19]、②現物取得者は取得した遺産をすぐに処分しなければならなくなる[20]、③全面的価格賠償による分割を認めた以上、支払猶予等を命ずることは当然許される、④逆に、分割払いによる不利益は法定利息を附加することでカバーできる[21]、⑤支払猶予等が認められることにより、適切できめ細かい分割が可能となる[22]ことなどを挙げている。

ただ、近時の積極説は、先に述べた審判例同様、より慎重な扱いを要求している。例えば、石田敏明元判事は、民法906条の基準に照らし、全面的価格賠償による分割が最も妥当な方法であることを前提として「共同相続人間の実質的公平を害さない程度で分割払、支払猶予を認める」とし[23]、さらに齊藤充洋判事は、遺産分割手続は分割時に遺産を実

---

17) 糟谷忠男「遺産分割の審判における分割の方法」東京家庭裁判所身分法研究会『家事事件の研究（１）』（有斐閣、1970）235頁。
18) 渡瀬勲「判例を中心とした遺産分割の方法に関する問題」鈴木忠一＝三ヶ月章監『実務民事訴訟講座７　非訟事件・審判』（日本評論社、1969）325頁。
19) 例えば、斎藤秀夫＝菊池信男編『注解　家事審判法』（青林書院、改訂版、1992）361頁（石田敏明執筆部分）、最高裁判所事務総局家庭局「家事審判官会同概要」家月21巻2号71頁以下（鹿児島発言、家庭局松井課長発言）（1969）など。
20) 木村要「遺産分割の方法」別冊判例タイムズ8号197頁（1980）も同旨。
21) 田中恒朗「遺産分割の方法―現物分割・債務負担・換価分割―」『講座・実務家事審判法３　相続関係』（日本評論社、1989）345頁、木村・前掲注（20）197頁。
22) 斎藤＝菊池編・前掲注（19）361頁（石田敏明執筆部分）。
23) 斎藤＝菊池編・前掲注（19）361頁（石田敏明執筆部分）。

現する手続であり、相続人間の公平を維持するためには代償金も即時支払われるべきであること、代償金支払に不履行があっても遺産分割審判の効力は失われないから支払の猶予等をすることは原則として相当ではない旨を述べる[24]。

具体的にどのような場合に支払猶予等を命ずることが許されるかについては、将来にわたり継続的収入が見込まれる、あるいは、その他の理由で相当期間ののちに資力を回復する見込みがあることを要求するもの[25]、遺産に担保権を設定して金融機関等から融資を受ける必要がある場合などは、代償金の支払の具体的な見込みがあることを前提として、一定の期限の猶予を認めるものがある[26]。また、その内容については明らかにすることなく、特別の事情があるような場合には代償金の支払能力自体には問題がないことを前提に、支払の猶予等も許されるとするものがある[27]。

（2）消極説　消極説に立つものとして、野田愛子元判事の見解がある。野田元判事は「債務負担の方法により分割する場合、不動産を取得する者が債務を負うことになるが、右債務を分割して支払うことを命ずること、或いは一定期間その支払を猶予することができるかという点は、一方に直ちに利益を得させぬ点に不平等になりはしないかという疑問がある」と述べている[28]。

---

24) 松原＝右近編・前掲注（14）285頁以下（齊藤充洋執筆部分）。積極説に立つ松原正明『全訂判例先例　相続法II』（日本加除出版、2006）323頁以下も、分割時に価値的平等が実現される必要があるとされ、相続人間の実質的公平の観点から支払猶予等ができるのは特別の事情がある場合に限られるとする（ただ、その具体的内容は明らかではない）。
25) 田中・前掲注（21）345頁。
26) 松原＝右近編・前掲注（14）286頁（齊藤充洋執筆部分）。
27) 松原＝右近編・前掲注（14）287頁（齊藤充洋執筆部分）、松原・前掲注（24）323頁。
28) 野田愛子「遺産分割の実証的研究」『司法研修報告書』第11輯5号128頁（1962）、最高裁判所事務総局家庭局・前掲注（19）72頁（大阪発言）。

4 検討

　以上の裁判・審判例及び学説における議論をふまえ、冒頭に挙げた2つの問題点を検討する。まず、賠償金の支払猶予等の必要性の前提となる現物取得者の支払能力の問題、すなわち、現物取得者の資力として、事実審の口頭弁論終結時以降に見込まれる収入を含めることができると解すべきかを検討し、その後、賠償金の支払猶予等を命じることができるかについて述べる。

1　支払能力の判断基準となる現物取得者の資力

　分割の効果の発生後、即時に賠償金が支払われるために支払能力の判断を極めて厳格に捉えるべきとするならば、現物取得者の資力は、口頭弁論終結時点に現に有している財産に限定されるべきである。将来見込まれる収入は、いまだ現物取得者が手にしていない金銭であるから、それを資力に含めて計算することは許されないことになろう。

　とはいえ、弁論終結後の将来の収入という理由で、確実性が高いと考えられる収入までも現物取得者の資力の判断要素から全面的に除くことは果たして妥当なのだろうか。例えば、弁論終結後比較的短期間のうちに支給される給与や賞与がある場合、また、現物取得を希望する者が分割の結果取得すると見込まれる不動産に金融機関の為に抵当権を設定することを条件に、当該金融機関から賠償金の支払にあてる金銭を借入れる契約を締結している場合[29]などが考えられる。これらは弁論終結時点で現実に現物取得希望者が手にしていない金銭であるから、資力の算定を厳格に判断する立場によれば、基礎に含むべきではないだろう。結果として、全面的価格賠償による分割が許される可能性は相当制約されることになるものと思われる。

---

29)　河邉調査官解説は、遺産分割の場合にこのような方法がとられることが多いことを指摘されている（河邉・前掲注（2）907頁注（46））。松原＝右近編・前掲注（14）286頁も参照。

しかし、確実と見込まれながらも、弁論終結時点で現実に手にできてないことだけを理由として、その収入を資力に含めることができず、その結果、全面的価格賠償による分割が認められないとするのは、あまりに硬直的な解釈で柔軟性を欠くように思われる。そもそも、共有物分割において全面的価格賠償による分割が認められるに至った1つの大きな要因は、最高裁平成8年判決の事案がそうであったように、現実に共有建物に居住していたり、共有物を職業上利用するなどしている者を保護することにあったと思われる[30]。とくに生計を維持するために共有建物にそのまま居住せざるを得ないような者を想定した場合には、弁論終結時に賠償金を即時一括で払えない状態にあることもあるのではないだろうか。

以上のような点から、現物取得者の資力に、口頭弁論終結後に得られると見込まれる収入も含める余地を認めるべきであると考える[31]。

2 資力に含むことができる将来の収入等の範囲

前述のように、現物取得希望者が弁論終結後に得ると見込まれる収入も資力に含めて判断すべき場合があるとしても、それがどの範囲まで許されるかは慎重に検討すべきである。というのも、収入の見込みを緩やかに解し、さらに、その期間を長期間にわたって認めれば、全面的価格賠償による分割の可能性は広がるものの、見込まれた収入がなかった場合のリスクは賠償金債権者が負うことになり（さらに負債の増加による現物取得者の経済状況の悪化も起こり得る）、また、賠償金の不履行があっても分割の効果は否定されないため[32]、結果的に相続人間の実質的公平が保た

---

30) 例えば、公刊されている共有物分割に関する裁判例で初めて全面的価格賠償による分割を命じた山口地判昭和45年7月13日下民集21巻7＝8号1045頁も、現に共有者が共有建物に居住していることを考慮したものであった。
31) 奈良次郎「共有物分割訴訟と全面的価格賠償について」判タ953号47頁（1997）は「支払人は、支払能力があることを、具体的に、主張・立証しなければならない。現金・普通預金金額・金融機関からの融資問題・親族等からの融資の可能性等を、想定される金額について、明確に判断しなければならない」と述べており、将来得られる収入についても資力に含まれる見解に立つものと思われる。

れなくなるおそれがあるからである。

 そこで、私は、①弁論終結後の収入であっても、その確実性が非常に高く、②弁論終結後比較的短期間のうちに実現する収入であるため、弁論終結時点ですでに現物取得者が手にしていると同一視しても相続人間の実質的公平を大きく損なうことがないと解される範囲で、口頭弁論終結後の収入を資産に含めることが許されると考える。

 ①口頭弁論終結時点で確実と見込まれる収入であること　では、具体的に確実と見込まれる収入とはどのようなものを指すと考えるべきか。その例として以下のような場合を挙げることができよう。現物取得希望者が給与所得者で一定の給与を継続的に得ている場合、退職金収入が見込まれる場合、現に年金を受給している、あるいは、年金収入が見込まれる場合、現物取得希望者が取得する不動産に抵当権等を設定することを条件に金融機関が融資を実行する契約を取り交わしている場合、現に共有物が賃貸されているなどして、分割後も当該共有物から一定の収益が期待できる場合などである。要は、口頭弁論終結の時点で将来見込まれる収入につき、すでに一定の法的な基礎が存在する場合と言うことができる。

 他方、口頭弁論終結時点で法的な基礎が存在しない場合はどうか。例えば、現物取得希望者の社会的信用が高く、金融機関から容易に借り入れができると考えられる場合、親や子などの親類や友人からの借り入れがかなりの程度期待できるような場合などである[33]。法的基礎が存在していない点で上記の場合に比べれば、その確実性は低いと考えられる

---

32) 奈良・前掲注 (31) 47頁、上田誠一郎「全面的価格賠償の方法による共有物の分割と対価の確保の問題について」同志社法学55巻6号1440頁 (2004)、平野裕之・判解『判例セレクト86'〜00'』316頁 (2002)。

33) 奈良・前掲注 (31) 47頁は、親族からの融資の可能性を挙げている。この点に関連して、現物取得を希望する共有者が、支払能力があることを裏付けるために、友人からの借入れ (総額2800万円) が可能である旨の陳述書を提出したが、確実に持分価格に相当する金額を支払う能力があるとは認められないとして、全面的価格賠償による分割を否定し、競売分割を命じた裁判例に、東京地判平成24年5月25日 (TKC法律情報データベース掲載) がある。

が、このような場合にも、裁判所が当事者から提出された証拠調べの結果、確実性が高いとの心証を得た場合には、例外的に資力に含めることができる場合があると考える。

②口頭弁論終結時点から短期間のうちに見込まれる収入であること
仮に①の基準を満たしていたとしても、5年後、10年後の収入までを資力に含めることが許されるのか。しかし、そのような収入まで含めることができるとすれば、賠償金債権者は相当長期にわたって賠償金全額を現実に取得できなくなってしまうだけでなく、弁論終結時点で予測された通りの収入が得られなかった場合には、賠償金自体受け取れないことも起こり得る。したがって、現物取得者の資力の基礎とすることが許される将来の収入は、口頭弁論終結後比較的短期間のうちに見込まれる収入であると考えざるを得ないであろう。

では、どの程度先までの収入を含めることが許されるのか。この点につき、一律に明確な基準を設定することは非常に難しいが、一般に次のようなことが考えられるのではないだろうか。まず、弁論終結後判決期日までに見込まれる収入を資力に含めることについては問題が少ないように思われる[34]。そして、それを超える部分については、すでに確認した近時の審判例が最長で6か月の支払猶予を認めていること、賠償金の支払いを停止条件として分割の効果の発生を認める下級審判決[35]がやはり最長で判決確定後6か月以内の支払を条件としていることから、一

---

34) 事案は異なるが、東京高判平成17年11月30日判時1938号61頁は、原告が将来の損害賠償を求めた事案において、まだ発生していない損害のうち、口頭弁論終結時点から判決言渡日までの損害の賠償を認める判決を言い渡している（ただ、上告審は高裁判決を破棄）。

35) 札幌地判平成11年7月29日判タ1053号131頁、東京地判平成19年4月26日裁判所ウェブサイト、また、このような判決のあり方を示唆したものに最判平成10年2月27日判時1641号84頁の河合伸一裁判官補足意見、最判平成11年4月22日判時1675号76頁の遠藤光男裁判官の追加補足意見があり、遠藤追加補足意見は、支払能力の流動性を考慮して、判決確定後半年程度という期間を示している。なお、伝統的には、形成判決に条件を付けることはできないと解されているが、一定期間内に賠償金を支払うことを条件に分割の効果を認める判決が許されるのであれば、これは事実上、賠償金を支払猶予したのと同様の効果を持つことになろう。

応の目安として 6 か月程度が考えられるのではないかと思われる。これは、とくに給与所得者が現物取得者であるケースで賞与等を用いて賠償金の支払いを希望するようなケースを想定するとそれなりの合理性があるように思われる[36]。

3 賠償金の支払猶予・分割払い判決の可否

以上述べたように、弁論終結後に現物取得希望者が得ると見込まれる金銭も、一定の範囲で資力に含むことができる場合があると考えるが、では、それを前提として裁判所が賠償金の支払猶予等を命じることができるかを次に述べる。

まず、共有物の分割は当事者の処分に親しむ事項であるから（民法258条 1 項参照）、持分を失って賠償金を取得することになる共有者が、賠償金の支払猶予等を許容しているような場合には、裁判所がそのような判決をすることについては問題が少ないと思われる。問題は、そのような状況にないケースで、裁判所が裁量で賠償金の支払いをその収入が見込まれる時点まで猶予し、あるいは、その収入が見込まれる段階に応じて分割払いを命じることが許されるのか（あるいは、すべきか）という点である。

現物取得者の資力として現実には手にしていない将来の収入を含めることを許容しながら、裁判所が賠償金の支払猶予等を命じないことは、分割時に即時一括払いができないことを分かりつつも、現物取得者に手を差し伸べないこととなり、不正義であるとの批判もありうるだろう。また、支払猶予等を認めないと、必要性を考慮して現物取得者に帰属させたはずの現物を、当該取得者が賠償金支払いのために手放さざるを得なくなるおそれがあり、他方、賠償金債権者からその現物を対象として

---

[36] 本稿については、中央大学の研究会で報告する機会を得た。その際、過去の遺産分割の審判例に年賦払いを認めたものが多いのは、遺産である土地を相続する者が農家などの場合、まとまった収入が年に 1 回しかないことを理由とするものではないか、とのご指摘を受けた。そのようなケースを想定すると、 6 か月を一応の基準としつつも、ケースにより最長 1 年程度まで可能であると解することは許されないだろうか。

強制競売をかけられた場合にも、同様の事態が生じうるのはたしかにその通りである。しかし、私は、裁判所が裁量により賠償金を支払猶予等することは難しいと考える。以下、その理由を述べる。

（1）裁判上の共有物分割の法的性質　通常の金銭の支払を求める訴訟手続において、裁判所はその裁量で支払を猶予したり、分割払いを命じることはできないというのが一般的な理解である[37]。他方、非訟事件手続においては、裁判所の裁量による判断が広く認められる場合がある。したがって、このような手続の違いを前提とすれば、共有物分割の訴えがどのような手続に従って判断されるべき事件であると考えるかが重要となる。この点につき、立法者ならびに判例・通説は、共有物分割の訴えは実質非訟事件であると解しており[38]、仮にそれが非訟事件手続によって審判されるべき事件ということを意味するのなら[39]、裁判所の裁量で支払猶予等を命ずることができると考えられることになりそうである。

　しかし、私は、主に次のような理由から、共有物分割の訴えは原則として訴訟手続によって審判されるべき事件であると考えている[40]。第1に、共有物の分割は、当事者の処分が可能な事件であること（民法258条1項参照）、第2に、共有物分割の訴えにおいても訴訟物がある、つまり分割請求権の存否が審判対象になっていると考えられること、第3に民法起草者は共有物分割において裁判所に裁量を認める範囲を現物分割の

37）　ただし、例えば、少額訴訟（民訴375条）など、明文がある場合は別である。また、近時の裁判例には、裁量で定期金賠償を認めたものがある（東京高判平成15年7月29日判時1838号69頁）。

38）　伊藤眞『民事訴訟法』（有斐閣、第三版四訂版、2011）200頁ほか。

39）　判例・通説が、共有物分割の訴えは全面的に非訟事件手続によって審理されるべき事件と解しているかについては疑問が呈されている（鈴木正裕「非訟事件と形成の裁判」鈴木忠一＝三ヶ月章監『新・実務民事訴訟講座8　非訟・家事・人事訴訟』（日本評論社、1981）9頁注（5））。

40）　詳細については、拙稿「共有物分割訴訟の非訟性の再検討（一）～（五・完）─共有物分割訴訟における当事者の申立ての拘束力を中心に─」法学新報117巻5・6号45頁以下（2011）、同118巻1・2号31頁以下（2011）、同118巻9・10号49頁以下（2012）、同119巻3・4号1頁以下（2012）、同120巻3・4号1頁以下（2013）をご参照いただきたい。

具体的内容の決定の場面を主として想定していたこと、第4に、共有物分割事件は、実際には分割内容について共有者間の対立が激しくなることがあり、そのため、訴訟手続に従って判断するのが適当であると考えられることなどである。さらに、全面的価格賠償による分割が問題となる場合には、次のような観点も重要となる。すなわち、まず第1に、分割の結果、一部の共有者は持分を失うことになるため、共有者間の利害対立はより激しいものになると考えられること、そして第2に、全面的価格賠償による分割を認めるかどうかは裁判所が判断するものの、実態としては、一部の共有者が他の共有者の持分を買い取ることを認めるものであり[41]、分割の一方法とは言いながら、持分の売買と見ることもできると考えられることである。このような点からすれば、全面的価格賠償による分割が問題となる場合には、原則として訴訟手続に則って審判されるべきであって、裁判所の裁量で賠償金の支払猶予等を命ずることはできないと考える。

（2）共有者間の実質的公平の観点　次に、支払猶予等を命じることは、共有者間の実質的公平という観点からも疑問がある。従来から認められていた分割方法を想定した場合、現物分割であれば、判決確定時に、各共有者が持分に応じた現物を単独所有することになり、競売分割の場合は、形式的競売の結果、売得金が分配された時点で、各共有者に持分に応じた経済的価値が実現される。このように、従来の分割方法によれば、各共有者はほぼ同時に現物ないしは持分に応じた経済的価値を得ることができる。しかし、全面的価格賠償による分割において賠償金の支払猶予等を命ずることは、共有者のうち現物取得者だけが即時に義務を履行しなくてもよい状態に置かれることになり、共有者間の実質的公平を害することになるのではないか[42]。現実には、持分を失う共有者の中に、すぐに持分に相当する金銭を必要としている者がいる可能性などを考慮に入れれば、現物を取得する共有者の事情だけを考慮して支払

---

41) 田山・前掲注（5）75頁、新田敏・判解・法教199号145頁（1997）。
42) 野田・前掲注（28）128頁。

を猶予することは難しいと思われる。

ところで、現物取得者の資力に口頭弁論終結後に見込まれる収入を含めておきながら、賠償金を即時に支払わなければならない状態に置くのは不正義であり、また、全面的価格賠償による分割を命じた趣旨に反するとの批判が考えられるのは前述の通りである。しかし、賠償金の支払猶予等を命じることについては、さらに、以下、（3）で述べる問題が存在する。また、私見は、現物取得者の資力に含めることが許される将来の収入は、確実と見込まれるもので、かつ、口頭弁論終結後、比較的短期間に実現するものに限るものである。したがって、そのようなケースで支払猶予等を命じなかったとしても、賠償金支払の不履行を理由として、現物取得者が現物を失う事態は非常に限られた場合になると思われる。

（3）現物取得者の経済状況の変化による不利益　例えば、見込まれた収入が予想に反して実現しなかった場合や、予想外に負債が増加したことによって、口頭弁論終結後に現物取得者が支払能力を喪失するおそれが生じたような場合、賠償金の支払猶予等が命じられていると、賠償金債権者はその対応に大きな制約を受けることになる。なぜなら、仮に賠償金債権者が現物取得者の資力の減少などに気づいたとしても、期限到来後でなければ強制執行を開始することができないからである（民執30条1項参照）[43]。たしかにこのようなリスクを考慮に入れて、支払猶予等を命ずるのと同時に、現物取得者が取得する共有不動産に賠償金の支払を担保するための抵当権の設定を命ずるということが考えられなくはない[44]。目的物の担保価値が大幅に減少するようなことがない限り、リスクは相当程度回避できるであろう。しかし、協議による分割や和解による場合は別として、共有者間の合意なく、また、これを認めた明文の規定がないにもかかわらず、賠償金の支払を担保するためとはいえ、

---

43) 遺産分割審判において賠償金の支払猶予等を命じる場合に、期限利益喪失約款を付加すべきとするものに、石村・前掲注（16）236頁、泉＝久貴・前掲注（16）167頁以下。

44) 田山・前掲注（5）75頁。なお、抵当権の設定も共有物分割の一内容であることを理由として積極説に立つ見解として、上田・前掲注（32）1433頁以下がある。

裁判所が裁量で担保権の設定を命ずることは、原則として訴訟手続に従った審理が妥当とされる共有物分割訴訟においては難しいのではないだろうか。実際に、裁判例においてはそのような可能性につき否定的な意見が示されている[45]。しかも、当該不動産に担保権を設定できる可能性があるのなら、現物取得希望者があらかじめ金融機関等に賠償金支払いのための融資を依頼し、現物取得と同時に融資を受け、当該金融機関のために抵当権を設定する契約を締結して、その融資証明書を証拠として提出した上で全面的価格賠償による分割を求める方法もとりうるから、裁判所が裁量でそのような方法を命じるまでの必要性はないと考える。ところで、近時の裁判例は、当事者の申立てなしに賠償金の支払と引換えに持分の移転登記を命ずる引換給付判決を許容している[46]。そこで、賠償金を支払猶予し、全額支払った段階で登記の移転を命ずる方法も考えられなくはない。たしかにこれによって、賠償金の履行をより強く促す効果は期待できるが、現物取得者の支払能力の悪化に対する賠償金取得者の迅速な対応を考えた場合には、不十分さが残ると思われる[47]。

（4）**遺産分割と共有物分割の関係**　　遺産分割審判においては古くから賠償金の支払猶予等が許容されている。この点をどのように理解すべきか。たしかに、現実に共有物分割事件の中には、遺産共有状態がしばらく続いた後に分割を求めて裁判所に持ち込まれる事件が少なくない。この点を強調していけば、共有物分割においても支払猶予等の余地を認めるべき、との理解も十分可能とも思われる。しかし、共有物分割の場合には、遺産分割と発生原因が異なる場合も当然含まれ、また、柔軟な分割を意図した民法906条のような明文の規定が存在しているわけ

---

45) 最判平成11年4月22日判時1675号76頁遠藤光男・藤井正雄裁判官共同補足意見。遺産分割審判においても、その是非について争いがある。

46) そのような運用を考慮すべきとしていた見解に、前掲注（45）の遠藤・藤井裁判官の共同補足意見があり、実際に引換給付を命じたものに、大阪高判平成11年4月23日判時1709号54頁がある。被告欠席の場合に同様の判決を命じたものに、東京地判平成24年2月10日、東京地判平成24年2月27日（判例集未登載、TKC法律情報データベース掲載）がある。

47) 上田・前掲注（32）1440頁。

でもない。さらに、形式的とはいえ、遺産分割は審判手続により、共有物分割は訴訟の形式により行われているという違いが存在している。そして、すでに確認したように、遺産分割審判における審判例、学説ともに、近時は、賠償金の支払猶予等を命じることに対して慎重な態度を鮮明にしていることが挙げられる。このような状況に鑑みると、共有物分割において全面的価格賠償を命じる場合に、賠償金の支払猶予等を認めることは難しいと思われる。

5　おわりに

　本稿は、最判平成8年10月31日民集50巻9号2563頁が共有物分割訴訟において全面的価格賠償による分割を許容したことを受け、その分割を命じるにあたり、裁判所がどのような判決をすることが許されるかという疑問に発し、具体的には、裁判所が裁量で賠償金の支払を猶予する判決や分割払い判決をすることができるかという問題を中心に検討したものである。以下、簡単ではあるが、本稿における筆者の見解をまとめて結びとしたい。
　まず、全面的価格賠償による分割の要件たる現物取得者の支払能力の有無の判断にあたり、その資力には事実審口頭弁論終結後に見込まれる収入も一定範囲で含まれると解すべきである。そしてそれは、①事実審口頭弁論終結時点で確実と見込まれる収入（給与・賞与などの収入、金融機関が分割時に予定している融資金、共有物の賃料収入など）であって、かつ、②弁論終結時点から短期間のうちに見込まれる収入を指す。
　次に、現物取得者の資力に将来の収入を含めて支払能力ありと判断する場合に、裁判所が賠償金の支払猶予等を命ずることができるかについては、結論として消極に解する。それは、主に、①共有物分割事件は、原則として訴訟手続に従って審理されるべき事件であること、②賠償金の支払猶予等をすることは、共有者間の実質的公平を保つ観点から問題があること、③現物取得者の支払能力の悪化に対し、迅速な対応ができない等の事態が生じるおそれがあること、④共有物分割と遺産分割は類

似する部分が多いが、対象となる事件及び手続形式も異なっていることを理由とする。

【付記】
　栂善夫先生ならびに遠藤賢治先生には、私が早稲田大学大学院法学研究科に在籍していた時からゼミや民事手続判例研究会などで、長年にわたりご指導いただいてきました。とくに栂善夫先生には、博士後期課程の2年次という段階からご指導をお願いすることになり、以後、公私にわたって大変お世話になりました。他方で、多くのご心配もおかけしてきました。先生にご指導いただいてから瞬く間に15年近くが経過しましたが、先生のご期待にいまだ十分にお応えできていないことを感じずにはいられません。今後は、これまで以上に研究・教育に力を入れ、少しでも先生のご期待にお応えしたいと考えています。栂善夫先生、遠藤賢治先生がめでたく古稀をお迎えになられたことをお祝いするとともに、両先生の末永いご健勝とご多幸をお祈りしております。

既判力標準時後の相殺権の行使に関する最近のドイツの判例について

坂 原 正 夫
Masao SAKAHARA

1　はじめに
2　最近の連邦通常裁判所（BGH）の判例
3　判例に反対する諸見解について
4　判例と諸見解の検討と私見の展開
5　おわりに

1　はじめに

1　栂教授の問題提起とその解答

栂善夫教授は最近刊行された『民事訴訟法講義』（法学書院、2012）において、「形成権の行使と既判力」というテーマで、次のような問題を設定した（202頁）。

> 「前訴の口頭弁論終結時まで行使が可能であった形成権を、口頭弁論終結後に行使して、後訴において、前訴原告の請求権の不存在を主張することは許されるか。」

この設問に対して栂教授は、まず諸学説と判例を説明する（202頁以下）。すなわち、学説としては行使時説（肯定説）、発生時説（否定説）、提出責任説、通説を取り上げ、判例については各形成権ごとに、最高裁の対応を略述する。相殺権について教授の考えは、次のようなものである（203頁）。

> 「法的安定性を重要視する通説が、相殺の場合に基準時後の行使を許す理由についてはすでに述べたが、さらに相殺のもつ担保的機能も相殺

を別に扱うことを正当化する補助資料となろう。基準時前に相殺適状にあったとしても、相手側の信用状態がよければなにも急いで相殺する必要はなく、利息の点を考えればむしろ相殺しない方が利益となる場合もあろう。もし、基準時以後に相手側の信用状態が悪化すれば、その時に相殺権を行使すればよく、これを許さないとするなら、相殺の担保的機能は弱められることになろう。相殺権の場合は、請求権それ自体とは関係のない権利であり、自働債権を犠牲にするものであり、基準時後の行使を認めるのが妥当であろう。

　建物買取請求権も、上記最高裁判例にあるように、請求権それ自体に付着する瑕疵ではなく相殺権と同様に扱うべきであろう。」

2　私見による解答と最近のドイツの判例

　この問題に対する私の見解は、相殺権については栂教授と異なる。私見は、「相殺権は取消権と同様に既判力によって失権する」という失権説であり、教授の学説分類によれば否定説である[1]。教授は上記引用文に続けて、「執行を妨害し争訟をむし返すという債務者側の策動を阻止するという点では、…否定説が、肯定説よりすぐれている」と述べている。失権説を評価しながら、相殺権では非失権説（肯定説）に立たれるのは、私見からすれば、誠に残念である。教授が肯定説を支持するのは、債務者の策動阻止よりは、日本の通説やドイツの学説の多数説と同様に、実体法を重視し相殺の特性（担保的機能）を考慮するからである。

　ところで、日本の最高裁判所に相当するドイツの裁判所は「連邦通常裁判所」であり（以下では、ドイツでの略称である「BGH」を使用する）、日本の判例に相当するのは、BGH の裁判例である。BGH は、この問題に

---

[1]　私見は相殺権について失権説（否定説）を主張し、判例・通説に反対した（拙著『民事訴訟法における既判力の研究』11頁以下〔慶應通信、1993〕）。この私見を補強し、批判に対して反論したのが、拙稿「既判力標準時後の相殺権行使について再論」法学研究70巻12号65頁以下（1997）である。

　　なお、取消権については判例・通説と同様に失権説を説いたが（前掲拙著93頁以下）、最近の日本とドイツの判例・学説での非失権説の台頭を受けても、失権説が妥当するとして失権説を維持して、自らを守旧派と称した（拙稿「既判力の標準時後の取消権の行使について」民事訴訟雑誌52号20頁〔2006〕）。

ついては失権説を堅持している[2]。最近においても、BGH は次の2で述べるように失権説を支持しているが (BGH, NJW 2009, 1671)、訴えそのものは確認の利益がないことを理由に不適法として処理している。すなわち、BGH は失権説を堅持しつつ、訴えを既判力によって処理していない点で、興味ある事例である。

 そこで本稿はこの判例を取り上げ、事件を詳しく報告することによって、失権説を採用すると（すなわち、日本の実務が将来においてドイツの実務と同じように失権説になった場合）、具体的にどのような問題が争点になるのかを明らかにしようと思う。そのうえで BGH の判断とそれに対する学者の反応を参考にして、既判力標準時後の相殺権の行使と既判力の問題について論じることとする。

3 取り上げる判例の意味

 事件の概要は、次のようなものである（詳しくは2の1参照）。X（本件原告・執行債務者）は、Y（本件被告・執行債権者）から訴えられた損害賠償請求事件（前訴）で敗訴し、賠償金の支払を命じられた。X は判決確定後に、既判力の標準時前に相殺適状であった債権による相殺を根拠に、Y に対して請求異議の訴えを提起した。裁判所は失権説によって X の訴えを棄却したので、X は Y に対して、同じ理由で本件の債務不存在確認の訴えを提起した。これに対して、BGH は確認の利益がないとして、訴えを却下した。

---

[2] 既判力標準時後の形成権の行使に関するドイツの判例については、ライポルド教授の論文を翻訳した際に、読者の理解の一助として、論文の中で引用されたドイツの代表的な判例について、事案と判決理由についてそれぞれ概要をまとめて、翻訳の最後に資料として発表したことがある（ディーター・ライポルド著〔坂原正夫＝田原有里訳〕「既判力の時間的広がりについて」法学研究66巻7号128頁以下〔1993〕）。
 なおこの翻訳に際しては、「BGH」についての従来の様々な訳語を紹介するとともに (125頁注12)、翻訳において「連邦通常裁判所」を選んだ理由を述べた (121頁)。
 相殺権について紹介したのは、次の判例である (128頁以下)。ライヒ最高裁判所1903年11月20日判決 (RGZ 64, 228) と、連邦通常裁判所1957年4月11日判決 (BGHZ 24, 97) である。

この判例は、BGH が事件の解決に際して失権説を堅持したという意味で注目される事件であるが、それだけではなく、既判力理論を考えるうえでも興味ある事案である。というのはこの BGH の見解に対しては、理論構成の観点で批判が少なくないからである（詳しくは 3 参照）。なお、失権説を採用しているドイツの判例を日本において取り上げることに意味があるのかという疑念が生じるかもしれない。日本の判例・通説のように非失権説を採用すれば、このような問題は発生しないと考えられるからである。しかし、取り上げる意味は決して軽くはない。取り上げる判例の事案は、日本においては少なくとも反面教師として判例・通説の非失権説の優位性の根拠になるかもしれないが、重要なことは、非失権説においても、この事案のような問題は生じるということである[3]。なぜならば、相殺権者が前訴の既判力に制約されることなく相殺権を自由に行使できることと、相殺権者の相殺の主張が認められることとは、同じではないからである。すなわち、相殺権が行使されたとして

3）本稿がこの判例を取り上げて論じる意味は本文で述べたが、それ以外にも次のような理由がある。第 1 に、このような事件は日本では従来、話題にされることすらなかったと思うからである。既判力標準時後の相殺権の行使の問題についていろいろと議論されてきたが、BGH が論じたようなことはほとんど議論されたことはなかった。そこでこの事例の処理方法を考えることは、従来の議論とは別な新たな視点や問題を提供することになるであろう。

第 2 に、この事件の訴訟法的な解決策について、ドイツでは様々な意見が述べられているからである。すなわち、既に述べたように、BGH は確認の利益がないとして訴えを却下したが、これに反対して請求を棄却すべしとの見解や、既判力によって排斥すべしとの見解等が主張されている。このことは、この事案が既判力の理論的な問題を考察し検証するのに、ふさわしい事例であることを示している。すなわち、この事案を様々な観点で考察する必要があることを示唆している。したがって、この判例を検討することは、複眼的な思考をするために有益である。

第 3 に、この判例の判決理由によって、ドイツの失権説である判例理論の内容を具体的に詳細に理解することができる。ドイツでは判例において失権説が確立したこともあって、BGH の判決理由の多くは過去の判例を引用したりして、比較的簡単である（前注（2）で挙げた判例の判決理由参照）。この判例はその主張の当否は別にして、多角的に論じているので、失権説の具体的な場面での展開について容易に把握することができる。日本では非失権説が判例・通説であるために、失権説の論理について関心がないが、反対説である失権説の内容を知ることは、非失権説の立場をより強化するためにも必要であろう。

も、相殺適状にないとか反対債権は存在していない等の理由で、相殺の効果が発生しない場合も十分ありうる。そこで非失権説に基づいて相殺を理由に請求異議の訴えが提起されたとしても、訴えが棄却されるならば、本件のような問題に直面する。もっとも、そう考えると、この事件は既判力標準時後の相殺権の行使に関する判例の事案というよりは、既判力の作用や既判力の客観的範囲について考えさせる事例と理解すべきかもしれない。

4 本稿の構成

本稿では、まずこの判例の事案と判決理由を詳しく紹介する（2）。次に判例に反対する諸見解を概観し（3）、判決理由と諸見解の検討を通じて、既判力標準時後の相殺権の行使や既判力の作用の問題を考察する（4）。日本では既判力標準時後の取消権と相殺権の行使については判例・通説が確立しているとはいえ、既判力標準時後の形成権の行使の問題となると議論が錯綜している[4]。このような現状を考えると、上記のような考察は、少なくとも新たな問題提起としての意味があるように思う。

なお、この問題に関して最近、日本とドイツにおいて新しい学説が登場した[5]。しかし、それらについては別の論文でそれぞれ批判的に考察

---

4)「形成権の行使と既判力」の問題については、栂教授の前記の説明以外にも、様々な学説がある。例えば、この問題に関する判例・学説の現状と問題点をまとめた三上威彦教授は、学説を7つに分類し、その中で命名できるものについて、遮断効全面肯定説、遮断効全面否定説、提出責任説、形成権行使責任説、要件プログラミング論と表現している（「既判力の時的限界」伊藤眞＝山本和彦編『民事訴訟法の争点』225頁以下〔ジュリスト増刊・新法律学の争点シリーズ4、2009〕）。

これに先行して、判例と学説を詳細に分析したものとしては、松本博之「既判力の標準時後の形成権行使について」民事手続法研究創刊1号1頁以下（2005）がある。松本教授はこの問題に関する自説を展開させるに先立って、従来の判例と学説を詳細に分析し、さらにドイツの状況まで詳しく報じている。この論文は後に、松本博之『既判力理論の再検討』111頁以下（信山社、2006）に収められた。

5) 様々な学説が主張されている現状から、考えられる方策はすべて主張され、もはや新しい見解は出現しないのではないかと思われたが、新しい動きが見られた。すなわち、2009年に日本では新たな論文が発表され、新しい解決方法が示された。岡庭幹司准教授

したので、本稿では取り上げない[6]。ただし、ドイツの論文は本件のBGH の判例を詳細に考察して、それに基づいて自説を展開しているので、本稿においても、著者のBGH の判例に関する見解については考察する[7]。

2　最近の連邦通常裁判所（BGH）の判例

本稿で取り上げる判例は、BGH の2009年3月5日判決（NJW 2009, 1671）である。判例掲載誌による判示事項は、「請求異議の訴えと消極的確認の訴えとの関係―相殺の抗弁の失権」である。判決要旨は、「請

の「『既判力の時的限界』という法的視座への疑問」という、はなはだ挑戦的な題名の論文である（青山善充先生古稀祝賀論文集『民事手続法学の新たな地平』45頁以下〔有斐閣、2009〕。なお、准教授という表記は、論文集の執筆者紹介による）。

ドイツにおいても2011年に、従来の学説とは異なった視点で失権説の判例を批判した論文が（ドイツの）民事訴訟雑誌に発表された。クリストフ・トーレの「形成権行使の際の既判力の失権効と民訴法767条2項との関係」という論文である（Thole, Christoph, Die Präklusionswirkung der Rechtskraft bei Gestaltungsrechten und ihr Verhältnis zu §767 Abs. 2 ZPO, ZZP 124. Band (2011), S.45ff.）。

6）　これらの新しい見解によると、相殺権に関する主張は私見とは異なり、栂教授のように非失権説（肯定説）である。このような状況は、非失権説（肯定説）と同じ方向で問題が解決され、議論が終息することを暗示しているようにも思える。しかし、そのような推測が成立するためには、これらの新しい見解が妥当であり、その主張に賛成できることが必要になる。もしそうでないとするならば、それは非失権説（肯定説）には問題があるということを意味する。この場合は議論は終息することはない。このようなことを考えるならば、新しい学説の検討は重要である。そこで、それぞれについて検討し、論文としてまとめた。

岡庭論文（前掲注（5））については、「『既判力の時的限界』という法的視座を否定する説について」というテーマで、石川明＝三木浩一編『現代社会における民事手続法の機能』に寄稿した。トーレ論文（前掲注（5））については、「既判力の時的限界」という表題で、実務民事訴訟講座［第3期］第3巻323頁以下（日本評論社、2013）で公表した。

7）　その意味で本稿は、トーレ論文を考察した拙稿（前掲注（6））を補完するものである。すなわち、そこにおいては最近のBGH の判例として本件判例を挙げたが（324頁・337頁）、本稿はそれについて詳細に紹介し、論じるものである。なお、トーレの見解を理解するためには、本件判例の分析が有効である。トーレはこの判例を重視し、その批判がトーレ論文の出発点になっているからである。

求異議の訴えが相殺の抗弁の失権を理由に棄却された場合、債務名義の債権が同一の相殺によって消滅したとの確認を求める訴えは不適法である。」というものである。

なお、本稿ではドイツ民事訴訟法の条文を表す場合は、条数の前にドイツで使用されている略称のZPOを使用する。同様に、ドイツ民法の場合はBGBを使用する。また、本稿においては記述を簡略にするために、債務名義の給付請求権（執行債権）について、単に「請求権」あるいは「債権」と表記する。換言すれば、請求権あるいは債権は、給付請求権あるいは執行債権という意味である。同様の理由で、執行債権者や執行債務者についても、単に「債権者」や「債務者」と表記する。

1 事件の概要と訴訟経過

本件に至る経過は次のようなものである。税理士の顧客（Y）が税理士（X）に対して誤った指導を受けたとして、損害賠償請求の訴えを提起した。2004年5月18日に裁判所は、XはYに対して9,514ユーロ78セントの支払を命じる判決を行い、判決は確定した。Xは、同年11月15日の書面において上記債務名義の債権に対して、次のような債権（①②③）によって相殺を行い、書面は同月18日にYに送達された。反対債権の内訳は、①11,127ユーロ45セントの債権、②3,133ユーロ88セントの債権、③836ユーロ33セントの債権である。なお、①は、2003年4月30日のディーレン（Düren）の区裁判所（AG）の給付判決と、2004年7月22日の訴訟費用確定の決定に基づく債権である。②は、2001年4月25日の同裁判所の給付判決に基づく債権である。③は、2001年3月15日のアーヘン（Aachen）の地方裁判所（LG）の給付判決に基づく債権である。

次に、Xは支払を命じられた確定判決に対して、上記の相殺によって確定判決の債権は消滅したとして、請求異議の訴えを提起した。訴えは、2004年7月22日の訴訟費用確定決定（①）に基づいた額、1,916ユーロ51セントについては勝訴したが、その他は相殺権の失権を理由に棄却された。

このような経過を経て、Xが新たに訴えを提起したのが、本件である。Xは、次のような確認を求める訴えを提起した。2004年5月18日の判決と同年11月4日の訴訟費用確定決定の債務名義の債権は、同年11月15日の書面でなされた相殺により消滅したので、その不存在の確認を求めるとの訴えである。さらに、XはYに対して、これらの執行正本をXに引き渡すように命じる判決も求めた。

　地方裁判所は、訴訟費用確定決定の債権に関する訴えについては、相殺の意思表示は判決の債権にのみ有効であるという理由で、棄却した。2004年5月18日の判決の債権については、裁判所は請求異議の訴えで勝訴した1,916ユーロ51セントの額については認容したが（不存在の確認を行ったが）、それ以外の債権に関しては請求を棄却した。

　Xは、2004年5月18日の判決に関してなされた第1審の判断について控訴した。控訴審のケルン上級地方裁判所（OLG）は2007年5月24日に、Xの申立てに従った判断を行った。そこでYは上告し、控訴審の裁判所が取り消した第1審の地方裁判所の判決の復活を求めた。BGHは控訴審の判決を破棄し、Xの控訴を棄却した。

2　判決理由の概要

　冒頭に付されている数字等は、判例掲載誌のままである。掲載に際して、雑誌編集者が判決理由の段落ごとに数字を付したものではないかと推測する。これに対して、ローマ数字等は裁判所が判決理由に付したのではないかと思う。さて、判例掲載誌が判決理由として掲載したものの冒頭に付された数字は、「[7] II．1」である。つまり、1～6は掲載されていない。これは事実関係に関する部分ではないかと思う。

　なお、それぞれの項目の内容は、原文を翻訳したものではないし、また原文をそのまま要約したものでもない。原文の表現とは関係なく、原文の意図した内容について、私の理解を日本法の立場から簡潔にまとめたものである。原文に忠実であるよりも、このような方法の方が、ドイツの判例の根拠とその論理構成を正確にスムーズに理解することができると考えたからである。

[7] II．1．確認の訴えは不適法である。確認の訴えや消極的確認の訴えの要件は、ZPO 256条1項が規定している[8]。それは、当該法律関係の存否を確認するための法的な利益である。本件では、これが欠けている。確認の訴えの対象が、前訴の請求異議の訴えの対象であった2004年11月15日と18日になされた相殺の意思表示に基づいているからである。

　[8] (a)　原則として請求異議の訴えと消極的確認の訴えは相互関係にない（RGZ 59、301 [305]）。確かに、両者とも判決で確定された請求権について、実体法上の異議を主張するための訴えである。しかし、両者は異なった権利保護の目的を有している。請求異議の訴えは純粋な訴訟法上の訴えであり、その目的は債務名義の執行力を排除することである。もっとも、この点については判例では争われている〔本判決は根拠として多数の判例を挙げるが、本稿では記載は省略〕。債務名義の給付請求権（執行債権）の存否については、請求異議の訴えにおいては裁判しない〔本判決は根拠として多数の判例を挙げるが、本稿では記載は省略〕。これは確認の訴えの対象である。

　[9] (b)　請求異議の訴えと消極的確認の訴えは、訴えの併合という方法で互いに結び付くことができる。したがって、確認することに法的な利益があれば、請求異議の訴えに勝訴した後に、請求権の不存在確認の訴えを提起することができる。BGHの確定的な判例によれば、請求異議の訴えが棄却された後に、債務名義の債権に対して同一の実体的な〔原文のママ。「実体法的な」ではないかと思うが〕異議を根拠に消極的確認の訴えを提起することは適法である（BGH, MDR 1985, 138；WM 1985, 703）。請求異議の訴え（ZPO 767条）が棄却された場合、その意味は、債務名義の執行力を形成判決によって消滅させることが拒絶されたということにすぎない[9]。すなわち、債務名義の債権が、実体法的に存在することが拘束力を持って裁判されたことではない。債務名義の債

8）　ZPO 256条1項は、即時確定の利益があれば、権利関係の存否と証書の真否の確認の訴えが提起できる旨を規定している。
9）　ZPO 767条は、請求異議の訴えに関する規定である。その2項は、訴えを提起できる原因が口頭弁論の終結後に限られることを規定している。すなわち、この規定は日本の民事執行法35条に相当する規定である。換言すれば、日本の請求異議の訴えに関する規定は、ZPO 767条を継受したということである。

権が消滅したことについて確認を求める利益は、例えば、次のような場合に導き出される。債務名義の債権者が、執行後に債務者からの様々な不当利得に基づく請求がなされる可能性を考慮して、最初から債務名義の債権の強制的な実現を求めない場合である。

　[10]（c）　本件の請求異議の訴えは弁済に基づくのではなく、相殺を根拠にした異議であった。Xは債務名義の債権に対して相殺を行ったが、それは無益な試みであった。すなわち、2004年11月15日の書面による相殺は、失権したものとして扱われる（ZPO 767条2項）。このような相殺の場合は、債務の不存在確認の訴えの確認の利益が肯定されることはない。この訴えは、有効な相殺を前提にしているからである。請求異議の訴えの棄却によって、相殺が不成功に終わったことが確定する。

　[11]（aa）　請求異議の訴えという方法において、債務名義の請求権に対する異議が主張できるのは、異議の原因が当該訴訟の口頭弁論の終結後に成立した場合に限られる（ZPO 767条2項）。異議の原因がこれ以前に成立し、異議の法的効果が意思表示によって生じる場合、BGHの確定的な判例によれば、意思表示を客観的になすことができる時点が基準になる〔本判決は根拠として多数の判例を挙げるが、本稿では記載は省略〕。相殺に供される反対債権は、当該訴訟の口頭弁論の終結前の時点で成立していなければならない。

　[12]（bb）　請求異議の訴えと債務不存在確認の訴えとは別々の目的を持つ訴えであるとする判例によれば、請求異議の訴えが棄却された場合、原則として、債務名義の請求権に関する訴訟において、同一の実体法上の異議を主張することは妨げられることはない（この場合に、ZPO 767条2項が類推適用されるかは、より正確に考察することが必要であろう）。しかし、相殺は特別な異議の事例である。最上級審の確定的な判例によれば、相殺権の失権は単に訴訟法的な効果だけを有するのではない。むしろ、相殺の実体法的な効果（BGB 389条）も生じないということが重要である[10]〔本判決は根拠として多数の判例や同意見の学説を挙げるが、本稿では記載は省略〕。すなわち、相殺のために供された債務名義の債務者（本件では原告）の反対債権は、あたかも相殺の意思表

10）　BGB 389条は相殺の効力について、相殺は相殺適状の時に遡って、対等額について債権を消滅させる旨を規定している。

示がなかったように扱われる。したがって、債務名義の債務者は、相殺に供した反対債権を、独立して債務名義の債権者に対して主張することができる。しかし、控訴審の裁判所が出した結論、すなわち、「自らの債権の存在を確認の訴えで主張することができるならば、これに対する反対債権の不存在を目的とする消極的確認の訴えも許されなければならない。」ということは、正当ではない。

[13] 相殺に基づく請求異議の訴えが棄却され、相殺の実体法上の効果が生じないということが確定されたならば、同一の相殺に基づく消極的確認の訴えは認められることがあってはならない。1985年1月23日のBGHの判決（WM 1985, 703）は異議事由として履行を扱っているが、相殺の場合はそれと異なり、債務名義の内容と実体法上の権利関係との間に亀裂があってはならない。被告が債務名義の金額を取り立てることができるならば、それを被告は保持することもできるであろう。換言すれば、原告はBGB 812条1項によっては、それを取り戻すことはできない[11]。それゆえに、被告には予想される原告の返還請求権を考慮して執行しない理由はない。原告の返還を求める訴えには、法的な利益は認められない。

[14] (d) 本件の消極的確認の訴えは、別の理由からも不適法である。原告は訴えの利益については、被告が判決に基づいて執行するということを根拠にしたことは明らかである。彼は正本の引渡しを申し立てたからである。単に強制執行の阻止が重要であるならば、ZPO 767条による請求異議の訴えとは別に、ZPO 256条1項による消極的確認の訴えを認める理由はない。すなわち、この場合は権利保護の利益が欠ける〔本判決は根拠として注釈書を挙げるが、本稿では記載は省略〕。そもそも消極的確認の訴えでは、強制執行の阻止に十分対応できない。請求異議の訴えは認容されると、ZPO 775条1号・776条により、強制執行の停止と既になされた執行処分の取消しを導く[12]。これに対して、消極的確認の訴えを認容した判決の（執行法上の）効果は、ZPO 767条の判決

---

11) BGB 812条1項は、不当利得の返還義務を規定している。
12) ZPO 775条は、執行停止と執行制限ができる場合を列挙して規定している。1号は、執行の取消し・執行の違法の宣言・執行の停止を命じた裁判の正本の提出について規定している。ZPO 776条は、執行処分を取り消さなければならない場合を規定している。

の諸効果に比べると不十分である（BGHZ 124, 164 [171] = NJW 1994, 460）。せいぜい ZPO 775条4号による執行停止が生じるだけである[13]。既になされた強制執行上の処分は、それゆえに存続する（ZPO 767条）。

[15]（e） 第1審が請求を棄却した訴えを第2審が不適法として却下することは、不利益変更の禁止原則（Verbot der reformatio in peius, ZPO 528条）に抵触しない[14]。すなわち、不利益変更の禁止原則は、第1審の手続が職権で顧慮すべき訴訟要件の欠缺で不適法であったことが控訴審で判明した場合に、原則として働くことはない。第1審が訴えを理由なしとして棄却したことは、原告に何らかの法的な利益を与えたことにはならないからである。このようなことから、控訴審は第1審によって棄却された訴えが訴訟要件を欠いた場合、訴えを不適法として却下できる（BGHZ 140, 208 = NJW 1999, 1113 [1114]）。

[16] 2．2004年5月18日の判決の正本の引渡しを求める訴えは、同様に不適法である。ZPO 794条を根拠にした債務名義の執行力ある正本の引渡しを BGB 371条の類推によって求める訴えは、確定されたBGHの判例によれば、次のような場合に適法である[15]。請求異議の訴えについて、正本の引渡しを求められた被告にとって有利な裁判が確定

---

13) ZPO 775条4号は、債権者が満足を得たあるいは執行の猶予を承諾したと記載された証書の提出によって、執行が停止・制限されることを規定している。

14) ZPO 528条は、控訴審の審理と裁判の範囲が控訴の申立てに限定される旨を規定している。なお本件では、BGHは原判決を破棄して控訴を棄却しているが、その理由については判例掲載誌からは知ることができない。判決要旨に関係がないので、掲載を省略したからである。日本法の観点からすると、上告審が第1審や第2審で問題とされていない確認の利益について、その存在が認められないと判断したならば、上告審は原判決を破棄して、自身で「訴えを却下する」と思う。ところが本件では、BGHは訴えの却下ではなく控訴の棄却であった。これは本件の上訴の経過に関係していると思われる。すなわち本件では、原告は第1審において一部で勝訴し一部で敗訴し、原告のみが控訴した。この事実に注目するならば、勝訴部分は確定しているので、訴え却下は無理である。そこで控訴を棄却したのではないかと思う。このように理解すると、本件の解決方法として訴えを却下すべきという BGH の見解は、日本的な判例の理解では傍論ということになる。あるいはこれが、この判例が公式の判例集に登載されなかった理由かもしれない。

15) 強制執行は執行力ある終局判決によって行われるが（ZPO 704条）、ZPO 794条は、それ以外にも強制執行できるもの（債務名義）を列挙して規定している。BGB 371条は、

し、債務名義の基礎にある債権の履行について当事者間で争われていない場合、あるいは債務名義の債務者によって正本の引渡しのための権限の証明がなされた場合である〔本判決は根拠として多数の判例を挙げるが、本稿では記載は省略。なお挙げられた判例によれば、前記の条件は、選択的に存在していることで十分であるということである〕。これらの場合にのみ、請求異議の訴えについての規定が回避される危惧はないからである。本件においては、債務名義の債務者で正本の引渡しを求める原告による請求異議の訴えは棄却された。しかし、BGB 387条と同389条による債務名義の債権の消滅については、当事者間で争われていて、上記要件の「当事者間で争われていない」ということではない[16]。したがって、判決の正本の引渡しを求める訴えは、不適法である。なお相殺を根拠にした請求異議の訴えが、相殺の失権によって（ZPO 767条2項）棄却されたから、相殺の効果のないことが確定している。

3　判例に反対する諸見解について

　上記判例の事案については議論すべき点はいろいろあるが、本稿では次のような問題についてのみ考察する。「相殺権の行使によって債務は消滅したとして提起した請求異議訴訟において、相殺権は前訴の口頭弁論の終結前に行使が可能であり、そのため前訴の既判力によってその行使が認められないとの理由で原告が敗訴した場合、原告が判決確定後に同じ理由で債務不存在確認の訴えを提起したならば、裁判所はどのような理由で処理すべきか。すなわち、訴えを不適法として却下すべきか、請求棄却すべきか、請求を認容すべきか。」

　この問題に対してBGHの見解は2で述べたが、要約すると、債務不存在確認の訴えは確認の利益がないから不適法であるというものである。その根拠として、BGHは相殺を根拠にした請求異議の訴えで相殺

　　債務者が債権について債権証書を債権者に交付したときは、受取証書のほかに債権証書の返還を請求することができることを規定している。
16)　BGB 387条は相殺の要件を規定している。BGB 389条は前掲注（10）で述べたように、相殺の効力を規定している。

が認められずに敗訴した場合、実体法上も相殺はなかったこととして扱われることを挙げる。すなわち、債務は依然として存在し、債務名義と実体法との間の亀裂は生じてはならないから、債務を否定する訴えは認められないということである。さらに BGH は、この訴えでは執行処分に対して対抗できないことも根拠として挙げる。このように BGH の見解は確認の利益がないことを根拠にするので、本稿では BGH の見解について、「確認の利益喪失説」との名称を付すことにする。

この BGH の見解に対しては反対意見が主張されたので、ここでは反対説を概観し、反対説と BGH のそれぞれの当否については、4 において考察する。なお主張された反対説については、BGH の見解と同様に、その内容に応じた名称を付し、反対説を示す場合には主張者名ではなく、その名称を利用する。概観する見解の内容は、判決理由と同様に、原文を訳したものではないし、原文をそのまま要約したものでもない。原文の表現とは関係なく、私の理解を日本法の立場から簡潔にまとめたものである。

1 カイザーとシュミットの見解（請求棄却説）

カイザー（Jan Kaiser）は次のような理由で、本件（債務不存在確認の訴え）について請求棄却を主張した[17]。すなわち、彼は本件での確認の利益を認め、事案の解決としては請求棄却の本案判決をすべきであったと主張する。そこで、この見解を「請求棄却説」と命名する。彼は次のように BGH を批判し、請求棄却説を展開する。

BGH のように、本件の消極的確認の訴えに確認の利益がないとすると、それは本案判決の要件としての確認の利益の意味を誇張し、訴えについて過重な審査がなされることになる。しかも、適法性と理由具備性を混同することにもなる。そもそも本件では、確認の利益は認められる。被告（債権者）は、依然として執行力ある債権を有しているからで

---

17) Kaiser, NJW 2009, 1671f. なお冒頭は判例の紹介であり、彼の意見は1672頁以下に掲載されている。掲載誌によれば、彼はリューネブルク（ニーダーザクセン州）の地方裁判所の裁判官である。

ある。既判力ある確認判決によって、債権の有無についての争いが最終的に解決される。さらに BGH は、失権した相殺が実体法上も効果が発生していなことを根拠に確認の利益が欠けると説明しているが、これは正に理由具備性の問題である。すなわち、確認の利益の有無の判断においては、訴えに理由があるか否かは関係ない。

　さらに、次のような理由からも確認の利益は肯定される。もしも原告（債務者）が債務不存在確認の訴えを請求異議の訴えと同時に提起したとするならば、この訴えは ZPO 256条 2 項の中間確認の訴えとして理解すべきである。この訴えは請求異議の訴えと先決的な関係にあるからである。このように考えるならば、訴えの利益について考える必要はない。訴えの利益は、この規定の要件である先決性によって代用されるからである。請求異議の訴えと同時に提起された場合は確認の利益が肯定され、そうでない（異時に提起された）場合には確認の利益はないと区別する理由はないから、債務不存在確認の訴えの確認の利益は常に肯定される。

　シュミット（Karsten Schmidt）は、基本的にはカイザーと同じような見解を主張する[18]。彼は本件の問題は、不適法却下かあるいは請求棄却かということであるとして、次のように主張する。

　消極的確認の訴えの場合、被告（権利者）が訴訟物である自らの権利を主張すれば、確認の利益が認められる。しかも、本件の場合、原告が債務は相殺によって消滅したと主張しようとした場合、債務不存在確認の訴えによる方法しかなく、他に何らの手段も存在しないから、訴えは認められる。しかし、債務は相殺によって消滅したという原告の主張は、実体法的に誤りである。ZPO 767条 2 項の失権規定と両立しないからである。したがって、本件は訴えに理由がないという請求棄却であって、訴えの不適法却下ではない。

18）Schmidt, JuS 2009, 967f. なお冒頭は判例の紹介であり、彼の意見は968頁に掲載されている。掲載誌によれば、彼はハンブルク大学の教授である。

2 グゼルの見解（既判力による請求棄却説）

グゼル（Beate Gsell）は、給付判決の既判力によって請求を棄却すれば簡単であると主張する[19]。そこで、この見解を「既判力による請求棄却説」と命名する。彼女は判例の結論に賛成できるにしても、その根拠が問題であると批判する。すなわち、より簡単な理由づけで同じ結論が得られるとして、次のように主張する。

請求異議の訴えではなく、原告が損害賠償判決に基づく執行に対して、消極的確認の訴えという方法で争う場合、消極的確認の訴えは不適法である。なぜならば、その訴訟物は既に裁判されて既判力が生じている損害賠償の訴えと矛盾関係（Das kontradiktorishe Gegenteil）にあるからである。

既判力に抵触しない場合とは、判決後になされた相殺の意思表示が新たな生活事実関係（Lebenssachverhalt）であると認められた場合のみである。しかし、新たな生活事実関係は従来の判例理論に従うならば、確実に否定される。判例によれば、形成権行使を理由とする異議の場合は、その行使の時点ではなく、客観的に形成権の成立の時点が既判力の時的範囲にとって基準となると考えられているからである。このようなことから、新しい生活事実関係が存在するか否かの問題は、相殺の意思表示の時点ではなく、いつ相殺適状が成立したかが決め手になる。本件ではそれぞれの請求権が当初の損害賠償訴訟の口頭弁論の終結前に相殺適状にあったので、相殺の意思表示は新しい生活事実関係ではない。このように考えると、本件の債務不存在確認の訴えを妨ぐことができるのは当初の損害賠償請求判決の既判力であって、請求異議の訴えについての棄却判決の効力ではない。

3 トーレの見解（新生活事実関係説）

トーレ（Christoph Thole）は、当初の給付判決の既判力によって解決

---

19) Gsell, ZJS 2009, 296f. 掲載誌は略称で表記したが、この雑誌の名称は、Zeitschrift für das Juristische Studium である。掲載誌によれば、彼女はアウクスブルク大学の教授である。

すべきであると主張し、グゼルと基本的な立場は同じである[20]。しかし、グゼルが既判力によって請求は棄却されると主張するのに対して（**2**）、トーレは、相殺権の行使は新たな生活事実関係の創設であり、前訴の既判力は受けないと説く。すなわち彼の見解は、既判力標準時後の相殺権の行使は、前訴の既判力が生じた権利関係を変動させるから、前訴の既判力によって遮断されることはなく、適法であるというものである[21]。そこで彼の見解を「新生活事実関係説」と命名する。彼は次のように、その理由を述べている。

既判力によらない解決策はあるが、それは十分な方法ではない。例えば、原告が再度、相殺を行い、それを根拠に債務不存在確認の訴えを提起した場合である。BGHの確認の利益喪失説では、この訴えは排斥できない。BGHは請求異議の訴えが提起されて、それが棄却されたことによって確認の利益が喪失すると考えているからである。しかし、請求異議の訴えが提起されることなく債務不存在確認の訴えが提起された場

---

20) トーレの論文名と掲載誌等は、前掲注（5）に記載した。掲載誌の執筆者紹介によれば、彼はチュービンゲン大学の教授である。
21) トーレは前掲注（5）に記載したZZPの論文に先立って、BGHの判例について内容を紹介したうえでコメントしている（Thole, Erfüllung und Erfüllungssurrogate im Zwangsvollstreckungrecht, JURA 2010, 605ff. 当該箇所は608～609頁）。
　彼はこの中で判例を紹介しながら、既判力によって訴えが遮断されることを示唆するとともに、相殺が実体法上において効果が発生していないから、請求に理由がないと述べている。このような見解はZZPの論文における彼の主張とは異なるし、判例において注目している点についても、この判例紹介と論文とでは異なる。しかし、このことは、彼はJURAの見解をZZPの論文において変えたということではない。JURAのコメントが基になって、彼の考えがZZPの論文に発展したと理解できるからである。その意味で、このコメントはZZPの論文の萌芽と考えるべきかもしれない。
　彼はこの判例紹介を、次のようなことを述べて締め括っている。BGHは実体法上の相殺の効果は発生しないと説いたが、そのような見解は1つの行為によって訴訟法上と実体法上の法律行為がなされたと理解する見解を想起させる。この見解によれば訴訟法上の効果が生じない限り（例えば、訴訟代理権の欠缺）、実体法上の効果（相殺）も発生しない。これは相殺権者の保護が考えられているが、本件では相殺の有効性をあくまでも主張する債務者（相殺権者）の負担に転じている。このようなことから明らかなことは、請求異議の訴えと消極的確認の訴えは原則として両立しないものではないが、ZPO767条2項により失権した相殺は実体法的にも考慮されないということである。このことは、実体法と訴訟法がいかに相互に関連しているかを示している。

合、BGH のような見解では確認の利益を否定することはできない。そこでこの批判を回避するために、請求異議の訴えが先行して提起されなければならないとの見解が考えられる。しかし、請求異議の訴えと消極的確認の訴えとは目的が異なるから、前者が後者に先行しなければならないという根拠はない

　BGH は相殺の実体法上の効果を否定したが、それは訴えの理由に関係するものであって、確認の利益の問題ではない。BGH は形成権の種類によって形成権が失権するか否かを判断しているが、権利に着目するのであれば、訴訟物を構成する生活事実関係について自然的観察方法によって判断するのではなく、実体法を基準として判断すべきである。このように考えると、相殺権の既判力標準時後の行使は新しい生活事実関係を形成すると理解することができる。その結果、相殺権の行使は前訴の既判力を受けることはなく、適法である。

　したがって、本件は既判力で対応すべきである。相殺権は失権していないとの立場であれば、新しい生活事実関係という構成をすることによって、既判力に抵触しない。BGH のように相殺権は失権している立場であれば、請求異議の訴えの有無に関係なく、前訴の既判力で消極的確認の訴えも棄却される。また消極的確認の訴えも通常の確認の訴えと同様に、即時確定の利益の有無だけで適法か否かが判断される。

4　判例と諸見解の検討と私見の展開

1　判例の問題点

　BGH は問題解決の解答として確認の利益喪失説を説いたが、その主張は説得力に欠ける。なぜならば、BGH は実体法上の相殺の無効を根拠として挙げるが、3で紹介した諸見解が指摘するように、それは訴えの理由具備性に属する事項であるからである。換言すれば、相殺の無効は訴えを不適法にする事由ではない。しかし、理論構成はともかく、訴えは認められないとする BGH の結論と、その根拠として請求異議訴訟の判決の判断内容に注目した点は賛成である。これらから、「本件（債

務不存在確認の訴え）は実質的には請求異議訴訟の繰り返しに他ならず、前者は認めることはできない。」と演繹することができるからである。すなわち、BGH の確認の利益喪失説は、本件の債務不存在確認の訴えは実質的に請求異議訴訟の繰り返しであるとの認識の帰結であり、このような認識がこの問題を考える場合に重要であると思うからである。このようなことから、BGH の理論構成に反対する諸説に、全面的に賛成することはできない。

BGH の見解で問題なのは、債務不存在確認の訴えは請求異議の訴えの繰り返しであるとの認識に立っていながら、それを排除するために既判力を利用しないことである。既判力を利用しないで債務不存在確認の訴えを排除するために、BGH はわざわざ確認の利益を持ち出したのではないかと思う。それは、既判力では債務不存在確認の訴えを排除できないと考えたからであるが、それが正に問題である。確かに、請求異議の訴えと債務不存在確認の訴えとは目的が異なるし、訴訟物も異なり、両者は既判力が及ぶ関係にない。したがって、前者の既判力では後者を排除できないことは確かである。しかし、このような見解は余りにも形式的である。前者の実質的な争点は債務の存否であり、後者は前者の先決的な関係にあるから、両者は全く無関係ではない。BGH はこの関係に注目して、既判力による遮断を考えるべきであった。

2 反対説の問題点

(1) 請求棄却説　この見解の功績は、BGH の訴えの利益喪失説の問題点を指摘して、本件（債務不存在確認の訴え）において、確認の利益が認められることを具体的に明らかにしたことである。しかし、相殺が認められないことから、直ちに請求棄却との結論を導き出した点は賛成できない。既判力によって相殺権の行使が認められないと、実体法上も相殺の効果が発生しないといえるのかが問題であるからである。すなわち、訴訟法と実体法は体系的に分離し、行為の効果は原則として別々に考えるべきであるとの原則に立ち返るならば、相殺権の行使が否定されても、実体法上は相殺の効果は発生し持続するとも考えられる。し

がって、実体法上において相殺は認められないということだけで請求棄却を導くことは、根拠としては必ずしも十分ではない。

考えるべきことは、請求異議訴訟で敗訴した原告が、債務不存在確認の訴えを提起したことである。そしてその意味は、実質的に後訴は前訴の繰り返しであり、その目的は執行の阻止であると理解すべきである。すなわち、後訴は形だけの新たな別訴であり、実質は前訴の蒸し返しである。このように考えるならば、単に請求棄却で後訴を認めないということではなく、前訴の蒸し返しを禁止するための効力である既判力に着目して、既判力によって問題解決の方策を探求すべきである。

（2）既判力による請求棄却説　この説は、債務不存在確認の訴えは前訴の蒸し返しであり、既判力によって遮断されると説いている。これは正当な認識であり、評価しなければならない点である。しばしば述べたことであるが、本件の債務不存在確認の訴えの狙いは執行を阻止するためである。すなわち、原告は請求異議の訴えにおいて相殺権の行使が認められないために、債務不存在確認の訴えという形を変えて再度挑戦したものである。これを阻止するのは、既判力である。問題はいかなる判決の既判力かということである。この説は、当初の訴えの既判力であるとする。

確かに、給付の訴えと債務不存在確認の訴えとは矛盾関係にあり、前者の既判力によって後訴を排除することができる[22]。しかし、本件では請求異議の訴えが提起されて、債権者である被告は勝訴している。この説は、このことを考慮していない点が問題である。前訴の既判力という場合は直前の訴訟と解すべきであり、本件の債務不存在確認の訴えは、単に当初の給付の訴えの敗訴の蒸し返しではない。本件訴えは相殺を理

---

22)　給付の訴えと債務不存在確認の訴えとは矛盾関係にある。なお、「訴訟物の同一、矛盾、先決は、学説によって当てはめが異なる」（高橋宏志『重点講義　民事訴訟法上〔第2版〕』589頁注16〔有斐閣、2011〕）にしても、一般に両者の関係は矛盾関係の例として挙げられる。例えば、鈴木正裕＝青山善充編『注釈民事訴訟法（4）』303頁〔高橋宏志〕（有斐閣、1997）、河野正憲『民事訴訟法』572頁（有斐閣、2009）、高橋・前掲書587頁、中野貞一郎＝松浦馨＝鈴木正裕編『新民事訴訟法講義〔第3版〕』455頁〔高橋宏志〕（有斐閣、2013）等。

由にした債務不存在の主張であり、前訴である請求異議の訴えの蒸し返しである。繰り返し述べたことであるが、請求異議の訴えと債務不存在確認の訴えとの関係については、訴えの目的や訴訟物という観点で単に形式的に見るべきではない。すなわち、両者は密接な関係にあり、後訴については、前訴において実質的に既に判断済みであると理解する必要がある。この点を看過したことは、批判されるべきである。

 (3) 新生活事実関係説　　この説は、相殺権が行使されたことによって新たな生活事実関係が生じて、当初の訴訟物に含まれない新たな権利関係が形成されたと考え、前訴の既判力は及ぶことはないと主張する。この説が既判力によって問題を考えようとする姿勢は賛成であるが、相殺権に既判力が及ばないとの結論とその根拠には疑問がある。この説によれば、形成権の行使によって新たな権利関係が形成されるから、従前の訴訟物とは別の新たな訴訟物を構成するというものである。しかし、形成権を行使すれば権利関係に変動が生じるのは当然であり、これを根拠に既判力の範囲を決めるのはおかしい。既判力による遮断の有無は、生活事実関係とは無関係に、形成権の行使が訴訟中に可能であったと考えられるか否かで決められるからである[23]。すなわち、前訴において相殺権の行使の許否は判断済みと考えるのか、あるいは行使が可能であったゆえに相殺権は失権していると考えるのかである。具体的な訴訟の訴訟物とその判断に生じる既判力が担う範囲を無視して、生活事実関係だけに注目して既判力と形成権の行使を議論することは、疑問である。

3　私見の展開
 (1) 問題の所在　　このように判例（BGHの見解）とそれに反対する諸説を検討したが、判例も諸見解も一致して前提にしたことは、「請求異議の既判力は、債務不存在確認の訴えに及ばない」ということであっ

---

23) この見解に対する私見による批判は、拙稿・前掲注（6）講座335頁以下で詳しく述べている。

た。すなわち、及ばないことを当然として、立論を展開した。確認の利益喪失説（3の冒頭）と請求棄却説（3の1）は請求異議訴訟の既判力を考慮することなく、判決の実体法上の効果を重視した。既判力による請求棄却説（3の2）と新生活事実関係説（3の3）は既判力を考慮したけれども、請求異議訴訟の既判力ではなく当初の給付訴訟の既判力であった。しかし、請求異議訴訟の既判力が及ぶと解すれば、それを根拠に債務不存在確認の訴えは許されないと説くことができる。しかもこのように解すれば、上記諸説より簡単で明瞭な説明になるし、それらが有する問題点も解消される。

　このことは、判例も諸見解も一致して、「請求異議の既判力は、債務不存在確認の訴えに及ばない」と考えることに問題があることを示唆している。そこで、この命題は金科玉条として維持すべきことなのかということを、一度考えてみる必要がある。確かに、請求異議の訴えと債務不存在確認の訴えとは訴えの目的も訴訟物も異なるから、前者の既判力が後者に及ぶことはありえない。既判力の観点からは両者は無関係である。しかし、このような見方はあまりにも形式的であり、両者の実質的な関係に注目する必要がある。なぜならば、後者は前者の先決的な関係にあるからである（3の1のカイザーの見解）。すなわち、前者の結論を導く根拠として、後者の訴訟物は前者において判断されるからである。

　そうであるならば、請求異議の訴えにおいて、債務の存否についての判断は判決理由中の判断にすぎないということで済ませるのは、問題である。そこで請求異議の訴えと債務不存在確認の訴えとの実質的な関係に注目し、前者の判決の既判力が後者に及ぶ可能性を追求すべきである。すなわち、「請求異議の訴えの判決の債務の存否に関する判断に既判力が生じる」とする理論の構築である。これに関しては、日本では請求異議の訴えの法的性質論として議論されている。さらに、判決理由中の判断の拘束力が問題になるから、争点効理論とも関係することになる。

　（2）請求異議の訴えの法的性質論　　請求異議の訴えの法的性質論において、請求異議訴訟の既判力は執行債権（債務）の存否に及ぶとの見解は、救済訴訟説、命令訴訟説、新形成訴訟説等が主張している[24]。

したがって、このような学説に立つならば、本件の債務不存在確認の訴えについては不適法という帰結になるように思う。そもそもこれらの学説は、形成訴訟説では請求異議訴訟の既判力が執行債権に及ばない点を解消するために、また既判力が及ぶと説く確認訴訟説では、執行を不許とする形成作用を十分に説明できない点を解消するために主張された見解である。そうなると、日本の場合、この問題の解答はいかなる法的性質論を採用するかということになる。換言すれば、諸説が厳しく対立する法的性質論において、いかなる説が妥当であるかを決める必要がある。

しかし、本稿の目的は請求異議訴訟の法的性質論を論じるものではない。本稿は既判力標準時後の形成権の行使において生じる問題について、既判力の観点から考察するものである。そこで法的性質論による解決策があるにしても、本稿では一般的な既判力理論の観点から問題の解決策を考えてみようと思う。もっとも、このような場合においても法的性質論を無視することはできない。法的性質論によって既判力の範囲が決まるからである。したがって、本稿では法的性質論についての論争を棚上げし、法的性質論として形成訴訟説を前提に議論を進めることにする。

形成訴訟説を前提にするのは、第1に、ドイツの議論がこの説を前提にしているからである。すなわち、2と3で紹介したように、判例も反対する学説も形成訴訟説である。本稿はドイツの議論を紹介し批判しているので、これによってドイツの諸説と同じ土俵で議論することができる。第2に、形成訴訟説は栂教授の見解によれば、日本での通説であるからである[25]。ある事項を前提に問題を考察する場合や前提事項について議論がある場合は、議論を錯綜させないために諸説の中で通説を前提

---

24) 請求異議の訴えの法的性質論に関する学説の対立状況については、中野貞一郎教授が、それぞれの問題点を指摘しながら詳しくまとめている(『民事執行法〔増補新訂6版〕』234頁以下〔青林書院、2010〕)。新しい学説については、236頁以下。

25) 栂善夫「民事執行法・民事保全法について」(=「集中講義　民事執行・保全法①」) 法学教室291号16頁(2004)。なお形成訴訟説について、中野教授は「伝統的見解」であるとし、この説は実体関係に既判力を有しない点が批判されていると述べている(前掲注(24)235頁)。そして中野教授はこの点を克服するために、形成訴訟説を基盤にして既判力を認める新形成訴訟説を構築された(239頁以下)。

にして問題を考察することが、効率的で妥当な方法である。

　（3）私見の展開（黙示による中間確認の訴え説）　　本件の債務不存在確認の訴えは、繰り返し述べたように請求異議の訴えの蒸し返しに他ならない。ドイツの判例も判例に反対する学説も、その理論構成は異にしても、本件訴えを認めないという結論は、そのことを暗黙に認識しているように思う。そうであるならば、蒸し返される訴えを禁止するのが既判力であるから、請求異議訴訟の判決の既判力によって、債務不存在確認の訴えを排除すべきである。このような試みのネックになるのは、請求異議の訴えを棄却した判決において、債務の存在の確認は判決理由中でなされることである。しかし、請求異議訴訟において中間確認の訴えが提起され、そこで債務の存在が判断されて、被告が請求異議訴訟に勝訴し判決が確定した場合は、債務の存在の判断に既判力を認めることができる。そうであるならば、「黙示による中間確認の訴え」という考え方を当てはめれば、問題は解決される[26]。すなわち、当事者間の紛争状況や審理状況に照らして、中間確認の訴えが提起されたと考えて、中間確認の訴えの判決がなされたのと同様の効果を認めることである。

　このように考えれば、形成訴訟説を前提にして、執行債権についての判断に既判力を認めることができる。また、請求異議の訴えの法的性質論についての厳しい学説の対立に巻き込まれることはない。しかも、請求異議の訴えの法的性質論のように訴えの特殊性に注目して、その訴えだけにしか通用しない理論でもない。すなわち、「黙示による中間確認の訴え」という考え方は一般的な理論であり、本件はその具体的な場面での適用であり、アドホックな解決策ではない。さらに、争点効理論のように条文に直接規定されていない新たな制度を創設することでもない。

　（4）議論の意味　　ドイツの議論は、既判力標準時後の相殺権の行使に関して、失権説を採用した場合に生じる問題とその処理方法を明らかにしている。非失権説であれば生じない問題なので、問題の解決は失

---

[26]　黙示による中間確認の訴えという私見については、拙著・前掲注（1）121頁以下に詳しい。なお、この説に対する批判と私見による反論については、171頁以下にまとめてある。

権説の課題ともいえる。この観点からドイツでの議論を整理してみると、議論の争点は理論構成であって、結論の当否ではない。しかも、判例と学説の状況から、この種の訴えは認められないということがドイツでは定まったと見ることもできる。したがって、このような訴えはドイツでは今後、提起されることはないように思われる。提起したとしても、訴えは却下されるからである。そうなると、このような問題が可能性として存在するにしても、それが執行の遅延や事件の解決の遅れを招来することはない。

このようなことから明らかなことは、本件のような訴えは既判力と形成権行使の問題において、相殺権について失権説を支持した場合に生じるにしても、認められないということである。すなわち、訴えの種類を変えても相殺権の行使が許されることはない。

これに対して、非失権説によれば、この種の事件の発生はないにしても、請求異議の訴えにおいて相殺権を取り上げ、審理しなければならない。このことは新たな問題の発生というべきであり、執行の遅延が避けられないと思う。

5　おわりに

1　本稿の要約

本稿の内容は、次のように要約することができる。本稿は既判力標準時後の相殺権の行使の問題に関連して、最近のドイツの判例を取り上げ、その検討を通じて、新たな視点を提示するものである（1）。

判例は次のような事案である。執行債務者Xが相殺権の行使を理由に請求異議訴訟を提起したところ、前訴の口頭弁論の終結前に相殺適状であったことを理由に敗訴した。判決確定後に、Xは同じ理由で、債務不存在確認の訴えを提起したところ、BGHは確認の利益がないとして、訴えを却下した（2）。

この処理方法をめぐって議論がなされた。すなわち、判例の見解に反対して、請求棄却すべきであるとの説、既判力で棄却すべきであるとの

説、相殺権は失権していないし、給付の訴えの既判力はこの後訴に及ばないとの説等が主張された (3)。

しかし、判例もそれを批判する見解も、それぞれ難点がある。すなわち、債務不存在確認の訴えは請求異議の訴えの繰り返しであるとの認識に欠け、前者を遮断させるのに後者の判決の既判力を利用しないからである (4の1・2)。

請求異議の訴えの利用を考える場合は、既判力や形成力について論じる請求異議の訴えの法的性質論に注目する必要がある。したがって、本問題は請求異議の訴えの法的性質論から解答することはできるが、しかし、通説の形成訴訟説は既判力を否定するので、法的性質論による解答は不十分である (4の3 (2))。

そこで、本稿ではあくまでも通説である形成訴訟説に立脚して問題を考えることにし、従来、主張してきた私見の「黙示による中間確認の訴え」という見解をこの問題に適用することによって、問題が解決できることを明らかにした (4の3 (3))。

2 本稿の主張

本稿は失権説を採用した場合に生じる事例として最近のBGHの判例を紹介するとともに、その事案の検討を通して、次のようなことも明らかにした。

第1に、本件のような訴え（債務不存在確認の訴え）は認められない。第2に、本件は既判力と形成権行使の問題において相殺権について失権説を支持した場合に生じる事例であるにしても、訴えは認められないから、本件は失権説にとって不都合な事例ではないし、不利な材料にはならない。第3に、非失権説によれば、確かに請求異議訴訟の後にこの種の事件は発生しないが、請求異議訴訟において相殺権について審理されることは新たな問題の発生であり、執行の遅延を招くことになるから、失権説と非失権説との論争の状況に変化はない。第4に、ドイツの判例において、本件判例によって失権説がより強固の地位を獲得した。

口頭弁論終結後の承継人についての素描
―― 承継人に対する「確定判決の効力」の及び方 ――

永　井　博　史
Hirofumi NAGAI

1　はじめに
2　民訴法115条1項3号の立法の沿革
3　既判力の承継人に対する及び方
4　総括と試論の提示
5　おわりに

1　はじめに

　本素描は、民訴法115条1項3号の「口頭弁論終結後の承継人」をテーマとする。すでに、このテーマに関しては多くの研究がなされているが、前訴の確定判決の既判力が、承継人に対してどのように及ぶのかについては、必ずしも未だ明確な結論が得られるに至っていない。したがって、本素描ではこの問題に絞り込んで考察する。その際、論述を簡便にするために、最高裁昭和48年6月21日判決民集27巻6号712頁の事案を素材にして、それを一部変更した以下のような設例を手掛かりとして検討していきたい。

　〔設例〕　甲土地はXの所有であったところ、XからYへの売買を原因としてYに所有権移転登記がなされていたが、Xは、X・Y間の売買は通謀虚偽表示で無効だとして、Yに対して、所有権に基づく妨害排除請求権としての、真正な登記名義の回復を原因とする所有権移転登記手続きを求める訴えを提起した。この訴訟で、原告Xは、請求原因として、①Xが甲土地を所有していたこと、②甲土地についてY名義の所有権移転登記があること、を主張した。これに対して、被告Yは、請求原因の①

および②を認めたうえで、抗弁として、①XはYに甲土地を売ったこと（売買契約の締結）を主張し、原告Xは、再抗弁として、①売買契約が通謀虚偽表示で無効であることを主張した。裁判所は、売買契約は通謀虚偽表示であったことを認定して、X勝訴の判決を言い渡したが、この判決はそのまま確定した。

　（1）前訴の口頭弁論終結後に、Yは第三者Zに対して甲土地を譲渡し、所有権移転登記を経由した。そこで、Xは、Zに対して、所有権に基づく妨害排除請求権としての、真正な登記名義の回復を原因とする所有権移転登記手続きを求める訴えを提起した。前訴確定判決の既判力はZに対して及ぶか。

　（2）前訴の口頭弁論終結後に、Yは第三者Zのために甲土地に抵当権を設定し、その登記がなされた。そこで、Xは、Zに対して、所有権に基づく妨害排除請求権として甲土地につき抵当権設定登記の抹消登記手続きを求める訴えを提起した。前訴確定判決の既判力はZに対して及ぶか。

　たとえ前訴と後訴で訴訟物が同一であったとしても（たとえば、前訴がXのYに対する甲土地の所有権確認訴訟であり後訴もXのZに対する所有権確認訴訟で、訴訟物は甲土地のXの所有権）、当事者が異なる限り訴訟上の請求は異別であり[1]、前訴確定判決の既判力は、後訴の当事者には及ばないのが原則である。ましてや本設例のように、訴訟物が物権的請求権の場合（債権の場合も同様）には、その権利義務の主体も請求権（同じく債権）の特定のための要素となるのであるから、当事者が異なれば訴訟物自体も異なると解さなければならない。本設例でいえば、前訴におけるXのYに対する所有権に基づく移転登記請求権と、後訴におけるXのZに対する移転登記請求権は異なる訴訟物である。ただこの物権的請求権の主体面を度外視すれば、両請求権とも権利の客体面が同一（訴状の「請求の趣旨」の記載が同一）という関係があるにすぎない。

1）　訴訟法上の概念として、訴訟上の「請求」と「訴訟物」という用語の使われ方については必ずしも統一されておらず、論者よって若干の相違が見られる。本稿では、請求を「原告の被告に対する権利主張」、訴訟物をその権利自体（「特定の実体法上の権利または法律関係」）と定義づけて論述する。参照、藤田広美『講義民事訴訟法（第2版）』（2011年）16頁。

それでは、なぜ訴訟物が異なるにもかかわらず、承継人Ｚに対しては前訴判決の既判力が及ぶと考えられてきたのであろうか。以下では、この問題に関連して、前訴判決の既判力の承継人に対する及び方を中心に検討する。その際、これまでの学説の展開を詳しく辿り、そこから見えてくる方向性を素描する。その上で、承継人に対して及ぶ既判力の作用の法的性質について、雑駁ではあるが一試論を提示したい。

2　民訴法115条1項3号の立法の沿革

　まず、民訴法115条1項3号の立法の沿革について、本素描に関連する限りにおいて、簡単に触れておきたい[2]。
　処分権主義および弁論主義が採用される民事訴訟においては、当事者として訴訟を追行した者だけが判決の効力を受けるという判決効の相対性の原則が妥当する。しかし、この判決効の相対性の原則を貫けば、たとえば建物明渡しを命じる給付判決の確定後に、敗訴した被告が当該建物の占有を第三者に移転すれば、容易にこの確定判決による強制執行を回避することができる。こうしたことから、わが国の民事訴訟法（明治23年）は、判決効の相対性の原則の例外として、執行力の拡張を認める条文を置いた[3]。すなわち、同法519条は、「執行力アル正本ハ判決ニ表示シタル債権者ノ承継人ノ為ニ之ヲ付与シ又ハ判決ニ表示シタル債務者ノ一般ノ承継人ニ対シ之ヲ付与スルコトヲ得但其承継カ裁判所ニ於テ明白ナルトキ又ハ証明書ヲ以テ之ヲ証スルトキニ限ル」と規定していた。この規定は、執行力の主観的範囲の拡張に関して、債権者については一般承継人と特定承継人をその対象としながら、債務者については一般承

---

[2]　立法の沿革や学説・判例の変遷についての詳細は、小山昇「口頭弁論終結後の承継人の基準に関する学説の展開について」小山昇著作集『判決効の研究』(2,000) 180頁以下、上野泰男「民事訴訟法大正改正の経過と既判力の主観的範囲」福永有利・井上治典ほか編『民事訴訟法の史的展開』(2002) 693頁以下を参照。

[3]　既判力の拡張に関しては、1877年のドイツ帝国民事訴訟法にはその規定が置かれていた（ドイツ旧民訴法236条3項、現行民訴法325条1項）にもかかわらず、実際の必要性が認められなかったのか、わが国の民事訴訟法にはこうした規定が置かれていなかった。

継人のみをその対象としている。このことから、既判力の拡張の是非に関する解釈にあたって、判例および学説は、一般承継人に対してのみ既判力の拡張を認め、特定承継人に対してはこれを否定していた[4]。

その後、既判力の拡張に関してもその範囲を明らかにしておくべきであるとして、大正15年の民事訴訟法の改正において、同法201条が「他人ノ為原告又ハ被告ト為リタル者ニ対スル確定判決ハ其ノ他人ニ対シテモ効力ヲ有ス」と規定した[5]。そして、この法改正によって、口頭弁論終結後の承継人には、一般承継人のみではなく特定承継人も包含することが広く認められた。そして、この旧民訴法201条は、平成8年の民事訴訟法改正において、その内容を変えることなく、現行民訴法115条に受け継がれていったのである。

さらに、昭和54年に制定された民事執行法が執行力の主観的範囲の拡張を定める同法23条の規定を置いたことに留意すべきである。同条3号によれば、強制執行は口頭弁論終結後の承継人に対し又はその者のためにすることができるという従来のルールを変更するものではないが、執行力の拡張と既判力の拡張が異なる法条によって根拠づけられたことによって、民訴法115条の定める「確定判決の効力」はもっぱら既判力のみを指すと、一般的に解されるようになった[6]。付言すれば、形成力については、周知のとおり形成判決に特有のものであり、民訴法115条とは区別して取り扱われている[7]。

---

4) ただし、例外として、大審院明治35年7月2日判決民録8輯7巻4頁は、既判力が特定承継人にも及ぶ旨を判示している。すなわち、同判決は、土地の所有権確認訴訟の請求棄却判決がなされ、その後敗訴した原告から当該土地の所有権を譲り受けた者に対しては、既判力が及ぶと判示した。

5) そして、この民訴法201条の新設に伴い、既判力が拡張して及ぶ者に対して強制執行をすることができる旨を明示する規定として、第497条ノ2が置かれた。

6) 兼子一・松浦馨・新堂幸司・竹下守夫『条解民事訴訟法』(1986年) 563頁 (竹下守夫執筆)、秋山幹男・伊藤眞・加藤新太郎ほか編『コンメンタール民事訴訟法II』(2002) 413頁、小室直人・賀集唱・松本博之・加藤新太郎『基本法コンメンタール 民事訴訟法I』287頁 (上野泰男執筆)、笠井正俊・越山和広編『新・コンメンタール (第2版)』(2013) 439頁 (岡田幸宏執筆) など。

3 既判力の承継人に対する及び方

これまで民訴法115条1項3号の立法の沿革を概観したが、確定判決の紛争解決機能を確保するために、同法条は、執行力の拡張から既判力の拡張をも含む規定として転換しただけではなく、さらに、その紛争解決機能を高めるために、既判力の拡張を超えるものと解されるに至ったのではないかというのが、私見の問題意識である。以下では、この問題意識を学説の展開を紹介する中で敷衍していきたい。

1 既判力本質論に関する「実体法説」に立脚する見解

現行民訴法115条1項3号が定める口頭弁論終結後の承継人に対する判決効の拡張については、明治23年の旧・旧民訴法においては、確定判決の紛争解決機能を空洞化させないために執行力の拡張のみが考えられていたことが分かる。既判力の拡張は、せいぜい一般承継人に対してのみ認められるにすぎないと考えられていた。

こうした帰結は、既判力本質論に関して実体法説に立ち、訴訟の結果を実体法上の処分行為と同視して、承継人は前主の持つ以上の権利を承継し得ないと考えることから導かれた。たとえば、雉本朗蔵博士は、(なお、雉本博士は特定承継人に対しても既判力の拡張を認める少数説には立っているが)、「確定判決ありたる後に、該判決を以て存在若くは不存在を確認せられたる法律関係(従て又権利)を一般承継又は特定承継に依りて承継したる第三者の如きは、訴訟当事者との間に私法上の従属関係の存すること顕著なるものなるが故に、斯る第三者に対しては既判力の拡張を認めざるべからず」(傍点は原文のまま)とし、承継人は、「私法上被承継人が有したると同一(identisch)の権利を有するに過ぎざる」と説明している[8]。

---

7) 多くを文献を代表して、鈴木正裕・青山善充編『注解民事訴訟法(4)裁判』396頁(伊藤眞執筆)。
8) 雉本朗蔵・法学論叢3巻2号112頁(大審院大正8年2月6日判決の評釈)。

訴訟の結果（つまり既判力によって訴訟物たる権利義務を確定すること）を、実体法上の処分行為と同視する既判力本質論に関する実体法説は、今日では一般に支持されていない。既判力は実体法上の処分行為よりも強い効果を付与するし、そもそも既判力は当事者の合意等でその存在・内容を変更することのできない裁判所の判断に係るものだからである。それでも、訴訟物たる権利義務の譲り受けの場合に限って承継人に対して既判力の拡張を認めるのであれば、こうした見解も常識的な説明としては説得力を有するものであったろう。

2　既判力本質論に関する「権利実在説」に立脚する見解

その後、確定判決の紛争解決機能を高めるために、大正15年の民事訴訟法の改正で、一般承継人はもちろん特定承継人に対しても既判力の拡張が認められる規定が置かれた。そして、大審院や下級審裁判所は、訴訟物たる金銭債権自体が第三者に譲渡された事案や[9]、また、訴訟物たる権利自体の譲り受ではないが、訴訟物が所有権に基づく建物収去土地明渡請求権であった場合に、その被告から建物所有権が第三者に譲渡された事案、訴訟物が所有権に基づく抹消登記請求権であった場合に、その被告から登記された権利を第三者が譲り受け登記を経た事案などで[10]、既判力がその第三者に及ぶことを認めた。このように訴訟物たる権利義務自体の譲り受けにとどまらず、そこから派生する権利義務の譲り受けの場合にも、承継人に対して既判力を拡張することが認められるならば、既判力本質論に関する実体法説に立脚する説明は、その説得力を失ってしまう。そこで、この場合の既判力の拡張を実体法と訴訟法との交錯によって説明するのが、既判力本質論に関する権利実在説に立脚する兼子一博士の見解である。

兼子博士によれば、「請求についての紛争解決の上で、当事者と同視すべき地位にある特定の第三者には、既判力が及ぶ。即ちこれらの者と

---

9) 給付訴訟の請求権の譲受人につき、大審院昭和19年3月14日判決民集23巻155頁など。
10) 建物収去土地明渡請求訴訟につき、東京地裁昭和6年6月29日決定新聞3284号4頁、登記抹消請求訴訟につき、大審院昭和17年5月26日判決民集21巻592頁など。

相手方との間で、当事者間におけると同様に作用するのである」[11]とされた。したがって、本設例に即して言えば、承継人Ｚに対してＸ・Ｙ間の判決の効力が拡張されることは、ＺがＹと全く同一の法的効果を受けることを意味していた。そして、兼子博士によれば、前訴の訴訟物たる権利が物権的請求権であれば承継人に対して既判力が及び、それが債権的請求権であれば既判力は及ばないとされた。この法理を、兼子博士は、「占有権に基づく家屋収去土地明渡請求」につき、家屋の譲受人に対する強制執行に関する判例評釈において、次のように主張する。「判決後にこの者の妨害物件に対する権利が第三者に譲渡された時は、該第三者は、これを伴うて収去義務の負担者としての地位を前主から承継し……判決の既判力、執行力を受けることとなるのが当然である（単に実体法的にのみ考えれば、この場合第三者は妨害物件の取得者として新に独立に収去義務の負担者となるのであって、前主の義務を承継すると考える必要はないようであるが、訴訟状態の考慮を実体上の法律関係に反映させて見る時は、訴訟上の利益又は負担を一括して実体法上の地位を考うべきであって、この場合の義務も承継を認むべきである。)」[12]。

ところで、この説の根底には、兼子博士の独自の訴訟観が置かれていることを看過してはならない。すなわち、兼子博士によれば、訴訟は裁判所の判決による当事者間の紛争の解決を目的として発展していく訴訟法律状態である。そして、この訴訟の場において、紛争解決規範としての実体面としての私法とその形式面としての民事訴訟法が交錯するのであり、当事者の訴訟追行も裁判所の訴訟指揮も、これらによって指示されつつ行われる。その結実として、判決の既判力において当事者間を支

---

11) 兼子一『民事訴訟法体系』(1956) 344頁。
12) 兼子一『判例民事訴訟法』(1950) 300頁（最高裁昭和5年4月24日判決の評釈）。なお、兼子一・前掲（注11）343頁では、所有権に基づく移転登記請求権の請求認容判決は、既判力でもって所有権の存在を確定すると解している。登記は権利関係を反映させるための公示手段にすぎないものであるから、この訴訟においては、所有権の存否が訴訟物をなすと理解するのである。しかし、通説・判例は、所有権の存否についての判断は、他の物権的請求権と同様に、理由中の判断に過ぎないとして、既判力が生じることを否定する（最判昭和30年12月1日民集9巻13号1903頁）。

配する権利関係の存否の実在性が形成され、紛争が解決に至る。まさに、訴訟状態は、訴訟物たる権利関係の実在性の生成過程ということができる。現実の権利関係の実在性は、単に実体法のみから引出されるのでなく、訴訟を通じて実体法と訴訟法との具体的交渉の結果である。したがって、兼子博士によれば、既判力は、実体法と訴訟法のいずれの一方の領域にも専属するものではなく、両者の具体的交渉によって生まれる特殊な法的実在であると理解されている[13]。

3 承継概念に関する「当事者適格説」に立脚する見解

その後、既判力本質論に関する実体法説や権利実在説を支持しない学説は、訴訟物たる権利義務から派生する権利義務の譲受けの場合にも承継人に既判力の拡張が認められることを説明するために、既判力が承継人に拡張されることの意味を、より仔細に分析していった。その嚆矢となったのは、山木戸克己博士の見解である。山木戸説によれば、原告の被告に対する権利主張である訴訟上の「請求」と、その権利自体である「訴訟物」を明示的に区別した上で、口頭弁論終結後に「請求」を争うべき地位（当事者適格）を前主から承継した者が口頭弁論終結後の承継人であり、この者に対しては前訴確定判決の既判力が及ぶ。そこで、この承継人は、口頭弁論終結当時における前主と相手方との間の権利関係について、確定判決の内容と抵触するような主張はできないことになる。そして、山木戸説によれば、たとえこの者が妨害物に対する権利を前主と別個独立の権原に基づいて取得した場合（たとえば、動産の占有を前主から取得するとともに所有権を原始取得した場合）であっても、この者は口頭弁論終結後の承継人にあたり、前訴確定判決の既判力はこの者に対して及び、この者は、既判力の基準時前の事由を主張して訴訟物たる権利関係の存否の判断を争うことはできないことになるが、前主と全く同じ立場に置かれるわけではなく、その後に生じた新たな事実（固有の攻撃防御方法）を主張して争うことはできると解される[14]。小山昇博士がこの見解

---

13) 兼子一・前掲（注11）47頁。

に賛成して[15]、これが次第に通説的な立場となっていった。

ただし、ここで以下のことに留意しなければならない。すなわち、山木戸説においては、こうした場合に、訴訟上の「請求」は前訴と後訴で別個のものであっても（たとえ前訴と後訴で原告の同一の所有権の確認請求であっても、その相手方を異にすれば、訴訟上の請求は別個である）、「訴訟物」たる権利関係が同一である場合との前提は維持されていたと言うことができる[16]。

4 承継概念に関する「紛争主体たる地位の承継説」に立脚する見解

こうした山木戸説の方向を基本的に支持する新堂幸司博士は、承継の対象に関して、訴訟物を基準にする当事者適格では訴訟物が異なる場合には承継の対象になり得ないと主張し、より正確には「紛争主体たる地位」[17]が承継の対象であると説明する。そして、承継人に対する既判力の及び方に関して、「既判力が承継人に拡張されるという意味は、承継人は、前主の相手方と自分との間の請求を判断するにあたり、当事者間の前訴判決主文の判断を争えないものとして自分に有利または不利に前提にした上、承継人の実体法上の地位を判断しなければならないということである。したがって、たとえば敗訴者たる被告の承継人は、敗訴者が義務を負うことを承継人も争えないというにすぎず、承継人に固有の防御方法を提出することは許される」と説明する[18]。従来の見解は、たとえば兼子説のように、既判力が承継人に及ぶことの意味を「前主と承継人が全く同一の法的効果を受けること」と解するのであるが、新堂博

---

14) 山木戸克己「訴訟物たる実体法上の関係の承継」法学セミナー30号44頁。
15) 小山昇「口頭弁論終結後の承継人について」同『判決効の研究』(1990) 177頁注（3）参照。
16) 山木戸克己・前掲（注14) 46頁。
17) この概念は、口頭弁論終結前の訴訟承継に関連して、最高裁昭和41年3月22日判決民集20巻3号484頁によって用いられたが、新堂幸司「訴訟当事者から登記を得た者の地位」同『訴訟物と争点効（上)』(1998) 316頁（初出は、判例評論152号108頁、153号108頁。）以下において詳細な分析がなされた。
18) 新堂幸司『新民事訴訟法（第5版)』(2012) 702頁。形式説の詳細は、新堂幸司・前掲（注17) 327頁以下を参照。

士は、この見解を「実質説」と名付ける一方、自らを「形式説」と称して、両説における既判力の及び方の相違を明確にした。このことを本設例に即して言えば、「実質説」によれば、前訴判決においてXのYに対する移転登記請求権の存在が既判力でもって確定した場合、後訴において、承継人Zは、XのZに対する移転登記請求権の存在も争えないことになる。一方で、「形式説」によれば、前訴判決においてXのYに対する所有権に基づく移転登記請求権の存在が既判力でもって確定した場合であっても、XのZに対する所有権に基づく移転登記請求権の存否については未確定のままであり、承継人Zは、単にXのYに対する所有権に基づく移転登記請求権が存在するとの判断を争えないに止まるのである。こうして形式説に依拠すると、前訴と後訴で訴訟物たる権利関係が同一であることを前提にする必要性がなくなり、確定判決の紛争解決機能を高めることに資すると言ってよい。

しかし、形式説によれば、承継人に対して既判力が拡張されることによって後訴ではどのような主張が遮断されるのか、仔細に検討すれば、必ずしも明確にされているわけではない。本設例の事案に即して言えば、前訴確定判決で既判力が生じる判断は、「XのYに対する所有権に基づく移転登記請求権が存在する」というものであり、たとえば「Xが甲土地を所有していること」は単に理由中の判断にすぎず、既判力が生じる判断ではない。しかし、後訴において、Zが既判力の基準時においてXが甲土地を所有していることを争えないと解されるのは、この主張を許すと既判力でもって確定された「XのYに対する所有権に基づく移転登記請求権が存在する」との判断を争う結果になるからである（既判力の消極的作用）。しかし、この消極的作用は、前訴の訴訟物と後訴の訴訟物が同一であることを前提とするはずである。しかしながら、形式説によれば、この訴訟物の同一性は必ずしも要求されていない。形式説はこのことをどのように説明するのであろうか。

5 既判力の拡張を狭く限定する見解――既判力本質論に関する訴訟法説からの問題提起――

　前訴の訴訟物と後訴の訴訟物が異なる場合に、前訴判決の既判力が承継人に対して具体的にどのように及ぶのか。この問題を初めて指摘したのは、丹野達・元裁判官である。そして、丹野元裁判官は、具体的な訴訟における請求原因に関する精緻な検討を踏まえて、たとえば、本設例のように登記名義を承継したような場合には、承継人に対する既判力の拡張を否定する見解を表明した[19]。丹野説の見解を本設例の事案に即して紹介すれば、以下のようになる。すなわち、Xが承継人Zから登記を回復するために、所有権に基づく所有権移転登記手続請求訴訟を提起すれば、Xの請求原因は、①Xが甲土地を所有していたこと、②Zが所有権移転登記を有していることである。そして、前訴確定判決の既判力は、XのYに対する所有権に基づく所有権移転登記手続請求権についての判断に生じるのであって、請求原因①の「Xの甲土地所有権」についての判断は、これが理由中の判断であることから既判力は生じない。ただし、通常の訴訟の展開として、Zは、請求原因②の自己に移転登記が存在すことについては争わないであろうし、請求原因①のXの甲土地所有権についても、自己の所有権がXの所有権に起因するものであるから、これも争わないと見られる。したがって、請求原因については争いがなく、Zは、前訴でYがなしたと同様に、抗弁として、X・Y間の売買によってXが所有権を喪失したと主張するであろう。これに対して、Xは、前訴と同様に、再抗弁として売買は通謀虚偽表示で無効であると主張することになる。ここまでは、前訴と全く同様の展開になるが、後訴においては、予備的抗弁（見解によっては、再々抗弁）として、Zは売買契約が通謀虚偽表示であることを知らなかったこと（善意であること）を主張しよう。こうした抗弁事実や再抗弁事実等は、前訴確定判決の既判力の基準時前に存在する事実であるが、この主張に対する前訴判決の判断は理由中の判断であるから、既判力は生じない。要す

---

19) 丹野達「既判力の主観的範囲についての一考察」法曹時報93巻3号2047頁。

るに、後訴においては、請求原因①と抗弁および再抗弁は、前訴と共通するものであるが、前訴判決によって確定された訴訟物たる権利自体は、後訴の攻撃防御方法の中に入ってこないので（先決関係や矛盾関係とはならないことを意味する）、前訴の既判力が後訴において働く余地はない。予備的抗弁（または再々抗弁）であるZの善意は、前訴確定判決の基準時後の事実であるし、Z独自の抗弁でもあるから、これを主張することは許される。丹野説は、具体的な訴訟の展開を精緻に検討して、こうした事案においては、後訴における最も重要な争点はZが善意か否かのみにかかっており、この点は前訴においては全く争われていない事実なのであるから、前訴判決の既判力は後訴には無縁であることを論証する[20]。

そして、丹野説によれば、既判力の承継人に対する拡張が認められるのは、前訴の訴訟物たる権利自体が第三者に承継された場合（たとえば、X・Y間の貸金返還訴訟においてXが勝訴した後に、ZがXから当該債権を譲受けた場合）であり、この場合のみ、前訴の訴訟物たる権利自体が後訴における請求原因の一つとなり得るので、前訴判決の既判力が後訴において効果を発揮することになる。これ以外の場合には、前訴判決の既判力を第三者に拡張すると言ってみても、法律上の効果はなく、事実上の効果に期待を寄せるしかない[21]。したがって、丹野説は、訴訟物たる権利義務自体を承継した場合に限り、既判力が拡張されるべき承継人と考えている。

このように、丹野説によれば、既判力の拡張が認められる承継人の範囲が極めて狭い。しかし、この説も、いわゆる確定判決の空洞化を避けるために、既判力が拡張されない第三者に対しても、一定の場合には

---

20) 丹野達・前掲（注19）2048頁。
21) 丹野達・前掲（注19）2050頁。なお、丹野説は、同論文2054頁において、既判力が拡張される承継人の範囲を決定する基準を、「実体関係における後訴の訴訟物たる権利が前訴の訴訟物たる権利と依存関係にあること」に求めるが、この依存関係とは、前訴判決の訴訟物たる権利が後訴の訴訟物たる権利の発生原因となる要件事実の一つを構成することと定義されてい。

「執行力」が及ぶことを認める。すなわち、執行請求権の同一性について検討し、請求の人的要素を捨象して訴訟物の同一性が認められる場合には、執行請求権の同一性を認め、承継人に対する執行力の拡張を認めるのである。本設例に即して言えば、XのYに対する移転登記請求権も、XのZに対する移転登記請求権も、Xの同一土地の所有権に基づく妨害排除請求権とみることができるから、権利行使の相手方を捨象した請求権としては同一とみることができ（訴状における請求の趣旨の中のYをZと置き換えれば足りる）、Zには承継人として前訴判決の執行力が及ぶと解するのである[22]。

この丹野説と同様に、既判力が拡張される場合を狭く解する高田昌宏教授は、前訴と後訴の訴訟物が異なるときでも前訴判決の既判力の遮断効を承継人に及ぼす必要があることは否定できないが、それは前訴の訴訟物が後訴の訴訟物の先決関係または矛盾関係にある場合に限ると主張する[23]。

丹野説は、承継人に対する既判力の及び方について、要件事実論を前提に、既判力本質論に関する訴訟法説からの帰結を純化したものであり、理論的にも首尾一貫している。また、それゆえに説得力もある。しかし、この見解によれば、既判力が拡張される承継人の範囲が極めて狭くなり、確定判決の紛争解決機能が著しく減殺されてしまう点で、直ちに賛成することはできない[24]。

6　新たな学説の展開

こうした丹野説からの問題提起を受けて、学説においては、既判力本質論に関する訴訟法説に立脚しながらも、既判力が拡張される場合を狭

---

22)　丹野達「判決後の承継人」判例タイムズ294号76頁。
23)　高田昌宏・民事訴訟法判例百選（第3版）191頁（最高裁昭和48年6月21日判決の評釈）。
24)　高橋宏志『重点講義民事訴訟法（上）第2版補訂版』（2013）701頁（注123）は、口頭弁論終結後の承継人の状況では、承継人側は自己にかかわる訴訟物を前訴と矛盾・先決関係でない形で作りだすことができ、それで既判力の拡張を免れることを認めると、このことは既判力拡張の根本理念に反することになると批判する。

い範囲に限定しない理論構成を考究して、確定判決の空洞化を回避する試みがなされている。

（1）**訴訟物の同一性を擬制する見解**　上野泰男教授は、前訴と後訴で訴訟物が異なる場合も、「口頭弁論終結後の承継人は、前訴当事者間で確定された権利関係を争いえないという拘束を受けるが、自己が当該権利関係の主体でない結果、その主たる意味は、既判力によって確定された相手方・前主間（本設例で言えば、X・Y間——筆者）の権利関係につき遮断される攻撃防御方法が、相手方・承継人間（本設例で言えば、X・Z間——筆者）の権利関係についてもまた遮断されるという点に認められる。すなわち、攻撃防御方法の遮断という既判力の消極的作用は、元来、既判力でもって確定された権利関係を争う結果となる場合に作用するが、この攻撃防御方法の遮断が、承継関係が介在することによって、相手方が（又は相手方に対して）向けかなえなければならない、承継人と相手方との間の権利関係についてもまた作用する点に……既判力拡張の実際的な意味がある」とした上で、「この相手方が（又は相手方に対して）向けかなえなければならない請求権は、承継人への既判力拡張を通じて、前訴において主張された請求権と同一性を擬制される」と主張する[25]。

この同一性擬制説は極めて明解であり、賛成しやすい見解である。しかし、この説に対しては、その擬制によって何が意味されているのかが、更に問われなければならない（この点については、節を改めて後述する）。

（2）**訴訟物たる権利義務から派生する権利義務の承継の場合を争点効で説明する見解**　稲葉一人教授は、丹野説と同様に、幾つかの典型的な設例における当事者間の請求原因事実・抗弁事実等の分析を通じて、承継人に対して既判力の作用する場面は小さいことを確認した上で、前訴確定判決の紛争解決機能を減殺しない解釈の可能性を以下のように示す。すなわち、稲葉教授は、訴訟物たる権利義務自体を承継した

---

[25]　上野泰男「既判力の主観的範囲に関する一考察」法学論集41巻3号419頁。この見解を支持するものとして、越山和広「既判力の主観的範囲」髙橋宏志・加藤新太郎編『実務民事訴訟講座〔第3期〕第3巻』（2013）312頁（注20）参照。

場合のみ既判力が拡張され、それ以外の訴訟物たる権利義務から派生する権利義務を承継した場合（訴訟物たる権利義務を先決関係ないし基礎として、そこから派生する権利義務を承継した場合）は、争点効が拡張されるとの見解を示すのである[26]。具体的には言えば、本設例のような場合、後訴おいて、Zは、Xの請求原因である「Xの所有権」を争ったり（この場合、これに対して、Xは自らX・Y間の売買契約と、その売買契約が虚偽表示で無効であったことを主張することになる）、抗弁として、①「YからZへの譲渡契約」と②「①の当時、X・Y間の売買契約が虚偽表示で無効であることについて善意であったこと」を主張することになる。ところが、前訴判決が拡張されたとしても、これらについての判断は、いずれも理由中の判断であるから、既判力の拡張が意味を持つことはない。しかし、理由中の判断の拘束力として争点効が生じ、その争点効が承継人にとって有利な場合に限って（承継人は実質的な手続保障を受けていないので、不利な場合には及ばないと解される[27]。）、それが承継人に拡張されるという[28]。

　確かに既判力が拡張される場合と、判決理由中の判断に対する拘束力としての争点効の拡張される場合とを区別する点は説得力がある。しかし、争点効（および手続事実群による遮断効）については、まだ訴訟法上の効力として一般的に承認すべきか否かの検討が迫られている重要問題である。

（3）訴訟法レベルにおける請求原因事実を新たに考案する見解

　丹野説を踏まえながらも、既判力の積極的作用を生かすために、訴訟法レベルにおける請求原因事実を新たに考案するのが、中西正教授の見解である。中西説によると、訴訟における当事者の攻撃防御方法を要件事実に即して仔細に検討すれば、現実に前訴判決の既判力が後訴に及ぶのは、前訴の訴訟物が後訴の訴訟物の前提となる場合および前訴の訴訟物と後訴の訴訟物が矛盾関係に立つ場合である。そして、これ以外に

---

26) 三宅省三・塩崎勤・小林秀之・園尾隆司編『注解民事訴訟法（II）』（2000）488頁（稲葉一人執筆）。
27) 稲葉一人・前掲（注26）483頁。
28) 稲葉一人・前掲（注26）479頁。

も、前訴の訴訟物が物権的請求権で、その目的物の占有や登記が第三者に移転した場合には、前訴の訴訟物は後訴の訴訟物の前提となる場合に準ずると見て、前訴判決の既判力の遮断効が承継人に対して及ぶと解すべきことを主張する[29]。上記の「準ずる」ことの中身は、本設例で言えば以下のとおりである。すなわち、まず、前訴確定判決でXのYに対する所有権に基づく移転登記請求権の存在が認められた場合、後訴において、Zに対する手続保障としては、前訴判決の基準時後にXが土地所有権を喪失した事実や、いわゆる「Zの固有の抗弁」などの主張・立証が認められれば、実際問題としては十分であるという理解から出発する（たとえば、「Xが所有していたこと」や「X・Y間の売買」を、Zは争わないであろう）。そして、この場合に、要件事実との関係では、既判力が生じる前訴の訴訟物たる所有権に基づく移転登記請求権を前提として、これにYからZへの所有権移転登記の経由を加えることにより、後訴の訴訟物たる承継人に対する移転登記請求権が発生したと見るのである。これが、前訴の訴訟物が後訴の訴訟物の前提問題になる場合に準ずることの意味である。中西説によれば、実体法のレベルでは、XのYに対する移転登記請求権に、YからZへの登記の移転を加えると、XのZに対する移転登記請求権が生じるというルールは存在しないが、訴訟法のレベルでは、民訴法115条1項3号の趣旨から（確定判決の紛争解決機能の維持と当事者に対する手続保障）、このような法律構成を導き得るという[30]。

中西説は、少なくとも重要な事案類型において、確定判決の紛争解決機能を確保するために、譲受人を既判力が拡張される承継人として認めることを可能にする斬新な理論構成である。しかし、この理論構成に対しては、実体法上のルールを離れて、訴訟法的なレベルでの権利の発生を基礎づけることの是非が問われなければならない。そして、この理論構成には、実体法上のルールとは別だとしながらも、既判力本質論に関する実体法説的な考え方が、あるいは権利実在説的な考え方が、その根

---

29) 中西正「既判力・執行力の主観的範囲の拡張についての覚え書き」伊藤滋夫古稀記念論文集『要件事実・事実認定論と起訴法学の新たな展開』（2009）637頁。
30) 中西正・前掲（注29）624頁。

底に潜んでいるのではないかとの疑念を払拭できない。また、Ｚの手続保障としては、前訴判決の基準時後にＸが土地所有権を喪失した事実やＺの固有の抗弁事実の主張・立証が認められれば、実際問題としては十分であるという理解から、ＸのＺに対する訴訟法的なレベルでの新たな請求の請求原因事実を考案するが、権利発生の根拠となる請求原因事実を「それを争わせる実際的な必要性」をも勘案して基礎づけようとする試みには、違和感を禁じ得ない。

（４）矛盾関係および先決関係としての既判力の作用で説明する見解

前訴と後訴で訴訟物が異なる場合の承継人に対する既判力の及び方に関して、近時、矛盾関係および先決関係としての既判力の作用で説明する注目すべき見解が提唱された。松本博之教授の見解がそれである。松本教授は、まず、前訴判決の既判力が後訴にどのように作用するのかを検討する[31]。松本説によれば、本設例のような場合、前訴確定判決は、ＸのＹに対する所有権に基づく移転登記請求権の存在を確定するものであるが、それは同時に、Ｙの移転登記義務の存在を、したがって被告の登記保持権原の不存在を、既判力でもって確定する。その理由は以下のところにある。すなわち、この所有権に基づく移転登記請求訴訟は、Ｘの登記の回復を目的とする訴訟で、そこでは、Ｘに登記を得させるべきかそれともＹに登記保持権原が存在するかが争われているのであり、訴訟の焦点は登記を保持する権原がＸとＹのいずれに帰属するかにある。それゆえ、Ｘの移転登記請求が認容された場合、Ｙの登記保持権原の不存在が既判力によって確定することは、この訴訟の必然的な要素だというのである。この関係は、矛盾関係の既判力の典型例（原告の所有権を確認する確定判決が、原告の所有権の存在のみならず、被告の所有権の不存在を既判力によって確定することになる）に似た関係である[32]。そし

---

31) 松本博之「口頭弁論終結後の承継人への既判力の拡張に関する一考察」龍谷法学44巻4号232頁以下。

32) 松本博之・前掲（注31）238頁においては、所有権に基づく物の返還請求訴訟を例にして、こうした法理を説明されているが、ここでは、本設例に合わせて、所有権に基づく移転登記請求訴訟にその例を変更して紹介した。

て、前訴判決の既判力の作用に関して、本設例に即して言えば、ZがYから登記名義を承継することによって、前訴確定判決の既判力が、前訴で既判力が生じた事項を「先決関係」とする後訴において、承継人Zに及ぶ。したがって、Zは、自己の登記名義が前主Yの正当な登記名義に依拠するものであり、それゆえ正当に登記を保持する権限を有すると主張することは、基準時においてYに正当な登記保持権原が存在しないとする既判力によって確定された判断に抵触して許されない[33]。また、Zは、Xには所有権がなかったと主張して、Xの移転登記請求権を争うことも、基準時におけるXの移転登記請求権の存在を確定する既判力の失権効によって遮断されることになる[34]。

　松本説にはその結論を導くに至る思考過程において気づかされる点が多々あり、これまでの通説的な見解は再検討を迫られているようである。所有権に基づく移転登記請求訴訟（あるいは所有権に基づく物の引渡請求訴訟）において、原告の所有権に基づく移転登記請求権（あるいは、所有権に基づく物の返還請求権）が認容された場合、被告の登記保持権原（あるいは、物の占有権原）の不存在が既判力によって確定すると解されている点は、これまで前提にしてきた通説による理解（特に旧訴訟物理論に従った理解）とはかなり隔たりがある。これについては、既判力の根本理論に関わるものであり、これから更に検討をしたい。また、原告の所有権に基づく移転登記請求権（あるいは、所有権に基づく物の返還請求権）が認容された場合に、原告に所有権が存在することを争う主張が既判力の失権効によって遮断されると解されている点については、その理由が必ずしも明らかにされていないようであるが、仮にその確定判決によって、原告側の登記取得権原（あるいは、占有権原）の存在が既判力でもって確定されることを理由とするのであれば、これまでの通説的な理解とは更なる隔たりを示すものであろう。

---

33)　松本博之・前掲（注31）249頁。
34)　松本博之・前掲（注31）249頁を参照。このことについても、同論文では所有権に基づく物の返還請求訴訟を例にして説明されているが、本設例に合わせて、所有権に基づく移転登記請求訴訟を例に変更して紹介した。

4　総括と試論の提示

1　総　括

　確定判決の紛争解決機能の維持のために、旧・旧民訴法519条において「執行力」の拡張が主として意図されていた時代は、前訴と後訴で訴訟物たる権利または法律関係が同一の場合（たとえば、前訴がＸのＹに対する甲土地の所有権確認訴訟で、後訴もＸのＺに対する所有権確認訴訟の場合や、厳密には訴訟物が同一であるとはいえないが、ＸのＹに対する貸金返還請求訴訟で勝訴したＸからその債権を譲り受けたＺが、Ｙに対して貸金返還請求訴訟を提起する場合）にのみ、既判力の承継人に対する拡張が認められており、その際の既判力の承継人に対する及び方は、その積極的作用（前訴確定判決の主文中で判断された訴訟物たる権利関係の存否の判断についての後訴裁判所に対する拘束力）のみが考えられてきた。ここでは、前主Ｙと承継人Ｚの法的地位を同視することができたからである。

　ところが、執行力だけではなく既判力の拡張が正面から認められる時代になると、確定判決の紛争解決機能の一層の確保を意図して、前訴と後訴で訴訟物が必ずしも同一とはいえない場合にも、既判力の第三者に対する拡張が認められるようになってきた。そして、当事者適格の承継から紛争主体たる地位の承継へと、承継概念が実体法上の権利関係から離れるにつれて、この訴訟物の同一性の乖離は大きくなっていく。具体的には、承継概念を当事者適格の承継と捉えれば、訴訟物たる権利関係の主体の変更を度外視して、その客体面が同一である場合（たとえば本設例のように、前訴がＸのＹに対する所有権に基づく移転登記請求訴訟で、後訴がＸのＺに対する所有権に基づく移転登記請求訴訟の場合）でも、既判力は承継人に対して及ぶと解するようになり、さらに、承継概念を紛争主体たる地位の承継と捉えれば、訴訟物たる権利関係の主体面を度外視するだけでなく、かつ客体面でその法的性質等を異にしても、当事者を捨象した「請求の趣旨」（訴状の記載事項）が同一の場合（たとえば、前訴が売買契約に基づく移転登記請求訴訟で、後訴が所有権に基づく移転登記請求訴訟の場合）に

も、既判力は承継人に対して及ぶと解するようになった。こうして、前訴と後訴で訴訟物が異なる場合に、一体どのように既判力が後訴に作用するのかという問題が、否応なく顕現してくるのである。

　この問題に対する最初の回答が、いわゆる「形式説」である。前訴と後訴で訴訟物が異なるがゆえに、前訴判決の承継人に対する既判力の及び方に関して、既判力の積極的作用は大きな役割を担うものではなく、その消極的作用が重要となる。すなわち、承継人は、既判力の基準時前の事由を主張して、前訴の訴訟物たる権利関係の存否につての判断を争うことはできないとするのである。しかし、訴訟物が異なれば（前述したように、当事者が異なれば請求が異なることは勿論のこと、通常は訴訟物も異なる）、この既判力の消極的作用は、判決の理由中の判断の拘束力であることに思い至る。そうすると、既判力の消極的作用として説明してきた遮断効は、争点効のような判決理由中の判断の遮断効ではないのかという疑問が生じるのである。

　この疑問に対しては、前訴と後訴で訴訟物が異なる場合には、第三者に対する既判力の拡張が認められる余地はないとする回答もあり得よう。前述の「既判力の拡張を狭く限定する見解」が、それである。しかし、これでは既判力の拡張される承継人の範囲が余りにも狭くなり、確定判決の紛争解決機能が減殺されてしまう。そこで、この問題に答えるために、既判力の作用に関する新たな学説が提唱されてきたのである。しかし、前節において新たな学説について紹介しかつ若干の検討を行ってきたように、これらの学説は傾聴に値するところ大であるが、現時点においては、直ちに賛成することはできない。ただし、その中でも最も一般的な支持を得やすいと思われる学説は、前訴と後訴の訴訟物の同一性を擬制する「同一性擬制説」であろう。その理由は、現在の訴訟法学において承認されている道具立てのみで、かつ既判力本質論に関する訴訟法説に立脚して、承継人に対して拡張される既判力の作用を説明できるからである。確かに前訴と後訴で訴訟物が異なる場合でも、既判力本質論に関する実体法説（もしくは権利実在説）に立脚して、既判力で確定された権利関係を実体化（もしくは実在化）させて、承継人に対する既判

力の作用を説明するのは、こうした実体法説（または権利実在説）を支持することができない限り、説得的な説明になり得ない。同一性擬制説が、既判力本質論に関する訴訟法説の立場から離れることなく、承継人に対して拡張される既判力をその消極的作用で説明する点は、極めて魅力的である。すなわち、訴訟物についての主体面の変更（たとえば本設例では、Xによって訴訟上の請求が向けられる者が、YからZに変更）を度外視して、その客体面における同一性（たとえば、前訴も後訴も移転登記請求権）を捉えることを通して、前訴と後訴で訴訟物が同一であると擬制することにより、承継人に対する既判力の及び方をその消極的作用で説明するのは、違和感もなく受け入れ易いのである。しかし、これを仔細に検討すれば、同一性擬制説による説明も、その根底に潜在する思考において、既判力本質論に関する実体法説（もしくは権利実在説）に立脚した説明とそれほど大差がないのではないかとの疑念が生じる。それは、この同一性擬制説に対しては、「訴訟物が同一であるとの擬制」の意味が問われなければならないからである。換言すれば、なぜ訴訟物が同一であると言えるのかが問われなければならない。訴訟物も当事者も同一でない限り、既判力の消極的作用は、理由中の判断の拘束力でしかないはずである。この訴訟物が同一であるとの擬制によって意味するところは、既判力本質論に関する実体法説等が説く以下の内容を、比喩的に表現したものにすぎないのではなかろうか。すなわち、「前訴判決が確定した訴訟物たる権利関係が（実体法上も）存在すること」、それゆえに、「一定の第三者はその権利関係の基礎をなす事実・法律関係を争えないとすること」という実体法説等の説明と、「訴訟物の同一性の擬制」という説明は同値なのである。

　付言すれば、このような既判力本質論の実体法説（もしくは権利実在説）の考え方を更に推し進めれば、その思考内容を実体法規定に移植する方途も見えてくる。この方向に位置づけられるのが、前述の「訴訟法レベルで請求原因を新たに考案する見解」である。民訴法115条1項3号を、承継人対して既判力を及ぼすための、一種の訴訟手続上の実体法規と解するのである。そして、承継人対して向けられる請求の要件事実は、

「前訴確定判決が存在すること」と、「第三者が当事者の一方を承継したこと」である[35]。しかし、こうした考え方が、確固たる通説である既判力本質論に関する訴訟法説と、その根底の思考において整合しないことは容易に理解できよう。

2 試論の提示

ここに、承継人に対する既判力の拡張と言われるものは、実は伝統的な既判力理論からは乖離していることが理解できる。そうであるならば、この遮断効の性質を直截的に把握して、民訴法115条1項3号が規定する承継人に対して及ぶ「確定判決の効力」は、既判力そのものではなく、信義則を基底とする制度的効力たる「既判力類似の効力」であることを認めるべきであろう。この既判力類似の効力には、反射効と通底する思考が存在しているのである。付言すれば、この民訴法115条1項3号が規定する既判力類似の効力は、前訴と後訴で訴訟物が異なる場合だけでなく、たとえ訴訟物が全く同一の場合（たとえば、前訴がXのYに対する甲土地の所有権確認訴訟で、後訴もXのZに対する甲土地の所有権確認訴訟）でも、同じく当て嵌まる。なぜなら、訴訟物が同一であっても当事者が異なれば、訴訟上の請求は異別であり、前訴確定判決の既判力は後訴に及ばないのであるから、この場合にも既判力の消極的作用を云々することはできないはずだからである。したがって、民訴法115条1項3号の確定判決の効力を、訴訟物が同一の場合は既判力として、訴訟物が異なる場合は既判力類似の効力であるとして、それぞれ区別して理解する必要はない。

この既判力類似の効力は、承継人と前主の相手方との間の利益状況を信義則によって調整した結果に基づいて生じることになるが、あくまでも信義則による利益調整が類型化された形で現れる制度的な効力である。そして、この信義則による利益調整を行う際の考慮要素は、以下の2点である。すなわち、第1の考慮要素は、確定判決の紛争解決機能を

---

[35] こうした考え方の可能性を示唆するのは、丹野達・前掲（注19）2055頁である。

確保することである。そのためには、①訴訟物が同一であること、②訴訟物が異なっても、訴訟物の客観面が同一であること、または、③訴訟物の客観面が異なる給付請求権であっても、前訴の給付請求権の実現にとって不可欠な給付請求権が、後訴で承継人に対して向けられていることである。この③の場合としては、たとえば、本設例の（2）において示した場合、すなわち、前訴でYに向けられた請求権が所有権移転登記請求権であり、後訴でZに向けられた請求権が抵当権設定登記抹消登記請求権のような場合が、これにあたる。民訴法115条1項3号で承継人に拡張される確定判決の効力が既判力そのものであるとする考え方から解放されると、この限度で承継人の範囲を拡大して解釈することも可能であろう。第2の考慮要素は、承継人（および前主の相手方当事者）に対する最小限の手続保障の観点である。最小限の手続保障の充足が認められるためには、それに代置されるべき当事者適格の承継、より正確には「実体適格」の承継（松本説が提唱する承継概念）[36]が認められる必要がある。

ところで、民訴法115条1項3号の「確定判決の効力」が既判力類似の効力を指すと解すると、同条1項2号（訴訟担当の場合の本人）および4号（目的物の所持者）の場合は明らかに既判力を指していることとの関係が問題となる。しかし、この点については、上野泰男教授が、同3号の場合を「承継人型」の既判力の拡張と名付け、また同2号および4号の場合を「当事者型」の既判力の拡張と名付けて、これらを明確に区別したように[37]、これらにはその効力の性質において歴然とした相違が認

---

36) 松本博之・前掲（注31）249頁、258頁。松本説は、承継人は何を承継したのかという承継概念に関して、係争物に対する当事者の法的関係を示す実体適格、本設例で具体的に言えば、所有権に基づく登記請求権の消極的実体適格（Passivlegitimation）を承継したものと説明する。なお、「実体適格」とは訴訟の対象となっている権利義務の帰属主体性を示す概念である。松本説は、ドイツ民事訴訟法を参照しながら、「実体適格」は、単なる訴訟の追行権能としての「当事者適格」（たとえば、給付請求権であれば、原告適格を有するのは自ら権利者と称する者であり、被告適格を有するのは原告によって義務者と称される者である）とは明確に区別されるべきであり、従来の「適格承継説」の多くの論者も、このような実体適格の承継を説いていたはずであると主張して、議論を精緻化する。

められるのである。そこで、すでに立法の沿革の箇所で言及したように、民訴法115条が規定する「確定判決の効力」とは既判力のみを指すと一般的に解されているが、同条はあくまでも執行力等も含んだ確定判決の効力を指称するのであり、既判力を指すこともあれば、また執行力を指すこともあり、さらには既判力類似の効力を指すこともあると考えるべきである。このことは、同条 2 項が 1 項の規定を仮執行宣言について準用しており、法文上もこの確定判決の効力には執行力が含まれていると解せざるを得ず、この確定判決の効力を既判力に限定するのは困難であることからも裏付けることができる。

5　おわりに

本素描では、承継人対する既判力の及び方について、その学説の展開を詳しく辿りながら検討をした。その結論として、民訴法115条 1 項 3 号の「確定判決の効力」は、これまで既判力と言われてきたが、既判力そのものではなく、信義則を基底とする制度的効力たる「既判力類似の効力」ではないかという試論を、雑駁ながら提示した。その上で、既判力類似の効力が生じる要件として、その信義則による当事者の利益調整をするにあたっての考慮要素を、単にその大枠ではあるが一言した。ただし、この利益調整における考慮要素は承継人の範囲を決定する重要な基準ともなるが[38]、その具体的な考慮要素の検討は将来の研究課題として残した。ところで、既判力類似の効力は、これを反射効と対比すれ

---

37)　上野泰男教授は、民訴法115条 1 項 2 号および 4 号の場合は当事者と全く同一の立場で既判力を受けるという意味で「当事者型」の既判力の拡張であり、同 3 号の場合は承継人が前主とその相手方との間の訴訟物たる権利関係を争い得ないにすぎぬという意味で「承継人型」の既判力拡張であり、この両者は区別されるべきであると主張する。上野泰男・前掲（注25）401頁以下。ただし、この区別の必要はないという有力な反対説もある。参照、中野貞一郎「弁論終結後の承継人」同『民事訴訟法の論点Ⅰ』(1994) 222頁。

38)　承継人の範囲の決定基準として、確定判決の法的安定と手続保障の緊張関係については、すでに詳細な研究がなされている。多くの文献を代表して、上田徹一郎「口頭弁論終結後の承継人への判決の効力の拡張」同『判決効の範囲』(1985) 171頁以下を参照（初出は、鈴木忠一・三ヶ月章監修『新実務民事訴訟講座　第 2 巻』(1981))。

ば、その効力を認める場面を異にするとはいえ、いずれも判決理由中の判断の拘束力も問題となる点や、また信義則によって基礎づけられる点で軌を一にする。したがって、既判力類似の効力に関して、こうした反射効と比較しながら検討することが必要であろう。こうした点についても、今後の研究課題としたい。

「訴訟共同の必要」に関する判例理論の現在

勅使川原 和彦
Kazuhiko TESHIGAHARA

1 はじめに
2 判例上、固有必要的共同訴訟とされているもの
3 固有必要的共同訴訟における提訴非同調者の取扱い
4 終わりに

1 はじめに

「必要的共同訴訟」には、「固有」必要的共同訴訟と「類似」必要的共同訴訟があって、その違いは、前者は、「(判決内容の)合一確定の必要」＋「訴訟共同の必要」という二つの要素・特質を持っているが、後者は、「合一確定の必要」という要素・特質しか有していない、という点にある。

──などと、これまで、一般的に講義等で説明されてきたように思うのであるが[1]、このこと自体は決して間違いではないけれども、私は、むしろ、本質的に両者は似て非なる別物、と把握した方がわかりやすいのではないか、と考えて、そういう趣旨の講義をすることがある。

---

1) 最近の権威ある基本書では、例えば、伊藤眞『民事訴訟法〔第4版〕』(有斐閣、2011) 617頁は、固有必要的共同訴訟と類似必要的共同訴訟の区別について、「この区別は、共同訴訟としての訴え提起が強制されるか、いいかえれば、共同訴訟人たるべき者全員が当事者となってはじめて訴訟追行権が認められるか、それとも一部の者のみでも訴訟追行権が認められるかの違いである」とされているので、いわゆる「訴訟共同の必要」の要素の有無をメルクマールとしているといえるし、松本＝上野『民事訴訟法〔第7版〕』(弘文堂、2012) 710頁では、もっとはっきり「訴訟共同の必要性の有無により、固有必要的共同訴訟と類似必要的共同訴訟とに区別される」としている。高橋宏志『重点講義民事訴訟法 下〔第2版〕』(有斐閣、2012) 311頁では、同趣旨の表も付されている。

母法国ドイツでは、従前はしばしば、日本法でいう「固有必要的共同訴訟」だけを「notwendige Streitgenossenschaft（必要的共同訴訟）」と呼び、「類似必要的共同訴訟」にあたるものは「besondere Streitgenossenschaft（特別共同訴訟）」と呼んでいた[2]。なるほど、後者は、本来的

---

2) Vgl. Jauernig/Hess, Zivilprozessrecht 30. Aufl. C. H. Beck 2011, S. 332ff.
　古い文献によれば、「必要的共同訴訟」という呼称自体、Reichsgericht の判例を含め実務上の言い方で、学説上は、頭に「いわゆる（sogenannt）」を付け足して「『いわゆる』必要的共同訴訟」というか、より好まれたのは「実体的（materielle）」共同訴訟、という呼称であったという。Hachenberg, Die besondere Streitgenossenschaft, Bensheimer 1889, S. 1 ff.
　もっとも最近では、ドイツではむしろ、固有必要的共同訴訟のことを「実体法的（materiellrechtlich）」必要的共同訴訟とか「実体法上の理由に基づく（aus materiellrechtlichen Gründen）」必要的共同訴訟と呼び、類似必要的共同訴訟のことを「訴訟法的（prozessrechtlich）」必要的共同訴訟、「訴訟法上の理由に基づく（aus prozessrechtlichen Gründen）」必要的共同訴訟と呼んで、我が国同様に、必要的共同訴訟の二類型としている。すなわち、講学上、**実体法上の理由から共同訴訟人たるべき者が全員揃ってのみ訴え又は訴えられることができる**」ために訴訟共同が必要な場合を、「実体法的必要的共同訴訟」と呼び、「複数の共同訴訟人たるべき者のうち一人が単独で訴え又は訴えられることはできるが、いったん複数の共同訴訟人たるべき者が共同して訴え又は訴えられる場合には、すべての訴訟の裁判が、**訴訟法上の理由から**合一に、すなわち裁判が同内容にかつ同時に、なされなければならない」場合を、「訴訟法的必要的共同訴訟」と呼んでいる。後者の「訴訟法上の理由」は、片面的であれ両面的であれ**判決効が拡張されている場合**を指し、したがって訴訟法的必要的共同訴訟とは、我が国では一般に類似必要的共同訴訟と称しているものにあたるわけである。法文上も、必要的共同訴訟について ZPO62条 1 項が、「争われている権利関係が共同訴訟人の全員に対して合一にのみ確定されうる場合（第 1 文）」または「その他の理由から共同訴訟が必要的である場合（第 2 文）」と規定されているところ、前者が「訴訟法的」必要的共同訴訟、後者が「実体法的」必要的共同訴訟の規律と把握されている。実体法的必要的共同訴訟と訴訟法的必要的共同訴訟は、画然と区別されるべき二つの類型とされており、前者に、我が国のような訴訟法的理由を混入させることはもちろんないようである（Rosenberg/Schwab/Gottwald, Zivlprozessrecht 17. Aufl. C. H. Beck, S. 244ff.; Jauernig/Hess, aaO. など。もっとも、この「実体法上の理由に基づく」または「訴訟法上の理由に基づく」必要的共同訴訟という呼称が万能でないことも認めている。Jauernig/Hess, aaO. S. 333.）。
　私自身は、現在では、「固有」・「類似」必要的共同訴訟、という正・副のような語感のある（しかも「固有」が本来型でないような類型を包含している）カテゴライズよりも、ドイツ法のような「実体法的」・「訴訟法的」必要的共同訴訟といった並列的な用語にしたほうが講学上もわかりやすいのではないか、と考えているが、ただ並列的な用語にす

には「必要的共同訴訟」と呼称されなかった類型であるとすれば、「類似」と呼称した我が国の先人たちの知恵には敬畏の念を強くする。日本語の語感では、「類似早稲田大学」は、たぶん本当は「早稲田大学」ではない（けれども事実としては早稲田大学のような扱いをされている）ものを指すだろう。類似必要的共同訴訟は、必要的共同訴訟でないのだけれど必要的共同訴訟のような扱いをするものを指す、と考えられていたからではなかろうか。

では、本来（「固有」的に）、必要的共同訴訟になる（訴訟共同の必要がある）と考えられていたのは、何か。

よく用いられていたと思われる説明によれば、固有必要的共同訴訟とされるのは、主に「（訴訟物たる権利についての）**実体法上の管理処分権**」について「**共同行使の必要性**」がある（＝単独では行使できない）とき[3]（能働訴訟〔＝原告側で共同訴訟人となって、訴えを提起する〕の場合の説明。受働訴訟〔被告側が共同訴訟人〕の場合には、相手方全員において帰属する権利関係の管理・処分に関わるとき、という説明になろうか。以下の議論では能働訴訟型の説明に代表させる）である（以下これを、本来型、と呼んでおく）。実体法上の管理処分権が複数人に「分属」しているから、訴訟の入口から共同行使させる（訴訟追行権も共同した場合のみ認める）ことによって、訴訟の出口で

るにしても、我が国では、このあと述べるように、判例上、「固有」必要的共同訴訟のカテゴリーの中に、判決効の拡張を伴わない「訴訟法上の理由」に基づくものが混入するという独自の展開を見せているように思われるので、現代のドイツ法のような用語とは別のものを考案する必要があるように感じている。

3) 最判平成1・3・28民集43巻3号167頁の調査官解説（最判解民事篇平成元年度96頁〔田中壯太〕）も、兼子一『新修民事訴訟法体系〔増補版〕』（酒井書店、1965）384頁を引用しつつ「財産権又は訴訟追行権が数人に合有的又は総有的に帰属し、その権利行使（処分）を単独でできない場合」（99頁）と表現する。なお、高田裕成「いわゆる『訴訟共同の必要』についての覚え書─固有必要的共同訴訟論への一視覚─」三ケ月章先生古稀祝賀『民事手続法学の革新　中巻』（有斐閣、1991）175頁以下は、管理処分権の合有的帰属という性質は、効果の帰属について全員に共通に帰属することが必要とされているだけで、訴訟上の共同行使の必要は必ずしも導かないという理解に立って、訴訟共同の必要という規制が過剰な部分をもつことを指摘する。判例は、現在でも、後掲の最判平成20・7・17のように、原告側の「提訴共同」は諦めても、提訴非同調者を被告側に回す「訴訟共同」によって、合一確定を達成しようとしている。

ある判決で「合一確定」を達成しようというのである。**訴訟共同の必要**とは、「一定範囲の者が共同訴訟人になることを要求されること」[4]を言うが、**合一確定**とは、「判決の内容が、共同訴訟人ごとに区々バラバラではなく、全員について同一であること」[5]であり、固有必要的共同訴訟では、共同訴訟人たるべき者に分属している実体法上の権利について共同訴訟人全員に判決内容の合一確定をもたらす必要があり、判決内容の合一確定を達成するためには、訴訟共同が必要視されるという関係とみられているのである。なお、合一確定をもたらすために要求されるのは、訴訟共同ないし提訴共同[6]だけではない。40条の規律〔裁判資料の

---

4) 高橋・前掲注（1）311頁。
5) 松本＝上野・前掲注（1）710頁参照。これに対し、高橋・前掲注（1）311頁は、40条によって裁判資料の統一と手続進行の統一が要求されることを「合一確定の必要（または、手続合一の必要）」だとする。私見は、合一確定は「判決内容の合一」、40条の規律はそのために要する「手続合一の必要」と考えたほうがすっきりするように思う。ただ、「判決内容の合一」とそれを達成するための「手続合一の必要」とは不可分の関係にある、という制度設計だから、合一確定の必要、という表現からは、高橋教授のような説明が演繹されることは否定しない。ただ、高橋教授も、同書314頁では、「必要的共同訴訟は、40条の適用を受け、判決が合一にのみ確定されるよう手続進行の統一と裁判資料の統一という特別の規律を受ける」と説明されている。
6) 従前は、「訴訟共同の必要」というより「提訴共同の必要」という用語を用いることも少なくなかった。ただこの用語だと、原告側で雁首揃えて同時に訴え提起する、という意味になり、概念として狭い。例えば、①同時に共同提訴しなくても口頭弁論終結までに後から共同訴訟人たるべき者が共同訴訟参加（52条）したり弁論が併合されれば、当事者適格の欠缺の瑕疵が治癒すると考えられること（大判昭和9‐7‐31民集13巻1438頁、大阪高判平5‐3‐26高民集46巻1号13頁、知財高判平17-10-11〔http://www.courts.go.jp/hanrei/pdf/1A858F024C0D940F49257099001A30C2.pdf〕）、②相続人間内部で紛争になった場合のいわゆる対内的訴訟では、共同訴訟人たるべき者が原告か被告かに分かれた訴訟にならざるを得ないので、全員が「原告として」共同で「提訴」することは不可能であるが、原告か被告かを問わず全員が「当事者」になってさえいれば合一確定は達成できるので、提訴時に原被告に分かれる（「提訴」が共同ではない）ことは問題とならないとされていること、等からすれば、「提訴共同」の必要、というよりも「訴訟共同」の必要という用語を用いるのが適切である。本稿では、殊更「提訴共同」の意味を強調する場合に「提訴共同」の語を用いる。

なお、40条じたいは「提訴共同」を規律しておらず、あくまで固有必要的共同訴訟の「共同訴訟人の当事者適格」の存否についての解釈から「提訴共同」が論じられていることには注意が必要であろう。

統一・手続進行の統一〕に従い、さらに解釈上、受訴裁判所は審理・判決の分離が禁止される。

これに対して、「類似」必要的共同訴訟では、実体法上の権利が複数人に分属しているという関係にあるのではなく、実定法の規定なり解釈なりによって訴訟法上の判決効が当事者以外に拡張されている場合に、その判決効が拡張されている者が、個別に訴訟をすること自体は止められない（許される）し、一人の当事者が単独で当該訴訟で確定判決まで至ってしまえば、その判決効が拡張されて及ぶ者の間では、「合一確定」は（訴訟法上の判決効拡張によって）達成されてしまっている。しかし、何人かが連れ立って共同で訴え提起する場合（共同訴訟にする場合）または訴えを提起されて共同で被告にされた場合には、判決が同時に出されて、自分の受ける判決の効力と、一緒に訴訟している自分以外の共同訴訟人の判決の効力が互いに相手方に拡張しあうことになるが、その内容が矛盾していると、判決効が内容的に衝突してしまって具合が悪いので、それを避けるために、個別に訴え提起するなら別だけれども、連れ立って共同で訴訟をする場合だけは、判決内容を合一に確定しましょう、そのために40条の規律に従わせましょう、と、そういう関係に立っているのである。母法ドイツ法は、現在では、判決効の拡張に基づくこの場合を専ら「訴訟法的（訴訟法上の理由に基づく）」必要的共同訴訟と呼ぶが、我が国では、後述のように、固有必要的共同訴訟でも訴訟法（手続法）上の理由が混入する。

と、ここまで長々と、教科書的な説明を再確認してきたが、本稿で示そうと考えているのは、我が国の判例は、少なくとも、以上のような意味の「訴訟共同の必要」とは違う意味で、固有必要的共同訴訟をカテゴライズしている局面がある、ということである。我が国の近年の諸判例は、前述のような「訴訟共同の必要」についての「古典的な」理解では説明がつかず、新たな概念規定を要求しているように思われるからである。

2 判例上、固有必要的共同訴訟とされているもの

1 「訴訟共同の必要」が、実体法上の理由に基づくか、手続法上の理由に基づくか、という視座

　一般に基本書で説明されている通り、もちろん固有必要的共同訴訟になる場合は、前述のような①実体法上の管理処分権が単独では行使できない場合だけではなく、②他人間の権利変動を生じる形成の訴えの場合（当事者以外の者が提起する身分関係訴訟〔人訴12条2項〕や取締役解任の訴えにおける当該取締役と会社〔会社855条〕など）がある。

　「他人間」の権利関係についてそれ以外の者が訴訟で法律関係を変動させようというのであるから、その他人双方を共同被告とすべきである[7]というのが素朴な説明であるが、実体法上の管理処分権うんぬんではなく、他人間の権利関係を訴訟で変動させるという「形成訴訟」の性質に基づく手続法上の考慮で、権利関係の帰属主体全員に訴訟に関与させるべきという価値判断（「実質的手続保障」といわれる）に則っているもの、と考えられる。

　さらに、③数人の破産管財人がある場合の破産財団に関する訴訟とか数人の選定当事者による訴訟の場合も固有必要的共同訴訟に該るとされる典型例であるが、手続法上、同じ実体法上の権利利益について訴訟追行権が「分属」していて（あるいは「合有」されていて）、共同で行使する必要がある場合ということができる[8]。

7）「被告」側で必要的共同訴訟人の地位を考える場合には、提訴非同調者の問題〔後述〕を考える必要はなく、かつ形成訴訟の性質として（既判力では、既判力の本質を「訴訟法説」で考える限り、訴訟で既判力を得ても実体上の権利関係を何も変動させないが、形成力は、判決で宣言されるとその通り実体法上の権利変動を生じる効果を有する）、自分たちの権利利益を自分たち以外の者に「処分」されそうな当該訴訟手続に、必ず関与できる地位が付与されることを保障する、という解釈がそのまま妥当性を有する。

8）なお、兼子・前掲注（3）384頁は、①・②だけを類型に掲げ、③の場合は①の類型に含める。実体法上共同行使の必要はない権利であるが、手続法上は訴訟追行にあたって

ここで、②や③は、実体法上の権利利益と無関係ではないが、しかしその保護・貫徹に手続法がどう働くべきかを実体権が（いわば）「根拠づけている」と考えられる①のような関係にはない。①は、管理処分権の実体上の行使の延長線上に、訴訟手続上の行使を考えることができる（あるいは、「訴訟」をすることも、広い意味で管理処分権の行使の内容に含まれると考えることもできる）[9]が、②や③は、あくまで、共同訴訟人の地位に手続法上どのような扱いを与えるべきかは、手続法が評価判断して、実体法とはいちおう独立して考えることができる（少なくとも「実体法上の権利利益」じたいが訴訟法に対して、訴訟手続上の一定の取り扱いを要請しているものとまではいえない）。

　このようにみるとすれば、伝統的に、固有必要的共同訴訟となるとされていた場合でも、それが純粋に専ら実体法上の理由に基づくといえるものは、①の類型のみである。一般に、実体法上の観点（管理処分権）と手続法上の観点（訴訟政策）のいずれの要因によって「訴訟共同の必要」があるといえるか、すなわち固有必要的共同訴訟となるとするか、について管理処分権説と訴訟政策説の対立がある（いずれの説も両観点とも考慮しており、いずれの観点を重視するかの差だけである）、とされる[10]。もっとも、ここでいう訴訟政策説は、固有必要的共同訴訟として扱う際に生じる訴訟手続上の問題点（共同訴訟人たるべき者が多数にのぼる場合の確定の難しさや、後述するような提訴非同調者の取り扱いの問題等）を考慮し、紛争解決の実効性なり判決の矛盾回避の必要性なりをカウントして政策的に決定す

　　共同行使の必要があるに過ぎないので、本稿では区別すべきと考える。
9）　共有関係の確認を求める訴えの提起も、共有物の処分と同視できる（既判力の本質論で訴訟法説に立つ限り、「共有物の処分」そのものとはいえない）という理解に基づく。またそうした理解を従前の判例も前提としていたとも考えられる。三木＝笠井＝垣内＝菱田『リーガルクエスト民事訴訟法』（有斐閣、2013）539頁〔菱田雄郷〕参照。
　　なお、①でも、それが対内的な訴訟になる場合、すなわち、管理処分権が分属している者たちの間で「内部紛争」状態になり、内輪のケンカとなった場合、原告と被告に分かれて争うことにはなるが、一方は（管理処分権を）行使せよ、他方は行使するな、という争いであり、積極消極の立場の差はあるものの、管理処分権の行使（帰属をめぐる訴訟の追行）じたいは訴訟上「全員で」なされている、とみることができる。
10）　松本＝上野・前掲注（1）714頁以下参照。

るというものであるが、上述の②・③の類型では、そもそもそうした訴訟上の問題点が顕在化しないものであったといえそうである。

いずれにしても、我が国の「固有」必要的共同訴訟論では伝統的に、訴訟法（手続法）上の観点が混入していて、議論としては、実体法的観点と手続法的観点（ないし訴訟政策的観点）とを併せた衡量により、「訴訟共同の必要」があるかどうか（＝固有必要的共同訴訟になるかどうか）を決めているのが一般的傾向とされていることになる。この小稿では、「実体法的観点」と「手続法的観点（ないし訴訟政策的観点）」の総合考慮という我が国のやや大括りなファクターを、もう少しだけ具体化して、判例上、固有必要的共同訴訟でいう「訴訟共同の必要」が、専ら「実体法上の理由に基づく」必要性か「手続法上の理由に基づく」必要性か、という視座[11]から、近年の判例法理を概観・素描しておきたい。

実体法的観点を無視しているわけではないけれども、明らかに本来型の実体法上の理由（「実体法上の管理処分権の共同行使」の必要性）に基づくわけではなく、特定の手続法上の理由に基づいて「訴訟共同の必要」を導き出している一定の類型の判例が近時散見されており、かつまた、近時の「固有必要的共同訴訟」該当性をめぐる争いの主戦場は、実はそうした類型にあるようにも感じるからである。

2 「手続法上の理由に基づく」固有必要的共同訴訟

判例上、「訴訟共同の必要」が、実体法上の理由に基づくものではな

---

11) ドイツ法でいう、「実体法上の理由に基づく」必要性か「訴訟法上の理由に基づく」必要性か、という議論は、「合一確定」の必要性の性質に関するもので、すなわち（我が国でいうところの）固有必要的共同訴訟か類似必要的共同訴訟か、を分ける議論であるが、本稿での議論は、固有必要的共同訴訟の「訴訟共同」の必要について、手続法上の観点を混入させる我が国ならではの議論を前提にしたものである。すなわち、固有必要的共同訴訟の内部で、その「訴訟共同」が主に「実体法上の理由に基づく」必要性か「手続法上の理由に基づく」必要性か、という切り口で判例を整理しておきたい、ということである（ドイツ法の議論と区別するために、我が国の「訴訟共同の必要」に関する場合は、「訴訟法」ではなく「手続法」という語を用いておく）。「観点」は、必ずしも、提訴共同なり訴訟共同なりの必要性を導き出す直接の決定的な「理由」になっているわけではないからである。

く、専ら手続法上の理由に基づくのではないかとみられるものを、以下でみていきたい。前述の通り我が国では、「固有必要的共同訴訟」該当性に、実体法上の観点のみならず手続法上の観点までも含ましめて考えるのが一般であるので、その中で手続法上の観点を強調しても理論的な破綻はないようではあるが、しかし、本来型が実体法上の理由（＝管理処分権の共同行使の必要性）に基づくものだとすれば、本来型からはかなり離れるか、あるいは完全に離れているのではないかと思われるケースである。

①第一が、共有地についての境界確定訴訟である。共有地についての境界確定訴訟に関し、最判昭和46・12・9民集25巻9号1457頁（判時667号27頁、判タ277号151頁）は、

> 「土地の境界は、土地の所有権と密接な関係を有するものであり、かつ、隣接する土地の所有者全員について合一に確定すべきものであるから、境界の確定を求める訴は、隣接する土地の一方または双方が数名の共有に属する場合には、共有者全員が共同してのみ訴えまたは訴えられることを要する固有必要的共同訴訟と解するのが相当である。」

と判示している。

この最判昭和46・12・9の調査官解説[12]は、境界確定訴訟の法的性質について最高裁が「形式的形成訴訟」説に立っていることを前提としている。そうすると訴訟の対象は「公法上の筆界（地番と地番の境界）」ということになる。それゆえ、「土地の所有者が地番と地番の境界そのものについて管理処分権を有しないことは明らかである」と明言する。少なくとも実体法上の管理処分権の共同行使の必要性という実体法上の理由は根拠とならない。

そこで、「境界確定訴訟を私人間の訴訟として認める限り、最も密接な利害関係を有し、社会的にも紛争の当事者であり、その者に対し判決をすればその紛争を解決しうる者に当事者適格を与えるべきであり」「かかる者として相隣接する地番の土地の所有者に当事者適格を認める

---

12) 柴田保幸・最判解民事篇昭和46年度406頁以下。

べきであ」り、「土地が数名の共有に属する場合には、境界の確定につき共有者全員が共同の利害関係を有すると解され（民251条参照）、地番と地番の境界は共有者全員について合一に確定すべきものである」から、訴訟共同の必要がある、としている。

すなわち、境界の確定について、隣接共有地の共有者は全員、共同の「最も密接な利害関係」をもつことが理由とされており、それ自体は、実体法的な観点から離れたものではないけれども、訴訟物たる権利関係との関係で定められるべき当事者適格の議論としては、「公法上の筆界」という訴訟の対象たる権利関係そのものが、「実体法上の理由」になることはない。公法上の筆界に「最も密接な利害関係」を有する隣地共有者全員にのみ当事者適格を与えることが、「その者に対し判決をすればその紛争を解決しうる者」に当事者適格が認められるとする当事者適格についての訴訟法上の理論に合致するから、境界線の隣地共有者全員揃ってのみ、境界確定訴訟の当事者適格を与える、という判断をしているわけである。これこそ、「手続法上の理由に基づく」訴訟共同の必要性である。

興味深いのは、この最判昭和46・12・9を引用して、共有地についての境界確定訴訟を固有必要的共同訴訟であることを確認した最判平成11・11・9民集53巻8号1421頁（判時1699号79頁、判タ1021号128頁）の調査官解説[13]が、提訴非同調者を被告にまわした処理（後述2．）に関して、「問題の所在」の冒頭で、相隣接する土地の共同所有者に境界確定ができないと、「例えば、共有物分割や遺産分割の前提としてその対象となる土地の範囲を確定するために境界の確定が必要とされる場合」にそうした手続が進められなくなってしまう、と指摘している点である。すでに、「共有物分割・遺産分割手続の前提」としての訴訟、という性質論（＝まさに手続法上の理由）がここで（限られた局面ではあるが）登場していることに留意しておきたい。

②第二に、遺産確認の訴えである。

---

13) 佐久間邦夫・最判解民事篇平成11年度195頁以下。特に202頁参照。

まず遺産確認の訴えの議論をする前提として、遺言無効確認の訴えが必要的共同訴訟かどうかを確認しておく必要がある。後述するように判例で遺言無効確認の訴えが「固有必要的共同訴訟」とされなかったことが、遺産確認の訴えの必要性を生じさせたからである。

そこで遺言無効確認の訴えの「固有必要的共同訴訟」該当性について、最判昭和56・9・11民集35巻6号1013頁[14]（判時1023号48頁、判タ454号84頁）は、「原審の適法に確定した事実関係のもとにおいて、本件遺言無効確認の訴が固有必要的共同訴訟にあたらないとした原審の判断は、正当として是認することができる。」と判示した。この原審は第一審の判断を支持しており、そこで、第一審判決をみると（引用判文の太字強調

---

14) 本件最判を、「単に相続分及び遺産分割の方法を指定したにすぎない」ような遺言無効確認の訴えに限って固有必要的共同訴訟に該らないものとした判例、と射程を狭く解することも可能ではあるが、本件最判の調査官解説（淺生重機・最判解民事篇昭和56年度500頁以下）は、射程は相当に広い、とする（数人の遺言執行者を指定したにすぎない遺言のような特殊な場合のみ射程が及ばないと解するのであろう。太田晃詳・最判解民事篇平成16年度（下）427頁参照）。

実体法の観点としても、山本克己「遺産分割の前提問題の確認対象としての適格性」法教284号（2004）78頁以下が指摘するように、遺言について共同相続人に管理処分権が共同的に帰属するとは言い難い、ということもあるし、遺言の内容が広汎すぎて、例えば後見人の指定のみを内容とする遺言では、後ろに遺産分割が控えているにしても「訴訟共同の必要」までは要しないという場合もあろう。前掲・淺生調査官解説508頁は、固有必要的共同訴訟の方が望ましいとしつつも、そうすると理想を追うあまり訴訟を極端に複雑化させ、かつ関係者に無用の負担を課する結果となるから、固有必要的共同訴訟説に利点があることを認めながらその説に徹底できないのであろう、とする。「共同相続人全員の関与を要求する遺産分割手続の前提手続としての実効性を確保する必要性」という手続法上の理由も、より大きな訴訟法的観点の内部で、訴訟政策的考慮により徹底を諦める場合があるということであろう。

なお、高橋・前掲注（1）340頁は、実体法的観点より根本的な理由は、手続法上の理由すなわち「遺産分割手続の前提としての訴訟」性（実効性確保）という点だという立場から、遺産分割手続が後行するという視点で眺めれば、むしろ、遺言無効確認の訴えは原則的には固有必要的共同訴訟だとしてよいとされる。

もっとも、判例は、後ろに遺産分割が控えている局面では、遺産分割手続の「対象（客体）」となる範囲については「遺産確認の訴え」を、遺産分割手続の「主体」の範囲については「相続人の地位不存在確認の訴え」を固有必要的共同訴訟として認め、合一確定をはかることで、遺産分割手続の前提としての訴訟については手当てしていると評価することも可能であろう。

や下線は筆者による、以下同じ）、

　「確認訴訟として許容せらるべき遺言無効確認の訴は、**その実質が相続財産に対する相手方の権利の全部又は一部の不存在の主張であること及び相続財産に対する共同所有関係は合有ではなく共有と解すべきであること**に鑑みれば、遺言無効確認の訴を、当事者以外の者にまで判決の効力を及ぼすべき特種の訴と解さなければならない法的根拠に乏しいものといわなければならない。ただ遺言につき遺言執行者がある場合には遺言に関係ある財産については相続人は処分権能を失い、遺言執行者のみが遺言の執行に必要な一切の行為をする権利義務を有するので、遺言執行者を被告として遺言無効確認の訴を提起でき、かかる場合の判決の効力は受遺者に及ぶけれども、これは遺言執行者が前述の資格において自己の名を以つて受遺者のため被告となつた訴訟担当の場合に該当するものとして民訴法二〇一条二項により利益帰属主体たる受遺者に判決の効力が及ぼされることによるものにすぎないのである。

　　即ち遺言無効確認の訴は通常の確認訴訟であつて、固有又は類似の必要的共同訴訟と解すべきものではない。」

と判示している。どちらかというと類似必要的共同訴訟にはならない理由が掲げられているが、通常の確認訴訟に過ぎず固有必要的共同訴訟にも該らないとしており、それは、判示中の太字で強調した部分（実体法上の理由）を主たる理由とするものであろう。

　ともあれ、遺言無効確認訴訟では、推定相続人間の遺産を巡る争いが合一的な解決を得られなくなり、そこで代わって登場したのが、共同相続人間において特定の財産が被相続人の遺産に属することの確認を求める「遺産確認の訴え」である。

　遺産確認の訴えは、最判昭和61・3・13民集40巻2号389頁（判時1194号76頁、判タ602号51頁）が、

　「当該財産が現に被相続人の遺産に属すること、換言すれば、当該財産が現に共同相続人による遺産分割前の共有関係にあることの確認を求める訴えであつて、その原告勝訴の確定判決は、当該財産が遺産分割の対象たる財産であることを既判力をもつて確定し、したがつて、**これに続く遺産分割審判の手続において及びその審判の確定後に当該財産の遺**

産帰属性を争うことを許さず、もつて、原告の前記意思によりかなつた紛争の解決を図ることができるところであるから、かかる訴えは適法というべきである。もとより、共同相続人が分割前の遺産を共同所有する法律関係は、基本的には民法二四九条以下に規定する共有と性質を異にするものではないが（最高裁昭和二八年（オ）第一六三号同三〇年五月三一日第三小法廷判決・民集九巻六号七九三頁参照）、共同所有の関係を解消するためにとるべき裁判手続は、前者では遺産分割審判であり、後者では共有物分割訴訟であつて（最高裁昭和四七年（オ）第一二一号同五〇年一一月七日第二小法廷判決・民集二九巻一〇号一五二五頁参照）、それによる所有権取得の効力も相違するというように制度上の差異があることは否定しえず、その差異から生じる必要性のために遺産確認の訴えを認めることは、分割前の遺産の共有が民法二四九条以下に規定する共有と基本的に共同所有の性質を同じくすることと矛盾するものではない。」

として、その確認の訴えとしての適法性を認めた。

この最判昭和61・3・13が、遺産分割の手続の前提として当該財産が遺産分割の対象たる財産であること（相続人間で当該財産の遺産帰属性を争えないこと）を既判力をもって確定することが紛争の抜本的解決につながるという（手続法上の）理由から、確認の利益を認めていることを受けて、最判平成1・3・28民集43巻3号167頁（判時1313号129頁、判タ698号202頁）は、

「遺産確認の訴えは、当該財産が現に共同相続人による遺産分割前の共有関係にあることの確認を求める訴えであり、その**原告勝訴の確定判決は、当該財産が遺産分割の対象である財産であることを既判力をもって確定し、これに続く遺産分割審判の手続及び右審判の確定後において、当該財産の遺産帰属性を争うことを許さないとすることによって共同相続人間の紛争の解決に資することができるのであって、この点に右訴えの適法性を肯定する実質的根拠がある**のであるから（最高裁昭和五七年（オ）第一八四号同六一年三月一三日第一小法廷判決・民集四〇巻二号三八九頁参照）、右訴えは、共同相続人全員が当事者として関与し、その間で合一にのみ確定することを要するいわゆる固有必要的共同訴訟

と解するのが相当である。」

と判示した。遺産共有という共有関係の確認である、という実体法上の観点を含んではいるものの、それが固有必要的共同訴訟とする決定的理由になったというより、むしろ、遺産分割の手続（協議も、協議が調わない場合の調停や審判も、共同相続人全員の関与が必要)[15]の前提となる訴訟、という訴訟の性質が、共同相続人全員が当事者として訴訟に関与することを要請する、という手続法上の理由から訴訟共同の必要を導いているものとみられる[16]。すなわち、最判平成1・3・28の調査官解説[17]が言うような**「共同相続人全員の関与を要求する遺産分割手続の前提手続としての実効性を確保する必要性」**という、手続法上の理由が訴訟共同の必要を直接演繹しているのである。

③第三は、相続人の地位不存在確認の訴えである。②の遺産確認の訴えが、遺産分割の客体を確定するものであるのに対し、相続人の地位不存在確認の訴えは、遺産分割の手続の主体の範囲を確定するものであるといえる。

最判平成16・7・6民集58巻5号1319頁は、

「被相続人の遺産につき特定の共同相続人が相続人の地位を有するか否かの点は、遺産分割をすべき当事者の範囲、相続分及び遺留分の算定**等の相続関係の処理における基本的な事項の前提となる事柄**である。そして、共同相続人が、他の共同相続人に対し、その者が被相続人の遺産につき相続人の地位を有しないことの確認を求める訴えは、**当該他の共同相続人に相続欠格事由があるか否か等を審理判断し、遺産分割前の共有関係にある当該遺産につきその者が相続人の地位を有するか否かを既**

---

15) 田中（壯）・前掲注（3）105頁。
16) 遺産共有という共有関係の確認であるとした判示理由（実体法的観点）が、共有者間の共有関係確認の訴えを固有必要的共同訴訟とした判例の流れと整合的であることは確かであるし、そうした観点を含んでいることは確かであるが、本件で訴訟共同の必要を肯定した決定的考慮といえるのは、手続法上の理由の方であると考えるのが多数的見解と思われる（越山和広・百選〔4版〕101事件解説、髙橋・前掲（1）340頁参照）。
17) 田中（壯）・前掲注（3）104頁。なお、同105頁で、この平成1年最判は判文上「訴訟政策的観点のみを重視しているかのようにもみえるけれども」そうではない、と注意を促している。

判力をもって確定することにより、**遺産分割審判の手続等における上記の点に関する紛議の発生を防止し、共同相続人間の紛争解決に資する**ことを目的とするものである。このような上記訴えの趣旨、目的にかんがみると、上記訴えは、共同相続人全員が当事者として関与し、その間で合一にのみ確定することを要するものというべきであり、いわゆる固有必要的共同訴訟と解するのが相当である。」

と判示する。

本件最判の調査官解説[18]は、「共同相続人間で被相続人の遺産につき相続人の地位の不存在を確定する確認の利益（即時確定の利益）が認められるのは、遺産分割手続等の前提問題として、相続人の範囲についての争いをなくすことにある」としたうえで、上記②で掲げた遺産確認の訴えと同様に、この確認の利益を肯定する限り、固有必要的共同訴訟と解するのが相当だとする。すなわち、②の遺産確認の訴えと同様、「共同相続人全員の関与を要求する遺産分割手続の前提手続としての実効性を確保する必要性」という手続法上の理由が、訴訟共同の必要を演繹することになるのである[19]。

この点は、最判平成22・3・16民集64巻2号498頁（判時2081号12頁、判タ1325号82頁）でも同様とみられる[20]。

---

18) 太田・前掲注（14）421頁以下、特に431頁。
19) 太田・前掲注（14）431頁は、目的物件について一定数の数人の間に共有関係が存するか否かについての争いは固有必要的共同訴訟と解されているが、本件最判が「**遺産分割前の共有関係**にある当該遺産につきその者が相続人の地位を有するか否かを既判力をもって確定する」と判示するのは、そうした実体法的観点を踏まえている、とする。それじたいはその通りで、実体法的観点は含まれているが、相続人の地位不存在確認の訴えは、直接には、共有権確認訴訟でも共有関係確認訴訟でもなく（共有者たる人の範囲を確定する訴訟である）、共有権の処分でもないので、実体法上の理由（「管理処分権の共同行使の必要」）が「訴訟共同の必要」を直接演繹しているわけではない。
20) この最判平成22・3・16は、最判平成16・7・6をそのまま引用している。最判平成22・3・16の調査官解説である田中一彦・曹時64巻12号218頁も、（共同訴訟人の一方が「相続権不存在確認」請求の被告とはなっていないと考えてその者の控訴を却下した結果、共同被告間で相続人の範囲が区々バラバラになり）遺産分割手続等において解決困難な問題を生じ、本件訴訟の趣旨・目的を没却する、とする。
少々興味深いのは、最判平成16・7・6も最判平成22・3・16も、原審ないし原原審では、請求の趣旨が「相続権不存在確認」とされていて固有必要的共同訴訟とは解され

以上①～③までみてくると、結局、「訴訟共同の必要」性を判断するのに、実体法的観点をふまえていないわけではないが、それは伝統的な「管理処分権の共同行使の必要」という実体法上の理由からは離れ（共有関係に関係する、という範囲で当事者適格の判断に影響するが「訴訟共同の必要」を直接的にもたらすわけではない）、上記の①類型を除くと（①でも後に遺産分割の手続が控えている場合は同様の考慮ができるが）、②や③の類型にみられるように、「共同相続人全員の関与を要求する遺産分割手続の前提手続としての実効性を確保する必要性」という手続法上の理由が専ら「訴訟共同の必要」を演繹する、というカテゴリーを判例は認めてきている、と総括できる。

　以上のような総括に頷くかどうかはともかくとして、少なくとも「管理処分権の共同行使の必要」からは「訴訟共同の必要」が直接導けない類型であることは確かなので、近年の上記各判例において「訴訟共同の必要」ひいては「固有必要的共同訴訟」該当性を認める理由についての判示における「実体法上の観点」が、従前の本来型とは異質のものであり、しかもそうした実体法上の観点は背後に引っ込んで、手続法上の要請こそが主たる理由になっていることは肯認できよう。

ていなかったものが、最判平成16・7・6では事件名はそのままに、内容的に「相続人の地位不存在確認」だと扱われて判断され、最判平成22・3・16では上告審に至って「相続権の地位不存在確認」と引き直されて判断されており、「相続権不存在確認」と扱っていた両原審はいずれもこれを固有必要的共同訴訟とは判断していなかった点である。特に、最判平成22・3・16の時点では、最判平成16・7・6が既にあって「相続人の地位不存在確認」の訴えが固有必要的共同訴訟であることは判例上明白であったにもかかわらず、そう扱わなかったのはなぜであろうか。先行判例の単純な見落としでなかったとすれば、「相続権不存在確認」請求訴訟だと、そこに包含される内容が広すぎて、実質が遺言無効確認であったり相続人の地位不存在確認であったりするので（実際には、いずれも遺言の偽造が原因と主張されている場面。遺言の偽造だから遺言無効だ、とか、あの者は遺言を偽造したから相続人の欠格事由にあたり相続人の地位にない、などと主張される）、遺言無効確認請求に引き寄せて考えると個別訴訟だとみられる余地が出てしまったからではなかろうか。

3 固有必要的共同訴訟における
　　提訴非同調者の取扱い

　次に、ある訴訟を「固有必要的共同訴訟」と性質決定した瞬間に生じうる困難な問題、すなわち提訴非同調者の取扱いについて、近時の判例理論を、「訴訟共同の必要」の観点から確認しておきたい。

1 「訴訟共同の必要」と提訴非同調者の問題
　固有必要的共同訴訟で、「訴訟共同」が必要とされる場合に、訴訟上の難点がいくつかある。
　まず、共同訴訟人たるべき者に、行方不明者や失踪者が含まれていたらどうするか。これは、不在者の財産管理人の制度（民25条）や失踪宣告の制度（民30条）で対応可能であるとされる。
　次に、入会権者など、人数が多い場合にその全員を捕捉しきれるか、あるいは、全員だと思って提訴していたら後から欠落が判明した場合、即、不適法却下とされていいのか、という問題がある。これについては、訴訟手続の進行状況に応じて当事者適格を弾力的に捉えることで対応する、という方策が学説上提案されている。すなわち、事実審の初期には、できる限り関係人を当事者にする努力をしていなければ訴え却下すべきだが、その努力をしていて控訴審の判決間際や上告審になって欠落が判明した場合には、そのまま現状当事者となっている者だけで適法と考えよ、というものである[21]。もとより、欠落が判明した者が共同訴訟参加（52条）することで、瑕疵は治癒すると考えてよいが、それがなされないまま、固有必要的共同訴訟で本案判決を許す処理には、実務的な妥当性はともかく、理論的に抵抗感がある[22]。もともと持分権による

---

21) 高橋・前掲注（1）331頁。
22) もとより高橋説（前掲注（21））は、この問題ゆえに固有必要的共同訴訟としないと短絡的に考えるのではなく、あくまで共有権一般に「固有必要的共同訴訟」たるべきことを要求しておき、やむを得ない当事者欠落場面になったら持分権による個別訴訟の処理

個別訴訟処理が可能な場面でも、できる限り共有権に関わる訴訟について「訴訟共同」を要求し、やむをえない事情で当事者の欠落が判明した場面では持分権による個別訴訟処理に移行する（欠落者以外の者の持分権による個別訴訟として適法視する）、という限定された局面ではもとより首肯できるが、もともと個別訴訟処理ができない場面での当事者欠落の判明は、理論的には却下をもたらすと言わざるを得ないであろう。

第三の問題は、能働訴訟で固有必要的共同訴訟とされる場合、すなわち原告側で訴訟共同の必要がある場合、原告側の訴え提起に加わらない者がいた場合の処理の問題である。

例えば、㋑むしろ紛争の相手方に立場が近いとして提訴を拒絶したり、㋺訴訟そのものがとにかくイヤだとして訴訟に反対だったり、㋩いま訴え提起を逸る一部の者こそが短兵急であり、もっとじっくり証拠を揃えるなり訴訟の準備をしてから訴え提起すべきだと考えて現状では加わらないとしたり、等々、訴え提起に加わらない動機は様々でありうる。

固有必要的共同訴訟では、こうした「提訴非同調者」がいた場合、残余の者だけでは当事者適格を有しないから、このままでは、提訴したい者の訴権を奪いかねない。しかし、上記㋑の場合はともかくとして、㋺の提訴非同調者を責めることは妥当ではなく、㋩の場面では責められるべきは今訴え提起に走っている提訴希望者の方で、その者らに訴訟を許せば、その者らの準備不足に起因する拙劣な訴訟追行（とその結果）により、残る提訴非同調者の（正当な）裁判を受ける権利が実質的に阻害されかねないおそれすらある。

したがって、提訴非同調者がいると提訴したい者の出訴の途を閉ざして妥当でないから提訴希望者にとにかく出訴させてやる方策を採るべきだ、という考え方をするのであれば、それは一方の利に偏していると言わざるを得ない。

に移行すればよい、ということのようであり、もともと通説より「固有必要的共同訴訟」と解する範囲が広く、その通説より広い場面が念頭に置かれているようである。

ではどのように考えるか。以下で判例による対処を確認しておこう。

2 提訴非同調者の処理に関する二つの重要判例

判例は、平成10年代以降、二つの異なる場面で、一定の条件下で、提訴非同調者を被告にまわす処理を認めるに至った。

第一は、本稿の1．でも取り上げた、最判平成11・1・9民集53巻8号1421頁（判時1699号79頁、判タ1021号128頁）である。

この事件で、提訴非同調者を被告にすれば「訴訟共同の必要」をみたすとされたのは、境界確定訴訟の特殊性によるところが大きい。境界確定訴訟は、一般に、形式的形成訴訟とされており、実質的には非訟事件であって処分権主義が妥当しないとされているから、仮に原告側にいたとしてもその申立てに裁判所が拘束されるわけではなく（民訴246条の枠外）、その意味で、被告側にいても、訴訟に関与する機会が与えられている限りでは、提訴後の当事者としての訴訟上の地位について、原告の地位と変わりがないと考えられるからである。

このことを、同最判の千種秀夫裁判官の補足意見は、以下のようにいう。

> 「私は、境界確定の訴えにおいて、共有者の一部の者が原告として訴えを提起することに同調しない場合、この者を本来の被告と共に被告として訴えを提起することができるとする法廷意見の結論に賛成するものであるが、これは、飽くまで、境界確定の訴えの特殊性に由来する便法であって、右の者に独立した被告適格を与えるものではなく、他の必要的共同訴訟に直ちに類推適用し得るものでないことを一言付言しておきたい。」

> 「（中略）非同調者は、これを被告とするといっても、隣地所有者とは立場が異なり、原審が「二次被告」と称したように特別な立場にある者として理解せざるを得ない。にもかかわらず、これを被告として取り扱うことを是とするのは、判示もいうとおり、境界確定の訴えが本質的には非訟事件であって、訴訟に関与していれば、その申立てや主張に拘らず、裁判所が判断を下しうるという訴えの性格によるものだからであ

る。」

さらに、千種補足意見は、このような処理の問題性についても、付言している。

「土地の境界は、土地の所有権と密接な関係を有するものであり、かつ、隣接する土地の所有者全員について合一に確定すべきものであるから、境界の確定を求める訴えは、隣接する土地の一方又は双方が数名の共有に属する場合には、共有者全員が共同してのみ訴え、又は訴えられるのが原則である。したがって、共有者の一人が原告として訴えを提起することに同調しないからといって、その者が右の意味で被告となるべき者と同じ立場で訴えられるべき理由はない。もし、当事者に加える必要があれば、原告の一員として訴訟に引き込む途を考えることが筋であり、また、自ら原告となることを肯じない場合、参加人又は訴訟被告知者として、訴訟に参加し、あるいはその判決の効力を及ぼす途を検討すべきであろう。」

「事実、共有者間に隣地との境界について見解が一致せず、あるいは隣地所有者との争いを好まぬ者が居たからといって、他の共有者らがその者のみを相手に訴えを起こし得るものではなく、その意味では、その者は、他の共有者らの提起する境界確定の訴えについては、当然には被告適格を有しないのである。したがって、仮に判示のとおり便宜その者を被告として訴訟に関与させたとしても、その者が、訴訟の過程で、原告となった他の共有者の死亡等によりその原告たる地位を承継すれば、当初被告であった者が原告の地位も承継することになるであろうし、判決の結果、双方が控訴し、当の被告がいずれにも同調しない場合、双方の被控訴人として取り扱うのかといった問題も生じないわけではない。」

すなわち、本来的には提訴非同調者が被告適格を有していないのではないかという問題、原告の一人の死亡により被告にされた提訴非同調者に当然承継が生じた場合の処理の問題、原告と本来的被告の双方の控訴で提訴非同調者が控訴しなかった場合の提訴非同調者の地位如何（双方の被控訴人か）の問題、が指摘されている。

他にも次の問題が指摘できよう。上記（2．(1)）の㈧のような当事者が1人で訴え提起しても、残りは全部被告に回していいことになるか、

という問題、そして、上訴で、被告にまわした提訴非同調者（潜在的原告）が改めて原告にまわることを希望した場合の処理の問題である。しかしこれらの問題は、訴訟法内部で、ある程度政策的に解決できないものでもないであろう。

　第二は、最判平成20・7・17民集62巻7号1994頁（判時2019号22頁、判タ1279号115頁。百選〔4版〕98事件）である。

　以下のような判示をしている（重要な判例なので、やや長い引用になるが許されたい）。

　　「上告人らは、本件各土地について所有権を取得したと主張する被上告会社に対し、本件各土地が本件入会集団の入会地であることの確認を求めたいと考えたが、本件入会集団の内部においても本件各土地の帰属について争いがあり、被上告人入会権者らは上記確認を求める訴えを提起することについて同調しなかったので、対内的にも対外的にも本件各土地が本件入会集団の入会地であること、すなわち上告人らを含む本件入会集団の構成員全員が本件各土地について共有の性質を有する入会権を有することを合一的に確定するため、被上告会社だけでなく、被上告人入会権者らも被告として本件訴訟を提起したものと解される。

　　特定の土地が入会地であることの確認を求める訴えは、（中略）、入会集団の構成員全員が当事者として関与し、その間で合一にのみ確定することを要する固有必要的共同訴訟である。そして、**入会集団の構成員のうちに入会権の確認を求める訴えを提起することに同調しない者がいる場合であっても、入会権の存否について争いのあるときは、民事訴訟を通じてこれを確定する必要があることは否定することができず、入会権の存在を主張する構成員の訴権は保護されなければならない**。そこで、**入会集団の構成員のうちに入会権確認の訴えを提起することに同調しない者がいる場合には、入会権の存在を主張する構成員が原告となり、同訴えを提起することに同調しない者を被告に加えて、同訴えを提起することも許されるものと解するのが相当である**。このような訴えの提起を認めて、判決の効力を入会集団の構成員全員に及ぼしても、構成員全員が訴訟の当事者として関与するのであるから、構成員の利益が害されることはないというべきである。

最高裁昭和34年（オ）第650号同41年11月25日第二小法廷判決・民集20巻9号1921頁は、入会権の確認を求める訴えは権利者全員が共同してのみ提起し得る固有必要的共同訴訟というべきであると判示しているが、上記判示は、土地の登記名義人である村を被告として、入会集団の一部の構成員が当該土地につき入会権を有することの確認を求めて提起した訴えに関するものであり、入会集団の一部の構成員が、前記のような形式で、当該土地につき入会集団の構成員全員が入会権を有することの確認を求める訴えを提起することを許さないとするものではないと解するのが相当である。

　したがって、**特定の土地が入会地であるのか第三者の所有地であるのかについて争いがあり、入会集団の一部の構成員が、当該第三者を被告として、訴訟によって当該土地が入会地であることの確認を求めたいと考えた場合において、訴えの提起に同調しない構成員がいるために構成員全員で訴えを提起することができないときは、上記一部の構成員は、訴えの提起に同調しない構成員も被告に加え、構成員全員が訴訟当事者となる形式**で当該土地が入会地であること、すなわち、**入会集団の構成員全員が当該土地について入会権を有することの確認を求める訴えを提起することが許され、構成員全員による訴えの提起ではないことを理由に当事者適格を否定されることはないというべきである。」**

ここでいう「訴権の保護」が、とにかく提訴非同調者がいたら提訴できないから保護に値するものとして常に発動するものかについて、本件の調査官解説[23]は、

　「本件のような事例においては、訴訟手続によって紛争を解決すべき法律上の利益を当事者が有していると認められる上」、「入会集団の一部の構成員が入会権確認の訴えの提起を許さないとするのは、**管理処分権行使の方法における厳格性を貫こうとする余り、その本体である入会権の対象たる入会地の権利が入会集団から不当に移転されてしまっても、その状態を訴訟手続によって是正できないという不都合な結果を招くおそれがある**」。「本判決が『入会権の存在を主張する構成員の訴権は保護されなければならない』としたのは、以上の点を考慮して、入会集団の

23）　高橋譲・最判解民事篇平成20年度404頁以下、とくに415頁。

権利保護の必要性を重視したものと考えられる」

としている。すなわち、提訴非同調者を被告側に回す処理を許さないとした場合、「入会権の対象たる入会地の権利が入会集団から不当に移転されてしまっても、その状態を訴訟手続によって是正できないという不都合な結果を招くおそれがある」ならば、「訴権の保護」の必要があり、したがって提訴非同調者を被告側に回すことが正当化できる、ということである。この、条件付きの「訴権の保護」の必要性という点こそが、前掲・平成11年最判における「提訴非同調者を被告にまわす処理」の根拠が使えない本件での固有の根拠であり、かつ前掲・平成11年最判では妥当しない理由付けである。

さらに、本件最判の調査官解説[24]では、少なくとも狭義の共有関係の確認を求める訴えについては本件判旨の射程が及ぶとする。

そうすると、本件最判の判示は、実体法上の観点（管理処分権の共同行使の必要。ここでは「共有〔総有〕の性質を有する入会権の確認」が、共同でなされる必要があること）では、原告側で雁首を揃えるという「提訴共同の必要」しか根拠づけられないところ、上記のような限定的な意味での「訴権の保護」の必要という手続法的な要請が、提訴非同調者を被告に回す処理を正当化している（それは狭義の共有関係の確認全般に妥当する）ものと、把握することができる。かかる意味での「訴訟共同の必要」（原被告に別れても、訴訟に関与してさえいれば[25]、最終的には合一確定を達成できる）についても、手続法的な要請から根拠づけようとしていることが、「訴訟共同の必要」の判例理論の現在の到達点である。ここに至っては、実体法上の理由に基づく「合一確定の必要」は、それを達成する手段としての「訴訟共同の必要」が本来型の「提訴共同」から変容することを禁じ

---

24) 髙橋（譲）・前掲注（23）416頁。
25) この点は、平成20年最判の判示上、被告に回されても訴訟に関与さえしていれば、判決効を及ぼしても提訴非同調者の利益が害されることはない、ということで、提訴非同調者を被告に回してもよいとする（「訴権の保護」と並ぶ）根拠に挙げられている。これだけみると、あくまで訴訟上の地位として原告から被告への変更による不利益はない、という手続法上の観点であるが、類似必要的共同訴訟との違いとして、あくまで共有者全員に当事者としての関与を要求するのは、実体法上の観点による。

てはいない、という前提が一般化したことを示している。

つまり、「訴訟共同の必要」は、いささか図式的に言えば、以下の三段階を踏んで来ているとみられる。

第一段階は、管理処分権が共同行使されることを民法が要請しているため、すなわち、訴訟上、管理処分権が共同で行使されないと権利の管理処分についての判断も合一に確定しないため、訴訟共同（この段階では、提訴共同と同義）の必要がある、とみる段階である。次に**第二段階**として、共有者間の内部紛争（対内訴訟）では、一方が原告・他方が被告、というように原被告に別れざるを得ないし（その場合には当該紛争に対する態度の如何にかかわらず、つまり原告たる共有者と対立関係になくとも、提訴非同調でありさえすれば被告に回される）、全員が当事者にさえなっていれば判断の合一確定は達成できるとして、必ずしも提訴共同を必要視しない「訴訟共同の必要」を認める段階にあったのが、平成20年最判以前の判例の状況であった。

そして平成20年最判によって、**第三段階**として、対内訴訟でなくても（＝必然的に原被告に別れることになる〔原被告に別れないと訴訟にならない〕、のではなくとも）、対第三者との関係で本来は管理処分権の共同行使（＝提訴共同）をすべき対外訴訟の場面でも、条件付きの「訴権の保護」の必要という手続法上の要請から[26]、提訴非同調者を被告として訴えを提起することが許される、とした段階に至ったのである。

すなわち第三段階では、共有者間での当該紛争に対する態度の如何にかかわらず、共有者内部では対内紛争扱いで、明確な反対者は当然に被告として、明確な反対者でなくても提訴非同調であればそれだけで被告に回して訴え提起可能という第二段階での処理を前提に[27]、それを、対外的紛争に対する態度という意味での共有者内部の対立に敷衍しながら、（しかしそれだけでは対第三者との関係で提訴共同から逸脱してよい理由とする

---

26) 平成11年最判は、境界確定訴訟の形式的形成訴訟としての特殊性を根拠として、ここでいう第三段階の「訴訟共同の必要」を導いていることになるが、あくまで境界確定訴訟の特殊性によるので、ここでは脇に措いておく。

27) 高橋（譲）・前掲注（23）415頁参照。

には足らないので）条件付きの「訴権の保護」の必要という訴訟法上の観点で補強して、本来は対第三者的には提訴共同であるべき（権利者全員雁首揃えて原告として訴え提起すべき）実体法上の要請に反して、被告に回す処理を認める「訴訟共同」を許す段階に至ったのである。この段階では、管理処分権の共同行使の必要（共有者個々人では管理処分できない）という「実体法上の要請」は意義を減じられ、「実体法上の観点」としては共有者の権利の管理処分についての判断（管理処分権の帰属）の合一確定さえ維持できれば足りるものとして見られていることになる。この意味で、「実体法上の理由に基づく（合一確定の必要）」という抽象的な言葉は、現時点では一定の場面でその内容を明らかに変えてきていると言える。

　なおこの他、平成20年最判について、高橋調査官解説では、更に残された二つの懸案が挙示されている。すなわち、ⓐ被告にまわした処理での判決の効力は、被告にまわされた潜在的原告と被告第三者との間ではどうなるか、という問題と、ⓑ入会集団の一部の構成員が第三者に抹消登記手続を求める給付請求だったらどう扱われるか、という問題である[28]。

　このうち、ⓐの問題については、前述の（第二・）第三段階において、「実体法上の観点」が、「実体権の管理処分についての判断が共有者ごとに区々バラバラにならない」という程度の意味まで後退した合一確定になっているとはいえ（そのための手段としての「訴訟共同の必要」は維持されている）、被告相互間（被告に回された潜在的原告と本来的被告との間）に判決効が及ぶことも認めないと合一確定にならず首尾一貫しない[29]。

　またⓑの問題については、平成20年最判での「条件付きの『訴権の保護』」論からすれば、給付請求の場合も、提訴非同調者を被告に回す処理は許される余地がある。給付の訴えの当事者適格は、給付を請求する

---

[28]　高橋（譲）・前掲注（23）415・416頁。
[29]　高橋（譲）・前掲注（23）422頁も同旨を説く。逆に、そうした相被告間での既判力による拘束がなくてもよい場合を認めた事案と理解するのは、河野正憲「本件判批」判タ1333号42頁以下。

権利の帰属主体と主張する者に原告適格があるとされるのだとすると、入会権のように共有者個人ではなく共有権者全員に権利が帰属するとされる場合でも、原告たる共有者が自ら給付を請求する権利があると主張する限り、原則的にその者にもその主張の相手方にも適格を認めざるをえない（「訴訟共同の必要」としては、条件付きの「訴権の保護」論により提訴非同調者を被告に回すことで当事者適格が認められる）とされる余地がないわけではない[30]。

ただし、最判昭和57・7・1民集36巻6号891頁（判時1054号69頁・判タ478号159頁）は、入会地に関する地上権設定仮登記の抹消登記手続請求は、特段の事情のない限り入会部落の構成員の一部の使用収益権に基づく妨害排除請求（この場合は構成員各人で原告適格を有する）とみることはできず、入会権自体に基づく妨害排除請求であるから、

> 「かかる妨害排除請求権の訴訟上の主張、行使は、入会権そのものの管理処分に関する事項であつて、入会部落の個々の構成員は、右の管理処分については入会部落の一員として参与しうる資格を有するだけで、共有におけるような持分権又はこれに類する権限を有するものではないから、構成員各自においてかかる入会権自体に対する妨害排除としての抹消登記を請求することはできない」

と判示している。

もっともこの昭和57年最判でも検討された最判昭和41・11・25民集20巻9号1921頁（判時468号39頁・判タ200号95頁）は、入会部落の構成員の一部の者が入会部落民に総有的に帰属する入会権そのものの確認及びこれに基づく妨害排除としての抹消登記手続を求めた場合に、権利者全員が「共同してのみ提起しうる」固有必要的共同訴訟というべきとされた判

---

30) たとえ原告が（権利の帰属主体にならないはずの）権利能力なき社団であっても、固有の原告適格を認めた最判23・2・15裁判集民236号45頁・判時2110号40頁・判タ1345号129頁参照。もっともこの最判は、権利能力なき社団でも例外的に権利主体になり得るとした可能性もないわけではなく（なお八田卓也・リマ44号122頁参照）、そうであるとすると、入会権者の場合は別様に考えられる。

なお、菱田・前掲注（9）539頁は、かかる給付訴訟で、提訴非同調者を被告に回す処理をすることは、確認訴訟以上に困難とならざるをえないとする。

例である。この昭和41年最判は、少なくとも入会権確認については平成20年最判の「条件付きの『訴権の保護』」論で、「提訴共同の必要」を克服されうるから、抹消登記手続請求についても、やはり同様に考える余地が生じているように思われる。

4 終わりに

以上、各判例の当否はともかくとして、近年の判例が、「訴訟共同の必要」に関して、第一に「管理処分権の共同行使の必要」という実体法上の要請から離れ、「管理処分権の共同行使」とは言えない場面で、主に「共同相続人全員の関与を要求する遺産分割手続の前提手続としての実効性を確保する必要性」という手続法上の理由から「訴訟共同の必要」を演繹している場合があること、第二に、「管理処分権の共同行使」に該当する場面でも、「管理処分権の共同行使の必要」という実体法上の要請から生じる「提訴共同の必要」を離れ、条件付きの「訴権の保護」という手続法上の理由から、提訴非同調者を被告に回すことで「訴訟共同の必要」は充足する（訴訟に原告でも被告でも「当事者として」関与すれば足りる）と考えている場合があること、の2点について、判例理論の現在の到達点を、雑駁に素描してきた。

こうした判例理論の到達点の当否について、また改めての検証はもちろん必要であるが、時間が許さなかった。他日を期したい。

　　　　本論文集が献呈されるお一人の栂先生には、私が法学部生の時に講義を拝聴したが、基本事項の理解の重要性をあの上品な挙措と温厚な口調でお教え戴き、研究者となった後でもかわらず折々にご指導とご助言を賜った。もうお一人の遠藤先生にも、研究会等で実務的な観点からご指導を賜り、訴訟法上の問題について議論する貴重な機会を頂戴してきたが、いつも穏やかでにこやかな、しかし学問に厳しいお人柄に感銘を受けること屢々であった。両先生には私の博士学位論文の審査にもお加わり戴いた。この小稿が、両先生から頂戴した学恩に対して、あまりに申

し訳ない、不出来な素描にすぎないものであることはお詫びするほかないが、ひとまず献呈の列の末尾に加わるべく、今後の両先生のご健康を祈念しつつ、筆を擱く。

共同訴訟的補助参加について

本　間　靖　規
Yasunori HONMA

1　はじめに
2　ドイツにおける共同訴訟的補助参加
3　日本における共同訴訟的補助参加
4　共同訴訟的補助参加人の手続的保障
5　おわりに

1　はじめに

　補助参加という参加形態は、従参加とも称されるように[1]、参加人が被参加人との関係で従属的な地位を有するものである（民訴45条）。参加の効力も参加人と被参加人との間においてのみ生じる参加的効力と理解するのが一般的な理解である（民訴46条）。そこで参加人と相手方との間に本訴訟の判決の効力が及ぶ場合の参加形態は、共同訴訟的補助参加として通常の補助参加とは区別して論じられてきた。すなわち共同訴訟的補助参加の場合には、参加人に通常の場合以上に強い、必要的共同訴訟人に準じた訴訟追行権能を与えて、その立場を保護する必要のあることが認められる[2]。このように民事訴訟法に規定のない参加形態である共

---

[1] 1890年に制定された旧々民事訴訟法では主参加の規定（51条）が置かれ、本参加は従参加（53条）と呼ばれていたところ、1926年の大正改正により、主参加制度が廃止され、従参加は補助参加と称されるようになる。

[2] 兼子一・民事訴訟法体系〔増訂版〕（1970年）407頁、三ヶ月章・民事訴訟法（全集）（1959年）242頁、小山昇・民事訴訟法〔五訂版〕（1989年）513頁、新堂幸司・民事訴訟法［第五版］（2011年）817頁、伊藤眞・民事訴訟法［第4版］（2011年）641頁、松本博之＝上野泰男・民事訴訟法［第7版］（2012年）733頁、梅本吉彦・民事訴訟法［第四版］（2009年）668頁、小島武司・民事訴訟法（2013年）791頁など参照。

同訴訟的補助参加を解釈論として肯定するのが多数説[3]、判例[4]である。

これに対しては、二つの方向から共同訴訟的補助参加に疑問を呈する見解が存在する。第一に、通常の補助参加の場合でも、参加人の従属的な地位を否定する立場から、通常の補助参加と共同訴訟的補助参加の概念上の区別のみならず、その本質的区別について疑問が呈示され、通常の補助参加において被参加人の行為に制約されない訴訟追行上の地位を認める解釈論が展開されている[5]。通常の補助参加人の地位の被参加人に対する従属性からの解放、独立性の尊重を推し進めていけばいくほど、共同訴訟的補助参加制度の存在意義が薄まっていくことになる。もっともこれは共同訴訟的補助参加制度の否定ではなく、むしろ通常の補助参加の共同訴訟的補助参加への転換を意味するともいえるので、通常の補助参加制度の共同訴訟的補助参加化ともいえる側面を持つ。したがってこの議論は、共同訴訟的補助参加人の要件と訴訟上の地位を考察する本稿の考察意義を減殺するものではないと考える。

第二に、共同訴訟的補助参加を民事訴訟法の規定（ZPO69条）に落として認めるドイツと比較して、日本は共同訴訟参加の規定（民訴52条）を有し、第三者は必要的共同訴訟人として訴訟に参加できることにより十分な対応が可能であるから共同訴訟的補助参加を論じる実益がほとんどないとして、これを否定的に解する見解がある[6]。このような問題提

---

3) 注2）の文献参照。なお、共同訴訟的補助参加の沿革、ならびに歴史的経緯における補助参加との関係については、井上治典「共同訴訟的補助参加論の形成と展開」『多数当事者訴法の法理』（弘文堂、1981年）109頁（以下では「法理」と略す）、中村宗雄「訴訟参加制度の系譜」『学問の方法と訴訟理論』（成文堂、1976年）363頁（特に387頁）、小島武司「イタリア民事訴訟法における訴訟参加制度に関する一考察（一）」法学新報70巻11号1963年）54頁、Walsmann, Die streitgenössische Nebenintervention, 1905, S. 1ff. 参照。補助参加人の訴訟上の地位をめぐる議論の変遷に関しては、櫻井孝一「『従たる当事者概念』の理論的系譜」早稲田法学会雑誌13巻（1963年）35頁、井上治典「補助参加人の訴訟上の地位について」法理3頁。

4) 大判昭和13・12・28民集17巻2878頁、最判昭和40・6・24民集19巻4号1001頁、最判昭和45・1・22民集24巻1号1頁、最判昭和50・7・3判時790号59頁、最判昭和59・9・28民集38巻9号1121頁、最判昭和63・2・25民集42巻2号120頁、最判平成20・9・10民集62巻8号2029頁における近藤崇晴補足意見など参照。

5) 井上・法理143頁以下（特に148頁）。

起は、共同訴訟参加制度の立法と深く係わっている。そもそも1890年の旧々民事訴訟法54条2項は、補助参加人の陳述や行為が被参加人のそれと抵触する場合、後者の陳述や行為が優先する旨の規定を置いていたが、同条項の但し書きで、「但民法ニ於テ此ニ異ナル規定アルトキハ此限ニ在ラス」と規定していた。この規定は、ドイツの規定ぶりと類似しており、一見すると共同訴訟的補助参加を認めたように思われるが、実際には、これと関係がなく旧民法財産編339条（債権者が補助参加人として主たる当事者に属する権利を行使する場合を規定したもの）に対応するものであって、共同訴訟的補助参加の制度を認めるものではなかったと指摘されている[7]。しかしこの規定も、1926年の大正改正の際に削除され、代わって共同訴訟参加の規定が設けられたのであるが、当時の立法担当者（松岡義正）によれば、「此六十八条は、新設の條文でありまして、今迄の法律では此斯う云ふやような場合即ち合一にのみ確定するやうな場合に於て第三者が訴訟に参加したときにはどう云ふ風に取扱うということが極めて不明瞭でありますから、本條を設けて斯う云ふ場合には共同訴訟人として訴訟に参加することが出来る、斯う致して第三者を保護することにしたのであります、尤も之に類似する條文は獨逸の民事訴訟法の六十九條にあるのでありまして、之は至極宜い規定だろうと思うのであります」[8]。この場合、訴訟に関与する方式としては参加によりながら、

---

6) 中村英郎『新民事訴訟法講義』（成文堂、2000年）96頁。
7) 瀧川叡一「株主総会決議の効力を争う訴訟における訴訟参加」『会社と訴訟（上）』（有斐閣、1968年）328頁、上田徹一郎＝井上治典編『注釈民事訴訟法（2）』〔加波眞一〕（有斐閣、1992年）266頁参照。ちなみにZPO69条（現行規定）は、「民法の規定により主たる訴訟において言い渡された裁判の既判力が補助参加人の相手方に対する権利関係にも効力を有する限りで、補助参加人は、61条の意味において主たる当事者の共同訴訟人と同視される」と規定しているが、「民法」とあるのは立法当時の既判力理論の関係であり（既判力を民法に属するものとみていた）、現在ではこれに拘らず、他の実体法、訴訟法上の既判力拡張規定がこれに当たると考えられている。Walsmann, a. a. O. S. 144f.
8) 松本博之＝河野正憲＝徳田和幸『日本立法資料全集12』（信山社、1993年）122頁（民事訴訟法改正調査委員会議事速記録第九回、大正11年4月4日223頁による）を参照した。立法担当者の見解は、共同訴訟参加の規定を共同訴訟的補助参加の規定としている。松岡義正『新民事訴訟法註釈第二巻』（清水書店、1930年）400頁。

訴訟上の地位は共同訴訟人となるとしたため、その後の立法の審議において、この制度の理解をめぐり混乱を来すことになった[9]。これが、共同訴訟的補助参加の趣旨は、共同訴訟参加の規定により汲み尽くされるのであるから、あえて共同訴訟的補助参加をこれとは異なる独自のものとして認める意味はないとの見解につながっている。これによれば、共同訴訟参加の中に共同訴訟的補助参加が取り込まれるべきことになるのであるから、共同訴訟参加に際しては、共同訴訟人に当事者適格を要求することは適当ではない、すなわち当事者適格不要説を前提とすることになる[10]。このような見解は、立法趣旨を忠実に反映したものといえるが、周知のように、その後の学説は、この制度における補助参加としての性格を払拭して、共同訴訟的側面を前面に押し出すようになる。すなわち、共同訴訟参加は参加の手続によるものの、参加の後は共同訴訟として通用する。そのためには、当事者適格を要するとの見解である[11]。それ以後この立場が通説、判例[12]となり、現在に至る。もっとも共同訴訟参加の規定に関するこのような理解に対しては、一部で引き続き疑念を呈する学説も見られるところであるが[13]、未だ少数説にとどまっている。そのような状況が続く中、2004年4月1日に施行された人事訴訟法が、「検察官を被告とする人事訴訟において、訴訟の結果により相続権を害される第三者（利害関係人）を当該人事訴訟に参加させることが必要

---

9) 櫻井孝一「共同訴訟参加的参加と当事者適格—通説に対する批判的考察—」『民事訴訟の法理』（敬文堂、1965年）223頁にその混乱ぶりが浮き彫りにされている。
10) 議論の詳細は、櫻井・前掲注8）225頁参照。
11) 細野長良『民事訴訟法要義第二巻』（巌松堂、1930年）316頁、山田正三『改正民事訴訟法第三巻』（弘文堂書房、1930年）635頁等によって確立され、多くの学説がこれを引き継いでいる。新堂、前掲796頁、伊藤・前掲659頁、松本＝上野・前掲733頁、秋山幹男ほか『コンメンタール民事訴訟法II第2版』（日本評論社、2006年）506頁、兼子原著『条解民事訴訟法第2版』（弘文堂、2011年）274頁など。
12) 最判昭和36・11・24民集15巻10号2583頁は、取締役選任決議取消訴訟における被告適格者を会社とし（現会社法834条17号参照）、取締役の共同訴訟参加の申出は認められないとした。
13) 櫻井孝一・前掲注8）232頁以下（特に246頁以下）、中村宗雄『民事訴訟法の基礎理論』（敬文堂、1957年）147頁。

であると認めるときは、裁判所は被告を補助させるため、決定でその利害関係人を当該人事訴訟に参加させることができる」と規定して（人訴15条1項）、強制参加の制度を導入し、参加した利害関係人については、被参加人の訴訟行為と抵触する場合、その行為の効力を否定する民訴45条2項の適用を排除したうえ（人訴15条3項）、必要的共同訴訟の審理に関する民訴40条1項ないし3項を適用するとして（人訴15条4項、ただし利害関係人に生じた中断事由によって訴訟は中断しないとの括弧書きがある）、人事訴訟における共同訴訟的補助参加を制定した。事ここに至り、通説、判例、立法により共同訴訟参加とは区別された共同訴訟的補助参加が認められたことになる（もっとも実質的に類似する制度として、行訴法22条、特許法148条が既に存在していた）。他方で、これにより共同訴訟参加人の参加人性を認める必要がなくなり、共同訴訟参加は、共同訴訟的側面のみをもつものとして純化することができる状況となった。すなわち当事者適格必要説がますます有力となったわけである。逆に、共同訴訟的補助参加は、判決効の拡張を受けるが、この者の当事者適格の有無は問われない[14]。もっとも、後に検討するように、共同訴訟参加と共同訴訟的補助参加の関係については、なお学説と判例の間に一致を見ず、必ずしも明確な区別がなされていない。このことが示しているように、要件、効果が法定されていない共同訴訟的補助参加の概念を定めることには難しさがある。

そこで以下では、共同訴訟的補助参加の制度が肯定されることを前提に、これがどのような制度なのか、特に人事訴訟法が、参加人に中断事由が生じた場合でも、訴訟は中断しないとして、その限りで柔軟な態度を示していることからして、どのような場合にどのような必要的共同訴訟の規定の制限が可能であるのか、はたして上記のような規定は妥当かを検討する。その際、この制度の沿革上、ドイツ民事訴訟法における共同訴訟的補助参加をめぐる議論を参考にすることが有益であると思われ

---

14) 兼子・前掲注2）407頁ほか、注2）に掲げた文献はほぼ一様にこのように解している。

ることから、まずこれを検討することから始めることにする。

2　ドイツにおける共同訴訟的補助参加

1　共同訴訟的補助参加の成立要件

　ドイツ民事訴訟法69条の規定によれば、共同訴訟的補助参加は、係属中の訴訟（Hauptprozess、主たる訴訟）の裁判の既判力が、補助参加人と相手方との法律関係に効力を及ぼす場合の参加形態である。したがって共同訴訟的補助参加の要件は、補助参加が相手方との関係においても法的なつながりを有し、主たる訴訟の判決の既判力がこの関係に対しても拡張されることである[15]。規定上は、既判力が及ぶ場合とされているが、既判力に限らず、形成力、執行力が拡張される場合も含まれると解されている[16]。その他の付随的効果たとえば判決の法律要件的効果が補助参加人に及ぶ場合に共同訴訟的補助参加が成立するかについては見解が分かれている[17]。既判力、形成力等の判決効が第三者に及ぶ場合といってもその濃淡はさまざまであるから、そのすべての第三者の補助参加の場合に共同訴訟的補助参加が成立するとするのは適当ではなく、自から、これに絞りをかける必要がある。どのような要件の下にその範囲を定めるかは、論者によってさまざまに提案されている。そこでこの点についての判例と学説を概観することにする。

（1）判例

①ＢＧＨ1984年10月10日決定（BGHZ92、275）

　被告Yは、1969年1月27日に母Aの夫である原告Xとの婚姻中に生まれた。1982年5月以来、AX間の離婚手続が係属している。Xは1982年10月4日送達の訴状により、Yの嫡出性の否認の訴えを提起し、YはSの子である旨の陳述をしたところ、区裁判所はこの訴えを認容し

---

15)　Rosenberg/Schwab/Gottwald, Zivilprozessrecht, 17. Aufl. 2010, S. 261.
16)　Stein/Jonas/Bork, Kommentar zur ZPO, 22. Aufl. 2004. Bd. 2. S. 243.
17)　否定、Stein/Jonas/Bork, a. a. O. S. 243, 肯定、Wieser, Voraussetzungen der streitgenössischen Nebenintervention, ZZP112, 1999. S. 439（445）.

た。血液型鑑定に基づき、Xは被告の実父であることが排除されるとの結論に達したからである。判決の告知により婚姻外の実父とされるSがYの補助参加人として当該訴訟に参加し、控訴を提起して、Xの訴え提起はBGB1594条の取消期間を徒過していると主張した。Yは当初控訴の棄却を申立てたが、後、補助参加人により提起された控訴を取り下げる旨の意思表示をした。控訴裁判所（OLG）は、控訴を不適法として却下した。これに対し、Sが即時抗告したが、連邦通常裁判所（BGH）は抗告を棄却した。その理由は、まず、婚姻外の実父とされる者は、嫡出性の否認訴訟において、被告である子の補助参加人として当該訴訟に参加し、否認の訴えを認容する判決に対して、請求棄却の判決を求めて控訴を提起することができることは、BGHが繰り返し認めてきたところであるとする。問題は、その際、共同訴訟的補助参加が成立するかである。共同訴訟的補助参加であれば、被告が控訴の提起に異議を述べた場合でも、補助参加人の訴訟追行の制限を排して、被参加人の意思に反する控訴を維持することが許される。法律は、補助参加人にその法的領域への判決の強い影響に鑑みて、被参加人の意思に依存しない固有の訴訟追行権を与えている。しかし本件においては、Sに共同訴訟的補助参加人の地位を認めなかった原審の判断を正当とすべきである。ZPO69条は、主たる訴訟において言い渡された判決の既判力が、補助参加人と相手方との法律関係にも及ぶことを要件としている。そしてZPO640h条（現FamFG184条2項に相当する—筆者）は、嫡出否認訴訟において言い渡された形成判決の既判力は、すべての者のためまたは対して（以下では「対世的」と略す—筆者）効力を及ぼすとしており、訴訟当事者の他、補助参加人にも効力が拡張される（既判力の拡張は、訴訟法の問題であるところ、69条は民法の規定によりとしている。しかしこれは立法当時の既判力論が民法の事項とされていたことによるものであるから、この点は重要ではない）。既判力が対世的に拡張されることだけで、ZPO69条の適用を根拠づけるに十分であるとするのが連邦大審院（RG）の判例であり、学説の一部もこれに同調している。しかし、同条の文言からしてすでに、補助参加人と子の相手方との間に判決の既判力が拡張されるような法律関係が存在

することが必要とされている。共同訴訟的補助参加人の権限が通常の補助参加と比べてかなり拡大されている根拠は、彼が対世効を受ける一人であることにあるのではなく、当該判決の既判力が彼と相手方との法律関係に重要な意味を持つことにあるのである。裁判が単に被参加人との関係において補助参加人が求償請求されるというような関係に及ぶというのであれば、ZPO68条（参加的効力を定めた規定―筆者）の規定が十分な保護を与えている。補助参加人は、被参加人の異議によって目的を達するための訴訟行為を妨げられたのであれば、後訴において不十分な訴訟追行の抗弁を提出することができる。相手方との法律関係への効力拡張に際してこのような保護が欠けているため、69条は補助参加人に拡張された権限を付与しているのである。法律関係は、事実関係によって法規範に基づき与えられた、一人の者の他の者や対象となる物（Gegenstände）との関係を指す。嫡出否認訴訟における被告たる子の補助参加人と原告たる母の夫との間には、通常、BGB1615b条1項（父から他の者への扶養義務の移行を子の不利益に行なうことができないとする旧規定、現在は削除されている―筆者）の法律関係が考慮の対象となる。嫡出否認訴訟の原告がこの出生以来の養育費を争う限りで、子の法律上の養育費支払請求権は、この規定により婚外父に移される。（本件では）この請求権の発生ではなく、単なる主張が、嫡出性が否認され、かつBGB1600a条2文（認知または裁判による父子関係の効力は原則として確認の時点から生じるとする旧規定―筆者）による父子関係が有効に存在することに依存しているに過ぎない。否認の請求を認容する判決の既判力は、補助参加人が養育費支払請求に関する後訴において、嫡出否認の原告が父であることをもはや主張することができないという形で及ぶものではない。嫡出否認判決の既判力を持って確定するのは、子の非嫡出性のみであって、このような結論につながる事実には既判力が生じないからである。以上の理由から共同訴訟的補助参加を肯定することは認められない。BGB1593条によれば、婚姻中に出生した子の非嫡出性を主張することができるのは、嫡出性が否認され、非嫡出性が既判力を持って確定された場合のみである。子の補助参加人に対する養育費支払請求権のための障害を取り除くとい

う意味でZPO69条の適用へとつながる効力は何ら存在しない。BGB1593条の目的は、婚外父の保護にあるのではなく、家庭の平和と子の福祉に資することにある。この規定からは単に反射的効果として、その発生が他の権限ある者による嫡出否認請求の提起と認容という、婚外父のために有利と思われるような法律状態ができあがっているに過ぎない。婚外父とされる者に、BGB1593条による彼に有利な効果を維持する目的で、嫡出否認訴訟において被参加人の意思に反した訴訟行為を行うことを可能にすることになれば、BGB1594条以下の家族法上の規定によって意図された、他の者の自由な決定への依存が問題となるであろう。したがって、彼に固有の訴訟追行権を基礎づけうるような法的重要性は存在しない。結論として、本件は通常の補助参加の規制に服することから、被参加人の意思に反して控訴を維持することは許されない[18]。

② BGH2008年3月31日決定（NJW 2008号1889頁）

有限会社の社員の参加の事案である。原告Xは、被告である有限会社Yの社員であるが、2006年4月11日の社員総会の決議を無効とすべく訴えを提起したところ、被告は書面による事前手続において請求を認諾した。この認諾判決は、2006年6月16日に被告に送達された。被告は同日控訴を放棄する意思表示をした。この段階で、Yの他の社員AがY側に参加して控訴を提起し、控訴期間の徒過による原状回復を申し立てた。控訴裁判所は、Aによる控訴の申立てを不適法とし、原状回復の申立てを却下した。Aからの法律抗告（Rechtsbeschwerde）を受け、BGHはこれを認めた。理由は以下のとおりである。

控訴提起期間は確かに徒過されているが、控訴裁判所の判断とは逆に原状回復は排除されるべきではない。控訴は、Yによる控訴放棄の意思表示にもかかわらず適法である。控訴人はYの社員であり、必要的共同訴訟人類似の補助参加人として扱われるべきである。社員は、取消

---

[18] この判例が先例となり、その後も同旨の判決が積み重ねられている。BGHZ173・90、BGH NJW2007・3062、BGH NJW2009・2679。

訴訟において、ZPO69条の共同訴訟的補助参加人として参加することができる。判決は彼に対しても効力を及ぼすからである。したがってAはYによる認諾に異議を述べ、Yの控訴放棄の後も独自に控訴を提起することができる。Aは、Yの共同訴訟人として、Yの異議にもかかわらず攻撃防御方法を提出し、訴訟行為を行う権限を有する。控訴期間は、第一審で参加しなかった補助参加人には、被参加人への判決の送達をもって開始する。補助参加人への送達をもって初めて開始されるのではない。補助参加人の見解とは異なり、第一審の判決は補助参加が可能なすべての社員に送達されなければならないものではない。訴訟において審尋請求権を持つ第三者への訴えまたは裁判を送達する義務は、(旧) ZPO640条1項により呼出義務がある親子関係事件の特例の場合にのみ存する。社員の会社に対する取消訴訟においては、法律上の呼び出しは規定されていない。参加しなかった社員の審尋請求権と公正手続請求権は、自ら訴えを提起しなかったすべての社員に呼び出しないしは第一審判決の送達によって手続に関する情報を提供し、関与の機会を与えることを強いることはない。むしろ裁判所は、有限会社の業務執行者が、取消しを要求されている決議を行った社員に、手続について情報を与える義務を果たすことを前提にすることができる。(中略)。参加しなかった社員に参加した社員よりも有利が地位を保障する必要はないから、控訴期間については、被参加人に対する送達時点（2007年6月16日）をもって開始すると解すべきである（控訴期間は1ヶ月—筆者）。Aの控訴提起は2006年7月31日であるから控訴期間を徒過している。しかしながら、もしAが取消訴訟の存在を2006年7月24日に初めて知ったことを疎明している場合、Aに原状回復が保障されるべきである。参加せず、手続に関して情報を得られなかった者が、何らの過失もなく控訴期間を徒過した場合、原状回復が認められるべきである。被参加人の関係で控訴期間が徒過されたことは、参加と原状回復の妨げにはならない。当部の判例によれば、被参加人と参加人が独自に上訴を提起した場合でも、統一的な上訴のみがなされたとされるのであって、補助参加人が被参加人から独立して上訴することのできる共同訴訟的補助参加人独自のもの

ではない。しかし共同訴訟的補助参加人の上訴の独自性のゆえに、通常の補助参加とは異なり、上訴期間の徒過に対する原状回復は、補助参加人の徒過を基準とするのであって、被参加人のそれではない。ZPO69条によれば、共同訴訟的補助参加人は訴訟追行のために共同訴訟人と同視される。共同訴訟人であれば独自の上訴期間をもつ。第一審で参加しなかった補助参加人の上訴期間の開始に関しては、たしかに被参加人への送達を基準とする。参加人へは送達がなされなかったからである。しかしながら、同時に、共同訴訟的補助参加人には被参加人とは別に独自の上訴期間が開始する。補助参加人が上訴期間を徒過した場合、彼は固有の権利として原状回復の申立てをすることができる。その限りで、その法律状態は、被参加人に生じた既判力を自らにも通用させなければならない通常の補助参加人とは異なる。通常の補助参加では、被参加人の徒過のみを主張することができ、参加期間の徒過に対する原状回復は可能ではないからである。参加人による上訴期間の徒過の後の共同訴訟的補助参加人の原状回復のための必要性もある。主たる訴訟の既判力ある裁判は、補助参加人が訴訟の存在を知らなくても直接その法律関係に効力を及ぼす。控訴人の主張によれば、原告たる社員と会社の業務執行社員とが馴れ合いで、他の社員の不利益になるような取消訴訟を他の社員に知らせることなく終了させたという場合でも、参加しなかった社員に対してその効力が及ぶ。業務執行社員とそれに荷担した社員の高い程度の義務違反行為によって作り出された訴訟状態に他の社員を拘束し、法的救済を与えないことは、不利益を受ける社員の有する手続において影響を及ぼす憲法上の権利と合致しない。控訴裁判所は、補助参加人が、宣誓に代わる保証のもと、彼が2006年7月24日にはじめて本件取消訴訟の存在を知ったことを十分に疎明するかどうかを審理していない。原告が特に、被告の業務執行社員が補助参加人に2006年5月24日と同5月26日の間に、原告が有限会社に対して無効の訴えを提起したことを知らせていると主張している。これらの審理のため、本件は原審に差し戻さなければならない。

　①と②の判例を比較した場合、①では単純に判決の対世効を受ける第

三者が共同訴訟的補助参加人となるとはせずに、その範囲を絞っている。すなわち当該判決の既判力が補助参加人と被参加人の相手方との法律関係に重要な意味を持つ場合に限って、補助参加は共同訴訟的補助参加と性格づけられるとする。これに対して、②判決では、社員総会決議の取消判決が他の社員に効力を及ぼすことをもって後者の共同訴訟的補助参加人としての地位を認めている。この間に矛盾があるのかが問題となる。しかしこれが矛盾ではないことを以下の裁判例が詳述している。

③ OLG Schleswig1993年1月28日判決（NJW-RR 1993号930頁）

事案を簡略化して紹介すると、監査役会長XがY株式会社Yを相手に年次決算決議の無効確認の訴えを提起した際、Yの元大株主であり（その後他会社Bに株式の大部分を売却している）、元取締役会長であったAが会社の側に補助参加したものである（BはAに株式売却代金の返還請求の訴えを提起している。本件判決当時、この事件はOLG Hamburgに係属中）。本件訴訟において、XとYは一致して、監査会社によって証明された年次決算決議は、過大に粉飾されたものであるが故に無効であると陳述し、YはXの無効確認請求を認諾した。これに対してYの側に参加したAが請求棄却の申立てをしたが、第一審裁判所は、認諾判決によって請求を認めた。この判決に対してAは、控訴の申立てをしたが、Yはこれを取り下げた。そこでこの取り下げが有効かどうか争われた。その際、本件参加が共同訴訟的補助参加か否かが問題となった。OLG Schleswigは本件控訴を適法とした。理由は以下のとおりである。

本件控訴の適法性は、本件控訴がYの意思に反して提起されたものであること、ならびにYが控訴を取り下げたことによって否定され得ない。本件では、Aの参加はZPO69条の共同訴訟的補助参加にあたるからである。LGは参加人の異議にもかかわらず、不当にもXの申立てに従って認諾判決により裁判をした。むしろ認諾判決を求めるXの申立を決定ないしは中間判決によって拒否しなければならなかった。なぜならYの認諾は、Aが請求の棄却を求めているが故に無効であったからである。このことは、補助参加人の地位が、LGの見解とは異なり、通常の補助参加人ではなく、共同訴訟的補助参加人であることから生じ

る。共同訴訟的補助参加人は、被参加人の訴訟行為に異議を述べることができ、当該訴訟行為の効力を否定することができる。このことは、とりわけ被参加人の認諾や認諾の撤回に対する異議について通用することである。本件の補助参加人が共同訴訟的補助参加人であることは、以下の考察から明らかである。すなわち、ZPO69条は、文言上、主たる訴訟で言い渡された判決の既判力が補助参加人と相手方との法律関係にも効力を及ぼすことを要件としている。本件では、AはYの株主として、他の株主、取締役員、監査役員と同様、無効確認の認容判決の既判力を受ける立場にある（AktG256条7項、249条、248条1項）。AktG249条が準用する248条1項は、無効確認判決が訴訟当事者以外に本条項に掲げられた者、とりわけ株主や執行役員に既判力が及ぶと規定している。年次決算決議の無効が確認されれば、他の取締役員や株主によって訴えを提起された裁判所がこの確認に拘束される。AktG248条1項が「確定判決の効力」という場合、少なくとも第一に株主や執行役員に対する既判力の第三者効を指すのであって、対世的に生じる形成効にとどまらないことは、確認訴訟が法律関係の創設に向けられたものではないことからも明らかである。ZPO69条は、さらに、主たる訴訟で言い渡された裁判の既判力が補助参加人と相手方の関係にも効力を及ぼすことを要求している。たしかに原告が主張しているように、個別の株主と監査役会長との間には、個別の法律関係は存在しない。しかしこのことは、本件におけるZPO69条の適用の妨げにはならない。ZPO69条は、訴訟に参加しなかった者にも裁判の既判力が及び得る場合、この者が訴訟に参加して、被参加人の訴訟行為に依存せずに独自の訴訟行為によって裁判の結論に影響を与えることができるべきとの立法者の考慮に基づいている。立法資料からわかるのは、共同訴訟的補助参加の決定的な要件は、主たる訴訟の判決の既判力が補助参加人に及ぶ可能性である。法律の条文化に際して、立法者は請求権ないしは個別の法律関係の存在が主たる当事者間で争われている給付ないしは確認訴訟を念頭に置いていた。しかし、AktG256条7項、249条の確認の訴えの場合、特定の者の間に存する法律関係ではなく、二つの会社機関の団体上の行為、すなわち年次決

算に関する取締役会、監査役会の共同の決議が無効とされることになる。AktG249条では、一定の者と機関、すなわち株主、取締役会ならびに取締役員、監査役員などが、無効を既判力を持って確認される。こういった特殊なグループの存在は立法者の予期しなかったことであった。この確認訴訟を行う資格のある者と確認の認容判決が法的明確性と法的安定性に基づいて既判力を受ける者との間には、なんら個別の法律関係は存在しない。しかしZPO69条は、上記のグループにもその意味と目的により適用される。AktG248条1項1文によって挙げられた者に生じる既判力効のゆえに、これらの者は、AktG249条1項により訴え提起資格を持つ者が、その利益に反する訴訟追行をし、後からの解決が困難な条件を作ってしまうことから保護され得るものでなければならない。このことは訴訟法学説や会社法学説においても一致して広く認められていることであり、判例もそのように考えている。(中略)。この結論は、LGによって引用されたBGHの判例 (①の判例—筆者) に反するものではない。それとは内容的に異なっているからである。①では、嫡出否認訴訟において、婚外父として考慮される者が補助参加人として参加したものである。BGHは (旧) ZPO640h条が対世的に、潜在的な父とされる者に判決の形成効が及ぶことでは共同訴訟的補助参加人とするに十分ではないと判断した。AktG256条7項、249条、248条1項による確認判決とは異なり、嫡出否認訴訟の形成判決は、潜在的な婚外父に直接の影響を及ぼすことはない。すなわち否認訴訟における判決によって (第一段階)、単にBGB1593条によって閉ざされていた道が開かれ、これによりBGB1600n条1項により婚外父子関係の確認の訴えが提起されうることになる (第二段階)。この者に婚外父子関係が確認されて初めて、BGB1601条以下、1615条により子から養育費の請求が主張されうるのである (第三段階)。したがって、嫡出否認訴訟の段階ですでに、補助参加人に当事者類似の地位を与える必要性は存在しない。父子関係の否認訴訟において対世的に生じる形成効が、およそ潜在的な父の法的地位に影響するかどうかは、その段階ではまだ不分明なのである。これに対して、AktG256条7項、249条の確認訴訟は、同248条1項1文に

より、その既判力効が株主の法的地位に直接の効力を及ぼす。ここでは単に、参加する株主の法的地位に影響を及ぼすか、どの程度の影響があるかがまだ明確ではない対世的に生じる形成効が問題なのではなく、その法的地位を直接変更する既判力効が問われているのである。本民事部は、その限りで、決議取消訴訟と決議の積極的確認訴訟の結合の事例で、裁判が補助参加人の被参加人との法律関係に効力を有するが、補助参加人の相手方当事者の法律関係に効力を有するわけではない場合においても共同訴訟的補助参加を認めたBGHの先例（BGHZ76・191、88・320、97・28）と一致するものと考える。

　ここから共同訴訟的補助参加を認めるか否かの判断基準として、ドイツの判例は、単に判決効の拡張だけを基準としているのではなく、補助参加人の法的利益が主たる訴訟により直接侵害を受けるものかどうかを基準に個別にその有無を判断している。このことは近時の次の判例にも現れている。

　④ BGH2011年11月29日決定（NJW-RR 2012・233）

　本件は、偽装事故の疑いのある事案において、保険契約者と並んで責任保険者（保険会社）が共同被告となった訴訟において、保険会社は共同訴訟人であるとともにZPO61条、69条の共同訴訟的補助参加人として固有の利益を守ることができると判示したものである。理由は以下のとおりである。

　最上級審の判例によれば、直接請求という形で共同被告となった責任保険者は、保険契約者の主張とは異なり、偽装事故の主張をすることができ、さらに保険契約者の補助参加人として保険契約者に対して申し立てられた請求の棄却を申立てることができる。BGHは、保険契約者の弁護士費用の補償に関する手続において、責任保険者は、偽装事故の事案において、保険契約者と責任保険者との間に存する利害関係の対立のゆえに、責任保険者に向けられた請求に対して包括的に防御し、なおかつ損害を発生させた事故は偶然に起きたものではなく、事故関係者によって意図的に作り出されたものであると主張することを妨げられないとする。保険契約者に対する訴えと並んで責任保険者に対しても直接請求

がなされた場合、通常共同訴訟となり、一人の共同訴訟人の行為は他の者に有利にも不利にも作用しないとされる。責任保険者が補助参加した場合には、ZPO69条からもこのことが明らかである。この規定によれば、補助参加人は、民法の規定により主たる訴訟の裁判の既判力が補助参加人の相手方との法律関係に効力を及ぼす限りで、ZPO61条の意味において被参加人の共同訴訟人と同視される。その限りで、共同訴訟的補助参加人は、ZPO67条２項の制限に服さず、被参加人の意思に反して上訴を提起することができる。法律は、彼に、判決のその法領域へのより強い効力に鑑みて、被参加人の意思に依存しない固有の訴訟追行権を与えている。この原則は、本件においても適用される。原告たる被害者と保険者との間で言い渡された既判力ある請求棄却判決は、旧責任保険法３条８号、保険契約法115条１項１号によって被告である保険契約者のためにも効力を有する。このことは、直接請求権と責任義務請求権とが分離され、後続の訴訟において主張されるのではなく、保険者と加害者が通常共同訴訟人として共同して請求される場合にも通用する。こういった規律の目的は、被害者には保険者に対して実体的な責任義務法を越えて何らの請求権も発生させないことにある。かような場合、被告に対する請求棄却が既判力を持って確定すれば、他の被告に対しても通常は請求が棄却される可能性が高い。責任保険者は、彼にとって有利な、請求を棄却する判決にもかかわらず、保険契約者が有責判決を受ける場合にその保障関係に基づいて請求を受ける危険にさらされるべきではない。上記規定の目的に従って、保険契約者とともに請求を受ける責任保険者は、請求棄却判決の確定前にすでに訴訟において、ZPO61条、69条によりその固有の利益を守ることが許されてしかるべきである[19]。

---

19) 交通事故による損害賠償請求における保険会社の被告への参加を共同訴訟的補助参加とすることには、学説上批判がある。保険契約法124条１項は、請求棄却判決のみの保険会社への既判力拡張を認めており、既判力拡張が片面的であるからである。Wieser, 注17) 443頁参照。Gottwald, 注15) 263頁は、保険会社が加害者（被告）に参加した場合には、共同訴訟的補助参加は成立せず、被害者（原告）に参加した場合には、これが肯定されるとする。Bork も被害者の加害者に対する損害賠償請求に、保険会社が参加した場合に保険会社に及ぶ効果を法律要件的効果であるとして、保険会社の共同訴訟的補

(2) 学 説

　共同訴訟的補助参加の存否が議論されるのは主として、判決の効果が第三者に広く拡張される親子関係訴訟や会社（株式会社、有限会社）に即してのことであった。そこでは、判決効が対世的に拡張される第三者というだけでは、その参加に際して共同訴訟的補助参加の要件を満たすとはされず、リーディングケースといえる判例①によれば、主たる訴訟の裁判の既判力が参加人の法的領域へ強い影響を与えることが要求された。もっとも判例の要件設定は抽象度が高く、結局は、主たる訴訟における判決効が補助参加人の権利領域に与える影響の直接性を個別に判断することになる。共同訴訟的補助参加の要件に・よ・り絞りをかける傾向は、学説においても見られるところである。

　共同訴訟的補助参加の要件論を展開したWieserは、以下のように論じる[20]。ZPO69条の基礎にある中心的な観念は、補助参加人はたしかに被参加人を補助するために参加するが、しかしそのことは補助参加人の訴訟追行と被参加人の訴訟追行が矛盾衝突することを排除するものではない。この場合、通常の補助参加であれば被参加人の行為が優先する結果、補助参加人の行為は無効となるが、共同訴訟的補助参加においては、これとは異なり、被参加人の行為との衝突にもかかわらず補助参加人の行為は有効である。このような共同訴訟的補助参加人の比較的強い地位の根拠は、彼が「判決によって被参加人と同程度に関係させられる」ことにある。ZPO69条は、既判力のみを挙げているが、執行力や形成力も同じように作用することはすでに認められてきたことである。したがってZPO69条は、主たる訴訟で言い渡された裁判の既判力、執行力、形成力が補助参加人に対して及ぶことを前提とする。その際、相手方との法律関係が重要である。このことは補助参加人の相手方に対する法律関係が被参加人の相手方に対する法律関係と同じ程度に裁判に関

　　　助参加人の地位を否定すべきとする。Stein/Jonas/Bork, 前掲注16）244頁。Borkは、第三者に及ぶ既判力、執行力、形成力にZPO69条の適用を認めるが、法律要件的効果にはこれを否定する（同243頁）。
20）　Wieser, 前掲注17）441頁。

係させられることを意味する。この同等の関係性が主たる当事者と同等の取り扱いを正当化するのである。このような一般論を展開して個別問題を検討している。これによれば、補助参加人と相手方との間の法律関係が不可欠のものとなるが、②並びに③判例との関係でそれが妥当であるか、問題が残るように思われる[21]。

これに対して、①と②③のような会社内部訴訟の事例とを比較して要件論を展開したVollkommerは、補助参加人の訴え提起権（Klagrecht）に着目する。社員や株主の補助参加が共同訴訟的補助参加とみられるのは、当事者との地位の交換可能性にあるとする。これによって①における婚外父とされる者の共同訴訟的補助参加の否定と②③の社員ないしは株主の肯定との区別が正当化されるとする[22]。

（3）共同訴訟的補助参加人の地位

ZPO六九条は、共同訴訟的補助参加人を共同訴訟人と同視する（gilt als Streitgenosse der Hauptpartei）。しかし共同訴訟人となるわけではない。この者は訴えを提起しているわけでも提起されているわけでもなく、当事者と全く同じ権利保護が保障されているわけではないからである。共同訴訟的補助参加人は、むしろ固有の利益と固有の権利に基づい

---

[21] Wieser自身は、株主総会決議の無効宣言を求める訴え（AktG246条の取消訴訟）における株主の参加を共同訴訟的補助参加とする見解に賛成しているが、その理由は、請求認容判決が主たる当事者と比較して劣らない影響を株主に与えることにあるとする。また、有限会社の社員総会決議取消訴訟における社員の参加を共同訴訟的補助参加とする見解に賛成しているが、その理由を、社員の固有の訴え提起資格から生じる主たる当事者と同程度の関わりにおいている。

[22] Vollkommer, StreitgössischeNebenintervention und Beiladungspflicht, 50Jahre BundesgerichtshofFestgabeaus der Wissenschaft, Bd. III, 2000, S. 134ff. その意味で、①判決で批判的に扱われた、対世効を有する禁治産宣告取消訴訟において、被告の側に参加した原告の息子（訴え提起資格を有する）の共同訴訟的補助参加を認めたRGZ108・132には賛成すべきとする。また総会決議の取消訴訟において、被告となるのは会社のみであるが、被告となることのできない社員や株主が会社の側に参加する場合においても、共同訴訟的補助参加は成立するとする（原告となる可能性によって被告の側への補助参加も共同訴訟的補助参加となるとするようである―筆者）。他に、Wieczorek/Schütze-Mansel, ZPO, Rdnr11, 15は、固有の関係性（spezifische Betroffenheit）との基準を立てて共同訴訟的補助参加の範囲を限定している。

て当事者を補助する立場を有するにすぎない。「共同訴訟人と同視する」は、他人の訴訟において訴訟追行権を有すること、すなわち被参加人の補助のため、被参加人の権利に由来しない、当事者から独立した権利を有することを意味する[23]。共同訴訟的補助参加人は、訴えを提起することや、変更することはできない。当事者が訴えを取り下げた後に、独自に訴訟追行することもできない。相手方が共同訴訟的補助参加人に対して申立てを行うこと、上訴をすることはできず、判決の名宛人となることもない。

その一方で、訴訟運営上は、共同訴訟人と同視され、被参加人に依存せずに訴訟行為をすること、上訴を提起することができ、被参加人が異議を述べてもその有効性が否定されることはない。共同訴訟的補助参加人は、基本的に、参加の時点の訴訟状態を受け入れなければならないが、それは彼の行為が訴訟の状態から排除される場合（すでに中間確認判決が言い渡されていたり、上訴審に係属しているなど）に限ってのことである。当事者が参加以前に行われた認諾や自白に対してもこれに異議を述べ、上訴を提起することができる。被参加人が期日に欠席した場合や黙認している場合には、共同訴訟的補助参加人は、請求の認諾や放棄をすることができる。それによって訴訟は引き続き係属し、事実は争われたものとなる。その訴訟行為には61条の原則と同時に62条（必要的共同訴訟）の例外が適用される。69条のすべての事案に必要的共同訴訟の要件が存在していなければならない。したがって共同訴訟的補助参加人の上訴により、被参加人も上訴手続を追行することになる。また被参加人が上訴を取り下げる意思表示をしても参加人がこれに異議を述べた場合には、取り下げの効果は生じない。共同訴訟的補助参加人に対しても判決が送達されなければならず、上訴期間もこの送達を開始時点として独自に走る。共同訴訟的補助参加人が死亡ないしは倒産した場合、手続は中断する。共同訴訟的補助参加人に対しては、事案解明のためその出頭が命じられる。証拠調べに当たって共同訴訟的補助参加人については、当事者

---

23) Stein/Jonas/Bork, a. a. O. S. 245.

本人尋問の方式に従う。訴訟費用の負担に関して、共同訴訟的補助参加人は、共同訴訟人と同視される[24]。

参加人、被参加人間に生じる参加的効力は、共同訴訟的補助参加の場合にもそのまま通用するが（ZPO68条）、主たる訴訟の判決の既判力が完全に参加人に及ぶ場合には、不十分な訴訟追行の抗弁は問題とはならない。既判力、執行力、形成力が参加人に及ぶといっても、十分な訴訟追行が妨げられた場合には、上記抗弁の可能性が出てくる。しかし、その範囲はごく限られたものとなると思われる[25]。

3 日本における共同訴訟的補助参加

1 共同訴訟的補助参加の要件

日本においては、ドイツとは異なり、共同訴訟的補助参加に関する規定は存在しないとするのが通説である。前述のように、立法者の意図としては、52条がこれに当たると考えられていたが、その後の議論は、この規定の適用に当たっては当事者適格を必要とするとされ、これとは別に解釈として共同訴訟的補助参加を認めるべきとの見解が支配的となった。通常の補助参加と区別して共同訴訟的補助参加が認められる要件としては、当該訴訟の既判力が補助参加人に及ぶ場合と解されている。既判力に限られるかは問題であるが、ドイツと同様、執行力や形成力を受ける場合を殊更排除する必要はないように思われる。もっともドイツにおいてもそうであったように、判決効の対世的拡張が規定されている場合、この効力を受ける者すべてに共同訴訟的補助参加を肯定すべきものではないと考える。その要件については、絞りがかけられるべきである。その際、Vollkommer説のように、訴え提起権を有しているが故に当事者とその地位が交換可能であることを要件とすることには躊躇を感じる。民訴52条との関係で共同訴訟的参加との棲み分けが問題となる

---

24) Stein/Jonas/Bork, a. a. O. S. 245ff., Gottwald, a. a. O. S. 262.
25) Stein/Jonas/Bork, a. a. O. S. 245f.

からである。日本の伝統的見解は、旧75条（現52条）と共同訴訟的補助参加を区別するために、判決効の拡張を受ける者が当事者適格を有する場合は75条で処理し、適格を有しない第三者が補助参加する場合は共同訴訟的補助参加となると解してきた[26]。判例はここから一歩踏み込んで、当事者適格を有する者が補助参加した場合には、当該者は「共同訴訟参加することが可能であるところ補助参加の途を選択したものというべく、右補助参加を共同訴訟的補助参加と解し、民訴62条1項（現40条1項—筆者）の類推適用など、共同訴訟参加したのと同様の効力を認めることは相当ではないというべきである」と判示している[27]。共同訴訟的補助参加は立法の不備を補うため解釈論として認められてきたものであるから、規定のある共同訴訟参加ができる場合には、そちらを選択すべきで、それにもかかわらずあえて補助参加を選択した場合には、通常の補助参加人以上の強い地位を保障する必要はないことを根拠とする[28]。しかし共同訴訟的補助参加も通常の補助参加のルートをとるものであり、「当該補助参加を共同訴訟的補助参加と認めるか否かは、法令の解釈に関する事柄であって、緒論のように弁論主義に服するものではない」[29]とするならば、参加人について、共同訴訟的補助参加が成立するか否かは、当該訴訟にかけられる参加人と当事者間の法律関係によって客観的に決まるということになるはずである。昭和63年の最判の判示は、行政訴訟に関するもであったが、会社の組織に関する訴訟、たとえば株主総会決議取消訴訟（会831条）ないしは無効確認訴訟（会830条）においても、原告適格を有する他の株主が参加する場合は、いずれの側に参加するときでも、共同訴訟的補助参加人の地位を有すると考えるべき

---

26) 兼子・前掲注2）407頁、三ヶ月・前掲注2）242頁参照。井上治典・判評344号36頁（39頁）はこれを「非競合思考」と称している。
27) 最判昭和63・2・25民集42巻2号120頁。近時の裁判例として仙台高判平成25・1・24判時2186号21頁も同旨。
28) 高橋利文・最判解民事編昭和63年度78頁、西川知一郎・行政判例百選II［第4版］444頁など参照。
29) 最判昭和40・6・24民集19巻4号1001頁。

ではないであろうか[30]。判例の立場に対しては疑念が生じる[31]。共同訴訟参加との違いは、当事者としてのみ許される申立関係（訴えの変更、請求の拡張、反訴、中間確認の訴えの提起等）が共同訴訟的補助参加では認められないことに見いだすべきと考える。

　民事訴訟法115条1項の既判力拡張の場合には、拡張を受ける第三者の参加を共同訴訟的補助参加とすることが妥当としても[32]、人事訴訟法24条や会社法838条による対世効が及ぶ第三者については、要件を限定する必要がある。ドイツにおいて、参加人と相手方間の法律関係の存在と既判力の拡張の他、主たる請求との関係で参加人の法律関係に当事者と同程度の影響が及ぶ場合に限って共同訴訟的補助参加の成立を認めるとする見解があった（Wieser）。当該訴訟によって当事者と同じ程度の影響受ける強い関係性を要すると解すべきである。

2　共同訴訟的補助参加人の地位

　共同訴訟的補助参加においても、参加時点までに形成された訴訟状態は引き継がれると考えるべきである。したがってそれまでに形成された結果（たとえば中間確認判決）には拘束される。もっとも被参加人の認諾や自白がなされたとしても、参加人の矛盾行為がある場合には、その効力は生じないとすべきである。一般に参加人の行為と被参加人の行為が

---

30)　瀧川・前掲注7）333頁は、原告側への補助参加の場合は、片面的対世効のゆえに通常の補助参加人になるとする。加波・前掲注7）272頁も同旨か。
31)　山本克己・法教299号（2005年）94頁、櫻井孝一・民訴判例百選II［新法対応補正版］（1998年）383頁などに賛成する。これらを含めた参加ルート間の関係をどのように考えるかという一般的問題がある。高橋宏志「各種参加類型相互の関係」『講座民事訴訟③』（弘文堂、1984年）253頁、同『重点講義民事訴訟法（下）［第2版］』（有斐閣、2012年）546頁、拙稿「訴訟参加の諸形態」『基本問題セミナー民事訴訟法』（一粒社、1998年）399頁参照。
32)　一般に、破産管財人が当事者となる訴訟における破産宣告を受けた者は、共同訴訟的補助参加人となるとされるのであるが、破産宣告を受けた者が、破産管財人の訴訟追行と矛盾する訴訟行為を行う場合に民訴四〇条を適用することには躊躇を感じる。破産管財人の訴訟行為が優先するとして、通常の補助参加を認めることで足りるのではないかと考える。

抵触、衝突する場合の民訴45条2項の規定は適用にならず、同40条の1項の規律に従う。人事訴訟法15条は強制参加を定めた規定であるが、このような規定によりあるいは自ら参加した場合、参加人には、民訴法45条2項は適用されず（人訴15条3項）、同40条1項から3項までが適用になる（人訴15条4項）。すなわちこの規定は、共同訴訟的補助参加を定めたものと解される[33]。もっともそこでは参加人に生じた事由による訴訟手続の中断が排除されている（人訴15条4項括弧書き）。これについては共同訴訟的補助参加について、一般的に中断、中止の効果を認める必要はなく、必要に応じて裁判所の手続の中止を命じる対応で足りるとする見解が有力であった[34]。しかし共同訴訟的補助参加人の当該訴訟との密接な関係や判決効が直接その法律関係に影響を与えることが共同訴訟的補助参加の要件となっていたことを考えると、中断、中止を認めず、実務の運用に委せることには疑問がある。人事訴訟法15条4項についても、形式的な当事者である検察官よりも実質的な利害関係を持つ者に期待しての強制参加制度であることに鑑みて、補助参加人に生じた事由での中断を一般的に認めないことがはたして妥当であるか立法論的には再検討の余地があるというべきである[35]（特許148条3項5項参照）。

　共同訴訟的補助参加人には、当事者とは別に判決が送達されることと関連して、上訴期間もその送達時を起点として独自に開始すると解すべきである。訴訟費用に関しては、共同訴訟に準じて当事者と均等に負担すると解することになる（民訴65条、人訴16条2項）。

---

33) 小野瀬厚＝岡健太郎編著『一問一答新しい人事訴訟制度』（商事法務、2004年）71頁、松川正毅＝本間靖規＝西岡清一郎編『新基本法コンメンタール人事訴訟法・家事事件手続法』（日本評論社、2013年）[高田昌宏] 43頁参照。
34) 新堂・前掲注2）818頁、伊藤・前掲注2）642頁、兼子原著・前掲注11) 242頁、秋山ほか編・前掲注2) 451頁など。
35) 松本博之『人事訴訟法〔第3版〕』（弘文堂、2012年）131頁は、共同訴訟的補助参加の一般論として中断・中止を認めないのは不合理としながら、136頁では人訴15条4項のかっこ書を肯定する趣旨と思われる。一身に専属する権利は別として、死後認知など身分関係のみならず財産関係に関する場合には中断の必要性が十分に考えられる。

4　共同訴訟的補助参加人の手続的保障

　ドイツにおいては、共同訴訟的補助参加人の範囲を狭く解する見解が有力である反面、その範囲に含まれる者に対する呼出義務（Beiladungspflicht）の存否が論じられている[36]。特に両者の要件を一致させるべきかどうか、係属事件の存在をどのように通知すべきかをめぐって議論がある。日本の場合はどうであろうか。人事訴訟法15条の参加制度との関係で、同28条（人訴規16条）は、利害関係人に対する通知の制度を導入した。これは参加後の手続権の保障と参加前の裁判所へのアクセス保障（手続的保障）を同時に規定することによって、利害関係人の手続保障に万全を期すと同時に、利害関係人から得られる情報の収集による充実した手続と適正な裁判を目指すものである。そうとすればこの考え方は、検察官を被告とする人事訴訟に限定することなく、一般に通用するものと思われる。人事訴訟に関していえば、婚姻関係に関する訴訟における子、親子関係に関する訴訟における他方の配偶者などは、参加すれば共同訴訟的補助参加人となるが、法律上これらの者への手続的保障の手立てがとられるべきであろう[37]。共同訴訟的補助参加をどの範囲で認めるかとも関連するが、当事者が訴訟にかけられる利益と同程度の利益を持つ第三者を前提にすると、通知制度の一般化が図られてよいように思われる。しかしこの点は、訴訟における当事者と利害関係人の参加のあり方、参加を保障する手段として何が適切かという一般的な問題の一環として考察されるべきものでもあり、なお検討の必要がある。

---

36)　Vollkommer, a. a. O. S. 137ff.
37)　吉村徳重「判決効の拡張と手続権保障－身分訴訟を中心として」『民事判決効の理論（下）』（信山社、2010年）213頁、拙稿「身分訴訟の判決効と手続権保障」龍谷法学19巻2号（1986年）1頁参照。

5　おわりに

　日本の民事訴訟法に規定がない（とされる）共同訴訟的補助参加をどのような制度として構想するかは、共同訴訟参加との関係という日本特有の問題もあって難しい課題である。本稿はこれを考えるための材料を提供するという意味合いを持つに過ぎないものになってしまった。各種参加制度相互間における共同訴訟的補助参加の位置づけについては引き続き検討を重ねたい。これまで公私ともにお世話になった栂善夫教授、遠藤賢治教授の古稀に際して両先生に捧げるものとしてはなはだ拙い未熟なものであるが、両先生には今までと変わらないご指導をお願い申し上げる次第である。

高裁の訴訟運営に関する雑感3題

高 橋 宏 志
Hiroshi TAKAHASHI

1 はじめに
2 訴えの変更許否の判断時期
3 中間判決の拘束力
4 判決書のチェック体制
5 控訴審の現状と裁判所の課題

1　はじめに

　ここ2、3年に出された高裁の判決に接し、違和感を覚えるものがいくつか存在した。広義の訴訟運営（合議のあり方を含む）において適切でないように感ぜられたのである。本小稿は、どこが適切でないと感ぜられたのかを分析し、可能であれば改善の方向性を探ってみようとするものである。
　取り上げる判決は3点であるが、2点は判例雑誌類に掲載されていない。そこで、固有名詞は表に出さず、事案も、理論的検討の対象としては同じ型となるよう留意したものの、大なり小なり変容を施した。事情、ご理解を賜りたい。

2　訴えの変更許否の判断時期

　1　事案は、労働者の配転無効確認訴訟である。Y社（被告、被控訴人、上告受理申立人）は、定期人事異動の時期に、上司の不適切行動につき内部告発をしたことのあるXを配転した（第1配転）。そこで、Xが内部告発への報復であるから配転は無効だという確認訴訟を提起したので

あるが、第1審は、かなり詳細な事実認定を行ない、結論は配転は無効でない（ルーティーンの配転であった）と認定して請求を棄却した。ところで、第1審の口頭弁論終結後に、Y社は通常の人事異動の時期を再度迎えたXにつき第2の配転を行なった。

控訴審で、Xは第2配転の無効確認と第2配転後の職場でのパワーハラスメントによる損害賠償請求への訴えの追加的変更を申立てた。Y社は第2配転無効確認の訴え変更に対して「異議」を述べた。控訴審の審理は、第2配転後の職場においてXに対するパワーハラスメントがあったか否かをめぐって展開され、第2配転の無効確認という訴えの追加的変更の許否の判断は、留保されたままであった。

控訴審の判決は、言渡期日を一度延期した後、第1審判決取消し、請求認容であった。判決理由中の判断において訴えの変更を許可し、本案では第2配転後の職場でXに対するパワーハラスメントがあったと認定して損害賠償を認め、しかも、パワーハラスメントをする職場に第2配転するくらいなのであるから第1配転も内部告発への報復の意図があり無効だと判断したのである。

2 高裁の訴訟運営に対する違和感は、訴えの変更の許否の判断時期に関する。控訴審（高裁）は、訴えの変更の許否の判断を留保したまま結審したのである。被控訴人Y社としては、訴え変更に対して「異議」を述べ変更に同意していない以上、訴え変更後の新しい訴訟物たる第2配転の無効確認に対する主張立証活動を、事実上、できない状態にあった。むろん、訴え変更が許されるものとして予備的主張をすることは理論的に可能であるけれども、実際にはなかなか難しいところであろう。裁判所としては、訴えの変更を許すことを結審前に明示して、その後の主張立証を促すべきではなかったか（他方、訴えの変更を許さない旨を終局判決で述べるのであれば、望ましくはないものの、不意打ち等の実害は生じさせない）。

また、第2配転後の職場でパワーハラスメントがあったことが、第1配転の無効に結び付くことを被控訴人Y社は予期できたであろうか。

パワーハラスメントの有無をめぐって控訴審の審理は行なわれたのであるから、Y社は損害賠償を認容されることは予期できるが、それが第１配転の無効に結び付くことを予期できたであろうか。Xが、その点をどの程度主張立証していたかは不明であるが、Y社への不意打ちとなる可能性があり、そうであるならば釈明が必要ではなかったか。

　要するに、控訴審の訴訟運営は、当事者に対して審判対象の範囲を明示せずに審理を行ない、判決でいきなり審判対象を明示した点において手続保障を欠くものであったと思われてならない。また、第２配転後のパワーハラスメントを審理したのであるが、それは損害賠償にのみ結び付くと被控訴人の訴訟代理人は考えていたようであり、第１配転の無効に結び付ける点について釈明が必要ではなかったかという意味で、やはり手続保障への配慮を欠くものであったと思われる[1]。

　そうであるにもかかわらず、控訴審がこのような訴訟運営をしたのは何故であろうか。まったくの推測でしかないが、判決言渡期日を延期していることが暗示するのは、結審後の合議において判断に変更があったのではないかということである。控訴棄却の心証で審理は運営したが、改めて合議で精査すると第１審判決取消し、請求認容へと判断が変わったのではなかろうか[2]。しかし、そうだとすれば、ますます当事者に明

---

1) もっとも、被控訴人の訴訟代理人の判断にも問題はあろう。確かに、第１配転と第２配転では、時期も職場も異なり、Y社としては別個の人事異動であろう。裁判資料の流用も、その点で、Y社からすればほとんどあり得ないものであったろう。従って、Y社が第２配転無効確認への追加的変更に同意しないとするのは、理解できないではない。しかし、配転された労働者から見れば、配転されるたびに新たに訴えを提起しなければならないというのは苦痛であり、また、配転は使用者側が一方的に行なうものであることからも当事者の公平上、一度の訴訟で処理したいとする労働者の要求はもっともである。訴えの変更は許容されるべきものであろう。そうだとすると、訴訟代理人としては、難しい状態であることは呑み込んだ上で、予備的な主張立証を行なっておくべきだったのではないか。また、パワーハラスメントと第１配転の無効の結び付きについても、やや酷な要求であるけれども、訴訟代理人としては注意深くあらねばならなかったのではないか。

2) 合議で控訴審の判断が変わったのだとすると、注（1）で述べた被控訴人側の訴訟代理人への批判は減殺しなければならない。訴訟代理人の感触として控訴棄却であったとすると、第２配転の有効性につき予備的主張をしなかったこと、パワーハラスメントと

示すべきであり、具体的には弁論を再開すべきであったろう。ここでも、当事者に対する手続保障の感覚の欠如が窺われるのである。

　恐らく、控訴審としては、弁論を再開して主張立証を補充させたとしても、第1審判決取消し等の結論は変わらないという判断ないし自信があったのであろう。けれども、手続保障は結論が変わるから行なう、変わらなければ行なわないというものではない。裁判所が判断の資料とするものは、当事者に明示し当事者からの批判を受けたものでなければならないというのが手続保障であり、弁論権の保障[3]であって、それ自体で価値を持つものである（結論への影響に付随するものではない）。裁判所からすると、どうしても結論に目が行くのであろうが、手続保障はそれを超える価値というべきであり、それへの配慮を欠いた高裁の訴訟運営は遺憾と言うべきである。

3　中間判決の拘束力

1　事案は、特許権侵害である。X社が、特許権侵害を理由にY社（被告、被控訴人、上告人＝上告受理申立人）に対して差止めと損害賠償を請求して提訴した。第1審は、X社の特許権の技術的範囲の外だとして請求を棄却した。X社が知財高裁へ控訴。

　　第1配転の無効の結び付きにつき主張立証を行なわなかったことも、理解できるからである。
　　　ところで、控訴審の訴訟運営には問題があったのであるが、Y社が上告受理申立てをしたところ不受理決定が出たということである。この不受理決定は、手続保障の観点からして納得しがたいところがある。最高裁の上告受理に対する私見の違和感は、後述の第3の判決でも言及するところである。
[3]　弁論権は、積極面において、裁判所は、当事者の主張事実を、それが当該事件において意味のあるものである限り、必ず斟酌しなければならない、という内容を持つ。また、弁論権は、消極面において、裁判所は、当事者に事前にそれに対する意見を表明する機会を与えなかった事実または証拠調べの結果を裁判の基礎に据えてはならない、という内容を持つ。すなわち、不意打ちの禁止を内容とする。山本克己「当事者権」鈴木正裕先生古稀祝賀『民事訴訟法の史的展開』（平成14、有斐閣）61頁が明快に説くところである。

控訴審は、特許の技術的範囲に属する、X社の特許は無効とされるべきものではない、とする中間判決を下した。Y社からの新規性なし、容易想到性ありを理由とする特許無効の主張に対して、中間判決はX社の特許は有効だと判示したのであるが、その際、新規性なし、容易想到性ありとの主張の証拠としてY社から提出されたサンプル物件（X社が特許を出願した当時にY社が販売していた物件であり、Y社が保存していたもの）につき、X社特許出願時に販売されていた物件と同一のものとは認められないと判示した。中間判決では間接的な表現にとどまっているが、行間の言辞から、当該業界では、証拠捏造だと認定されたという噂が流布されたという。
　中間判決の後に、Y社訴訟代理人が交代した。新しい訴訟代理人は、提出したサンプル物件は証拠捏造でないと力説し、特許を有効とする中間判決と矛盾しない先使用の主張で対抗したものの、中間判決の後は損害賠償の額の主張立証の審理となり、控訴審は終局判決で、第１審判決を取消し、差止めと８億円の損害賠償を認容した。ただし、判決文の末尾には「当裁判所は、被告代理人ら〔交代後の訴訟代理人〕が、控訴審の口頭弁論終結段階になって選任され、限られた時間的制約の中で、精力的に、記録及び事実関係を精査し、新たな観点からの審理、判断を要請した点を理解しないわけではなく、その努力に敬意を表するものである。しかし、特許権侵害訴訟は、ビジネスに関連した経済訴訟であり、迅速な紛争解決が、とりわけ重視されている訴訟類型であること、当裁判所は、原告と被告（解任前の被告代理人）から、進行についての意見聴取をし、審理方針を伝えた上で進行したことなど、一切の事情を考慮するならば、最終の口頭弁論期日において、新たな審理を開始することは、妥当でないと判断した」という記述がある。
　真実は不明だが、新しい訴訟代理人の論証が功を奏したのであろうか、控訴審裁判長も和解の席では証拠捏造の指摘をしなくなったという。新しい訴訟代理人は、判決の言うように「限られた時間的制約の中で、精力的に、記録及び事実関係を精査し」証拠として提出されたサンプル物件は捏造でなく当時のものと同一物件であったと判断しており、

それが真実だとすると、新規性なし、容易想到性ありとのY社の主張が認定されたのではないかと推測される。そうだとすると、中間判決は勇み足（誤判）の可能性が高い。

2　この事件の訴訟運営に対する違和感であるが、まずは中間判決の妥当性がある。しかし、これは事実認定を含む特許の有効・無効の判断であり、本小稿では本格的に論評することができない。そこで、より問題としたいのは、中間判決の後の審理の内容である。すなわち、損害賠償の額に審理を集中し、Y社の先使用の主張を審理していない点である。終局判決は、ビジネス訴訟では、迅速な解決がとりわけ重視されると言う。しかし、適正な解決を犠牲にしてまでも迅速な解決が求められるのであろうか。また、訴訟代理人の交代への配慮は、これで十分であったのか。判決文も、新しい訴訟代理人の主張立証の努力を多とし敬意を表している。しかし、勤勉な訴訟代理人への配慮は、この一片のリップサービスだけでよいのであろうか。

　私は、かつて、訴訟の充実、迅速のためには訴訟代理人の努力、協力が不可欠であり、そのためには、訴訟代理人に対して制裁を課すイソップ物語にいう「北風」だけでは不十分であり、勤勉な訴訟代理人に恩恵を与える「太陽」が必要なのではないかと論じたことがある[4]。この事案は、まさに、その「太陽」がふさわしいものではなかったか。すなわち、勤勉な訴訟代理人の努力に免じて、先使用の主張立証活動を本格的に許すべきではなかったか。中間判決の後は、数額の審理に入るのが常道だとしても、「太陽」として例外的に先使用の主張立証に入ってよかったのではあるまいか[5]。

---

4)　高橋宏志「新民事訴訟法下における第一審手続」同『新民事訴訟法論考』（平成10、信山社）154頁以下、特に172頁。

5)　もっとも、先使用の主張を裏付ける最も有力な証拠は、やはり、Y社が保存していたサンプル物件である。そうだとすると、控訴審が中間判決で当時のものとは認められないと判定したものを、中間判決後の審理の中では当時のものと認められると判定し直し証拠原因とすることは裁判所としては困難であったろうと推測することができる。中間判決の判決理由中の判断であるから理論上は拘束力がないとすることができるとしても、

しかし、違和感のそもそもは中間判決にあり、理論的にもここが興味を引かれるところである。中間判決も判決であり、そうである以上、自己拘束力（自縛性、羈束力）があり、中間判決を下した裁判所も、それを無視することはできず、終局判決ではそれに拘束されるというのが通説であり異論を見ない。確かに、その通りであろう。そうでなければ、中間判決によって審理を整序することができない。けれども、極めて例外的であろうが、中間判決が誤りであったことを当該裁判体自身が気が付いたときにも、この通りであるべきか。本事案に即して言えば、証拠捏造ではなかったと裁判体自身が気が付いたとき、どうすべきか。みすみす誤った終局判決を下し、その修正は上訴に委ねるということでよいのであろうか。上訴は、されるとは限らず、されたしても上告では手続的に容れられる可能性は高くないのである（上告受理申立ては不受理決定となる可能性が高い）[6]。そうだとすると、理論としては、そもそも中間判決は

　　中間判決を生かしたままで証拠原因とすることは中間判決と終局判決の全体で矛盾が生じてしまうからである。後述するように、中間判決の取消しを理論としては探るべきであろう。
　　また、控訴審が、Y社の交代前の訴訟代理人から、進行についての意見聴取をし、同人に審理方針を伝えた上で訴訟を進行していたという事実は、さほど重視すべきものではないのではなかろうか。交代させられるほどの訴訟代理人であるから（もっとも、病気が理由であったとも言われる）、裁判所はその訴訟代理人とは十分に意思疎通を図っていたと言われても、Y社としては納得がいかないであろうからである。ただし、他方で、交代させられた訴訟代理人との意思疎通を重視しないと一般化しすぎると、訴訟引き延ばし等の手段として訴訟代理人交代を使うこととなり、事案を吟味せずに一般化することは危険でもある。
　　なお、宍戸充＝矢嶋雅子＝岩瀬ひとみ＝早川皓太郎「『切餅事件』控訴審判決の報告と考察」知財ぷりずむ2012年7月号（vol. 10　No. 118）49頁以下、特に62頁以下で、控訴審の訴訟運営に関する被控訴人側訴訟代理人（新しい訴訟代理人）の立場からの疑問が述べられている。判決書で記述された訴訟運営と訴訟代理人が受けていた訴訟運営の実態とには齟齬があるとの指摘もあり、それが真実であるかは無論不明であるけれども、仮に真実だとすれば（判決書に書かれた訴訟運営が真実でないとすれば）それは由々しいことである。いずれにせよ、裁判所と訴訟代理人との間のコミュニケーションはうまく行っていなかったのであろう。
6）　この事件も権利上告と上告受理申立てがされたが、最高裁の対応は、上告棄却、上告受理申立て不受理であった。確かに、上告受理申立てで、中間判決の事実認定を覆すのは困難であったろう。しかし、訴訟運営の是非にも目を向けて上告受理申立てを容れる

審理の整序のためのものであるから、それが誤っていたことに当該裁判体が気が付いた場合には、自己拘束力を緩めて取消しを許容し、改めて審理の対象を設定し直す（審理の整序をし直す）ことが許されると進むべきではあるまいか。

4　判決書のチェック体制

1　事案は、相続をめぐる訴訟である。故Aが、自己の不動産を分け、故妻Bに持分を半分譲渡し、登記も経由した〔当初のB持分と呼ぶ〕。その後、Aは自己の持分を子Y（被告＝反訴原告、被控訴人、上告人）に譲渡し、妻Bもその持分をYに譲渡した。ただし、登記は、妻B持分〔当初のB持分〕についてはYへ移転登記がなされたものの、A持分〔当初のA持分と呼ぶ〕については、譲渡によるYへの登記がなされないうちに、Aの死亡による相続を原因として妻Bが4分の1、子Yが8分の1、子Xが8分の1とする登記がされ、さらに、Aからの相続によるBの4分の1の登記につきBの死亡による相続を原因として、Yの持分8分の1、Xの持分8分の1とする登記がなされている（その結果、Yが4分の3、Xが4分の1の登記となっている）。AB夫妻の子は、XとYの二人である。

　子X（原告＝反訴被告、控訴人、被上告人）は、子Yに対して、不動産全体が故Aの遺産であることの確認請求訴訟を提起した。他方、Yは、Xに対して、当初のA持分につき、Xへの登記を抹消した上で〔Aの登記に戻り、それにつきAからの贈与があったとして〕Yへ移転登記手続をせよとの反訴を提起した。第1審判決は反訴請求認容であり、具体的には、反訴被告Xは、当初のAの持分移転登記につき抹消登記手続をした上で、贈与を原因としてYに移転登記手続をせよ、Xの請求（遺産確認）は棄却するというものであった。X控訴。

　ところが、控訴審の判断は、AからYへの贈与は有効だが、Aから

　　　ともあってよかったのではなかろうか。

妻Bへの贈与およびBからYへの贈与はBに意思能力がなく無効というものであった。判決としては、当初のB持分がAの遺産であることのXからの確認請求を認容、その余のXの請求とYの反訴請求は棄却であった。しかし、反訴請求棄却の理由は、Yが求めている移転登記は、当初のB持分の移転登記であるから棄却というものであり、反訴請求を誤解したものであった。反訴請求は当初のA持分につき移転登記を求めるものだったからである。

　Yは、控訴審判決には理由の不備・食違い（理由齟齬）があるとして権利上告をし、控訴審が反訴請求を誤解していることを理由書で詳細に指摘した。しかし、上告審（最高裁）は、Yは「理由の不備・食違いをいうが、その前提を欠くものであ」るということで上告棄却であった。

　さて、控訴審が、反訴請求を誤解したことは第1審の反訴請求認容判決からも明らかであった。第1審判決は、当初のAの持分移転登記につき抹消登記手続をした上で、Yに移転登記手続をせよと命じていたからである。訴訟物は、当初のAの登記の移転登記手続請求なのである。控訴審が、それを誤解したのは、登記簿の記載の順序関係が紛らわしかったからだと思われる（すなわち、順位1：Aの持分をAとBに分割した持分登記、順位2：当初のB持分をYに移す登記、順位3：当初のA持分を相続によりB、Y、Xに持分登記、順位4：順位3のB持分登記を相続によりY、Xに持分登記という登記簿であり、順位4と順位3の登記を抹消すると順位2が浮かび上がる。しかし、これは当初のB持分に関する登記であり、順位4と順位3の登記を抹消したとき法的に移転登記の対象となるのは順位1の当初のA持分登記であるはずである。ここを登記簿の順位に惑わされて誤解したものと推測される）。

　2　控訴審判決に対する疑問の第1は、反訴請求の訴訟物につき控訴審の主任裁判官は誤解したのであろうが、他の2名の裁判官、さらには書記官がなぜ気が付かなかったのかというものである。判決文原案を、他の裁判官等がよく読んでいないことを推測させるものがある。控訴審判決の冒頭の「事案の概要」では、反訴は当初のA持分の移転登記を求めていると書かれていたのであり、それが判決理由末尾では当初のB

持分がその対象となっている以上棄却すべきである、と書かれているのであるから、判決文原案をよく読めば誤解に気付くはずであった。他の裁判官が判決文原案をよく読まないということは、合議がその実を上げていないということである。控訴審の合議とは、こういうものが常態なのであろうか。

　第2に、上告人Yの訴訟戦術の拙劣さを指摘しなければならない。最高裁は、民訴312条2項6号の理由の不備・食違い（理由齟齬）については、理由不備に関する最判平成11年6月29日判時1684号59頁以来、理由が矛盾していることが明らかという如く狭く限定して扱うことになった。権利上告を限定するという方向である[7]。その最高裁の方向性を認識せず、従来の弁護士戦術の延長で権利上告で上告したことが失敗だったのではなかろうか。本件は、訴訟法的には、反訴原告Yが当初のA持分登記の移転登記を求めているにもかかわらず、控訴審が当初のB持分登記の移転登記で判決したというものであるから、当事者が求めていないものについて判決をしたことになり、処分権主義違反（民訴246条の申立事項違反）ということができる。そこで仮に、処分権主義違反で上告受理申立てを行った場合は、どうであったか。釈明義務違背を上告受理で拾った先例もあり、処分権主義違反も拾われた可能性がそれなりにあったのではなかろうか。

　第3に、しかし、そもそも上告審（最高裁）の対応はこれでよかったのであろうか。民訴325条2項の職権破棄を、なぜ、しなかったのであろうか。上告理由書で詳細に論ぜられていたのであるから、上告審裁判官、さらに調査官には処分権主義違反は明白だったはずである。そうだとすると、まさに本件のような場合（処分権主義違反があり、判決が適正でない場合）にこそ、職権破棄を発動させるべきものではなかったか。本判決からは（この一例だけで全体を推し量ることはできないものの）、最高裁が職権破棄に冷淡であるかのような印象を受けるのである。本事件では、

---

[7]　それにしても、前述のように、控訴審判決内部で冒頭の記述（事案の概要）と末尾の記述が明らかに矛盾している。従って、理由の食違い（理由齟齬）があるという解釈は可能であったようにも思われる。

控訴審の実体判断では、当初のA持分についてはYのもの、当初のB持分は遺産共有ということであった。しかし、再審事由はないであろうから、反訴請求棄却の確定によって、Yは、当初のA持分について実体的には自己のものであるにもかかわらず、その登記を得る道を封ぜられたのであり、控訴審の実体判断に沿わない事態が固定されてしまうのである。それでよいのであろうか。

5　控訴審の現状と裁判所の課題

　3つの高裁判決を見たが、第1の判決は、訴えの変更許否の判断を終局判決で行ない、追加された訴訟物につき当事者に主張立証の機会を与えなかったというものであった。第2の判決は、中間判決にこだわりすぎ、迅速な解決を標榜したものの拙速であり、適正でもなかった可能性が高いというものであった。第3の判決は、判決文へのチェックが足りず処分権主義違反を犯したというものであった。

　その原因は、第1の判決では、手続保障への感覚の欠如にあろう。第2の判決では、中間判決が勇み足であったのであり、中間判決の拘束力の見直しが必要となる。第3の判決では、合議体の合議が機能していなかったことに原因がある（併せて、最高裁の職権破棄が機能していないことにも問題がある）。いずれも、控訴審が注意深くあれば、防ぐことができたことであろう。

　しかし、個々の裁判官の不注意だけが原因であろうか。裁判官が多忙であり、ゆとりがなくなっていることにも目を向けるべきではなかろうか。裁判官に対する裁判迅速化法の圧力もあろう[8]。時間的、そして精

8）　練達な裁判官として知られる加藤新太郎判事の著作「不熱心訴訟追行に対する措置②」三宅省三＝塩崎勤＝小林秀之編集代表『新民事訴訟法体系3巻』（平成9、青林書院）300頁以下、特に315頁が「裁判における適正・迅速・公平・廉価」と記述するのも気になるところである。他意はないのであろうが、研究者は兼子一『民事訴訟法体系』（昭和29、酒井書店）35頁以来、適正・公平・迅速・訴訟経済（廉価）の順で記述していたのであるから、公平と迅速の位置が逆転しているのである。裁判迅速化法の影響であろうか。裁判迅速化法は、裁判官からゆとりを奪ったのではないかというのが私見の危惧で

神的にゆとりがあれば、第1の判決では、訴え変更の許否を早めにすることができたであろう（あるいは、臆測したように結審後の評議で判断が変更されたのであれば、弁論を再開できたであろう）。第2の判決では、中間判決と終局判決の整合性という難しい問題はあるが、先使用の主張立証を展開させえたであろう。第3の判決では、判決文のチェックが十分行なわれ、また、上告審（最高裁）は職権破棄を行なったであろう。そろそろ、裁判所の人的体制を本格的に議論すべき時期に来ているのではなかろうか[9]。そうではあるのだが、民訴法研究者としては、個々の裁判官はやはり注意深くあってほしいと願わざるを得ない。裁判に対する国民からの信頼が危うくなりかねないからである。

ある。

9) 控訴審ではなく第1審についてであるが、第1審の審理が粗略となっていると厳しく指弾する井垣敏生・元判事も、最後には「裁判官の増員による適正な仕事量で」充実し迅速な裁判を行なうことが一番の基礎だと力説するのである。高橋宏志＝井垣敏生＝西口元＝小山稔＝小松初男「新民事訴訟法の10年」判タ1286号（平成21）5頁以下、特に30頁。

請求の客観的予備的併合と控訴審の審判対象

坂 本 恵 三
Keizo SAKAMOTO

1　はじめに
2　学説の状況
3　請求の予備的併合
4　予備的併合を用いることによる両負け回避の期待
5　おわりに

1　はじめに

　請求の併合に関する問題の中でとりわけ盛んに議論されているのは、請求の予備的併合において、第一審裁判所が、主位的請求を棄却し予備的請求を認容した判決に対し、被告だけが控訴を提起し原告は控訴も付帯控訴も提起しなかったところ、控訴審裁判所は、第一審裁判所の判断とは異なり、予備的請求には理由がなく主位的請求が認容されるべきであるという心証を得た場合に、控訴審裁判所は心証どおり主位的請求を認容する判決を下すことができるかという問題である。
　この問題を扱った最判昭和58年3月22日（判時1074号55頁、判タ494号62頁、金判682号44頁）は、「主位的請求を棄却し予備的請求を認容した第一審判決に対し、第一審被告のみが控訴し、第一審原告が控訴も附帯控訴もしない場合には、主位的請求に対する第一審の判断の当否は控訴審の審判の対象となるものではないと解するのが相当である」と判示して、問題の事例において主位的請求を認容する判決を下すことはできないという立場を示している（いわゆる上訴必要説であり、反対にこの状況で主位的請求を認容する判決を下すことができるという立場を上訴不要説という）[1]。またこの判決に先立つ最判昭和54年3月16日（民集33巻2号270頁）は、反対意見

が付されてはいるが、上告審における同様の問題について同じ立場をとっている。

本稿ではこの問題について既に多数の優れた研究の中で紹介されている内容をもとにして[2]、学説の状況を概観し、請求の予備的併合に付された条件という観点と予備的併合という併合形態に期待される原告の両負けを回避するという機能を中心としてこの問題を検討することにする。

2　学説の状況

学説では、いわゆる上訴必要説と上訴不要説が対立している。

1　上訴必要説

控訴審の審判対象は、処分権主義により、当事者が第一審判決の取り消し・変更を求める限度に限られるため（296条1項）、被告だけが第一審で認容された予備的請求に対して控訴を提起し、原告は第一審で請求棄却された主位的請求に対して控訴も付帯控訴も提起していないのに控訴審裁判所が主位的請求を認容することは、不利益変更禁止の原則に反する[3]。これは、控訴審の審判対象は不服申立て部分に限定されるという原則に従った見解である。

しかし、非両立の関係にある請求が併合される予備的併合の場合には、ひとつの請求を否定する事由が、同時に他の請求を理由付ける主要

---

1) この判決に対する評釈としては以下のものがある。井上治典「主位請求棄却・予備的請求認容判決と控訴審の審判対象」民商89巻3号、住吉博「条件づけ併合請求の場合における原告の併合意思の効力と控訴審における審判対象の範囲」判時1148号、飯塚重男「不服の限度―上訴しない当事者の請求」別冊ジュリスト146号410頁、石渡哲「不服の限度―控訴しない当事者の請求」別冊ジュリスト169号234頁、岡庭幹司「不服の限度―請求の予備的併合」別冊ジュリスト201号236頁。
2) 最近のものとしては、石渡哲「不服申し立ての限度―請求の予備的併合における上訴審の審判の範囲―」小島武司先生古希祝賀論集『民事司法の法理と政策上巻』（商事法務、2008年）21頁以下（27頁以下）が、詳細である。
3) 最判昭和54年3月16日の補足意見、池田辰夫・民商81巻6号841頁。

な事由となる関係が認められることから、控訴審においては主位的請求が認容されるべき場合であっても、上訴必要説の立場では問題の事例について主位的請求については不服申立てがされていないことを理由として請求棄却の原判決が維持され、予備的請求については理由がないとして原判決が取り消され請求が棄却されることになる。この結論は、相互に矛盾する理由で、併合された請求をともに排斥するものであり、不合理であることから、上訴不要説が主張されることになる[4]。

2 上訴不要説

上訴必要説の結論を不合理であるとする立場からは、原告の控訴または付帯控訴がなくても控訴審が主位的請求について裁判できるようにするため以下のような見解が示されている。

（1）例外的措置　私的紛争の合理的解決のために例外的措置として不服申立てのされていない主位的請求も上訴審の審判対象となる[5]。

これに対しては上訴必要説から、このような扱いは「私的紛争の公平な解決を目的とする民訴法の基本理念に照らして相当でない」という批判が加えられている[6]。

（2）上訴の一体性　予備的併合訴訟の特質により、予備的併合に付された条件関係で結ばれた複数の請求についての判決は、一個不可分であり、不服申立てはその全部に及び、上訴審は主位的請求部分を含めて原判決全体を取り消しまたは破棄すべきである[7]。

この点については、被告の上訴が請求棄却部分（被告勝訴の部分）である主位的請求を含めた全請求に及ぶというのは、被告の意思に反する不自然な擬制であるという批判が加えられている[8]。

---

4) 新堂幸司「不服申立て概念の検討」『訴訟物と争点効（下）』（有斐閣、1991年）227頁。（228頁）、上田徹一郎『民事訴訟法』第7版（法学書院、2011年）528頁。
5) 最判昭和54年3月16日の大塚裁判官の反対意見、鈴木正裕・判例評論258号170頁。
6) 最判昭和54年3月16日の補足意見。
7) 小室直人「上告審における調査・判断の範囲」『上訴・再審（民事訴訟法論集中）』（信山社、1999年）180頁。
8) 石渡・前掲判例評釈235頁。

(3) 統一的審判の保障　　予備的併合という形態を許容する以上、主位的・予備的両請求の統一的審判を原告に保障すべきであり、主位的請求の成立を予想せしめる理由で予備的請求を否定するときは、翻って主位的請求についても再度審判すべきである[9]。

　上訴必要説からはこの点につき、予備的併合の関係にある両請求の間の関連性は、裁判所の一部判決を制約するとしても、当事者の不服申立ての範囲決定まで制約するものではないという反論がされている[10]。

　上記の上訴不要説の論拠に対する上訴必要説からの批判は、いずれも正当なものであると考えられる。

　そのほか上訴不要説は、不利益変更禁止の原則については、原審で予備的請求が認容されているのだから、かりに上訴審において予備的請求が棄却され主位的請求が認容されても不利益変更禁止の原則には反しないという反論を展開している。また、予備的請求を原審で認容された原告に上訴や付帯上訴を提起することは期待できないことや選択的併合の場合の控訴審の審判対象との平仄が合わないことも指摘されている。

　(4) 不利益変更禁止の原則との関係　　控訴審の審判対象は、処分権主義により、不服申立ての対象となっているものに限定され (296条1項)、その結果、控訴審における第一審判決の取消しおよび変更は、不服申立ての限度においてのみ許される (304条)。これを控訴人の立場でみれば、原判決以上に自己に不利益な判決が下されないということが、保障されたことになり、これを不利益変更禁止の原則という。不利益変更禁止の原則を上訴審における処分権主義の現れであると理解する立場では、控訴審における審判対象が不服申立ての対象となっているものに限定されるということと不利益変更禁止の原則とは、同じことである[11]。

---

9) 新堂・前掲「不服申立て概念の検討」248頁。
10) 平田浩「上告審の審判の範囲」『新実務民事訴訟講座 (3)』(日本評論社、1982年) 213頁 (222頁)。
11) 石渡・前掲43頁、上野泰男「請求の予備的併合と上訴」名城33巻4号4頁以下 (22頁)、宇野聡「不利益変更禁止の原則の機能と限界 (二・完)」民商103巻4号86頁以下、

不利益変更禁止の原則の内容である利益・不利益は、申立てについての判決効を基準として決定されると説明されるのが一般的である[12]。不利益変更禁止の原則を処分権主義の上訴審での現れと理解する場合には、上訴審での判決内容が、上訴審での審判対象である申し立てられた不服の範囲内に収まっているか否かで判断するのが出発点となる。上訴審での判決内容が、上訴審での審判対象を超える場合には不利益が認められ、これを超えない場合には不利益も認められないのが原則である。利益・不利益についての判断基準として判決効を持ち出すのは、相殺の抗弁を認めた請求棄却判決に対する控訴といった事例や訴え却下判決に対して原告が控訴を提起する場合についての利益・不利益も統一的に説明することが可能となることを理由とするものと思われる。

　第一審において相殺の抗弁が認められ請求棄却判決が下されたのに対し、原告だけが控訴を提起したところ控訴審裁判所は、訴求債権が不存在であるという理由で、第一審判決を取り消して改めて請求棄却の判決を下すことができるかという問題がある。この問題について判例は、「控訴審が訴求債権の有効な成立を否定したときに、第一審判決を取り消して改めて請求棄却の判決をすることは、民訴法199条2項（現行114条2項）に徴すると、控訴した原告に不利益であることが明らかであるから、不利益変更禁止の原則に違反して許されないものというべきであり、控訴審としては被告の主張した相殺の抗弁を採用した第一審判決を維持し、原告の控訴を棄却するにとどめなければならない」として、請求棄却判決を下すことを否定した[13]。かりに控訴審裁判所が、訴求債権の不存在を理由として第一審判決を取り消して請求棄却判決を下す場合には、相殺に供された自働債権の不存在という判断についての既判力が生じないことになり、その点で原告が不利益を負うことになるからであ

　　栗田隆「不利益変更禁止に関する判例法理」中野貞一郎教授古稀祝賀『判例民事訴訟法の理論』（有斐閣、1995年）292頁以下。
12）　伊藤眞・前掲693頁、高橋宏志「重点講義民事訴訟法下」第2版（有斐閣、2012年）621頁など。
13）　最判昭和61年9月4日判時1215号47頁。

る。この事例では、不利益を判決内容が上訴審での審判対象の範囲内に収まっているかという基準では、請求棄却判決を下すことが不利益変更原則に違反することを説明できない。

　第一審において訴えを却下する判決が下され、これに対して原告が控訴を提起したところ控訴審裁判所は、訴訟要件は充足していると判断した場合には、第一審に差し戻すのが原則である（307条）。しかし307条ただし書きに該当する場合に請求棄却の本案判決を下すことが、不利益変更の原則に反するかという問題がある。訴え却下判決の既判力と請求棄却判決の既判力を比較すれば、訴訟物たる権利の不存在を確定する請求棄却判決の方が、訴え却下判決よりも判決効の点で原告には不利益であるので、不利益変更禁止の原則に反するというのが、判例の立場である[14]。この事例では、不利益を判決内容が上訴審での審判対象の範囲内に収まっているかという基準では、うまく説明できない。

　不利益変更禁止の原則に違反する不利益の有無を判断する際、上訴審における判決内容が、上訴審における審判対象である不服の範囲内に収まっているか否かを基準とすれば、相殺の抗弁を認めた請求棄却判決に対する控訴の場合や訴え却下判決に対する控訴の場合を例外として認めることになるが、不利益の判断を申し立てについての判決効を基準とする立場では、そのような例外を認める必要がないということである。これは、上訴の利益のとらえ方としての形式的不服説と新実体的不服説の違いと同様に、説明の違いにすぎず、内容は変わらないと考えてよいと思われる。

　さて、上訴不要説は、問題の事例において主位的請求を認容する判決

---

14) 最判昭和60年12月17日民集39巻8号1821頁。これに対しては、原告の控訴は、請求について本案判決を求める趣旨であり、その趣旨を考慮すれば、申し立ての範囲を超えて第一審判決を原告の不利益に変更するものではないとして請求棄却判決を下すことを認める立場もある。伊藤眞・前掲694頁。なお、申立についての判決効を基準として不利益を判断する伊藤教授は、この問題については、申立ての範囲、すなわち不服の範囲を基準として不利益を判断している。また、同じく申立てについての判決効を基準として不利益を判断する高橋宏志教授も、この問題については、訴訟経済上好ましくないという理由で請求棄却判決を下すことに肯定的な見解を示している。高橋・前掲522頁。

を下しても不利益変更禁止の原則に抵触しないとする。具体的な理由付けは必ずしも一致しているわけではないが[15]、たとえば、主位的請求と予備的請求との間に、一方が他方の代替物であるというような関係があれば両者は同価値であり、予備的請求を認容した原判決を取り消して主位的請求を認容する判決を下しても、被告の不利益が増すわけではないという理由が示されている[16]。すなわち不利益変更禁止の原則の不利益にあたるか否かを判断する際に用いている基準が、上記のような基準とは異なるのである。

しかし、不利益変更禁止の原則を処分権主義の上訴審での現れであるととらえれば、不服申立てがされず控訴審の審判対象となっていない主位的請求について請求認容判決を下すことは、不利益変更禁止の原則に抵触することを否定できない[17]。

（5）原告に対する上訴または付帯上訴提起についての期待可能性

上訴不要説は、予備的併合は、主位的請求が認められないのであれば予備的請求が認められることで満足するという趣旨の併合形態であることから、予備的請求で勝訴した原告に上訴や付帯上訴を提起することを期待することは無理であると説く[18]。

この点については、上訴必要説から以下のように反論されている。確かに予備的請求での勝訴とはいえ勝訴した当事者が、自ら積極的に上訴を提起することを期待することには無理がある。しかし被告が控訴を提起してきたときに、予備的請求が認められないときには主位的請求について審判を求めるという予備的付帯上訴を提起することを原告に期待することが、無理であるとは考えられない[19]。また、主位的請求が原判決で請求棄却されているにもかかわらず上訴等を提起しないということ

---

15) 理由付けの詳細については、石渡・前掲小島古稀45頁を参照。
16) 新堂・前掲252頁。予備的併合においては訴訟物の枠を超えて主位的請求と予備的請求を統一的に審判することが求められていることを、この基準を用いる理由として挙げる。
17) 飯塚重男・前掲411頁。
18) 新堂・前掲240頁。
19) 上野・前掲21頁。

は、いわば第二希望である予備的請求認容で満足し、今後は主位的請求を求めないものとして扱われてもやむを得ない[20]。

上訴必要説が説くように、予備的請求で勝訴した原告に少なくとも予備的付帯上訴の提起を期待することが、原告に酷であるとは考えられない。

（6）選択的併合と予備的併合　　選択的併合とは、旧訴訟物理論を前提とし、数個の請求のうちいずれかひとつが認容されることを解除条件として他の請求について審判が申し立てられる場合の併合形態である[21]。選択的併合では、併合された請求のうちいずれかひとつが請求認容されるという解除条件が付されている。予備的併合とは異なり、併合された請求に順序はついていない。裁判所がひとつの請求を認容する場合には、解除条件が成就したことによって、併合された他の請求は撤回されたことになる。また請求棄却するためには、併合されたすべての請求に理由がないことが要求される。すなわち、選択的併合においては、請求認容判決が下される場合には、予備的併合で主位的請求が認容された場合と同様に、全部判決となる。この判決に対して控訴の利益を有するのは、被告だけである。選択的併合でひとつの請求について請求認容判決を得た原告には、選択的併合に付された解除条件の作用によって敗訴部分がなく、したがって原告には上訴の利益が認められない。選択的併合で下された請求認容判決に対して被告が控訴を提起した場合には、併合されたすべての請求が移審する。選択的併合に付された解除条件を併合された請求のいずれかひとつが認容されることと考える立場では、この解除条件の作用として控訴審においては、併合されたすべての請求が審判対象となる。予備的併合の場合で、主位的請求が認容されたのに対し、被告が控訴を提起したところ、控訴審裁判所が、主位的請求には理由がないが予備的請求には理由があるという心証を得たときに、予備的併合に付された解除条件の作用によって、予備的請求について請求を

---

20)　浅生重機「請求の選択的または予備的併合と上訴」民訴雑誌28号1頁（18頁）。
21)　伊藤・前掲590頁など。

認容する判決を下すことができるのと同じである。選択的併合で請求認容判決が下された場合には、予備的併合で主位的請求が棄却され予備的請求が認容された場合とは異なり、控訴の利益がないことを理由として原告は控訴や付帯控訴ができないために、原告の控訴や付帯控訴がなくても控訴審裁判所は、他の請求について当然に審判の対象とすることができると説明されるが[22]、選択的併合に付された解除条件の作用によって、併合された他の請求も控訴審の審判対象となると説明することが可能であろう。

選択的併合については、第一審で下された請求認容判決に対して被告が控訴を提起した場合、選択的併合に付された解除条件の作用によって、不服申立ての対象となっている請求以外の請求も控訴審の審判対象とすることができるのであって、この点に予備的併合について主位的請求を棄却し予備的請求を認容する第一審判決に対して被告だけが控訴を提起した場合の控訴審の審判対象が予備的請求に限定されることとの違いがある。すなわち選択的併合における請求認容判決に対して被告だけが上訴を提起し、上訴審が原審の認容した請求を否定する場合に他の併合された請求が審判対象になることが、予備的併合における比較されるべき事例での扱いと異なることは、理論的一貫性を欠くことにはならない。

（7）小 括　上訴必要説と上訴不要説の違いは、上訴審の審判対象とするためには必ず不服申立てが必要か否かという点にある。上訴必要説は、処分権主義に基づき控訴審の審判対象は不服申立て部分に限定されるという原則を遵守する見解であり、近代自由主義思想を基礎とする処分権主義は民訴法の本質的部分であって、安易にその例外を認めるべきではないと説く[23]。処分権主義の原則またはこの原則の上訴審での現れと理解される不利益変更禁止の原則との関係では、控訴審の審判対象となるためには、当事者による不服申立て（上訴）が必要であること

---

22) 和田・前掲490頁。
23) 池田辰夫・前掲857頁以下。

が原則であるとせざるを得ない。

　もっとも、たとえば請求の予備的併合において主位的請求を認容する判決に対して被告が控訴を提起した場合については、原告が控訴も付帯控訴も提起していないにもかかわらず、控訴審裁判所は主位的請求に理由がないと判断する場合には予備的請求について判決を下すことができるということについても、予備的請求についての審級の利益の問題を除けば、争いはない。この場合に予備的請求について判決を下すことができるのは、予備的併合の申立てに付された解除条件が作用するためだと考えられる。すなわち、処分権主義の原則を根拠として、控訴審において審判対象となるためには当事者による不服の申立てがなければならないのが原則であるが、申立てに付された条件の作用によって不服申立てがなくても控訴審の審判対象となる場合がある。以下では、予備的併合の意義とこれに付された条件の作用を中心に検討する。

3　請求の予備的併合

1　請求の予備的併合の意義

　予備的併合については、非両立の関係にある複数の請求について順位をつけ、主位的請求が請求認容されることを解除条件として予備的請求の審判を申し立てる併合形態と説明されるのが一般的である[24]。なお、主位的請求が認められない（請求棄却または訴え却下）ことを停止条件として予備的請求が併合されていると構成することはできないと考えられている。なぜならばこの構成では、その停止条件が成就するまで予備的請求が訴訟係属していないこととなってしまい、判決で主位的請求が排斥されたのと同時に予備的請求について訴え提起があったとするのは、論理的に不合理であると考えられるからである[25]。すなわち、請求の予備

---

[24]　伊藤眞「民事訴訟法」第4版（有斐閣、2011年）591頁、和田吉弘「基礎からわかる民事訴訟法」（商事法務、2012年）487頁など。なお、非両立の関係をどのように捉えるかについては、実体法上非両立であるとするものと論理的に非両立であるとするものがある。

的併合とは、主位請求が請求認容されることを解除条件とする請求の併合であり、原告の意思もその点にあると考えるべきである。予備的併合においては、併合されたすべての請求が条件関係で結合されているので、弁論の分離はできないと考えられている[26]。非両立の請求を予備的併合にすれば、いずれか一方の請求は認容される[27]、すなわち両負けを防ぐことができ、これが予備的併合における原告の意思であると説明されることがあるが、これは、予備的併合の形で併合されている請求の関係が非両立であることを前提とし、予備的併合に解除条件が付されているために弁論の分離が禁止され、この解除条件が作用する結果にすぎず、予備的併合に付された解除条件が作用する余地がなければ、必ず両負けを回避できるわけではない。すなわち、予備的併合を利用しても、両負けを回避することが期待できるにすぎない。

2 非両立の請求と請求の併合形態

非両立の請求を併合する場合、請求の予備的併合を利用することができることについては、争いはない。では、非両立の請求を併合する場合に、必ず請求の予備的併合を利用しなければならないか。この点については、学説の立場が確定しているとはいいがたい。両立しない両請求を同位的に主張するとすれば、原告の主張として意味をなさないことを理由として非両立の請求について単純併合を認めることに否定的な見解[28]といずれか一方の請求の敗訴を覚悟すれば、両立しない二個の請求について単純併合ができないわけではないとする見解[29]が示されている。

---

25) 和田吉弘「基礎からわかる民事訴訟法」(商事法務、2012年) 487頁。三木浩一他『民事訴訟法』(有斐閣、2013年) 495頁。
26) 伊藤眞・前掲591頁など。
27) ただし売主が売買契約が有効であることを前提として主位的請求として売買代金の支払を求め、売買契約が無効であることを前提として予備的請求として売買目的物の返還を求める場合には、売買契約が無効であることを理由として主位的請求が棄却され、売買目的物の引渡しがなかったことを理由として予備的請求も棄却されるという形での両負けは起こりうる。
28) 新堂幸司「新民事訴訟法」第5版 (弘文堂、2011年) 750頁。

非両立の請求を請求の併合ではなく別訴で提起することについては、訴訟法上支障はなく、肯定説の説くように原告がいずれか一方の請求の敗訴を覚悟し併合要件さえ充足していれば、非両立の請求を単純併合の形で併合することも許されると解すべきである。

3 請求の予備的併合に付された条件の作用

第一審において裁判所が、主位的請求に理由があるという心証を抱けば、主位的請求を認容する判決が下される。解除条件が成就したことにより、予備的請求は撤回されたこととなるため、予備的請求についての判決は存在しない。この判決に対して控訴の利益を有するのは、敗訴判決を下された被告に限られる。被告が控訴を提起すれば、主位的請求と予備的請求の両方が控訴審に移審する（控訴不可分の原則）。控訴審では、まず主位的請求について審理されるが、控訴審裁判所の心証が、主位的請求について請求棄却であれば、解除条件が作用して、予備的請求について審理される。主位的請求が控訴審の審判対象となっているため、主位的請求が請求認容されることという解除条件が作用するからである。控訴審裁判所が、予備的請求に理由があると認める場合には原判決を取り消して、予備的請求を認容する。

この場合、第一審で審理の対象とならなかった予備的請求について審級の利益が問題となるが、予備的併合の対象を非両立の請求に限定する立場では、予備的請求について基礎となる事実関係は主位的請求についての審判において実質的に審理されていると考えられるので、これを問題とする必要はない[30]。

第一審裁判所が、主位的請求について請求棄却の心証を抱けば、解除条件の作用によって予備的請求について審理され、通常は予備的請求について請求認容判決が下されることになる。すなわち、第一審判決で

---

29) 松本博之・上野泰男「民事訴訟法」第7版（弘文堂、2012年）674頁。石渡・前掲56頁および61頁の注（59）。三木浩一「請求の予備的併合と非両立要件」『民事訴訟における手続運営の理論』（有斐閣、2013年）149頁（158頁）。

30) 髙橋・前掲631頁、伊藤・前掲593頁など。

は、主位的請求について請求棄却、予備的請求について請求認容の判決が下される。

　この判決に対しては、原告と被告の両方が、控訴の利益を有する。ここで被告だけが控訴を提起し、原告は控訴も付帯控訴も提起しない場合には、予備的請求と主位的請求の両方が控訴審に移審するが、控訴審の審判対象となっているのは、予備的請求だけであり、したがって主位的請求が請求認容されるという解除条件が作用することはない。

　すなわち、請求の予備的併合を主位的請求が認容されることを解除条件として予備的請求の審判が申し立てられている併合形態であると理解する立場では、主位的請求が認容されるという解除条件が控訴審においても作用するためには、主位的請求が控訴審の審判対象とならなければならない。主位的請求が控訴審の審判対象となっていなければ、主位的請求が請求認容されるという解除条件は作用する余地はない。

4　併合された請求間の条件関係の変更

　請求の予備的併合を主位的請求が請求認容されることを解除条件として予備的請求の審判が申し立てられている併合形態と理解する立場では、第一審で主位的請求を請求棄却し予備的請求を認容する判決が下され、この判決に対して被告だけが控訴を提起した場合に、請求の予備的併合に付された条件の作用を根拠として主位的請求も自動的に控訴審の審判対象となると説明することはできない。そこで、「提訴時における両請求の条件関係は、解除条件付きの関係にあったが、審理後の控訴審、上告審における両請求の条件関係は、停止条件付きの関係に変化すると考えればよい。つまり、予備請求が棄却される場合には主位請求を審理対象にする旨の停止条件を、当初から付加していると考えることができるであろう[31]」という見解が現れる。確かにこの見解では、第一審

---

31)　川嶋四郎「民事訴訟法」（日本評論社、2013年）746頁。もっともこの見解が条件関係の変更を考える場面を、第一審で主位的請求を請求棄却し予備的請求を請求認容する判決に対して被告だけが控訴を提起した場合に限定する趣旨であれば、予備的併合形態による訴え提起行為の中に原告の黙示の予備的付帯控訴を認めると説明する方が、適切で

で主位的請求を棄却し予備的請求を認容する判決が下されたのに対し、被告だけが控訴を提起した場合に控訴審では、予備的請求に理由がなく主位的請求に理由があるという心証を裁判所が得た場合に、申立てに付された条件の作用によって、第一審原告の控訴も付帯控訴もなくとも、主位的請求について請求認容の判決を下すことを説明できる。しかしこの見解では、請求の予備的併合を、主位的請求が請求認容されることを解除条件として予備的請求の審判が申し立てられている併合形態であると、簡潔に定義付けることはできない。

5 黙示の予備的付帯控訴

予備的併合の定義を一般的な理解のままにし、問題の事例で主位的請求について請求認容判決を下すことを可能とするために、原告の申立てに黙示の予備的付帯控訴を擬制する見解が説かれている。すなわち、予備的併合形態による訴え提起行為の中に原告の黙示の予備的附帯上訴の意思を認める見解や[32]、被告からの控訴に対して原告がなす控訴棄却の申立ての中に予備的付帯控訴が含まれるとする見解である[33]。上訴必要説は、控訴審の審判対象となるためには、控訴（不服申立て）がなければならないということを内容とするが、不服申立てが明示的なものに限らず黙示的なものでもよいとすれば、上訴必要説の基準を満たすことになる。その点でこれらの見解は、控訴審の審判対象となるのは不服申立ての限度であるという伝統的な理解とも整合性を保っている。前者については、予備的併合に原告が付した主位的請求が請求認容されることという解除条件の解釈の中に黙示の予備的付帯控訴まで取り込んでよいのかという点に疑問が残るが、後者の理論構成については、予備的併合に付

はないかと思われる。予備的請求について判決が下されるのは主位的請求が排斥された場合に限られるので、第一審では「当初から」付加される停止条件が成就しても意味を持たないからである。

32) 鈴木重勝「当事者救済としての上訴制度」『講座民事訴訟（7）上訴・再審』（弘文堂、1985年）1頁（16頁）

33) 中野貞一郎ほか『新民事訴訟法講義』第2版補訂2版（有斐閣、2008年）栗田隆執筆。また、この見解が、解釈論として可能であることについては、岡庭・前掲237頁を参照。

された解除条件とは直接関係しない被告の控訴提起に対する原告の控訴棄却の申立ての解釈の問題であることから、伝統的な理解との整合性は、より高いと評価できる。

　しかし、そのような解釈をしてまで、原告の保護を図る必要があるのかという点については、依然として疑問が残る。このような解釈が目指す目的は、相互に矛盾する理由で原告が両負けすることを回避するという点にあるが、これは原告が明示的に予備的付帯控訴を提起すれば達成でき、そのような予備的付帯控訴の提起を原告に期待することに無理がないからである。

4　予備的併合を用いることによる両負け回避の期待

　請求の予備的併合を用いた場合に、紛争の統一的解決の実現すなわち原告の立場からみれば両負けの危険を回避できるのは、予備的併合に付された解除条件の作用自体の効果ではなく、解除条件付きの請求であることから、弁論の分離が禁止される結果として事実上期待されるにすぎない。しかし上述のように非両立の請求を単純併合の形で併合することも可能であるという立場を前提として、非両立の請求が単純併合された場合には、解除条件が付されているわけではないことを理由として弁論の分離ができるかといえば、それも否定すべきである。併合された請求が（法律上）非両立の関係にある場合に、当事者の申出があれば弁論の分離が許されないことは、主観的併合の事例ではあるが、同時審判申出共同訴訟について明文の規定（41条）で定められているが、その趣旨は、請求の客観的併合についても妥当すると考えるべきである。

　そのように考えれば、予備的併合において第一審裁判所が主位的請求に理由がなく予備的請求に理由があるという心証に基づいて下す主位的請求棄却、予備的請求認容という判決は、非両立の請求を予備的併合ではなく単純併合の形で請求した場合に、第一審裁判所が、予備的併合であれば主位的請求とされる請求について理由なしの心証を抱き、予備的

併合であれば予備的請求とされる請求について請求認容の心証を得た場合に下される判決と全く同一である。非両立の請求を予備的併合ではなく、単純併合とする原告の期待も、両負けを回避する点にあることは疑いない。しかし、この単純併合について下された判決に対して被告だけが、予備的併合であれば予備的請求とされる請求に対して控訴を提起した場合には、主位的請求も控訴不可分の原則によって控訴審に移審するが、控訴審の審判対象となるのは予備的併合の場合の予備的請求に限定されるということについては、争いはない。

非両立の請求について両負けを回避したいという原告の期待は、予備的請求に付された解除条件を理由として弁論の分離が禁止され、かつ解除条件が条件成就であれ条件不成就であれ必ず作用する第一審においては、事実上満たされるが、この期待は無条件で上訴審においても満たされるわけではない[34]。

5　おわりに

冒頭で示した問題については、控訴審の審判対象は不服申立て部分に限定されるという原則に従う上訴必要説の見解が正当である。本稿で検討したように、予備的併合に付された条件の作用によって、原告の不服申立てがなくても控訴審の審判対象になることはあるが、それ以外の場合に不服申立てのない部分を控訴審の審判対象とすることは、処分権主義の上訴審における現れとしての不利益変更禁止の原則に抵触する。

予備的併合の形で併合された請求間の条件関係を変更することによって、予備的併合に付された条件の作用として、不服申立てのない部分を控訴審の審判対象とするという見解による問題の解決は可能であるが、その場合には、予備的併合の概念を修正する必要がある。また、黙示の予備的付帯控訴を認めることによる問題の解決も可能ではあるが、原告に少なくとも明示の予備的付帯控訴の提起を期待することができるの

---

34)　石渡・前掲小島古稀49頁、同・前掲判例評釈237頁。

に、なぜそのような解釈をする必要があるかを十分に説明できていない。なお、これらの考え方は、上訴不要説に組み込まれるのが一般的であるが、付された条件の作用により審判対象になるという考え方は、そもそも上訴審での審判対象となるためには上訴の必要があるかということとは関係のない考え方であるし、默示の予備的付帯控訴の考え方は、明示の上訴は必要ないが默示の上訴が必要であることを前提とした考え方であり、いずれも上訴必要説を基本とする考え方である。

　これらの見解は、予備的併合という併合形態に期待される原告の両負けの回避または統一的な解決の実現を目指すものであるが、予備的併合に期待されるそのような機能は、上訴審との関係では、おのずと限界を持つものであると考えるべきである。

民事訴訟法319条〔旧401条〕の沿革について

上 野 泰 男
Yasuo UENO

1　はじめに
2　民訴319条〔旧401条〕の沿革
3　おわりに

1　はじめに

1　問題の所在

（1）上告審と書面審理　　訴訟の審理につき口頭弁論の必要性を定めた87条[1]は、第1編総則中の規定として、上告審の訴訟手続にも適用がある。しかし、上告審では書面審理が先行する[2]。すなわち、上告裁判所は、上告人が提出した上告状、上告理由書などの書類により、316条1項各号に該当すると認めるときは、決定で上告を却下することができ（317条1項）、また上告裁判所が最高裁判所である場合には、上告人提出の書類により、上告の理由が明らかに312条1項および2項に規定する事由に該当しないと認めるときは、決定で上告を棄却することができるので（317条2項）、その限度で口頭弁論の必要性は排除される（87条1項但書き）。さらに、上告裁判所は、上告状、上告理由書、答弁書（民訴規201条参照）その他の書類により、上告を理由がないと認めるときは、

1）　本稿においては、現行民事訴訟法は原則として条数のみで示し、その他の法令名は一般に行われる略語で示す。
2）　上告理由が原判決の憲法違反および法令違反に限られ（312条）、上告裁判所は原判決において適法に確定した事実に拘束されるので（321条1項）、上告審では事実審理が行われないのが原則である。しかし、職権調査事項には321条の適用はないから（322条）、これに関係する事実は上告審理の対象となる。

口頭弁論を経ないで、判決で上告を棄却することができるので (319条)、やはり口頭弁論の必要性は排除される (87条3項)。

（2）上告審と口頭弁論　　上述の規定に基づいて上告却下もしくは上告棄却の決定がされず、または上告棄却の判決がされないときは、87条1項が適用されるため、上告裁判所は口頭弁論を開いて審理を行わなければならない。ところが、近年、口頭弁論を経ることなく原判決を破棄する判決が続出している[3]。本稿は、口頭弁論を経ることなく上告棄却判決をすることを許容する現行319条の前身である旧401条の成立の経緯を明らかにし、これらの判決を検討する視点を得ることを目的とするものである[4]。

---

3) ［1］最判平成14・12・17判タ1115号162頁、判時1812号76頁、［2］最判平成18・9・4判タ1223号122頁、判時1948号81頁、［3］最判平成19・1・16判タ1233号167頁、判時1959号29頁、［4］最判平成19・3・27民集61巻2号711頁、判タ1238号187頁、判時1967号91頁、［5］最判平成19・5・29訟務月報54巻2号444頁、判タ1248号117頁、判時1978号7頁、［6］最判平成22・3・16民集64巻2号498頁、判タ1325号82頁、判時2081号12頁など。

4) 　現行319条は、旧民事訴訟法（大正15年法律第61号による改正後の民事訴訟法）401条〔「上告裁判所カ上告状、上告理由書、答弁書其ノ他ノ書類ニ依リ上告ヲ理由ナシト認ムルトキハ口頭弁論ヲ経スシテ判決ヲ以テ上告ヲ棄却スルコトヲ得」〕を内容上の改正なしに受け継いだものであるので、旧401条の沿革が即319条の沿革である。なお、当初は、注3に掲げた判例の検討も行う予定であったが、分量の関係で断念せざるを得なかった。
　　栂善夫先生は、戦後の民事訴訟法改正に関する貴重な資料を駆使された御論文をものされており（栂善夫「民事訴訟法の戦後改革序説―昭和23年法律第149号『民事訴訟法の一部を改正する法律』―」青山学院大学総合研究所・法学研究センター研究叢書第2号（1993年）『各法領域における戦後改革』51頁）、遠藤賢治先生は鈴木正裕＝鈴木重勝編『注釈民事訴訟法（8）　上訴』（1998年　有斐閣）において、旧401条～406条ノ2の注釈を担当されている。そのような両先生の古稀をお祝いする論文集に寄稿させていただくのにふさわしいテーマではないかと考えて、本稿の執筆にとりかかったものの、質的にも量的にも不十分な論文しか執筆することができなかったことをお詫びしつつ、これまでご高配を賜り続けている両先生に、感謝とお祝いの微意を込めて本稿を捧げます。

2　民訴319条〔旧401条〕の沿革

1　明治民事訴訟法（明治23年法律第29号）の下での上告審手続

（1）上告人の呼出し　明治民事訴訟法の下では、上告が提起された場合、上告裁判所は期日を定めて上告人を呼び出し、その陳述を聴くという手続がとられ、この手続により上告が適式に提起されなかったことまたは不適法であることが明らかになれば、上告裁判所は終局判決により上告を「棄却」[5]した。この手続は、明治民訴439条[6]に基づく手続であった。因みに、控訴については、明治民訴402条が、「判然許ス可カラサル控訴又ハ判然法律上ノ方式ニ適セス若クハ其期間ノ経過後ニ起シタル控訴ハ裁判長ノ命令ヲ以テ之ヲ却下ス」との特別規定をおいていたが、上告審の手続については402条に相当する規定がなく、むしろ明治民訴439条が402条に相当するもので、上告の適否の審査を裁判長に委ねないで、「鄭重ナル手続」をとったものであると解されていた[7]。

（2）口頭弁論　上告裁判所は、明治民訴439条により上告を不適法として棄却〔却下〕しない場合、上告状を被上告人に送達し、且つ口頭弁論期日を定めて、上告人および被上告人を呼び出さなければならなかった[8]。口頭弁論に基づく審理の結果、上告が不適法であることが明らかになれば、やはり上告は不適法として棄却〔却下〕された[9]。上告裁判

---

5)　「不適法トシテ棄却スル判決」である（仁井田益太郎『民事訴訟法要論中巻』（1908年、有斐閣ほか）915頁参照）。したがって、現代の用語法によれば、「上告を不適法として却下する判決」ということになる。

6)　同条は「上告裁判所ハ上告人ヲ呼出シ其陳述ヲ聴キ上告ヲ許ス可カラサルモノナルトキ又ハ法律上ノ方式及ヒ期間ニ於テ起ササルトキ又ハ第434条ノ規定ニ依ラサルトキハ判決ヲ以テ之ヲ棄却ス可シ」と定めていた。条文は松本博之ほか編著『日本立法資料全集43　民事訴訟法〔明治36年草案〕（1）』（1994年、信山社）〔資料1〕により、漢字の字体を新字体に、漢数字を算用数字に、夫々改めた（特に断らない限り、以下同じ）。

7)　岩田一郎『民事訴訟法原論〔訂正第22版〕』（1921年、明治大学出版部）853頁参照。

8)　仁井田益太郎・前掲（注5）『民事訴訟法要論中巻』916頁参照。これは明治民訴444条による193条（「訴状カ第190条〔第2項〕第1号乃至第3号ノ規定ニ適スルトキハ口頭弁論ノ期日ヲ定メテ之ヲ被告ニ送達ス可シ」）の準用による。

所は、上告が適法であるときは、口頭弁論に基づき、上告に理由があるかどうかを審理し[10]、理由がないときは上告を棄却し、上告に理由があるときは、原判決を破棄して、さらに差戻し若しくは移送または自判をした。

以上によれば、明治民訴法の下では、上告の適法性審査についても、上告裁判所は期日を定めて上告人を呼び出し、その陳述を聴くという手続がとられるなど慎重な審理手続が定められており、上告に理由があるかどうかの審理は常に口頭弁論に基づいて行われていたことになる。

2 「民事訴訟法改正案（旧法典調査会案）」〔旧401条の誕生その（1）〕

（1）「民事訴訟法修正案」　明治民事訴訟法の改正作業は、明治28年（1895）、司法省内に民事訴訟法調査委員会が設置された時から開始されたようである[11]。民事訴訟法調査委員会は、改正を必要とする意見を参考にしながら[12]、「民事訴訟法修正案」[13]を作成した。

（1）「民事訴訟法修正案」には、上告の適法性審査に関する明治民訴439条に相当する規定はなく、却って「上訴ノ適法ナルヤ否ヤノ調査」

---

9) 仁井田益太郎・前掲（注5）『民事訴訟法要論中巻』917頁、919頁参照。

10) 仁井田益太郎・前掲（注5）『民事訴訟法要論中巻』919頁参照。

11) 「民事訴訟法中改正法律案理由書」の「本案の要旨」には、「現行民事訴訟法ハ明治23年制定セラレ翌24年実施セラレタルモノナルカ手続煩瑣ニ亙リ実際ノ運用上不備ノ点尠カラサルヲ以テ夙ニ改正ノ議アリ明治28年中司法省ニ民事訴訟法調査委員会設置セラレ其ノ改正ニ着手シタル処」との記述が見られる。松本博之ほか編著『日本立法資料全集13　民事訴訟法〔大正改正編〕（4）』（1993年、信山社）147頁の〔資料639〕参照。

12) 民事訴訟法調査委員会発足前の明治28年8月28日、司法大臣芳川顕正は、全国の裁判所および検事局に対して、「民事訴訟法及附属ノ法令ニ関シ其施行上改正ヲ必要トスル意見」があれば、同年12月中に具申するよう求め、この意見具申を受けて同年12月21日、判事三好退蔵を委員長とする「民事訴訟法調査委員会」が司法省内に設置され、同委員会は、具申された意見を参考にしながら民事訴訟法原案を作成し、これを整理して全464箇条からなる「民事訴訟法修正案」を作成したようである（「改正民事訴訟法案審議の沿革」法曹会雑誌8巻12号440頁、446頁〜447頁、459頁、松本博之「民事訴訟法〔明治36年法典調査会案〕の成立」松本博之ほか編著『日本立法資料全集45　民事訴訟法〔明治36年法典調査会案〕（3）』（1995年、信山社）1頁、9頁参照）。

13) 松本博之ほか編著・前掲（注6）『日本立法資料全集43　民事訴訟法〔明治36年草案〕（1）』125頁の〔資料2〕参照。

についての「控訴審ノ規定」を上告に準用する旨の規定（民訴法修正案449条8号）[14]が置かれた。もっとも、「民事訴訟法修正案」には控訴の適法性審査自体に関する規定はなく、「許スヘキ控訴ナルヤ否ヤ又方式及ヒ期間ヲ遵守シテ提起シタル控訴ナルヤ否ヤ」の審査は職権調査事項であること、この要件を欠く控訴は不適法として却下すべきことを定めた規定が置かれただけであった[15]。

（2）　同修正案432条[16]は、地方裁判所の第一審の訴訟手続に関する規定を、控訴審の訴訟手続に準用する旨定めていたが、この規定は前述の同修正案449条により上告審に準用されていなかったので、裁判長の訴状審査権を定めた修正案202条は上告審に準用されなかった。

結局、「民事訴訟法修正案」の下では、上告の理由具備性の審理はもとより適法性審査も口頭弁論に基づいて行うこととされていたことになる。

（2）「民事訴訟法改正案（旧法典調査会案）」　明治26年（1893）4月以降に委員が任命されて発足した法典調査会は、もともと「民商法及附属法律ヲ調査審議」することを目的としていたが、明治32年（1899）3月、法典調査会規則が改正され、同会第二部が「民事訴訟法及裁判所構成法ヲ起案審議」することとされたので、「民事訴訟法調査委員会」は廃止され、以後民事訴訟法の改正作業は法典調査会が進めることになった[17]。法典調査会第二部民事訴訟法委員会は、明治33年（1900）9月

---

14)　この規定については、松本博之ほか編著・前掲（注6）『日本立法資料全集43　民事訴訟法〔明治36年草案〕（1）』192頁参照。

15)　民訴法修正案423条は「控訴裁判所ハ職権ヲ以テ調査シ此要件ニ欠缺アルトキハ控訴ヲ不適法トシテ却下スヘシ」と定めていたので、この規定が民訴法修正案449条8号により、上告にも準用されたものと思われる。

16)　同規定は「控訴ノ訴訟手続ニハ本章ノ規定ニ依リテ差異ノ生セサル限ハ地方裁判所ノ第一審ノ訴訟手続ノ規定ヲ準用ス」と定めていた。

17)　前掲（注12）「改正民事訴訟法案審議の沿革」法曹会雑誌8巻12号440頁、452頁以下、鈴木玄之助「新民事訴訟法の受胎より出産まで」法曹会雑誌8巻12号482頁、484頁など参照。なお、鈴木・前掲によれば、鈴木玄之助は、自身につき、「私は新民訴法の審議の最初より成案を帝国議会に提出せられ法律として公布せらるゝまで即終始一貫総ての会議に出席し委員会の書記或は司法省の属官として之に関する事務を執つて居たのであり

から明治35年（1902）4月頃までの審議に基づいて、人事訴訟および強制執行の規定を含む全997条からなる「民事訴訟法案」[18]を作成し[19]、さらにその字句を修正して「民事訴訟法改正案（旧法典調査会案）」[20]を作成した。

（1）注目されるのは、「上告裁判所ハ先ツ上告人ノミヲ呼出シ上告カ適法ナリヤ否ヤ及ヒ上告カ理由アルヤ否ヤニ付キ陳述ヲ聴クコトヲ得

　　前項ノ場合ニ於テ上告ヲ適法ナラス又ハ理由ナシト認メタルトキハ直ニ判決ヲ為スコトヲ得　　上告人カ期日ニ出頭セサルトキハ其陳述ヲ聴カスシテ上告ヲ却下シ又ハ棄却スル判決ヲ為スコトヲ得」と定めた「民事訴訟法案」471条である。この規定は明治民訴439条に対応するが、審理の対象が上告の理由具備性にまで拡大され、この審理によって上告に理由のないことが明らかになれば、口頭弁論を経ることなく上告棄却の判決もできるとされ、これによって、上告裁判所は、口頭弁論を経ることなく、上告棄却判決をすることができることになるからである。ただ、残念なことに、法典調査会第二部の議事速記録は第36回（民訴甲第一号の条文で86条）までしか残されていないため[21]、この規定が置かれる

---

18)　松本博之ほか編著・前掲（注12）『日本立法資料全集45　民事訴訟法〔明治36年草案〕（3）』3頁の〔資料41〕である。

19)　法典調査会第二部の起草委員は、明治33年（1900）夏頃までに、「民事訴訟法修正案」を検討修正して、「民訴甲第一号」（松本博之ほか編著・前掲（注6）『日本立法資料全集43　民事訴訟法〔明治36年草案〕（1）』197頁の〔資料3〕）を作成し、明治33年9月11日に法典調査会第二部の委員に配布した（松本・前掲（注12）「民事訴訟法〔明治36年法典調査会案〕の成立」3頁参照）。ただ、条文は1条から211条までしか知られていないので、上訴の条文を知ることができない。「民事訴訟法案」は、法典調査会第二部が、「民訴甲第一号」に基づいて、明治33年9月19日から明治35年（1902）4月頃まで審議を行って作成したもので、その作成にいたる審議の状況の一部（1条〜86条まで）は、「民事訴訟法議事速記録」（松本博之ほか編著・前掲（注6）『日本立法資料全集43　民事訴訟法〔明治36年草案〕（1）』所収の〔資料4〕、〔資料6〕〜〔資料40〕）により知ることができる。

20)　松本博之ほか編著『日本立法資料全集10　民事訴訟法〔大正改正編〕（1）』（1993年、信山社）31頁の〔資料1〕である。

21)　松本・前掲（注12）「民事訴訟法〔明治36年法典調査会案〕の成立」9頁は、「法典調査会委員勤務調」などの資料から、「87条以下の条文は第二部会にかけられた形跡がない

(2) この「民事訴訟法案」471条は、条数を476条に移して、ほぼそのまま（一部送りカナの訂正あり）「民事訴訟法改正案（旧法典調査会案）」でも維持されており、その公表と相前後して、各地の裁判所や弁護士会に対して意見照会がなされたため[22]、この規定に対する「反応」を知ることができる[23]。

それによれば、名古屋弁護士会などから、この476条の削除意見が6件提出されている。理由を附さない意見が多いが、その根拠は、口頭弁論に基づく審理の前に、上告人の意見を聴く手続を置くことは無用の手数と費用をかけることになるというところにあったようである[24]。そうすると、その意見の趣旨は、上告人からの陳述聴取の手続を経ることなく、口頭弁論に基づく審理を行うべきであるというところにあったものと思われる[25]。

(3) 岡山地方裁判所長から、476条の後に、「上告裁判所ニ於テ口頭弁論ノ必要ナシト認ムルトキニ限リ書面ニ基キ判決ヲ為スコトヲ得　前項ノ場合ニ於テハ判決ヲ為ス前当事者ヲシテ書面ヲ以テ陳述ヲ為サシムルコトヲ要ス」という規定を置くべきであるという意見も出された[26]。このような提案をする理由は示されていないが、この意見は、476条の

　　ので、委員会審議を省いて改正案の作成が行われた可能性が高い」とする。
22) 松本・前掲（注12）「民事訴訟法〔明治36年法典調査会案〕の成立」11頁参照。ただし、意見照会の正確な時期は不明であるとされる。
23) 松本博之ほか編著・前掲（注20）『日本立法資料全集10　民事訴訟法〔大正改正編〕(1)』147頁〔資料2〕の「旧法典調査会案（明治36年）民事訴訟法改正案修正意見類聚」参照。
24) 松本博之ほか編著・前掲（注20）『日本立法資料全集10　民事訴訟法〔大正改正編〕(1)』233頁以下参照。
25) なお、明治民訴439条は「可シ」規定であったのに対して、「民事訴訟法改正案（旧法典調査会案）」476条は「得」規定であるので、上告裁判所は、476条の手続をとることなく、口頭弁論による審理を行うこともできることになり、これを「一進歩」とする意見もあった（松本博之ほか編著・前掲（注20）『日本立法資料全集10　民事訴訟法〔大正改正編〕(1)』234頁参照）。
26) 松本博之ほか編著・前掲（注20）『日本立法資料全集10　民事訴訟法〔大正改正編〕(1)』234頁参照。

削除を求めていないから、上告裁判所が、上告人の陳述から「上告ヲ適法ナラス又ハ理由ナシト認メ」ないときでも、「口頭弁論ノ必要ナシト認ムルトキ」は、「書面ヲ以テ陳述ヲ為サシムル」という手続をとり、上告の適法要件または理由具備要件を欠くと認めたときは、上告却下または上告棄却の判決をすることができる制度を提案するものであると考えられるので、先に紹介した476条削除意見（直ちに口頭弁論に基づく審理を行うべきであるとする意見）とは大きく異なることになる。

3 「民事訴訟法改正案（第一案・議案）」〔旧401条の誕生その（2）〕

（1）法律取調委員会の設置と改正作業の進行　「民事訴訟法改正案（旧法典調査会案）」を作成した法典調査会（第二部）は明治36年（1903）4月1日をもって廃止され、同案は単に草案として公表されたままとなった[27]。民事訴訟法の改正作業を引き継いだのは、およそ4年後に設置された法律取調委員会[28]で、同委員会が実際に民事訴訟法の改正作業に着手したのは、明治44年（1907）5月初めのことであった[29]。民事訴訟法の改正作業は、法律取調委員会委員の中から主査委員を15名程度、その中から起草委員を3名指名し、これらの委員をもって主査委員会および起草委員会を組織し、起草委員会が原案を起案し、これを主査委員会の議に付し、さらに法律取調委員総会の議決を経るという手順を踏んで進められた[30]。起草委員会の作業は[31]、「民事訴訟法改正案（旧法典

---

27) 前掲（注12）「改正民事訴訟法案審議の沿革」法曹会雑誌8巻12号460頁、鈴木・前掲（注17）法曹会雑誌8巻12号484頁参照。

28) 明治40年（1907）4月19日公布の勅令「法律取調委員会規則」に基づき、「民事刑事ニ関スル法律ヲ調査審議」するため法律取調委員会が設置された。前掲（注12）「改正民事訴訟法案審議の沿革」法曹会雑誌8巻12号460頁以下、鈴木・前掲（注17）法曹会雑誌8巻12号482頁参照。

29) 鈴木・前掲（注17）法曹会雑誌8巻12号484頁参照。前掲（注12）「改正民事訴訟法案審議の沿革」法曹会雑誌8巻12号466頁以下によれば、法律取調委員会第一回民事訴訟法改正起草委員会が開催されたのは、明治44年（1907）5月5日であった。

30) 前掲（注12）「改正民事訴訟法案審議の沿革」法曹会雑誌8巻12号460頁、466頁、鈴木・前掲（注17）法曹会雑誌8巻12号485頁参照。

31) 松本博之「民事訴訟法〔大正15年〕改正の経過」松本博之ほか編著・前掲（注20）『日

調査会案)」をベースに、委員から提出された「民事訴訟法改正起草委員会問題」[32] を検討し、決議を積み重ねていくという形で進められ、主査委員会に提出すべき問題であるかどうかの判断も併せて行われた[33]。

（1）　旧401条〔現行319条〕に関連する決議として、「民事訴訟法改正起草委員会決議（第89回）大正3年6月8日」[34]における（三）〔「控訴審ニ於テハ当事者カロ頭弁論ヲ開カスシテ判決ヲ受クヘキコトノ合意ヲ為シタルトキハ裁判所ハ口頭弁論ヲ開カス記録ニ基キ判決ヲ為スコトヲ得ル旨ノ規定ヲ設クルコト」〕および（四）〔「本日ノ決議（三）ノ規定ハ上告審ニモ之ヲ準用スル旨ノ規定ヲ設クルコト」〕の決議がある。この決議は、「民事訴訟法改正起草委員会決議（第92回）大正3年6月22日」[35]における（一）の（18）により、「上訴審ニ於テ当事者カロ頭弁論ヲ開カスシテ判決ヲ受クヘキコトノ合意ヲ為シタルトキハ裁判所ハ書面ニ依リ審理判決ヲ為スコトヲ得ルモノトスヘキヤ」という問題として、「主査委員会ニ提出スルコト」とされ、主査委員会には、「議民乙第一号　民事訴訟法改正ニ関スル問題」[36]の（18）〔「上訴審ニ於テ当事者カロ頭弁論ヲ経スシテ判決ヲ受クヘキ合意ヲ為シタルトキハ裁判所ハ書面ニ依リ審理判決ヲ為スコトヲ得ルモノトスヘキヤ」〕として提出された。

（2）　前記問題（18）は、大正3年（1914）12月7日開催の第6回主査委員会の議題とされた[37]。委員会では、「矢張リ訴訟ノ進行ヲ速カナ

　　本立法資料全集10　民事訴訟法〔大正改正編〕（1）』1頁、4頁以下参照。
32)　松本博之ほか編著・前掲（注20）『日本立法資料全集10　民事訴訟法〔大正改正編〕（1）』285頁の〔資料3〕「起第一号——明治44年5月31日　横田幹事提出」～同309頁の〔資料61〕「起第五十七号——民事訴訟法改正起草委員会問題」参照。
33)　「民事訴訟法改正起草委員会審議録」（松本博之ほか編著・前掲（注20）『日本立法資料全集10　民事訴訟法〔大正改正編〕（1）』311頁の〔資料62〕～553頁の〔資料359〕および「民事訴訟法改正起草委員会決議」（松本博之ほか編著・前掲555頁の〔資料360〕～同613頁の〔資料453〕）参照。
34)　松本博之ほか編著・前掲（注20）『日本立法資料全集10　民事訴訟法〔大正改正編〕（1）』611頁の〔資料450〕）参照。
35)　松本博之ほか編著・前掲（注20）『日本立法資料全集10　民事訴訟法〔大正改正編〕（1）』613頁の〔資料453〕参照。
36)　松本博之ほか編著・前掲（注20）『日本立法資料全集10　民事訴訟法〔大正改正編〕（1）』619頁の〔資料454〕参照。

ラシムル〔コ〕ト当事者ヲシテ費用ト時間ヲ節約セシメテ裁判ヲ為スニ在リ」という問題の趣意と、上訴には「控訴上告共ニ包含スル」ことが説明された[38]。審議では、上告については賛成意見が多かったが、控訴については、「事実ニ付イテハ書面審理ト云フコトハ不可ナリ」という理由で反対乃至疑念を示す意見、「事実点ト法律点」を区別する必要なしとの意見、上訴審だけでなく第一審においても差し支えないとする意見が述べられ、上告審に限定する修正意見が提出されたが賛同者はなく、結局、「上訴審ニ於テ当事者カ口頭弁論ヲ経スシテ判決ヲ受クヘキ合意ヲ為シタルトキハ裁判所ハ書面ニ依リ審理判決ヲ為スコトヲ得ルモノトスルコト　本問ハ之ヲ総会ニ提出スルコト」とする決議が成立した[39]。

（3）　その後、委員総会の審議に付するため、全11箇条の総会議案からなる「議民甲第11号　民事訴訟法改正ニ関スル総会議案」[40]が作成配布された。これを審議するための委員総会は、大正4年（1915）6月16日から7月14日まで5回開催され、総会議案第7条まで審議を了したが、「炎暑の季節」に入ったので一時休会したところ、結局そのままになってしまったため、上述の問題を取り扱った総会議案第11条は審議されなかった[41]。

---

37)　「民事訴訟法改正主査委員会日誌（第6回）〔大正3年12月7日〕」（松本博之ほか編著・前掲（注20）『日本立法資料全集10　民事訴訟法〔大正改正編〕（1）』660頁の〔資料464〕）参照。

38)　松本博之ほか編著・前掲（注20）『日本立法資料全集10　民事訴訟法〔大正改正編〕（1）』661頁以下参照。

39)　松本博之ほか編著・前掲（注20）『日本立法資料全集10　民事訴訟法〔大正改正編〕（1）』662頁〜663頁参照。なお、審議において、このような規定を置いても、裁判所が必要と認めるときは、職権で口頭弁論を開くことができるかが問題とされたが、裁判所の職権を制限するものではないとして肯定する見解が述べられ、それ以上問題にならなかった（松本博之ほか編著・前掲662頁）。

40)　松本博之ほか編著・前掲（注20）『日本立法資料全集10　民事訴訟法〔大正改正編〕（1）』697頁の〔資料471〕参照。総会議案11条〔「上訴審ニ於テ当事者カ口頭弁論ヲ経スシテ判決ヲ受クヘキ合意ヲ為シタルトキハ裁判所ハ書面ニ依リ審理判決ヲ為スコトヲ得」〕が、「議民乙第一号」問題（18）に対応するものであった。

41)　松本博之ほか編著『日本立法資料全集11　民事訴訟法〔大正改正編〕（2）』（1993年、

(2)「民事訴訟法改正起案会決定案（起草委員会議案）」 起草委員会は、大正4年（1915）3月8日開催の第112回委員会において、「成文ノ起稿ヲ為スコト」を決定した。すなわち、「松岡〔正義〕、山内〔確三郎〕、両委員ヲ主任トシ幹事之ニ参加シテ起案会ヲ開キ成文ヲ起案シテ順次之ヲ起草委員会ニ提出シ起草委員会ハ右ノ起案ニ基キテ審議起草スルコト」し、これを主査委員会に提案し、主査委員会の決議を、さらに法律取調委員総会にかけるという手順で法文の起案をすることとされた[42]。

（1） この起案会が作成した、「民事訴訟法改正起案会決定案（起草委員会議案）」[43]の第371条〔「上告裁判所カ上告状、上告理由書、答弁書其他ノ書類ニ基キ裁判ヲ為スニ熟スルモノト認ムルトキハ口頭弁論ヲ経スシテ判決ヲ為ス

信山社）554頁の〔関連資料2〕「民事訴訟法案経過報告」には、「委員総会ハ右主査委員会ノ提出問題ニ付大正4年6、7月中5回ノ会議ヲ開キタルモ時偶々炎暑ノ候ニ際シタルヲ以テ一時休会シテ其ノ儘ト為リタリ」と記されている（555頁）。

42)「民事訴訟法案経過報告」（松本博之ほか編著・前掲（注41）『日本立法資料全集11 民事訴訟法〔大正改正編〕（2）』555頁）、鈴木・前掲（注17）法曹会雑誌8巻12号506頁参照。

43) 松本博之ほか編著・前掲（注41）『日本立法資料全集11 民事訴訟法〔大正改正編〕（2）』56頁の〔資料475〕中、95頁の「起案会決定案改案（起草委員会議案）」（大正7年6月5日〜12月16日）参照。なお、「民事訴訟法改正起案会決定案（起草委員会議案）」は、「民事訴訟法改正起案会案（仮決定案）」に検討を加えて、作成された全410条の案である（松本博之「民事訴訟法〔大正15年〕改正の経過（その二）」松本博之ほか編著・前掲（注41）『日本立法資料全集11 民事訴訟法〔大正改正編〕（2）』1頁、13頁参照）。ベースとなった「民事訴訟法改正起案会案（仮決定案）」（大正4年3月16日〜大正8年6月23日）のうち、第1編総則と第4編再審の条文は、松本博之ほか編著・前掲（注41）『日本立法資料全集11 民事訴訟法〔大正改正編〕（2）』23頁の〔資料473〕と50頁の〔資料474〕で知ることができるが、その余は資料が未発見のため、上訴に関する案も不明である。

因みに、第3編上訴（条数で389条）まで起案作業が進んでいた大正8年（1919年）7月9日、法律取調委員会が廃止され、同年7月18日、司法省内に民事訴訟法改正調査委員会が設置されて、「旧法律取調委員会民事訴訟法改正起草委員会ニ於テ決議シタル草案ヲ議案トシテ継続審議スルコト」が決定された（鈴木・前掲（注17）法曹会雑誌8巻12号507頁、前掲（注12）「改正民事訴訟法案審議の沿革」法曹会雑誌8巻12号472頁参照）。したがって、第4編再審（390条以下）からは、「民事訴訟法改正調査委員会」の起草委員会内の起案会が起草したことになる。

コトヲ得」〕が、旧401条〔現行319条〕につながる最初の条文（案）である。もっとも、起案会決定案371条は「裁判ヲ為スニ熟スルモノト認ムルトキハ」と定めるので、その文言上、上告棄却の判決をすることができる場合のほか、上告を認容して原判決破棄の判決をすることができる場合にも適用があり、旧401条〔現行319条〕とはこの点で異なり注目される。なお、上告が不適法である場合についても起案会決定案371条の適用は可能であるが、この点は、起案会決定案367条〔「上告審ノ訴訟手続ニハ別段ノ定アル場合ヲ除クノ外前章〔控訴〕ノ規定ヲ準用ス」〕を通じて354条〔「控訴裁判所ハ職権ヲ以テ控訴ノ適法ナルヤ否ヤヲ調査シ不適法ナル控訴ハ判決ヲ以テ之ヲ棄却〔却下〕スルコトヲ要ス」〕が準用されるので、本条の適用外であると考えられていたようである[44]。

（2）　起案会決定案371条は、「民事訴訟法改正起草委員会決議案（第一案）」[45]371条および「民事訴訟法改正案（起草委員会案）」[46]381条を

---

44) このことは、後に、〔第一案・議案〕381条を〔第三案〕390条〔「上告裁判所カ上告状、上告理由書、答弁書其他ノ書類ニ依リ上告ヲ理由ナシト認ムルトキハロ頭弁論ヲ経スシテ判決ヲ以テ上告ヲ棄却スルコトヲ得」〕のように修正した趣旨説明で、松岡正義が、「上告ヲ理由ナシト認ムルトキハ」という文言を加えたのは、「上告ヲ不適法として棄却〔却下〕する場合には第362条に依ること」になるので、「其関係を明らかに致しました」と説明していることから明らかである（松本博之ほか編著・前掲（注11）『日本立法資料全集13　民事訴訟法〔大正改正編〕（4）』108頁参照）。なお、松岡の言う「第362条」は第一案・議案の条数で、第三案では373条〔「控訴裁判所ハ職権ヲ以テ控訴ノ適法ナルカ否カ調査シ不適法ナル控訴ハ之ヲ棄却スルコトヲ要ス　第198条ノ規定ハ控訴ニ之ヲ準用ス」〕である（〔第三案〕198条＝「不適法ナル訴ハ其ノ欠缺ヲ補正スルコト能ハサル場合ニ於テロ頭弁論ヲ経スシテ判決ヲ以テ之ヲ却下スルコトヲ得」）。

45) 松本博之ほか編著・前掲（注41）『日本立法資料全集11　民事訴訟法〔大正改正編〕（2）』101頁〔資料476〕中、131頁「民事訴訟法改正起草委員会決議案」（大正9年6月16日～7月21日決議）〔135頁〕参照。なお、本案は、法律取調委員会起草委員会（大正8年（1919年）7月18日以降は民事訴訟法改正調査委員会）の起草委員会が、大正5年（1916年）9月から大正9年10月20日までの間に、「民事訴訟法改正起案会決定案（起草委員会議案）」に修正を加えて作成した、全410条からなる改正案である。

46) 松本博之ほか編著・前掲（注41）『日本立法資料全集11　民事訴訟法〔大正改正編〕（2）』143頁〔資料478〕中、177頁参照。なお、本案は、起草委員会が、起案会の修正提案（「民事訴訟法改正起草委員会決議第一案に対する起案会修正案（起草委員会第二読会議案）」）を踏まえて作成した、全421条からなる改正案で、作成日付はないとされる（松本博之「民事訴訟法〔大正15年〕改正の経過（その二）」松本博之ほか編著・前掲（注

経て、「民事訴訟法改正案（第一案・議案）」[47] 381条まで改められることなく維持され、民事訴訟法改正調査委員会委員総会の審議に付されることとなった。

（３）「民事訴訟法改正案（第一案・議案）」の審議　民事訴訟法改正調査委員会委員総会は、大正10年（1921）12月15日から大正12年（1923）５月１日までの間に計44回の会議を開き、「民事訴訟法改正案（第一案・議案）」の全条文について、その審議を終えた[48]。「民事訴訟法改正案（第一案・議案）」381条が審議されたのは、大正12年４月10日（午後３時30分開会）開催の第42回委員総会であった[49]。

（１）　まず松岡義正から趣旨説明があり、〔第一案・議案〕381条〔「上告裁判所カ上告状、上告理由書、答弁書其他ノ書類ニ基キ裁判ヲ為スニ熟スルモノト認ムルトキハ口頭弁論ヲ経スシテ判決ヲ為スコトヲ得」〕は新設の条文であること、「上告状其他の書類丈で裁判を為すに熟した場合」に「口頭弁論を経て判決をしなければならぬ」ということになると、「実際上不経済」であるので、「書面審理主義の形を取りまして口頭弁論を経ずして裁判することができる」ようにしたいというのが、381条新設の理由であると説明された[50]。同時に、松岡は、明治民訴法439条〔「上告裁判所ハ上告人ヲ呼出シ其陳述ヲ聴キ上告ヲ許ス可カラサルモノナルトキ又ハ法律上ノ方式及ヒ期間ニ於テ起ササルトキ又ハ第434条ノ規定ニ依ラサルトキハ判決ヲ以テ之ヲ

41）『日本立法資料全集11　民事訴訟法〔大正改正編〕（２）』14頁参照。
47）　松本博之ほか編著・前掲（注41）『日本立法資料全集11　民事訴訟法〔大正改正編〕（２）』180頁〔資料479〕中、214頁参照。本案は、起草委員会が、大正10年（1921年）５月25日、「民事訴訟法改正案（起草委員会案）」に、さらに若干の修正を加えて作成した改正案である。松本博之ほか編著・前掲554頁の〔関連資料２〕「民事訴訟法案経過報告」には、「起草委員会ハ大正十年五月迄ニ四十回ノ会議ヲ開キ審議起草シ民事訴訟法案四百二十一箇条ノ起草ヲ結了シタリ」と記述されている。
48）　鈴木・前掲（注17）法曹会雑誌８巻12号508頁は、「一応提案の全部に付審議を為し」と記述する。その審議の状況は、「民事訴訟法改正調査委員会議事速記録〔前半〕」（松本博之ほか編著『日本立法資料全集11　民事訴訟法〔大正改正編〕（３）』（1993年、信山社）13頁以下の〔資料580〕～〔資料623〕）で知ることができる。
49）　松本博之ほか編著・前掲（注48）『日本立法資料全集11　民事訴訟法〔大正改正編〕（３）』425頁以下の〔資料620〕が、第42回委員総会の速記録である。
50）　松本博之ほか編著・前掲（注48）『民事訴訟法〔大正改正編〕（３）』426頁参照。

棄却ス可シ」)の「陳述期日」に言及し、「此陳述期日と云ふものは之は廃した方が宜かろうと言ふことで、それを廃してさう云ふときは口頭弁論を経ずして判決をすると云ふことにしたのであります」と述べた[51]。

（2）　松岡の趣旨説明を受けて、岩田宙造が、明治民訴法439条を廃止する点について質問をした。すなわち、岩田は、裁判所が被上告人に答弁書の提出を命ずるに当たり、「上告理由に付いて或は釈明を求めて見たいと云ふやうな場合になつたときには矢張り呼んで聴くと云ふことは出来る趣旨でありませうか、さう云ふことは全然ない趣旨でありませうか、口頭弁論を開くか、然らざれば書面のみでやる、どつちかでなければならぬことになるのでありませうか。」と尋ねた[52]。

これに対して、松岡は、上告理由書が提出されたときは、「聴いて見なければ分らぬと云ふやうなことは実は予想して居ない、上告理由書があればそれが分るものであると云ふ前提」になっている、仮に分からないというような場合には、「実際のやり方として此上告理由書と云ふものが或は余り抜けて居て分らぬと云ふやうなことであれば之は其弁護士に注意することも出来るだろうと思ふ」、改正案としては、そのような場合にどうするかということは決めていない、と回答した[53]。しかし、岩田は、この回答に納得せず、「上告に関連して事実関係を明らかにする場合があるでありませう、さう云ふ時には裁判所で当事者を呼んで説明を命ぜられる方が非常に便利だと云ふことがあるかと思われる」として、「之は一つ御考を願ひます。」と主張した[54]。

明治民訴法439条を廃止する点についての岩田と松岡の質疑応答は以上で終わっているが、後述するように、この点は、「民事訴訟法修正問題」の一つとされた。

（3）　岩田は、鈴木喜三郎の〔第一案・議案〕383条に関する質問を

---

51)　松本博之ほか編著・前掲（注48）『民事訴訟法〔大正改正編〕（3）』426頁参照。
52)　松本博之ほか編著・前掲（注48）『民事訴訟法〔大正改正編〕（3）』426頁参照。
53)　松本博之ほか編著・前掲（注48）『民事訴訟法〔大正改正編〕（3）』426頁参照。
54)　松本博之ほか編著・前掲（注48）『民事訴訟法〔大正改正編〕（3）』426頁～427頁参照。

挟んで、再び同案381条について、被上告人に答弁書を提出させる前の段階で、裁判所が「上告状並に上告理由書に依つて」判決をすることができるとすると、「答弁書を提出させずに被上告人に不利益な判決をすることが出来ることになるのでありますか」と質問した[55]。松岡は、この岩田の質問に対して、被上告人に答弁書の提出を命ずるのは、「上告が理由ありと見た場合」であるから、「上告理由書等で以て上告の理由がないと云ふことになりさへすれば答弁書を差出すことを命じないで直ぐ棄却してしまふ。」と回答した[56]。松岡は、「上告が理由ありと見た場合」には、被上告人に答弁書を提出させると答えたことになるが、岩田の質問を正解しない憾みのある回答であった。

そこで、岩田が381条の文言からすれば、「先づ答弁書の提出を命ずる迄もなく、命じて見ても上告の理由を覆す余地のない上告の理由の有力であつて頗る緊切なるものには答弁書を提出せしめずにやる……」と発言していたところ[57]、松岡が割って入って、「さうですが、原判決が違法であると云ふことが明かで答弁書を提出せしめる必要がない時……」とまで述べたところで[58]、今度は岩田が割って入り、「さう認めた時は答弁書を提出せしめずに原判決を破毀することが出来さうに見えますが、どうです。」と尋ねた[59]。松岡は、「さう云ふ場合には答弁書の必要はないと思ひます。」と答え[60]、岩田が「それ〔被上告人に不利益な判決〕も出来ること、云ふことになるのですな。」と念をおすと[61]、松岡も、ついに「さうなる。」と答えた[62]。

これを受けて、岩田は、上告に理由のあることが「極めて顕著な場

---

55) 松本博之ほか編著・前掲（注48）『民事訴訟法〔大正改正編〕(3)』427頁参照。
56) 松本博之ほか編著・前掲（注48）『民事訴訟法〔大正改正編〕(3)』427頁参照。
57) 松本博之ほか編著・前掲（注48）『民事訴訟法〔大正改正編〕(3)』427頁参照。
58) 松本博之ほか編著・前掲（注48）『民事訴訟法〔大正改正編〕(3)』427頁～428頁参照。
59) 松本博之ほか編著・前掲（注48）『民事訴訟法〔大正改正編〕(3)』428頁参照。
60) 松本博之ほか編著・前掲（注48）『民事訴訟法〔大正改正編〕(3)』428頁参照。
61) 松本博之ほか編著・前掲（注48）『民事訴訟法〔大正改正編〕(3)』428頁参照。
62) 松本博之ほか編著・前掲（注48）『民事訴訟法〔大正改正編〕(3)』428頁参照。

合」はそれでよいように見えるが、「何処迄顕著であると見てやるかと云ふ境界ははっきりしない」ことがあり、結局裁判所の意見に依って、「答弁書を提出させずに被上告人に不利益な判決が出来るやうになつては事実当事者は満足しない場合があると思ふ、それで之は必ず一応は答弁を聴くと云ふことになつた方が宜くはないでせうか、相手方に弁明を与へずに不利益な判決をすると云ふことは穏やかでないやうに思はれる……」と発言した[63]。この岩田の発言の後記が中止されているので、その後の審議の展開は不明である。しかし、この点も、「民事訴訟法修正問題」の一つとされたので、岩田の質問が受け止められたことになる[64]。

4 「民事訴訟法中改正法律案（議会提出・第五案）」〔旧401条の誕生その（3）〕

（1）「民事訴訟法修正問題」　起草委員会は、「民事訴訟法改正案（第一案・議案）」についての民事訴訟法改正調査委員会委員総会の審議の結果を受けて、委員総会で出た質問事項はもちろん、起草委員会整理会が必要と認めた事項も取り上げ[65]、「民事訴訟法修正問題」[66]として問題点を取りまとめた。

　（1）〔第一案・議案〕381条については、次の3点の「修正問題」が

---

63) 松本博之ほか編著・前掲（注48）『民事訴訟法〔大正改正編〕（3）』428頁参照。
64) 岩田の質問は、〔第一案・議案〕381条の文言によれば、被上告人に答弁書を提出させる前の段階で、上告人の主張した上告理由が覆す余地のない程有力である場合に、被上告人に答弁書の提出を命ずることなく、被上告人に不利な原判決破棄の判決をすることができることを問題とするものであった。近時の最高裁判決が投げかけるのは、被上告人が答弁書を提出した後に、口頭弁論を経ないで原判決を破棄することができるのかという問題であるから、両者は異なる問題である。
65) 大正14年4月23日開催の第46回民事訴訟法改正調査委員会において、起草委員である山内確三郎がこのような方針で審理をしたと説明している（松本博之ほか編著・前掲（注11）『日本立法資料全集13　民事訴訟法〔大正改正編〕（4）』3頁以下の〔資料624〕「民事訴訟法改正調査委員会議事速記録第46回（大正14年4月23日）」（3頁）参照。
66) 松本博之ほか編著・前掲（注41）『日本立法資料全集11　民事訴訟法〔大正改正編〕（2）』219頁の〔資料480〕参照。

まとめられた[67]。

(一)「上告状若ハ上告理由書自体ニ依リ上告ヲ理由ナシト認メタルトキハ上告状ヲ送達セスシテ直チニ上告ヲ棄却スルコトヲ得ル旨ノ規定ヲ設クルノ要ナキヤ」

(二)「上告理由不分明ナルトキハ上告人ヲ審訊スルヲ得ル旨ノ規定ヲ設クルヲ可トセスヤ」

(三)「本条ノ適用範囲ヲ上告ヲ棄却スヘキ場合ノミニ限リ、原判決ヲ破毀スヘキ場合ニ於テハ答弁書ノ提出ヲ待テ判決ヲ為スヲ要スル主旨ニ改ムルヲ可トセスヤ」

(2) このうち、(二) と (三) は岩田の問題提起を受け入れたものである。ただし、(三) についてはその後段〔「原判決ヲ破毀スヘキ場合ニ於テハ答弁書ノ提出ヲ待テ判決ヲ為スヲ要スル主旨ニ改ムルヲ可トセスヤ」〕だけである。前段の適用範囲を「上告ヲ棄却スヘキ場合ノミ」に限るという部分は、前述したように上告を不適法として却下する場合を含まない趣旨を明らかにするために加えられた「修正問題」で[68]、(一) とともに、起草委員会整理会が必要と認めた事項であったものと推測される。このように、(三) を前段と後段に分けると、後段は、岩田の問題提起に正確に対応しているが、前段と併せて1箇条に条文化されると、内容の異なる条文ができ上がることは後に見るとおりである。

(2)「**民事訴訟法改正案（第三案）**」　起草委員会は、「民事訴訟法修正問題」として問題点を取りまとめる傍ら、民事訴訟法改正調査委員会総会〔第二次＝後半〕における再審議の資料とするため、「民事訴訟法改正案（第二案・議場用）」[69] および「民事訴訟法改正案（第三案）」[70]

---

67) 松本博之ほか編著・前掲 (注41)『日本立法資料全集11　民事訴訟法〔大正改正編〕(2)』239頁〜240頁参照。
68) 本稿注44とそれに対応する本文参照。
69) 松本博之ほか編著・前掲 (注41)『日本立法資料全集11　民事訴訟法〔大正改正編〕(2)』241頁の〔資料481〕参照。
70) 松本博之ほか編著・前掲 (注41)『日本立法資料全集11　民事訴訟法〔大正改正編〕(2)』281頁の〔資料482〕参照。

を作成し、委員総会に報告した。前者の「民事訴訟法改正案（第二案・議場用）」は、「活版の案」〔「民事訴訟法改正案（第一案・議案）」を指す〕に「赤インキで新に修正を書加えた」もので、委員総会〔第二次＝後半〕において、「其赤い所に付いて討議をして頂きたいと云ふ意味で」配布されたものである[71]。後者の「民事訴訟法改正案（第三案）」は、「民事訴訟法改正案（第二案・議場用）」の赤インキによる修正部分を本文に挿入し、条数の枝番号をなくすなどの所作を加えたもので、全431条である[72]。

　（１）「民事訴訟法改正案（第三案）」では、〔第一案・議案〕381条に対応するのは第390条で、「上告裁判所カ上告状、上告理由書、答弁書其他ノ書類ニ依リ上告ヲ理由ナシト認ムルトキハ口頭弁論ヲ経スシテ判決ヲ以テ上告ヲ棄却スルコトヲ得」と改められた。委員会総会において、松岡正義から、「民事訴訟法修正問題」（三）については、「其問題の御趣旨を是認致しまして」、〔第三案〕390条のように修正したとの説明があり、同（一）と（二）については、「問題の御趣旨に副ふことにならなかつた」とし、その理由として、（一）については、そのような規定を設けると、被上告人の附帯上告権を損なうことになるからであり、（二）については、上告人を審尋する必要があるときは、口頭弁論を開いて裁判をする方がよいからであるという説明があった[73]。この趣旨説明に対して、委員からは何の質問も出なかった。

　（２）　ただし、「民事訴訟法修正問題」（三）の趣旨からすれば、〔第三案〕390条は、単一の文章で作られたため、内容の異なる条文に変わ

---

71)　大正14年４月23日開催の第46回民事訴訟法改正調査委員会において、起草委員である山内確三郎がそのような説明をしている。「民事訴訟法改正調査委員会議事速記録第46回（大正14年４月23日）」（松本博之ほか編著・前掲（注11）『日本立法資料全集13　民事訴訟法〔大正改正編〕（４）』３頁〔資料624〕参照）。

72)　松本博之・前掲（注31）「民事訴訟法〔大正15年〕改正の経過」松本博之ほか編著・前掲（注20）『日本立法資料全集10　民事訴訟法〔大正改正編〕（１）』８頁参照。なお、〔第二案・議場用〕と〔第三案〕とは、条数が異なることを除けば、両者の内容は同一なので、本稿では後者のみを取り上げる。

73)　松本博之ほか編著・前掲（注11）『日本立法資料全集13　民事訴訟法〔大正改正編〕（４）』107頁～108頁参照。

ってしまった。「上告ヲ理由ナシト認ムルトキハ」という文言の挿入により、趣旨とされた「上告を不適法として却下する場合を含まない」ことは明らかにされたが、同時に上告に理由がある場合には適用がないことになってしまい、そのため上告に理由があることが明かであっても、少なくとも被上告人の答弁書の提出を待って上告認容（原判決破棄）判決をすべきであるという岩田の問題提起は、口頭弁論を経なければ上告認容判決をすることができないという形で解決されたからである。

（3）「改正民事訴訟法案（第四案）」および「民事訴訟法中改正法律案（議会提出・第五案）」　民事訴訟法改正委員会の起草委員会は、民事訴訟法改正委員会の意見を参酌して、「民事訴訟法改正案（第二案・議場用）」および「民事訴訟法改正案（第三案）」に「修正ヲ加ヘ或ハ原案ヲ維持スルニ決シ」その結果を再び委員総会に報告し、大正14年(1925)10月15日の第59回委員会で、改正案全443条の審議を了して、その内容を確定した[74]。それが「改正民事訴訟法案（第四案）」[75]である。「民事訴訟法中改正法律案（議会提出・第五案）」（大正15年 2 月12日議会提出）は、「改正民事訴訟法案（第四案）」の条文をさらに整理し、字句を修正してできたもので、法制局の手になるもののようである[76]。〔第三案〕390条に対応する条文は、〔第四案〕および〔第五案〕401条〔「上告裁判所カ上告状、上告理由書、答弁書其ノ他ノ書類ニ依リ上告ヲ理由ナシト認ムルトキハ口頭弁論ヲ経スシテ判決ヲ以テ上告ヲ棄却スルコトヲ得」〕で、〔第三案〕390条中、「答弁書其他ノ書類」を「答弁書其ノ他ノ書類」に訂正した以外は、〔第三案〕390条の条文をそのまま維持するものであった。

---

74)　鈴木・前掲（注17）法曹会雑誌 8 巻12号508頁、松本博之・前掲（注43）「民事訴訟法〔大正15年〕改正の経過（その二）」松本博之ほか編著・前掲（注41）『日本立法資料全集11　民事訴訟法〔大正改正編〕（2）』18頁参照。審議期間は、大正14年 4 月23日〜同年10月15日であった（鈴木・前掲）。

75)　松本博之ほか編著・前掲（注41）『日本立法資料全集11　民事訴訟法〔大正改正編〕（2）』358頁の〔資料499〕参照。

76)　松本博之・前掲（注43）「民事訴訟法〔大正15年〕改正の経過（その二）」松本博之ほか編著・前掲（注41）『日本立法資料全集11　民事訴訟法〔大正改正編〕（2）』18頁以下参照。

（４）帝国議会における審議　　貴族院では、「民事訴訟法中改正法律案」の審議につき、特別委員15名からなる特別委員会〔民事訴訟法中改正法律案外１件特別委員会〕にて審議が進められることとなったが[77]、特別委員会において、特別委員会のメンバーの半数６人からなる小委員会を組織して詳細な検討をし、その報告を聞いて、「大綱」について委員会を開いて討論し、「議事ノ進行ヲ早メ」る方法をとることの動議が出され、その旨決された[78]。

（１）〔第五案〕401条が審議されたのは、大正15年２月25日午後１時７分開会の貴族院民事訴訟法中改正法律案外11件特別委員小委員会においてである[79]。政府委員池田寅二郎から、401条について、「新シク設ケマシタ点ハ401条デアリマス、即チ上告状、上告理由書、答弁書其他準備書面ニ依リマシテ上告ノ理由ナキコトガ明瞭デアリマス時ニハ別ニ口頭弁論ヲ開キマセヌデ判決ヲ以テ上告ヲ棄却スルト云フコトニ致シマシタノデ、即チ上告審ニ於キマシテ、此書面審理ノ方法ヲ加ヘマシタノデアリマス」との説明があった[80]。

（２）池田の趣旨説明に対して、水上長次郎から、上告が法律上の方式を備えない、上告期間を守らないなど、「形式ノ中ニ一目瞭然」であるときは「差支アルマイト思ヒマス」けれども、内容面についても401条が適用されると、「折角上告裁判所デーツ大イニ論ジテ見ヤウ、大イニ意見ヲ闘ハシテ見ヤウト思ッテ行ク者ガ、口頭弁論ナシデスポットヤラレルトナルトドウデアラウカト思フ」という質問が出た[81]。

---

77)　「民事訴訟法中改正法律案外１件第一読会──大正15年２月15日貴族院議事速記録第11号195頁～231頁」（松本博之ほか編著・前掲（注11）『日本立法資料全集13　民事訴訟法〔大正改正編〕（４）』239頁の〔資料640〕、299頁参照）。

78)　「大正15年２月20日貴族院民事訴訟法中改正法律案外１件特別委員会議事速記録第２号」（松本博之ほか編著・前掲（注11）『日本立法資料全集13　民事訴訟法〔大正改正編〕（４）』322頁の〔資料643〕、344頁参照）。

79)　その議事速記録は、「大正15年２月25日貴族院民事訴訟法中改正法律案外11件特別委員小委員会議事速記録第６号」（松本博之ほか編著『日本立法資料全集11　民事訴訟法〔大正改正編〕（５）』（1993年、信山社）３頁の〔資料650〕）である。

80)　松本博之ほか編著・前掲（注79）『日本立法資料全集11　民事訴訟法〔大正改正編〕（５）』17頁参照。

この質問に対して、池田は、書面審理によって上告に理由がないことが分かった場合、401条によって口頭弁論を経ないで上告を棄却することができるという点について、「寧ロ単純ナル形式上ノコトデナイ以上ハ口頭弁論ヲ経ル方ガ宜シクハナイカト云フコトノ御質問デアリマシタ」と質問の趣旨を理解したうえで、上告審は法律審であるので、「事件ニ依リマシテハ実験上始其論旨ガ明瞭デアリマシテ、又其理由ノナイコトガ明瞭デ……弁論ヲ為サシムルト云フ必要ノナイコトモ、是ハ経験上随分アル」という経験に基づいて、「必ズシモ皆弁論ヲ経ナケレバナラヌト云フコトニスルノ必要ハアルマイ、詰リ書面ニ於テ論旨ヲ十分ニ盡シテ居ッテ、明瞭デアルト云フ場合ニハ、此ノ手続〔書面手続〕ヲ経ル方ガ宜シクハナイカト云フ所カラ」401条を新設した旨回答した[82]。〔第五案〕401条の質疑はここまでで、直ぐに第4編再審の審議に移った。

　（3）　その後の貴族院での審議、および衆議院での審議において401条が問題となることはなく、当初案のとおり、旧401条として成立し、現行319条に受け継がれているのである。

3　おわりに

1　要　約
（1）明治民訴法から「民事訴訟法改正案（旧法典調査会案）」まで
　明治民訴法の下では、439条〔「上告裁判所ハ上告人ヲ呼出シ其陳述ヲ聴キ上告ヲ許ス可カラサルモノナルトキ又ハ法律上ノ方式及ヒ期間ニ於テ起ササルトキ又ハ第434条ノ規定ニ依ラサルトキハ判決ヲ以テ之ヲ棄却ス可シ」〕はあったが、口頭弁論を経ることなく、理由なしとして上告棄却判決、または理由ありとして上告認容判決をすることはできなかった。

---

81)　松本博之ほか編著・前掲（注79）『日本立法資料全集11　民事訴訟法〔大正改正編〕（5）』26頁参照。
82)　松本博之ほか編著・前掲（注79）『日本立法資料全集11　民事訴訟法〔大正改正編〕（5）』26頁参照。

「民事訴訟法案」では、471条〔「上告裁判所ハ先ツ上告人ノミヲ呼出シ上告カ適法ナルヤ否ヤ及ヒ上告カ理由アルヤ否ヤニ付キ陳述ヲ聴クコトヲ得　前項ノ場合ニ於テ上告ヲ適法ナラス又ハ理由ナシト認メタルトキハ直ニ判決ヲ為スコトヲ得　上告人カ期日ニ出頭セサルトキハ其陳述ヲ聴カスシテ上告ヲ却下シ又ハ棄却スル判決ヲ為スコトヲ得」〕により、上告人の陳述を聴くという手続を残しながら、口頭弁論を経ることなく上告を不適法として却下する判決、または上告を理由なしとして棄却する判決をすることが可能となり、この立場は「民事訴訟法改正案（旧法典調査会案）」476条〔「上告裁判所ハ先ツ上告人ノミヲ呼出シ上告カ適法ナルヤ否ヤ及ヒ上告カ理由アルヤ否ヤニ付キ陳述ヲ聴クコトヲ得　前項ノ場合ニ於テ上告ヲ適法ナラス又ハ理由ナシト認ムルトキハ直チニ判決ヲ為スコトヲ得　上告人カ期日ニ出頭セサルトキハ其陳述ヲ聴カスシテ上告ヲ却下シ又ハ棄却スル判決ヲ為スコトヲ得」〕に受け継がれた。

（2）「民事訴訟法改正案（第一案・議案）」381条とその審議　その後、控訴審および上告審においては、当事者の合意を要件に、「口頭弁論ヲ開カス記録ニ基キ判決ヲ為ス」制度（手続）を導入する動きがあり、ついに「民事訴訟法改正起案会案（仮決定案）」371条〔「上告裁判所カ上告状、上告理由書、答弁書其他ノ書類ニ基キ裁判ヲ為スニ熟スルモノト認ムルトキハロ頭弁論ヲ経スシテ判決ヲ為スコトヲ得」〕が作成され、「民事訴訟法改正案（起草委員会案）」381条を経て、「民事訴訟法改正案（第一案・議案）」381条まで維持された。この改正案は、書面審理に基づき、上告棄却〔および上告認容〕判決をすることを許容するという意味で、旧401条の出発点となる改正案であった。同時に、この改正案によれば、書面審理に基づき上告認容判決をすることもできたから、近年の最高裁判決で問題となっているような事例においても、口頭弁論を経ることなく原判決を破棄することが許容されたことになる。

〔第一案・議案〕381条が旧401条のように改められるきっかけとなったのは、同案の審議での岩田宙造の質問である。岩田が言いたかったのは、上告に理由のあることが「極めて顕著な場合」は〔第一案・議案〕381条でよいように見えるが、「何処迄顕著であると見てやるかと云ふ境界ははっきりしない」ことがあるので、結局裁判所の意見に依って、

「答弁書を提出させずに被上告人に不利益な判決が出来るやうになつては事実当事者は満足しない場合がある」から、上告認容判決をする前には、被上告人に答弁書提出の機会を与えるべきであるということであった。

（3）「民事訴訟法修正問題」（三）および「民事訴訟法改正案（第三案）」390条　　岩田の問題提起は、「民事訴訟法修正問題」（三）〔「本条ノ適用範囲ヲ上告ヲ棄却スヘキ場合ノミニ限リ、原判決ヲ破毀スヘキ場合ニ於テハ答弁書ノ提出ヲ待テ判決ヲ為スヲ要スル主旨ニ改ムルヲ可トセスヤ」〕の後段に受け入れられた。しかし、〔第一案・議案〕381条は、「民事訴訟法改正案（第三案）」390条により「上告裁判所カ上告状、上告理由書、答弁書其他ノ書類ニ依リ上告ヲ理由ナシト認ムルトキハ口頭弁論ヲ経スシテ判決ヲ以テ上告ヲ棄却スルコトヲ得」と改められたため、書面審理に基づき上告認容判決をすることができない文言になり、その字句訂正を経て旧401条として成立し、現行319条に受け継がれたのである。

2　検討の結果

（1）「民事訴訟法改正案（第三案）」390条の文言　　以上の検討の結果、現行319条〔旧401条〕に至る直接の改正案である「民事訴訟法改正案（第三案）」390条が、結果的に「民事訴訟法改正案（第一案・議案）」381条に対する岩田宙造の質問の趣旨を正確に反映する条文にならなかったことから、「最高裁判所による口頭弁論を経ない原判決破棄判決」の問題が生じていることが明らかになった。岩田がその質問で言いたかったのは、上告に理由のあることが「極めて顕著な場合」はそれでよいように見えるが、「何処迄顕著であると見てやるかと云ふ境界ははっきりしない」ことがあるので、結局裁判所の意見に依って、「答弁書を提出させずに被上告人に不利益な判決が出来るやうになつては事実当事者は満足しない場合がある」ということ（本稿注63に対応する本文参照）、すなわち、被上告人に答弁書提出の機会すら与えないまま、その不利益に上告を認容し、原判決を破棄することの問題であった。そして、この問題提起を受けた「修正問題」では、「原判決ヲ破毀スヘキ場合ニ於テハ

答弁書ノ提出ヲ待テ判決ヲ為スヲ要スル主旨ニ改ムルヲ可トセスヤ」との指摘がなされていたのである。この修正問題をそのまま採用して、たとえば、〔第三案〕390条が、「上告裁判所カ上告状、上告理由書、答弁書其他ノ書類ニ基キ裁判ヲ為スニ熟スルモノト認ムルトキハ口頭弁論ヲ経スシテ判決ヲ為スコトヲ得但シ原判決ヲ破毀スヘキ場合ニ於テハ被上告人ニ答弁書ヲ提出セシムルコトヲ要ス」といった文言になっていたとしたら、「最高裁判所による口頭弁論を経ない原判決破棄判決」の問題は、被上告人に与えられるべき陳述の機会が書面審理の方法によるべきであるのか、それとも口頭弁論に基づく審理の方法によるべきであるのかという問題に、様相を変ずることになる。

（2）民訴法319条〔旧401条〕の解釈　　民訴法319条〔旧401条〕は、文言上、上告裁判所が書面審理に基づいて、上告に理由がないと認める場合にのみ適用があり、上告に理由があると認める場合には適用されない規定として成立した。帝国議会における審議でなされた池田寅二郎の趣旨説明や質問に対する回答も、民訴法319条〔旧401条〕は書面審理に基づく上告棄却判決のみを定めたものであることを示している（本稿注80および81に対応する本文参照）。それにもかかわらず、上告裁判所は、書面審理に基づき上告に理由のあることが明らかになったときは、当事者に書面による陳述の機会を与えている限り、口頭弁論を経ることなく原判決破棄の判決をすることができると解することは[83]、解釈論の域を超えるのであろうが[84]、本稿で明らかにした民訴法319条〔旧401条〕の立

---

83) 本稿注3に掲記した［4］最判平成19・3・27民集61巻2号711頁の調査官解説（法曹会『最高裁判所判例解説民事篇 平成19年度（上）』289頁、299頁［絹川泰毅］）は、「第三小法廷は、裁判長において、本判決に先立ち、双方に対して、Xの訴訟追行が代表権のある者によってされたといえるか否かについて、上告理由書の提出期間に匹敵する50日弱の準備期間を設けて、更に追加すべき意見がある場合には提出するよう、期日外釈明の手続（民訴法149条1項、民訴規則63条1項）を執っているところ、双方とも、これを受けて回答書等を提出しているのであるから、本判決については、口頭弁論を経なかったとしても、不意打ち的にされたものということはできないであろう。念のため付言しておく。」と述べている。

84) 坂原正夫「民事訴訟法第319条について——最高裁判所と口頭弁論——」法学研究82巻12号（2009年）1頁、19参照。

案の経緯からすると、必ずしもそのそもそもの趣旨に反するとは言えないところに、この問題の悩ましさがあるように思われる。立法論としては、上告審では、書面審理を先行させ、裁判をするのに熟したときは、口頭弁論を経ないで、上告棄却または上告認容の判決をすることができるよう319条を改正することも十分考えられる。その場合には、書面審理により裁判をするのに熟しないときは、原則に戻り、原判決破棄または維持のいずれを前提とするかを問わず[85]、口頭弁論を経て判決をするべきであろう。

---

85) 田原睦夫「最高裁生活を振り返って」金融法務事情1978号6頁、16頁参照。

上告理由としての理由不備、食違い

福　田　剛　久
Takahisa FUKUDA

1　はじめに
2　統　計
3　旧法下の判例
4　現行法下の判例
5　検　討

1　はじめに

　旧法（平成8年法律第109号による廃止前の民事訴訟法）下では、上告理由は、最高裁判所に対する上告も高等裁判所に対する上告も異なることはなく、①憲法違反及び重大な手続違反（絶対的上告理由）と②判決に影響を及ぼすことが明らかな法令違反（以下、単に「法令違反」という。）が上告理由とされていた（旧394条、395条）。これに対して現行法は、高等裁判所に対する上告については、その上告理由を旧法と同じく①及び②としたが、最高裁判所に対する上告については、最高裁判所の負担過重を軽減し、最高裁判所が憲法問題や重要な意義を有する法令解釈の問題について速やかな判断を下し、その本来の責務を果たせるようにするため（一問一答新民事訴訟法〈法務省民事参事官室編・商事法務研究会。以下「一問一答」という。〉341〜345頁）、その上告理由を、①のみとした（312条、313条）。
　条文だけを見ると、上記①（憲法違反と絶対的上告理由）が上告理由となることについては、旧法と現行法とで異なるところがないようにも見える（312条2項に定める絶対的上告理由は、平成23年法律第36号により2号の2が新設されたが、これは、民事訴訟法を改正して財産権上の訴えについて国際裁判管轄の規定を新設することに伴い、それまで3号の解釈に委ねられていた日本の裁判所

の管轄権の専属に関する規定違反が絶対的上告理由であることを明文で定めたものであり、それまでと内容の異なる絶対的上告理由が新設されたわけではない。)。

　しかし、現行法において上記①と②が分離され、最高裁判所に対する上告理由が上記①のみに限られたことは、旧法下では法令違反との区別があいまいであった絶対的上告理由のうちのいわゆる理由不備、理由齟齬（旧395条1項6号は、「判決ニ理由ヲ附セズ又ハ理由ニ齟齬アルトキ」と定めており、現行法312条2項6号は、「判決に理由を付せず、又は理由に食違いがあること。」と定めているが、その文言の意味に違いはない。)について、旧法下のように区別をあいまいにすることはできなくなったことを意味する。

　ところが、現在も最高裁判所に対する上告の多くが、理由不備、食違いを理由とするものとなっており、上記の点が必ずしも意識されているとはいえないように思われるので、改めてこれを検討しておきたい。

2　統　計

1　上告事件数

　現行法の制定に当たって、最高裁判所の上告制度が改正されたのは、最高裁判所の事件数が増加して負担過重の状態にあり、最高裁判所が憲法判断および法令の解釈の統一という責務を果たすことが困難な状況にあるからであった（一問一答341頁）が、その当時の最高裁判所の民事・行政訴訟の新受件数は、平成4年―2,406件、平成5年―2,500件、平成6年―2,726件であった（一問一答341頁）。

　現行法は、法令違反を最高裁判所に対する上告理由から除くことによって最高裁判所に対する上告事件数を減らし、最高裁判所の負担軽減を図ろうとしたが、必ずしも意図したとおりに上告事件数は減少していない。司法統計年報（平成24年度・最高裁判所事務総局）によると、この5年間の民事・行政訴訟の上告事件の新受件数は、平成20年―2,202件、平成21年―2,296件、平成22年―2,507件、平成23年―2,637件、平成24年―2,655件であり、負担過重とされた現行法制定当時の上告事件の新受件数を上回るような事件数となっている。そして、法令違反について現

行法で新設された上告受理申立て事件の新受件数は、平成20年—2,653件、平成21年—2,792、平成22年—2,988件、平成23年—3,027件、平成24年—3,314件であり、これは、現行法制定当時の上告事件の新受件数を大きく上回るに至っている。上告と上告受理申立てが並行して申し立てられることが多いという実情があるとしても、平成24年の上告、上告受理申立てを併せて6,000件近い（5,969件）件数というのは、現行法制定時において想定されていなかったことであることは明らかである。

2　上告理由

そこで、現行法が最高裁判所に対する上告について法令違反を除外し、法令違反については上告受理申立ての制度を新設し、現に上告受理申立て事件の新受件数は、現行法制定当時の上告事件の新受件数を大きく上回るほど増加しているにもかかわらず、上告事件の新受件数も現行法制定当時の上告事件の新受件数を上回るような状態になっている理由は何かを考えてみる必要がある。

裁判の迅速化に係る検証に関する報告書（第4回・平成23年7月・最高裁判所事務総局）によると、平成22年の終局事件についての上告理由別・終結理由別の事件数は次のとおりとされている（214頁、228頁）。なお、決定・棄却は、現行法で新設された317条2項に基づく棄却（最高裁判所は、上告の理由が明らかに312条1項及び2項に規定する事由に該当しない場合は、決定で上告を棄却できる。）であり、決定・却下は、317条1項に基づく却下（上告裁判所は、上告が不適法で補正することができない場合は、決定で上告を却下できる。）である。

　　（1）民事訴訟
　　　ア　憲法違反（312条1項）
　　　　　総数—701　判決・棄却—3　判決・破棄—1
　　　　　　　　　　決定・棄却—696　決定・却下—1
　　　イ　訴訟手続の違反（312条2項1〜5号）
　　　　　総数—11　判決・棄却—0　判決・破棄—1
　　　　　　　　　　決定棄却—10　決定・却下—0

ウ　理由不備、食違い
　　　　　総数—837　判決・棄却— 0　判決・破棄— 2
　　　　　　　　　　決定・棄却—835　決定・却下— 0
（ 2 ）行政訴訟
　　　ア　憲法違反（312条 1 項）
　　　　　総数—285　判決・棄却— 5　判決・破棄— 3
　　　　　　　　　　決定・棄却—277　決定・却下— 0
　　　イ　訴訟手続の違反（312条 2 項 1 ～ 5 号）
　　　　　総数— 1　判決・棄却— 0　判決・破棄— 0
　　　　　　　　　　決定棄却— 1　決定・却下— 0
　　　ウ　理由不備、食違い
　　　　　総数—101　判決・棄却— 0　判決・破棄— 0
　　　　　　　　　　決定・棄却—101　決定・却下— 0
（ 3 ）民事・行政訴訟（（ 1 ）及び（ 2 ）の合計）
　　　ア　憲法違反（312条 1 項）
　　　　　総数—986　判決・棄却— 8　判決・破棄— 4
　　　　　　　　　　決定・棄却—973　決定・却下— 1
　　　イ　訴訟手続の違反（312条 2 項 1 ～ 5 号）
　　　　　総数—12　判決・棄却— 0　判決・破棄— 1
　　　　　　　　　　決定棄却—11　決定・却下— 0
　　　ウ　理由不備、食違い
　　　　　総数—938　判決・棄却— 0　判決・破棄— 2
　　　　　　　　　　決定・棄却—936　決定・却下— 0

　上記（ 1 ）～（ 3 ）によれば、上告は、その約半数が理由不備、食違いを理由とするものであり、民事訴訟においては、憲法違反を理由とする上告よりも理由不備、食違いを理由とする上告の方が上回っていることが分かる。そして、絶対的上告理由のうち、理由不備、食違い以外のものを理由とする上告は、民事訴訟と行政訴訟を併せても12件しかなく、結局、上告事件が現行法制定において意図されたように減少することなく、むしろ増加している最も大きな理由は、理由不備、食違いを理由とする上告が減少することなく、むしろ増加する傾向にあることによるものと考えられる。

3 旧法下の判例

　旧法下では、絶対的上告理由である理由不備、理由齟齬（旧395条1項6号）も、経験則違反、採証法則違反、釈明義務違反などの法令違反も上告理由であることに変わりはなかったので、法令違反に理由不備、理由齟齬の文言が使用されていると解される判例も多数ある（研究会新民事訴訟法〈ジュリスト増刊1999.11〉401頁〜404頁〔竹下守夫・鈴木正裕・伊藤眞・三宅省三・福田剛久各発言〕参照）。理由齟齬については、基本的に、判決の理由自体に矛盾があり、結論に至る脈絡が論理が一貫していないものをいうと理解されていた（菊井維大・村松俊夫「全訂民事訴訟法Ⅲ」244頁〜255頁）ので、理由齟齬を認めた判例には、審理不尽などの法令違反を含んでいると解されるものもあるが、多くは、判決文自体に矛盾があることを理由として理由齟齬を認めている（上記全訂民事訴訟法Ⅲ251頁〜253頁参照）。しかし、理由不備については、法令違反に含まれると解されるもの、あるいは、法令違反があったために理由を欠くことになったと解されるものが多い（上記全訂民事訴訟法Ⅲ245頁〜251頁参照）。現行法が施行（平成10年1月1日）される前年である平成9年だけをとってみても、理由不備を認めた5件の判例は、次のように判示している。

　① 最高裁平成9年1月28日第三小法廷判決（自動車運転者が市道に接する農業用用水路の無蓋部分に転落して死亡した事故につき、市道の設置又は管理に瑕疵があるとはいえないとした原審の認定判断に違法があるとされたもの。集民181号265頁）

　　「……本件事故現場の状況や本件無蓋部分の構造、本件事故が死亡事故であること、本件事故以前にも本件無蓋部分で何件かの転落事故があったこと等を認定しながら、本件事故以前に発生した転落事故の態様、被害の内容等について何ら審理、認定することなく、本件無蓋部分で転落事故が発生する危険性が高いとはいえず、転落事故が死亡等の重大な事故に至る可能性が高いともいえないとした原審の認定判断には、国家賠償法2条1項の解釈適用の誤り、ひいては審理不尽、理由不備の違法

があるというべきであり、右違法は、原判決の結論に影響を及ぼすことが明らかである。」

② 最高裁平成9年2月25日第三小法廷判決（医療過誤訴訟において、鑑定のみに依拠してされた顆粒球減少症の起因剤の認定及び顆粒球減少症の発症日の認定に経験則違反の違法があるとし、顆粒球減少症の副作用を有する薬剤を長期間継続的に投与された患者に薬疹の可能性のある発疹を認めた場合、開業医は、自院又は他の診療機関において患者が必要な検査、治療を速やかに受けることができるように相応の配慮をすべき義務があるとしたもの。民集51巻2号502頁、判タ936号182頁）

「原判決には右1及び2で説示した法令違反及び審理不尽、理由不備の違法があり、右違法は判決の結論に影響を及ぼすことが明らかである。」

③ 最高裁平成9年4月25日第二小法廷判決（いわゆる全面的価格賠償の方法により共有物を分割することの許される特段の事情の存否について審理判断することなく競売による分割をすべきものとした原審の判断に違法があるとされたもの。集民183号365頁、判タ946号169頁）

「……本件について、面的価格賠償の方法により共有物を分割することの許される特段の事情の存否について審理判断することなく、直ちに競売による分割をすべきものとした原審の判断には、民法258条の解釈適用の誤り、ひいては審理不尽、理由不備の違法があるというべきであり、この違法が原判決の結論に影響を及ぼすことは明らかである。」

④ 最高裁平成9年11月11日第三小法廷判決（雇用対策法17条により公課を課すことができないものとされている同法13条に規定する職業転換給付金を標準としてされた課税処分は、課税要件の根幹についての過誤があり、被課税者に当該処分による不利益を甘受させることが著しく不当と認められる例外的な事情がある場合に該当し、当然無効としたもの。集民186号85頁、判タ958号99頁）

「……上告人が雇用保険法12条という誤った法条を指摘し、雇用対策法18条を援用しなかったからといって、上告人の収入が実際に給与所得であったのかどうか、殊に職業転換給付金を含むか否かを確定しないまま本件処分を適法とした原審の判断には、審理不尽、理由不備の違法があり、右違法は判決に影響を及ぼすことが明らかである。」

⑤　最高裁平成9年11月28日第三小法廷判決（市立保育園の保母が、勤務開始後3年目には肩や背中の痛みを、その約1年半後には慢性的肩凝りや右腕等の筋肉の痛みを感ずるようになり、その状態のまま新設保育園に主任保母として着任し、保育開始準備等に集中的に当たった後、1，2歳児6名を一人で担当するようになり、その年の夏季合同保育期間中に調理を担当した際右背中に激痛を感じ、その翌月頸肩腕症候群と診断されて通院を開始したが、その後も、業務負担が重くなったことはあっても軽減されることはなく、症状も若干の起伏を伴いながら続いたなど判示の事実関係の下においては、他に明らかに原因となった要因が認められない限り、右保母の業務と右頸肩腕症候群との間の因果関係を否定することは、経験則に反するとしたもの。集民186号269頁）

　　　「原判決の説示する理由をもって上告人に発症した頸肩腕症候群と上告人の保母としての業務との間の因果関係を否定し、上告人の本件請求を棄却した原審の判断には、因果関係に関する法則の解釈適用の誤り、経験則違背、理由不備の違法があるものといわざるを得ず、この違法は原判決の結論に影響を及ぼすことが明らかである。」

　以上のとおり、これらの判例は、「国家賠償法2条1項の解釈適用の誤り、ひいては審理不尽、理由不備の違法がある（①）」、「法令違反及び審理不尽、理由不備の違法があり（②）」、「民法258条の解釈適用の誤り、ひいては審理不尽、理由不備の違法がある（③）」、「審理不尽、理由不備の違法があり（④）」、「因果関係に関する法則の解釈適用の誤り、経験則違背、理由不備の違法がある（⑤）」などとして、法令違反の違法に理由不備を含め、しかも、一様に、「右違法は判決に影響を及ぼすことが明らかである」と判示しているのであるから、それが存在するだけで破棄事由となる絶対的上告理由としての理由不備があると判断しているものと解することはできない。これらの判例においては、法令違反の結果、審理の尽くされていない部分が存在することになり、その部分についての判断が欠けることになるので、それをもって理由不備と表現したものと解される。

4　現行法下の判例

　現行法においては、最高裁判所に対する上告理由が憲法違反と絶対的上告理由のみに限られたので、絶対的上告理由としての理由の不備、食違いを法令違反とは異なるものとして明確に位置づける必要が生じ、3に掲げた①～⑤の判例のように法令違反に理由不備、食違いを含めることはできなくなった。そこで、最高裁判所は、次のとおり、上告理由としての理由不備とは、主文を導き出すための理由の全部又は一部が欠けていることをいうものであると判示してこの点を明確にした。

　最高裁平成11年6月29日第三小法廷判決（抗弁をいれながらこれに対する再抗弁事実を摘示せずその判断を遺脱した原判決の違法は、上告理由としての理由不備に当たらないとするもの。集民193号411頁、判タ1009号93頁）

> 「原判決は、停止条件の不成就と解除条件の成就をいずれも抗弁として摘示しながら、再抗弁としては、停止条件の成就妨害のみを摘示し、解除条件の成就作出を摘示していない。しかも、原審は、本件売買は解除条件が成就し無効となったから、本件裏書は原因関係を欠くに至ったとして、解除条件成就の抗弁を入れながら、解除条件の成就作出については何らの判断も加えないで、上告人の請求を棄却した。
> 　右によれば、原判決には、判決に影響を及ぼすべき重要な事項について判断を遺脱した違法があるといわなければならない。
> 　しかしながら、原判決の右違法は、民訴法312条1項6号により上告の理由の一事由とされている「判決に理由を付さないこと」（理由不備）に当たるものではない。すなわち、いわゆる上告理由としての理由不備とは、主文を導き出すための理由の全部又は一部が欠けていることをいうものであるところ、原判決自体はその理由において論理的に完結しており、主文を導き出すための理由の全部又は一部が欠けているとはいえないからである。
> 　したがって、原判決に所論の指摘する判断の遺脱があることは、上告の理由としての理由不備に当たるものではないから、論旨を直ちに採用することはできない。しかし、右判断の遺脱によって、原判決には判決

に影響を及ぼすことが明らかな法令の違反があるものというべきであるから（民訴法325条2項参照）、本件については、原判決を職権で破棄し、更に審理を尽くさせるために事件を原裁判所に差し戻すのが相当である。」

　現行法下の判例は、これまで一貫して法令違反と理由不備、食違いを峻別する解釈をとっており、理由不備、食違いを上告理由とする上告については、ほとんどの場合、その実質は事実誤認又は単なる法令違反を主張するもので明らかに民訴法312条1項6号に該当しない旨の理由で、民訴法317条2項に基づく上告棄却決定がされている（例えば、最高裁平成25年1月18日決定・判例秘書登載参照）。

　なお、現行法下でも理由の食違いがあると認めた判例がある（最判平成15・7・11民集57巻7号815頁、判タ1133号118頁〈支払を命ずべき金額について理由の記載内容に矛盾があり、理由の食違いがあるとしたもの〉、最判平成18・1・19集民219号49頁、判タ1205号138頁〈控訴審の認定した建物の所有者と、引用した1審判決の説示に記載された建物の所有者が異なり、理由に食違いがあるとしたもの〉）が、これらは、理由の記載に前後矛盾があることが明らかな場合である。

5　検　討

　現行法が最高裁判所に対する上告理由を憲法違反と絶対的上告理由に限定したのは、最高裁判所に対する上告については、最高裁判所の負担過重を軽減し、最高裁判所が憲法問題や重要な意義を有する法令解釈の問題について速やかな判断を下し、その本来の責務を果たせるようにするためであったことは前記のとおりである。

　旧法下では、法令違反と理由不備、食違いを峻別する必要がなかったため、旧法下の判例が、法令違反の違法に理由不備を含め、あるいは法令違反の結果、審理が尽くされていないことになる部分の判断を欠くことを理由不備と表現していたこと、現行法下の判例は、現行法の解釈として、法令違反と理由不備、食違いを峻別する立場を貫いていることも

前記のとおりである。

　現行法は、最高裁判所の機能の充実を目的として、法令違反は全て上告受理申立てで取り扱うことにしたのであるから、理由不備、食違いの解釈としていささかでも法令違反（経験則違反、釈明義務違反等を含む）が含まれると解すべきではなく、理由不備は、論理上、主文を導き出すための理由の全部又は一部が欠けていることが明らかな場合に限られると解すべきであり、理由の食違いは、理由の記載に前後矛盾があることが明らかな場合に限られると解すべきであって（前掲「研究会新民事訴訟法」401頁〜404頁〔竹下守夫・鈴木正裕・伊藤眞・三宅省三・福田剛久各発言〕、高橋宏志「民事上告について（2）法学教室356号106頁注23」参照）、現行法下の判例の解釈は正当というべきである。

　旧法下の解釈のまま、法令違反を理由とする上告受理申立てと並行して、実質は法令違反を主張するにすぎない理由不備、食違いを理由とする上告が多数提起されている現状は、制度の趣旨に反するものであり、改められる必要がある。

第 2 部　民事執行・保全法

民事執行手続における裁判所書記官の役割

内 田 義 厚
Yoshiatsu UCHIDA

1　はじめに
2　書記官権限の拡大等に関する変遷
3　民事執行手続の特質と書記官
4　民事執行での書記官事務の実際——手続の特質を踏まえて——
5　民事執行手続での書記官の役割——その求められるもの——
6　おわりに

1　はじめに

　民事執行の執行機関は、執行裁判所と執行官であり（民事執行法2条）、民事執行の類型によってそのいずれかが執行機関となる。そのうち、執行裁判所が執行機関である民事執行の手続において、差押えや売却、配当といった基本的裁判ないし処分を行うのは裁判官であるが、これを補助し、また上記分野以外においてその固有の権限に基づいて手続を遂行する立場にあるのが裁判所書記官（以下「書記官」という。）である（裁判所法60条）。民事執行法は、その制定時において、それまで事実上書記官が担当していた分野に限定せず、これまで裁判官が担当してきた実体的判断に関わる分野や、対外的に裁判所の行為として効果を生じていた分野について、これらを書記官の固有権限とし、その権限の拡大という点において大きな一歩を踏み出した立法であったが、その後、現在に至るまで、民事執行法の改正や様々な運用改善の中で、書記官の権限は名実ともに拡大し、これに比例して、その果たすべき役割も拡大・多様化の一途をたどってきたように思われる。その意味で、民事執行法の制定から現在に至るまでの立法・運用の変遷は、書記官の権限拡大の歴史と言い

換えてもよいように思われる。本稿は、民事執行手続における書記官の役割について、これまでの権限拡大の流れを振り返りつつ、その現状及び今後のあり方等について実務的視点から分析・考察しようとするものであるが、その検討に当たっては、書記官の法的地位や役割を法律的・制度的側面から分析するだけではなく、実際の実務においてどのような活動をし、それがその後の動きにどのような影響を及ぼしたかという、いわば人的・実務的観点からもアプローチすることとしたい。この点、民事執行法のこれまでの解釈論や立法論等は、ともすると債務名義論をはじめとするいわば物的・理論的側面に議論の関心が向けられがちであったように思われるが、それのみならず、その利用者や担い手の動きといった側面からのアプローチも不可欠ではないかと筆者は考えており、このような観点から、民事執行を担う重要な存在である書記官について、その権限拡大等を巡る法制度及び実務運用の流れを踏まえつつ、民事執行手続の特質をとの関連において、書記官の役割ないし機能を分析・考察してみることとしたい。なお、筆者は以前、裁判官として民事執行実務を専門的に取り扱う部署（東京地裁民事執行センター）に所属していたことがあり、本稿で以下述べることも、そこでの実務経験を基礎としている部分が多いが、意見にわたる部分は、あくまで一研究者としてのものであって、裁判所あるいは上記部署の見解とは無関係であることを予めお断りしておく。

2　書記官権限の拡大等に関する変遷

　書記官権限の変遷については、法制度上の動きが追うことが必要であることは勿論であるが、その背景となった、書記官の執行実務上の動きや役割の変遷も併せて視野に入れないと、その意義を正確に捉えることはできないと考えられるから、以下ではこの点も含めて概観する。

1　民事執行法制定時
　前述のとおり、制定当初の民事執行法（昭和54年法律第 4 号。以下、特に

断りがない限り、「法」という場合は同法を指す。）は、書記官の固有権限を大きく拡大したものであった。具体的には以下のとおりである。

（1）**執行文の付与** 条件成就執行文及び承継執行文の付与（法27条）、並びに執行文の再度の付与（法28条）については、裁判所書記官（又は公証人）が付与機関となった。したがって、条件成就や承継の有無の認定判断は、書記官が専ら担うこととされた。ここにおいては、執行文付与の際の判断内容が比較的簡易なものであり、書記官権限としても差し支えがないと考えられることと、書記官の資質向上の2点が理由として挙げられている点に注目する必要がある[1]。

（2）**差押え等の登記嘱託** 差押えの登記・登録の嘱託、その他執行上の嘱託によりなされる、登記・登録又はそれらの抹消の嘱託について、書記官がその権限を有することとなった（法48条、54条、82条、111条、121条、150条、164条、167条5項[2]）。

（3）**配当等手続での売却代金交付等** 配当や弁済金・剰余金の交付を受けるべき債権者・債務者に対する売却代金の交付又は供託金の支払委託の手続について、書記官がその権限を有することとなった（法91条、111条、121条、142条2項、166条2項）。

（4）**公告及び催告等** 民事執行手続上の各種の公告及び催告（法49条2項・4項、64条4項、121条、147条1項）も、書記官がその権限を有することとなった[3]。

---

1) 民事執行法制定前の旧民事訴訟法では、裁判所の命令が必要とされていた（520条）。書記官権限とされた趣旨につき、浦野雄幸・逐条解説民事執行法〔全訂版〕98頁は、「執行文の付与は、その債務名義により強制執行ができること、すなわち、執行力が現存することを公証する行為であり、その執行文の付与の要件（条件成就については、それを証する書面、承継についてそれが明白であるか、またはそれを証する書面によってのみ、その要件の認定ができるにすぎない）の判断内容から考え、また、裁判所書記官……の資質、能力からみると、これをこれらのものの固有の権限としてさしつかえない」としている。

2) この他、法制定時には、仮差押え及び仮処分の執行としての登記嘱託の規定（法175条3項）もあったが、民事保全法（平成元年法律第91号）の制定により削除された。

3) 執行手続上の通知についても、規則上、書記官の権限とされた（民事執行規則14条、22条2項、24条、25条、27条、37条、51条5項・8項、52条、53条、56条2項、59条3

2 民事執行法制定後の実務上の動き

（1）書記官の手続運用に対する注目　このような書記官権限の法定化は、必然的に、法定化された事項が書記官によってどのように運用されるかという点に対する関心を呼び起こすこととなった。民事執行法立法当初における運用に関する研究会等に、研究者、裁判官らと肩を並べて書記官が登場するようになった[4]のも、このような権限拡大の結果として、民事執行の現実の運用において書記官の果たす役割が大きくなるとの認識ないし予測が根底にあったものと推測される。そして、執行手続の運用において、その定型化が進展するに伴い、裁判官との役割分担について、書記官が手続進行の実質的責任を負担し、裁判官が決定すべき事項についても、書記官が申立内容を第一次的に審査した上、決定書等の原案を作成し、これを裁判官が検討するという執務分担が確立していったように思われる。

（2）書記官による実務研究　前記のような裁判官と書記官の執務分担の定着化を背景に、民事執行手続の運用においては、書記官の手になる詳細な研究報告が公にされるようになった。具体的には、昭和60年に、東京地裁、大阪地裁及び名古屋地裁所属の書記官3名によって「不動産執行における配当に関する研究」が、平成4年には東京及び京都地裁所属の書記官によって「執行文に関する書記官事務の研究」が、そして同じ平成4年には、東京地裁・神戸地裁及び福岡高裁所属の書記官によって「不動産執行事件等における物件明細書の作成に関する研究」がそれぞれ公刊され、これらはいずれも執行実務の運用に大きな影響を与えた。このうち、特に、「不動産執行事件等における物件明細書の作成に関する研究」と、「不動産執行における配当に関する研究」が対象としていた領域（物件明細書の作成及び配当表の作成）については、この当時はいずれも裁判官の固有権限の領域であったものであったにも関わらず、その内容は詳細かつ高度なものであり、これらの分野での後の書記

項、64条、67条、83条、84条、97条、98条、134条、136条、171条）。
4）　座談会・民事執行の実務（法曹会）では、東京地裁と大阪地裁の主任書記官がメンバーとして参加し、実務運用について説明または発言をしている。

官権限化の先鞭を付けたものと評価できるものであった。また、これら以外にも、東京地裁執行部が公刊する実務書において、その多くの分野を書記官が執筆し、このことから、民事執行手続の実質的担い手が書記官であり、その存在なくして手続の適正な運用は実現しないということが、さらにクローズアップされるようになったといえよう。

（3）バブル経済崩壊による民事執行事件の急増と書記官　　平成5～6年頃から、いわゆるバブル経済崩壊に伴って不動産競売事件の申立てが激増し、さらに不動産市況の低迷により売却率も又低迷したことから、未済事件が増加の一途をたどるようになり、その解消が喫緊の課題となった。その際、執行裁判所においては、裁判官のみならず書記官も大幅な増員が図られ、その尽力等により、未済事件が徐々に減少するに至った。また、このような大量の事件処理の中で、その専門的資質を伸張させる者も多く現れるに至った。

（4）民事訴訟法改正と書記官　　平成8年の民事訴訟法改正（及びこれに伴う新民事執行規則の制定）によって、書記官の固有権限とされた事項ができた。すなわち、①訴訟費用額の負担額を定める処分（訴訟費用額確定処分、民訴法71条以下）、②支払督促及び仮執行宣言の発付（同382条、391条1項）、③公示送達の実施（同110条1項）などが書記官の固有権限とされ、さらに、④裁判官の命により、訴状の補正の促し（民訴規則56条）、第1回期日前の参考事項の聴取（同61条2項）及び期日外における釈明（同63条1項）について裁判所書記官がなし得る旨が明文化された。このような、書記官権限化の方向は、これまで明文規定がなかったが運用上書記官が行ってきたものを明文化したという方向のもの（消極的意味での書記官権限化）と、従来は明文上裁判官の権限とされていたものを、その実体及び書記官の執務能力向上を背景に書記官権限化したという方向のもの（積極的意味での書記官権限化）との2つの方向があることが注目されるところであった。

（5）平成16年民事執行法改正　　前記民事執行事件の急増期以降の書記官の活躍、民事訴訟法改正における書記官権限の拡大などの流れを背景として、裁判官と書記官の職務分担のあり方を合理化し、民事執行

手続の一層の迅速化を図るという観点から、従来執行裁判所（裁判官）の権限とされていた事項の一部を書記官の固有権限とした。その内容については、大別して、①書記官自身が実質的な執行機関として強制執行を行うこととなったもの、②裁量的判断要素が少ない事項について、裁判官の負担を軽減し、手続の簡易迅速化を図るという観点から改正がされたものと、③これまで書記官が実質的に重要な役割を担ってきたという実績や書記官の資質向上といった流れを踏まえ、実体的判断に密接に関連する事項についても書記官権限としたものとの3つの類型に分けられるように思われる。①の例としては、簡易裁判所での少額債権執行（167条の2）があり、②の例としては、手続費用の予納を命ずる処分（14条1項）、配当要求の終期の決定または延期の処分（47条3項、49条1項・3項）、売却の実施を命ずる処分等（64条1項・3項・4項）及び代金納付期限の決定・変更（78条1項・5項）があり、③の例としては、物件明細書の作成・備置き等（62条）、配当表の作成等（85条5項）が挙げられる。特に、③の物件明細書の作成については、書記官権限化を検討する中で様々な意見が出されたが[5]、これまでの書記官による実務研究の実績、特に平成15年に書記官によって取りまとめがされた「物件明細書の標準化に関する研究報告書」[6]（金法1676号）などが評価され、また、実際の実務においては、売却基準価額決定を行う裁判官と緊密に意見交換を行うことで、裁判官の判断とも齟齬が生じることは考えがたいといった理由から、書記官権限化が認められたものである。

---

5) このあたりの詳細は、佐藤満「民事執行手続における裁判所書記官の役割」判タ1168号10頁以下参照。また、物件明細書及び配当表作成の書記官権限化については、五十嵐満「民事事件における裁判所書記官の職務権限の推移と将来」書研所報第46号（創立50周年記念論文集）83頁以下に比較的詳細な検討がされている。

6) この報告書は、執行実務を専門的に担当する全国主要庁の書記官（東京、大阪、名古屋、福岡、札幌）が1年近く協議しまとめ上げたものである（筆者は、東京地裁勤務時にこの様子を間近で見る機会に恵まれたが、各地を代表する優秀な書記官による熱心な討議に圧倒される思いであった。）。なお、この研究報告は、平成16年改正法施行後に、書記官権限化に即した形で改訂がされており（金法1802号97頁）、現在の物件明細書作成に関する事務は、全国的にこれに依拠して行われているようである。

3 小 括

　以上、書記官の権限拡大の歴史について概観したが、その要点は、手続の合理化という観点から大幅な書記官権限化の方向を採用した民事執行法の制定を機に、書記官が実務運用と理論に関する研究に主体的に取り組むようになったこと、さらに、バブル経済崩壊後の事件急増期における事件処理の経験や、その間に生じた様々な理論的問題点の検討を通じてその執務能力をさらに向上させたこと、このような諸活動の成果として、法改正により実質的に執行機関として活動することが認められ、また、基本的な決定部分を除く手続進行の大半と、実体的判断を要求される分野についても権限化が認められたこと、といった点に集約できるように思われる（これらの動きは、平成8年民事訴訟法改正の項で言及した、積極的意味での書記官権限化の実現に相当するものといえる。）。そこで次章では、民事執行手続の特質とかかる改正後の書記官事務との関係をまず整理した上で、法改正後における実務運用のアウトラインについて、書記官権限化された事項を中心に素描することとしたい。

3　民事執行手続の特質と書記官

1　迅速性と効率性の重視

　民事執行手続は、一定の給付請求権の存在を前提として、その給付請求権を迅速に実現するための手続であり、そのため、迅速性と効率性（経済性）が強く要請される手続といえる[7]。そのため、民事執行手続においては、その担い手である裁判所に対して迅速かつ機動的な対応を求めており、これに沿った役割分担や機能分担が要請されることになる。

2　相互に連関した重層的手続

　民事執行手続は、大まかに言って、①債権者の請求権に基づき、債務者または所有者の財産を差し押さえて処分を禁ずる手続（差押え段階）、

7）　佐藤満・前掲注（5）5頁。

②差し押さえた財産を適宜の方法で換価する段階（換価段階）及び、③換価手続によって得られた金銭を債権者に配当して債権の満足を得させる段階（配当段階）とに大別される。そして、上記各段階は、その前段階の手続が適式に行われることを前提とし、その手続で得られた結果を基礎に、次の手続が進行していくという重層的性格を有している点に特徴がある[8]。かかる手続の重層性は、民事執行手続のみならず、訴訟手続一般に妥当することではあるが、民事執行手続の場合、前段階での手続に問題があると、そのことが後の手続に大きく影響する場合が多く、迅速な権利実現という目的に反してしまうことになりかねない[9]。

3　当事者以外の関係者の利害への配慮

民事執行手続においては、民事訴訟手続に比べて、手続に利害関係を有する者が多く存在するという点が特徴である。特に不動産執行手続においては、実体的権利者として、差押債権者と債務者又は所有者のみならず、抵当権等の担保権を有する債権者、租税等の公租公課を有する行政庁、一般債権者（仮差押えなどの民事保全手続を経ている者も含む。）、目的不動産について賃借権等の用益権を有する者などがおり、さらに買受希望者といった手続上の当事者も存在する。また、執行裁判所内部でも、手続の補助機関として、現況調査や売却手続を担当する執行官や、評価を担当する評価人といった者もおり、手続進行に当たっては、これらの者に対し、適時適切に参加の機会を与え、その利害関係に配慮しなけれ

---

[8]　かかる重層的性格からすれば、後の手続を進行させるに当たっては、それ以前の手続が適法に行われていたか否かをチェックすることが必要になる。民事執行手続においては、このような重層的なチェックを着実に積み重ねることによって、適法かつ適正な事務処理を実現することが期待されており、また、法もそのような態勢を予定しているということができよう。

[9]　このような例は枚挙にいとまがないが、不動産執行において、本来は引き受けるべき権利として物件明細書に記載すべき権利が記載されておらず、その結果、その権利を有する者を相手方として不動産引渡命令（83条）が発令されてしまったというような場合や、債権差押命令において、差押債権の特定が不十分であったために、取立権の行使の際に不都合が生じたり、供託されて事情届けが提出されたにもかかわらず、事情届けを不受理とせざるを得なくなる場合などがさしあたり挙げられる。

ばならない。

4 実務運用の統一の要請

　手続の迅速性、効率性を重視する民事執行手続においては、同一内容の事案においては極力同一の取扱いをすることによって、その効率性を確保し、また、債権者をはじめとする手続関係者に予測可能性を与えることが重要になる。その意味で、民事執行手続はいわば行政的色彩を強く持つことになる。

5 手続の特質を踏まえた書記官の役割

　以上のような民事執行手続の特質からすると、書記官はその多くの場面において、手続の実質的担い手としての適格を有していると考えられる。すなわち、機動性については、判決手続ではなく決定手続によるとはいえ、（任意的）口頭弁論や審尋等（4条、5条）によってしか手続に関与することができない裁判官に比べて、書記官は、当事者との連絡調整を比較的臨機応変に行いうるという点で迅速な事務処理に資するといえる[10]。また、手続の重層性という観点からは、各段階での手続相互の連携が非常に重要になるが[11]、このようなチームワークとしての事務処理については、民事執行事件の処理が、多くの事件を画一的に処理するという側面が強いことを併せ考慮するならば、裁判官よりも書記官の方が適任といいうる場合が多いように思われる。また、利害関係者への配慮についても、実務上、これらの者と第一次的に接触して対応を考えるのは書記官であることからすれば、かかる利害調整について一定の役割を果たすことが期待される立場にあるといえる。さらに、実務運用の統一性についてみると、民事執行手続以外でも、書記官固有の権限に属する

---

10) もとより、かかる連絡調整は、裁判官の意を受けて行うのが大前提であることは言うまでもない。もっとも、裁判官との間であらかじめ取扱いについてコンセンサスが得られている場合は、書記官判断で上記取扱いに沿った対応をすることは差し支えないと考えられる。

11) これは、各手続段階ごとに担当書記官が異なる庁の場合には特に重要である。

事務処理の多くについては、従来も事務処理統一の観点から通達その他によって大枠が定められており、その枠内で事務処理を行うということそれ自体について、特に書記官サイドに違和感はないと考えられることや、取扱いを新たに決定する際に、裁判官が書記官と協働することで、より適正な結論が得られると考えられることからすれば、書記官が実務運用の統一において相当程度の関与をすることには問題はなく、むしろ適正な手続運用の実現という観点からは望ましいということができるのではないかと思われる。

以上からすれば、前述した民事執行手続の特質を踏まえた場合、そこで書記官の果たすべき役割は、これまでの書記官権限とされてきた事柄と親和性があり、また、それを超えた部分についても期待されるところが大きいということが明らかになったものと考える。そこで以下では、かかる役割の具体的内容について、手続の実際に即してさらに明らかにしていくこととしたい。

4 民事執行での書記官事務の実際
——手続の特質を踏まえて——

1 手続開始段階

不動産執行における競売等の開始段階、債権執行等での差押命令の発令段階においては、競争原理が機能する場面であり、債務者等による財産処分や執行妨害行為を事前に可能な限り抑止するという見地から、申立てを受けた執行裁判所としては、その内容につき迅速に審査を遂げ、発令しうるものについては迅速に開始決定または差押命令の原本等を作成して送達を行う必要がある。また、直ちに発令しえないと判断されるものについては、補正可能な事項であれば迅速に補正を依頼し（訴状の補正に関する民訴規則56条参照）、補正がされた後は直ちに発令できるような準備を進める必要がある。また、これら審査に当たっては、前記の通り競争原理が働く場面であり、その平等を図る必要性が高いことを考慮すると、その審査基準はできる限り統一的なものであることが求められ

ることになる。
　他方、民事執行手続は、前記したとおり、一つの手続を基礎として次の手続が積み重なっていくという重層的構造を持つものであることから、競売開始決定または債権差押命令は、その後の適正な手続進行に大きな影響を与えることになる。たとえば、不動産執行において、手続を開始すべきでないのに開始してしまった場合は売却不許可事由になり（法71条1号）、それまで積み重ねてきた手続が無に帰す可能性がある。また、担保不動産競売においては、差押えの基礎となった被担保債権につき、競売開始決定時に差押債権者が設定した請求債権額を超えて配当を求めることはできない（請求債権の拡張を認めない）扱いがとられている場合、競売開始決定に表示された請求債権額はそのまま配当額の基準となり、後順位抵当権者に対しては、自己への配当可能性を予測させる重要な要素になることから、競売開始決定の段階において正確に確定しておく必要がある。また、申立書の提出費用、登録免許税及び開始決定正本の送達費用などといった手続初期段階の費用は、配当時において債権者に優先的に償還されるものであり（42条）、差押債権者及び他の債権者の配当額に少なからず影響するものであるから、これらが開始決定段階において適切に処理されていなければならない。また、債権差押命令において、差押債権者の請求債権額が債務名義または法定文書に照らして正確なものになっているかは、取立権（155条1項）の適切な行使や、債務の実体的な消滅の判断にあたって重要な点である。また、差押債権について、その存否は執行裁判所の審査の対象ではないが、債権を特定するに足りる事項の記載がされているかは審査の対象となり（規則133条2項）、この特定が不十分なまま差押命令が発令されると、どの債権について差押がされたかについて第三債務者が判断できない事態が生じたり、供託（156条）がされたときに、その供託金を配当または弁済金交付の原資としてよいかについて疑義が生じる可能性があることから、差押命令発令に当たっては、後の手続においてこのような事態を生じさせないよう、差押債権をできるだけ一義的に特定する必要がある。
　以上からすると、手続開始段階においては、迅速な審査により早期に

発令可否の判断を可能にするため、発令審査において留意すべき事項について日頃からマニュアル等で整備し、標準的事件について迅速かつ正確に処理できるような態勢を作ったり、直ちに処理することが困難な事案や、このまま発令することに疑義が生じている事案については、速やかに開始決定や差押命令を担当する裁判官に相談し、的確な意見具申ができるようにしておくことが必要であるといえる。また、後続の手続が問題なく進行できるようにするために、手続の終局段階（特に配当手続）を見据えた適切な処理（請求債権額の確定や差押債権の特定に関する的確な審査、執行費用額の確定とその確実な引き継ぎ等）を行えるようにしておく必要がある。

2 換価段階

換価手続の目的は、執行目的となっている財産について、その権利関係に即した適正な評価を行った上で、適切な換価手段を選択し、これに基づいて適正かつ迅速に売却等の具体的手続を遂行するということに尽きると思われる。そして、財産に対する評価、換価方法の選択及び換価手続の実施は、書記官以外の機関（裁判所、評価人及び執行官）が主体となって行うことから、この段階での書記官の役割は、上記各機関が適正にその任務を遂行できるよう、各段階で行っておくべき手続を的確に行い、また、上記各機関及び手続利用者（特に買受希望者）の連結点として適切に対応していくことが主になろう。そして、現在は、これに加えて、不動産執行での物件明細書の作成権限にみられるように、目的不動産の実体的権利関係に関する的確な整理判断も書記官の役割となったことが、大きな特徴として挙げられる。以下、これらについて、不動産競売手続と債権執行手続とに分けて具体的にみていくこととする。

（1） 不動産競売の換価段階での書記官の役割

① 売却準備段階　　前述した手続の重層性という観点からは、換価手続に入る前提として、競売開始決定及びその付随手続（開始決定正本の送達、差押登記の嘱託、債権届出の催告等といった、書記官の固有事務）が適正に行われているかを点検等することがまずもって必要ということにな

る。また、現況調査報告書及び評価書の提出期限が遵守されているかについても、書記官がまずもって管理すべき事項ということになろう（このあたりの進行管理について特に明文規定はないが、前述した進行管理の主体としての書記官の地位に鑑みれば、これも重要な役割ということができる。）。

　次に、かかる前段階の手続で収集された、目的不動産の権利関係及び債権債務に関する情報を統合整理し、当該不動産の権利関係等がどのような現状になっているか、それを前提とした場合に、売却することが可能であるか、また、売却可能であるとして、評価額をどの程度の額とするかなどについて検討確定することになる。これは、裁判官が行う、売却基準価額決定（61条）又は無剰余を理由とする手続取消し（63条）の前段階の準備作業という側面を有するが[12]、これら決定の重要な前提となる、書記官による物件明細書の作成（62条）がこの段階での中心的手続となる。したがって、この段階を担当する書記官としては、①目的不動産の特定及び権利関係について、登記記録等の資料や執行官が作成した現況調査報告書の内容を精読検討して、買受人が引き受けるべき権利の有無及びその内容を整理確定し、物件明細書作成の準備を行うこと、②目的不動産の債務者及び所有者について、その債務額、特に実行担保権に優先する債権の有無及びその額を算出し、剰余の有無について検討確定していくこと、③②と並行して、評価人が作成した評価書を精読検討して、その評価の過程及び内容に誤り等がないかを確認し、これに基づいて売却基準価額決定をすることが可能か否かを検討することが主な役割ということになる[13]。

　このような換価段階での書記官の具体的役割からすると、この段階を担当する書記官には、民事執行法のみならず、民法（特に担保物権法）等

---

12) 事案によっては、この段階で、超過売却の有無について確定する場合もある。
13) 裁判所によっては、かかる換価段階を担当する書記官は、物件明細書等の作成等の売却準備手続を担当する者と、入札・開札・売却許否等の売却手続そのものを担当する者とに分かれている場合もある。この場合、売却手続を担当する書記官が、売却準備段階で整理された情報を買受希望者等に開示する前に、その内容につき点検する場合もある。これによって、より質の高い正確な情報を提供することが可能になるといえよう。

の実体法や、不動産登記法や登記実務、不動産鑑定に関する基礎的理論（特に不動産鑑定評価基準に基づく鑑定手法に関する知識）について習熟することが必要となる。

② **売却手続段階** 売却手続のうち、入札手続及び開札期日の主宰者は執行官であり、売却許否の決定は裁判官が行うが、書記官は、その前段階の手続や当該開札期日の手続及び売却許否決定の原案作成といった場面で、適正な売却手続が遂行できるようにする役割を受け持つ。具体的には、競売不動産の売却の実施に当たっては、書記官において、入札期間、開札期日、売却決定期日を定め、執行官に売却の実施を命じる（64条4項、規則46条1項後段）。そして、書記官は、自らの名で、売却すべき不動産の表示、売却基準価額及び買受可能価額、入札期間等を公告する（64条5項、規則49条、36条1項）。このように、売却手続の開始は書記官の権限として行われるものであり、対外的にも、買受希望者、目的不動産の所有者、占有者、被担保債務者及び担保権者等、目的不動産に法的利害関係を有する者に対する第一次的な窓口としての役割を担うことになる。また、この段階では、競売による売却がされるか、あるいは任意売却によって取下げにより終局するかのいわば瀬戸際の段階であるから、書記官としてはこのような動きに対して公正かつ迅速な対応を求められることになる。

次に、開札期日においては、実務上、書記官が立会人となり（規則49条、41条）、開札期日の適正な運用を担保する役割を果たすことになる。

そして、開札期日において最高価買受申出人が決定した場合、その者について売却不許可事由（71条）が認められない限り、裁判所は売却許可決定をすることとなるが、その決定書原案の作成は実務上書記官が担っており、その際に売却不許可事由の存否について疑問が生じた場合は、判断の参考のため、適宜裁判官に意見具申がされることもある。また、売却許否決定期日においては、書記官はこれに立ち会って、売却許否事由に関する利害関係者の陳述の要旨や売却許否の決定がされたことを調書に記録し、売却許否手続の内容を公証するという役割を持つことになる。

（2） 債権執行の換価段階での書記官の役割

　債権差押命令は、債務者による目的債権の処分を防止するため、実務上は第三債務者にまず送達がされ、その後に債務者への送達が行われる。そして、これらの送達が奏功しなかった場合（特に債務者への送達が奏功しない場合が少なくない）、書記官は、差押債権者に対し、送達場所等の調査を依頼し、適正な送達がされるように手続を管理するという役割を担うことになる。

　また、第三債務者や債務者への送達が適式にされた場合、金銭債権については、その後一定時期経過後に取立権が発生し（155条1項）、裁判所の介在なしに債権者は第三債務者から債権の取立てを行うことができ、第三債務者はこれに応じなければならないが、この段階において当事者（特に第三債務者）から裁判所に様々な問い合わせが寄せられることがある。これに第一次的に対応し、適切な執行が行われるように当事者に対して説明等を行うのは書記官であり、この点は不動産執行の換価段階と同様といってよい。

　また、特許権、ゴルフ会員権、株式、社債等の財産権についての強制執行は、特別の定めがない限り債権執行の例によるとされているが（167条1項）、これらの権利の換価方法は、その権利の性質上、譲渡命令、売却命令及び管理命令等によって行われる（161条1項）。そのため、換価の前提として評価が必要になったり、執行官による売却手続を経由する必要が出てくるところ、これら評価や売却等の手続のいわば下準備（評価人の選定準備、執行官との連絡調整等）を担うのが書記官である。上記各権利は、時間経過や経済状況等の変化によってその価値が大きく変動する可能性のあるものであり、適切な時期に適切な期間・方法で換価することが求められるから、その準備を行う書記官は、進行管理の実質的責任者・主宰者という役割を担うことになる。

　このようなことから、債権執行の換価手続段階での書記官は、差押命令発令後の手続進行の実質的主宰者としての役割を有しているといえ、また、第三債務者を含む当事者に対して、執行手続の内容について適切な説明を行うことを通じて、適正な執行が実現するよう助力するという

役割を担っているものといえる。

3　配当段階

配当（弁済金交付を含む。以下「配当等」という。）は、売却代金又は供託金等につき、当事者の合意内容または実体法（民法、商法）の定める順位に基づいて配分することで、債権者の有する債権の満足を図ることを目的とする（85条）。そして、担保不動産収益執行等の一部の例外的場合を除いて、実務上は、実体法の順位に基づいて、執行裁判所が配当表又は弁済金交付計算書をあらかじめ作成し[14]、これを基に裁判官が配当期日を開いて配当順位や額等の配当内容を確定し、異議があれば配当異議の申出をさせ（89条）、異議がなければ配当内容が確定するという流れになっている。ここにおいて、書記官は、配当手続の中心となる配当表（原案）の作成主体であり、裁判官による配当期日での配当順位及び額の確定等を補佐する役割を担うことになる[15]。そして、配当表は、配当期日において配当異議の申出がされなければ、その期日の終了とともに確定し、その内容に誤りがあることが期日終了後に判明した場合にも更正等の余地はないと解されていることからすると、上記裁判官の補佐としての書記官の役割には重大なものがあるということになる。また、債権配当において、継続的給付債権が差押債権となっている場合は、その差押え及びそれに基づく供託が継続する限り、配当期日等が一定間隔で開かれて配当等が実施されることになるが、その進行管理及び配当表の作成等も基本的には書記官が担っており、ここでは上記補佐的役割のみなら

14）　民事執行法上は、配当期日での審理の結果に基づいて、書記官が同期日において配当表を作成することになっているが（85条5項及び6項）、実務上は、配当期日前に書記官が配当表の原案を作成し、これを裁判官が事前に確認した上で配当期日に臨んでいるのが通常である。なお、弁済金交付における計算書の作成主体は裁判官であるが、これも実務上は書記官が原案を作成している。また、配当受領権を有する者に対しても、配当表を事前に閲覧する機会を与え、配当異議の要否等を事前に検討させる機会を与えるという運用をとっている裁判所もある。

15）　配当においても、物件明細書の作成と同様に、民法などの実体法、特に担保物権法に対する深い理解が要求される場合がある。

ず、進行管理の実質的主体としての役割を兼ねることになる[16]。

4 小 括

以上からすると、民事執行手続での書記官は、手続の最初から最後まで、その適正な進行の実質的担い手であり、その処理如何で迅速かつ適正な手続が実現するかが決まってしまうこと、そして、それと両立する形で、実体的問題についてもできるだけ速やかに適切な判断が可能になるようにしなければならない責務を負っているということができる。そこで以下では、このような役割を果たし、また、書記官事務のさらなる進化（深化といってもよい）を実現するためにはどのような点が必要かについて若干の検討を加えることとしたい。

5 民事執行手続での書記官の役割
──その求められるもの──

民事執行手続での書記官権限の拡大は、これまで検討してきたことからすれば、以下の2つの視点から進められてきたものと考えられる。すなわち、裁判官と書記官の行う手続のうち、あえて裁判官にその権限を留保する必要がないと考えられるものについては、権限の重複を避け、手続を簡素化・合理化するという視点と、民事執行法施行後に連綿と積み上げてきた、高度な専門性を有する書記官を中心とした質の高い事件処理及び理論面での貢献を正面から評価し、それに相応しい権限を積極的に付与するという視点の2つである。従って、今後の書記官の役割を考えるに当たっても、この2つの視点から具体的に検討していく必要があると考えられる。以下、これを踏まえ、2つの点を指摘することとし

---

16) さらに、債権配当においては、そもそも供託されている金銭が配当原資となるのか、配当加入遮断効との関係で、誰が当該供託分について配当受領権者となるのか、競合関係は誰と誰の間で生じているのかといった困難な問題を解きほぐす必要があり、これらは事案の内容によってはその都度困難な判断を迫られる。書記官は、このような問題を解決しつつ、迅速な配当を実現しなければならない立場にある。

たい。

1 ルーティンワークの確実性・迅速性

前記した2つの視点のうち、手続の簡素化・合理化という点を実現するためには、書記官が通常行う事務について、それが確実かつ迅速に進められるようにすることが必要になる。そのためには、標準的な事務処理について処理要領的なものやマニュアルを整備し、これに基づいた事務処理を行うことが考えられよう。また、一つの手続がそれ以降の手続に及ぼす影響が大きいという民事執行手続の特質を考慮すれば、手続相互間（庁によっては担当係間）での連絡調整を密に行い、着実な事務処理を心がける必要があると考えられる。もっとも、処理要領やマニュアルについては、それがいったん作成された後は、ともするとそれが金科玉条のごとく扱われ、それに安住し依存してしまうという傾向がないではなく、また、条文や基本概念の意義等から自ら思考するという機会を奪ってしまう危険がある。これら処理要領やマニュアルは、あくまで現時点での一つの検討結果又は到達点を示すものに過ぎないこと、事案の具体的内容や様々な状況変化によっては、柔軟に見直しを考えなければならず、また、定期的にメンテナンスを施す必要があること、処理要領やマニュアルの根底にある基本理念に常に立ち返る必要があるといったことを、常日頃から十分に意識する必要があると考えられる。

2 実務上の問題解決に関する主体的関与

前述した、高度な専門性を有する書記官を中心とした質の高い事件処理及び理論面での貢献を正面から評価し、それに相応しい権限を積極的に付与するという視点からすれば、書記官には、民事執行手続の専門家として、種々発生する実務上の問題につき、自ら主体的に検討し解決の途を探るという姿勢を持つことが重要であると考えられる。特に、具体的事件の進行に当たって当事者その他の関係者と接する機会の多い書記官は、様々な未解決の問題点に日々直面し、それに対して迅速な解決を迫られることが多いのではないかと思われる。そのようなときに、自ら

判例や法律文献等を調査し（裁判所法60条3項参照）、主任書記官や同僚書記官と議論し、また、裁判官に的確な意見具申をすることで適切な解決を図っていくこと[17]が、書記官の事務処理に対する高い評価に応える上では必要不可欠であると考えられる[18]。

6　おわりに

　以上、書記官の権限拡大の歴史を振り返りつつ、その現状と将来についてささやかな検討を加えてみた。民事執行手続での書記官の役割という問題は、広く非訟事件手続での書記官の役割を考える上では一つのモデルとなる分野といえるのではないかと思われる。また、書記官の役割は、民事執行手続での裁判官の役割の問題と表裏一体の関係に立つものであり、事件処理に当たっての裁判官と書記官とのコミュニケーションのあり方とも密接に関連する。本稿では、このような裁判官と書記官の相互連携や、高度な専門性を持った書記官をどのように養成するかといった点についても言及する予定であったが、すでに与えられた紙数を超過しているため、これらについてはなお検討の上、他日を期することとしたい。

　中野貞一郎教授は、民事執行法制定時における書記官権限の拡大について、いわゆる司法小改革の道程に一歩を踏み出したものと位置付けた上で、このような改革が発展し、司法補助官制度の確立へと発展していくか否かは、さしあたり、民事執行法の運用実績によって卜されることになろうという指摘をされている[19]。この点、伝統的に裁判官が処理すべき裁判実務とされてきたものの一部を、裁判官の負担を軽減するた

---

17)　このような過程を経て、一定の結論に至ったときは、それを裁判官及び書記官全体で共有するシステムを作り上げることが必要であろう。また、東京・大阪といった大規模庁の執行専門部については、事務処理例を適宜の方法で全国に情報提供すべきと考えられるが、書記官は、これを裁判官とともに担うことが期待される。

18)　書記官の事務処理に対する高い評価は、これまで先人が積み重ねてきた適正な運用努力の結晶であることを忘れてはならないであろう。

19)　中野貞一郎「司法補助官制度への出発－民事執行法の改正と裁判所書記官－」（判タ

め、これに代わって独立的あるいは非独立的に担当・処理する司法機関を司法補助官と呼ぶとすれば、我が国の裁判所書記官は、伝統的な公証官としての性格を維持しながら、司法補助官的性格を併せ持つに至っているといえるとの指摘がされている[20]。そして、民事執行手続においては、平成16年の改正により、かかる司法補助官としての性格がより強まったといえるのではないかと思われる[21]。かかる司法補助官化の傾向が今後も続くのか否かについては、その時代における裁判や裁判機関のあり方をめぐる社会的状況変化や、民事執行手続の利用者をはじめとする国民一般の評価にかかってくるといえようが、現に民事執行事務を担当している書記官としては、債権者・債務者その他の関係者の利害を適切に調整しつつ債権者の権利の実現を適正・迅速に図るという民事執行制度の目的を見据えた上、裁判官をはじめとする関係機関とよく連携して、より適切な運用を自ら主体的に追求することで、その与えられた役割を全うすることが求められているということを忘れてはならないであろう。

400号123頁)。なお、同「司法改革の軌跡」三日月古稀上巻15頁以下参照。
20) 兼子一＝竹下守夫・裁判法（第4版）277頁注（1）。
21) 物件明細書や配当表の作成については、まさにかかる司法補助官としての性格が表れているといえよう。

株主代表訴訟における勝訴株主の執行担当

小　田　　司
Tsukasa ODA

1　はじめに
2　議論状況
3　諸説の検討
4　おわりに

1　はじめに

　民事訴訟においては、実体的権利の帰属主体に代わり、第三者がその者の権利義務関係について自己の名で訴訟手続を追行し、判決を受ける資格が認められる場合がある。これを第三者の訴訟担当といい、訴訟担当者が受けた判決の効力は、当事者である訴訟担当者のみならず、権利義務関係の帰属主体である被担当者にも及ぶ（民訴115条1項2号）。民事執行においても、実体的権利の帰属主体に代わり、第三者がその者の権利義務関係について自己の名で強制執行手続を追行し、あるいはこれを受ける資格が認められる場合がある。これを第三者の執行担当といい、これには第三者の訴訟担当の場合と同様に、法律の規定によって第三者に執行適格・被執行適格が認められる法定執行担当と実体的権利の帰属主体の授権に基づいて第三者に執行適格・被執行適格が認められる任意的執行担当がある[1]。法定執行担当は、たとえば債権者代位訴訟において債権者が債務者の請求権について得た勝訴判決に基づいて強制執行を

---

1) 中野貞一郎『民事執行法〔増補新訂6版〕』（青林書院、2010年）144頁、同「株主代表訴訟の判決の強制執行」ジュリ1064号（1995年）67頁以下、下村眞美「『第三者の執行担当』に関する基礎理論の試み」民訴雑誌51号（2005年）169頁。

行う場合、債権者が債務者の有名義債権を差し押さえて強制執行の方法で取り立てる場合などであり、任意的執行担当は、たとえば選定当事者制度による訴訟において選定当事者が選定者の請求権について得た勝訴判決に基づいて強制執行を行う場合[2]、区分所有建物の管理者が滞納管理費などについて強制執行を行う場合などである。

　株主代表訴訟の訴訟法的構造に関する通説的見解によれば、株主代表訴訟は株式会社に帰属する請求権について、株主による訴え提起を含む訴訟追行を認めたものであり、第三者による法定訴訟担当の一種であると解されている[3]。すなわち、株主は会社に対して取締役の責任を追及する訴えの提起を請求することができ、会社がこの請求の日から60日以内に訴えを提起しないときは、会社が取締役に対して有する請求権について、株主が会社に代わって取締役に対し訴訟を提起することができる（会社847条1項・3項）。この訴訟において、原告株主が被告取締役に対し

---

[2] 選定当事者は、単純執行文（民執26条）の付与を受けて、選定者のために強制執行を行うことができるとするのが現在の通説である。兼子一『新修民事訴訟法体系〔増訂版〕』（酒井書店、1965年）397頁、兼子一＝松浦馨＝新堂幸司＝竹下守夫＝高橋宏志＝加藤新太郎＝上原敏夫＝高田裕成『条解民事訴訟法〔第2版〕』（弘文堂、2011年）178頁〔新堂幸司＝高橋宏志＝高田裕成〕、賀集唱＝松本博之＝加藤新太郎編『基本法コンメンタール民事訴訟法1〔第3版追補版〕』（日本評論社、2012年）98頁〔松本博之〕、中野貞一郎「第三者の訴訟担当と執行担当―代表訴訟勝訴株主の地位をめぐって―」『民事訴訟法の論点II』（判例タイムズ社、2001年）206頁以下、平城恭子「選定当事者と給付判決の主文―第一審及び控訴審において」判タ1049号（2001年）55頁以下など。これに対し、選定当事者は選定者からの執行申立権を含む授権がなければ、強制執行を行うことができないとし、通説を批判する見解がある。伊藤眞「株主代表訴訟の原告株主と執行債権者適格（下）」金法1415号（1995年）15頁。

[3] 秋山幹男＝伊藤眞＝加藤新太郎＝高田裕成＝福田剛久＝山本和彦『コンメンタール民事訴訟法I〔第2版〕』（日本評論社、2006年）286頁、江頭憲治郎＝中村直人編著『論点体系会社法第6巻』（第一法規、2012年）201頁〔澤口実〕、兼子＝松浦＝新堂＝竹下＝高橋＝加藤＝上原＝高田・前掲注（2）162頁〔新堂＝高橋＝高田〕、新谷勝『会社訴訟・仮処分の理論と実務〔第2版〕』（民事法研究会、2011年）365頁など。これに対し、株主代表訴訟は一種のクラス・アクションであるとする見解（小林秀之＝原強『株主代表訴訟』（日本評論社、1996年）4頁）や、代表訴訟の側面と代位訴訟の側面の両方を有しているとする見解（竹内昭夫「株主の代表訴訟」『会社法の理論III』（有斐閣、1990年）229頁以下、中島弘雅「株主代表訴訟における訴訟参加」小林秀之＝近藤光男編『株主代表訴訟体系〔新版〕』（弘文堂、2002年）249頁など）がある。

て給付を命じる勝訴判決を獲得し、この勝訴判決を債務名義として強制執行が行われる場合、強制執行の申立てをすることができるのは訴訟担当者である株主か被担当者である会社か、あるいは双方なのかという問題が生じる。強制執行において実現されるべき取締役に対する損害賠償請求権は、会社に帰属する権利であり、会社は実質的権利者であるから、会社自身による強制執行の申立てを認めることに問題はない。しかし、株主代表訴訟における株主勝訴の判決主文は、「被告(取締役)は、会社に対し、金員を支払え。」となり、株主は訴訟当事者ではあるが、判決主文での給付受領権者ではなく、強制執行手続において株主に配当受領権を認めることなどが困難であることから、株主自身による強制執行の申立ての可否については、これを肯定する見解と否定する見解が対立している[4]。

以下においては、株主代表訴訟の原告株主による強制執行の申立ての可否に関するこれまでの議論状況を整理・分析したうえで、まず原告株主の執行債権者適格の有無の問題について検討を加え、さらに原告株主自身による強制執行の申立てが認められるとした場合の執行方法の問題について検討することにしたい。

2　議論状況

株主代表訴訟において原告株主が勝訴判決を得た場合、この判決の既判力及び執行力は訴訟の当事者である原告株主のみならず、権利義務関係の帰属主体である会社にも及ぶ(民訴115条1項2号、民執23条1項2号)。したがって、被告取締役が会社に対して任意に弁済しない場合には、会社は原告株主から判決正本を譲り受け、承継執行文(交替執行文)の付与

---

[4] もっとも、商法等の改正の立法作業に関与した立法担当官は、民事執行法23条1項1号及び同項2号に基づき、勝訴株主及び会社の双方が強制執行の申立てをすることができ、会社が執行しない場合には、勝訴株主が自ら強制執行を申し立てることができると考えている。法務省民事局参事官室編『一問一答平成5年改正商法』(商事法務研究会、1993年)31頁。

（民執27条2項）を受けることにより、自ら取締役に対する強制執行の申立てをすることができる[5]。株主代表訴訟における株主勝訴の判決主文は、「被告（取締役）は、会社に対し、金員を支払え。」となり、会社は判決主文における給付受領権者であり、強制執行手続において配当受領権が認められるから、会社自身が強制執行の申立てを行う場合には、通常の金銭執行の方法により行われる。

　会社自身による強制執行の申立てが許されることについては、全く争いがない。しかし、株主代表訴訟は株主から会社に対して事前に提訴請求があったにもかかわらず、会社が取締役に対して訴訟を提起しない場合に行われるものであるから、取締役に対する訴訟の提起を拒否した会社が原告株主の得た勝訴判決に基づいて自ら強制執行の申立てをすることは事実上期待し得ないと思われる。したがって、原告株主が勝訴判決に基づいて自ら強制執行の申立てをすることができるか否かは、株主代表訴訟制度の実効性を左右しかねない重要な問題であるといえる[6]。株主代表訴訟において勝訴判決を得た原告株主自身による強制執行の申立ての可否については、現在、これを肯定する見解と否定する見解に分かれ、肯定する見解は、さらに原告株主が会社のための執行担当者として強制執行手続を追行することができるとする見解と、原告株主が自己固有の債権に基づいて強制執行手続を追行することができるとする見解に分類される。前者は、執行担当説と呼ばれるものである。後者の見解を主張する者は、自らの見解を金銭執行準用説と呼んでいるが[7]、金銭執行の規定を準用して強制執行を行うか否かは執行適格の帰属の問題ではなく、執行方法の問題であるから、以下においては後者を固有適格説と

5）　中野・前掲注（2）212頁、新谷勝「株主代表訴訟の原告勝訴判決と強制執行」民商113巻3号（1995年）371頁、同・前掲注（3）418頁、徳田和幸「株主代表訴訟における会社の地位」民商115巻4・5号（1997年）605頁、原強「株主代表訴訟における判決効と強制執行」小林秀之＝近藤光男編『株主代表訴訟体系〔新版〕』（弘文堂、2002年）344頁など。
6）　原・前掲注（5）344頁。
7）　霜島甲一「株主代表訴訟における強制執行の可否・方法」ジュリ1062号（1995年）80頁以下。

呼ぶことにしたい。

1　肯定説

（1）執行担当説　これは、株主代表訴訟における勝訴株主が会社に代わる執行担当者として自己の名で会社のために強制執行を行うことができるとする見解である。執行担当説は、第三者の訴訟担当の場合、訴訟担当者には判決の既判力（民訴115条1項1号）のみならず、執行力（民執23条1項1号）も及ぶから、訴訟担当者による執行担当も当然に認められるとする。株主代表訴訟は、第三者による法定訴訟担当の一種であり、原告株主は判決の効力を受ける当事者であるから、他の訴訟担当の場合と同様に、強制執行をすることができる「債務名義に表示された当事者」（民執23条1項1号）として、単純執行文の付与を受けて会社のために強制執行の申立てをすることができるとしている。しかし、この場合に強制執行によって実現されるべき権利は、被告取締役に対する会社の請求権であるから、原告株主はいきなり強制執行の申立てをするのではなく、会社法847条3項を類推し、あらかじめ書面をもって会社に対し強制執行の申立てを行うことを請求し、この請求があった日から60日以内に会社が執行の申立てをしないときにはじめて、自己の名で会社への給付を求める執行の申立てをすることができるとされている[8]。すなわち、株主の会社に対する執行申立ての請求と60日間の期間の経過は、株主の執行申立てによる強制執行について、執行開始要件の1つとなると解されている[9]。

---

[8]　中野・前掲注（2）215頁、岡正晶「株主代表訴訟における勝訴判決の効力と執行方法」門口正人編『新・裁判実務大系第11巻会社訴訟・商事仮処分・商事非訟』（青林書院、2001年）143頁、徳田・前掲注（5）607頁、福永有利『民事執行法・民事保全法〔第2版〕』（有斐閣、2011年）54頁、松本博之『民事執行保全法』（弘文堂、2011年）101頁以下。なお、新谷・前掲注（5）380頁は、会社法847条3項を類推するか否かは別として、原告株主の執行申立ては補充的なものであるから、原告株主は執行の着手に先立ち会社に執行の催告をなし、相当期間内に会社が正当な理由なく執行の申立てをしない場合にはじめて、執行の申立てをすることができるとしている。

[9]　中野・前掲注（2）215頁、岡・前掲注（8）143頁。

執行担当説によれば、原告株主が強制執行を申し立てた場合の執行手続は、第三者への給付を求める強制執行の手続であり、一般の金銭執行の手続でなされるが、差押え・換価に続く満足の段階では、取り立てられた金銭なり差押物の売得金は、債務名義に指示された給付受領権者である会社に交付されなければならないとされる。原告株主は、執行債権者ではあるが、給付受領権は認められていないから、不動産執行や動産執行において会社が金銭の受領を拒否すれば、その金銭は会社のために供託されなければならないとしている。債権執行においても、原告株主は会社への支払いを求める形の執行しかできないから、被差押債権の取立ても会社に支払わせる形でしなければならず、第三債務者が執行供託（民執156条）する場合にも、会社を被供託者としなければならないとしている。また、差押債権者たる株主が第三債務者に対して取立訴訟（民執157条）を提起する場合も、会社への支払いを命ずる判決または会社のための供託を命ずる判決を求めるという形でなければならないとしている[10]。

（2）固有適格説　これは、株主代表訴訟における勝訴株主が会社へ支払えとの特殊な金銭債権の強制執行を自己の名で自己のために行うことができるとする見解である。固有適格説は、債権者代位訴訟または選定当事者制度による訴訟の場合のように、債務名義に表示された給付受領権者が形式的当事者である場合については、執行担当の法理を構想適用することは可能であるが、株主代表訴訟のように債務名義に表示された給付受領権者が実質的当事者である場合については、執行担当の法理を適用することは困難であるとする。そして、株主代表訴訟の原告勝訴判決においては、会社が給付受領権を有するが、会社の給付受領手続は民事執行法上に全く手掛かりがないため、債務名義上、形式的当事者である株主を給付受領権者と表示しない訴訟担当にかかる債務名義について、執行担当の法理は行き詰まらざるを得ないとしている[11]。

---

10) 中野・前掲注（2）215頁以下、新谷・前掲注（5）384頁以下、徳田・前掲注（5）608頁。
11) 霜島・前掲注（7）79頁以下。

固有適格説は、金銭執行の規定を準用して差押え換価を行い、売得金を株主ではなく会社に交付すべきとするものであり、この見解によれば、株主の執行法上の地位は他人のために自己の名において執行当事者となるのではないとされる。すなわち、原告株主は会社のための執行担当者ではなく、自己固有の債権に基づいて自己のために強制執行手続を追行するものであり、強制執行により実現すべき債権は、債務者（取締役）に対し第三者（会社）に給付することを求める債権であるとしている。強制執行の基本となる債権を請求債権といい、これは強制競売開始申立書に別紙請求債権目録として記載され、その写しが競売開始決定などに添付されて手続の基本的意義を担い、いわば執行法上の訴訟物となるが、固有適格説によれば、強制執行の基本となるのは、会社の取締役に対する請求権ではなく、原告株主の取締役に対する会社に支払えとの債権であるから、開始申立書には取締役は株主の申立てに基づいて会社に支払えとの請求を記載すべきであるとされている。一般に強制執行の基本となる請求債権につき、第三者が差押債権者とは別個の資格で二重に執行法上の権能を行使することはできないとされているが、固有適格説では、債務名義に表示された請求債権は第三者に支払えとの債権であり、会社が自己に支払えとの債権は追行者を異にする別個の債権であるから、会社は二重競売開始申立てをすることができるとされている。また、会社は当該債権についての給付受領権者であることに変わりはないので、民事執行法がそのような地位を主張する者のために与えた手続参加者の地位、すなわち配当要求をした者の地位を法律上当然に与えるべきであるとしている（民執51条参照）。民事執行規則60条による計算書提出の催告は、株主のほか、法律上当然の配当要求をした者と見做される会社に対してもすべきであり、配当表の作成に当たっては、民事執行法87条1項1号にいう差押債権者は、執行費用との関係では株主、給付受領権者との意味では会社を指すと解されている。会社が弁済金を受領しない場合には、弁済金または配当額相当額について供託すべきであるとしている（民執91条2項）。動産執行は、不動産強制競売に準じて行われ、また債権執行の場合には、第三債務者に送達すべき差押命令に添付する

注意書に、差押債権者から取立てがあったときは、弁済することなく、会社に弁済の提供をするか供託するよう第三債務者に勧告する記載をすべきであるとしている[12]。

2　否定説

否定説は、株主代表訴訟における代表株主は法定訴訟担当者であるから、その執行債権者適格を考えるについては、被担当者である会社の意思は問題とならず、もっぱら代表訴訟制度の趣旨に鑑みて代表株主が訴訟追行権のみを行使し得るのか、それとも執行申立権をも行使し得るのかを考えなければならないとする。そして、会社法847条の規定が代表株主の訴権のみを認めていることを考慮すれば、訴訟追行権のみが代表株主に付与されていると解するのが合理的であるとし、執行債権者としての適格は判決の当事者の表示から自動的に決まるものではなく、給付命令の名宛人であり、執行債権の主体であるかどうかによって決定されるべきであるとしている。株主代表訴訟の原告株主には、訴訟物たる会社の損害賠償請求権について訴訟追行権は認められるが、その基礎として実体法上の管理権が付与されていないから、訴訟法律関係上の当事者ではあるが、実体法上の給付受領権者ではなく、また判決主文の給付命令は原告株主のためではなく、会社のために発せられることから、債務名義上の給付請求権の主体である会社に執行債権者としての適格を認めるべきであり、原告株主は判決の当事者ではあっても、執行債権者にはなり得ないとしている。

このような考え方に対しては、原告株主が債務名義である判決に当事者と表示されていることから、原告株主は当然に執行適格を有するという批判も考えられる。しかし、否定説は、このような批判は民事執行法23条1項1号の趣旨を誤解するものであり、同号は判決主文における給付義務関係の主体であり、給付命令の名宛人を債務名義の当事者とするものであるとする。株主代表訴訟においては、会社に対する給付を命じ

---

12) 霜島・前掲注（7）80頁以下。

る判決が言い渡されている以上、執行債権の主体として執行適格が認められるのは会社自身であり、会社は民事執行法27条2項に基づく承継執行文（交替執行文）ではなく、同法26条に基づく単純執行文の付与を求めることができるとしている[13]。

さらに、否定説は原告株主に執行申立権を認めなくとも、株主代表訴訟制度の実効性が損なわれるおそれはないとする。その理由として、株式が公開されている会社にあっては、株主代表訴訟において確定された損害賠償請求権の実現について、会社がなんらの手段を尽くさないことは考えられず、仮に合理的理由なしに強制執行を懈怠すれば、それは取締役の善管注意義務違反の原因となり、新たな代表訴訟の可能性を生じさせることになるからであるとされている。また、会社のみに執行適格が認められれば、会社は一方で任意弁済を促しつつ、適切な時期を選んで執行申立てをなす責任を負うことになり、その判断を誤れば、第二の代表訴訟を引き起こすことになるとしている。さらに、原告株主を執行債権者とする強制執行においては、原告株主は執行債権についての管理処分権を持たないから、支払の猶予や一部免除などをすることはできないが、会社が執行債権者となっている場合には、支払の猶予などが可能となるとして、原告株主による強制執行の申立てを否定することによって代表訴訟制度の実効性が失われることはないとしている[14]。

なお、実務家からは、原告株主による強制執行の申立てを認めなければ、株主代表訴訟の実効性を失わせることになるという指摘は正しいとしながらも、現行民事執行法が原告株主の申立てによる強制執行手続を予定し、それに相応しい手続を規定していないとの理由により、現行法の下では、原告株主による強制執行の申立ては否定されるべきであり、

---

13) 伊藤眞「株主代表訴訟の原告株主と執行債権者適格（上）」金法1414号（1995年）6頁以下、同・前掲注（2）13頁以下。なお、長井秀典「株主代表訴訟と保全処分」門口正人編『新・裁判実務大系第11巻会社訴訟・商事仮処分・商事非訟』（青林書院、2001年）268頁以下も、債務名義に表示された権利について実体法上の管理権を有しない者は、たとえ形式的に民事執行法23条1項に該当しても執行手続における当事者適格を有しないと解するべきであるとしている。

14) 伊藤・前掲注（2）15頁以下。

株主代表訴訟における強制執行は、会社が株主より判決正本を譲り受け、承継執行文の付与を受けたうえで、会社自身が行うしかないとの見解が主張されている[15]。すなわち、原告株主による強制執行の申立てを認めて執行手続を進めたとしても、株主の配当受領権を否定する立場に立つ限り、最終段階の配当において手続的に行き詰まってしまうので、原告株主から申立てがあったとしても、その後の手続の混乱を避けるため、執行文付与及び強制執行の申立てを却下すべきであるとしている[16]。そして、今後は現行民事執行法の改正を速やかに行い、法改正による立法的手当てにより対処すべきことを提案している[17]。

このような実務家からの法改正の提案に対し、否定説からは次のような批判がなされている。株主代表訴訟の原告株主には、訴訟を追行し、その結果たる判決の効力を会社に及ぼすことができるという意味で、訴訟物に関する管理権は与えられているといえるが、強制執行を実施するための管理処分権は、それを超えるものであるとする。そもそも被告取締役に対して強制執行を実施するか、それとも任意弁済を促すか、また任意弁済を促す場合には、履行期などについてどのように合意するか、強制執行を実施する場合には、執行対象財産として不動産を選ぶか、それとも預金などの債権を選ぶか、これらはすべて執行債権者の判断に委ねられている事項であり、いいかえれば、執行債権者が執行債権に関する管理処分権の行使として判断すべき事柄であるといえるが、これらは法が株主代表訴訟の原告株主に認めている管理権の範囲を超えるものであり、原告株主の管理権の範囲は、損害賠償請求権を会社のために訴訟

---

15) 常盤紀之「株主代表訴訟における株主による強制執行の可否」判タ1140号（2004年）25頁以下、新谷祐子「株主代表訴訟―その現状と課題―」判タ1150号（2004年）29頁。

16) 常盤・前掲注（15）26頁。しかし、執行文付与申立てに関する実務書においては、株主代表訴訟における原告株主は、給付内容のある勝訴判決に単純執行文の付与を受けることにより、執行債権者として会社のために強制執行手続を申し立てることができると解されている。佐藤裕義編著『Q&A 執行文付与申立ての実務―要件と手続、紛争事例―』（新日本法規、2011年）125頁以下。

17) 常盤・前掲注（15）26頁。なお、新谷・前掲注（15）29頁は、現行の株主代表訴訟を前提に執行制度を手当てするよりも、株主代表訴訟制度の構造自体を見直すことが必要であるとしている。

上行使して、会社に対して勝訴判決を与えることに尽きるとしている。したがって、仮に法改正による手当てをするのであれば、勝訴判決を得た代表株主は、その判決正本を速やかに会社に引渡し、会社はその勝訴判決の内容が実現されるよう適切な注意を払わなければならないという趣旨の立法がなされるべきであるとしている[18]。

3 諸説の検討

1 原告株主による強制執行の申立て

（1）否定説の検討　　否定説は、株主代表訴訟の原告株主には、訴訟物たる会社の損害賠償請求権について訴訟追行権が認められているから、訴訟法律関係上の当事者ではあるが、実体法上の管理権は付与されていないから、実体法上の給付受領権はなく、そのため会社に代わって強制執行をする権限はないとする。そして、民事執行法23条1項1号の「債務名義に表示された当事者」とは、判決主文における給付義務関係の主体であり、給付命令の名宛人である会社を意味するとしている[19]。このような解釈は、民事執行法23条1項1号及び同項2号の解釈として妥当であろうか。

民事執行法23条1項1号によれば、「債務名義に表示された当事者」が執行法上も当事者となり、債務名義上の原告が執行法上の債権者、債務名義上の被告が執行法上の債務者となる。また、民事執行法23条1項2号は、債務名義に表示されていない者にも執行力が及んで、この者が執行法上の債権者または債務者となり得ることを定めるものであり、それは主として訴訟担当における利益帰属主体を意味する[20]。通説的見解

---

18) 伊藤眞「株主代表訴訟おける訴訟法上の諸問題」東京大学法科大学院ローレビュー第2巻（2007年）141頁。
19) 伊藤・前掲注（13）10頁以下。
20) 浦野雄幸編『基本法コンメンタール民事執行法〔第6版〕』（日本評論社、2009年）82頁〔鈴木正裕〕など。

によれば、株主代表訴訟は法定訴訟担当の一種であるとされている[21]。したがって、民事執行法23条1項1号の「債務名義に表示された当事者」とは訴訟担当者である原告株主であり、同項2号の「債務名義に表示された当事者が他人のために当事者となった場合のその他人」とは被担当者である会社であるとするのが素直な解釈である。否定説は、株主代表訴訟を法定訴訟担当の一種であるとしたうえで、民事執行法23条1項1号の当事者を会社であるとするが、そのように解釈した場合、同項2号の他人が誰なのか説明がつかなくなる[22]。また、民事執行法23条1項1号及び同項2号が相互に規律するのは、代位債権者や破産管財人などによる訴訟担当の場合に限られるとする解釈は、法文上、かなり技巧的であると言わざるを得ない[23]。

　さらに、否定説は原告株主に執行申立権を認めなくとも、株主代表訴訟制度の実効性が損なわれるおそれはないとするが[24]、原告株主による強制執行の申立てを否定すれば、株主代表訴訟制度の実効性を確保することができないように思われる。株主代表訴訟は、株主から会社に対して事前に提訴請求があったにもかかわらず、会社が取締役に対して訴訟を提起しない場合に行われるものである。したがって、取締役に対する訴訟の提起を拒否した会社が、原告株主の得た勝訴判決に基づいて自ら進んで強制執行の申立てをするとは考えにくい。否定説は、会社が合理的理由なしに強制執行をしない場合には、取締役の善管注意義務違反となり、執行しない取締役に対して新たな代表訴訟を提起することができるとするが[25]、否定説の見解に従えば、いずれにしろ株主は強制執行の

---

21) 秋山＝伊藤＝加藤＝髙田＝福田＝山本・前掲注（3）286頁、江頭＝中村編著・前掲注（3）201頁〔澤口〕、兼子＝松浦＝新堂＝竹下＝高橋＝加藤＝上原＝高田・前掲注（2）162頁〔新堂＝高橋＝高田〕、新谷・前掲注（3）365頁など。
22) 新谷・前掲注（5）376頁。
23) 常盤・前掲注（15）25頁。
24) 伊藤・前掲注（2）15頁以下。
25) 遠藤直哉＝牧野茂＝村田英幸「日本サンライズ株主代表訴訟事件の一審判決と和解」商事法務1363号（1994年）60頁は、執行しない取締役に対して、新たに代表訴訟を提起することに加え、強制執行する作為義務を求める訴訟を提起することの2通りが考えられるとする。しかし、株主がそのような実体法上の作為請求権を有するかは疑問であり、

申立てをすることができないのであるから、株主が新たな代表訴訟において勝訴判決を得たとしても、会社が強制執行の申立てをしない限りこれを強制する手段がなく、同じことの繰り返しになるだけである。原告株主による強制執行の申立てを否定することは、株主代表訴訟の実効性を著しく失わせることになり、妥当ではない。株主代表訴訟は、会社に対する取締役の損害賠償義務などの履行請求を取締役・監査役などに期待することができないために設けられたのであるから、代表訴訟の制度趣旨に鑑みれば、むしろ原告株主による強制執行の申立てを認めるべきである。

なお、実務家は、原告株主による強制執行の申立てを認めて執行手続を進めたとしても、株主の配当受領権を否定する立場に立つ限り、最終段階の配当において手続的に行き詰まってしまい、申立てから配当まで一貫した手続の流れを確保する責務を負う執行裁判所の立場からすれば、そのような事態は到底見過ごすことはできないとし、仮に原告株主から申立てがあったとしても、執行文付与及び強制執行の申立ては却下されるべきであるとしている[26]。現行民事執行法が原告株主の申立てによる強制執行手続を予定し、それに相応しい手続を規定していないという理由により、執行文付与及び強制執行の申立てを却下することができるであろうか。

原告株主による強制執行の申立てが認められるか否かという問題と、その後の執行方法の問題は分けて考えなければならない。原告株主の申立てによる強制執行を予定した手続が設けられているということは、現行民事執行法上、執行文付与の要件ではなく、また強制執行開始の要件でもない。原告株主に執行債権者適格が認められるか否かは、それを予定した手続が置かれているか否かに左右される問題ではない。すなわち、原告株主は法の不備に対して何の責任も負わないのであるから、執行機関である執行裁判所ないし執行官は、法の不備を理由として原告株

また株主による強制執行の申立てを認めるのであれば、そのような訴えを認める必要はなく、訴えの利益を欠くものと思われる。

26) 常盤・前掲注(15) 26頁。

主に対し不利益処分を課すことは許されない。実務家からは、法改正による立法的手当てにより対処すべきことが提案されているが、立法的手当てがなされるまでは、むしろ現実に沿うような実務の取扱いと運用がなされるべきであると思われる。

（2）肯定説の検討　　固有適格説によれば、原告株主は会社のための執行担当者ではなく、自己固有の権利に基づいて自己のために強制執行を追行するものであり、強制執行の基本となる権利は会社の取締役に対する請求権ではなく、原告株主の取締役に対する会社に支払えとの請求権であるとされている[27]。このように、原告株主が自己固有の債権に基づいて自己のために強制執行を追行するものと解することは可能であろうか。

第三者のためにする契約（民537条）のように、債務者が第三者に対して金銭を給付することを命じる判決に基づいて債権者が強制執行を行う場合には、金銭執行についての規定を準用し、売得金を債権者ではなく、第三者に引き渡す方法によって行われる[28]。固有適格説は、株主代表訴訟の原告株主が得た勝訴判決に基づいて強制執行が行われる場合にも、同様の方法によって強制執行が行われるべきであるとするものであるが、両者について同様の執行方法を用いることが可能であるとしても、両者を完全に同一視することはできない。第三者のためにする契約（民537条）の場合には、要約者は諾約者に対して、受益者に対する給付を行わせるという実体法上の作為請求権を有する。すなわち、要約者が諾約者に対して義務の履行を求めて訴訟を提起する場合には、その訴訟の訴訟物は要約者の諾約者に対する作為請求権であり、その権利主体は要約者であって受益者ではなく、要約者は訴訟担当者ではない。これに対し、株主が提起する代表訴訟の訴訟物は、あくまで会社の被告取締役に対する損害賠償請求権であり、その権利主体は会社である[29]。すなわ

---

27)　霜島・前掲注（7）80頁以下。
28)　大判昭和4年9月26日民集8巻750頁。
29)　これに対し、固有適格説の立場と同様に、株主代表訴訟の訴訟物を株主に与えられた団体法的な固有の権利であると解する見解がある。右田堯雄「三井鉱山株主代表訴訟を

ち、原告株主は被告取締役に対して、会社に対する給付を行わせるという実体法上の作為請求権を有しているわけではない。したがって、要約者による強制執行の場合と株主による強制執行の場合を完全に同一視して、株主による強制執行を自己固有の権利に基づくものであるということはできない。

執行担当説は、原告株主の執行申立てによる強制執行によって実現されるべき権利は、被告取締役に対する会社の請求権であるから、原告株主はいきなり強制執行の申立てをするのではなく、会社法847条3項を類推し、あらかじめ書面をもって会社に対し強制執行の申立てを行うことを請求し、この請求があった日から60日以内に会社が執行の申立てをしないときにはじめて、自己の名で会社への給付を求める執行の申立てをすることができるとする[30]。執行担当説が主張するように、原告株主による強制執行の申立てについて、株主の会社に対する執行申立ての請求と60日間の期間の経過は必要であろうか。

強制執行において実現すべき取締役に対する損害賠償請求権は、会社に帰属する権利であるから、原則として会社自身が強制執行の申立てを行うのが望ましい。また、会社は株主勝訴の判決主文における給付受領権者であり、配当を受領する権限があることから、会社自身が強制執行の申立てを行う場合には、強制執行は通常の金銭執行の方法で行われ、原告株主が強制執行の申立てをした場合の執行段階における不都合を回避することが可能となる。しかし、株主から提訴請求があったにもかかわらず、取締役に対する訴訟を拒否した会社が自ら進んで強制執行の申立てをすることは、現実的にみて期待し得ないと思われる。さらに、株主の会社に対する執行申立ての請求と60日間の期間の経過が執行開始の要件であるとするならば、この要件を欠く場合、執行機関である執行裁判所ないし執行官は強制執行の申立てを却下しなければならないが、民事執行法上、執行開始の要件とはされていない理由により、不利益処分

振り返る」商事法務1354号（1994年）37頁。
30) 中野・前掲注（2）215頁、岡・前掲注（8）143頁、徳田・前掲注（5）607頁、福永・前掲注（8）54頁、松本・前掲注（8）101頁以下。

を課すことは許されないように思われる[31]。原告株主が会社に対して事前に執行申立ての請求をしたか否かにかかわらず、会社も取締役に対して強制執行を行う意思があれば、自己のために承継執行文（交替執行文）の付与を受けて執行債権者となることができる（民執23条1項2号・27条2項）。本来ならば、会社が自ら強制執行の申立てをしなければならないのであるから、株主の会社に対する事前の執行申立ての請求は任意に行えばよく、これを執行開始の要件と解すべきではない。もっとも、株主の会社に対する事前の執行申立ての請求を執行開始の要件とするのであれば、会社が株主の執行申立ての請求に応じなかった場合には、株主に強制執行の追行を委ねたものとして、会社から株主に授権があったもと解すべきであろう。

（3）結論　株主代表訴訟は、法定訴訟担当の一種であり、原告株主の得た勝訴判決の既判力及び執行力は訴訟の当事者である原告株主のみならず（民訴115条1項1号、民執23条1項1号）、権利義務関係の帰属主体である会社にも及ぶ（民訴115条1項2号、民執23条1項2号）。したがって、原告株主と会社の双方に執行債権者適格が認められる。原告株主は、会社に代わる執行担当者として、会社に対し事前に執行申立ての請求をすることなく、単純執行文の付与を受けて強制執行の申立てをすることができる。また、会社も原告株主から判決正本を譲り受け、承継執行文（交替執行文）の付与を受けることにより、強制執行の申立てをすることができる。

もっとも、二重に強制執行の申立てが認められるのではなく、株主と会社の執行申立てが競合する場合には、後からなされた執行申立ては申立ての利益を欠くものとして却下されることになる[32]。

2　原告株主の申立てによる強制執行の方法

（1）株主の配当受領権　多数説によれば、原告株主が代表訴訟に

---

31)　常盤・前掲注（15）24頁。
32)　中野・前掲注（2）218頁以下、岡・前掲注（8）145頁。

おける勝訴判決に単純執行文の付与を受けて強制執行の申立てをした場合、その申立てによる強制執行手続において原告株主は執行債権者ではあるが、配当受領権は有しないとされる[33]。これに対し、執行機関に原告株主の配当受領権の有無を判断させることは民事執行法の基本原則に反するとし、原告株主は執行債権者であるから、理論的にも形式的にも当然に配当を受領することができるという見解が主張されている。そして、受領した配当を原告株主が会社に支払うことは当然のことであり、原告株主が会社に対して受領済の配当を支払うべき債務の法的性質は預かり金返還義務であるとされている[34]。

株主代表訴訟における株主勝訴の判決主文は、「被告（取締役）は、会社に対し、金員を支払え。」となり、会社に対する給付を命じていることから、勝訴判決に基づく金員は原告株主ではなく、会社に支払われなければならない。株主代表訴訟における原告株主勝訴の判決主文が会社への支払いを命じている以上、原告株主に対する給付は判決主文の命じた範囲を逸脱することになり許されない。したがって、原告株主は自ら強制執行を申し立てることにより、執行債権者になることはできるが、会社から代理権が与えられていない限り、自ら配当を受領することはできない。

（2）執行方法　株主代表訴訟の勝訴株主は、被告取締役に対し会社への金銭給付を求める実体法上の請求権を有していない。しかし、原告株主が勝訴判決に基づいて強制執行を行う場合、株主勝訴の判決主文が被告（取締役）に対し会社への金銭給付を命じている点で、第三者のためにする契約（民537条）を前提とする訴訟の判決、すなわち被告（諾約者）に対し受益者への金銭給付を命じる判決に基づいて要約者が強制執行を行う場合と同様である。第三者への金銭給付を求める強制執行の方法については、金銭執行の規定を準用し、売得金を執行債権者ではな

---

[33] 中野・前掲注（2）218頁、新谷・前掲注（5）384頁、常盤・前掲注（15）21頁以下、徳田・前掲注（5）608頁。
[34] 遠藤＝牧野＝村田・前掲注（25）60頁。

く、第三者に引き渡す方法により行うべきであるとされているが[35]、このような執行方法は執行債権者が執行債務者に対して第三者への給付を求める実体法上の請求権を有する場合（第三者のためにする契約の場合の要約者など）のみならず、給付を求める実体法上の請求権は第三者にあり、執行債権者が当事者適格だけを有する場合（第三者の訴訟担当）にも認められる[36]。したがって、原告株主の申立てによる強制執行の場合には、執行方法として金銭執行を用いることになるが、一般の金銭執行の場合とは異なり、配当は会社に対して行うという方法の執行となる。すなわち、執行手続上の各種の申立て、執行債権についての計算書の提出、配当期日への出頭など、すべての行為は執行債権者であり、差押債権者である株主によって行われるが、株主は配当を受領することができず、配当の受領は会社によって行われなければならない[37]。会社が配当の受領を拒否する場合には、一般の金銭執行において執行債権者が受領を拒否した場合と同様に、その金銭は供託されなければならない（民執91条2項・141条2項）[38]。

　債権執行の場合にも、基本的には一般の債権執行と異なるところはないが、執行債権者たる株主は第三債務者からの弁済金を受領することができず、債権差押命令に基づく取立ては、会社に対して支払わせるという方法によって行われる。すなわち、株主の申立てにより債権差押命令が発せられ、その命令において、債務者に対し被差押債権の取立てその他の処分が禁止されるとともに、第三債務者に対し債務者への弁済が禁止されることになる（民執145条1項）。株主は、債務者に対して差押命令が送達された日から1週間を経過したときは、自己の名で債権の取立て（民執155条）をすることができるが、第三債務者が会社へ支払う形で取

---

[35] 大判昭和4年9月26日民集8巻750頁。
[36] 中野・前掲注（2）216頁以下。
[37] 中野・前掲注（2）217頁。なお、原告株主が強制執行の申立人となるが、会社は配当の受領資格を有し、準当事者的な立場にあることから、請求債権者として当事者目録に記載することが必要となる。佐藤編著・前掲（16）128頁。
[38] 中野・前掲注（2）217頁、新谷・前掲（5）385頁、德田・前掲注（5）608頁。

り立てなければならず、会社から代理権が与えられていない限り、取り立てた金銭を自ら受領することはできない。また、第三債務者が会社に支払わないときは、取立訴訟（民執157条）を提起することができるが、この場合にも、第三債務者を被告として会社への支払いを命ずる判決または会社のための供託を命ずる判決を求めるという形によらなければならない。さらに、株主は会社に転付するという内容の転付命令（民執159条）を申し立てることができ、転付命令が確定すれば、被差押債権の券面額で、転付命令が第三債務者に送達された時に、第三債務者の資力の有無にかかわらず弁済効が生じることになる（民執160条）[39]。

3　株主による執行保全

株主代表訴訟が長期化することは必至の状況であるから、たとえ原告株主が訴訟において勝訴判決を取得したとしても、訴訟の審理の過程で被告取締役が財産を処分してしまえば、原告株主は被告取締役に対して強制執行を行うことができなくなるおそれがある。そこで、そのような場合には、株主は勝訴判決に基づく強制執行を保全するために（民保20条1項）、取締役の財産に対し仮差押えする必要がある。株主が会社の取締役に対する損害賠償請求権を被保全権利として、取締役の財産に対して仮差押えすることができるか否かが問題となるが、株主による強制執行の申立てが認められる以上、保全の必要性がある場合には、株主による仮差押命令の申立ても肯定されるべきである。なお、裁判実務においては、株主による仮差押命令の申立てを認めることについて消極的な見解もあるようであるが、株主代表訴訟を本案訴訟とする仮差押命令の申立てが認められた裁判例が報告されている[40]。

---

39) 中野・前掲注（2）217頁以下、新谷・前掲注（5）385頁、徳田・前掲注（5）608頁。佐藤編著・前掲注（16）126頁は、たとえ無資力の者に対する債権について転付がなされたとしても、会社としては自ら権利を行使しなかったのであるから、これを甘受すべきであるとしている。

40) 福井厚士ほか「〈座談会〉民事保全をめぐる実務上の諸問題と対応策」金法1409号（1995年）124頁以下、遠藤＝牧野＝村田・前掲注（25）52頁以下参照。

株主は、会社に代わる執行担当者として、勝訴判決に基づいて強制執行を行うことができるのであるから、民事保全法の基本原則によれば、勝訴判決により強制執行を行うことができなくなるおそれがあるとき、または強制執行を行うのに著しい困難を生ずるおそれがあるときは、会社に代わる保全担当者として、仮差押命令の申立てをすることができる。その場合の申立ての趣旨は、「申立外〇〇株式会社が債務者に対して有する別紙請求債権目録記載の債権の執行を保全するため、別紙物件目録記載の債務者所有の不動産を仮に差し押さえる」となる[41]。

　株主が本案の代表訴訟を提起するためには、原則として会社に対し提訴請求をしなければならない（会社847条１項）。株主が仮差押命令の申立てをする場合も、その申立ては本来会社の権限に属するものであるから、本案の提訴請求に相当する手続を踏む必要があるとの見解もあるが[42]、仮差押命令の申立ての場合には迅速性及び密行性が要請され、取締役に知られないうちに実施される必要があるから、本案の代表訴訟を提起する場合とは異なり、事前に会社に対して申立てを請求する必要はない[43]。すなわち、仮差押命令の迅速性及び密行性の要請から、会社法847条５項に該当するものとして、直ちに仮差押命令の申立てをすることができる。また、株主が会社に対し本案の提訴請求をした後に、仮差押命令の申立てをする場合にも、60日間の期間の経過を待つことなく、直ちに申し立てることができる[44]。

　仮差押命令が発令された場合でも、取締役の起訴命令の申立てに対して本案の代表訴訟が提起されなければ、仮差押命令は取り消されることになる（民保37条３項）。取締役の起訴命令の申立てに対して、株主が代表訴訟を提起する場合には、会社に対し提訴請求をしなければならない

---

[41] 新谷・前掲注（３）421頁、長井・前掲注（13）272頁、福井ほか・前掲注（40）125頁。

[42] 長井・前掲注（13）274頁は、原則として本案の提訴請求に相当する手続を踏む必要があるとしたうえで、会社法847条５項に該当する場合には、直ちに保全命令の申立てをすることができると解するのが妥当であるとしている。

[43] 新谷・前掲注（３）420頁以下、福井ほか・前掲注（40）125頁。

[44] 新谷・前掲注（３）421頁。

が（会社847条1項）、60日間の期間の経過を待っていては仮差押命令が取り消され、会社に回復することができない損害が生ずるおそれがある場合には、会社法847条5項に基づき直ちに代表訴訟を提起することができる[45]。

仮差押命令の発令後に、会社が取締役に対して責任追及訴訟を提起した場合には、株主は代表訴訟を提起することができない。この場合、株主による仮差押えの効力が問題となるが、株主による仮差押えは会社の権利に基づくものであり、会社の取締役に対する請求権の保全を目的とするものであるから、仮差押命令を取り消さずに、その効力は会社のために維持されるものと解するのが妥当である[46]。したがって、会社は仮差押債権者たる地位を承継したものとして、仮差押命令に承継執行文の付与を受けて、保全手続の承継執行（民保43条1項ただし書）をすることができる[47]。

4 おわりに

本稿においては、株主代表訴訟の原告株主による強制執行の問題として、原告株主の執行債権者適格の有無の問題、そして原告株主の申立てによる強制執行の方法に関する問題に重点を置き検討してきた。検討結果をまとめれば、以下のとおりである。

株主代表訴訟は、会社に対する取締役の損害賠償義務などの履行請求を取締役・監査役などに期待することができないために設けられた制度であるから、そのような代表訴訟の制度趣旨に鑑みれば、実質的権利者である会社のみならず原告株主にも執行債権者適格が認められなければ

---

45) 長井・前掲注（13）278頁以下。
46) 新谷・前掲注（3）421頁は、会社が提起した訴訟に仮差押債権者たる株主が参加した場合には、株主が本案訴訟を提起したものとして取り扱うべきであり、仮差押債権者たる株主が参加しなかった場合でも、会社のために仮差押命令の効力が維持されるものとして取り扱うべきであるとする。
47) 中野・前掲注（2）219頁、新谷・前掲注（3）421頁。

ならない。株主が代表訴訟を提起する場合には、会社に対し事前に提訴請求をしなければならないが、強制執行の申立てをする場合には、会社に対する事前の執行申立ての請求は不要である。したがって、原告株主は会社に代わる執行担当者として、会社に対し事前に執行申立ての請求をすることなく、勝訴判決に単純執行文の付与を受けて強制執行の申立てをすることができる。

　原告株主は、自ら強制執行を申し立てることにより、執行債権者になることはできるが、会社から代理権が与えられていない限り、自ら配当を受領することはできない。したがって、原告株主の申立てによる強制執行の場合には、執行方法として金銭執行の方法を用いるが、配当は会社に対して行うという方法になる。会社が配当の受領を拒否する場合には、その金銭は供託されなければならない。債権執行の場合にも、債権差押命令に基づく取立は、会社に対して支払わせるという方法によって行われ、第三債務者が会社に支払わないときは、第三債務者を被告として会社への支払いを命ずる判決または会社のための供託を命ずる判決を求めるという形の取立訴訟を提起しなければならない。

　なお、原告株主の申立てによる強制執行手続において生じる不都合を解決するためには、今後の課題として、法改正による立法的手当てを意識した検討が必要であると思われる。法改正の内容としては、配当等を受けるべき債権者の範囲（民執87条・140条・165条）について、新たな項目を設け、株主への配当は共益費用の範囲に限定され、その余は会社と他の債権者に配当される旨の規定を新設すべきとの見解[48]、勝訴判決を得た株主は、その判決を速やかに会社に引き渡し、会社はその勝訴判決の内容が実現されるよう適切な注意を払わなければならないという趣旨の立法がなされるべきとの見解[49]、さらに株主代表訴訟制度の構造自体を見直し、地方自治法242条の2第1項4号を参考にしつつ会社を必ず訴訟に参加させる制度を導入すべきとの見解[50]などが主張されているが、

---

[48]　常盤・前掲注（15）26頁。
[49]　伊藤・前掲注（18）141頁。
[50]　新谷・前掲注（15）29頁。

法改正による立法的手当てとしては、株主に配当の受領を認めたうえで、会社に対し受領した金員の引渡しが確実に行われるための手続的保障を定める規定を設けることが望ましいように思われる。

　尊敬する栂善夫先生、遠藤賢治先生が古稀を迎えられましたこと、心よりお祝い申し上げます。両先生には、学会及び研究会等において、公私にわたり多大なご指導をいただいております。その学恩にお応えするには甚だ拙いものではありますが、謹んで小稿を奉呈させていただきます。多大なご指導を賜わりました両先生に、この場をお借りして深く感謝申し上げますとともに、今後とも変わらぬご指導を賜わりますようお願い申し上げます。

執行文の役割
―― 過怠約款と執行文についての考察 ――

西 川 佳 代
Kayo NISHIKAWA

1 はじめに――問題の所在――
2 旧法下の議論状況
3 民事執行法制定時の議論と民事執行法の立場
4 民事執行法下の議論
5 執行文の役割と事後的手続保障のあり方
6 おわりに

1 はじめに――問題の所在――

　債務名義たる和解調書、調停調書や公正証書において、いわゆる過怠条項が付されることは珍しいことではない。すなわち、債務名義が、「賃料支払いを引続き 2 回以上怠るときは直ちに建物を明渡す」、「割賦金の支払いを 1 回でも怠れば、期限の利益を失い、残債務全額を直ちに支払う」というような場合である[1]。
　このような債務名義によって強制執行を行う場合、判例[2]・通説の立場では債権者は債務者の義務履行の過怠事実を証明することなく執行文

---

[1] このような条項には実務上様々な種類のものがあるが、債務を分割払にすることにより債務者に期限の利益を与えた場合に、分割支払いの遅滞を停止条件に期限の利益を喪失する効果が生じる制裁約款を過怠約款といい、特定の債務の不履行を停止条件として現存の契約関係が当然失効し、原状回復義務の効果を生じる制裁条項を失権約款という。裁判所職員総合研究所監修『書記官事務を中心とした和解条項に関する実証的研究［補訂版・和解条項記載例集］』(法曹会・2010年) 14頁。本稿ではこれらを総称して過怠約款とよぶ。

[2] 最判昭和41年12月15日 (民集20巻10号2089頁、判時472号46頁、判タ202号107頁、最高裁判所裁判集民事85号641頁)。

の付与を受けることができるという。そして債務者は請求異議の訴えにおいて、過怠事実の不存在を立証し執行力の排除をもとめるべきとされている。

しかし、過怠約款は金銭債務を内容とする債務名義だけでなく、例えば家屋明渡義務等の場合においても多く利用されるため、判例・通説の立場をとると債務不履行の証明なしに、また、債務者に履行の証明をする機会を与えないままに執行文が付与され、家屋明渡という重大な結果を生じさせる執行に着手できることになる。

そこでこの立場に対して有力説は[3]、民事執行法174条3項[4] を類推適用して債務者に事前に過怠の不存在を証明する文書を提出するよう書記官が期間を定めて催告し、その文書が提出されない場合に執行文を付与することを主張している。

この立場に対してはまた、迅速で複雑でない執行を確保するという過怠約款の趣旨等を重視して、あらためて判例・通説の立場を支持する見解も出ている[5]。

本稿では、この問題について旧法下での判例・学説および民事執行法下での議論を再検討した上で、平成15年に導入された債務者不特定執行文との関係から、執行文の現代的役割について考察し、債権者と債務者の衡平な手続負担の分配の観点からアプローチする。具体的には、債務者に事前の手続を与えずに執行文を付与し執行に着手することは認めて良いが、この場合に付与される単純執行文は、債務者不特定執行文と同様に実体的正当性そのものを公証するものではなく、実体的正当性を保障するための手続負担を債務者に転換する役割（起訴責任転換）を負うものであり、その際の債務者の手続負担については債権者の事前の手続負

---

3) 竹下守夫『民事執行法の論点』（1985年・有斐閣。以下、論点と表記）84頁以下。

4) なお、現在の民事執行法174条は、昭和54年の立法当初173条であり平成15年改正により内容に変更はなく条文数だけが174条とされた。そのため、それ以前の文献においては173条と表記されているが、本稿においてはすべて174条と表記する。また、この有力説を以下では「174条類推適用説」と呼ぶ。

5) 松本博之「過怠約款と執行文」伊藤眞＝春日偉知郎＝上原敏夫＝野村秀俊編『竹下守夫先生古稀祝賀・権利実現過程の基本構造』（有斐閣・2002年）221頁以下。

担との衡平から請求異議の訴えではなく、執行文付与に関する異議による簡易な救済方法をも認めるべきであるとの考えを示したい。

2　旧法下の議論状況

1　旧法下の学説

　旧法下における過怠約款をめぐる議論は、次の二つに分解することができる。第1に、過怠事実の存在は執行文の付与要件であるか否か、第2に、債務者はどのような手続によって救済されるべきかという問題である。

　（1）過怠の存在は執行文付与要件か　まず、旧民事訴訟法518条2項は「判決ノ執行ガ其旨趣ニ従ヒ保証ヲ立ツルコトニ繋ル場合ノ外他ノ条件ニ繋ル場合ニ於テハ債権者ガ証明書ヲ以テ其条件ヲ履行シタルコトヲ証スルトキニ限リ執行力アル正本ヲ付与スルコトヲ得」と規定していたため、過怠約款付請求権を表示する債務名義に執行文を付与する際、債務者の過怠事実を518条2項の「他ノ条件」と解すべきかが問題とされてきた。

　また、旧法下での執行文付与手続は、旧520条1項が「第五百十八条第二項及ビ第五百十九条ノ場合ニ於テハ執行力アル正本ハ裁判長ノ命令アルトキニ限リ之ヲ付与スルコトヲ得」とし、2項が「裁判長ハ其命令前ニ書面又ハ口頭ヲ以テ債務者ヲ審訊スルコトヲ得」としていたため、債務者の過怠ノ事実が「条件」にあたると解される場合には、債権者が条件履行を証明書で証するときに限り、裁判長の命令により（場合によっては事前に債務者を審尋した上で）執行文を付与することとなっていたのである[6]。

---

6)　旧法下におけるこの制度は、特殊執行文付与における調査および判断事項が、単に形式的事項ではなく実体関係に関わる事項であるために付与機関の調査権限を補佐し、その判断を内部的に指揮しチェックするためのものと理解されていた。吉村徳重『民事判決効の理論（下）』（2010年・信山社）110頁。ただし、これらの規定は、債務名義が裁判所で成立したものに対するものであり、公証人作成の執行証書への執行文付与について

このような手続構造のもと、旧法下の学説は、過怠は「他ノ条件」にあたり、執行文付与の前提として債権者が証明書をもって証明すべきとする説（以下、「肯定説」という）[7]と、「他ノ条件」とは債権者が証明責任を負う事実を内容とするもののみを指し、過怠約款の場合の債務不履行の事実はこれにはあたらず、債権者はその証明をしなくとも執行文の付与を受けられるとする説（以下、「否定説」という）[8]が対立していた。

　（2）債務者の救済方法　　他方、債務者の救済方法については、債務者は執行文付与に対する異議（旧522条）や執行文付与に対する異議の訴え（旧546条）によって救済されるべきとする説[9]（以下、「執行文付与異議説」という）と、債務者は請求異議の訴え（旧545条）により救済されるべきとする説[10]（以下、「請求異議説」という）に分かれる。

　学説は、過怠約款が条件にあたるかにつき肯定説をとる場合には、救済方法について執行文付与異議説をとり（以下、「肯定説＋執行文付与異議説」と表記）、否定説をとる場合には請求異議説をとる（以下、「否定説＋請求異議説」と表記）というように概ね対応していた。

　（3）旧法下の学説の問題点　　それぞれの説の問題点としては、ま

　　はこの限りではなかった。岩野徹ほか編『注解強制執行法（1）』（1974年・第一法規）605頁（鈴木忠一執筆）。

7）　兼子一『増補強制執行法』（1956年・酒井書店）110頁、吉川大二郎『強制執行法』（1950年・法律文化社）43頁、山木戸克己『強制執行法講義』（1969年・三和書房）51頁、谷口安平・判批・民商45巻2号106頁、青山善充・法協84巻12号1718頁ほか。

8）　近藤完爾『執行関係訴訟』（1968年・判例タイムズ社）390頁、菊井維大『強制執行法総論』（1976年・有斐閣）104頁、上谷清「債務名義と執行文」中川善之助＝兼子一監修『強制執行・競売（実務法律大系7）』（1974年・青林書院）51頁、中田淳一・民商57巻1号70頁ほか。

9）　過怠の事実を「条件」と解しつつ、債務名義に掲げられた請求に関する実体上の異議は請求異議の訴えによるべきで執行文付与に対する異議にはよれないが、条件成就等の事由は実体上の原因に基づくもので執行文付与に際して調査すべき事項とされている関係上、他の事由と同様この異議（および執行文付与に対する異議の訴え）によっても主張できるとしている。兼子・前掲註7書110、118、120頁。

10）　菊井・前掲註8書104頁以下は、一般的な立証責任の原則からすれば、債務者に「支払い」の立証責任を負担させるものであり、債務者が蒙る強制執行の危険は、債務者が割賦金・賃料の受取証書を持っていれば旧550条4号によって執行停止を求めうるし、さらに請求異議の訴えを提起して執行を防止することができる、とする。

ず、肯定説＋執行文付与異議説によれば、債権者は執行文の付与の過程で文書によって支払いのなかったことを証明しなければならいが、これには証明の困難が伴う。また、債務者側にとっては、支払を怠っていない場合、債権者が執行文付与の申し立てをするまでは救済手続をとることができないところに問題がある。

他方、否定説＋請求異議説によれば、債権者は過怠の事実を証明することなく執行文の付与を受けることができるが、債務者が支払を怠っていない場合、不当執行のおそれが出てくることになる。つまり常に債務者は不当執行の危険にさらされることになり、不当執行の予防・排除のためには請求異議の訴えを提起しなければならない。

このように、両説ともに難点が生ずるのは、「旧法下の条件成就の審理手続が、過怠約款付請求権の現在化の要件の審理に十分適していないことを意味している」と評価されるのである[11]。

2 旧法下の判例の状況

（1）下級審の状況　他方、判例は昭和30年以前は、肯定説＋執行文付与異議説が主流であった。つまり学説は否定説が主流である中で、当時の判例および実務は肯定説を前提としていたと考えられる[12]。

例えば、東京高判昭和29年9月14日（請求異議上告事件）[13]は、過怠約款付家屋所有権移転登記手続及び明渡条項のある調停調書について、「債務者が月賦金の支払いを怠ったことがないことを理由として、債務名義に基づく執行を排除又は防止しようとするには、執行文付与に対する異議又は執行文付与に対する異議の訴えの手続によるべく、請求に関する異議の訴えを以てすべきものでない」とする。それは「債務名義に記載された請求に実体上の変動があることを主張するものではない」こ

---

11) 竹下・論点87頁。
12) 本井巽「いわゆる過怠約款付の債務名義に基づく執行のため、債権者の不履行を証明する必要があるか。また、債務者がこれを争う方法はどうか」判タ182号78頁（1965年）および大阪高判昭和36年11月1日判決（金法293号382頁）囲みコメント参照。
13) 東高民事報5巻9号197頁。

とを理由としている[14]。

その後、判例の立場は、過怠事実を執行文付与の要件と捉えるか否かの問題と債務者の救済方法を切り離していく。例えば、東京高決昭和32年12月25日[15]は、過怠の不存在は賃借人において立証責任を負うということが、立証責任の分配を定めた衡平の精神に適った解釈なのであるとして否定説をとることを明らかにしつつも、債務者側が賃料を完済したことを理由として執行文付与に対する異議を申立て、又は執行文付与に対する異議の訴えを提起して、これを証明すれば、たやすく執行文の付与は取消されるとしている。逆に、大阪高判昭和36年11月1日判決[16]は、債務者が過怠の不存在をもって請求異議の訴えを提起したことにつき、過怠の不存在がが請求異議事由となることを認めつつも、このような場合には、執行文付与当時の過怠事由によっては未だ強制執行を許す状態にないとの判断に基づくものであるから、請求異議判決が確定したからといって債権者が後に別個の過怠事由の発生したことを理由として執行文の付与を受けた上、強制執行をなすことを何ら妨げないと判示している。つまり過怠事由を執行文付与による執行力発生の要件と見つつも、救済方法としては請求異議の訴えを認めているのであり、前述の学説における肯定説＋執行文付与異議説か否定説＋請求異議説かの対立が崩れ、肯定説＋請求異議説となっているのである。

また、大阪高判昭和36年2月18日[17]は否定説をとりつつ、救済手段

---

14) 同様に東京高判昭和30年12月14日（東高民事報追録303頁）、同昭和36年5月19日（東高民事報12巻5号101頁）も執行文付与に対する異議の訴えで過怠の不存在を主張することを認めている。
15) 高等裁判所民事判例集10巻11号648頁、判タ77号37頁、判時141号23頁。
16) 金法293号382頁。
17) 高裁民集14巻1号42頁。谷口・前掲註7は、執行文付与に対する異議、執行文付与に対する異議の訴え、請求異議の訴えのいずれによってもよいとしたことについて、「それを認めなければならない実際上の必要はよく解るけれども、いま一つ理論的な説得力が欠けている」と指摘し、また過怠約款について、同じく債務名義に表示された条件でありながら、単に立証責任の所在のみによって執行に対する救済方法を545条、546条に振り分ける学説の立場自体が、両救済方法を同じ性質をもつものとの前提に立っているのではないかと指摘する。

としては執行文付与異議、執行文付与に対する異議の訴え、請求異議の訴えのいずれでもよいとしている。この判決では、請求異議をとることができるとする理由の一つに、執行文が付与されるまで債務者に救済手段を与えないのは保護に欠けるという点をあげている。

さらに、東京高決昭和41年6月16日[18]は、「他ノ条件」には債務者が立証責任を負う事実は含まれないとした上で、債務者は執行文付与に対する異議の訴えで支払いの事実を証明するとしているが、本件自体は執行文付与拒絶に対する異議でありその審理の中で「債務者が賃料を延滞したかどうかの点にまで判断を進めなければ、執行文付与の条件が成就したかどうかを判断できない」としており、異議手続の中で執行文付与の条件成就という実体判断を認めるとしている。

（2）最高裁昭和41年判決　このように下級審の判断が混乱する状況の中で、最高裁昭和41年12月15日判決[19]（以下、41年判決という）が、否定説＋請求異議説をとることを明らかにした。すなわち、41年判決は「和解調書において賃料を延滞したときは賃貸借契約を解除することができる旨の条項が定められた場合に、賃料不払による解除の事実は民訴法五一八条二項にいわゆる『他ノ条件』に当らないと解するを相当とし、従つて、右賃料不払による解除の事実を争つて和解調書に基づく執行力の排除を求めるには、民訴法五四五条の請求異議の訴によるべきであつて、同法五四六条の執行文付与に対する異議の訴によるべきでないと解するを相当とする」とした。その理由としては、「民訴法五一八条二項にいう「条件」は、債権者において立証すべき事項であつて、債務者の立証すべき事項を含まないと解すべきところ、前記和解調書に記載の賃料の不払の事実は債権者の立証すべき事項ではなく、却て債務者に

---

18) 東京高等裁判所（民事）判決時報17巻6号119頁、判タ196号159頁。
19) 前掲註2参照。評釈として、中田淳一・民商57巻1号70頁、近藤完爾・判時480号30頁、飯倉一郎・國學院法学5巻1号117頁、青山善充・法協84巻12号1718頁、石川明＝坂原正夫・法学研究（慶應義塾大学）41巻7号1119頁、納谷廣美・ジュリ127号32頁、坂田宏・執保百選［第二版］25頁など。なお、宮田信夫・最高裁判所判例解説民事篇昭和41年度537頁。

おいて賃料支払の事実を立証し、債務名義たる和解調書に記載された請求権の不発生を理由として右債務名義に基づく執行力の排除を求めるべきものと解するのが、公平の観念に合致するからである」とした[20]。

この41年判決により、最高裁の立場が否定説＋請求異議説であることが明瞭となり、しかも、その後の最高裁判決[21]で、それまで争いのあった執行文関係訴訟と請求異議の訴えの関係について、執行文関係訴訟の審理の対象は執行文付与の要件の有無に限られ、実体法上の請求権についての異議事由が審理対象となる請求異議の訴えとは区別されると判断し、以降、民事執行法制定後も、判例・実務はこれを前提としていると考えられるのである。

3　学説による41年判決批判

学説には41年判決に肯定的なものもあるが[22]、41年判決が過怠の事実は債権者が証明責任を負う事実でないので条件にあたらないとしたことについて批判が多い。すでに前述の大阪高判昭和36年2月18日判決[23]

---

20)　これに加えて、最判昭和43年2月20日判決も、賃料の支払を怠った場合には当然に賃貸借契約の解除になり債務者は建物を明け渡す旨の和解調書に関し、賃料不払いの事実による解除の事実は518条2項の「他の条件」に該当せず、これを争う場合は執行文付与に対する異議の訴えでなく請求異議の訴えによるべきとし、それまで争いのあった請求異議の訴えと執行文付与の訴えの間の関係について、厳然と区別があることを示したのである。判時512号45頁、判タ219号83頁、最高裁判所裁判集民事90号319頁。評釈として、斉藤秀夫・判時519号、中野貞一郎・判タ223号、石川明・法学研究（慶應義塾大学）42巻4号、五十部豊久・法協86巻7号860頁。なお、後藤静思・最高裁判所判例解説民事篇昭和43年度号588頁。

21)　執行文付与に対する訴えと請求異議事由の関係については最判昭和52年11月24日（民集31巻6号943頁）、評釈として竹下守夫『民事執行における実体法と手続法』（1990年・有斐閣。以下、実体法と手続法と表記）289頁、吉村徳重・民事執行法判例百選（1994年）36頁、川嶋四郎・執保判例百選［第二版］（2012年）32頁ほか。執行文付与に対する異議の訴えと請求異議の訴えの関係については、最判昭和55年5月1日（判時970号156頁、判タ419号77頁、最高裁判所裁判集民事129号603頁）、評釈として、竹下・実体法と手続法311頁、山本弘・執保判例百選34頁ほか。なお、上原敏夫「執行文付与をめぐる訴えと請求異議の訴えとの関係」法教338号64頁。

22)　中田・前掲註20、飯倉・前掲註20参照。

23)　前掲註17参照。

に対して、証明責任は訴訟において対等の立場に立って、実体法上の権利が争われる場合にのみ適用があるものであり、既に一方が債務名義を有する場合に、その内容が条件付きであるに拘らず、単にその条件不成就につき債務者が立証責任を負うべき場合であるという理由だけで無条件に執行文を付与し、債務者の方から不成就を主張してこれを問題にしなければならないというのは、立証責任を負担することによって通常受ける不利益以上の不利益を債務者に強いることになることが指摘されている[24]。また、債権者が債務者の不履行を証明書によって証明することは不可能であるとの反対論に対しては、旧518条2項にいう証明というのが厳密な意味での証明でないことは明らかであり、例えば催告書の写しのような形式的な証明方法によってもよく、裁判長は旧520条2項を活用して債務者を審訊してこれによって不履行の心証を得たら執行文を付与すべき命令をすればよいと主張するのである[25]。

　このように、学説においては証明責任の所在により債務者の過怠事実が執行文付与の条件にあたらないとされることにより、債務者に事前の手続保障が与えられないこと、また、債権者に何らの負担のないまま執行文が付与されることが問題視されていたのである。この指摘は、旧法時には先に見たように裁判長の審訊・命令制度が存在したこととも関連しよう。すなわち、この制度を活用することにより、事前に債権者あるいは債務者によって、過怠事実の存否をある程度審理することが可能であったためである。しかしながら以下に見るように、民事執行法においてその手続構造自体が変化する。

---

24)　谷口・前掲註7、特に111頁。青山・前掲註20、特に1723頁。
25)　谷口・前掲註7 111頁。実務においてもこのような取り扱いをしていた模様である。例えば前掲註7 東京高決昭和41年6月16日においても債権者が内容証明郵便による通告書を提出しており、それには賃料不払いの事実が記載されているので延滞が推認できないではない、としている。

3 民事執行法制定時の議論と民事執行法の立場

1 民事執行法制定まで

まず、強制執行法要綱案（第一次試案）において執行文制度については「判決その他の債務名義の種類、その執行力及び執行文制度については、現行法どおりとするものとすること」、「請求異議の訴え、執行文付与の訴え、執行文付与に対する異議の訴え及び第三者異議の訴えについては、ほぼ現行法どおりとするものとすること」[26]とされていて問題点として浮上している様子はない[27]。

しかしその後、強制執行法要綱案（第二次試案）においては、従来の付与機関の原則（裁判所書記官と公証人）を維持した上で「1、裁判所書記官又は公証人は、債務名義の執行力が債務名義に表示された当事者以外の者に及ぶ場合においては、裁判官の許可を得て、執行文を付与することができるものとすること。強制執行が条件（債権者の証明すべき事実の到来）に係る場合（強制執行が担保を立てることに係る場合を除く。）又は債務者の給付が意思の陳述をすべきものであって債権者の交換的給付に係る場合においても、同様とすること。その条件が成就したこと又は債務者がその交換的給付の履行を受けたこと若しくは受領遅滞に付されたことが文書で証明されたときに限り、前項の許可をすることができるものとすること」「2、裁判官は、前項の許可に際し、債務者を審尋することができるものとすること」としている[28]。すなわち、問題となっていた

---

26) 法務省民事局参事官室「強制執行法要綱案（第一次試案）について」ジュリ505号59頁（1972年）。ただし（注）として、「次の点については、なお検討すること」として、「請求異議の訴え及び執行文付与に対する異議の訴え等における異議事由及び判決相互の関係」とされている。同60頁。

27) 「強制執行セミナー；強制執行法要綱案（第一次試案）をめぐって（一）〜（五・完）」ジュリ505号14頁、506号124頁、507号120頁、508号104頁、510号136頁（1972年）の議論の中でも、執行文制度自体にふれるものはない。

28) 法務省民事局参事官室「強制執行法要綱案（第二次試案）について」ジュリ517号227頁（1971年）。

「条件に係る場合」の「条件」については、「債権者の証明すべき事実の到来」に係る場合と明らかにし、この条件の成就については裁判官の許可を必要とすること、また、この許可に際し、裁判官は債務者の審尋をすることができるとして従来の発令の仕組みを残している。これは、特に公証人による特殊執行文付与の場合に、実質判断が困難であり、また、手続的に不備があることから、裁判官による許可を要すると説明されていた[29]。第二次試案ではこのほか、執行文付与に対する異議の訴えと請求異議の訴えとの関係については、A案とB案が示され、A案は二つの訴えを統合して広く執行法上の異議権を訴訟物とする「執行異議の訴え」を創設しこれに既判力を認める、B案は、二つの訴えを認めつつ、原則として一方の訴えにおいて他方の訴えの併合提起を義務づけ、この併合提起により主張できるのにしなかった場合につき、後に他方の訴えの提起ができないとする失権効を認めるなどが出されている[30]。

ところが、1977年（昭和52年）の「民事執行法（仮称）案要綱」[31]においては、債務名義による強制執行が債権者の証明すべき事実の到来に係る場合等について「条件成就執行文」の付与を要するものとすることとすることは変わりないが、その上で、一次試案および二次試案と異なり、承継執行文及び条件成就執行文の付与は、裁判長の命令を要せずに、裁判所書記官又は公証人がすることができるものとした。また、債務者の証明すべき事実に係る場合で、債務者の給付が意思の陳述をすべきものであるものについて執行文を付与するには、裁判所書記官は、債務者に対し、あらかじめ一定期間（例えば、7日間）内に意見書を提出すべきことを催告しなければならないものとすることが示された。

また、請求異議の訴えと執行文付与に対する異議の訴えは2本立てとして残した上で、どちらかを提起する場合において、他方の訴えの異議

---

29) 浦野雄幸「強制執行法案要綱案（第二次試案）について〈一〉――第一次試案との主要相違点について」ジュリ550号（1973年74頁）。
30) 強制執行法案要綱案（第二次試案）第1編第1章第6節執行関係訴訟第21および第23参照。
31) 判タ345号108頁（1977年）。

事由があるときは、その訴えを併合して提起しなければならないものとし、この併合をしないで一方の訴えにつき敗訴した債務者は、原則として他方の訴えを提起することができないものとされた[32]。

2 民事執行法の立場

以上のような変遷を経て、最終要綱に基づいて条文化作業が開始され、約1年後の1978年（昭和53年）4月、第84通常国会に「民事執行法案」として提案された[33]。国会における審議を経て、1979年（昭和54年）現行の民事執行法が成立したが、結局、執行文の付与については、裁判長の命令を要しないで、裁判所書記官または公証人が付与することができるものとした（現26条、27条）。その理由としては、執行文の付与は「その債務名義により強制執行することができること、すなわち、執行力が現存することを公証する行為であり、その執行文の付与の要件の判断内容から考え、裁判所書記官または公証人の固有の権限としてさしつかえない」[34]ことによる。つまり、執行文の付与が公証行為であり、かつ、一定の証明文書を提出した場合に発することができるということであって、実体上条件が成就したかあるいは承継があったかということを判断する建前をとっていないので、これを貫いて裁判官の許可も必要ないとしたという[35]。また、執行文付与に関する異議については、旧法が執行文の付与に対する債務者の異議の申立てについてのみ規定（ただし、公証人の処分については申立ての却下と認容を含んでいた（旧民事訴訟法第562条第

---

32) 民事執行法（仮称）案要綱第一強制執行—総則（六）執行に関する訴訟。

33) この間の経緯については、浦野雄幸「民事執行法の制定を顧みて—立案作業の経過と今後の課題について」ジュリ719号30頁以下（1980年）。

34) 浦野雄幸「民事執行法および民事執行法整理法の大要」ジュリ698号17頁以下（1979年）。また、書記官、公証人の資質、能力からみると固有の権限としてさしつかえないことから、裁判長の命令を不要とした。浦野雄幸『条解民事執行法』（1985年・商事法務。以下、『条解』と表記する）121頁〜122頁。なお、結局は過怠条項作成のテクニックの問題にあるとするのは、上谷清「債務名義と執行文」中川善之助＝兼子一監修『実務法律体系7巻・強制執行・競売』（青林書院・1974年）50頁。

35) ジュリ増刊『民事執行セミナー』（1981年）44頁浦野発言。なお、書記官の権限の独立、強化を図るという面もあった。

2項))し、執行文の付与の申立てを却下した裁判所書記官の処分に対しては、旧民事訴訟法第206条によるべきものとされていたが、この両者を合体し、「執行文の付与等に関する異議の申立て」の制度を整備している（現32条）。

さらに、債務者の意思表示を命ずる債務名義については、債務の履行等債務者の証明すべき事実の到来にかかる場合についての規定である173条3項（現174条3項）が新設された[36]。

以上のように、民事執行法上では、旧法の「条件」は「債権者の証すべき事実の到来に係るとき」と明確にされた上で、付与にあたっての裁判長の審訊および命令の制度がなくなり、書記官および公証人の公証行為であり固有の権限でできることになった。また、不服申し立て手続については、従来議論のあった執行文付与に対する異議の訴え（34条）と請求異議の訴え（35条）の2本立てを残したままで、執行文付与に関する異議（32条）の整備を行ったのである。

結局、「条件」が示すものについては明確にされたが、救済手段については旧法時の問題状況は残ったままである上に、裁判長の審訊・命令制度がなくなった。要するに、事前審査に関しては旧法より「弾力性の乏しい」手続となったと評価できる[37]。

---

[36]　旧法時代にこれは条件成就執行文にあたらないが、過怠事実なしに債権者の単独申請で所有権移転申請を認めることが不合理であることから、登記実務においては債権者に条件成就執行文付与を求める取り扱いがあり（昭和47年1月26日民事3発第76号法務省民事局第三課長回答・民事月報27巻5号167頁）、これを立法化したものとされる。浦野・『条解』七五六頁。ただし、この場合の債務者の救済手段としては、執行文が付与されたときは執行文付与に対する異議申立てができるが、抗弁事実を文書で証明できない時は、請求異議の訴えを提起できるとされている。この点、鈴木忠一＝三ヶ月章編『注解民事執行法（5）』（1985年・第一法規）126頁（町田顕執筆）は執行文付与後の執行を考える余地がないので、、執行文付与関係の不服申立てはできず、登記の抹消若しくは回復を求める訴えを提起すべきとしている。

[37]　竹下・論点88頁。また、竹下守夫「強制執行の正当性の保障と執行文の役割」『小室直人・小山昇先生還暦記念裁判と上訴』（1980年・有斐閣）333頁以下、特に377頁では、執行文が執行の正当性の要件を調査し公証する文書であるとの立場から、民事執行法が高度の法律判断を要する条件成就や執行当事者適格の調査判断を書記官等の付与機関だけに委ねたことへの危惧が指摘されている。また新堂幸司教授は裁判長の命令がなくなっ

4 民事執行法下の議論

このように、旧法当時に比べ執行文付与手続自体が書記官・公証人のみの権限となった民事執行法の下でも、判例および実務は旧法下での否定説＋請求異議の訴え説をとっていると考えられるが、これに対して学説においては以上のような制度変更を踏まえた上で反対説も多い。

1 174条3項類推適用説

竹下守夫教授は、過怠約款付請求権を内容とする債務名義について、債務不履行により請求権が現在化したことを執行文付与の要件としつつ、執行文付与手続の中で、債務者に、債務の履行の証明の機会を与える方向を示した[38]。すなわち、民事執行法174条3項の債務者の意思表示が債務者の証明すべき事実のないことに係る場合の意思表示の擬制の際における書記官の催告の規定を、意思表示以外の請求権を内容とする債務名義についても類推適用することを主張するのである。

この見解は、判例の立場によれば、債務名義上給付義務が現在化していないのに、現在化したことの確証なしに執行文が付与され、強制執行の開始を認めることになり、その結果、債務者に不当執行排除のためには請求異議の訴えを提起しなければならないという負担を課することになることを批判する。そして、民事執行法27条1項について、一般原則上債権者の挙証責任に属する事実の発生にかかる場合にのみ、その事実の発生を執行文付与の要件としたと解することは、立法者の意図を超えるものであること[39]、また、挙証責任は、挙証の機会が与えられたこと

たことに対し、かえって書記官・公証人が執行文を付与しにくくなり、迅速性を妨げるのではないかとの疑問を表明している。前掲註35『民事執行セミナー』45頁。なお、裁判長の命令制度の中で審理をふくらませることを指摘するのは、水谷暢・「判例批評」民商71巻2号（1974年）355頁、特に380頁以下。

38) 竹下・論点84頁以下。
39) 浦野雄幸『逐条概説民事執行法〔全訂版〕』（1981年・商事法務）100頁。

を前提として、その事実を証明できなかった場合に不利益を負わせるものであり、債務者が債務の履行につき挙証責任を負っているからといって、その挙証の機会を与えずに、債務名義上現在化していない給付義務を、何らの審理もせずに、現在化したものとみなして、その強制執行による実現を開始してよいことにはならないとする。

また、中野貞一郎教授も、債務者が証明責任を負っていても、証明の機会をこれに与えずに、債務名義上現在化していない給付義務の強制的実現を許し、請求異議提訴の負担を強いる理由とはならず、事前の無過怠証明についての債務者の利益と、困難な過怠証明なしの執行開始についての債権者の利益とを、執行文付与段階で調整する必要は、意思表示義務についてだけでなく他の給付義務についても存在することを理由として、174条3項類推適用説を支持している[40]。

2 通説的立場からの反論

174条3項類推適用説に対して、松本博之教授は[41]通説の立場から以下の3つの疑問を提示する。

第1に、証明機会を債務者に与えず証明責任を基準として執行救済手続をとらせるという通説の立場が公平に反するといえるのか、第2に、過怠約款付請求権においては債務不履行によって初めて債務名義の給付義務が現在化するのか、第3に意思表示義務に関する規定の類推適用が可能か、というものである。

松本説によれば、まず、第1の問題点については、確かに客観的証明責任は証明責任の中心概念であるが、証明責任はこの意味に限られるものではなく、立法者が証明責任の分配に依拠して権利や責任の実現を容易にしたり困難にしたりすることは、決して不合理なことではない。また、第2の点については、過怠約款付債務名義においてはすでに給付義務が現在化しているものの、債務者が賦払金や利息を支払っている限

---

40) 中野貞一郎『民事執行法［増補新訂六版］』(2010年・青林書院。以下、民執法と表記) 277頁以下。
41) 松本・前掲註5論文。

り、強制執行をさけることができるという趣旨であれば、類推適用説のいう現在化していない給付義務の確証なしに執行文を付与するという批判はあたらない。さらに、そもそも民事執行法自体がいわゆる（予備的）代償請求の執行について執行文の無条件付与を許し、執行不能の事実は執行機関が判断するという体制をとっているのであり、給付義務の現在化を問題にしていない。そして、第3の点については、債務者が強制執行を知らないうちに執行が終了してしまう174条3項の意思表示債務と、それ以外の債務では、強制執行上著しい差異が生じるのであるから、174条3項の類推適用の基礎が存しないという。

以上のように批判した上で、「過怠約款が挿入される事情は、債権者としては債務者が一定時期に支払うべき割賦金等を適時に支払う限り強制執行をするには及ばないので、債務者の不履行が起こる場合のために即時に執行できる可能性を留保できれば差し当り執行を避ける」ということであり、「債務者の信用が悪化する可能性を考慮に入れるならば、債権者ができるだけ早く執行文を取得して執行に着手できる必要性は大きい」と指摘する。つまり、過怠約款の趣旨は、基本的に迅速で複雑でない執行を確保する点にあるのであり[42]、「債権者の証明すべき事実」には、履行遅滞の事実は含まれず、債務者が債務の履行につき証明責任を負うと解すべきとした。また、債務者の救済方法としても、銀行振込

---

[42] ただし、賃料不払いの場合の土地や建物明け渡し義務を定める過怠約款付き債務名義については、場合によっては賃借人に酷になりうるから問題があるとし、判例によって発展された背信行為論による解除制限について、「当然解除を認めることが合理的といえないような特別の事情」の存在は契約終了の効力発生を障害する事情であると見て賃借人に主張・証明責任があるとみるべきという。これは、過怠約款で賃貸借の当然解除が合意されていること、すでに債務名義形成過程で賃料不払いや契約解除が争いになっていたことに鑑み、当然解除を不合理ならしめる事情を過怠約款による契約の当然解除という効果の障害事由と解する方が迅速で困難でない執行の確保と言う過怠約款の趣旨に合致し、当事者間の利益調整として適切だからとされる。前掲註5) 論文238頁以下。また、一定の作為義務の不履行がある場合に違約金を支払う旨の合意を含む和解調書に対しては、その義務違反の存否が法的評価に関わる困難な法律問題であるため、債務者が証明責任を負うというだけでなく、その審査がもともと執行文付与手続の枠外であるので、原則として判決を必要とするという。

等の方法によって債務の弁済がなされることが多い今日の経済生活においては、金融機関の送金証明書や振込金受領書のような文書で執行停止が可能であり、それらがない場合や最終的な執行取消のためには請求異議の訴えを提起すべきとして通説を支持するのである。

5　執行文の役割と事後的手続保障のあり方

1　債務者不特定執行文の登場と執行文の役割

　以上のように、174条3項類推適用説は債務者の事前の手続保障の必要性を主張し、それに対して通説的立場からの反論は、債権者にとっての迅速な執行開始の重要性という観点から事前の手続保障を不要としている。両説とも、証明責任の分配の観点および立証の難易から、過怠事実の不存在を債務者に主張させるという点では一致していると考えられるのであるが、それを事前の執行文付与の際に行うべきか、あるいは事後の請求異議の訴えで十分とすべきかという点で対立していると言えよう[43]。

　確かに、証明責任の所在は債務者にあるとしても、事前に債務者の証明機会をまったく与えないまま、また、債権者に何らかの立証の負担を与えないまま執行文付与および執行開始となり、排除のためには債務者が請求異議の訴えを提起するというのは、債務者が証明責任規範によって通常受ける不利益以上の不利益を債務者に強いることになろう。

　しかし他方で、そもそも過怠約款が作成される目的は、債権者が迅速に執行を開始することができるというところにある。また、民事執行法が意思表示の擬制については174条3項を新設しつつも27条については旧法を維持するだけでなく、前述のように裁判長による審訊・命令制度

---

43)　174条3項類推適用説では過怠により権利が実在化すると考えるのに対して、通説的立場からの反論ではすでに権利は実在化しており過怠の不存在によって執行が停止されているとされている。しかし、すでに権利が実在化していると考えるならば意思表示を命ずる請求権でも同様と考えられ、執行付与の事前手続で債務者に手続を与える必要もないはずであり、174条3項の立法趣旨が不明確になるのではないだろうか。

を失くしたことから考えると、民事執行法の立場としては、債権者のための執行の迅速性が重視されていると考えることができる。

さらに、過怠約款が付与されるのは、和解や調停のみならず、公正証書の場合もあり、事前の手続保障を174条3項によって与えればよいとすると、公証人による執行文付与の場合には妥当しない点が問題と言えよう[44]。

以上の点から、事前の手続によって債務者の過怠の不存在を審理することはできないと考えられる。

そもそも、執行の迅速性を追求しつつ執行の正当性を確保するため制度として債務名義と執行文という事前審査と各種異議・訴えという事後的救済方法[45]が存在する。この枠組の中で、従来執行文の役割については、強制執行の要件の調査を執行機関と他の機関が分担するための技術であり「実体的要件の存在を公証することによって自ら手続的要件になったもの」と解されているが[46]、さらに、執行文の現代的機能に着目すると、過去の一定時点における形成の所産たる債務名義を前提としながらこれと相俟って強制執行の基礎を拡大することができるという「債務名義補充機能」も併せ持っているとも指摘される[47]。

これに加えて、平成15年改正により執行妨害対策として新たに導入された債務者不特定執行文（民執27条3項）については、「債務者とすべき承継人等を特定しないまま執行時の占有者に対する明渡執行ができる旨の執行文を付与し、強制執行の正当性の確保を現実に執行を受ける者か

---

44) もっとも、公正証書が執行証書とされるのは「金銭の一定の額の支払又はその他の代替物若しくは有価証券の一定の数量の給付を目的とする請求」（民執法22条5号）の場合であり、家屋明渡等の重大な効果のある執行は除外されている。このことから、そもそも過怠約款と執行文の問題の考察対象は家屋明渡等に限定されているのであり、公正証書の場合については、考察対象外とされていると考えることもできよう。

45) 竹下守夫『民事執行における実体法と手続法』（1990年・有斐閣）45頁。中野教授によれば、「民事執行の正当性の確保（不当執行の避止）を債権者の執行名義提出責任に債務者の反対名義提出責任を重ねあわせることによって図ろうとするのが現行制度の基本的建前にほかならない」とされる。中野・民執法28頁。

46) 竹下・前掲註37「強制執行の正当性の保障と執行文の役割」333頁以下。特に370頁。

47) 中野・民執法270頁。

らの申し立てによる手続保障にまつ」ものと考えられる[48]。すなわち、債務者不特定執行文では、執行文が債務名義を実体状況にシフトする役割を負うというよりも、執行手続をいったん進行させることにより執行を受ける者からの不服申し立てを誘発する、すなわち、起訴責任を債権者から債務者に転換しこれによって実体的正当性を確保していると考えられる[49]。つまり、執行文は実体的正当性自体を保障しているのではないことになる。

ところでこの債務者不特定執行文は、明渡義務を負う者を特定することなく債務名義の執行力を公証するのであるが、過怠約款の場合も、債務者の過怠の存在についての確証なしに単純執行文が付与されるのであり、執行文付与段階においては、実体的正当性が確証されているわけではないという点において、両者の類似性が指摘できよう。ただし、債務者不特定執行文の場合は「承継執行文の亜型」と捉えられており[50]、債権者が執行文付与過程で承継を証明できない代わりに当事者恒定効の発生[51]と占有者を特定することを困難とする「特別の事情」の存在を証することとされているので、過怠約款の場合と比して事前にある程度実体的正当性確保のための手段が整っていることになる。むしろ、過怠約款の場合の方が債務者不特定執行文よりも事前の実体的正当性の確保手段において不十分であるということが指摘できる。

---

48) 中野・民執法270頁。
49) 起訴責任転換については、中野貞一郎「執行力の範囲―承継執行・転換執行における起訴責任の転換」同『民事手続の現在問題』(1989年・判例タイムズ社) 258頁。
50) 中野・民執法265頁。なお、すでに承継人への執行力拡張の根拠および起訴責任の分配をめぐって議論されてきた問題でもある。吉村・前掲註6 109頁以下。
51) 民事執行法27条3項によれば、債務名義が不動産明渡(引渡)請求権を表示する場合にはこれを本案とする占有移転禁止の仮処分(民保25条の2)の執行、債務名義が競売不動産の引渡命令(民執83条)である場合には占有移転禁止等を内容とする執行法上の保全処分および公示保全処分(民執55条、77条、187条)の執行等が要件とされる。本来、承継執行の場合にはこれらの要件は要求されず、債務名義成立後の承継人に執行力が及ぶのであるが(民執23条1項3号)、占有者が特定できない場合はその占有開始時期が債務名義成立後であることを証明することが困難である。そこでこれらを要件として、制度の安定性を確保したとのことである。谷口園絵＝筒井健夫『改正担保・執行法の解説』(2004年・商事法務) 114頁。

2 事前審査と事後手続

次に、一般に事前審査としては、執行開始にあたって債務名義と執行文および債務名義等の送達が必要であるほか（民執法25条、29条）、請求が（1）確定期限の到来に係る場合においては期限の到来（民執30条1項）、（2）担保の提供に係る場合においては担保提供を証する文書の提出（民執30条2項）、（3）反対給付と引換えにすべきものである場合には、反対給付又はその提供のあったことの証明（民執31条1項）、（4）他の給付の不履行にかかる場合には他の給付について強制執行の目的を達することができなかったことの証明（民執31条2項）が必要とされている。これらはいずれも本来は債権者が証すべき事実とかんがえられるが、執行文付与の際に判断されるものではなく、執行開始要件とされている。その理由としては、（1）（2）（4）のように証明およびその判断が容易であるということから、執行文付与要件とならず執行開始要件として執行機関が判断するものとされているもの、また、（3）の引換給付については、執行文付与段階で給付が必要であるとすれば先給付を強いられた形となるという理由から、執行開始時点で執行機関がそれを証明するものとなっている[52]。

このように執行の正当性確保のために必要な要件、それも債権者が事前に証すべき要件であっても、それぞれの理由により執行文付与要件か、執行開始要件かに振り分けられていることになる。当該要件が執行文付与要件の場合には、執行文付与異議および執行文付与に対する異議の訴えにより救済されることになるが、仮に（4）の場合に特定物の引渡請求で目的物が滅失したと見るべきか否かが争いとなる場合を想定す

---

52) 浦野雄幸編『基本法コンメンタール民事執行法［第5版］平成15年担保・執行法制に対応』（2005年・日本評論社）94頁［鈴木正裕執筆］。また、そのため、引換給付の場合、例えば反対給付の内容が一定額の支払いで、債権者が債務者に別口の金銭債権を有している場合に、その金銭債権を自働債権として反対給付義務との間で相殺をし、これを執行機関に証明して執行の開始を求めることができるかという問題があるが、自働債権の存在、相殺適状の発生、相殺の意思表示の有効性などが証明対象となり、執行機関にそれを審査させるのは妥当ではないと解されている。ジュリ増刊『民事執行セミナー』51頁、竹下「反対給付の履行と相殺」同・論点109頁。

ると、債権者が代償請求のための金銭執行の実施を求め債務者がそれを争う場合には、執行開始の要件についての執行機関の判断の誤りに対する不服申立て方法によることになる。すると執行の種類により、執行機関が執行官である場合には執行異議によることになり、執行裁判所が執行機関である場合には執行対象目的物に応じて執行抗告あるいは執行異議によるほか[53]、請求異議の訴えもできると考えられよう。結局、債権者の証すべき事実の到来に係る場合については、執行文付与要件か、執行開始要件かにより違いはあるが、事前審査の対象となるがゆえに執行法上の簡易な不服申立てがあるほか、訴訟手続で争う道も用意されているのである。

　これに対して、債務者が証すべき事実のないことに係る場合については、同様に執行の正当性にかかる事由であるにもかかわらず、既に見たように意思表示を求める請求権である場合を除いては事前に審査されず、また、そのような位置づけであるがゆえに執行手続上の簡易な救済方法が存在しない。もちろん、過怠のない場合には債務者はそれを証する文書（振込証明書など）を提出することにより簡易に執行を停止することができるが、これによる停止は4週間に限られ（民執39条1項8号、同2項）、この間に債務者は請求異議の訴えを提起して執行停止・取消処分（民執36条）および最終的には勝訴判決を取得し、債務名義の執行力を排除した上でそれを執行機関に提出しなければ既に開始された執行が取り消されることはない。

　確かに過怠の不存在は権利消滅事由であり、証明責任の分配から考えれば債務者が主張立証すべきものである。実体法上の問題であるため判決手続によって慎重に確定されなければならないという理由からは請求異議の訴えで審理されるのが当然であろうが、過怠約款の場合には、債務者に事前の手続保障を与えず、また、債権者に催告書提出程度の負担をも要求しないままに執行文付与および執行着手が認められる。先にみたように単純執行文付与ではあるが債務者不特定執行文と同様に、債務名

---

53) 竹下「代償請求の強制執行」同・論点115頁以下。特に118頁。

義の実体的正当性を保障しているともいえない。さらに、もともとの債務名義上の請求権自体を消滅させる必要があるわけでなく、過怠事実の存否のみを審理すればよいことになる。このような場合に、また、債務者が書面等で容易に過怠の不存在を証明しうるときにまで、請求異議の訴えを提起する負担を課すことは果たして衡平といえるだろうか[54]。むしろ、このような場合には、訴えによって債務名義の執行力を排除する必要はなく、より簡易な救済方法を検討する必要があると思われるのである。

6 おわりに

以上、債務者不特定執行文の登場が、執行文の役割を執行力の公証による実体的正当性の保障から、起訴責任を転換することによる実体的正当性の保障への変化を鮮明にしたと捉えることにより、過怠約款の問題を再検討してきた。債務者不特定執行文と同様に過怠約款における単純執行文も、実は執行力自体を公証しているわけではなく起訴責任転換をしていること、また、債権者が事前に何らかの過怠の証明負担を負っているわけではないのであるから、債務者が負う起訴責任も負担の軽いものでなければ衡平ではない。

従来、債務者の救済方法については、執行文関係訴訟と請求異議訴訟が制度趣旨を異にすることが判例によって明らかにされてきたという経緯からも、執行文付与の要件であれば執行文をめぐる救済手続で審理され、そうでなければ請求異議の訴えによる救済と考えられてきた。しかしながら、前述のような債権者と債務者の衡平な手続分担の観点からは、債権者側の簡易・迅速な執行着手が重視されるのであれば、債務者側の救済も同様に簡易・迅速になされるべきであると考えられるのであり、以上のような考え方をもとに債務者にとって簡易な救済方法を現行法の枠組みの中で考察すると二つの方向が考えられる。

---

54) 特に、執行証書の場合には、他の債務名義に比べて債務名義の作成の際においても債権者の手続負担は重いとは言えない。この点につき、中野・民執法167頁では、執行証書の特質から債務者に一方的に起訴責任を負わせることを否定する。

一つの方向としては、この場合の単純執行文付与は執行力の公証ではないのであるから、もう一度、その執行文付与が正当か否かを審査するため、執行文付与に関する異議を認めるというものである。

　もう一つの方向としては執行開始の問題と捉え、執行対象に応じ執行異議および執行抗告を認めるというものである。すなわち、実務においては過怠約款付請求権を表示する債務名義に債権者が単純執行文の付与を受けた場合でも、過怠の事実が存在しないならば失権事由が生じない以上強制執行に着手することはできないと指摘されている[55]。この場合、過怠の存在が執行開始要件と同様に把握されていると考えられるが、執行機関にこのような判断を任せるのは相当ではないだろう。そこで、このような場合には、執行機関は過怠の事実の有無を判断することなく執行に着手することを認めた上で、執行の開始に対して債務者からの執行異議、執行抗告を認めるというものである。

　結局、旧法時代には、裁判長の審訊・命令制度の中で考慮される可能性があったものを、民事執行法下でどの段階で、どのような手段によって審査するかの問題であると考えられる。過怠の事実が執行文付与の要件か、請求異議事由かという問題は、そもそも執行の正当性をどのように保障するかの問題であり、民事執行法が執行文付与制度を改正し事前の審査の問題ではないとしたのであれば、債務者の負担を軽減した形での救済の必要性が出てくる[56]。このような起訴責任分配の観点から執行法上の救済手段を見直す必要があると考えられる。本稿はその一つの試みである。

　　※本研究はJSPS科研費23530108の助成を受けたものである。

---

55) 深沢利一＝園部厚『民事執行の実務（下）［新版］』（2009年・新日本法規出版）351頁、鈴木忠一＝三ヶ月章編『注解民事執行法（1）』（1984年・第一法規）463頁。
56) 例えば、川嶋・前掲註21は、手続利用者の利便性を再優先にした民事司法制度の構築という観点から、執行関係訴訟間にも「ワンストップサービス」の実現が考えられるべきとし、執行法上の「執行救済訴訟」という実体判断を行える判決手続を構想する。これにより、執行文付与訴訟と請求異議訴訟との峻別の理論を否定する。私見もこれに近いが、訴訟だけでなく異議手続および執行機関と当事者の相互行為までを視野に入れ、債権者と債務者の手続負担のあり方を検討したいと考えている。今後の課題である。

請求異議事由の再構成に関する覚書

松 村 和 德
Kazunori MATSUMURA

1　はじめに
2　現行法における請求異議事由の理解とその判断要因
3　若干の具体的事由に関する検討
4　おわりに

1　はじめに

　今日の強制執行システムでは、債務名義作成機関と執行機関は分離する。強制執行は、債務名義という形式的標識の示すところに従って実施されるのである。一般に、債務名義が作成されても、任意に履行がなされれば、執行は不用である。任意履行がなされない場合に、強制執行の実施が必要となる。したがって、債務名義作成と執行実施の間には、タイムラグが生じる。その間に、執行力に変動を与える実体的事由が生じても、つまり、債務名義に表示された給付請求権がすでに消滅していようと、また、期限の猶予がなされていようと、執行は、適法なものとして遂行されるのである。しかし、債務者は、かかる不当な執行を甘受する謂れはない。実体上不当な強制執行を阻止する必要があり、また、執行の実体的正当性の確保も不可欠である。この実体的に不当な強制執行を阻止し、排除する手段が、本稿で考察する請求異議の訴えである。
　伝統的考え方であり、かつ今日も通説である立場[1]は、この請求異議の訴えを、債務名義に付与された執行力を排除し、もって実体上不当

1）　例えば、中野貞一郎『民事執行法（増補新訂六版）』（青林書院・2010）239頁、松本博之『民事執行保全法』（弘文堂・2011）365頁など参照。

強制執行の阻止を求める訴え（形成の訴え）であると解する。つまり、「債務名義の実体的変動」に基づく「執行力の排除」をこの訴えのメルクマールとしていると言える。しかし、今日の請求異議の訴えは、後述するように、必ずしも執行力の排除を目的とする場合だけに認められているのではない。むしろ、執行力の排除というより、より直截的な強制執行からの救済手段という色合いも濃くなってきているように思われる[2]。例えば、判例は、大（民連）判大正10年3月30日民録27輯667頁（執行証書に記載された賃貸借契約が仮装無効であることを主張して請求異議の訴えを提起した事案）以降、債務名義の成立に関する異議を請求異議事由として認めてきた。学説上は、反対説が多かったが[3]、現行民事執行法（昭和54・3・30法4）において、明文をもって債務名義の成立に関する異議が請求異議事由となる旨が規定された（民執35条1項後段）。また、判例は、債務名義を利用した強制執行が信義則違反や権利濫用に反する場合もこれらを請求異議事由として主張することを認めてきた（最判昭和37年5月24日民集16巻5号1157頁、最判昭和43年9月6日民集22巻9号1862頁）。さらには、具体的執行行為の排除を求める請求異議の訴えを認める判例（東京高判平成7年5月29日判時1535号85頁など）も登場していた。これら事例における請求異議の訴えは、理論上は、債務名義の実体的基礎の変動に基づく執行力の排除を目的としているとは言い難い[4]。かかる状況は、「請求異議の訴えの役割の変容ないし肥大化」と表現しうるのではなかろうか[5]。

---

2) 松村和德『民事執行救済制度論』（成文堂・1998）219頁参照。
3) 例えば、兼子一『増補強制執行法』（酒井書店・1955）86頁、吉川大二郎「執行證書」民訴講座4巻（1955）1007頁など。
4) これらについては、松村・前掲書217頁以下参照。
5) すでに、竹下守夫『民事執行における実体法と手続法』（有斐閣・1990）267頁以下—「実体法と手続法」で引用—（初出：「請求異議の訴え」新版・民事訴訟法演習2（有斐閣・1983）200頁以下）において、民執法35条1項後段の制定により、請求異議の訴えの制度的使命は拡張し（272頁）、この債務名義の成立の瑕疵を異議事由とする場合には、執行力排除の余地がない旨が指摘され（276頁）、さらに、請求異議の訴えの性質、異議と訴訟物との関係などで学説に新たな対応を迫ることになる（竹下守夫『民事執行法の論点』（有斐閣・1985）79頁以下—「論点」で引用—）と指摘されている。本稿の問題意

この変容ないし肥大化は、民執法35条1項後段の制定により、ある意味、当然の帰結でもある。しかし、筆者には、この変化は、請求異議の訴えという制度を漠然としたものとしてしまい、執行制度全般、とくに執行救済システム全体の本来の役割分担を混乱させるものに思われる。こうした問題意識の下では、「現在」（現行法）における請求異議の訴えの役割はどこにあり、その守備範囲はどこまでかを明らかにすることが不可欠のように思われる。それは、請求異議事由の範囲をどこまで認めるかの問題でもある。本稿では、この考察のために、前提作業として、請求異議事由と請求異議の訴えが担う執行排除のメカニズムとの関係を分析、類型化を試み、そこから現行法における請求異議事由該当性に関する判断要因抽出を試みる。そして、執行救済システムの中で、請求異議の訴えの本来のあるべき守備範囲を考察するために、抽出できた判断要因に基づき若干の事例を検討することにしたい。本稿は、網羅的に請求異議事由を再検討するのではない。本稿では、紙幅の関係もあり、検討事例としては、判例・学説上議論となってきた「建物買取請求権」、「債務名義の不当取得」、「不執行の合意」の請求異議事由性についてのみ考察することにしたい。

2　現行法における請求異議事由の理解とその判断要因

　本稿の考察対象である個別の異議事由の検討の前に、その前提として次の作業を行うことにしたい。まずは、伝統的な考え方における請求異議の訴えによる執行排除のメカニズムを明らかにする。次に、立法、判例等で認められてきた請求異議事由と、請求異議の訴えが担う執行排除のメカニズムとは、どのような関係にあるのかを概観する。そして、請求異議事由該当性の判断基準がどのように考えられてきたかについて概説することにしたい。

―――――――――――――――――
　　識はこの指摘の延長上にあるとも言える。

1 強制執行の実施と排除の基本的構造

　判例に代表される伝統的考え方に基づく場合、請求異議の訴えにより執行を排除する仕組みはどのようなものか。これまでの伝統的考え方によれば、請求異議の訴えは、執行力の基礎となった実体法上の給付請求権に変動が生じ、その変動により執行力にも変動が生じる場合に認容されるとするのが典型である。この考え方は、給付訴訟における確定判決を債務名義とする場合を基本型としたものと言える。では、この基本型における強制執行の実施のメカニズムとその排除のメカニズムを概観してみる。

　まずは、強制執行の実施のメカニズムである。伝統的考え方によれば、強制執行の目的は、債権者の権利実現、つまり、実体法上の（給付）請求権の実現にある。そして、強制執行は執行力を有した債務名義に基づき実施されるのである。つまり、実体法上の給付請求権の存在が給付判決により確定し（債務名義の成立）、これが執行力の基礎となる[6]。そして、執行力を有した確定給付判決は、執行文の付与により、執行力が公証され、その執行文の付された確定給付判決に基づき、強制執行は実施される（民執25条1項）。つまり、確定した給付判決に基づく強制執行においては、債務名義の成立（⇒実体法上の給付請求権の確証）⇒執行力発生⇒執行文付与（＝債務名義の執行力の公証）⇒強制執行の実施、というメカニズムが存在するのである。

　しかし、債務名義の成立から強制執行の実施までには相当の時間が存する。その間に、執行力の基礎に変動が生じることも起こりうる。執行力に変動が生じる事由が実体法上存在するにもかかわらず、強制執行を実施することは、債務者の権利を不当に侵害することになる。また、それは、実体法上の（給付）請求権の実現という強制執行の目的に反することにもなり、強制執行の実体的正当性も確保できない。そこで、この

---

6) 債務名義は実体権の存在を高度の蓋然性をもって証明する文書であるとともに、その成立の過程において債務者に主体的関与の機会が保障された文書である（竹下・前掲実体法と手続法54頁、中野・前掲書166頁以下参照）。この債務名義による実体的給付請求権存在の確証が執行力の「本来的」基礎と言える。

ような場合に執行法が認める救済手段が請求異議の訴えである。したがって、請求異議の訴えは、この執行力の基礎に変動が生じ、執行力を認めることができなくなった場合に、その執行力を排除することを目的とする訴訟上の形成の訴えになると考えるのが伝統的な考え方である。それゆえ、請求異議事由となるのは、執行力の基礎となった実体法上の給付請求権に変動を及ぼす事由とされた。しかも、その事由は基準時後に初めて生じた事由である（後述）。

つまり、請求異議の訴えによる執行不許のメカニズムは、債務名義の成立（＝実体法上の給付請求権確証）⇒執行力発生⇒執行力の基礎となった給付請求権に（基準時後）実体法上の変動発生（＝執行力の基礎崩壊）⇒執行力排除の必要⇒請求異議の訴え⇒執行の不許、という段階を経ることになると言える。

そして、請求異議の訴えの審理は、必要的口頭弁論による判決手続で遂行される点も重要である。実体法上の請求権に関する審理がなされ、かつこの訴訟の結果は、債権者にも重大な影響を及ぼすことから、慎重な審理が要請されるからである。この実質的審理の必要性が請求異議事由の該当性を認める一つのメルクマールとなるのである[7]。

2　請求異議事由と執行排除のメカニズムの関係

基本型といえる確定判決を債務名義とする場合に、前述の伝統的考え方によれば、請求異議事由該当性の判断要因となるのは、(a) 執行力

---

7) ドイツ普通法時代においては、債務者は執行裁判所に口頭又は書面で執行の抗弁（Exekutionseinrede）を提出して、実体法上不当な強制執行に対して防御できる形であったが、わが国執行法の母法国ドイツ民事訴訟法制定に際して、実体的請求権の問題に対する実質的審理の必要性が考慮され、現在のように、必要的口頭弁論に基づく判決による審理を保障する「訴え」の形態が採られたのである（*Hahn - Stegemann*, Die gesammten Materialien zur Civilprozeßordnug, I, 2. Aufl. (1881) S. 437. は、「判決によって確定された請求権に関する異議は、実体的意義を有し、異議手続（Beschwerdeverfahren）においてではなく、通常の訴訟手続においてのみ解決されうる。先行した訴訟と新たな紛争の形式的な独立性との関係ゆえに、同じことは第一審の裁判にかけてしかるべきである」と述べている）。つまり、請求異議の訴え創設時より、この実質的審理の必要性が一つのメルクマールとなっていたと言えよう。

の基礎となった実体法上の給付請求権に変動を及ぼす（基準時後の）事由である点と、(b) 実質的審理の必要性がある事由である点、と言えよう。これをさらに具体的な事由に関してのカテゴリー化を試みると、以下のように、分類できよう。

（1）請求権消滅型　　伝統的考え方によれば、請求異議事由の典型は、実体法上の給付請求権（債権）を消滅させる事由となる（請求権消滅型といえよう。①類型）。確定判決を債務名義とする強制執行における典型的異議事由である。なお、確定判決を債務名義とする場合に異議事由となるのは、口頭弁論終結後に生じた事由に限られる（民執35条2項）。債務の弁済、代物弁済、更改、免除、混同、消滅時効、放棄などの事由がこれに該当する。これらの権利消滅事由が認められると、執行力の基礎となっている実体法上の給付請求権が消滅することになるので、執行力は基礎を失い、執行力自体が消滅することになる。つまり、この異議事由の場合における請求異議の訴えによる執行不許のメカニズムは、債務名義の成立（＝実体法上の給付請求権の確証）⇒執行力発生⇒基準時後の事情変更（＝執行力の基礎となった実体法上の給付請求権の消滅）⇒請求異議の訴え⇒執行力排除⇒執行の不許（排除）、という段階を経ることになると言える。そして、この場合、債務名義の執行力は永久的に排除されることになる。異議事由としうるメルクマールである前述の (a) 執行力の基礎となった実体法上の給付請求権に変動を及ぼす基準時後の事由と、(b) 実質的審理の必要性がある事由という要因が典型的に当てはまる場合といえる。

（2）主体変動型　　次に、請求権の主体に変動を生じさせる事由である（②類型）。債権譲渡、交換的債務引受けなどの事由がこれにあたる。この事由の場合は、給付請求権の客体面に事情の変更があったわけでないが、その主体面に執行力の基礎である実体的関係の変更があった場合である。これにより、対人的関係において実体法上の請求権は存在しないことになり、それに伴い執行力が排除される関係が生じるのである。①類型とほぼ同じメカニズムをなるのがこの②類型である。これも伝統的考え方による請求異議事由の典型例と言えよう。

①、②類型にいずれにおいても、その実体的権利関係を明らかにするためには、実質的審理が必要であり、前述 (a)、(b) のメルクマールを備えた異議事由であると言える。

（３）効力停止型　　次に、伝統的考え方により請求異議事由の典型とされてきたのは、実体法の給付請求権の効力を停止させる事由である(効力停止型とする。③類型)。弁済期限の猶予、停止条件の付加などがこの異議事由に該当する。これらの事由の存在が認められると、執行力の基礎となっている実体法上の給付請求権自体は存続するが、その効力発生が停止される。したがって、執行力は、効力発生の点でその基礎を失い、当該債務名義の執行力自体は排除されることになる。しかし、この場合には、執行力は、永久的に消滅するのではなく、一時的に排除されるだけである。①、②類型と「執行力排除」の意味合いが異なるのである。この異議事由の場合における請求異議の訴えによる執行不許のメカニズムは、債務名義の成立（＝実体法上の給付請求権の確証）⇒執行力発生⇒基準時後の事情変更（＝執行力の基礎となった実体法上の給付請求権の効力停止）⇒請求異議の訴え⇒執行力の一時的消滅⇒当該執行の不許（排除）、という段階を経ることになると言える。また、この場合も前述 (a)、(b) のメルクマールを備えた異議事由であると言える。

また、相続の限定承認など請求権の属性である責任範囲を制限する場合[8]も、多数説では、この類型に類似した形態と考えている。ただ、この場合は、相続人の支払いは相続財産の限度に限定されるので、執行力の排除はその限度外の財産に対する強制執行に対してなされることになる[9]。執行力が一時的に消滅するわけでないという点で、③類型の亜種

---

8) 判例（大審判昭和5年9月28日評論30巻民法25頁、大審判昭和5年2月3日民集19巻110頁）、通説は限定承認を請求異議事由とする。
9) 被相続人に対する給付判決が確定した後に、相続人が限定承認をした場合が想定される。しかし、問題となるのは、相続人が限定承認を主張せずに無留保給付判決が確定した事案で、相続人が請求異議の訴えで限定承認を主張する場合である。既判力の時的限界との関係が出てくるからである。通説（菊井維大『強制執行（総論）』（有斐閣・1976）231頁、中野・249頁など）は、既判力の時的限界との関係から、請求異議事由となることを否定する。かかる限定承認の場合には、相続人の固有財産に執行行為があって初め

と位置づけるべきであろう。また、ここでは、実質的審理の必要性が請求異議事由として肯定する根拠として重視されている[10]。

さらに、前述した具体的執行行為を異議事由とする場合も、この類型に類似した形態と考えられている[11]。確かに、この場合は、実体法上の給付請求権が消滅して、執行力は基礎を失い、執行力自体が消滅する①類型ではない。前述東京高裁平成7年判決事案では、債務名義が継続的給付に係るもので、債務者は新たに発生する債権（賃料）の弁済を主張・立証しなければならないが、被告がそれをことごとく争うことが予測された事案であった。単に、具体的な執行行為の不許・取消しを求める場合であるが、理論上は、執行対象財産を限定して、その部分の債務名義の執行力を排除するものであると考えられている。つまり、単一の債務名義に数個の請求権がある場合、数量的請求権の一部の場合と同様に、本来の請求に関して一部請求の関係がある場合であるとされる[12]。しかし、その目的はあくまで具体的執行行為の排除であることから、理論的には難ありと言えよう。判例自体も一般論としては請求異議の訴えを認めるものではない[13]。ただ、実務上の要請から[14]、例外的な「執行救済的手段として請求異議の訴え」の利用を認めた場合であると言え

　　て問題となり、債務の存在とは無関係であるので、請求異議事由としては否定し、第三者異議の訴えによるべきであろう（石川明『強制執行法研究』（酒井書店・1977）99頁、鈴木＝三ヶ月・注解（1）592頁（吉井）など）。
10)　中野・前掲書253頁注（1a）など参照。
11)　中野・前掲書234頁、同「請求異議訴訟の異型」民事訴訟法の論点Ⅱ（判例タイムズ社・2001）225頁以下（232頁）は、この場合を、本来型・転用型の請求異議の訴えのほかに、特定の財産に限定して債務名義の執行力の排除を求める請求異議の訴えとして独自の類型として位置づける。
12)　原田和徳＝富越和厚『執行関係訴訟に関する実務上の諸問題』（法曹会・1989）14頁以下参照。
13)　古くは、大判大正3年5月14日民録20輯531頁、東京高決昭和30年3月23日東高民時報6巻3号45頁、東京地判平成6年1月26日判タ853号273頁、上記東京高裁平成7年判決など参照。
14)　原田＝富越・前掲書15頁など参照。多額の債権を表示する債務名義に基づいて少額の財産が差し押さえられた場合にも債務名義の執行力の排除を必要とすると、申立て手数料その他の費用の点で資力の乏しい債務者の救済が困難になる点などが請求異議事由として認める実質的根拠とされている。

る。この場合には、実質的審理の必要性はあまり論じられていない。重視されているのは他の執行救済手段との関係で請求異議の訴えが選択された点といえよう。その意味で、いわば特殊形態であり、③類型に組み入れることは難しいのではなかろうか。他の執行救済手段との関係をどう解するかにより、具体的執行行為を請求異議事由とすべきかについては再考の余地があると思われるが、紙幅の関係上、本稿では論じない。

伝統的考え方からすれば、①～③の類型（とくに、①、③）が請求異議の訴えの本来的守備範囲である。異議の対象となるのは、いずれにせよ、執行力の基礎を形成する実体法上の給付請求権の存在・内容に関する基準時後の変動である。そして、これらの異議の場合には、実体的権利関係を審理するため、必要的口頭弁論に基づき判決で判断される必要がある（実質的審理の必要性）。これが、民執法35条1項前段の場合に該当する。伝統的考え方により請求異議の訴えが目的とする執行力の排除は、将来に向かって効力が生じることになる。①～③の類型は、この伝統的考え方が最も適合してくる異議事由と言えよう。

（4）請求権不成立型──債務名義の成立に関する異議　次の異議事由の類型としては、請求権（執行債権）がそもそも実体法上存在しない場合ないし債務名義が無効の場合の異議事由の類型である（④類型）。民執法35条1項後段において現行法で認められた、債務名義の成立に関する異議に該当する事由である。この異議事由のポイントの一つは、裁判以外の債務名義が対象となっている点である。この場合、執行証書においては、執行受諾の意思表示の錯誤、代理権の欠缺などが、和解[15]・調停調書については、合意についての実体的無効原因、訴訟代理権の欠缺、虚偽表示、詐欺取消し、公序良俗違反などが異議事由として挙げら

---

15) 裁判上の和解の場合には、判例は期日指定の申立てにより旧訴訟の続行を図る方法（最判昭和33年6月14日民集10巻9号1492頁など）や和解無効確認の訴え提起による方法（最判昭和38年2月21日民集17巻1号182頁など）により、和解成立の瑕疵を争うことを認めてきた。学説も多数説はこれに従う。そこで、請求異議の訴えとの関係が問題となる。本稿との関係では、詳細は紙幅との関係で論じられないが、民執法35条1項後段が導入された以上、執行が開始された場合には、請求異議の訴えによることになるではないかと思われる。

れている。債務名義の成立に関して実体的無効原因となる瑕疵がある場合であり、基本的には、実体法上の請求権発生の障害事由である（債務名義の要件の形式的瑕疵がある場合には、執行文付与に関する異議の事由となる）。ただ、これらの事由が認められると、執行力の基礎となっている実体法上の給付請求権が消滅することにはならない。したがって、執行力は基礎を失い、執行力自体が消滅するパターンではない。むしろ、実体法上の給付請求権がそもそも存在しないことになる。つまり、理論的には執行力は発生していない形である。この異議事由の場合における請求異議の訴えによる執行不許のメカニズムは、債務名義の成立（＝実体法上の給付請求権の確証）⇒請求権発生の障害事由の存在⇒請求異議の訴え⇒執行の不許（排除）、という段階を経ることになると言える。この類型が①～③類型と根本的に異なるのは、基準時後の権利変動を想定していない点である。

　この類型の場合には、債務名義の外観上の執行力は、請求異議の訴えによって遡及的に排除されたともいえるが、理論的には、執行力はそもそも生じてなかった場合であり、前述の類型でいうところの将来に向かっての「執行力の排除」とは根本的に異なると言えよう[16]。それゆえ、請求異議の訴えの転用型と言われている[17]。

　この類型は、「執行力の排除」というメルクマールに合致しない類型である。それゆえ、旧法下でも議論があった。しかし、現行法の立法担

---

16) 竹下・前掲・論点79頁以下など参照。したがって、この類型における執行排除のメカニズムは、担保権不存在確認の訴えの勝訴判決で執行が停止、取り消される場合（民執183条1項1号、2項）などと同様であり、請求異議訴訟の判決の効力によって執行が停止・取り消されると解するのは理論的に難があると言えよう（ただし、命令訴訟説（竹下・前掲・実体法と訴訟法63頁、274頁以下）的に執行排除のメカニズムを考える必要はない）。なお、この関係で、債務名義が無効にも関わらず実施された執行行為は有効か無効かという問題がある。多数説は有効説をとる（中野・前掲書172頁以下）。無効説（竹下・前掲実体法と訴訟法160頁以下など）も有力であり、さらにかかる場合の買受人の所有権取得を有効とすべきか否かも関連して論点となる（最判昭和43年2月27日民集22巻2号316頁など参照）が、本稿では紙幅の関係上、この問題は取り上げない。

17) 中野・前掲書233頁、244頁は、成立に関する異議を準再審機能をもつ転用型の請求異議とする。

当者はこれを請求異議事由とした[18]。では、なぜ請求異議の訴えの異議事由として認めたのか。これらの債務名義は、それ自体の取消し・異議・再審等の制度がなく、一度は訴訟手続による審判の機会を経る必要性がある点にそれは求められている。つまり、請求異議事由となるか否かの基準として、「実質的審理の必要性」がメルクマールとなっている類型である（(a)の要因は、実体的変動が基準時後に生じたわけでもなく、問題とならない。あえて関連性を挙げるとすれば、実体的権利関係が問題（審理対象）となる点と言えようか）。その意味で、請求異議の訴えの目的としては、執行力の排除ではなく、執行からの救済にその重点が置かれる類型と言えよう。換言すれば、立法により、伝統的考え方では把握できない請求異議の訴えの類型が認められたことになる。

（5）請求権濫用行使型　　執行法規から直截的ではないが、判例が請求異議事由として認めた事由も存する。これらの事由も、①〜③の請求異議の訴えの本来型と異なる特徴を有する。

この類型として挙げられるのが、信義則違反、権利濫用を異議の理由とする場合である（⑤類型）。判例は、これらの事由は請求異議事由になるとする[19]。しかし、これらの事由が認められると、④類型の場合と同様に、基準時後に実体法上の給付請求権に消滅等の変動があり、執行力はその基礎を失い、執行力自体が消滅するパターンではない。この異議事由のリーディングケースである最判昭和37年5月24日民集16巻5号1157頁の事案を例にとると、この類型の特色は、執行力の基礎となっている実体法上の給付請求権の存在、効力については、何ら問題がない、つまり、実体的変動がない状況といえる。しかし、その請求権の実現のために執行を実施する行為に問題があり（基準時後の行為を問題とすると言

---

18) この規定は、立法の最終過程で突如追加されたものであり、その事情は明確ではないとされる（鈴木正裕「民事執行の実体的正当性の確保」竹下＝鈴木編『民事執行法の基本構造』（西神田編集室・1981）127頁参照）。中野・前掲書256頁注（4）(c)は執行文付与に関する異議、執行異議が一審限りとなり、判例理論の理論的・実際的長所が強く浮き出た結果と考えると推測している。

19) 最判昭和37年5月24日民集16巻5号1157頁、最判昭和43年9月6日民集22巻9号1862頁、最判昭和62年7月16日判時1260号10頁など。

えよう)、債権者の執行を阻止するために請求異議の訴えを認める形と言えよう。この異議事由の場合における請求異議の訴えによる執行不許のメカニズムは、債務名義の成立(=実体法上の給付請求権の確証)⇒権利行使(執行実施)における信義則違反・権利濫用の存在⇒請求異議の訴え⇒執行の不許(排除)、という段階を経ることになると言える。

この類型では、本来の請求異議事由である「執行力の基礎を形成する実体法上の給付請求権の存在・内容の変動」が異議対象となるのではなく、かつ執行力の基礎たる実体的関係を争うわけではない。しかし、執行阻止(排除)は必要的である。この点にこの類型の特色がある。つまり、この事由を請求異議事由と認めるのは、執行力の有無に関係なく、執行を阻止することに力点があるのである(その意味で、①～③類型と同様に債務名義の執行力が排除されるとする理論構成は難があると言え、また④類型の存在がこの類型の存在を正当化する形となったと言えよう)。そして、その判断のためには実質的審理が必要であり、それゆえ、請求異議の訴えを利用する必要があるとの考慮が判例の立場の背景にあると思われる[20]。つまり、④類型と同様に、請求異議の訴えの役割としては、執行からの救済にその重点が置かれる類型と言える。

3 請求異議事由該当性の判断要因

以上、判例・通説により認められてきた請求異議事由とその執行排除のメカニズムの関係をみてきたが、債務名義としての確定判決に典型的

---

[20] 例えば、鈴木=三ヶ月編『注釈民事執行法(1)』(第一法規・1984)598頁(吉井)は、上記最高裁37年判決を念頭に、「確定判決によって認定された事情と確定判決後に現れた結果とがいかなる程度に異なるかの審理は相当複雑であって、訴えの形式によらしめるのが適当であることのほか、……被害者である執行債権者の喪失利益は、現在では障害が快癒しているとしても零ではあるまいから、現実に喪失したものがある程度では判決確定後何年を経過しても、その部分の執行が権利濫用になることはないというべきであり、その限度を定める審理は訴えの形式によるのが適当であるし、権利濫用が永久的と認められる範囲では、実体上の権利が消滅した場合と同様に解し、執行力を排除することも考え得るからである」とする。実質的審理の必要と執行救済への配慮が重視されていると言えよう。ただ、「権利濫用が永久的と認められる範囲では、実体上の権利が消滅した場合と同様に解し」えるかは、理論的には難しいと思われる。

なメルクマール「執行力の排除」を目的とする場合以外にも、「執行救済」の観点から、広く請求異議の訴えが認められてきたことが確認できたと思われる。このことは、請求異議の訴えの許否に際しては、債務名義の「執行力の排除」、つまり、執行力の基礎となった実体法上の請求権の存在、内容に基準時後に変動が生じたことが決定的要因ではないことを示している。むしろ、「実質的審理の必要性」や請求異議の訴えによる「執行救済の必要性」（いずれも④、⑤類型で特徴的）が中心的な要因となる場合が生じている。つまり、請求異議の訴えの目的は債務名義について将来に向けてその執行力を排除しこれに基づく強制執行を一般的に不許にする、とは言えないのである。現行法（民執35条１項後段）により、④類型の異議事由が法律上認められた以上、現在の請求異議の訴えにおいて、その目的及び異議事由の判断要因は変容せざるを得なかったと言えよう[21]。

　これまで判例・学説で取り上げられた請求異議事例を概観して総括すると、現在において請求異議事由となりうるか否かの判断要因としては、前述 (a) 執行力の基礎となった実体法上の給付請求権に変動を及ぼす基準時後の事由か（この要因は、事由の物的観点と時的観点からなるといえよう）、(b) 実質的審理の必要性がある事由か、という点に加え、(c) 他の執行救済手段では執行阻止の目的が達成できない事由か（救済の必要性）、という要因を相互に判断して決めることになる（①～③類型では、(a)、(b) の要因が、④、⑤類型では (b)、(c) の要因が異議事由該当性の主たる判断要因となっている）。もっとも、(c) の要因は、(b) の要因と連動している。そして、前述各類型に共通しているのが、(b)「実質的審理の必要性」と要因である（現行法で執行法上の異議手続は一審限りとされた点もこの要因の比重を大きくしていると言えよう[22]）。そうすると、現行法上請求異議

---

21) すでに、竹下・前掲実体法と訴訟法273頁以下、同・前掲論点82頁などで請求異議の訴えの性質論、訴訟物論で指摘されてきたところでもある。本稿は、異議事由の判断要因においても従来的理解を変容せざるをえない旨を確認するものである。

22) 執行債権に対する差押え・仮差押えが請求異議事由となるかの問題で、判例（最判昭和48年３月13日民集27巻２号344頁）や通説は、消極説を採り、この実質的審理の必要性

の訴えにおいては、共通項として（b）の要因を考慮しなければならないことになる（近時の状況は、この要因を媒介にして請求異議の訴えの守備範囲を拡張する傾向を示していると言える。その意味では、この要因が現在の請求異議事由の該当性判断にとって決定的なものとなっているとも言える。）。そして、ここで抽出した判断要因から、個別の請求異議事由を再検討してみることにしたい。それにより、現在の請求異議の訴えにおいて認められるべき異議事由の姿が見えてくると思われるのである。

3 若干の具体的事由に関する検討

1 建物買取請求権

まず、建物買取請求権は請求異議事由となりうるかという問題を再検討することにしたい。建物買取請求権については、周知のように、基準時後の形成権行使の問題として、既判力の時的限界論の中で議論されてきた。判例が最判平成7年12月15日民集49巻10号3051頁において、請求異議事由としての主張を認め[23]、若干の少数説[24]はあるものの、請求異議事由となりうるという帰結は学説上も圧倒的多数説を形成していると言えよう[25]。しかし、前述した請求異議事由の判断要因の関係からみ

を重要な根拠としている（中野・前掲書254頁注（3）など参照）。
23) その根拠としては、1）建物買取請求権は、前訴確定判決によって確定された賃貸人の建物収去土地明渡請求権の発生原因に内在する瑕疵に基づく権利とは異なり、これとは「別個の制度目的及び原因に基づいて発生する権利であ」る点、2）「賃借人がこれを行使することにより建物の所有権が法律上当然に賃貸人に移転し、その結果として賃借人の建物収去義務が消滅するに至る点」、3）「賃借人が前訴の事実審口頭弁論終結時までに建物買取請求権を行使しなかったとしても、実体法上、その事実は同権利の消滅事由に当たるものではなく（最判昭和52年6月20日裁判集民事121号63頁）、訴訟法上も、前訴確定判決の既判力によって同権利の主張が遮断されることはないと解すべきものである」点、4）「賃借人が前訴の事実審口頭弁論終結時以後に建物買取請求権を行使したときは、それによって前訴確定判決により確定された賃借人の建物収去義務が消滅し、前訴確定判決はその限度で執行力を失う」点を挙げている。
24) 河野正憲『当事者行為の法的構造』（弘文堂・1988）144頁、高橋宏志『重点講義民事訴訟法上（第2版）』（有斐閣・2011）618頁以下など参照。但し、いずれも既判力の遮断効からの議論である。

たとき、建物買取請求権という借地人保護の観点から社会政策的に投下資本回収方法として認められてきた請求権を請求異議の訴えで行使すべきものとする結論には、以下に示すように、疑問がなくはないのである。

（１）形成権行使と既判力・執行力の関係——民執法35条２項の意味——

まず、この考察の前提として、形成権行使と既判力の遮断効及び執行力の関係について簡単に言及しておく。すでに指摘されているように[26]、既判力は基準時の権利関係を確定するだけで、その遮断効は基準時後の変動に及ばない。基準時後に生じた事実が判決により確定した実体法上の権利関係の変動を生じさせる限りで、当事者はそれに基づき新たな主張をすることができるのである。その場合に、基準時に生じた既判力が消えるのではない。しかし、執行力の場合は、その発生の基礎となった判決により確定した実体法上の権利関係に変動が生じるときには、その基礎が崩れるのであるから、執行力は消えるといえよう。既判力と執行力は必ずしも一致しないのである。そして、給付判決にとって重要なのは執行力であるということを看過すべきではない。給付判決は、執行力を伴うことで権利を実現させる。紛争は、給付判決確定により解決するのではない。確定した請求権が、任意であれ、強制的であれ、履行されて初めて、紛争は終結したと言えるのである。したがって、給付訴訟の場合には、権利の確定段階から、執行により権利が実現されるまでは連続したものとして（判断機関と実施機関は分離されていても、判決手続と執行手続は連続すると）理解する必要があるのではなかろうか[27]。

---

25) 議論の整理につき、上野泰男・平成7年判決解説・民事執行・保全判例百選（第２版）36頁以下、越山和広「既判力標準時後の形成権行使」関法62巻４・５号105頁以下（2013）など参照のこと。

26) 中野貞一郎『民事訴訟法の論点Ⅰ』（判例タイムズ社・1994）243頁以下（特に247頁以下）、同・前掲書250頁以下、など参照。また、伊藤眞『民事訴訟法（第４版）』（有斐閣・2011）510頁以下も基本的にこの認識に立つものと思われる。

27) このようなスタンスをとる場合、執行過程を債権者・債務者間の水平関係における紛争の一環として把握し、執行力はとりあえず一定の措置（例えば、差押え）を行って、相手方の行動を引き出し、その反応いかんによっては次の行動過程にいくためにあるとする立場（西川佳代「民事紛争処理過程における執行制度の機能について（１）（２）」

確定判決の執行力は、執行段階で再考されうるとの前提で理解すべきであろう。

また、民執法35条2項は、「確定判決についての（請求）異議事由は、口頭弁論の終結後に生じたものに限る」とのみ規定する。しかし、本条のモデルとなったドイツ民訴法767条2項においても、また類似の規定を有するオーストリア執行35条1項においても、明示的に、基準時後に「初めて生じた事由」のみが問題となると規定している[28]。それゆえ、執行力排除の判断にとっては請求異議事由がいつ発生したかが重要であり、それは債務者の主観的事情（認識）とは関係なく、客観的に定まってくる（事実の客観的発生）のである[29]。このような解釈は、それをモデ

民商109巻3号444頁（1993）、同4・5号759頁、井上治典ほか『現代民事救済法入門』（法律文化社・1992）18頁（井上治典）など）との異同が問題となってこよう。紛争発生から執行過程までを連結させて考慮する考え方には賛同でき、とくに担保権実行ではかかる考え方は説得的なように思われる。しかし、民事執行の基本形となる債務名義に基づく執行の場合、債務名義は一定の要式に基づき、専門家が作成に関与したものであり、とくに、確定給付判決の目的は、国家機関による強制的、最終的権利実現の確保のために、その強制執行の発動力たる執行力の獲得にあると思われる。こうした点を考慮すれば、執行機関との関係を外すことはできないし、執行過程を債権者・債務者間のみの水平関係における紛争の一環とする把握には疑問はなくはない。もっとも、確定給付判決の執行力は、債務名義の作成段階を考えれば、その発生基盤は堅固であると言えようが、債務名義の種類によっては執行力の発生基盤はさほど堅固でないものもある。その点で、当事者間の行動連関からより簡易な救済を認めうる場合を承認する上記の立場も、請求異議の訴えの変容ないし肥大化という点からは、考慮に値しよう。とくに、執行証書など簡易に債務名義成立を認める場合には、こうした考慮は説得力を持ちうるであろうが、執行システムに対する考慮が必要であり、本稿では、紙幅の関係上、この点に関しても実質的審理の必要がメルクマールとなるのみ指摘するに止めておく。

28) とくに、オーストリア法では、請求異議の訴えの請求原因は「新たに（初めて）生じた（nova product）事由」であり、再審の訴えの請求原因（オーストリア民訴法530条1項7号の事由）は、「新たに発見された（nova reperta）」事由（基準時前に存在したが、当事者が帰責事由なく主張しえなかった裁判上重要な主要事実）という形で、明確に区分している（Holzhammer, Österreichisches Zwangsvollstreckungsrecht., 4. Aufl. (1993). S.155..; Deixler-Hübner, Die Eventualmaxime im Oppositionsverfahren., ÖJZ 1995, S170ff (S.173). など参照）。

29) 例えば、オーストリア法では、このことが明確に主張されている（Neumayr,Exekutionsrecht. 2. Aufl. (2006)., S. 145.; Deixler-Hübner, aaO., S170ff (S.172) など参照）。わが国の判例・通説の立場では、個々の形成権ごとに遮断の有無を決する立場が一

ルとしたわが国民執法35条2項の解釈においても基準となるべきと思われる。そして、典型的には、それが確定された実体的権利関係に変動を生じさせる事由、かつ基準後に初めて生じたものであれば、執行力を排除する異議事由となりうると言えるのである。そして、こうした理解に立つ場合には、形成権は、その存在により実体的権利関係を変動させるのではなく、その行使によって初めてかかる変動を生ぜしめるのであるから、基準時後の形成権行使は当然に請求異議事由になると言えるのである[30]。

般的になっている（この立場からの考察として、栂善文「形成権の行使と請求異議の訴」上武大学論集・開学記念特集号（1969）185頁以下などがある）。つまり、既判力の基準時は絶対的意味をもつものではなく、個々の形成権の性質や訴訟対象との関係などを考慮したより実質的な価値判断をすることが主流となっていると言えよう。そして、このような立場で基準とされているのが、「請求権の発生原因に内在する瑕疵に基づく権利」か、それとも「別個の制度目的及び原因に基づいて発生する権利」かである。上記最高裁平成7年判決も、「建物買取請求権は、前訴確定判決によって確定された賃貸人の建物収去土地明渡請求権の発生原因に内在する瑕疵に基づく権利とは異なり、これとは別個の制度目的及び原因に基づいて発生する権利である」点を根拠づけの一つとする。しかし、この考え方では、実体的権利関係を変動させる事由がいつ発生したかという観点が出てこないし、その形成権の発生自体は実体的権利関係の変動には至らない。確定判決における執行力においては、少なくとも実体的権利変動が生じることがポイントなのである。そして、給付訴訟を執行まで連続した訴訟と捉えると、形成権の場合に、権利変動を引き起こすのは権利行使時であり、それは客観的に定まってくるということを見落とすべきではないであろう。

30) 議論のあるところであるが、ドイツ法（*Lent*, Ausübung von Gestaltungsrechten nach einem Prozeß, DR 1942., S. 868ff., *Stein/Jonas/Münzberg*, ZPO. 22. Aufl., §767 R23ff., *Brox/Walker*, Zwangsvollstreckungsrecht., 9. Aufl.（2011）. Rn. 1346., *Baur/Stürner/Bruns*, ZVR., 13. Aufl.（2006）., S. 750., *Gaul/Schilken/Becker-Eherhard*, Zwangsvollstreckungsrecht. 12. Aufl.（2010）, §40 Rn.62ff., *Tomas/Putzo/Seiler*, ZPO. 32. Aufl.（2011）. §767 Rn. 22など.）でも、オーストリア法（*Holzhammer*, aaO. S. 149. *Novak*, Zur prozessualen Aufrechnugseinrede des österreichisches Rechts, JBl 1951, S. 504ff.; *Rechberger/Simotta*,Exekutionsverfahren. 2. Aufl（1992）. Rz 347（S.187）.; *Neumayr*, aaO., S. 146.; *Buchegger*, Die Aufrechnung als Oppositionsklagegrund, Beitr ZPR I（1982）S. 41ff., *Deixler-Hübner*, aaO, S170ff（S.172）., 但し、*Angst*（Hrsg）, Kommentar zur Exekutionsordnung. 2. Aufl.（2008）. §35. Rz. 56（S. 249）(*Jakusch*). は限定的に認める）でもこの理解が多数説であると言えよう。わが国では、前注（22）の中野説がこの立場をとる。ただ、中野説は、形成権行使の効果についての後訴における主張が信義則により遮断される場合を認める（例えば、中野・前掲書251

(2) 建物買取請求権の請求異議事由性の検討　　しかし、建物買取請求権の場合はどうであろうか。形成権とはされているが[31]、借地人保護の観点から社会政策的に投下資本回収方法として政策的に認められた請求権である。他の形成権と同様に、請求異議事由としてよいのであろうか。前述した現在のわが国における請求異議事由の判断要因に従って、検討することにしたい。

まず、「(a) 執行力の基礎となった実体法上の給付請求権に変動を及ぼす基準時後の事由」といえるかである。建物買取請求権の行使が問題となる典型は、建物収去土地明渡請求権の執行の場合である。基準後の行使であるので、前述の本稿の立場からは、時的観点は問題ない。問題は「執行力の基礎となった実体法上の給付請求権に変動を及ぼす事由」（物的観点）と言えるかである。建物収去土地明渡しの事案では、物権に基づく請求か、債権に基づく請求かで訴訟物が異なる。所有権に基づく建物収去土地明渡請求では、返還請求権としての土地明渡請求権が訴訟物であり、土地明渡しの債務名義だけでは別個の不動産である地上建物を収去できないという執行方法の制約から判決主文に執行方法を明示するために「建物収去」が加えられるとするのが通説・判例である[32]。他方、賃貸借契約終了に基づく建物収去土地明渡請求では、賃借人が負う目的物返還義務は目的物を引渡し時の現状に回復したうえで返還する義務であり、契約期間中に付属させられた建物の収去義務は土地の返還義務に包摂され、訴訟物としては、目的物返還請求権としての建物収去土地明渡請求権1個と考えるのが通説・判例である[33]。そうすると、執行力の基礎となった実体法上の給付請求権は、土地明渡請求権か、建物収去土地明渡請求かということになるが、土地所有者の主たる執行目的は

頁）。伊藤・前掲書510頁以下も、取消権に関しては、既判力ある判断と矛盾・抵触する法律効果を基礎づける要件事実の一部は基準時前の事実であることを理由に既判力による遮断を認める。なお、いずれも既判力の遮断効についての考察が中心である。

31) 最判昭和42年7月20日民集21巻6号1601頁、我妻栄『債権各論中巻』490頁など。
32) 司法研修所編『改訂紛争類型別の要件事実』（法曹会・2006）59頁など参照。
33) 司法研修所編・前掲書91頁など参照。

いずれにせよ土地明渡しとなるので、執行力発現の主動力となるのは土地明渡請求権となる（これは訴訟物につき2個説（土地明渡請求権と建物収去請求権の2個とする立場）を採ろうと同様に思われる）。そして、建物買取請求権が行使された場合、前述平成7年判決をはじめ、学説でも「建物退去（引渡）土地明渡しの限度を超える執行力を排除する」と取扱いを認める点でほとんど異論をみないとされている[34]。つまり、建物買取請求権の行使により建物の所有権が法律上当然に賃貸人に移転することから、建物収去義務が建物退去義務に変容するのである。通説は、これを実体法上の給付請求権に変動があったと解するのであろう。しかし、執行力発現の主動力となる土地明渡請求権については、建物買取請求権の行使は何ら影響を与えるものではない（通説・判例の理解による所有権に基づく建物収去土地明渡請求の場合は顕著である）。これで、(a)の基準を満たしたことになろうか。前述、①〜③類型において執行力の基礎となった実体法上の給付請求権に変動を及ぼす事由は、まさに執行力発現の主動力となる給付請求権の変動を生じせしめるものなのである。この点に、建物買取請求権を請求異議事由とすることに対する第一の疑義の理由が存する。

また、建物買取請求権が行使され、建物退去（引渡）土地明渡請求権への変容を認めたとしても、次の段階で問題となるのは、建物代金の支払いまで建物退去を拒む同時履行の抗弁権ないし留置権を行使できるかである。実体法上、建物買取請求権が行使された場合には、(代金支払いと建物の明渡しの)同時履行の抗弁権の成立を認めるのが従来からの一致した扱いである[35]。異議事由として認める以上、投下資本を確実にするために、当然、訴訟（執行）法上も同時履行の抗弁権等を認めないと当事者の保護にも欠けてくる[36]。建物買取請求権の行使の実質的意義（目

---

34) 上野・前掲判例解説37頁など参照。建物収去土地明渡請求権の執行力が全面的に排除されると考えると、債権者はもう一度債務名義を取得する必要があり、それは債権者にとっては余りに酷な結果を招くことになるからである。なお、これに対して、建物の占有は建物を収去すべき場合に限り、土地の占有と評価されるとする限定占有説の立場からの批判がある（浅生重機「建物の占有と土地の占有」判タ1321号20頁以下）。

35) 例えば、大判昭和7年1月26日民集11巻169頁など参照。

36) 香川監修『注釈民事執行法（2）』（きんざい・1985）425頁（宇佐美）など参照。な

的）は、この点にあると解することもできよう。しかし、同時履行の抗弁権は、執行障害事由であっても、請求異議事由としないのが通説・判例である[37]。それゆえ、この建物買取請求権の実質的目的という観点からも、請求異議事由とする点には疑義が生じるのである。

　次に、「(b) 実質的審理の必要性」という判断要因の観点からはどうであろうか。実体法上、建物買取請求権が行使されると、建物所有権はそれと同時に土地賃借人に当然移転する[38]。この帰結は、現在確固たるものである。しかも、建物買取請求権を行使する場合には、債務者（土地賃借人）は土地明渡義務（および建物収去義務）をもはや争わない。つまり、前訴判決の判断（債務名義の記載内容）を前提にして、権利を行使する場合である。そして、現在の登記実務では、建物の所有権登記は当然なされているであろうし、権利の外観に基づく執行の開始においては、登記は確認済みのはずである。だとすれば、建物買取請求権行使について、実質的審理をなす必要性は極めて低いといえよう。建物買取請求権を請求異議事由とすることに対する第三の疑義の理由がここに存する。

　「(c) 他の執行救済手段では執行阻止の目的が達成できない事由（救済の必要性）」という点からも、建物買取請求権の請求異議事由性は肯定できない。つまり、前述の建物買取請求権の本質を考慮すれば、執行文に対する異議（民執32条）で十分に対応できると考えるからである。ただし、実体法上、建物買取請求権が行使されると、建物所有権はそれと同時に土地賃借人に当然移転し、その結果、建物収去土地明渡請求権は建物退去（引渡）土地明渡請求権に自動的に変換すると考えられるならば、執行機関と執行方法が異なってくる以上、建物収去土地明渡請求権という債務名義での単純執行文ではなく、執行債権を転換する執行文[39]

　　お、債務名義の執行力が残存する限度で、建物買取請求権行使の結果である同時履行の抗弁権の主張は遮断されると考える見解（高島義郎「判批」民商54巻3号401頁など）もある。
37)　最判昭和42年10月31日裁判集民事89号923頁など。鈴木・三ヶ月編・前掲注解（1）590頁（吉井）、近藤莞爾『執行関係訴訟』（判例タイムズ社・1968）235頁など参照。
38)　判例としては、最判昭和39年2月4日民集18巻2号233頁。最判昭和30年4月5日民集9巻4号439頁など参照。

が必要となろう。前述のように、建物買取請求権は、実質的審理をすることなく、その判断をなしうる性質のものであるから、執行文付与機関が審査しても問題は生じないであろう。したがって、債務者は、建物請求権行使に基づき、執行文に対する異議を申し立て、それが認められる場合には、その執行文を付した債務名義の正本による強制執行は許されないことになる（この裁判の正本は民執39条1項1号の文書となる）。それを受け、債権者は、同一債務名義により転換執行文の付与を申し立て、建物代金の給付又はその提供を証明して、強制執行を開始することができることになろう。このように解することが、当事者間の衡平にも合致し、訴訟経済的でもある[40]。必要的口頭弁論に基づく判決による手続を経る必要は見いだせない。

以上、前述した請求異議事由の判断要因に基づき建物買取請求権を考察したが、請求異議事由として認める必要性はないとの結論に至る。

2 債務名義の不当取得

次に、債務名義が不当取得された場合[41]に、そのことが請求異議事

---

39) 中野・前掲書276頁に提唱されている転換執行文を支持する。なお、この点に関しては、請求異議事由として建物買取請求権行使を認め、建物収去土地明渡請求権が建物退去（引渡）土地明渡請求権に変化した場合の執行方法として議論されていたところであるが（この点の議論につき、平野哲郎『実践民事執行法・民事保全法』（日本評論社・2011）64頁以下のコラムなど参照）、本稿ではこの議論と観点を異にする。

40) 執行文付与があった場合に異議ができるとすれば、強制執行への着手がない限り、不服が申し立てられないことでもある。請求異議の訴えは、債務名義成立後であれば、申し立てできるので、この点で問題があるとの指摘が考えられる。しかし、債務名義成立後、債務者は訴訟外で建物買取請求権を行使すればよく、紛争処理は当事者間の自治に委ねられるだけである。それにより、反対給付又はその提供がないにも関わらず、債権者の強制執行が開始されれば、執行抗告、執行異議で争うことになる。請求異議の訴えを利用する必要性は乏しいと思われる。

41) 従来から、不当に判決が取得された場合としては、①手続に関与して攻撃防御を講ずる被害者側の機会が相手方の企てにより奪われた結果、不利益かつ不当な内容の判決が作り出された場合、②被害者は手続に関与しており攻撃防御を講ずる機会を与えられたけれども、現実として相手方による偽証などの訴訟活動を排斥できないままに不当な判決が作り出された場合、③当事者双方の馴合訴訟により不当な判決が作り出された場合が挙げられる。本稿では、主に①を規定に論じる。

由となりうるかという問題を再検討することにしたい。

債権者が裁判所等を偽罔して債務名義を不当取得した事情を請求異議事由となしうるかについては、否定説を採るのが判例である[42]。学説は、分かれている[43]。否定説の共通の根拠は、不当所得の主張が訴訟物たる給付請求権自体の存在を認めた前訴判決の判断を否定する限りで既判力に抵触するというものである[44]。肯定説は、既判力でも一定の場合にはその効力が制限、排除されることにかんがみ、①再審事由の拡張・類推が当然認められる場合には、その限りで請求異議の訴えを許容していいという説[45]や、②その不当は強制執行段階において初めて問題となる性質であることを理由に、請求異議の訴えを肯定する説[46]がある。

では、ここでも前述の判断要因から請求異議事由となりうるかを検討してみよう。

まずは、債務名義の不当取得は、「(a) 執行力の基礎となった実体法上の給付請求権に変動を及ぼす基準時後の事由」といえるかである。特定の債務名義につき、それを利用しての強制執行が信義則違反・権利濫用となる事情が請求異議事由となりうるとするのは、判例・通説が認めることは前述した。⑤類型である。この場合は、実体法上の給付請求権の存在・効力に問題はないが、その「基準時後の行使」が問題となる場合であった。「基準時後の行使」が問題であり、実体的請求権の状態の変動は問題ではないのである。前述否定説は、債務名義の不当取得の事由の主張は基準時前の事由の主張であるとして、既判力に反する主張と構成する。これに対して、前述肯定説②は、確定判決（債務名義）の不

---

42) 最判昭和40年12月21日民集19巻9号2270頁など。
43) 学説上、近時否定説を採るのが、中野・前掲書247頁以下、松本・前掲書375頁、原田＝富越・前掲書44頁、生熊長幸『わかりやすい民事執行法・民事保全法（第2版）』（成文堂・2012）34頁、など。
44) 中野・前掲書248頁、松本・前掲書375頁など参照。
45) 近藤・前掲書288頁以下、山木戸克己・民商48巻2号259頁など。福永有利『民事執行法・民事保全法（第2版）』（有斐閣・2011）86頁は、当事者の手続保障が全く欠けていたような場合に請求異議の訴えを認めてよいとするのも同様の立場と思われる。
46) 菊井・前掲書229頁以下、香川監修・前掲注釈（2）410頁（宇佐美）など参照。

当取得の「不当」は執行段階で初めて問題になる性質のものである点[47]に着目する（その点では、⑤類型と同じ構造と解していると思われる）。給付訴訟の場合には、執行により権利が実現されるまでは連続した裁判手続として理解する本稿の立場では、基準時後の確定判決の執行力の排除または執行阻止が問題である。そうすると、この肯定説②の論証に親和的となる。

　他方、確定判決（債務名義）の不当取得の場合の利益状況は、前述④類型と重なる。債務名義の執行力の基礎がそもそも存在しない場合である。ただ、民執法35条1項後段は、「裁判以外の債務名義」という枠を設けているので、条文の文言上、確定判決の不当取得は民執法35条1項後段に該当しないことになる。しかし、民執法35条1項後段が創設された理由は、(i) 債務名義自体の取消し・異議・再審等の制度がない点と (ii) 実質的審理の必要性にあるのであるが、これらの点からみた場合はどうであろうか。確定判決（債務名義）の不当取得の場合には、確かに (i) の点において、再審手続が残されている。ただ、判決の搾取がなされている場合には、上訴が実質的に保障されていない状況にはある。他方、(ii) の点については異論なく肯定できよう。その意味では、「(b) 実質的審理の必要性」という判断要因の観点からは請求異議事由としての該当性要因はあると言えよう。この局面での問題点は、再審手続が残る点であろう。しかし、再審規定に不備がないかは一般に疑義のあるところである。また、わが国では苛酷執行の規定[48]にも不備がある。以上を考慮すると、確定判決（債務名義）の不当取得を請求異議事由としない立場は必ずしも十分に説得的は言えないのではなかろうか。

　また、この民執法35条1項後段創設（(b)の要因）と関連性を有するのが、前述の「(c) 他の執行救済手段では執行阻止の目的が達成できない事由」という要因である。救済制度として請求異議の訴えを把握する場

---

47) この点を指摘するのが、菊井・前掲書230頁、香川監修・前掲注釈（2）410頁（宇佐美）など。
48) 苛酷執行については、石川明「苛酷執行について」法曹時報24巻9号1540頁など参照のこと。

合に、確定判決（債務名義）の不当取得を請求異議事由としない立場を採り得るかという問題が生じてくる。この点と関連して想起しなければならないのは、判決が不当取得され、債務者が債権者に金銭を支払った後に、債権者に対して再審を経ずに不法行為に基づく損害賠償請求を認める一連の判例[49]の立場である。学説上も、現行再審制度による救済の限定性と当事者の手続保障の観点から、再審ルートを経ない迅速な救済を認めるのが多数説と言えよう[50]。前述肯定説①は、このことを考慮して請求異議訴訟を肯定したものと思われる。ここで留意すべきは、強制執行は金銭的満足を目的としていると言えるが、自己の財産を強制的に失う債務者にとっては、執行目的財産は金銭的価値のみで把握できないものもあるという点である。まして、搾取的に確定判決（債務名義）を取得された債務者にとって、執行段階で気づけば、執行阻止は重大な意義を持ってくる。事後の金銭的損害賠償で補填できるものではない場合もあり、また事後的救済は迂遠でもあると言えよう。そうすると、救済制度として請求異議の訴えが意味を有してくる。まして、給付訴訟を執行手続まで連続したものと把握すべきとする本稿の立場では、救済の必要性は重要な判断要因であり、前述（b）と（c）の要因が請求異議事由としての判断要因として重視されてこよう。

　以上の考察に基づく場合、「既判力との抵触」という否定説の根拠は必ずしも決定的なものとは言えないであろう。また、④、⑤類型で請求異議事由性を認め、この④、⑤類型と共通性を有している「債務名義の不当取得」の事案において、請求異議事由性を否定することは説得的ではない。むしろ、直截的に「救済の必要性」から債務名義を不当取得した事情を請求異議事由としうると解してもいいように思われる。

49）　最判昭和44年7月8日民集23巻8号1407頁、最判平成10年9月10日判時1661号81頁、最判平成22年4月13日裁時1505号12頁など参照。
50）　近時の議論状況につき、高橋宏志『重点講義民事訴訟法上（第2版）』（有斐閣・2011）708頁以下など参照。

3 不執行の合意

　最後に、不執行の合意（本稿では債権者と債務者との間で一定の債務名義に基づく強制執行をしない旨の合意を念頭において考察する）があるにも関わらず、強制執行が実施された場合に、そのことが請求異議事由となりうるかという問題を再検討することにしたい。これも従来から激しく議論されてきたものである[51]。この問題につき、最決平成18年9月11日民集60巻7号2622頁が不執行の合意を請求異議事由とすることを認め、学説の多数説[52]に従った。現在の学説もこの帰結を支持するものが多数である。

　この最高裁平成18年判決の論理構成は、不執行の合意は実体法上の契約であり（強制執行力を排除又は制限する法律行為とする）、実体法上、債権者に強制執行の申立てをしないという不作為義務を負わせるにとどまり、執行機関を直接拘束するものではないことを前提する。したがって、執行行為自体は違法ではなく、また、「不執行の合意等は、……債権の効力の一部である強制執行力を排除又は制限するものであって、請求債権の効力を停止又は限定するような請求異議の事由と実質を同じくするものということができるから、その存否は、執行抗告の手続ではなく、請求異議の訴えの訴訟手続によって判断されるべきものというべきである」とする。前述した③類型に該当するとの立場である（相続の限定承認とも類似性を有してくる）。この問題に関しても前述の判断要因から請求異議事由となりうるかを検討してみよう[53]。

　(a)の要因であるが、この点においてまず検討すべきは、この判例の立場に従い、不執行の合意を給付請求権の効力を停止又は限定する事

---

51) 従前の議論は、鈴木＝三ヶ月・前掲注解（1）592頁以下（吉井）など参照。
52) 菊井・前掲書25頁、近藤・前掲書239頁、鈴木＝三ヶ月・前掲注解（1）595頁以下（吉井）、原田＝富越・前掲書49頁など。
53) 不執行の合意が文書に記載されている場合（例えば、和解調書、調停調書など）、それを執行機関に提出すれば、執行は停止、取消しされる（民執39条1項4号、40条1項、私文書の場合には弁済猶予文書に準ずる（民執39条1項8号、中野・前掲書82頁参照）。したがって、問題になるのは、かかる合意が文書によって簡易に証明されない場合であり、この場合を前提にする。

情と言えるかである。不執行の合意の場合、給付請求権の存在は前提となる。基準時後に不執行の合意をすれば、合意の存在の主張は執行力の基礎となった実体法上の給付請求権に変動を及ぼす基準時後の事由となろう。したがって、実体的状態を基礎とする執行力は、合意内容により、永久的または一時的に排除されることになろう。この点において、(a)の要因は問題なく、充足するであろう。他方、不執行の合意が口頭弁論終結前になされ、それを主張せずに給付判決を受けた債務者の場合に、請求異議の訴えで不執行の合意を主張できるかは問題がある。最判平成5年11月11日民集47巻9号5255頁が、不執行の合意が「訴訟物に準ずるものとして審理の対象になる」として、留保付判決をすべき旨を判示したことから、不執行の合意の主張を基準時前の事由として遮断させ、請求異議の訴えで主張できないとの見解が有力に唱えられている[54]。しかし、不執行の合意は執行段階で初めて問題になるものである。給付訴訟の場合には、執行により権利が実現されるまでは連続した裁判手続として理解する本稿の立場では、不執行の合意の存在が重要であり、それがいつ締結されたかは問題ではない。不執行の合意が存在するにも関わらず、執行が実施されたことが問題となる。その点では、前述⑤類型との類似性を有してくるのである（この場合は実質的には③類型ではなく、⑤類型に近いと思われる）。口頭弁論終結前に不執行の合意があり、基準時前にそれを主張しなければ、請求異議の訴えで主張できないとの結論は、執行排除の点では、論理必然的ではないのではなかろうか[55]。

不執行の合意を請求異議事由とする場合の実質的根拠として共通して挙げられるのは、(b) 実質的審理の必要性である。つまり、不執行の合意の成否、有効性に関わる諸事情を判断するためには、必要的口頭弁

---

54) 中野・前掲書86頁、田頭章一・平成18年判例批評・判評584号19頁、三木浩一・平成18年判例批評・法学研究80巻10号127頁、笠井正俊・平成18年判例批評・金法1844号51頁、下村眞美・速報判例解説161頁など。なお、この場合の「既判力に準ずる効力」に関する理論的分析をするものとして、西川佳代「紛争過程からみた提出責任」名大法改論集223号257頁以下（2008）など参照のこと。

55) なお、上原敏夫・法教337号（2008）89頁は、執行の可能性の有無が給付訴訟の訴訟物自体でない以上、執行の可能性に関してはなんらの拘束力もないと主張する。

論に基づく判決による手続が不可欠と考えられている。この点についての異論は少ないであろう。

　最後に、(c) 要因はどうであろう。救済制度として請求異議の訴えによるべきかの観点であるが、ここで考慮すべきは、最高裁平成18年決定の事案のように、債権差押命令及び転付命令による執行が問題とされたときには、当事者間の衡平を考慮に入れて、慎重な手続要請より迅速な救済要請が考慮されるべきであり、この場合の執行抗告を認めるべきとの立場[56]である。本稿では、(c) 要因は (b) 要因との連関の中で考慮する立場を採っているが、事件の性質や執行方法の相違を考慮に含めて「迅速な救済要請」が優先すべき場合には、請求異議事由性が後退するとの主張は、考慮に値するといえよう。しかし、問題は、執行抗告では実体的異議事由は審理対象として法律上予定されていない点、濫用的執行抗告の懸念が存する点である。つまり、(b)、(c) 要因との関係で代替性を有しうる手段かという点である。とくに、不執行の合意が問題となる場合には、その成否、有効性についての判断は不可避的になるのが通常と思われるが、そうであれば、(b) の「実質的審理の必要性」は重要な意義を有してくるように思われる。確かに、執行抗告手続は手続構造上は実体的異議を審理できる手続である余地は肯定できるかもしれない[57]。しかし、法律の予定していない役割を付与することは行き過ぎであり、また、一般的には濫用的執行抗告の懸念を完全には払しょくできない。「迅速な救済要請」は、請求異議の訴えにおいても仮の処分の活用によって、迅速性を確保することが可能との指摘[58]もなされてい

---

56) 西川佳代・平成18年判例批評・私法判例リマークス36号137頁．なお、川嶋四郎・18年判例批評・法セミ630号117頁は、執行抗告による救済を請求異議の訴えと選択的に求めるが、不執行の合意は権利の存否から切り離された救済の問題であるとして、事件の文脈に応じてより簡易な手続による救済を認めてもよいとする立場と言えよう。また、三ヶ月章『民事訴訟法』（弘文堂・1981）171頁、石川明『強制執行研究』（酒井書店・1977）104頁以下も、執行異議と請求異議の訴えの併存を認める。当該合意が簡易に確認される場合があることを想定していると思われるが、文書によるものでない限り、その成否、有効性に争いがある場合に簡易にそれらを確認することは想定し難い。

57) 西川・前掲137頁、川嶋・前掲117頁は、任意的口頭弁論の活用、裁判官による判断の保障などがその根拠として挙げられている。

る。以上を考慮すると、請求異議事由の本来的判断要因である（a）
（b）についての前述の判断からも、不執行の合意の請求異議事由性を
肯定すべきとの結論は動かないように思われる。

4 おわりに

　以上、「請求異議の訴えの役割の変容ないし肥大化」という現状認識
に基づき、現在における請求異議事由再構成の試みの一端を示した。現
行民執法35条1項後段の制定により、請求異議の訴えの守備範囲は本来
的な範囲より拡張せざるをえない。問題は、その拡張をどこまで認める
のが現行民事執行救済システム上適切かという点である。本稿では、従
来の判例・学説によって拡張されてきた請求異議事由をその執行排除の
メカニズムの観点から類型化し、請求異議事由該当性の判断要因を抽出
した。そして、その判断要因に基づき、執行法上激しく議論されてきた
若干の事例を取り上げて、分析し、異議事由の再整理を試みたのが本稿
である。その試みの帰結は、従来の判例・通説の立場とは必ずしも一致
しない。そして、本稿での分析から、請求異議の訴えの目的は債務名義
について将来に向けてその執行力を排除しこれに基づく強制執行を一般
的に不許にするというこれまでの一般的考え方は採れないことを確認で
き、むしろ、ここでの分析は、請求異議の訴えは債務名義の種類または
異議事由によりその構造が異なる複数の執行救済訴訟の総体（集合体）
として把握せざるをえないとの筆者の従来の主張[59]についての実証の
一つとなったのではないかと考える。
　本稿では、将来の給付請求権についての請求異議事由性（確定判決変更
の訴えとの関係）など多くの事由の再検討を残しており、また執行文付与
の訴え、執行文付与に対する異議の訴えとの関係、民執法35条3項の意
味[60]などの検討課題を残したままである。その意味で、請求異議事由

---

58)　上原・前掲法教337号88頁。
59)　松村・前掲書220頁、同『民事執行・保全法概論（第2版）』（成文堂・2013）52頁参
　　　照。

の再検討についての「覚書」のレベルを超えていない。それらの検討は、今後の課題としたい。

＊大学院以来、多くの学恩を受けた栂善夫先生、法務研究科赴任時より多くのご高配を賜った遠藤賢治先生、この両先生の古稀をお祝いする論文集に、まだ覚書段階にすぎない本小稿を献呈するには誠に心苦しいものがあるが、両先生には御宥恕をお願いする次第である。

60) この点は、すでに鈴木・前掲論文121頁以下などでその問題が指摘されてきたが、筆者は、同時提出主義の観点からの再検討が必要であると考えている。

被差押債権の処分と被差押債権の
基礎となる法律関係の処分

石　渡　　　哲
Satoshi ISHIWATA

1　はじめに
2　一回的給付を目的とする債権の差押え
3　継続的給付を目的とする債権の差押えの場合についての一般的検討
4　賃料債権の差押え
5　給料債権の差押え
6　本稿の要約

1　はじめに

1　問題の所在

　債権の差押えによって、差押債務者には取立てその他被差押債権の処分が禁じられ（民執145条1項）、これに違反してなされた処分行為の効果は差押債権者に対抗できない。ここでいう処分行為には、被差押債権の譲渡、免除ないし放棄[1]、相殺[2]、相殺契約の締結[3]、質権の設定、被差押債権を担保する担保権の行使、期限の猶予等が含まれる。また、賃料

1）　最判昭和44年11月6日民集23巻11号2009頁（賃料債権の免除）、大判明治45年5月8日民録18輯469頁（議員歳費の放棄）。

2）　本文で述べられているのは、差押債務者が被差押債権を自働債権として行う相殺である。
　　ちなみに、第三債務者が、差押債務者に対して有する債権を自働債権、被差押債権を受動債権として行う相殺については、判例は、自働債権が差押えの後（効力発生後）に取得されたものでないかぎり、自働債権および受動債権の弁済期の前後を問わず、相殺適状に達しさえすれば、差押後でも相殺が可能であるとしている（最大判昭和45年6月24日民集24巻6号587頁）。この判例を反対解釈すれば、差押えの効力発生後に取得した債権を自働債権とする相殺はできない、すなわち、それによる被差押債権の消滅の効果を差押債権者に対抗できない、ということになる。

3）　仙台高秋田支判昭和41年7月13日高民集19巻4号316頁。

債権差押後に賃貸借契約の目的物が譲渡された場合についても、判例は、譲受人の賃料債権取得は差押債権者に対抗できないとしている[4]。ただし、この判例に対しては、賃料債権差押えの処分禁止効が賃貸借契約の目的物の譲渡に及ぶのか、またそれを肯定した結果が妥当であったか、といった点等が問題になり、批判的な見解も主張されている[5]。この点の議論を別にすれば、差押えの効力として、差押債務者による被差押債権の処分が禁じられるということは、当然のこととされている。

他方、被差押債権の基礎となる法律関係の処分、たとえば、売買代金債権が差し押さえられた場合の売買契約の解除は、一般に、禁じられていないと考えられている[6]。しかし、被差押債権自体の処分とその基礎となる法律関係の処分を分けて、一律に後者の処分は可能である、言い換えれば、その効果を差押債権者に対抗できる、と断じてしまうなら、妥当性の観点から疑問となる事態が生じることもある。そこで、筆者は本稿において、いかなる場合に妥当性の観点から疑問が生じるかを、明

---

4) 最判平成10年3月24日民集52巻2号399頁。
5) 批判的見解として、上野泰男「判批」私法判例リマークス18号（1999〈上〉）139頁（1999年）、占部洋之「判批」法教216号101頁（1998年）（占部教授の著作は別の判例に対する判例批評であるが、この判決を批判してもいる）等がある。この問題については、山本和彦「判批」判評482号（判時1664号）34頁以下（1999年）等、既に詳細な検討がなされているが、筆者は、本文で後に述べるように、別稿で取り上げる予定なので、本稿では文献の詳細な列挙を控える。
6) 民事執行法の注釈書、教科書等多くの文献がこのことを明言している。たとえば、鈴木忠一＝三ヶ月章編『注解民事執行法（4）』413-414頁〔稲葉威雄〕（第一法規、1985）、香川保一監修『注釈民事執行法（6）』134-135頁〔田中康久〕（きんざい、1995年）、遠藤功ほか編『テキストブック民事執行・保全法』190頁〔栂善夫＝柳沢雄二〕（法律文化社、2007年）、中野貞一郎『民事執行法』672頁（青林書院、増補新訂6版、2010年）、中西正ほか『民事執行・民事保全法』206頁〔八田卓也〕（有斐閣、2010年）、福永有利『民事執行法・民事保全法』184頁（有斐閣、第2版、2011年）上原敏夫ほか『民事執行・保全法』175頁〔長谷部由起子〕（有斐閣、第3版、2011年）。民事執行施行前の文献としては、たとえば、菊井維大『民事訴訟法（2）』171-172頁（有斐閣、1950年）、兼子一『強制執行法』200-201頁（酒井書店、増補、1955年）、鈴木忠一ほか編『注解強制執行法（2）』299-300頁〔稲葉威雄〕（第一法規、1976年）。なお、中務俊昌「取立命令と転付命令」民事訴訟法学会編『民事訴訟法講座第4巻』1181頁（有斐閣、1955年）もこの考え方を採っているが、中務教授の所説については、注（21）で述べるように、注意すべき点がある。

らかにするとともに、かかる事態において妥当な結論を導き出すことのできる解釈論を提示したい。ただし、賃料債権差押後の賃貸借契約の目的物の譲渡をめぐっては、前述のように、これに債権差押えの処分禁止効が及ぶか否かについて、見解が分かれており、そのことだけで十分に論じなければならない[7]。それゆえ、本稿ではこの問題は検討の対象とせず、これについては別稿を用意する予定である。

なお、筆者が上記の問題に関心を持つに至った契機は、賃料債権の差押後に賃貸借契約の目的物である建物が差押債務者である賃貸人から第三債務者である賃借人に譲渡された場合に、差押債権者は譲渡後の賃料債権を取り立てることができるかが問題になった判例[8]につき判例批評[9]を執筆したことである。それゆえ、本稿における論述とこの判例批評における論述には重複している部分があることを、あらかじめおことわりしておく。

2　差押えの効力と仮差押えの効力

実務上は、債権者が債務者の財産を差し押さえる場合、仮差押えが先行してなされることが多い（本稿で以下に引用され、検討される判例および裁判例においても、仮差押えが先行していた事例が多い。ただし、仮差押えを経ずに、

7）　この対立は、賃貸借契約の目的物の譲渡を被差押債権自体の処分とみるか、その基礎となる法律関係の処分とみるかの対立と言い換えることもできる。両者の区別が難しいことは、小粥太郎「判批」ジュリ1453号（平成24年度重要判例解説）80頁（2013年）、山野目章夫「判批」金法1977号（金融判例研究23号）54頁（2013年）が指摘している。なお、森田宏樹「判批」金法1556号61-62頁（1999年）も同様の指摘をする趣旨であろう。

8）　最判平成24年9月4日裁判集民事241号63頁＝金判1400号16頁＝同誌1413号46頁＝判時2171号42頁＝判タ1384号122頁＝金法1976号90頁＝裁判所時報1563号331頁。この事件の差戻後の控訴審判決は、大阪高判平成25年2月22日金判1415号31頁。この判例は、本文で「判例［4］」として紹介する。

9）　横浜法学22巻2号295頁以下（2013年）。なお、この判例については既に以下の批評ないし論稿が公刊されている。松尾弘「判批」法セ700号130頁（2013年）、小粥・前掲注（7）、79頁以下、山野目・前掲注（7）52頁以下、占部洋之「判批」民商147巻6号85頁以下（2013年）、大川治「賃料債権の差押え効力発生後に賃貸借契約が終了した場合の帰趨」NBL987号4頁以下、吉岡伸一「賃料債権の差押えとその後の処分の可否」銀行法務21・759号1頁。

差押えがなされた事例もある)。ところで、仮差押えの執行方法につき、条文は、第三債務者に対して債務者への弁済を禁止するのみで、債務者に対する被仮差押債権の処分の禁止は規定していない(民保50条1項を民執145条1項と対比されたい)。しかし、債務者の責任財産の確保という仮差押制度の趣旨からすれば、仮差押えが仮差押債務者に対する処分禁止の効力を持つのは、当然である[10]。したがって、債権に対する仮差押え、差押えのいずれにおいても、その効力発生後に被差押債権ないし被仮差押債権の基礎になる法律関係の処分がなされれば、同様の問題が生じる。そして、民事保全法の文献においても、仮差押えの債務者に対する効力として、被仮差押債権の処分は禁じられるが、その基礎となる法律関係の処分は禁じられないことが、明言されている[11]。そこで、本稿では、個別に差押えまたは仮差押えの効力が問題になった事案に言及するときは、いずれが問題になっているかが明らかになるように表記し、一般論を論じるときは、その都度、双方を含むことがわかるような表記方法を用いることにした(その結果、本稿中に記述が煩雑になってしまった箇所が多々あることにつき、ご容赦をお願いする)。

2 一回的給付を目的とする債権の差押え

被差押・被仮差押債権の基礎となる法律関係の処分が関係者の利害に及ぼすであろう影響は、被差押・被仮差押債権が一回的給付を目的とする債権であるか、継続的給付を目的とする債権であるかによって、異なる。そこで、本節でまず、一回的給付を目的とする債権の場合について、次いで次節以下で継続的給付を目的とする債権の場合について検討

---

10) 民事保全法施行前の文献であるが、菊井・前掲注(6)344頁、賀集唱「債権仮差押後、債務者と第三債務者との間で被差押債権を合意解除しうるか」判タ197号147頁(1966年)がこの旨を明言している。

11) たとえば、竹下守夫=藤田耕三編『注解民事保全法(下)』86-87頁〔相澤哲〕(青林書院、1998年)、山崎潮監修・瀬木比呂志編集代表『注釈民事保全法(下)』118頁〔山崎潮〕(民事法情報センター、1999年)。

する。

1 判例および下級審裁判例[12]

　一回的給付を目的とする債権の差押えまたは仮差押えの効力発生後になされた被差押・被仮差押債権の基礎となる法律関係の処分が問題になった事例としては、管見のおよぶ限り、大審院判例が2件（ただし、いずれも公式判例集には収録されなかった）および戦後の下級審裁判例が1件ある。これらのうち、2件の大審院判例は、いずれも、被差押・被仮差押債権の基礎となる法律関係の処分は、仮差押・差押債権者に対抗できないとしている。

[1]　大判昭和6年4月15日大審院裁判例5巻民事68頁

【事案の概要】　X（債権者）がA（債務者）のY（第三債務者）に対する馬匹交換契約から生じる金銭債権[13]を仮差し押さえし、さらに差押・転付命令を得た。本件は、XがYを被告として提起した、転付命令金請求事件である。原審は、差押債務者Aと第三債務者Yとの間で馬匹交換契約が合意解除されたことを理由に、Xを敗訴させた。Xが上告し、大審院は上告を容れ、破棄差戻しの判決をした。

【理　由】
　「案ズルニ仮差押ハ金銭債権ノ強制執行ヲ保全セムコトヲ目的トスルガ故ニ、債権ニ対シテ仮差押アリタル後、債務者及第三債務者間ニ於テ仮差押ニ係ル債権ノ消滅ヲ目的トスル契約ヲ為スモ、斯ル契約ノ効力

---

12) 本稿で紹介する判例および裁判例には［1］［2］……の番号を付け、以後その判例、裁判例は、番号によって示す。
　　また、古い時代の判例、裁判例の引用にあたっては、読みやすくするために、以下の修正を加えることがある。①句読点を適宜補う。②旧字体の漢字を新字体に改める。③濁点を適宜補う。④原文では促音が「つ」である箇所も、「っ」に改める。⑤縦書きを横書きに変更したため、漢数字を算用数字に改める。
13) 馬匹交換契約は現在ではあまり行われることのない契約であろう。筆者は、不明にして、その内容を知らない。しかし、判決文から、この契約からは金銭の一回的支払債務・債権が生じるものであることが推測される。

ハ、仮差押債権者ノ利益ヲ害スル範囲ニ於テハ、之ヲ以テ該債権者ニ対抗スルコトヲ得ザルモノトス。本件ニ付之ヲ観ルニ……原判決ハ、右契約解除ノ合意ガ前記仮差押後ニ為サレタリヤ否ヤヲ、確定スルコトナク、単ニ前記差押並転付命令送達前ニ為サレタル事実ヲ説示シタルノミニテ、……上告人ノ請求ヲ排斥シタルハ、理由不備ノ不法アルモノ」である。

［2］　大判昭和12年7月8日大審院判決全集4輯13号20頁

【事案の概要】　A（債務者）とY（第三債務者）の間で、Aを売主、Yを買主として、土地と建物を一括し、代金を2万円として売買する契約が締結されていた。AY間では手付金2千円が交付されていたので、AのYに対する（残）代金債権額は1万8千円であった。X_1（Aの債権者）はこの代金債権中708円67銭を、X_2（Aの債権者）は237円85銭を差し押さえ、X_1を差押債権者とする差押命令は昭和10年1月23日に、X_2を差押債権者とする差押命令は翌24日にYに送達された。本件はX_1とX_2が提起した転付命令金請求事件のようである。ところで、AとYの間で、昭和10年2月5日に上記売買契約が合意解除され、建物のみにつき、代金を2180円とし、そのうち2000円を既に交付された手付金をもって支払に充てるとの契約が成立した。判例集には原判決が収録されていないので、その詳細な理由付けは明らかでないが、原審は、売買契約（当初の土地と建物を一括した売買契約）の合意解除により、被差押債権の取立てができなくなったとして、X_1、X_2を敗訴させた。X_1、X_2による上告が奏功し、大審院は原判決を破棄し、事件を原審に差し戻した。

【理　由】
　「案ズルニ、債務者ニ対スル強制執行トシテ債務者ガ第三債務者ニ対シ有スル債権ニ付キ差押アリタルトキハ、爾後債務者ハ其ノ債権ノ処分ニ付制限ヲ受ケルニ至ルモノナルコトハ論ナキトコロナリ。故ニ差押ノ目的タル債権ガ差押当事者既ニ其ノ債権自体ニ附着シ居リタル事由ニ基キ差押後ニ消滅スルニ至リタル場合ニハ、此消滅ヲ以テ差押債権者ニ対抗シ得ベシト雖、差押後ニ債務者ガ第三債務者トノ間ニ新ナル合意ニ因

リ其債権ヲ消滅セシムベキ旨ヲ約スルモ、斯カル契約ハ差押債権者ニ対シテハ効力ナキモノト為サザルベカラズ。」

他方、戦後の下級審裁判例のなかには上記大審院判例とは反対の立場に立つものがある。

[3] 名古屋高判昭和28年4月13日下民集4巻4号509頁

【事案の概要】 X（債権者）は、A（債務者）のY（第三債務者）に対する家屋売買代金債権を仮差押えし、さらに差押・転付命令を得た。本件は、XがYに対して提起した転付命令金請求事件である。仮差押命令の第三債務者への送達の時点と債権差押・転付命令の送達の時点の間に、AY間で家屋売買契約が合意解除されたため、債権者が転付命令に基づく取立てをすることができるか否かが、問題になった。判決はこれを消極的に解し、Xを敗訴させた[14]。

【理　由】

> 「……合意による契約の解除も、民法第545条による契約解除も、何れも当事者がその相手方を原状に復させる義務を負うことにおいて何等差異はないものと解すべく、この場合民法第545条但書の第三者の権利を害し得ないこともまた法理上同様であると考えられる。そこで同条但書にいう第三者とは特別な原因に基づいて双務契約における一方の債権者からその受けた給付の物体について或権利を取得した者を指すものと解すべきであるところ、いま仮差押債権者である控訴人の地位を案ずるに、民事訴訟法第750条第2項[15]によれば、『債権の仮差押については第三債務者に対し債務者に支払を為すことを禁ずる命令のみを為すべ

---

14) 下民集に収録されている控訴審判決書からは明らかにならないが、本城武雄「本件判解」『保全判例百選（別冊ジュリスト22号）』80頁（有斐閣、1969年）によると、AがYに売った家屋は、もともとXがAに売ったものであった。つまり、家屋がXからA、AからYに売買され、XがAに対する売買代金債権に基づいて、AのYに対する債権を差し押さえたということのようである。

15) 「第2項」は「第3項」の誤植であろう。旧民訴法750条3項の条文は「債権ノ仮差押ニ付テハ第三債務者ニ対シ債務者ニ支払ヲ為スコトヲ禁スル命令ノミヲ為ス可シ」である。

し』とあって、仮差押債権者に対し特に実体法上の物権若くは債権を取得させるものとは解し得ないのであるから、控訴人は同条但書にいう第三者には包含されないものといわなければならない。然らば被控訴人が訴外Aとの合意によりその間に為された本件家屋の売買契約を解除することにより、控訴人が仮差押をした債権を消滅させたとしても、控訴人としてはこれを忍ぶの外ないところというべく、民法第545条但書の法理を根拠として被仮差押債権の消滅の効果を否定することは許されないのであり、このことは何等信義誠実の原則に反するものではない。されば、第三債務者である被控訴人は合意解除によって被仮差押債権が消滅したことを以て仮差押債権者である控訴に人に対抗し得るものと解しなければならない。してみれば契約の合意解除後において控訴人が債権差押並に転付命令を受けても、その差押並に転付されるべき債権が存在しないのであるから、該差押並に転付命令は無効であるといわなければならない。」

　なお、差押債務者による被差押債権の基礎にある法律関係の処分行為後に、差押債権者が第三債務者から取り立てることができるかという点が、直接争われたわけではないが、仮差押えとの関連で処分行為の効力が問題になった事例が1件ある。東京地判平成3年11月8日判タ791号195頁である。事案は、機械の売買代金債権の仮差押後に、仮差押債務者・売主と第三債務者・買主の間で、売買契約が合意解除され、売買の目的物である機械が別の債権者に代物弁済されたことから、仮差押債権者が、自己の債権の実現が妨げられたと主張し、仮差押債務者、第三債務者および代物弁済を受けた債権者等を被告として、不法行為による損害賠償請求の訴えを提起したというものである。不法行為の成立が否定され、請求が棄却されたが、その理由は、当該機械はもともと工場根抵当の対象物件だったので、一般債権者であるXは合意解除および代物弁済によって損害を受けていないということである。この判決の理由中で、仮差押の効力として「合意解除をすることをも制限されていたと解する余地がないわけでもない」と述べられている。すなわち、合意解除

が禁じられ、これによる被差押債権の消滅が仮差押権者に対抗できないとしても、一般債権者である仮差押権者は、どの道、債権を回収できないのだから、合意解除は同人に損害を生じさせていないという趣旨である[16]。

2 検 討

（1）合意解除　　たしかに、差押えおよび仮差押えは、その効力により、対象となった財産の処分を禁止するものであり、その対象が債権である場合、債権成立の基礎となった法律関係の処分まで禁じるものではない[17]。このことからすると、裁判例［3］は理論的に正しく、判例［1］、［2］は差押え・仮差押えの効力について誤解していると言えそうでもある。

しかし、合意解除は形式的に見れば、被差押・被仮差押債権の基礎となる法律関係の処分であっても、差押・仮差押債務者の意思によって債権を消滅させる点で、実質的には被差押・被仮差押債権自体の処分と同じことである。この実質に着目すれば、合意解除によって被差押・被仮差押債権を消滅させることは差押え・仮差押えの効力に反することであり、被差押・被仮差押債権の消滅は差押・仮差押債権者に対抗できるものではない、と解すべきである。もっとも、合意解除は免除のように単独行為でないという点で、両者に違いはある。しかし、行為の形式ではなく、実質をこそ重視すべきである。

なお、賀集唱判事は、被差押債権が売買代金債権の場合の合意解除について、売主の義務履行後の差押えと、義務履行前の差押えを分けて考えておられる。まず、履行後の差押えにあっては、合意解除はできないとされる（正確には、合意解除の効力を差押債権者に対抗できないということにな

---

16) この裁判例については、野口恵三「債権仮差押後に当該債権の発生原因である売買契約を合意解除することは、仮差押債権者に対する不法行為を構成するか」NBL509号48頁以下（1992年）参照。
17) このことを明示する文献は、差押えについては注（6）に、仮差押えについては注（11）に列挙してある。

ろう）。その理由は、合意解除は代金債権の放棄に等しい、ということに求められている。ただし、賀集判事は、売主（債務者）の履行後の合意解除の場合、目的物が売主のもとへ返ってくるので、放棄とは違うという反論を予想されたうえで、債権者に、返ってきた目的物にあらためて差押えをやり直す負担を負わせるのは、妥当でないとの考慮から、やはり合意解除は認められないとの結論を維持される。他方、賀集判事は、売主の義務履行前は、合意解除を認められる。その理由は以下のとおりである。合意解除が認められなければ、差押債権者は取立命令[18]ないし転付命令を得て、第三債務者（買主）に代金を請求するであろうが、それに対して第三債務者から同時履行の抗弁権の対抗を受けるであろう。その場合、差押債務者である売主に義務履行を期待するのは、事実上無理である。そうであるとすれば、「売買当事者間の合意解除によって差押えの効力を失ってもやむをえない」ということである[19]。

　筆者も、前述のように、合意解除は実質的には債権の免除と同様であると考えているので、義務履行後の合意解除を認めない点については、賀集判事の見解に異論はない。それに対して、義務履行前の合意解除について筆者は賀集判事の見解に賛成できない。たしかに、この合意解除を認めないで、差押債権者に第三債務者に対して代金の支払を要求する道を残しても、現実には、同時履行の抗弁権が主張されるであろうから、差押債権者が代金から満足を得ること、言い換えれば、差押えが奏功することは、望み薄である。しかし、実体法上、同時履行の抗弁権を行使するか否かは、権利者――本稿で扱われている問題では、買主・第三債務者――の自由な意思に任されている。もちろん、現実には、代金の支払を要求されれば、第三債務者は必ずこれを行使するであろう。しかし、実際に行使されないうちに、行使されることを前提に結論を出すことは、上記のように、行使するか否かが実体法上権利者の意思に任されていることと相容れない。したがって、債務者の履行前であっても、

---

[18] 賀集判事の論文は、民事執行法施行前の強制執行法下で、取立命令の制度（旧民訴602条）が存在した時期に、公刊された。
[19] 賀集・前掲注（10）147頁。

そのことを理由に合意解除が当然に排斥される、と考えるべきではない。もっとも、売主・債務者が義務を履行しているか否かは、多くの場合、調べれば簡単に判ることであろう。そして、履行がなされていない場合には、債権者は、第三債務者から取り立てようとしても、同時履行の抗弁の行使を受けることが容易に予想されるから、同人が敢えて仮差押えないし差押えを申し立てることは、実務上稀であろうと、推測される。

（2）法定解除、約定解除　合意解除に対して、法定解除、たとえば、債務者である売主が解除権を有していてこれを行使する場合は、解除権の行使は可能であり、それによる被差押債権の消滅は差押債権者に対抗できる、と解すべきである。なぜなら、解除権の行使自体はたしかに差押債務者の意思によるものであるが、それを正当化する根拠が、債務者の意思とは別に、存在するからである。約定解除も、あらかじめ約定によって決まっている解除の原因が存在することによってなされるものであるから、法定解除と同様に考えてよかろう[20]。

3　継続的給付を目的とする債権の差押えの場合についての一般的検討

一回的給付を目的とする債権の差押えの場合に問題が起こるのは、先に紹介したように、解除（主として合意解除）であるのに対して、継続的給付を目的とする債権の差押え・仮差押えの場合に問題が起こるのは、解約である。解約においては、それまでに生じていた債権が遡及的に消滅するのではなく、それ以後の債権が発生しないことになるに止まる。

---

[20]　丹野達『民事保全手続の実務』203頁（酒井書店、1999年）は、合意解除と法定解除について筆者と同様の結論を示している（約定解除には言及していない）。他方、竹下＝藤田編・前掲注（11）86-87頁〔相澤〕、山崎監修・前掲注（11）119頁〔山崎〕は、法定解除、約定解除、合意解除のすべてが許されるとしている。

なお、田倉整「不動産および有体動産以外の財産権に対する強制執行手続の研究」司法研究報告書9輯3号37頁（1956年）は、「法定の手続による解除」という言葉を用いているが、文脈からすると、法定解除、約定解除、合意解除のすべてを含む意味で用いられているようである。

この点で、一回的給付を目的とする債権の場合に、仮にその基礎となる法律関係の解除が認められるならば、既に発生している債権の取り立てができなくなるのと、事情が異なる[21]。筆者は、先に、一回的給付を目的とする債権の差押え・仮差押えにおいては、被差押債権の基礎となる法律関係の合意解除は、実質的には同債権の免除と同じであるから、これを認めるべきでないと述べた。しかし、継続的給付を目的とする債権の差押え・仮差押えにおいては、いま述べた解除と解約の相違のゆえに、基本的には解約を認めることができると考える。

　ただし、継続的給付を求める債権の差押えにおいて、差押債権者は、解約がなされなければ、その後に発生したであろう債権を、自己の債権の満足に充てることができた（民執151条、旧民訴604条）のに、それができなくなるのであるから、解約が執行を回避するための仮装の手段として行われることもあり得る。そのような解約は許すべきでない。言い換えれば、そのような解約の効果は差押債権者に対抗できないと解すべきである。

　ところで、継続的給付を目的とする債権の差押え・仮差押えで、その基礎となる法律関係の処分が従来の判例ないし裁判例において問題になった事例、あるいは講学上設例として挙げられる事例は、賃料債権の差押え・仮差押えの場合と給料債権の差押えの場合であるが、両者の実務における問題の現れ方は異なる。すなわち、前者においては、処分行為等によって被差押債権・被仮差押債権が不発生となるかという点が問題とされることが多いのに対して、後者においては、給料債権を差し押さえられた債務者がいったん退職し、後に同じ雇主のもとに再就職した場

---

21) 賀集・前掲注（10）147頁、およびその後に公表された、丹野・前掲注（20）203頁は、被差押債権が一回的給付を目的とするか、継続的給付を目的とするかで、分けている。なお、中務・前掲注（6）1181頁は、賃貸借契約の解約と売買契約の解除には異質な面があると指摘している点では、賀集・前掲注（10）147頁と共通している。しかし、中務教授は両者の異同の根拠を、賃貸借契約と賃料債権は基本権と支分権の関係にあるのに対して、売買契約と売買代金債権とはそのような関係にないという点に求められている。ただし、中務教授は、売買契約においても合意解除を明確に否定されているわけではない。田倉・前掲注（20）37頁は、中務教授の見解を批判している。

合、退職前の差押えの効力が再就職後の給料債権にも及ぶかということが、問題になっている。もとより、賃料債権の差押においても、雇用関係と同様に、いったん賃貸借契約が解約された後、同じ賃貸人と賃借人の間で再び賃貸借契約が締結されるという事態も考えられるが、判例、裁判例においてそのような問題が生じたことはないようである。そこで、以下では、両者を分けて、まず賃料債権の差押えの場合、次に給料債権の差押えの場合の順に検討する。

4　賃料債権の差押え

1　判例および裁判例

　教科書等でしばしば挙げられるのは、賃料債権を差し押さえられた債務者が賃貸借契約を解約するという設例で、差押債権者はその後に発生するであろう賃料の支払を受けられるか、という問題である。しかし、判例および裁判例においては、この点が争点になったものは、管見のおよぶ限り、見当たらない。実際には、これとは異なる、しかし共通する問題を含む、以下のような最近の判例が1件ある。

[4]　最判平成24年9月4日裁判集民241号63頁＝金判1400号16頁＝同誌1413号46頁＝判時2171号42頁＝判タ1384号122頁＝金法1976号90頁＝裁判所時報1563号331頁[22]

【事案の概要】　X（債権者）はA会社（債務者）に対して求償金3583万余円の支払を求める訴えを提起し、請求認容判決を得た。それより先、平成16年10月20日に、A会社は、Y会社との間で、A会社が所有する建物（以下「本件建物」と）を、期間を同年11月1日から平成36年3月31日まで、賃料を当分の間月額200万円と定めて賃貸する旨の契約を締結し

---

22)　この判決について、筆者は、本文「1 はじめに」で述べたように、判例批評を公表した。本稿注（9）参照。なお、本文中の【事案の概要】、【理由】における当事者および関係者のアルファベットによる表示は、本件を紹介する法律誌および筆者の判例批評における表示と一部異なっている。

た（賃料はその後月額140万円に改められた）。Xは上記判決の執行力ある正本を債務名義としてA会社のY会社に対する賃料債権を差し押さえ、差押命令は平成20年12月10日に送達された。それに先行して、賃料債権の仮差押命令が同年8月5日にY会社に送達されている。以上の事実関係のもとで、XがY会社に対して取立訴訟を提起した。Y会社は、本件建物の所有権がA会社、Y会社間の売買により平成21年12月25日にY会社に移転したので、それ以後の賃料債権は混同によって消滅した、と主張した。原審は、Xが本件建物の所有権移転より前の平成20年8月5日に賃料債権の仮差押えをしているので、同債権は第三者の権利の目的となっているから、混同によって消滅することはない（民520条但書）との理由で、Y会社の主張を退け、Xを勝訴させた。Y会社が上告受理申立を行い、受理された。最高裁は、本件建物の所有権が賃借人であるY会社に移転した後の賃料については、これを認容した原判決を破棄し、原審に差し戻した。

【理　由】

「賃料債権の差押えを受けた債務者は、当該賃料債権の処分を禁止されるが、その発生の基礎となる賃貸借契約が終了したときは、差押えの対象となる賃料債権は以後発生しないことになる。したがって、賃貸人が賃借人に賃貸借契約の目的物である建物を譲渡したことにより賃貸借契約が終了した以上は、その終了が賃料債権の差押えの効力発生後であっても、賃貸人と賃借人との人的関係、当該建物を譲渡するに至った経緯及び態様その他の諸般の事情に照らして、賃貸人において賃料債権が発生しないことを主張することが信義則上許されないなどの特段の事情がない限り、差押債権者は、第三債務者である賃借人から、当該譲渡後に支払期の到来する賃料債権を取り立てることができないというべきである。……論旨は、以上の趣旨をいうものとして理由があり、原判決のうち平成20年8月分から平成21年12月分までの賃料合計2380万円を超えて（すなわち、本件建物の所有権がA会社からY会社に移転した後の賃料相当分の─カッコ内筆者）金員の支払を命じた部分は破棄を免れない。そして、上記特段の事情の有無につき更に審理を尽くさせるため、上記の部分につき、本件を原審に差し戻すことにする。」

［４］の、差戻後の控訴審は、上告審のいう特段の事情の存在を認定せず（詳細は、２ⅱで述べられる）、差し戻され部分について請求を棄却し、この判決が確定して、この事件には決着がついた。
　なお、被差押債権の基礎となる法律関係の処分が差押債権者の第三債務者に対する取立権に影響を及ぼすかという、本稿で扱われている問題が争われた事案ではないが、かような法律関係の差押債務者による処分の可否が争点になった事例として、次の裁判例がある。

［５］　和歌山地判平成14年９月24日平成14年（レ）４号（判例集未搭載）
【事案の概要】　正確な事実関係は不明であるが、概ね以下のようである。Ｘ（賃貸人・原告）はＹ（賃借人・被告）に建物（以下「本件建物」という）を賃貸していた。訴外Ａは本件建物上に抵当権を有しており、物上代位としてＸがＹに対して有する賃料債権を差し押さえた。Ｙが賃料の支払いを滞らせていたので、ＸはＹに、賃料をＡに支払うよう催告するとともに、１週間後までに支払わなければ賃貸借契約を解除するとの意思表示を行ったが、結局支払はなされなかった。そこでＸはＹを相手取って建物の明渡しを求める訴えを提起した。賃料債権を差し押さえられた賃貸人がかような訴えを提起できるかが争われたが、判旨はこれを、以下の理由により、肯定した。
【理　由】
　　「債権差押命令が発令され、債務者の被差押債権に対する処分権能に制限が加えられたとしても、……それは執行手続の遂行を保全する目的を超える効力を認めるべきではないから、債務者は、当該被差押債権の発生原因となる基本的法律関係の解除権の行使を制限されるものではないというべきである。」

　なお、この事例では、未払い賃料相当の損害額の支払も併合して請求されていたが、判旨はこれについても、差押えの効力の相対性のゆえに、差押えを受けた賃貸人もかような訴えを提起でき、請求が認容されたら、賃借人は支払を命じられた金額を供託すればよく、もし、請求認

容判決に基づく執行が申し立てられたら、執行異議を申し立てて、執行を防止できる、とした。

2 検 討

i 既に繰り返し述べたように、債権差押および仮差押執行の効力は、差押・仮差押債務者に被差押・被仮差押債権の基礎となる法律関係の処分まで禁じるものではないから、かような処分の効力は差押・仮差押債権者に対しても対抗できる[23]。したがって、講学上しばしば挙げられる、賃料債権差押後に賃貸借契約が解約された場合、以後賃料債権は発生しないことになる。また、判例［4］におけるように、賃貸借契約の目的物の賃貸人・所有者・差押債務者から賃借人・第三債務者への譲渡に伴い、賃貸人と賃借人の地位が混同したことにより、賃貸借契約が消滅した場合も、同様である。ちなみに、この場合、いったん発生した賃料債権が混同により消滅するのではなく、はじめから発生しないのである[24]。いずれにせよ、その結果、差押・仮差押債権者は、基本的に、第三債務者である賃借人からの取立てができなくなる。ただし、そうなると、執行回避のために解約や賃貸借契約の目的物の賃人への譲渡が行われることもあり得る。そのようなときにも、第三債務者からの取り立てを認めないことは、妥当性を欠く結果になる可能性がある。そこで、一定の場合に、解約ないし目的物の譲渡による賃料債権不発生の主張が信義則上排斥されることがあってしかるべきである、と考えられる。

しかし、債務者は、基本的には、契約の解約や目的物の譲渡をすることができるのであるから、債権不発生の主張が排斥されることがあるとすれば、そうなるための要件が明らかにされなければならない。以下では、この要件、すなわち、いかなる状況の下で賃料債権不発生の主張は

---

23) 注（6）、(11) と同じ。
24) 判例［4］の差戻前の控訴審および上告受理申立理由においては、この場合、賃料債権が混同により消滅するか否かが争点になった。しかし、ここでは、いったん発生した債権の消滅が問題なのではなく、そもそも賃料債権が発生するか否かが、問題なのである。松尾・前掲注（9）130頁、大川・前掲注（9）5頁がこのことを指摘している。

排斥されるかという問題、およびそれに関連する2、3の問題を論じる。

ⅱ 判例［4］は、被差押債権である賃料債権の基礎となる法律関係の処分として、賃貸人から賃借人への賃貸借契約の目的物の譲渡がなされ、それによって賃貸借契約関係が消滅し、それゆえ差押債権者が賃料の取り立てができなくなるはずの事例であるが、上告審である最高裁は、この賃料不発生の主張が信義則により排斥されるのは、賃貸人と賃借人の人的関係、処分行為がなされる経緯および態様等について特段の事情がある場合だとした。筆者も、これらの点が上記の主張を排斥するための要件であると考える。このことは、従来講学上取り上げられることの多かった賃貸借契約の解約の場合にも、当てはまると考える。

ただし、具体的にこれら要件が具備しているか否かは、個々の事例における裁判所の判断に委ねられていることであるが、公刊された判例・裁判例でこの点の判断がなされた事例は、わずかに前述の判例［4］の1件しかないので、判例の積み重ねから具体的基準を導き出すことはできない。筆者はただ、以下のように、判例［4］の差戻審が示したこの点に関する判断に賛成できないことを、述べておきたい。

判例［4］の事案においては、賃貸人・差押債務者であるA会社と賃借人・第三債務者であるB会社はともに同一の人物によって支配されていた。そして、差押債権者となるXがA会社に対して求償金債務の履行を求める訴えを提起した時には、A会社は経営破綻して事実上倒産していた。その後、Xが賃料債権を仮差押えし、さらに差押えた。それと併行して、A会社からY会社への賃貸借契約の目的物である建物の譲渡が行われたが、建物の所有権移転の時期は仮差押の効力発生より後である。そしてこの譲渡は、A会社に融資をし、当該建物上に根抵当権を有していたC銀行の主導のもとに行われた。このような事情にあっても、判例［4］の差戻後の控訴審は、第三債務者であるY会社が賃料の不発生を主張することを信義則上排斥する特段の事情がないと判断したが、その理由として挙げているのは、要約すると以下の3点である。①当該建物の所有権移転の時期は、仮差押えの効力発生の時期

よりも後であるが、売買自体はA会社の経営破綻後間もなくから準備されていた。②売買の前後を通じてY会社は同じ事業（有料老人ホームの経営）を行っている。③売買代金はY会社がC銀行から借り受けて、A会社に支払い、Y会社はC銀行に返済を続けている。

しかし、筆者は、これらの諸点は、前記特段の事情の存否を判断するための基準にはならないと考える。まず、①については、問題の売買がたしかに仮差押の効力発生前から準備されていたとしても、それは、早晩債権者から申し立てられるであろう執行の回避のためになされたものであると推測される。このことを考えると、仮差押の効力発生と売買の準備開始の時期の先後は、この判断の基準にはならないと言える。②もこの判断の基準にはならない。③は、むしろ上記特段の事情の存在を推認させる方向に働くが、この点は後述する。

ただし、上記特段の事情のゆえに第三債務者が債権の不発生を主張し得ないということは、取立訴訟において賃貸借契約の目的物の譲渡による賃料債権不発生の抗弁に対する再抗弁事由であるから、その主張・証明責任は原告・差押債権者側が負っている。しかし筆者は、判例［4］の事実関係の下では、上記特段の事情の存在の証明は成り立ったと考える。その理由は、以下のとおりである。まず、前述のように、債務者と第三債務者はともに同一人物に支配されている会社であり、賃貸借契約の目的物である建物の売買はこの人物と、さらにその背後でこれらの会社および人物を操っていたC銀行の画策によって行われた。しかもC銀行は、自己のA会社に対する債権の回収の確保のみを目的として、この画策を行った。差戻後の控訴審が挙げる③の点は、むしろ、このことを事実上推定させる。筆者は、このような事案においてすら、上記特段の事情の存在が否定されるのであるなら、いかなる場合にそれが肯定されるのかとの疑問さえ抱いている。

ただし、この事案でもそうであるが、一般債権者が賃料債権を差押えても、賃貸借の目的物上に担保権を有している債権者（この事案では、C銀行）が存在し、賃料に対する物上代位権を含む、担保権の行使がなされれば、結局一般債権者の債権回収は頓挫せざるを得ない[25]。そのた

め、賃料債権の差押えは一般債権者にとって頼りになる債権回収手段でないことは、否定できない[26]。差戻後の控訴審が一般債権者である差押債権者を敗訴させたのは、この点を考慮したからではないかとも、推測される。しかし、担保権者が実際に担保権を行使しているならばそうであろうが、行使されていないのに、行使されることを慮って、一般債権者に不利な裁判をすることは、裁判所の公平・中立性に反している。

　iii　信義則によって債権不発生の主張を排斥することに関しては、以下の点も検討しなければならない。すなわち、実際に債権不発生を主張するのは、差押債権者から支払いを請求されている第三債務者である。したがって、上記の主張を信義則によって排斥するということは、執行当事者である差押債権者と差押債務者の間ではなく、執行手続における文字通り第三者に過ぎない第三債務者と差押債権者の関係に信義則を適用することになる。ところが、信義則は、その本質上、一定の法律関係にある者の間に適用されるものではないか、という疑問が生じるかもしれない。しかし、第三債務者と執行債務者の人的関係、問題となった法律関係の処分が行われた経緯および態様等から、第三債務者が執行当事者に準じるものと看做すことができるときには、差押債務者と第三債務者の関係にも信義則を適用できると解すべきである。前者としては、資本もしくは融資を通じたまたは親族関係を通じた支配・従属関係が考えられる。後者としては、第三債務者にも差押債務者の執行回避に協力する意思があることが、譲渡の前後の状況から推認されることが考えられる。判例［4］はまさにこれらのことが当てはまる事案である、と筆者は考える。

　また、賃料債権不発生の主張が信義則に反するということについては、差押債権者との関係では賃貸借契約の目的物の譲渡の効果自体、すなわちその所有権移転とそれに伴う賃貸借契約の消滅の主張が信義則上排斥されるので、その結果賃料債権の不発生も否定される、言い換えれ

---

25)　抵当権の目的である不動産の賃料債権にも物上代位権が及ぶか否かについては、見解が分れていたが、最判平成元年10月27日民集43巻9号1070頁はこれを肯定した。
26)　大川・前掲注（9）5頁参照。

ば、発生が肯定されるという説明と、差押債権者に対する関係でも賃料債権は不発生であるが、それを主張することが信義則に反するという説明が、ともに考えられる。この点は、理論的には重要な問題であるが、本稿のテーマに関するかぎり、結論を左右するものではないので、筆者としてはさしあたり前者の説明を採用しておく。前者の方が明解で無理が少ないと思われるからである。

 iv 判例・裁判例上生じた事案ではないが、賃料債権差押・仮差押後いったん賃貸借契約が解約され、同じ賃貸人・賃借人間で再度賃貸借契約が締結されることも考えられる。この場合には、後述の給料債権を差し押さえられた債務者がいったん退職した後、同じ雇主のもとに再就職する場合と同様の問題が生じる。給料債権に関しては、判例および裁判例において実際に争われている。いずれの場合についても、後述の通説は、解約と契約の再締結が執行回避のための虚偽表示であるときは、解約と再契約がともに無効であり、したがって差押えの効力はその後の賃料・給料債権にも及ぶと解している[27]。しかし、筆者は、給料債権に関する後述の近時の有力説と同様に、前後の契約関係が経済的に同一性を有するときは、差押えの効力がその後の賃料債権に及ぶと考える（詳細は、実際に問題が生じている給料債権の差押えとの関連で論じる。５２）。

5　給料債権の差押え

1　判例および裁判例

　給料債権が差し押さえられた場合に、判例および裁判例において争われたのは、差押債務者である被用者が差押後にいったん退職し、後に同じ雇主のもとに再就職したとき、差押えの効力が再就職後の給料にも及ぶか、すなわち、前の差押えによって再就職後の給料からの取立てができるかという問題である。この問題については、最高裁判例と下級審裁

27）　鈴木＝三ケ月編・前掲注（６）413-414頁〔稲葉〕。民事執行法施行前の文献として、兼子・前掲注（６）200-201頁、鈴木ほか編・前掲注（６）300頁〔稲葉〕。

判例が各1件ある。いずれも結論としては否定的な判断をしている。

[6]　最判昭和55年1月18日裁判集民129号37頁＝判時956号59頁＝判タ409号77頁＝金法924号42頁＝金判592号3頁

【事案の概要】　X（債権者）がA（債務者。タクシー運転手）に対する貸付金債権に基づいて、Aがその勤務先であるY会社（第三債務者。タクシー会社）に対して有する昭和51年4月分以降の給料ならびに期末手当等の債権につき差押・取立命令[28]（以下「本件命令」という）を得た。本件命令は昭和51年4月24日にY会社に送達された。Aは同年4月29日に自己都合の理由でY会社を退職したが、同年11月2日にY会社に再雇用され、翌昭和52年7月30日に退職した。Y会社が昭和51年11月分から昭和52年4月分までの給料と昭和51年12月分の冬期手当をAに支払ったので、XがY会社に対して、計35万円の損害金の支払を求める訴えを提起した。これに対してY会社は、本件命令の効力は新規に採用した昭和51年11月以降の給料債権には及ばないと争った。第一審は、本件命令の効力は新規契約による給料債権、手当金債権には及ばず、Aの退職は、再雇用までの中断の期間（約6箇月）からして、執行を免れるための仮装のものであるとの推定は働かず、仮装のものと認めうる証拠もないとして、Xの請求を棄却した。控訴審も、同じ理由を挙げるとともに、被差押債権の基本となった雇用契約と昭和51年11月以降のAの債権のそれとは、その時間的間隔等からみて別異のものと解され、両債権に同一性を認めることはできないとして、Xの控訴を棄却した。Xは上告して、退職前の給料債権と再就職後の給料債権は同一のものであり、退職から再就職までの6箇月の期間は長くはなく、退職は仮装のものとの事実上の推定が働く、そうでないと退職と再就職との反復により容易に差押・取立命令の効力を免れ得ることになり、不当だ、と主張した。上告は奏功せず、棄却された。

---

28)　取立命令については、注（18）を参照されたい。

【理　由】
　「訴外Aが被上告会社を退職したのち被上告会社に再雇用されるまで6か月余を経過しているなど、原審の適法に確定した事実関係のもとにおいては、上告人が右訴外人の退職前に同訴外人を債務者として得た右訴外人の被上告会社に対する給料等の債権差押・取立命令の効力が再雇用後の給料等の債権について及ぶものではないとした原審の判断は、正当として是認することができ」る。

[7]　東京地判昭和63年3月18日判時1304号102頁＝判タ716号240頁＝金法1226号31頁

【事案の概要】　X（債権者）は仮執行宣言付支払命令に基づいて、東京地方裁判所に対しAを債務者、Y会社を第三債務者とする債権差押命令を申し立て、同裁判所は昭和61年12月8日、AがY会社から支給される給料から給料所得税等を控除した残額の各4分の1ずつを378万余円に満つるまで差し押さえる旨の債権差押命令を発した（以下「本件差押命令」という）。本件差押命令は昭和61年12月9日にY会社に送達された。以上に基づき、XはY会社に対して取立債権請求訴訟を提起した。ところがAは昭和62年1月23日にY会社を退職し、同年2月24日に同社に再就職した。原審はXの請求を認容し、Y会社が控訴した。本判決は原判決を取消し、請求を棄却した。

【理　由】
　「労働者が雇用先を退職した後同一雇用先に再就職した場合、給料債権発生の基礎となる法律関係は、労働者の退職前と再就職後とでは別異のものと解されるから、右退職が執行を免れるため仮装のものと認められるような特段の事情がある場合を除き、退職前に発生した給料債権差押の効力は、再就職後の給料債権には及ばないというべきである。」本件では、Aの退職から再就職までの隔たりが1箇月と比較的短い。しかし、①Aは本件差押命令の送達を受けたことからY会社に迷惑がかかる虞があると考え、退職した。②その際、給与関係の清算、健康保険等の被保険者資格を喪失させる手続も執られた。③Aは退職を翻意し、Y会社の課長に助力を乞い、課長の奔走により再就職が実現した。「こ

れらの事実に照らすと、前述した退職から再就職までの期間の短かさから直ちに退職が執行を免れるための仮装のものであることを推認することはできず、他に右仮装の事実を認めるに足りる証拠はない」

2 検 討

前述のように、一般論として、継続的給付を目的とする債権が差し押さえられた場合、差押債務者は基本的に被差押債権の基礎となる法律関係の処分、具体的にはその解約ができる。このことは、給料債権が差し押さえられた場合にも、妥当する。とくに、雇用関係においては、憲法上職業選択の自由が保障されている（憲22条１項）ことからも、たとえ給料債権を差し押さえられた労働者でも、希望すれば自由に退職できなければならない。そうでないと、債務を負う者は、給料債権を差し押さえられると、同じ雇主のもとで働き続けることを強制されることになってしまう。

しかし、そうは言っても、給料債権差押後の退職が執行を免れるための手段として行われたのではないかと疑われる場合もある。とくに、差押債務者が同じ雇主のもとに再就職する場合、それも退職と再就職の間の期間が短ければ短いほど、この疑いが強まることは否定できない。

このような執行回避に対する立法論上の対策として、給料債権の差押後に債務者が退職した場合、差押債権者の再就職先への追求手段を設けることが提案されている[29]。筆者も、適切な提案と考えるが、そのような制度がない現状では、解釈論による対応を考えなければならない。そこで、民事執行法の施行前から採られているのは、債務者が退職後直ちに再就職したときは、虚偽表示（民94条）として、退職前の差押えの効力が継続するという考え方である[30]。これは通説と呼ぶことができる考

---

29) 竹下守夫『民事執行法の論点』231頁（有斐閣、1985年）。
30) 兼子・前掲注（６）200-201頁、宮脇幸彦『強制執行法（各論）』122頁（有斐閣、1978年）、鈴木ほか編・前掲注（６）300頁、385頁〔稲葉〕、加藤哲夫「判批」LAW SCHOOL23号98頁（1980年）。民事執行法下でこの見解をとる学説として、鈴木＝三ケ月編・前掲注（６）413-414頁、483頁〔稲葉〕、竹下守夫ほか『ハンディーコンメンタール民事執行法』324頁〔上原敏夫〕（判例タイムズ社、1985年）。

え方で、差押えの効力が存続する要件として、給料債権の発生原因である雇用契約が退職前と再就職後で法律上同一であることを要求しつつ、退職が執行を免れるための虚偽表示である場合には、法律上の同一性は失われないとするのである[31]。判例［6］、裁判例［7］も、この考え方を基本的立場として、それぞれの事案において、退職と再就職が虚偽表示であることを否定した、と説明されている[32]。

　以上の通説に対して、石川明教授は、ドイツの学説、判例の詳細な分析に基づいて、雇用契約の同一性は、法律的観点からではなく、経済的観点にしたがい社会生活上の通念によって判断されるべきであると主張され[33]、有力な支持者を得ている[34]（以下では、この考え方を「有力説」という）。

　両説の違いは、通説によると、差押えの効力が再就職後の給料債権に及ぶためには、退職と再就職が虚偽表示であることが証明されなければならないのに対して、有力説によると、退職前の雇用関係と再就職後の雇用関係が経済的に同一であれば、再就職後の給料債権にも差押えの効力が及ぶ点にある。すなわち第三債務者と差押債務者に、退職と再就職（再雇用）が虚偽であるという認識があるという、主観的要件の具備が必要か否かの違いである。そこで、もしこの具備が容易に認定されるならば、両説の実際上の違いはあまりないと言えよう[35]。しかし、判例［6］、裁判例［7］の結論を見るかぎり、実務ではこの認定に対する障壁は極めて高いと言える。

　差押えの効力が再就職後の給料債権にも及ぶ要件を、通説は、前述の

---

31) この説明は、長谷部由起子「判批」『民事執行・保全法判例百選（別冊 Jurist No. 208）』106頁（有斐閣、第2版、2012年）による。
32) 加藤・前掲注（30）98頁、長谷部・前掲注（31）106-107頁。
33) 石川明「将来の給料債権の差押」『強制執行法研究』231頁以下（酒井書店、1977年。初出、法研50巻1号〈1977年〉）、同「判批」判タ439号（昭和55年度主要民事判例解説）263頁以下（1981年）。
34) 中野・前掲注（6）691-692頁注（10）、同「判批」民商83巻4号107頁以下（1981年）、東孝行「判批」判タ735号（平成元年度主要民事判例解説）310頁以下（1990年）。
35) 東・前掲注（34）311頁は、両説で大きな隔たりはないが、微妙な点で影響がある、と述べている。

ように、新旧の雇用関係に法律的同一性があることとするのに対して、有力説は経済的同一性があることとする。不動産や動産の差押えが個々の不動産や動産を対象とするのと同様に、債権の差押えは個々の債権を差し押さえるものとすれば、債権差押えの効力の範囲画定の基準を法律的同一性に求める通説の考え方が正当であるように思われるかもしれない。しかし、民事執行法151条（旧民訴604条）が継続的給付を目的とする債権の執行につきわざわざ規定を設けたのは、手続の簡略化と債権者保護機能を発揮させるためである[36]。このことを考慮すると、継続的給付を目的とする債権差押命令執行の効力の範囲は法律的同一性によってではなく、経済的同一性によって画定することが、同条の趣旨により適っていると言える。

ただし、有力説の主張者である石川教授自身が、経済的同一性は差押えの効力の範囲の画定の基準としては不明確であるから、関係者の利益を害する、とくに、第三債務者にとって、誰に履行すべきかの場合によっては難しい判断を強いることになる点が、難点であることを、認められている[37]。しかし、第三債務者は、退職と再就職をめぐる一方の当事者であるから、それに関する事情を知りうる立場にある。また、債権の差押えがなされた場合、第三債務者には供託することが認められているのであるから（民執156条1項）、有力説によっても、基準の不明確さによる不利益を受けているとは言えない[38]。とくに、民事執行法は、差押えがなされたというだけで、差押えが競合した場合でなくても、供託を認めているので（民執156条1項と旧民訴621条1項を対比されたい）、現行法下では第三債務者の不利益を考慮する必要はない[39]。

以上のように、筆者は有力説を支持する。

ちなみに、仮に通説を前提にしても、退職と再就職の間隔が約1箇月である裁判例［5］では、間隔の極端な短さから退職、再就職が虚偽の

---

36) 石川・前掲注（33）将来の給料債権の差押え231頁。
37) 石川・前掲注（33）将来の給料債権の差押え237-238頁、同・前掲注（33）判批265頁。
38) 石川・前掲注（33）将来の給料債権の差押え238頁、同・前掲注（33）判批265頁。
39) 長谷部・前掲注（31）107頁。

ものであるとの事実上の推定が働くのではないだろうか。たしかに、時間的間隔は虚偽であるか否かの判断要素ではあっても、決定的な決め手とはされておらず[40]、筆者もそのように考える。しかし、それは主として、間隔が比較的長くても、虚偽であることがありうるということを意味している（たとえば、農閑期に都市部で同じ雇主に雇用されて働らく農民について、雇用状態の間にはさまれる農業従事期間が長期であっても、雇用関係の経済的一体性が肯定されるように）。逆に、間隔が１箇月というように極端に短期であることは、退職、再就職・再雇用が虚偽であることを、事実上推定させるであろう。

6　本稿の要約

　債権差押え・仮差押えの効力として、差押債務者・仮差押債務者が被差押・被仮差押債権の基礎となる法律関係の処分を禁じられることはない。しかし、その処分が実質的には被差押・被仮差押債権の処分と同視できる場合には、その実質に着目して、差押・仮差押債務者はかかる処分をなし得ない、言い換えれば、処分の効果を差押・仮差押債権者に対抗できない。そこで、被差押・被仮差押債権が一回的給付を目的とする債権の場合、その基礎となる法律関係の処分、たとえば、売買代金債権の差押え・仮差押えの場合の売買契約の合意解除の効力は、差押・仮差押債権者に対抗できず、差押・仮差押債権者は第三債務者に支払を求めることができる。他方、被差押・被仮差押債権が継続的給付を目的とする場合、その基礎にある法律関係の処分、たとえば、賃料債権の差押え・仮差押えの場合の賃貸借契約の解約もしくは賃貸借契約の目的物の賃貸人から賃借人への譲渡、または給料債権の差押えの場合の債務者の退職は可能である。しかし、差押・仮差押債務者と第三債務者の間の人

---

40) 加藤・前掲注（30）99頁はこの趣旨であろう。有力説からも時間的間隔について、同様の指摘がなされている。石川・前掲注（33）判批265頁、中野・前掲注（32）判批111頁。

的関係、処分がなされる経緯等から、処分行為の効果、すなわち給料債権や賃料債権の不発生を主張することが、信義則に違反するときは、この主張は排斥される。また、いったん解約した後再度契約が締結された場合、前後の契約関係に経済的同一性があるときは、差押え・仮差押えの効力は再度の契約関係にも及ぶ。

賃料債権の差押えの効力発生後になされた賃貸建物の賃借人への譲渡

柳　沢　雄　二
Yuji YANAGISAWA

1　本稿の目的
2　検　討

1　本稿の目的

1　はじめに

　賃料債権の差押えの効力が発生した後に賃貸建物が賃借人に譲渡された場合、当該差押えの効力がどうなるかという問題について、これまであまり深くは議論されてこなかったように思われる。そのような中で、最判平成24・9・4[1]（以下、「本判決」という）は、この問題に関して非常に興味深い判示をしており、本稿では、この最高裁判決を検討することを目的とする。

2　事案の概要及び判旨

　事案はかなり複雑であるが、以下では最高裁で審理の対象となった点を中心に紹介する。
　（1）Ａ株式会社は医薬品の卸売業等を目的とする会社であり、Ｙ株式会社は介護保険法に基づく居宅サービス事業等を目的とする会社であ

---

1) 裁判集民事241号63頁、裁時1563号1頁、判時2171号42頁、判タ1384号122頁、金判1400号16頁、金判1413号46頁。
　評釈として、石毛和夫・銀法750号60頁（2012）、大川治・NBL987号4頁（2012）、小粥太郎・ジュリ1453号（平成24年度重判解）79頁（2013）、松尾弘・法セミ700号130頁（2013）等がある。

るが、Yの株主はA及びAの1人株主兼代表取締役であるBのみであり、さらにBは平成20年6月5日までYの代表取締役を務めていた。Aは、平成16年10月20日、Yに対して、Aが所有する建物（以下、「本件建物」という）を、期間を平成16年11月1日から平成36年3月31日まで、賃料を当分の間月額200万円と定めて[2]賃貸する旨の賃貸借契約（以下、「本件賃貸借契約」という）を締結し、本件建物をYに引き渡した。AとYは、平成20年5月23日、本件賃貸借契約に基づく平成20年6月分以降の賃料を月額140万円とする旨を合意し、同月初め頃には当月分の賃料を毎月7日に支払う旨を合意した。X株式会社は、全国に営業所を有する各種商品の割賦販売、リース、信用保証等を業とする会社であるが、平成20年8月1日、A及びBを被告として、S株式会社との事業ローン契約に基づく求償金3583万4564円及びこれに対する遅延損害金の支払いを求める訴えを提起し、同年9月25日、Xの請求を全部認容する判決がなされた。Xは、この執行力のある判決正本を債務名義として、本件賃貸借契約に基づく賃料債権につき、平成19年4月1日から支払期の到来するものから3716万0642円に満つるまで差押えを申し立てた。平成20年10月9日には債権差押命令（以下、「本件差押命令」という）が発せられ[3]、その正本は、同月10日にYに、同月17日にAに、それぞれ送達された。Xは、Yに対して、3716万0642円の支払いを求めて取立訴訟を提起した。

（2）第一審（大阪地岸和田支判平成21・9・29金判1400号27頁）は、1400万円の限度でXの請求を認容した[4]。これに対して、XYともに控訴し

---

[2] 原審の認定によると、賃料は月額350万円（内訳は1階部分200万円、2階部分150万円）であるが、当分の間は暫定的に月額200万円とすることを定めたとされる。

[3] なお、Xは、Aを債務者、Yを第三債務者とし、XがAに対して保証委託契約に基づき受託保証人として有する事前求償権を請求債権として、本件賃貸借契約に基づく賃料債権のうち、平成19年4月1日から平成21年7月31日までの間に支払期の到来するものについて、支払期の早いものから3532万4564円に満つるまで仮差押えを申し立てており、平成20年8月4日に仮差押決定が発せられ、その正本が同月5日にYに送達されている。本件差押命令は、この債権仮差押命令申立事件から本執行に移行したものである。

[4] 第一審において、Xは、平成19年4月分から平成21年6月分までの賃料の支払いを求めたが、Yは、平成20年5月分までの賃料については弁済の抗弁を主張し、同年6月分

た[5]。その後、Yは、原審係属中の平成21年12月25日までに[6]、Aとの間で、本件建物を含むA所有の複数の不動産を買い受ける旨の契約（以下、「本件売買契約」という）を締結し、その所有権移転登記を受けて、売買代金3億7250万円をAに支払った。そこで、Yは、AのYに対する賃料債権は混同により消滅したとの主張を追加した。

原審（大阪高判平成22・3・26金判1400号22頁）は、混同による賃料債権消滅の主張について、Yが本件売買契約により本件建物の所有権の移転を受ける以前の平成20年8月5日にXがAのYに対する賃料債権を仮差押え（その後本執行に移行）しており、「上記賃料債権は第三者の権利の目的となっているから、混同によっては消滅しない（民法520条ただし書）。」と判示して、Yの混同の抗弁を認めず、さらにYの相殺の抗弁も否定して、Yに対して、原審の口頭弁論終結時までに支払期の到来する2520万円については即時の支払いを命じ、残額については将来給付として支払いを命じた。これに対して、Yが上告受理の申立てをした[7]。

　　　　以降の賃料については相殺の抗弁を主張した。第一審は、弁済の抗弁については認め、相殺の抗弁については、同年6月分及び7月分は認めたが、8月分以降は認めなかった。
5) 原審におけるXの請求は、金額こそ第一審と同じであるが、支払いを求める取立権の内容については、平成20年8月分から平成22年10月分までに一部交換的に変更している。そのため、第一審判決中Xの請求を棄却した部分は失効し、また平成21年6月分以降の賃料債権の取立てを求める部分は、原審において拡張された新たな請求となった。
6) 原審の認定によると、Yは、平成21年1月8日、Aから、本件建物を含むA所有の複数の不動産を、その当時K銀行等に対して設定されていた根抵当権の負担付のまま買い受ける旨の契約を締結し、同年12月25日、Aとの間では売買代金を減額する合意をし、K銀行との間では根抵当権を設定してKから売買代金相当額の融資を受ける合意をして、Kのために根抵当権設定登記を経由するとともに、売買代金をAに支払ったとされる。
　　　　なお、売買契約の締結と所有権の移転時期との関係については物権行為の独自性の問題と関連して古くから議論があるところ（横山美夏「不動産売買のプロセス」内田貴＝大村敦志編『民法の争点』91頁（有斐閣・2007）等参照）、本件において売買代金の完済時に本件建物の所有権がYに移転するとの特約がAY間に存在したと明確に認定されているわけではないが、最高裁も「平成21年12月25日までにAがYに本件建物を譲渡した」ことを前提としているので、この時点で所有権が移転したものとして以後検討する。
7) Yの上告受理の申立て理由は、判時2171号45-46頁に掲載されている。

(3) 最高裁は、「賃料債権の差押えを受けた債務者は、当該賃料債権の処分を禁止されるが、その発生の基礎となる賃貸借契約が終了したときは、差押えの対象となる賃料債権は以後発生しないこととなる。したがって、賃貸人が賃借人に賃貸借契約の目的である建物を譲渡したことにより賃貸借契約が終了した以上は、その終了が賃料債権の差押えの効力発生後であっても、賃貸人と賃借人との人的関係、当該建物を譲渡するに至った経緯及び態様その他の諸般の事情に照らして、賃借人において賃料債権が発生しないことを主張することが信義則上許されないなどの特段の事情がない限り、差押債権者は、第三債務者である賃借人から、当該譲渡後に支払期の到来する賃料債権を取り立てることができないというべきである。」と判示した。そして、「上記特段の事情について審理判断することなく、XがYから本件賃貸借契約に基づく平成22年1月分以降の賃料債権を取り立てることができるとした原審の判断には、判決に影響を及ぼすことが明らかな法令の違反がある」として、「原判決のうち、Yに対し平成20年8月分から平成21年12月分までの賃料合計2380万円を超えて金員の支払を命じた部分」を破棄し[8]、上記特段の事情の有無につき更に審理を尽くさせるために、この部分について本件を原審に差し戻した。

2 検 討

本判決を一読しただけでも、原審が民法520条ただし書の問題だと考えているのに対して最高裁が当該条文に言及していない理由は何か、あるいは、賃貸建物の譲渡によって賃貸借契約が終了した場合には差押債権者は「特段の事情がない限り」それ以降の賃料債権を取り立てること

---

[8] 平成21年12月25日に賃貸借が終了したとすると、翌日から12月31日までの賃料分は本来発生しないはずであるが(民法89条2項参照)、最高裁は、12月分の賃料の支払いを命じた原審の判断は維持している。この点に関して、本判決のコメント(判時2171号43頁等)では、同月25日以降の賃料については賃貸借の当事者(AとY)間での不当利得の問題として処理されるべきであるとみたのではないかという推測がなされている。

ができないとする最高裁の見解を前提とすれば、逆に「特段の事情」がある場合にはどのような法律構成に基づいて差押債権者は賃借人から賃料債権を取り立てることができるようになるのかなど、検討すべき事項が多く含まれていることが理解されよう。そこで、以下では、最高裁の判示に留意しながら、まずは原則的な場合を検討し、最後に「特段の事情」がある場合の法律構成について検討することにしたい。

1　賃料債権の差押えの処分禁止効と賃貸建物の譲渡との関係

まず、本件において、XはAのYに対する賃料債権を継続的給付債権として差し押さえ（民執法151条）、その差押えの効力が発生した後に、Aが自己所有の賃貸建物をYに譲渡しているが、このAによる賃貸建物の譲渡が差押えの処分禁止効（民執法145条1項前段）に抵触せずに許されるということは、争いがないであろう。というのも、本判決も述べているように、「賃料債権の差押えを受けた債務者は、当該賃料債権の処分を禁止される」けれども、賃料債権の差押えはあくまでも差押えの対象である賃料債権の処分禁止効をもたらすだけであって、賃貸建物の所有権自体の処分禁止効までもたらすわけではないからである[9]。

この点に関して、最判平成10・3・24民集52巻2号399頁[10]（以下、「平成10年最判」という）は、賃料債権の差押えの効力が発生した後に賃貸人が（賃借人以外の）第三者に賃貸建物を譲渡したという事案[11]において、「建物の所有者を債務者とする賃料債権の差押えにより右所有者の建物自体の処分は妨げられない」と明確に判示しており、この平成10年

9）　後掲（注18）で述べるように、賃貸人が賃貸建物を第三者に譲渡することによって、賃貸人たる地位もこれに伴って新所有者に移転することに鑑みれば、この場合も、債務者による基本的法律関係の処分（後述「3　賃貸人による賃貸借契約の処分」参照）の一場面と見ることができよう。東京地方裁判所民事執行センター実務研究会『民事執行の実務　債権執行編（上）［第3版］』178頁（金融財政事情研究会・2012）。

10）　調査官解説として、孝橋宏『最高裁判所判例解説民事篇　平成10年度（上）』290頁（法曹会・2001）、同・ジュリ1139号186頁（1998）がある。

11）　類似の裁判例として、東京地判平成9・7・7金判1041号50頁及び東京高判平成10・3・4判タ1009号270頁がある。

最判の結論に賛成する見解[12]はもちろんのこと、反対する見解[13]でも、この点を批判するものは見受けられない。

そして、本判決自体はこの点について明示しているわけではなく、また平成10年最判を引用しているわけでもないが、「賃貸人が賃借人に賃貸借契約の目的である建物を譲渡したことにより賃貸借契約が終了した以上は」と述べている点に鑑みれば、賃料債権の差押えの効力が発生した後であっても、賃貸人が賃貸建物を他者に譲渡することは許され、かつ、当該譲渡の相手方がたとえ賃借人であっても、その結論は変わらないということを前提としているものと解される。

とすれば、AY間の本件建物の売買契約によって、本件建物の所有権はAからYに移転し、Yが本件建物の所有権を取得したということになる。

2 賃借人による賃貸建物の所有権の取得と賃貸借契約の帰趨

（1）前述のように、本判決は「賃貸人が賃借人に賃貸借契約の目的である建物を譲渡したことにより賃貸借契約が終了した以上は」と判示しており、賃借人が当該建物の所有権を取得した場合には、賃貸借契約は「終了する」ことを前提としている。しかしながら、本判決は、その法的根拠については何も言及していない。

この点に関して、大判昭和5・6・12民集9巻532頁（以下、「昭和5年大判」という）は、「賃借人カ賃貸借ノ目的物ノ所有権ヲ取得シタルトキハ賃貸借ヲ為スヘキ利益アル場合例ヘハ其ノ物カ質権又ハ地上権等ノ目

---

12) 秦光昭・金法1525号4頁（1998）、山本和彦・判評482号（判時1664号）199頁（1999）、内山衛次・ジュリ1157号（平成10年度重判解）133頁（1999）、千葉恵美子・民商120巻4＝5号821頁（1999）、森田宏樹・金法1556号59頁（1999）、本田晃・判タ1005号（平成10年度主判解）248頁（1999）。また、中野貞一郎『民事執行法［増補新訂6版］』675頁（青林書院・2010）。なお、上原敏夫ほか編『民事執行・保全判例百選［第2版］』108頁〔河崎祐子〕（有斐閣・2012）参照。

13) 占部洋之・法教216号100頁（1998）、同「ドイツ法における抵当不動産賃料の事前処分（三・完）」大阪学院大学法学研究25巻1号186頁（1998）、上野泰男・リマークス18号137頁（1999）、角紀代恵・判タ1024号65頁（2000）。また、松本博之『民事執行保全法』268-269頁（弘文堂・2011）。

的トナリ賃借人ニ於テ所有権ヲ取得スルモ之カ使用収益ヲ為スコトヲ得サルカ如キ場合ヲ除クノ外ハ賃貸借関係ヲ存続セシムルノ必要ナク従テ賃貸借ハ終了スルモノト解スルヲ相当トス」と判示して、本判決と同じように、賃借人が賃貸借の目的物の所有権を取得したときは原則として賃貸借は終了するとしている。他方で、その法的根拠を示していない点も、本判決と同様である[14]。もっとも、昭和5年大判のいう「賃貸借関係ヲ存続セシムルノ必要」がないから賃貸借が終了するという理由は、物権又は債権の混同（民法179条又は同法520条）の制度趣旨[15]に対応するものであると考えられる。また、昭和5年大判は、「賃貸借ヲ為スヘキ利益アル場合」には例外的に賃貸借は終了しないとしているが、その具体例として挙げる「其ノ物カ質権又ハ地上権等ノ目的トナリ賃借人ニ於テ所有権ヲ取得スルモ之カ使用収益ヲ為スコトヲ得サルカ如キ場合」とは、まさに民法179条1項ただし書にいう「その物……が第三者の権利の目的であるとき」に相当するといえる[16]。とすれば、昭和5年大判、さらには本判決も、賃借人が賃貸借の目的物の所有権を取得することで賃貸借が「混同によって消滅する」ために「終了する」と解しているものと見て差し支えないであろう[17]。

なお、この場合、物権の混同か債権の混同かが一応問題となり得るが、同一の物を目的とする「所有権及び賃借権」又は「賃貸人たる地位及び賃借人たる地位」[18]の関係は、厳密に言えば、民法179条1項本文

---

14) 末川博・論叢25巻1号147頁（1931）は、「賃貸借そのものの性質によって」「賃貸借は終了する」とする。
15) 船橋諄一＝徳本鎭編『新版注釈民法（6）［補訂版］』784頁〔徳本〕（有斐閣・2009）、磯村哲編『注釈民法（12）』506頁〔石田喜久夫〕（有斐閣・1970）等。
16) 我妻榮『新訂債権総論』373頁（岩波書店・1964）参照。
17) 最判昭和40・12・21民集19巻9号2221頁は、「不動産の賃借人が賃貸人から該不動産を譲り受けてその旨の所有権移転登記をしないうちに、第三者が右不動産を二重に譲り受けてその旨の所有権移転登記を経由したため、前の譲受人たる賃借人において右不動産の取得を後の譲受人たる第三者に対抗できなくなったような場合には、一たん混同によって消滅した右賃借権は、右第三者に対する関係では、同人の所有権取得によって、消滅しなかったものとなると解するを相当とする。」と判示しており、ここでも賃借権が混同によって消滅することを前提としていることがうかがわれる。

にいう「所有権及び他の物権」にも、また同法520条本文にいう「債権及び債務」にもそのまま当てはまらないが、他方でこの場合に賃貸借を存続させる必要性がないということも、明らかであろう[19]。したがって、物権の混同と債権の混同のどちらか一方に限定する実益はあまりなく、民法179条1項又は同法520条の類推適用によって（あるいは規定の精神に照らして）[20]賃貸借が混同によって消滅すると解すれば十分であるように思われる（そして、この場合には、前述のように、昭和5年大判のいう「賃貸借ヲ為スヘキ利益アル場合」と混同の例外としての「第三者の権利の目的であるとき」（民法179条1項ただし書又は同法520条ただし書）とは同じ趣旨のものであると考えることになる）。

（2）それでは、本件のように賃料債権が継続的給付債権として差し押さえられている場合には、昭和5年大判のいう「賃貸借ヲ為スヘキ利

---

18) 不動産賃借権が対抗力を有する場合において、賃貸人が賃貸借の目的物を第三者に譲渡したときは、特段の事情がない限り、賃貸人たる地位もこれに伴って新所有者に移転し、新所有者は旧所有者と賃借人との間の賃貸借関係を当然に承継して、旧所有者は賃貸借関係から離脱すると解するのが判例（大判大正10・5・30民録27輯1013頁、最判昭和39・8・28民集18巻7号1354頁等）及び通説（我妻榮『債権各論中巻一』420、448、452頁（岩波書店・1957)、幾代通＝広中俊雄編『新版注釈民法(15)［増補版］』188頁〔幾代〕（有斐閣・1996)、潮見佳男『基本講義 債権各論Ⅰ』157頁（新世社・2009) 等）である。このことは、賃料債権が継続的給付債権として差し押さえられている場合であっても同じであると思われる。孝橋・前掲（注10）295頁。

19) 奥村長生『最高裁判例解説民事篇 昭和46年度』366-367頁（法曹会・1972)。

20) この点に関して、我妻・前掲（注16）373頁及び同・前掲（注18）432頁ならびに最判昭和46・10・14民集25巻7号933頁は、「不動産賃借権の物権化」を前提に民法179条1項ただし書の準用を主張しており、この見解が現在の判例及び通説であるといえよう（東京高判昭54・12・11下民集30巻9～12号680頁、東京地判平成20・10・9判時2019号31頁、幾代＝広中編・前掲（注18）161頁〔望月礼二郎＝水本浩〕、河上正二『物権法講義』180頁（日本評論社・2012) 等。ただし、石田喜久夫・民商66巻5号930頁（1972）は、結論には賛成するものの、準用よりは「類推適用といったほうがよい」とする)。

もっとも、上述の昭和46年最判が出る前は、民法179条1項と同法520条を合わせて論じるものもあり（東京高判昭30・12・24高民集8巻10号739頁、我妻栄＝有泉亨＝水本浩『判例コンメンタールⅣ債権総論』410頁（日本評論社・1965)、森泉章・判評91号（判時444号）106頁（1966)、好美清光・民商55巻2号275頁（1966) 等)、「賃貸人たる地位と賃借人たる地位の同一人への帰属」という側面を重視して同法520条の問題ととらえる余地が全くないわけではないようにも思われる。

益アル場合」に該当するとして、賃貸借が終了しないと解することはできるであろうか。

この点、昭和5年大判は、「賃貸借ヲ為スヘキ利益アル場合」の具体例として、「其ノ物カ質権又ハ地上権等ノ目的トナリ賃借人ニ於テ所有権ヲ取得スルモ之カ使用収益ヲ為スコトヲ得サルカ如キ場合」を挙げているが、本件では、「其ノ物」すなわち賃貸建物自体が差押えの対象となっているわけではないことは前述のとおりであり、また質権又は地上権等の制限物権の目的となっているわけでもない。さらに、賃借人において、賃貸建物の所有権を取得しても当該賃貸建物の使用収益をすることができないという関係にあるわけでもない。とすれば、賃料債権が継続的給付債権として差し押さえられている場合であっても、それをもって「賃貸借ヲ為スヘキ利益アル場合」に該当するとして賃貸借が終了しないと解するのは困難であると思われる。

したがって、賃料債権の差押えの有無にかかわらず、賃借人が賃貸借の目的物の所有権を取得した場合には、賃貸借は混同によって消滅するために終了するということになる。

3 賃貸人による賃貸借契約の処分

このように、賃料債権の差押えの効力が発生した後であっても、賃貸人が賃借人に対して賃貸建物を譲渡することによって、賃料債権の発生の基礎となる賃貸借契約が終了することになるわけであるが、差押えの処分禁止効は、被差押債権の発生の基礎となった基本的法律関係にまで及ぶわけではない[21]から、執行債務者は、当該法律関係自体の処分をすることは可能である。すなわち、賃料債権が継続的給付として差し押さえられた場合であっても、執行債務者である賃貸人は、賃料債権の発生の基礎となった基本的法律関係である賃貸借契約を終了させることができる[22]。

---

21) Stöber, Forderungspfändung, 14. Aufl., 2005, Rn. 37, Rn.562 ; MünchKomm/Smid, ZPO, Bd. 2, 4. Aufl., 2012, §829 Rn. 53.
22) 売買契約のような1回限りの契約を合意解除することができるかについては議論があ

そして、本判決も述べるように、賃料債権の「発生の基礎となる賃貸借契約が終了したときは、差押えの対象となる賃料債権は以後発生」せず、存在しない賃料債権に対する差押えは空振りに終わるにすぎないから、賃料債権に対する差押えの処分禁止効も発生しないことになり、その結果として差押債権者による取立権（民執法155条1項本文）の行使も認められない、ということになる。

　その意味で、本判決が「賃貸人が賃借人に賃貸借契約の目的である建物を譲渡したことにより賃貸借契約が終了した以上は、その終了が賃料債権の差押えの効力発生後であっても、……差押債権者は、第三債務者である賃借人から、当該譲渡後に支払期の到来する賃料債権を取り立てることができない」と判示するのは、差押債権者にとっては酷な結果といえなくもないが、理論的にはやむを得ない[23]ところであって、妥当な判断というべきであろう。

4　本判決と平成10年最判との関係

　本判決も平成10年最判も、ともに建物の賃料債権が継続的給付債権として差し押さえられた後に賃貸人が賃貸建物を譲渡したという事案である。しかしながら、本判決では、原則として「差押債権者は、第三債務者である賃借人から、当該譲渡後に支払期の到来する賃料債権を取り立てることができない」とされたのに対して、平成10年最判では、「建物所有者の債権者が賃料債権を差し押さえ、その効力が発生した後に、右所有者が建物を他に譲渡し賃貸人の地位が譲受人に移転した場合には、右譲受人は、建物の賃料債権を取得したことを差押債権者に対抗することができない」とされ、その結論が正反対であるように見える。そこで、両者が抵触しないかが問題となり得る。

　もっとも、両者では、賃貸建物の譲受人が異なっている。すなわち、

　　るものの、給料債権や賃料債権のような継続的給付債権が差し押さえられた後に、債務者がその基礎となった法律関係を解除（合意解除を含む）等によって終了させることが原則として認められることについては、争いがない。中野・前掲（注12）672頁等。
23)　大川・前掲（注1）5頁。

平成10年最判の譲受人は賃借人以外の第三者であり、賃貸人が第三者に賃貸建物を譲渡したときは、特段の事情がない限り、賃貸人たる地位もこれに伴って新所有者に移転し、新所有者は旧所有者と賃借人との間の賃貸借関係を当然に承継する（前掲（注18）参照）ため、賃貸借契約は終了せずに、新所有者と賃借人との間で存続することになる。そして、新所有者が当該建物の不動産登記を取得した時から[24]、新所有者は、それ以降の賃料債権の支払いを賃借人に対して請求することができるようになる[25]。このように、賃料債権は旧所有者から新所有者へと帰属が変更することになるのであり、この点を踏まえて、平成10年最判は、「右建物を譲渡する行為は、賃料債権の帰属の変更を伴う限りにおいて、将来における賃料債権の処分を禁止する差押えの効力に抵触する」と判示したものと解される[26]。

これに対して、本判決の譲受人は賃借人であり、前述のように、「賃貸人が賃借人に賃貸借契約の目的である建物を譲渡したことにより」、賃料債権の「発生の基礎となる賃貸借契約が終了したときは、差押えの対象となる賃料債権は以後発生しない」ことになる。すなわち、賃貸人

---

[24] 不動産賃借権が対抗力を有する場合において、賃貸不動産の所有権を取得した譲受人が承継した賃貸人たる地位を賃借人に対して主張するためには、不動産登記を具備しなければならない（民法177条）と解するのが、判例（大判昭和8・5・9民集12巻1123頁、最判昭和25・11・30民集4巻11号607頁、最判昭和49・3・19民集28巻2号325頁）及び通説（我妻榮〔有泉亨補訂〕『新訂物権法』159頁〔岩波書店・1983〕、幾代＝広中編・前掲（注18）190-191頁〔幾代〕、潮見・前掲（注18）156頁、河上・前掲（注20）136頁等）である。なお、商事法務編『民法（債権関係）の改正に関する中間試案（概要付き）』157-158頁（商事法務・2013）の「第38　賃貸借」の4（4）も参照。

[25] なお、賃貸建物が譲渡された時点ですでに支払期の到来していた未払いの賃料債権は、具体的に発生した債権であるから、個別に債権譲渡の手続をとらない限り、新所有者には移転しない。大判昭和10・12・21新聞3939号13頁、我妻・前掲（注18）452頁、幾代＝広中編・前掲（注18）192頁〔幾代〕等。

[26] 賃料債権の差押え後でも「所有者の建物自体の処分は妨げられない」ことは平成10年最判自身が認めるところであるから、賃貸人が「右建物を譲渡する行為は……差押えの効力に抵触する」という平成10年最判の説示は、若干誤解を招きかねないが、この点は賃貸建物の譲渡によって「賃料債権の帰属」を変更させることが「将来における賃料債権の処分を禁止する差押えの効力に抵触する」という趣旨であると善解すべきであろう。

が賃貸建物を譲渡した後もなお賃貸借契約及び賃料債権が存続するか否かという点で、本判決と平成10年最判との間には決定的な違いが存在するということができる。

したがって、本判決と平成10年最判は抵触しないというべきである。

5　賃料債権の混同による消滅と賃料債権の発生時期

本判決の原審は、「賃料債権は第三者の権利の目的となっているから、混同によっては消滅しない（民法520条ただし書）。」と判示しており、賃貸人が賃借人に対して賃貸建物を譲渡した場合に、賃貸借契約が終了するか否かよりも、賃料債権が賃貸人から賃借人に移転し、それが債権の混同によって消滅するか否かを問題としていることが分かる。

確かに、従来の学説は、債権者の債務者に対する債権を第三者が差し押さえた後に、債務者が当該債権を債権者から譲り受けた場合には、債権の混同の例外として、当該債権は消滅しないと説明している[27]が、ここでの債権については、「すでに発生している」債権が想定されているのではないかと思われる[28]。とすれば、原判決の読み方としても、賃借人が賃貸人から賃貸建物を譲り受けた時点で、賃借人は賃貸建物とともにすでに発生している賃料債権を譲り受けたが、賃料債権の譲渡の前に差押債権者による債権差押えがなされていて、当該「賃料債権は第三者の権利の目的となっているから、混同によっては消滅しない」と判断したと理解することができるかもしれない[29]。

---

27)　我妻・前掲（注16）370-371頁、磯村編・前掲（注15）508頁〔石田〕、潮見佳男『債権総論［第4版］』453頁（信山社・2012）等。

28)　この点に関する体系書又は注釈書の記述は明確でないが、将来発生する債権と将来発生する債務とが同一人に帰属した場合、債権が発生するのを待ってから混同によって消滅すると解するよりも、そもそも当該債権は「発生しない」と解するほうが直截的であることに鑑みれば、その半面として、債権の混同が問題となる場合というのは、当該債権がすでに発生していることが前提となっているのではなかろうか。松尾・前掲（注1）130頁も同旨。

29)　継続的給付債権の差押えでは、すでに存在する単一の法律関係が当該債権の基礎となっている限り、差押えの時点において、すでに発生している債権で将来弁済期が到来するものであるか、それとも将来新たに発生する債権であるかは、法的には問題とならな

しかしながら、賃料債権の発生時期[30]に関して、従来の判例及び通説は、①賃料債権には、「賃貸人が目的物の使用収益をなさしめる対価として賃借人が賃料を支払うべき基本の法律関係」（基本的賃料債権）と、「弁済期ごとに賃料の支払いを受けるべき個々の権利」（支分的賃料債権）の２つの側面が存在し、②基本的賃料債権は賃貸借契約を締結した時に発生するのに対して、支分的賃料債権は賃借物の将来の使用収益を待って順次発生する、と解している[31]。また、支分的賃料債権は基本的賃料債権から常に流出（発生）するものの、両者は不可分の関係に立つわけではなく[32]、さらに賃料債権の譲渡又は差押えの対象となるのは、基本的賃料債権ではなく支分的賃料債権であると解される[33]。よって、継続

　　い。Stein/Jonas/Brehm, ZPO, Bd. 8, 22. Aufl., 2004, §832 Rn.1 ; Zöller/Stöber, ZPO, 28. Aufl., 2010, §832 Rn.1 ; Musielak/Becker, ZPO, 8. Aufl., 2011, §832 Rn. 2. よって、継続的給付債権の差押えとの関係では、賃料債権は賃貸借契約の成立と同時に一括して発生し、各期における一定額の賃料の支払いは賃借人に期限の利益の猶予を認めたものにすぎないと解したとしても、理論的には成立し得ると思われる（ただし、このような理解が期間の定めのない賃貸借の場合には妥当しないことにつき、森田宏樹「賃借物の使用収益と賃料債権との関係（１）」法教360号73頁（2010）参照）。

　　もっとも、原審における争点の中で、ＸとＹの主張が激しく対立しかつ原審の判断も非常に詳細になされたのは、Ｙによる相殺の抗弁の可否であって、賃料債権の混同による消滅の問題についてはほとんど議論がなく、原審の判断も非常に簡単になされているにすぎない。そのため、原審が賃料債権の発生時期についてどこまで意識していたのかは明らかでないと言わざるを得ない。

30) この点については、白石大「債権の発生時期に関する一考察（１）」早法88巻１号91頁以下（2013）及び同論文が参照する森田・前掲（注29）71頁以下に多くを負う。
31) 白石・前掲（注30）104頁、126頁。
32) 我妻榮＝廣瀬武文「賃貸借判例法（11）」法時12巻12号29頁（1940）。
33) 森田・前掲（注29）78頁。この点に関して、大判大正14・７・10民集４巻629頁は、将来の賃料債権に対する転付命令の可否について、大判大正４・12・11民録21輯2058頁を引用して「賃貸借契約ニ因リ賃借人ハ賃貸人カ賃借人ニ目的物ノ使用収益ヲ為サシムル対価トシテ賃金ヲ支払フヘキ基本ノ法律関係ヲ生スレトモ賃貸人カ其ノ使用収益ヲ為サシメサルトキハ賃借人ハ其ノ期間ニ対応スル賃金ノ支払ヲ為スコトヲ要セサルモノナルヲ以テ」としたうえで、「将来ノ使用収益ノ対価ニ属スル賃金債権ハ賃貸借契約ニ因リ当然ニ成立スルモノニ非スシテ其ノ成立ハ将来ノ使用収益義務履行ニ繋ルモノトス従テ将来ノ使用収益ニ対スル対価タル家賃債権ノ転付ハ其ノ効力ヲ生セサルモノト解セサルヘカラス」と判示しており、ここでいう「賃金債権」又は「家賃債権」が支分的賃料債権を意味していることは明らかである。

的給付債権の差押えの対象となる賃料債権も、ここでいう支分的賃料債権であって、賃貸借の目的物が将来使用収益されることによって順次発生するのであり、逆に言えば、差押えの効力が発生する時点、すなわち差押命令が第三債務者へ送達された時点（民執法145条4項）では、将来の支分的賃料債権はいまだ発生していないということになる。とすれば、いまだ発生していない支分的賃料債権の混同ということはそもそも問題とならないはずであり、それゆえにたとえ賃料債権が継続的給付債権として差し押さえられたとしても、債権の混同の例外が問題となることもないというべきであろう。そして、このような考え方は、賃借人が賃貸人から賃貸建物を譲り受けた時点で賃料債権がすでに発生していることを前提とする見解とは相容れないといわなければならない。

　本判決が、「賃貸借契約が終了したときは、差押えの対象となる賃料債権は以後発生しない」と判示する一方で、「賃料債権の混同による消滅」について何も言及していないのは、このような理解に基づくのではないかと思われる。

6　「特段の事情」がある場合の法律構成

　賃貸人が賃借人に賃貸建物を譲渡したときは差押債権者はそれ以降の賃料債権を取り立てることができないとする本判決の立場を徹底させてしまうと、差押えの効力を失わせる意図の下に賃貸人が賃借人に賃貸建物を譲渡するという場合が想定されるが、このような「執行妨害」ともいえる賃貸人又は賃借人の行為が許されるべきでないことについては、異論がないであろう。本判決も、「賃借人において賃料債権が発生しないことを主張することが信義則上許されないなどの特段の事情がない限り」と留保を付しており、このような事情がある場合には例外的に差押債権者による賃料債権の取立てを許容している。

　それでは、仮に本件において「特段の事情」が認められるとした場合[34]には、どのような法律構成に基づいて、ＸはＹから賃料債権を取

34）「特段の事情」の判断要素として、本判決は、「賃貸人と賃借人との人的関係、当該建

り立てることができるようになるのであろうか。「特段の事情」による例外を認めるのであるから、前述の検討のいずれかの部分で修正を加えなければならなくなるように思われるが、それが一体どこなのかが問題となる。

この場合の考えられる法律構成としては、①ＡからＹへの本件建物の譲渡自体が無効となる、②本件建物の譲渡は有効であるが、賃貸借は終了せず、賃料債権は発生する──これはさらに、②-1本件建物の所有権はＹに移転するが、賃貸人たる地位はＡに残存する、②-2本件建物の所有権とともに賃貸人たる地位もＹに移転するが、ＹのＹに対する「自己賃借権」が発生する、に分かれ得る──、③本件建物の譲渡は有効であり、賃貸借も終了するが、賃料債権は発生する、④本件建物の譲渡は有効であり、賃貸借も終了して、賃料債権は発生しないが、Ｙはそのことを X に対抗することができない、といったことがあり得よう。

ただ、最初に確認しておくべきことは、仮に「特段の事情」があるためにＸがＹから取立てをすることができるとしても、それはＸの満足に必要な範囲内で認めれば足りるということである。すなわち、Ｘが自己の執行債権及び執行費用の全額を回収することができた場合等Ｙからの取立てが不要になった場合には、ＡからＹへの本件建物の譲渡を無効としたり、賃貸借契約が終了しないと解したりする必要はないの

物を譲渡するに至った経緯及び態様その他の諸般の事情」を挙げている。本件において、Ｙの株主はＡ及びＡの１人株主兼代表取締役であるＢのみであり、さらにＢは数年前までＹの代表取締役を務めていたのであるから、「賃貸人と賃借人との人的関係」は非常に密接である。また、ＡからＹへの本件建物の譲渡について（前掲（注６）参照）、譲渡の時期が原審係属中であり、かつＹによる賃料債権の混同の主張が原審で追加的になされている点は、確かに執行妨害を疑わせる（本判決のコメント（判時2171号43頁等）参照）。そこで、この時期にＡがＹに対して本件建物を譲渡することになったのはなぜか、売買代金は適正価格か、ＡＹ間の売買代金の支払時期又は支払方法に関する合意は適当なものであったか、売買契約を締結する段階でＡ又はＹは当該売買によって賃貸借が終了すること又はＸの差押えの効力がなくなることを認識していたか、等の「当該建物を譲渡するに至った経緯及び態様」が、差戻審で重点的に審理されることになるものと思われる。この点につき、松尾・前掲（注１）130頁も参照。なお、差戻審判決については、［後記］を参照されたい。

である。この点に鑑みれば、①の本件建物の譲渡自体を無効とする法律構成は、本来自由であるはずのAによる本件建物の処分権限を過度に制限することになって不当であると思われる。また、仮に本件建物の譲渡が無効となれば、本件建物の所有権登記の移転も無効ということになり、AはY以外の第三者に本件建物を譲渡することも可能ということになりかねないが、これはYの立場を不当に侵害するものといわなければならない。よって、①の法律構成は採り得ず、本判決のいう「特段の事情」がある場合でも、AY間の本件建物の譲渡は有効というべきである。

次に、②-1の本件建物の賃貸人たる地位がAに残存するという法律構成であるが、これはさらに、一方では、AからYへの本件建物の譲渡によってYA間の賃貸借とAY間の転貸借が発生するという構成が考えられ[35]、他方では、賃貸人が賃貸借の目的物を第三者に譲渡しても賃貸人たる地位が当該第三者に移転しない「特段の事情」[36]がある場合に本件が該当するという構成が考えられる。しかしながら、前者については、XのYに対する取立てを認めるためだけにYA間の賃貸借の発生を擬制するのは、もともとそのような契約は存在しておらず、そのために契約の内容が伴っていないことに鑑みれば、かなり無理があると思われる。また、後者についても、賃貸借の目的物に関する所有権の移転と賃貸人たる地位の移転をなるべく一体的に扱おうとするのが現在の有力な見解である[37]ことに鑑みれば、本判決のいう「特段の事情」がある

---

35) 賃貸人たる地位と転借人たる地位とが同一人に帰属した場合でも、賃貸借関係及び転貸借関係は原則として消滅しないと解するのが、判例（大判昭和8・9・29民集12巻2384頁、最判昭和35・6・23民集14巻8号1507頁等）及び通説（我妻・前掲（注16）373頁、磯村編・前掲（注15）510頁〔石田〕、潮見・前掲（注27）453-454頁等）である。

36) 前掲（注18）所掲の最判昭和39・8・28民集18巻7号1354頁参照。

37) 最判平成11・3・25判時1674号61頁は、前注の昭和39年最判及び最判昭和44・7・17民集23巻8号1610頁を引用したうえで、「新旧所有者間において、従前からの賃貸借契約における賃貸人の地位を旧所有者に留保する旨を合意したとしても、これをもって直ちに前記特段の事情があるものということはできない。」と判示しており、容易に「特段の事情」を認めるわけではないことが分かる。ただし、前掲（注24）の『民法（債権関係）の改正に関する中間試案（概要付き）』157-158頁の「第38　賃貸借」の4（3）及び（注）

という理由だけで昭和39年最判のいう「特段の事情」があると判断するのは困難であると思われる。よって、②-①の法律構成も採り得ず、本判決のいう「特段の事情」がある場合でも、本件建物の所有権とともに賃貸人たる地位もYに移転すると解すべきである。

さらに、②-②の「自己賃借権」という法律構成について、借地借家法15条は「自己借地権」の制度を設けているが、これは「他の者と共に有することとなるときに限」られている（同条1項）。すなわち、「一般的に自己借地権の設定が認められるのではなく、借地権を借地権設定者と借地権設定者以外の者が準共有する場合にのみ、自己借地権の設定が認められる」[38]のである。また、「自己借家権」については、これを認める規定が民法にも借地借家法にも存在しない。とすれば、解釈で「自己賃借権」を認めるのは、かなりハードルが高いといわなければならない。よって、②-②の法律構成もまた採り得ず、本判決のいう「特段の事情」がある場合でも、YのYに対する「自己賃借権」が発生するわけではないと解すべきである。

そして、③の賃貸借は終了するが賃料債権は発生するという法律構成が採り得ないことについては、多言を要しないであろう。というのも、賃料債権は、基本的賃料債権にしろ支分的賃料債権にしろ、賃貸借の存在を前提として発生するものであり、本判決のいう「特段の事情」がある場合でも、賃貸借が存在しないのに賃料債権が発生するというのは背理だからである。

したがって、本判決のいう「特段の事情」がある場合の法律構成としては、④の「本件建物の譲渡は有効であり、賃貸借も終了して、賃料債権は発生しないが、YはそのことをXに対抗することができない」という考え方を採るべきであると思われる。これは、いわゆる「相対的無効」[39]と同じ考え方であり、Yは、Xに対してのみ賃料債権の不発生

を参照。
38) 広中俊雄編『注釈借地借家法—新版注釈民法(15)別冊』880頁〔生熊長幸〕（有斐閣・1993）。
39) ここでいう「相対的無効（relative Unwirksamkeit）」は、ドイツ民法135条又は同法

（及びXの取立権の消滅）を主張することができないにとどまり、X以外の者に対してはこれを主張することができると解すべきである。その結果、もし仮に本件においてAにX以外の債務名義を有する債権者がいたとしても、当該有名義債権者は、AのYに対する賃料債権が存在することを前提として二重差押え又は配当要求をすることはできないというべきである。他方で、Xとしては、Yに対する取立権が存在していることを前提として、支払いの受領又は取立訴訟（民執法157条）の提起をすることができるということになる。

* 栂善夫先生には、筆者が大学院の修士課程で先生の研究室に加えて頂いてから現在に至るまで、様々な形で御指導及び御配慮を頂いている。特に先生の研究室の引っ越しの際や、拙稿の準備のためにドイツ連邦議会の法律案の試訳を逐条的に添削して頂いた際に、日本のみならずドイツの司法制度について多岐にわたるお話を伺うことができたことは、本当に貴重な経験であった。

　　また遠藤賢治先生には、御著書『事例演習民事訴訟法』の校正に微力ながら関与する機会を与えて頂いたことや、先生のドイツ・フライブルク大学留学中に、10日程ではあったがお世話を頂き、筆者の初めての海外旅行を無事過ごすことができたことに、今もって感謝を申し上げたい。

　　両先生の学恩にお応えするにはあまりにも拙く、判例評釈の域を出ないものであることは十分自覚しているが、両先生の益々の御健勝をお祈りして、謹んで本稿を捧げる次第である。

【後記】

　　脱稿後、本判決の差戻審判決である大阪高判平成25・2・22金判1415号31頁に接した。差戻審は、詳細な事実認定の下に、「本件売買契約は、平成20年5月にAが事実上破綻した後まもなく、A、Y、K銀行（筆者注：Aに3億円を融資し、当該貸付金債権につきYらと連帯保証契約を締結した）が対応を協議し、YがKから融資を受けて、阪南不動産（筆者注：阪南市内にある本件建物を含む複数のA所有の不動産）をAの借入債務残額と同額の代金（筆

136条と同じように、保護されるべき者との関係でのみ無効とする考え方を想定している。ドイツ法上の相対的無効につき、林幸司「ドイツ法における相対的無効」椿寿夫編『法律行為無効の研究』150頁以下（日本評論社・2001）及びライポルト（円谷峻訳）『ドイツ民法総論』262-263頁（成文堂・2008）参照。

者注：3億7250万円。なお、阪南不動産の時価は約1億5000万円程度）で買い取るとの基本的枠組を合意したが……、その後、他の債権者が阪南不動産を仮差押えした等の事情によりその実行が遅れ、最終的な決済が平成21年12月25日になったというものであり……、Xが本件賃料債権の差押えをした後に、Yがそれを免れようとして、本件売買契約を計画したものとは認められない」こと、及び、「Yは、本件建物の賃借人との立場で本件建物を占有利用し、有料老人ホームを経営していたものであるところ……、本件売買契約後は、本件建物の所有者としての立場で、従前同様、本件建物を占有利用し、有料老人ホームの経営を続けており……、さらに、本件建物の売買代金については、YがKから借入れてAに支払い、Yが上記借入金債務の返済を続けている……のであるから、本件売買契約に基づく所有権の移転や代金の支払等について実体に欠けるものでもない」ことを理由として、AとYの間に密接な人的関係が存することは認めつつも、「Yにおいて、本件賃料債権が発生しないことを主張することが信義則上許されないなどの特段の事情が存するものと認めることはできない。」と判示して、差戻しに係るXの請求を破棄した。

被差押債権の発生原因となる法律関係の処分

吉　田　純　平
Junpei YOSHIDA

1　問題の所在
2　被差押債権の発生原因となる法律関係の消滅・変更に関する判例
3　学　説
4　まとめに代えて

1　問題の所在

　債権が差し押さえられると、執行債務者は、被差押債権について取立てその他の処分をなすことを禁止され、かつ、第三債務者は執行債務者への弁済を禁止される（民執145条1項）。執行債務者による差押えの処分禁止効に抵触する処分は、差押債権者の他、当該差押えに基づく執行手続が存する限り、これに参加するすべての債権者に対して、その効力を対抗できない（いわゆる手続相対効)[1]。従って、執行債務者は、第三債務者からの任意の弁済はもちろん、強制執行による弁済の受領、債権の移転行為、免除・相殺・代物弁済の受領などの債権を消滅させる行為、猶予の許諾などの債権の価値を減少させ、または条件の成就を妨げる行為は、これを全てすることができない[2]。
　ただし、被差押債権発生の発生原因となる法律関係自体の処分は妨げられない[3]。例えば、債権者が、労働者である債務者の、使用者である第三債務者に対する給料債権を差し押さえた場合に、労働者が退職する

---

[1]　中野貞一郎『民事執行法〔増補新訂六版〕』（青林書院、2010年）672頁。
[2]　中務俊昌「取立命令と転付命令」『民事訴訟法講座第4巻』（有斐閣、1955年）1180頁。
[3]　中野・前掲注1、672頁。

ことによって、被差押債権である給料債権の発生原因である雇用契約を消滅させる行為である。これによって、差押えは、その対象を失い、効力は消滅する。通常、執行債権者は、この消滅を受け入れなければならず、その執行については無駄に終わる。ところで、執行債務者が、執行を逃れることを目的として、被差押債権の発生原因となる法律関係を消滅させる場合が考えられる。場合によっては、第三債務者と共謀して、そのような行為に及ぶことも想定される。このような場合にも、執行債権者は、その被差押債権の消滅を甘んじて受け入れなければならないのか。後述のように、学説および判例は、何らかの方法により、執行債権者を救済している。本稿では、このような場合において、執行債権者は、救済されるべきか、そうであるならば、どのような法律構成によるのか、検討したい。

2 被差押債権の発生原因となる法律関係の消滅・変更に関する判例

被差押債権の発生原因となる法律関係が消滅・変更する原因は、いくつかある。それぞれについて、仮差押えに関する事案を含めて、以下のように整理される。なお、事案については、諸裁判例の全体像を把握するために、極めて簡略化している。

1 解除に関する裁判

執行債務者と第三債務者が、被差押債権の発生原因である契約を合意により解除する場合が考えられる。ここでは、そのような場合に関する裁判例を紹介する。

①大審院昭和6年4月15日判決裁判例5巻68頁
（事案の概要）Gは、Sに対する強制執行保全のために、SがDに対して有する馬匹交換契約に基づく金銭支払債権に対して仮差押えをなして、その後更に差押ならびに転付命令を申し立てた。しかし、仮差押後、差押前にS-D間で馬匹交換契約を合意解除した。

（判旨）　合意解除は仮差押債権者に対抗できない。

　　「仮差押ハ金銭債権ノ強制執行ヲ保全セムコトヲ目的トスルカ故ニ、債権ニ対シテ仮差押アリタル後債務者及第三債務者間ニ於テ仮差押ニ係ル債権ノ消滅ヲ目的トスル契約ヲ為スモ、斯ル契約ノ効力ハ仮差押債権者ノ利益ヲ害スル範囲ニ於テハ之ヲ以テ該債権者ニ対抗スルコトヲ得サルモノトス。」「解除ノ合意ハ仮差押ニ係ル債権ノ消滅ヲ目的トスル契約ニ外ナラスシテ、該合意ノ効力ハ仮差押申請ノ基本タルGノ債権ヲ害スル範囲ニ於テハGニ之ヲ対抗スルコトヲ得サルモノト云ハサルヘカラス。」4)

②大審院昭和12年7月8日判決判決全集4輯13号20頁

（事案の概要）　Gは、SのDに対する土地および建物の売買契約に基づく売買代金債権を差し押えたところ、差押命令の第三債務者への送達後に、SD間で土地及び建物の売買契約を合意解除した。

（判旨）　合意解除は差押債権者に対抗できない。

　　「差押ノ目的タル債権カ差押当時既ニ其ノ債権自体ニ附着シ居リタル場合ニハ此消滅ヲ以テ差押債権者ニ対抗シ得ヘシト雖、差押後ニ債務者カ第三債務者トノ間ニ新タナル合意ニ因リ其ノ債権ヲ消滅セシムヘキ旨ヲ約スルモ斯カル契約ハ差押債権者ニ対シテハ効力ナキモノト為ササルヘカラス。」「本件差押ノ目的タル代金債権ノ一部ヲ消滅セシムル趣旨ニ外ナラサルヲ以テ、差押後ニ為サレタル此等契約ハ凡テ差押債権者タルG等ニ対シ効力ナキモノト云ハサルヲ得ス。」

③名古屋高裁昭和28年4月13日判決下民集4巻4号509頁5)

（事案の概要）　仮差押債権者Gは、仮差押債務者Sに所有する家屋を売却したが、その売買代金の支払いを受けていなかったところ、Sは、第三債務者Dにその家屋を売却した。そこで、Gは、転売代金債権を仮差押えし、後に差押および転付命令を得た。ところが、SとDの間で、仮差押命令の発効後、転売契約を合意解除した。GがDに支

---

4)　本稿では、漢字は旧字体を新字体に改めて表記している。
5)　本判決の評釈として、本城武雄・別冊ジュリ22号80頁。

払いを請求したが、第1審、第2審は、解除により被仮差押債権は消滅して存在しないから、結局本件差押・転付命令は無効に帰するとした。

（判旨）　合意解除は、仮差押債権者に対抗できる。

「かような場合（SD間の合意解除が仮差押えの後である場合）右合意解除によってGの為した債権仮差押がどういう運命に立到るかについて考えてみる、合意による契約解除も、民法545条による契約解除も、何れも当事者がその相手方を原状に復させる義務を負うことにおいて何ら差異はないものと解すべく、この場合民法第545条但書の第三者の権利を害し得ないこともまた法理上同様であると考えられる。そこで同条但書にいう第三者のとは特別な原因に基いて双務契約における一方の債権者からその受けた給付の物体について或権利を取得した者を指すものと解すべきであるところ、いま仮差押債権者であるGの地位を按ずるに、民事訴訟法第750条第3項によれば、『債権の仮差押については第三債務者に対し債務者に支払を為すことを禁ずる命令のみを為すべし』とあって、仮差押債権者に対し特に実体法上の物権若くは債権を取得させるものとは解し得ないのであるから、Gは同条但書にいう第三者に包含されないものといわなければならない」。「されば第三債務者であるDは合意解除によって被仮差押債権が消滅したことを以て仮差押債権者であるGに対抗し得るものと解しなければならない。」

④東京地裁平成3年11月8日判決判タ791号195頁、金法1344号36頁[6]

（事案の概要）　GがS会社に対して手形金債権を有していたところ、SがDに製紙機械を売却したので、Gが、売買代金債権について仮差押えをした。この仮差押決定がS及びDに送達された後、S及びDは、売買契約を合意解除し、Sは、他の債権者であるAに製紙機械を代物弁済した。Gは、S及びDに対して、売買契約の合意解除及び代物弁済は、専らGの得た仮差押えの効力を失わせてその手形債権の回収を妨害することだけを目的に通謀された違法な行為で有り、これによって手形債権の回収が事実上不可能になり手形債権額の損害を被ったとして、共同不法行為に基づく損害賠償請求をした。

---

[6]　本判決の評釈として、野口恵三・NBL509号48頁。

（判旨）　売買契約の合意解除は、債権者の債権を侵害するものではない。

「本件合意解除の当時既に本件機械が本件工場から搬出され始めていたことが認められるが、このような売買契約の目的物引渡債務の履行の着手の事実があったことにより本件仮差押えの債務者であるS及びその第三債務者であるDが本件仮差押えによる被差押債権の取立てその他の処分・弁済等の禁止の効力を受けて本件売買契約の合意解除をすることをも制限されていたと解する余地がないわけではないけれども、そのような制限をもたらす仮差押えの効力というものも、そのような制限に反した被差押債権についての処分行為を絶対的に無効とするものではなく、ただ仮差押債権者に対抗できないという相対的なものとするにとどまるのであって、もとより本件仮差押えの被保全権利であるGの手形金債権に被差押え債権たる本件売買残代金債権から実体的な優先弁済を受ける権能をあたえるものではないと解される。そうしてみると、本件合意解除があっても本件仮差押えの効力自体の消長を来すものではなく、したがって、本件合意解除が本件仮差押えの効力を失わせたものといえないから、そのような効力を失わせることを前提として、本件合意解除がGの手形金債権を侵害するものとは到底いえない筋合いである。」

2　解除に関する裁判例のまとめ

裁判例①から③においては、売買代金が（仮に）差し押さえられた場合に、債務者と第三債務者が合意して売買契約を解除し、この解除が（仮）差押債権者に対抗し得るかどうかが問題となっている。大審院の二つの判決（①及び②判決）は、売買契約の合意解除を（仮）差押債権者に対抗することができないとしているが、その理由は詳細には述べられていない。ただ、①判決においては、売買契約の合意解除が、債権者を害する範囲では債権者に対抗することができない旨を述べているのみである。

これらとは逆に、③判決は、第三債務者は、合意解除によって被仮差押債権が消滅したことをもって仮差押債権者に対抗できる、と判断している。そこで問題となっているのは、（仮）差押債権者の民法545条1項但書の「第三者」への該当性の問題である。すなわち、民法545条1項

は、契約の解除の効果として、当事者の一方がその解除権を行使したときは、各当事者は、その相手方を原状に復させる義務を負うと定めているが、但書は、その際に第三者の権利を害することはできない、としている。③判決によれば、民法545条1項但書における第三者とは、特別な原因に基づいて双務契約の一方の債権者から、その受けた給付の物体についてある権利を取得した者でなければならないところ、債権の仮差押えによって実体法上なんらの物権も債権も生じるものではないから、仮差押債権者は本条但書のいう第三者に当たらない。

④判決は、合意解除の効果を仮差押債権者に対抗することができるかについて、直接判断したものではない。債権の仮差押後に被仮差押債権の発生原因である売買契約を合意解除することが、仮差押債権者に対する不法行為を構成するかが、問題となったが、その前提として、この合意解除によって債権仮差押えの効力が失われるかが判断されている。④判決によれば、債権に対する仮差押えによって、被差押債権から実体的な優先弁済を受ける権能が与えられるものではないから、債権者の請求債権を侵害したとはいえないし、売買契約の合意解除があっても仮差押えの効力自体に消長を来すものではないから、債権者の請求債権を侵害することにはならない。したがって、当該合意解除が不法行為を構成することはない。

3 債務者の退職と再雇用に関する裁判例

給料債権が差し押さえられた場合に、執行債務者が、勤務先を退職して雇用契約を終了させることができることについては、全く異論のないところである。ただし、給料債権を差し押さえられた執行債務者が退職した後、再び同一の勤務先に再就職した場合に、従前の給料債権に対する差押えの効力が再就職後の給料債権に及ぶかどうかが問題となる。この問題については、以下の最高裁判決がある。

⑤最高裁昭和55年1月18日判決判時956号59頁、判タ409号、金判592号3頁[7]

（事案の概要）Gは、Sに対する貸付金債権に基づいて、SがD会社（タクシー会社）に対して有する給料債権（昭和51年4月以降の給料ならびに期末手当等）について差押・取立命令を得た。この命令がDに送達された約一週間後に、Sは自己都合の理由でD会社を退職し、退職の約6ヶ月後にD会社に再雇用された。GがDに対して再雇用後の給料について支払いを求めた。第1審判決は、退職前の給料債権と再就職時の給料債権とは、雇用中断の時間的間隔から同一性が認められないとして、Gの請求を棄却。控訴審判決も、第1審判決と同様に、両債権の同一性を否定して、控訴を棄却した。

（判旨）
　「SがD会社を退職したのちD会社に再雇用されるまでの6ヶ月余を経過しているなど、原審の適法に確定した事実関係のもとにおいては、GがSの退職前にSを債務者として得たSのDに対する給料等の債権差押・取立命令の効力が再雇用後の給料等の債権に及ぶものではないとした原審の判断は、正当として是認することができ、その過程に所論の違法はない。」

　本判決は、差押えの効力が再雇用後の給料等債権に及ばないと判断したが、理由は簡単であり、しかも、原審認定の事実関係のもとでは原審の判断は正当という事例判決的な判断をするのみである[8]。

4　賃貸借契約の目的物である土地・建物の譲渡に関する裁判例

　賃料債権が差し押さえられた場合に、債務者が賃貸借契約の目的物である土地・建物等を第三者等に譲渡した場合に、賃料債権に対する差押えの効力はどうなるか。これについては、2つの最高裁判決を挙げておく。

---

7)　本判決の評釈として、中野貞一郎・民商83巻4号627頁、石川明・判タ439号263頁、長谷部由起子・別冊ジュリ127号150頁、同・別冊ジュリ177号132頁、同・別冊ジュリ208号106頁。

8)　「問題に直截に応えていないのは、甚だ残念に思われる。」中野・前掲注1、629頁。

⑥最高裁平成10年3月24日判決民集52巻2号399頁[9]

（事案の概要）　GはSに対する債務弁済契約公正証書に基づき、Sを債務者、本件建物の賃借人D1〜D4を第三債務者として、SがDらに対して有する賃料債権について差押命令を得た。差押命令がSおよびDらに送達された後、EがSから本件建物の所有権を取得し、所有権移転登記を経由した。EがDらに賃料の支払いを求めたところ、Dらは債権者不確知と差押えを原因として賃料を供託した。そこで、Gは、Eに対し、右供託金の還付請求権を有することの確認及び差押えによる取立権の行使として賃料の支払いを求めた。

（判旨）　賃料債権に対する差押えの効力発生後に、建物が譲渡された場合、譲受人は、建物の賃料債権の取得を差押債権者に対抗することができない。

「自己の所有建物を他に賃貸している者が第三者に右建物を譲渡した場合には、特段の事情のない限り、賃貸人の地位もこれに伴って右第三者に移転するが（最高裁昭和三五年（オ）第五九六号同三九年八月二八日第二小法廷判決・民集一八巻七号一三五四頁参照）、建物所有者の債権者が賃料債権を差し押さえ、その効力が発生した後に、右所有者が建物を他に譲渡し賃貸人の地位が譲受人に移転した場合には、右譲受人は、建物の賃料債権を取得したことを差押債権者に対抗することができないと解すべきである。けだし、建物の所有者を債務者とする賃料債権の差押えにより右所有者の建物自体の処分は妨げられないけれども、右差押えの効力は、差押債権者の債権及び執行費用の額を限度として、建物所有者が将来収受すべき賃料に及んでいるから（民事執行法一五一条）、右建物を譲渡する行為は、賃料債権の帰属の変更を伴う限りにおいて、将来における賃料債権の処分を禁止する差押えの効力に抵触するというべきだからである。」

9）　本判決の評釈として、山本和彦・判時1664号196頁、上野泰男・リマークス18号136頁、森田広樹・金法1556号59頁、内山衛次・ジュリ臨増1157号133頁、千葉恵美子・民商120巻4‐5号816頁、孝橋宏・ジュリ1139号186頁、同・最判解民事平成10年度290頁、河崎祐子・別冊ジュリ177号134頁、同・別冊ジュリ208号108頁。

⑦最高裁平成24年9月4日判決判時2171号42頁、判タ1384号122頁、金商1400号16頁

（事実の概要）　Gは、SがDに対して有する賃料債権を差し押さえた。差押命令の発効後、Sは、Dに賃貸借契約の目的物である建物を売却し、その所有権移転登記を経由した。Gは、Dに対して建物譲渡後の賃料の支払いを求めたところ、Dは、賃料債権について債務者であるD自身が賃貸目的建物を取得したことにより、賃貸借契約は終了し、賃料債権は消滅したと主張した。

（判旨）　差押債権者は、原則として、第三債務者である賃借人から、譲渡後に支払期の到来する賃料債権を取り立てることができない。

「賃料債権の差押えを受けた債務者は、当該賃料債権の処分を禁止されるが、その発生の基礎となる賃貸借契約が終了したときは、差押えの対象となる賃料債権は以後発生しないこととなる。したがって、賃貸人が賃借人に賃貸借契約の目的である建物を譲渡したことにより賃貸借契約が終了した以上は、その終了が賃料債権の差押えの効力発生後であっても、賃貸人と賃借人との人的関係、当該建物を譲渡するに至った経緯及び態様その他の諸般の事情に照らして、賃借人において賃料債権が発生しないことを主張することが信義則上許されないなどの特段の事情がない限り、差押債権者は、第三債務者である賃借人から、当該譲渡後に支払期の到来する賃料債権を取り立てることができないというべきである。」

5　賃貸借契約の目的物である土地・建物の譲渡に関する裁判例の若干のまとめ

⑥判決の事案においては、目的建物は賃貸借契約についての第三者に譲渡されたため、執行債務者である賃貸人と第三債務者である賃借人間の賃貸借契約は消滅したといえる。ただし、新しい賃貸人（建物譲受人）の下で賃料債権自体はなお存続している点で特徴的である。他方で、⑦判決の事案においては、執行債務者所有であった建物が、第三債務者に譲渡されることによって賃貸借契約は終了している。新しい賃貸人が存在しないために、賃料債権自体も完全に消滅してしまっている点で、⑥

判決の事案とは異なる。

6　被差押債権の免除・放棄

　次に、被差押債権に係る債務の免除に関する裁判例を紹介する。被差押債権の発生原因である法律関係を消滅させているわけではないが、執行債務者と第三債務者が、通謀しているかは別として、その意思で被差押債権を消滅させている点で共通する点も存する。

⑧最高裁昭和44年11月6日判決民集23巻11号2009頁[10]
　（事案の概要）　Ｇは、Ｓに対する金銭消費貸借契約についての執行力ある公正証書の正本にもとづき、ＳがＤに賃貸していた建物の賃料債権につき差押および取立命令を得て、これらの命令は、Ｄに送達された。その後、Ｓは、同建物の敷地所有者から建物収去土地明渡請求の訴えを提起されて敗訴し、本件建物を収去せざるを得なくなったとして、Ｓは、Ｄの賃料債務を免除した。そこで、Ｄが賃料を支払わなかったところ、Ｇは、賃料の支払いを求めて訴えを提起した。
（判旨）
　　「将来における継続収入の債権の一種である建物の賃料債権の差押は、差押債権額を限度として、差押後に収入すべき賃料に及ぶものであるところ（民訴法六〇四条）、基本たる建物の賃貸借契約が第三債務者である賃借人との間に存続する以上、右第三債務者に対する差押命令が送達されてその効力が発生した後は、差押債務者がする賃料債務の免除は、その事情のいかんにかかわらず、差押債権者を害する限度において差押債権者に対抗できないと解すべきである。これを本件についてみるに、差押債務者であるＳは、第三債務者であるＤに本件建物を賃貸していたが、右建物の敷地の所有者から提起された建物収去土地明渡訴訟に敗訴したので、Ｄに対する差押命令の送達後、Ｄに対し将来の賃料債務を免除したというのであるから、右免除は、差押債権者を害する限度にお

---

[10]　本判決の評釈として、豊水道祐・法曹時報22巻6号127頁、五十部豊久・判タ246号106頁、石川明・土井道彦・法学研究（慶應義塾大学）44巻4号124頁、畑郁夫・民商64巻6号1109頁。

いて差押債権者であるGに対抗できないというべきである。」

⑨大審院明治45年5月8日判決民録18輯468頁
（事実の概要）　執行債権者Gは、執行債務者で衆議院議員Sが有する歳費債権を差し押さえたところ、Sは歳費を辞退（実質は放棄）した。
（判旨）
　　「衆議院議員ハ歳費ヲ辞スルコトヲ得ト雖モ差押ヲ受ケタル歳費ハ縦令之ヲ辞スルモ単ニ差押債権者ノ権利ヲ害セサル範囲内ニ於テノミ其効力ヲ有シ差押ハ之カ為メニ毫モ影響ヲ受クルコトナク之ニ基キ為シタル転付モ亦依然其効力ヲ保有スルモノトス」

　前述のように、執行債務者は、債権差押命令の発効後は、第三債務者からの任意の弁済はもちろん、強制執行による弁済の受領、債権の移転行為、免除・相殺・代物弁済の受領などの債権を消滅させる行為、猶予の許諾などの債権の価値を減少させ、または条件の成就を妨げる行為は、これをすることができない[11]。⑧判決の事案における、執行債務者の免除は、まさに、この債務の免除に当たるため、当然に差押えの処分禁止効に抵触する行為であるといえる。しかし、⑧判決の事案において、執行債務者は、執行債権者を害する意図はなく、土地所有者から提起された建物収去土地明渡訴訟に敗訴したために、建物を収去せざるを得なくなったために賃料債権を免除した、という事情があった。この場合に、免除の代わりに、賃貸借契約の解除をした場合と結論を異にするべきであろうか。解除に関する判例の立場は明確ではないが、仮に③判決の如く合意解除を差押債権者に対抗することができるとすると、これらの結論の相違について十分な根拠が必要ではないだろうか。

3　学　説

　学説において、債権の差押えにかかわらず、原則として、被差押債権

---
11)　中務・前掲注2、1180頁。

の発生原因である法律関係を変更・消減させることは妨げられないことについて異論はない[12]。しかし、様々な事情もしくは根拠に基づいて、例外的にこれを認めないとする見解が存する。それらのほとんどは、前述の諸裁判例において争われた具体的な事件を巡って唱えられたものである。以下では、これら具体的な事件を巡って議論されている学説を、整理し検討していきたい。

1 虚偽表示説

我が国において、最初にこの問題に言及したのは兼子一博士であろう。すなわち、「将来の債権の差押を受けた場合でも、その発生の基礎である法律関係を変更、消減させる自由は奪われないから、給料の差押後であっても辞職できるし、賃料差押後でも期間の定めのない賃貸借を解約することは妨げない。ただ事実関係を変更しない場合は、虚偽表示と認むべき場合が多いであろう（例えば一旦やめて引続同一人に雇われるが如し）」[13]。兼子博士は、虚偽表示が認められる場合として、事実関係に変更がない場合を挙げられている。したがって、解除に関する裁判例における事案については適用がないといえる[14]。本見解は、⑧判決の第1審判決によって採用されている[15]。

この見解については問題となるのは、虚偽表示という実体法上の法理がいかなる方法によって、民事執行に持ち込まれるかである[16]。すなわ

---

12) 兼子一『増補強制執行法』（酒井書店、1951年）200頁、鈴木忠一・三ヶ月章編『注解民事執行法（4）』（第一法規出版、1985年）413頁〔稲葉威雄〕、香川保一監修『注釈民事執行法（6）』（きんざい、1995年）134頁〔田中康久〕、中野・前掲注1、672頁。宮脇幸彦『強制執行法（各論）』（有斐閣、1978年）118頁は、「正当な理由に基づ」く場合にのみ、債権発生の原因たる法律関係を消減・変更させることができるとする。
13) 兼子・前掲注12、200頁。
14) そもそも兼子博士は、「将来の債権」について論じられているので、売買契約の合意解除については論外であるとも考えられる。
15) 福岡地裁昭和43年10月14日判決「賃料債権を差し押さえられても、差押債務者としては、差押債権者を害する意図をもってなされる虚偽表示でない限り、適法に賃料債務の免除をなし得るものと解するのを相当とするところ……」。
16) 畑・前掲注10、1115頁。

ち、この虚偽表示が適用される場合とは、民法94条１項と同じなのか、それとも一般条項と解するのであろうか[17]。前述の⑧判決の第１審判決は、差押後の賃料債権の免除を原則として認めつつ、「差押債権者を害する意図をもってなされる虚偽表示」の場合には例外であるとする。これは、虚偽表示であることに加えて差押債権者に対する害意を要求するものなのか、それとも、差押債権者に対する害意を重要視しつつ、虚偽表示の要素としての差押債権者に対する害意を含めたものか、問題は残る。

2　継続的契約関係と一回的契約関係の区別

兼子博士は、「将来の債権の差押を受けた場合でも、その発生の基礎である法律関係を変更、消滅させる自由は奪われない」と述べられているが、これは被差押債権の基礎となる法律関係が継続的契約関係であることを念頭に置かれたものであるようにも思われる。被差押債権の発生原因となる法律関係が、継続的契約か一回的契約かどうかによって、問題に対する帰結について異なった取扱いがされるべきであろうか。これらを区別して考えなければならないとする見解がある[18]。本見解によれば、一回的な契約で、かつ売買契約の場合であれば売主の義務履行が済まされている場合には、売買契約の合意解除をすることはできない[19]。他方で、継続的契約関係である賃貸借契約において賃料債権が差し押えられた後の賃貸借契約の合意解除は、全体としての賃貸借契約関係の処分の自由は失われないから、合意解除が可能であるとする[20]。

両者を区別する必要があるだろうか。民事執行法151条は、継続的給

---

17)　宮脇・前掲注12、122頁は、「執行債務者が自発的に又は解雇により退職した場合には、その後における給料債権の差押は執行するが、直ちに第三債務者に再雇傭されたときは、偽装の退職（民94条）と認めるべきである」とする。
18)　賀集唱「債権仮差押後、債務者と第三債務者との間で被差押債権を合意解除しうるか」判タ197号146頁。
19)　賀集・前掲注18、147頁。
20)　賀集・前掲注18、147頁。もっとも、債権者を害する意図をもっていったん合意解除をしたうえ、従前どおり賃借人に使用を続けさせている場合には、虚偽表示と認められるから別である、とする。

付に係る債権に対する差押えの効力は、差押債権者の債権及び執行費用の額を限度として、差押え後に受けるべき給付に及ぶことを規定している。その趣旨は、同一の基本関係から時を隔てて継続的に現実化する多数債権につき、包括差押えを認めて個別的差押えの煩を避けるとともに、各債権が現実化した際に債務者が即座にそれを処分したり他の債権者が差押え・転付を受けてしまう危険から差押債権者を保護することにある[21]。差押債権者の便宜のために将来債権の差押えが認められているのみであるから、差押えの効力の消滅を容易に認めても問題ないとも考えられなくはない。しかし、執行債務者、もしくは第三債務者らによる執行の回避を認めるか否かの問題の判断に際しては、執行債権者の便宜の要素は含まれない。したがって、継続的契約関係か一回的契約かという区別は、重要な意味をもたないと考えられる[22]。

3 消滅型処分と移転型処分の区別

山本和彦教授は、被差押債権の発生原因となる法律関係の処分について、消滅型処分と移転型処分を区別される[23]。すなわち、被差押債権の発生原因となる法律関係の処分と一言に言っても、債権や法律関係を消滅させてしまう処分の場合（退職や契約の解除）とその帰属を変更させるに過ぎない処分（債権者や契約上の地位を譲渡する場合）で異なる検討が必要である。最判平成10年3月24日民集52巻2号399頁（上記⑥判決）におけるような事案は、移転型処分の事例であるとされる。消滅型の場合には、処分により債権ともに債務も消滅してしまうが、このとき、消滅の

---

21) 中野・前掲注1、671頁。
22) ただし、前掲注18賀集論文における、契約履行済みか否かについての判断は、実際上有意義であると思われる。
23) 山本・前掲注9、200頁。そのうえで、賃料差押え後の建物譲渡の場合について、実際的な問題として利益衡量をされている。具体的には、差押えの効力を認めた場合の譲受人の不利益と、差押えの効力を否定する場合の差押債権者の不利益との衡量である。結論としては、譲受人の不利益は、自身が甘受すべき、もしくは回避することができる不利益であるのに対して、差押債権者の不利益は回避困難であるとして、差押債権者を保護するのが妥当である、とする。

有効性を認めないと、債務者（執行における第三債務者）は、自分の債権は履行されないにもかかわらず、債務は履行し続けなければならない立場になり甚だ不都合であるため、解除等の効力を認めざるを得ない。それに対して、移転型処分の場合には、仮にこの処分の効力が否定されると、処分を受けた者は権利を取得できずに義務だけを負担するために、この者の保護の問題は残るが、相手方との関係では、債権・債務ともに残るので対価的不均衡は生じない。

　また、債権者たる地位の譲渡と単なる債権の譲渡は、区別が容易でなく、現象形態としてはほとんど差異がないとする。そして、この地位の譲渡を認めるならば、極めて容易に債権差押えの免脱を認めることになる[24]。さらに、理論的にも、契約上の地位の承継者は、前主のした処分行為等の効力をそのまま引き継ぐのが通例とする[25]。

　この区別自体は全く正当であろう。ただし、ここで問題となるのは、消滅型処分の場合に、そこに分類されたことの必然的な結果として、当該処分を有効とすることができるか、という点である。上記裁判例のうち、大審院昭和6年4月15日判決裁判例5巻68頁（①判決）、大審院昭和12年7月8日判決判決全集4輯13号20頁（②判決）、及び最高裁平成24年9月4日判決判時2171号42頁（⑦判決）をどのようにみるべきだろうか。すなわち、①および②判決においては、売買代金債権が仮に差し押さえられた、または差し押さえられた場合の売買契約の解除について、（仮）差押債権者に対抗することができないと判断されている。また、⑦判決においては、賃料債権の差押え後に、建物を第三債務者に譲渡することによって賃料債権が消滅した場合に、原則として差押えの効力は消滅するが、賃貸人と賃借人（第三債務者）との人的関係、建物を譲渡するに至った経緯及びその態様その他の諸般の事情に照らして、賃借人が賃料債権の発生しないことを主張することが信義則上許されない場合には、差押債権者は、第三債務者たる賃借人から賃料債権を取り立てることを認

---

24) 山本・前掲注9、200頁。
25) 山本・前掲注9、201頁。

めている、と読める。これらの判決は、消滅型処分の場合に処分の有効性を認めない場合に生ずる著しい第三債務者の不利益にもかかわらず、処分の効力を認めていない。これは、被差押債権の基礎となる法律関係の処分が、執行債務者の執行免脱の目的、もしくは執行債権者を害する意図に係る場合には、信義則上、その処分の効力を執行債権者に対抗することができない、ということをその基礎とする。執行債務者による執行免脱の目的や執行債権者に対する害意が、中心的な判断要素となっている可能性がある。

　しかし、執行債務者の執行免脱の目的もしくは意図と処分の効力の有効性（執行債権者への対抗可能性）は、直接関連しないであろう。消滅型処分において、処分の有効性が認められない場合に直接不利益を被るのは第三債務者であるし、移転型処分の場合においても、例えば建物の譲受人である第三者が不利益を被る可能性がある。執行債務者に執行妨害の意図があることを根拠に、第三者、もしくは第三債務者に不利益を与えてよいとする法はなく、執行債務者の意図と処分の効果は直接結びつかないようにみえる。

4　執行債権者を詐害する意思

　被差押債権の発生原因となる法律関係の処分の有効性と、執行債務者らの執行債権者を詐害する意思とはいかなる関係に立つか。差押債権者を害する意思は、問題とならないとする見解がある[26]。本見解は、債権差押え後の被差押債権の免除に関する事案に際して、次のように論じる。まず、将来の継続収入を内容とする債権を変動させるときその変動を基本たる債権関係の変動なしになしうるかということが重要な問題であると指摘する。そして、もし差押債権者を詐害する意思がなければ、差押債権者が現実に害されてもその差押債務者のなした免除は有効かと考えると、既存の債権の差押えでは、差押えの効力として差押債務者はその債権の処分に何ら関与することができないのだから、理由のいかん

---

26)　石川、土井・前掲注10、126頁。

を問わずその免除は無効である[27]。そして、将来債権の差押えの場合も同様で有り、差押えがなされた以上、その債権の処分を債務者がすることができず、これについて差押債権者の詐害の意思の有無は無関係である。問題となるのは、差押債権者が現実に害されるかどうかのみである、とする。

　しかし、被差押債権の発生原因となる法律関係の処分について言えば、差押債権者が現実に害されるにもかかわらず、原則として、その処分の有効性が認められるのが原則である。この原則の例外が認められるのは、執行債権者に対する詐害意思が存在する場合である[28]。そして、この詐害意思については、前述のように、執行債務者ではなく、処分の有効性の判断について直接の影響を受けうる第三者の意思が問題となるべきである。ただし、現実としては、執行債務者以外の者が執行債権者の執行を積極的に妨害する意思を有することは考え難く、その処分が執行債権者を害する目的でなされることについての悪意、言い換えれば、執行債務者の詐害意思についての悪意が要求されるのみであろう[29]。

　移転型処分の場合についても、処分の有効性を前提として、第三者の執行債務者に対する詐害の意思についての悪意が存在する場合に、処分の有効性を執行債権者に対抗することができないとする構成が妥当であると考えられる[30]。

---

27) 石川、土井・前掲注10、126頁。
28) 孝橋・前掲注9、216頁は、差押債権者による、賃料差押え後の建物の譲渡について、詐害行為による譲渡の取消しの主張、もしくは虚偽表示、または公序良俗違反による譲渡の無効を主張する場合、差押債権者がこれら詐害行為等の立証に成功するケースはそれほど多くないと考えられるから、差押債権者の立場が不安定になる、とする。しかし、消滅型処分の場合には、処分を有効とすることを原則とするため、不安定さはないと考えられる。
29) なお、詐害行為取消権（民法424条1項）における「詐害の意思」については、債務者がその債権者を害することを知って法律行為を為したことを要するが、必ずしも害することを意図し、もしくは欲してこれをなしたことを要しないと解すべきとされている。最判昭和35年4月26日民集14巻6号1046頁。
30) 賃料債権差押え後の建物の譲渡について、譲渡後は執行対象を欠くことになるとする見解として、山崎敏充「抵当権の物上代位に基づく賃料債権の差押えをめぐる執行実務上の諸問題」民訴雑誌42巻108頁（132頁）、天野勝介「物上代位権の行使（2）」金法

4 まとめに代えて

　債権が差し押えられたとき、執行債務者は、被差押債権を処分することが禁じられる。しかし、被差押債権の発生原因である法律関係（基礎的法律関係）の処分は妨げられない。執行債権者は、その執行が功を奏さない結果を甘受するしかない。そうでなければ、その処分によって利益を得るはずだった第三者は不当にその得るべき利益を奪われることになる。たとえば、売買代金債権が差し押さえられた場合の第三債務者や、賃料債権が差し押えられた場合の建物の買受人がそうである。しかし、諸裁判例において、基礎的法律関係の処分が、執行債権者に対抗することができないとする判断がなされている。これは、執行債権者を詐害する意思を基礎としていると考えられる。すなわち、基礎的法律関係の処分の有効性を否定されることによって、本来受けるべきでない不利益を執行債務者以外の第三者が被ることを正当化するのは、執行債権者を詐害する意思である。そして、その意思については、執行債務者ではなく、不利益を受け得る第三者について判断されるものである。以上のように、諸裁判例及び諸学説を比較検討すると、基礎的法律関係が処分された場合には、その処分を有効とすることを原則としつつ、処分によって利益を受ける第三債務者を含む第三者の執行債権者を詐害する債務者の悪意、もしくは自身の意思が認められる場合には、当該処分は執行債権者に対抗することができない、とすることが妥当であろう。

　このことについて、基礎的法律関係が、継続的契約か、一回的契約かによって結論を別にしない。また、基礎的法律関係の処分が、消滅型の処分か、移転型の処分かによって、基本的な考え方に違いは生じないものと考えられる。

1510号68頁、上野・前掲注9、139頁。

担保不動産競売における債務者及び
所有者の意思能力
──訴訟能力の議論を参照したその欠缺と
執行裁判所の対応に関する考察──

熊 谷　聡
Satoshi KUMAGAI

1　はじめに
2　担保不動産競売における債務者及び所有者の訴訟能力
3　担保不動産競売における債務者及び所有者の意思能力
4　終わりに

1　はじめに

　債務者への貸付時など被担保債権の成立時には債務者の意思能力に問題がなく、抵当権設定契約時の所有者（抵当権設定者）の意思能力にも問題がないが、抵当権実行時には債務者又は所有者の意思能力が欠缺している事案がある。このような事案は、例えば、住宅ローンのように返済期間が長期間にわたる場合において、債務者又は所有者が高齢化したときなどに生じ、今後、高齢者人口の増加に伴い、増加するように思われる。それにもかかわらず、担保不動産競売事件の所有者又は債務者の意思能力欠缺が手続に及ぼす影響及び執行裁判所の対応に関する議論は、見当たらない。
　ところで、民事執行手続における訴訟能力については、栂教授の研究[1]をはじめとする議論の蓄積がある。意思能力を欠く者の保護を確実にし、同時に取引の相手方に不測の損害を与えないようにする制度が、

---

1) 栂善夫「判決機関と執行機関の職務分担について-執行手続における当事者能力および訴訟能力の審査に関する問題を中心として-」民事訴訟雑誌24号119頁（1978年）、同「民事執行における当事者」鈴木忠一＝三ヶ月章監修『新・実務民事訴訟講座12民事執行』106頁（日本評論社、1984年）。

実体法における行為無能力の制度である[2]。訴訟能力は民法の行為能力に対応し、訴訟無能力者の訴訟行為も意思能力を欠く者の訴訟行為もいずれも無効であり、その効果は同じである[3]。そのため、民事執行手続における意思能力についても、民事執行手続における訴訟能力に関する議論を参照することができると思われる。

そこで、本稿では、栂教授に研究室で教えを受けたものの一人として、これまでの民事執行手続における訴訟能力に関する議論を確認し（後記2の1、2）、担保不動産競売において債務者又は所有者が訴訟能力を欠く場合の執行裁判所の対応を検討した上で（後記2の3）、前記問題について私見を展開したい（後記3）[4]。

2　担保不動産競売における債務者及び所有者の訴訟能力

1　債務者の訴訟能力の要否

（1）従来の通説　かつては、兼子博士が、「当事者が自ら執行手続に関与して、執行機関に対し手続上必要なる執行法上の訴訟行為をするには、判決手続と同様訴訟能力を有する。」としつつ、「債務者は執行に関し、執行行為を受忍し消極的に終始するだけで、その積極的関与を要しないのが原則であるから、判決手続における被告の様に常に訴訟能力を有することを要しない。例外的に、執行に関し債務者に積極的協力を

2）　我妻榮『新訂民法総則』61頁（岩波書店、1965年）、四宮和夫＝能見善久『民法総則〔第8版〕』32頁（弘文堂、2010年）。

3）　三宅省三ほか編集代表『注解民事訴訟法Ⅰ』283頁〔吉村徳重〕（青林書院、2002年）、秋山幹男ほか『コンメンタール民事訴訟法Ⅰ〔第2版〕』294頁（日本評論社、2006年）、兼子一原著『条解民事訴訟法〔第2版〕』159、160、168頁〔新堂幸司＝高橋宏志＝高田裕成〕（弘文堂、2011年）など。

　なお、髙橋宏志『重点講義民事訴訟法上〔第2版補訂版〕』192頁（有斐閣、2013年）は、「意思能力のない者も、規定はないが、訴訟能力がない。」として、意思能力欠缺は訴訟能力欠缺に含まれるとする。

4）　論理としては強制競売も同様と思われるが、本稿では検討対象を強制競売に比して件数が多い担保不動産競売に限定して検討する。

要求すべき場合又は自己の利益を追行するのに積極的関与の認められる事項については、個々的に訴訟能力が要求される。例えば、債務者の命令の受領が執行行為の要件を成す場合（…）、執行に対する異議（…）、抗告（…）の手続に関与する場合の如きである。」[5]とされるように、執行行為を受忍するにすぎないという消極性を理由に、債務者につき原則として訴訟能力を不要とするのが一般的だった[6]。この見解は、訴訟能力が、判決手続において、個々の訴訟行為の有効要件ではあっても、訴訟要件そのものではなく、訴訟能力不存在により訴えの提起、訴状の送達が不適法となる限度で訴訟要件となるとする理解[7]が背後にあると思われる[8]。

5）　兼子一『増補強制執行法』38頁（酒井書店、1951年）。省略した部分は、当時の民事訴訟法の条文の引用である。また、引用に当たり常用漢字に改めた。同『新版強制執行法・破産法』20頁（弘文堂、1962年）も同旨である。

6）　石川明『強制執行法（総論）概論』99頁（鳳舎、1967年）、斎藤秀夫編『強制執行法講義』22頁〔石川明〕（青林書院新社、1971年）、岩野徹ほか編『注解強制執行法（1）』22頁〔小室直人〕（第一法規、1974年）、岡垣學『強制執行法概論〔補訂版〕』48頁（中央大学出版部、1975年）、菊井維大『強制執行法（総論）』171頁（有斐閣、1976年）、三ヶ月章『民事執行法』154頁（弘文堂、1981年）、上田徹一郎「民事執行手続への当事者の関与」新堂幸司＝竹下守夫編『民事執行法を学ぶ』47頁（有斐閣、1981年）、石川明『民事執行法』44頁〔西澤宗英〕（青林書院新社、1981年）、斎藤秀夫編『講義民事執行法』93頁〔安井光雄〕（青林書院新社、1981年）、小室直人編著『民事執行法講義〔2訂版〕』14頁〔小室直人〕（法律文化社、1998年）、中野貞一郎編『民事執行・保全法概説〔第3版〕』49頁〔髙島義郎〕（有斐閣、2006年）、深沢利一（園部厚補訂）『民事執行の実務（下）〔補訂版〕』272頁（新日本法規出版、2007年、園部厚簡裁判事補訂前の初版1981年）。

7）　兼子一『新修民事訴訟法体系増訂版』（酒井書店、1965年）119頁、三ヶ月章『民事訴訟法』194頁（有斐閣、法律学全集、1959年）、同『民事訴訟法〔第3版〕』239頁（弘文堂、法律学講座双書、1992年）、中野貞一郎ほか編『民事訴訟法講義〔第3版〕』454頁注13〔鈴木正裕〕（有斐閣、1995年）、梅本吉彦『民事訴訟法〔第4版〕』124頁（2）（信山社、2009年）、新堂幸司『新民事訴訟法〔第5版〕』（弘文堂、2011年）161頁、高橋・前掲注（3）199頁注17。

　なお、中野貞一郎「当事者が訴訟能力を欠く場合の手続処理」『民事訴訟法の論点Ⅰ』82頁（判例タイムズ、1994年、初出1993年）、秋山ほか・前掲注（3）296頁、河野正憲『民事訴訟法』160頁（有斐閣、2009年）、伊藤眞『民事訴訟法〔第4版〕』130頁注47（有斐閣、2011年）、松本博之＝上野泰男『民事訴訟法〔第7版〕』236頁〔松本〕（弘文堂、2012年）など、近時は、訴訟能力は訴訟要件でもあるとする見解も有力である。

もっとも、近時、この見解が明言されることは、少なくなっている[9]。
　(2) 近時の有力説　これに対して、栂教授は、ドイツ法の議論を基に、「執行手続は適法になされなければならないという点からすれば、単に受忍するだけであれ積極および消極的関与であれ、執行手続を常に監視していなければならないはずである。」[10]、「執行手続の適法性を担保しうるものが訴訟能力であるから、これを常に必要と考えるべきである。」[11]、「執行手続の独自の要件として、執行機関が、当事者能力および訴訟能力を審査しなければならないと解する。」[12]と、民事執行手続独自の要件として[13]、債務者にも常に訴訟能力が要求されることを指摘

---

8) 栂善夫・前掲注(1)民訴雑誌131頁、同・前掲注(1)新実務民訴105頁、小田司「民事執行手続における訴訟能力の諸問題-ドイツにおける議論を参考にして-」日本法学66巻1号59頁(2000年)、同「執行機関による訴訟能力についての調査権限と訴訟能力欠缺を理由とする救済手段-ドイツでの議論を参考にして-」比較法研究62号186頁(2000年)。

9) 齋藤隆=飯塚宏編著『リーガル・プログレッシブ・シリーズ民事執行』24、49、60頁〔齋藤隆〕(青林書院、2009年)、上原敏夫ほか『民事執行・保全法〔第3版〕』23頁〔上原敏夫〕(有斐閣、2011年,初版2004年)が目につく程度である。

　なお、小田司「訴訟能力をめぐる諸問題」日本大学法学部創設120周年記念学術研究所刊行専門委員会編『日本大学法学部創設120周年記念論文集第1巻法律学編』233頁注39(日本大学法学部、2009年)は、生熊長幸『わかりやすい民事執行法・民事保全法』14頁(成文堂、2006年)及び福永有利『民事執行法・民事保全法〔第2版〕』27頁(有斐閣、2007年)を従来の通説として引用する。しかし、生熊・前掲14頁は、「債務者も訴訟能力を必要とする有力説や、原則的には債務者は受動的立場にあるから訴訟能力を必要とせず、ただ、審尋を受けたり、債務名義や裁判の送達を受領したり(民執29条・145条3項・159条2項など)、自ら執行抗告や執行異議の申立をするなど、手続の主体としてかかわる場合に限って訴訟能力を必要とする有力説などが存在しており、これらの有力説の方が適切である。」とし(同・第2版14頁(2012年)の該当箇所に変更はない。)、どちらの「有力説」を採用するか明示していない。また、福永・前掲27頁も従来の通説と近時の有力説に言及し、執行機関の訴訟能力に関する調査、審査から「実質的には両説にそれほどの差異はない。」(同・第2版27頁(2011年)の該当箇所に変更はない。)としており、見解を明示していない。

10) 栂・前掲注(1)民訴雑誌131頁。
11) 栂・前掲注(1)民訴雑誌132頁。
12) 栂・前掲注(1)民訴雑誌141頁。
13) 判決手続と異なり、民事執行手続では本案判決を下すことはないため、本案判決の要

された[14]。

この指摘以降、債務者についても常に訴訟能力を必要とする論者が多くなり、近時、有力となっている[15]。

(3) 検討　従来の通説は、執行に関する債務者の消極的な関与を理由として、債務者の訴訟能力を原則として不要とする。しかし、訴訟能力が手続の適法性を担保する前提として要求される以上、消極的な関与であれば、なぜ、訴訟能力が不要なのか、必ずしも明らかではない。近時の有力説が指摘するとおり、債務者は、執行手続を監視し、違法及び不当執行に対して防御する必要がある。その理由づけにおいて、近時の有力説は、説得力に富み、妥当である。

もっとも、具体的な場面において、両説により、執行裁判所の対応がどの程度異なるかは、検討が必要である。そこで、以下、担保不動産競

　　件としての訴訟能力は問題にならない（小田・前掲注（8）日本法学59頁）。そのため、執行独自の要件として、必要とされることになる。これに対し、訴訟要件を本案の審理・判決をするための要件とすると、訴訟能力を執行独自の要件とする必要はなくなる（松本＝上野・前掲注（7）225頁〔松本〕、松本博之『民事執行保全法』56、191頁（弘文堂、2111年）参照）。

14)　栂・前掲注（1）新実務民訴106頁も同旨。

15)　林屋礼二編『民事執行法〔改訂第2版〕』97頁〔上北武男〕（青林書院、1998年）、小田司・前掲注（8）日本法学60頁、同・前掲注（8）比較法研究186頁、同・前掲注（9）223頁、同「訴訟能力をめぐる諸問題」民事訴訟雑誌56号203頁（2010年）、中西正ほか『民事執行法・民事保全法』20頁〔中島弘雅〕（有斐閣、2010年）、中野貞一郎『民事執行法〔増補新訂6版〕』129頁（青林書院、2010年、初版上巻1983年）、三谷忠之『民事執行法講義〔第2版〕』55頁（成文堂、2011年）、松本・前掲注（13）61頁、松村和德『民事執行・保全法概論〔第2版〕』10頁（成文堂、2013年）。

　また、浦野雄幸編『基本法コンメンタール民事執行法〔第6版〕』150頁〔大石忠生〕（日本評論社、2009年）も、債務者につき別論とすることなく、訴訟能力を欠く者を当事者とする不動産強制執行の申立ては却下される、とする。このほか、最高裁判所事務総局『執行官提要』（法曹会、1968年）では債務者の訴訟能力に関する言及が見当たらないが、同・（改訂版）72頁（法曹会、1984年）は、「当事者能力を有しない者若しくは法定代理人等による能力の補充を受けない訴訟無能力者のために又はそのものに対して行われた執行行為は、無効である。したがつて、執行官は、執行当事者の当事者能力及び訴訟能力の有無を職権で調査しなければならない。原則として、申立て時に債務名義の記載を形式的に審査すれば足りる。」とし、同・第3版72頁（法曹会、1987年）、同・第4版69頁（法曹会、1998年）、同・第5版77頁（法曹会、2008年）も同様である。

売の手続の段階を追って、両説からの執行裁判所の対応を検討する[16]。

2 債務者又は所有者の訴訟能力欠缺と執行裁判所の対応

（1）執行裁判所が開始決定前に訴訟能力欠缺を把握した場合　執行裁判所が、開始決定前に債務者又は所有者の訴訟能力欠缺を把握する場合として、例えば、債務者又は所有者が未成年者の場合を想定することができる。不動産執行では、債権者が債務者及び所有者の住民票の写しを提出するものとされており（民事執行規則173条1項、23条の2第2号)[17]、執行裁判所は、その生年月日欄から債務者及び所有者の年齢を確認し、満20歳未満の場合、成年擬制（民法753条）なども確認し、その訴訟無能力を把握することができる[18]。

この場合、近時の有力説によれば、執行裁判所は、開始決定をすることができない[19]。

また、開始決定をすることができないのは、従来の通説も同様と思われる。担保不動産競売の所有者は民事執行の当事者（執行債務者）であ

---

16) 栂・前掲注（1）民訴雑誌128頁、同・前掲注（1）新実務民訴106頁、小田・前掲注（8）日本法学58頁、同・前掲注（8）比較法研究187頁、同・前掲注（9）223頁、同・前掲注（15）203頁、中野・前掲注（15）130頁など、近時の有力説は、強制執行の債務者を念頭に置いて議論する。担保執行では、執行機関と裁判機関・公証機関との制度的峻別はなく、執行機関がまず自ら法定範囲の資料により実体的・手続的要件を審査する点で、強制執行とは異なる（中野・前掲注（15）356頁）が、訴訟能力の制度趣旨によれば、強制執行の債務者に関する訴訟能力の議論は担保不動産競売の債務者及び所有者にも当てはまると思われる（なお、注（20）引用の文献も参照）。

17) 住民票の写しは、債務者及び所有者への円滑な送達の実施のため債権者に任意の提出が求められている書類であり、申立書の添付書類ではなく、債権者が提出しなくても、申立てが却下されることはない（最高裁判所事務総局民事局監修『条解民事執行規則〔第3版〕』106、107、109頁注1（司法協会、2007年))。しかし、債権者は、通常、住民票の写しを提出し、円滑な執行の実現に協力している。

18) そのため、開始決定時に、債務者又は所有者が未成年者であることを理由とする訴訟能力欠缺が看過されることは、考え難い。

19) 栂・前掲注（1）民訴雑誌141頁は、「執行を申立てた債権者が訴訟無能力者であった場合や債務者が訴訟無能力者であるような場合、執行機関は執行を開始しないことに、あるいは執行を停止することになろう。」とする。

り、所有者でない債務者も当事者として取り扱われ[20]、担保権実行の申立書には法定代理人の記載が要求される（民事執行規則170条1項1号）。裁判長の訴状審査権の規定（民事訴訟法137条）は民事執行手続において準用され（民事執行法20条）[21]、執行裁判所は申立書の記載事項を欠くときは補正すべき旨を命じ補正されなければ申立てを却下する（理論的には、命令で申立書を却下することになるが、実務上は、決定で申立てを却下する）[22]。そのため、従来の通説も、債務者又は所有者が訴訟能力を欠く場合、執行裁判所が開始決定をすることを許容するものではないと思われる。仮に、従来の通説が、これを許容するとしても、執行裁判所が開始決定の送達（民事執行法188条、45条2項）に問題が生じることを把握しているにもかかわらず、その問題を解消しないままに開始決定をすることは、実際にはないように思われる。

（2）執行裁判所が売却実施処分までに訴訟能力欠缺を把握した場合

ア　執行裁判所が、債務者又は所有者の訴訟能力欠缺を看過して開始決定をしてしまう場合として、例えば、成年後見が開始されている場合（民法7条、838条2号）を想定することができる。執行裁判所は、成年後見開始を看過して開始決定をし[23]、開始決定送達後に成年後見人からの連絡又は現況調査を担当した執行官からの報告などにより、債務者又は所有者の訴訟能力欠缺を看過して開始決定をしたことを把握することがあり得る[24]。

---

20) 最高裁判所事務総局民事局監修・前掲注(17) 5、16頁注4、607頁、中野・前掲注(15) 368頁。
21) 香川保一監修『注釈民事執行法第1巻』475頁〔田中康久〕（金融財政事情研究会、1983年）、鈴木忠一＝三ヶ月章編『注解民事執行法（1）』234頁〔田中康久〕（金融財政事情研究会、1984年）。
22) 香川保一監修『注釈民事執行法第3巻』94頁〔三宅弘人〕（金融財政事情研究会、1983年）。
23) 申立てに際して、執行当事者が成年被後見人として登記されていないことの証明書（後見登記等に関する法律10条1項1号）の提出は必要とされていない。
24) 開始決定時には訴訟能力者だったが、その後、成年後見が開始され、後見人からその連絡を受けて執行裁判所がこれを把握した場合など開始決定後に訴訟能力が失われた場合は、以後の手続において、通知及び送達する際は法定代理人にすれば足りる。これは、

このような場合、従来の通説によれば、開始決定には何ら瑕疵がない。開始決定の送達が有効にされておらず、このままでは売却実施処分（民事執行法188条、64条）をすることができないため[25]、送達をやり直すことにはなる。しかし、有効な送達がされるまでの間も、売却の準備（現況調査、評価、配当要求の終期の決定・公告、債権届出の催告等）を進めることはできる（開始決定の送達が不送達となっても、売却の準備を進めることは、可能である。）[26]。

　他方、近時の有力説も、このような場合、必ずしも、開始決定に瑕疵がある（開始決定に対する異議により開始決定が取り消される）とするわけではない。小田博士は、ドイツ法の議論を基に、「執行機関が執行手続債務者の訴訟能力の欠缺を顧慮しなければならないのは、債務者に認められた防御の機会を保障するためであり、債務者の訴訟能力の欠缺により強制執行の回避を可能にさせるためではない。したがって、執行債務者の訴訟能力の欠缺が判明した場合であっても、執行機関は強制競売の開始決定、差押え、差押命令等は適法として扱うべきであるが、債務者に防御の機会を保障するための能力の補充が必要であり、法定代理人あるいは特別代理人が選任されるまで執行を停止する取扱いが適切であると思われる。」[27]とされる。これは、訴訟能力欠缺を執行停止事由として扱

　　　従来の通説及び近時の有力説いずれによっても同じである。
25)　最高裁判所事務総局民事局監修『民事書記官事務の手引（執行手続-不動産）上』61頁（法曹会、1988年）。
26)　最高裁判所事務総局民事局・前掲注（25）61頁。たとえば、現況調査命令は、開始決定の債務者への送達後ではなく、開始決定と同時又は差押登記完了後、速やかに発令されている（財団法人法曹会編『例題解説不動産競売の実務〔全訂新版〕』51頁（法曹会、2012年））。
　　　なお、開始決定の債務者への送達の前に、斎藤編・前掲注（6）講義民事執行法181頁〔斎藤秀夫〕は手続を進めるべきではない、香川保一監修『注釈民事執行法第3巻』100頁〔三宅弘人〕（金融財政事情研究会、1983年）は、手続を進めることができない、とする。
27)　小田司・前掲注（9）228頁。小田・前掲注（15）206頁も同旨。栂・前掲注（1）民訴雑誌145頁も、「民訴法552条1項のような明文のある場合を除き、手続中でも訴訟能力の欠缺があきらかになった場合、執行を停止すべきことになろう」（民訴法552条1項は、現在の民事執行法41条1項に対応する。）と、執行機関が手続の途中で訴訟能力欠缺を把

うものと思われる。そのため、仮に、成年後見人が存在するのであれば、成年後見が開始していたのを看過して開始決定がされた場合であっても、執行裁判所は、後見人に開始決定を送達し直せば足り、執行が停止することはない。この場合、執行裁判所の対応は、従来の通説と同じである[28]。

これに対して、法定代理人が欠けている場合（選任された成年後見人が死亡し、新たな成年後見人が選任されていない場合など）は、法定代理人又は特別代理人（選任された事件において法定代理人の地位を有する[29]。）が選任されるまで、執行裁判所は手続を停止する。この場合、執行裁判所の対応は、従来の通説と異なる。もっとも、執行停止文書が提出された場合も、差押え時における目的不動産の占有関係、権利関係等を明らかにすることが重要であるとともに、手続が改めて進行する余地もあることから、現況調査は通常どおり実施すべきである[30]とされ、評価も競売手続の進行及び評価の作業等によってはそのまま実施されることもある[31]。そのため、近時の有力説により、執行裁判所が執行手続を停止すべき事案であるとしても、現況調査は実施される。また、法定代理人が

　　握した場合につき、執行の停止を説き、それまでの執行を違法とはしておらず、同・前掲注（1）新実務民訴112頁注43は、執行当事者に「訴訟能力がないまま執行がなされた場合」「違法とすることはできないとするのが妥当であろう。」とする。
28）　なお、成年後見人に開始決定を送達し直すに際し、従来の通説、近時の有力説いずれによっても理論的には不要かもしれないが、実務としては、当事者目録に成年後見人を追加する更正決定をすると思われる。なお、後記イ及び注（34）参照。
29）　秋山ほか・前掲書（3）356頁、兼子原著前掲注（3）191頁〔新堂＝高橋＝高田〕。
30）　東京地方裁判所民事執行センター実務研究会編著『民事執行の実務〔第3版〕―不動産執行編（上）』262頁（金融財政事情研究会、2012年）。なお、最高裁判所事務総局編『民事執行事件に関する協議要録』20頁（法曹会、1985年）は、執行停止文書の提出があったときにも現況調査はそのまま実施されるべきと考えることも理論的には可能としつつ、「実務の運用としては、停止文書の提出があったときには、現況調査を実施した場合の影響、現況調査を実施しなかった場合の現況の変動の可能性、その後に停止が解ける見通しとの関連で、現況調査費用、裁判所・執行官の事務量等の事情を勘案のうえ、現況調査を中止するかどうかを決定することとなろう。」とする。いずれにせよ、執行停止文書が提出されたときは直ちに現況調査を中止する、とはされていない。
31）　東京地方裁判所民事執行センター実務研究会・前掲注（30）274頁。

欠けている事案であれば、従来の通説によっても、有効な送達がされるまで、売却実施処分をすることはできない。さらに、いずれの説によっても、法定代理人が欠けており、補正命令にもかかわらず訴訟能力の補正（法定代理人の選任又は特別代理人の選任）がされず、有効な送達が実施できない場合、競売手続は取り消される[32]。

　そうであるとするならば、両説による執行裁判所の対応の差は、法定代理人が欠けている事案において、訴訟能力が補正されるまで執行手続が停止されるか否かにとどまる上、執行手続が停止されるとしても現況調査は実施され、評価もそのまま実施されることがあるため、具体的な差はそれほどないことになる。

イ　このほか、近時の有力説を前提とし、仮に、債務者又は所有者の訴訟能力欠缺が開始決定の瑕疵になるとしても[33]、この瑕疵は法定代理人に追認されれば治癒される（民事執行法20条、民事訴訟法34条2項）。そして、法定代理人が、開始決定を送達された後に、追認しないことを明示するか開始決定に対する執行異議（民事執行法11条）を申し立てない限り、黙示の追認がされたと解してよい場合がほとんどと思われる。そのため、執行裁判所は、開始決定を法定代理人に送達し直すべきである（法定代理人が欠けていた事案であれば、法定代理人又は特別代理人選任後に送達する。）。

　なお、債務者又は所有者死亡を看過して担保不動産競売開始決定がされた場合は、通常、更正決定（民事執行法20条、民事訴訟法257条1項）によって対応されていると思われ[34]、破産手続開始決定、破産管財人選任を

---

32)　東京地決平成3.11.7判タ769号246頁、大門匡編『別冊判例タイムズ24号民事執行判例・フロンティア』27頁（2009年）、東京地方裁判所民事執行センター実務研究会・前掲注（30）23頁。

33)　中西ほか・前掲注（15）20頁〔中島〕は、「当事者能力や訴訟能力の有無は、職権調査事項であり、当事者能力や訴訟能力の不存在を看過してなされた執行は無効である。」とし、三谷・前掲注（15）55頁も、「執行力が及ぶ者すなわち執行当事者にも、当事者能力・訴訟能力が要求され、それらがないにもかかわらずされた執行行為は無効である」とするので、これらは、訴訟能力を看過してされた開始決定に瑕疵があるとする趣旨かもしれない。

34)　鈴木忠一＝三ヶ月章編『注解民事執行法（5）』341頁〔井上稔〕（第一法規、1985年）、香川保一監修『注釈民事執行法第8巻』271頁〔近藤崇晴〕（金融財政事情研究会、1995

看過した担保不動産競売開始決定も同様に更正決定によって対応されていると思われる[35]。しかし、債務者又は所有者の訴訟能力欠缺が開始決定の瑕疵となるとするのであれば、成年後見人が存在する事案であっても、執行裁判所が、訴訟能力の欠缺を把握した時点で、開始決定の更正決定によって対応する（当事者目録に成年後見人を付加し、開始決定と更正決定を成年後見人に送達する）ことは、できないと思われる。

（3）執行裁判所が売却許可決定期日までに訴訟能力欠缺を把握した場合　執行裁判所が、債務者又は所有者の訴訟能力欠缺を把握せず開始決定をし、売却実施処分がされた後、売却許可決定期日までに訴訟能力欠缺を把握した場合を想定する[36]。

前記（2）アのとおり、売却実施処分は、開始決定の有効な送達があることを前提とする。よって、この場合、有効な送達がなかったのであるから、基本的には、開札期日前であれば売却実施処分を取り消し（裁判所書記官が職権で入札期間及び開札期日の指定を取り消すとともに、執行裁判所が売却許可決定期日を取り消す。）[37]、開札期日において最高価買受人が定め

年）、東京地裁民事執行実務研究会編『改訂不動産執行の理論と実務（上）』112頁（法曹会、1999年）、建石直子「不動産執行と当事者の承継」井上稔＝吉野孝義編『現代裁判法大系15〔民事執行〕』106頁（新日本法規、1999年）。この前提には、判決確定後に明らかになった資料から「誤記その他これらに類する明白な誤り」があったときも更正決定することができるとする見解があると思われる。例えば、岩松三郎＝兼子一編『法律実務講座民事訴訟編第5巻第一審手続（4）』138頁〔井口牧郎＝川添利起＝中西彦二郎＝西村宏一〕（有斐閣、1962年）は、「当事者の責めに帰すべき事由から真実に合致しない表示が判決に持込まれ、それが訴訟資料からは判明しない場合において、後に資料を添えて更正申立があつたとき」にも、「判決は当事者によって利用されるために存在するものである以上、利用のため必要な限り更正を許容してもよいのではないかと考える。」とし、谷口安平＝井上治典編『新・判例コンメンタール民事訴訟法3　裁判』128頁〔遠藤賢治〕（三省堂、1994年）、鈴木正裕＝青山善充編『注釈民事訴訟法（4）裁判』211頁〔林淳〕（有斐閣、1997年）、賀集唱ほか編『基本法コンメンタール民事訴訟法2〔第3版追補版〕』295頁〔本間靖規〕（日本評論社、2012年）などもこの見解である。これに対し、兼子原著・前掲注（3）1415頁〔竹下守夫＝上原敏夫〕は、この見解に反対である。

35）　東京高決昭和53.7.19東京高民時報29巻7号150頁（債権差押取立命令の債務者「甲会社代表取締役乙」を「甲会社保全管理人丙」とする更正決定を適法とした。）参照。

36）　本人の家族又は成年後見人から執行裁判所への連絡は、売却実施処分までの間にされることが多いと思われ、教室設例の印象が強い。

られたとき（民事執行規則173条1項、49条、41条3項）は執行裁判所が売却の手続に重大な誤りがあるとして売却不許可決定をし（民事執行法188条、71条7項）[38]、開札期日において最高価買受人が定められなかったときは特別売却実施処分を取り消すことになると思われる。これは、従来の通説、近時の有力説いずれによっても同じである。

（4）執行裁判所が売却許可決定後に訴訟能力欠缺を把握した場合

ア　売却許可決定に対し、訴訟能力欠缺（開始決定の有効な送達がないこと）を理由として執行抗告されれば、執行裁判所は、基本的には、売却許可不許可事由があるとして、再度の考案（民事執行法20条、民事訴訟法333条）により売却許可決定を取り消すことになると思われる[39]。

イ　代金納付後はどうか。手続に瑕疵があっても、執行抗告ないし執行異議によりその瑕疵が是正されることはなく代金が納付されれば、その瑕疵は買受人の所有権取得を妨げない（民事執行法188条、79条）[40]。そ

---

37)　鈴木忠一＝三ヶ月章編『注解民事執行法（2）』347頁〔近藤崇晴〕（第一法規、1984年）、小野瀬厚＝原司編著『一問一答平成16年改正民事訴訟法・非訟事件手続法・民事執行法』100頁注3（商事法務、2005年）、中野・前掲注（15）484頁。

38)　強制執行申立ての要件欠缺は、「強制競売の手続の開始…をすべきでないこと」（民事執行法71条1号前段）に該当する（香川保一監修『注釈民事執行法第4巻』27頁〔近藤崇晴〕（金融財政事情研究会、1983年）、鈴木忠一＝三ヶ月章編『注解民事執行法（3）』43頁〔三宅弘人〕（第一法規、1984年）など）。そのため、近時の有力説によれば、この場合、民事執行法188条、71条1号前段にも該当する。

　　なお、執行停止文書が提出されているのにこれを看過して売却が実施された場合は民事執行法71条1号後段の「手続の…続行をすべきでないこと」に該当する（香川監修・前掲32頁〔近藤〕、鈴木＝三ヶ月編・前掲45頁〔三宅〕）。近時の有力説により、訴訟能力欠缺を執行停止事由に該当するとして扱うのであれば、執行裁判所において訴訟能力欠缺を把握した時に執行停止文書（民事執行法183条1項6号又は7号の文書）が提出されたと同視すべきであろうから、最高価買受人が定められた後に、執行裁判所が訴訟能力欠缺を把握したときは、民事執行法188条、71条1号後段には該当しない（民事執行法188条、72条1項前段）。

39)　売却許可決定は、すべての執行抗告権者に対する関係で、言渡しの時に告知の効力が生じ（民事執行規則54条、最高裁判所事務総局民事局監修・前掲注（17）292頁）、送達されることはない。

40)　香川監修・前掲注（38）152頁〔近藤〕、鈴木＝三ヶ月編・前掲注（38）181頁〔石丸俊彦〕、西村宏一＝佐藤歳二『不動産執行〔注解不動産執行法第9巻〕』392頁〔上田正俊〕（青林書院、1989年）、石川明ほか編『注解民事執行法上巻』810頁〔栂善夫〕（青林書院、

のため、執行裁判所が、債務者又は所有者の訴訟能力欠缺を把握せず開始決定をし、開始決定の有効な送達がないことを把握しないままに売却許可決定をしたときであっても、これは手続の瑕疵にすぎず買受人が代金納付をすれば、債務者又は所有者の訴訟能力欠缺（有効な送達がないこと）をもって所有権取得を否定されることはない。訴訟能力の瑕疵は、配当の場合は期日の呼出し（民事執行法188条、85条3項）[41]、弁済金交付の場合はその日時及び場所の通知（民事執行規則173条1項、59条3項。この通知は、民事執行規則3条2項により、民事訴訟規則4条5項の準用が除外され、債務者又は所有者が所在不明等の場合もする必要がある。）において問題になるにとどまる。

　なお、三谷博士は、開始決定が執行債務者（債務者又は所有者）に送達されなかった場合、買受人が代金納付をしても所有権を取得しないとされる[42]。すなわち、差押えの登記がされてもこれは対抗要件にすぎず、執行債務者に開始決定が送達されなかったときは差押えの効力が生じない、開始決定の送達は手続権保障の大前提であるとして、開始決定不送達という「これ以上ない瑕疵を単に手続上の瑕疵として片づけることができるのであろうか。買受人になろうとする者も、瑕疵のない不動産を取得するためには、記録を閲覧すれば、記録に現われている所有者たる物上保証人への送達がなされたかどうか位はすぐに分かるであろう。送達報告書があるはずである。むしろ買受人側の負担である、と考えてもおかしくない。」とされる[43]。開始決定が送達されなかった場合の差押えの効力をこのように解することができるかは措くとしても、民事執行

1991年）、浦野編・前掲注（15）290頁〔石川明〕（日本評論社、2009年）。民事執行法施行前も同様に解されていた（鈴木忠一ほか編『注解強制執行法（3）』483頁〔石丸俊彦〕（第一法規、1976年））。

41)　配当期日の呼出しは呼出状を送達して行うのが一般であり（民事執行法20条、民事訴訟法94条1項）、呼出しを受けるべき者全員に送達の効力が生じなければ配当期日を開くことができない（田中康久『新民事執行法の解説〔増補改訂版〕』229頁（金融財政事情研究会、1980年）、香川監修・前掲注（38）265頁〔近藤〕）。

42)　三谷忠之「抵当権の実行としての競売における所有者と買受人の地位」香川法学8巻2号222頁（1988年）、同・前掲注（15）68頁。

43)　三谷・前掲注（42）222頁。

事件記録を閲覧するには、閲覧希望者に「利害関係」が必要である（民事執行法17条）。一般の買受希望者は、「利害関係」を有しないため、入札前には閲覧が不可能である[44]。また、執行裁判所すら送達の無効に気付かない場合に、買受人が記録を閲覧して送達の無効を発見することは困難と思われる[45]。開始決定が債務者又は所有者に送達されなかったことのみをもって、買受人の所有権取得を否定することはできない[46]。

　（5）まとめ　　以上のとおり、担保不動産競売において、従来の通説と近時の有力説とで執行裁判所の対応に差が生じるのは、訴訟能力欠缺を看過して開始決定され、法定代理人が欠けている場合にとどまり、また、この場合も現況調査は実施され、評価もそのまま実施されることがあることによれば、その具体的な差もそれほど大きくない。翻って考えると、少なくとも不動産執行では、従来の通説は、判決手続との構造的な差異から、有効な送達を必要とする限度で、執行債務者の利益保護を図れば充分と判断していたようにも思われる[47]。

---

44)　東京地方裁判所民事執行センター実務研究会・前掲注（30）42頁。

45)　送達されなかった場合を、外形的行為すらない場合（送達行為の不存在）に限定するのであれば別論である。しかし、開始決定の送達を手続権保障の大前提とする以上、有効な送達がされなかった場合も送達されなかった場合に含まれると解するのが自然である。

46)　三宅弘人「買受人の地位」鈴木＝三ヶ月監修・前掲注（1）288頁注（32）、鈴木＝三ヶ月編・前掲注（34）250頁〔高橋宏志〕、竹下守夫ほか『ハンディ・コンメンタール民事執行法』471頁〔竹下〕（判例タイムズ、1985年）、富越和厚「判批」金法1396号（1994年9月5日号）60頁。競売法下ではあるが、大判大正15.11.25新聞2645号12頁、最判昭和46.2.25判時631号54頁・判タ260号211頁は、所有者への開始決定送達欠缺の事案で、買受人の所有権取得を認めた。

　開始決定の送達の瑕疵は買受人の代金納付により治癒し（民事執行法188条、79条）、これをもって買受人の所有権取得は否定されない。しかし、担保権に問題があるときは、開始決定が送達されていなければ、民事執行法184条の適用がないため（最判平成5.12.17民集47巻10号5508頁参照）、買受人は代金納付をしても所有権を取得しない。一般的には、以上のように理解されていると思われる。

47)　三ヶ月・前掲注（6）154頁は、民事執行手続の狭義の当事者（民事執行手続を申し立てる能動的な当事者と手続の開始が申し立てられる受動的な当事者）につき、「民事訴訟法の当事者に関する法規制（たとえば当事者能力や訴訟能力の規定など）が格別の規定がない限り準用されるのが原則であるが（20条参照）、手続全体の構造的な差異を反映

3　担保不動産競売における
　　債務者及び所有者の意思能力

　意思能力も、訴訟能力と同様に、担保不動産競売の債務者及び所有者にも必要と解するべきである。もっとも、担保不動産競売の債務者及び所有者の意見能力を必要とする考え方（以下「必要説」という。）と原則不要として有効な送達などのために意見能力が必要とされるにすぎないとする考え方（以下「不要説」という。）があるとして、両説により、執行裁判所の対応がどの程度異なるかは、検討が必要である。そこで以下、訴訟能力と同様に担保不動産競売の手続の段階を追って、両説からの執行裁判所の対応を検討する。

1　執行裁判所が開始決定前に意思能力欠缺を把握した場合

　執行裁判所は、開始決定前に、債権者から、債務者又は所有者につき、意思能力を欠くが後見開始されていない旨の連絡を受け、意思能力欠缺を把握することがある。すなわち、債権者は、債務者及び所有者の住民票の写しを提出するだけでなく、担保不動産競売申立て前に、債務者の債務の履行状況等の調査、催告等をして、債務者と接触することがあり、また、このような接触がない場合であっても、債務者又は所有者の住所等を確認することが望まれている[48]。金融機関としても、債務者の意思能力に疑義が生じた場合、その有無を確認すべきことが指摘されている[49]。債権者は、このような接触及び調査の際、債務者又は所有者

　　し、あるいは特別の規定により（たとえば当事者の死亡に関する41条、代理人資格に関する13条等）、あるいは解釈によって（たとえば執行の受忍にとどまる限り、債務者の訴訟能力に関係なく執行を行ないうるなど）、判決手続等の法的な規制と異なる規制がされることが少なくない。」とする。

48)　東京地方裁判所民事執行センター実務研究会・前掲注（30）52頁、財団法人法曹会編・前掲注（26）51頁。

49)　石井康司「個人債務者が意思能力を欠くに至った場合の対応」金法1695号（2004年1月5日号）20頁。

と意思疎通できず、その意思能力欠缺を把握することがある。

　必要説によれば、執行裁判所は、このままでは、開始決定をすることができない。特別代理人を選任（民事執行法20条、民事訴訟法35条）[50]するなどして、債務者又は所有者の意思能力欠缺の問題が解消されない限り、開始決定申立てを却下することになる。そして、執行裁判所が開始決定をしないことは、不要説によっても同様と思われる。訴訟能力欠缺と異なり、一見すると申立書の記載事項を欠いているようには見えないが、執行裁判所が、意見能力欠缺を把握し、開始決定の送達に問題が生じることを把握しながらも、その問題を解消しないままに開始決定をすることはないように思われる。債権者も担保不動産競売申立て前に、債務者又は所有者の意思能力欠缺を把握した場合、担保不動産競売の申立てとともに特別代理人選任の申立てしていると思われる[51]。

　なお、小田博士は、民事執行手続では、形式的に訴訟能力欠缺を判断することができない場合には、訴訟能力が備わっているとして扱うことができる、とされる[52]。しかし、意思能力欠缺の可能性の程度問題でもあるが、債権者が特別代理人の選任を申し立て、債権者提出の資料からは債務者又は所有者が意思能力を欠くとまでは認められなくても、意思能力を欠く常況にあると疑われ、「遅滞のため損害を受けるおそれがある」ことが疎明されれば（民事執行法20条、民事訴訟法35条１項）[53]、特別代

---

50) 意思能力を欠く常況にあるが、後見開始の審判を受けていない者に対して訴えを提起する場合も、民事訴訟法35条１項の「法定代理人がない場合」に該当する（三宅ほか・前掲注（３）343頁〔難波〕、秋山ほか・前掲注（３）350頁、兼子原著・前掲注（３）190頁〔新堂＝高橋＝高田〕）。

51) 石井・前掲注（49）46頁は、金融機関として、債務者が意思能力を欠き、成年後見人が選任されていない場合の催告及び通知の効力を検討する中で、「担保権実行については、特別代理人の選任を求めることができる」、とする。

52) 小田・前掲注（９）228頁、同・前掲注（15）205頁。
　これに対し、判決手続では、訴訟能力の証明責任は、原則として、本案判決を求める当事者、したがって原告にある（真偽不明の場合は訴訟能力を欠くとして扱われる。）とするのが、通説（中野・前掲注（７）90頁、小田・前掲注（８）日本法学75頁、秋山ほか・前掲注（３）340頁、松本＝上野・前掲注（７）238頁〔松本〕）である。ドイツ法の議論につき、小田司「ドイツ民事訴訟における訴訟能力の問題点」日本法学64巻１号162頁（1998年）参照。

理人の選任を認めてもよいように思われる。意思能力欠缺が疑われる債務者又は所有者にとって、特別代理人が選任されることは不利益ではなく、特別代理人選任によってその利益は保護される。仮に特別代理人によって、本人（債務者又は所有者）が意思能力を欠く常況にないことが明らかにされた場合には、執行裁判所はその時点で特別代理人を解任すれば足りる。このことは、開始決定時だけでなく、その後も、同様と思われる。

2　執行裁判所が売却実施処分までに意思能力欠缺を把握した場合

（1）開始決定送達時に意思能力を欠いていた場合　　執行裁判所が開始決定送達時の債務者又は所有者の意思能力欠缺を把握する場合としては、開始決定が介護施設等に転送され、これを契機に債権者の調査により意思能力欠缺が判明した場合、執行官の現況調査時に意思能力欠缺が判明した場合を想定することができる。

このような場合、不要説によれば、執行裁判所は、執行手続の停止を検討する必要がない。もっとも、売却実施処分のために有効な送達の実施が必要であるため、成年後見人又は特別代理人の選任が必要である。

これに対し、必要説によっても、開始決定に瑕疵がないとし、意見能力欠缺を執行停止事由として扱うのであれば、不要説とそれほど差はない。前記2の**2**（**2**）アのとおり、執行裁判所は、執行手続を停止するとしても、現況調査はそのまま実施され、評価もそのまま実施されることがあるからである。また、仮に、債務者又は所有者の意思能力欠缺が

---

53)　三宅ほか・前掲注（3）346頁〔難波〕は、「民事執行の場面では、迅速性が当然の前提であるから、遅滞のため損害を受けるおそれがあるという要件の存在は推認されるので、執行裁判所は、この点の疎明を求めていないのが通常である。」とする。これに対し、東京地方裁判所民事執行センター実務研究会編著・前掲注（30）105頁は、不動産の所有者が死亡した場合の担保不動産競売申立てに関する文脈において、「東京地裁民事執行センターにおいては、相続財産管理人の選任を待っていたのでは、時効による消滅等により損害が生じる可能性がある場合や、物件がガソリンスタンドで速やかな処分が要求される等、特別代理人の選任を必要とする極めて例外的な場合に限り、特別代理人を選任することとしている。」として、「遅滞のため損害を受けるおそれ」の疎明を厳格に求めている。

開始決定の瑕疵になるとしても、成年後見人又は特別代理人に開始決定を送達し直した後、追認されたと解してよい場合がほとんどであろう[54]。

このほか、債務者又は所有者が睡眠中や泥酔中で意思能力が一時的に失われている時に、同居者が受領するなどして開始決定が送達された場合、意思能力回復後に直ちに覚知できるのであれば、この送達は有効としてよいと考えられる[55]。以下の論述では、意思能力を欠くとは、一時的な喪失ではなく継続的な喪失を前提とする。

（２）開始決定送達後に意思能力を喪失した場合　次に、開始決定送達時には意思能力があったが、その後、意思能力を欠くようになった場合、不要説によれば、売却実施処分までの間に成年後見人又は特別代理人が選任される必要はない。このままでも売却実施処分は可能である。

これに対し、必要説によれば、意思能力欠缺を執行停止事由として扱うのであれば、成年後見人又は特別代理人が選任されない限り、売却実施処分をすることはできない[56]。

もっとも、不要説によっても、売却実施処分の後、裁判所書記官は債務者及び所有者に入札期日等の通知をする必要があり（民事執行規則173条1項1号、37条1号）[57]、配当等でも送達又は通知が問題となる。そのた

54）　成年後見人又は特別代理人が追認を拒絶することが、本人とって有利とは必ずしもいえない。被担保債権の不存在又は抵当権が無効とされない限り、いったんは、開始決定が取り消されたとしても、債権者は、手続きを最初からやり直すことは可能であり、この場合、開始決定が取り消されなかった場合に比して、通常、遅延損害金が大きくなる。

55）　兼子・前掲注（7）114頁、三ヶ月・前掲注（7）全集192頁、染野正信『民事訴訟法原論』134頁（勁草書房、1957年）。

56）　開始決定後に債務者又は所有者が死亡しても、手続はそのまま続行する（民事執行法194条、41条1項。鈴木＝三ヶ月編・前掲注（34）340頁〔井上〕、香川監修・前掲注（34）269頁〔近藤〕など）。この場合、債務者又は所有者の地位を承継した相続人は、手続上格別の不利益を受けるものではない（鈴木＝三ヶ月編・前掲注（34）339頁〔井上〕）。これに対し、開始決定送達後に債務者又は意思能力を喪失した場合、その地位を承継する者はいない。そのため、債務者又は所有者が、開始決定送達後に意思能力を喪失した場合、民事執行法194条、41条1項の類推適用により手続を続行することは難しいと思われる。

め、執行裁判所は、意思能力欠缺を把握した場合、債権者から特別代理人選任申立てを得て、特別代理人を選任するであろうから、両説による執行裁判所の対応の差は、理論上のものにとどまると思われる。

3 執行裁判所が売却実施処分後、売却許可決定期日までに意思能力欠缺を把握した場合

（1）開始決定送達時に意思能力を欠いていた場合　執行裁判所が、債務者又は所有者の意思能力欠缺を看過して開始決定をし、売却実施処分後に、意思能力欠缺を把握した場合[58]、訴訟能力の場合と同様に、必要説、不要説いずれによっても、基本的には、開札期日前であれば売却実施処分を取り消し、開札期日後であれば、売却許可不許可決定（民事執行法188条、71条7号）[59] をする（最高価買受人が定められなかった場合は、特別売却の実施を取り消す）ことになる。

（2）開始決定送達後に意思能力を喪失した場合　債務者又は所有者が開始決定送達後に売却実施処分までに意思能力を喪失し、執行裁判所が、これを売却実施処分後に把握した場合、不要説によれば、そのまま売却許可決定することになる[60]。

必要説により、債務者又は所有者の意思能力欠缺を執行停止事由として扱うとすると、執行裁判所において債務者又は所有者の意思能力欠缺

57）　最高裁判所事務総局民事局監修・前掲注（17）628頁。
58）　訴訟能力の場合以上に、教室設例であろう。
59）　前掲注（38）参照。また、東京地方裁判所民事執行センター実務研究会編著『民事執行の実務〔第3版〕―不動産執行編（下）』32頁（金融財政事情研究会、2012年）は、執行当事者の意思無能力が民事執行法71条1号の「手続の開始…をすべきでない」場合に該当する、とする。
60）　債務者又は所有者に対する入札期日等の通知は問題になり得る。鈴木＝三ヶ月編・前掲注（38）72頁〔三宅〕はこの通知を欠いても適法な公告がされている限り問題ないとするが、香川監修・前掲注（22）411頁〔大橋寛明〕、鈴木＝三ヶ月編・前掲注（37）377頁〔近藤〕などは売却不許可事由（民事執行法188条、71条7号）になり得るとする。消極例として、大阪高決昭和58.6.6判時1104号82頁・判タ503号80頁、東京高決平成7.1.23判時1545号55頁。これに対し、競売法下ではあるが、東京高決昭和31.7.13判タ61号68頁は、競売期日の通知が、死者である被相続人に対してされ、被相続人を相続した

を把握した時に執行停止文書（民事執行法183条 1 項 6 号又は 7 号の文書）が提出されたと同視すべきであると思われる（前掲注（38）参照）。そのため、執行裁判所は、債務者又は所有者の意思能力欠缺につき、①開札期日前に把握したのであれば売却実施処分を取り消し、②開札期日において最高価買受申出人が定められた後に把握したのであれば、他の事由で売却不許可決定をすることができるときを除き、売却許可決定期日を開くことができず、意思能力欠缺が解消されるまで手続が停止することになる（民事執行法188条、72条 1 項）[61]。

4　執行裁判所が売却許可決定後に意思能力欠缺を把握した場合

売却許可決定に対し、債務者又は所有者の意思能力欠缺を理由として執行抗告された場合、前記 3 と同様に、①開始決定送達時に意思能力を欠いていたのであれば、必要説、不要説いずれによっても、執行抗告に理由があり、②開始決定送達後に意思能力を喪失したのであれば、不要説によれば執行抗告に理由がなく、必要説によっても、売却許可決定期日後に執行停止文書が提出された場合と同視されることになるので、やはり、執行抗告には理由がない（民事執行法188条、72条 2 項）[62]。

これに対し、代金納付後であれば、訴訟能力の場合と同様に（前記 2 の 2 （4）イ）、買受人は有効に所有権を取得し、配当の場合は期日の呼出し、弁済金交付の場合はその日時及び場所の通知が問題になるにとどまる。

　　債務者に対して通知されなかった事案において、債務者からの抗告により競落許可決定を取り消した。
　　　この通知は、通知を受けるべき者が所在不明の場合などはすることを要しないため（民事執行規則 3 条 1 項、民事訴訟規則 4 条 5 項）、開始決定後に意思能力を喪失した場合であれば、有効な通知がされなかったことをもって直ちに売却不許可事由となるとはいえないと思われる。もっとも、速やかに後見人又は特別代理人が選任され、入札期日等の通知がされることが望ましいのは当然である。
61）　東京地方裁判所民事執行センター実務研究会編著・前掲注（59）51頁。
62）　香川監修・前掲注（38）59頁〔近藤〕、鈴木＝三ヶ月編・前掲注（38）81頁〔三宅〕など。

4　終わりに

　検討結果を整理する。
　担保不動産競売の債務者及び所有者も、訴訟能力・意思能力を必要と解するべきである。しかし、これを不要とした場合であっても、送達又は通知に際して訴訟能力・意思能力が必要とされること、必要としても訴訟能力・意思能力欠缺を看過した開始決定が直ちに取り消されるわけではないことから、執行裁判所の対応は、それほど異ならない。具体的には、以下のとおりである。
　まず、執行裁判所は、債務者又は所有者の訴訟能力・意思能力欠缺を開始決定前に把握したのであれば、その欠缺に対する手当（成年後見人又は特別代理人の選任）がされるまで開始決定をするべきではない。次に、執行裁判所は、債務者又は所有者の訴訟能力・意思能力欠缺を看過して開始決定をして送達が実施されたことを把握した場合、その後に選任された成年後見人又は特別代理人に送達をし直し、仮に売却実施処分がされていたときは、基本的には、開札期日前であれば売却実施処分を取り消し、最高価買受人が定められていた場合は売却不許可決定をすべきである。もっとも、開始決定送達時に訴訟能力・意思能力が欠けていても、代金納付がされれば、買受人は有効に所有権を取得し、訴訟能力・意思能力の欠缺は、配当の呼出し、弁済金交付の日時及び場所の通知において問題になるにとどまる。債務者又は所有者が開始決定送達後に意思能力を欠くようになった場合、執行裁判所は、選任された成年後見人又は特別代理人に通知等をして手続を進めるべきであり、両説の差は執行裁判所が売却実施処分後開札期日前に意思能力欠缺を把握したときなどに生じるにとどまる。

仮処分命令の取消しと間接強制金の不当利得
―― 最二小判平成21年4月24日民集
63巻4号765頁を素材として ――

　　　　　　　　　　　　　　　金　　炳　　学
　　　　　　　　　　　　　　　　Byonghak KIM

1　はじめに
2　事案の概要および判旨
3　民事保全手続における間接強制金に関する考察
4　結びに代えて

1　はじめに

　間接強制制度をめぐっては、従来、法継受過程において「補充性」論をめぐる解釈上の論争が展開され、また、生活妨害の抽象的差止めおよび知的財産権侵害の差止めなどの執行方法をめぐる議論の蓄積がなされてきたところであり、近年においては、「併用」（不動産、動産の引渡し・明渡しの直接強制（民執168条1項、同169条1項、同170条1項）および代替執行（民執171条1項）が可能な債務に関する民執173条の創設）ないし適用範囲の拡張（扶養義務等に係る金銭債権に関する民執167条の15の創設）に関する法改正や研究の進展に伴い、間接強制が機能する場面が増大したこととあわせてクローズアップされ、権利実現手段としての実効性の確保のため検討の必要性が高まってきたところである[1]。

---

[1]　森田修『強制履行の法学的構造』（東京大学出版会、1995）5頁以下、谷口園恵＝筒井健夫編『改正担保・執行法の解説』（商事法務、2004）126頁以下、道垣内正人＝山本和彦＝古賀政治＝小林明彦『新しい担保・執行制度』155頁以下〔山本和彦〕（有斐閣、補訂版、2004）、小野瀬厚＝原司編『一問一答平成16年改正民事訴訟法・非訟事件手続法・民事執行法』（商事法務、2005）149頁以下、大濱しのぶ「間接強制と他の執行方法の併用の許否―間接強制と代替執行の併用が問題になった事例を手掛かりとして―」判タ1217号（2006）73頁以下、野村秀敏「審判前の子の引渡しの保全処分の執行と執行期間」小島武司先生古稀祝賀『民事司法の法理と政策上巻』（商事法務、2008）1025頁以下など

この間接強制に関する定義は、法的性質を先取りして様々な見解が唱えられ帰一をみるに至らないなか、不代替的作為債務（債務者以外の者が実現できない性質のもの）や継続的不作為義務などにつき、債務者に対してその不履行に一定の不利益（相当額の金銭の支払い）を賦課することを予告して債務者の意思を圧迫し、あくまで債務者による履行を強いる方法である（民執172条）[2]とするものが、標準的な定義と思われる。
　このうち間接強制金の額は、裁判所が、現実の損害額に拘束されることなく、債務の性質や債務者の態様などをも総合的に考慮して合理的裁量によって金額を決定することができるとされている[3][4]。

がある。紙面との都合から、生活妨害および知的財産権侵害の差止事例において、間接強制が功を奏しない場合の将来のため適式な処分（民414条3項）の弾力的活用については、金炳学「生活妨害における抽象的差止請求に関する訴訟物の特定と執行方法について（1）、（2）、（3）」早研99号（2001）（117）頁以下、同100号（2001）（75）頁以下、同101号（2002）（51）頁以下、同「知的財産権侵害差止請求における訴訟物の特定と執行手続について」法政72巻3号（2006）607頁以下に掲載されている文献を参照されたい。なお、間接強制決定の給付の特定に関する近時の決定として、最一小決平成25年3月28日 TKC25445492、最一小決平成25年3月28日 TKC25445493、最一小決平成25年3月28日 TKC25445494があるが、詳細な検討は、後日を期したい。

2）　佐藤歳二『実務保全・執行法講義〔債権法編〕』（民事法研究会、2006）29頁。なお、ドイツ民事訴訟法（以下、「ZPO」とする）においては、不代替的作為義務に関しては、ZPO888条に、不作為及び忍受の強制については、ZPO890条に、それぞれ別けて規定している。ZPOの規定については、法務大臣官房司法法制部編『ドイツ民事訴訟法典―2011年12月22日現在―』（法曹会、2012）269頁以下を参照されたい。

3）　名古屋地決昭和38年2月13日下民集14巻2号206頁、東京高決昭和50年10月28日判タ336号237頁、兼子一『増補強制執行法』（弘文堂、1951）290頁、我妻栄『新訂債権総論』（岩波書店、新訂版、1964）94頁、於保不二雄『債権総論』（有斐閣、新版、1972）134頁註（3）、上谷清＝河村皐哉＝林屋礼二『強制執行・競売の基礎』330頁以下〔伊藤剛〕（青林書院新社、1977）、鈴木忠一＝三ヶ月章＝宮脇幸彦編『注解強制執行法（4）』168頁〔山本卓〕（第一法規出版、1978）、奥田昌道『債権総論』（悠々社、増補版、1992）116頁、佐藤・前掲註（2）399頁、中島弘雅＝中西正＝八田卓也『民事執行・民事保全法』247頁〔中島弘雅〕（有斐閣、2010）、中野貞一郎『民事執行法』（青林書院、増補新訂6版、2010）811頁、松本博之『民事執行保全法』（弘文堂、2011）332頁、生熊長幸『わかりやすい民事執行法・民事保全法』（成文堂、第2版、2012）298頁、松村和徳『民事執行・保全法概論』（成文堂、第2版、2013）156頁。

4）　強制金を決定するファクターとして、①執行債権の性質（金銭の受領によっても実質的な満足が得られるか、あくまで債務者の行為の実現を所期すべきか）、②不履行によっ

このように理論的にも実務的にも、その重要度が増している間接強制は、確定判決などにより確定された義務として、終局的な本案判決手続に対する強制執行においてのみならず、暫定的な保全命令手続に対しても、保全執行として、これが行われることが制度設計上認められている。しかしながら、仮処分命令は、あくまで、本案判決が言い渡されるまでの仮定的・暫定的な性格を有するに過ぎず、仮処分債権者が本案訴訟で敗訴し、当該敗訴判決が確定した場合[5]または未確定でも当該判決が上級審で覆される蓋然性が少ないと認められる場合[6]には、債務者の申立てにより、保全命令を発した裁判所又は本案の裁判所は、事情変更

　　て債権者が受ける損害、③債務者の不履行の態度（後でも変更決定において対処できるか）、④履行の難易、不履行継続による債務者の利益、不履行の社会的影響の有無などがある（中野・前掲註（3）820頁註（4））。この点につき、中野貞一郎「作為・不作為債権の強制執行」民事訴訟法学会編『民事訴訟法講座第4巻』（有斐閣、1955）1207頁以下参照。本件調査官解説においては、間接強制金の額は、実際の損害額のほか、精神的損害、債務の内容・性質、債務者の態度等の事情を総合的に考慮し、履行を確保するに必要充分な額を裁判所の裁量で定めるべきとする総合考慮説が有力になったと指摘する（中村心「判解」ジュリ1392号（2010）（以下、「ジュリ」とする）182頁以下、同「判解」最高裁判所判例解説民事篇平成21年度（上）（1月〜6月分）（法曹会、2012）（以下、「最判解説」とする）380頁以下）。間接強制金の金額などに関する判例の分析として、大濱しのぶ「間接強制決定に関する覚書―強制金の額及び期間を中心に―」小島武司先生古稀祝賀『民事司法の法理と政策上巻』（商事法務、2008）889頁以下を参照されたい。期間の制限については、東京高判平成17年11月30日判時1935号61頁、旭川家決平成17年9月27日家月58巻2号172頁が参考となる。

5）　松本博之「保全取消し」竹下守夫＝藤田耕三編『民事保全法』（有斐閣、1997）246頁、太田武聖「事情変更に基づく保全取消し」丹野達＝青山善充編『裁判実務大系4民事保全法』（青林書院、1999）459頁など参照。なお、本案における債権者敗訴判決の確定といえども当然に事情変更の事由に該るものではなく裁判所による判断の余地を残すとするのに、上田徹一郎「事情変更と保全命令の取消」吉川大二郎博士還暦記念『保全処分の体系〔下巻〕』（法律文化社、1966）859頁以下参照。

6）　最一小判昭和27年11月20日民集6巻10号1008頁、伊東乾「判批」我妻栄編『保全判例百選』（有斐閣、1969）（以下、「保全判例百選」とする）115頁以下、佐野裕志「判批」上原敏夫＝長谷部由起子＝山本和彦編『民事執行・保全判例百選』（有斐閣、第2版、2012）（以下、「民事執行・保全判例百選」とする）194頁以下、丹野達『保全訴訟の実務Ⅰ』（酒井書店、1986）107頁および114頁註（76）、遠藤功＝野村秀敏＝大内義三編『テキストブック民事執行・保全法』274頁以下〔野村秀敏〕（法律文化社、2007）、和田吉弘『基礎からわかる民事執行法・民事保全法』（弘文堂、第2版、2010）226頁以下など参照。

に該当するとして、保全命令を取り消すことができる（民保38条）。

仮処分命令の保全執行として、間接強制決定がされた場合において、当該仮処分命令の被保全権利が本案訴訟で否定され、仮処分命令および間接強制決定が取り消されたときに、既に支払われた間接強制金につき、返還を求めることができるか否かおよびその法律構成が問題となった最高裁の判断として、最二小判平21年4月24日民集63巻4号765頁以下が注目に値する[7]。仮処分命令に基づいて間接強制決定[8]がなされ、間接強制金が支払われ金銭の移転が生じた後、当該仮処分命令の被保全権利が本案訴訟で否定され、間接強制決定が事情変更により取り消されたときの当該間接強制金の返還の問題について、従前の学説においては、これについて、直接、言及するものはなく、公刊された判例もないなか[9]、理論的および実務的にも、検証が必要とされるきわめて重要な判決である。

---

7) 本判決の解説、評釈および論説として、安達栄司「判研」ひろば63巻9号（2010）60頁以下、上原敏夫「間接強制、仮処分の取消しに伴う原状回復」法教348号（2009）41頁以下、笠井正俊「判批」法セ増刊（速報判例解説）5号（2009）149頁以下、川嶋四郎「判批」法セ666号（2010）122頁、金炳学「判研」早法86巻4号（2011）343頁以下、酒井博行「判研」北園46巻1号（2010）123頁以下、髙部眞規子「判批」別冊判タ29号（平成21年度主要判例解説）（2010）222頁以下、中村・前掲註（4）ジュリ182頁以下、同・前掲註（4）最判解説377頁以下、難波譲治「判批」法セ増刊（速報判例解説）6号（2010）99頁以下、西川佳代「判批」リマークス41号（2010）130頁以下、野村秀敏「仮処分・間接強制決定と仮執行宣言の失効に伴う事後処理に関する若干の問題点―ある相続関係事件を機縁として―」専修ロージャーナル6号（2011）177頁以下、森田修「判研」法協127巻11号（2010）1908頁以下、間淵清史「判批」民事執行・保全判例百選190頁以下、山田文「判批」ジュリ1398号（2010）151頁以下、山本和彦「判研」法研83巻5号（2010）75頁以下がある。

8) 間接強制を命ずる裁判の呼称については、定まっていないとされる（大濱・前掲註（4）891頁註（1）参照。本稿では、本件最高裁判決にならい「間接強制決定」とする。

9) 本件より先に、仮処分決定に基づき間接強制金が支払われた後に仮処分決定及び間接強制決定が取り消され強制金の返還が命じられた事例としては、日の出町廃棄物処分場資料閲覧請求事件があり、これに対する評釈として、木村俊郎「判批」福山平成4・5号（2000）149頁以下、野口貴公美「判批」淡路剛久＝大塚直＝北村喜宣編『環境法判例百選』（有斐閣、第2版、2011）234頁以下、吉村真幸「判批」判タ913号（1996）268頁などがあるが、間接強制金の返還については、触れられていない。この点につき、大濱・前掲註（4）899頁以下、中村・前掲註（4）最判解説390頁註（20）参照。

右判決は、仮処分命令および間接強制決定取消しの遡及効の有無、間接強制金の法的性質、民事保全手続上の間接強制金の不当利得における法律上の原因の所在について、検討すべき課題を示している。本稿においては、この最高裁判決を機会に、保全手続における間接強制金について、一度、整理し、議論の拡散を防ぐ意味から上記の論点に限定し、若干の検討をしておきたい。

2 事案の概要および判旨

1 事案の概要

自然派化粧品会社の代表者である亡Ａの共同相続人であるＸ、Ｙ１およびＹ２の間で遺産分割協議が成立し、亡Ａの有していた商標権をＸが相続した。Ｙ１およびＹ２（以下、「Ｙら」と記す）は、その後、前記遺産分割協議は錯誤などにより無効であり、遺留分減殺請求を行使し、商標権の持分を取得したと主張し、Ｘを債務者、商標権持分権を被保全権利として、商標権処分禁止の仮処分を申し立て、これが認められ、Ｘに対し商標権の処分禁止を命ずる仮処分命令が発令された（以下、「本件仮処分命令」という）。しかし、Ｘは、本件仮処分命令に従わなかったため、Ｙらは、保全執行として間接強制決定を申し立て、Ｘが本件仮処分命令記載の義務に違反したときは、Ｙらに対して、間接強制金（当初は、１日当たり５万円、その後、１日当たり10万円に引き上げられた）の支払いを命ずる間接強制決定が発令されたが、Ｘは、なお本件仮処分命令に従わず、その結果、間接強制決定に基づく強制執行を受け、Ｙらによって、各9,305万円の間接強制金の取立てが行われた。その後、Ｙらは、Ｘを被告として、本件仮処分命令に係る本案訴訟を提起したが、控訴審において、前記遺産分割協議は有効であり、本件仮処分命令の被保全権利は、発令時から存在しなかったとする判決が言い渡された（なお、同判決は、本件訴訟の第一審口頭弁論終結後、判決言渡し前に確定した）。そこで、Ｘは、上記本案訴訟の判決が言い渡されたことを理由に、本件仮処分命令の事情変更による取消し（民保38条）を申し立て、取消決

定を受け、Yらの抗告も棄却されたため仮処分取消決定が確定し、同決定正本を提出して間接強制決定の取消しを申し立て、その取消決定もなされた。その上で、本件仮処分命令の保全執行としてされた間接強制決定に基づき取り立てられた間接強制金は、法律上の原因を失い、不当利得に該当すると主張して、不当利得返還請求などを求める本件訴訟を提起したものである（民集63巻782頁および818頁参照）。

　第一審は、間接強制決定が取り消された場合、遡って強制執行がなかった状態になるから、間接強制決定に基づく支払は法律上の原因（間接強制という本執行）を欠き、民法上の不当利得が成立するとして、Xの請求を一部認容した（前掲民集779頁参照）。

　原審は、判決理由において、Yらが当初から仮処分の被保全権利を有していなかったとする本案訴訟が確定したことを明示した上で、本件仮処分取消決定及び本件間接強制などの取消決定に遡及効があると否とにかかわらず、Yらが間接強制金を取得することは、正義公平の観念上正当とされる原因を欠くものであり、不当利得となると判断し、原判決変更の上、Xの請求を一部認容した。そして、間接強制金の法的性格が間接強制決定に違反したことに対する制裁金であるが、間接強制決定などは本件仮処分決定を前提とするものであり、本案訴訟で当初から仮処分の被保全権利が存在しないと判断されたのであるから、Xに対する制裁そのものが正当な根拠を欠くものである（間接強制金は、制裁金という性格とともに損害賠償の性格を併せ持つところ、損害賠償の根拠が全面的に否定された場合にまで、間接強制金を保有しうるというのは、明らかに不合理である）と判示した（前掲民集813頁参照）。

　これに対し、Yらが上告受理の申立てを行った。Yらは、上告受理申立理由において、間接強制金の法的性質は制裁金であり、その制裁の対象は、間接強制決定の中に含まれている当初の債務名義に表示された義務を履行すべき旨の裁判所の命令に対する違反であって、有効適法な間接強制決定が存在し、それに対する違反行為があればXに対する制裁の必要性が失われるものではなく、Yらが間接強制金を取得保持することにつき法律上の原因があり、債務名義に表示された給付請求権の

不存在は強制金の支払請求権の不存在には結びつかないなどと主張した（前掲民集768頁参照）。

最高裁は、Ｙらの申立てを受理した後、以下のように判示した（前掲民集766頁）。

2　判　旨
上告棄却。

「仮処分命令における保全すべき権利が、本案訴訟の判決において、当該仮処分命令の発令時から存在しなかったものと判断され、このことが事情の変更に当たるとして当該仮処分命令を取り消す旨の決定が確定した場合には、当該仮処分命令を受けた債務者は、その保全執行としてされた間接強制決定に基づき取り立てられた金銭につき、債権者に対して不当利得返還請求をすることができる。その理由は、次のとおりである。

間接強制は、債務の履行をしない債務者に対し、一定の額の金銭（以下『間接強制金』という。）を支払うよう命ずることにより、債務の履行を確保しようとするものであって、債務名義に表示された債務の履行を確保するための手段である。そうすると、保全執行の債務名義となった仮処分命令における保全すべき権利が、本案訴訟の判決において当該仮処分命令の発令時から存在しなかったものと判断され、これが事情の変更に当たるとして当該仮処分命令を取り消す旨の決定が確定した場合には、当該仮処分命令に基づく間接強制決定は、履行を確保すべき債務が存しないのに発せられたものであったことが明らかであるから、債権者に交付された間接強制金は法律上の原因を欠いた不当利得に当たるものというべきである。」

3 民事保全手続における間接強制金に関する考察

1 民事執行による財貨移転と不当利得の成否および仮処分命令・間接強制決定の取消しの遡及効

「裁判」に基づいて行われた執行による金銭の給付（強制競売代金や強制管理金からの満足など）又は物の引渡しなどの財貨の移転は、債務名義の基礎となる法律関係が当初より存在しなかったことが判明した場合でも、その「裁判」が有効に存在している限り、「法律上の原因」（民703条）があり、債務者が債権者に対し、不当利得として返還請求をすることはできないとされている[10]。この点につき、民事保全法制定前の判例としては、確定判決に基づく強制執行[11]及び旧々民訴法における支払命令に付されて確定した執行命令に基づく強制執行[12]に関する判例が、これを示している。また、金員仮払仮処分決定に基づいて支払われた金銭について、被保全権利の存在が認められなくても、仮処分命令が取り消されることなく存続している場合には、有効な仮処分命令の存在に法律上の原因が認められ、不当利得とならないとの判例がある[13]。これに

---

10) 加藤雅信『財産法の体系と不当利得法の構造』（有斐閣、1986）（以下、「構造」とする）237頁以下および248頁以下、同『新民法大系V事務管理・不当利得・不法行為』（有斐閣、第2版、2005）（以下、「大系」とする）42頁以下、四宮和夫『事務管理・不当利得、不法行為（上）』（青林書院新社、1981）102頁以下、林良平編『注解判例民法債権法II』971頁以下〔衣斐成司〕（青林書院、1989）、藤原正則『不当利得法』（信山社、2002）240頁以下、松坂佐一『事務管理・不当利得』（有斐閣、新版、1973）161頁以下、我妻栄『債権各論下巻一』（岩波書店、1972）1028頁、我妻栄＝有泉亨＝清水誠＝田山輝明『我妻・有泉コンメンタール民法─総則・物権・債権─』（日本評論社、第2版追補版、2010）1252頁。なお、後述註（11）、（12）の判例の見解を妥当とされつつも、個別具体的に原告と被告との態度を審査考量し、不当利得の返還の許否を決すべきであると指摘されるのに、谷口知平『不当利得の研究』（有斐閣、1949）562頁以下がある。
11) 大判明38年2月2日民録11輯102頁。
12) 大判明33年3月10日民録6輯3巻51頁。
13) 大阪地判昭50年3月27日ジュリ594号6頁判例カード351番、加藤・前掲註（10）「構造」237頁、268頁註（36）、同・前掲註（10）「大系」43頁註（36）。なお、この点につ

対し、断行の仮処分執行後に、本案訴訟において債権者の請求を棄却する判決が未確定の場合であっても、債務者が原状回復を求め、仮処分命令が取り消されれば、仮処分の仮定性・暫定性により、支払われた仮払金は返還すべきとする判例がある[14]。

これらの事例においては、財貨受領を基礎づける「裁判」の存否が、「法律上ノ原因」のメルクマールとされ、強制執行は、私法上の請求権満足のための手続行為に過ぎず、そこにおける財貨の移転は、この私法上の請求権、場合によっては私法上の請求権を確定するところの判決などの債務名義によって基礎づけられ、執行行為自体によって基礎づけられるわけではないと、説明される[15]。

これに対して、本件において、不当利得が成立する前提として、仮処分命令およびこれに基づく間接強制決定が取り消された場合の遡及効の有無が、問題となり得る。

仮処分命令の取消しの裁判に遡及効が認められるのか否かについては、古くから、争われており、将来に向かってのみ効力を消滅させるにとどまるとする遡及効否定説[16]、仮処分が取り消されればその効力は、原則として、既往に遡り効力を生ずるとする原則遡及効肯定説[17]、法人

き、野村・前掲註（7）190頁註（7-2）参照。
14) 最三小判昭63年3月15日民集42巻3号170頁、篠原勝美「判解」最高裁判所判例解説民事編昭和63年度（法曹会、1990）101頁以下、山田文「判批」民事執行・保全判例百選188頁以下。
15) 加藤・前掲註（10）「構造」237頁、同・前掲註（10）「大系」43頁。
16) 吉川大二郎『判例保全処分』（法律文化社、1959）380頁以下（ただし、本案判決が確定した場合は、仮処分の効力の暫定的・仮定的性格から、遡及効を肯定されるとする（381頁））、鈴木忠一＝三ケ月章編『注解民事執行法（6）』115頁〔大石忠生〕（第一法規出版、1984）、丹野・前掲註（6）94頁以下、菊井維大＝村松俊夫＝西山俊彦『仮差押・仮処分』（青林書院、3訂版、1982）463頁、西山俊彦『新版保全処分概論』（一粒社、1985）189頁など。
17) 本間義信「判批」保全判例百選112頁以下、山崎潮『新民事保全法の解説』（金融財政事情研究会、増補改訂版、1991）223頁以下、野村秀敏「賃金仮払仮処分の失効と仮払金の返還義務」『民事保全法研究』（弘文堂、2001）328頁以下、瀬木比呂志『民事保全法』（判例タイムズ社、第3版、2009）443頁など。福永教授は、仮処分当事者において、当該仮処分執行が当初から不当であったと取り扱うことが必要であり、かつ、それを否定

の職務執行停止仮処分や代行者選任仮処分に際しても、遡及効を肯定する全面肯定説[18]に分かれる。本件に関して、強制競売手続および強制管理手続における取消効の処遇について言及されつつ、強制管理手続と共通点を有する間接強制手続においては、間接強制決定の取消しには遡及効がなく、将来に向かって、これまで禁止されていた行為を行っても強制金を課されることはないという効果のみを有し、取消決定の発効前に完了した強制金の取立ての効力を覆滅するものではないとする説が有力に主張されている[19]。

　私は、第三者との関係を考慮しなければならない場合や対世的効力を生ずる仮処分の場合（法人の職務執行停止仮処分や代行者選任仮処分など）は別として、本件係争物に関する仮処分の事案のごとき仮処分命令の効力およびこれに基づく間接強制決定の効力は、二当事者間に限られた相対的な効力を有するに過ぎないため、遡及効を肯定してよいと解する。このような解釈は、仮処分制度自体が、その緊急性・密行性から、債権者の利益の迅速的実現に向けられ、被保全権利と保全の必要性は疎明に基づき判断され、発令・執行されるものである反面、事実上、債務者が被

　　　しなければならない理由は存しないとして、原則として、遡及効を認めるべきものと、明確に指摘される（福永有利「仮処分命令の取消しと原状回復」中野貞一郎＝原井龍一郎＝鈴木正裕編『民事保全講座第2巻』（法律文化社、1996）202頁）。
18)　沢田直也『執行競合考』（酒井書店、1965）136頁以下。
19)　野村・前掲註（7）187頁以下。この点につき、鈴木忠一＝三ケ月章編『注解民事執行法（5）』112頁および117頁〔富越和厚〕（第一法規出版、1985）（以下、「注解」とする）、香川保一監修『注釈民事執行法第7巻』298頁以下〔富越和厚〕（金融財政事情研究会、1989）（以下、「注釈」とする）、香川保一監修『注釈民事執行法第2巻』614頁以下〔田中康久〕（金融財政事情研究会、1985）、中野・前掲註（3）345頁以下、山本（卓）・前掲註（3）169頁、山本（和）・前掲註（7）86頁註（12）、中村・前掲註（4）最判解説384頁参照。民集にあらわれている本件間接強制決定の取消しについては、「～以降において、取り消す」というような時期の明示は行われていないと窺われるため、将来に向かっての取り消しとするのには疑問がある（前掲民集788頁）。なお、本件につき、原審判決のいうごとく、仮執行宣言付一審判決が取り消され、仮執行宣言が失効した場合のように、その効果に遡及効がなくとも、不当利得の成立する余地はあり、保全取消決定の遡及効の議論は、不当利得請求権の有無を左右しないとするものに、笠井・前掲註（7）152頁註（4））がある。

る不利益は決定的になることも否定し得ない制度構造を有していることに鑑みると、当事者間の公平の見地から、劣位な立場に置かれている債務者に不当な仮処分の拘束から免れることができるように各種の不服申立て・取消制度を設けているのであり、仮処分命令およびこれに基づく間接強制決定が取り消されても、既に執行された結果のうち既往の分についてはその拘束が残存するという取扱いをすると取消制度を設けた意味が少なからず失われてしまい、仮処分制度の仮定性・暫定性を加味し、仮処分命令にそのような強い効力を付与する必要性は認められないという実質論からも説明することが可能であると考える[20]。ただし、被保全権利ないし保全の必要性の後発的な消滅事由が間接強制決定発令後に生じた場合には、遡及効は制限されると解する[21]。

　なお、現行民事保全法は、その制定に際し、断行の仮処分の債務者は、原状回復の裁判を求めることができるとした（民保33条）。ただし、本件においては、処分禁止を命じる仮処分命令の執行方法として間接強制決定がなされ、これが直接の債務名義となり間接強制金が取り立てられているところから、基礎となる債務名義としての仮処分命令自体が給付を命ずるものではなく、民保33条が予定している保全取消しに伴う原状回復の裁判とは場面が異なり、実体法上の不当利得返還請求権（民703条）の成否のみが問題となると考えられる[22]。

2　間接強制金の法的性質論

　本件では、被保全権利の不存在を理由とする仮処分命令の取消しが確定し、間接強制決定が取り消された場合、債務者が債権者に対して支払

---

20)　柳川眞佐夫『保全訴訟仮差押・仮処分』（東洋書館、1950）122頁以下、野村・前掲註（17）334頁、福永・前掲註（17）204頁、山崎・前掲註（17）224頁。山本（和）・前掲註（7）78頁以下も本件に関して仮処分命令の取消しの遡及効を肯定する。ドイツにおいては、秩序金決定の遡及的取消しを認めている（後述註（43）参照）。

21)　森田・前掲註（7）1920頁以下、山本（和）・前掲註（7）84頁以下参照。

22)　上原・前掲註（7）48頁、酒井・前掲註（7）128頁、山田・前掲註（7）152頁、髙部・前掲註（7）223頁。これに対し、本件においても民保33条の適用があるとされるのに、安達・前掲註（7）65頁、山本（和）・前掲註（7）83頁以下がある。

った間接強制金に対する不当利得の成立如何が争われている。この点、間接強制金の法的性質をいかに捉えるのかが問題となり得る。すなわち、間接強制金の仮処分命令に対する附随性を肯定するのであれば仮処分命令が取り消されることにより不当利得返還請求権が認められるのに対し、間接強制金の仮処分命令に対する独立性を肯定する場合は、仮処分命令が取り消されても不当利得返還請求権は認められないとも解される余地がある。

　間接強制決定に基づき支払いを命じられる間接強制金の法的性質については、現行法において、学説上、争いがある[23]。

　まず、損害賠償金説（違約金説）が挙げられる[24]。

　この説は、間接強制金は、債務者が債務名義に掲げられた債務を履行しないことにより生ずる損害賠償の性質を併有するが、支払額が実損額を超える部分については、裁判所の定める法定ないし裁定の違約金であると説明する[25]。

---

23)　旧々民訴法734条においては、実損標準説（名古屋高決昭和35年4月27日判時224号15頁、大阪高決昭和44年3月14日判タ232号345頁、松岡義正『強制執行要論〔下巻〕』（清水書店、1925）1721頁、前野順一『新民事訴訟法強制執行手続』（松本堂、1931）724頁、谷井辰蔵『強制執行法論』（巌松堂書店、1936）547頁以下、小野木常『強制執行法概論』（弘文堂、1938）500頁以下など）が採られていたが、賠償額は損害額とは異なるとする説（総合考慮説）も主張されていた（註（3）に掲げられた文献参照）。現行の間接強制制度にいたるまでの立法経緯および旧法下における学説については、笠井・前掲註（7）152頁註（3）、金・前掲註（7）349頁、富越・前掲註（19）注解98頁註（3）、中村・前掲註（4）最判解説380頁以下、山本卓「不作為を目的とする請求に関する強制執行」司法研究報告書第8輯第2号（1955）98頁以下など参照。

24)　田中康久『新民事執行法の解説』（金融財政事情研究会、増補改訂版、1980）376頁、浦野雄幸『逐条解説民事執行法』（商事法務研究会、全訂版、1981）575頁、同『条解民事執行法』（商事法務研究会、1985）752頁、石川明編『民事執行法』307頁〔斎藤和夫〕（青林書院新社、1981）、富越・前掲註（19）注解112頁、同・前掲註（19）注釈282頁および291頁、中野貞一郎『民事執行法』（青林書院、新訂4版、2000）678頁（後に改説）、深沢利一『民事執行の実務（下）』（新日本法規出版、4訂版、2002）965頁、潮見佳男『債権総論Ⅰ』（信山社、第2版、2003）247頁、井上治典＝中島弘雅編『新民事救済手続法』174頁〔安西明子〕（法律文化社、2006）、中田裕康『債権総論』（岩波書店、2008）75頁、川井健『民法概論3（債権総論）』（有斐閣、第2版補訂版、2009）61頁、三谷忠之『民事執行法講義』（成文堂、第2版、2011）257頁。

25)　紙面との都合から、同説の根拠および評価の詳細については、金・前掲註（7）350頁

つぎに、制裁金説が主張されている[26]。

この説は、フランス法を中心とする比較法的観点から、間接強制金が債務名義に掲げられた債務の不履行により発生する損害額と無関係に定められるから、間接強制金は、損害賠償金ではなく、間接強制の決定に従わなかったことに対する執行法上の制裁金であると解する[27]。制裁金説に分類される見解の中でも、制裁の根拠となる履行命令の所在を債務名義に内在しているその給付内容を実現する履行命令に求める見解[28]と、間接強制決定に含まれる裁判所の履行命令とその違反に制裁の根拠を求める見解[29]に分かれる。前者の捉え方によると債務名義が取り消されれば間接強制決定も附随的に効力を失うと考えられるのに対し、後者の捉え方を純粋に推し進め履行命令に対する違反を強調すると間接強制決定は債務名義の存在とは独立した意義を有すると解しうる。

さらに、これら損害賠償金説と制裁金説を折衷する説[30]も主張され

を参照されたい。
26) 竹下守夫＝上原敏夫＝野村秀敏『ハンディコンメンタール民事執行法』416頁〔竹下守夫〕（判例タイムズ社、1985）、大濱しのぶ『フランスのアストラント』（信山社、2004）487頁以下、特に 489頁、飯倉一郎＝西川佳代『やさしい民事執行法・民事保全法』（法学書院、第5版、2006）151頁、中野・前掲註（3）811頁及び820頁註（3c）、中島・前掲註（3） 248頁、松本・前掲註（3）333頁、福永有利『民事執行法・民事保全法』（有斐閣、第2版、2011）215頁、野村・前掲註（7）192頁、山本（和）・前掲註（7）81頁、伊藤眞＝加藤新太郎＝春日偉知郎＝松下淳一＝山本和彦＝森田修「座談会間接強制の現在と将来」判タ1168号（2005）（以下、伊藤ほか「間接強制の現在と将来」とする）39頁〔松下淳一発言〕、同39頁以下〔春日偉知郎発言〕、同40頁〔山本和彦発言〕。
27) 本件調査官解説によれば、制裁金説によると損害賠償請求権とは別個の「間接強制金請求権」というべき法定の請求権が発生し、これが債権者の間接強制金を取得する実体法上の根拠となると指摘される（中村・前掲註（4）最判解説382頁）。紙面との都合から、同説の根拠および評価の詳細については、金・前掲註（7）350頁以下を参照されたい。
28) 山本（和）・前掲註（7）82頁および89頁註（37）。
29) 大濱・前掲註（26）489頁、中野・前掲註（3）811頁及び820頁註（3c）、野村・前掲註（7）192頁。
30) 折衷説には、理論型として、三ケ月章『民事執行法』（弘文堂、1981）420頁および422頁、山木戸克己『民事執行・保全法講義』（有斐閣、補訂第2版、1999）214頁、川嶋・前掲註（7）122頁、酒井・前掲註（7）131頁以下があり、実践型として、難波・前掲註（7）101頁以下がある。紙面との都合から、同説の根拠および評価の詳細について

ている[31]。

　本件事案との関係では、損害賠償金説（違約金説）を採った場合、被保全権利の不存在により、仮処分命令に附随する間接強制決定が予定した損害も生じなかったとして、不当利得の成立を肯定することになるのに対し、制裁金説のうち間接強制決定の独立性を強調する見解によれば、間接強制決定に含まれる処分禁止命令の不遵守自体に対する制裁と捉え、発令時に適法である限り強制金の保持につき法律上の原因を失わないことになると考えられる。また、本件の事案と離れて、仮に不当仮処分であったとして不法行為に基づく損害賠償請求が提起された場合、損害賠償説ではこれが肯定される可能性があるのに対し、損害賠償に充当されない純粋な制裁金であるとすると、損害は観念されないため損害賠償請求権は認められず、不当利得のみが許されることになると思われる。

　この点、本判決は、折衷説をとる原審および間接強制決定に含まれる裁判所の命令違反に対する制裁金であるとする上告受理申立理由中の鑑定意見について、明確にこたえているとはいえず、間接強制金の法的性質についてその判断を明らかにしていないという指摘がなされている[32]。

　私は、本判決が、保全手続における間接強制金の法的性質についての直接の議論を控えている点にこそ、一定の意義があると考える。本判決の調査官解説において、間接強制金の性質について明らかにしていないが、この点については学説の一層の深化が期待されているという指摘[33]

　　は、金・前掲註（7）352頁、西川・前掲註（7）132頁以下、野村・前掲註（7）212頁以下を参照されたい。

31) そのほか、債権者と債務者の起訴責任の負担という観点からのアプローチを試みるものに、西川・前掲註（7）133頁がある。この点につき、中野・前掲註（3）26頁以下、西川佳代「不作為義務の間接強制に関する諸問題―当事者の役割分担の視点から―」井上治典先生追悼論文集『民事紛争と手続理論の現在』（法律文化社、2008年）523頁以下参照。

32) 安達・前掲註（7）64頁、笠井・前掲註（7）151頁、酒井・前掲註（7）129頁以下、中村・前掲註（4）ジュリ184頁、同・前掲註（4）最判解説387頁、難波・前掲註（7）100頁、西川・前掲註（7）132頁。

がなされているところを踏まえると、間接強制金の法的性質に関する学説の検討を行う必要があると思われる。

損害賠償金説が唱える「法定ないし裁定の違約金」や、制裁金説が唱える「執行法上の制裁金」なるものの法学上、民事手続法上の概念は、現段階において、必ずしも明らかではない[34]。「違約金」という文言は、民法346条、同420条3項、同447条1項、同条2項などにあらわされているが、民事手続法上の意味内容については、明らかではなく、概念については、「違約罰の一種にして、予め債務不履行の場合に、債務者が債権者に給付することを約したる金銭をいう」とし、ここに違約罰とは、「債務不履行の場合に債務者が債権者（稀には第三者）に対し、金銭その他の物を給付することを内容とする私的制裁をいう」と定義されている[35]。「執行法上の制裁金」という概念自体について、日本において、法学上、定義されたものはみあたらない[36]。ここでは、いったん、フランスのアストラントをめぐって展開された私的制裁に関する議論―私的制裁とは、その利益を債権者（私人）が受けるという意味で私的な（privée）、制裁（peine）であることを詳細に検討された大濱教授の精緻なる著書があることを指摘するにとどめる[37]。

---

33) 中村・前掲註（4）ジュリ184頁。
34) 森田・前掲註（7）1915頁。
35) 末弘厳太郎＝田中耕太郎編『法律学辞典第一巻』59頁および61頁以下〔勝本正晃〕（岩波書店、1934）。法的違約金の意義については、論者によって必ずしも明らかではないと指摘するのに、富越・前掲註（19）注釈296頁註（3）、大濱・前掲註（26）488頁がある。なお、この点につき、奥田・前掲註（3）216頁参照。
36) 日本において制裁金とは、手続法的に根拠づけられた金員という含意で用いられているようである（森田・前掲註（7）1915頁）。
37) 大濱・前掲註（26）15頁および471頁。フランスにおける私的制裁の概念に関する議論の詳細については、大濱・前掲註（26）226頁以下を参照されたい。フランスのアストラントに関する文献として、山本（卓）・前掲註（23）71頁以下、山本桂一「フランス法における債務のastreinte（罰金強制）について」我妻先生還暦記念『損害賠償法の責任の研究（下）』（有斐閣、1965）117頁以下、同「フランス法における債務のastreinteについて」比較27巻（1966）74頁以下、萩大輔「ケーゼルのアストラント（一）、（二）」鹿児島大学社会科学報告11号（1964）1頁以下、鹿法1号（1965）153頁以下、同「仏法におけるアストラントについて（一）、（二）、（三）」鹿法4号（1968）39頁以下、同5巻1号

したがって、私は、現段階において、間接強制金を執行法上の制裁金とする見解について、その意味内容をさらに詰めていく必要があると考える。そこで、先にみた間接強制金の法的性質に関する議論における本判決の位置づけについて、いままでは考察の対象とされてこなかったドイツ法との比較法研究の視点から、紙面の都合もあり、概略的に若干の検討を加えたい。

この点、ドイツにおいても、不作為及び忍受の強制について定めたZPO890条が規定する秩序手段（Ordnungsmittel）の法的性質について、ながらく議論が続けられている。すなわち、ZPO890条に規定された秩序手段が、刑事若しくは刑事罰的特質〔Straf- oder strafähnlicher Charakter〕（報復的な法的性質〔repressive Rechstnatur〕）（のみ）を負っているのか、若しくは、予防手段〔Beugemaßnahme〕としての特質（抑止的な法的性質〔präventive Rechtsnatur〕）（も同様に）、を負っているのかについては、議論の余地がある[38]。学説においては、報復的な性質のみを強調する見解[39]は少数であり、多くの見解は、報復的性質及び予防手段

（1969）19頁以下、同6巻2号（1970）1頁以下などがある。フランスにおける制裁金説の理論的な中核をなしているのは、Adhémar Esmein の命令権説であるが、同説に対して、ローマ法に由来する命令権（*inperium*）と、裁判権（*jurisdictio*＝法の適用により紛争を解決する権能）の関係は、その歴史的沿革、三権分立原理との関係および現行法における命令権の存在について、今日においてもなお明らかでないと指摘されている（大濱・前掲註（26）103頁、山本（桂）・前掲「フランス法における債務の astreinte（罰金強制）について」168頁以下、萩・前掲「ケーゼルのアストラント（一）」8頁以下参照）。

38) Krüger/Rauscher/*Gruber*, Münchener Kommentar zur Zivilprossordnung, Bd. 2, 4. Aufl., 2012, §890, Rn. 2. ドイツ法の訳語については、石川教授の先行業績である *Eberhard Schirken*（石川明訳）「ドイツ民訴法における作為・不作為執行の今日的諸問題」石川明『ドイツ強制執行法と基本権』（信山社、2003）226頁以下の訳にしたがった。なお、石川明先生ならびに栂善夫先生のおとりはからいにより、筆者は、慶應義塾大学において開催された Schirken 教授のセミナーに参席させていただき、直接同報告を拝聴し質問をさせていただく貴重な機会を賜った。Beugemaßnahme については、*Pastor*, Die Unterlassungsvollstreckung nach §890 ZPO, 3. Aufl., 1981, S. 12f. を参照されたい。ドイツにおいては ZPO890条について、損害賠償としての性質を有しているとする指摘はみあたらない。この点につき、伊藤ほか「間接強制の現在と将来」30頁〔春日偉知郎発言〕および中村・前掲註（4）最判解説384頁を参照されたい。

としての抑止的な性質を有するとする両性説[40]にたっている。そのようななか、刑事罰は、過去の関係であるのに対し、執行は、常に将来の目的（その上、可能な履行の確保）にのみ向けられており、ZPO890条の目的は、過去の債務者の行為を「罰する（bestrafen）」ことにあるのではなく、債務名義に表示された将来の不作為義務の履行を確保することにあり、同条は、純粋に予防手段としての性質のみを有するという説が、近年、有力に主張され、支持を集めている[41]。

　日本の理論状況と決定的に異なる点は、ZPO890条においては、人的拘束をも辞さない態度が明らかにされており、また、秩序金は国庫に帰属するとされているため制裁金的色彩を帯びた報復的な性質が強調されうると考えられるが、理論状況は、かならずしもそうではなく、債務名義との附随性を肯定し純粋な予防手段として将来における不作為義務の履行の確保を重視する見解が有力に主張され支持を得ている点である[42]。ドイツにおけるこのような理論状況は、秩序金が国庫に帰属され

---

39)　Jauernig, Zwangsvollstreckungs- und Insolvenzrecht, 23. Aufl., 2010, §27 IV Rn. 29 ff.; Thomas/Putzo/Reichold/Hüßtege/*Seiler*, Zivlilprozessordnung, 33. Aufl., 2012, § 890, Rn. 15.

40)　Wieczorek/Schütze/*Storz*, Zivilprozeßordnung und Nebengesetze, 3. Aufl., 1999, § 890 Rn. 40, 52, 53 ; Stein/Jonas/*Brehm*, Zivilprozessordnung, Bd. 8, 22. Aufl., 2004, § 890 Rn. 3 ; Musielak/*Lackmann*, Kommentar zur Zivilprozessordnung, 4. Aufl., 2005, §890, Rn. 1 ; Zöller/*Stöber*, Zivillprozessordnung, 25. Aufl., 2005, §890, Rn. 5 ; Rosenberg /Gaul/*Schilken*/Becker‐Eberhard/Lakkis,Zwangsvollstreckungfsrecht, 12. Aufl., 2010, §73 Rn. 1, 26 ; Zimmermann, Zivilprozessordnung, 9. Aufl., 2011, §890 Rn. 1 ; Prütting/Gehrlein/*Olzen*, ZPO Kommentar, 4. Aufl., 2012, §890, Rn. 2 ; Krüger/Rauscher/*Gruber*, a.a.O. (N.38), §890, Rn. 2 ; Gerhardt, Die Handlungsvollstreckung -eine Bestandsaufnahme über Befund und Entwicklungstendenzen-, 50Jahre Bundesgerichtshof, Festgabe aus der Wissenshaft, Bd. III, 2000, S. 479.

41)　Schuschke/Walker/*Sturhan*, Vollstreckung und Vorläufiger Rechtsschutz, 5. Aufl., 2011, §890, Rn. 6 ; Baumbach/Lauterbach/Albers/Hartmann, Zivilprozessordnung, 70. Aufl., 2012 , §890　Rn. 10 ; *Lindacher*, Zur Natur der Strafe nach §890 ZPO, ZZP 1972, S. 239ff.; *Pastor*, a.a.O. (N. 38), S. 2ff.; *Schuschke*, Wiederholte Verletzungshandlungen ; Natürliche Handlungseinheit, Fortsetzungszusammenhang und Gesamtstrafe im Rahmen des §890 ZPO, WRP 2000, S. 1008ff.

42)　なお、ZPO888条の強制金（Zwangsgeld）については、法的性質論に関する争いがなく、債務者の過去の行為を罰するのではなく、将来に向かって債務者の意思を圧迫する

る場合であっても、債務名義が事後的に遡及して取り消された場合、債務者は賦課された秩序金の返還請求をすることができるとしているところから[43]、同条の秩序金を、不作為を命ずる債務名義に附随するものと捉えており、債務名義とは独立した過去の違反行為に対する報復的な制裁金として把握することは難しいといえよう。

　以上のようなドイツ法との比較からは、日本の間接強制金の法的性質について論じるに際しても、将来に向けての履行確保の手段という特質から、債務名義に附随する間接強制金の義務違反に対する予防的な性質—履行確保のための金銭としての側面—についても重要視する必要性があることが明らかとなる。すなわち、間接強制金は、あくまでも、本来の債務の履行確保のための債務名義に附随した手段として将来に向けた予防的な性質を有しているのであり、それが時間の経過とともに、過去の事実として積み重なっていくのである[44]。日本における制裁金説

　　　強制手段（Zwangsmittel）であるとして見解の一致をみている（Krüger/Raurscher/ *Gruber*, a.a.O.（N. 38），§888, Rn. 25 ; Rosenberg/Gaul/*Schilken*/Becker-Eberhard/ Lakkis, a.a.O.（N.40），§71 Rn. 38 ; Schuschke/*Walker*/Sturhan, a.a.O.（N. 41），§888 Rn. 29.）。

43)　ドイツにおいても、ZPO890条と関連して、不作為名義が違反行為のあった後に取り消された場合に、ZPO890条の秩序手段がなお存続せしめられるのかという問題があり、執行名義が遡及的（ex tunc）に排除されるとすれば、執行の目的たる報復も予防も債務名義の遡及的取消しによってその基礎を失うため、（秩序手段を）課すこともすでに課された秩序手段の執行も排除されなければならない、と説明されている（*Eberhard Schirken*（石川明訳）・前掲註（38）240頁 ; Krüger/Raurscher/*Gruber*, a.a.O.（N. 38），§890, Rn. 18ff.; Thomas/Putzo/Reichold/Hüßtege/*Seiler*, a.a.O.（N. 39），§890 Rn. 38 ; Stein/Jonas/*Brehm*, a.a.O.（N. 40），§890 Rn. 48 ; Musielak/*Lackmann*, a.a.O.（N. 40），§890 Rn. 16 ; Zöller/*Stöber*, a.a.O.（N. 40），§890 Rn. 26 ; Rosenberg/Gaul/*Schilken*/ Becker-Eberhard/Lakkis, a.a.O.（N. 40），§73 Rn. 19ff.; Prütting/Gehrlein/*Olzen*, a.a.O.（N. 40），§890 Rn. 27 ; Schuschke/Walker/*Sturhan*, a.a.O.（N. 41），§890 Rn. 53.）。

44)　法的性質は別として、「威嚇のための」金銭という表現は、債務名義に表示された債務の将来における自発的な履行確保を促すため債務者にプレッシャーをあたえる意味合い意識しているといえよう（中野・前掲註（4）「作為・不作為債権の強制執行」1208頁、於保・前掲註（3）133頁、潮見・前掲註（24）247頁、川井・前掲註（24）61頁）。この点、間接強制金は悪を懲らしめるという意味で制裁である必要はなく、その額を定めることによりよって間接強制の心理的強制が効くのか否かを重視するのに、伊藤ほか「間接強制の現在と将来」47頁〔森田修発言〕がある。

は、すべての債務者が義務に違反することを当然の前提とし、債務名義に表示された債務の履行に応じな「かった」若しくは債務名義から独立した裁判所の命令に従わな「かった」ことに対する制裁として、過去の事実のみに着眼して、その法的性質を考えているのではなかろうか[45]。

この点、本件判決は、「間接強制は……債務名義に表示された債務の履行を確保するための手段」であるとして、債務名義上の請求権の不存在を理由に債務名義が取り消され確定すればこれに附随して間接強制金を保持する根拠も失うとする間接強制金の債務名義に対する附随性を肯定しており（附随説）[46]、間接強制金の法的性質を考慮するにあたり、債務名義とは独立して制裁を課すこと自体を目的とする報復的性質という制裁金的な性質（独立説）を観念するのではなく、将来に向けて、債務名義に表示された義務違反を予防し本来の債務の任意履行を促す手段として債務者の意思を圧迫し、事前のプレッシャーとしては間接強制決定における支払予告によって、事後的なプレッシャーとしては間接強制金を増額しまたは累積することで、債務者自身による自発的な履行を確保するための金銭という性質を明らかにしている[47]。

45) 野村教授は、債務名義に表示された給付請求権の存在を争いつつ裁判所の命令を無視する債務者の態度を誘発することになり、仮処分制度の実効性が弱まると指摘されるが（野村・前掲註（7）192頁以下、同「民事執行・保全手続の新展開」法時83巻7号（2011）42頁以下、同旨、難波・前掲註（7）101頁以下）、本判決の射程を、当初から実体権不存在の場合に限定し、事後的に保全の必要性を欠く場合には及ばないと解すれば、その範囲はそもそも狭く、裁判所は、事後的に不当利得による調整という安全弁があればこそ、保全執行として間接強制命令を発令しやすくなるとの指摘がなされている（森田・前掲註（7）1924頁以下）。この点につき、中村・前掲註（4）最判解説385頁以下参照。

46) 笠井・前掲註（7）151頁、酒井・前掲註（7）131頁以下、中村・前掲註（4）ジュリ183頁、同・前掲註（4）最判解説387頁、山田・前掲註（7）152頁、山本（和）・前掲註（7）82頁以下。

47) 償金支払という制裁は、それが現実に義務者に賦課されることを究極の目的とするものではなく、寧ろ制裁の予告（或いは更に制裁の賦課）によって義務者を慴伏（乃至改心）せしめ、以て将来の義務の履行を確保することを究極の目的とするという指摘（山本（卓）・前掲註（23）150頁）および間接強制は履行を心理的に強制することでその目的を達するのであって、不履行に対し制裁を課することは間接強制の目的ではなく、制裁の告知は履行を強制する手段であるが現実に制裁を課すことは間接強制制度の機能を

したがって、本件判旨との関係から、保全すべき権利が仮処分命令の発令時から存在しなかったものと判断され、債務名義たる仮処分命令が取り消され確定した場合には、将来に向けての債務の履行確保の要請が当初より存在しないこととなり、債務名義に附随する手段としての間接強制決定を媒介とした間接強制金に対する不当利得返還請求権は肯定されることとなろう。

3 民事保全手続上の間接強制金の不当利得における法律上の原因の所在

最後に、不当利得返還請求訴訟が認められることを前提として、本件上告審においては、不当利得のメルクマールとしての「法律上の原因」につき、①被保全権利（実体法上の請求権）に求めるのか、②仮処分命令（債務名義）ないし③間接強制決定（執行行為）に求めるのかについて、疑問が呈されている[48]。

まず、①被保全権利（実体法上の請求権）とする見解は、上告審の判旨における、保全すべき権利が、本案訴訟の判決において、当該仮処分

維持する手段であるとしても履行を強制する手段ではないとする指摘（富越・前掲註（19）注釈280頁以下）は、将来に向けて、債務名義に表示された義務違反を予防し本来の債務の任意履行を促す手段として債務者の意思を圧迫する為の履行確保金という性質をあらわしていると考えられる。あわせて、間接強制は飽くまでも債務名義上の請求権を実現するための手段としての制裁なのであるから、同請求権が否定された場合まで制裁を維持する必要性はなく、それはもはや過剰な制裁であるという指摘（中村・前掲註（4）最判解説386頁）からも債務名義に対する間接強制金の附随性は、正当化されよう。

48) 本件第一審においては、その口頭弁論終結時までには、本案訴訟は確定しておらず、③間接強制決定（執行行為）に法律上の原因を認めているのに対し（前掲民集799頁）、原審判決では、本案訴訟が確定していたことを指摘し、①被保全権利（実体法上の請求権）に法律上の原因を認める（前掲民集835頁）。上原・前掲註（7）48頁は、本判決が確定したことに言及していないところから、①被保全権利（実体法上の請求権）ではなく、②仮処分命令（債務名義）ないし③間接強制決定（執行行為）ということになるかもしれないとする。これに対し、本件調査官解説においては、本判決の示した法律上の原因は、少なくとも③間接強制決定（執行行為）のレベルではないと考えられるが、①被保全権利（実体法上の請求権）、②仮処分命令（債務名義）のいずれかは明示していないと指摘する（中村・前掲註（4）最判解説391頁註（21））。

命令の発令時から存在しなかった場合という部分を重視し、また、法律上の原因を実体上の請求権に求める見解は、判旨にいう、「債務名義に表示された債務」の意味内容について、「債務を表示する債務名義」としていない以上、間接強制は債務の実現手段であり、法律上の原因は、実体権そのもの、すなわち、本件では、被保全権利であると説明する[49]。

しかしながら、本件上告審においては、控訴審判決では明示された本案訴訟の確定について、明言されておらず[50]、このことから、被保全権利のみを、「法律上の原因」として捉えているとはいえないし[51]、被保全権利の存否は事情の変更の有無として処理されており[52]、仮処分手続においては、仮処分命令の発令が被保全権利のみによって判断されるのではなく、保全の必要性についても審理がなされるため、この点を考慮に入れる必要があろう[53]。

次に、③間接強制決定（執行行為）とする見解は、間接強制決定の中に含まれる履行命令に法律上の原因を求める[54]。

この見解に対しては、仮処分命令と間接強制決定の関係については、どちらが、基礎となる債務名義なのかという点から、債務名義と執行行為の附随性若しくは独立性に関する議論を詰めていく必要があるのでは

---

49) 森田・前掲註（7）1917頁。
50) 中村・前掲註（4）最判解説388頁。
51) 上原・前掲註（7）48頁、西川・前掲註（7）133頁、野村・前掲註（7）218頁、山本（和）・前掲註（7）83頁。
52) 山田・前掲註（7）152頁。
53) 西川・前掲註（7）133頁。もっとも、森田教授は、本件における法律上の原因を、「債務名義に表示された債務」という表現をてがかりに、単なる実体権としてのみならず、「保全の必要性」のある当該実体権という意味に拡張して捉えることが必要であると指摘される（森田・前掲註（7）1921頁）。
54) 大濱・前掲註（26）489頁、同・前掲註（4）912頁、中野・前掲註（3）822頁註（5 b）。ただし、野村・前掲註（7）192頁以下は、裁判所の命令とそれに対する違反の事実があった以上、制裁が必要となり、不当利得返還請求は認められないとし、独立性を強調する。なお、ドイツにおいては、秩序金決定が取り消された後、債務者は、国庫からの返還を受けることができるとされている（BGH NJW-RR1988, 1530および註（43）掲載の文献参照）。

なかろうか。この点、第二次的債務名義[55]たる間接強制決定自体が基礎となる債務名義である仮処分命令の履行の確保を目的とするものであるとすれば、債務名義上の請求権の不存在を理由として仮処分命令が取り消されれば、間接強制決定の履行命令も効力を失うとする理解は是認し得るし、仮処分命令との関係で間接強制決定の附随性、二次性を否定する論理必然性は弱いと指摘されている[56]。また、独立性を強調する見解に対しては、基礎となる債務名義たる仮処分命令と第二次的債務名義たる間接強制決定（これに含まれる裁判所の命令と違反行為の存在）は、別個独立して並存するものではなく、前者の存在を前提とした附随的関係にあり仮に並存を認めるにしても基礎となる債務名義が有効である場合に限られると考える[57]。

　最後に、②仮処分命令（債務名義）とする説についてみる[58]。

---

55) 中野教授は、本件の間接強制決定を「(第二次的) 執行名義」と表現される（中野・前掲註（3）822頁註（5b）参照）。

56) 笠井・前掲註（7）151頁、酒井・前掲註（7）131頁以下、中村・前掲註（4）ジュリ183頁、同・前掲註（4）最判解説387頁、山田・前掲註（7）152頁、山本（和）・前掲註（7）82頁以下。この点、間接強制決定には、既判力が認められており（鈴木正裕＝青山善充編『注釈民事訴訟法（4）』312頁以下〔髙橋宏志〕（有斐閣、1997）、秋山幹男＝伊藤眞＝加藤新太郎＝髙田裕成＝福田剛久＝山本和彦『コンメンタール民事訴訟法II』（日本評論社、第2版、2006）443頁、中野貞一郎＝松浦馨＝鈴木正裕編『新民事訴訟法講義』459頁以下〔髙橋宏志〕（有斐閣、第2版補訂2版、2008））、実務的には、不当利得返還請求を求める場合に、債務者が仮処分命令取消決定正本を提出し、間接強制決定を取り消す必要が認められよう。もっとも、理論的には、この間接強制決定の既判力は、手続保障がそれなりに存在し実体につき終局的に判断するものに認められる効力であるされているが、本件におけるような基礎となる債務名義である仮処分命令に既判力が認められないところから第二次的債務名義たる間接強制決定の既判力も否定されよう。また、既判力の根拠を二元論として捉えた場合にも、手続保障の観点からは、基礎となる債務名義が確定判決の場合であっても、間接強制決定の必要的審尋（民執172条3項）は充分とはいえず、既判力を否定する余地はあろう（実務上は、書面審尋が行われており（富越・前掲註（19）注釈290頁、同・前掲註（19）注解107頁）、同じく必要的審尋（民保23条4項）が行われる仮の地位を定める仮処分に既判力は認められない）。間接強制決定の既判力の意味内容・性質に関する考察については、後日を期したい。

57) この点につき、金・前掲註（7）358頁。

58) 笠井・前掲註（7）151頁、山田・前掲註（7）152頁、山本（和）・前掲註（7）82頁および89頁註（37）。

この見解は、本件上告審判旨における仮処分命令を取り消す旨の決定が確定した場合を重視する。本件上告審においては、被保全権利の不存在を理由とする仮処分取消決定確定から直接返還義務を肯定していることから、間接強制決定自体を間接強制金保持の法律上の原因とは考えておらず[59]、また、仮処分命令が取り消されそれが確定しさえすれば、本案判決の確定如何にかかわらず間接強制金についての不当利得返還請求権は認められることになると解される[60]。

　前述したように民事執行による財貨移転と不当利得の成否に関する判例・学説の枠組みから照らすと、第二次的債務名義としての間接強制決定を経ていたとしても、一般的な執行行為と同様に、債務名義上の権利に基づく債務名義―すなわち、保全手続においては仮処分命令―の有効性が財貨の移転の正当性を左右し、間接強制決定自体が仮処分命令から独立に法律上の原因を基礎づけるわけではないということを明らかにするものといえる[61]。

　したがって、仮処分命令の取消しを経ていない場合には、仮処分命令が有効に残存している限り、法律上の原因は存在しているものと考えられ[62]、不当利得返還請求を求めるためには、仮処分命令の取消しとその確定を求める必要があろう。問題は、本案債権者敗訴判決が確定したが仮処分命令の取消しを経ていない場合であるが、被保全権利の不存在が既判力をもって確定しており[63]、保全命令には既判力がないとされていること[64]、本案訴訟における債権者敗訴の判決の確定により他に特段の事情がない限り債権者に過失があったものと推認される旨を判示する最三小判昭和43年12月24日民集22巻13号3428頁の趣旨、さらに、被保全権利の不存在が疎明ではなく証明されたのであるから[65]、保全取消しのな

---

59)　山田・前掲註（7）152頁。
60)　中村・前掲註（4）最判解説388頁、西川・前掲註（7）133頁。
61)　笠井・前掲註（7）151頁および前述註（10）、（13）掲載文献参照。
62)　山本（和）・前掲註（7）84頁。
63)　民保33条の原状回復の裁判に関連して、竹下守夫＝藤田耕三編『注解民事保全法（上巻）』399頁〔上原敏夫〕（青林書院、1996）参照。
64)　瀬木・前掲註（17）300頁以下。

い段階での不当利得返還請求を可能とする説（保全取消不要説）[66]も有力に主張されているが[67]、この点については、本案債権者敗訴判決確定の場合の仮処分命令の処遇に関する議論と関連があると思われる。すなわち、本案債権者敗訴判決が確定すれば、保全手続の暫定性、附随性から、保全処分の効力は当然解消するという立場[68]もあるが、本案債権者敗訴判決が確定した場合でも、この本案判決により保全命令は当然には失効しないから、事情変更による取消しを経ることを要すると指摘するのが実務の趨勢である[69]。したがって、本案で債権者敗訴判決が確定しても、保全命令の取消しがないまま債務名義たる仮処分命令が有効に残存している場合には、これに法律上の原因が認められると解されることになろう。この場合、不当利得返還請求を求めようとするときには、

---

65) 山田・前掲註（7）152頁。この点につき、福永・前掲註（17）196頁参照。

66) 伊藤眞「保全異議」竹下守夫＝藤田耕三編『民事保全法』（有斐閣、1997）233頁註（72）、笠井・前掲註（7）152頁、酒井・前掲註（7）133頁、山田・前掲註（7）152頁、山本（和）・前掲註（7）90頁註（48）。

67) この見解を採用すると、公正証書の作成後に存在した権利が消滅したにも関わらず執行がされた場合には、請求異議の訴えによって公正証書の効力を否定することなく公正証書に表示された債権の不存在を理由として直接に不当利得を認める判例（大判昭和15年12月20日民集19巻2215頁）と同様に、法律上の原因を①実体法上の請求権に求めることになるのではなかろうか。

68) 東京高判昭61年4月28日判時1191号143頁、吉川・前掲註（16）294頁以下、西山・前掲註（16）215頁以下、鈴木忠一＝三ケ月章編『注解民事執行法（6）』129頁〔西山俊彦〕（第一法規出版、1984）。

69) 大判大正11年12月22日民集1巻791頁、松岡義正『保全訴訟仮差押仮処分要論』（清水書店、1926）222頁以下、菊井ほか・前掲註（16）416頁、丹野・前掲註（6）107頁および114頁註（75）、松浦馨＝三宅弘人編『基本法コンメンタール民事保全法』216頁以下〔栗田隆〕（日本評論社、1993）、山崎潮監修『注釈民事保全法（上）』533頁〔原田保孝〕（社団法人民事法情報センター、1999）、瀬木比呂志監修『エッセンシャルコンメンタール民事保全法』299頁〔小池晴彦〕（判例タイムズ社、2008）、瀬木・前掲註（17）303頁以下および473頁以下、東京地裁保全研究会編『民事保全の実務（下）』108頁〔今井和佳子〕（金融財政事情研究会、第3版、2012）。その理由としてあげられているのは、裁判の効力の問題と執行の取消しの問題を切り離して考察し、本案訴訟の確定判決は、保全執行の執行名義たる保全命令を取り消すものでも、保全執行そのものの停止ないし取消しを命ずるものでもないので、民保46条により準用される民執39条1項1号に該当する書面と解することには、無理があり、被保全権利と本案の訴訟物の異同を、執行機関に提出された資料だけで判断させることに問題がある点が指摘されている。

手続安定および執行機関ごとの判断の齟齬の回避の要請から、仮処分命令（債務名義）に法律上の原因が認められる以上、債務者の手続負担として、丁寧に、これを取り消す手続を経る必要があるのではなかろうか（保全取消必要説）[70]。

4　結びに代えて

以上のように本稿では、間接強制制度に対する手続法的考察の端緒として、仮処分命令の取消しと間接強制金の不当利得の成否に関する最高裁判決を素材として、仮処分命令および間接強制決定取消しの遡及効の有無、間接強制金の法的性質、民事保全手続上の間接強制金の不当利得における法律上の原因の所在について、整理し、若干の検討を行った。

本稿における考察は、以下のように、要約できよう。第一に、本件におけるような二当事者間に限られた仮処分命令およびこれに基づく間接強制決定の取消しは、当事者間の公平の観点および仮処分の仮定性・暫定性を加味し、原則として、遡及効を有する。第二に、間接強制金の法的性質については、学説上、損害賠償金説（違約金説）と制裁金説の争いがあるが、「法定ないし裁定の違約金」または「執行法上の制裁金」なるものの概念・意味内容については、いまだ明らかではなく、その内容を理論的に詰めていく必要性が認められ、ドイツ法の状況を参照としつつ、債務名義に附随する義務違反に対する予防的な性質―履行確保金―という側面からの考察も重要となり、債務名義が取り消され確定すればこれに附随して間接強制金を保持する根拠も失うとする間接強制金の債務名義に対する附随性を肯定する附随説が妥当である。第三に、民事保全手続上の間接強制金の不当利得における法律上の原因のメルクマールは、不当利得法の判例・学説の体系から、財産の受領を基礎づける「裁判」に求めるべきであり、基礎となる債務名義たる仮処分命令に求めるのが正当である。その際、本案債権者敗訴判決が確定した場合であ

70）　このような債務者の手続負担の意義については、西川・前掲註（7）133頁参照。

っても、仮処分命令が取り消されず有効に残存している限りは、これに法律上の原因は認められ、不当利得返還請求を求めるためには、手続安定および執行機関ごとの判断の齟齬の回避の要請から、債務者の手続負担として、保全命令の取消しを経なければならないとする保全取消必要説を支持したい。

　このような基礎的考察の結果、本件最高裁判決は、上記三点につき、手続法的アプローチから、慎重にスタンスを図ろうとしたものと評価でき、妥当なものであるといわざるを得ない。なお、本件仮処分発令後、関連訴訟において、不正競争防止法2条1項1号との関係で、同一グループ内において中核的企業であった会社は、分裂後もそれぞれが商品等の表示の帰属主体となりえると解されており、現段階において、本件X側およびY側の関連企業は、それぞれ、同一の商品等表示を用いて商品を製造、販売していることを付言しておく[71]。

　以上の分析は極めて不十分な試論に過ぎないうえ、不当仮処分に対する不法行為に基づく損害賠償の可否[72]、間接強制金額の決定基準としての総合考慮説と法的性質論の関係、制裁金説の中核をなす命令権説に対する理論的検証、民執167条の15と民執172条における法的性質論の比較考察および間接強制決定の既判力の意味内容・性質の分析など、判例・学説にあらわれた具体的な問題点については、なお慎重な検討を要することを指摘し、私自身は、今しばらく、母法国ドイツ法および日本法と

---

71) 本件商標権の関連訴訟として、大阪地判平成15年5月1日TKC28090901、大阪高判平成17年6月21日TKC28101319、東京地判平成16年3月11日TKC28090983、東京高判平成17年3月16日TKC28100631がある。アザレ東京事件に関する評釈、論説として、大武和夫「判批」中山信弘＝大渕哲也＝茶園成樹＝田村善之編『商標・意匠・不正競争判例百選』(有斐閣、2007) 160頁以下、才原慶道「内部分裂と不正競争防止法2条1項1号の請求権者」知的財産法政策学研究18号 (2007) 181頁以下、中田祐児「判批」パテ63号 (2010) 41頁以下参照。

72) 前述したとおり、間接強制金の法的性質を損害賠償金説(違約金説)とすると不当仮処分に対する損害賠償請求を肯定しうる余地はあるが、制裁金説による場合には間接強制金は損害賠償とは関係のない制裁金であるため、損害賠償請求は否定され、不当利得のみが認められることになると考えられる。この場合において、不当利得返還請求を提起するために間接強制決定の既判力を否定する理論的意義が認められるのではなかろうか。

同じ法圏に属する韓国法との比較法的研究から、考えていきたい
　結局、本稿は、間接強制制度に対する研究の基本的視座を整理し、関連領域における今後の研究課題を提示したに過ぎない。本稿において、考察を加えることができなかった以上の諸問題については、後日を期したいと思う。

　　　栂善夫先生におかれましては、大学院入学以前より、伴に過ごさせていただき、慈愛に満ちられ、公私にわたり賜った御恩は、空よりも高く、海よりも深く、到底はかり知ることができない。いまは、過ぎし日の珠玉のような日々が、私の人生にとって、かけがえのない宝物として、刻まれている。
　　遠藤賢治先生におかれましては、早稲田大学助手時代より、実務の第一線にて御活躍されてこられた経験のすべてを、若輩者の私に体得させるべく、懇切丁寧に、御教示下さった。御自ら助手の研究室までいらして、膝を交えて議論させて下さったことが、思い出される。
　　めでたく古稀をお迎えになられた栂善夫先生・遠藤賢治先生の御学恩をいまだお返しすることもできず、万感の思いを込め、御健勝と御安寧を、心より祈念し、謹んで、この未熟な小論稿を捧げさせていただく。
　　　　　　　　　　　　　　　（2013年3月31日脱稿）
【附記】
　本稿は、財団法人民事紛争処理基金平成22年度～平成25年度研究助成による研究成果の一部である。

第3部　倒産法

破産手続と過払金返還請求

我 妻　　学
Manabu WAGATSUMA

1　はじめに
2　破産手続開始申立てと過払金返還請求
3　管財手続と同時破産手続廃止の振り分け
4　破産手続同時廃止、破産免責後の過払金返還請求
5　おわりに

1　はじめに

　従来は、多重債務に陥った債務者に経済的再生の機会を与える前提として、貸金業者などに対して債務者が返済する資力がないにもかかわらず、過大な債務負担をしたことが浪費に該当するか（破252条1項4号）、あるいは詐術による信用取引を行った（同条1項5号）と認められるか、といった破産免責の不許可事由に該当するのか否か、不許可事由に該当するとしてもなお破産免責が裁量によって認められる（破252条2項）か、などを中心に論じられており[1]、債務者の有する過払金債権の帰趨と破産手続に関しては、必ずしも十分に検討されてきたとはいえない[2]。
　しかし、みなし弁済をめぐる一連の最高裁判決（最三小判平成17年7月19日民集59巻6号1783頁、最二小判平成18年1月13日民集60巻1号1頁など）により、多重債務者の場合、貸金業者や信販会社などとの従前の取引履歴に

---

1)　伊藤眞『破産・民事再生［第二版］』（2009）5頁など参照。
2)　新宅正人「過払金の取扱い」日本弁護士連合会倒産法制等検討委員会編『個人の破産・再生手続』（2011）27頁、滝澤孝臣「自己破産手続における過払金返還請求権の取扱いとその帰すう」別冊判タ33号191頁など参照。特に、本論文は、滝澤論文に多くを負っている。

関して利息制限法が定める利息の利率による引直し計算をした結果、かえって一定の過払金（債務整理事件処理の規律に定める規程2条6号）が発生することが考えられる。債務整理の相談を受けた弁護士は、引直し計算後の債務額と過払金の額を念頭において、私的整理を行うのか、あるいは破産または個人再生を選択すべきかを検討する必要がある[3]。

裁判所もどのような場合に過払金の調査を求め、同時破産手続廃止（破216条）[4]と管財手続の振り分けをどのように行うべきか、が問題となる。破産手続開始決定（破産宣告）件数がピークに達した平成14年から平成16年の破産手続のほぼ9割が財団不足による同時廃止であり、管財人が選任されたのはわずか1割に過ぎなかった。しかし、平成11年から東京地裁で始められた少額管財手続[5]が次第に全国に普及するにつれ、

表1　破産手続開始決定（破産宣告）件数の累年比較表

	破産宣告開始決定（破産宣告）件数	同時廃止	％	破産管財人選任	％
平成15年	254,281	229,158	90.1	25,123	9.9
16年	219,408	195,326	89.0	24,082	11.0
17年	192,733	166,279	86.3	26,454	13.7
18年	173,060	143,675	83.0	29,385	17.0
19年	156,136	123,506	79.0	32,630	20.9
20年	139,326	101,692	73.0	37,634	27.0
21年	135,180	95,335	70.5	39,845	29.5
22年	129,576	91,766	70.8	37,810	29.2
23年	110,079	74,294	67.5	35,785	32.5
24年	91,098	58,359	64.1	32,739	35.9

中村悟＝神谷奈緒子「平成24年における倒産事件申立の概況」NBL1001号22頁表3による。

---

[3] 日本弁護士連合会倒産法制等検討委員会編『倒産処理と弁護士倫理』(2013) 62頁［和田聖仁］など参照。

[4] 同時廃止手続に関して、佐藤鉄男「破産廃止に関する一考察」東北学院法学71号1頁など参照。

[5] 少額管財手続に関して、園尾隆司ほか編著『少額管財手続の理論と実務』(2001)、鹿

消費者破産においても管財人を選任する割合が次第に増加し、平成21年以後は、3割近くまで増加し、平成24年には35.9パーセントまで増加している（表1参照）。同時廃止の割合は、平成21年以後は7割まで減少し、平成24年は64.1パーセントまで減少している[6]。特に東京地裁では、法人破産は全て管財事件としており、個人事件についても平成20年以後、全新受件数の過半数を超えていることが注目される[7]。

さらに、同時廃止、破産免責が認められ、破産手続が終結した後に、債務者から貸金業者に対して、過払金返還請求をすることが認められるかも問題となる。

なお、個人再生との関係は、本論文では扱わないこととする[8]。

2　破産手続開始申立てと過払金返還請求

1　はじめに

多重債務者が債務整理を弁護士に依頼した場合、弁護士は債務者の意思を尊重して、債務者の早期の経済的な再生を目指すとともに、債権者への平等弁済を図る必要がある。

法人の破産申立事件では、負債金額を確定して、裁判外での任意整理を行うか、あるいは破産の申立てを行うか、民事再生の申立てを行うかなどの手続選択が比較的容易であるとされている[9]。

しかし、個人の債務整理事件では、利息制限法を超過する利息を約定して貸付を行っている貸金業者、信販会社など複数の業者から借入れと

　　子木康＝島岡大雄編『破産管財の手引』（2011）8頁［鹿子木］、西謙二＝中山孝雄編『破産・民事再生の実務［新版］中巻』（2008）252頁［西野光子］など参照。
6)　中村悟＝神谷奈緒子「平成24年における倒産事件申立ての概況」NBL1001号22頁など参照。
7)　片山健「東京地方裁判所における破産事件の運用状況」金法1917号35頁。
8)　鹿子木康＝島岡大雄『個人再生の手引』（2011）62頁［北澤秀男］・229頁［石田憲一］など参照。なお、消費者金融会社の民事再生と潜在的払金債権の法的問題については、山本和彦「過払金返還請求債権の再生手続における取扱い」NBL892号12頁参照。
9)　日本弁護士連合会倒産法制等検討委員会編・前掲注3）62頁［和田］など参照。

返済を長期間に渡って繰り返し行っている場合が多いため、貸金業者に対して取引履歴の開示を求め、利息制限法による引直計算をしなければ、債務額がいくらであるかをまず確定する必要がある。

多重債務者は、持ち家を有しておらず、定期収入もないため、積極財産を保有していない場合がほとんどであり、過払金がまさに唯一の積極財産である場合が多い。したがって、申立代理人が破産申立前に過払金を回収し、申立費用等に充てることができれば、破産者の経済的負担を軽減することができる。一部の業者に対する過払金債権が存在するとしても、全体の債務額が過払金よりも多い場合には、結局破産申立てをせざるを得ないが、場合によっては、過払金の総額が債務者の債務を上回る場合には、そもそも破産申立てをすることなく、裁判外で債務整理を行い、債務者の経済的再生を図ることもできる。

貸金業者は、取引履歴を開示する義務が存在するにもかかわらず、取引履歴の開示に応じないため、過払金の具体的な金額を確定し、実際に回収することが困難であり、時間がかかることが予想される場合がある。このような場合には、むしろ早期に破産申立てを行い、債務者の経済的再生を図り、破産管財人による過払金の回収を図り、債権者に対する配当に充てることが望ましい[10]。

したがって、自己破産などの法的な手続を申し立てる前に、債務整理を依頼された弁護士は、まず過払金の回収をすべきなのか、回収すべきとすれば訴訟を提起すべきかが問題となる。

多重債務者は、多くの場合、潜在的に回収が見込まれる過払金しか積極財産が存在せず、破産申立時には、手続費用も支弁できない場合が多いと考えられる。過払金返還請求訴訟が係属中に、破産手続開始申立てがなされたが、破産手続が同時廃止され、その後に破産免責が認められると、破産手続における債権者間の平等弁済を図ることはできない。過払金返還請求訴訟が係属中に破産手続開始申立てがなされた場合に過払金返還請求訴訟の帰趨が問題となる。

---

10) 大迫恵美子「破産を巡る過払い金の取扱い」自由と正義59巻12号61頁。

2 破産申立代理人と過払金の回収

　債務整理を依頼された弁護士が、貸金業者に対して取引履歴を開示させ、引直計算をして過払金の調査を図ったうえで、破産を申立て、実際の回収は管財人に委ねるのか、あるいは貸金業者に対して過払金の回収を図り、現金化した上で、債務整理や破産申立てを行うべきか、が問題となる。

　自己破産の申立てを委任され、債権者に対し、「債務整理開始通知（破産申立予定）」と題する書面を発信し、債務整理を受任したことを通知するとともに、会社及びその関係者に対する取立行為をしないようになどと依頼した弁護士が、会社から印鑑や通帳類を預からず、会社の預金口座について何らの措置も講じず、2年間の間、破産申立てをしなかったため、当時預金口座に存した金員及びその後に預金口座に入金された金員の大半を費消された。そこで、破産管財人は、申立代理人たる弁護士に損害賠償請求をした。

　東京地判平成21年2月13日判時2036号43頁は、「破産申立てを受任し、その旨を債権者に通知した弁護士は、可及的速やかに破産申立てを行うことが求められ、また、破産管財人に引き継がれるまで債務者の財産が散逸することのないよう措置することが求められる。これらは、法令上明文の規定に基づく要請ではないが、上述の破産制度の趣旨から当然に求められる法的義務というべきであり、道義的な期待にとどまるものではないというべきである。そして、破産申立てを受任した弁護士が故意又は過失によりこれらの義務に違反して破産財団を構成すべき財産を減少・消失させたときには、破産管財人に対する不法行為を構成するものとして、破産管財人に対し、その減少・消失した財産の相当額につき損害賠償の責めを負う」と判示し、496万円余りの損害賠償請求を認めている。

　なお、「訴外会社の支出が破産財団に対して正当化しうる事実ないし事情のあること」は、上記不法行為に対する損益相殺若しくは違法阻却事由又はこれらに類似するものとして、申立代理人たる弁護士がその主張立証責任を負担すべきもの、としている。

最三小判平成25年4月16日金判1418号8頁は、「債務整理に係る法律事務を受任した弁護士が、当該債務整理について、特定の債権者に対する残元本債務をそのまま放置して当該債務に係る債権の消滅時効の完成を待つ方針を採る場合において、上記方針は、債務整理の最終的な解決が遅延するという不利益があるほか、上記債権者から提訴される可能性を残し、一旦提訴されると法定利率を超える高い利率による遅延損害金も含めた敗訴判決を受ける公算が高いというリスクを伴うものである上、回収した過払金を用いて上記債権者に対する残債務を弁済する方法によって最終的な解決を図ることも現実的な選択肢として十分に考えられたなど判示の事情の下では、上記弁護士は、委任契約に基づく善管注意義務の一環として、委任者に対し、上記方針に伴う上記の不利益やリスクを説明するとともに、上記選択肢があることも説明すべき義務を負う。」と判示して、弁護士の説明義務違反を認めなかった原審判断を破棄し、損害の点等について審理を尽くさせるため、本件を原審に差し戻している。

　債務整理を依頼された弁護士が破産申立前に貸金業者との間で、過払金請求権の放棄を内容とする和解をした場合に否認の対象となるかが、問題となる。

　債務者が貸金業者に対し、48万円余りの過払金返還請求権を有していたところ、破産者から委任を受けた弁護士は5万円の返還を受け、その余の請求権を放棄する内容の和解契約を締結した。その後に、破産手続開始決定がなされ、破産管財人は支払停止後にした破産債権者を害する行為（破160条1項2号）にあたるとして、和解を否認し、貸金業者に対し、残金約43万円余りの支払を求めている。

　神戸地裁伊丹支決平成22年12月15日判時2107号129頁は、弁護士による「通知書には、大要、破産者は、生活苦等から、現在、サラ金業者等五社に約230万円の債務を抱えており、返済が困難であるから、やむなく弁護士に対し、長期分割払による任意整理を依頼した旨の記載があり、支払の停止に当たる」と認定した上で、「本件和解が、破産債権者を害する行為に当たるか否かは、本件和解における回収額（5万円）が、

本件和解時点における本件債権の経済的価値と均衡しているか否かによる。

本件和解時点における本件債権の経済的価値は、破産者が自ら相手方から本件債権を回収する場合、本件債権の名目上の債権額から、相手方の資産不足等から生じる回収不能のリスク分や回収に係る諸費用分（代理人報酬等を含む訴訟費用や執行費用等）を控除して算出する額となると考えられる。

この点、本件において、相手方の資産不足等から生じる本件債権の回収不能のリスクの有無及び程度は明らかではなく、かえって、疎明資料によれば、相手方は、過払金請求訴訟の原告が勝訴判決を得た場合には、全額を返還する方針であることが一応認められる、したがって、本件債権について、回収不能のリスクがあるとは認められない。

また、48万5,822円の本件債権の回収に係る諸費用や譲受予定者の利益が43万5,822円（48万5,822円から5万円を控除した額）も必要であるとは考えにくい。

本件和解は、経済的合理性を欠くままに破産者の資産を減少させる行為であって、破産債権者を害する行為に当たる。」と判示している。

したがって、債務整理を依頼された弁護士は、過払金の回収において和解を締結する際に、特に大幅な債務放棄をともなう場合には、貸金業者の財務状態、回収までの時間と労力、他の債権の回収率などを勘案して、合理的なものである必要がある。経済的合理性が認められなければ、支払停止後の詐害行為否認に該当する場合がある。

3　過払金返還請求訴訟と破産手続

過払金返還請求訴訟が係属中に、破産手続開始（破産）申立てがなされた場合に、過払金返還請求訴訟の帰趨が問題となる。なお、後述するように同時廃止・破産免責後に過払金返還請求が提起された場合も公刊されている判例は少ないため、判例を必ずしも網羅的に分析したものとは言えない。

札幌高判平成17年6月29日判タ1226号333頁は、過払金返還請求の提

訴後に、破産の申立てをしたが、破産手続は同時廃止になり、破産免責を受けた債務者について、過払金返還請求訴訟を維持することが信義則に反しないと判示している。

なお、事案関係が複雑なので、過払金返還請求訴訟と破産手続との関係で必要な点のみを紹介する。

債務者Ｘ（会社経営者）は貸金業者Ｙに対して過払金の返還を求める不当利得返還請求訴訟（以下、「本件請求」と略記する）を提起した（代理人はＡ弁護士）が、第一審（札幌地判平成13年７月13日金判1142号31頁）で敗訴したため、控訴している。Ｘはその間に破産宣告の申立て（申立代理人は本件請求の代理人と同一のＡ）をし、本件請求の控訴が棄却（札幌高判平成14年２月28日金判1142号23頁）された後に破産の審尋を受けたが、Ａは、破産裁判所に本件請求の申告をしなかった。Ｘは破産審尋後に本件請求の上告受理の申立てをした。

上告受理の申立て後にＸに対して破産宣告がなされ、同時に破産手続を廃止し、その後に破産免責決定がなされた。

破産免責決定後に、最高裁判所は本件請求に関して上告受理の決定をし、原審判断を破棄し、原審に差し戻す判決（最二小判平成16年２月20日民集58巻２号380頁）をした。

差戻審（前記・札幌高判平成17年６月29日）で、Ａは、「債務者から依頼を受けて破産申立てをした際、本件訴訟で勝訴する可能性は低いと考えていたので、本件請求が資産であるとの認識を欠いていた上、定型用紙に訴訟係属の有無に関する記載はなかったので、記載しなかったものである。破産宣告・同時廃止・免責決定があった後も本件訴訟を維持したのは、全国の弁護士から、確定させないでほしいとの要請を受けたことから、請求棄却の判決に対し、控訴、上告受理の申立てをしたものである。」と述べている。

これに対して、Ｙは、「破産管財人が選任された場合には、本件訴訟が破産管財人に承継されることを知りながら、故意に、本件訴訟の存在を破産裁判所に告知しなかった。これは財産隠匿にほかならない。また、Ａは、一連の事情を知悉していながら、故意に、破産裁判所に本

件訴訟の存在を告知しなかった。」と述べるほか、信義則に違反するとして、以下のように主張している。

第一に民事訴訟法上の信義則（民訴2条）に反するとして、「Xによる一連の行為は、一方で、本件請求権の存在を破産裁判所に秘匿して免責を受け、他方で、本件訴訟において本件請求権の存在を主張しているものであって、破産手続における破産免責手続と本件請求は両立し得ないものであり、明らかに矛盾する行為である。Xとしては、破産宣告・同時廃止という方法を選択して、本件請求の実現を断念する代わりに免責という利益を享受するのか、あるいは、破産手続を断念する代わりに本件請求を維持するのかを選択すべきであった。また、免責という利益も享受したいが、破産宣告・同時廃止によってYが本件請求を免れるのが我慢ならないというのであれば、予納金を納めて管財事件として破産手続を係属させ、破産管財人に本件訴訟を追行させるという選択肢もあったはずである。にもかかわらず、すでに破産手続が終結し、それを元に戻すことができないことを利用して、本件訴訟を維持することは、民事手続に対する矛盾挙動の極み」である。

第二に、民法上の信義則に反するとして「本件請求は、破産宣告時に存在していたXの財産に該当するので、控訴人が本件訴訟の存在を適切に破産裁判所に申告した場合には、本件請求権は、本来、破産管財人が行使すべきであって、Xがこれを行使することは、破産法上、予定されていない」と主張している。

前記・札幌高判平成17年6月29日は、「Xが、故意に、本件訴訟の存在を破産申立書及び破産裁判所の審尋の際に告知しなかったことを認めるに足りる証拠はない。また、前認定のとおり、Aは、第1審及び差戻し前の控訴審で敗訴しているので、最高裁判所においてもXが逆転して勝てるとは思っておらず、ただ、弁護団などから熱心に勧められたことにより、自らちょう用印紙及び切手代を立て替えて、上告受理申立てをしたものである。そうすると、Aは、本件訴訟の第1審判決時以降上告審判決送達時に至るまでは、債務者の本件請求が認容されることはないから、本件請求に財産的価値はないものと認識していたものであ

り、破産申立書や免責申立書を起案する際に本件訴訟の存在、ひいては、Xに本件請求という潜在的財産権があることを認識していながら、これを記載せず、また、破産や免責の審尋時に、破産裁判所に対し、同様に、本件訴訟の存在を告知しなかったことは明らかであり、そのような態度が破産や免責を申し立てる代理人弁護士としての品位に悖るものと評価されることはやむを得ないものとしても、少なくとも、Xの財産を故意に隠匿する意図はなかった」と判示している。

　従前の学説も債務者には、免責申立てをする際に債権者名簿を提出する義務（破248条3項）はあるが、単に債権者名簿に債権者の一部脱落をしている場合には、当該債権は非免責債権（破253条1項6号）となり、免責不許可事由にならない[11]。しかし、債務者が破産債権者を害する目的で特定の債権者名を秘匿したり、または架空の債権者名を記載せたりして、債権者名簿自体が虚偽のものとみなされるときは免責不許可事由（破252条1項7号）になるとしている[12]。

　訴訟法上の信義則違反に関して、前記・札幌高判平成17年6月29日は、「Xのこのような行為は、破産手続における破産裁判所に対する問題行為であるから、債務者は、免責取消事由に該当すると解する場合には、破産債権者として免責決定取消しの申立を破産裁判所にすれば足り、本件訴訟の受訴裁判所である当裁判所の民事手続に何ら影響を与えるものではないと解するのが相当である。すなわち、債務者が主張する本件訴訟の存在を告知すべきであった裁判所とは、破産手続における破産裁判所を指すのであって、民事訴訟手続における受訴裁判所を指すものではない。Yの主張は、いわば、国法上の裁判所と、民事手続上の裁判所とを混同するものであり、Yの主張は採用できない。」と判示している。

---

11)　東京地判平成15年6月24日金法1698号102頁。これに対して、過失により債権者名簿に記載しなかった場合に債務免責を認めなかった事例として、東京地判平成14年2月27日金法1656号60頁参照。

12)　伊藤・前掲注1）547頁、伊藤眞ほか編『条解破産法』（2010）1593頁（以下「条解破産法」と略記する）など参照。名古屋高決平成5年1月27日判時1497号131頁も参照。

民法上の信義則違反に関して、前記・札幌高判平成17年6月29日は、「債務者に関する破産手続は、破産宣告・同時廃止されたのであり、民法上、権利の主体に全く変更がないことになる。そして、債務者が破産手続に違反した場合には、破産手続上の不利益を受けることはあっても、破産宣告・同時廃止された以上、民法上の権利関係に影響はない。したがって、Xが本件訴訟を維持することが、Yとの関係で、民法上の信義則に反するものとはいえない」と判示している。

　前記・札幌高判平成17年6月29日は、破産裁判所と過払金返還訴訟の裁判所の役割分担の問題に転嫁し、298万円余の支払をYに命じている。既に指摘されているように、過払金返還請求を看過して、同時廃止がなされたことを黙認し[13]、自由財産の上限をはるかに超える支払を命じている。さらに、前記・札幌高判平成17年6月29日は、破産債権者による免責決定の取消しの申立てについて言及している。

　免責決定の取消事由（破254条1項）は、詐欺破産罪について破産者の有罪判決が確定した場合あるいは破産者が、免責許可決定を得るために、破産管財人や破産債権者に対して、詐欺、強迫、賄賂の交付、特別利益の供与等、不正な方法を用いた場合に認められる[14]。過払金返還請求との関係では、免責手続中に裁判所に虚偽の事実を告げて免責許可決定を得た場合が考えられる。具体的には、破産手続開始申立書（破20条1項、破規13条2項）に過払金が回収可能であることを認識しながら、あえて財産として記載しなかった場合[15]、免責審尋の際に過払金が回収可能であるのに、あえて説明せず、破産者の調査協力義務に違反する場合（破250条、同252条1項11号）[16]など考えられる。ただし、本件では、みな

---

13) 滝澤・前掲注2) 196頁参照。
14) 伊藤・前掲注1) 558頁、『条解破産法』1617頁など参照。原雅基「東京地裁破産再生部における近時の免責に関する判断の実情」判タ1342号4頁も参照。
15) 伊藤眞＝松下淳一＝山本和彦編『新破産法の基本構造と実務』(2007) 496頁［松下発言］参照。
16) 伊藤・前掲注1) 540頁・547頁、『条解破産法』1597頁・1567頁、竹下守夫編集代表『大コンメンタール破産法』(2008) 1073頁［花村良一］・1082頁［花村］（以下、「大コンメンタール」と略記する）など参照。

し弁済などをめぐって、Xは、第1審・控訴審で敗訴しており、過払金債権をあえて財産として記載しなかったとまでは認められず、前記・札幌高判平成17年6月29日が判示しているように、Xの財産を故意に隠匿する意図を認めることは、困難である[17]。

破産免責の取消事由が認められるとしても、破産債権者の不正な方法によって免責許可の決定があった後1年以内に免責取消の申立てをしなければならない（破254条1項2文）。免責許可決定の法的安定のためである[18]。本件では、平成14年6月21日に破産免責決定がなされており、詐欺破産罪について、破産者が有罪判決を得なければ破産免責を取り消すことはできない。

免責取消決定の効力が確定したときは、免責許可決定は、その効力を失う（同条5項）。その結果、免責の効力を受けた全ての破産債権は、免責許可決定確定前の状態に復する[19]。

たしかに、他の債権者との関係では、Xの責任は復活し、免責取消決定の事実を主張して、再度の給付訴訟を提起するなど債権の回収をすることができる。しかし、本件では、破産宣告の申出時におけるYがXに対して有する貸金債権の破産免責が問題となっているのではなく、むしろYがXに対して過払金債務を負っている場合が問題となっている。たとえ破産免責決定が取り消されたとしても、貸金業者の主張しているように、破産免責を受けながら、本件過払金訴訟を維持することが信義則に反することに対する解決とはならないはずである[20]。

むしろ準再審（破13条、民訴349条1項・338条）によって、同時廃止決定（破216条1項、4項）を取り消し、破産宣告がなされた状態に戻すことができないか、を論ずる必要がある[21]。ただし、再審事由をたとえ知らなくても同時廃止確定後5年以上が経過していれば（民訴349条2項・342

---

17) 免責の取消しの検討をすべきとする説として、『条解破産法』1618頁注3参照。
18) 『条解破産法』1617頁など参照。
19) 『条解破産法』1620頁、『大コンメンタール』1092頁［花村］など参照。
20) 滝澤・前掲注2）196頁注5参照。
21) 滝澤・前掲注2）196頁参照。

条)、同時廃止決定に対して準再審も提起できなくなる。

　貸金業者が主張するように、破産宣告・同時廃止ではなく、予納金を納めて、管財事件として破産手続を係属させ、破産管財人に本件訴訟を追行させることが実際に選択されるかが問題となる。本件では、過払金請求が第一審・控訴審で敗訴しているが、記録からは旧商工ファンドに対する訴訟弁護団からの訴訟としては全国で最初のものであり、敗訴のまま確定させることは、同種事件に対する影響が大きいという危機感が強かったこと、上告及び上告受理の申立をした段階では、債務者には十分な資力がないため、ちょう用印紙及び切手代は、弁護士が負担したとされている。したがって、本件でたとえ、管財人が選任されても実際に過払金返還請求訴訟を引き継いだかは微妙であると考えられる。

4　申立代理人と弁護士報酬

　債務整理を依頼された弁護士が、資産の換価や過払金の回収を図る場合が許容されるとしても、弁護士報酬が適正かも問題となる。

　法人会社に関して、自己破産の申立を受任した弁護士が破産者から支払を受けた弁護士報酬の一部に関して、資産の換価や売掛金の回収等(以下、「換価回収行為」という)を行っているが、客観的にみて弁護士報酬として相当な額(以下、「破産申立適正額」という)を上回るものであるから、詐害行為否認及び無償行為否認にあたるとして、破産管財人が弁護士報酬の返還を求めている。

　東京地判平成22年10月14日判タ1340号83頁は、「破産申立てを受任し、その旨を債権者に通知した弁護士は、可及的速やかに破産申立てを行うことが求められ、また、破産管財人に引き継がれるまで債務者の財産が散逸することのないよう措置することが求められる。これらは、法令上明文の規定に基づく要請ではないが、破産制度の趣旨から当然に求められる法的義務というべきであり、申立代理人弁護士に一義的に求められるのは、債務者の財産の保全を図りつつ、可及的速やかに破産申立てを行うことである。

　この点、いわゆる法人少額管財手続においては、低廉な予納金で管財

手続が行われるよう申立代理人弁護士によって事前に資産、負債等に関する十分な調査が行われていることが必要とされるが、申立代理人弁護士による換価回収行為は、債権者にとって、それを行われなければ資産価値が急速に劣化したり、債権回収が困難になるといった特段の事情がない限り、意味がないばかりか、かえって、財産価値の減少や隠匿の危険ないし疑いを生じさせる可能性があるのであるから、そのような事情がないにもかかわらず、申立代理人弁護士が換価回収行為をすることは相当でなく、換価回収行為は、原則として管財人が行うべきである。管財人は、裁判所が選任し、その監督を受け、善管注意義務と賠償責任を負っているのであり（破産法74条、75条、85条）、申立代理人弁護士とその地位や権能が大きく異なることは明らかである。ましてや、申立代理人弁護士が、相当高額な弁護士報酬を得る目的で、安易な換価回収行為を優先して行い、資産、負債等に関する十分な調査をせずに迅速な破産申立てを怠るようなことは、破産制度の意義を損なう」と判示している。

　申立代理人の弁護士報酬に関して、「126万円（消費税込み）を超える部分は、役務の提供と合理的均衡を失するものであり、債権者を害するものとして、破産法160条1項1号の否認の対象となり、被告は、受領した報酬294万円のうち126万円を超える部分である168万円について、原告に対して、不当利得に基づき、返還すべき義務を負う。」と判示している。

　破産管財人は、破産手続申立前に破産者の案件（任意整理、過払金返還請求）を受任した弁護士に対して、債務者の支払停止・破産手続開始申立の前後6ヶ月以内に破産者が支払った弁護士報酬のうち役務提供と合理的均衡を失する部分の支払い行為について否認権を行使し、247万円余りの返還請求をしている。

　神戸地裁伊丹支判平成19年11月28判時2001号88頁は、「破産申立代理人が破産者から支払を受けるべき弁護士報酬は、共益費にあたる部分のみが財団債権になると解され、破産手続開始前に支払を受けた弁護士報酬についても、共益費相当額を超える部分は否認の対象となると解されているところ、弁護士による債務者の責任財産の保全活動としての任意

整理ないし過払金返還請求や自己破産の申立てに対する着手金ないし報酬金の支払行為も、その金額が役務の提供と合理的均衡を失する場合、合理的均衡を失する部分の支払行為は、破産債権者の利益を害する行為として否認の対象となりうる。

そうすると、本件において、相手方が破産者から支払を受けた報酬金等が、破産者から受任した事件についての着手金及び報酬金として合理的均衡を失するものであるかどうかを判断する必要があるところ、本件のような報酬支払行為の否認事件においては、弁護士と依頼者の意思にかかわらず、他の破産債権者を害する限り報酬金等の支払いを相当と認めることはできないのであるから、弁護士報酬の相当額を判断するにあたっては、弁護士が依頼者を相手方とする弁護士報酬請求事件において当事者の意思が報酬額算定における重要な要素の1つとなるのと異なり、客観的な相当額を算出する必要がある。

そこで、上記のような観点から、相手方が破産者から受任した事件について着手金及び報酬金等の相当額を、事件の難易、弁護士が費やした労力及び時間、その成果等の諸般の事情を総合考慮し、さらに、廃止前の報酬規程や弁護士会の報酬規定(これらの規程等は廃止前においても法的拘束力を有していたものではないが、現在においてもなお十分に弁護士報酬の客観的基準の一つとなりうるものであると解される。)も参照した上で算出し、それを基準として、否認権行使の対象となるかどうかを判断する。」と判示している。

「借入れの口数や充当関係について主張が対立する余地はあったと推測されるものの、過払金の有無やその額等についての事実認定や立証にさほど困難があったとは認められず、法律上の問題点についても上記の各最高裁判決等により解決済みであるといえるから、権利関係に複雑な争いがある事案とはいえないし、訴訟提起に至らずに過払金返還に至っているのであって、実際の回収作業も比較的容易であったといえる。そうすると、相手方主張の手形不渡前の和解成立がより有利であるとか、破産手続費用捻出の必要があった等の理由を十分考慮しても、本件和解契約で定められた弁済率は到底十分なものとはいえない。さらに、前記

認定のとおり、相手方は、その所属する法律事務所のホームページにおいて、過払金返還請求訴訟の報酬について、「成功報酬の割合は、訴訟の難易度、証拠（借用書や領収書）の有無、過払金額等によって変わります。」、「最初にお引き受けするときにお話し合いで割合を決めます。」、「リスク管理を徹底し、リスクに見合った割合の報酬を頂く……」等の説明をしているが、本件委任契約締結時に、破産者との間で報酬額を決する際に十分な話し合いをしたことは窺われないし、報酬額の定めも、費用込みで「回収額の3割」という大雑把なものである。また、相手方は、過払金返還請求訴訟については完全成功報酬制を謳っており、事案の内容や依頼者の資力等を考慮して着手金を受領しない代わりに、回収した過払金から報酬金を受領するにあたっては着手金相当額程度を加算することは相当性があるといえるが、本件で報酬規程に沿った過払金返還請求の着手金・報酬金合計額の上限によった場合でも、その額は経済的利益の約20.09％相当であり、「回収額の3割」という報酬額は成功報酬であるとしても一般的にみてかなり高額なものであり、これを信義則と衡平の原則により適正な範囲まで是正する必要があると考えられる。

　以上の各事実のほか本件の一切の事情を斟酌すると、上記報酬額の範囲内で相当と認められる着手金・報酬金の合計額としては、訴訟事件等の場合の下限に準じた74万円余が相当であり、その限度内でのみ本件報酬の合意に効力を認めるべきである。そして、上記相当報酬額に消費税相当額を加算した78万円余に、さらに諸般の事情を考慮して本件和解契約により受任した2件の過払金返還請求に要する費用としての2万円（1件当たり1万円）を加算した合計80万余を相手方が受領できた相当額であると認める。そうすると、過払金返還請求の報酬金として受領した166万余のうち86万余円（上記受領額の約52％）は上記認定の相当額を上回るものであるが、差額がこの程度にまで至るときは明らかに破産債権者を害するものであり、もはや役務の提供と合理的均衡を失するものと認めるよりほかない。」と判示している。

　破産者の破産管財人である原告が、破産者から破産事件処理（自己破産申立て、過払金返還）を受任した弁護士法人である被告に対し、破産者

が被告に対して支払った報酬（過払金返還請求訴訟及び自己破産申立事件）につき、訴訟事件報酬のうちの適正報酬を超える金員及び破産申立事件報酬相当額は否認（破160条3項）の対象になるとして、不当利得返還請求権に基づき、上記合計金員等の支払を求めている。

東京地判平成23年10月24日判時2140号23頁は、「弁護士による過払金返還請求訴訟の提起及び自己破産申立てに対する報酬の支払行為は、その報酬額が客観的にみて高額であっても、破産者と当該弁護士の間では、契約自由の原則に照らし暴利行為に当たらない限り有効というべきである。しかし、破産債権者との関係においては、その金額が、支払の対価である役務の提供と合理的均衡を失する場合、破産者はその合理的均衡を欠く部分については支払義務を負わないといえるから、当該部分の支払行為は、破産法160条3項の「無償行為」に当たり、否認の対象となり得るというべきである。

そして、具体的な報酬の額が支払の対価である役務の提供と合理的均衡を失するか否かの判断は、客観的な弁護士報酬の相当額との比較において行うのが相当であり、その判断に当たっては、日本弁護士連合会の弁護士の報酬に関する規程第2条を基準として、当該事件の「経済的利益、事案の難易、時間及び労力その他の事情」を総合考慮すべきである。本件の過払金返還請求事件に係る経済的利益は、必ずしも大きなものではなく、事案も平均的かやや平易な内容であり、時間及び労力その他の事情についても特筆すべき事情は見当たらない。

そうすると、上記各事件は、通常の事案と比べて困難なものとはいえないから、客観的に相当と認められる報酬の額は、被告がインターネットで広告する報酬基準に記載の回収額の25パーセント（合計41万余）を上回ることはないというべきである」。と判示している。

申立代理人は、申立前に過払金返還請求訴訟などによる換価行為を行うよりも原則として破産申立てを可及的速やかになすことが要請されている。申立代理人の弁護士報酬に関して、債務整理、過払金返還請求などに関して当事者間で定められていても、経済的利益、事案の難易、時間及び労力その他の事情を総合考慮して定められ、正当な弁護士報酬を

超える部分について、否認の対象となる。

　日本弁護士連合会において、平成23年4月1日から施行されている債務整理事件処理の規律を定める規程では、「回収した過払金の金額を経済的利益として、当該経済的利益に、25パーセント以下の範囲内で規則で定める割合を乗じた金額を超える金額としてはならない」(15条)と規定され、これを受けて同施行規則においては「訴訟によらずに過払金を回収したときにあっては20パーセントとし、訴訟により過払金を回収したときにあっては25パーセントとする」と規定されている(4条)。

3　管財手続と同時破産手続廃止の振り分け

1　管財手続と同時破産手続廃止の振り分け

　管財手続と同時破産手続廃止の振り分けをする前提として、債務者に手続費用を分担する資産があるかが問題となる。特に、どのような場合に過払金の調査を当事者、特に申立代理人に行わせ、どのような場合に管財人を選任し、過払金の回収を図るのか、あるいは同時破産手続廃止で処理するのか、が問題となる。

　債務者と金融業者との取引関係が短い場合には、過払金は一般に発生していないため、常に過払金の有無を調査すべきとすると、かえって破産手続が煩瑣となり、時間もかかり、債務者の経済的再生を妨げる恐れもあり、妥当とはいえない。例えば、大阪地裁では、破産申立てを受理した年の8年以前に取引を開始した旨の記載の業者(平成19年に申立てを受理した事件であれば、平成11年以前に取引を開始した旨の記載のある業者)に関して、調査を求めている。ただし、弁護士も司法書士も関与していない、本人申立の場合に、業者から取引履歴の開示までは求めているが、利息制限法に基づく引き直し計算までは、本人の能力等にかかわってくるため、過払金の調査に関して、弁護士や司法書士への相談を促している。

　過払金の発生していることが判明し、又は申立前の調査によって既に過払金の存在が判明していたが未回収の場合において、どのような場合

に過払金の回収を要するかについては、引直計算に基づく過払金の合計額が30万円以上の場合に回収を要することとし、30万円未満の場合には回収を要せずに同時破産手続廃止の処理を行っている。

　債務者の有している財産の実質的価値が20万円以上であるか否かによってあん分弁済の要否を判断するのが原則であるが、過払金の場合は、預貯金や保険解約返戻金とは異なり、回収には業者との交渉を要するところ、早期解決のために一定程度譲歩せざるを得ない場面も多いうえ、交渉のための申立代理人等の報酬等の費用も相当な範囲で許容せざるを得ない。そのため、和解的解決のための譲歩額[22]や回収費用が控除されること（弁護士報酬の合理性）を想定し、その実質的価値を20万円未満とみなしている[23]。

　少額管財手続は、弁護士が申立代理人となっている自己破産事件について、申立ての時点で十分な調査がされているとの前提に立ち、事前調査並びに管財業務遂行に対する代理人弁護士と破産管財人との協働および役割分担によって管財業務を軽減し、その結果として破産管財人の費用や報酬の引き当てとなる（官報公告費用以外の）予納金を少額（20万円）に抑えている。予納金が少額であるため、管財手続が利用しやすくなり、破産財団が乏しいものの、資産調査等が必要と思われる事案にも積極的に活用されている。

　少額管財事件は、結局配当には至らず、異時廃止（破217条）になる場合が大部分である[24]。たとえ、異時廃止となる場合にも管財人による財産や過払金などの資産状態の調査および債権者の意向の反映の機会が与えられ、同時廃止と比較して、破産手続の公正さを担保することができ

---

22) ただし、権利放棄をともなう場合には、合理的な和解でなければならないことは当然である（前記・神戸地裁伊丹支決平成22年12月15日）。
23) 日景聡＝島田正人「大阪地方裁判所の破産事件における過払金処理に関する新たな運用について」判タ1246号26頁など参照。
24) 東京地裁で約8割弱（木村匡彦「東京地方裁判所破産再生部の事件処理の現状」NBL949号69頁）、大阪地裁で約7割（小野憲一＝今中秀男＝堤恵子「大阪地裁倒産事件における現況と課題」判タ1381号41頁・52頁第3表、今中秀男「大阪地方裁判所における破産事件の運用状況」金法1941号66頁別掲3など参照）とされている。

る[25]。

　破産手続終結決定の後に新たな財産が発見された場合に追加配当できるかが問題となる。最二小判平成5年6月25日民集47巻6号4557頁は、「破産手続が終結した後における破産者の財産に関する訴訟については、当該財産が破産財団を構成し得るものであったとしても、破産管財人において、破産手続の過程で破産終結後に当該財産をもって破産法283条1項後段の規定する追加配当の対象とすることを予定し、又は予定すべき特段の事情がない限り、破産管財人に当事者適格はないと解するのが相当である。けだし、破産手続が終結した場合には、原則として破産者の財産に対する破産管財人の管理処分権限は消滅し、以後、破産者が管理処分権限を回復するところ、例えば、破産終結後、破産債権確定訴訟等で破産債権者が敗訴したため、当該債権者のために供託していた配当額を他の債権者に配当する必要を生じた場合、又は破産管財人が任務をけ怠したため、本来、破産手続の過程で行うべき配当を行うことができなかった場合など、破産管財人において、当該財産をもって追加配当の対象とすることを予定し、又は予定すべき特段の事情があるときには、破産管財人の任務はいまだ終了していないので、当該財産に対する管理処分権限も消滅しないというべきであるが、右の特段の事情がない限り、破産管財人の任務は終了し、したがって、破産者の財産に対する破産管財人の管理処分権限も消滅する。」と判示している。

　新たな資産の発見があったときには、財産を容易に換価して財団を形成する場合などにおいては、破産管財人の管理処分権が潜在的に残っているものと扱い、追加配当で処理されることが一般的であり、異時破産手続廃止においても同様に処理されている[26]。

2　過払金返還請求と自由財産

　破産手続開始時の破産者の財産のうち、自由財産を設け（破34条3項）、

---

25)　佐藤・前掲注4）10頁など参照。
26)　西＝中山・前掲注5）235頁［大野祐輔］、『条解破産法』1365頁、『大コンメンタール』928頁［瀬戸英雄］など参照。

民事執行法131条3号に2分の3を乗じた現金（99万円）を認めている。破産者やその家族の当面の生活資金を保障する趣旨である[27]。さらに、裁判所による裁量によって、自由財産の範囲を拡張している（同条4項）。自由財産拡張制度の運用の詳細は、各裁判所ごとに異なった運用を行っている[28]。

例えば、東京地方裁判所では、預貯金等の換価不要な財産について、20万円以下に限定しているが、実際には、破産管財人と申立代理人の協議の結果が重視され、破産管財人の合意が得られれば、20万円を超える財産であっても自由財産拡張を弾力的に認めている。

これに対して、大阪地方裁判所は、①預貯金・積立金、②保険解約払戻金、③自動車、④敷金・保証金返還請求権、⑤退職金債権、⑥電話加入権のほか⑦過払金も認めている。これらの七類型の財産を拡張適格財産とし、現金と拡張適格財産の合計が99万円以下の場合には拡張相当であるが、99万円を超える場合には原則として超過部分について、拡張不可能とされている[29]。特に、申立前に債務者が過払金の調査を行い、回収することを促進し、破産事件の迅速な処理及び事件の進行管理を定着するように自由財産の拡張の実務を変更したことが注目される[30]。具体的には、破産手続開始申立前に債務者側において業者から回収し既に現金化している場合、破産手続開始前に債務者側と業者側で回収額及び回収時期に関する合意ができている場合で、申立時の財産目録に記載されており、かつ99万円を超えない限り、原則として拡張相当としてい

---

[27] 伊藤・前掲注1）183頁、『条解破産法』292頁、『大コンメンタール』138頁〔高山崇彦〕など参照。

[28] 小松洋一郎＝野村剛司「新破産法下の各地の運用上について」事業再生と債権管理109号94頁、同118号107頁など参照。木村裕二「個人破産の動向」法律のひろば61巻2号21頁は、敷金の相場、破産管財人の給源が非常に限られているかなどの実情は破産手続の具体的な運用に反映せざるを得ないが、自由財産の拡張を裁判所ごとに対応がまちまちなのは望ましくない、としている。

[29] 日景聡＝島田正人「大阪地方裁判所の破産事件における過払金処理に関する新たな運用について」判タ1246号25頁、日本弁護士連合会倒産法制等検討委員会編『個人の破産・再生手続』（2011）64頁など参照。

[30] 日景＝島田・前掲注29）27頁など参照。

る[31]）。

　過払金の存在を看過して、同時廃止・破産免責を受けた後に債務者が貸金業者に対して、過払金の返還を請求することを許容する場合に過払金を自由財産に組み入れるのを限定的に拡張する実務と調和するのか、が問題となる。自由財産は破産手続開始（破産宣告）の申立ての時点で所与のものとして認められる[32]）のではなく、本来破産管財人の調査を経た上で認められるべきものといえる[33]）。

4　破産手続同時廃止、破産免責後の過払金返還請求

　破産手続開始申立時には、過払金債権の存在が顕在化しないで、破産宣告・同時廃止、破産免責を受けた後に、貸金業者に過払金返還請求することが認められるかが問題となる。下級審判例は、積極説と消極説に分かれている。

1　積極説

　過払金請求を肯定する下級審判例は、破産手続開始（宣告）前に過払金訴訟が既に係属し、同時廃止・破産免責後に過払金請求が認められた前記・札幌高判平成17年6月29日しか公表されていないが、破産手続開始（破産宣告）、同時廃止、破産免責後に過払金請求が認められたのは、ⓐ東京高判平成15年4月14日平成14年（ネ）第5612号（以下、「判例ⓐ」と略記する。以下の判例も同じ）、ⓑ京都地判平成16年11月29日平成16年（ワ）第803号、ⓒ仙台高判平成17年5月25日平成16年（ネ）第248号、ⓓ小林簡判平成22年4月27日平成22年（ハ）第19号、ⓔ加古川簡判平成22年11月18日平成22年（ハ）第563号、ⓕ新潟地裁長岡支判平成22年11

31）　日景＝島田・前掲注29）27頁など参照。
32）　滝澤・前掲注2）196頁は、過払金返還請求が自由財産に組み入れられる見解に立つ場合には、債務者が費消しても問題がないとされる。
33）　佐藤・前掲注4）14頁。

月26日平成11年（ワ）第205号、ⓖ宮崎簡判平成22年12月7日平成22年（ハ）第1617号、ⓗ福岡高裁宮崎支判平成22年12月22日平成22年（ネ）第191号、ⓘ宮崎地判平成23年3月11日平成22年（レ）第104号、ⓙ延岡地判平成23年12月7日平成23年（ハ）第311号、ⓚ宮崎地判平成24年5月31日平成23年（ワ）第872号などの判例がある[34]。

　判例ⓐは、過払金返還請求を認容した（11万円余）原審（東京地裁平成13（ワ）第26080号）の判断を一部変更した（9万円弱）判例である。弁護士による自己破産申立てがなされ、平成13年4月6日に破産宣告・同時廃止、同年6月19日に破産免責許可決定がなされ、確定している。Y（もともとの資金業者および平成10年11月2日にその営業を承継した資金業者）との取引履歴は平成5年～平成11年であり、Yによる取引履歴は、破産免責許可決定後一部（平成7年5月以降）が開示されている。破産免責許可決定確定後過払金請求の提訴までは、約6ヶ月である。

　判例ⓑは、平成15年8月22日に破産宣告・同時廃止がなされているが、記録からは自己破産申立てが弁護士によるか否かは不明であり、破産免責の時期も不明である。Yとの取引履歴は平成5年～平成15年であり、Yによる取引履歴の開示はされていない。破産免責許可決定確定後過払金請求の提訴までの時期は1年以内と考えられるが、詳細は不明である。裁判所が認定した不当利得は、1,563万円余である。

　判例ⓒは、Yの取引履歴不開示を理由とする損害賠償請求を認容したが、過払金返還請求を棄却した原審判決（盛岡地裁遠野支部平成14年（ワ）第18号）を取り消し、過払金返還請求を一部認容（38万円余）した判例である。Yとの取引履歴は平成8年から平成13年であるが、詳細は不明である。記録からは本人によるものであるとされているが、破産宣告・同時廃止、破産免責許可決定の時期はいずれも不明である。

34）　名古屋消費者信用問題研究会監修『過払金返還請求・全論点網羅二〇一三』（2013）450頁参照。なお、東京地判平成15年1月29日（東京判平成14年（ワ）24722号）は、破産宣告ないし免責決定の前後にまたがる出資法に違反する消費貸借に関して、返済金額から受領額を控除した金額に関し不当利得返還請求のほか、損害賠償請求を認めている。

判例ⓓは、平成21年11月6日に破産宣告・同時廃止がなされ、平成22年1月29日に破産免責許可決定がなされている。取引履歴は、平成9年〜平成21年であり、Yによる取引履歴の開示は無いが、Xは同時廃止決定後、免責許可決定前にYを含む債権者数社に対し過払金債権が存在している事実を破産裁判所に申告している（弁護士による自己破産申立てと推認される）。過払金返還請求訴訟の口頭弁論は、免責許可決定の約3月後に終結されている。裁判所が認定した不当利得は、124万円余である。

判例ⓔは、平成13年3月30日に破産免責許可決定がなされているが、記録からは、自己破産申立てが弁護士によるか否か、破産宣告・同時廃止の時期は不明である。取引履歴は平成5年〜平成14年であり、Yによる取引履歴の開示は無かった。過払金返還請求訴訟の口頭弁論は、免責許可決定の約9年後に終結されている。裁判所が認定した不当利得は、71万円余である。

判例ⓕは、平成15年11月18日に破産宣告・同時廃止、平成16年2月20日に破産免責許可決定がなされている。記録からは自己破産申立てが弁護士によるか否かは不明である。取引履歴は平成5年〜平成15年であり、Yによる取引履歴の開示の有無は不明である。過払金返還請求訴訟の口頭弁論は、免責許可決定の約6年後に終結されている。裁判所が認定した不当利得は、53万円余である。

判例ⓖは、弁護士による自己破産申立て、平成17年2月7日に破産宣告・同時廃止、同年4月21日に破産免責許可決定がなされている。取引履歴は平成5年〜平成15年であり、Yによる取引履歴の開示は無かった。破産免責許可決定確定後過払金請求の提訴までの時期は約5年3か月である。裁判所が認定した不当利得は、83万円余である。

判例ⓗは、破産免責後の過払金請求を権利濫用に当たるとの判断をして棄却した原審（宮崎地方裁判所平成21年（ワ）第1167号）の判断を取り消し、134万円余の過払金請求を認めた判例である。自己破産申立ては、司法書士に書面作成を依頼しており、平成14年9月3日に破産宣告・同時廃止、同年11月21日に破産免責許可決定がなされている。取引履歴は

平成9年～平成14年であり、Yによる取引履歴の開示は無と推認されている。破産免責許可決定確定後過払金請求の提訴までの時期は約7年である。判例ⓗの上告受理の申立てを最三小判平成23年7月19日（平成23年（受）第757号）は認めなかったため、確定している。

judgment判例ⓘは、破産免責後の過払金請求を信義則に反するとして棄却した原審（西都簡易裁判所平成22年（ハ）第29号）の判断を取り消し、6万円余の過払金請求を認めた判例である。自己破産申立ては、過払金返還請求訴訟の代理人と同一であり、平成14年12月25日に破産宣告・同時廃止がなされている。ただし、破産宣告後、Xは破産裁判所の指示を受け、任意配当としてYに3万円余を弁済している。破産免責の時期は不明である。取引履歴は、平成8年～平成14年であり、Yによる取引履歴の開示は無と推認されている。免責許可決定の時期は不明であるが、過払金返還請求の提起までに5年以上経過していると考えられる。

判例ⓙは、平成18年10月3日に破産免責許可決定がなされているが、記録からは自己破産申立てが弁護士によるか否か、破産宣告・同時廃止の時期は不明である。取引履歴は、平成12年～平成18年であり、Yによる取引履歴の開示の有無は不明である。破産免責許可決定確定後過払金請求の提訴までの時期は約4年である。裁判所が認定した不当利得は32万円余である。

判例ⓚは、自己破産申立てに関して、司法書士により書面が作成され、平成16年3月11日に破産宣告・同時廃止がなされている。破産免責許可決定の時期は不明である。取引履歴は、昭和59年～平成15年であり、Yによる取引履歴は最初の貸付日（事実は異なる回答）及び貸付金額、最後の貸付日及び貸付金額並びに残債務額を開示している。過払金返還請求訴訟の口頭弁論は、破産宣告・同時廃止の約8年後に終結されている。裁判所が認定した不当利得は209万円余である。

積極説は、「同時破産廃止によって破産宣告と同時に破産手続が終了した以上、破産者は自己の有する財産の管理処分権を失わないから、破産宣告時に財産の所在が判明していなかったとしても、これを破産者が行使できないと解すべき法律上の根拠はない。」（判例ⓐⓒⓓⓖⓗⓘⓚ）、

「免責を受けたこと自体によっては、過払金の返還義務は何ら影響を受けず、YにおいてXの行為を信頼した結果、Yが何らかの具体的な不利益を受けているものではない」(判例ⓑⓒⓓⓕⓖⓗⓘⓙⓚ)としている。

さらに、判例ⓗⓘⓙは、「破産手続においてXの過払金返還請求権の存在が申告されなかったことにより不利益を被るのはXの一般債権者であって、Xに対して過払金返還債務を負担するYではない。」としている。

そのほか、判例ⓔは、「Xは、前記破産手続においては、Yを債権者としていたことからすると、過払状態であったことを承知していなかったと解されるし、一般的にも、金銭消費貸借取引の借主が過払の状態であることを知るのは、専門家等に相談して利息制限法の充当計算をした結果であると解されること、YがXに対して前記破産手続において、取引履歴を開示したことを認めるに足りる証拠もない」としている。

過払金の存否は容易に判明するものではなく、破産手続中に過払金を明確に計算することは、債務者には通常困難である現状を見れば、少なくとも債務者が過払金の存在を明確に認識しながら、破産手続が廃止してから請求する意図でこれを隠していた場合等に限り信義則により排斥される余地があると解するにとどめるべきと考える説もある[35]。

同時廃止・破産免責後に過払金請求が提起されているため、結果的に遅延損害金の額が増加するだけではなく、認容された過払金の額自体が自由財産の上限額よりもはるかに高額になる場合がある（1,563万円余（判例ⓑ）、124万円余（判例ⓓ）、134万円余（判例ⓗ）、209万円（判例ⓚ））。破産免責許可決定後過払金請求が提訴されるまでの期間は、記録上明確でない場合が多いが、準再審も認められない5年以上の判例（判例ⓖ、判例ⓗ、判例ⓘ、判例ⓚ）もある。判例ⓖは、免責決定後5年3ヶ月後に過払金返還請求を提起したことを過払金およびその詳細を認識した上で、ことさらこれを隠匿して同時廃止を得たなどの事実は認められない、と判

---

[35] 山下寛＝土井文美＝衣斐瑞穂＝脇村真治「過払金返還請求訴訟をめぐる諸問題下」判タ1209号29頁。

示している。
　なお、判例①の自己破産申立ては、過払金返還請求訴訟の代理人と同一であるが、特に問題にされていない。

2　消極説
　消極説の立場の判例としては、①東京地判平成23年11月17日金法1960号148頁①事件、②東京地判平成24年5月16日金法1960号148頁②事件および公刊されていないが、③東京地判平成15年11月26日平成14年（ワ）第12352号、④東京地判平成25年1月15日平成24年（ワ）第1305号およびその控訴審判決である⑤東京高判平成25年5月30日平成25年（ネ）第817号などがある[36]。
　①、②事件の判旨は、Xの権利行使の時期及びXの利益の額が異なるだけで、ほぼ同一であるので、①②事件をあわせて検討する。

①東京地判平成23年11月17日金法1960号148頁①事件
【事実の概要】　弁護士費用を工面することができなかったため、債務者本人が自己破産申立てをしており、平成13年に破産宣告・同時廃止、同年10月5日に破産免責許可決定がなされている。取引履歴は昭和53年〜平成13年である。Yによる取引履歴の開示に関して、債務者本人のため、破産手続申立時に過払金返還請求権の存在を認識していない。破産免責許可決定確定後過払金請求の提訴までの時期は約10年である。

②東京地判平成24年5月16日金法1960号148頁②事件
【事実の概要】　弁護士による自己破産申立てがなされ、平成14年11月19日に破産宣告・同時廃止、平成15年2月5日に破産免責、取引履歴は昭和62年〜平成14年である。XはYに対し、負債の額や契約日時について照会したが、Yによる取引履歴の開示はなされなかった。破産免責確定後過払金請求の提訴までの時期は約10年である。
【判　旨】　①、②いずれも請求棄却している。

---

[36]　判例④⑤は、園尾隆司裁判官のご厚意で入手することができた。あわせて、少額管財事件と同時廃止事件などについて、解説していただいた。記して、厚くお礼を申し上げる次第である。

「仮に本件請求を認容すれば、本来であれば自己が得られるはずのなかった本件過払金及びその半分にも上る法定利息をXが取得することになり、しかも、それが破産債権者に公平に弁済される見通しはないのに対し、本件請求を棄却しても、Xは、本来であれば得られないものが得られないというだけであって、このことによる不利益はない。これに対し、Yの側からみると、仮に本件請求を認容すれば、Yは、本件過払金については、本来支払わなければならないものを支払うだけであって、そのこと自体に不利益はないようにも思えるが、本来であれば支払わなくてもよいはずの、本件過払金の約半分にも上る法定利息を支払わなければならないという不利益を被ることになる。権利者は、時効にかからない範囲であれば、権利をいつ行使するかについて自由に選択できるのが原則であるが、本件では、Xは、破産の申立て（①事件に関して、平成13年ころ、②事件に関して、平成14年ころ）を行うのであれば、申立前に自ら本件過払金返還請求権を行使するか、破産手続開始後に破産管財人によって行使されるかはともかく、そのころには同請求権は行使されたはずであるから、その意味で、権利行使の時期に関する自由は相当程度制約されていたものであり、それにもかかわらず、Xがこれを行使せずに約10年が経過し、法定利息が本件過払金の約半分にも上っているとの事実を軽視することは相当ではなく、これをXに不利益に斟酌することも許されると解するのが相当である。他方、仮に本件請求を棄却するとすれば、Yは、本来支払わなければならないはずの本件過払金の返還を免れるという利益を受けるが、そもそもXが上記破産手続において本件過払金返還請求権の存在を申告しなかったためであるから、やむを得ないものと考えられる。」

「以上のとおり、Xによる本件過払金返還請求権の行使は、本件過払金返還請求権を財産として申告しないという自己の行為によって惹起されたYの信頼を害するとともに、Yに経済的不利益を与え、かつ、本来であれば得ることのできない利益（①事件に関して、240万円、②事件に関して60万円）をXに得させるものであること、Xは、上記行為に伴い迅速に破産申立てを行うことができ、この結果迅速に破産手続開始決定・

同時廃止決定及び免責決定を受けることにより、有形無形の利益を受けていることからすると、信義誠実の原則に反する」としている。

①事件では、Xが弁護士にも司法書士にも依頼する資力がないため、自ら破産申立てをしており、Yを含めて他の金融業者との取引について制限利率への引き直し計算を行っていないこと、過払金の存在を知らなかったこと、破産管財人の費用を用意して納付することも困難であることを認めた上で、本来であれば必要な破産管財人選任のための費用を免れ、迅速に破産申立てをすることができ、本来よりも早く免責決定を得たものと認められ、Xは、有形無形の利益を受けている、と認定している。平成13年当時、Xが本件過払金返還請求権の存在を知らなかったとしても、結論を左右されるものではない、としている点も注目される。

他方、Yは、Xが本件各取引につき約定利率に基づく残債務額を自己の債権として申告し、過払金の返還を求めておらず、破産申立てを行い、そのまま破産手続開始・同時廃止、免責決定がなされたことから、Xが本件過払金請求権を行使しないものと考えていること、特に注目されるのは、破産手続の開始決定、同時破産廃止決定、免責許可決定から10年以上が経過しており、即時抗告期間のみならず準再審（民訴349条）の期間を徒過しているため、仮に準再審事由があるとしても、破産手続をやり直すことが困難であることを指摘していることである。

③東京地判平成15年11月26日平成14年（ワ）第12352号

【事実の概要】　X_1～X_3は、自己破産申立てをしているが、申立代理人はいずれも同一の弁護士であり、破産免責後に同一の弁護士が過払金請求を提起している事案である。

X_1は、平成13年8月24日に破産宣告・同時廃止、同年11月7日に破産免責許可決定がなされている。取引履歴は、平成2年～平成13年であり、Yによる取引履歴の開示に関して、平成13年6月27日に取引履歴及び64万余円の過払金債権が存在することをXに告知されている。破産免責確定後過払金請求の提訴までの時期は、約6ヶ月である。

X_2は、平成13年8月24日に破産宣告・同時廃止、同年11月7日に破

産免責許可決定がなされている。取引履歴は、平成5年～平成13年であり、Yによる取引履歴の開示に関して、平成13年6月27日に取引履歴及び12万円余の過払金債権が存在することをXに告知している。破産免責許可決定確定後過払金請求の提訴までの時期は、約6ヶ月である。

X_3は、平成13年9月19日に破産宣告・管財人が選任され、同年12月17日に債権者集会開催・破産廃止決定、平成14年1月9日に破産免責許可決定がなされている。取引履歴は、昭和56年～平成13年であり、Yによる取引履歴の開示に関して、平成13年9月4日に取引履歴及び約63万円の過払金債権が存在することをXに告知している。破産免責許可決定確定後過払金請求の提訴までの時期は約4ヶ月である。

【判　旨】　X_1～X_3の請求をいずれも棄却した上で、

「Xら（X_1・X_2・X_3）は、破産宣告申立手続及び免責手続において、Yに対して有していた過払金返還請求権を放棄したとまでは認められないとしても、本来であれば、Xらの債権者に対する弁済に充てるための破産財団を構成する筈の過払金返還請求権の具体的な報告（例えば、取引先、その額、交渉の経緯、相手の対応など）を故意に怠り、破産免責の確定後に、Xらの自由財産としてこれを取得するために過払金返還請求訴訟を提起して、これを行使していると認められる。

これは債権者に対する平等弁済という破産制度の趣旨及び運用の実態（過払金返還請求権については、まず破産裁判所に対して具体的な報告をした上、事案にふさわしい方法で回収につき貸金業者と交渉するなどして、回収可能性を個別具体的に検討するとされていることが認められる）にもそぐわず、また、Yが取引の開示についてXに対して、比較的協力的であったことなどを総合して判断すると、Xらの本件過払金返還請求権の行使は、信義誠実の原則から認め難い」と判示している、なお、「Xらは、回収した過払金の全部又は一部を債権者らに自主配当する意思を表明しているが、果たして実効性があるものなのか疑問がある」と指摘している。

④東京地判平成25年1月15日平成24年（ワ）第1305号

【事実の概要】　弁護士による自己破産申立てがなされ、平成15年に破産宣告・同時廃止申立ておよび破産免責決定を受けている。取引履歴は

昭和63年～平成15年（取引１）、平成元年～平成14年（取引２）である。Yによる取引履歴の開示はなされなかった。破産免責決定確定後過払金請求の提訴までの時期は約８年である。

【判　旨】　　請求棄却。

Ｘに当事者適格を認めた上で、

「同時廃止とならない場合である可能性が存在するにもかかわらず、破産裁判所に対して、その旨の申告をしないことによって、速やかに、同時廃止決定及び免責決定を得る利益を得たことが認められるとともに、Ｘの破産手続が破産法に則って行われていれば、同時廃止決定がされることなく、破産管財人が選任され、本件破産債権は、債権者に対する配当原資及び破産管財人報酬に充てられ、Ｘが取得するものはなかったことが認められる。

他方、Ｙとしては、Ｘが、Ｙとの間の取引につき、残債務額があるものとして申告し、過払金の返還を求めないまま、破産申立てを行い、破産開始・同時廃止、免責決定がなされたことから、Ｘが本件過払金請求権を行使しないものと信じて決算手続等の内部処理を行い、免責決定から本件訴訟が提起されるまでの約８年の長期に渡って、本件過払金請求なされないものと信じてきたものと認められる。

以上によれば、Ｘが、仮に、本件破産開始・同時廃止、免責申立当時、本件破産時債権の存在を正確に認識しておらず、放棄したとまでは認められないとしても、本件過払金返還請求権の行使は、信義則に反し、認められない」としている。

Ｘは控訴した。

⑤東京高判平成25年５月30日平成25年（ネ）第817号

【判　旨】　　控訴棄却。

過払金返還債権は、「破産宣告と同時に破産財団を構成する債権となり、破産管財人が選任された場合には、破産管財人がこれを回収すべきものとなる。本件においては、破産宣告と同時に破産廃止決定がなされているが、上記債権は破産財団から放棄されたものではないから、原則として、破産手続が終了した後も、潜在的には破産財団を構成すること

となる。破産裁判所がこの債権の存在を認識しないで破産廃止決定を
し、この決定が確定したからといって、この債権が、直ちにXにおい
て回収のうえ自由に処分しうる財産として評価されるものではない。X
について免責決定が確定しても、この理が変わるものではない。

　Xが破産宣告当時にYに対して有していた債権は、破産宣告と同時
にされた破産廃止決定の確定とそれに続く免責決定の確定により、当然
にXにおいてこれを回収して、原判決の信義則違反の判断を不当であ
ると論じるものであるが、上記のとおり、その前提が認められないもの
であるから、上記主張は理由がない」と判示している。

　消極説は、過払金請求が同時廃止後に当然には自由財産とはならず、
もともと破産財団を構成すべきものであるとして、債務者の請求を否定
する。判例①②④は、破産手続が同時廃止とはならないはずなのに、同
時廃止となったことから、Xは、本来であれば必要な破産管財人選任
のための費用の納付を免れ、迅速に破産申立てを行うことができ、この
結果、破産債権者からの取立ても本来よりも早く止み、破産債権者に対
する債務も更に増加することなく、本来よりも迅速に免責決定を得たも
のと認められ、Xは、これらにより、有形無形の利益を得たと認定し
ている。

　判例①②は、Yに関して、本来であれば支払わなくてもよいはずの、
本件過払金の約半分にも上る法定利息を支払わなければならないという
不利益を被ることになる、判例④は、Xが本件過払金請求権を行使し
ないものと信じて決算手続等の内部処理を行っている、と認定している
ことが注目される。

　積極説と消極説の違いは、過払金請求を自由財産と認めるか、あるい
は破産財団に潜在的に帰属すべきであり、同時廃止・破産免責が確定し
ても自由財産と認めないかによる。

　自由財産は、破産者およびその家族が経済的な再生を図るために必要
不可欠であることが前提である。既に述べたように過払金に関して、自
由財産の範囲を拡張する近時の実務においても、積極説のように同時廃
止・破産免責後、過払金債権を当然に自由財産とすることは調和しな

い。自由財産は所与のものとは認められず、もともと破産財団に帰属すると考えるべきである。したがって、消極説が正当と考える。

もともと破産財団に属する財産として、債務者に当事者能力ないし当事者適格を認めない説[37]もあるが、債務者の当事者能力ないし当事者適格を否定するのは正当とはいえず、請求棄却判決をすべきと考える。

債務整理を委任された弁護士は債務者の財産状態を把握する中で、過払金に関しても金融業者から取引履歴を開示させ、利息制限法の利率に引き直した上で、過払金の調査を行うのが原則である。破産申立てをする際には、過払金の存在、回収の見込みなどを裁判所に申立てなければならない（判例③参照）[38]。同時破産廃止手続か、少額管財事件に振り分けられる前提として、申立代理人による債務者の資産状態の調査は非常に重要だからである[39]。破産管財人は、申立代理人と連携し[40]、申立書に記載された事実関係について疑問があれば、補充調査や追加資料の収集を行い、過払金などの回収を図ることが可能となる。申立代理人、破産者は破産管財人に対して、説明、資料提供、情報提供の義務（破40条1項、破規26条2項）を負っている[41]。

たしかに、少額管財事件と同時破産廃止の振り分けを適切に行うためには、裁判所による審尋も重要である[42]が、第一義的には申立代理人による債務者財産に関する適切な調査が不可欠であり、過払金に関しても適切に調査し、必要に応じて回収することは申立代理人の権能と責任

---

37) 滝澤・前掲注2) 197頁。
38) 深沢茂之「少額管財事件における申立代理人の役割」園尾ほか・前掲注5) 126頁、新宅・前掲注2) 30頁、鹿子木康＝島岡大雄『破産管財の手引』14頁（2011）[島岡] など参照。
39) 鹿子木＝島岡・前掲注5) 31頁 [片山健] など参照。
40) 北村治樹「東京地方裁判所における破産事件の運用」金法1941号53頁など参照。
41) 名古屋消費者信用問題研究会監修・前掲注34) 442頁 [小林孝志] は、後日の過払金請求が信義則違反かどうかを判断するにあたり、代理人の認識が考慮されるのは筋違いである、とされる。
42) 滝澤孝臣「個人債務者の経済的な更生手続とその選択の適否」金判1218号2頁、籠池信宏「免責制度の目的から見た実務運用上の諸問題」日本弁護士連合会倒産法制等検討委員会編・前掲注2) 109頁など参照。

だからである。

　積極説は、前記・最三小判平成17年7月19日が貸金業者に取引履歴の開示義務があることを明確にしたが、それまでは貸金業者が取引履歴を通常開示しないため、借主は過払金返還請求権の存在を現実に知らない場合が多かったのに対して、むしろ貸金業者は引直計算をして容易に過払金債務を負っているか否かを判断できる立場にあったとして、信義則違反を貸金業者が主張することは不当であるとしている[43]。

　過払金返還請求に関して、債務者の信義則違反を問題とするよりは、むしろ過払金返還請求が本来破産財団に潜在的に帰属すべき財産であり、管財人による調査が前提となると考えるべきである。

　判例⑤が積極説に立ちながら、信義則違反を問題にしなかったことは正当と考える。

　判例ⓐ、判例②③は、いずれも東京地方裁判所における少額管財事件導入後の判例である（特に、③のX_3は少額管財事件後に異時廃止となった事案である）。なお、判例①、④は、過払金請求に関し東京地方裁判所に提訴しているが、破産手続は債務者の住所地の小規模庁でなされている（①は福島地裁いわき支部、④は高知地裁安芸支部）。

　全ての破産事件に関して、過払金債権の有無および額を精査することは現実的ではないし、かえって破産手続の費用と時間がかかり、債務者の経済的再生を阻害するおそれがある。

　判例ⓗは、破産免責後の過払金請求を権利濫用に当たると旨の判断をして棄却した原審判断を取り消し、134万円余の過払金請求を認めた判例である。判例ⓗの上告受理の申立てを最三小判平成23年7月19日は認めなかったが、過払金に関して自由財産を拡張する近時の実務と同時廃止・破産免責後に過払金請求を認めることをどのように調和させるのか、過払金の調査に関する申立代理人の役割をどのように考えるかとも密接に関連しており、事件の詳細は明らかではないが、上告受理の申立てを受理すべきであったと考える。

43）　名古屋消費者信用問題研究会監修・前掲注34）441頁［小林］。

5　おわりに

　自由財産は、破産者およびその家族が経済的な再生を図るために必要不可欠であることが前提である。既に述べたように過払金に関して、自由財産の範囲を拡張する近時の実務においても、同時廃止・破産免責後の過払金返還請求を認めることは調和しない。自由財産は所与のものとは認められず、過払金債権はもともと破産財団に属し、管財人による調査が前提となるべきだからである。

　同時破産手続廃止における債務者審尋がなされる場合も過払金の存在など債務者の財産状態について適切に申し立てることが申立代理人の責務である。

　少額管財事件と同時破産手続廃止を適切に振り分けるためには、債務者本人ではなく、弁護士がなるべく申立代理人に選任されるように、特に地方での破産事件を担当する弁護士の育成が重要であり、債務者に対する法律扶助などの費用面の支援が必要である。

　過払金返還請求と破産手続の問題は、申立代理人と管財人の役割分担、同時廃止と少額管財事件の振り分け、自由財産をどこまで認めるのかと密接に結びついている。これらの問題を配慮しながら、議論が深まることを期待したい。

民事再生手続における包括的禁止命令

山 本 　 研
Ken YAMAMOTO

1　はじめに
2　包括的禁止命令導入の経緯――法制審議会における議論を中心として――
3　民事再生手続における包括的禁止命令の位置づけと利用状況
4　包括的禁止命令に関する諸問題
5　おわりに

1　はじめに

　平成8年の法制審議会への諮問により開始したわが国の倒産法制全体にわたる抜本的改正作業は、平成16年5月の新破産法の制定、平成17年6月の新会社法制定に伴う特別清算手続の整備と会社整理手続の廃止をもって、一応の完了をみるに至った。周知の通り、先の倒産法改正においては、当初は倒産法制全体を一括して見直す方針で検討作業が進められていたが、中小企業の倒産が激増している経済状況にかんがみ、特に緊急の対応が必要とされた中小企業等に利用しやすい再建型倒産手続の整備について、他の検討課題とは切り離して最優先で検討を進め、平成11年にまず民事再生法が制定された。したがって、新しい倒産法制において新たに取り入れられた制度についても、まず民事再生法において導入され、その後の会社更生法、破産法の制定にあたっても同様の形で、あるいは民事再生法における運用状況を踏まえ多少の手直しを加えて、導入されたものが多くある。手続開始前における債務者財産の保全のための制度についても、まさにこのような形で民事再生法の制定にあたり規定の整備・拡充が図られ、各種の倒産手続においても、ほぼ共通した規律で中止命令や包括的禁止命令等の制度が整備されるに至ったものである。

倒産手続の開始申立て自体には、債権者の個別的な権利実行を中止ないし禁止する効力は認められていないため、手続開始の申立てがされてから実際に手続が開始されるまでの間に債権者から権利実行をされたり、債務者財産が隠匿される可能性がある。これを何ら制約することなく放置したのでは、債務者財産が散逸するとともに債権者間の公平が害され、ひいては、倒産手続の円滑な進行が阻害されることにもなりかねない。公平かつ実効的な倒産手続の遂行のためには、様々な利害の対立が顕在化し、混乱を極める手続開始申立てから開始決定までの間の対応の重要性がつとに指摘されているところであり、民事再生法の制定にあたっても、手続開始前の各種保全処分の整備・強化が図られている。民事再生法の前身である和議法においては、仮差押え、仮処分その他の保全処分が用意されるにとどまっていたが（和20条）、民事再生法では、これに加え、他の手続の中止命令（民再26条）、強制執行等の包括的禁止命令（民再27条～29条）、担保権実行中止命令（民再31条）等の各種の保全処分が設けられるに至っている。なかでも、包括的禁止命令については、従前のわが国の倒産手続において類似の制度は存在せず、民事再生法の制定にあたり、全く新しい制度として導入されたものであり[1]、その後、会社更生法および破産法の制定の際にも、同様の制度が設けられるに至ったものである（会更25条～27条、破25条～27条）。

　もっとも、包括的禁止命令は、全ての再生債権者を対象として、債務者の財産に対する強制執行等を禁止し、また、既になされている強制執行等を包括的に中止するという強力な保全処分であるが故に、再生手続開始の申立前後になされる個別執行に対しては、まずは中止命令により対応することが予定され、それが困難なときにはじめて利用することが想定されている。そのため、民事再生法の施行から10年あまりが経過した現在まで、実際に包括的禁止命令が発令された事例はごくわずかにとどまっており、理論的にもこの制度が検討の対象として取り上げられる

1）　他の手続の中止命令については、旧会社更生法においても同様の保全処分の制度が設けられており（旧会更37条）、担保権実行中止命令についても会社整理手続に類似の制度が設けられていた（商旧384条）。

ことはほとんどなく、必ずしも十分な検討が尽くされているとはいえない状況にある。そこで、本稿においては、わが国の倒産法制に全く新しく包括的禁止命令を導入することとなった、民事再生法の立法過程における議論を精査した上で、あらためてこの制度について検討を試みることとしたい。以下においては、まず2において、包括的禁止命令の導入をめぐる、立法過程における議論状況を明らかにした上で、3において、民事再生手続における包括的禁止命令の位置づけ、および実務における利用状況について概観し、4において、包括的禁止命令をめぐる個別的問題について検討していくこととする。

2　包括的禁止命令導入の経緯
　　　——法制審議会における議論を中心として——

1　民事再生法の立法過程

　まず、民事再生法の制定に至る立法過程について、簡単に確認しておくこととする[2]。

　先の倒産法制の全面改正作業は、平成8年10月に開催された法制審議会総会において、法務大臣からの倒産法制の見直しについての諮問を受け、これについて審議するために倒産法部会が設置されたことに始まる。その背景には、従来の倒産5法制（破産、和議、会社更生、会社整理、特別清算）については、それぞれ根拠法の制定時期が異なり、立法思想や時代的な背景を異にしているが、それまで全般的な見直しが行われてこなかったこと、および、バブル経済の崩壊後、法的倒産処理に対する需要が高まるとともに、既存の倒産手続ではその処理に困難を生ずる新たな類型の倒産事件も増加してきたことなどの事情がある。

　そこで、倒産法部会においては、作業の第一段階として、倒産法制全体について見直しを検討すべき論点を整理し、作業の開始から約1年後

---

[2]　民事再生法の立法過程の詳細については、深山卓也ほか『一問一答民事再生法』3頁以下（商事法務研究会、平12）、および、NBL編集部「民事再生手続（仮称）に関する要綱案について」NBL670号22頁（平11）参照。

の平成9年12月に、「倒産法制に関する改正検討事項」[3]（以下、「改正検討事項」とする。）としてとりまとめ、これを公表するとともに、関係各界への意見照会を行った。

　その後、平成10年7月からは、倒産法部会内に、主として個人倒産手続について検討する第一分科会と、法人倒産手続について検討する第二分科会を設け、意見照会の結果を踏まえた実質的審議が再開された。しかし、同年9月には、長引く不況の影響により、中小企業を中心とする倒産件数が急増している状況にかんがみ、中小企業等に利用しやすい再建型手続については、特に緊急の整備が必要との認識のもと、倒産法制全体の見直しから切り離して、集中的に審議することが決定され、それ以降は、第二分科会において、新再建型手続（後の民事再生手続）について集中的な審議が行われた。さらに、平成11年4月からは、倒産法部会において、両分科会における検討結果を踏まえ、要綱案について審議・検討が進められ、同年7月の倒産法部会全体会議において「民事再生手続（仮称）に関する要綱案」[4]が決定され、この部会決定を受けて、同年8月に開催された法制審議会総会において、「民事再生手続（仮称）に関する要綱」[5]が採択され法務大臣に答申された。そして、同年11月の閣議決定を経て、第146回国会に民事再生法案が提出され、同年12月14日に民事再生法が成立するに至っている。

2　「倒産法制に関する改正検討事項」と各界の意見

　以上の民事再生法の立法過程において、包括的禁止命令の導入については、まず「改正検討事項」において、①破産手続との関係[6]、②新再

---

3) 法務省民事局参事官室編『倒産法制に関する改正検討課題』別冊NBL46号（商事法務研究会、平10）所収。
4) 「民事再生手続（仮称）に関する要綱案」の内容については、NBL670号28頁以下（平11）参照。
5) 「民事再生手続（仮称）に関する要綱」の内容については、NBL673号48頁以下（平11）参照。
6) 「改正検討事項」第1部 法人に対する倒産処理手続—第1章 清算型の倒産処理手続—第1 破産手続—5 債権者の個別的権利行使の禁止。

建型手続との関係[7]、および、③個人の倒産手続との関係[8]、以上の3箇所で検討事項として掲げられた。そこで、以下においては、まずこれら「改正検討事項」に掲げられた内容と、それに対する各界からの意見の概要についてみていくこととする。

(1) 破産手続との関係

---「改正検討事項」---

第1部　法人に対する倒産処理手続
　第1章　清算型の倒産処理手続
　　第1　破産手続
　　5　債権者の個別的権利行使の禁止
　　　（2）例えば、個別的権利行使の禁止の効力が生ずる時期について、次のような考え方があるがどうか
　　　　ア　債権者の個別的権利行使を一般的に禁止する旨の保全処分を認めるものとした上で、その処分又は破産宣告がされることにより、個別的権利行使の禁止の効力が生ずるものとするとの考え方
　　　　イ　債務者自身の申立てにより、当然に、債権者の個別的権利行使を禁止する効力が生ずるものとする（いわゆる自動停止）との考え方を採り、申立ての濫用防止のための方策（申立ての取下げの制限、自動停止の解除の申立ての制度等）を設けるものとするとの考え方

「倒産法制に関する改正検討事項補足説明」[9]（以下、「補足説明」とする。）によれば、アは、強制執行を含めた破産債権者の個別的権利行使を一般

---

[7] 「改正検討事項」第1部 法人に対する倒産処理手続—第2章 再建型の倒産処理手続—第1 新再建型手続—3 新再建型手続の概要—（2）手続の開始等。

[8] 「改正検討事項」第2部 個人（自然人）に対する倒産処理手続—第1 個人を対象とする新しい倒産処理手続—2 個人債務者更生手続（仮称）を設ける場合の手続の概要—（4）手続の効力。

[9] 法務省民事局参事官室編『倒産法制に関する改正検討課題』別冊NBL46号（商事法務研究会、平10）所収。

的に禁止する旨の包括的保全処分を認めるとする考え方であり、当該保全処分が発令されないときは、破産手続が開始することによりはじめて個別的権利行使禁止の効力が生ずることになる。これに対し、イは、債務者の破産手続開始申立てにより、当然に、債権者の個別的権利行使を禁止する効力が生ずるという、アメリカ連邦倒産法で採用されている自動停止の制度を導入するという考え方である[10]。

　これについての意見照会の結果は[11]、アの包括的保全処分に賛成する意見と、イの自動停止制度の導入に賛成する意見とに大きく二分され、また、法人破産についてはアに賛成、個人についてはイに賛成との意見も相当数存在したとのことである。アの包括的保全処分に賛成する意見としては、①包括的保全処分は、従前の保全処分制度との関係でも整合性を有するが、裁判所の判断を介在させない自動停止制度は、従来の日本法の考え方と隔たりが大きいこと、②債権者の権利行使の自由との均衡から権利行使の禁止の効力発生は、裁判所による判断を経ることを前提とすべきであり、自動停止制度は、債権者の権利を過度に制限するものであること、③自動停止制度は、債務者による濫用の危険が大きく、濫用防止策を講じたとしても、十分な実効性が見込まれないことなどを理由とする。これに対し、イの自動停止制度の導入に賛成する意見は、①自動停止制度は、債権者の個別的権利行使を禁ずるもっとも効果的かつ徹底した制度であり、債権者間の公平・平等な扱いのためには必須であること、②包括的保全処分によると、特に債権者申立ての場合に発令が遅きに失するおそれがあることなどを理由とする。また、日本弁護士連合会の意見書（以下、「日弁連意見書」とする。）においては、個人については、イの自動停止制度の導入に賛成する意見が多数であるが、法人に

---

[10] 「補足説明」においては、イの考え方による場合には、裁判所の判断を何ら経ることなく、申立てのみにより、債権者の権利を一方的に制限することになるため、債権者保護の手続や濫用防止のための制度をあわせて導入する必要性が指摘されている（「補足説明」・前掲注（9）10頁）。

[11] 深山卓也ほか「『倒産法制に関する検討事項』に対する各界意見の概要（1）」NBL647号11頁（平10）。

ついては、アの包括的保全処分に賛成する意見も半数ほどあり、意見が分かれたとのことである。他方、第一東京弁護士会の意見書（以下、「一弁意見書」とする。）においては、アの包括的保全処分に賛成であり、イの自動停止制度については濫用が懸念され望ましくないとの意見が表明されており、弁護士会においても見解が分かれていたことが示されている。

（2）再建型手続との関係

---「改正検討事項」---

第1部　法人に対する倒産処理手続
　第2章　再建型の倒産処理手続
　第1　新再建型手続
　3　新再建型手続の概要
　　（2）手続の開始等
　　　カ　手続の開始決定の効果等
　　　b）手続中の弁済等の禁止
　　　　〈略〉
　　　c）弁済等の禁止の効力が生ずる時期
　　　　bの効力が生ずる時期について、前記第1章の第1の5（2）のア又はイと同様の考え方を採るものとするとの考え方

本項は、（1）の破産手続との関係での照会と同様に、再建型手続において弁済等の禁止の効力が生ずる時期について、保全処分型と自動停止型のいずれによるべきかを問うものである。これについての意見照会の結果は[12]、破産手続の場合とは異なり、アの包括的保全処分によるとの考え方に賛成する意見が多数であり、これらの中には、再建型手続の方が破産手続の場合よりも濫用のおそれが高いことを理由として、破産手続との関係では自動停止の導入に賛成するが、再建型手続においては包括的保全処分によるべきとの意見もあったとのことである。日弁連意

---

12) 深山卓也ほか「『倒産法制に関する検討事項』に対する各界意見の概要（2）」NBL648号33頁（平10）。

見書および一弁意見書においても、企業倒産の場合、単に申立てがなされただけで、債務者が誠実か否か、開始決定がなされるか否かが判然としない段階で、自動停止を認めることは、債権者等の利害関係人の被害が大きく、また申立てが濫用された場合の対処が困難であるとともに、その場合には、結果的に債務者財産の保全が十分に図られないおそれがあることなどを理由として、包括的保全処分に賛成する意見が表明されている[13]。

（3）個人の倒産手続との関係

――「改正検討事項」――

第2部　個人（自然人）に対する倒産処理手続
　第1　個人を対象とする新しい倒産処理手続
　　2　個人債務者更生手続（仮称）を設ける場合の手続の概要
　　（4）手続の効力
　　　ア　（略）
　　　※強制執行等に対する手続開始の効力の具体的内容について、三つの考え方を掲げて、その当否を問うもの（筆者注記）
　　　イ　アの効力が発生する時期について、
　　　a　当該効力を一般的に生じさせる旨の保全処分を認めるものとした上で、その保全処分又は手続開始決定がされることにより、アの効力が生ずるものとするとの考え方
　　　b　申立てにより、当然に、アの効力が生ずるものとする（いわゆる自動停止）との考え方を採った上で、申立ての濫用防止のための方策（申立ての取下げの制限、自動停止の解除の申立ての制度等）を設けるものとするとの考え方

　イのaは、強制執行等を一般的に禁止するような包括的な保全処分

---

[13]　ただし、日弁連意見書においては、「自動停止制度の導入は立法論として十分検討に値する事項と考えるが、本意見書では積極的にこれに賛成しない結論をとる」とされているのに対し、一弁意見書では、アに賛成（イには反対）とされており、両者のニュアンスは若干異なる。

を認めることとし、手続開始前においては、このような包括的保全処分の発令によってはじめて強制執行等が禁止されるとする考え方である。これに対し、イのbは、個人債務者に対しては、その経済生活の再建を促進するためには、債権者の権利行使に対する迅速な保護を与えることが必要であるとして、申立時に強制執行等の禁止の効力が発生するという、自動停止の制度を導入するという考え方である[14]。

これについての意見照会の結果は[15]、aの包括的保全処分に賛成する意見と、bの自動停止の導入に賛成する意見に大きく二分されたとのことである。aに賛成する意見は、①自動停止は、裁判所の判断を何ら経ることがないため濫用のおそれがあること、②申立ての取下げ制限だけでは自動停止の濫用防止策として不十分であることを理由とし、他方、bに賛成する意見は、③自動停止においては禁止効が早期に発生する利点があること、④申立ての取下げ制限や、申立手数料・予納金の納付があるまでは自動停止の効力が生じないものとすれば、濫用防止策として十分であること、⑤包括的保全処分によった場合、手続が複雑になり事務負担も大きくなることなどを理由とする。日弁連意見書および一弁意見書においては、個人債務者の簡易迅速な再生を図るためには、早期かつ完全に債権者からの請求を遮断する必要があり、包括的保全処分では別途申立てをしなければならないなどの負担があることを理由に、いずれも、個人債務者との関係では、bの自動停止制度の導入に賛成する意見が表明されている。

(4) 小 活

以上のように、「改正検討事項」においては、手続開始申立後において、債権者の個別的権利行使を一般的に禁止する制度を導入することを前提に、その具体的方策として、個別の申立てによりこれを認める包括的保全処分によるべきか、あるいは、手続開始申立ての効力として、これを一律に禁止する自動停止制度を導入すべきかについて意見照会がな

---

14) 「補足説明」・前掲注(9)68頁。
15) 深山卓也ほか「『倒産法制に関する検討事項』に対する各界意見の概要(3)」NBL649号41頁(平10)。

された。これにつき、法人の倒産手続との関係においては、意見が分かれたが、どちらかというと、自動停止制度を導入した場合の濫用を懸念し、包括的保全処分によることを支持する見解が有力であったようである。これに対し、個人の倒産手続との関係では、債権者からの請求を完全に遮断する必要性を強調し、自動停止制度の導入に賛成する見解が、法人の倒産手続の場合と比べ有力であった。なお、「改正検討事項」の段階においては、包括的保全処分か自動停止制度の導入かという方向性が主に問題とされており、それぞれの制度の具体的内容については、まだ検討対象とはされていなかったことに留意が必要である。

3　法制審議会における議論

先にみたように、平成10年7月には、倒産法部会において意見照会の結果を踏まえた実質的審議が再開され、同年9月からは、新再建型手続について、他の検討課題とは切り離して集中的に審議が進められた。これらの審議の過程で、手続開始決定前の段階で包括的に権利実行を禁止する制度の導入については、平成10年9月18日の第一分科会第2回会議を皮切りに、平成11年7月9日の倒産法部会第14回会議に至るまで、計9回の会議において取り上げられている[16]。以下、時系列に沿って、各会議における審議状況について、みていくこととする。

――【法制審議会における包括的禁止命令に関する審議状況】[17]――
①平成10年9月18日―第一分科会第2回会議
②平成10年9月25日―第二分科会第2回会議
③平成10年10月30日―倒産法部会第6回会議
④平成10年11月20日―第二分科会第5回会議

---

16)　以下に紹介する、法制審議会における議論状況は、法制審議会倒産法部会・同第一分科会・同第二分科会の議事録（http://www.moj.go.jp/shingi1/shingi_index_old0180.html）による。

17)　なお、平成11年7月23日に開催された、第一分科会第6回会議においても、個人債務者更生手続との関係で、包括的禁止命令について議論されているが、要綱案についての部会決定後のものであるため、ここでは取り上げないこととする。

⑤平成11年3月19日―倒産法部会第7回会議
　―〈この時点まで、包括的保全処分 vs 自動停止を中心に議論〉―
⑥平成11年4月16日―倒産法部会第8回会議
※第一次案（担当者素案）の説明―包括的禁止命令の原案提示
⑦平成11年4月23日―倒産法部会第9回会議
※第一次案（担当者素案）の検討―包括的禁止命令につき検討
⑧平成11年6月18日―倒産法部会第12回会議
※第二次案についての説明・検討―包括的禁止命令については第一次案からの修正部分の説明
⑨平成11年7月9日―倒産法部会第14回会議
※「民事再生手続（仮称）に関する要綱案〔原案〕」の検討―包括的禁止命令については第二次案からの修正部分の説明

（1）第一分科会第2回会議（平成10年9月18日）　破産手続との関係で[18]、「改正検討事項」において示された、手続開始の場合に生ずる効力と同様の効力を、ア）包括的な保全処分により生じさせる考え方と、イ）申立てにより当然にそうした禁止効が生ずるという自動停止型の考え方について、各界への意見照会の結果を踏まえた、意見聴取がなされた。

これにつき、日弁連からは、自動停止の導入という立場を基本としつつも、実際には開始決定の通知が債権者に送達された時点から権利実行制限の実効性が認められることにならざるを得ないとの議論がなされている旨の紹介がなされ、全銀協からは、手形交換等の銀行取引業務に混乱を来すとともに、権利関係が不明確になるとして、自動停止の導入に強く反対する意見が表明された。また、裁判所からは、書類不備のまま申立てがされた場合に、自動停止の効力が発生してしまうと、その後の手続が進行しないおそれがあり、むしろ、申立てから開始決定を迅速に行うという運用により、目的の達成は可能であるとして、自動停止の導

---

[18]　この段階では、新しい再建型手続について、第二分科会において集中的に審議することが決定されれる前であったため、第一分科会において、破産手続との関係で議題として取り上げられたものである。

入については消極的とみられる見解が示された。

また、自動停止制度を導入するか否かは別として、少なくとも、担保権の実行については自動停止の対象から外し、保全処分により対応すべきことについては、おおよその合意が形成されていることが確認された。

（2）第二分科会第2回会議（平成10年9月25日）　手続開始前の段階で個別的権利行使を禁止しておくことが以後の手続のために必要であることについてはおおむね異論なく、これにつき、包括的保全処分によるか、自動停止によるべきか、および、権利行使の一部解除のあり方につき議論がなされた。

通産省（会社の価値の維持のためには早期に個別的権利行使を禁止する必要があるとの観点から、自動停止の導入に賛成）、弁護士会（法人については意見が分かれているが、個人については、自動停止は不可欠との意見が強いとの紹介）、裁判所（自動停止の濫用や、自動停止により取立てが停止した後に、予納金を納めず放置された場合の問題などから、自動停止に反対する意見が大半であるとの紹介）、全銀協（銀行取引停止処分との関係で手形決済に混乱が生ずるとともに、債権回収実務に困難な問題が生ずることなどから、自動停止に反対）等の意見が述べられ、予納金の納付を自動停止の条件とすることや、法人の倒産事件と個人の倒産事件とを分けて検討すべきかなどについて議論がなされた。

以上の議論を踏まえ、現段階では、自動停止制度を導入するか否か、また、個人の場合と法人の場合とを分けて検討すべきかについては、直ちに結論づけることはできず、新再建型および個人に関する議論の進行状況を踏まえて最終的に決断することとし、保全処分の濫用防止策一般としては、一定の取下げ制限を設ける方向で検討するとのとりまとめがなされた。

（3）倒産法部会第6回会議（平成10年10月30日）　まずは、主に破産手続において自動停止制度を導入するかについて、両分科会の議論を踏まえた検討がなされ、法人破産の場合に自動停止を認める必要性の有無を中心に、拮抗した議論が展開された。幹事からは、自動停止が必要な事件が多いという実態は認めつつ、解除の制度や実際の運用がうまくできるのか十分に詰め切れない段階で、自動停止を導入することは難しい

との印象が述べられたが、経団連からは、自動停止の導入に積極的な見解が増えているとの紹介がなされ、他方、全銀協からは、個人・法人とも自動停止の導入には絶対反対との意見が述べられた。また、研究者委員からは、米国においては自動停止の解除をめぐる紛争が多発していることから、自動停止を導入した場合にはその副作用をも考慮する必要があり、むしろ、包括的保全処分による方が問題が少ないとの意見があった。

次いで、これまで自動停止導入の是非を中心に議論がされており、もう一方の選択肢である包括的保全処分についてはあまり検討がされていないことが指摘され、包括的保全処分について議論がされた。裁判所からは、全ての強制執行等を事前に止める必要がある事件も存在することを前提に、その場合には、自動停止によりいったん全部止めた上で個別的に解除するという形で対処するよりも、包括的保全処分により必要に応じて止める方が、全体の事務効率からみて望ましいとの意見があった。これに対し、弁護士会からは、個人の破産事件においては、保全処分の申立てが大量になされ、かえって混乱を招くのではとの指摘があったが、裁判所からは、個人破産については、包括的保全処分の申立てが必要なケースはほとんど想定されず、むしろ、自動停止を導入した場合には、申立てをしたのみで、以後手続が進行せず事件が滞留することが懸念されるとの見解が示された。

（4）第二分科会第5回会議（平成10年11月20日）　今回の会議においては、新再建型手続における自動停止の導入の当否を中心に議論がなされた。賛成意見としては、営業譲渡を含めて考えると、申立て段階で自動停止を導入することが不可欠であり、濫用問題については、取下げ制限、停止効の早期解除、停止期間を限定すること等により対応可能であるとの見解が示され、研究者委員からも、包括的保全処分によった場合、裁判所の裁量に任せきりになることへの懸念が示された。これに対し、自動停止を認めると、裁判所の手続との関係で、手続の停滞や債権者への公告等をめぐり困難な問題が生ずることや、正常な手形取引に対するダメージが甚大であることなどを理由に、裁判所および全銀協から反対意見が述べられた。また、自動停止を導入した場合、取下げ制限で

は適切な濫用防止策とはならず、裁判所の判断を介在し、包括的保全処分を発令する方が、濫用防止の観点からは妥当との意見もあった。以上の通り、今回の会議においても、新再建型手続における自動停止の導入についての議論が中心であり、包括的保全処分による場合の具体的な制度設計については、未だ検討の対象とはされていない状況であった。

（5）倒産法部会第 7 回会議（平成11年 3 月19日）　まず、前回部会（（3）倒産法部会第 6 回会議）での破産手続における自動停止導入の是非をめぐる議論を踏まえ、新再建型手続との関係でもこの問題についてあらためて議論がなされた。銀行関係の委員からは、裁判所のスクリーンを通らず、自動停止のような重大な効果が生ずることは受け入れがたく、自動停止の導入に対しては強く反対するが、包括的保全処分については、裁判所の判断を経ることになるため、銀行の立場からみれば問題はあるものの受け入れざるを得ないとの意見が表明された。これに対し、自動停止の導入に積極的な立場からは、包括的保全処分の発令を待っていたのでは再建に手遅れになってしまうとの意見とともに、仮に自動停止の導入が無理であるなら、包括的保全処分をなるべく広範かつ簡単に発令されるような形で導入して欲しいとの意見が述べられた。また、幹事からは、さしあたりは包括的保全処分によるものとし、さらにそれで理解が深まっていけば、あらためて自動停止の導入を検討するという方向性が穏当との意見があった。以上の議論を踏まえ、事務局において、「包括的保全処分の方が御意見としてはまとまりやすいのかなというような感じを持っておりますが、そのように考えてよろしいでしょうか」とのとりまとめがなされ、それ以上の意見はなかったことから、この段階をもって、事実上、今回の改正においては自動停止の導入は見送り、包括的保全処分によるとの方向で検討を進めていくことが定まったとみられる。

　以上を踏まえ、包括的保全処分による場合の手続構想に議論を進めることとし、まず、包括的保全処分の対象について、手続債権に基づく強制執行、仮差押えを包括的に禁止するとともに、既に行われている強制執行等を中止するものとし、一般優先債権や担保権については対象外と

することについて意見聴取がなされた。これについては、弁護士会の委員から、包括的保全処分が「誰を」拘束するかについても検討する必要性が指摘された。

（6）**倒産法部会第8回会議**（平成11年4月16日）　今回の会議においては、前回までの部会における議論を踏まえてとりまとめられた、「債務調整手続（仮称）に関する要綱案（担当者素案）」（以下、「担当者素案」とする。）について、まず、事務局（幹事）より概要が説明され、その上で、各論的な検討が行われた。ただし、保全処分等についての議論は次回会議で行うこととし、今回の会議では「担当者素案」の概要が説明されるにとどまった。「担当者素案」において示された、包括的禁止命令[19]の概要は以下の通りである。

裁判所が、手続開始申立後に、手続の遂行に著しい支障を生ずるおそれがあると認めるときは、調整債権（再生債権）に基づく全ての財産に対する強制執行等を禁止する処分を命ずることができるとする。発令要件については、包括的禁止命令の効力が強力なものであることにかんがみ、要件を限定し、上記の「手続の遂行に著しい支障を生ずるおそれがあると認めること」に加え、「あらかじめ、又は同時に、いわゆる処分禁止の仮処分、あるいは保全管理命令、監督命令が発令されていること」を要するものとする。包括的に禁止される強制執行等は、調整債権に基づくものに限定し、優先権がある債権（手続外債権）に基づく強制執行等や、担保権の実行については対象外とする。また、会社更生法に倣い、保全処分の濫用防止の観点から、包括的禁止命令等の発令後は、裁判所の許可を得なければ、開始申立てを取り下げることはできないものとする、というものである。また、前回まで議論のあった自動停止制度の導入については、これを採用しないことがあらためて確認された。

（7）**倒産法部会第9回会議**（平成11年4月23日）　今回の会議においては、前回に引き続き、「担当者素案」についての各論的な検討がなさ

19）　前回までの倒産法部会における議論では、「包括的保全処分」と称されていたが、「担当者素案」からは、「包括的禁止命令」とすることとなった。

れ、その中で、包括的禁止命令についても実質的な審議がなされた。まず幹事より、包括的禁止命令導入の必要性、発令要件[20]、効力（既にされている強制執行等の中止、および将来の強制執行等の禁止）、公告・通知、包括的禁止命令の変更・取消し（禁止命令の個別的解除についても、「変更することができる」という部分で読み込んでいるとする）、包括的禁止命令が発令された場合の時効中断効、発令後の取下げ制限について説明がなされ、これに基づき以下の議論がされた。

　まず、①包括的禁止命令の対象として、一般の優先権ある債権に基づく強制執行等も含めることはできないか、および、②仮差押えについては、中止だけではなく、取消しまで踏み込めないかとの意見があった。これに対し、担当者から、①については、優先権ある債権は手続外債権とされており、本来の手続が開始したときに権利行使が許容されるものを包括的禁止命令により停止させることは、開始決定の効力の前倒しというこの制度の実質に照らすと困難であるとの応答がなされ、また②については、差し押さえたままの状態で中止命令が発令されても、差し押さえられた目的物を利用することができないため、一定の要件のもとでの取消しを認める方向で検討する必要があるが、差押債権者の利益とのバランス上、担保を立てることなどが必要と考えられることから、その点につき制度設計を詰めた上で盛り込む必要があるとの見解が示された。また、①について、他の委員から、労働債権を包括的禁止命令の対象とすることには問題があるとの指摘がなされた。

　次いで、③包括的禁止命令の射程につき、民法304条1項の先取特権保全のための物上代位としての差押えについても、禁止命令の対象となるのかにつき質問があり、これに対しては、動産売買の先取特権に基づく債権差押え等については、別除権として扱われるため、包括的禁止命

---

[20]　発令要件との関係では明示的には規定していないものの、個別執行を包括的に禁止した後に、手続が開始される蓋然性が相当程度あるような場合に発令されることを想定しており、この命令の前提として、「開始命令（開始決定―筆者注）がされるであろう一定の心証を裁判所が得ているということは当然必要になってこよう」との説明がなされている。

令の対象外となる旨の回答がなされた。

また、④包括的禁止命令の効力発生時期について、禁止命令の名宛人は債権者であるにもかかわらず、名宛人ではない債務者への送達時を効力発生時とする理論的根拠について質問がなされた。これについては、公告により効力を一律に発生させるとするのが理論的には明解であるが、公告には一定の時間を要するため、実効性がないことになってしまい、また、個々の債権者への通知をもって効力発生時期とすると、債権者ごとに効力発生時期が区々になるとの問題があり、他方、告知なくして当然に効力が発生するとすることは保全処分としては行き過ぎであることから、一種の中間的解決として、債務者への送達時を効力発生時期としているとの説明がなされた。

（8）倒産法部会第12回会議（平成11年6月18日）　今回の会議から、「担当者素案」についての審議（第一読会）の結果を踏まえてとりまとめられた「債務調整手続（仮称）に関する要綱案〔原案〕」についての審議（第二読会）に入り、包括的禁止命令についても、「担当者素案」からの修正点について、説明がなされた。修正点としてあげられたのは、以下の2点である。

①包括的禁止命令の発令要件の修文

散発的な強制執行等については個別的に中止命令により対応すれば足りるため、個別の中止命令では対応が困難であり、包括的な禁止命令による必要がある場合に、はじめてこの制度によることができることが明確になるよう、発令要件を書き改める。

②包括的禁止命令の個別解除について明文化

従前は、包括的禁止命令の「変更」によって、個々の債権者との関係で禁止命令を個別的に解除する制度をまかなうという考え方であったが、「変更」という言葉だけでは、個別の解除という趣旨まで読み込むことは難しいとの指摘があったことから、この点を明確にするため、包括的禁止命令の解除について明文規定を設ける。

以上の修正点について、委員から特段の意見はなく、包括的禁止命令については上記の説明がなされたのみで、特に議論はされなかった。な

お、個別の中止命令との関係で、中止された強制執行等の取消し制度が新たに盛り込まれているが、この段階では、包括的禁止命令との関係ではそうした修正は加えられていない。

（9）倒産法部会第14回会議（平成11年7月9日）　前回までの部会（倒産法部会第12回会議・第13回会議）における、「債務調整手続（仮称）に関する要綱案〔原案〕」についての審議結果を踏まえ、修正を施した「民事再生手続（仮称）に関する要綱案〔原案〕」が示され、修正が加えられた項目を中心に議論がされた。包括的禁止命令については、前回の案で個別的中止命令との関係で導入することとされた取消命令の制度につき、包括的禁止命令との関係でも同様の制度を設ける必要があるとして、追加するとの説明がなされた。これについて特に意見はなく、包括的禁止命令についての部会における審議は、以上をもって終了している。

なお、手続の名称については、改正検討事項では「新再建型手続」、担当者素案以降は「債務調整手続（仮称）」とされていたが、今回の会議で「民事再生手続（仮称）」と改めることが決定された。その上で、最終的に若干の修正を経て、第15回会議（平成11年7月23日）において、「民事再生手続（仮称）に関する要綱案」が部会決定されるに至っている。

4　小　括

以上みてきたように、手続開始決定前の段階で包括的に権利実行を禁止する制度を導入することについてはおおむね異論のないところであったが、その制度の基本構造をめぐり、自動停止制度を導入するのか、裁判所の判断を介在する包括的保全処分によるのかについて見解が分かれ、立法過程における議論も、この点を中心に展開されてきた。また、この議論は、早期一律に個別的権利実行を禁止する必要性を強調し、自動停止制度の導入を主張する見解と、銀行取引業務への影響、事件の滞留についての懸念、濫用的申立てについての危惧などから、これに反対する見解という対立構造のもとで展開されたため、「自動停止制度を導入すべきか否か」という点が議論の焦点となり、両見解は最後まで一致をみることはなく、最終的には、難が少ないという観点から包括的禁止

命令が採用されるに至っている。そのため、包括的禁止命令の具体的な制度設計については、倒産法部会第 9 回会議において実質的な議論がなされたのみで、若干の修正は加えられているものの、基本的な部分では担当者素案がそのまま要綱案となり、立法に至ったといえる。このような立法の経緯に照らすと、包括的禁止命令という制度の具体的な内容については、必ずしも十分に検討が尽くされていないところもあり、あらためて解釈論的・立法論的に検討する必要があると考えられるところである。

3　民事再生手続における包括的禁止命令の位置づけと利用状況

1　包括的禁止命令の特色と位置づけ

（1）包括的禁止命令の趣旨と特色　　上述した立法の経緯からも明らかなように、再生手続開始の申立てから開始決定までの間になされる散発的な強制執行等に対しては、民事再生法26条の中止命令により個別的に対応することが予定されている。しかし、多数の資産を有する再生債務者について、再生手続開始申立後の保全段階において、多数の個別執行が行われた場合には、個別の手続が係属するごとに中止命令の申立てをしなければならず、当該申立てに要する手続が極めて煩雑なものとなり、再生債務者の事業継続等に支障が生じ、その結果、再生手続の目的を十分達成することができなくなるおそれがある[21]。そこで、個別的な中止命令によっては、再生手続の目的を十分に達成することができないおそれがあると認めるべき特別の事情があるときに、利害関係人の申立てまたは職権により、再生手続開始申立てから申立てについての決定があるまでの間、全ての再生債権者に対し、再生債務者の財産に対する再生債権に基づく強制執行等の禁止を命ずる制度として、包括的禁止命令の制度が設けられるに至ったものである（民再27条〜29条）。

---

[21]　深山ほか・前掲注（2）58頁。

包括的禁止命令は、既に行われている強制執行等のみならず、将来の強制執行等をも包括的に禁止する点で、従来の保全処分制度とは異なる新しいタイプの保全処分ということができる。その特色としては、①再生債務者の全ての財産を一律に対象とすること（目的財産の包括性）、②再生債権を有する全ての再生債権者を対象とすること（債権者の包括性）、③再生債権に基づく強制執行、仮差押え、仮処分等を包括的に対象とすること（対象手続の包括性）、④既に裁判所に係属している手続に限らず、将来的に申立てがされる手続を一律に禁止すること（手続申立ての時期の包括性）が指摘されている[22]。こうした「包括性」を有する点では、アメリカ連邦倒産法において採用されている自動停止の制度（automatic stay: 11 U.S.C. §362）[23]と類似するが、手続開始申立てに基づき自動的に認められるものではなく、個別の中止命令では対応できない特別な事情がある場合に、裁判所の判断を介在させた上で発令される点で根本的に異なる[24]。また、包括性を有する広範かつ強力な保全処分であるため、個別的中止命令に対する補充性が要求されるとともに、債務者財産に関する保全処分等とともに発令する必要があるなど、濫用的な利用を防止するために加重的な要件が課されていることも、この制度の特色といえよう[25]。

（2）包括的禁止命令の位置づけ　　手続開始決定前の段階において強制執行等を制限することにより、将来の再生手続のために再生債務者の財産を保全する必要性については、本来的には、対象となる手続や目

---

22)　深山ほか・前掲注（2）58頁。
23)　連邦倒産法における自動停止制度の概要については、さしあたり、高木新二郎『アメリカ連邦倒産法』59頁以下（商事法務研究会、平8）、福岡真之介『アメリカ連邦倒産法概説』41頁以下（商事法務、平20）、ジェフ・フェリエル＝エドワード・J・ジャンガー『アメリカ倒産法（上）』359頁以下（レクシスネクシス・ジャパン、平23）など参照。
24)　自動停止と包括的禁止命令の比較については、松下淳一「保全処分」金判1086号79頁（平12）、園尾隆司＝小林秀之編『条解民事再生法［第3版］』130頁〔永石一郎〕（弘文堂、平25）参照。
25)　こうした意味で、包括的禁止命令が、アメリカ連邦倒産法における自動停止と比べてかなり限定された制度であることにつき、三木浩一「包括的禁止命令」三宅省三＝池田靖編『実務解説一問一答　民事再生法』129頁（青林書院、平12）参照。

的財産との関係で個別的に判断されるべき問題といえる。したがって、原則的には、個別的な中止命令によって対応すべきであり、包括的禁止命令を発令するためには、個別の中止命令によって対応していたのでは、債務者の再生という目的を十分に達成することができないといえる具体的な事情が必要となる。そのため、民事再生法27条1項は、包括的禁止命令の発令要件として、「中止命令によっては再生手続の目的を十分に達成することができないおそれがあると認めるべき特別の事情」を要求しており、この規定は、包括的禁止命令の中止命令に対する補充性を定めたものということができる。

　立法担当者からも、「もともとの前提が非常に限られた特殊なケースを念頭に置いたもので、……この制度に限っていえば、中小企業というよりは、非常に多くの資産を持った大企業などで使われることがあり得るという前提でつくられたもの」[26]、「法制審議会においても、誰もこの制度がしばしば利用されるとは考えていなくて、極めてレアケースだけれども、必要な場合に、こういう強力な武器を用意しておかないと、対処不能な事態が生じ得るということでつくった制度」[27]といった説明がなされており、包括的禁止命令の例外的・補充的な位置づけが明言されている。もっとも、例外的・補充的な制度であるとしても、手続開始申立後、開始決定までの間になされる転付命令等との関係では、対抗手段としての実効性が指摘されるとともに[28]、この制度の存在自体が、再生債権者による個別執行に対する抑止的効果を持つとの評価もなされているところである[29]。

---

26)　伊藤眞ほか編『民事再生法逐条研究——解釈と運用』44頁〔深山卓也発言〕（有斐閣、平14）。
27)　伊藤ほか編・前掲注（26）46頁〔深山発言〕。
28)　伊藤ほか編・前掲注（26）46頁〔山本和彦発言〕、オロ千晴「再生手続の申立ての要件とその効果」銀行法務21第566号36頁（平11）。
29)　伊藤ほか編・前掲注（26）45頁〔田原睦夫発言〕。

2 包括的禁止命令の運用状況

　包括的禁止命令が実際に発令されたケースは極めて少なく、東京地裁においては、平成12年の民事再生法施行から平成23年12月末までの間に、3,000件の通常再生事件の申立てがあったが、このうち包括的禁止命令が発令されたのは合計27件（0.9%）であり[30]、大阪地裁においても、民事再生法施行から平成17年までの間、包括的禁止命令の発令に至ったのはわずか1件とのことである[31]。これについては、包括的禁止命令の補充的・例外的な位置づけに加え、再生手続においては迅速に開始決定がされるため、開始決定までの間に包括的禁止命令が必要とされる事案は少ないことが指摘されている[32]。確かに、東京地裁、および大阪地裁の標準スケジュール[33]によれば、申立てから開始決定までは1週間とされており、筆者らが実施した、民事再生事件記録の実態調査[34]においても、東京地裁の平均が8.88日、大阪地裁の平均が11.58日であり、比較的短期間で開始決定がなされている。しかし、仙台地裁においては平均で24.74日、さらに那覇地裁においては平均59.71日かかっており、必ずしも全国の地裁において迅速に開始決定がなされているわけではない[35]。したがって、このように申立てから開始決定まで一定の期間を要

---

[30]　鹿子木康編・東京地裁民事再生実務研究会『民事再生の手引』81頁〔片山健〕（商事法務、平24）。

[31]　林圭介「大阪地裁の実務に見る民事再生手続4年の特徴と総括的諸問題」事業再生と債権管理105号61頁（平16）によれば、平成16年4月末までの発令件数は0件（発令せず1件、棄却1件）であり、山本和彦ほか編『Q&A民事再生法［第2版］』100頁〔上田裕康〕（有斐閣、平18）によれば、平成17年に入って、大型ゴルフ場経営会社の案件で、1件発令されているとのことである。

[32]　園尾＝小林編・前掲注（24）134頁〔永石〕、オロ千晴＝伊藤眞監修・全国倒産処理弁護士ネットワーク編『新注釈民事再生法（上）［第2版］』131頁〔高木裕康〕（金融財政事情研究会、平22）、須藤英章編著『民事再生の実務』99頁〔松村昌人〕（新日本法規、平17）。

[33]　東京地裁の標準スケジュールにつき、鹿子木編・前掲注（30）8頁〔鹿子木〕参照。大阪地裁の標準スケジュールについては、林・前掲注（31）62頁に平成16年当時のものが掲載されているが、筆者が入手した、平成22年改訂版の標準スケジュールにおいても、申立てから開始決定までは1週間とされている。

[34]　山本研ほか「民事再生法の実証的研究（1）〜（17）・完」NBL990号〜1009号（平24・25）参照。

する場合には、なお包括的禁止命令によらなければ対応できない事態が生ずることもあり得るものと思われる。

実際に包括的禁止命令が発令された事案としては、ゴルフ場会社の事件で、預託金返還請求訴訟が40件以上も係属し、将来の訴え提起も予想されたため、発令されたケース（宇都宮地裁）、医師（個人）の再生事件で、診療報酬債権の差押えが相当数なされていたため発令されたケース（静岡地裁沼津支部）、再生債務者が、貸衣装業であり、全国のホテルの結婚式場内に営業所を有していたが、債務名義を有する債権者が全国に多数存在し、各営業所に対する強制執行の申立て等に対し個別の中止命令、取消命令で迅速に対応するのが困難であったことから発令されたケース（東京地裁）などが、報告されている[36]。筆者らが実施した上記実態調査においても、調査対象事件313件中、2件において包括的禁止命令が発令されていた。1件は、ゴルフ場会社の事件で、預託金返還請求権につき債務名義を有する多数の債権者が存在し、既に頻繁に強制執行がなされていたことから、開始申立ての4日後に包括的禁止命令の申立てを行い、その翌日に発令されたものである（東京地裁：平成18年7月発令）。もう1件は、再生債務者が建築業者であり、開始申立ての約2週間後に抵当権を有する金融業者の申立てにより債権仮差押命令がなされたところ、これを知った他の複数の債権者が強制執行等に着手する動きが出てきたことを理由に、債権仮差押命令の約1週間後に包括的禁止命令の申立てを行い、その翌日に発令されたものである（那覇地裁：平成15年6月発令）。なお、前者の東京地裁の事件においては、包括的禁止命令の発令の7日後に開始決定がなされ、後者の那覇地裁の事件においては、発令の約3週間後に開始決定がなされている[37]。

---

35) 畑宏樹＝近藤隆司「民事再生法の実証的研究——第3回再生手続に要する期間」NBL993号82頁以下（平25）。また、大阪地裁においても、申立てから開始決定まで1ヶ月（31日）以上を要した事件が、調査対象事件100件中8件存在していた。

36) 小菅和宏＝堤智恵子「民事再生事件——施行後一年の概況を振り返って」NBL715号17頁（平13）、大竹たかし「東京地裁における民事再生手続の現状と課題」事業再生と債権管理105号58頁（平16）。

37) 以上の詳細については、近藤隆司＝金春「民事再生法の実証的研究——第6回再生手

以上のように、包括的禁止命令は発令件数こそ少ないが、ゴルフ場の再生事件などにおいて、多数の債権者から波状的に日々の売上金や、年会費用の預金口座の預金、カード会社に対する利用料金などに強制執行を受ける場合のように、個別的な中止命令では事業継続に必要な財産の保全ができなくなるおそれが生じる事案や、信用毀損が生じ事業継続が困難になる事案などにおいては、実務的にも有効な制度として利用されていることが認められる。

4　包括的禁止命令に関する諸問題

1　包括的禁止命令の対象

　包括的禁止命令は、再生債権に基づく強制執行、仮差押え、もしくは仮処分または再生債権を被担保債権とする民事留置権による競売、および外国租税滞納処分を対象とする（民再27条1項）[38]。再生手続開始による個別的権利実行禁止の効力を、保全段階に一部前倒しして生じさせる実質を有するものであることから、手続開始後も手続外での権利行使が許容される、別除権や取戻権に基づく権利行使や、共益債権・一般優先債権に基づく強制執行等については本制度の対象外とされている。以下において、まずは、これら包括的禁止命令の対象をめぐる問題についてみていくこととする。

　（1）財産関係の訴訟手続を対象とすることの要否　　個別的な中止命令においては、再生債務者の財産関係の訴訟手続も中止の対象とされているが（民再26条1項3号）、包括的禁止命令においては、上述の通り、再生債権に基づく強制執行等のみが対象とされており、財産関係の訴訟

　　続の申立て・保全措置・手続の開始」NBL996号70頁（平25）参照。
38)　破産手続における包括的禁止命令においては、一般の先取特権の実行、将来の国税滞納処分も対象とする点、および、破産債権に基づくもののみならず、財団債権に基づくものについても対象としている点で異なる（破25条1項参照）。また、会社更生手続における包括的禁止命おいては、担保権のある債権や優先権のある債権に基づく強制執行等や、開始前会社の財産に対して既にされている国税滞納処分も停止の対象とする点で異なる（会更25条1項・3項参照）。

手続は対象外とされている。これにつき、同時多発的な訴訟等への対応も再生債務者の再生に向けての活動の障害となることがあり得るとして、包括的禁止命令の対象とする選択肢もあり得たのではとの指摘がある[39]。

しかし、転付命令のように開始されると同時に終了する強制執行については、対応に急を要することもあり得るのに対し、訴訟手続については比較的余裕を持って対応することが可能であることから、再生手続開始の申立てから開始決定までの間に、訴訟手続を包括的に中止ないし禁止する必要があるような事態は通常想定できず、個別的な中止命令により十分対応可能であると考えられる。また、仮に、債務者に対する訴訟手続が多数存在し、将来も開始決定までの間に次々と訴えが提起されることが見込まれるような場合には、そもそも再生計画案の作成・可決も危ぶまれ（民再25条3号参照）、そのような状況においては、包括的禁止命令を発令することはむしろ妥当ではないと考えられる。したがって、財産関係の訴訟手続については、個別的中止命令によって対応すれば十分であり、包括的禁止命令の対象とする必要はないと考える。

（2）特定の債権者を対象とする包括的禁止命令の許否　特定の債権者が既に行っている強制執行等に対しては、個別的中止命令により対応することが可能である。しかし、特定の債権者が保全期間中に新たに強制執行等を開始する蓋然性が高い場合、既に行われている強制執行等を対象とする中止命令では事後的にしか対応できないため、当該債権者のみを対象とする禁止命令が許されるかが問題となる[40]。

---

39) 田頭章一「民事再生手続における保全処分・中止命令等」ジュリ1171号25頁（平12）。
40) 中止命令や包括的禁止命令に相当する制度を有していなかった旧破産法や和議法のもとにおいては、「其ノ他ノ必要ナル保全処分」（旧破155条1項、和20条1項）により、特定の債権者を名宛人として、既に行われている強制執行の停止および将来の強制執行の禁止を命ずることができるかが問題とされ、いずれについても肯定する見解が有力であった（伊藤眞「倒産手続における保全処分」中野貞一郎ほか編『民事保全講座1──基本理論と法比較』437頁（法律文化社、平8）、加藤新太郎「強制執行停止の保全処分」松浦馨＝伊藤眞編『倒産手続と保全処分』303頁以下（有斐閣、平11）。大阪高決昭55・11・20判タ430号153頁［和議関係］など）。

これについては、特定の再生債権者に対する発令により目的を達成することができるのであれば、他の再生債権者にそれ以上の不利益を与える必要はなく、これにより個別に解除を行う必要もなくなるとして肯定する見解[41]と、法文上「全ての再生債権者」を対象としていること、および、包括的禁止命令の解除は、いったん発令された命令について再生債権者の申立てにより事後的に解除するものであり、特定の再生債権者に対する発令とは場面を異にするとして否定的に解する見解[42]とがある。

この問題については、特定の債権者のみをあらかじめ除外した包括的禁止命令が許されるかという問題と表裏一体の問題といえる。立法段階における法制審議会の議論[43]をみると、包括的保全処分の一部解除をめぐる議論の中で、「包括的保全処分の場合につきましては弁済禁止の保全処分で現在行われているように、一定のものを除外して定めるというような主文を書くような運用になっていけば、解除の範囲というのはそもそもあまりないことになってくる」との説明がなされており、一部の者をあらかじめ除外した発令があり得ることを前提として議論がなされていたといえる。また、破産手続や会社更生手続においては、発令の段階で、一定の範囲に属する強制執行等を、包括的禁止命令の対象から除外することができるとされており（破25条2項、会更25条2項）、民事再生手続においてのみこれを否定する合理的理由はないと思われる[44]。し

---

41) オロ＝伊藤監修・前掲注（32）132頁〔高木〕。
42) 小河原寧『民事再生法――通常再生編』26頁（商事法務、平21）。
43) 倒産法部会第二分科会第2回会議（平成10年9月25日）。
44) 会社更生手続における包括的禁止命令は、担保権のある債権や優先権のある債権に基づく強制執行等や国税滞納処分も一律に禁止する点で、また破産手続における包括的禁止命令は財団債権となるべき債権や一般の優先権がある債権に基づく強制執行等も禁止する点で、民事再生手続上のそれよりも強力であることから、不当な損害を受ける債権者が類型的に存在する場合に、その利益を保護することを意図していると説明されるが（三木浩一「諸手続きの中止命令・包括的禁止命令」櫻井孝一ほか編『倒産処理法制の理論と実務［別冊金融・商事判例］』63頁（経済法令研究会、平18））、一般の手続債権に基づく強制執行等も除外対象とすることが認められており、この点については民事再生手続においてのみ別異の取扱いをすべき合理的理由は見当たらない。

たがって、包括的禁止命令の発令段階において、あらかじめ個別解除の対象となり得る者が判明している場合には、その者を除外して発令すること（個別解除の前倒し）も許容され、その反面として、特定の債権者のみを対象とした包括的禁止命令も許されると解すべきである。

（3）特定の財産に関する包括的禁止命令の許否[45]　事業継続に不可欠な特定の財産については強制執行等を禁止する必要があるが、それ以外の財産についてまでは禁止する必要がない場合があり得る。既になされている強制執行等については、これを個別的に中止するか包括的に中止するかについて、中止命令と包括的禁止命令との間で機能分担がなされている。しかし、将来の強制執行等の禁止については、中止命令の守備範囲外とされているため、包括的禁止命令によってこれを包括的に禁止するか否かという、オールオアナッシングの選択しかないとすると、その狭間で、特定の財産のみを対象とする「個別的」禁止命令が欠落することになってしまう。そのため、このような場合に、特定の財産に対する強制執行等のみを禁止する包括的禁止命令を発令することができるかが問題となる。

包括的禁止命令の特色としては、①目的財産の包括性、②債権者の包括性、③対象手続の包括性、④手続申立ての時期の包括性があげられるが、仮に、①から④の全てについて、常に包括性を要するのであれば、そもそも包括的禁止命令についての「変更」（民再27条3項）を観念する余地はないことになることからも、これらの特色は必ずしも全ての場合において妥当するものではないと解すべきである。また、条文上も、「全ての再生債権者に対し、再生債務者の財産に対する再生債権に基づく強制執行等……の禁止を命ずることができる」（同条1項）とされており、少なくとも対象財産についての包括性は要求されておらず、特定の財産を対象とする包括的禁止命令も明文規定に反するものとはいえない。したがって、特定の財産のみを対象とする「個別的」禁止命令で足

45）　この問題については、小海隆則「再生債務者の財産の保全」オロ千晴ほか編『民事再生法の理論と実務（上）』199頁（注48）（ぎょうせい、平12）を参考とした。

りるような場合にまで、常に全財産を対象とする禁止命令を発令する必要はなく、対象財産を限定した包括的禁止命令の発令も許されると解すべきである。

　（4）一定の類型に属する債権に基づく強制執行等を除外した包括的禁止命令の許否　　債権の属性を基準に、一定の類型に属する債権に基づく強制執行等を除外した包括的禁止命令が許されるかである。たとえば、商取引債権や一定額以下の少額債権に基づく強制執行等を除外することが想定される。これについて、破産手続や会社更生手続においては、「一定の範囲に属する」強制執行等を、包括的禁止命令の対象から除外することができるとされていることから（破25条2項、会更25条2項）、債権の属性を基準に除外の範囲を画することも許されると解すべきであり、民事再生手続との関係でもこれを否定する合理的理由はないと考えられる。また、再生債権の弁済禁止の例外（民再85条2項・5項）や再生計画における平等原則の例外（民再155条1項但書）に該当するような場合については、これらの債権に基づく強制執行等を認めても債権者平等を害することにはならないことから、このような場合には、一定の類型に属する債権に基づく強制執行等を除外した包括的禁止命令も許容されると解する。

　（5）包括的中止命令の許否　　既に行われている強制執行等のみを包括的に中止する、いわば包括的中止命令が許されるかである。これについては、既に行われている強制執行等のみを対象に中止を命じても、将来の強制執行等を禁じない限り中止の対象となったものと同様の執行が行われる危険があり、かかる包括的中止命令のみを発令する必要性に乏しく、既に行われている強制執行等を中止しつつ、将来の強制執行等は許容することに合理性は認められない。個別的中止命令か包括的禁止命令（場合によっては、（3）の特定の財産に関する包括的禁止命令）のいずれかによって対応することが十分可能であり、かかる包括的中止命令については、そもそもこれを認める必要性を欠き、許されないと解する。

　（6）将来の強制執行等のみを禁止する包括的禁止命令の許否　　上記（5）とは逆に、既に行われている強制執行等については中止の対象

とはせず、将来の強制執行等のみを禁止する、将来効のみを有する包括的禁止命令が許されるかである。想定される場面としては、既存の強制執行等については再生手続の目的達成との関係で妨げとなるものではないが、開始決定までの間に、多発的な強制執行や事業の維持に不可欠な財産に対する執行が行われることが予測される場合が考えられる。これについては、上記（2）から（4）において検討したような形式の包括的禁止命令が許されるのであれば、これによって対応すれば足り、あるいは、事後的に包括的禁止命令の一部解除により対応することが考えられる。しかしながら、既存の強制執行等については弊害がない場合にまで、これについても包括的に中止の対象とする禁止命令を発令した上で、あらためて再生債権者に、「不当な損害を及ぼすおそれがあること」を主張させて、禁止命令からの解除を申し立てる負担を負わせることは妥当でないとも考えられる。したがって、原則的には、上記（2）から（4）において検討したような形式の包括的禁止命令により対応すべきであるが、将来効のみを有する包括的禁止命令についても、あえて否定するまでの必要はなく、このような禁止命令も許容されると解する。

2　包括的禁止命令の発令要件

包括的禁止命令の発令要件として、①個別的な中止命令では再生手続の目的を十分に達成できないような特別の事情があること、および、②事前または同時に、再生債務者の主要な財産に関する保全処分、監督命令、保全管理命令のいずれかの処分がなされていることが要求されている（民再27条1項）。①については、包括的禁止命令の中止命令に対する補充性ないし例外的位置づけを定めたものであり[46]、②については、再

---

46)　したがって、包括的禁止命令が認められるためには、個別の中止命令によって対応していたのでは、債務者の事業等の再生という目的を十分に達成できないといえる「具体的な事情」が必要とされ（小海・前掲注（45）195頁）、全国的規模で事業の展開がなされており、個別の中止命令の発令を受けていたのでは、そのための手続の費用・労力が過大となるような場合や（園尾隆司「DIP型および後見型の手続」金判1086号29頁（平12））、流動性のある不動産や動産類が多数ありそれを再生のために早急に換価処分することが必要なところ、債権者が多数ありいずれの債権者が仮差押手続に及ぶか予測がつ

生債権者の権利行使を包括的に禁止しながら、再生債務者による財産管理処分権については制約しないということでは、債権者のみが一方的に制約を受けるばかりでバランスを失するため、債務者の財産管理処分権についても手続的な制約が加わっていることを要求することにより、権利行使の制約を全面的に受ける債権者の利益保護を図る趣旨である[47]。

（1）手続開始の蓋然性との関係　上記の明文で定める要件に加え、法制審議会においては、包括的禁止命令発令の前提として、「開始命令がされるであろう一定の心証を裁判所が得ているということは当然必要」との説明がなされている。これについては、手続開始までの間、債務者財産の不当な散逸を避け、公正衡平かつ円滑な手続の進行を確保するという保全処分の目的に照らし、手続開始の可能性がない場合には発令する必要はなく、包括的禁止命令についても、手続開始の蓋然性が発令の前提とされるのは当然である。もっとも、「手続開始の蓋然性が存在すること」を積極的要件とするのでは、必要な場合にその迅速な発令が困難となるため、「手続開始の蓋然性が認められないこと」を発令についての消極的要件と位置づけて理解すべきであろう。

（2）「再生債権者に不当な損害を及ぼすおそれ」の消極的要件化

強制執行等の中止命令においては、発令の必要があると認められることに加え、既にされている強制執行等の申立人である再生債権者に不当な損害を及ぼすおそれがないことが、債権者保護のための要件として課されている（民再26条1項但書）。これは、中止命令により再生債務者や他の債権者が受ける利益より債権者が被る損害の方が著しく大きい場合には発令を差し控えることにより、債権者を保護する趣旨によるものである[48]。これに対し、包括的禁止命令の発令にあたっては、かかる要件は

　　　かず、いったん仮差押手続が行われてしまうと物件の処分が遅れてしまったり処分が困難となることが予測される場合（上野雅彦ほか編『詳解民事再生法の実務』112頁〔花沢剛男〕（第一法規、平12））などが例としてあげられる。ただし、この発令要件の判断はあくまでも予測的判断であるため、現実に強制執行や保全処分の申立てが連日のようになされていることまで要求するものではない（伊藤ほか編・前掲注（26）45頁〔深山発言〕）。

47)　伊藤ほか編・前掲注（26）46頁〔深山発言〕。

要求されておらず、包括的禁止命令の解除のための要件とされるにとどまる（民再29条1項参照）。そのため、包括的禁止命令を、中止命令を補充するものとしてその延長線上に位置づけるのであれば、発令にあたっても、債権者保護の観点から、「再生債権者に不当な損害を及ぼすおそれがないこと」を同様に要求することが考えられる。

これについて、個別的中止命令においては、既に強制執行等を行っている個々の債権者が対象であり、個別的保護要件が機能するが、再生債権者全体を対象とする包括的禁止命令においては、そのまま同様に考えることはできないであろう。しかしながら、特定の債権者に不当な損害が生じる場合であっても、個別的中止命令は発令できないが、より強力な包括的禁止命令は発令できるとするのは、包括的禁止命令の補充性に照らしても妥当ではない。現行法の枠組みでは、そのような場合には、事後的に個別解除により対応することが予定されているが、それでは、解除の申立てをする負担を債権者の側に負わせることになるため、かかる場合には、当該債権者をあらかじめ除外した上で、包括的禁止命令を発令すべきであろう。したがって、一般的には、包括的禁止命令の発令段階においては、個別的な権利行使を禁止する結果として不当な損害が再生債権者側に生ずるかどうかという個別的な事情の考慮は一切行われないとされるが[49]、不当な損害が生ずることが明らかな場合には、あらかじめその者を除外して発令すべきであり、そのためには、不当な損害が生ずるおそれを再生債権者が主張立証すべき消極的要件とするべきである。

3　包括的禁止命令の効力
（1）包括的禁止命令の執行手続上の位置づけ　包括的禁止命令が発令されると、全ての再生債権者に対し、再生手続開始の申立てにつき

---

48)　園尾＝小林編・前掲注（24）127頁〔瀬戸英雄・上野尚文〕、オロ＝伊藤監修・前掲注（32）126頁〔深山雅也〕。

49)　花村良一『民事再生法要説』104頁（商事法務研究会、平12）、伊藤眞『破産法・民事再生法［第2版］』595頁（有斐閣、平21）、小海・前掲注（45）197頁。

決定があるまでの間、再生債務者の財産に対する再生債権に基づく強制執行等の個別的権利行使が禁止され、また、既に行われている強制執行等は中止される（民再27条1項・2項）。

既に行われている強制執行手続との関係では、包括的禁止命令の正本は、民事執行法39条1項7号の執行停止文書に該当し、これを執行裁判所に提出して執行の停止を求めることになる。将来の強制執行との関係では、かつては、①包括的禁止命令が発令されると、債務者の総財産は一種の執行禁止財産としての性質を持つことになるとの見解（執行禁止財産説）[50]もあったが、現在においては、②包括的禁止命令が発令されることによって、再生手続開始の効力が前倒しして発生し、それと矛盾する個別執行が排除されると理解し、包括的禁止命令を執行障害事由と位置づける見解（執行障害事由説）[51]が一般的である。包括的禁止命令の発令にあたっては、監督委員か保全管理人が選任されていることが要件とされており、債務者側にも一定の拘束があるということを前提とすることから、その限りで開始決定に伴う債権者および債務者に対する手続的な拘束が前倒しされていると理解すべきであり[52]、執行障害事由説が妥当であろう。執行手続との関係では、執行裁判所に包括的禁止命令の正本を添付して上申をし、強制競売等の開始決定前であれば、執行障害事由の存在により開始決定をすることはできないため、執行裁判所は申立てを却下することになる[53]。

（2）包括的禁止命令の効力発生時期　　包括的禁止命令は、再生債務者に対する裁判書の送達がなされた時から効力を生ずる（民再28条2

---

50) 園尾隆司＝小林秀之編『条解民事再生法』105頁〔永石一郎〕（弘文堂、平15）において採られていた見解であるが、現在はこの見解に立つものは見当たらない（同書においても、第2版以降は、この見解部分は削除されている（園尾＝小林編・前掲注（24）133頁〔永石〕参照））。

51) 伊藤ほか編・前掲注（26）46頁〔深山発言〕、三木・前掲注（44）62頁、伊藤・前掲注（49）593頁。

52) 伊藤ほか編・前掲注（26）47頁〔松下淳一発言〕参照。

53) 東京地方裁判所民事執行センター実務研究会編著『民事執行の実務――不動産執行編（下）[第3版]』328頁（金融財政事情研究会、平24）。

項)。包括的禁止命令はその性質上、効力を早期かつ一律に生じさせることが相当であるため、再生債務者への送達があれば、個々の債権者への送達前でも、全ての再生債権者との間でその効力が発生することとしたものである。立法過程（倒産法部会第9回会議）においても議論があったように、名宛人である再生債権者ではなく、再生債務者に対する送達をもって効力発生時とする理論的根拠が問題となるが、再生手続開始前の段階では全ての再生債権者が知れているとは限らず、また個々の再生債権者に対する送達時とすると、効力発生時期が区々になってしまうとの問題があるため、再生債務者を情報のキーステーションとして、再生債務者に問い合わせれば、包括的禁止命令が発令されているということがわかるということを担保として、再生債務者への送達時を効力発生時期とすることも、立法的選択としてやむを得ないところであろう。

4 包括的禁止命令の解除

包括的禁止命令は、手続開始前の段階で債権者の権利行使を一律に禁止する強力な保全処分であり、債権者の権利行使に対する制約が大きいことから、事後的に債権者を救済するため、包括的禁止命令が個別の再生債権者に対して不当な損害を及ぼすおそれがあると認めるときは、当該再生債権者等の申立てに基づき、包括的禁止命令自体の効力は維持しつつも、個別的に禁止命令を解除することが認められている（民再29条）[54]。

（1）解除の申立権者　解除の申立権者は、「再生債権に基づく強制執行等の申立人である再生債権者又は再生債権に基づく外国租税滞納処分を行う者」とされている（民再29条1項）。したがって、包括的禁止命令の発令前に、既に再生債権者が強制執行等を行っており、禁止命令に

---

[54] 既に紹介したように、立法の途中段階までは、包括的禁止命令の「変更」によって、個別の債権者との関係で禁止命令を解除する制度をまかなうという考え方が採られていたが、「変更」という言葉だけで個別の解除という趣旨まで読み込むことは難しいとの指摘があったことから、最終段階において、包括的禁止命令の解除について別途規定を設けることとしたものである。

よりそれが中止されている場合には、当該再生債権者に申立権が認められるが、これから強制執行等を行おうとする再生債権者については、まず強制執行等の申立てをした上で解除の申立てをしなければならないと解されている[55]。

　解除の決定を得た再生債権者は、中止されていた強制執行等の続行とともに、新たに再生債務者の財産に対する強制執行等を開始することができることになるため、そのような機会を既に強制執行等を行っていた再生債権者のみに与えることに合理性はなく、これから強制執行等を行おうとする再生債権者にも解除の申立権を認めることは妥当である。しかしながら、そのためには、まず強制執行等の申立てをしなければならないとすることは、包括的禁止命令に矛盾する行為をあえて行わせることを意味し、制度の解釈として整合性を欠くと思われる。また、強制執行等の申立てをした上で、個別解除を申し立てたが、これが認められなかった場合、強制執行等の申立てのための費用、時間、労力が全て無駄になってしまうため、新たに強制執行等をしようとする再生債権者についてのみかかるリスクを負わせることは、既に強制執行等の中止を命じられている再生債権者との均衡を欠くことにもなる[56]。したがって、これから強制執行等を行おうとする再生債権者については、まず個別解除を申し立て、これが認められた後に、強制執行等を行うことを認めるべきであり、解除の申立権者である「強制執行等の申立人である再生債権者」には、解除の決定を受けた上で強制執行等の申立てをする意思を有している再生債権者、すなわち、「(将来の)強制執行等の申立人(となるべき)再生債権者」も含むと解すべきである[57]。また、より根本的には、これから強制執行等を行おうとする再生債権者についても、解除の申立

---

[55] 松下・前掲注(24)80頁、伊藤・前掲注(49)595頁、小海・前掲注(45)200頁。
[56] さらには、執行裁判所に包括的禁止命令の発令について既に上申がされている場合には、強制執行等の申立ては却下されることになるが、その場合には、解除決定を得た後にあらためて強制執行等の申立てをすることが必要となるため、そのような負担を債権者に負わせることも妥当ではないと思われる。
[57] 花村・前掲注(49)105頁参照。

権が認められることを条文上も明らかにするよう、立法による手当をすべきであろう。

（２）解除の範囲　解除の範囲について、①個々の強制執行単位での解除の許否、および、②債権の属性に基づく集団的解除の許否が問題となり得る[58]。

まず、①についてであるが、民事再生法29条１項が、「当該再生債権者等に対しては包括的禁止命令を解除する」と規定していることから、再生債権者が複数の財産に対して強制執行等を行っており、その全てが包括的禁止命令により中止されている場合に、特定の財産に対する強制執行等のみについて解除することが許されるかが問題となる。この場合、再生債権者を基準に禁止命令の解除につき判断することになると、「不当な損害を及ぼすおそれ」の要件についても、当該再生債権者が行っている強制執行等全体を中止することによって再生債務者が受ける利益と当該再生債権者が被る損害をトータルで比較することにより判断されるため、特定の財産に対する強制執行は中止しておく必要があるが、他の財産に対する強制執行については中止するまでの必要がないという場合であっても、当該再生債権者が行っている強制執行等の全てにつき解除を認めるか否かというオールオアナッシングの結論になってしまう。かかる場合には、個々の強制執行単位で、当該再生債権者に「不当な損害を及ぼすおそれ」の要件を満たすことを前提に、個別的解除を認めるべきと解する。これに対し、特定の財産に対して複数の債権者が行っている強制執行等が中止されている場合に、個々の再生債権者との関係を度外視し、当該財産との関係で一般的に禁止命令を解除することは、「不当な損害を及ぼすおそれ」の要件の判断に窮し、民事再生法29

---

58) なお、包括的禁止命令の対象となる、再生債権に基づく強制執行、仮差押え、仮処分、再生債権を被担保債権とする民事留置権による競売のうち、特定の手続についてのみ解除すること（たとえば、民事留置権による競売についてのみ解除するなど）については、そもそもそのような必要性が生じる場面は通常想定できず、解釈論的にも、個々の再生債権者との関係を度外視して、特定の手続との関係で解除を認めることは困難であることから、許されないと解される。

条の解釈論としては困難であろうし、また個別解除の趣旨に照らしても妥当ではないと解される。この場合には、個々の債権者ごとに解除の可否について判断すべきであろう。

つぎに、②については、包括的禁止命令により不当な損害を受ける債権者が類型的に存在する場合において、当該債権者の一部から解除の申立てがあったときに、当該債権を有する者全体を対象として禁止命令を解除する、いわば「集団的解除」の余地を認めるべきと考える。本来、「不当な損害を及ぼすおそれ」については、各債権者ごとに個別的に判断するのが原則であり、また、いかなる場合に不当な損害を受ける債権者が類型的に存在するといえるかも問題となろうが、集団的な消費者被害に基づく損害賠償請求権や、中小企業者である下請会社らの請負代金債権のように、権利行使が禁止されることによる損害をある程度類型的に把握することが可能なものについては、債権の属性を基準として、当該債権者ら全体を対象に包括的禁止命令を解除することも許容すべきである[59]。もっとも、この場合には、「不当な損害を及ぼすおそれ」についても、対象となる債権を有する債権者全体を基準として類型的に判断することになるため、それが困難な場合には、個別的に解除を認めるにとどまらざるを得ないであろう。

（3）**解除の効力**　包括的禁止命令を解除する旨の決定を受けた再生債権者は、再生債務者の財産に対する再生債権に基づく強制執行等を行うことが可能となり、また、中止されていた強制執行等の手続は続行されることになる（民再29条1項後段）[60]。この場合において、当該再生債権者により新たに開始され、あるいは続行される強制執行等の手続に対して、あらためて民事再生法26条1項による個別的中止命令を発令する

---

[59]　伊藤・前掲注（49）595頁、花村・前掲注（49）106頁（注2）は、解除の要件である「不当な損害」の判断にあたり、こうした債権の属性を判断要素とすることが許されるとしており、そうであれば、これらの債権を有する債権者について、債権の属性に基づく類型的判断により集団的解除を認めることも許されると考えるところである。

[60]　この場合、包括的禁止命令の取消し（民再27条3項）とは異なり、他の再生債権者との関係では、包括的禁止命令の効力は維持される。

ことができるかが、理論的には問題となろう。続行される強制執行等については、解除決定に対する即時抗告により争うべきであり（民再29条3項）、別途中止命令の発令を求めることは許されないと解されるが、新たに開始される強制執行等については、あらためて対象となる財産との関係で、当該強制執行等を中止することにより再生債務者等が受ける利益と当該再生債権者が被る損害とを比較した上で、中止の許否を判断する必要があるため、個別的な中止命令の対象となり得ると解する[61]。もっとも、現実的には、包括的禁止命令の発令・個別解除後にあらためて開始される強制執行等に対して個別的中止命令を申し立てるまでの時間的余裕はないのが通常であり、実際に問題となることはほとんどないと思われる。

5 包括的禁止命令に基づく取消命令

再生債務者の事業継続のために特に必要があると認めるときは、再生債務者（保全管理人が選任されている場合にあっては、保全管理人）の申立てにより、担保を立てさせた上で、包括的禁止命令により中止した強制執行等の手続の取消しを命じることができるとされている（民再27条4項）。包括的禁止命令に基づく取消命令の発令要件は、個別的中止命令に基づく取消命令（民再26条3項）と同様であり、①事業継続のために特に必要があると認められること、②再生債務者（保全管理人）の申立てがあること、③担保の提供があること、④包括的禁止命令によって手続が中止していることが必要とされる[62]。中止した手続を取り消す場合には、債権者の権利が害される危険性が一層大きくなるため、立担保を要するなど、要件を加重したものである。

（1）包括的取消命令の許否

取消命令については、債権者の権利

---

61) あらためて個別的中止命令により対処することを肯定するものとして、花村・前掲注（49）106頁がある。
62) ①の要件との関係で、手続開始原因について相当の心証を得ていること、および、当該手続の対象財産について事業継続との関係で代替性がないことを要するとするものとして、小海・前掲（45）202頁がある。なお、加藤・前掲注（40）317頁も参照のこと。

侵害の危険性が高いことから、必要最小限の範囲で発令すべきであり、また、事業継続のために特に必要があるとの要件についても、中止している個々の手続との関係で判断するのが原則であり、中止した強制執行等の手続の一部に限定して取消しを命ずることが通常であろう。したがって、いわば個別の取消命令の集合体として、中止した手続を包括的に取り消すという形での発令も考えられないわけではないが、その場合には、担保の還付請求権の競合等の複雑な問題が生ずるおそれがあるとともに、債権者の権利保護の観点からも、上記の要件については個別的かつ慎重に判断すべきことから、包括的な形での発令は許されず、取消命令については対象となる個々の手続ごとに発令する必要があると解する。

（2）包括的禁止命令と取消命令の同時申立て　法文上は、「「（包括的禁止命令）により中止した再生債権に基づく強制執行等の手続……の取消しを命ずることができる」と規定されていることから、まずは、包括的禁止命令の申立て（あるいは職権）により、禁止命令が発令され、その上で、中止された手続の取消しを求める申立てに基づき取消命令が発令されることが予定されているとも思われる。しかしながら、取消命令は、強制執行等を取り消して、当該財産を再生債務者が利用することができる状態にしなければ、再生債務者の事業を継続することができないような場合を想定して認められた制度であり[63]、かかる事情がある場合には、包括的禁止命令が発令されてから、あらためて取消しを申し立てたのでは手遅れとなる危険がある。債権者の保護策についても、発令にあたり立担保を必要的とするなど一定の配慮がなされていることから、包括的禁止命令の申立てと同時に取消命令の申立てをし、これに基づき、包括的禁止命令とともに取消命令を発令をすることも許されると解すべきである。

---

63) 原材料、仕掛品、在庫商品が差し押さえられ、当該手続を中止しただけでは差し押さえられた原材料等を使うことができないため、事業の継続や従前の取引関係の維持に支障を来すような場合や、預金債権を差し押さえられたため、当座の資金繰りに困窮するような場合が想定される。

5　おわりに

　倒産手続の実効性を確保するためには、様々な利害の対立が顕在化し、混乱を極める申立てから開始決定までの間の対応が重要な意味を持つことから、先の倒産法改正作業においても、開始前手続の重要性が認識され、まず、民事再生法において開始決定前の各種保全処分の整備・強化が図られた。その中でも全く新たな制度として包括的禁止命令が導入され、その後の会社更生法や破産法の制定にあたっても、ほぼ共通した規律で中止命令や包括的禁止命令の制度が整備されるに至り、債務者の業務・財産についての保全処分や担保権実行手続の中止命令等とも相まって、実務は倒産手続を実効性あるものとするための強力な武器を得たということができる。

　新たな類型の保全処分として導入された包括的禁止命令については、債権者の権利行使に与える影響も大きいことから、個別的な中止命令によっては再生手続の目的を十分に達成することができないおそれがあると認めるべき「特別の事情」がある場合に例外的に認められる補充的な制度として位置づけられ、その運用についても慎重な見解が提唱されている。また、立法段階より、この制度が利用されるのは極めてレアケースであると想定されていたが、実際にもその利用数はごく少数にとどまっている[64]。しかしながら、包括的禁止命令は、確かに強力な制度ではあるが、あくまでも手続開始決定までの暫定的な処分にとどまるものであり、過度に硬直的な運用に陥るべきではないと考える。現在の実務運用では、東京地裁や大阪地裁においては、申立てから1～2週間で開始決定に至るのが通常であり、包括的禁止命令は、その間、開始決定の効力を前倒しするに過ぎず、また、手続開始の申立てがあると、直ちに弁済禁止の保全処分が発令されるのが通例であり[65]、再生手続の申立てに

---

64) このような現状については、「倒産法制全体として見た場合には、基本的に望ましい事態であり、今後もこうした状態が続くことを期待したい」との評価もなされているところである（三木・前掲注（44）63頁）。

より、債務者から弁済を受けることができなくなるという制約が加えられることはむしろ一般的ともいえることから（民再30条6項参照）、包括的禁止命令についても過度に重い制度として位置づけ、「抜かずの宝刀」とする必要はない。もちろん、債権者の権利保護については留意する必要があるが、これについてはむしろ柔軟に解除を認めることにより対応すべきであり、あまり重い制度としてではなく、本稿において検討したように、対象を限定した形での発令を柔軟に認めることにより（これによって、債権者に対する不必要な制約も回避することが可能となろう）、その活用を図るべきと考える。

【付記】
　栂善夫先生と遠藤賢治先生からは、研究に取り組む真摯な姿勢と、学生に対する温かな指導の両面にわたり、多くのことをお教えいただいた。あらためて両先生に感謝申し上げるとともに、拙いものではあるが、本稿を両先生の古稀のお祝いに捧げさせていただく。

---

65) 筆者らが実施した実態調査においても、調査対象事件313件中、291件（93.0％）で弁済禁止の保全処分が発令されており、開始申立てから保全処分の発令までの平均日数は、0.64（開始申立てがなされた当日の発令が213件（73.2％））であった。詳細については、近藤＝金・前掲注（37）67頁以下参照。

民事再生手続における手形上の商事留置権の取扱いについて

三 上 威 彦
Takehiko MIKAMI

1　はじめに
2　各種法律における留置権の取扱い
3　民事再生手続における手形上の商事留置権者の手形取立権と取立金の受領権限
4　手形の商事留置権者の優先弁済権
5　取立金の返還債務との相殺の可否
6　おわりに

1　はじめに

　近時、取立委任を受け交付された手形について成立している銀行の有する商事留置権をめぐって、倒産手続との関係で活発な議論が展開されている。それは、以下のような事例をめぐるものである。すなわち、X会社がY銀行に対して約束手形の取立てを委任し、手形を交付していたところ、X社につき倒産手続開始決定がなされたため、Y銀行が同開始決定後に、一般的な銀行取引約定書[1]によって、商事留置権に基づき同手形により取り立てた金員全額を自己のX社に対する当座貸越債権の弁済に充当した。これに対してX社（ないしその管財人）が、Y銀行による銀行取引約定に基づく債権への弁済充当は許されず、不当利得に該当すると主張して、Y銀行に対し、取立金相当額の返還を求めるとい

---

1) 典型的な銀行取引約定書は、大略、以下のような文言である。すなわち、「XがYに対する債務を履行しなかった場合には、Yは、担保およびその占有しているXの動産、手形その他の有価証券について、必ずしも法定の手続によらず一般に適当と認められる方法、時期、価格等により取立てまたは処分の上、その取得金から諸費用を差し引いた残額を法定の順序にかかわらずXの債務の弁済に充当できるものとします。」

った事例である。このような事例においては、倒産手続上、商事留置権の効力は手形について及ぶか、また、その効力は手形の取立金に対しても及ぶか、仮に及ぶとして、その取立金を銀行が有している融資債権の弁済に充当することができるか、といったさまざまな問題が生じる。

近時このような問題をめぐって、民事再生手続との関連において注目すべき最高裁判所の判決が現れた[2]。この問題をめぐっては、これまで、この事件における第1審および第2審判決[3]は、共に、銀行取引約定に基づき、手形の取立委任者が当座貸越債務につき期限の利益を喪失することにより同債務の弁済期が到来し、銀行がその占有にかかる手形に対して当座貸越債権を被担保債権とする商事留置権を取得したことは認めたものの、銀行が取引約定に基づき、取立金を手形の取立委任者に対する当座貸越債権の弁済に充当することは、再生手続における別除権の行使としては許されないとしていた。これに対して、名古屋高金沢支判平22・12・15判タ1354号242頁[4]は、銀行取引約定に基づき約束手形の取立金を弁済充当できると判断し、下級審においては見解が分かれていた。このような点につき、上記最高裁判所判決は、原判決を破棄し、

---

2) 最判平23・12・15民集65巻9号3511頁。これに関しては、岡正晶・金法1937号9頁、中井康之・ジュリ1438号74頁、伊藤眞・金法1942号22頁、斎藤善人・判評644号（判時2157号）25頁、山本克己・ジュリ1453号135頁、中島弘雅・金法1953号15頁、中井康之・倒産百選5版108頁。永石一郎・金商1396号8頁、小山泰史・立命館法学343号620頁、吉岡伸一・リマークス46号22頁、山本克己・平24年度重判135頁、谷健太郎・事業再生と債権管理136号69頁、野村剛司・民商146巻3号306頁等など、数多くの判例評釈が出ている。また、本判決の第1審判決につき、山本和彦・金法1864号6頁、岡正晶・金法1867号6頁、畠山新・事業再生と債権管理124号100頁、佐藤勤・金商1320号2頁、山本克己・金法1876号56頁等が、同控訴審判決につき、伊藤眞ほか「〈座談会〉商事留置手形の取立充当契約と民事再生法との関係」金法1884号8頁、村田典子・事業再生と債権管理128号126頁、村田渉・金法1896号20頁、浅生重機・ジュリ1400号130頁、城市智史・金法1905号11頁、酒井博行・北海学園法学研究45巻3号629頁等、多数の評釈および関連文献がある。また、滝澤孝臣・判タ1334号5頁は、第1審判決と第2審判決とを比較する評釈である。

3) 東京地判平21・1・20金法1861号26頁、東京高判平21・9・9金法1879号28頁。

4) これについての評釈として、岡正晶・金法1914号28頁、山本和彦・金法1929号11頁等がある。

請求を棄却する判決を言い渡し（破棄自判）、商事留置権者は商事留置権の対象たる約束手形の取立金を弁済に充当できる旨を判示した。

　ところで、同じ商事留置権であっても、以下に詳しく述べるが（2）、倒産法における取扱いはそれぞれ異なっている。すなわち、破産法では、商事留置権は特別の先取特権とみなされた（破66条1項）うえで、別除権とされている（破65条2項。ただし、その順位は他の特別の先取特権に後れる〔破66条2項〕）。それに対して、民事再生法上は別除権（民再53条）とされているものの、それ以上の詳しい規定は置かれていない。さらに、会社更生法においては、更生担保権とされている（会更2条10項）。更生担保権は、更生債権者とともに更生手続外での権利行使を禁止され（会更47条1項・2条13項）、更生手続に参加し（会更135条1項）、更生計画認可決定に基づく権利変更や免責の対象となり（会更167条1項1号・168条1項1号・204条1項・205条1項2項等）、計画の遂行（会更209条1項）によって満足を受けるものである。ただ、一般的に商事留置権の効力は、更生計画が認可されるまでは存続する（会更204条1項）と解されている[5]ことから、更生担保権として処遇され、更生計画により優先的な弁済を受けるとともに、目的物をそのまま保持できることになる。その意味で、別除権として処遇するとの規定しか置いていない民事再生手続に比べれば、問題状況は比較的明瞭である。

　そこで、本稿では、とくに民事再生手続との関係で、手形上の商事留置権をとりあげ、それが、どのように扱われるべきか、という点につき論じるものである。したがって、たとえば、建設会社が建物を建築し、その引渡し前に注文会社が倒産し、建設会社が建築請負代金債権を被担保債権として当該建物につき商事留置権を主張するような場合も考えられるが、それについては論じないし、また、破産手続や会社更生手続との関係については、必要なかぎりにおいて触れるにとどめる。

---

5) 兼子一監修『条解会社更生法（中）』871頁、小林信明「留置権」倒産手続と担保権（全国倒産処理弁護士ネットワーク編）115頁。

2　各種法律における留置権の取扱い

1　民事留置権と商事留置権

　民法は、他人の物の占有者は、その者に関して生じた債権を有するときは、その債権の弁済を受けるまで、その物を留置することができる、と規定している（民295条1項本文）。これを民事留置権という。これに対して、商法は、商取引の必要から場合に応じて民法の留置権の要件を変更・緩和し、債権者保護の強化によって信用取引の円滑・安全を図っている。すなわち、商法は、商人間の留置権（商521条）のほか、代理商（商31条）、問屋（商557条）、運送取扱人（商562条）、陸上および海上の運送人（商589条・753条2項）のそれぞれについて留置権の特則を設けており、これらを広義の商事留置権というが、商事留置権という場合、狭義ではこれらのうち商人間の留置権のみを意味する[6]。

2　旧民法・旧商法[7]における留置権の取扱い

　ところで、民法典に定める留置権は、ローマ法における「悪意の抗弁権」（債権者がその者に対して負う自らの債務を履行しないまま、相手方に債務の履行を求めることが信義に反するときに、債務者にこの抗弁権を認め、履行の拒絶を許すというもの）に淵源を有するものであり、それは人的抗弁だったのであり、対人的な権利であった[8]。それに対し、商法典における留置権

6）　蓮井良憲＝森淳二朗『商法総則・商行為法〔第4版〕』184頁。

7）　これらの法律は公布されたものの、明治25年のいわゆる法典論争のあおりを受け、施行は延期され、旧民法は結局施行されずに終わったのに対し、旧商法は、会社、手形・小切手、破産の各編は、若干修正を受けたものの明治26（1893）年7月1日より施行され、残りの部分は、明治32（1899）年3月に公布され、同年6月16日より施行された。

8）　林良平編集『注釈民法（8）〔復刊版〕』13頁〔田中整爾〕。なお、同書によれば、この点については各国の立法においては差があり、ドイツでは債権的留置権として債権的性格が明らかにされていたのに対し、フランスでは、留置権につき統一的な規定を置くことなく、ただ種々の場合に債務者の拒絶を認めるに過ぎないが、個々の規定から一般概念が構成され、優先弁済機能の有無（2094条）、第三者に対する対抗力などと関連してその物権性・担保物権性が議論され、引換給付を目的とする同時履行の抗弁権との関係について学説上問題がないわけではないが共通点がみられて併存的なものとされた。ま

（これには、商法521条に規定する商人間に発生する留置権と、商法562条等の特殊の商人および特殊の商行為から生ずる債権を保護するための商事留置権の2種類のものが存在する）は中世イタリアの商事慣習法に由来するもので、商人間の安全確実な取引関係を確保する目的を有するものであるといわれる[9]。そして、民事留置権は、被担保債権と留置物との間に関連性を要求しており、競売権もなく、その効力は弱いものであり、質権はその設定、実行に煩瑣な手続を要することから、迅速性が要求される商人の担保として不適切であるとして、商事留置権は、商取引の円滑化を図ることにその眼目を有し、それは優先弁済権および競売権を有するものとして構成されていた[10]。

　かかる起源・沿革をもつ商事留置権は、わが国にはどのように受け入れられたのであろうか。まず、旧民法は留置権の認められる場合を個別的に列挙していたが、起草者ボワソナードは、留置権をあくまでも受動的な担保物権と考えていたことがうかがわれる。すなわち、先取特権（ここでは、優先弁済権を意味していた）を持たないものであるから、自ら執行（競売）申立てをすることは通常考えられないし、他方、債務者の他の権利者（担保物権者も含む）からアタック（差押え）を受けても、それを妨げることはできないが、そのアタックの結果目的物を取得した者（買受人）には、債務の弁済を受けない限り目的物を引き渡さなくてもよい

　　たスイス民法は、動産質同様の物権性と換価性を認め、一種の法定質権とされて物的担保性を明確にしているが、同時履行の抗弁権は債権法で規定され、後者は債権的抗弁権で物に限られないものであるけれどもその通用範囲は固有の相互的交換関係のある場合に限られるから、非固有の給付交換については固有の留置権の類推から構成される債権的留置権の適用が認められる。

9）　薬師寺志光『留置権論〔復刻版〕』3～5頁、40～42頁、注釈民法（8）18頁〔田中〕。なお、同様の記述は多数の物権法の教科書、商法総則・商行為法の教科書にみられるところである。たとえば、我妻栄『新訂担保物権法』21頁以下、道垣内弘人『担保物権法〔第3版〕』12頁、田邊光政『商法総則商行為法〔第3版〕』187頁等。なお、わが国の立法の経緯については、鈴木正裕「留置権小史」河合伸一退官・古希記念『会社法・金融取引法の理論と実務』191頁以下が詳しい。

10）　毛戸勝元「商法上ノ留置権ノ効力ヲ論ス」京都法学会雑誌9巻10号7頁8頁、小町谷操三「商事留置権に關する二三の擬點」法学3巻6号610頁～612頁。なお、生田治郎「留置権の実行をめぐる諸問題」加藤一郎＝林良平編『担保法大系第2巻』834頁も参照。

1058

ことになる（旧民2条3項2号・4項・92条以下参照）[11]。これに対し、旧商法は、フランス法に倣い、「破産」の規定をも取り込んだものであるが、ドイツ法から学んだ「別除権」なる概念を認め、商事留置権はその中に含まれると解されており、しかも、質権と同じく簡易な換価手続が認められ、それによる弁済充当権が与えられていた[12]。

3 民法・改正商法における留置権の取扱い

民事留置権については、現行民法が留置的権能を本体として規定していること（民295条1項）、民法303条、342条、369条に規定する他の担保物権の効力と対比し、優先弁済権は認められないと考えられ、また、旧民法とは異なり、留置権が物権編に規定されていることから見て、その物権性を肯定していることは明らかである。ただ、これらは、旧民法においてボワソナードが考えていたことと大きく異なるものとはいえない[13]であろう。なお、明治31（1898）年6月2日に公布された競売法においては、競売申立権者に留置権者が加えられており[14]、留置権者に競売申立権があることは明確であった。

それに対し、明治32年に施行された改正商法では、商事留置権に関して大幅にメスが振るわれ、旧商法に見られた質権に準じた簡易な換価手続や、その換価の結果による弁済充当権は姿を消した[15]。したがって、その立法的当否は別として、この時に、わが国においては、商事留置権の優先弁済権は喪失したものといえよう。

---

11) 鈴木・前掲193・194頁参照。以下の沿革については、この論文に負うことが多い。
12) 鈴木・前掲194頁。
13) 旧民法財産編2条3項2号・4号は、留置権が担保「物権」であると明示していた。
14) 鈴木・前掲201頁。
15) 鈴木・前掲204頁。この点については、商事留置権、ことに商人留置権の沿革に照らして、立法政策上大いに疑問であるとされていた。たとえば、毛戸・前掲1頁以下、とくに7頁。小町谷・前掲608頁以下、とくに617頁以下。ただし、同619頁は、優先弁済権は否定している。なお、生田・前掲834頁も、商事留置権は、民事留置権に比較して、一個の債権を保護するため一層の物権性、担保物権性が強調されるから、商法は、商事留置権にその効力に関する独自の明文の規定を置くべきであったという。

4　旧破産法・現行破産法における留置権の取扱い

大正11年4月25日法律第71号として公布された旧破産法は、現行破産法と同様、特別の先取特権に別除権を与え（旧破92条）、商事留置権については特別の先取特権とみなし、かつ他の特別の先取特権には劣後するものとしていたが（旧破93条1項）、これは、留置権が本来、担保権としては弱いものであることが考慮されたものである[16]。さらに、民事留置権は破産財団との関係ではその効力を失うものとした（旧破93条2項）。これは、明治35年破産法草案が、民事留置権についても商事留置権と同様別除権として扱っていたことからみれば大幅な後退であった[17]。そして、現行破産法は、旧破産法の規定をほぼそのまま受け継いだ規定を置いている（現破2条9項・66条1項2項・66条3項）。

それに対して、破産法上、商事留置権が特別の先取特権とみなされた結果、商事留置権者は、担保権実行の競売を申し立て（動産につき民執190条、不動産につき同181条。ただし不動産についてはその実行要件が問題となるが、同条1項4号の類推が考えられる）、その競売代金の配当を求めることができる。ただし、その配当順位は、他の特別の先取特権がある場合にはこれに後れることになる（破66条2項）。このことから明らかなように、破産法上、商事留置権には、他の先取特権には後れるものの、先取特権に付与された効力、すなわち優先弁済権（民303条）が認められることになる。その結果、同じ商事留置権でありながら、商法における取扱いと破産実体法による取扱いとの間に不整合が生じている。

なお、商事留置権が特別の先取特権とみなされたことに関し、破産手続開始後もなお留置的効力が存続するかについては従来から争いがあった。この点、最判平10・7・14民集52巻5号1261頁は、留置的効力の存続を認めたものと解される[18]ことのほか、商事留置権消滅許可請求の

---

[16]　小林・前掲109頁。
[17]　鈴木・前掲205頁〜213頁。その理由として、①留置的効力を認めると、破産財団の管理換価を妨げること、②民法上の留置権ある場合はその多くは特別の先取特権を与えられていること、③商事留置権は、一般の留置権と異なりその担保力を尊重すべきである、といった点が挙げられていた。

制度（破192条）が新設されたことなどから、これを肯定すべきものと解される[19]。したがって、破産管財人は、破産法184条2項により換価権を行使することができるか否かという問題については、目的物が動産の場合で商事留置権者が目的物の提供を拒否したときは、破産管財人の換価は不可能になり（民執124条）、また、目的物が不動産の場合では、民事執行法59条4項が適用されると解される。この場合、破産管財人としては、商事留置権者の協力が得られないときには、財団所属財産の換価処分が困難になるから、商事留置権消滅許可請求制度（破192条）の利用または目的物の財団からの放棄を検討することになろう。

5　民事再生法における留置権の扱い

　平成11年12月22日法律第225号として公布された民事再生法は、破産法と同様に商事留置権につき別除権を認めた（民再53条1項）。また、留置権者一般に競売申立権は認められているが、この競売権の競売の理解については、一般に、形式競売であり配当手続は行われないものと解されている[20]。したがって、留置権者は、債務者に対して換価金返還義務を負うことになるが、平時においては、被担保債権と相殺することによって、事実上の優先弁済を受けることになるとされている[21]。しかし、再生債権者が再生手続開始後に債務を負担したときには相殺が禁止され

---

18)　この判例は、「破産財団に属する手形に商事留置権を有する者は、破産手続開始の後も同手形を留置する権能を有し、破産管財人からの手形の返還請求を拒むことができると解するのが相当である。けだし、破産法66条1項は『破産財団に属する商法の規定による留置権にして商法によるものは破産財団に対してはこれを特別の先取特権とみなす』と定めるが、『これを特別の先取特権とみなす』という文言は、当然に商事留置権者の有していた留置権能を消滅させる意味であるとは解されず、同条項が商事留置権を特別の先取特権とみなして優先弁私権を付与した趣旨に照らせば、破産管財人に対する関係においては、商事留置権者が適法に有していた手形に対する留置権能を破産宣告（現在の破産手続開始の決定）によって消滅さえ、これにより特別の先取特権の実行を困難となる事態に陥ることを法が予定しているものとは考えられないからである」、と述べる。
19)　小林信明・前掲109頁。
20)　浦野雄幸『条解民事執行法』891頁。東京地決昭60・5・17判時1181号111頁。
21)　鈴木忠一＝三ヶ月章編『注解民事執行法（5）』387頁〔近藤崇晴〕。

る（民再93条1項1号）から、商事留置権者は、再生手続開始後に競売権を行使して、換価代金を受け取った場合には、相殺はできず、換価代金を再生債務者に返還しなければならないと考えられる[22]。さらに、民事再生法は、破産法とは異なり、商事留置権を特別の先取特権とみなし、かつ、他の先取特権に後れるという規定は設けていない。このように民事再生手続における取扱いが破産手続におけるそれとが異なる理由としては、①商事留置権に優先弁済権がないとしても、再生手続においては、他の再生債権者は再生手続開始の効力によって個別的権利行使を禁止されているので、事実上、商事留置権者が優先的満足を受けることができる可能性が高いこと、②特別の先取特権とみなして、担保権の実行手続をとることができるものとすることにより、その実行を容易にする側面があるとはいえ、破産財団に属するすべての財産を換価処分する必要がある破産手続とは異なり、再建型の手続である再生手続においては、商事留置権者の債権に格段の権利保護を与えてまで、別除権の行使を促す必要性に乏しいこと、③仮に破産法と同様の規律をすることとした場合には、再生手続開始前は（優先弁済権が認められていない）商事留置権を有する者は一般優先権のある債権には劣後するにもかかわらず、再生手続開始後に特別の先取特権とみなした場合には両者の順位が逆転することになるが、再生手続が開始したとの一事をもって、このような結論の差異が生ずることについて合理的な説明をすることは困難である等が指摘されている[23]。したがって、すくなくともこれを前提とするかぎり、商事留置権には法的な意味での優先権を与えられているとみることはできない。ただ、民事再生法上、担保権消滅請求の規定が設けられており（民再148条以下）、その中で、再生債務者等から目的財産の価額相当の金銭が提供されたときには、強制的に消滅するものとされており、その際には、立法担当者によれば、商事留置権は最先順位で配当されるべきであると解している[24]。よって、この限度で商事留置権には事実上の

---

22) 須藤英章編著『民事再生の実務』295頁〔須藤英章〕、小林・前掲113頁、園尾隆司＝小林秀之編『条解民事再生法〔第2版〕』236頁〔山本浩美〕。

23) 花村良一『民事再生法要説』161頁、条解民再2版236頁〔山本〕。

優先弁済権が認められていると解することは可能であろう。

なお、留置権に競売申立権を否定する学説は、今日では、もはやその姿を消しているといわれる[25]が、この競売の理解については、一般に、形式競売（民執195条）であり配当手続は行われないものと解されている[26]。したがって、留置権者は、債務者に対してこの競売によって得た換価金については返還義務を負うことになるが、被担保債権と相殺することによって、事実上の優先弁済を受けることになるとされている[27]。もっとも、再生債権者が再生手続開始後に債務を負担したときは相殺を禁止される（民再93条1項1号）から、留置権者は、再生手続開始後に競売権を行使して換価代金を受け取った場合には、相殺することはできず、換価代金を再生債務者に返還しなければならない[28]。

以上に対して、民事留置権については、民事再生法上、別除権は与えられておらず、民事留置権に基づく競売を新たにすることはできず（民再26条1項、民執195条）、民事留置権に基づき既に開始していた競売手続は、再生手続開始により当然に中止され（民再39条1項）、再生計画の認可決定の確定により失効（民再184条）する[29]。ただ、民事再生法は、破産法66条3項のような規定を置いていないので、その留置的効力は存続し[30]、再生債務者がその返還を求めても、民事留置権者はそれを拒むことができると解される。また、目的物に他の担保権が存し、その実行がなされたときは、民事留置権者は、留置的効力により事実上の優先弁済

---

24) 深山卓也ほか『一問一答民事再生法』205頁。
25) 鈴木・前掲225頁。なお、石渡哲「留置権による競売の売却条件と換価金の処遇」白川和雄先生古希記念『民事紛争をめぐる法的諸問題』449頁、456頁参照。
26) 三ヶ月章『民事執行法』468頁は、この競売権は、債権の弁済を受けないままに永く目的物を留置せざるを得ない不便から留置権者を解放するために認められた換価のための競売（形式競売）であるとする。なお、浦野雄幸『条解民事執行法』891頁、東京地決昭60・5・17判時1181号111頁も参照のこと。
27) 鈴木忠一＝三ヶ月章編『注解民事執行法（5）』387頁〔近藤崇晴〕。
28) 条解民再2版236頁〔山本〕。
29) 条解民再2版243頁〔山本〕。
30) 福永有利監修『詳解民事再生法〔第2版〕』305頁〔山本和彦〕、条解民再2版243頁〔山本〕。

を受ける結果となる。さらに、民事留置権は、担保権消滅許可制度の対象とはならず（民再148条）、民法301条は代担保による留置権消滅を認めているが、民事留置権に対する同規定の利用は、再生債権者に対する担保提供であるから、民事再生法85条1項に反することになる。そのため、再生債務者としては、民事留置権が生じている目的物が事業継続のために必要なときにはその対処に困ることになる。そこで、実務的には、裁判所の許可を得た上での、和解（民再41条1項6号）または中小企業に対する弁済（同85条2項）や少額債権に対する弁済（同条5項）によるなどの工夫をする必要がある[31]。

6　会社更生法における留置権の扱い

　会社更生法上、商事留置権は更生担保権の基礎となる担保権として認められ、その被担保債権で担保目的物の価額が時価であるとした場合に担保される範囲のものは更生担保権となり（会更2条10項）、その範囲を超えるものは更生債権となる。また、破産法とは異なり、商事留置権は特別の先取特権とみなされていないことから（この点は民事再生法でも同様である）、優先弁済的効力が付与されることはなく、他の特別の先取特権に後れるという規定もない。しかし、商事留置権の効力は、担保権消滅請求制度によって消滅しない限り、更生計画認可まで残存する（会更204条1項）と解されている[32]。

　ただ更生担保権として認められる額については、債権調査確定手続（会更144条以下）において定められるが、目的物上の商事留置権と抵当権とが併存する場合には、商事留置権はその成立時期にかかわらず、最先順位として更生担保権の額が認められるものと解される[33]とされており、結果的に商事留置権に優先弁済が認められている。この点で、商事留置権の会社更生法における扱いは、破産法のそれに近似するものといえよう。したがって、同じ再建型手続でありながら、担保権の実行が制

---

31)　小林・前掲112頁。
32)　小林・前掲115頁。
33)　小林・前掲118頁。

限されて手続外での権利行使が禁止される会社更生手続では商事留置権者が結果的に優先弁済権を認められ、他方、担保権が別除権とされ手続外での権利行使を原則として自由に認められる民事再生手続では、商事留置権者が優先弁済を認められないという、いわば逆転現象が生じており、違和感があることは否めない。ただ、実定法解釈上は、このような結論もやむを得ないものといえよう。

これに対して民事留置権は、更生担保権の基礎となる担保権とは認められておらず（会更2条10項）、その被担保債権は更生債権として権利行使ができるにすぎない。しかし、破産法とは異なり、その効力が消滅するとの規定がないことから、民事再生の場合と同じく、留置的効力はそのまま存続すると考えられる。したがって、民事留置権は、更生計画が認可されると消滅する（会更204条1項）が、それまでは、基本的に民事再生手続におけるのと同じ扱いである。

7　小　括

以上、各種法律における商事留置権と民事留置権の取扱いを概観した結果、少なくとも商事留置権については次のことがいえるであろう。すなわち、商事留置権は沿革的には、優先弁済権および競売権を有するものとして構成されていた。しかし、旧民法の起草者であるボワソナードは、留置権を、優先弁済権を伴わない受動的な担保物権と考えていた。これに対し、破産法を含む旧商法においては、ドイツ法から学んだ「別除権」なる概念を認め、商事留置権はその中に含まれると解されており、しかも、質権と同じく簡易な換価手続が認められ、それによる弁済充当権が与えられていたが、その後の明治32年に施行された改正商法では、商事留置権に関しては、批判はあったものの、旧商法に見られた質権に準じた簡易な換価手続や、その換価の結果による弁済充当権は姿を消し、この時に優先弁済権は消滅した。しかし、その後の旧破産法およびそれを引き継いだ現行破産法においては、商事留置権は再び、優先権と競売権を伴う権利として立法化され、積極的な担保権として構築された。それに対して、民事再生手続との関係では、優先弁済権は否定され、

明治32年改正商法の規定に戻るかたちで立法化されたものといえよう。

3 民事再生手続における手形上の商事留置権者の手形取立権と取立金の受領権限

　以上のような沿革を踏まえ、まず、商事留置権者の手形の取立権と取立金の受領権限の問題を考えてみよう。手形の商事留置権者たる銀行には、取立委任契約によって顧客から取得した手形につき商事留置権が生じる（商521条）。したがって、手形に対する留置権の本質的な効力である留置的権能は、顧客についての民事再生手続開始によって失われることはなく、再生債務者からの手形の返還請求を拒むことはできる[34]。しかし、この場合に、銀行は、この手形を取り立てることができるか、さらに、手形の取立てによって得られた金銭に商事留置権の効力が及ぶかという問題がある。

1　商事留置権者の手形取立権

　この点につき、再生債務者に民事再生手続が開始した場合でも、銀行は手形の取立権を有するという見解が有力である。ただ、その理由づけについては、2つの方向が見られる。1つは、手形の取立委任契約の民法上の性質は委任契約（ないし準委任契約）であるから、一方当事者に民事再生手続が開始された場合には、破産手続におけるのと異なり委任契約が当然消滅することはない（民653条2号参照）。したがって、民事再生法49条1項により取立委任契約が解除されない限り、銀行の取立権は失われないと解するものである[35]。それに対して、もう1つは、銀行取引約定書の規定は、①担保がない場合の単なる取立ての準委任契約と、②担保がある場合の担保権実行の特約との複合体であると解し、換価権はこのような約定に基づく権限として認められるとする見解[36]である。

---

34)　最判平10・7・14民集52巻5号1261頁。なお、中井・ジュリ1438号75頁も同旨。
35)　山本（克）・金法1876号56頁、中井・ジュリ1438号75頁。なお、最判平10・7・14民集52巻5号1261頁は、破産手続においても同旨を述べる。

たしかに後者のような理解は、破産手続において、その手続開始により準委任契約は消滅する（民653条2号）場合にも、別除権の特約（破185条1項）としてその取立権の根拠を合理的に説明できる利点がある。しかし、民事再生手続に関していえば、民法653条2号のような規定がない以上、委任（準委任）契約は消滅しないものと解されるのであり、一般的にいえば、取立権を他の法律構成によって根拠付ける必要性は乏しいであろう[37]。したがって、商事留置権者が、別除権たる留置権の行使として手形の取立てをするのであれば、やはり、留置権本来の権利行使の方法、すなわち、形式競売の方法として、執行官に手形を提出し、執行官が手形交換所で換価する方法をとるべきである（民執195条・192条・136条参照）。ただしこの場合には、手形法上、手形の支払日が到来した場合、支払いをなすべき日またはこれに次ぐ2取引日内に支払いのために手形を呈示し、支払拒絶証書の作成がなされなければ遡求権を失う（手38条・43条・44条・77条1項3号4号）。したがって、遡求権の保全のためには、執行官による回収を待っていたのでは遡求権の保全が困難となる場合がある。

　このような例外的な場合おいては、形式競売の代わりに、商事留置権者自らが手形交換所での換価を行うことが認められてもよいのではあるまいか[38]。しかも、手形の商事留置権者としては、手形の価値を保全するためには、期日に手形を呈示することが必要であり、それが、留置権者の善管注意義務の内容をなすと考えられる。そうすると、このような善管注意義務に違反した場合、民法298条3項によって債務者は、留置権の消滅を請求できることになる。このような事態を避けようとすれば、手形の留置権者としては、みずから手形の呈示をして、手形金を受

---

36) 山本（和）・金法1535号10頁、同・金法1864号10頁。なお、「〈座談会〉商事留置手形の取立充当契約と民事再生法との関係」金法1884号12頁以下〔伊藤眞発言、山本和彦発言〕も参照のこと。
37) 前掲座談会・金法1884号13頁〔山本発言〕も、「取立委任契約に基づく取立てだという説明で、必要十分ということはそのとおりなのだと思います。」と述べている。
38) 最判平10・7・14民集52巻5号1283頁は、この方法を許容している。

け取るしか方法がないのである。したがって、この点からも、商事留置権者の手形の取立権は認められるべきであろう。たしかに、民事再生法においては破産法185条1項のような規定はないが、これは再生手続においては別除権者の処分を急がせる必要性がないことによるものであって、別除権者が任意の処分方法で別除権の目的財産を処分できる権利を認めない趣旨ではない[39]。そのように考えれば、銀行が取引約定書の規定によって手形交換によって手形金を取り立てることは合理的であり、特段の弊害も予想されないから、このような取立方式も認められてよいと考える。したがって、このような例外的な場合を想定すれば、上記第2の見解も説得力をもつであろう。

その結果、手形の取立権を基礎づける根拠としては、一次的には第1の見解を援用すべきであろうが、二次的には第2の見解もその根拠となり得ると解する。

2 取立金への商事留置権の効力

商人間の留置権の対象は、債務者の所有する物または有価証券に限られている（商521条）ことから、商事留置権者たる銀行としては、手形を取り立てて得られた金銭を留置する権限があるか否かが問題となる。これにつき、民事執行法195条により留置権による競売がなされた場合には、換価金については、一般に価値変形物として留置的効力は及ぶと解する見解が有力である[40]が、それを否定する見解[41]も唱えられている。これに関し、最判平23・12・15民集65巻9号3511頁（以下、「平成23年最

---

[39] 須藤・前掲296頁。

[40] この見解は現行法下の多数説であるといわれる。高木多喜男『担保物権法〔第4版〕』33頁、高橋眞『担保物権法〔第2版〕』28頁、鈴木忠一＝三ヶ月章編『注解民事執行法（5）』387頁、403頁〔近藤崇晴〕、岡部喜代子「限定承認による相続財産換価のための競売手続」司法研修所論集71号39頁注1、石渡・前掲461頁、山本（克）・金法1876号59頁、村田（渉）・金法1896号31頁以下、前掲座談会・金法1884号14頁〔村田発言〕等。

[41] 道垣内弘人『担保物権法〔第3版〕』37頁以下、内田貴『民法Ⅲ〔第3版〕』503頁、山野目章夫『物権法〔第5版〕』240頁、福永有利監修『詳解民事再生法〔第2版〕』307頁〔山本和彦〕参照。

判」という)は、「留置権は、他人の物の占有者が被担保債権の弁済を受けるまで目的物を留置することを本質的な効力とするものであり(民法295条1項)、留置権による競売(民事執行法195条)は、被担保債権の弁済を受けないままに目的物の留置をいつまでも継続しなければならない負担から留置権者を解放するために認められた手続であって、上記の留置権の本質的な効力を否定する趣旨に出たものでないことは明らかであるから、留置権権者は、留置権による競売が行われた場合にはその換価金を留置することができるものと解される。この理は、商事留置権の目的物が取立委任に係る約束手形であり、当該約束手形が取立てにより取立金に変じた場合であっても、取立金が銀行の計算上明らかになっているものである以上、異なるところはないというべきである。」と述べ、換価金に留置権の効力が及ぶことを認めた[42]。

ところで、商事留置権が成立するためには、その目的物は、「債務者の所有する物又は有価証券」でなければならない(商521条1項)。留置権は、占有をもってその成立ならびに存続の要件とするから、目的物が物である場合、それは動産または不動産でなければならない[43]。金銭は、いうまでもなく動産の一種であるが、それが通貨として存在する限り、金銭が体現する抽象的・観念的な価値は金銭そのものを離れては存在しえない。したがって、金銭という物質の占有者が、その価値の排他的支配者と認められる。したがって、金銭が通貨として取引関係に立ち現れる限り、それが体現する観念的な価値が存在のすべてであるから、金銭はその占有者の所有に属する[44]。そうだとするならば、手形の取立金は、取立受任者である銀行が占有するものであるから、その所有権は銀行に帰属することになり、取立金は、「債務者の所有する物又は有価証

---

[42] それに対し、この最判の原審(東京高判平21・9・9金法1879号28頁)および第1審(第1審たる東京地判平21・1・20金法1861号26頁)は、この点につき明確には述べていないが、再生債務者による取立金の返還請求を肯定しており、留置権の効力が取立金には及ばないことを前提にしている。

[43] 注釈民法(8)32頁〔田中〕参照。

[44] 我妻栄=有泉亨『新訂物権法(民法講義II)』185頁以下、236頁参照。同旨、最判平15・2・21民集57巻2号95頁。

券」には当たらない[45]ことになるのではあるまいか。

　また、たしかに留置権による競売（民事執行法195条）は、被担保債権の弁済を受けないままに目的物の留置をいつまでも継続しなければならない負担から留置権者を解放するために認められた手続であるが、本件のような、手形の留置について、いつまでも占有を継続する負担から留置権者を解放しなければならないほどの負担になるであろうか。また、仮にこれをクリアして、取り立てる必要があるとしても、手形に商事留置権の効力（留置的効力）が及ぶということと、その取立金に留置権の効力が及ぶか否かは全く別の問題であろう。この意味では、取立金が手形の価値代替物ないし価値変形物であるからというだけでは、当然に取立金に商事留置権の留置的効力が及ぶと解することはできない。

　ただ、手形の商事留置権のような場合、銀行が有している、その取立金に留置権の効力が及ぶことへの期待はあながち不当なものとはいえず[46]、全面的に留置権の効力が及ぶことを否定するのも妥当性を欠くであろう。しかし、他方で、留置権が物権である以上、その対象物は一義的に明らかなものでなければならない。その意味からいえば、留置権が認められるためには、取立金が、債務者の独占的支配が認められる「債務者の物」といえるほどに特定性を保っていることが必要である[47]。すなわち、保管を委託した金銭が封金などの物理的形状によって特定性を維持しているといったように、通常の動産と同様に考えてもいいほどに強度の特定性がある場合[48]にかぎって、取立金に留置的効力を認めてもよいと考える。その点、手形の取立金は、通常、銀行により別段預金として分別管理されるようである。たしかに、これは債務者の預金であることを明白にする意味はある[49]にしても、結局これは、債務者に対

---

45)　東京地判平23・8・8金法1930号117頁。
46)　前掲座談会・金法1884号14頁〔村田発言〕、村田（渉）・金法1896号31頁以下、岡・金法1914号33頁等は、理論的にも、留置権の効力が及ぶことを述べている。
47)　山本・金法1864号12頁、岡・金法1867号9頁注10は、一般的に、取立金を特定性をもって保管すれば、留置的効力を主張できるとする。
48)　石田穣『物権法』290頁。
49)　岡・金法1914号33頁。

して銀行が返還債務を負っている旨を明確にするに過ぎず、その金銭につき債務者の独占的支配を認めるものではなく、物権の対象として要求される特定性としては不十分であろう。また、平成23年最判は、取立金が銀行の計算上明らかになっているものである以上、異なるところはない[50]とするが、これは別段預金とすること以上に特定性の基準を緩めるものであり、賛成できない[51]。

　これに対しては、近時、取立委任を受けて銀行が占有していた手形に対しては、そもそも商事留置権が成立しないのではないかとの疑問が投げかけられている[52]。すなわち、商事留置権制度で想定されていたのは、必ずしも担保権設定が容易ではなく、しかも取引の相手方の信用を十分に確保できないという局面であったが、銀行は、貸付を行う際には相手方の信用状態を十分に調査し、債権回収の手段を講じることが可能であり事情が異なる。また、取立委任をした会社は、手形が自らの債務担保に供されるとは考えておらず、もし倒産手続開始申立てがなされた場合に資金繰りが厳しくなった会社が手形の取立てを委任することに支障が生じかねないとして、この場合は、商法521条但書に該当するという。

　しかし、他の債権回収手段があるからといって、かならずしも法定担保権の成立を否定する理由にはならないし、商事留置権が法定担保物権であり、しかも、銀行取引約款の文言から見れば、少なくとも手形については担保権の成立を規定していることは明らかであり、それを承知したうえで、手形の取立契約を締結していると考えられ、一般的にいって、当事者が留置権の成立を否定する意思表示をしたとは考えられない

---

50) 伊藤・金法1942号29頁、山本・ジュリ1453号136頁は、信託法34条1項2号ロの規定が念頭にあったのではないかと思われるという。
51) 村田（渉）・金法1896号32頁は、特定性の要求基準をさらに低下させ、「実体法の理論上、特定性を保って保管されていること（分別管理）が必要であり、一般財産に混入した場合には留置的効力は主張できないと解すべきであるとしても、留置的効力が及ぶ目的物が金銭である場合には、その特殊性や機能等から、銀行のように手形取立金と同額を即座に用意できる資力等があることは明らかである場合には、目的物の特定性という点に必ずしもこだわる必要はないのではないかとも思われる。」と述べる。
52) 村田（典）・事業再生と債権管理128号139頁。

のではあるまいか[53]。

4 手形の商事留置権者の優先弁済権

　既に述べたように、沿革的には商事留置権は、当初、先取権付競売権のあるもの[54]として制度化されたものであったが、その制度のわが国への継受に当たっては、優先弁済権はないものとされ[55]、少なくとも民事再生手続においては事実上の優先弁済権はあるものの、法的な意味での優先弁済権はないものと解されている（2（5）参照）。そして商法上の通説も、商事留置権の優先弁済権は否定している[56]。しかし、この事実上の優先弁済権をめぐっては種々の問題が考えられる。

1　事前合意がない場合の任意弁済

　この問題は、銀行が民事再生手続開始後に手形の取立金を受領し、その取立金をもって再生債務者が任意弁済する行為が有効であるか否かということである。もしこれが認められれば、手形の商事留置権者たる銀行は、事実上の優先弁済を受けることができることになる。これに関し、民事再生法85条1項は、再生手続開始後は、特別の定めがある場合を除き、再生計画の定めによらなければ弁済をすることはできないとしている。したがってこの規定に従う限り、取立金をもって再生債務者が任意弁済することは許されないといわなければならない。これに対しては、民事再生法85条1項は、同法39条1項と対になっている規定で、別除権の被担保債権である再生債権に関しては、別除権の実行によってそ

---

53)　松井秀征「判例評釈」法協117巻12号1839頁は、手形割引を依頼した事例において、法律上商事留置権の発生を基礎づけられるとしても、実際上の扱いには配慮が必要である旨を述べている。
54)　小町谷・前掲610頁～612頁、毛戸・前掲7頁8頁。
55)　鈴木・前掲204頁。
56)　田邊・前掲193頁、蓮井＝森・商法総則・商行為法4版185頁、平出慶道＝山本忠弘＝田澤元章編『商法概論Ⅰ』112頁〔田澤元章〕、坂口光男『商法総則・商行為法』195頁、生田・前掲835頁、831頁等。

の強制的な満足を受けることは許されており、同法85条1項を根拠にして、別除権の被担保債権に対する弁済が禁止されるとはいえないとの見解が唱えられている[57]。ただ、論者も、無条件に任意弁済の効力が認められるといっているわけではなく、債権者一般の利益に資するかどうかという観点を前提としており、この点については学説上も異論はないであろう[58]。その点についていえば、たしかに、留置権の目的が不動産等で、その価値が被担保債権を超えるような場合、たとえ留置権が留置的効力しかなく優先弁済権を有しないとしても、その被担保債権を弁済して目的物を取り戻すことは、一般の債権者の満足の増大、ないしは、事業の再生の可能性を高める点において、このような任意弁済が債権者一般の利益に資するといえるであろう。しかし、商事留置権の目的物が手形であるような場合、それを受け戻すためには、手形の額面金額相当額を銀行に支払う必要がある。言い換えれば、手形を受け戻すということは、要するに現金を支払って現金で戻してもらう[59]ことを意味する。したがって、このような受戻行為自体、債権者一般の利益に資するとはいえず[60]、民事再生法85条1項の原則からそのような弁済は禁じられると解すべきであろう。

2 事前の弁済充当の合意の有効性とその効力

この問題に関し、最判昭63・10・18民集42巻8号575頁は、信用金庫が債務者への破産宣告（現行法では破産手続開始決定）後に、約定に基づき取立委任手形の手形金を取り立てて自らの債権と取立金引渡債務との相

---

57) 前掲座談会・金法1884号19頁〔伊藤発言〕、20頁〔村田発言〕。
58) 前掲座談会・金法1884号19頁〔伊藤発言〕、20頁〔村田発言、山本発言〕、村田（典）・事業再生と債権管理128号137頁等。
59) 前掲座談会・金法1884号22頁〔山本発言〕、村田（典）・事業再生と債権管理128号137頁。
60) 村田（典）・事業再生と債権管理128号139頁。なお、中島・金法1953号18頁も、留置目的物が手形のような場合、目的物の受戻しや担保権消滅許可の制度の利用は、再生債務者側に何らメリットがなく、商事留置権者が事実上優先弁済を受ける可能性は乏しいという。

殺の意思表示をなしたことの当否が問題となった事案に関し、取引約定の条項は、「信用金庫の取引先がその債務を履行しない場合に、信用金庫に対し、その占有する取引先の動産、手形その他の有価証券を取り立て又は処分する権限及び取立又は処分によって取得した金員を取引先の債務の弁済に充当する権限を授与したにとどまるものであって、右手形につき、取引先の債務不履行を停止条件とする譲渡担保権、質権等の担保権を設定する趣旨の定めではない」と判示し、当該条項により優先弁済権を伴う担保権が設定されたものではないとしている。また、最判平10・7・14民集52巻5号1261頁は、商事留置権が破産手続開始により特別の先取特権となり優先弁済権が認められることを理由に、破産手続における弁済充当特約の合理性、ひいては、弁済充当の有効性を認めている。それに対し、平成23年最判は、商事留置権の優先弁済権に触れることなく、弁済充当の合意につき、①留置権者は取立金を留置できるから、取立金は再生計画の弁済原資や再生債務者の事業原資に充てられることを予定しえないこと、②民事再生法88条が、別除権者は、その別除権によって弁済を受けることができない不足額についてのみ再生債権として権利行使ができ、同法94条2項が、別除権者は予定不足額の債権届出をすべき旨を定めていること、の2点を指摘して、このような特約は別除権の行為に付属する合意として有効である旨を述べている。

　しかし、既に述べたように、私見によれば、このような事例においては、取立金については特定性が不十分であり商事留置権の客体にはならず、留置する権限はないのであり、理由①はその前提を欠く。仮に百歩譲って、取立金に留置権が成立するとしても、そのことと、その取立金から優先弁済を受けるということは全く違う問題である[61]。したがって、取立金に留置的効力が及べば確かにそれは他の債権者への弁済原資に充てられることは予定されていないかもしれないが、だからといって、その取立金につき、商事留置権者の優先弁済権が認められることにはならない。すなわち、留置権が有している留置的権能は、被担保債権

---

61) 野村剛司・民商146巻3号318頁。

の弁済を受けるまで目的物を自己の下に留め置くことができ、被担保債権の弁済を受けるまで取立金の返還を拒絶することができるということを意味し、これにより債務者に間接的に弁済を促し、場合によっては債務者との交渉の場を提供するものであるが、それ以上のものではない。したがって、このことから弁済充当権を認めることは論理に飛躍がある[62]。たしかに平時であれば、取立金返還債務と留置権者が有している債権を相殺することによって、事実上の優先弁済権を受けることは可能であるが、民事再生手続においては、そのような相殺が禁じられているのであって（民再93条1項）、留置権者は、事実上も優先弁済を受ける地位にはないのである。たしかに、一般的にいえば、留置権の目的物に商事留置権者の留置権限を認めることによって、和解交渉の可能性を創出する可能性はある。しかし、留置権の目的物が手形の取立金である場合、和解交渉の過程において、その取立金を返してもらうためには、債務者としてはそれと同額の金銭を支払わなければならない。しかし、これでは、債務者にとって特段のメリットはなく、そこには債務者側から働きかける交渉についてはインセンティブは働かない[63]し、債務者側に何らのメリットもない以上、交渉の場に乗せてみても、それが成功する可能性は著しく低いであろう。

　また、破産法においては、商事留置権は特別の先取特権とみなされており（破66条1項）、優先権が認められることは明らかなのに対し、民事再生法上はそのような規定は置かれていない。既にみてきたように、商事留置権の沿革から見れば、本来強い担保的機能を有すものとして構想されたことは確かであり、民事留置権と商事留置権の違いを強調して、むしろ、商事留置権に優先弁済権を認めるべきであると主張する見解も唱えられている[64]が、わが国ではそれを継受するに当たり、旧商法に

---

62) 山本（克）・ジュリ1453号136頁。
63) ただ、前掲座談会・金法1884号23頁〔山本発言〕は、そのまま放っておけば、手形をもっている側は、それが回収できず、取立てにも回せないという状態になり、むしろ債権者側が困ることになり、債権者側からの働きかけによる交渉の余地が生じる旨を述べる。

見られた質権に準じた簡易な換価手続や、その換価の結果による弁済充当権といった強力な担保手段は削ぎ落とされた形で現行商法において立法化された。しかも、民事再生法の立法に当たっても、商事留置権の取扱いについては十分な議論がなされた上で、特別の先取特権は認められなかったのである[65]。したがって、立法論としては、一定の商事留置権を特別の先取特権とすることによって保護を与えるという途も考えられ[66]ようが、解釈論としては無理がある。このように考えれば、たとえ、留置権者に取立金に対する留置権能を認めたところで、そこから、優先的な弁済充当権を導くことはできない。弁済充当は、民法にも規定はなく、事前の、銀行と債務者との間の銀行取引約定という合意により、債権者である銀行が債務者に代わり債務者が弁済したことにするものであって、その性質は、あくまで弁済である[67]。したがって、優先弁済権のない者に、合意による弁済充当という形で弁済することは民事再生法85条1項を潜脱するものといわなければならない[68]。

また、上記平成23年最判の②の理由にしても、これは、単に手続のルールを指摘するだけのことであり、これは優先権ある担保権も、ない担保権も同じである。優先権のある担保権については、換価方法を定め、その換価金を被担保債権の弁済に充てる旨を合意した場合、その換価代金が適正であれば、その合意は有効であり、その有効性は優先弁済権が

---

64) 生田・前掲856頁。なお、三ヶ月章「『任意競売』概念の終焉」現代商法学の課題（下）1627頁参照。なお、畠山・事業再生と債権管理124号101頁以下、浅生・ジュリ1400号133頁も参照。

65) その理由につき、花村・前掲161頁、条解民再2版236頁〔山本〕。

66) 神崎克郎「商事留置権と競売権・優先弁済権」民法学3（奥田ほか編）23頁参照。このような処理の問題点について、前掲座談会・金法1884号30頁〔山本発言〕。なお、畠山・事業再生と債権管理124号102頁・105頁は、商事留置権には優先弁済権は存在しないとしつつ、今日の執行実務においては、形式的競売の性質論にもかかわらず、これを担保権実行の競売と同じく取り扱うことが既に定説になっているとして、売得金を自己の債権に充当し得るとする。しかし、本文で述べるように、弁済充当は特定の債権者への弁済であり、民再85条1項との関係で問題はないであろうか。

67) 山本・金法1864号10頁、野村剛司・民商146巻3号319頁。

68) 山本・金法1864号11頁、前掲座談会・金法1884号27頁〔山本発言〕、野村剛司・民商146巻3号321頁、中井・ジュリ1438号77頁も参照。

あることによって正当化できる場合もある。しかし、優先弁済権のない商事留置権の場合に、事前の合意によって優先弁済に等しい弁済充当を認めることは、本来担保として認められない効力を、当事者の合意で付与することになり[69]、物権法定主義（民175条）に反することにならないであろうか[70]。

　さらに、平成23年最判は、弁済充当を定める銀行取引約定を「別除権の行使に付随する合意」として、民事再生法上も有効であるとしている。しかし、別除権が再生手続によらずに権利行使できる（民再53条2項）という意味は、別除権の基礎となっている当該担保権本来の実行方法による行使を認めるという趣旨[71]であり、一般的に別除権であれば優先弁済権が認められるということではない。したがって、商事留置権が再生手続によらずに権利行使ができるといっても、本来優先弁済権をもっていない留置権である以上、目的物の留置を通して間接的に債務の履行を促すという方法によってしか権利行使はできないはずである。しかも、弁済充当特約は、換価特約のような商事留置権の「行使」に付随する合意ではない[72]。また、いうまでもなく、商事留置権は法定担保物権であり、その要件効果は法定されている。しかるに、法が定めた法定担保権の実行方法（民執195条）に当事者間の約定による弁済充当権を加えることは、換価金からの実質的な優先弁済権を求めたことと同じ結果を招くことになる。優先弁済権のない法定担保権である商事留置権に対し、約定によって法が認める効果を上回る効果を認めることになり、さらには約定担保権の設定を受けずに約定担保よりも強力な担保を認めることになり[73]妥当ではあるまい。平成23年最判に賛成し、この原審・第1審に反対するする評釈[74]は、商事留置権の処遇に対する破産手続

---

69)　前掲座談会・金法1884号27頁〔山本発言〕。
70)　山本・金法1876号58頁参照。
71)　条解民再2版244頁〔山本〕。
72)　中井・ジュリ1438号78頁。
73)　野村剛司・民商146巻3号320頁、中井・ジュリ1438号78頁参照。
74)　岡・金法1937号9頁、村田（渉）・金法1896号29頁以下、滝澤・判タ1334号9頁、淺尾・ジュリ1400号133頁以下、畠山・事業再生と債権管理101頁以下、岡・金法1867号12

と民事再生手続におけるあまりの格差を目の当たりにして、いわば立法上の不備を解釈で補おうとしたのかもしれない。しかし、民事再生法の基本的な考え方を前提とする限り、これらの解釈は、解釈論の範囲を逸脱しているというべきであろう[75]。

5 取立金の返還債務との相殺の可否

以上述べたように、私見は、取立金について商事留置権の留置的効力を認めないことから、留置権者は、債務者に対して取立金返還債務を負担することになる。この場合、平時であれば、競売の換価金の交付を受けた留置権者は、その返還債務と被担保債権とを相殺して、事実上の優先弁済を受けることができる。また、民事再生手続が開始しても商事留置権の実体的効力は何ら変更されることはないが、他方で、相殺制限の規定があり（民再93条・93条の2）、それとの関係で、商事留置権者が貸金債権と取立金返還債務とを相殺することができるか、という問題が生じる。すなわち、留置権者は、将来、手形を取り立てた場合には、再生債務者に対して取立金の返還債務を負担することになり、その意味では手形の留置権者は、一種の停止条件付債務を負担しているということになる。よって、再生債権と停止条件付債務とを相殺することができるかという問題に還元することができる。

その点については、①民事再生手続開始後に手形金を取り立てた場合、受働債権たる取立金返還債務は再生手続開始後に生じたものであり、民事再生法93条1項1号に該当して相殺は禁じられるとする見解[76]

頁以下、佐藤・金商1320号5頁等。なお、名古屋高金沢支判平22・12・15金法1914号34頁につき同旨のものとして、岡・金法1914号33頁。
75) 前掲座談会・金法1884号34頁〔山本発言〕、中島・金法1953号18頁もこの旨を指摘している。
76) このような見解をとるものとして、山本（和）・金法1864号12頁、前掲座談会・金法1884号16頁〔山本発言〕、山本（克）・金法1876号58頁、野村・民商146巻3号323頁以下、条解民再2版404頁〔山本（克）〕、須藤・前掲295頁、東京地判平23・8・8金法1930号117頁等がある。

と、②取立金の返還義務は、取立委任に基づいて手形の交付を受けたときに原因があり、再生手続開始時には既に将来の債務として負担しているとして民事再生法92条1項の本則に基づいて相殺できるとする見解[77]が唱えられている。それに対し、③判例（最判平17・1・17民集59巻1号1頁）は、破産手続との関連において、破産債権者は、債務が破産宣告（現行法では破産手続開始決定）の時において停止条件付である場合には、停止条件不成就の利益を放棄したときだけでなく、破産宣告後に停止条件が成就したときにも、破産法99条後段（現行67条2項後段）の規定により相殺をすることができるとする。

たしかに、上記平成17年最判は、停止条件付債務については、破産法67条2項を根拠として相殺を認めているように読める。そうだとすると、破産法67条2項のような特別の規定がない民事再生手続においては、解釈上、停止条件がついた受働債権につき、当然に再生債権との相殺が許されるという結論は導きにくいであろう。

思うに、再生債権と取立金返還債務との相殺を認めるということは、結局、再生債権者に対する弁済を認めることと同じことになり、再生債権への弁済を禁止する民事再生法85条1項の潜脱になる可能性は否定できない。したがって、相殺の可能性は厳格に解されるべきである。このことは、民事再生法93条2項が、相殺禁止の例外として3つの場合につき相殺は許されるとしている[78]が、その例外は、同条1項の2号ないし4号の場合に限定されており、同項1号の場合は周到に除外されている。換言すれば、再生手続開始前に仮に相殺への期待があったとしても、受働債権の発生が再生手続の開始後である場合（再生手続開始後に手形を取り立てて得られた取立金の返還債務はこれに当たる）には、もはや相殺の保護は認めないというのが立法の趣旨であると考えるべきであろう。また、停止条件付債務の開始後の条件成就の問題なのか疑問であるとの見

---

[77] 中井・ジュリ1438号80頁。また、伊藤・破産民再2版709頁以下、倒産法概説〔第2版〕264頁〔沖野眞已〕も同旨か（山本（克）・金法1876号57頁は、伊藤説を民再93条2号1号に該当するという見解として分類している）。

[78] 本件では、民事再生法93条2項2号が問題となるであろう。

解[79]も唱えられている。さらに、破産法67条2項の趣旨に関しては見解が分かれているが[80]、破産手続開始決定時において停止条件付債務を負担している破産債権者の相殺への期待は、無条件の債務を負担している者のそれに比べてその程度は低い。にもかかわらず、破産法67条2項後段が前者に相殺権を与えているのは、破産債権者が条件不成就の機会を放棄することが代償になっている[81]と考えられる。また、清算型たる破産手続の場合、債務者が自然人でない限り、手続の終了によって債務者は存在しなくなるのであり、債権者に弁済を保障することが正当化される。それに対して、再建型の倒産手続である民事再生手続においては、債務者の再建のための資産の確保の必要性は、破産手続におけるよりも大きいといわなければならない。そうであれば、破産法67条2項後段の規定は、破産手続における特殊性を加味して、民法の例外を定めたものと解することが許されるであろう。そうであるならば、このような規定のない民事再生手続においては、一律に、再生債権と停止条件付債務とを条件成就前に相殺をすることができるという結論を導くことはできないと考える。

6 おわりに

この論稿において述べてきた私見は、商事留置権の担保的機能を重視する金融取引実務の趨勢に逆行するものであり、悪しき概念法学であるとのそしりを受けるかもしれない。その点、筆者自身も、本稿で述べた私見が、ここで論じた諸問題につき、実務の要請に対し、必ずしも妥当かつ合理的な結果を導くものになっていないことは重々承知している。しかし、わが国が成文法の国であるかぎり、実務の運用も法文の解釈をその基礎にもち、かつ、そこから出発しなければならない。もし、私見が、実務からみて、理想的な結論からほど遠いものであるとしても、少

---

79) 野村・民商146巻3号324頁。
80) 条解破産508頁。
81) 基本法コンメン破産158頁〔山本克己〕参照。

なくとも、現行法制度および現行法の条文に忠実な解釈を心がけたつもりである。上述したように、平成23年最判が示したような解釈が解釈論の範囲を逸脱しているものであるとするならば、それは、最初に結果ありきであって、そのための解釈論を無理に構築したものといわれてもしかたがないのではあるまいか。したがって、妥当な結論を導くについて現行法の解釈に限界があるとするならば、最終的には立法的解決に待たざるをえないであろう。その意味では、本稿で論じた問題の解決は、根本的には立法に待つべきものであったかもしれない。そうであるならば、とくに民事留置権と商事留置権の沿革、その有している機能、制度間のバランス等を考えた上で、民法、商法はもちろん、民事執行法、倒産法さらには国税徴収法等をも含めて、抜本的な立法措置が執られ[82]、その解釈論から無理なく理想的な解決がなされるようにすべきではあるまいか。

---

82) 前掲座談会・金法1884号34頁〔山本発言〕が指摘するところである。

債権者等申立ての更生手続における
保全管理命令の発令基準

山 田 尚 武
Hisatake YAMADA

1　はじめに——問題の所在——
2　アメリカ会社更生法の歴史と日本の会社更生法の歴史
3　経営責任問題明白説と排除事由明白説
4　債権者等申立ての更生手続における保全管理命令の発令基準
5　おわりに

1　はじめに——問題の所在——

　会社更生手続（以下「更生手続」という。）においては、「更生手続の目的を達成するために必要があると認めるときは」保全管理人による管理を命ずる処分をすることができる（会更30①）。これに対し、民事再生手続（以下「再生手続」という。）においては、「再生債務者の財産の管理又は処分が失当であるとき、その他再生債務者の事業の継続のために特に必要があるときは」保全管理人による管理を命ずる処分をすることができる（民再79①）。いずれも債務者による申立て（以下「会社申立て」という。）の場合と債権者や株主申立て（以下「債権者等申立て」という。）の場合とで発令の要件を区別してはいない。

　更生手続と再生手続の保全管理命令の要件を比較した場合、再生手続の場合には、保全管理命令が発令される要件を限定している。この点、伊藤眞は、「破産手続および再生手続における保全管理命令が限定された局面で発令されるのと比較すると、更生手続においてはすべての事件において保全管理命令発令の可能性が認められる」という[1]。また、

---

[1]　伊藤眞『会社更生法』（有斐閣、2012年）78頁。中西正も、保全管理命令について、

「更生手続の目的を達成するために必要があると認めるとき」（会更30①）とは、監督命令の発令の要件（会更35①）と文言は同一であるものの、「監督命令と保全管理命令との違いを前提とすれば、いわゆるDIP型会社更生を予定する事案のように、開始前会社の機関に対する信頼性が相当程度以上に認められれば、監督命令による監督で足り、それ以外の場合には、保全管理命令により事業経営権や財産管理処分権を保全管理人に専属させる必要性が存在する」と説明している[2]。

この開始前会社の機関（以下「現経営陣」という。）に対する信頼性が相当程度以上に認められる場合には監督命令で足り、それ以外の場合には保全管理命令を発令するという基準を、以下「信頼性の基準」という。

裁判例を見ると、債務者（保全管理命令相手方）が大阪地方裁判所の下した保全管理命令（債権者申立ての事案）に対し即時抗告の申立てをした事案において、大阪高裁は、①「従来の経営陣が経営を継続した場合、財産の隠匿や散逸、事業劣化の危険がある場合や従来の経営陣に経営を委ねておくのが相当でない事情がある場合」（以下「不相当事情の存在」という。）が「更生手続の目的を達成するために必要があると認めるとき」に該当し、また、②「更生手続開始の見込みがあるかどうかも、保全管理命令発令の要否を判断するにあたり、軽視できない要素というべきである」（以下「手続開始見込みの存在」という。）と判示している[3]（以下「大阪高裁決定」という。）。この大阪高裁決定の不相当事情の存在と手続開始見

DIP型が原則である再生手続とは異なり、更生手続では更生管財人が原則として選任されるのだから、保全処分の必要性が認められる場合には、広く認められてよいという（山本和彦他著『倒産法概説（第2版）』（弘文堂、2010年）472頁。また、瀬戸英雄も、DIP型の再生手続に対して本来的に管理型である更生手続は、その手続構造に基本的な差異があることから、「更生手続の目的を達成するために必要である」との要件は、再生手続の場合（民再79）と比べると緩やかであるという（瀬戸英雄「保全管理命令・保全管理人」山本克己他編『新・会社更生法の理論と実務』（判タ1132号）（判例タイムズ社、2003年）62頁。

2) 伊藤・前掲注1・84頁。
3) 大阪高決平成23年12月27日（金法1942号97頁）。なお、筆者は、大阪高裁決定の案件の更生手続開始・保全管理命令の各債権者申立ての代理人であり、本決定の相手方代理人であるが、本稿においては、公刊物にある事実のみに基づいて論じている。

込み存在については、後に詳しく検討する。

ところで、信頼性の基準は、伊藤眞が自ら述べるように、DIP 型会社更生を予定する事案を想定している。DIP 型会社更生は法律上の概念ではなく、運用上の概念であるが、そこでは会社申立てが前提となっている[4]。

では、債権者等申立ての場合においても、この信頼性の基準は妥当するのか。

更生手続開始の申立てをする債権者等は現経営陣に対して不信感を抱いている。とすれば、債権者等申立ての場合には、信頼性の基準は妥当せず、極めて例外的な場合を除いて、保全管理命令が発令されるべきであるとの考え方がありうる。逆に、債権者等申立ての場合には、手続濫用のおそれがあることから、信頼性の基準は妥当せず、極めて例外的な場合を除いて、保全管理命令は発せられるべきではないとの考え方もありうる。いずれも債権者等申立ての場合については、会社申立ての場合と異なり、保全管理命令の発令基準について積極・消極という両極の立場をとる。これに対し、債権者等申立ての場合にも、会社申立ての場合と同様に信頼性の基準は妥当し、現経営陣に対する信頼性が相当程度以上に認められる場合には、監督命令で足り、保全管理命令は発令しないとの考え方もありうる。

この点、東京地裁民事第 8 部（以下「東京地裁」という。）の実務は、会社の経営・財務状況等の情報に制約があること、会社経営を巡る利害対立が激しいこと等の事情を考慮して、「具体的な保全措置の内容は、事案ごとに判断すべきものではあるが、ある程度事案の類型化が可能」で

---

[4] DIP 型会社更生の運用を開始する際の東京地裁民事第 8 部判事による論文においては、「債務者会社が会社更生手続を利用しやすくするための方策」という観点から、DIP 型会社更生の運用が論じられている（難波孝一他「会社更生事件の最近の実情と今後の新たな展開」NBL895号（2008年）10頁）。また、東京地裁における DIP 型会社更生の導入後の約 1 年間（平成21年 1 月から同年11月まで）の実績を見ても、保全段階で監督・調査委員が選任されるなどして DIP 型会社更生事件の運用がなされた 7 件は、いずれも会社申立ての事案であった（菅野博之他「東京地裁における DIP 型会社更生手続の運用」事業再生と債権管理127号（2010年）26頁）。

あるとして、①現経営陣を直ちに排除すべきことが明らかとまではいえない場合、調査命令（会更39）を発し、②現経営陣を直ちに排除すべきことが明らかとまではいえないが、現経営陣の経営権に監督を及ぼすべき事情がある場合には、監督命令（会更35）を発する、これに対し、③現経営陣を直ちに排除すべきことが明らかな場合にはじめて保全管理命令（会更30①）を発する、と類型化する[5]。また、東京地裁は、③の場合には、「更生手続開始の見込みがあること」や、保全管理人団が会社の全権を掌握することが現実に可能であることなどを確認する必要があるという[6]。

　この東京地裁の発令基準は、現経営陣を直ちに排除すべきことの明白性を要求する点で、信頼性の基準より厳格である（以下「排除事由明白説」という。）。後に検討するように、東京地裁及び大阪地裁に採用されているDIP型会社更生（会社申立てを前提としている。）における保全管理命令の発令基準である4要件の検討において、東京地裁は、更生手続開始の申立ての段階では4つの要件を満たしていることは判然としないことから、申立て時点においては第1の要件である「現経営陣に不正行為等の違法な経営責任の問題」の存在が明らかでない場合には、申立て後も保全管理命令を発令せず、現経営陣に経営権を留保するのが相当であるとしている（以下「経営責任問題明白説」という。）。排除事由明白説と経営責任問題明白説は、いずれも現経営陣の問題点について明白性を求める点において同じものといえ、ある意味バランスがとれているとも考えうる。

　しかし、排除事由明白説は再生手続の保全管理命令の発令要件の中においてみてもより厳格な基準であり、DIP型を原則とする再生手続と

---

5) 難波孝一他「会社更生事件の最近の実情と今後の新たな展開」NBL895号（2008年）14頁。東京地裁会社更生実務研究会『最新実務　会社更生』（金融財政事情研究会、2011年）90頁から94頁。
6) 東京地裁会社更生実務研究会・前掲注5・91頁。東京地裁はどのような場合に全権を掌握することが現実的に不可能であると判断するのか、必ずしも明確ではない。しかし、保全管理人団に不可能を強いることはできないから、当然の要件と言えよう。

管理型を原則とする更生手続との違いはどこにいってしまったのかという疑問が生じる。

本稿は、①アメリカと日本の会社更生法の歴史、とくに手続の遂行主体を巡る法律の変遷と日本の更生手続における保全管理命令の制度の導入の経緯をたどり、②近時導入されているDIP型会社更生手続における経営責任問題明白説を整理し、それとの比較において東京地裁の実務の排除事由明白説を検討し、③会社申立て及び債権者等申立てのいずれの場合も保全管理命令の発令基準は信頼性の基準が妥当すると主張し、大阪高裁決定の不相当事情の存在と手続開始見込み存在を検討する見解を参考にして、債権者等申立てにおける保全管理命令の判断の枠組と信頼性の判断のポイントを整理する。

2 アメリカ会社更生法の歴史と日本の会社更生法の歴史

1 1938年チャンドラー法と昭和27年（1952年）の会社更生法の制定

戦後、日本は、当時の連合国軍総司令部（GHQ）の強い指示を受け[7]、GHQと交渉を重ねて[8]、昭和27年（1952年）、会社更生法を制定した。その際に参考にされたのが、1938年のアメリカ連邦倒産法（いわゆるチャンドラー法。以下「チャンドラー法」という。）第10章（corporate reorganization 更生手続）である。

チャールズ・ジョーダン・タブ（Charles Jordan Tabb。以下「タブ」という。）によると、アメリカ合衆国の最初の倒産法は1800年に成立したが、それは当時のイギリス倒産法をまる写しにしたものであった[9]。1898年

---

7) 竹下守夫「刊行に寄せて」法務図書館『法務図書館所蔵 昭和27年会社更生法等関係文献目録』（法務図書館、2009年）iii頁。

8) GHQとの交渉は、昭和24年7月14日ころから、昭和26年12月頃まで約2年半の間続いた（位野木益雄『会社更生法（昭和27年）（1）日本立法資料47』（信山堂、1994年）5頁から6頁）。その交渉の経過の概要は同書45頁から63頁を参照。

9) Charles Jordan Tabb The Law of Bankruptcy sec. ed.（Foundation Press, 2009）at 39.

の連邦倒産法は恒久的な連邦倒産法の始まりであり、1978年の連邦倒産法の改正まで、実に80年間効力を維持し続けた[10]。1898年連邦倒産法においては、企業再建について第12章（compositions 債務の一部免除手続[11]）が規定されたが、1929年の大恐慌を経て、議会は、1933年、連邦倒産法第74条においてより簡易で広範に利用できる債務の一部免除手続を定め、同第75条において農業経営者の債務の一部免除手続を、同第77条において鉄道会社の更生手続をそれぞれ規定した。翌年には同第77条Bにおいて更生手続が定められた[12]。そして、1938年、チャンドラー法第10章、第11章及び第12章（real property arrangement 不動産所有者のための整理手続）が定められた[13]。このチャンドラー法第10章は1978年に大改正され、現在の連邦倒産法第11章（以後「チャプター・イレブン」という。）となる。

チャンドラー法第10章は大規模公開会社向けの再建手続であり、負債総額が25万ドル未満の場合を除いて、独立の（利害関係のない）管財人（independent trustee）が選任され、旧経営陣は排除される手続である[14]。チャンドラー法第11章（arrangement 整理手続）が小規模会社向けの再建手続として、債務者が占有を継続でき、再建計画案も提出することができる[15]のと対照的である。

更正手続の歴史は、タブによると、18世紀末から19世紀初めの連邦収益管理人制度（federal equity receivership）に遡る[16]。連邦収益管理人制度は、鉄道の経営維持の方法として利用され[17]、1934年の連邦倒産法第

---

10) *Id*. at 43.
11) compositions 及び後の arrangement の訳語については、中島弘雅・田頭章一編著『英米倒産法のキーワード』（弘文堂、2003年）34頁を参照。
12) Tabb, *supra* note9 at 44. なお、三ケ月章教授は、連邦倒産法77条Bの更生手続の制定は「アメリカ会社更生制度発展の歴史において、最も重要な一時期を画する」という（三ケ月章「アメリカにおける会社更生手続の形成」同『会社更生法の研究』（有斐閣、1970年）24頁。この77条Bを整理し体系的に配列して125条にわたる第10章が作られた（同26頁）。
13) Tabb, *supra* note9 at 45.
14) *Id* at 1044.
15) *Id*. at 1045.
16) *Id*. at 1047.

77条Bが制定されるまで会社再建の方法としても利用されていた。連邦収益管理人は、通常、債権者が連邦裁判所に対して衡平法上の権限の発動を求めて債務者会社の財産の管理処分権を引き受ける者（receiver）の選任を申請することによって選任される。連邦収益管理人は、債務者の財産の管理処分権を手にし、債権者の債権回収を止めさせ、さらにはその財産の売先を探している間、債務者の事業を継続する権限を有し、継続事業価値（going concern value for the assets）を手にすることができる。債権者は連邦収益管理人の資産の担保物受戻権喪失手続（the receivers foreclosure sales of the assets）の収入から支払を受ける[18]。

しかし、最終的には内部者が連邦収益管理人を支配するようになり、これを悪用する行為が広がった。旧経営陣の仲間の多くが連邦収益管理人になって、彼らに法外な報酬が支払われた。旧経営陣は、内部者が支配している保護委員会（protective committee）の外観を利用して債務者の財産を購入することで、債務者を支配した[19]。このような悪用を抑止するためにいくつかの裁判上の理論が発展した。最も重要なのが、すべての債権者に完全な満足が与えられない限り、債務者の旧株主に債務者の財産から一切の利益を受けさせないという、絶対的優先（absolute priority）原則である。この絶対的優先原則は、公正・衡平（fair and equitable）原則としてチャンドラー法第10章に引き継がれ、現在のチャプター・イレブンにも組み込まれている[20]。

日本の会社更生法の場合、昭和27年（1952年）当時国会に提出された会社更生法原案においては、チャンドラー法第10章をそのまま受け入れて、負債総額が2000万円を超える場合には利害関係のない管財人を選任しなければならず、これに対し、2000万円以下の場合には管財人は選任

---

17) 連邦収益管理人による鉄道会社の更生手続の実際については、加藤哲夫「エクイティ・レシーバーシップによる鉄道更生」同『企業倒産処理法制における基本的諸相』（成文堂、2007年）12頁を参照。
18) Tabb, *supra* note9 at 1047.
19) *Id*. at 1048. 三ケ月章もエクイティ・レシーバーシップの弊害として保護委員会の不正行為を指摘する（三ケ月・前掲注12・5頁）。
20) Tabb, *supra* note9 at 1048.

せず、債務者の占有を継続させる方法も許される、とされていた。しかし、参議院において、負債総額に関わらず管財人の設置は必要的となり、ただし、管財人は利害関係のない者でなければならない、との要件ははずされた。範としたチャンドラー法第10章をさらに徹底して、管財人の要件を緩和しつつもすべてのケースにおいて管財人が選任され、旧経営陣は排除されるとした[21]。

2　昭和42年（1967年）の会社更生法の改正（保全管理制度の導入）

　保全管理人制度は、戦後最大の倒産と騒がれた山陽特殊鋼事件（負債総額423億円従業員数約3800人）をきっかけに[22]、「更生手続の濫用を防止せよ」「下請企業等の中小企業債権者を保護せよ」との世論が高まり[23]、昭和42年に制定された。法制審議会における審議において特に中心になったのが、中小企業者の債権の優遇措置、更生手続の濫用防止策等の諸問題であった[24]。このうちの更生手続の濫用防止策、とりわけ弁済禁止の保全処分の濫用防止策として導入されたのが、更生手続開始前の保全処分の一種としての保全管理人による管理及び監督員による監督を命ずる保全処分制度の創設と、保全処分発令後の更生手続開始申立ての取下げの制限である[25]。前者は、保全処分が更生手続の仮開始（又は準開始）の意義を有している現実に即して、会社側に対しても保全処分により厳しい制約を加えることとした。アメリカ法の連邦収益管理人制度的構想と商法の会社整理における管理人・監督員の制度を範としたものである[26]。

　保全管理人及び監督員の導入については、経済団体から、「保全管理

---

21)　兼子一監修『条解会社更生法（上）』（弘文堂、1973年）30頁。多比羅誠「DIP型会社更生実務の諸問題」松嶋英機他編『門口正人判事退官記念 新しい時代の民事司法（商事法務、2011年）91頁。
22)　宮脇幸彦・時岡泰『改正会社更生法の解説』（法曹会、1972年）2頁。
23)　同7頁。
24)　同14頁。
25)　同30頁。
26)　同66頁。

人等をおく必要性に乏しく、また更生手続を複雑にするだけであるから、これを設けるべきではない。」との反対意見や「保全管理人等の選任を会社申立ての場合に限るか、あるいは、調査委員により事前にその必要性を調査する必要がある」との修正意見が寄せられたという[27]。

　どのような場合に保全管理人による管理を命ずる保全処分を発するのかについて、昭和42年（1967年）の立法当時の解説は、保全管理人による管理を命ずる保全処分は最も強力な組織法上の処分であるとした上で、これが適する事例として次の4つを挙げるが、「その事例はさほど多くはないであろう」と締めくくっている。①更生手続開始まで相当の期間を要する見込みであり、かつ現取締役が全く信用できずに財産散逸や不正行為をする虞が大きいか、又は混乱のため経営能力を失ったと認められる場合、②取締役の行方不明や辞任のために会社の事業経営者を欠くに至った場合、③すでに取引停止処分を受けたために、会社経営陣を交代させなければ当座取引を再開できない場合、④銀行などが運転資金の貸し付けに際して会社の現経営陣ではなく、信用ある保全管理人に対してすることを条件にした場合など。かなり限定的である。これに対し、保全管理人による管理を命じて取締役の権限を停止するほど取締役が信用できないわけではないが、お目付役をおいて取締役を監督する必要がある場合には、監督員による監督を命ずる処分を発するべきであるという[28]。

　しかし、保全管理人の制度の導入後、立法担当者の予想に反し、申立てを棄却すべき事案以外は、原則として保全管理人が選任され、保全管理人は就任後一般に旧経営陣を経営から排除することから、取締役が管財人や管財人代理に選任されることも一般的になくなった[29]。

---

27) 同68頁。
28) 同70頁。
29) 田原睦夫「DIP型会社更生事件の管財人の欠格事由」高田裕成他編『福永有利先生古希記念 企業紛争と民事手続法理論』（商事法務、2005年）687頁。伊藤眞もDIP型会社更生の実務運用が始まるまでは、保全管理命令の発令はほぼ常態化していたという（伊藤・前掲注1 79頁）。

3 1978年連邦倒産法改正（DIP 型の導入）

　1978年の大改正は、チャンドラー法（1938年）制定後の40年間で最初の広範な改革であり、1898年以来実効性のあった連邦倒産法にとって代わるものであった[30]。とくに重要なのが、チャンドラー法で定められた第10章、第11章及び第12章の三つの事業再建手続を一つにまとめ、チャプター・イレブンとしたことである[31]。

　当時、再建型倒産手続の申立ての場合、会社の経営陣の90％は、改正前第10章の手続ではなく改正前第11章の手続を選択しており、大規模公開会社の中にも改正前第11章の手続による申立てをしたものもあった。その理由は、改正前第11章の手続においては、現経営陣が占有を継続することができること、占有を継続する現経営陣が再建計画案を提出する権限を持つこと、再建計画案の策定の際に絶対的優先原則を遵守する必要がないことにあった[32]。議会は、立法作業の過程で改正前第10章は活用されていないこと、また、改正前第11章は改正前第10章の手続の空隙を埋めるには不十分な手続であることを考慮して、チャプター・イレブンには、改正前第11章の柔軟な部分の多くと、改正前第10章の公益保護の特徴の本質を取り入れた。その結果、チャプター・イレブンは、改正前第10章と改正前第11章の中間くらい、否、むしろ柔軟な手続を取り入れた点において改正前第11章の手続により親和的なものと位置づけることができる[33]。

　1978年連邦倒産法の主な規定は、①経営陣は占有者として占有を継続する（debtor in possession.§1101 (1), 1107 (a)）、ただし、一定の場合には例外的に管財人（a trustee）が選任される（§1104 (a)）、②占有を継続する債務者が再建計画案を立案する権利を有し（§1121）、③裁判所は再建

---

[30] Tabb, *supra* note9 at 46. なお、1978年の大改正については、小林秀之「再建型倒産手続の再編成（上）（下）―わが国の会社更生法への貴重な示唆―」NBL508・509号（1983年）が詳しい。

[31] Tabb, *supra* note9 at 1043.

[32] *Id*. at 1045.

[33] *Id*. at 1044.

計画案を事前に承認する必要もなく、またSECの役割は大幅に減ぜられ、④改正前第11章にあるように清算価値保障の原則（best interest test）は適用される（§1129 (a)(7)）が、改正前第10章の絶対的優先（absolute priority）原則は、組分けによる投票の結果、再建計画案が否決された場合にのみ適用される（§1129 (b)(7)）、⑤債権者や株主の権利は、債権者委員会（§§1102,1103）、投票権（§1126）、組分け（§§1122,1123 (a)）、投票前に認可された情報提供を受ける権利によって保護される（§1125）、である。

例外的に管財人が選任される一定の場合とは、現経営陣に詐欺的行為（fraud）、不誠実（dishonesty）、無能（incompetence）もしくは明白な経営判断の誤り（gross mismanagement）がある場合である（§1104 (a)(1)）[34]。しかし、タブによると、実際には管財人の選任を得ることは非常に難しい。管財人の選任は特別（extraordinary）の措置であり、明白で説得力のある（clear and convincing）証拠が提出される必要があり、少々の現経営陣の無能さや経営判断の誤りは裁判によっては容赦されてしまう[35]。しかし、タブは、管財人の選任について議会が裁判所に対しそれほど高いハードルを設定したかははっきりしない、現経営陣の占有の継続はその既得権益ではなく、債権者や株主にとって現経営陣を排して管財人を選任したほうがよければ、間違いなく（arguably）管財人は選任されるべきである、といっている[36]。

債務者申立ての場合（voluntary case）には、申立てと同時に、とくに債務者として何らの手続をしないで救済命令（order for relief）が発令され、債権者は債権回収等をすることができなくなる（the automatic stay §362 (a)）[37]。これに対し、債権者申立ての場合（involuntary case）[38]には、

---

34) *Id.* at 1061.
35) *Id.* at 1062.
36) *Ibid.*
37) *Id.* at 244.
38) アメリカ連邦倒産法においては、債務者と債権者のみが更生手続開始申立てをすることができる。歴史的には債権者申立てが標準であったが、今は、ほとんどすべてが債務

申立てと同時に救済命令は発令されず、債務者が支払うべき債務を一般的に支払わないこと等の要件が証明された後に裁判所によって救済命令が発令されることから（§303 (h)）、申立てと救済命令との間に時間的なギャップが生じる。このギャップ期間中には、債務者は原則として従来通り財産管理処分権と事業経営権を有している（§303 (f)）。ただし、債務者が財産を浪費すること等に備えて、債権者の申立てがある場合には、破産裁判所は債務者の権限に制限を設けることができる[39]。それでも債務者の権限を制限する必要がある場合には、第7章においては、「財産を保護し、その散逸を防ぐために必要がある場合には」、仮管財人（an interim trustee）を指名し、財産の管理処分権と事業経営権を委ねることができる（§303 (g)）[40]。これに対し、チャプター・イレブンの場合には、このような明文の規定はなく、仮管財人を選任することができるかどうか争いがあるとされる[41]。しかし、タブは、チャプター・イレブンの債権者申立ての場合にも、現経営陣に詐欺的行為、不誠実、無能もしくは明白な経営判断の誤りがある場合には、仮管財人が選任されるべきであるという[42]。

　日本の会社更生法の場合には、DIP型を原則としているわけではなく、これを原則とするチャプター・イレブンは参考に過ぎない。しかし、管財人の選任を得ることは非常に難しい実務に対するタブの批判、及びチャプター・イレブンの場合でも仮管財人が選任されるべきとするタブの議論は参考になる。

4　平成15年（2003年）の会社更生法制定

　昭和42年（1967年）の会社更生法改正以後、約30年間大きな改正はな

　　者申立てである（*Id.* at 127.）。なお、株主は更生手続開始申立てをすることができない。
39)　*Id.* at 169.
40)　*Id.* at 170.
41)　福田真之介『アメリカ連邦倒産法概説』（商事法務、2008年）38頁参照。
42)　Tabb, *supra* note9 at 170.

かった。平成8年（1996年）10月、法務大臣から倒産法制の全体的な見直しの諮問がなされ、民事再生法等の改正の後、平成14年、現行会社更生法が成立し、同時に成立した会社更生規則と併せて平成15年（2003年）4月1日から施行された。新法制定の背景について、竹下守夫は、当初は実質的な改正項目を10項目くらいに絞って早急に仕上げようとしていたが、結果的には中間試案でも50項目を超える大改正となり立法形式も新しい会社更生法の制定となった、その背景には倒産法が企業再生法ないしは企業の再編成法という意味合いを持ち、長引く日本経済の不況の下で競争市場において敗者となった会社の事業の解体清算を避ける、労働者にとっては職場が確保される、という意味において、セーフティネットとして意味を持つようになったことがある、と説明している[43]。

　手続の遂行主体については、新会社更生法においても、原則として管財人が選任され（会更67①）、管財人に事業経営権と財産管理処分権が専属する（会更72①）。従前と同様の管理型手続である。

　この点、立法当初は、政策的に会社更生の申立てをするように誘導し申立件数を増やすために、また、経営破綻に瀕し任意整理をしようと企業に送り込まれた有能な経営者が任意整理を達せず更生手続に至った場合に取締役は一切管財人になれないのは不都合ではないかとの理由から、チャプター・イレブンのように、また再生手続と同様に、DIP型の手続とするべきではないか、との議論もなされた[44]。しかし、会社更生においては資本構造の変更が本質的な要素となっており、仮にDIP型を採用したとしても更生計画認可後は新たな株主の信任を受けた者が経営を担うしかなく交代はやむをえないこと、担保権をも制約する強力な手続において従来の経営陣が残ることは経済界の一般的な意識として

---

43) 伊藤眞他編『新会社更生法の基本構造と平成16年改正』5頁（ジュリスト増刊）（有斐閣、2005年）。

44) 同55頁（深山発言）。もっとも、平成9年（1997年）12月に公表された「倒産法制に関する改正検討事項」においては更生手続にDIP型を導入するとの見解は全く示されていない。平成12年（2000年）の民事再生法の施行を踏まえて、DIP型の導入の議論が起こり、立法作業においても検討されるようになった（田原睦夫「DIP型更生手続」ジュリスト No1212（2001年）22頁）。

納得できないということで、DIP型の手続とすることは見送られ、ただし、役員等の責任査定決定を受けるおそれのあると認められる者は管財人に選任することができないという明文を置き（会更67③）、そうでなければ、旧経営陣も管財人になることができることを明らかにした[45]。保全管理人についても同様である（会更30②但書き）。責任査定決定を受けるおそれのない者であれば管財人や保全管理人に選任することができる、という限りにおいてDIP型を採用する余地があることが明らかとなった。もちろん、管財人は選任されるわけであるから、DIP型とはいえず、変形的なDIP型ないしは擬似的なDIP型といわれる[46]。

　例外的に管財人（保全管理人）に旧経営陣を選任することができる場合について、新会社更生法の施行当時、東京地裁判事の西岡清一郎は、更生手続における管財人（保全管理人）の果たす役割に照らすと「旧経営者が査定を受けるおそれがないことは当然として、さらに債権者等の利害関係人の協力と信頼を得て事業の再建を進めることができる人物であること」、実際にそのような事情があることが裁判所に明らかになるのは、「先行する私的整理や倒産手続のなかで、すでに、旧経営者による再建の方向性について主要な債権者の了解が得られている場合などのように、旧経営者が主要な債権者の信頼を得ていることが客観的にも明らかな場合に限られてくる」との議論がなされていた[47]。客観的な明白性を求める点において旧経営陣が管財人（保全管理人）に選任されるのはかなり限定的である。また、この点、田原睦夫は、会社更生法67条3項の定める欠格事由に該当しないからといって当然に管財人や保全管理人又はそれらの代理としての適格性が肯定されるわけではないとして、その選任の適否の判断にあたっては、他に「取締役等については、倒産責任の

---

45) 伊藤・前掲注43・56頁（深山発言）。
46) 竹下は変形的なDIP型といい（伊藤・前掲注43・10頁）、深山卓也は擬似的なDIP型という（同56頁）。なお、松下淳一は「DIP型更生手続」という呼称には注意が必要であると指摘する（松下淳一「再建型倒産手続における手続機関選任の近時の運用について」松嶋英機他編『新しい時代の民事司法』（商事法務、2011）132頁）。
47) 西岡清一郎「東京地裁における新たな会社更生実務」山本克己他編『新・会社更生法の理論と実務』（判タ1132号）（判例タイムズ社、2003年）23頁。

有無が問われる必要がある。それらの欠格事由の有無は、経営能力、あるいは更生会社における従前の職務内容からして、管財人、管財人代理等として適格性がある人物につき、その適否を審査する前提として判断されるものである」としている[48]。倒産の原因は、一般に外部環境（当該会社の属する業界・業種等の全体の動向）と内部環境（当該会社内部の固有の事情）から成っており、外部環境の影響をも考慮すると倒産責任の有無の判断は難しい。

　平成15年の新会社更生法による手続の遂行主体は、役員等の責任査定決定を受けるおそれのあると認められる者は管財人に選任することができないという明文が置かれたものの（会更67③）、西岡清一郎によれば、例外として旧経営陣を管財人に選任することができる余地もかなり限定的であり、田原睦夫の見解によっても、倒産原因がないと判断するのも容易でないと考えられることから、DIP型を原則とするチャプター・イレブンとの距離は大きい。

　平成15年（2003年）4月1日の新会社更生法の施行後、同16年（2004年）に「破産法の施行に伴う関係法律の整備等に関する法律」により新会社更生法中の倒産実体法（相殺禁止、双方未履行の双務契約、否認等）や罰則等の見直しや倒産手続間の移行の規定の整備等の改正がなされた。しかし、手続の遂行主体の部分は、とくに重要な改正はない[49]。

3　経営責任問題明白説と排除事由明白説

1　DIP型更生手続における保全管理命令の発令基準 （経営責任問題明白説）

　平成20年（2008年）になると、倒産手続に精通した弁護士から、「私的整理ガイドライン等から会社更生への移行」についての運用案が提案された。その運用案は、私的整理ガイドライン、特定認証ADR、中小企

---

48)　田原・前掲注29・718頁。
49)　改正の内容は、管家忠行「改正の経緯」伊藤・前掲注43・181頁を参照。

業支援協議会、特定調停(以下「私的整理ガイドライン等」という。)において、大多数の債権者の同意が得られたにも関わらず、一部の債権者の同意が得られず不成立となった場合に、私的整理ガイドライン等において検討した再建計画案をその後の更生手続に生かして、円滑かつ迅速に更生計画を成立させるというものであった[50]。

この提案は旧経営陣や私的整理ガイドライン等に関与した専門家アドバイザー(弁護士)等を管財人に選任することを想定するものではない[51]。これを受けた東京地裁の判事も、債権者は先行する私的整理ガイドラインの再建案に反対し不満があることから更生手続に移行したのであり、更生手続の公正さ、公平さを確保するためには、先行する私的整理ガイドラインに関与していない弁護士を管財人に選任するのが相当である、との見解を示している[52]。

しかし、この論文は、「本事案を一歩進めて、事案によっては、私的整理ガイドラインの手続を経ることなく、最初から本提案と同一の枠組でのいわゆるDIP型の会社更生手続の運用も考えられるところである」と締め括られた[53]。これを受けて、東京地裁の判事らによって、債務者となる会社が更生手続を利用しやすくするための方策として、DIP型更生手続の運用の導入が提案された[54]。これによれば、東京地裁に申し立てられた会社更生事件は、現経営陣が自ら更生手続開始の申立をする会社申立類型、大口債権者が現経営陣の下では事業再生を図ることは困難とみて自ら申し立てる大口債権者申立類型、及び現経営陣が再生手

---

50) 多毘羅誠他「『私的整理ガイドライン等から会社更生への移行』への提案」金法 No. 1842(2008年)78頁。
51) 同81頁。
52) 難波孝一「『私的整理ガイドライン等から会社更生への移行』への提案に対する検討」金法 No. 1842(2008年)90頁。
53) 同92頁。
54) 難波孝一他「会社更生事件の最近の実情と今後の新たな展開―債務者会社が会社更生手続を利用しやすくするための方策：DIP型会社更生手続の運用の導入を中心に」NBLNo.895(2008年)10頁。DIP型会社更生手続の運用状況については、大門匡「導入後2年を経過したDIP型会社更生手続の運用状況」NBL963(2011年)31頁以下を参照。

続の申立てをしたことに対する対抗措置として債権者が会社更生を申し立てる民事再生との競合類型の3つの型がある。東京地裁の判事らは、さらに会社更生事件が少ない原因として、現経営陣が経営権を失うことをおそれて更生手続を嫌うこと、現経営陣が法的整理手続を利用することによる事業価値の毀損を懸念することにあると分析した上で、「会社更生を申し立てたからといって現経営陣が当然に経営権を失うことはないということが企業側にとって明確に予測できるようになるならば」、「会社もぎりぎりの段階ではなく、それよりも早い段階で更生手続の申立てがなされるのではなかろうか」という観点から、次のような4要件がある場合には、現経営陣から管財人を選任し事業の再建をさせることが相当であるとしている。①現経営陣に不正行為等の違法な経営責任の問題がないこと、②主要債権者が現経営陣の経営関与に反対していないこと、③スポンサーとなるべき者がいる場合はその了解があること、及び④現経営陣の経営関与によって更生手続の適正な遂行が損なわれるような事情がないこと、である[55]。もっとも、更生手続開始の申立ての保全の段階では、①から④までの要件を満たしていることは判然としない。そこで、東京地裁の実務では、冒頭において説明したように、①の要件を中心に経営責任問題明白説を採用している[56]。

---

[55] 難波・前掲注54・15頁。大阪地裁も、DIP型更生手続とするめには、東京地裁と同様の4つの要件が必要であるとされる(上田裕康他「大阪地方裁判所におけるDIP型更生事件―迅速な事業再建手法としてのDIP型会社更生手続の運用―」(金法1922号51頁(2011年))。

[56] 難波・前掲注54・16頁。なお、松下淳一は、更生手続開始決定時の管財人選任段階の問題として、①②及び④が一般的な要件としつつ、裁判所が①及び②について慎重に判断すると迅速性を損なうおそれがあることから、②が満たされていれば原則として①及び④も満たされていると扱う運用が望ましいという(松下・前掲注46・136頁)。しかし、松下は、②の判断について、例えば、小口の損害賠償請求権者が相当数いてDIP型更生手続に反対している場合には、更生手続一般ひいては司法全体に対する信頼を確保する観点から、単に大口債権者の同意があればよいとすることに疑問を呈する。そうとすれば、②の判断が管財人選任段階においても容易といえるのか、疑問が残る。

2 東京地裁の運用実務（排除事由明白説）の検討

　大口債権者申立類型の場合において、排除事由明白説を採用すれば、会社申立類型の場合の経営責任問題明白説と同じ基準となり、バランスが取れているように思われる。すでに述べたチャプター・イレブンの裁判実務において、管財人は特別の措置であり、これを選任するには、現経営陣の詐欺的行為等を証明する、明白で説得力のある証拠が提出される必要があるとする実務に近いものがある。

　確かに、会社申立類型の場合、より早い段階でも更生手続の申立てを促すという観点から、会社更生を申し立てたからといって現経営陣が当然に経営権を失うことはないということが現経営陣に明確に予測できるよう、経営責任問題明白説を採用することは理解できる。しかし、債権者等の申立ての場合については、このような政策目的を考慮する必要がない。むしろ、窮境にある会社は債権者からの申立てを恐れてより早い段階での更生手続ないしは再生手続の申立てに及ぶことになるかもしれない。再生手続ないしは更生手続を広く活用して民事再生法ないしは会社更生法の目的を達成するにはそちらの方が望ましい場合もある。また、金融機関には会社更生イコール旧経営陣の退陣という認識があり、むしろ旧経営陣を退陣させるために債権者等申立てをするという例もあるという[57]。とすれば、現経営陣を直ちに排除すべきことが明らかな場合でない限り、保全管理人を置かないというのは、債権者及び更生手続に取り込まれることになる担保権者にとって違和感があり、平成15年（2003年）の会社更生法制定の際にDIP型更生手続が検討されたものの結果として採用されなかった経緯からみても疑問がある。

　もっとも、DIP型更生手続の運用については、平成22年申立ての大手消費者金融会社のDIP型更生手続の案件をめぐって議論がなされている。オロ千晴も、念頭に置く事案は明示していないが、「あながちDIP型更生事件を否定するものではないが、いやしくも新倒産法手続

---

57)　片山英二他「座談会　改正会社更生法と金融実務（上）」金法1674号（2003年）64頁（三菱住友銀行三上徹発言）。

を適用して再建を図るのであれば、債務者らは債権者や利害関係人らに誤解や疑念をいだかせることなく公正・公平に手続を遂行する必要がある。また、裁判所も厳格な棲み分けをして事件の選別をした上で、職権的監督を強化するなどの諸策を講じるべきである」と述べている[58]。裁判所がこれらの議論を受けて、DIP 型更生手続の運用について消極的になれば、4つの要件ないしはその解釈が変わり、経営責任明白説も、ひいては排除事由明白説も再検討を迫られることになる。

4 債権者等申立ての更生手続における保全管理命令の発令基準

1 債権者等申立ての場合の両極の立場と信頼性の判断

冒頭紹介したように、債権者等申立ての場合には、信頼性の基準を採用せず、極めて例外的な場合を除いて保全管理命令は発せられるべきであるという積極説と、極めて例外的な場合を除いて保全管理命令は発せられるべきではないという消極説がありうる。積極説は、更正手続はそもそも管理型手続であることを根拠とすることができるし、会社更生イコール旧経営陣の退陣という金融機関の認識に適ったものである。また、債権者等申立てをする債権者は、弁護士に相応な費用をかけて更生手続開始申立事件を依頼し、通常多額となる予納金を裁判所に納めるわけである。それだけ深い不信感を現経営陣に対して抱いている。債権者等申立てをする債権者の立場からすれば、積極説が妥当ということになる。これに対し、保全管理制度の導入された昭和42年（1967年）の会社更生法の改正当時にもあった「保全管理人等の選任を会社申立ての場合に限るか、あるいは、調査委員により事前にその必要性を調査する必要がある」との修正意見に見られるように、ある日、突然、債権者等の申

---

[58] オロ千晴「倒産法改正　思うことそして考えること」東京弁護士会倒産部編『倒産法改正展望』（商事法務、2012年）（10）頁。また、松下の DIP 型更生手続の運用する4要件の②「主要債権者が現経営陣の経営関与に反対していないこと」についての前掲注56の内容も、これと同じ問題意識を持つものと考えられる。

立てによって、保全管理人が選任され、管理型手続に移行するのは会社にとっては全くの不意打ちであり、とりあえず債権者等申立ての場合には監督委員（ないしは調査委員）を選任し、必要に応じて開始決定時に管財人を選任すればよいと考えれば、消極説が妥当ということになる。

　いずれも根拠はある。しかし、窮境にある株式会社について、更生計画の策定及び遂行に関する手続を定めること等により、債権者、株主その他の関係人の利害を適切に調整し、もって当該株式会社の事業の維持更生を図ることが会社更生法の目的であり（会更1）、その目的を達成するために必要があると認めるときは、保全管理命令を発令することができる（会更30①）。債権者等申立ての場合についても、会社更生法の目的に照らし、裁判所が保全管理人を選任し現経営陣を排除した方がよいのか、それとも現経営陣の占有を継続させ必要に応じて監督命令ないしは調査命令を発令する方がよいのか、という観点から保全管理命令の発令を検討すべきである。積極説・消極説は、いずれも債権者等申立てといういわば更生手続の入口の事情を重視し過ぎであり[59]、合目的的な発想に欠ける。

　更正手続は策定された更生計画について、更生債権、更生担保権及び株主と組分けされて決議し、所定の数の同意があった場合に可決される（会更196①・168②、196⑤）ものであり、信頼されない手続遂行主体では、更生計画案の可決を得ることは期待できず、途中で頓挫することになるから、手続遂行主体はこれらの者の信頼を得る者がふさわしい。通常、更生会社は債務超過にあり株主には議決権がない（会更166）ことから、実際に問題となるのは債権者及び担保権者の信頼である。したがって、現経営陣が更生手続の遂行主体として債権者及び担保権者の信頼を得る

---

[59] 債権者による破産申立ての場合には濫用的なものが散見されるが、更正手続や再生手続の債権者申立ての場合には、予納金がいずれも高額であること、事業の継続を内容とする更生計画案の作成等の見込みがないことが明らかでないこと等が問題とされることから、いずれも申立てのハードルが高く、濫用的なものはほとんどみられないといわれる（井上一成「債権者申立てをめぐる諸問題」清水直編著『企業再建の真髄』（商事法務、2005年）175頁）。債権者等の申立ては濫用的なものが多いと予断を持つべきではない。

ならば、保全管理命令を発令して保全管理人を選任する必要はない。これに対し、債権者・担保権者の信頼がなければ、保全管理命令を発令して保全管理人を選任する必要がある。もちろん、会社申立ての場合と債権者等申立ての場合とで区別する必要はない。信頼性の基準はこのようにして根拠づけることができる。また、西岡清一郎の「債権者等の利害関係人の協力と信頼を得て事業の再建を進めることができる人物」とも同じ趣旨の見解といえる。田原睦夫の「倒産責任のない者」も倒産責任のある者は到底債権者や担保権者の信頼を得られないという意味においては同趣旨と考えることができる。

2　保全管理命令の発令の判断の枠組み

ところで、大阪高裁決定は、冒頭で紹介したように、保全管理命令の発令の基準として、不相当事情の存在と手続開始見込みの存在を指摘している。

不相当事情の存在とは、すなわち、従来の経営陣が経営を継続した場合、財産の隠匿や散逸、事業劣化の危険がある場合と例示した上で、「従来の経営陣に経営を委ねておくのが相当でない事情がある場合」には保全管理人を選任するというものであり、これは「現経営陣に対する信頼性が相当程度にあるかどうか」を判断する方法として、直接、現経営陣の信頼性があることを問うことは難しいことから、従来の経営陣に経営を委ねておくのが相当でない事情があるかどうか、裏側から問うことにしたといえる。信頼性の基準と同じ趣旨のものということができる。

これに対し、手続開始見込み存在、すなわち更生手続開始の原因（破産手続開始の原因となる事実が生ずるおそれがある場合。会更41①柱書・17①一）があり、かつこれを阻害する事由（会更41①各号。以下「棄却事由」という）もない場合については、東京地裁の実務はこれについて言及するが、伊藤眞はとくに説明していない[60]。しかし、債権者等の申立てにおいて、

---

60)　伊藤・前掲注1・78、84頁等参照。

更生手続開始の見込みがないにもかかわらず、保全管理命令を発令し現経営陣を排除することは、いたずらに経営の空白を招き事業価値を毀損することにもなりかねないことからすると、手続開始の見込みの存在が必要であると解すべきである。

　もっとも、手続開始見込み存在の判断は難しい。大阪高裁決定は、金融機関に対する債務の支払を停止し、事業再生 ADR の申立てをしている事案であり、現経営陣は事業再生 ADR により事業再生を試みていたなどと反論したが、大阪高裁は、「金融機関に対する債務の弁済を停止し、事業再生 ADR の申立てをしており、破産原因たる支払不能を推定させる支払停止の事実があり、弁済期にある債務を弁済すれば、事業継続に著しい支障を来たすおそれがあるというべきであるから、会社更生法17条1項1号及び2号の該当する事実が認められる」とし、更生手続開始の原因があることを認めた上で[61]、「現時点において、多くの取引先金融機関の同意が得られるような再生計画が示されているような状況にはなく、事業再生 ADR によって再建が可能かどうかは不明であるといわざるを得ない」等として、手続開始の棄却事由にも該当しないと判示している[62]。

---

61) 債権者等申立ての場合には、破産手続開始の原因となる事実が生じるおそれが必要であり、会社申立ての場合のように、弁済期にある債務を弁済することとすれば、その事実の継続に著しい支障をきたす場合では足りない（会更17①一・②）。したがって、債権者申立ての事案である本件において、大阪高裁が、支払不能を推定させる支払停止の事実を認めながら、弁済期にある債務を弁済することとすればその事実の継続に著しい支障を来たすおそれも認定したのか、疑問が残る。

62) 松嶋英機は、大阪高裁決定について、債権者申立てを行った債権者はかつての債務者会社の代表取締役であり解任された者であること、申立ての根拠となった債権は申立人が債務者会社の金融機関に対する連帯保証をしていたことからの申立人の債務者会社に対する事前求償権であったこと等から、いきなり保全管理命令を発令すべきではなく、調査命令が相当であったという（松嶋英機「事業再生 ADR から法的整理への移行に伴う諸問題」東京弁護士会倒産部編『倒産法改正展望』（商事法務、2012年）93頁）。伊藤眞も、大阪高裁決定について、事業再生 ADR の申請を支払停止とみなす旨の判示をするが疑問であるという（伊藤・前掲注1・39頁）。

3　信頼性の判断のポイント

　現経営陣に対する信頼性が相当程度にあるかどうかを直接判断することは難しい。債権者等申立ての場合は、会社の経営・財務状況等の情報に制約があることを考えるとなおさら難しい。排除事由明白説も、申立て段階で直ちに、現経営陣に対する信頼性が相当程度にあるかどうか判断することが困難であることを考慮したものと推測される。しかし、その困難さは理解できるとしても排除事由の明白性まで求めたことの問題は既に指摘したとおりである。他方で、西岡清一郎がいうように、旧経営陣が主要な債権者の信頼を得ていることが客観的にも明らかな場合にのみ旧経営陣を管財人に選任するとすれば、保全管理命令が発令される場合が多くなり過ぎるおそれがある。これに対し、大阪高裁決定の考え方は参考になる。そこで、どのような場合に、不相当事情が存在するといえるのか。更生手続の遂行主体として債権者及び担保権者の信頼が現経営陣にあるかがポイントである。

　第1に、更生手続開始の原因があるにもかかわらず、経営陣が何らの抜本的な経営改善計画を立案し実行していない場合には、不相当事情が存在する。債権者や担保権者は、このような経営陣に対し更生手続の遂行主体として信頼を寄せることはできないからである。再生手続、事業再生ADR及び金融機関を相手方として特定調停の申立てをしている、ないしはその準備中であることは抜本的な計画を立案し実行している場合に該当する。ただし、いずれの場合においても、債権者や担保権者が現経営陣の当該手続に反対の意思を表明しているような場合、又は反対の意思があると認められる客観的な事情がある場合には、現経営陣はもはや債権者及び債権者の信頼を得ているとはいえず、不相当事情があるといえる。

　第2に、旧経営陣が経営を継続した場合、財産の隠匿や散逸、事業劣化の危険がある場合は、到底債権者の信頼は得られず、不相当事情が存在する。担保権者も、担保価値が十分であればともかく、自らの担保物の隠匿や散逸があれば、現経営陣に対し信頼を与えることはできない。

　第3に、現経営陣が違法な経営を行っている場合に、それが事業価値

を毀損するようなものである場合には、不相当事情が存在する。第2と第3に関連するが、大阪高裁決定は、当該事案において、「現経営陣において、何らかの不正行為への関与や資産の不当な処分や隠匿、不適切な経営を行っていること等を伺わせる資料はない」としながらも、現経営陣が労働組合の幹部従業員2名を配置転換し、後に業務命令違反で解雇したことを問題視している。重大な労働法違反は、従業員の勤労意欲にも悪影響を及ぼすものであり、事業価値を毀損することから、債権者や担保権者の信頼を損なうものといえる。

第4に、支払不能(支払停止)の段階においては、債権者の平等が大切であるから、債務者が一部の債権者に対して偏頗的な弁済等の行為をした場合には、不相当事情が存在する。債権者は現経営陣に対する信頼を寄せることはできなくなるからである。

第5に、現経営陣に倒産に導いた責任がある場合には不相当事情がある。田原睦夫が指摘した点である。もはや債権者及び担保権者の信頼を得ることができないからである。大阪高裁決定は、現経営陣の代表取締役について、「平成6年から取締役の地位にありながら、一連の内紛についてしかるべき対応を打ち出すことができなかったものであり、今日の事態に至ったことにつき、法的責任はともかくとして経営責任ないしは道義的責任を指摘されてもやむを得ない」と判示している。

以上のうち、第1のポイントは手続的な事柄であり、外観的な判断がある程度可能である。ここで問題となれば、直ちに不相当事情があるとして、保全管理命令を発するべある。これに対し、第2から第5のポイントは、外観的な判断が難しい場合が多く、それぞれの事情の重大さを考慮して、総合的に判断すべきである。

5　おわりに

東京地裁において、平成20年(2008年)からDIP型更生手続の運用が始まり、会社申立ての場合の保全管理命令の発令基準として、経営責任問題明白説を採用し、それと関連づけて、東京地裁は債権者等申立ての

場合の保全管理命令の発令基準として排除事由明白説を発表した。しかし、債権者等申立ての事例が少ないためか、保全管理命令の発令基準に関する議論が深まっていない。そのような状況において、大阪高裁決定が下され、保全管理命令の発令の基準として、不相当事情の存在と手続開始見込みの存在という見解が示された。大阪地裁が、大阪高裁決定に従うとすれば、東京地裁の排除事由明白説と異なることになる。さらに、DIP型更生手続の運用について消極的な方向で見直しがあれば、債権者等申立ての場合の保全管理命令の発令基準にも影響があろう。

　今後の実務の展開が注目される。

第4部　非訟事件手続法

非訟事件における直接審理主義について

金 子　　修
Osamu KANEKO

1　はじめに
2　民事訴訟における直接審理主義
3　非訟事件における直接審理主義
4　最後に

1　はじめに

　非訟事件手続法（平成23年法律第51号）および家事事件手続法（平成23年法律第52号）が、平成23年5月19日に成立し、同月25日に公布され、平成25年1月1日から施行されている。
　これらの法律は、手続法として有すべき基本的な事項についての規律を備え、当事者、および裁判所の判断によって影響を受ける者等の手続保障に配慮したものとするという観点から、いずれも長年にわたって本格的な改正がされないままになっていた旧非訟事件手続法（明治31年法律第14号、以下「旧非訟法」という）、家事審判法（昭和22年法律第152号）を抜本的に見直し、制定されたものである[1]。したがって、これらの新しい法律は、旧非訟法および家事審判法に比してかなり豊富な手続規定を包含しているのであるが、なお、今後の解釈に委ねられた部分も多い。
　これらの新しい法律の下での解釈運用については、今後、会社非訟事件、家事事件、借地非訟事件等の類型ごとに実務家による実践やそれを踏まえた検証・研究の成果が紹介されていくと思われるが、それととも

---

[1]　これらの法律の概要については、金子修編著一問一答非訟事件手続法（商事法務、2012年）、金子修編著一問一答家事事件手続法（商事法務、2012年）等を参照。

に紛争性の高い事件についても非訟事件として処理されることの多い現状に鑑み、非訟事件全般についての民事手続法の研究者による理論的な検討が加速深化していくことが期待される。

　本稿は、解釈運用に委ねられた課題の1つであると考えられる非訟事件の手続における直接審理主義について問題提起をしたうえで、若干の考察をするものである[2]。

　本稿において考察の対象とするのは、非訟事件であるが、主として、非訟事件手続法と家事事件手続法の規律に沿った検討をしたい（以下「非訟事件」は、家事事件を含む意味で用いる）[3]。

　なお、私は、非訟事件手続法および家事事件手続法の立案に関わった者であるが、今回取り上げる点は、上記のとおり、最終的には今後の解釈と運用に委ねるという選択をしたものであって、立案に関わったという立場を離れて、客観的な考察を試みたものである。その意味でも、本稿の内容のうち意見にわたる部分は全くの私見であることをお断りしておく。

2　民事訴訟における直接審理主義

　非訟事件における直接審理主義について検討するに当たっては、民事訴訟における直接審理主義の意義と直接審理主義の例外が許容される理由の検証が有力な材料を提供してくれるものと思われるので、まず、その検討から始めたい。

2）　家事審判法についてこの問題を扱ったものとして、佐上善和「家事審判法」（信山社、2007年）192頁以下がある。
3）　非訟事件手続法は、具体的には、これが適用される会社非訟事件（会社法875条参照）、借地非訟事件（借地借家法42条1項参照）、これが準用される労働審判事件（労働審判法27条1項）等の各手続において具現化するが、ここでは主として非訟事件の一般論として非訟事件手続法の規律そのものについて検討している。したがって、個別の法令に特則がある場合には、そちらが優先することはいうまでもない。また、家事事件手続法は、家事調停事件の手続も規律しているが、本稿では主として家事審判事件の手続を念頭において検討している。

1 民事訴訟における直接審理主義の意義

　民事訴訟における直接審理主義とは、弁論の聴取や証拠調べを、事件について判決をする受訴裁判所が自ら行う原則で、他の者の審理の結果の報告に基づいて裁判する間接審理主義に対するものとされる[4]。もっとも、この要請は、一定程度緩和されており、判決をする裁判官が、必ず、審理の最初から最後までを自ら直接行うことまで要求するものではなく、後にみるように、審理の途中で担当裁判官が交代しても審理を最初からやり直すのではなく、それまでの口頭弁論の効力が維持されることを前提に、当事者に従前の口頭弁論の結果を陳述・報告させた上で審理を進行させる（弁論の更新、民訴法249条2項）ことができる[5]。また、判決をする裁判官はその基本となる口頭弁論に関与した裁判官であり（同法249条1項）、具体的には、弁論を終結した口頭弁論期日に関与した裁判官が判決の内容を決定するということを意味するが、逆にいえば、途中の手続に関与しなくとも、最終の口頭弁論期日に関与する者が判決内容を決定することで緩和された要請は満たされることになる。なお、民事訴訟において口頭弁論期日への関与が不可欠とされるのは、民事訴訟においては、直接審理主義が口頭主義および公開主義とも結合しているからである。つまり、直接審理主義の要請を満たすためには、公開で行われる口頭弁論の期日において援用されて初めて裁判の資料とする（受命裁判官がした証拠調べの結果が裁判の基礎とされるためには口頭弁論に上程される必要がある）ことにより、口頭主義および公開主義の要請も見たす必要があるという側面がある。

2 直接審理主義の例外・緩和

　直接審理主義の例外または緩和を許容するものとして位置づけられているものとしては、裁判官の交代による弁論の更新の手続（民訴法249条2項、控訴審における第一審における結果の陳述について同法296条2項）のほか、

---

4) 新堂幸司・新民事訴訟法第5版（弘文堂、2011年）517頁。
5) コンメンタール民事訴訟法Ⅴ（日本評論社、2012年）150頁。

受命裁判官または受託裁判官等による証拠調べ（同法185条、195条、215条の4、268条）[6]、受命裁判官による弁論準備手続の実施（同法170条2項、171条1項）[7]等がある。

3　直接審理主義の例外または緩和の理由

　以上のような直接審理主義の例外または緩和の理由については、次のように説明されている。弁論の更新が直接審理主義の例外として許容されているのは、受訴裁判所を構成する裁判官が交代した場合において、直接審理主義を徹底して、弁論および証拠調べを初めからやり直さなければならないとすれば、訴訟経済に反し、当事者にも迷惑になるし、従前にされた口頭弁論や証拠調べの効力を失わせる理由もない[8]。また、受命裁判官が、弁論準備手続において文書の証拠調べをすることができるとしていることについては、争点および証拠の整理をするには受命裁判官が書証として申出がされた文書を閲読することは必要不可欠である一方で、受命裁判官においてその証拠調べを行った場合であっても、多くの場合には受訴裁判所を構成する他の裁判官にその結果を正確に伝達することが可能であるからである[9]。大規模訴訟における受命裁判官による証人または当事者本人の尋問については、多数の証人または当事者本人の尋問を迅速に行うようにするために当事者に異議がないことを要件に裁判所内でも尋問をすることができるようにしたものである[10]。

　つまり、ここに現れているように、民事訴訟における直接審理主義の要請は、迅速または効率的な事件の処理、そのための機動的な対応が相当である場合には、一定の要件の下で緩和して差し支えないと考えられ

---

6)　民事訴訟法268条は、大規模訴訟においては受命裁判官が裁判所内で証人尋問または当事者尋問をすることができるとするもので、平成8年改正により導入された。
7)　民事訴訟法170条2項および171条1項は、文書と準文書は、受命裁判官が弁論準備手続において証拠調べをすることができるとするもので、平成15年改正により導入された。
8)　コンメンタール民事訴訟法Ⅴ249頁。
9)　小野瀬厚＝武智克典編著　一問一答平成15年改正民事訴訟法（商事法務、2004年）89頁。
10)　法務省民事局参事官室編　一問一答新民事訴訟法（商事法務、1996年）315頁。

ているといってよいであろう。そして、その結果、現在の民事訴訟手続においては、実際には、裁判官が裁判資料を直接、本来の性質そのままに、五官の作用を通じて感じ取るということはせずに裁判の内容を決定するということが相当程度許容されていることになる。当該訴訟において判決内容を決定するための心証形成上重要な鍵となる証人尋問を担当した裁判官であっても審理の終結（口頭弁論の終結）までに交代してしまえば、判決内容の決定に関与することはできず、当該証人尋問に関与しなかったために供述態度を直接観察する機会のなかった交代後の裁判官が判決の内容を決定するということになるのである。このような実情を直視すれば、現在における直接審理主義は、最終的に判断の基礎となる口頭弁論の内容を（裁判官の交代があった場合の弁論の更新や受命裁判官によった場合の弁論への上程を通じて）全部把握し検討できる状況にあることが制度上担保されているものと想定されている裁判官（体）が判決内容を決定しなければならないというように形を変えて存在しているということができるように思われる。

4　直接審理主義の緩和の要件と限界

このように直接審理主義が緩和されているとはいえ、民事訴訟は、本来の意味の直接審理主義を放棄しているわけではない。弁論の更新の制度自体が、直接審理主義を前提とした制度であるし、また、受命裁判官または受託裁判官がした証拠調べの結果が口頭弁論に上程されることにより裁判資料となる[11]（もっとも、後者は、公開主義の要請でもある点は、非訟事件手続との対比上は留意しておく必要がある）。また、直接審理主義の例外が認められている場面においても、弁論の更新によって、従前の口頭弁論の結果がそのままの形で裁判の資料となるものの、証人尋問については、証言の信憑性に重大な影響のある証人の供述態度等から得られた印象が、新裁判官に伝えられないことに配慮し[12]、証人尋問の再実施の規

---

[11]　具体的な方法やそれがされなかった場合の効果については争いがある。条解民事訴訟法第2版（弘文堂、2011年）1066頁〔松浦馨＝加藤新太郎〕参照。

[12]　条解民事訴訟法第2版（弘文堂、2011年）1324頁〔竹下守夫＝上原敏夫〕。なお、再実

定（249条3項、なお、242条も同趣旨）が設けられている。また、弁論の更新の手続違反の効果については、判例は厳格に解しており、直接審理主義違背は上告理由（民訴法312条2項1号、裁判官の交代の場合に、従前の口頭弁論の結果の陳述がされなかった場合について、最判昭和33年11月4日民集12巻15号3247頁参照）、再審事由（338条1項1号）になるのであり、また、責問権の放棄・喪失による瑕疵の治癒もないものと理解されている（もっとも、この点については、学説からの批判が強い）[13]。

また、実務上も、事件処理の迅速化により弁論の更新がされる場面が相対的に減少しているといえるが、人証については集中証拠調べを実施し、当該集中証拠調べを実施した裁判官が判決内容を決定するのが望ましいという認識が浸透していると思われる。これは、直接審理主義の実質を確保すべきであるという意識の表れであるといえよう[14]。

以上のとおり、民事訴訟においては、厳格な直接審議主義からの後退はあるものの、なお、基本的理念としての役割を維持しているといってよいように思われる。

3　非訟事件における直接審理主義

次に、直接審理主義が、非訟事件においてはどのような形で現れるの

　施の規定は、受訴裁判所が合議体の場合には、合議体の過半数の裁判官が交代した場合を対象としている。
13)　例えば、条解民事訴訟法第2版（弘文堂、2011年）1324頁〔竹下守夫＝上原敏夫〕は、「弁論の更新は、それによってはじめて従前の口頭弁論に現れた資料が交代後の裁判官にとって判決資料となるという効果をもつのではなく、弁論の更新なくしても適法な判決資料であるものに、直接性という性質ないし価値（ことに証拠資料について認められる）を付加する手続にすぎず、それゆえ、これを懈怠したとしても、一般の訴訟手続の法令違反となるにすぎず、絶対的上告理由には該当しないと解すべきである。」とし、高橋宏志・重点講義民事訴訟法下（第2版）（有斐閣、2012年）676頁は「直接主義の内でも弁論の更新のし忘れは責問権喪失の対象になる。絶対的上告理由と解して、判決を破棄差戻しするまでの瑕疵だとすべきでない」とする。
14)　例えば、裁判官の交代が予想される場合には主張と書証の整理を終えた段階で次の裁判官に交代をするようにし、人証について集中証拠調べをした後に交代するような事態をできるだけ避けるといった運用上の工夫がされることも多い。

かを非訟事件における特徴を踏まえつつ、非訟事件手続法や家事事件手続法における手続の規律に即して検討したい。さらに、直接審理主義と関連して非訟事件における裁判の基礎となる資料（裁判資料）の取扱いに言及し、最後に、裁判官の交代があった場合の裁判資料と最終的な判断者（審理終結概念のある手続において審理終結時の裁判官以外の裁判官が裁判内容を決定することが許容されるのか）について考えてみたい。

1 これまでの議論

これまで、非訟事件において直接審理主義が妥当するものとされてきたかについては、必ずしも明らかではない。民事訴訟と異なり、公開主義、口頭主義の要請があるわけではないから（非訟事件手続法30条、家事事件手続法33条参照）、これらの要請と結びついた形で存在する民事訴訟における直接審理主義がそのままの形で妥当するわけではない。また、裁判の基礎となる資料の収集も自由な証明によることが可能であり、多くの場合には事実の調査という証拠調べとは異なる方法によってされていることからすれば、民事訴訟の人証調べにおける直接審理主義の重要性への配慮（民訴法249条3項参照）が働く場面は多くはないということになる。

しかしながら、それでも、一般的には、裁判の基礎となる資料の収集は当該裁判をする裁判官（体）が自らすべきである（少なくともそうすることが望ましい）という意味では、直接審理主義の考え方は、非訟手続においても妥当するとされてきたのではなかろうか[15]。今般の非訟事件手続法、家事事件手続法の立案段階における議論（特に、家事審判手続における参与員の役割をめぐる議論）の中でも、このことは前提とされていたと思われる[16]。

---

15) 鈴木忠一「非訟・家事事件の研究」（有斐閣、1971年）295頁以下。証拠調べをしたときは民事訴訟法の更新の手続の規定が類推されるとするものとする条解民事訴訟法1393頁〔竹下守夫＝上原敏夫〕も、基本的には本文の同方向のものと考えられよう。

16) 例えば、法制審議会非訟事件手続法・家事審判法部会第8回議事録（http://www.moj.go.jp/content/000012281.pdf）35頁〔高田昌宏発言〕や同第20回議事録（http://

他方で、非訟事件の手続においては、裁判官の更迭があっても弁論の更新の制度（民事訴訟でいう弁論という概念がないので、厳密にはそれに相当する制度）はなく、また、その必要性もないと考えられてきたように思われる[17]。旧非訟法や家事審判法、その他非訟事件に分類される手続を定める法律においても、裁判官交代の場面においてそれまでの間に収集された資料をどのように取り扱うかについての規律は設けられていなかったし、今般制定された非訟事件手続法および家事事件手続法においても同様である。このことはどのように理解すべきか。これをもって、直接審理主義は非訟事件の手続には全く当てはまらないということになるのだろうか。この問題は、そもそも非訟事件においてされた事実の調査や証拠調べはどのような形で裁判資料になるのか、裁判資料の性質は裁判官の交代があっても変容しないのかという点とも関連するように思われる。

2　非訟事件における裁判資料

　現在の非訟事件の手続を規律する法律の規定のいくつかは、後述するように直接審理主義についての一定の考え方を示唆していると考えられるが、まず、このような規定の存在をいったん度外視して、非訟事件における裁判資料の性質について考えるならば、さしあたり、次の①から③までの3つの考え方があり得るように思われる。

　①受命裁判官や受託裁判官が関与したか否か、裁判官の交代があったか否かにかかわらず、裁判官が事件についての判断をするに当たっては、判断の基礎となる資料をどのようにしんしゃくするかを含めて最終的には裁判の内容を決定する裁判官（体）が決める。自らが関与して行った証人尋問や当事者から事実の調査として事情を聴いた内容から直接心証をとるか、それが裁判記録化されている場合において記録の内容から心証をとる（証人尋問調書や当事者の審問の結果が記載された調書を閲読して

---

　　www.moj.go.jp/content/000049932.pdf）32頁〔三木浩一発言〕参照。
17）　大決昭9年1月12日民集13巻10号、東京高決昭和34年6月26日下民10巻6号1390頁、東京高決昭52年6月27日判例時報864号92頁。

心証を形成する）かについても、当該裁判官（体）に委ねられている[18]。

②裁判の内容を決定する裁判官が直接関与した証拠調べや事実の調査については、その性質のままに裁判の資料となる。しかし、受命裁判官や受託裁判官により収集された資料や、裁判官の交代があった場合に交代前の裁判官の関与の下に収集された資料は、最終的な裁判の内容を決する裁判官によって直接感得されたものではないから、当該裁判官（体）が心証を形成する裁判資料としてはその性質を変じる。すなわち、事実の調査や証人尋問の結果が調書化されたものや記録に綴られた書面のみが当該裁判官（体）によって事実の調査等によって裁判資料化されることによって裁判の基礎となる[19]。

③裁判の基礎となる資料は、受命裁判官や受託裁判官が関与した場合や裁判官の交代があった場合でも、その性質のままに裁判の資料になる。

3　非訟事件手続法および家事事件手続法と直接審理主義

理念的には、上記2の①から③までのような考え方があるとしても、それでは現行の非訟事件手続法または家事事件手続法は、どのような前提に立っていると考えるのが相当であろうか。新しい非訟事件手続法や家事事件手続法においては、裁判の結果について利害関係を有する者に

---

[18] 任意的口頭弁論が適用になる事件においては、そもそも口頭弁論以外の材料も裁判の資料とすることができるので民訴法249条2項の適用はないと解されるとする考え方（コンメンタール民事訴訟法Ⅴ153頁）は、この考え方に近いのかもしれない。

なお、理念的には、およそ非訟事件においては、裁判の内容を決定する裁判官（体）が自ら直接行った証人尋問や事実の調査であっても、すべて記録された内容のみが裁判の資料となるという考え方もあろうが、裁判官の交代等がまったくない場合であってもあえてそのように解する合理的な理由は見出せない。

[19] 鈴木「非訟・家事事件の研究」（有斐閣、1971年）298頁は、当事者または関係人の供述について審問調書が作成されても、また、民訴法の形式によった証人・鑑定人の尋問調書が作成されている場合でも、更迭後の裁判官にとっては、それらは単に記録、書証としての性格を有するのであって、民訴の場合、裁判官の更迭があっても、また、上訴審に移審しても、証人の供述は常に証言たる性質を失わないで、書証となることがないのとは異なるのであるとしているのは、②の考え方であろう。

ついての手続保障に配慮がされ、そのような観点から手続が一定程度要式化した中にあって、直接明示する規定のない部分であるが、これらの法律中のいくつかの規律から検討してみたい。

（1）担当裁判官（体）という概念　非訟事件においても、民事訴訟法でいう受訴裁判所に相当する概念があり、当該非訟事件を担当する裁判官（体）が決まっている。除斥・忌避の制度（非訟事件手続法11条から13条まで、家事事件手続法10条から12条まで）、受命裁判官による手続（非訟事件手続法46条、家事事件手続法53条）の規定等はそのことが前提になっているものといえる。したがって、期日または期日外における手続を適宜の裁判官が行えばよいというものではなく、基本的には同一審級においては特定の裁判官（体）が個別具体の非訟事件を継続して審理することになる。

（2）証拠調べについて　非訟事件手続法および家事事件手続法においても、証拠調べという方法により裁判資料を収集する場合には、基本的に民事訴訟と同様の規律が妥当する（非訟事件手続法53条1項、家事事件手続法64条1項）。このようにしているのは、証拠調べの方法による裁判資料の提出または収集の在り方としては、現在の民事訴訟における証拠調べの方法が当事者等の手続保障等の観点から一般的合理性を有し、また、民事訴訟における証拠調べについての知識経験の蓄積の活用が有用であることを踏まえたものと考えられる。非訟事件の手続における証拠調べは、民事訴訟における証拠調べと同様の方法によることになることから、証人尋問をする場合には、当事者には立会権、尋問権があることを前提としている。また、後述するとおり、期日における手続を受命裁判官によってすることを一般的に認めているものの、証拠調べを受命裁判官が行う場合については、民訴法206条によることになる（非訟事件手続法46条1項ただし書、家事事件手続法53条1項ただし書）。

このように基本的に民事訴訟と同様の規律を採用していることは、それによって得られた資料が裁判の基礎とされる場合の性質も民事訴訟におけると同様に考えることに合理性があるといえよう[20]。

（3）事実の調査について　非訟事件における中心的な裁判資料の

収集の方法は事実の調査である[21]。この事実の調査は職権で行われるが（非訟事件手続法49条1項、家事事件手続法56条1項）、次のとおり、当事者や利害関係参加をした者に事前にまたは事後に認識できるような形で行われることが多い。すなわち、その結果が裁判所の判断に影響を与えるような場合には（法文上は、「その結果が当事者による・・手続の追行に重要な変更を生じ得るものと認めるとき」）、裁判所は当事者および利害関係参加人に通知しなければならない（非訟事件手続法52条、家事事件手続法63条）。また、相手方がある紛争性の高い事件においては、事実の調査をしたことを原則として当事者および利害関係参加人に通知するものとされている（家事事件手続法70条、借地借家法53条）。したがって、事実の調査として任意に審問をした場合には、通常は当事者や利害関係人に通知されることになる。さらに、一定の類型の家事審判事件については、申出があれば当事者からの陳述の聴取を審問の方法によらなければならないこととし（家事事件手続法68条2項）、その場合には他の当事者（利害関係参加人があればその者も）は原則として立ち会うことができる（同法69条）。加えて、一定の類型の事件においては、審問を義務付けている（家事事件手続法165条3項、169条1項、188条3項、会社法870条2項、借地借家法51条1項）。審問を重要なものと位置づけているのは、裁判官（体）から見れば供述時の供述者の態度、表情、語調等を見て取れるからであり（これらは、交代後の裁判官が供述内容を活字化したものを閲読しても分からない）、これを当事者から見ればそのような形で直接裁判官（体）にアピールすることを可能ならしめるからである（また、他の当事者との関係で捉えれば、そのような場面にいる機会

---

20) もっとも、当事者が文書提出命令に応じない場合の効果については真実擬制ではなく過料の制裁によることとする（非訟事件手続法53条3項および4項、家事事件手続法64条3項および4項）など、民事訴訟法とは規律を異にする部分がある。また、非訟事件の手続や家事審判の手続は公開しないから（非訟事件手続法30条、家事事件手続法33条）、証拠調べの手続も非公開で行われる。また、受命裁判官がした証拠調べの結果については、民事訴訟と異なり口頭弁論という概念がないこともあり、これを援用するための手続は想定されていないと解される。

21) 非訟事件手続法49条1項および家事事件手続法56条1項において「必要と認める証拠調べ」とあるのは、事実の調査に対して証拠調べが補充的な役割を果たすことを示している。

が与えられること、すなわち立会権の保障が重要な意義を有することになる）。このように、非訟事件においても、当事者等が直接に裁判官（体）にその認識や意見等を述べることの裁判官（体）に与える心証の影響を重視した規定が整備されているものといえ、このことは直接審理主義が基本的に妥当していることの表れといってよいであろう。

（4）証拠調べおよび事実の調査の記録化　非訟事件手続法および家事事件手続法においては、期日における手続について調書を作成することを原則化した（非訟事件手続法31条、家事事件手続法46条）[22]。したがって、当事者や事件について事情を知る者等から事情を聴取する場合には、それが証拠調べ（当事者尋問、証人尋問）の方式で行われる場合も、審問の方式で行われる場合にも基本的にはそのやりとりが調書の形で残されることになる。特に、審問に立ち会う機会のなかった当事者は、審問の内容を記録化したものを閲覧謄写することにより事実の調査の内容を知ることになるという意味で、手続保障の観点からは非常に重要であるともいえるのであるが、ここいう記録化と閲覧謄写は、証拠調べや審問の内容を記録しているものであるという前提であり、裁判所が裁判の基礎となる資料を作成しているものとは認識されてはいないように思われる[23]。

（5）直接審理主義の一層の緩和と限界　非訟事件手続法においては、民事訴訟においては直接審理主義の観点から許容されないものも許容しているところがある。例えば、裁判所内で受命裁判官により期日の手続をすることを一般的に許容している（非訟事件手続法46条、家事事件手続法53条）。また、事実の調査も事件を担当する裁判官の裁量により受命裁判官にさせることが可能である（非訟事件手続法51条3項、家事事件手続法61条3項）。したがって、（3）で検討した、直接審理主義に一定の重きを置いた手続と認められる審問も、受命裁判官によることが可能であ

---

22) なお、特則として労働審判法14条2項、3項がある。
23) 事実の調査をしたことの通知の規定も、それによって事実の調査があったことを知り、閲覧謄写を通じてその内容を知るということを前提としているのであって、そこでは、事実の調査そのものから裁判官が心証を形成することが想定されているといえる。

る。

　これは、簡易迅速な処理の要請が高い非訟事件においては、直接審理主義を更に緩和させても機動的、効率的な事件処理を実現することが相当であるという考え方に基づくものであり、民事訴訟における直接審理主義の緩和の理由として検討したこと（前述の２の３）が一層非訟事件には当てはまることの反映という評価ができよう。

　他方で、無方式に裁判の基礎となる資料の収集ができるのであれば、だれにどのような方法によって事実の調査をさせるかも自由にできるとも考えられる。しかしながら、例えば、非訟事件においても家庭裁判所調査官、裁判所書記官の事実の調査について、要件や報告について規定を設けるなどしている例がある[24]。これは、これらの者がした事実の調査の報告が判断の基礎となるという意味で一種の間接審理を導入したものとも評し得ようが、それが無限定であってはならないという問題意識に他ならない[25]。

　また、家事審判手続に限った議論ではあるが、家事審判手続において参与員の権限として、裁判となる資料について自ら提出者から内容について説明を受けることを認めるべきなのか、認めるべきであるとしてどこまで許容されるかについて法制審議会の部会で議論されたが、最終的には、参与員が提出者から聴取することができるのは、紛争性が一般的には低い類型とされる別表第１の事件における申立人提出資料についての説明のみであり、しかも、この説明の聴取の法的性質は事実の調査ではなく、説明の聴取の結果は飽くまで申立人が提出した資料の内容を補

---

[24]　家事事件における家庭裁判所調査官による事実の調査につき58条、258条１項。また、非訟事件手続法においては非訟事件一般に裁判所書記官による事実の調査の規定は設けられていないが、家事調停事件、会社非訟事件等においては、裁判所書記官の事実の調査の規定が設けられている（家事事件手続法261条４項、会社非訟事件等手続規則第５条）。

[25]　家庭裁判所調査官による事実の調査は、その専門性を生かした調査であり、裁判官自らする審問等の事実の調査では代替できない部分があるという点で積極的な意義が認められる。これに対して、裁判所書記官による事実の調査についてはそのような側面はなく、機動性や効率性からの必要性が認められることになろう。この違いは、直接審理主義の例外が認められる場合の範囲に現れてくることになろう。

足するものにすぎず、その結果の報告を裁判資料とすることはできないものと整理された（家事事件手続法40条3項）。これは、事実の調査を通じて心証を形成するのは、第一次的に審判において判断をする裁判官（体）自身であるべきであるという直接審理主義の要請に配慮したものといえよう。

4 裁判資料の性質と裁判内容の決定

以上から、非訟事件においても、直接審理主義は望ましい手続原理として妥当しており、非訟事件手続法、家事事件手続法等の規定もそのような前提に立っているといえることが明らかになったと考える。

そこで、改めて、非訟事件における裁判資料の性質と裁判官交代の場合の取扱いについて検討し、最後に審理の終結の概念のある手続において裁判の内容を決める裁判官について私見を述べておきたい。

（1）非訟事件における裁判資料の性質について　この点については、先に、2において、①から③までの考え方があることを示した。これらの考え方は、非訟事件手続法を離れて想定したものにすぎないのであるが、先に検討した非訟事件手続法、家事事件手続法を始めとする非訟事件の手続を規律する法律の規定にも照らして考えるならば、次のようにいうことができるのではないか。

まず、3（1）において検討した、非訟事件においても具体的な担当裁判官（体）が決まっているということについては、①から③までのいずれとも矛盾はしないと思われる。担当裁判官（体）が決まっておらず、その場その場の手続を適宜の裁判官（体）が行ってよいということであれば、①の考え方としか整合しないであろうが、非訟事件手続法も家事事件手続法もそのような前提になっていない。

次に、3（2）において検討した証拠調べにの規律との関係については、非訟事件の手続において基本的に民事訴訟と同様の規律を採用していることから考えれば、③に親和的である。受命裁判官がした証拠調べの結果について、これを援用する手続が不要と解される点は民事訴訟と異なるが、これは、民事訴訟と異なり、公開主義の要請がないからであ

るという説明も可能であるように思われる。証拠調べをした裁判官（体）と裁判の内容を決定する裁判官（体）が異なる場合については、民事訴訟と同様の問題が生ずるが、民事訴訟の規律と同様の規律を採用していることから考えても、民事訴訟における考え方と違ってその性質を変ずると考える合理性はないように思われる。

3（3）において検討した事実の調査の規律との関係については次のように考えられる。まず、①の考え方によれば、そもそも非訟事件においては自由な方式による裁判資料の収集が認められており、そのような方式によって収集された資料についていえば、民事訴訟におけるような当事者尋問、証人尋問、検証、鑑定、書証といった区別に応じて異なる規律があるわけではないのであるから、収集された資料の性質の違いを論じる意味もないのであって、例えば、事件について事情を知る者の証人尋問におけるやりとりもその証人の尋問調書もその者から裁判官（体）が職権で事実の調査として聴取した内容もその者が作成した事件に関する事情を記載した陳述書を調べた結果も特段区別する意味はなく、裁判資料としての価値（いわゆる証明力）を念頭に置きつつ、裁判の内容を決する裁判官が判断すればよいと考えることになろうか。このような考え方は、自由な方式による資料収集を認める非訟事件にあっては直接審理主義に特段の価値を認めず、その限度では、直接審理主義は妥当しないと考えるものといってもよいかもしれない。しかし、自由な方式による裁判資料の収集と直接審理主義は矛盾するものでないはずであり、実際にも、既に検討したとおり、直接審理主義に価値を認めることを前提とした規定が存在していることは、このような考え方とは相容れないものといえよう。

②の考え方と③の考え方は、非訟事件にあっても、裁判内容を決定する裁判官（体）が直接審理をすることに価値を認めるが、裁判官の交代等があった場合についての考え方を異にする。②の考え方は非訟事件の手続には口頭弁論の更新に相当する規定がないこととも整合し、また、自ら直接に関与していない手続についても担当した裁判官（体）が行った資料収集の性質をそのまま維持するというある種の擬制を施す必要は

ない。別の裁判官（体）がしたこととはいえ、いったんした証人尋問について、それについて裁判記録となったものを事実の調査をすることによって自ら裁判をする際の基礎となるというのはいかにも迂遠であるようにも思われるが、書面化されたものを事実の調査をするということは負担がほとんどないと考えれば、さほど不合理とはいえないのかもしれない。また、②の考え方は直接審理主義を形ばかり適用することを避けた、ある意味では、最も直接審理主義に忠実な考え方ともいえるかもしれない。③の考え方は、事実の調査であるからといって、その結果得られた資料の性質（さらには判断者である裁判官の心証形成の在り方）について、民事訴訟における証拠調べと特段区別して考える必要がないと考えるものといえよう。

　この点については、先に検討したように、非訟事件の手続においても、事実の調査の結果に着目した規律や審問が裁判官の心証に与える重要性を前提とした規律があり、ここでは事実の調査に直接関与した裁判官が得る心証が重要であることが想定されていることを軽視することはできない。確かに事実の調査にはいろいろな内容が含まれ得るし、民事訴訟のように証人尋問、鑑定、検証といった区別に応じて異なる規律が用意されているわけではないが、事実の調査の内容に応じて民事訴訟における証拠方法に準じて考えることは可能であると思われる。そうすると、やはり、裁判資料としての取扱いも基本的には、民事訴訟における証拠に準じて考える③の考え方が合理的であるように思われる。

　また、3（4）で検討した証拠調べや事実の調査の記録化が、証拠調べや事実の調査の内容を保存するという趣旨であり、裁判官が交代したからといって調書が事実の調査の対象になるということは調書作成の趣旨や意図からみても無理がある。

　なお、非訟事件における事実の調査に関する手続も、当事者への通知など手続保障等の観点から一定の様式化がされているから、事実の調査であるからといっておよそ裁判所が無規律にすることはできないのであって、それまでに収集された資料（例えば証人尋問調書）につき事実の調査をするとしても、内容または事件類型にもよるが、当事者や利害関係

参加人に対し事実の調査をしたことの通知を要する場合が生ずる（非訟事件手続法52条、家事事件手続法63条、70条）。そうすると、②の考え方の一つの根拠ともなり得、事実の調査であればさしたる負担にならないというのは、必ずしも当てはまらないように思われる（むしろ、負担の大きさということでいえば、そのままの性質を維持した上で資料となると考える方が負担が小さい）。

　以上のほか、3（5）で検討したような間接審理に対する歯止めを意識した規律があることや非訟事件の手続における直接審理主義の緩和も民事訴訟における直接審理主義の緩和の理由に沿った位置づけがされていること等も考え合わせると、非訟事件においても、民事訴訟におけると同様に、裁判官の交代等があった場合も裁判資料の性質を変じることなく裁判の基礎となると考えるのがもっとも合理的であろう。

　なお、非訟事件における証拠調べと事実の調査に共通する問題として、民事訴訟における弁論の更新の手続に相当する規定がなくても、証拠調べや事実の調査によって得られた資料が、裁判官の交代にもかかわらずそのままの性質を維持するという考え方を採り得るかが検討されなければならないが、まず非訟事件においては、口頭主義や公開主義の要請を満たす必要がないという意味で、民事訴訟における弁論の更新の意義の一部は妥当しないといえる。そこで、もともと弁論の更新の手続については、弁論の更新なくしても適法な判決資料であるものに、直接性という性質ないし価値を付加する手続にすぎないという考え方もあるのを（注13）参照）、簡易迅速な処理の要請が強い非訟事件においては、更に一歩進めて、このような手続がなくとも、それまでされた心理内容がそのままの形で維持されると考えることも可能ではなかろうか[26]。

　このように解した場合に、民訴法249条3項の証人尋問の再施行の規律を設けていないことが問題となるが、この点については、非訟事件の

---

26)　民事訴訟において裁判の更新の手続の履践について厳格な姿勢で臨むことにより、なお直接審理主義の趣旨を維持しようという立場をとったとしても、非訟事件についてはどのような態度で臨むのが整合的か、または、相当かについては、一義的には決まらないように思われる。

手続においては簡易迅速な処理の要請から直接審理主義を一層緩和しているということから、そこまでは法は要求せず、当事者が証人尋問の再施行を求めたとしても、裁判所がそれに応じるかどうかは事案ごとの適切な運用に委ねることとしたという説明が可能であろう。

（2）審理の終結と裁判の内容を決定する裁判官　非訟事件手続法そのものには審理の終結に関する規定はないが、非訟事件の中には、家事審判事件のうちの一部のほか、一定の類型の会社非訟事件、借地非訟事件には、審理の終結についての規定がある[27]。（家事事件手続法71条、借地借家法54条、会社法870条の2第5項および第6項）。非訟事件における審理の終結の意義と効果については、解釈に委ねられているところもあるが[28]、少なくとも、当該事件の裁判は、審理の終結までに収集された資料を基礎としてしなければならないという点については争いがないと思われる。

民事訴訟においては、終結した口頭弁論の期日における担当裁判官（体）が「基本となる口頭弁論に関与した裁判官」（民訴法249条1項）として判決の内容を決定しなければならないが、このことは非訟事件についても妥当するのか（すなわち、審理の終結後、裁判内容を決定するまでの間に担当裁判官に支障が生じ、裁判官が交代せざるを得なくなった場合には、審理を再開して改めて終結する必要が生じることになるのか）、それとも、審理終結時の裁判官（体）と異なる裁判官（体）が裁判の内容を決定することも許容されるのであろうか[29]。

審理の終結後に裁判官が交代しても、裁判の基礎となる資料に変動が

---

27)　なお、審理終結制度のある保全異議、保全抗告（民事保全法31条、41条4項）についても以下に検討するのと同様のことが問題になり得る。

28)　本文の趣旨からすれば、審理の終結時が裁判の基準時を意味することになるが、それを介してどのような効果を及ぼすのか、例えば、執行力の拡張の基準時となるのか（民事執行法第23条1項第3号参照）といった問題がある。

29)　本文の考え方は、審理の終結のある手続においては判断の基準時も審理の終結時になるという考え方を前提にしている。審理の終結という制度のない手続においても、どの裁判官（体）が裁判の内容を決定するのかという問題は生じるが、その審級における最終的な事件の担当者が裁判の内容を決定するということになろう。

なければそのまま交代後の裁判官（体）が裁判をしても問題がないように思われるが、しかし、それでは、当事者の審問の期日を始め非訟事件における直接審理主義に価値を見出している種々の規定との整合性の観点からどうかという問題に加え、手続の当事者からすると、当該事件について判断をする裁判官の心証に直接訴える機会が与えられないままになってしまうということが生ずるため、審理の終結前の裁判官の交代と比べても問題はより大きい。したがって、この問題については、許容されないものと解すべきでなかろうか[30)31)]。これを許容するときは、審理の終結までに一度も裁判官が交代することなく審理をしてきたにもかかわらず、審理の終結後に別の裁判官（体）が裁判内容を決定することが許されることになるが、それはこれまで検討してきた内容に照らしていかにも不合理であるように思われる。

---

30) 直接審理主義の実質的な意義を重視すれば、審問の期日や証人尋問の期日を担当した裁判官（体）が裁判の内容を決定するものとすることも考えられる。非訟事件の手続において、直接当事者と接する唯一の機会が一度だけ行われた審問の期日であったという場合を想定すると、そのときに担当した裁判官が判断をするのが望ましいということがいえるように思われる。さらに、非訟事件において、民訴法249条1項の「基本となる口頭弁論に関与した裁判官」に相当するのは、上記の証人尋問や当事者の審問であるという見方もあろうと思われる。しかしながら、そうすると、審問や証人尋問をした後に提出された資料も含めて心証を形成することがあることをうまく説明できないし、審問や証人尋問後に裁判官に支障が生じた場合には、これらの手続をやり直さなければ裁判をすることができないこととなり、民訴法249条3項に規定する証人尋問の再実施以上に直接審理を要求することになるが、非訟事件の規律としてはそこまでは要求されていないというべきである。

31) このような考え方に立った場合、審理の終結後にやむを得ない事情により判断内容を決定する裁判官が交代することとなったときはどのようにすべきかが問題になる。裁判官の交代を当事者、利害関係参加人に告げた上で審理を再開し、追加の主張や資料提出を促す機会を設けた上で、改めて審理を終結することになろう。弁論の更新の手続がない非訟事件においては奇異に感じるかもしれないが、少なくとも裁判資料についての評価についての主張を述べたり、事実の調査の再実施や追加実施についての職権発動を促す機会が与えられてしかるべきであろう。

4 最後に

これまでの検討により、非訟事件においても、基本的には直接審理主義に価値を置いていることが明らかになったと思う。もっとも、民事訴訟においては、直接審理主義といっても、かなり形式化しており、むしろ、それを前提にして、争点整理の記録化により裁判官交代に備えつつ、集中証拠調べを担当した裁判官（体）による判決内容の決定により直接審理主義の実質を確保するということに重点が移っているのかもしれない。非訟事件においては、直接審理主義に対する一層の例外と緩和が認められているため、ある意味では民事訴訟以上にそのような実質の確保を心掛ける必要があるかもしれない。例えば、職権による事実の調査の方法に限定がないとしても、裁判資料の収集の方法が間接的になる場合には、それがどこまで許容されるのかについて、非訟事件手続法や家事事件手続法における直接審理主義への配慮と位置づけられる規定とのバランスも考えながら検討する必要があろう。もともと迅速処理の要請の高い手続であるから、裁判官の交代を避けることにはさほど困難はないと考えられるのであるから、そのような運用が望まれよう。

さらに、非訟事件においては、民事訴訟とは異なり、職権による事実の調査が行われ、そこでは、必ずしも当事者の立会いが保障されないから、当事者が事前にはあずかり知らないところで裁判所が裁判の基礎となる資料の収集をすることが許容されるが、その場合に、そこでの事実の調査がそのままの形で裁判の基礎となるという本稿の考え方をとると、手続保障への配慮が一層重要になる。そのような観点からは、例えば、裁判の結論を左右するような重要な場面においては、証拠調べの方法を活用すること、事実の調査による場合でも審問という方法を活用し、かつ法律上は要請されていなくても、裁判所が裁量により当事者や利害関係参加人に立会いの機会を与えることや、期日の調書の省略（非訟事件手続法31条ただし書、家事事件手続法46条ただし書）について慎重な姿勢で望むこと等の方策が考えられよう。

父子関係事件の一側面

豊 田 博 昭
Hiroaki TOYODA

1　はじめに
2　わが国の下級審判例
3　ドイツ判例にみる偽父の費用償還請求
4　まとめに代えて

1　はじめに

　裁判で父子関係がないと認定された父は、それまでわが子の監護・養育のために支払った費用（養育費）の償還請求ができるだろうか。父子関係事件（嫡出否認または父子関係の存否確認）の事後的な法的効果ともいうべきこの問題について、別稿で若干に触れたことがある[1]。ドイツ法の議論に関連して最近のわが国下級審判例（後掲・東京高判平成21年12月21日判時2100号43頁）に注目したものであるが、その後に別の同種事件があることを知った。ドイツ法ではこの問題を「偽父の償還請求（Scheinvaterregress）」としてコンパクト版の教科書でも扱っており[2]、一説には1969年の非嫡出子法によるドイツ民法（以下、ド民と略す）旧1615条 b（現1607条 3 項）の導入によって問題の決着もいわれている。偽父とは、法律上の子の父が、裁判手続で真実の父ではないと認定された男性を指す。これは家族法の問題で、各国の解決法もそれぞれ異なるようで

---

[1]　豊田「秘密に収集されたDNA鑑定の訴訟上の利用（五・完）」（以下、訴訟上の利用と略す）修道35巻 2 号623頁。
[2]　D. Schwab, Familienrecht, 20. Aufl., 2012, §49, IV 11, Rn. 571, S. 266f.; M. Wellenhofer, Familienrecht, 2. Aufl., 2011, §31 VII 2, Rn. 48 f. S. 253f. なお、偽父と訳したが、このほかに表見父や疑父も考えられようか。

あり[3]、専門外の筆者には大変荷の重いテーマであるが、すでにわが国でも判例が現れていること、また先のわずかな考察をもう少し補正・補完したいと考えて、若干の考察を試みることにした。

　栂先生には、筆者の研究開始の頃に1980年のドイツ助言援助法（Beratungshilfegesetz）の翻訳のご指導を受け[4]、それ以降も親しくして頂き沢山の教えを賜った。また遠藤先生とは民訴法学会の懇親会でお話しする機会をえて、いろいろなお話を楽しくうかがうことができた。まだまだ未熟な研究ですが、先生方の一層のご活躍を祈念して本稿を寄稿させて頂きます。

2　わが国の下級審判例

（1）奈良事件　　（ア）大阪高判平成20年2月28日（LEX/DB文献番号25400319）は、子の元父からの不当利得に基づく費用償還請求を認容している[5]。X男の妻Y女は、婚姻中にZ男と不貞関係をもち、Zの子Aを妊娠・出産、その後にXYの離婚調停申立て事件で調停離婚が成立、つづいてXからAに対して親子関係不存在確認調停申立てがなされ、ZA間に生物学的な親子関係の存在を極めて強く推定できるとした私的DNA鑑定の報告、これに基づきXA間に親子関係が存在しない旨の合意が成立して、家裁による合意に相当する審判が確定した。そこでXはYに対し、不法行為に基づく慰謝料1000万円の請求、不貞行為等で余儀なくされた支出金1819万円（養育費、家賃その他の婚姻費用分担金、結納金）の不当利得返還請求、およびZに対し、Yの婚姻を知りながら男女関係を継続してAを産ませ、XYの嫡出子として届け出させるなど婚姻関係破綻の不法行為による損害賠償として慰謝料500万円を請求した。このうち養育費について、Xは、XA間に親子関係のないことは審判で

　3）　Vgl. D. Martiny, Unterhaltsrang und-rückgriff, Bd. II, 2000, S. 994 ff.
　4）　小島武司・栂善夫・豊田「西ドイツにおける法的助言法および訴訟費用援助法の翻訳（1）」比較法雑誌16巻1号251頁以下。
　5）　冷水登紀代・判批・速報判例解説（法学セミナー増刊）3号109頁。

確定し、XにAの扶養義務はなく、Yに支払った養育費は不当利得になる、Yは当初からZの子であることを知っており、悪意の不当利得者であると主張、これに対しYは善意の不当利得を争わないが、養育費はAの養育に費消し、返還すべき現存利益は存在しないと争った（遅延損害金の請求等は省略）。

（イ）第一審・奈良地判平成20年2月28日（LEX/DB文献番号25400318）は、Yの不法行為に基づく損害賠償請求として400万円、XがAの養育費として合計105万円を支払ったことは当事者間に争いがなく、XA間に親子関係がないことは審判で確定している、そうするとXはAの養育費を負担する義務を負っていなかったのであり、右養育費はYの不当利得になる。ただし、Yは善意の受益者で、右養育費の費消により他の財産の費消を免れたとみることができるから、なお利益は現存しているとして同額の不当利得を認容、その余を棄却した。XとZが控訴、Xは不当利得返還請求の一部を取り下げた。控訴審・大阪高判平成20年は、Xが真実を知らず配偶者の責任でYに交付した金員は、Yが真実をXに告げれば交付されるはずのなかったものであり、たとえ審判に基づき支払われたものであっても、Yの保持を適法とするのは著しく社会正義に反し、信義則に悖ると解し、家賃を含む婚姻費用分担金、および養育費の支払いは、YのXに対する不当利得を構成するとして、原判決を一部変更してYは787万円をXに返還すべきであると判示した。

（2）**東京事件**　（ア）偽父からの養育費等の返還請求に応じなかったのが、東京高判平成21年12月21日判時2100号43頁である[6]。本件の当事者は、前訴・離婚訴訟で裁判離婚した元夫婦・X男とY女である。前訴は、本訴被告Yが本訴原告Xに対して、離婚訴訟と不法行為に基づく慰謝料請求、Xが反訴によりYに対し離婚請求と慰謝料請求をそれぞれ行った事件で、第一審・東京家裁の実施したDNA鑑定による

6）　中川忠晃・判批・民事判例III164頁、冷水登紀代・判批・新・判例解説Watch10号99頁、畑宏樹・判批・私法判例リマークス46号（2013〈上〉）126頁。

と、XY間の嫡出子Zとその父Xとの間に生物学的な親子関係は存在しないという結果が出た。第一審はXおよびYの各離婚請求を認容し、Yに慰謝料400万円の支払いを命ずる判決を下した。XYとも控訴、控訴審・東京高裁は、Yに慰謝料600万円の支払いを命ずる判決を下し、同判決は確定、XYは裁判離婚した。そこでXはZに対し親子関係不存在確認の調停申立てを行い、XZ間に親子関係が存在しないことを確認する旨の合意に相当する審判がなされ確定した。これをうけてXはYに対し、XY間で実子として養育してきたZがXの子でなく、不倫相手の子であったと主張して、不法行為に基づき慰謝料1500万円の支払い、および不当利得返還請求権として、Zの出生から20歳になるまでXが負担した養育費相当額1800万円の返還をそれぞれ請求したというのがこの事件である（遅延損害金の請求等は省略）。

　（イ）第一審・東京地裁は、慰謝料請求部分については、前訴と本訴の慰謝料請求はそれぞれ訴訟物が同一であり、不当利得請求部分については、権利の濫用として許されないとして、いずれも請求棄却。Xは控訴して、Yの詐欺的不法行為のために支出した養育費相当額1800万円を不法行為による損害賠償請求として予備的追加的に拡張した。控訴審・東京高判平成21年は、慰謝料請求部分については、前訴で主張され評価が尽くされた事実に基づき慰謝料を再度請求するもので、Yの保護すべき紛争決着の信頼関係を侵害する、前訴の慰謝料請求と訴訟物が同一で既判力に抵触するだけでなく、信義則にも反するとして訴えを不適法却下した。また不当利得返還請求部分については、XがZのためにいつの時点で1800万円の養育費を負担したのか主張立証がなく、Xの損失額とYの利得額の双方を具体的に確定できない、またXが支出した養育費は妻Yと嫡出推定を受ける子Zに対し婚姻費用の一部として法律上の原因に基づき支払われていたもので、不当利得の観念を入れる余地はない、XとZの関係は、少なくともZがXの子でないことが発覚するまでは良好な父と息子の関係が形成され、その間XはZを一人の人間として育て上げ、その過程で経済的費用や様々な親としての悩み・苦労の対価として、Zの誕生から大人へと育っていく過程で子を愛

しみ監護・養育する者として関わりながら、金銭には代えがたい無上の喜びや感動をZから与えられた、養育を受けたZには何らの責任もないのであって、Xの養育費支払いに是正すべき法規範の許容しえない違法な不均衡状態があるとは解せない、自らの不法行為でもうけた他人の子を騙してXに養育させたYの責任は軽くなく、Xの精神的、財産的損害の回復を図る民事上の法理としては不法行為法が用意されていると付言して、Xの請求を棄却した。さらに控訴審は、予備的追加的請求部分も慰謝料請求部分と同様に不適法却下した。

（3）若干の注目点　（ア）手続法からの関心にとどまるが、両事件とも偽父から子の母に対する扶養料の償還請求事件である。そして推定上の父が偽父と認定されたのは、別件・父から子に対する親子関係不存在確認調停申立事件において、家裁の23条審判である（旧家審23条・25条3項。家事281条）。確定した同審判は確定判決と同一の効力を有し、対世効も生ずる[7]。奈良事件の第一審が、確定審判によりXAは親子関係がなく、XはAの養育費負担義務がなかった旨判示しているが、これは、同審判の既判力による拘束に基づくものと解される。

（イ）同審判に必要な当事者の合意は、DNA鑑定結果に基づくものであろう。ただし、奈良事件のDNA鑑定は私鑑定であり、その扱いは書証説によったものと思われる[8]。他方、東京事件のDNA鑑定は、調停・審判手続に先行した両親XYの前訴・離婚訴訟で実施されたものである。父子関係の存否は同訴訟の前提問題に当たり、DNA鑑定結果を別件である調停・審判手続で利用するには、子の利益（人格権）に十分配慮した扱いが必要と考える[9]。この事件の子はすでに成年に達しているが、その同意の有無は判旨から明らかでない。

---

7) 山木戸克己『家事審判法』111頁（有斐閣、1958年）、梶村太市・徳田和幸編『家事事件手続法』87頁〔梶村〕（有斐閣、2005年）、佐上善和『家事審判法』459頁（信山社、2007年）、裁判所職員総合研修所監修『家事審判法実務講義案〔6訂再訂版〕』365頁（財団法人司法協会、2011年）。
8) 豊田「民事裁判とDNA鑑定」笠原俊宏編『日本法の論点　第1巻』207頁（文眞堂、2011年）参照。
9) 豊田・訴訟上の利用（五・完）修道35巻2号642頁。

(ウ) DNA鑑定は、当事者間の生物学的な父子関係の存否について明らかにする。では23条確定審判の既判力は、DNA鑑定の鑑定結果の内容にまで及ぶか。嫡出否認の訴え（民774条・775条）を認容した確定判決の効力に関して、通説的見解は、同判決は嫡出否認権の存在を認定し、嫡出父子関係の存在しないことを宣言するという形成的効果を生ずる、それは、夫と子の間に真実の父子関係が存在しないことまで意味するものではなく、判決はその点まで確定したものではないとする[10]。本件の23条確定審判の効力も、嫡出父子関係の不存在の判断にまでは及ぶが、生物学的な父子関係の不存在の判断まで拘束しないものと考える。

　(エ) 23条確定審判とその後の不当利得返還請求の関係については、両事件で異なった扱いがなされている。奈良事件では、被告Yは養育費を善意で不当利得したことを争っていない。請求が認容された主たる理由はここにあると解するが、一般的に扶養義務のない者が扶養料を支払った場合に、判例・学説はその返還請求の法的根拠を不当利得または事務管理に求めている[11]。奈良事件でも同様に考えられたのではないかと推測する。これに対し東京事件の控訴審は、主要事実の主張立証の懈怠により請求を棄却したとみられるが[12]、さらにつづけて養育費の不当利得返還請求は法規範の要請と相いれず、養育費の支払いは法律上の原因に基づいていたもので、不当利得の観念を入れる余地はないとしている点が注目される。法規範の要請とまで言及する判旨からは、不当利得返還請求は一般的に認容しない趣旨がうかがえる。この点は、前訴・離婚訴訟の控訴審が、Xの経済的損害についての請求棄却に当たり、生物学的親子関係がなくても、Aは法律的に家族の一員であり、Xの生活費の支出を損害とみないと解しているところとも共通性がある。また判旨が法律上の原因ありと解した点も奈良事件とは異なる。嫡出否認と

---

10) 中川善之助編『注釈民法 (22) のⅠ』140頁〔岡垣学〕（有斐閣、1971年）、松本博之『人事訴訟手続法〔第2版〕』346頁（弘文堂、2007年）。

11) 神戸地判昭和56年4月28日家月34巻9号93頁。過去の扶養料の求償請求も同様の法的構成がされている（東京高決昭和61年9月10日判時1210号56頁）。

12) 判時2100号43頁の解説参照。

区別して、父子関係存否確認調停申立て・審判事件の23条確定審判には、子の出生時までの遡及効は認めないという趣旨であろうか。むしろ同確定審判により遡及的に扶養義務は消滅し、いまや偽父は扶養義務がなかったと考える余地もありえよう[13]。奈良事件はそう読める。

3　ドイツ判例にみる偽父の費用償還請求

1　父子関係事件

（1）父子関係法規の概観　このテーマは、父子関係の否認事件の事後的な効果問題と位置づけられている。取り上げる主たる判例は嫡出・非嫡出によって異なった規制をしていた旧民法当時のものであり、当時の法制について確認しておこう[14]。（ア）旧民法下で嫡出子は一定の推定要件の下で嫡出子とみなされ（ド民旧1591条・1592条）、裁判所の遡及効ある形成判決によって嫡出性が否認され、既判力をもって認定されるまで、子が非嫡出であることは誰も主張できないとされた（ド民旧1593条）。裁判所の認定は、夫・その両親・子の申立てに基づく嫡出否認訴訟で行われる（ド民旧1599条1項）。その手続は片面的職権探知主義により（ド民訴旧640条1項・616条1項）、請求認容判決が確定すると、その発生時まで遡って法律上の父子関係は消滅し、確定判決には対世効が生じる（ド民訴旧640条h第1文）。

（イ）これに対し非嫡出子は、父の認知または裁判所の父子関係の認定によって父に帰属する（ド民旧1600条a、ド民訴旧640条h・640条k）。有効

---

[13]　中川・前掲166頁、冷水・前掲注6）101頁が指摘するように、23条確定審判の効力にこの種の事件でも遡及効を認めうるかが問題になる。明文の規定はなく、学説もこの点まで言及してなく、筆者は先に消極に考えた。しかし、時間の経過によっても変化しない生物学的父子関係の調査・認定に基づき法律上の父子関係の存否について判断された事件では、法律上の父子関係の現在の存否の判断も出生時に遡及すると考えてよいと思われる。ドイツ法で父子関係の確認判決の遡及効を肯定するのは、G. Raiser, Die Recht des Scheinvaters in bezug auf geleistete Unterhaltszahlungen, FamRZ 1986, S. 943 ; Schwab, Familienrecht, 20. Aufl., §49, Rn. 580, S. 270.

[14]　Vgl. Beitzke, Familienrecht, 20. Aufl., 1978, §21 ff., S. 149 ff.; Schwab, Familienrecht, 3. Aufl., 1984, §44, S. 189 ff., §64, S. 259 ff.

な認知および裁判所の確定判決は対世効を有し（ド民旧1600条 a、ド民訴旧640条 h・640条 k）、他男による事後の認知や裁判は禁じられる（ド民旧1600条 b 第 3 項）。認知は取消しの訴えにより排除され、判決の確定により遡及的に無効となる（ド民旧1600条 f）。裁判所の非嫡出父子関係の認定は、子または真実の父からの非嫡出父子関係の確認によって行われる（ド民旧1600条 n 第 1 項）。手続は職権探知主義により（ド民訴旧640条・622条）、推定規定がおかれている（ド民旧1600条 o）。特定の男性の父子関係を確認する確定判決は、対世効を有する（ド民訴旧641条 k）。父子関係についての確定判決は、新鑑定に基づく原状回復の訴えにより取り消される（ド民訴旧641条 i）。

（2）近時の法改正　現在の父子関係法制は1977年の親子関係改革法、2008年の父子関係解明手続規定（ド民1598条 a）や家事非訟事件手続改革法によって大幅に改正されている[15]。償還請求の主たる法的根拠としては、不法行為による損害賠償請求（ド民823条・826条）、不当利得返還請求（ド民812条）、そして扶養請求権の移転（ド民1607条）が判例上で問題になってきた。基本的な判例を跡付けてみることにする。

2　不法行為に基づく損害賠償請求

（1）積極説　最上級審判例で最初に現れたのは、ド民823条または同826条の不法行為に基づく損害賠償請求[16]である。ライヒ裁判所（以下、ライヒ裁と略す）1936年11月23日判決（RGZ 152, S. 397 ff.）は、X 男・A 女の裁判離婚後、X は、婚姻中に生まれた 4 人の子のうち長男 B は離婚訴訟で真実の父は Y 男と判明したとして、不法行為に基づく損害賠償および不当利得に基づき扶養料の一部を償還請求した。Y は懐胎

---

15) Vgl. Schwab, Familienrecht, 20., Aufl., §49, Rn. 537 ff., S. 252 ff.; M. Wellenhoffer, Familienrecht, 2. Aufl., §31, S. 234 ff.; N. Dethloff, Familienrecht, 30. Aufl., 2012, §10, S. 285 ff. usw.

16) ド民823条 1 項は人の生命、身体、健康、自由等の侵害、同条 2 項はその他の法律上の保護法益違反に対して、加害者の損害賠償義務を定め、ド民826条は、良俗違反による故意の損害に対する加害者の損害賠償義務を定める。

期間中にAと一度の性的交渉を認めたが、父であることを争い、Xは8年間Bを子とみなしたことで黙示的に認知したと主張。第一審は請求棄却、Xは控訴しBに対して嫡出否認の訴えを提起、Yは、過去・将来の扶養料返還義務の不存在確認を求める反訴を提起。控訴審は、YをBの真実の父と認定、ド民826条・823条1項により不法行為に基づく損害賠償義務を肯定してXの請求認容、Yの反訴請求棄却。Yの上告に対し、①ライヒ裁は、ド民旧1593条の不当解釈とする。同条によると、婚姻中または婚姻解消後302日以内に出生した子は、夫の嫡出否認を除き、夫以外の男性が真実の父であっても、いかなる点でも嫡出子となる。同条は子の嫡出性の変わらぬ確定を命じ、家庭の平和に寄与する。しかし妻と真実の父との婚姻外の性的交渉を法律上不問にする趣旨はなく、そのような生の事象に対し同条は意義をもたない。ド民826条の損害賠償義務をド民旧1593条によって認容しないのは、ド民826条の意義に反する。②また原審は公序違反を不貞自体に認め、YがAと性的交渉した点にXに損害を及ぼす故意を認定した、Xが子Bを嫡出子とみなし、法律上も扶養しなければならなかったことで事実上損害が発生したのであり、同条の要件は満たされる。不貞とXの損害の相当因果関係も存するとした。

（2）消極説　これに対し連邦裁判所（以下、連邦裁と略す）1954年9月30日判決（BGHZ 14, S. 358 ff.）は、消極説をとった。X男の妻A女は婚姻中に2人の女児を出産したが、真実の父はY男であった。ただし、Xは子の嫡出性を否認してなく、検察官も否認を断念している。XはYに対し、扶養確定判決に基づき支払った扶養料の損害賠償を求めたが、第一審から上告審まですべて請求棄却となった。①連邦裁は、ライヒ裁36年は純論理的な観点からは支持できるかもしれないが、本訴の適法性に関してはド民旧1593条の意義・目的に合わないとする。法律効果を導くために非嫡出という生の事実の主張を認めた場合、嫡出子の法律上の身分的地位を保護する同条の目的が完全には果たせなくなる。②積極説によると、嫡出子の血縁関係の問題が任意の法的観点の下で通常訴訟の対象とされ、身分手続のための特別な保護装置が働かない、また不

貞や血縁問題の判断まで難しい証拠調べが弁論主義の手続で長期間行われ、社会における子の外観・地位・生育に深刻な影響が生ずるだけでなく、精神的な不安定や動揺の危険にさらすことになる。③消極説は婚姻破綻者を不当に利し、夫に不公平をもたらす可能性はあるが、従前より夫の否認権が拡張された法規制においては、積極説の重大な不利益を考えると、個別的事案ではある程度の不公平は甘受すべきである。

　（3）非嫡出主張の禁止　　（ア）ド民旧1593条は、子の嫡出性の否認を嫡出否認の訴えに限定し、非嫡出の主張は裁判所の遡及効ある形成判決の確定時からと定めて、嫡出子の福祉と家庭の平和を確保する機能を有する[17]。ドイツ親子法の特徴的規定といわれ、現行ド民1599条1項および同1600条d第4項が同趣旨を受け継いでいる[18]。（イ）その後、連邦裁1957年1月30日判決（BGHZ 23, S. 215 ff.）が消極説を敷衍する。離婚した元夫が嫡出否認訴訟で請求認容の確定判決をえた後、否認訴訟の費用を元妻に償還請求した事件で、連邦裁は、①民法は婚姻による義務とその違反の効果に関する多くの規定を定め[19]、原則として婚姻義務違反の効果問題はこれらの規定により専属的終局的に解決する趣旨である。債務法の規定（ド民823条以下）による損害賠償義務は、家族法の義務よりも広く、その適用は家族法の終局的規制の意義を失わせる。②婚姻を財産法上の行為と等置する考え方は、婚姻の本質や良俗感覚に合わないし、債務法上の損害賠償規定の適用は刑事罰を科すのと同様になる。下劣な動機から離婚原因が使われて離婚訴訟が増加し、離婚訴訟や扶養訴訟の後に損害賠償請求訴訟が行われる結果となる。損害賠償訴訟

---

17)　Vgl. Soergel/Gaul, BGB, Bd. 6, Familienrecht, 1981, §1593 a. F., 2, S. 953 f.; KohlhammerKomm/Mutschler, BGB, Bd. 6, Familienrecht, 1981, §1593 a. F., S. 34 ff.

18)　ド民1599条1項は、子の出生時に母と婚姻していた男性、および父子関係を認知した男性が子の父であるとする原則規定（ド民1592条）は、父子関係の否認によって子の父ではないことが既判力をもって確定されたときは適用されない、またド民1600条dは裁判所による父子関係の確認に関する規定であるが、同条4項は、父子関係の法効果は、原則的にその確定時から初めて主張できる旨定める。

19)　婚姻法、夫婦共同義務（ド民旧1353条）、別居の場合の定期金扶養（ド民旧1361条）など引用。

では婚姻や配偶者につき正確な認定が必要になるが、当事者主義の手続では安定性が欠ける。婚姻違反の態度や離婚による損害額の算定も恣意的で、法的安定性を欠くとする。

　(ウ) ただし、連邦裁も個別的事案では不法行為による損害賠償請求を認容したことがある。連邦裁1981年4月8日判決（BGHZ 80, S. 235 ff.）は、Y女は親密な関係にあったX男に彼の子を妊娠した、Z男は友人にすぎないと告げてXと婚姻、Xの求めに応じ、Xが父であり、他男の父子関係はない旨書面にした、婚姻後にYは女児Aを出産、XYは裁判離婚、Xの否認の訴えによりXはAの父でないとの血液型鑑定、判決でAの非嫡出が確定、XはYに対し過去にAに支払った扶養給付と訴訟費用を償還請求したという事件である。①連邦裁は、家族法領域において不法行為による損害賠償請求権は家族法の特別規制により排除されるとする原審の出発点は正当である。先例も、婚姻破壊行為による損害賠償請求権を、相手方配偶者に対しても、破綻にかかわった第三者に対しても否定する[20]。②しかし連邦裁は、本件は先例と事案が異なるとする。Xの請求の根拠は、Xが父であると騙され婚姻締結を決意した点にある。Yは婚姻締結前にAを懐胎しており、Xの申立てが正当ならば、ドイツ刑法263条（詐欺）と結び付いたド民823条2項・826条により、Yの損害賠償義務を基礎づけることができる。Xは血縁関係について騙されAの嫡出否認をしなかった点に、財産侵害の効果が認められる。Yの詐欺的行為、悪意、生じた効果についてXの主張が正当かは事実審裁判官の審査事項として、原審に破棄差し戻した。

　(4) 学説　理論上は、婚姻破壊の他男に対してド民823条1項により[21]、また81年判決のような母に対してド民826条により、それぞれ損害賠償請求を肯定する説、資産があったり成年に達した子に対してド民826条の損害賠償請求を肯定する説がみられる[22]。また後掲・扶養請

---

[20]　引用判例は、前掲連邦裁57年、連邦裁1957年2月6日判決（BGHZ 23, S. 279 ff. 離婚妻が亡元夫と婚姻違反の関係にあった女性に対する損害賠償請求）などである。

[21]　Vgl. v. Stryk, Probleme des Schienvaterregresses, FamRZ 1988, S. 228 ; Schwab, Familienrecht, 20. Aufl., Rn. 572, S. 266 f. usw.

求権の移転規定により不法行為の損害賠償請求権は一般的に排除されるかという議論もある。

3　不当利得返還請求

（１）消極説　　（ア）ライヒ裁36年は否定しているが、不当利得返還請求権の成否については連邦裁1981年5月20日判決（FamRZ 1981, S. 764 f.）に注目することにしたい。X男とA女の婚姻中にYが出生、XAは裁判離婚、Xの否認の訴えにより、YはXの嫡出子でないと区裁が認定。XはYに対し、別居後に法定代理人Aに支払った扶養料の返還請求を求めるとともに、予備的に真実の父の名前と住所の開示請求の訴えも提起した。Xは、Aは63年か64年以来、Xの子でないことを知っていたと主張、Yはこれを争い、利得は存在しないと反論した。原審は、Xの不当利得に基づく返還請求は、Yが金員を費消していまや利得していないとして請求棄却、X上告、連邦裁は上告を棄却。①連邦裁は、原則として債務のない扶養給付の場合、不当利得規定により調整できる。Xは当初存在した扶養請求権に対して支払い、Yは嫡出子とみなされたが、扶養法上も、非嫡出が確定的に認定されて初めて、Xは非嫡出を主張することができる（ド民旧1593条）。最初に存在したXの扶養義務は遡及的に消滅し、今日みるとXは存在しない債務を履行したことになる。それにより不当利得の状態が発生する（債務不存在による返還請求）。②しかしXの利得返還請求権は、Yがいまや利得を保有していない点で挫折する（ド民818条3項）。連邦裁は、所得・資産のない子は、返還請求権に対し原則としてド民818条3項を援用できるとする。子に対する利得返還請求権は、例外的ケースでのみ認容できるが、Xはそれに該当しない。YがXの扶養給付に基づき、自己の所得または資産からの出費を節約している場合、ド民818条2項によりYは利得の債務者になる。しかし本件はそれに当たらない。

（イ）学説も子に対する不当利得返還請求権を肯定しながら、現存利

---

22)　Raiser, FamRZ 1986, S. 943.

益により成功しないとする。また不当利得返還請求権についても、後掲・債権移転規定により一般的に排除されるかは議論がある[23]。

　（2）非嫡出子の偽父　　連邦裁1965年12月21日（BGHZ 46, S. 319 ff.）は、非嫡出子の偽父による不当利得返還請求の事案である。X男は区裁の扶養判決により、Aの父と認定され、61年まで扶養料を支払ったが、62年の地裁判決でXA間に血縁関係なしと認定（確定）。XはY男が真実の父であるとして、Yに対し扶養料の返還請求をした。原審は、ド民旧々1709条2項を準用して（この点は後述）、請求の一部認容。Y上告、連邦裁はXの請求を全部棄却した。①連邦裁は、原審はド民訴旧644条[24]の看過があるとする。同条の施行（62年）後は、Xは消極的血縁判決を自己に有利に援用でき、連邦裁は同条1項の要件は存在するとする。同条は身分判決と矛盾した扶養判決の抵触を解決するための規定で、血縁判決を扶養判決に優先させる一方で、重大な不公平を生ずる結果を必要限度に限るものである。扶養判決に基づく給付は返還請求できない、扶養請求棄却後に積極的血縁判決がなされても、過去の全期間にわたり扶養請求を認めないとしても、重大な不公平には当たらないとする。②扶養料の支払いを命じられた男は、血縁判決の確定までは債務者であり、その期間は真実の父に対していかなる請求権ももたない、真実の父は血縁判決の確定後に債務者になる。その結果、扶養料の支払いを命じられた男は自己の債務を履行したのであり、それにより他男が義務を免れたことはなく、子に対しても、真実の父に対しても、不当利得に基づく返還請求はできない。③また債務者は真実の債務者の扶養義務を履行する意思で扶養給付を履行したときにのみ、第三者による給付が行

---

23) Vgl. Raiser, FamRZ 1986, S. 943 ; v. Stryk, FamRZ 1988, S. 227 ; Martiny, a. a. O., S. 985 f.

24) 同条は、親子関係訴訟の手続において、非嫡出子が特定の男性と血縁関係のないことが確認されたとき、男性に扶養支払いを命じた判決は確認判決の確定時からその効力を失う（1項1文）、また血縁関係が確認されたときは、子は扶養請求を既判力をもって棄却されていても、訴訟係属前の時期についても男性に対し扶養請求ができる（2項）旨規定する。69年の非嫡出子法によって導入された条文で、支払いの父と血縁判決の抵触を解決する。vgl. B. Wieczorek, ZPO, 1966, §644, S. 1447 ff. usw.

われ、真実の債務者は第三者の費用で利得したことになる。しかし、この要件はない。④さらに委任なき事務管理によっても、Xの請求は基礎づけられない。Xは、自己の扶養義務を果たしていたのであり、真実の父のそれではない。

4 扶養法上の解決策
（1）扶養請求権の移転の準用　連邦裁65年の原審が採った、子の真実の父に対する扶養請求権が偽父に移転するという法的構成であり、連邦裁1957年2月27日判決（BGHZ 24, S. 9 ff.）がこれを初めて採用した。X男とA女は裁判離婚、婚姻中に生まれた女児BはXの嫡出子でないと判決で認定、XはY男が父であるとして、B誕生からAとの別居までに支払った費用をYに損害賠償請求したのに対し、Yは父であることを争い、Aとの性的交渉も否認した。第一審の実施した血液型鑑定によると、YがBの父であることは明らかにありえないとされ、第一審はXの請求棄却、控訴審も証拠調べにより控訴棄却。Xの上告により、連邦裁は原審に破棄差し戻した。①連邦裁は、母の不貞で出生した子は、嫡出性の否認以前にも、非嫡出父に対し扶養請求権を有しており、母の夫が嫡出否認まで子を扶養している限り、ド民旧々1709条2項の準用により、その扶養請求権は夫に移転するとする。嫡出性の確定的な否認以前にも扶養請求権は子に発生するという考え方は、54年判決と矛盾するものではない。54年判決は、夫は、婚姻中の出生子の嫡出性を否認せず、父たる第三者に扶養料を請求するのは、ド民旧1593条に違反するとしたもので、非嫡出父に対する扶養請求権が子に発生することは妨げられない（非嫡出子も同様）。②夫の子への扶養給付の法的根拠は、子との親族関係にある。ド民旧々1709条によれば、非嫡出子の母とその親族は、子の扶養につき補充的に責任を負う。これは扶養給付の積極的引き受けを促す狙いであるが、夫と子の親族関係から法律上の扶養義務を導きながら、母の親族には認める利益を夫に認めないというのは真実の父に比べて不公平であり、同条の意義・目的に合わない。夫と子の親族関係の不存在がその後に判明したとしても平等扱いに支障はなく、む

しろ親族関係に基づき夫に事実上生じた法律効果が平等扱いを要請している。母やその親族に代わって第三者が、推定上・法律上の親族関係に基づき法律上の扶養義務を果たした事実から、非嫡出父は利益を得るのに対し、第三者は原則的に実現しえない子に対する不当利得返還請求権を指示されるというのは、適法でない。③ド民旧々1709条2項は、法律上の義務者として母とその親族のみが原則的に考えられたことによるものである。ただし、Xがド民旧々1709条2項により、Yに対する扶養請求権を取得できるのは、Bが実際にYとAとの婚姻外の性的交渉により生まれたときに限られる。④連邦裁は、事件の解決としては、Xの申立てにもかかわらず、原審が鑑定人への尋問の機会を与えなかった点で、Xの上告は理由があるとして原審に破棄差し戻した。

（2）**非嫡出子法による明文規定**　（ア）学説はほとんど一致して57年判決に賛成したが[25]、この構成はライヒ裁1944年1月19日判決（DR 1944, S. 334 f., Nr. 12）がすでに採用していたものである[26]。①ライヒ裁は、ド民旧々1709条2項は原則的な法律上の扶養義務者を定めたもので、婚姻後に出生し、嫡出否認までは嫡出子とみなされた子が問題になり、法律上の扶養義務が嫡出否認まで万人に対し表見的な法律状態に基づき夫に生じたという、立法者にとって想定外の特別ケースは同様に扱わなければならないとする。②ド民旧々1709条2項は、非嫡出子の法的地位に関する規定（ド民旧々1705条以下）に属し、1項は、父が非嫡出子の母および母方の親族に優先して扶養義務を負う、そして2項は、母または扶養義務のある母方親族が非嫡出子を扶養したときは、1項の非嫡

---

25)　Vgl. v. Stryk, FamRZ 1988, S. 229.
26)　この事案は、X男とA女の婚姻は締結から22年後にXの申立てにより取消判決、同日、Xの否認の訴えにより、婚姻中に生まれた男児Bは嫡出子でないことが既判力をもって確定、Xは、YがBの非嫡出父であるとして、扶養支払いおよび否認訴訟の出費につき償還請求した。第一審はXの請求一部認容、控訴審は請求棄却。控訴審は、遺伝生物学鑑定によると、BYの血縁関係は非常に蓋然性がありXに有利となるが、不法行為の損害賠償は事実上の要件を欠く、委任なき事務管理の主張はないが、扶養給付は嫡出父として自己の事務を行ったもので、他人の事務ではないなどと判示した。Xの上告に対し、ライヒ裁は扶養支払いの請求につきXの上告を認容した。

出子の父に対する扶養請求権は母または母方親族に移転する（前段）と規定していた。連邦裁65年判決は学説から批判されたが[27]、69年の非嫡出子法はド民旧々1709条に代えて新しくド民旧1615条ｂを導入して問題の解決をはかった[28]。それによると、「母の夫」（１項）および「第三者が父として」（２項）それぞれ子を扶養した場合、これらの者に子の扶養請求権は移転した[29]。

　（イ）その後97年の親子関係法改革法は、現行ド民1607条３項[30]において、嫡出子を含むすべての未成年子への扶養の場合に、子の扶養請求権の移転を規定する。今日の学説は一般的に同条を偽父の償還請求の法的根拠として位置づけている[31]。

　（３）父子関係の付随的な確認　　（ア）連邦裁1993年２月17日判決（BGHZ 121, S. 299 ff.）と同2008年４月16日判決（FamRZ 2008, S. 1424 ff.）から、この解決策の最近の論点を考えてみたい。連邦裁93年は、Ｘ男は支払いの父として非嫡出子Ａに扶養料を支払ってきたが、Ａの申し立てた相続の清算（Erbausgleich ド民旧1934条ｄ[32]）においてＡの父ではないと区裁判決で認定、父たるＹ男に対し過去の扶養料支払分（利息を含む）を償還請求した事件である。法の要求する認知・裁判上の認定によるＹＡ間の父子関係の確定（ド民1600条ａ第１文）はない。Ｘにその申立て

---

27)　Vgl. v. Stryk, FamRZ 1988, S. 229.
28)　Vgl. v. Stryk, FamRZ 1988, S. 225 ff.; StaudingerKomm/Eichoenhofer, BGB, §1615 b II, S. 438 f.
29)　ド民旧1615条ｂ第１項は、子の父に対する扶養請求権は、父に代わって扶養義務ある他の親族または母の夫が子を扶養した限りにおいて、これらの者に移転する（１文）、また第２項は、第三者が父として子を扶養したときは、第１項を準用すると定める。当初の解釈論議は、vgl. v. Stryk, FamRZ 1988, S. 225 ff.
30)　ド民現1607条は償還責任に関する規定で、同条３項は、一方の親に対する子の扶養請求権は、扶養義務のない他の親族または他方の親が、一方の親に代わり扶養した限りにおいて、その親族または他方の親に移転する（１文）、第三者が父として子を扶養した場合に、１文を準用する（２文）と定める。
31)　Schwab, Familienrecht, 20. Aufl., §49, IV 11, Rn. 571, S. 266 f.; Wellenhofer, Familienrecht, §31 VII 2, Rn. 48, S. 253 f.
32)　同条１項によると、21歳から27未満の非嫡出子は、父に対し事前に金銭による相続調整を求めることができる。1964年に導入、97年に削除された。

権限はなく、成人した子が訴え提起に関心を示さず、父たる男性も身分訴訟を提起しない場合にも、権利主張の禁止（ド民1600条 a 第2文）を貫くべきか。Ｘの上告は、ド民旧1615条 o、ド民訴旧640条 a[33]の類推適用により、偽父と子の父との償還請求訴訟において父子関係を付随的に確認できるとする学説（ムシュラー説[34]）に依拠している。

　連邦裁は、原審が権利行使の禁止（ド民1600条 a 第2文）を排除しなかったのは正当とする。ド民旧1615条 b 第2項により移転した扶養請求権は、上記禁止（ド民1600条 a 第2文）に服する。法定の例外的場合（社会保険法や仮処分）をこえて、保護すべき利益が危うくなり、正義のために禁止原則を制限すべき場合に、前提問題として父子関係を認定してよいという一般原則は導けないとした[35]。

　（イ）これに対し、連邦裁08年は、特別な事情がある場合にはその例外を認めることができると解した。Ｘ男とＡ女は婚姻から15年後に裁判離婚、Ｘは、婚姻中に生まれた3人の子との父子関係を疑い、DNA鑑定の実施（母の生活パートナーＹ男も誤って実施）により、区裁判決でＸは3人の父でないと確認（判決確定）。3人の子の父子関係は、父たる男性からの認知もなく、裁判上の確定もない。ＸはＹに対しド民1607条3項2文により移転した扶養請求権を主張した。Ｘは、ＹもＡも裁判による父子関係の解明を拒絶し、ＹはＸの費用負担による裁判外でのDNA鑑定の実施にも協力しない、この場合にド民1600条 d 第4項の適用はなく、Ｙの父子関係は本訴で解明すべきであると主張した。第一審はＸの請求棄却。控訴審もＸの控訴棄却。Ｘの上告により、連邦裁は原判決を破棄差し戻した。

---

33) ド民旧1615条 o は、子または母の申立てにより、仮処分によって、父子関係を認知した男性または推定上の父に、子に対し3か月分の扶養料の支払いを命ずる旨規定する（1項・2項）。またド民訴旧640条 a は、父子関係存否確認訴訟の係属中、裁判所は、子および母の申立てにより仮の命令によって扶養について定め（1項1文）、扶養料の支払い、保証の提供、扶養料額を決定できる（同項2文）旨規定する。

34) Vgl. MünchKomm/Mutschler, BGB, Familienrecht II, 3. Aufl., 1992, §1600a a. F., V 5, S. 109.

35) 93年判決の詳細は、豊田・訴訟上の利用（五・完）654頁注㉒参照。

①連邦裁は、原審の考え方(93年判決)に通説も同調しているが、同判決以降の法律状態の変化を考えると、無制限に同判決にとどまることはできないとする。93年判決もド民1600条d第4項は例外を認めている、また先例[36]も否認の訴えの提訴期間を懈怠した弁護士に対する償還請求事件でその例外を認めているとして、連邦裁は事案の特別な事情から93年判決の原則は打破できるとする。立法者の予想外の影響が生じ、耐え難い結果の回避に必要な限りで、判例は法規の適用範囲を制限してきた。禁止規定についても、特別な事情で長期間その目的が事実上達成できない例外的事案、本件では子の単独代理人Aや推定上の生物学的父Yが父子関係の裁判上の確認をしない場合がそれに当たる。さらに自己の血縁関係を知らずにおく子の憲法上保護された権利問題について、連邦憲法裁は疑問を示しており(BVerfG, FamRZ 2007, S. 441 ff.)、偽父の経済的利益が真実の父より常に劣位すると考える必要はない。②続いて連邦裁は93年以降の法律状態の変化をあげる。第一に、98年に少年局による父子関係確認(ド民旧1706条、1709条)が廃止され、改正後の補佐人(Beistandschaft)制度の下で、提訴は推定上の真実の父または子の母の意思に左右される。偽父にその権限はなく(ド民1600条e第1項)、93年判決にとどまると、推定上の真実の父と母が権利行使を怠ることで偽父の費用償還請求権は実現できないことになる。第二に、93年判決は、子の血縁問題は特別な身分手続で解明し、身分上の血縁関係と生物学的なそれの不一致は回避すべきであるとの考え方にたっているが、08年、父子関係解明のための手続(ド民1598条a)が規定された[37]。③連邦裁は、身分手続以外では血縁関係を審査しないという考え方は撤回するのが正当とする。偽父の真実の父に対する費用償還請求訴訟における血縁関係の付随的認定に既判力が生ずることはなく、請求権の存在の前提

---

36) 連邦裁1978年11月3日判決(BGHZ 72, S. 299 ff.)は、夫から離婚の訴えと子に対する嫡出否認の訴え提起を委任された弁護士が否認期間を徒過したとして、夫が弁護士に損害賠償請求を求めた事件で、連邦裁はド民旧1593条の介入の余地はないとして、請求を認容した原判決を維持している。

37) この手続について、豊田・訴訟上の利用(三)修道33巻1号17頁以下参照。

問題の判断にすぎない[38]。

この問題点は近時の学説もその緩和を試みてきたところであるが[39]、08年判決に対しては、父子関係を前提問題として認定することの評価の違いから賛否両論がある[40]が、多数説は同判旨に賛成している。

4 まとめに代えて

最近の判例や学説のドイツ法の議論の展開をみると[41]、本稿の考察は

---

[38] 否認手続の認容判決の既判力について、連邦裁2007年7月4日決定（FamRZ 2007, S. 1731, 1733）は、判決主文の既判力は法律上の父子関係に及ぶが、生物学的な血縁関係には及ばないとする。これが通説とされる。ド民訴旧640条hにつき、Wieczorek/Schütze, ZPO, 3 Bd. 2 Teilbd., 3. Aufl. 1998 §640h ZPO a. F, III, Rn. 6, S. 722; Baumbach/Lauterbach, ZPO, 68., 2010, Ergänzungsbd, §640h ZPO a. F, 2, S. 123. 現行家事非訟184条の認容決定につき同旨、Bork/Jacoby/Schwab-Löhnig, FamFG, 2009, §184 I 2, Rn. 3, S. 618; Keidel/Engelhardt, FamRG, 16. Aufl., §184 II 2, Rn. 3, S. 1214 f.; Schulte-Bunert; Weinreich/Schwonberg, FamRG, 2. Aufl., 2010, §184, Rn. 4, S. 919; Prütting/Helmus/Stößer, FamRG, 2009, II, Rn. 8, S. 1354. 判決の基礎たる事実に既判力が及ぶというのは、Friederici/Kemper（Hrsg.）/Frischer, Familienverfahrensrecht, 1. Aufl., 2009, FamFG §185, 4a), Rn. 4, S. 654; Bumiller/Hardors, FamFG, 10. Aufl., 2011, §184 3, Rn. 4, S. 521 f.

[39] Vgl. C. Huber, Der Unterhaltsregress des Scheinvaters, FamRZ 2004, S. 146 ff.; Raiser, FamRZ 1986, S. 945; A. Schwonberg,Scheinvaterregess und Rechtsausübungssperre, FamRZ 2008, S. 449, ff.

[40] 判旨賛成、M. Wellenhoffer, Anm. zu BGH U. v. 16. 4. 2008, FamRZ 2008, S. 1427 f.; Schwonberg, FamRZ 2008, S. 454 ff.; StaudingerKomm/Rauscher, BGB, Bd. 4, 2011, §1600 d, 2 b) cc), Rn. 96, S. 609 f.; MünchKomm/Born, BGB, Bd. 8, Familienrecht II,, 6. Aufl., 2012, §1607, IV 1b, rn. 18, S. 305. 反対、L. M. Peschel-Gutzeit, Durchbrechung der Rechtsausübungssperre des §1600d Abs. 4 BGB allein aus finanziellen Gründen?, JR 2009, S. 133 ff.; H.-U. Maurer, Anm. zu BGH U. v. 16. 4. 2008, NJW 2008, S. 2436.

[41] Vgl. J. Gernhuber, Familienrecht, 5. Aufl., 2006, §52 V 8, Rn. 131 ff., S. 620 ff.; MünchKomm/Born, a. a. O., §1607 IV b, S. 305 f.; StaudingerKomm/Rauscher, BGB, Familienrecht, §1599 3, S. 381 ff., §1600d, S. 608 ff. usw.
　　もっとも比較法的な考慮によると、各国の親子法制の違いが、この問題の解決策にも反映しているようにみえる（vgl. Martiny, a.a.O., S. 994ff., S. 1012ff.）。わが国の親子法に適した解決策の検討は筆者の能力をこえるところであり、本格的な研究は専門領域の先生方にお願いせざるをえないと考えている。

きわめて限定的なものであることを痛感するが、偽父の費用償還請求を肯定する考え方は明文でも支持され、他の救済策も検討されている状況をさしあたり確認できたと考える。ではわが国でどう考えたらよいか。冒頭の下級審判例は、両事件とも事案の解決としては正当と考える。奈良事件では、養育費の善意の不当利得についてＹ（母）が争わず、その点で自白の成立が認められるであろうし、東京事件では、養育費の負担についてＸ（偽父）の立証が不成功とみなされているからである。もっとも、Ｘの損失額およびＹの利得額の立証をあまりに細かく要求した場合、Ｘの不当利得返還請求権の実現は難しくなろう。

そのうえで、親子や扶養に関する基礎的考察を欠くためまだ試論の域を出ないが、筆者はわが国でも偽父の養育費（監護費）の償還請求を一般的に否定すべきではないと考える。判例は、扶養義務のない第三者からの不当利得返還請求を認容しているし、仮に偽父に扶養義務ありと解するにしても、扶養義務者間で求償請求は可能と解されており（前掲注11）参照）、偽父の支払いだけを排除する理由はないと思われる。また両事件とも夫婦が先に離婚しているが、偽父が離婚訴訟で初めてそのような償還請求をした場合を考えると、東京事件の前訴・控訴審のような損害否定説によると、偽父の請求は財産分与（人訴32条1項）の算定でも斟酌されない結果となろう。ところが妻には離婚後の子の養育費の支払いまで認容されるというのが最高裁判例であり[42]、偽父は「ばかにするにもほどがある」（奈良事件の控訴理由）という思いをいっそう強くすることになろう。

そこで肯定説にくみする場合に、子の法的地位を保護するためには、やはり法律上の父子関係が既判力をもって切断されている（家事281条、人訴24条1項）ことが原則として必要と考える[43]。最近の家裁実務では

---

42) 最判平成元年12月11日民集43巻12号1763頁。なお、最判平成9年4月10日民集51巻4号1972頁も参照。
43) しかしわが国判例は、他の法律関係に関する民事訴訟においても前提問題として父子関係の存否を判断しうるとする（最判昭和39年3月17日民集18巻3号473頁）。また外観説を採用した最判昭和44年5月29日民集23巻6号1064頁も、子から真実の父に対する認

DNA鑑定が積極的に利用さているようにみえるが、事件全体のなかではまだ一部の事件にとどまっていると思われる。したがって、手続においてDNA鑑定が実施されたかどうかは問わないものと解する[44]。法的根拠や被告の問題については、ドイツ法のような扶養法上の規定はないと思われるが、扶養義務に関する従前のわが国判例を前提にすると、子の母、また扶養義務の肯定を前提に真実の父に対するそれぞれ不当利得返還請求（民703条）を考えてよい。ただし、未成熟子に対する請求は相当ではないと思われるし、現存利益の抗弁（民703条）も予想される。これとともに婚姻関係を破綻させた違法行為を理由にして、子の母および真実の父に対するそれぞれ損害賠償請求（民709条）において、先に支払った養育費を損害費目に計上してよいと考える。子の母との離婚訴訟においては、附帯処分（人訴32条1項）のなかで主張することができよう。さらに詰めた考察は、機会があれば試みてみたい。

　　知訴訟において法律上の父についてその父たる地位を否定している。しかし疑問は残る。
44）　この点、離婚訴訟で妻が夫以外の他男との間にできた子の監護費用の分担請求をした事件を扱った最判平成23年3月18日判決家月63巻9号58頁が参考になる。第一審は、DNA鑑定により生物学的な父子関係がないとした子も含めてすべての子に同額の養育費を認定して、控訴審もこれを維持したのに対し、最高裁は事案を「総合的考慮」して妻の請求を権利濫用として原判決を破棄差し戻している。そこでは、生物学的な父子関係の不存在の判断から、直ちに監護費用負担義務を否定する趣旨ではないことがうかがえる。なお、この事件の前訴・父子関係不存在確認訴訟は訴え却下判決（確定）であり、父子関係の存否について既判力は生じていない以上、第一審がDNA鑑定を実施したことに問題はないと考える。棚村政行・判批・私法判例リマークス45号（2012〈下〉）13頁参照。

栩善夫先生　略歴・主要業績目録

略　　歴

昭和18（1943）年5月31日	東京市生まれ
昭和37（1962）年3月	宮城県仙台第二高等学校卒業
昭和41（1966）年3月	慶應義塾大学法学部法律学科卒業
昭和42（1967）年10月	日本民事訴訟法学会入会
昭和43（1968）年3月	慶應義塾大学大学院法学研究科民事法学専攻修士課程修了
昭和43（1968）年4月1日	上武大学商学部助手
昭和44（1969）年4月1日	上武大学商学部専任講師
昭和45（1970）年4月	北里大学（昭和49（1974）年9月まで）
昭和45（1970）年10月	大妻女子大学（昭和49（1974）年9月まで
昭和46（1971）年3月	慶應義塾大学大学院法学研究科民事法学専攻博士課程単位取得退学
昭和46（1971）年4月1日	駒澤大学法学部専任講師
昭和46（1971）年4月	上武大学商学部（昭和48（1973）年3月まで）
昭和46（1971）年4月	東京理科大学（昭和49（1974）年9月まで）
昭和47（1972）年4月	慶應義塾大学法学部（平成17（2005）年3月まで）
昭和49（1974）年9月1日	ケルン大学に留学（アレキサンダー・フォン・フンボルト財団奨学研究生、昭和51（1976）年4月30日まで）
昭和50（1975）年4月1日	駒澤大学法学部助教授
昭和52（1977）年	日本民事訴訟法学会理事（昭和55（1980）年まで）
昭和52（1977）年4月	早稲田大学法学部（平成9（1997）年3月まで）
昭和54（1979）年4月	國學院大学法学部（昭和58（1983）年3月まで）
昭和55（1980）年5月	日本民事訴訟法学会幹事（昭和58（1983）年まで）
昭和55（1980）年4月	東京理科大学（昭和57（1982）年3月まで）
昭和56（1981）年4月1日	駒澤大学法学部教授
昭和58（1983）年4月1日	青山学院大学法学部教授
昭和58（1983）年4月	駒澤大学法学部（平成15（2003）年3月まで）

平成元年（1989年）　　　　　日本民事訴訟法学会理事（平成4(1992)年まで）
平成2（1990）年　　　　　　川崎簡易裁判所司法委員（平成17（2005）年12月まで）
平成7（1995）年　　　　　　日本民事訴訟法学会理事（平成10(1998)年まで）
平成8（1996）年　　　　　　日本台湾法律家協会理事（現在に至る）
平成9（1997）年4月1日　　早稲田大学法学部教授（現在に至る）
平成9（1997）年4月　　　　青山学院大学法学部（平成10(1998)年3月まで）
平成13（2001）年　　　　　 日本民事訴訟法学会理事（平成16(2004)年まで）
平成17（2005）年4月　　　 財団法人法律扶助協会評議員（平成19（2007）年3月まで）

主要業績目録

I 著 書

昭和45（1970）年
　単著　『テキスト法学』（鳳舎）

昭和61（1986）年
　共著　『権利のための闘争（The Struggle for law）（（研究社小英文叢書284）』（研究社）　池上嘉彦東京大学教授と共同執筆

平成5（1993）年
　共編著　霜島甲一・栂善夫・納谷廣美・若林安雄編著『目で見る民事訴訟法教材―ストーリーに沿って』（有斐閣）

平成12（2000）年
　共編著　霜島甲一・栂善夫・納谷廣美・若林安雄編著『目で見る民事訴訟法教材（第2版）』（有斐閣）

平成16（2004）年
　共編著　霜島甲一・栂善夫・納谷廣美・若林安雄編著『目で見る民事訴訟法教材（第2版補訂）』（有斐閣）

平成18（2006）年
　単著　『民事訴訟法講義案』（法学書院）

平成24（2012）年
　単著　『民事訴訟法講義』（法学書院）

II 注釈・分担執筆

昭和42（1967）年
　分担執筆　「司法制度」（慶応義塾大学法学研究会編『法学新講』（慶応通信）314頁-327頁（石川明慶應義塾大学教授と共同執筆）

昭和49（1974）年
　分担執筆　木川統一郎・中村英郎編『民事訴訟法』（青林書院新社）第一章　民事訴訟3頁-27頁担当（石川明慶應義塾大学教授と共同執筆）

昭和53（1978）年
  分担執筆 「法の分類」手塚豊編『法学要説』（慶応通信） 83頁-96頁
昭和54（1979）年
  分担執筆 「自由な証明（自由な証明の対象）」鈴木俊光＝白川和雄編『ケーススタディ民事訴訟法』（法学書院）57頁-64頁
  分担執筆 「破産債権にもとづく強制執行と破産」宮脇幸彦＝竹下守夫編『破産・和議法の基礎』（青林書院新社）152頁-155頁
  分担執筆 飯倉一郎編『基本マスター民事訴訟法』（法学書院）飯倉一郎國學院大學教授他14名10題担当
昭和55（1980）年
  分担執筆 石川明編『基本判例双書民事訴訟法』（同文館）
  「訴の利益と執行の可能性（最判昭和41年3月18日民集20巻3号464頁）」112頁-113頁
  「将来の給付の訴（最判昭和39年9月8日民集18巻7号1406頁）」114頁-115頁
  「取締役退任後の選任決議取消の訴（最判昭和45年4月2日民集24巻4号223頁）」116頁-117頁
  「代償請求（大判昭和15年3月13日民集19巻7号530頁）」118頁-119頁
  「予備的併合（大判昭和11年12月18日民集15巻24号2266頁）」120頁-121頁
  分担執筆 鈴木俊光・白川和雄編『ケーススタディ民事訴訟法Ⅳ』（法学書院）「附帯控訴による請求の拡張」140頁-146頁
昭和56（1981）年
  分担執筆 伊東乾編『基本マスター破産法』（法学書院）
  「係属中の訴訟と破産について述べよ」54頁-55頁
  「強制執行と破産について述べよ」56頁-57頁
  「取戻権の性質および行使について説明せよ」78頁-79頁
  伊東乾慶應義塾大学教授ほか14名の分担執筆
  分担執筆 石川明編『民事執行法』（青林書院新社）
  石川明慶應義塾大学教授・西澤宗英城西大学助教授・斉藤和夫慶應義塾大学助教授・石渡哲防衛大学校助教授との分担執筆
  「第2編 強制執行 第2章 金銭債権執行 第4節 動産に対する強制執行」230頁〜249頁

「第 5 節　債権およびその他の財産権に対する強制執行」250頁〜274頁
昭和57（1982）年
　　分担執筆　菊井維大編『新選民事訴訟法演習問題―ゼミナールテキスト―』（一粒社）
　　菊井維大東京大学教授他23名の分担執筆　2 問担当
　　分担執筆　宮脇幸彦・竹下守夫編『新版破産・和議法の基礎』（青林書院新社）
　　「破産債権にもとづく強制執行と破産」152頁-155頁
昭和58（1983）年
　　分担執筆　木川統一郎・中村英郎編『改訂民事訴訟法』（青林書院新社）
　　第 1 章　民事訴訟担当　3 頁-28頁　石川明慶應義塾大学教授と共同執筆
　　分担執筆　住吉博編『演習ノート民事執行法』（法学書院）
　　「動産執行における換価手続」78頁-79頁
　　「差押禁止動産・動産の範囲」80頁-83頁
　　「金銭執行の対象としての手形」84頁-85頁
　　「差押物の引渡命令」86頁-87頁
昭和59（1984）年
　　分担執筆　小島武司編著『民事訴訟法　100講』（学陽書房）
　　「第二章　裁判所　『管轄の規整とその基礎』、『訴訟物の価額』、『合意管轄・応訴管轄』、『訴訟の移送』、『除斥・忌避』、『忌避権の濫用』」31頁-45頁
　　分担執筆　「『仮差押え及び仮処分の命令及び手続の改正に関する検討事項』についての意見」
　　石川明慶應義塾大学教授・粟田陸雄杏林大学助教授・石渡哲防衛大学校助教授・西沢宗英城西大学助教授・宗田親彦弁護士との分担執筆
　　法学研究57巻11号109頁-129頁
昭和60（1985）年
　　分担執筆　林屋礼二＝小島武司編『民事訴訟法ゼミナール』（有斐閣）
　　「固有必要的共同訴訟」325頁-333頁
昭和61（1986）年
　　注釈　宮脇幸彦＝井関浩＝山口和男編『注解民事手続法 2 ・注解会社更生法』（青林書院）

第3条・第4条（23頁-32頁）担当

　　注釈　浦野雄幸編『基本法コンメンタール民事執行法』（日本評論社刊）

　　　　第51条（159頁）―第56条（172頁）担当

　　注釈　伊東乾＝三井哲夫編『注解民事手続法8・注解非訟事件手続法』（青林書院）

　　第11条（142頁）―第17条（162頁）

昭和62（1987）年

　　分担執筆　森泉章編『現代企業取引法講座2・リース・賃貸借』（六法出版社）

　　「公営住宅・社宅の利用関係　借家法の適用の有無」186頁-202頁

　　分担執筆　「『仮差押及び仮処分制度に関する改正試案』についての意見」慶応大学民事訴訟法研究会（坂原正夫・三木浩一・粟田陸雄・三上威彦・宗田親彦・石渡哲・西沢宗英氏との分担執筆）

　　法学研究60巻9号（昭和62年9月号）75頁～108頁

　　分担執筆　小島武司編『現代裁判法』（三嶺書房）

　　「弁護士制度」149頁～191頁

　　（小島武司・山口崇夫・上野泰男・梅本吉彦・岡部康昌・西沢宗英・椎橋隆幸・小林秀之・佐上善和氏との分担執筆）

昭和63（1988）年

　　分担執筆　中野貞一郎編『科学裁判と鑑定』（日本評論社）

　　「科学裁判と鑑定」89頁-112頁

　　「民事裁判における鑑定に関する主要文献一覧」担当

平成元年（1989）年

　　分担執筆　石川明編『はじめて学ぶ民事訴訟法』（三嶺書房）

　　18名の分担執筆

　　　第6章　訴訟の主体（II）―当事者①　75頁-83頁

　　　第7章　訴訟の主体（III）―当事者②　85頁-96頁

平成3（1991）年

　　注釈　浦野雄幸編『基本法コンメンタール　民事執行法（新版）』（日本評論社）

　　51条―56条担当　166頁-179頁

　　注釈　石川明・小島武司・佐藤歳二編『注解民事執行法上巻（1条―111

条)』(青林書院)

　79条(不動産の取得時期)担当　803頁-815頁

　注釈　新堂幸司・小島武司編集(編集代表　新堂幸司・鈴木正裕・竹下守夫　注釈民事訴訟法全10巻)『注釈民事訴訟法①　裁判所・当事者①　1条―58条』(有斐閣)

　25条―29条(244頁-273頁)担当

平成4(1992)年

　分担執筆　石川明編『民事訴訟法講義』(法学書院)

　「処分権主義」(第二編　第二章　第三節　135頁-159頁)

　分担執筆　住吉博編『演習ノート民事執行法・民事保全法』(法学書院)

　「動産執行における換価手続」78頁-79頁

　「差押禁止動産・動産の範囲」80頁-83頁

　「金銭執行の対象としての手形」84頁-85頁

　「差押物の引渡命令」86頁-87頁

平成5(1993)年

　注釈　松浦馨・三宅弘人編『基本法コンメンタール民事保全法』(日本評論社)

　分担執筆者32名

　第34条―第36条(205頁-208頁)担当

　注釈　竹下守夫・伊藤眞編集(編集代表　新堂幸司・鈴木正裕・竹下守夫　注釈民事訴訟法全10巻)『注釈民事訴訟法③　口頭弁論　125条―181条』(有斐閣)

　141条　(319頁-336頁)担当

　分担執筆　森泉章編『法学』(有斐閣刊)

　「私的紛争とその解決」

　第14章　265頁-280頁

　森泉章青山学院大学教授他青山学院大学法学部のスタッフ14名の分担執筆

　注釈　松浦馨＝三宅弘人編『基本法コンメンタール民事保全法』(日本評論社)

　第34条～第36条(205頁-208頁)

平成6(1994)年

　分担執筆「破産財団の意義・法的性質」

判例タイムズ830号臨時増刊　石川明・田中康久・山内八郎編
『破産・和議の実務と理論』268頁-269頁所収　122名分担執筆
分担執筆　「『民事訴訟手続に関する改正要綱試案』に対する意見（一）」
法学研究第68巻第3号125頁-156頁
慶応義塾大学民事訴訟法研究会スタッフ11名の分担執筆
　第二　当事者　131頁-134頁担当

平成7（1995）年
注釈　伊東乾・三井哲夫編『注解非訟事件手続法（借地非訟事件手続規則）改訂』（青林書院）
11条〜17条（180頁〜200頁）

平成8（1996）年
注釈　竹下守夫・藤田耕三編『注解民事保全法（上）』（青林書院）
20条〜22条（193頁〜215頁）
20条（仮差押命令の必要性）（193頁〜200頁）
21条（仮差押命令の対象）（201頁〜206頁）
22条（仮差押解放金）（207頁〜215頁）
分担執筆　石川明編『はじめて学ぶ破産法』（三嶺書房）
第9章　破産法財団―債権者の満足のための原資（125頁〜136頁）
（8人の分担執筆）

平成9（1997）年
注釈　浦野雄幸編『基本法コンメンタール民事執行法（第三版)』（日本評論社）
51条〜56条担当（153頁〜166頁）
平成八年改正法による書き直し55条（保全処分）
分担執筆　石川明編『はじめて学ぶ新民事訴訟法』（三嶺書房）
第6章　当事者（91頁〜105頁）
第20章　当事者の行為による訴訟の終了（280頁〜294頁）

平成10（1998）年
注釈　竹下守夫・藤田耕三編『注解民事保全法（下）』（青林書院）
51条（仮差押解放金の供託による仮差押えの執行の取消し）（95頁〜98頁）
分担執筆　飯倉一郎編『演習ノート民事執行法・民事保全法（改訂版）』（法学書院）

「動産執行における換価手続」84頁-85頁
「差押禁止動産・動産の範囲」86頁-89頁
「金銭執行の対象としての手形」90頁-91頁
「差押物の引渡命令」92頁-93頁

平成11（1999）年
　注釈　浦野雄幸編『基本法コンメンタール・民事執行法（第四版）』（日本評論社）
　51条—56条（155頁-168頁）

平成13（2001）年
　分担執筆　森泉章編『法学（第2版)』（有斐閣）
　「私的紛争とその解決」273頁-288頁
　15人の分担執筆

平成15（2003）年
　注釈　園尾隆司・小林秀之編『条解民事再生法』（弘文堂）
　109条—111条　金炳学君と共同執筆　428頁-435頁

平成16（2004）年
　分担執筆　飯倉一郎・加藤哲夫編『演習ノート民事執行法・民事保全法（改訂2版）』（法学書院）
　「動産執行における換価手続」84頁-85頁
　「差押禁止動産・動産の範囲」86頁-89頁
　「金銭執行の対象としての手形」90頁-91頁
　「差押物の引渡命令」92頁-93頁

平成17（2005）年
　注釈　浦野雄幸編『基本法コンメンタール・民事執行法（第五版）』（日本評論社）
　51条—56条（163頁-179頁）

平成19（2007）年
分担執筆　遠藤功・野村秀敏・大内義三編『テキストブック民事執行・保全法』（法律文化社）
執筆者　（遠藤功・石渡哲・大内義三・小田司・我妻学・栂善夫＝柳沢雄二・佐野裕志・松本幸一・川嶋四郎・金子宏直・野村秀敏）
注釈　園尾隆司・小林秀之編『条解民事再生法（第2版）』（弘文堂）

109条—111条　金炳学君と共同執筆　492頁-499頁
平成21年（2009）年
　　注釈　浦野雄幸編『基本法コンメンタール・民事執行法（第六版）』（日本評論社）
　　51条—56条（168頁-183頁）
平成24（2012）年
　　分担執筆　『飯倉一郎・加藤哲夫編演習ノート民事執行法・民事保全法（第4版）』（法学書院）
　　「動産執行における換価手続」86頁-87頁
　　「差押禁止動産・動産の範囲」88頁-91頁
　　「金銭執行の対象としての手形」92頁-93頁
　　「差押物の引渡命令」94頁-95頁

III　論　文

昭和42（1967）年
　　「形成権と請求異議の訴」慶応通信刊・三色旗・昭和42年11月号2頁-7頁
　　　石川明慶應義塾大学教授と共同執筆
昭和44（1969）年
　　「形成権の行使と請求異議の訴」上武大学論集・開学記念特集号185頁-202頁
昭和45（1970）年
　　「民訴法五四七条二項と不服申立」慶応義塾大学大学院法学研究科論文集97頁-108頁（昭和44年度）
昭和47（1972）年
　　「マイクロ・フィルムの証拠物件としての法的性格について」銀行実務・上級版増刊号（銀行研修社）1972年5月号130頁-133頁
　　　石川明慶應義塾大学教授と共同執筆
　　「仮差押解放金の問題点」法学論集（駒沢大学法学部機関誌）9号136頁-166頁
昭和48（1973）年
　　「危機否認（いわゆる危機否認を説明せよ）」斎藤秀夫・伊東乾編『演習法律学大系12・演習破産法』（青林書院新社）390頁-397頁

「いわゆる仮処分解放金について」法学論集（駒沢大学法学部機関誌）10号・法学部創立10周年記念号241頁-270頁

昭和51（1976）年

「西ドイツの大学・法学教育・法律家について」法学論集（駒沢大学法学部機関誌）14号177頁-206頁

昭和52（1977）年

「仮差押えと強制執行・滞納処分との競合」宮崎富哉・中野貞一郎編『仮差押・仮処分の基礎』（青林書院）301頁-304頁

「処分禁止仮処分と強制執行との競合」宮崎富哉・中野貞一郎編『仮差押・仮処分の基礎』（青林書院）305頁-307頁

「処分禁止仮処分と滞納処分との競合」宮崎富哉・中野貞一郎編『仮差押・仮処分の基礎』（青林書院）308頁-310頁

昭和53（1978）年

「判決機関と執行機関の職務分担について―執行手続における当事者能力および訴訟能力の審査に関する問題を中心として―」民事訴訟雑誌24号119頁-153頁

昭和54（1979）年

「執行力の主観的範囲」三ケ月章＝青山善充編ジュリスト増刊法律学の争点シリーズ『民事訴訟法の争点』（有斐閣）274頁-275頁

昭和56（1981）年

「ドイツ連邦共和国（西ドイツ）公証法について」公証法学第10号49頁-76頁

昭和58（1983）年

「配当手続」（最二小判昭和40年4月30日民集19巻3号782頁）新堂幸司・竹下守夫編『基本判例から見た民事執行法』（有斐閣）280頁-289頁

「訴訟上の信義則」三ケ月章・中野貞一郎・竹下守夫編『新版民事訴訟法演習Ⅰ』（有斐閣）155頁-166頁

「科学裁判と鑑定」編集代表　新堂幸司責任編集竹下守夫・石川明『講座民事訴訟　第五巻　証拠』（弘文堂）247頁-270頁

昭和59（1984）年

「仮処分の内容・方法決定の基準」丹野達・青山善充編『保全訴訟法（裁判実務大系4）』（青林書院新社）169頁-179頁

「民事執行における当事者―当事者能力・訴訟能力―」鈴木忠一・三ケ月

章監修『新・実務民事訴訟講座12民事執行』（日本評論社）99頁-112頁
昭和60（1985）年
　　「破産財団の範囲①　破産者の有する慰謝料請求権は、破産財団を構成するか。」道下徹＝髙橋欣一編『裁判実務大系6破産訴訟法』（青株書院）310頁-317頁
　　「調停内容の瑕疵と調停無効」石川明＝梶村太市編『現代実務法律講座・民事調停法』（青林書院）494頁-496頁
昭和62（1987）年
　　「保全処分の執行停止等について」判例タイムズ 640号『特集仮差押・仮処分制度改正の諸問題②・完』（判例タイムズ社）10頁-13頁
昭和63（1988）年
　　「民事訴訟における信義則」三ケ月章・青山善充編『民事訴訟法の争点（新版）』（有斐閣）44頁-45頁
　　「差押と相殺」（最大判昭和45年6月24日民集24巻6号587頁）森泉章教授還暦記念論集『現代判例民法学の課題』（法学書院）592頁-604頁
平成2（1990）年
　　「民事保全法の成立①」青山法学論集第32巻第2号87頁-141頁
平成3（1991）年
　　「民事保全法の成立②」青山法学論集33巻1号21頁-79頁
　　「民事保全法の成立③」青山法学論集33巻2号85頁-107頁
　　「民事訴訟における鑑定人の忌避について」法曹時報第43巻10号1頁-28頁
平成4（1992）年
　　「『民事訴訟手続に関する検討事項』に対する意見（上）」青山法学論集34巻1号73頁-107頁
　　「『民事訴訟手続に関する検討事項』に対する意見（下）」青山法学論集34巻2号1頁-67頁
平成5（1993）年
　　「民事訴訟法の戦後改革序説―昭和23年法律第149号『民事訴訟法の一部を改正する法律』」青山学院大学総合研究所・法学研究センター研究叢書第2号『各法領域における戦後改革』51頁-73頁
　　佐々木高雄・大石泰彦・高窪貞人・佐藤和男・江泉芳信・片山等氏と共同執筆

平成 6（1994）年
　「『民事訴訟手続に関する改正要綱試案』に対する意見書」青山法学論集第
　　36巻第 1 号61頁-136頁
　西澤宗英青山学院大学教授と分担執筆　107頁-136頁担当
平成 7（1995）年
　「矛盾・蒸し返しの主張と信義則」中野貞一郎先生古稀祝賀『判例民事訴
　　訟法の理論（下）』（有斐閣）225頁～248頁
平成 8（1996）年
　「民事保全法と仮差押解放金」中村英郎教授古稀祝賀上巻『民事訴訟法学
　　の新たな展開』（成文堂）471頁～489頁
平成10（1998）年
　解説　「民事訴訟における信義誠実の原則」青山善充・伊藤眞編法律学の
　　争点シリーズ 5 ジュリスト増刊『民事訴訟法の争点（第 3 版)』（有斐
　　閣）18頁～19頁
平成11（1999）年
　「仮処分の内容・方法決定の基準」丹野達・青山善充編『裁判実務大系
　　4 ・民事保全法』（青林書院）142頁～152頁
平成13（2001）年
　「民事訴訟における信義則の現状と課題」民事訴訟雑誌47号（2001年 3 月
　　刊）248頁-252頁
　「訴訟能力」月刊法学教室 No. 251　2001年 8 月号21頁-24頁
平成14（2002）年
　「訴権の濫用」石川明先生古稀祝賀『現代社会における民事手続法の展
　　開・上巻』（商事法務）497頁-523頁
平成21（2009）年
　「民事訴訟における信義誠実の原則」伊藤眞・山本和彦編『民事訴訟法の
　　争点ジュリスト増刊』（有斐閣）16頁-17頁

IV　判例研究等

昭和42（1967）年
　判例研究　「否認権行使による返還金に付すべき利息の利率」債権譲渡否
　　認等請求事件（昭和40年 4 月22日第 1 小法廷判決）民集19巻 3 号689頁、

法学研究（慶応義塾大学法学部機関誌）40巻 5号128頁-131頁（弁護士八木良夫氏と共同執筆）

　　　判例研究 「新株の発行があった場合と新株発行に関する株主総会決議無効確認の訴えの利益」株主総会決議無効確認請求事件（昭和40年6月29日第3小法廷判決）民集19巻4号1045頁法学研究40巻6号85頁-90頁（石川明慶應義塾大学教授と共同執筆）

　　　判例研究 「民訴法五四七条二項による強制執行停止の申立に対する裁判に対して 不服の申立は許されるか」家屋明渡強制執行停止事件（昭和40年7月20日第3小法廷決定）民集19巻5号1290頁法学研究40巻7号122頁-126頁（石川明慶應義塾大学教授と共同執筆）

　　　判例研究 「農業共済組合の農作物共済掛金賦課金および拠出金の徴収と民事 訴訟法上の手続」農業共済掛金等請求事件（昭和41年2月23日大法廷判決）民集20巻2号320頁、法学研究40巻10号106頁-109頁
　　　清水暁埼玉大学講師と共同執筆

昭和43（1968）年

　　　判例研究 「控訴審において提出する反訴状の貼用印紙額」国家賠償請求事件（昭和41年4月22日第2小法廷判決）民集20巻4号783頁法学研究41巻3号115頁-119頁（石川明慶應義塾大学教授と共同執筆）

　　　判例研究 「信義則上訴訟行為の無効を主張しえないとされた事例」家屋明渡請求事件（昭和41年7月14日第1小法廷判決）民集20巻6号1173頁法学研究41巻3号128頁-131頁（石川明慶應義塾大学教授と共同執筆）

　　　判例研究 「当事者双方不出頭の口頭弁論期日における弁論終結の許否」保証債務金請求事件（昭和41年11月22日第3小法廷判決）民集20巻9号1914頁、 法学研究41巻7号118頁-120頁

　　　判例研究 「上告理由で指摘された後に口頭弁論調書の作成が許されないとされた事例」協議離婚無効確認本訴離婚反訴請求事件（昭和42年5月23日第3小法廷判決）民集21巻4号916頁法学研究41巻11号83頁-87頁

昭和44（1969）年

　　　判例研究 「執行方法異議事件の審理と憲法第三二条・第八二条」執行方法異議特別抗告事件（昭和42年12月15日第3小法廷決定）民集21巻10号2602頁、法学研究42巻1号117頁-121頁

　　　判例研究 「上告審判決の破棄理由とした法律上の判断の拘束力が及ばな

いと された事例」所有権確認等請求事件（昭和43年３月19日第３小法廷判決）民集23巻３号648頁、法学研究42巻８号107頁-110頁

昭和45（1970）年

　判例研究　「第二次仮処分の執行により第一次仮処分がその実行を失う場合と　第三者異議の訴」第三者異議事件（昭和43年７月11日第１小法廷判決）民集22巻７号1471頁、法学研究43巻４号109頁-112頁

　判例研究　「原判決が確認した第一審判決に担保を条件とする仮執行宣言が　つけられている場合と民訴法四〇六条」第一審判決の一部について仮執行宣言申立事件（昭和43年10月22日　第３小法廷決定）民集22巻10号2220頁・法学研究43巻６号120頁-123頁

　判例研究　「商号使用差止仮処分と特別事情」仮処分異議控訴事件（東京高裁昭和42年11月９日判決下級民集18巻11・12号1083頁　法学研究43巻８号63頁-68頁

昭和46（1971）年

　判例研究　「仮処分決定に対する異議申立に伴う執行停止の申立に対する裁判と不服申立の許否」仮処分執行停止決定に対する特別抗告申立事件（昭和44年９月20日第２小法廷決定）民集23巻９号1715頁法学研究44巻２号117頁-121頁

　判例研究　「譲渡禁止の特約のある債権に対する転付命令の効力」転付預金債権支払請求事件（昭和45年４月10日第２小法廷判決）民集24巻４号240頁、法学研究44巻８号115頁-118頁

　判例研究　「債権の差押前から債務者に対して反対債権を有していた第三債務者が　右反対債権を自働債権として被差押債権を受働債権としてする相殺の効力―相殺に関する合意の差押債権者に対する効力」定期預金等請求事件（昭和45年６月24日大法廷判決）民集24巻６号587頁・法学研究44巻10号105頁-117頁

昭和47（1972）年

　判例研究　「抵当権の物上代位と抵当不動産に代わる仮差押解放金の取戻請求権」　配当異議事件（昭和45年７月16日第１小法廷判決）民集24巻７号965頁、法学研究45巻１号130頁-134頁

　判例研究　「表見代表取締役の責任」損害賠償控訴事件（東京高裁昭和44年２月28日判決)下級民集20巻１・２号104頁・法学研究45巻５号70頁-75頁

判例研究 「株式会社の取締役に対する職務執行停止代行者選任の仮処分後 右取締役が辞任し後任の取締役が選任された場合における代表取締役の選任および右代表取締役の権限の行使」土地所有権確認等請求事件（昭和45年11月6日第2小法廷判決民集24巻12号1744頁、法学研究45巻6号92頁-97頁

判例研究 「株式会社の精算人の員数―上告審が破棄理由とした法律上の判断の再度の上告審に対する拘束力」貸金請求事件（昭和46年10月19日第3小法廷判決）民集25巻7号952頁、法学研究45巻10号142頁-146頁

昭和48（1973）年

判例研究 「公正証書上の執行認諾の意思表示と民法110条の適用」東京地判昭和46年12月13日・判時662号63頁公証法学2号（昭和48年）172頁-182頁

判例研究 「不動産の任意競売の申立書に表示した債権の額と配当を受けうる金額」配当異議事件（昭和47年6月30日第2小法廷判決）民集26巻5号1111頁、法学研究46巻6号114頁-117頁

判例研究 「上告審と無権代理人の訴訟行為の追認―家庭裁判所が選任した不在者財産管理人の上訴権限」建物収去土地明渡請求事件（昭和47年9月1日第2小法廷判決）民集26巻7号93頁、法学研究46巻10号93頁-98頁

昭和52（1977）年

判例研究 「公示催告中の約束手形の手形金債権に対する仮差押の執行方法」配当異議請求事件（昭和51年4月8日第1小法廷判決）民集30巻3号197頁、法学研究50巻2号417頁-422頁 法学修士宮脇順彦氏と共同執筆

判例研究 「債権の一部を被保全権利とする仮差押と解放金額」東京高決昭和51年1月26日・判タ337号215頁 法学論集（駒沢大学法学部機関誌）15号189頁-200頁

昭和53（1978）年

判例研究 「建物の医業経営に必要な限度の判断を執行吏に委ねる仮処分の効力」 仮処分異議並びに仮処分取消申立事件（昭和23年7月17日第二小法廷判決）民集2巻8号190頁法学研究51巻1号101頁-105頁

判例研究 「執行文付与の訴において請求に関する異議の事由を抗弁として主張することの許否」最一小判昭和52年11月24日・判タ357号230頁、

民集31巻6号943頁、新判例評釈、判例タイムズ362号110頁-115頁
　判例研究　「譲渡禁止の特約のある指名債権を譲受人が特約の存在を知って譲り受けたのち債務者がその譲渡につき承諾を与えた場合と承諾後債権の差押え転付命令を得た第三者に対する右債権譲渡の効力」最判昭和52年3月17日・民集31巻2号308頁法学研究51巻8号89頁-94頁
　判例評論　「1　競売申立登記後、競売不動産上の仮登記権利を譲受けた者は、そのことを競売裁判所に証明しない限り利害関係人たる地位を取得しない。2　現在行われている掲示場における判示のような競売期日の公告の方法は違法ではない。3　競売期日公告を新聞に掲載する場合、どの新聞を選ぶかは裁判所の自由裁量に属する」東京高裁昭和52年9月2日民二部決定・判例時報872号83頁判例評論235号28頁-33頁、判例時報893号142頁-147頁
　判例解説　「執行文付与の訴えにおいて請求に関する異議の事由を抗弁として主張することの許否」最一判昭和52年11月24日民集31巻6号943頁・判タ357号230頁判タ367号85頁-88頁（昭和52年度民事主要判例解説）
昭和54（1979）年
　判例評論　「短期賃貸借解除を訴求中の先順位抵当権申立の任意競売手続停止の仮処分が認容された事例」東京高決昭和53年6月16日・判時897号68頁判例評論243号（判例時報919号156頁-159頁）26頁-29頁
昭和55（1980）年
　判例研究　「いわゆる満足的仮処分の執行後に被保全権利の目的物の滅失等被保全権利に関して生じた事実状態の変動と本案の裁判」最判昭和54年4月17日民集33巻3号366頁法学研究53巻6号113頁-118頁
　判例評論　「競売申立登記後に設定登記した抵当権者は、競売法27条4項4号の利害関係人にあたるが、所定の期日までに執行力のある正本による配当要求をしない限り配当要求の効力は生じないとされた事例」名古屋高判昭和54年12月13日判例時報957号57頁判例評論262号44頁-47頁（判例時報979号182頁-185頁・昭和55年12月1日号）
　判例研究　「口頭弁論調書における証人尋問の事実の記載」最判昭和24年4月12日民集3巻4号104頁法学研究53巻10号71頁-74頁　小池和彦氏と共同執筆

昭和56（1981）年
　判例解説　「将来の診療報酬債権と差押の可否」東京高決昭和54年9月19日・判例タイムズ 403号109頁・判例時報944号60頁、判例タイムズ439号（昭和55年度民事主要判例解説）260頁-262頁
昭和57（1982）年
　判例研究　「時機に遅れた攻撃防禦方法」最高裁昭和46年4月22日第二小法廷判決・判例時報 631号55頁 新堂幸司・青山善充編・民事訴訟法判例百選（第二版）別冊ジュリスト No76号144頁-145頁
昭和58（1983）年
　判例研究　「執行裁判所の執行処分に対する不服申立方法に関する事件大決昭和6年3月25日民集10巻88頁」「弁論主義に関する事件・最判昭和41年9月8日民集20巻7号1314頁」 編集代表中川淳『判例辞典』439頁-440頁および1010頁-1012頁
　判例評論　「会社更生法103条1項にいう双務契約の意義」東京高判昭和56年5月14日高民集34巻2号123頁（判例時報1011号57頁）判例評論 291号46頁-49頁（判例時報1070号208頁-211頁、昭和58年5月1日号）
　判例研究　「執行抗告の抗告状が原裁判所以外の裁判所に提出された場合と裁判所のとるべき措置」最判昭和57年7月19日民集36巻6号1229頁法学研究56巻10号100頁-105頁
　判例解説　「譲渡担保権者と第三者異議の訴え」最判昭和56年12月17日民集35巻 9 号1328頁 判タ462号70頁・判時1030号32頁・金商639号21頁 NBL254号44頁、判タ505号247頁-249頁（昭和57年度民事主要判例解説）
　判例研究　「動産の譲渡担保権者と第三者異議の訴え」最判昭和58年2月24日・金商 672号42頁・金法1037号42頁・判タ497号105頁・判時1078号76頁青山法学論集25巻3号83頁-93頁
昭和59（1984）年
　判例研究　「不動産引渡命令と留置権による引換給付」東京高決昭和57年11月18日・金商 678号35頁・判タ489号61頁・判時1067号49頁、青山法学論集26巻2号155頁-162頁
昭和60（1985）年
　判例研究　「下級審商事判例評釈（昭和40年―44年）」慶応義塾大学商法研究会編著、慶応通信刊、事件番号35（商号使用差止仮処分と特別事情）

276頁-284頁　事件番号44（表見代表取締役の責任）354頁-363頁
昭和63（1988）年
　判例解説　「前訴と訴訟物を異にする後訴請求が信義則上許されないとされた事例」（東京地判昭和62年3月30日判タ647号212頁）判例タイムズ677号（昭和62年度民事主要判例解説）252頁-253頁
平成元年（1989年）
　判例解説　「長期間にわたる訴訟放置と信義則」（最一小判昭和63年4月14日判例タイムズ683号62頁）法学セミナー No. 413　1989年5月号124頁
　判例解説　「郵便に付する送達の効力」（高松高判昭和63年9月6日判例タイムズ684号238頁）法学セミナー No. 414　1989年6月号108頁
　判例解説　「訴えの提起が違法となる場合」（最三小判昭和63年1月26日民集42巻1号1頁、判時1281号91頁、判タ671号119頁）ジュリスト No. 935　平成元年6月10日号（臨時増刊号）昭和63年度重要判例解説119頁-121頁
　判例解説　「前訴口頭弁論終結前に相殺適状にあった債権と請求異議の訴え」（東京高判昭和63年7月28日判例タイムズ683号200頁）法学セミナー No. 415　1989年7月号128頁
　判例解説　「訴えの主観的予備的併合」（静岡地裁富士支部昭和63年4月9日判時1292号134頁）法学セミナー No. 416　1989年8月号102頁
　判例解説　「民事執行法83条による引渡命令の裁判と憲法32条・82条」（最三小決昭和63年10月6日判時1298号118頁、判タ684号181頁）法学セミナー No. 417　1989年9月号112頁
　判例解説　「執行不能を条件とする代償請求」（最三小決昭和63年10月21日判時1311号68頁、判タ697号200頁）法学セミナー No. 418　1989年10月号120頁
　判例解説　「宗教法人において、仮代表役員を選任できない場合でも、民法57条に基づく特別代理人の選任の申立てはできないとされた事例」（高松高判昭和63年4月27日判タ697号280頁）判例タイムズ706号（1989年10月25日号、昭和63年度主要民事判例解説）22頁-23頁
　判例解説　「共同相続人間における遺産確認の訴えと固有必要的共同訴訟」（最三小判平成元年3月28日民集43巻3号167頁、判時1313号129）法学セミナー No. 419　1989年11月号128頁

判例解説 「認知者の死亡後における認知無効の訴えの許否」（最一小判平成元年 4 月 6 日民集43巻 4 号193頁、判時1310号80頁）法学セミナー No 420　1989年12月号100頁

平成 2 （1990）年

判例解説 「必要的共同訴訟における控訴期間経過後の控訴の適否」（名古屋高裁金沢支部判昭和63年10月31日高民集41巻 3 号139頁、判時1313号135頁、判タ696号207頁）法学セミナー No 421　1990年 1 月号102頁
（なお、筆者からひとこと「裁判所へのアクセス」 120頁に掲載）

判例解説 「外国法人に対する損害賠償請求と裁判管轄権」（東京地裁中間平成元年 3 月27日、判時1318号82頁）法学セミナー No 422　1990年 2 月号118頁

判例解説 「任意的訴訟担当」（大阪高判平成元年 6 月23日、判タ708号260頁）法学セミナー No 423　1990年 3 月号112頁

判例解説 「否認による価額償還—算定基準日」（最判昭和61年 4 月 3 日、判時1198号110頁、判タ607号50頁）別冊ジュリスト No 102　新堂幸司・霜島甲一・青山善充編『新倒産判例百選』102頁-103頁所収

判例解説 「不適法な訴えとして却下が確定した判決に対する再審の訴え」（仙台高判平成元年 5 月30日、判タ708号262頁）法学セミナー No. 424　平成 2 年 4 月号128頁

判例解説 「判例回顧民事訴訟法」『判例回顧と展望』1989年法律時報 4 月臨時増刊181頁-203頁

判例解説 「選択的併合関係にある請求と上告審の審判」（最三小判平成元年 9 月19日、判時1328号38頁）法学セミナー No 425　1990年 5 月号132頁

判例解説 「不動産強制競売手続における抵当権者の債権の届出と時効の中断」（最二小判平成元年10月13日、判時1330号45頁）法学セミナー No 426　1990年 6 月号134頁

判例解説 「天皇と民事裁判権」（最二小判平成元年11月20日民集43巻10号1160頁、判時1338号104頁）法学セミナー No 427　1990年 7 月号114頁

判例解説 「検察官を相手方とする認知の確定判決に対する再審の訴えの原告適格」（最二小判平成元年11月10日民集43巻10号1085頁、判時1331号55頁）法学セミナー No 428　1990年 8 月号120頁

判例解説　「同時破産廃止後の免責手続中における強制執行の許否と不当利得の成否」（最三小判平成 2 年 3 月20日民集44巻 2 号416頁、判時1345号68頁）法学セミナー No 429　1990年 9 月号126頁

判例解説　「仮処分命令の本案で原告敗訴の判決が確定した場合と仮処分申請人の過失の推定」（最二小判平成 2 年 1 月22日判時1340号100頁）法学セミナー No 430　1990年10月号120頁

判例解説　「国際的二重起訴の適否」（東京地裁中間平成元年 5 月30日、判時1348号91頁）法学セミナー No 431　1990年11月号136頁

判例解説　「地方公務員等共済組合法115条 2 項による給与支給機関の共済組合 への払い込みと危機否認」（最一小判平成 2 年 7 月19日、判時1356号88頁）法学セミナー No 432　1990年12月号126頁

平成 3 （1991）年

判例解説　「仲裁人の選定権を一方当事者のみに与えた仲裁契約」（大阪地裁中間判平成元年 2 月 2 日、判時1349号91頁）法学セミナー No 433　1991年 1 月号128頁

判例解説　「財産分与の裁判と不利益変更禁止の原則」（最二小判平成 2 年 7 月20日民集44巻 5 号975頁法学セミナー No 434　1991年 2 月号128頁

判例解説　「判例回顧　民事訴訟法」『法律時報』 2 月臨時増刊、『判例回顧と展望』1990年161頁-174頁

判例解説　「財産分与金の支払を目的とする債権と取戻権」（最一小判平成 2 年 9 月27日判時1363号89頁、判タ741号100頁法学セミナー No 435　1991年 3 月号120頁

判例解説　「訴えの提起が不法行為となる場合」（東京高判平成 2 年 7 月18日判時1359号61頁）法学セミナー No 436　1991年 4 月号126頁

平成 4 （1992）年

判例解説「釈明義務」（最二小判昭和39年 6 月26日民集18巻 5 号954頁）新堂幸司・青山善充・高橋宏志編『民事訴訟法判例百選 I 』別冊ジュリスト No 114　204頁-205頁

判例解説　「判例回顧　民事訴訟法」法律時報 3 月臨時増刊『判例回顧と展望』1991年99頁-111頁（64巻 4 号、通巻786号）

平成 5 （1993）年

判例解説　「検察官が訴訟費用の裁判の執行のために発した徴収命令に対

する 請求異議訴訟の許否（消極）」（最二小判平成 4 年 7 月17日民集46巻 5 号538頁）私法リマークス1993（下）No 7　140頁-142頁椿寿夫・川又良也・奥田昌道・鈴木正裕編

平成 6 （1994）年

判例解説 「第三者異議の訴え①―譲渡担保と第三者異議の訴え」（最一判昭和58年 2 月24日 判時1078号76頁、判タ497号105頁）竹下守夫・伊藤眞編『民事執行法判例百選』（別冊ジュリスト127号） 48頁-49頁

平成 8 （1996）年

判例解説 「隣接する土地の時効取得と境界確定の訴えの当事者適格」（最高裁平成 7 年 3 月 7 日第三小法廷判決、民集49巻 3 号919頁、判時1540号32頁、判タ885号156頁）平成 7 年度重要判例解説（ジュリスト臨時増刊 6 月10日号 No. 1091　112頁～114頁

平成10 （1998）年

判例解説 「釈明義務」民事訴訟法判例百選Ⅰ（新法対応補正版）別冊ジュリスト No. 145　204頁～205頁

平成11 （1999）年

判例評論 「連帯債務者の一人につき和議が開始された場合と、他の連帯債務者の有する求償権による相殺の可否」最判平成10年 4 月14日民集52巻 3 号813頁、判タ 973号145頁、金法1520号43頁、私法判例リマークス No. 18　1999年（上）［平成10年度判例評論］152頁～155頁

平成14 （2002）年

判例研究 「最先順位の抵当権者に対抗することができる賃借権により競売不動産を占有するものが当該不動産に設定された抵当権の債務者である場合における引渡命令」ジュリスト1224号137頁-138頁

平成15 （2003）年

判例解説 「当事者からの主張の要否（3）」伊藤眞・高橋宏志・髙田裕成編　民事訴訟法判例百選（第 3 版）別冊ジュリスト（有斐閣）169号118頁-119頁

平成17 （2005）年

判例解説 「執行抗告状が原裁判所以外の裁判所に提出された場合の措置」伊藤眞・上原敏夫・長谷部由起子編・民事執行・保全判例百選別冊ジュリスト（有斐閣）177号 6 頁- 7 頁

平成18（2006）年
　判例解説　「否認による価額償還——算定基準時」青山善充・伊藤眞・松下淳一編　倒産判例百選［第4版］（有斐閣）184号82頁-83頁
平成19（2007）年
　判例研究　「登録自動車を目的とする民法上の留置権による競売」（最判平成18年10月27日金融・商事判例1257号26頁）金融・商事判例1264号12頁　柳沢雄二君と共同執筆
平成22（2010）年
　判例解説「消極的確認の訴えにおける申立事項」高橋宏志・髙田裕成・畑瑞穂編・民事訴訟法判例百選（第4版）別冊ジュリスト（有斐閣）201号164頁-165頁

V　学会報告・シンポジウム・座談会・対談等
昭和52（1977）年
昭和52（1977）年6月5日　第47回民事訴訟法学会にて研究報告
　「判決機関と執行機関の職務分担について—執行手続における当事者能力および訴訟能力の審査に関する問題を中心として—」
　民事訴訟雑誌24号119頁-153頁に所収
昭和53（1978）年
　座談会　「内外の法律雑誌を語る」（座談会）判例タイムズ 356号107頁-127頁　司会　萩原金美（神奈川大学教授）他8名
昭和55（1980）年
昭和55（1980）年5月10日　第10回公証法学会にて研究報告
　「ドイツ連邦共和国（西ドイツ）公証法について」
　公証法学第10号49頁-76頁に所収
昭和60（1985）年
　座談会　「仮差押え・仮処分制度の実情と問題点—実務法曹をかこんで—」（判例タイムズ563号）154-201頁　司会　松浦馨（名古屋大学教授）他13名
平成11（1999）年
　鼎談　「判例と民事訴訟法学」月刊法学教室221号4-10頁、井上治典＝栂善夫＝高橋宏志

平成12（2000）年
平成12（2000）年5月21日　第70回民事訴訟法学会にて研究報告
「民事訴訟における信義則の現状と課題」
民事訴訟雑誌47号248頁-252頁に所収

VI　解説・演習

昭和48（1973）年
　解説　「民事訴訟法へのアプローチ」法学セミナー昭和48年6月号（211号）39頁-44頁　法学入門＝法のあり方について（石川明慶應義塾大学教授と共同執筆）
　解説　「民事訴訟法第二部」伊東乾・石川明著補遺・慶応通信用教材・慶応通信刊

昭和49（1974）年
　解説　「司法試験論文式解答集Ⅱ」法学書院刊司法試験昭和45年第一問・46年第二問・48年第一問・48年第二問）

昭和53（1978）年
　解説　「配当要求と債務名義・配当要求制度の問題点とその改正を中心として―」銀行実務1978年12月号（やさしい法律教室）10頁-13頁

昭和54（1979）年
　解説　「強制執行における救済方法」銀行実務1979年3月号102頁-105頁
　解説　「民事執行法の成立と主要改正点の研究」銀行実務1979年6月号63頁-72頁

昭和55（1980）年
　解説　「民事執行法と民事執行現則」銀行実務1980年2月号24頁-25頁

昭和56（1980）年
　解説　「民事執行法のポイント整理」22頁-28頁　別冊不動産受験新報（昭和56年司法書士試験直前対策）（（株）住宅新報社）

昭和58（1983）年
　解説　「民事訴訟法」『最新司法試験案内―各科目勉強法―』（文久書林）113頁-134頁

昭和59（1984）年
　解説　「既判力の時的限界と形成権」、「当事者能力・訴訟能力の欠缺を看

過した判決の効力」『受験新報』昭和59年10月号42頁-45頁
　　解説　「マイクロ・フィルム、コンピューター用磁気テープ、録音テープ
　　　と証拠調べ」、「証明責任の分配」『受験新報』昭和59年12月号42頁-45頁
昭和60（1985）年
　　解説　「処分権主義」、「訴訟上の和解の瑕疵の主張方法」『受験新報』昭和
　　　60年2月号60頁-63頁
　　解説　「管轄」、「当事者の確定」『受験新報』昭和60年4月号44頁-47頁
　　解説　「訴訟物の特定」、「二重起訴の禁止」『受験新報』昭和60年6月号42
　　　頁-45頁
　　解説　「固有必要的共同訴訟の成否」、「補助参加（その一）」『受験新報』
　　　昭和60年8月号36頁-39頁
　　解説　「補助参加（その二）」、「独立当事者参加」『受戦新報』昭和60年10
　　　月号56頁-59頁
　　解説　「上訴の利益」、「不利益変更禁止の原則」『受験新報』昭和60年12月
　　　号28頁-31頁
昭和61（1986）年
　　解説　「破棄判決（差戻判決）の拘束力」、「上告理由と審理不尽」『受験新
　　　報』昭和61年2月号42頁-45頁
　　解説　「判決の無効」、「民訴法 203条にいう『確定判決ト同一ノ効力』の
　　　意味」『受験新報』昭和61年4月号34頁-37頁
　　解説　「判決理由中の判断と信義則」、「反射効」『受験新報』昭和61年6月
　　　号32頁-35頁
　　解説　「間接事実・補助事実の自白の拘束力」『受験新報』昭和61年8月号
　　　24頁-25頁
　　演習　「鑑定の採否」演習民事訴訟法　月刊法学教室 No 73昭和61年10月号
　　　148頁
　　解説　「訴訟要件の調査と本案判決」『受験新報』昭和61年10月号32頁-33頁
　　演習　「証明妨害」演習民事訴訟法　月刊法学教室 No 74昭和61年11月号
　　　147頁
　　解説　「訴訟上の相殺の法的性質」『受験新報』昭和61年12月号34頁-35頁
　　演習　「弁論の併合と証拠資料」演習民事訴訟法　月刊法学教室 No 76 昭和
　　　62年1月号120頁

昭和62（1987）年

　解説　「訴訟上の相殺の抗弁と既判力」『受験新報』昭和62年1月号40頁-41頁

　解説　「転付命令」新堂幸司・竹下守夫編『民事執行法判例展望』ジュリスト臨時増刊1987年1月20日号（No．876）86頁-90頁

　演習　「時機に後れた攻撃防禦方法・釈明権の不行使と上告理由」演習民事訴訟　月刊法学教室 No．77昭和62年2月号95頁

　解説　「中間判決」『受験新報』昭和62年2月号40頁-41頁

　解説　「占有の訴えと本権に基づく反訴」『受験新報』昭和62年3月号30頁-31頁

　演習　「仲裁の抗弁・擬制自白・時機に後れた攻撃防禦方法・責問権の放棄・喪失」演習民事訴訟法　月刊法学教室 No．79昭和62年4月号157頁

　解説　「一部講求」『受験新報』昭和62年4月号26頁-27頁

　演習　「選定当事者」演習民事訴訟法　月刊法学教室 No．80昭和62年5月号143頁

　解説　「訴えの取下げとその効果」『受験新報』昭和62年5月号62頁-63頁

　解説　「訴訟判決の既判力」『受験新報』昭和62年6月号36頁-37頁

　演習　「証明責任の分配」演習民事訴訟法　月刊法学教室 No．82昭和62年7月号113頁

　解説　「訴えの主観的予備的併合」『受験新報』昭和62年7月号52頁-53頁

　解説　「判決理由中の判断と信義則」『受験新報』昭和62年7月号32頁-43頁

　演習　「補助参加人の地位」月刊法学教室 No．83昭和62年8月号106頁

　解説　「確認の利益」『受験新報』昭和62年8月号40頁-41頁

　解説　「民法上の組合の当事者能力と当事者能力欠缺看過判決『受験新報』昭和62年8月号44頁-53頁

　解説　「一部判決」『受験新報』昭和62年9月号36頁-37頁

　演習　「口頭弁論期日における当事者の欠席」月刊法学教室 No．85昭和62年10月号133頁

　演習　「相殺の抗弁と実体法上の効果」月刊法学教室 No．86昭和62年11月号132頁

　演習　「コンピューター用磁気テープと証拠調べ」月刊法学教室 No．87昭和62年12月号125頁

演習　「弁論の全趣旨」月刊法学教室 No 88昭和63年1月号118頁
昭和63（1988）年
　　演習　「弁論主義と不特定概念」月刊法学教室 No 89昭和63年2月号105頁
　　演習　「不利益変更禁止の原則」月刊法学教室 No 90昭和63年3月号117頁
平成元年　（1989年）
　　解説　「民事保全法要綱案の概要」銀行実務1989年5月号（通巻272号）
　　　　Vo1. 19 No 7　18頁-22頁
平成2（1990）年
　　解説　「訴訟承継と口頭弁論終結後の承継人」（中央大学真法会第56回答案練習会解説）『受験新報』1990年4月号101頁-107頁
　　解説　「特集・司法試験と判例・民事訴訟法―応用力を養うのに最適」『受験新報』1990年12月号82頁-85頁
平成6（1994）年
　　解説　「民事訴訟法改正動向と司法試験」アーティクル（Article）No 105　1994年12月号（早稲田経営出版）43頁-46頁
平成8（1996）年
　　解説　「民事訴訟法はこう変わった」受験新報1996年9月号82頁-87頁
平成9（1997）年
　　演習　「中間判決」演習民事訴訟法　月刊法学教室 No. 199　1997年4月号159頁
　　演習　「一部判決」演習民事訴訟法　月刊法学教室 No. 200　1997年5月号157頁
　　演習　「判決の無効」演習民事訴訟法　月刊法学教室 No. 201　1997年6月号132頁
　　演習　「訴訟判決」演習民事訴訟法　月刊法学教室 No. 202　1997年7月号134頁
　　演習　「訴訟要件と請求棄却判決」演習民事訴訟法　月刊法学教室 No. 203　1997年8月号118頁
　　演習　「民訴法二六七条（旧二〇三条）にいう『確定判決と同一の効力』の意味」演習民事訴訟法　月刊法学教室 No. 204　1997年9月号150頁
　　演習　「裁判の自己拘束力の緩和」演習民事訴訟法　月刊法学教室 No. 205　1997年10月号126頁

演習 「一部認容判決（申立事項と判決事項）」演習民事訴訟法　月刊法学教室 No. 206　1997年11月号116頁

演習 「建物買取請求権と既判力」演習民事訴訟法　月刊法学教室 No. 207　1997年12月号114頁

演習 「相殺の抗弁と既判力」演習民事訴訟法　月刊法学教室 No. 208　1998年1月号120頁

平成10（1998）年

演習 「反射効」演習民事訴訟法　月刊法学教室 No. 209　1998年2月号112頁

演習 「口頭弁論終結後の承継人（既判力）」演習民事訴訟法　月刊法学教室 No. 210　1998年3月号82頁

演習 「口頭弁論終結後の承継人（執行力）」演習民事訴訟法　月刊法学教室 No. 211　1998年4月号158頁

演習 「既判力の客観的範囲」演習民事訴訟法　月刊法学教室 No. 212　1998年5月号140頁

演習 「金銭債権の回収方法」演習民事訴訟法　月刊法学教室 No. 213　1998年6月号136頁

演習 「当事者の確定」演習民事訴訟法　月刊法学教室 No. 214　1998年7月号1頁

演習 「債権者代位訴訟（当事者適格・二重起訴）」演習民事訴訟法　月刊法学教室 No. 215　1998年8月号122頁

演習 「相殺の抗弁と二重起訴の禁止」演習民事訴訟法　月刊法学教室 No. 216　1998年9月号114頁

演習 「一部請求と過失相殺」演習民事訴訟法　月刊法学教室 No. 217　1998年10月号132頁

演習 「予備的併合」演習民事訴訟法　月刊法学教室 No. 218　1998年11月号148頁

演習 「間接事実と自白の拘束力」演習民事訴訟法　月刊法学教室 No. 219　1998年12月号140頁

平成11（1999）年

演習 「証拠共通の原則」演習民事訴訟法　月刊法学教室 No. 220　1999年1月号142頁

演習　「反訴」演習民事訴訟法　月刊法学教室 No. 221　1999年2月号136頁
演習　「独立当事者参加」演習民事訴訟法　月刊法学教室 No. 222　1999年3月号108頁
平成16（2004）年
解説　「集中講義民事執行・保全法①民事執行法・民事保全法について」月刊法学教室（有斐閣）291号11頁-20頁
平成17（2005）年
解説　「集中講義民事執行・保全法②民事執行の指導理念の実現とその対策」月刊法学教室（有斐閣）292号44-53頁
解説　「集中講義民事執行・保全法③金銭債権執行・非金銭債権執行について」月刊法学教室（有斐閣）293号40頁-50頁
解説　「集中講義民事執行・保全法④仮差押えと仮処分」月刊法学教室（有斐閣）294号46頁-55頁

VII　翻訳・書評・辞典等

昭和48（1973）年
書評　「住吉博著『民事訴訟読本』（法学書院）」（中央大学助教授）受験新報昭和48年8月号226頁（石川明慶應義塾大学教授と共同執筆）
昭和51（1976）年
翻訳　R・Gホフマン（西ドイツ・法学博士・公証人）著「執行手続における当事者能力および訴訟能力の審査」（Die Pruefung der Partei- und Prozessfaefigkeit im Vollstreckungs- verfahren, von Dr. Rolf-Guenter Hoffmann In:Konkurs,Treuhand- und Schiedsgerichtswesen, Heft3/1973, S. 149-161）法学研究49巻5号79頁-94頁
昭和52（1977）年
紹介　Duetz, Wilhelm；Der Gerichtsvollzieher als selbstaendiges Organ der Zwangsvollstreckung, 1973, Duncker&Humblot, Berlin.（強制執行の独立機関としての執行官）民事訴訟雑誌23号 216頁-237頁
昭和53（1978）年
翻訳　ゴットフリート・バウムゲルテル（Gottfried Baeumgartel）著「裁判の機会均等は、強制権利保護保険によるべきか、訴訟救助によるべきか―同時に訴訟費用の機能についての考察―」

(Chancengleichheit vor Gericht durch Pflichtrechtsschutz- versicherung oder Prozesshilfe? Zugleich ein Beitrag zur Funktion der Prozesskosten, In: Juristenzeitung Nr. 1418 Juri 1975 S. 425-430)
　　法学研究51巻 2 号76頁-92頁
昭和54（1979）年
　　翻訳　ゴットフリート・バウムゲルテル（Gottfried Baeumgartel）著「裁判の機会均等（Chancengleichheit vor Gericht」小泉記念講座選書16　慶応義塾大学
　　辞典　「西ドイツの法律話題」10項目『図解による法律用語辞典・増補新版』（自由国民社）　407頁-507頁
昭和57（1982）年
　　辞典　遠藤浩・川井健・酒巻俊雄・竹下守夫・中山和久編『民事法小辞典』（一粒社）75名の分担執筆　強制執行関係40項目担当
　　辞典　遠藤浩・福田平・成田頼明編『現代法辞典』（ぎょうせい）94名で執筆
　　翻訳　ゴットフリート・バウムゲルテル（Gottfried Baeumgartel）著「建築請負人および建築家の責任についての証明責任の分配」（Die Beweislastverteilung fuer die Haftung des Unternehmers und des Architekten, In Festschrift fuer Fritz Baur, S. 207-225）駒沢大学法学論集25号91頁-117頁
　　翻訳　小島武司・栂善夫・豊田博昭共訳「西ドイツにおける法的助言法および訴訟費用援助法の翻訳①」比較法雑誌第16巻第 1 号（通巻第38号）251頁-261頁
　　翻訳　小島武司・栂善夫・豊田博昭共訳「西ドイツにおける法的助言法および訴訟費用援助法の翻訳②」比較法雑誌第16巻第 2 号（通巻第39号）239頁-253頁
昭和58（1983）年
　　翻訳　小島武司・栂善夫・豊田博昭共訳「西ドイツにおける法的助言法および訴訟費用援助法の翻訳③」比較法雑誌16巻 3 号（通巻40号）100頁-108頁
　　翻訳　小島武司・栂善夫・豊田博昭共訳「西ドイツにおける法的助言法および訴訟費用援助法の翻訳（④・完）」比較法雑誌16巻 4 号（通巻41号）

266頁-274頁

　翻訳　ゴットフリート・バウムゲルテル（Gottfried Baeumgartel）著「我々は、保険弁護士への道を歩むのか」（Sind wir auf dem Weg zum Kassenrechtsanwalt? In : Almanach 1976, S. 27-45, Carl Haymanns Verlag.）青山法学論集25巻2号69頁-87頁

昭和59（1984）年

　辞典 編集代表 大隅健一郎・星川長七・吉永栄助『会社法務大辞典』（中央経済社）「買受人の地位」、「苛酷執行の禁止」、「形式的競売」、「執行異議」、「執行抗告」、「執行制限（合意による）」、「執行妨害」、「増加競売」、「超過売却の禁止」、「手形・小切手に対する強執執行」、「二重執行」、「配当手続」、「引渡命令」、「平等主義と優先主義」、「不当執行」、「民事執行法」

昭和62（1987）年

　翻訳　ゴットフリート・バウムゲルテル（Gottfried Baeumgartel）著「労働者責任における証明責任の分配」"Die Beweislastverteilung bei der Arbeitnehmerhaftung" In Festschrift fuer Klemens Pleyer zum 65. Geburtstag Carl Heymanns Verlag KG 1986, S. 257ff. 民商法雑誌96巻5号617頁-636頁　松本博之大阪市立大学法学部教授と共訳

昭和64（1989）年

　書評　「上田徹一郎著『民事訴訟法』」（法学書院刊）『受験新報』昭和64（1989）年2月号189頁

平成7（1995）年

　書評　「中野貞一郎著『民事訴訟法の論点1』」ジュリスト No 1061　1995年2月15日号179頁

平成10（1998）年

　書評　「高橋宏志著『重点講義民事訴訟法』」月刊法学教室 No. 213　1998年6月号126頁

VIII　その他

昭和60（1985）年

　資料　「一言多言『債権の回収・保全関係法制度の改正と金融機関』」金融法務事情1102号2頁

平成11（1999）年
　巻頭言　「司法試験雑感」受験新報1999年9月号6～7頁
平成18（2006）年
　資料　「裁判の機会均等実現のために」法律扶助だより　平成18（2006）年5月

遠藤賢治先生 略歴・主要業績目録

略　　歴

昭和18（1943）年9月30日		神奈川県横浜市生まれ
昭和37（1962）年3月		神奈川県立横浜翠嵐高等学校卒業
昭和41（1966）年3月		早稲田大学第一法学部卒業
9月		司法試験合格
昭和42（1967）年4月		司法修習生（昭和44（1969）年3月まで）
昭和44（1969）年4月		山口地方裁判所判事補（昭和47（1972）年3月まで）
昭和47（1972）年4月		東京家裁判事補 兼 東京簡易裁判所判事（昭和48（1973）年3月まで）
昭和48（1973）年4月		東京地方裁判所判事補（昭和50（1975）年3月まで）
昭和50（1975）年4月		釧路地方裁判所判事補 兼 釧路家庭裁判所判事補 兼 釧路簡易裁判所判事（昭和52（1977）年3月まで）
昭和52（1977）年4月		東京地方裁判所判事補 兼 東京簡易裁判所判事（昭和54（1979）年3月まで）
昭和54（1979）年4月		東京地方裁判所判事（昭和55（1980）年1月まで）
昭和55（1980）年1月		最高裁判所調査官（昭和60（1985）年3月まで）最高裁判所判例委員会幹事（昭和60（1985）年4月まで）
昭和60（1985）年4月		大阪地方裁判所判事（大阪高等裁判所職務代行）（昭和62（1987）年3月まで）
昭和62（1987）年4月		大阪高等裁判所判事（昭和63（1988）年3月まで）
昭和63（1988）年4月		司法研修所教官（平成4（1992）年4月まで）
昭和64（1989）年1月		司法試験（第2次試験）考査委員（平成10（1998）年12月まで）
平成元（1989）年1月		司法修習生考試委員会考査委員（平成7（1995）年12月まで）

	4月	日本民事訴訟法学会会員（現在に至る）
平成 4 (1992) 年 4月		東京地方裁判所判事（部総括）（平成10（1998）年11月まで）
平成 5 (1993) 年 6月		検察官特別考試委員会臨時委員（平成 5 (1993) 年12月まで）
平成 7 (1995) 年 5月		日本民事訴訟法学会理事（平成11（1999）年4月まで）
	6月	検察官特別考試委員会臨時委員（平成 7（1995）年12月まで）
	9月	法制審議会民法部会委員（平成 8（1996）年10月まで）
平成 8 (1996) 年10月		法制審議会倒産法部会委員（平成10（1998）年11月まで）
平成10 (1998) 年11月		家庭裁判所調査官研修所所長（平成12（2000）年12月まで）
	12月	家庭裁判所調査官試験委員会委員（平成12（2000）年12月まで）
平成12 (2000) 年12月		京都家庭裁判所所長（平成14(2002)年6月まで）
平成13 (2001) 年 1月		京都保護司選考会委員（平成14（2002）年7月まで）
平成14 (2002) 年 9月		早稲田大学法学部教授（平成16（2004）年3月まで）
平成16 (2004) 年 4月		早稲田大学大学院法務研究科教授（平成25（2013）年3月まで）
		日本大学大学院法務研究科非常勤講師（平成20（2008）年3月まで）
	12月	ウズベキスタン倒産法注釈書作成支援委員会委員（平成19（2007）年3月まで）
平成17 (2005) 年 9月		博士（法学・早稲田大学）取得
平成18 (2006) 年11月		司法試験（新司法試験）考査委員（平成19（2007）年10月まで）
平成20 (2008) 年 3月		ドイツ・フライブルク大学に留学（平成21

	（2009）年3月まで）
平成21（2009）年4月	日本大学大学院法務研究科非常勤講師（平成23（2011）年3月まで）
平成23（2011）年6月	日本法律家協会会員（現在に至る）
平成25（2013）年2月	弁護士登録（東京第一弁護士会）
3月	早稲田リーガルコモンズ法律事務所代表（共同）（現在に至る）
4月	早稲田大学名誉教授 名古屋学院大学法学部教授・法学部長（現在に至る）
11月	瑞宝中綬章　受章

主要業績目録

I 著書

平成2（1990）年

　遠藤浩＝田山輝明＝遠藤賢治編『注解不動産法　第3巻　不動産担保』（青林書院）

平成9（1997）年

　遠藤賢治＝清水紀代志＝前田恵三編『民事弁護と裁判実務　第2巻　不動産取引』（ぎょうせい）

　「不動産明渡しに関する訴えの審理に関する留意点」（49頁～59頁）

平成10（1998）年

　東京地裁破産・和議実務研究会編『破産・和議の実務（上）（下）』（金融財政事情研究会）（編集代表）

　「はしがき」（上下1頁～2頁）

　「破産手続の概要」（上2頁～8頁）

　「破産手続と他の類似制度との比較」（上8頁～11頁）

　「破産手続の現行法上の問題」（上11頁～14頁）

　「債権者集会の役割」（下92頁～94頁）

平成16（2004）年

　『民事訴訟にみる手続保障』（成文堂）（単著・全245頁）

平成19（2007）年

　『ウズベキスタン共和国倒産法注釈書（日本語訳）』（独立行政法人国際協力機構）（池田辰夫＝出水順＝下村眞美＝遠藤賢治＝伊藤知義＝伊藤隆＝松島希会）（全298頁）

平成20（2008）年

　遠藤賢治＝塩崎勤＝潮見佳男＝田頭章一＝升田純編『民事法I―民法・民事訴訟法―』（民事法研究会）

　「第2問」（64頁～84頁）

　遠藤賢治＝首藤重幸＝村重慶一＝山下清兵衛＝藤曲武美編『事件記録に学ぶ税務訴訟』（判例タイムズ社）

「第 3 編」（230頁～244頁、252頁～259頁、276頁～293頁）
『事例演習民事訴訟法』（有斐閣）（単著・全228頁）
平成23（2011）年
『事例演習民事訴訟法〔第 2 版〕』（有斐閣）（単著・全294頁）
平成25（2013）年
『事例演習民事訴訟法〔第 3 版〕』（有斐閣）（単著・全318頁）

II　注釈・分担執筆

昭和52（1977）年
　宮崎富哉＝中野貞一郎編『仮差押・仮処分の基礎〔実用編〕』（青林書院新社）
　「（ 7 ）被差押債権の特定」（原田賢一書記官と共著、30頁～36頁）
　「(79) 保全執行の取消」（314頁～316頁）
昭和53（1978）年
　田山輝明編『法曹入門』（成文堂）
　「裁判官とは何か」（23頁～34頁）
昭和55（1980）年
　田山輝明編『法曹入門〔改訂増補版〕』（成文堂）
　「裁判官とは何か」（23頁～34頁）
昭和62（1987）年
　薦田茂正＝中野哲弘編『裁判実務大系13巻　金銭貸借訴訟法』（青林書院）
　「準消費貸借金返還請求の要件事実」（68頁～83頁）
　後藤勇＝藤田耕三編『訴訟上の和解の理論と実務』（西神田編集室）
　「和解条項の作成」（436頁～458頁）
昭和63（1988）年
　西村宏一＝幾代通＝園部逸夫編『国家補償法大系 3　国家賠償法の判例』（日本評論社）
　「改修中の河川と河川管理の瑕疵」（318頁～323頁）
　「河川を事実上管理する地方公共団体と国家賠償法 2 条の責任」（324頁～328頁）
　「洪水により決壊した堤防の背後に設置された仮堤防と河川管理の瑕疵」（329頁～334頁）

平成元（1989）年
　元木伸＝細川清編『裁判実務大系10巻　渉外訴訟法』（青林書院）
　「外国判決の承認執行」（103頁～110頁）
平成3（1991）年
　斎藤秀夫＝小室直人＝西村宏一＝林屋礼二編『〔第2版〕注解民事訴訟法第3巻』（第一法規）
　「132条～138条」（422頁～489頁）
平成6（1994）年
　谷口安平＝井上治典編『新判例コンメンタール民事訴訟法　第3巻』（三省堂）
　「191条～195条」（94頁～140頁）
平成10（1998）年
　鈴木正裕＝鈴木重勝編『注釈民事訴訟法　第8巻』（有斐閣）
　「401条～406条の2」（319頁～335頁）
平成22（2010）年
　現代民事法研究会『民事訴訟のスキルとマインド』（判例タイムズ社）
　「民事訴訟法が判決書に期待するものはなにか」（352頁～365頁）
平成25（2013）年
　松川正毅＝本間靖規＝西岡清一郎編『新基本法コンメンタール人事訴訟法・家事事件手続法』（日本評論社）
　「家事事件手続法105条～115条」（313頁～329頁）

III　論　文

昭和47（1972）年
　「医療過誤訴訟の動向（1）」（司法研修所論集50号24頁～41頁）
昭和48（1973）年
　「医療過誤訴訟の動向（2）」（司法研修所論集51号108頁～142頁）
　「観護措置、少年院在院中もしくは保護観察、試験観察中の少年に対する逮捕」（判例タイムズ296号310頁～311頁、315頁）
昭和52（1977）年
　「医療水準と過失」（自由と正義28巻10号23頁～28頁）

昭和54（1979）年
　「共有財産をめぐる必要的共同訴訟」（Law School 9 号60頁～65頁）
昭和57（1982）年
　「預金者の特定」（金融法務事情1000号24頁～30頁）
平成 7（1995）年
　「倒産と労働仮処分」（金融法務事情1409号70頁～73頁）
平成10（1998）年
　「破産事件の保全管理人」（金融・商事判例1043号 2 頁）
　「破産・和議手続における営業譲渡」（金融・商事判例1049号 2 頁）
平成13（2001）年
　「倒産法における営業譲渡」（櫻井孝一先生古稀祝賀『倒産法学の軌跡と展望』247頁～259頁）
平成16（2004）年
　「ウズベキスタン共和国の新倒産法と企業売却」（比較法学38巻 2 号129頁～151頁）
　「人事訴訟における事実の調査と手続保障」（法曹時報56巻12号2793頁～2817頁）
平成18（2006）年
　「民訴法および民訴実務が判決書に期待するものはなにか」（判例タイムズ1222号35頁～40頁）
平成20（2008）年
　「民事第一審判決書の記載内容」（法曹時報60巻 3 号703頁～728頁）
平成23（2011）年
　「民法915条 1 項の熟慮期間の起算点について」（法曹時報63巻 6 号1261頁～1293頁）
　「法科大学院における「民事裁判論」の授業」（法の支配163号29頁～40頁）
平成25（2013）年
　「民事訴訟法を学ぶ意義」（法学教室396号34頁～40頁）

IV　判例研究等

昭和51（1976）年
　診療録保全申立事件―東京地決昭和47・ 3 ・18判タ278号313頁（『医事判

例百選』94頁〜95頁）

未熟児網膜症事件―岐阜地判昭和49・3・25判時738号39頁（『医事判例百選』116頁〜117頁）

昭和53（1978）年

未熟児網膜症医療過誤事件第一審判決―浦和地判昭和52・3・31判時846号24頁（判例タイムズ367号（昭和52年度主要民事判例解説）264頁〜266頁）

昭和54（1979）年

借家法1条ノ2の正当事由否定例―東京地決昭和53・5・29判タ371号110頁（判例タイムズ390号（昭和53年度主要民事判例解説）128頁〜129頁）

昭和56（1981）年

（1）建物の区分所有等に関する法律1条にいう構造上区分された建物部分の意義、（2）構造上他の部分と区分されそれ自体として独立した建物としての用途に供することができるような外形を有する建物部分の一部に共有設備が設置されている場合と建物の区分所有等に関する法律にいう専有部分、（3）共用設備が設置されている車庫が建物の区分所有等に関する法律にいう専有部分にあたるとされた事例―最判昭和56・6・18民集35巻4号798頁（ジュリスト749号108頁〜109頁）

使用人兼務取締役の法的性質―最判昭和56・5・11判時1009号124頁（商事法務918号390頁〜396頁）

昭和57（1982）年

共用設備が設置されている車庫が建物の区分所有等に関する法律にいう専有部分にあたらないとはいえないとされた事例―最判昭和56・7・17民集35巻5号977頁（ジュリスト759号76頁）

弁論再開をしないで判決をした控訴裁判所の措置が違法であるとされた事例―最判昭和56・9・24民集35巻6号1088頁（ジュリスト759号77頁）

昭和58（1983）年

清算金の支払のないまま仮登記担保権者から目的不動産の所有権を取得した第三者の債務者に対する右不動産の明渡請求と債務者の留置権の抗弁―最判昭和58・3・31民集37巻2号152頁（ジュリスト796号89頁〜90頁）

自衛隊の自動車の運転者が運転上の注意義務を怠ったことにより生じた同乗者の死亡事故と国の右同乗者に対する安全配慮義務違反の成否―最判

昭和58・5・27民集37巻4号477頁（ジュリスト797号72頁〜73頁）

約束手形の満期前に遡及の要件を満たすためにすべき呈示の場所—最判昭和57・11・25判時1065号182頁（季刊実務民事法3号206頁）

昭和59（1984）年

指名債権に対する質権設定に第三者に対抗しうる要件としての第三債務者に対する通知又はその承諾と質権者特定の要否—最判昭和58・6・30民集37巻5号835頁（ジュリスト805号133頁）

清算金の支払のないまま仮登記担保権者から目的不動産の所有権を取得した第三者の債務者に対する右不動産の明渡請求と債務者の留置権の抗弁—最判昭和58・3・31民集37巻2号152頁（季刊実務民事法4号192頁〜193頁）

自衛隊の自動車の運転者が運転上の注意義務を怠ったことにより生じた同乗者の死亡事故と国の右同乗者に対する安全配慮義務違反の成否—最判昭和58・5・27民集37巻4号477頁（季刊実務民事法4号202頁〜203頁）

生命保険契約において被保険者の「妻・何某」とのみ表示していた保険金受取人の指定の趣旨—最判昭和58・9・8民集37巻7号918頁（ジュリスト808号69頁〜70頁）

指名債権に対する質権設定を第三者に対抗しうる要件としての第三債務者に対する通知又はその承諾と質権者特定の要否—最判昭和58・6・30民集37巻5号835頁（季刊実務民事法5号206頁〜207頁）

（1）名誉侵害を理由とする慰藉料請求権と行使上の一身専属性の喪失事由、（2）名誉侵害を理由とする破産者の慰藉料請求権が破産終結決定後に行使上の一身専属性を失った場合と破産法283条1項後段の適用の有無—最判昭和58・10・6民集37巻8号1041頁（ジュリスト817号50頁〜51頁）

民法915条1項所定の熟慮期間について相続人が相続財産の全部若しくは一部の存在を認識した時又は通常これを認識しうべかりし時から起算するのが相当であるとされる場合—最判昭和59・4・27民集38巻6号698頁（ジュリスト819号99頁〜100頁）

生命保険契約において被保険者の「妻何某」とのみ表示していた保険金受取人の指定の趣旨—最判昭和58・9・8民集37巻7号918頁（季刊実務民事法6号184頁〜185頁）

（1）名誉侵害を理由とする慰藉料請求権と行使上の一身専属性の喪失事由、（2）名誉侵害を理由とする破産者の慰藉料請求権が破産終結決定後に行使上の一身専属性を失った場合と破産法283条1項後段の適用の有無―最判昭和58・10・6民集37巻8号1041頁（季刊実務民事法6号192頁～194頁）

満9歳の小学生が堀に転落して溺死した事故につき堀の設置・管理に瑕疵がないとされた事例―最判昭和58・10・18判時1099号48頁（季刊実務民事法6号195頁～197頁）

建物の壁面に取り付けられた広告用看板の所有者が壁面を占有していないとされた事例―最判昭和59・1・27判時1113号63頁（季刊実務民事法8号154頁～155頁）

民法915条1項所定の熟慮期間について相続人が相続財産の全部若しくは一部の存在を認識した時又は通常これを認識しうべかりし時から起算するのが相当であるとされる場合―最判昭和59・4・27民集38巻6号698頁（季刊実務民事法8号166頁～167頁）

昭和60（1985）年

離婚に伴う財産分与請求を認めない大韓民国の民法を適用することが法例30条にいう「公ノ秩序又ハ善良ノ風俗」に反するとして許されない場合―最判昭和59・7・20民集38巻8号1051頁（ジュリスト831号69頁～71頁）

弁論再開をしないで判決をした控訴裁判所の措置が違法であるとされた事例―最判昭和56・9・24民集35巻6号1088頁（法曹時報37巻5号1350頁～1363頁）

（1）譲渡担保権者と第三者異議の訴え、（2）譲渡担保権者が目的物権につき自己の債権者のために更に譲渡担保権を設定した場合と第三者異議の訴え―最判昭和56・12・17民集35巻9号1328頁（法曹時報37巻9号2428頁～2441頁）

（1）建物の区分所有等に関する法律1条にいう構造上区分された建物部分の意義、（2）構造上他の部分と区分されそれ自体として独立した建物としての用途に供することができるような外形を有する建物部分の一部に共有設備が設置されている場合と建物の区分所有等に関する法律にいう専有部分、（3）共用設備が設置されている車庫が建物の区分所有等に関する法律にいう専有部分にあたるとされた事例―最判昭和56・6・

18民集35巻4号798頁（法曹時報37巻10号2787頁〜2805頁）

共用設備が設置されている車庫が建物の区分所有等に関する法律にいう専有部分にあたらないとはいえないとされた事例―最判昭和56・7・17民集35巻5号977頁（法曹時報37巻10号2806頁〜2813頁）

昭和61（1986）年

(1) 建物の区分所有等に関する法律1条にいう構造上区分された建物部分の意義、(2) 構造上他の部分と区分されそれ自体として独立した建物としての用途に供することができるような外形を有する建物部分の一部に共有設備が設置されている場合と建物の区分所有等に関する法律にいう専有部分、(3) 共用設備が設置されている車庫が建物の区分所有等に関する法律にいう専有部分にあたるとされた事例―最判昭和56・6・18民集35巻4号798頁（『最高裁判所判例解説民事篇昭和56年度』379頁〜397頁）

共用設備が設置されている車庫が建物の区分所有等に関する法律にいう専有部分にあたらないとはいえないとされた事例―最判昭和56・7・17民集35巻5号977頁（『最高裁判所判例解説民事篇昭和56年度』492頁〜499頁）

弁論再開をしないで判決をした控訴裁判所の措置が違法であるとされた事例―最判昭和56・9・24民集35巻6号1088頁（『最高裁判所判例解説民事篇昭和56年度』541頁〜553頁）

(1) 譲渡担保権者と第三者異議の訴え、(2) 譲渡担保権者が目的物権につき自己の債権者のために更に譲渡担保権を設定した場合と第三者異議の訴え―最判昭和56・12・17民集35巻9号1328頁（『最高裁判所判例解説民事篇昭和56年度』824頁〜837頁）

民法787条但書所定の認知の訴えの出訴期間は父の死亡が客観的に明らかになった時から起算すべきであるとされた事例―最判昭和57・3・19民集36巻3号432頁（法曹時報38巻6号1425頁〜1442頁）

昭和62（1987）年

指名債権に対する質権設定を第三者に対抗しうる要件としての第三債務者に対する通知又はその承諾と質権者特定の要否―最判昭和58・6・30民集37巻5号835頁（法曹時報39巻1号195頁〜211頁）

民法787条但書所定の認知の訴えの出訴期間は父の死亡が客観的に明らかになった時から起算すべきであるとされた事例―最判昭和57・3・19民

集36巻3号432頁（『最高裁判所判例解説民事篇昭和57年度』253頁～269頁）

生命保険契約において被保険者の「妻何某」とのみ表示していた保険金受取人の指定の趣旨―最判昭和58・9・8民集37巻7号918頁（法曹時報39巻12号2367頁～2387頁）

昭和63（1988）年

（1）名誉侵害を理由とする慰藉料請求権と行使上の一身専属性の喪失事由、（2）名誉侵害を理由とする破産者の慰藉料請求権が破産終結決定後に行使上の一身専属性を失った場合と破産法283条1項後段の適用の有無―最判昭和58・10・6民集37巻8号1041頁（法曹時報40巻2号331頁～348頁）

清算金の支払のないまま仮登記担保権者から目的不動産の所有権を取得した第三者の債務者に対する右不動産の明渡請求と債務者の留置権の抗弁―最判昭和58・3・31民集37巻2号152頁（法曹時報40巻3号471頁～488頁）

自衛隊の自動車の運転者が運転上の注意義務を怠ったことにより生じた同乗者の死亡事故と国の右同乗者に対する安全配慮義務違反の成否―最判昭和58・5・27民集37巻4号477頁（法曹時報40巻6号933頁～948頁）

清算金の支払のないまま仮登記担保権者から目的不動産の所有権を取得した第三者の債務者に対する右不動産の明渡請求と債務者の留置権の抗弁―最判昭和58・3・31民集37巻2号152頁（『最高裁判所判例解説民事篇昭和58年度』81頁～98頁）

自衛隊の自動車の運転者が運転上の注意義務を怠ったことにより生じた同乗者の死亡事故と国の右同乗者に対する安全配慮義務違反の成否―最判昭和58・5・27民集37巻4号477頁（『最高裁判所判例解説民事篇昭和58年度』193頁～208頁）

指名債権に対する質権設定を第三者に対抗しうる要件としての第三債務者に対する通知又はその承諾と質権者特定の要否―最判昭和58・6・30民集37巻5号835頁（『最高裁判所判例解説民事篇昭和58年度』290頁～305頁）

生命保険契約において被保険者の「妻何某」とのみ表示していた保険金受取人の指定の趣旨―最判昭和58・9・8民集37巻7号918頁（『最高裁判所判例解説民事篇昭和58年度』335頁～355頁）

（1）名誉侵害を理由とする慰藉料請求権と行使上の一身専属性の喪失事

由、（2）名誉侵害を理由とする破産者の慰藉料請求権が破産終結決定後に行使上の一身専属性を失った場合と破産法283条1項後段の適用の有無―最判昭和58・10・6民集37巻8号1041頁（『最高裁判所判例解説民事篇昭和58年度』384頁～401頁）

離婚に伴う財産分与請求を認めない大韓民国の民法を適用することが法例30条にいう「公ノ秩序又ハ善良ノ風俗」に反するとして許されない場合―最判昭和59・7・20民集38巻8号1051頁（法曹時報40巻10号1828頁～1845頁）

民法915条1項所定の熟慮期間について相続人が相続財産の全部若しくは一部の存在を認識した時又は通常これを認識しうべかりし時から起算するのが相当であるとされる場合―最判昭和59・4・27民集38巻6号698頁（法曹時報40巻12号2399頁～2422頁）

平成元（1989）年

債務者が破産宣告を受けた場合と先取特権者の物上代位権―最判昭和59・2・2民集38巻3号431頁（『最高裁判所判例解説民事篇昭和59年度』67頁～85頁）

民法915条1項所定の熟慮期間について相続人が相続財産の全部若しくは一部の存在を認識した時又は通常これを認識しうべかりし時から起算するのが相当であるとされる場合―最判昭和59・4・27民集38巻6号698頁（『最高裁判所判例解説民事篇昭和59年度』188頁～211頁）

離婚に伴う財産分与請求を認めない大韓民国の民法を適用することが法例30条にいう「公ノ秩序又ハ善良ノ風俗」に反するとして許されない場合―最判昭和59・7・20民集38巻8号1051頁（『最高裁判所判例解説民事篇昭和59年度』358頁～375頁）

債務者が破産宣告を受けた場合と先取特権者の物上代位権―最判昭和59・2・2民集38巻3号431頁（法曹時報41巻1号149頁～167頁）

洪水により決壊した堤防の背後に設置された仮堤防につき河川管理の瑕疵がないとされた事例―最判昭和60・3・28民集39巻2号333頁（法曹時報41巻3号683頁～695頁）

洪水により決壊した堤防の背後に設置された仮堤防につき河川管理の瑕疵がないとされた事例―最判昭和60・3・28民集39巻2号333頁（『最高裁判所判例解説民事篇昭和60年度』105頁～117頁）

平成4（1992）年
  判決原本と一致しない正本の送達をもって判決正本の送達ということができるとされた事例—最判昭和3・4・2判時1386号95頁（判例タイムズ790号（平成3年度主要民事判例解説）194頁～195頁）
平成5（1993）年
  地方公務員の災害と公務との間の相当因果関係と予見可能性—大阪高判平成3・9・13高民集44巻3号126頁（判例タイムズ821号（平成4年度主要民事判例解説330頁～331頁）
平成16（2004）年
  同一の被保全債権に基づく異なる不動産に対する追加仮差押え—最決平成15・1・31民集57巻1号74頁（早稲田法学79巻3号221頁～235頁）
平成18（2006）年
  断定的判断の提供と株式購入との因果関係—最判平成9・9・4民集51巻8号3619頁（伊藤眞＝加藤新太郎編『［判例から学ぶ］民事事実認定』242頁～246頁）
平成22（2010）年
  文書提出命令（2）――刑事訴訟関係文書—最決平成16・5・25民集58巻5号1135頁（高橋宏志＝高田裕成＝畑瑞穂編『民事訴訟法判例百選〔第4版〕』150頁～151頁）

V　学会報告・シンポジウム・座談会・対談等
昭和48（1973）年
  鈴木潔ほか「座談会　医療過誤紛争をめぐる諸問題（1）」（法曹時報25巻10号1603頁～1656頁）
昭和49（1974）年
  鈴木潔ほか「座談会　医療過誤紛争をめぐる諸問題（2）～（9・完）」（法曹時報26巻1号16頁～47頁、26巻2号248頁～285頁、26巻3号405頁～424頁、26巻4号614頁～650頁、26巻5号800頁～857頁、26巻8号1280頁～1316頁、26巻9号1530頁～1555頁、26巻10号1732頁～1766頁）
昭和51（1976）年
  加藤一郎＝鈴木潔監修『医療過誤紛争をめぐる諸問題』（法曹会）（全393頁）

平成 9（1997）年
　伊藤眞＝遠藤賢治＝松山恒昭＝大内捷司＝門口正人「座談会　東京地方裁判所・大阪地方裁判所・名古屋地方裁判所における倒産事件処理（上）（中）（下）」（判例タイムズ944号 4 頁～40頁、950号 4 頁～35頁、951号 4 頁～40頁）

平成10（1998）年
　〈講演〉東京地裁破産部の実情（東京弁護士会弁護士研修センター運営委員会編「平成 9 年度秋季弁護士研修講座」商事法務研究会 2 頁～14頁）

平成14（2002）年
　湖海信成ほか「親権者変更で申し立てられ面接交渉で終結したケース」（ケース研究271号109頁～155頁）

平成17（2005）年
　日本側支援委員会からのコメント（ウズベキスタン倒産法―再建型倒産処理手続を中心に（カントリーレポート発表会））（法務省法務総合研究所国際協力部報（ICDnews）24号25頁～26頁）

平成18（2006）年
　法科大学院の教育理念と試験問題の工夫（法科大学院シンポジウムにおけるコメント）（判例タイムズ1195号25頁～26頁）

平成20（2008）年
　遠藤賢治＝瀬木比呂志＝二宮輝興＝垣内秀介＝山本和彦「座談会　争点整理をめぐって（上）（下）」（判例タイムズ1266号19頁～45頁、1268号 5 頁～28頁）

平成22（2010）年
　阿多博文＝遠藤賢治＝戸松秀典＝松下淳一＝渡辺咲子「座談会　法科大学院から実務家へ」（法学教室356号 4 頁～31頁）
　〈講演〉ロースクールにおける実務家教員の役割（東亜大学校法学専門大学院（韓国・釜山）主催の国際シンポジウム）

平成24（2012）年
〈講演〉稲門新法曹の未来―世の中の傘になるための挑戦（梓10号（早稲田大学法務教育センター））

VI 解説・演習

平成17(2005)年

民事法総合演習の試み―ロースクールの教場から―第1回設問編（判例タイムズ1174号13頁〜18頁）、第2回【設例1】解説編（判例タイムズ1175号77頁〜86頁）、第3回【設例2】解説編（判例タイムズ1177号75頁〜83頁）、第4回【設例2】解説編（判例タイムズ1180号82頁〜89頁）、第5回【設例3】解説編（完）（判例タイムズ1182号101頁〜109頁）

平成18(2006)年

演習民事訴訟法（法学教室307号220頁〜221頁、308号126頁〜127頁、309号142頁〜143頁、310号132頁〜133頁、311号136頁〜137頁、312号130頁〜131頁、313号138頁〜139頁、314号110頁〜111頁、315号142頁〜143頁）

平成19年(2007)年

演習民事訴訟法（法学教室316号120頁〜121頁、317号132頁〜133頁、318号138頁〜139頁、319号180頁〜181頁、320号204頁〜205頁、321号188頁〜189頁、322号164頁〜165頁、323号174頁〜175頁、324号152頁〜153頁、325号218頁〜219頁、326号136頁〜137頁、327号156頁〜157頁）

平成20(2008)年

演習民事訴訟法（法学教室328号130頁〜131頁、329号150頁〜151頁、330号172頁〜173頁）

VII 翻訳・書評・辞典

平成18(2006)年

書評　梶村太一＝徳田和幸編『家事事件手続法』（ジュリスト1305号7頁）

平成23(2011)年

書評　瀬木比呂志『民事訴訟実務入門』（判例タイムズ1344号60頁〜63頁）

VIII その他

平成12(2000)年

絵画から（ケース研究263号1頁）

平成13(2001)年

新聞寄稿　法の日によせて（京都新聞平成13年10月1日朝刊29面）

平成20（2008）年
　フライブルク区裁判所と実習（法学教室343号4頁〜5頁）
平成25（2013）年
　新聞寄稿　専門的な紛争の迅速解決―弁護士専門家への期待（中部経済新聞平成25年9月19日・オピニオン AGOLA オープンカレッジ欄）
　雑誌記事　明日への試み ― 名古屋学院大学法学部（大学時報80頁〜85頁（日本私立大学連盟））

執筆者一覧（掲載順）

安西明子（あんざい あきこ）	上智大学法学部教授
川嶋四郎（かわしま しろう）	同志社大学大学院法学研究科教授
山本和彦（やまもと かずひこ）	一橋大学大学院法学研究科教授
小林宏司（こばやし こうじ）	最高裁判所事務総局審議官
前田智彦（まえだ ともひこ）	名城大学法学部教授
菅原郁夫（すがわら いくお）	早稲田大学大学院法務研究科教授
平野惠稔（ひらの しげとし）	弁護士・京都大学法科大学院非常勤講師
杉本和士（すぎもと かずし）	千葉大学法経学部准教授
小松良正（こまつ よしまさ）	駒澤大学大学院法曹養成研究科教授
西口　元（にしぐち はじめ）	早稲田大学大学院法務研究科
加藤新太郎（かとう しんたろう）	東京高等裁判所判事
安達栄司（あだち えいじ）	立教大学大学院法務研究科教授
髙田昌宏（たかだ まさひろ）	大阪市立大学大学院法学研究科教授
瀬木比呂志（せぎ ひろし）	明治大学大学院法務研究科教授
越知保見（おち やすみ）	早稲田大学大学院法務研究科教授
春日偉知郎（かすが いちろう）	慶應義塾大学大学院法務研究科教授
川中啓由（かわなか ひろよし）	最高裁判所司法研修所司法修習生
吉田元子（よしだ もとこ）	マックスプランク外国私法・国際私法研究所特別客員研究員
伊藤　眞（いとう まこと）	早稲田大学大学院法務研究科教授
二宮照興（にのみや てるおき）	弁護士
和久田道雄（わくだ みちお）	大阪高等裁判所判事
中島弘雅（なかじま ひろまさ）	慶應義塾大学大学院法務研究科教授
秦　公正（はた きみまさ）	中央大学法学部准教授
坂原正夫（さかはら まさお）	慶應義塾大学名誉教授
永井博史（ながい ひろふみ）	近畿大学法学部教授
勅使川原和彦（てしがはら かずひこ）	早稲田大学大学院法務研究科教授
本間靖規（ほんま やすのり）	早稲田大学法学部教授
高橋宏志（たかはし ひろし）	中央大学大学院法務研究科教授
坂本恵三（さかもと けいぞう）	東洋大学大学院法務研究科教授
上野泰男（うえの やすお）	早稲田大学法学部教授
福田剛久（ふくだ たかひさ）	東京高等裁判所判事
内田義厚（うちだ よしあつ）	早稲田大学大学院法務研究科教授
小田　司（おだ つかさ）	日本大学法学部教授
西川佳代（にしかわ かよ）	横浜国立大学大学院国際社会科学研究院教授
松村和德（まつむら かずのり）	早稲田大学大学院法務研究科教授
石渡　哲（いしわた さとし）	武蔵野大学政治経済学部教授

柳沢雄二	（やなぎさわ ゆうじ）	名城大学法学部准教授
吉田純平	（よしだ じゅんぺい）	新潟大学法学部講師
熊谷　聡	（くまがい さとし）	大阪地方裁判所判事
金　炳学	（きむ びょんはく）	福島大学行政政策学類准教授
我妻　学	（わがつま まなぶ）	首都大学東京社会科学研究科教授
山本　研	（やまもと けん）	早稲田大学法学部教授
三上威彦	（みかみ たけひこ）	慶應義塾大学大学院法務研究科教授
山田尚武	（やまだ ひさたけ）	弁護士（弁護士法人しょうぶ法律事務所）
金子　修	（かねこ おさむ）	法務省民事局民事法制管理官
豊田博昭	（とよだ ひろあき）	広島修道大学大学院法務研究科教授

民事手続における法と実践
——栂善夫先生・遠藤賢治先生古稀祝賀——

2014年3月20日　初版第1刷発行

編集委員　　伊藤　　眞
　　　　　　上野　泰男
　　　　　　加藤　哲夫

発行者　　阿部　耕一

〒162-0041　東京都新宿区早稲田鶴巻町514
発行所　　株式会社　成文堂
電話03(3203)9201代　FAX03(3203)9206
http://www.seibundoh.co.jp

製版・印刷　シナノ印刷　　　製本　佐抜製本
©2014 伊藤・上野・加藤　　Printed in Japan
☆乱丁・落丁本はおとりかえいたします☆

ISBN978-4-7923-2655-5 C3032　検印省略

定価（本体25000円＋税）